COLLECTION

DE

DOCUMENTS INÉDITS

SUR L'HISTOIRE DE FRANCE

PUBLIÉS PAR LES SOINS

DU MINISTRE DE L'INSTRUCTION PUBLIQUE.

PREMIÈRE SÉRIE.
HISTOIRE POLITIQUE.

RECUEIL

DES

MONUMENTS INÉDITS

DE

L'HISTOIRE DU TIERS ÉTAT

PREMIÈRE SÉRIE

CHARTES, COUTUMES, ACTES MUNICIPAUX, STATUTS

DES CORPORATIONS D'ARTS ET MÉTIERS DES VILLES ET COMMUNES DE FRANCE

RÉGION DU NORD

TOME TROISIÈME

CONTENANT

LES PIÈCES RELATIVES A L'HISTOIRE MUNICIPALE DE LA VILLE D'AMIENS
DEPUIS LE XVIIe SIÈCLE JUSQU'EN 1789, ET A CELLE DES VILLES, BOURGS
ET VILLAGES DE L'AMIÉNOIS

PAR

AUGUSTIN THIERRY

MEMBRE DE L'INSTITUT

PARIS

TYPOGRAPHIE DE FIRMIN DIDOT FRÈRES

IMPRIMEURS DE L'INSTITUT DE FRANCE

RUE JACOB, 56

1856

AVANT-PROPOS.

Le présent volume termine la série des pièces fournies par les archives municipales d'Amiens, et de plus il comprend les pièces relatives à l'histoire des villes, bourgs et villages de l'ancien Amiénois. Le volume suivant, qui sera le quatrième du recueil, doit contenir les actes municipaux d'Abbeville, que suivront ceux des villes, bourgs et villages du Ponthieu.

Dans l'Avertissement qui précède le texte du premier volume, j'ai reconnu avec plaisir que les mémoires publiés par la Société des antiquaires de Picardie et les communications obligeantes de quelques-uns de ses membres m'avaient été souvent d'un grand secours. Si je n'ai point cité alors la publication des *Coutumes locales du bailliage d'Amiens*, par M. Bouthors, c'est que cette publication, commencée en 1845, n'est venue qu'après l'achèvement complet de mon premier volume, qui, malgré sa date (1850), était déjà imprimé au commencement de 1844, le retard de six années répondant au long travail exigé par l'Introduction générale. Mais, dans le second volume et dans celui-ci, j'ai pu mettre à profit l'ouvrage de M. Bouthors, dont j'apprécie hautement l'utilité [1].

Mes deux collaborateurs, MM. Félix Bourquelot et Charles Louandre, m'ont prêté le même concours aussi dévoué qu'intelligent; je suis heureux d'exprimer de nouveau l'éloge que je dois à leur mérite et à leur zèle.

Paris, le 15 février 1856.

---

[1] Coutumes locales du bailliage d'Amiens, rédigées en 1507, publiées par M. Bouthors, greffier en chef de la cour d'appel d'Amiens; 2 vol. in-4°, 1845-1853.

PRÉFACE.

La collection dont nous publions aujourd'hui le troisième volume, outre l'intérêt spécial qu'elle a pour l'histoire des villes, bourgs et villages de France, doit offrir pour l'étude de notre histoire générale et de nos institutions politiques et administratives des renseignements nombreux et instructifs. Les uns se rapportent aux grands événements et aux grandes luttes qui ont marqué, modifié ou troublé la destinée du pays; ils ajoutent des faits nouveaux aux faits déjà connus, les complètent et les éclairent. Les autres se rapportent à des sujets plus spéciaux, à l'histoire de la liberté politique s'exerçant dans l'état par les assemblées nationales, et dans les municipalités par un gouvernement électif; à celle du droit français et de la législation coutumière; à celle des branches diverses de l'administration du royaume, c'est-à-dire de l'organisation industrielle, des finances, du commerce intérieur et extérieur, de la police et de l'assistance publique. Nous allons essayer dès à présent de grouper ces divers renseignements disséminés dans un grand nombre de textes, où parfois rien n'indique leur présence.

La collection des actes relatifs à l'histoire municipale d'Amiens est terminée dans ce volume; c'est sur elle seule que portera notre examen, dont le résultat doit donner une idée de ce que fourniront plus tard en informations du même genre les autres villes considérables.

I.

FAITS RELATIFS A L'HISTOIRE GÉNÉRALE DU ROYAUME.

Le premier des grands événements auxquels la bourgeoisie d'Amiens prit part est la bataille de Bouvines. Depuis le xiv° jusqu'au xvii° siècle, on la voit figurer d'une manière active dans toutes les luttes de partis et les guerres civiles qui s'élèvent en France. Au moment où Charles V, régent du royaume, se défend avec peine contre les mécontentements populaires, les Amiénois embrassent la cause opposée à la sienne, s'unissent avec le prévôt des marchands de Paris, Étienne Marcel, et favorisent les prétentions ambitieuses du roi de Navarre; plusieurs d'entre eux sont déclarés complices des actes de violence commis par les paysans de la Picardie dans la révolte connue sous le nom de *Jacquerie* [1].
Sous Charles VI, pendant les jours de folie de ce roi funeste à la France, Amiens entre de nouveau dans le courant des passions et des affaires générales. Les sympathies des habitants, d'abord divisées, se portent sur Jean sans Peur, duc de Bourgogne, avec lequel ils contractent alliance, et qui va lui-même séjourner parmi eux. Des lettres sont fréquemment échangées entre les magistrats municipaux d'Amiens et le duc de Bourgogne, qui leur ordonne d'expulser le bailli et le procureur du roi. En 1407, le duc séjourne encore dans Amiens, et ensuite il y envoie son fils Philippe. Plus tard, lorsque Jean sans Peur périt assassiné au pont de Montereau, les Amiénois, après avoir secouru la

---

[1] Tome Ier, pages 191, 583, 591.

PRÉFACE.

ville de Rouen assiégée par les Anglais, après avoir soutenu eux-mêmes un siége contre le roi d'Angleterre Henri V, sont obligés de se soumettre et de prêter serment à ce prince, devenu maître de la France. Sous Louis XI, on voit les habitants d'Amiens prendre part à la *Ligue du Bien public*. Ils tombent, par suite du traité d'Arras, au pouvoir du duc de Bourgogne, Charles le Téméraire, se révoltent contre lui, sont réunis à la couronne de France, puis replacés sous la domination bourguignonne, et enfin rangés par rachat sous le sceptre de Louis XI, après avoir stipulé les clauses de cette annexion définitive. La commune d'Amiens envoie des députés à Amboise pour le mariage du dauphin Charles VIII; elle est désignée, avec d'autres villes, pour garantir l'exécution du traité de Senlis, conclu sous le règne de ce prince, et elle ratifie l'adhésion donnée par ses députés au mariage de François Ier et de Claude de France [1].

Quand s'élèvent les guerres de religion et les troubles de la Ligue, la ville d'Amiens, mêlée pour sa part aux grands intérêts qui sont débattus sur toute la surface de la France, reprend, comme dans toutes les crises publiques, un rôle actif et personnel. L'hostilité des catholiques de cette ville contre les protestants se manifeste d'abord par des violences; mais, en 1563, sur une lettre du prince de Condé, les choses changent de face, et l'échevinage d'Amiens prend des mesures pour que les partisans de la religion réformée ne soient, en allant au prêche, l'objet d'aucun acte d'hostilité. Au bout de deux ans, cet esprit de modération a cessé d'exister. Durant la seconde guerre civile, les protestants sont chassés de la ville, et, malgré leurs instances, on refuse de les y laisser rentrer. Enfin, au milieu de luttes sans cesse renouvelées et de plus en plus sanglantes, la Ligue se forme et s'organise sur le sol même de la Picardie. L'échevinage d'A-

---

[1] Tome II, pages 60, 124, 125 et suiv., 320, 464, 505.

miens, résistant aux entraînements de la noblesse, qui avait accueilli cette association avec enthousiasme, fait d'abord de grandes difficultés pour s'y adjoindre. Les magistrats municipaux adressent au roi des remontrances au sujet des articles de l'acte d'Union; ils demandent conseil aux Parisiens, et envoient à Henri III des députés pour obtenir d'être dispensés d'entrer dans la Ligue. Puis, quand les ligueurs triomphent, la commune d'Amiens, entraînée à son tour, prête serment à l'Union Catholique, et depuis lors elle se montre extrêmement zélée pour cette cause. Elle écrit aux communes d'Abbeville et de Saint-Quentin, pour les exciter à suivre son exemple; après le meurtre du duc et du cardinal de Guise, elle déclare la guerre au roi, se donne une administration de résistance, et institue une chambre du conseil pour les affaires de Picardie. La duchesse de Longueville, dont le mari commandait les troupes royales, est arrêtée et retenue par les ligueurs d'Amiens; sa détention dure quatre ans. Enfin, après de longues négociations avec les Amiénois en révolte, Henri IV, maître de Paris, est reçu dans la ville d'Amiens, au mois d'août 1594. Cette ville, prise par les Espagnols, le 11 mars 1597, est bientôt reprise par le roi, qui enlève aux habitants une partie notable de leurs priviléges [1].

Dans le XVIIe siècle, Amiens prend une part plus ou moins directe aux troubles survenus pendant le règne de Louis XIII. Le maréchal d'Ancre étant gouverneur de la ville, des démêlés ont lieu entre les habitants et les officiers chargés par lui de la garde de la citadelle, et le roi est forcé d'intervenir. En 1615, Louis XIII défend aux Amiénois de recevoir le prince de Condé, qui, avec le duc de Longueville, le duc de Mayenne, le comte de Saint-Pol et le maréchal de Bouillon, s'était mis en révolte contre la couronne. On trouve dans les archives, sous une date posté-

---

[1] Tome II, pages 682 et suiv.

rieure, des lettres du roi à la municipalité d'Amiens, sur l'arrestation du prince de Condé, sur la garde de la ville, après l'accord fait avec les princes et pendant les troubles excités par Marie de Médicis, sur les traités conclus entre Gaston d'Orléans et l'Espagne en 1634, et entre le comte de Soissons et la même puissance en 1641, etc.[1]

II.

FAITS RELATIFS À L'HISTOIRE DES ÉTATS GÉNÉRAUX.

La part prise par les habitants des villes aux États généraux du royaume fournit également pour l'histoire du pays des informations intéressantes. Par exemple, dans les documents municipaux de la ville d'Amiens, on peut étudier les besoins politiques des citoyens de cette ville, et suivre leurs vœux et leurs doléances, depuis la première convocation d'États généraux jusqu'en 1789. L'histoire du développement successif de la civilisation en France s'éclaire ainsi de tous les renseignements que présentent les archives locales; chaque cité montre, en quelque sorte, une part des aspirations du pays vers le bien commun aux différentes époques de nos annales.

C'est en 1302 que se réunissent pour la première fois les assemblées nationales auxquelles on a donné le nom d'États généraux. La commune d'Amiens ne paraît pas avoir participé à cette réunion; mais elle envoie des députés aux États de 1303. Plus tard, le roi Jean convoque à Paris une assemblée de prélats, de barons et de bourgeois des bonnes villes du royaume; des députés des trois ordres du bailliage d'Amiens y assistent (1351). Quelques années après, pendant la captivité du même roi, les

---

[1] Tome III, pages 15 et suiv.

États de la langue d'oïl sont réunis à Paris pour voter des subsides; les députés d'Amiens continuent de siéger dans cette assemblée, après que le régent, en 1358, en a ordonné la dissolution. Sous le règne de Charles VI, nous trouvons des députés d'Amiens envoyés aux États généraux de 1420 [1].

On sait quel rôle important les États de 1484 occupent dans l'histoire des libertés publiques en France. La ville d'Amiens y fut représentée; il existe dans les délibérations de l'échevinage plusieurs procès-verbaux relatifs à la nomination, aux instructions et aux émoluments des députés de la ville, et un curieux compte-rendu des choses les plus remarquables qui se passèrent aux États tenus à Tours [2].

Dans le XVIe siècle, on voit les habitants d'Amiens, clergé, noblesse et bourgeoisie, figurer par leurs députés aux diverses assemblées d'États généraux qui eurent lieu : à Orléans, en 1560, à Blois, en 1576 et 1588, et à Paris, en 1593, sous le nom d'*États de la Ligue*. On trouve des délibérations échevinales fournissant des renseignements nombreux sur les circonstances qui ont précédé et suivi la tenue de ces différents états. On trouve en outre, dans les archives d'Amiens, des cahiers de doléances dressés en 1573 par les habitants de la ville pour les états projetés de Compiègne, et cette pièce renferme de très-curieuses indications sur l'esprit des populations à cette époque [3].

Au XVIIe siècle, les Amiénois sont représentés dans les États généraux de 1614; ils sont appelés à l'assemblée de 1651, qui, comme on sait, n'eut pas lieu. Enfin viennent les États généraux de 1789; et ici les renseignements abondent, correspondances, procès-verbaux d'assemblées préparatoires et d'élections, discours, rapports, cahiers. Si les documents de ce genre

---

[1] Tome Ier, pages 315, 336, 552, 585, 586; et tome II, page 88.
[2] Tome II, page 417.
[3] Tome II, pages 816, 851, 1017.

se trouvaient recueillis avec soin pour toutes les villes de France, ils répandraient certainement sur cette époque si importante de notre histoire les lumières les plus vives et peut-être les plus inattendues [1].

III.

HISTOIRE DE LA LIBERTÉ POLITIQUE ET DE SES FORMES DANS LE RÉGIME MUNICIPAL.

Les chartes de commune ou de consulat sont, au moyen âge, la source de la vie politique et administrative dans chaque cité régie par des magistrats de son choix. Elles doivent servir de point de départ pour toutes les recherches qui se rapportent à l'organisation et à la police urbaine. En mettant à profit, après ces pièces capitales, les autres documents que la vie intérieure des villes a produits, on peut étudier avec intérêt les circonstances qui ont déterminé la rédaction du pacte communal ou du statut consulaire, les applications qui ont été faites de cette loi fondamentale, l'opposition ou la protection dont la cité libre a été l'objet de la part du roi ou des seigneurs laïques ou ecclésiastiques, et la puissance d'assimilation qu'elle a exercée autour d'elle. On peut suivre enfin, dans les variations du gouvernement des villes par elles-mêmes, les résultats du grand mouvement opéré au XIIe siècle, et constater ainsi l'influence considérable que ce mouvement de rénovation municipale a eue sur le progrès de notre législation et de notre administration générale.

Pour ce qui concerne Amiens en particulier, nous trouvons dès le XIe siècle, les habitants de cette ville associés avec ceux de

---

[1] Tome III, pages 5 et 86.

Corbie par un traité de paix réciproque. Plus tard, nous les voyons se constituer en commune jurée, lutter, pour défendre leur association, contre le comte et le châtelain de la ville, et, soutenus par l'évêque, triompher de leurs ennemis, et obtenir la sanction de leur gouvernement libre sous la forme d'une charte de commune [1].

C'est en 1117 probablement que fut rédigé cet acte, qui n'est point parvenu jusqu'à nous. Quinze articles de son texte primitif se retrouvent dans la charte communale d'Abbeville, et nous sont ainsi désignés. Ils impliquent, comme nous l'avons déjà dit, l'idée d'une ville formant corps, se gouvernant elle-même, et agissant souverainement dans ses propres affaires; ils constatent pour les Amiénois l'existence de la liberté politique, du droit de justice civile et du droit de justice criminelle. En 1190, Philippe-Auguste, à la requête des bourgeois d'Amiens, confirme par une charte solennelle la commune dont ils jouissaient par traité fait avec leur seigneur et consenti par le roi. Sur les cinquante-deux articles dont cet acte se compose, quarante-cinq paraissent avoir appartenu à la charte primitive. D'autres confirmations de la charte de commune sont données en 1209, en 1225 et en 1317. Dans la dernière seulement quelques articles de l'ancien texte se trouvent modifiés [2].

Une coutume locale, dont la rédaction paraît remonter au milieu du XIIIe siècle, contient des renseignements positifs sur l'organisation municipale d'Amiens à cette époque. Les élections des magistrats, renouvelées chaque année, ont lieu au mois d'octobre, le jour de Saint-Simon et Saint-Jude; elles sont à deux degrés. Les maïeurs de bannières, chefs élus des corporations industrielles, y concourent avec l'échevinage lui-même; ils commencent par choisir le nouveau maire sur une liste de trois candidats

---

[1] Tome Ier, pages 12, 37 et suiv.   [2] Tome Ier, pages 39, 43, 104 et 373.

présentés par le maire et les échevins sortant de charge; puis ils élisent douze échevins, qui, à leur tour, en nomment douze autres; enfin, ils nomment quatre comptables, administrateurs des finances et des travaux publics. L'autorisation du roi est nécessaire pour procéder aux élections, et celles-ci ont lieu par scrutin écrit. Si le maire, les échevins et les comptables élus refusent d'accepter leur office, ils sont punis par l'abatis de leur maison, sans être pour cela dispensés de remplir les fonctions qu'on leur avait déférées [1].

Les principales attributions des magistrats municipaux sont les suivantes : décider en conseil les questions qui intéressent les affaires de la cité, exercer la juridiction civile et criminelle et la juridiction volontaire, concourir avec les gens du roi à l'exécution des jugements ordonnant la vente publique des biens d'un débiteur ou d'un condamné, lever les taxes municipales, administrer et surveiller l'hospice municipal appelé la Maladrerie, garder comme tuteurs officiels les biens des enfants orphelins, donner des règlements aux métiers, entretenir et réparer les fortifications, assurer la défense et la bonne police de la ville. Le maire est à la fois président de l'échevinage, gouverneur de la ville et chef de la milice urbaine, administrateur et juge. Il prête serment de fidélité au roi entre les mains du bailli; il porte le titre de *sire*, qu'il conserve après sa sortie de charge. On voit un acte de violence commis contre sa personne puni par la perte du poing [2].

Le mode de renouvellement de la magistrature municipale d'Amiens subit, à la fin du XIVe siècle, une modification importante : l'élection à deux degrés est abolie, et dès lors la nomination aux offices a lieu directement par les bourgeois chefs de famille. Le reste des institutions municipales subsiste à peu près

---

[1] Tome Ier, page 152.   [2] Tome Ier, page 262.

intact jusqu'en 1597. A cette époque, Henri IV, ayant repris Amiens sur les Espagnols, rend une ordonnance par laquelle il supprime la mairie, et réduit l'échevinage à sept membres au lieu de vingt-quatre. La ville fait longtemps de vains efforts pour rentrer en possession de ses anciens droits; elle n'y parvient, et encore incomplétement, qu'à la fin du XVIIe siècle, au prix de grands sacrifices pécuniaires [1].

IV.

HISTOIRE DU DROIT DANS LES COUTUMES MUNICIPALES ET LA LÉGISLATION URBAINE.

La loi constitutive de la commune d'Amiens, le système électoral et le personnel administratif sont maintenant connus. On sait que les attributions des magistrats municipaux sont tout à la fois administratives, judiciaires, financières, commerciales et militaires. Il reste à étudier cet état de choses dans ses détails spéciaux, et à connaître les diverses applications pratiques du pacte communal.

Si nous abordons en premier lieu ce qui concerne le droit intérieur, les coutumes spéciales de la ville d'Amiens, nous voyons l'échevinage, après avoir délibéré et promulgué les statuts qui doivent servir de loi aux citoyens, rendre avec le maire la justice civile et criminelle, et faire exécuter par les sergents de la commune ses ordonnances et ses jugements. Les magistrats municipaux exercent en outre la juridiction volontaire, et agissent comme tribunal de simple police; ils prononcent, suivant l'exigence des cas, dans leurs assises, les peines de l'amende, du bannissement, de la prison, de la mort même, et ne reconnais-

---

[1] Tome Ier, pages 702 et 712; tome II, page 1059; et tome III, page 249.

sent au-dessus de leur juridiction que celle du parlement de Paris.

On peut remarquer que, dans les quarante-cinq articles de la charte communale de 1117, il n'y a point de dispositions relatives au gouvernement intérieur de la cité, et qu'au contraire les points qui se rapportent à la justice, et particulièrement à la justice criminelle, sont traités avec détails dans ce document. Les cinquante-deux articles de la charte confirmative donnée par Philippe-Auguste, en 1190, ne font que reproduire, sauf certaines modifications de forme, et sauf le règlement de certaines relations plus directes entre la ville et le pouvoir royal, le texte de la charte primitive. Les deux anciennes coutumes, rédigées selon toute apparence dans le cours du XIIIe siècle, abondent en renseignements sur les questions de juridiction. On y voit que la justice civile, en ce qui concerne les débiteurs, appartient d'une manière presque exclusive au prévôt du roi. La quotité des amendes varie, suivant que le condamné est ou non membre de la commune, et qu'il a fait attendre plus ou moins longtemps le payement de sa dette. On y trouve des dispositions importantes sur les assurements et la procédure usitée dans le combat judiciaire. L'échevinage connaît de toutes les contestations relatives aux marchés au comptant conclus dans la ville et dans la banlieue. Il ne connaît pas des crimes de meurtre et de rapt, qui sont réservés comme cas royaux, mais il doit prêter son concours au prévôt contre le ravisseur et le meurtrier, quand il en est requis [1].

Au XVIe siècle, l'échevinage d'Amiens, maintenu par l'édit de Moulins dans ses attributions de justice criminelle et de police, est dépouillé par ce même édit de l'exercice de la justice civile; il lutte avec énergie pour maintenir dans leur intégrité ses an-

---

[1] Tome Ier, pages 39, 104, 121 et suiv., 152 et suiv.

ciens priviléges. Les fréquentes démarches et les nombreuses réclamations des magistrats municipaux auprès du pouvoir royal témoignent de l'attachement des bourgeois pour leurs franchises héréditaires et de la puissance des souvenirs laissés dans les esprits par les premiers âges de la liberté communale [1].

V.

HISTOIRE DE L'ORGANISATION INDUSTRIELLE; CORPORATIONS D'ARTS ET MÉTIERS.

Pour ce qui regarde l'état de l'industrie et l'exercice des arts et métiers dans la ville d'Amiens, les statuts de corporations, recueillis en très-grand nombre, forment une série non interrompue de documents depuis le XIIIe siècle jusqu'à la fin du XVIIIe. On y trouve la mention des principaux genres d'industries qui, durant cette suite de cinq siècles, furent le plus exercés dans la ville; celle des matières premières et des procédés de travail qu'on y employait; des dimensions exigées pour les étoffes; des précautions prises pour assurer la bonne confection des objets fabriqués, pour empêcher les falsifications et les fraudes, et garantir la parfaite sincérité des marques de fabrique. Les mêmes pièces fournissent des renseignements curieux sur la condition des diverses classes d'artisans et sur la vie industrielle au moyen âge. On y voit figurer dans leurs situations respectives les maîtres, les veuves et fils de maîtres, les apprentis et les compagnons. On y trouve des règlements pour les heures de travail, les chômages, les salaires, etc. Les questions d'association, de secours mutuels, de coalitions d'ouvriers, y paraissent élucidées par la pratique et jusqu'à un certain point résolues.

Les corporations d'arts et métiers d'Amiens sont régies par

---

[1] Tome II, page 762.

des eswards, et au-dessus de ces officiers de police intérieure, par l'échevinage. Ce sont les magistrats municipaux qui règlent souverainement la police des métiers, donnent force de loi aux statuts industriels, confirment les anciens usages, et les amendent s'il y a lieu. Le plus ancien règlement que l'on rencontre est celui des fruitiers, donné en 1268. C'est à la fin du XIVe siècle que s'offrent pour la première fois des statuts de métiers soumis à la sanction royale [1].

Au point de vue religieux, les corporations d'arts et métiers d'Amiens sont formées en confréries, que distinguent leurs bannières et des cierges ornés d'écussons à l'image d'un saint; elles pourvoient, par une caisse sociale, aux secours mutuels entre associés et aux frais de représentation dans les cérémonies publiques; leurs membres doivent assister aux mariages et aux enterrements des confrères.

Enfin, l'organisation des confréries industrielles d'Amiens offre, au point de vue politique, un intérêt particulier. Elles ont chacune, pendant le XIIIe et le XIVe siècle, des chefs élus sous le nom de *mayeurs de bannières,* qui eux-mêmes concourent, comme nous l'avons dit, aux élections municipales, nomment le maire, douze échevins et quatre comptables; les corps de métiers jouent ainsi dans les élections le rôle d'assemblées primaires.

Au XIVe siècle, les mayeurs de bannières figurent dans les listes d'élections au nombre de quarante à cinquante. A la fin de ce même siècle, les corporations industrielles cherchent à s'emparer du gouvernement municipal, et se mettent en opposition avec la haute bourgeoisie. En 1380, les corps de métiers d'Amiens se soulèvent à cause d'un nouvel impôt; un peu plus tard ils prennent part à la célèbre sédition des Maillotins : en punition de ce fait, les mairies de bannières sont supprimées, et, depuis

---

[1] Tome Ier, pages 225 et 785.

l'année 1383, les corporations industrielles cessent de prendre part au gouvernement de la commune et aux élections municipales. Il y eut à ce sujet, de la part du corps des bourgeois, des réclamations et des plaintes, et l'on voit, au commencement du xve siècle, l'échevinage solliciter avec instance le rétablissement des mayeurs de bannières, mais en vain : cette institution resta définitivement abolie [1].

VI.

HISTOIRE DES FINANCES ; BUDGET MUNICIPAL, RECETTES ET DÉPENSES, COMPTABILITÉ.

Les documents municipaux de la ville d'Amiens donnent le moyen de connaître en détail les attributions financières des magistrats de la commune; de déterminer les sources de revenu et les causes de dépense, et par suite d'apprécier en général les procédés de la comptabilité, le mode d'assiette et de perception des impôts dans les communes du moyen âge.

A Amiens, l'année financière, comme l'année administrative, commence à la fête de Saint-Simon et Saint-Jude, 28 octobre. Les agents comptables, dont la nomination est faite en même temps que celle de l'échevinage, sont le grand compteur, le receveur des rentes, le maître des présents et payeur des rentes à vie, et le maître des ouvrages. Au bout de l'année, chacun des comptables fournit un compte séparé de sa gestion, en présence du receveur du bailliage d'Amiens, du maire et des échevins en charge, du maire de l'année à laquelle le compte se rapporte et des bourgeois convoqués à son de cloche [2].

Les deux parties, recette et dépense, dont les comptes muni-

---

[1] Tome Ier, pages 702 et 712; tome II, page 40.

[2] Tome Ier, pages 155, 741 et suiv.

cipaux se composent, sont divisées en chapitres comme nos budgets actuels. Cette classification n'est pas suivie avec une rigueur absolue, et des matières différentes se trouvent quelquefois mêlées dans un même chapitre. Le premier compte est celui du grand compteur; viennent ensuite les comptes des trois comptables secondaires. Ceux-ci contiennent le détail des recettes et des dépenses, qui ne figurent dans le premier que pour un seul chiffre, et ils en forment ainsi l'appendice et le complément [1].

Le grand compteur, qu'on trouve mentionné en 1291 sous le simple titre de *compteur,* centralise comme receveur et comme payeur la comptabilité de la ville; les autres comptables ne sont que ses agents. Le grand compteur reçoit chaque semaine le montant de la recette des collecteurs de l'assise du vin. Il perçoit directement les arrérages des taxes dues à la commune. Il lui est interdit de s'absenter pendant l'exercice de sa charge. Le maître des présents a dans son département particulier le maniement des sommes payées pour tous les genres de largesses et gratifications municipales et pour l'acquit des rentes à vie. Le receveur des rentes s'occupe spécialement de tout ce qui concerne les revenus de la ville, les cens et les recettes, le produit des marchés, des halles et des propriétés territoriales de la commune. Enfin, le maître des ouvrages préside à tout ce qui se rapporte aux travaux publics [2].

On voit par les comptes municipaux, dont il reste de nombreux échantillons et une série presque complète de l'année 1383 à l'année 1489, que les revenus de la ville d'Amiens sont de deux sortes, ceux de la commune et ceux de la prévôté, qui fut réunie par achat ou plutôt affermée à la commune en 1290. Les revenus patrimoniaux de la ville comprennent des rentes et des cens

---

[1] Tome II, pages 741 et suiv.   [2] Tome Ier, pages 741 et suiv.

assis sur des maisons; le prix de la location de certains héritages et des étaux de certaines halles; l'intérêt des sommes d'argent prêtées à diverses personnes ¹; les droits d'entrée en commune payés par chaque nouveau bourgeois; les droits perçus pour le pesage de la laine, du fil et de la graisse; la ferme des eaux et pêcheries de la banlieue; des droits sur la vente des immeubles; des péages et des taxes sur les denrées et marchandises, etc. Enfin la ville, outre le produit des taxes et la rente de ses propriétés immobilières, perçoit depuis 1292, comme il a été dit, les revenus de la prévôté royale.

Les dépenses se composent des deniers payés au roi pour la ferme de la prévôté, des dépenses pour le fait de la guerre, des frais de plaids et d'assises, des émoluments payés aux fonctionnaires et aux pensionnés de la ville, des frais faits pour les présents, des sommes employées à des acquisitions d'immeubles, etc.². La vente des rentes à vie est un des moyens financiers le plus souvent employés par les magistrats municipaux; mais ils ne peuvent opérer cette vente sans l'autorisation du roi; en 1382, un arrêt du parlement le leur interdit d'une manière formelle. Les comptes municipaux d'Amiens offrent aussi des détails sur les rentes perpétuelles, sur la perception des taxes municipales, sur les fonctions et les gages des collecteurs, et en général sur toutes les branches de l'administration urbaine.

L'échevinage d'Amiens entretenait à ses frais, à Amiens et à Paris, des procureurs spéciaux et un conseil d'avocats, pour veiller au soin de ses affaires litigieuses. On voit que les dépenses occasionnées par les procès de la ville contre le roi, l'évêque, le

---

¹ C'est ce qu'on appelait au moyen âge *bonté de deniers*. Ces mots, qu'on trouve non-seulement dans les anciens comptes de la ville d'Amiens, mais encore dans beaucoup d'autres, ont, par une erreur de lecture, été changés en ceux-ci: *boute de deniers*, et ce changement a donné lieu (tome Ier, page 747) à une explication fautive que nous avons à cœur de rectifier.

² Tome Ier, pages 741 et suiv.; page 290.

vidame, le chapitre de la cathédrale et diverses abbayes, s'élèvent, durant le moyen âge, à des sommes considérables [1].

VII.

HISTOIRE DU COMMERCE; PRIVILÉGES COMMERCIAUX; IMPORTATION ET EXPORTATION.

La ville d'Amiens, qui, au temps de la domination romaine, possédait un atelier de fabrication d'armes de guerre, fut, sous les Mérovingiens et les Carolingiens, grâce au commerce de la Somme dont elle était l'entrepôt et à sa situation sur une des grandes voies de l'Empire, la route de Lyon à Boulogne, une des plus riches et des plus florissantes de la Gaule. Un diplôme de Charlemagne la range parmi les chefs-lieux commerciaux de la France septentrionale. Après la révolution municipale du XIIe siècle, les marchands, trouvant dans la charte communale d'Amiens des garanties de sûreté et de protection, affluèrent dans la ville, dont le commerce prit dès lors une extension considérable.

Les relations commerciales des négociants d'Amiens avec l'Angleterre, et en particulier avec la ville de Londres, se montrent très-fréquemment dans les documents municipaux. La capitale de la Picardie est un entrepôt important pour les laines anglaises, qui de là sont dirigées sur différents points, et en grande partie sur les pays méridionaux. Les marchands d'Amiens sont associés à la *hanse de Londres;* leurs marchandises ne peuvent être saisies en Angleterre pour le fait d'autrui, c'est-à-dire par représailles; ils ont le droit de transporter en franchise à Londres toute espèce de denrées et blés venus d'outre-mer. Par un traité conclu

---

[1] Tome Ier, pages 222, 702.

en 1237, ils sont exemptés, ainsi que les marchands de Corbie et de Nesle, de tout péage à Londres, moyennant le payement d'une rente annuelle de cinquante marcs sterling. Au xiv⁰ siècle, leur commerce avec les Anglais est soumis à diverses vicissitudes, par suite des guerres survenues entre la France et l'Angleterre; plusieurs fois, leurs marchandises sont saisies induement, et les rois de France réclament pour eux; en même temps, ils reçoivent des priviléges des rois d'Angleterre ou la confirmation de leurs anciennes franchises commerciales, et on les voit traiter de nouveau, en 1334, avec la commune de Londres. Ils ont aussi des relations avec l'Écosse et l'Irlande. Jean Balliol, roi d'Écosse, leur accorde des lettres de sauvegarde pour trafiquer dans ses états, et ils entretiennent dans les trois royaumes un procureur, chargé de gérer leurs affaires litigieuses, de faire pour eux des recouvrements et de défendre leurs intérêts [1].

On trouve des traces considérables du commerce des Amiénois avec le Portugal; ils expédient à Lisbonne des blés et des draps. Dans la seconde moitié du xiv⁰ siècle, des difficultés s'élèvent entre les marchands d'Amiens et ceux de Lisbonne. Les premiers obtiennent du parlement des lettres de marque, et font saisir à Harfleur les marchandises des Portugais [2]. Dans le même siècle, les relations commerciales de la ville d'Amiens avec les villes industrielles de la Flandre paraissent très-étendues. Les marchands amiénois sont exempts du péage ou *travers* de Bapaume en Artois, sauf le cas où ils exportent de la Flandre les produits de ce pays, et celui où ils y importent des vins; leurs efforts pour étendre ce privilége à tous les cas donne lieu à de longs procès devant le parlement de Paris. Enfin, des foires franches sont établies à Amiens par Louis XI et par Henri IV. Celle de Saint-Jean-Baptiste, qui remonte à une haute ancienneté, est

[1] Tome I⁰ʳ, pages 3, 8, 177, 299, 424, 455, 803.   [2] Tome I⁰ʳ, page 715.

confirmée par Louis XV en 1740, et le même roi, par une ordonnance de 1761, institue dans la ville une chambre de commerce [1].

VIII.

HISTOIRE DE LA DÉFENSE PUBLIQUE; MILICE COMMUNALE.

Les institutions militaires de la commune d'Amiens offrent le plus grand développement, et, en ce genre, le plus haut degré d'intérêt. L'échevinage ordonne la construction, la réparation et l'entretien des fortifications; il règle le service de la place, détermine le nombre des hommes appelés à garder les barrières, les tours et les créneaux, donne les consignes, fixe l'heure de l'ouverture et de la fermeture des portes; le maire a sous sa garde les clefs de la ville. Les travaux de fortifications se font au moyen d'impôts levés sur les habitants et autorisés par le roi; ces impôts, au reste, donnent lieu à de fréquents débats entre la commune d'une part, et l'évêque, les chapitres et les monastères de l'autre. Mais le clergé essaye en vain de s'y soustraire; de nombreux arrêts du parlement l'obligent à contribuer, proportionnellement à ses ressources, aux travaux qui garantissent la sûreté publique, sans que pour cela les droits de seigneurie de l'évêque et du chapitre soient diminués [2].

La milice communale d'Amiens est placée sous la juridiction immédiate des magistrats municipaux, qui en ont l'entier commandement. Comme il a été dit plus haut, on la voit paraître pour la première fois dans l'histoire, en 1214, à la bataille de Bouvines. Astreints envers le roi, en vertu de la loi féodale, aux

---

[1] Tome Ier, page 178; tome II, pages 375, 1057; et tome III, pages 269, 281.

[2] Tome Ier, pages 154, 503, 571.

quarante jours de service militaire que les vassaux devaient à leur seigneur, elle est souvent appelée à prendre part à la défense du pays. Elle figure avec honneur durant l'invasion de la Picardie par les Anglais, au XIVe siècle, et dans les travaux de siéges entrepris par les communes picardes dans les guerres contre les ducs de Bourgogne [1].

L'indépendance du pouvoir militaire de l'échevinage d'Amiens n'eut pas une très-longue durée. Dès l'an 1317, le roi s'empare du droit de nommer le capitaine de la milice communale; cette charge est, il est vrai, quelquefois depuis lors réunie à la mairie, et les choses se trouvent ainsi remises dans l'état où elles étaient primitivement, mais ce n'est que par exception. L'autorité royale intervient, particulièrement depuis le règne de Louis XI, dans toutes les questions qui intéressent la défense de la place et le commandement de la milice urbaine, sans que les fréquentes réclamations des bourgeois amènent le rétablissement de leurs anciens priviléges à cet égard. Henri IV, après la reprise d'Amiens sur les Espagnols, décide que les magistrats municipaux cesseront à l'avenir d'avoir aucun commandement militaire, et qu'ils devront obéir, en tout ce qui concerne la défense de la ville, au gouverneur de la Picardie ou au gouverneur d'Amiens. Malgré cette interdiction péremptoire, on voit l'échevinage, pendant les deux siècles suivants, donner parfois des règlements à la milice bourgeoise, surveiller la garde des portes et intervenir d'une manière ou d'une autre dans la police militaire de la ville [2].

[1] Tome Ier, pages 191, 475, 526; tome II, page 134.

[2] Tome Ier, page 368; tome II, page 1059; tome III, pages 37 et suiv.

IX.

HISTOIRE DE LA POLICE URBAINE ET DE L'ASSISTANCE PUBLIQUE.

Il est inutile d'insister sur l'intérêt que présentent les questions de police urbaine, celles qui se rapportent à l'assistance publique, aux approvisionnements et à la salubrité pendant le cours du moyen âge. Les précautions prises par nos ancêtres dans l'enceinte plus ou moins resserrée de leurs vieilles cités, pour assurer, autant que le permettait l'état des connaissances, le bien-être matériel de tous, peuvent donner lieu aux rapprochements les plus instructifs.

Le soin des malades, des lépreux, des indigents, des enfants trouvés, occupe d'une manière constante l'échevinage d'Amiens. On trouve dans cette ville, dès les époques reculées, différentes sortes d'hôpitaux : 1° la maladrerie ou léproserie de la Madelaine, fondée vraisemblablement dans la première moitié du XII° siècle, et dont l'administration appartient exclusivement aux magistrats municipaux [1]; 2° l'Hôtel-Dieu, maison destinée aux malades autres que les lépreux, et dont l'administration est un objet de litiges et de partages souvent renouvelés entre l'échevinage et l'évêque [2]; 3° l'hôpital de Saint-Quentin [3]; 4° l'hôpital de Saint-Nicolas en Coquerel [4]; 5° l'hôpital de Saint-Charles et Sainte-Anne, auquel fut réunie, au XVII° siècle, une nouvelle fondation de charité qu'on appelait le *bureau des pauvres* [5].

Au nombre des mesures de bienfaisance prises dans la ville d'Amiens par les membres de l'échevinage, se trouvent les pensions données aux médecins pour soigner les malades pauvres

---

[1] Tome Ier, pages 62, 257.
[2] Tome Ier, page 502; tome II, pages 186, 687, 945.
[3] Tome II, page 597.
[4] Tome II, pages 57 et 192.
[5] Tome III, page 142.

dans les temps d'épidémie, et la tutelle publique instituée pour les orphelins. Ces derniers ont, pour le soin de leurs intérêts, un conseil formé de magistrats municipaux, et les sommes qui leur appartiennent ou qu'ils peuvent recueillir sont conservées dans la caisse communale et désignées dans les comptes de la ville sous le nom de *deniers mis en warde*. En 1566, la commune d'Amiens, pour éteindre la mendicité, faire cesser le vagabondage et procurer du travail aux indigents, crée un *bureau des pauvres*, dont l'organisation ne fut complète que plusieurs années après. En 1573, une assemblée générale des trois états de la ville arrête définitivement la formation du bureau, et décide qu'une taxe sera imposée à tous les habitants, selon leur fortune, pour fournir à son entretien [1].

La police et la salubrité publique sont l'objet de nombreuses délibérations municipales. L'échevinage prohibe le port des armes dans la ville, soit de jour, soit de nuit; le guet et la milice bourgeoise veillent à la sûreté des habitants, en même temps qu'à la défense des murailles. Dans la deuxième coutume citée plus haut, on trouve des dispositions importantes sur la police intérieure; les statuts des métiers offrent aussi diverses mesures, destinées à empêcher que l'exercice de certaines professions industrielles ne nuise à la santé publique. On voit dès le XIIIe siècle, à Amiens, un abattoir commun, désigné dans les anciens actes sous le nom de *lieu de l'escorcherie* [2].

---

[1] Tome Ier, pages 125, 239; tome II, pages 101, 186, 759, 797, 837.

[2] Tome Ier, pages 551, 243.

X.

HISTOIRE DE L'INSTRUCTION PUBLIQUE; ENSEIGNEMENT MUNICIPAL.

Il y avait à Amiens, au xive siècle, un établissement d'instruction publique appelé *les Grandes Écoles* ou la *maison de Saint-Nicolas aux pauvres clercs*. Cette maison, gouvernée par un principal et des professeurs, comme les colléges de l'université de Paris, dépendait, comme ceux-ci, du chapitre de l'église cathédrale. Le revenu d'une prébende, qu'on appelait la *prébende préceptorale*, était spécialement affecté aux frais du collége, et en outre trois chapelles, fondées par des particuliers, entretenaient, à ce qu'il semble, autant de professeurs à la nomination du chapitre. On ne peut dire si l'échevinage participait alors aux dépenses et à l'administration du collége d'Amiens; mais il est prouvé qu'au milieu du xvie siècle ce collége était dirigé par un supérieur pensionné de la ville et nommé par l'évêque, sur l'avis des magistrats municipaux.

En 1583, l'évêque Geoffroy de la Marthonie résolut de changer la constitution de cet établissement et d'en céder la propriété et la direction à la célèbre compagnie de Jésus. L'échevinage, consulté à cet égard, consentit à la cession faite aux jésuites, et arrêta qu'ils seraient mis en possession des bâtiments et des revenus du collége, à la charge par eux d'y donner l'enseignement gratuit. Dix ans plus tard, à la suite d'obstacles survenus dans cette affaire, l'échevinage arrêta de nouveau que l'administration du collége d'Amiens serait remise aux jésuites; que ceux-ci l'exerceraient sous l'autorité de la ville, et qu'ils pourvoiraient à l'entretien des boursiers. Il fut décidé qu'on leur laisserait les deux cents écus de pension autrefois payés au principal, jusqu'à ce qu'ils eussent complété personnellement les fonds nécessaires à leur gestion. En 1599, les anciens régents quittèrent le collége, mais ce ne fut qu'en 1604 que des lettres patentes de Henri IV en sanctionnèrent la concession aux jésuites. En 1607, par un dernier acte portant règlement des études, le maire et les échevins se déclarèrent acceptants de l'offre faite par les membres de la compagnie, sous la condition qu'ils feraient un cours de théologie pour les cas de conscience, et que, du moment où ils auraient amassé trois mille livres, ils donneraient un cours entier de philosophie [1].

XI.

HISTOIRE DE LA FRANCE CONSTITUTIONNELLE; VOEUX DU TIERS ÉTAT EN 1789.

Cette histoire, qui sera désormais une partie essentielle de notre histoire nationale, s'éclaire ici à ses origines par les documents municipaux de la dernière convocation des trois états de la monarchie. Le troisième de ces anciens ordres fut, comme on sait, l'organe le plus actif de l'immense besoin de réformes ressenti par toute la nation en 1789. C'est lui qui, dans ses cahiers de doléances et dans les instructions données à ses mandataires, fixa les principes et les points fondamentaux de la réorganisation constitutionnelle, et chaque assemblée électorale eut part d'une manière indépendante à ce travail de l'opinion publique. Voici quelles instructions l'assemblée représentative du tiers état des bailliages réunis d'Amiens et de Ham donna aux députés élus par elle comme ses représentants aux États généraux :

« Les députés demanderont que, dans les États généraux, « le vote soit pris par tête et non par ordre.

« Ils feront tous leurs efforts pour procurer à la nation l'éta-

---

[1] Tome II, pages 926 et 1043.

« blissement d'une constitution solide et permanente, qui assure
« à tous les citoyens en général et à chacun d'eux en particulier
« la liberté individuelle et la conservation des propriétés.

« En conséquence, ils proposeront qu'il soit arrêté comme loi
« constitutionnelle du royaume :

« Que le tiers état doit avoir dans les États généraux une repré-
« sentation égale à celle des deux autres ordres;

« Que les États généraux seront perpétuels et se rassemble-
« ront tous les cinq ans;

« Qu'aucun subside ne pourra être établi, aucun emprunt ou-
« vert, aucune loi portée que par le concours de l'autorité du
« roi et de leur consentement;

« Qu'ils détermineront la forme du dépôt et de la promul-
« gation des lois, dont l'exécution appartiendra au roi seul,
« comme chef de l'état;

« Qu'il sera établi des états provinciaux dans tout le royaume;

« Que ces états particuliers seront chargés de l'assiette et de
« la répartition de tous les subsides, et généralement de toutes
« les parties d'administration qui concernent leurs provinces;

« Que le régime de toutes les municipalités, tant des villes que
« des campagnes, sera analogue à celui des états provinciaux,
« et que, dans l'un et l'autre, les représentants seront élus pour
« un temps limité[1]. »

A ces vœux pour l'établissement d'une constitution d'États, qui était alors désirée de tous, et qui, soit par la faute des hommes, soit par la force des circonstances, fut bientôt jugée impossible, l'assemblée des deux bailliages réunis en joignit d'autres que nous avons vus s'accomplir, nos pères et nous, de telle sorte qu'ils sont maintenant des dispositions de nos lois civiles, une partie de nos mœurs, ou des garanties inhérentes en France au régime constitutionnel; les voici :

[1] Tome III, pages 381, 382, 383.

« Les députés demanderont l'affranchissement absolu des serfs « et mainmortables, et l'abolition de toute servitude personnelle « dans le royaume;

« Ils demanderont que l'édit de novembre 1787, qui assure « aux non-catholiques un état civil en France, soit sanctionné « par l'assemblée des États généraux;

« Ils proposeront à l'assemblée des États d'arrêter que la presse « soit libre dans tout le royaume;

« Ils demanderont que les ministres soient responsables et « comptables;

« Ils demanderont l'admission du tiers état à tous les grades « militaires dans le service tant de terre que de mer;

« Ils demanderont qu'il soit formé un code civil et criminel « le plus simple possible, et uniforme pour tout le royaume;

« Ils demanderont que tous les impôts, de quelque nature « qu'ils puissent être, soient payés sans distinction d'ordre, de « rang, de condition ni de priviléges [1]. »

[1] Tome III, pages 383, 384, 388, 389 et 399.

MONUMENTS INÉDITS

DE

L'HISTOIRE DU TIERS ÉTAT.

CHARTES, ORDONNANCES, COUTUMES, STATUTS, RÈGLEMENTS,
ET AUTRES ACTES

CONCERNANT

L'HISTOIRE MUNICIPALE D'AMIENS.

XVIIe SIÈCLE.

I.

PROCÈS-VERBAL DES ÉLECTIONS MUNICIPALES DE L'ANNÉE 1600.

Le procès-verbal suivant des élections de l'an 1600 fait connaître comment fut exécuté à cette date le règlement de 1597. On y voit que les anciens membres de la municipalité, les conseillers de ville, les capitaines et chefs de portes, nommèrent cinq des sept échevins conservés par l'édit royal, et que les deux derniers furent choisis par le gouverneur d'Amiens et les gens du roi [1].

L'an mil six cens, le vingt-quatriesme jour de septembre, par devant nous François de l'Isle, chevallier de l'ordre du roy, seigneur de Traignel, gouver-

1600.
24 septembre

---

[1] Le 10 février 1610, Henri IV donna des lettres-patentes prescrivant aux trésoriers généraux de Picardie de ne plus exiger de compte des deniers communs et autres des maires et échevins d'Amiens. (Arch. de l'hôtel de ville d'Amiens, liasse c 4, n° 14, dans l'invent. de Gresset.)

neur pour sa majesté des ville et citadelle d'Amiens, et Vincent le Roy, seigneur d'Argillières et Foucquecourt, conseiller du roy, lieutenant général au bailliage et siége présidial d'Amyens, commissaires de par le roy en ceste partie, en la présence de maistre Jacques d'Araynes, greffier civil dudit bailliage, se sont présentez maistres Vincent Hannicque, Jehan le Couvreur et Pierre de Famechon, advocatz et procureur du roy audict bailliage, quy nous ont remonstré que, suivant la voulenté du roy, portée par ses lectres patentes et reiglement faict en son conseil au mois de novembre mil cincq cens quatre-vingtz et dix-sept pour la nomination et eslection des eschevins de ceste ville, quy se doibt faire chacun an le vingt-cinquiesme de ce mois, auquel jour estoit besoing procedder à la création des eschevins pour l'année prochaine, pourquoy ilz requéroient estre par nous proceddé à l'exécution desdictes lettres patentes, et à ceste fin que les publications soyent faictes pour assembler les eschevins estans de présent en charge, conseilliers de ville, cappitaines et chefs de portes, pour procedder par brevet à ladicte nomination à demain trois heures, et après estre proceddé au recœul des voix et nominations contenues esditz brevetz, pour ceux quy se trouveront plus nommez demeurer eschevins en l'année prochaine, suivant et conformément ausdictes patentes et reiglement, ce que leur avons accordé.

Et suivant ce, de nostre ordonnance, a esté ledit jour publyé par le commis du greffier dudit bailliage, à son de trompe et cry publicq par les carfours ordinaires et extraordinaires de ladite ville, commandement ausdits eschevins estans en charge, conseilliers de ville et cappitaines establis aux quartiers d'icelle ville, de se trouver en l'auditoire dudit bailliage au lendemain deux attendant trois heures, mesmes ausditz cappitaines de faire signiffier aux habitans de leur compagnie dénommez ès roolles à eux envoiez et non autres de eulx trouver au mesme lieu et heure, pour prester le serment de nommer par brevetz, au même instant après le serment, cinq personnes capables pour demeurer eschevins l'année prochaine, et néantmoings, pour parfournir le nombre de sept, deux des antiens eschevins quy auront esté en charge en l'année précédente seront choisis et esleux par nous et autres dénommez audit règlement, le tout conformément au voulloir et intention de sa majesté.

Et ledict jour de lendemain, trois heures après midy, nous, assistez de maistres Jacques Picard, lieutenant criminel audit bailliage et conseiller de ville, Anthoine Picquet, lieutenant particulier, Jehan de Mons et Jehan de Collemont, conseillier audit bailliage, desditz Hannicques, Couvreur et Famechon, advocatz et procureur du roy, et d'Araynes, greffier, nous sommes transportez en l'auditoire dudit bailliage, où se sont aussy trouvez en suivant ladicte publi-

XVIIe SIÈCLE.

cation maistre Adryan de Mareul, Robert de Sachy, Loys Petit, Jehan Thierry, Flourent de Louvencourt, Baptiste Roche et Anthoine Pingré, eschevins de ceste présente année, maistre Nicolas le Scellier, procureur fiscal, Nicolas Roche, advocat, et Charles Delessau, greffier de ladicte ville, avecq plusieurs desdits cappitaines et chefz de portes, ausquelz eschevins, conseilliers de ville, cappitaines et chefs de portes présentz et assemblez en ce lieu au son de la cloche du beffroy, avons faict prester le serment de nommer promptement par brevets chacun d'eulx cinq personnes capables pour demeurer eschevins ceste année, sans acception de personne ny autres considérations que le service du roy et bien du public, ce qu'ilz ont promis et juré faire.

Ce faict, lesdits eschevins, conseillers de ville, cappitaines et chefs de portes présens et comparans nous ont présenté chacun ung brefvet portant les nominations par eulx faites desdits eschevins, lesquelz brevetz ont esté paraphez par ledit d'Araynes, greffier dudit bailliage, et Delessau, greffier de ladicte ville, et iceulx brevetz mis et enfermez dans un coffre pour ce destiné, fermant à trois clefs, lesquelles sont demeurées, l'une par devers nous gouverneur, une autre pardevers ledit de Mareul, et l'autre par devers ledit de Famechon, procureur du roy, jusques au lendemain que nous avons continué l'assignation à deux heures pour faire le receul des voix et nominations portées par lesditz brevets.

Et ledict jour de lendemain, vingt-cincquième jour dudit mois de septembre, à ladicte heure, nous gouverneur de ladicte ville d'Amyens et Vincent le Roy, lieutenant général audit bailliage, nous sommes transportez en l'auditoire dudit bailliage, assistez desditz Picard, lieutenant criminel, Picquet, lieutenant particullier, Jehan de Mons, Jehan de Collemont et Melchior Fouache, conseiller, Hannicque, Couvreur et Famechon, advocatz et procureur du roy, et d'Arayne, greffier dudit bailliage, où estoient aussy lesditz de Mareul, Sachy, Petit, Thierry, Louvencourt, Roche et Pingré, eschevins, lesditz Scellier, procureur fiscal, Roche, advocat, et Delessau, greffier de ladite ville, et grand nombre de pœuple assemblé audit auditoire au son de la cloche du beffroy de ladite ville.

En la présence desquelz a esté faicte ouverture du coffre dans lequel le jour d'hier ont été mis les brevets présentés par lesdits eschevins, conseilliers de ville, cappitaines et chefs de portes, adfin de faire le receul des voix et nominations y contenues, et à ceste fin avons faict prester le serment ausdits d'Arayne, greffier dudit bailliage, Delessau, greffier de la ville, et à maistre Ricard, Jehan Martin, Martin de Miraulmont et Jehan Roche, procureur audit bailliage, comme pour scrutateurs, avecq lesditz greffiers, de faire bon et fidel

1.

recœul et rapport des voix et nominations contenues esdits brevets, desquelz lecture a esté faicte à haulte voix par ledit Scellier, procureur fiscal, et le recœul des nominations y contenues faictes par lesdits greffiers et scrutateurs.

Ce faict, après le compte desdites voix et nominations faict en notre présence des dessus nommez eschevins et de tout le peuple assemblé audit auditoire, a esté ordonné que les maistres Adryan de Mareul, conseiller, Jehan Cordelois, Lois Petit, Baptiste Roche, Anthoine Pingré, maistre François Moreau et maistre Jehan de Mons, comme plus nommez, demeureront eschevins de ladite ville pour ceste année, et à ceste fin mandez et comparans pardevant nous ont presté le serment de bien et fidellement administrer et s'aquiter de ladite charge d'eschevin pour le service du roy, et ordonné que extrait du présent procès-verbal contenant la nomination et prestation de serment d'eschevins sera envoyé à sa majesté, pour déclairer et nommer cellui des sept susnommez qu'elle vouldra estre honoré du nom et tiltre de premier eschevin.

Au surplus, nous avons commis et esleu Jehan Boullet, bourgeois d'Amiens, pour receveur des deniers patrimoniaux de ladite ville, suivant qu'il nous est mandé et permis par lesdites patentes et rieglement de sa majesté, auquel Boullet, pour ce mandé et comparant par devant nous, avons faict prester le serment en tel cas requis et acoustumé.

Et le quatriesme jour de novembre audit an, par devant nous Vincent le Roy, lieutenant général audit bailliage, pour l'empeschement dudit sieur gouverneur, se sont présentez lesdits Hannicque, Famechon, advocat et procureur du roy, qui nous ont remontré que le roy, ayant leu l'extrait des nominations desdits eschevins, a déclairé avoir agréable ladite nomination et veult que ledit Anthoine Pingré demeure premier eschevin et qu'il soit recongneu et tenu pour tel entre les autres, requérans lesdits advocat et procureur du roy l'exécution de ladite déclaration et que ledit Pingré soit mandé pour prester le serment, ce que leur avons accordé; et à ceste fin nous, assisté desdits Picard, lieutenant criminel, Picquet, lieutenant particullier, desdictz advocat et procureur, et Pierre d'Araynes, commis du greffier civil dudit bailliage, et des procureur fiscal, advocat et greffier de ladite ville, nous sommes transportez en l'auditoire dudit bailliage, où estans, en la présence de grand nombre des habitans de ladite ville illecq assemblez au son de la cloche, avons mandé ledit Pingré pour prester le serment. Lequel Pingré en l'instant est comparu, assisté desdits de Mareul, Cordellois, Petit et Moreau, eschevins, a presté le serment et promis de bien et deubment faire son debvoir de ladite charge de premier eschevin en ceste année, et s'y gouverner comme bon et fidel serviteur du roy, garder les ecdits et ordonnances et rieglemens faicts par sa majesté, veiller à tout ce qu'il congnoistra estre du service d'icelle, repos et seuretté de ladite ville, maintenir et conserver les habitans en paix et union et advertir monseigneur le conte de Saint-Pol, gouverneur et lieutenant général en ceste province et en son absence ledit sieur de Traignel, gouverneur de la ville, de tout ce quy viendra à sa congnoissance important au service de sa majesté, bien et repos de ladite ville, et administrer loiallement les deniers de ladite ville aux affaires qui sont destinez, sans les divertir ny employer à autre occasion, selon qu'il est porté par les reiglements, et génerallement se comporter en icelle charge comme ung homme de bien doibt faire.

Et plus avant n'a esté proceddé, certiffians ce que dessus avoir ainsy esté par nous faict les jours et an dessusdits. Signé : D'ARAYNES, avec paraphe.

<small>Copie certifiée aux archives de l'hôtel de ville d'Amiens, liasse non inventoriée en 1732, et intitulée *Procès-verbaux pour le renouvellement de la loi.*</small>

II.

INCIDENTS SURVENUS DURANT LES ÉLECTIONS FAITES AU BAILLIAGE D'AMIENS POUR LES ÉTATS GÉNÉRAUX DE 1614.

La mort de Henri IV, en 1610, et la faiblesse du gouvernement de Louis XIII, mineur, sous la régence de Marie de Médicis, donnèrent lieu à une sorte d'anarchie aristocratique, pendant laquelle les princes mécontents se retirèrent dans les provinces, et menacèrent de commencer la guerre civile. Un traité de pacification signé à Sainte-Menehould le 13 mai 1614, ramena le calme; et, pour trouver les moyens de prévenir de nouveaux troubles et de rétablir l'ordre dans les finances, les états généraux furent convoqués au 25 août suivant dans la ville de Sens. Cette assemblée, ajournée par suite de différentes circonstances, s'ouvrit seulement le 27 octobre, non point à Sens, mais à Paris, ainsi que la reine régente l'avait décidé. Nous possédons, au sujet de ces états, les procès-verbaux de plusieurs délibérations de l'échevinage d'Amiens, depuis le 24 juillet 1614 jusqu'au 23 octobre 1615. Elles ont presque toutes rapport à la place assignée aux magistrats municipaux par le lieutenant général, dans la salle de l'assemblée électorale. Les échevins, mécontents que l'on eût mis les membres du présidial à un rang plus élevé qu'eux, véritables représentants de la ville capitale du bailliage, refusèrent d'assister aux réunions, protestèrent contre la validité des élections faites sans leur participation, appelèrent au parlement pour le maintien de leurs droits, et résolurent de rédiger à part des cahiers de doléances destinés à être présentés aux états généraux [1].

1614.

Veu l'exploit faict à messieurs, comme représentant le corps et communauté de laditte ville, pour eux trouver à l'assemblée des estats du bailliage d'Amiens, a esté ordonné que tous messieurs les eschevins se trouveront à ladite assemblée en corps.

1614.
27 juillet.

Le dimanche 27 juillet 1614, en la chambre du conseil de l'hostel commun de la ville d'Amiens, où estoient appellés sire Anthoine de Berni, ancien mayeur, premier eschevin, maistre Florent de Louvancourt, Me Jehan de Mons, Me François le Séneschal, Jehan Cordelois et Jehan Lucas, eschevins, présent Charles Delesseau, greffier d'icelle ville;

Sur ce qu'il a esté dit que ce jourd'hui, après vespres, monsieur le lieutenant général se doibt trouver en la salle de la Mallemaison pour y désigner les places des appellés aux estats du bailliage d'Amiens, et qu'il a faict dire à messieurs les eschevins qu'ils y envoient quelqu'ung d'entre eulx pour y assister, affin de voir la place qui leur sera accordée, a esté ordonné que lesdits sieurs premier eschevin, de Louvancourt et Séneschal, eschevins, se trouveront audit lieu et supplieront mondit sieur le lieutenant général de donner au corps de ville d'Amiens le premier lieu du tiers-estat, et que si messieurs du présidial y veullent assister, qu'ils se doibvent mettre aux costés dudit sieur lieutenant, comme ne faisant qu'ung avec lui, et non en la place des appellez pour le tiers-estat, s'ils n'y vœullent comparoir avec le corps de ville comme habitants.

1614.
28 juillet.

Le vingt-huitiesme jour de juillet mil six cent quatorze, en la chambre du conseil de l'hostel commun de la ville d'Amiens, où estoient assemblés sire Anthoine de Berni, ancien maieur, premier eschevin, Me Florent de Louvencourt, Me François le Séneschal, Jehan Cordelois et Jehan Lucas, eschevins, en la-

---

[1] Au mois de février 1614, Marie de Médicis écrivit aux échevins d'Amiens pour leur demander avis sur le mécontentement du prince de Condé, leur annoncer qu'elle s'était efforcée de ramener le prince, les assurer qu'elle n'avait rien fait pour occasionner ce mécontentement, et leur recommander de rester unis. — Les échevins chargèrent M. de Crespy-Longueval, porteur de la lettre, d'assurer la reine de leur dévouement. (Arch. de l'hôtel de ville d'Amiens, liasse c 8, 3e dossier, pièce 49, invent. de Gresset.) — Dépêche de Marie de Médicis aux Amiénois, du 25..... 1614, où il est question d'une lettre écrite à ceux-ci par M. de Longueville, et de l'espoir qu'elle a que, dans l'avenir, les déportements dudit Longueville lui donneront plus de satisfaction. (Arch. de l'hôtel de ville d'Amiens, liasse cotée D 12, pièce n° 18.)

quelle assemblée se sont aussi trouvés M. le général de Lan, M. le général
Gautier, M⁰ François Moreau, président en l'élection, et M⁰ Charles Gorguette,
lieutenant en l'élection, M⁰ Augustin Perdu, avocat de ladite ville, présent
Charles Delesseau, greffier; sur le récyt qui a esté faict que monsieur le lieutenant général a désigné la place de messieurs les conseillers du siége présidial
en l'assemblée des estats du bailliage qui se doibt tenir ce jourd'hui, et ce au-
dessoubs de messieurs de l'église, qui est le lieu du tiers ordre, auquel tiers
ordre le corps de ville, comme représentant la ville capitale du bailliage, doibt
avoir le premier lieu, et que ledit sieur lieutenant a désigné la place du corps
de ville en lieu plus bas, dont messieurs les eschevins ne s'estans contenté,
ledit sieur lieutenant n'a voulu leur promettre autre séance, et après avoir délibéré sur ceste affaire, a esté advisé par la compagnye que lesdits sieurs eschevins se trouveront en corps en ladite assemblée et requerront avoir la première
séance du tiers ordre, qui est celui à main droite au-dessoubs de messieurs
d'église, comme estant le corps de ville seul appellé représentant le corps et
communaulté de ladite ville, et que les lettres soient leues pour cognoistre de
l'addresse d'icelle, d'autant qu'elles s'addressent à monsieur le bailli d'Amiens
ou son lieutenant singulièrement et non au siége présidial, et que messieurs
les lieutenant criminel et particulier et conseillers du siége n'y doivent avoir
autre séance, sinon comme compris au nom des habitans, joinct mesmes qu'ils
n'y sont appellés ni les autres corps particuliers, comme messieurs les président
et trésoriers de France, les président, lieutenant et élus et les grénetiers et
contrôleurs, et que aux assemblées qui se sont faictes pour mesme subject dans
la ville de Paris et autres villes de ce royaume, le corps de ville y a eu le premier lieu du tiers ordre, et où ledit sieur lieutenant ne leur accordera ladite
requeste, ils appelleront, protesteront de nullité de tout ce qui se fera en ladite
assemblée et se retireront d'icelle.

En parlant audit eschevinaige de l'exploit d'inthimation faicte à la requeste
de messieurs les présidiaulx à messieurs les échevins appellants de l'ordonnance
faicte par monsieur le lieutenant général, en l'assemblée des estats du bailliage
d'Amiens, a esté arresté que ledit exploit sera envoyé à M⁰ Loys Fournier,
procureur au parlement, pour faire la présentation de la cause.

1614.
4
septembre.

En ceste assemblée, M. le premier eschevin a dict à la compagnie que cejourd'hui ayant salué monseigneur le duc de Longueville, gouverneur et lieutenant général pour le roi en la province de Picardie, il lui a dict qu'il avoit
entendu de messieurs de la justice de ceste ville qu'il y avoit de la division
entre eulx et le corps de ville pour raison de l'assemblée des estats, et qu'il les

1614.
17
septembre.

voulloit oyr l'un devant l'autre pour les accorder et faire cesser les inimitiez qu'ils ont l'un contre l'autre, et a ledit sieur premier prié la compagnie de délibérer ce qu'ils diront là-dessus à mondit seigneur le duc de Longueville. Sur quoi a esté advisé que deux de messieurs les trésoriers généraux de France, deux de messieurs les élus et les anciens premiers eschevins seront appelés pour donner leur advis à mesdits sieurs sur ceste affaire.

Le xviii° jour de septembre mil six cent quatorze, en la chambre du conseil de l'hostel commun de la ville d'Amiens, où estoient assemblés messieurs les eschevins de laditte ville, et avec eulx M° Jehan Dehertes, trésorier général de France en Picardie, M° François Moreau, président en l'élection, M° Charles Gorguette, lieutenant en l'élection, Anthoine Pingré, M° Anthoine d'Ippre et Jacques Cornut, anciens premiers eschevins, M° Augustin Perdu, avocat de laditte ville, présent Charles Delesseau, greffier d'icelle.

Monsieur le premier a faict entendre à la compagnie que, le jour de hier, monseigneur le duc de Longueville, gouverneur et lieutenant général pour le roi en la province de Picardie, lui dict qu'il avoit entendu que messieurs de la justice et le corps de ville avoient des différents ensemble pour ce qui est arrivé en l'assemblée des estats, et qu'il les voulloit accorder, affin d'oster l'inimitié qui estoit entre eulx, pour ce faire qu'il désiroit les oyr l'un devant l'aultre; à quoy ledit sieur premier lui auroit faict réponse qu'il en communiqueroit à ses confrères; ce qu'aiant fait, ils ont délibéré de faire ceste assemblée pour prendre advis de ce qu'ils respondront à mondit seigneur. Sur quoi, après le procès-verbal de l'assemblée des estats touchant le différent de la ville avec messieurs les présidiaulx, a esté veu ensemble la signification faicte auxdits eschevins de la députation que messieurs de la justice ont faitte pour dresser les cahiers et recevoir les plainctes, a esté advisé que mondit seigneur le duc de Longueville sera très-humblement remercié de la bonne affection qu'il a au bien de la ville, et sera très-humblement supplié de croire que, pour le subject de l'assemblée des estats ni pour aultre subject, le corps de ville n'a aucune inimitié contre messieurs de la justice, lesquels ils n'empêchent point de faire tels cahiers qu'ils voudront, mais, par ce que ce qu'ils font et ce qu'ils ont faict et ce qu'ils feront en conséquence est notoirement nul pour n'y avoir esté les formes ordinaires observées, le corps de ville n'y pœut assister, et que le corps de la ville fera ung cahier de ses plaintes et dolléances en la forme accoustumée, et pour ce faire qu'ils feront assemblée des principaulx habitants de la ville, et que partant ce différend se pœult malaisément accorder par mondit seigneur.

Sy a esté advisé que l'appellation interjetée par messieurs les eschevins et sur laquelle ils ont esté anticipés à la requeste de messieurs les présidiaulx sera poursuivie et, si faire se pœult, sera obtenu évocation au conseil.

Le xive jour d'octobre, an m. vi^c xiv, en la chambre du conseil de l'hostel commun de la ville d'Amiens, où estoient assemblés Anthoine Pingré, Me Anthoine d'Ippre, Me François le Seneschal, Me Jacques Vacquette, Jehan Lucas, eschevins, Me Nicolas Roche, procureur fiscal, en laquelle assemblée ont esté mandés messieurs les consilliers de ville et s'y sont trouvés messieurs de Lan et de Mons.

Sur ce qu'il a esté proposé que les estats généraulx de ce royaulme s'assemblent en la ville de Paris, et que le cahier du tiers estat du bailliage d'Amiens a esté faict par messieurs les officiers du roi au bailliage d'Amiens, qui se sont depputés eux-mêmes pour dresser lesdits cahiers au préjudice du tiers estat et particulièrement de ceste ville, et qu'il est à croire que, par le cahier qu'ils ont faict, ils n'ont représenté toutes les plainctes et dolléances qu'il est besoing que la ville fasse auxdits estats; qu'en pareil cas il s'est faict un cahier particulier où ont esté mis les plainctes de la ville, qui a esté envoié aux estats qui se sont tenus ci-devant, et si pour ce faire il sera faict plus grande assemblée. Sur quoi, pris l'advis de la compagnie, a esté advisé qu'il se fera ung cahier particulier des plainctes, dolléances et remonstrances que la ville a à faire au roi, pour estre porté en l'assemblée des estats.

Et que pour ce faire il sera faict assemblée dans l'hostel de ville de messieurs les eschevins, messieurs les conseillers de ville, deux de messieurs les trésoriers généraux, deux de messieurs les élus, messieurs les grenetier et contrôleur, deux anciens advocats, deux anciens procureurs et de quelques bourgeois et marchans, et que pour avoir permission de faire ceste assemblée, M. Pingré, eschevin, en fera la requeste à monseigneur le duc de Longueville, gouverneur et lieutenant général pour le roi en la province de Picardie.

Et le xve jour d'octobre 1614, messieurs les eschevins estants assemblés en la chambre du conseil de l'hostel commun de laditte ville, M. Pingré, eschevin, a rapporté que, suivant la délibération faicte le jour de hier en l'assemblée faicte dans l'hôtel de ville, il a supplyé monseigneur le duc de Longueville, gouverneur et lieutenant général pour le roi en cette province, de donner permission de faire l'assemblée advisée le jour de hier, et que mondit seigneur le duc de Longueville lui a dict qu'il falloit différer ceste assemblée, et que lorsqu'il en seroit temps il en donneroit advis à messieurs les échevins; oy lequel rapport, a esté advisé qu'il en sera sur ce attendu le commandement de mondit seigneur.

T. III.

1615.
15
janvier.

Veu la commission obtenue par messieurs pour évocquer au conseil privé du roi la cause d'appel d'entre messieurs appellants et les lieutenant criminel, particulier et conseillers du siége, pour raison de ce qui s'est passé en l'assemblée des estats de ce bailliage, a esté ordonné qu'il sera sursis à faire assigner lesdits sieurs au conseil pour quelque temps.

1615.
4
juin.

A esté ordonné que l'arrest d'évocation obtenu par messieurs contre messieurs les présidiaulx sera mis ès mains d'un sergent pour mettre à exécution.

1615.
23
octobre.

Veu l'envoi faict à laditte ville, portant commandement de payer cinquante livres pour partie de la taxe faite à M. le lieutenant général député aux estats, a esté ordonné que lesdites 50 livres seront payés.

<small>Recueil des actes estants aux archives de la ville d'Amiens relatifs à la tenue des estats généraux, Mém. de M. Janvier, conservé aux arch. de l'hôtel de ville d'Amiens.</small>

III.

DÉLIBÉRATION DE L'ÉCHEVINAGE D'AMIENS SUR LA QUESTION DE SAVOIR SI UNE PERSONNE NÉE HORS DE LA VILLE POUVAIT ÊTRE NOMMÉE PREMIER ÉCHEVIN.

De temps immémorial, les Amiénois avaient choisi pour maire des personnes originaires de leur ville, et cet usage avait fini par prendre en quelque sorte force de loi. Cependant, en 1614, Me Jean Deherte, trésorier général de France, qui n'était point né à Amiens, ayant été nommé échevin, les magistrats municipaux firent des démarches pour la conservation de l'usage ancien, qu'ils considéraient comme formant un privilége précieux. Ils s'adressèrent d'abord au duc de Longueville, gouverneur de Picardie, et tout en reconnaissant que le droit réclamé par eux n'était appuyé sur aucune mention écrite et authentique, ils soutinrent qu'il avait pour base une coutume suivie depuis des siècles, et toujours respectée par les gouverneurs de la province. Le duc de Longueville promit de faire ratifier ce droit par un arrêt du conseil; et l'échevinage, voulant s'assurer toute chance de réussir, décida, dans la séance dont nous donnons le procès-verbal, qu'on en écrirait au maréchal d'Ancre, gouverneur d'Amiens [1].

<small>[1] Le maréchal d'Ancre, Concino-Concini, était gouverneur d'Amiens depuis l'année 1611. Voy. une lettre de Louis XIII aux échevins d'Amiens, pour leur annoncer la promotion du marquis d'Ancre</small>

XVIIᵉ SIÈCLE.

Le dernier jour de septembre mil six cents quatorze, en la chambre du conseil de l'hostel commun de la ville d'Amyens, où estoient assemblés Anthoine Pingré, etc., eschevins, présent Charles Delesseau, greffier.

1614.
30 septembre

En ceste assemblée a esté proposé que Mᵉ Jehan Deherte, trésorier général de France, nommé eschevyn de ladite ville le jour de S. Firmin dernier, dillet (diffère) de faire le serment d'eschevyn, et qu'il y a apparence qu'il ne désire pas d'estre en ceste charge, pour estre le dernier de la compagnye, ainsy qu'il seroit s'il y entroyt, mais que sy, sur la lyste envoyée au roy pour faire élection du premier eschevyn, il estoit choisy et nomé pour estre le premier, alors il pourroit accepter la charge, laquelle à présent il ne refuse pas et n'accepte pas; et d'autant que ledict sieur Deherte n'est natif de ceste ville, et que de tout temps ès charges de maieur et premier eschevyn il ne s'y est commis autres personnes que ceulx natifs de la ville, que c'est ung privilége quy est demeuré entier et conservé jusques aujourd'huy aux enfants de la ville, que messieurs les gouverneurs ont pris en affection de les y conserver, a esté advisé que monseigneur le duc de Longueville, gouverneur et lieutenant général en ceste province de Picardye, sera très-humblement supplyé d'avoir agréable que ce privilége soit conservé et qu'il luy plaise escrire au roy en faveur d'icelluy; laquelle remonstrance a esté à l'instant faicte à mondict seigneur en son hostel, où messieurs les eschevins se sont transportés en corps. Après laquelle, mondict seigneur leur a dict que, par l'édict de réduction de ceste ville en l'obéissance du roy, il n'est faict aucune mention de ce privilége, et sur ce qu'il a esté remonstré à mondict seigneur que par tous les anciens priviléges de ladite ville il n'en est rien dict, mais que c'est ung privilége de sy longtemps observé qu'il faisoit loy, joinct que, par ledict édict, il est porté que les eschevins sont créés ad instar de la ville de Paris, et qu'il est certain que le prévost des marchans et les eschevins de Paris sont toujours pris de personnes natives de la ville, mondit seigneur leur a promys faire donner ung arrest du conseil pour ledict privilége pour l'avenir, et estans messieurs les eschevins retournés dans l'hostel de ville, ilz ont advisé que sur le mesme subject il en sera escript à monsieur le mareschal d'Ancre, gouverneur de la province.

Arch. de l'hôtel de ville d'Amiens, LIXᵉ reg. aux délibérations de l'échevinage coté т, fol. 193.

aux états de bailli, gouverneur et capitaine d'Amiens, et leur mander de le bien recevoir (6 août 1611), et une de Marie de Médicis, dans le même sens (août 1611). Arch. de l'hôtel de ville d'Amiens, originaux en parchemin, liasse D.12, pièces 15 et 16.

IV.

RÈGLEMENT ÉTABLI PAR L'ASSEMBLÉE ÉCHEVINALE POUR LA GARDE DE LA VILLE D'AMIENS.

Le 21 juillet 1615, au moment où des bruits de guerre civile imminente se répandaient par toute la France, les membres de l'échevinage d'Amiens, d'accord avec M. de Longueval, lieutenant du maréchal d'Ancre, et avec les officiers des compagnies bourgeoises, rendirent sur la garde de la ville une ordonnance dont voici les principales dispositions [1].

Chaque jour la cloche de l'échevinage, placée au beffroi, avertira les habitants qui seront de garde de se rendre à leurs postes respectifs, et donnera le signal pour l'ouverture des portes de la ville.

Le capitaine, le lieutenant ou l'enseigne de la compagnie qui sera de garde fera une ronde la nuit, et, le jour, visitera deux fois les corps de garde des trois portes. Il remettra chaque jour au duc de Longueville, gouverneur de Picardie, la liste des personnes de marque entrées dans Amiens. Cette liste, dressée par les chefs de portes, servira à vérifier l'exactitude des rapports faits par les hôteliers.

Les bourgeois devront être tous bien armés, et leurs armes ne pourront être saisies par justice sous quelque prétexte que ce soit [2], ni vendues par eux.

En cas d'alarme, les *habitants portiers* se réuniront en diligence à leurs postes accoutumés, et si l'alarme a lieu de nuit, chacun devra éclairer sa maison. Dans ce cas, il est défendu aux forains de sortir

---

[1] Le 7 novembre 1612, dans une assemblée composée des échevins d'Amiens et de M. de Riberpré, lieutenant du marquis d'Ancre, fut faite une ordonnance, d'après laquelle les Amiénois sont tenus de se rendre en armes dans leurs quartiers en cas d'alarme; cette pièce contient l'indication des lieux où les douze compagnies et les quatre compagnies privilégiées doivent s'assembler. (Arch. de l'hôtel de ville d'Amiens, liasse G 8, dossier 3, pièce 2, invent. de Gresset.) — On trouve dans le même dossier, pièce 1, des détails sur la compagnie bourgeoise de M. de Louvencourt, sur les fonctions du capitaine, des lieutenants, etc. — Lettre du roi aux échevins et habitants d'Amiens, pour leur mander de faire bonne garde dans leur ville contre les duc de Longueville, maréchal de Bouillon et autres du même parti. 1615, 1ᵉʳ juillet. (Arch. de l'hôtel de ville d'Amiens, liasse cotée D 12, pièce n° 25.)

[2] Voy. l'article 592 de notre Code d'instruction criminelle.

des hôtels où ils logent et de descendre dans les rues, sous peine de mort ; les hôteliers ont ordre de s'opposer à leur sortie par tous les moyens. Suivent des prescriptions relatives aux précautions à prendre pour éviter les surprises, soit le matin à l'ouverture des portes, soit pendant la journée. On empêchera d'entrer avec des arquebuses, des pistolets ou autres armes les étrangers non munis de passeports, et, en vertu d'une disposition spéciale, inspirée probablement par le souvenir de la surprise d'Amiens en 1597, les citoyens chargés de la garde devront examiner soigneusement si les charretiers qui voudraient entrer dans la ville ne sont point déguisés, ou s'ils n'ont point des armes et des munitions cachées dans leurs voitures.

Le vingt-ungiesme jour de juillet mil six cens quinze, en la chambre du conseil de l'hostel commun de la ville d'Amyens, où estoient assemblés messieurs les eschevins, M. de Longueval, lieutenant de monseigneur le maréchal d'Ancre au gouvernement de ceste ville, et les cappitaines et lieutenans des compagnyes des bourgeois de ceste ville, ont esté faictes les ordonnances pour la garde de la ville ainsy qu'il s'ensuit :

1615.
21 juillet.

Par chacun jour il sera sonné une cloche du beffroy, quy est celle de l'eschevinage, pour advertir les habitans de l'assiette de la garde et ouverture des portes, lesquelles ne seront fermées ny ouvertes que le son de la cloche ne soit cessé.

Le cappitaine, lieutenant ou enseigne de la compagnye qui sera de garde, seront tenus assister à l'assiette de la garde, laquelle se fera au son de la cloche.

Lesdits cappitaine, lieutenans ou enseigne dont la compagnye sera de garde, seront tenus faire une ronde la nuyt à l'heure quy luy sera ordonnée et faire la revue deux fois le jour des corps de garde des trois portes de la ville.

Et faisant lesdites rondes et revues, il fera note des absens et en rapportera le roolle dans l'hostel de ville pour estre lesdits absens punis.

Les chefz de porte feront mettre par escript les noms des personnes signallées quy entreront dans la ville et en bailleront le roolle au cappitaine, lieutenant ou enseigne, quy le portera aussytost à monseigneur le duc de Longueville, gouverneur et lieutenant général pour le roy en ceste province de Picardye, pour congnoistre sy les hostelliers font fidel rapport par les brefvetz qu'ilz portent à mondit seigneur.

Il est enjoinct à tous les habitans, sans aucuns en excepter, d'avoir armes suffisantes et bastons de deffences pour la garde et seureté de la ville, et ne poeuvent telles armes estre exploictées et prises par exécution, pour quelque cause que ce soit, ny estre vendues par lesdits habitants.

Les chefz de porte seront pardessus les autres mieulx armés et équipés, et auront le soing que leurs compagnons portiers soient bien armés selon leurs facultés, et pour ce faire seront lesdits nommés souvent visités par les chefz de porte.

Il est enjoinct à tous les habitans portiers de eulx informer dilligemment de leurs chefs de porte, aux previlégiez de leurs cappitaines et aux gens du guet de leurs diziniers, des lieux et endroictz où ils sont establis en cas d'allarme ou d'effroy;

Et audit cas d'allarme ou d'effroy, d'eulx trouver dilligemment armés et embastonnés, obéyr à leurs chefs de porte ou diziniers, et lesdits chefz de porte et diziniers aux cappitaines, et lesdits cappitaines recevront le commandement de monseigneur le gouverneur ou de son lieutenant.

L'alarme ou effroy survenant de nuyt, il est enjoingt aux habitans faire mestre de la lumière à leurs huis et à ceulx quy ont charge de quelques fallotz de les allumer prestement.

Est deffendu aux forains quy seront pour lors dans la ville de eulx trouver avant les rues et places de ladite ville, ains demeurer en leurs hostelleryes ou ailleurs où ilz seront logez, sur peine de la vye, et est enjoingt à leurs hostes de les advertir de ladite ordonnance et ne leur permestre en sorte quelconque sortir de leurs maisons en cas d'effroy ou allarme.

Seront tenus tous les habitans eulx trouver en personne armés et embastonnés à la garde de la ville, sans pouvoir quiter ladite garde ny s'en départir pour quelque cause ou occasion que ce soit, que ce ne soit par permission du chef, lequel congé ne sera donné que pour cause urgente et nécessaire; deffence de tirer aucun arquebuse ou mousquet lors de l'assiette de la garde.

Par avant faire ouverture de la porte, le chef fera descouvrir de dessus de la porte, pour congnoistre s'il y a assemblée et trouppe de gens aux champs.

Avant ouvrir le tapecul, il doibt faire sortir trois ou quatre de ses compagnons par le guichet, pour aller descouvrir ès environs de la porte aux champs et aux maisons prochaines, pour le doubte des embuscades.

Posera de deux heures en deux heures une sentinelle de deux hommes armés et embastonnés à la première barrière du costé des champs et ung autre de deux hommes à la barrière du costé de la ville, pour congnoistre et veoir ceulx qui en sortiront et, sy besoing est, fermer hastivement lesdites barrières.

Tiendront le long dudit jour le tapecul abaissé et ouvriront le guichet, pour par icelluy faire entrer les gens de pied et le lever, quand il sera besoing, pour le charroye et gens de cheval.

Visiteront ceulx quy entreront et sortiront et ne leur permeteront passer avec arquebuze, pistolletz et autres armes prohibées, sans bon passeport ou que ce ne soit quelque seigneur qu'il soit congnu et quy ne doibve par honneur estre recherché.

Prendront garde songneusement sy les chartiers et autres qui voudront entrer seront poinct desguisés, et sy sur le charroy y aura poinct quelques armes et munitions cachées, et est deffendu à toutes personnes faire entrer et sortir de la ville aucunes armes cellement et en cachette, sans en advertir les portiers, et en avoir bon passeport.

Prendront lesdits portiers leur repas sobrement la moictyé d'entre eulx, pendant que les autres continueront la garde, et par après l'autre moityé quant les premiers seront rentrés en garde, pendant laquelle ilz demeureront tousjours armés et embastonnés.

Et sy aucuns contreviennent à aucunes desdites ordonnances, ils seront punis de prison et d'amande arbitraire, selon l'exigence des cas.

Arch. de l'hôtel de ville d'Amiens, LIXe reg. aux délibérations coté r, fol. 219 v° et 220.

V.

LETTRE DE LOUIS XIII AUX BOURGEOIS D'AMIENS, A L'OCCASION DE L'ASSASSINAT D'UN SERGENT-MAJOR DE LA VILLE.

Le maréchal d'Ancre était, comme nous l'avons dit, gouverneur d'Amiens. Les gens auxquels il avait confié la garde de la citadelle de cette ville, Italiens pour la plupart, eurent, dans la première moitié de l'année 1615, des démêlés avec le duc de Longueville, gouverneur de Picardie, qui fit de grands efforts pour s'en rendre maître. Les Amiénois, auxquels le maréchal d'Ancre était odieux, favorisèrent ouvertement les prétentions de M. de Longueville, et une violente mésintelligence se mit entre eux et les soldats de la garnison. L'un de ces derniers, à la suite d'une querelle, blessa à la tête un garçon apothicaire, fut arrêté dans l'église de Saint-Firmin en Castillon, où il s'était réfugié, et pendu avec une très-grande précipitation. Pour le venger, un autre soldat, nommé Alphonse, tua, le 21 juillet, le sieur de

Prouville, *sergent-major* dans la ville d'Amiens, auquel on reprochait d'avoir laissé faire l'exécution.

Trois jours après l'assassinat de Prouville, le roi adressa aux Amiénois la lettre suivante, où il les assure que le crime sera puni d'une manière exemplaire, et leur mande de ne prendre aucune mesure extraordinaire, *entendant*, dit-il, *qu'il ne soit rien innové dans la ville d'Amiens.*

1615.
24 juillet.

De par le roy.

Chers et bien amez, ayant esté advertis de l'assassinat qui a esté commis en la personne du sieur de Prouville, sergent-major en nostre ville d'Amyens, nous en avons esté marris, pour la perte que nous avons faicte en luy d'un bon serviteur, et avons ordonné que la punition s'en face promptement, aussy sévère et exemplaire qu'un si méchant acte mérite, de sorte que l'effect s'en ensuivra au plus tost; et, cependant, comme nous entendons qu'il ne soit rien innové en nostredite ville et que toutes choses y demeurent en l'estat accoustumé, sans aucun changement, nous le mandons à nostre cousin le duc de Longueville, et vous avons voulu escrire ceste lettre sur ce subject, affin que vous vous y conformiez de vostre part, ainsy que vous le debvez faire et comme nous nous asseurons. N'y faictes donc faulte, car tel est nostre plaisir. Donné à Paris le xxiiii⁰ jour de juillet 1615. Signé : Louis, et plus bas : Potier. Au dos est escrit : A nos chers et bien amez les habitans de nostre ville d'Amyens.

Arch. de l'hôtel de ville d'Amiens, liasse D 12, pièce 24.

VI.

LETTRES PAR LESQUELLES LOUIS XIII DÉFEND AUX AMIÉNOIS DE RECEVOIR DANS LEUR VILLE LE PRINCE DE CONDÉ OU SES ADHÉRENTS.

La cour ayant annoncé l'intention d'aller prochainement en Guyenne, pour célébrer le double mariage de Louis XIII avec l'infante, et d'Élisabeth de France avec l'infant d'Espagne, le prince de Condé se retira dans ses domaines, refusa, ainsi que les ducs de Longueville et de Mayenne, le comte de Saint-Paul et le maréchal de Bouillon, d'accompagner le roi dans son voyage, et disposa une levée de boucliers. La cour avertie prit des mesures pour tenir tête aux attaques des princes, et le roi envoya aux magistrats municipaux des villes des lettres dans lesquelles, après avoir parlé de la défiance où le mettait la conduite du prince de Condé et de ses adhérents, il leur recommanda de veiller attentivement à la garde et à la tranquillité de leurs villes, et leur ordonna de n'y point laisser entrer Condé, Mayenne, Longueville, Saint-Paul, Bouillon, ni aucun autre seigneur *s'avouant d'eux*, à moins qu'ils ne fussent porteurs d'une lettre ou d'un passe-port signé de lui.

La lettre dont le texte va suivre est celle qui fut, à cette occasion, adressée par Louis XIII aux Amiénois, le 31 juillet 1615. Nous y joignons une seconde lettre de Louis XIII, écrite le 16 août, quelques jours après la publication d'un manifeste hostile du prince de Condé, et la veille du départ de la cour pour la Guyenne. Le roi renouvelle aux Amiénois les recommandations qu'il leur avait faites le 31 juillet, et leur enjoint d'obéir aux ordres qui leur seront donnés en son nom par le maréchal d'Ancre [1].

De par le roy.

Chers et bien amez, ayant jugé à propos, maintenant que nous sommes prêtz de nous acheminer en nostre province de Guyenne pour l'accomplissement de nostre mariage et celluy de nostre très-chère sœur aisnée, de pourvoir à la seureté de noz villes et places, pour empescher qu'il n'y arrive aucune altération qui puisse troubler le bien et repos de noz bons subjectz et la paix et tranquillité publique, mesmes sur l'occasion du refus que nostre cousin le prince de Condé, assisté de noz cousins les ducs de Longueville, de Mayenne, comte de Saint-Pol et mareschal de Buillon, nous a faict de nous venir accompagner en notredit voiage, ce qui nous donne assez de subject d'entrer en defiance de leurs intentions, nous vous faisons celle-cy pour vous ordonner de prendre de votre part le soing que vous debvez de la conservation de nostre ville d'Amyens, et à cest effet faire faire bonne et exacte garde aux portes d'icelle et y donner tel ordre que lesdits princes et seigneurs susnommez ou autres s'advouans d'eulx n'y entrent sans lettres ou passeport de nous, et qu'il

1615.
31
juillet.

---

[1] Lettre de Louis XIII aux Amiénois, en réponse à leur députation, pour les remercier du bon devoir qu'ils ont fait à l'exécution de ses commandements et les engager à persévérer dans leur fidélité et obéissance. 1615, 7 août. (Arch. de l'hôtel de ville d'Amiens, liasse D 12, n° 28.) — Lettre du roi au maréchal d'Ancre, pour lui mander qu'il a bien reçu les députés des habitants d'Amiens, et qu'il les a exhortés à demeurer fidèles et obéissants. (Id., ibid.; pièce n° 29.)

T. III. 3

n'y soit faict aulcunes praticques ny menées contraires et préjudiciables à nostre auctorité et service et au repos de ladite ville, sans toutesfois vous alarmer ny prendre en ceste occasion aucun ombrage les uns des autres; ains vous conserver tousjours en la mesme amitié et intelligence que vous avez eue avec les autres villes, voz voisines, soubz l'observation et entretènement de noz esdictz de pacificacion, continuant ainsy en l'entière obéissance et fidellité que vous nous debvez et laquelle vous nous avez en toute occasion tesmoignée, vous maintenant au surplus en ce qui est de vostre debvoir; à quoy vous ne ferez faulte, car tel est notre plaisir. Donné à Paris le dernier jour de juillet 1615. Signé : Louis.

Nous vous envoyons ceste lettre par le sieur de la Croix, auquel nous avons commandé de vous faire entendre particulièrement noz volontez sur le subject d'icelle, au moien de quoy vous adjoustrez foy à ce qu'il vous dira de nostre part. Signé : POTIER.

Au dos est écrit : A noz chers et bien amez les eschevins, mananz et habitans de nostre ville d'Amiens.

Arch. de l'hôtel de ville d'Amiens, liasse D 12, pièce 25.

DE PAR LE ROY.

Chers et bien amez, nous vous avons desjà mandé l'ordre que nous voulons estre gardé et observé en nostre ville d'Amyens pour nostre service et la seureté et conservation d'icelle, sur l'occasion de nostre voyage de Guyenne et les troubles dont nous vous avons advertys et qui continuent de plus en plus, à quoy nous nous asseurons que vous ne mancquerez de faire vostre debvoir; mais, d'aultant qu'aprez avoir esté retenuz icy jusques à ceste heure à cause des chaleurs excessives qu'il a faictes et de la maladie de la royne madame ma mère, nous avons arresté de ne plus différer notre partement, nous vous avons encore voulu escrire ceste lettre pour vous en advertir et d'exécuter les commandemens que nous vous avons faicts, et tout ce qui vous sera ordonné par nostre cousin le mareschal d'Ancre, nostre lieutenant général au gouvernement de Picardie, avecq d'aultant plus de soing et de vigilance que nostre absence et les bruicts de levées de gens de guerre [qui courent] de tous costez vous y obligent davantage, et d'aultant que nous [vous avons fait connoître] plus particulièrement nos intentions et l'ordre et les forces [que nous envoyons] de deçà, pour maintenir nostre auctorité et noz serviteurs, [et en particulier nostre cousin le] mareschal d'Ancre, nous remettans à luy de vous en informer [et à vous d'y] satisfaire, comme nous nous asseurons que vous n'y mancquerez et que nous le vous mandons et ordonnons par la présente. N'i faictes doncques faulté, car tel est nostre plaisir. Donné à Paris le xvi° jour d'aoust 1615.

Signé : Louis.   Et plus bas : Potier.

Au dos est écrit : A noz chers et bien amez les premier eschevin et autres eschevins, mananz et habitans de nostre ville d'Amyens.

Arch. de l'hôtel de ville d'Amiens, liasse D 12, pièce 30.

VII.

LETTRE DE LOUIS XIII AUX BOURGEOIS D'AMIENS, AU SUJET DE LA GARDE DE LEUR VILLE.

Un traité entre la cour et le prince de Condé ayant été conclu à la suite des conférences de Loudun, le roi Louis XIII en avertit les bourgeois d'Amiens par une lettre en date du 4 mai 1616, et leur ordonna de mettre fin aux précautions extraordinaires qu'il leur avait lui-même fait prendre pour la garde de leur ville. Néanmoins, dans un post-scriptum, il leur enjoignit d'attendre, pour se relâcher du service militaire, l'autorisation du maréchal d'Ancre, et de continuer, s'il se manifestait encore quelque péril, à faire bonne garde jusqu'à nouvel ordre.

Par une autre lettre du même jour, les Amiénois furent invités à reconnaître le duc de Longueville, qui allait prendre possession de son gouvernement de Picardie¹.

De par le roy.

1616.
4 mai.

Chers et bien amez, les affaires qui se traictoient en notre ville de Loudun s'estans enfin terminées par un accord, au moyen duquel noz subjectz peuvent doresnavant vivre en toute seureté, paix, unyon et concorde les ungs avec les autres, soubz le bénéfice de noz édictz, nous vous escrivons ceste lettre pour vous en advertir et par mesme moyen vous ordonner de cesser maintenant les gardes que nous avions cy-devant commandé de faire pour votre seureté; sy n'y ferez faulte; car tel est nostre plaisir. Donné à Paris le IIII° jour de mai 1616. Signé : Louis.

Au-dessous est écrit : Nous vous mandons de cesser les gardes, mais nous

¹ Arch. de l'hôtel de ville d'Amiens, liasse D 12, pièce 19.

3.

remetons à notre cousin le maréchal d'Ancre d'en faire la résolution. Car, s'yl y a encores quelque péril, notre volunté est que vous les continuiez jusques à ce que vous ayez autre commandement de nous.

    Signé : Louis.   Et plus bas : Potier.

Au dos est écrit : A noz chers et bien amez les eschevins, manans et habitans de notre ville d'Amiens.

Arch. de l'hôtel de ville d'Amiens, liasse D 12, pièce 32.

VIII.

LETTRE DE LOUIS XIII A L'ÉCHEVINAGE D'AMIENS, AU SUJET D'UNE QUERELLE SURVENUE DANS LA VILLE ENTRE DES HABITANTS ET DES SOLDATS.

Le 29 juin, jour de la fête de saint Pierre de l'année 1616, il s'éleva à Amiens, entre des soldats et des habitants, une querelle dont les suites durent être assez graves, puisque trois jours après le roi envoya M. de Boissy pour en informer et en faire justice. Par la lettre suivante, Louis XIII annonce aux magistrats municipaux d'Amiens la venue de M. de Boissy dans leur ville, et leur recommande d'aider, autant que possible, cet envoyé à remplir la mission qui lui est confiée.

    De par le roy.

Chers et bien amez, nous envoyons présentement en notre ville d'Amyens le seigneur de Boissy, sur l'advis que nous avons eu du tumulte qui y est arrivé, le jour et feste de saint Pierre dernier, entre quelques soldatz et des habitans de notredite ville, affin d'en informer, sur l'information faire faire justice des autheurs et complices dudit tumulte ainsy qu'il appartiendra; dont nous avons voulu vous advertir par cette lettre et mander de contribuer, pour l'exécucion de la commission que nous avons pour ce donnée au sieur de Boissy, à tout ce qu'il vous ordonnera et pourra dépendre de vous. A quoy vous ne ferez faulte, car tel est notre plaisir. Donné à Paris le 2ᵉ jour de juillet 1616.

    Signé : Louis.   Et plus bas : Potier.

Au dos est écrit : A nos chers et bien amez les eschevins, manans et habitans de notre ville d'Amyens.

Arch. de l'hôtel de ville d'Amiens, liasse D 12, pièce 33.

IX.

LETTRE DE LOUIS XIII AUX BOURGEOIS D'AMIENS, POUR LEUR ANNONCER LA NOMINATION DU DUC DE MONTBAZON A L'EMPLOI DE GOUVERNEUR DE LEUR VILLE.

Le maréchal d'Ancre ayant été obligé, par suite de ses démêlés avec le duc de Longueville, et dans l'intérêt de la paix entre la cour et les princes mécontents, de se démettre de ses charges de lieutenant général de Picardie et de capitaine et gouverneur de la ville et de la citadelle d'Amiens, le roi nomma à sa place le duc de Montbazon. Les bourgeois d'Amiens furent informés de cette nomination par la lettre suivante, que Louis XIII leur adressa le 1er août 1616 [1].

DE PAR LE ROY.

Chers et bien amez, nostre cousin le maréchal d'Ancre s'estant démis volontairement entre noz mains des charges qu'il avoit, tant de nostre lieutenance génaralle en nostre province de Picardie que des cappitainerie et gouvernement de noz ville et citadelle d'Amyens, nous avons eu soing de remplir l'une et l'autre de personnes de la qualité et condition que la dignité et importance d'icelles requiert; en ayant donc pourveu nostre cousin le duc de Montbason, nostre volonté est qu'il y soit obéy, respecté et recongnu de tous noz officiers, serviteurs et sujets qui sont de leur estendue, ainsi qu'il appartient, et vous faisons ceste lettre pour vous mander qu'en vous y conformant (maintenant que nostredit cousin s'en va de delà pour entrer en possession desdites charges), vous ayez à le recevoir en nostre ville d'Amyens avec l'honneur qui luy appartient, luy obéir et entendre, et rendre le respect et la submission que vous devez à cause d'icelles en tout ce qu'il vous demandera pour le bien de nostre service, vostre repos et conservacion, à quoy vous [ne ferez faulte et] mesmes de faire enregistrer ses provisions ès registres de vostre commune, [tout ainsi qu'il] le désirera et que vous en serez requis de sa part; car tel est nostre plaisir. Donné à Paris le premier jour d'aoust 1616.

Signé : Louis.   Et plus bas : Potier.

Au dos est écrit : A nos chers et bien amez les premier eschevin et autres eschevins, manans et habitans de nostre ville d'Amyens.

Arch. de l'hôtel de ville d'Amiens, liasse D 12, pièce 35.

---

[1] Règlement donné par le duc de Montbazon, pour la garde des portes de la ville par la milice bourgeoise et les précautions à prendre pour éviter une surprise. 1616, 22 août. (Arch. de l'hôtel de ville d'Amiens, liasse G 8, dossier 3, pièce 5, invent. de Gresset.)

X.

LETTRE DE LOUIS XIII AUX AMIÉNOIS, A L'OCCASION DE L'ARRESTATION DU PRINCE DE CONDÉ.

L'arrestation du prince de Condé au Louvre le 1er septembre 1616, et la fuite des seigneurs qui adhéraient à son parti, pouvaient donner lieu à des troubles que la cour s'efforça de prévenir par des mesures de prudence. Le jour même du coup d'état, Louis XIII signa la lettre suivante adressée aux bourgeois d'Amiens, et dans laquelle sont expliqués les motifs de l'arrestation et de l'emprisonnement du prince de Condé. Le roi leur enjoint de faire bonne garde et de maintenir la tranquillité dans leur ville.

Le lendemain 2 septembre, par une nouvelle lettre qu'un gentilhomme fut chargé de porter, Louis XIII défendit expressément aux habitants d'Amiens de recevoir dans leurs murs le duc de Longueville.

DE PAR LE ROY.

Chers et bien amez, les advis que nous avons euz de divers endroictz, des factions et monopoles qui se faisoient en ceste ville, de diverses entreprises et desseings que l'on projectoit sur nostre personne et celle de la royne nostre très-honorée dame et mère, nous ont contrainct à nostre grand regret de nous résouldre d'en faire arrester les aucteurs; mais, comme eulx-mesmes se sont sentys coulpables de ce crime, ilz se sont évadez, et parce que l'on nous avoit advertys qu'ilz vouloient persuader nostre cousin le prince de Condé de se joindre avec eulx en ces mauvaises intentions, nous avons esté conseillez de nous assurer de sa personne, comme nous avons faict, l'ayant faict loger en une chambre de ce château du Louvre, sans que pour ce nous voullions luy faire aulcun mauvais traictement; de quoy nous vous avons voulu advertir et mander que [vous demeuriez] en devoir en nostre ville d'Amyens, comme l'on [craint que] l'on ne s'esmeuve de ce qui s'est passé, ainsy que vous [l'avez appris premi]èrement de notre cousin le duc de Montbazon. Nous n'adjousterons donc rien dadvantage à ceste lettre, sinon que vous ayez à faire bonne garde en nostredicte ville, en sorte qu'il n'y puisse arriver aulcun inconvénient préjudiciable à nostre auctorité et service; et à ce ne faictes faulte, car tel est nostre plaisir. Donné à Paris le 1er jour de septembre 1616.

Signé : LOUIS.   Et plus bas : POTIER.

Au-dos : A nos chers et bien amez les maieur, eschevins et habitans de nostre ville d'Amyens.

<small>Arch. de l'hôtel de ville d'Amiens, liasse D 12, pièce 36.</small>

De par le roy.

1616.
2 septembre

Chers et bien amés, nous vous advertismes hier de l'arrest que nous feusmes contrainctz de faire de la personne de nostre cousin le prince de Condé ; maintenant nous vous faisons ceste depesche et la vous envoyons par ce gentilhomme, pour vous faire deffences expresses de laisser entrer nostre cousin le duc de Longueville en nostre ville de Amyens, sur tant que vous désirez de vous conserver en repoz et en l'obéissance que vous nous debvez, ainsy que vous dira plus particulièrement ledit porteur. N'y faictes donc faulte, car tel est nostre plaisir. Donné à Paris le 2e jour de septembre 1616.

Signé : Louis.   Et plus bas : Potier.

Au dos est écrit : A noz chers et bien amez les eschevins, manans et habitans de nostre ville d'Amyens.

<small>Arch. de l'hôtel de ville d'Amiens, liasse D 12, pièce 37.</small>

XI.

LETTRE DE LOUIS XIII AUX BOURGEOIS D'AMIENS, SUR LA CONDUITE A TENIR ENVERS LE DUC DE LONGUEVILLE.

Les princes qui avaient quitté Paris après l'arrestation de Condé ne tardèrent pas à négocier avec la cour. Le duc de Longueville traita l'un des premiers, et, pour gage de sa soumission, rendit Péronne au roi. Le duc de Guise et ses frères suivirent bientôt son exemple, et le 16 octobre, Louis XIII, par une déclaration publique, reconnut qu'ils étaient fidèles à sa personne et bien affectionnés à son service. Il faut probablement rapporter à cette date la lettre suivante, adressée aux habitants d'Amiens dans le courant du même mois. Dans cette lettre, le roi leur annonce qu'il n'a plus aucun sujet de méfiance contre le duc de Longueville, et que ce seigneur devra désormais être reçu et obéi comme il convient à sa dignité dans les villes et places de son gouvernement de Picardie.

AMIENS

De par le roy.

Chers et bien amez, nostre cousin le duc de Longueville nous ayant faict plainement informer de l'occasion par laquelle il s'est porté en nostre ville de Péronne au mois d'aoust dernier et de ce qui s'y est passé auparavant et depuis qu'il y est entré, nous avons eu beaucoup de contentement de congnoistre son obéissance, fidélité et affection à nostre service, et qu'il n'ayt eu autre intention que de nous rendre celuy qu'il nous doibt; dont nous sommes demeurés tellement satisfaictz, qu'il ne nous peult rester qu'une bonne oppinion de ses déportements, et désirant que tous noz serviteurs et subjetz de l'estendue de son gouvernement le sachent, et que nostre volonté est, suivant nostre édict de paix du mois de may dernier et nonobstant ce qui s'est faict depuis, que nostredit cousin soit désormais receu et admis ès villes et places de sondit gouvernement, et obéy et respecté ès functions qui dépendent d'icelluy, ainsy qu'il appartient, nous vous escrivons ceste lettre pour vous en donner advis et mander qu'en vous y conformant vous rendiez à nostredit cousin l'honneur et la submission que l'aucthorité qu'il a de notre part en notre province de Picardye vous oblige; à quoy vous ne ferez faulte, car tel est notre plaisir. Donné à Paris le   jour d'octobre 1616.

Signé Louis.   Et plus bas : Potier, avec paraphe.

Au dos est écrit : A noz chers et bien amez les eschevins, manantz et habitans de notre ville d'Amyens.

Arch. de l'hôtel de ville d'Amiens, liasse D 12, pièce 43.

XII.

LETTRES DE LOUIS XIII AUX BOURGEOIS D'AMIENS, AU SUJET DES TROUBLES CIVILS.

Parmi les princes mécontents, la plupart, comme nous l'avons dit, avaient traité avec la cour. Le duc de Nevers seul persista dans la rébellion, et à la fin de l'année 1616, il ouvrit les hostilités en Champagne. Louis XIII, par une lettre en date du 16 décembre, enjoignit aux habitants d'Amiens de veiller de nouveau avec grand soin à la garde de leur ville, et, le 20 janvier, il leur envoya une déclaration enregistrée au parlement de Paris, par laquelle le duc de Nevers devait être considéré comme criminel de lèse-majesté, si, dans le délai de quinze jours, il ne se rendait à la cour pour se justifier. Ordre fut donné aux magistrats municipaux d'Amiens de publier cette déclaration et de la faire enregistrer au greffe de la maison commune.

DE PAR LE ROY.

1616.
16 décembre.

Chers et bien amez, encores que nous ne vous ayons mandé de cesser la garde que nous vous avons cy-devant ordonné de faire en nostre ville d'Amiens, touteffois sur les occurances présentes, nous avons jugé à propos de vous advertir par ceste lettre que notre volonté est que, où elles y auroient esté ordonnées, elles y soient de nouveau recommancées, en exactement faisant comme auparavant et suivant les commendemens que vous en avez reçuz [de nostre part]. A quoy nous nous assurons que vous ne manquerez de vous conformer et de veiller de telle sorte à la seureté et conservation de nostredite ville, qu'il ne s'y pourra rien entreprendre contre notre aucthorité et service et que vous vous maintiendrez en la fidelle obéissance que vous nous debvez. N'y faictes donc faulte, car tel est notre plaisir. Donné à Paris le XVIe jour de décembre 1616.

Signé : LOUIS. — Et plus bas : POTIER, avec paraphe.

Au doz est écrit : A noz chers et bien amez les premier eschevin et autres eschevins, manantz et habitans de nostre ville d'Amyens.

Arch. de l'hôtel de ville d'Amiens, liasse D 12, pièce 40.

DE PAR LE ROY.

1617.
20 janvier.

Chers et bien amez, il y a desjà quelque temps que le duc de Nevers nous donne occasion d'entrer en soupçon et deffiance de ses intentions; mais depuis peu il les nous a faict cognoistre sy mauvaises par les entreprises qu'il a faictes au préjudice de nostre authorité et contre les loix antiennes de nostre royaume et noz deffences nouvellement publiées, que nous avons esté contrains pour y pourvoir de faire sur ce subject nostre déclaration, laquelle ayant esté ces jours cy publiée et registrée en nostre cour de parlement de Paris, nous avons donné ordre qu'elle le soit aussy en noz autres parlemens, par tous les bailliages et séneschaussées de nostre royaume. Mais, affin que nostre volonté soit de tant mieux sceue et suivye de tous nos subjects, nous avons encores jugé à propos de l'envoyer aux maires, eschevins de noz villes, affin qu'ilz la facent pareillement publier et registrer de leur part; c'est pourquoy nous vous en adressons une copie avec cestre lettre, par laquelle nous vous mandons et ordonnons de la faire registrer au greffe de votre maison commune et publier en vostre ville d'Amyens, ainsy qu'il est accoustumé, à ce qu'aulcun n'ignore nostre volonté et ne manque de s'y conformer. A quoy vous aporterez tout le soing et la dilligence que vous débvez et que nous attendons de vous; car tel est nostre plaisir. Donné à Paris le xx.e jour de janvier 1617.

   Signé : Louis.   Et plus bas : POTIER, avec paraphe.

Au dos est écrit : A noz chers et bien amez les maieur, eschevins et habitans de nostre ville d'Amyens.

    Arch. de l'hôtel de ville d'Amiens, liasse D 12, pièce 44.

XIII.

LETTRES DE LOUIS XIII AUX BOURGEOIS D'AMIENS, A L'OCCASION D'UNE ÉPIDÉMIE SURVENUE DANS LES PAYS-BAS.

Une maladie qu'on réputait contagieuse s'étant répandue dans les Pays-Bas, Louis XIII fit interdire l'entrée de la Picardie à toutes personnes venant des lieux infectés. Cependant, comme l'ambassadeur espagnol remontra que la contagion n'avait pas éclaté à Cambray, le roi adressa, le 20 juillet, la lettre suivante à l'échevinage d'Amiens, pour savoir si les faits avancés par l'ambassadeur étaient exacts, et si l'interdiction pouvait être levée sans inconvénient à l'égard de Cambray. Il paraît que la réponse des magistrats municipaux, que nous ne possédons pas, fut affirmative, car, par une lettre datée du 8 août et que nous joignons à celle du 20 juillet, Louis XIII permet aux Amiénois la libre pratique avec la ville de Cambray [1].

DE PAR LE ROY.

1617.
20 juillet.

Chers et bien amez, sur l'advis qui nous a esté cy-devant donné que plusieurs villes du Païs-Bas estoient grandement affligées de la maladie contagieuse, craignans que, par la fréquentacion que les habitans desdites villes peuvent avoir avec nos subjetz pour raison du trafficq qu'ilz ont ensemble, ceste maladie ne vint à estre apportée en noz villes de Picardie, nous ordonnasmes dès lors aux baillifs et séneschaux de la province de faire, chacun en son res-

[1] On voit par un acte de juillet 1619 que la maladie avait, à cette époque, envahi la ville d'Amiens. C'est une sentence du bailli d'Amiens, rendue à la requête de l'échevinage, par laquelle la communauté des curés de la ville est condamnée à fournir un homme d'église qui administrera les sacrements aux malades atteints de la peste régnante, et restera sans communication aucune avec les autres habitants. (Arch. de l'hôtel de ville d'Amiens, copie authentique, pièce cotée S 3, n° 2, invent. de Gresset.)

sort, les deffenses nécessaires pour empescher l'entrée et le traficq en icelles à touttes personnes venant desdits lieux ; et parce que la ville de Cambray a esté comprinse ausdites deffenses, l'ambassadeur des archiducz résident prez de nous, prétendant qu'il n'y a aulcune maladye contagieuse en icelle, comme il fait apparoir par la certificacion du magistrat de ladite ville que nous vous envoyons présentement, il nous a faict instance de lever lesdites deffences pour le regard de ladicte ville de Cambray. Sur quoy nous avons jugé à propos d'estre auparavant informez par vous de ce qui en est; vous nous le manderez donc au plus tôt et n'y ferez faulte, car tel est nostre plaisir. Donné à Paris le xxe jour de juillet 1617.

Signé : Louis.   Et plus bas : Potier.

Au dos est écrit : A nos chers et bien amez les eschevins et habitans de nostre ville d'Amyens.

<small>Arch. de l'hôtel de ville d'Amiens, liasse D 12, pièce 45.</small>

De par le roy.

Chers et bien amez, ayant veu par voz lettres du troisiesme de ce mois, comme la maladye contagieuse est entièrement cessée en la ville de Cambray, et qu'il n'y a maintenant aucun péril de trafficquer avec les habitans d'icelle, ny de laisser entrer leurs marchandises en ce royaume, nostre volunté est que les deffenses que nous avons cy-devant faictes sur ce subject soient levées pour leur regard, et vous en avons voulu advertir par celle-cy, affin que vous leur donniez entrée et libre passage en nostre ville d'Amyens; à quoy vous ne ferez faulte, car tel est nostre plaisir. Donné à Paris le viiie jour d'aoust 1617.

<small>1617.
8 août.</small>

Signé : Louis.   Et plus bas : Potier.

Au dos est écrit : A nos chers et bien amez les eschevins et habitans de nostre ville d'Amyens.

<small>Arch. de l'hôtel de ville d'Amiens, liasse D 12, pièce 47.</small>

XIV.

LETTRES DE LOUIS XIII AUX BOURGEOIS D'AMIENS, AU SUJET DE LA GARDE DE LEUR VILLE.

Marie de Médicis, prisonnière à Blois depuis la mort du maréchal d'Ancre, s'échappa, avec l'aide du duc d'Épernon, le 22 février 1619, et

4.

se retira à Loches, puis à Angoulême, où elle se prépara à la guerre. La cour de son côté prit des mesures pour arrêter la rébellion, et le roi, par une lettre datée du 28 mars 1619, ordonna aux bourgeois d'Amiens de garder leur ville avec le plus grand soin, de manière à repousser toutes les entreprises qui pourraient être dirigées contre eux.

Un traité entre Marie de Médicis et Louis XIII fut signé à Angoulême le 30 avril. Mais ce traité ne rétablit que momentanément la paix; bientôt la reine mère, croyant avoir de graves sujets de mécontentement envers la cour, rassembla autour de sa personne un grand nombre de seigneurs, et se disposa de nouveau à la guerre. Louis XIII adressa alors aux bourgeois d'Amiens, une lettre dans laquelle il leur recommande de faire bonne garde dans leur ville, et de n'y laisser pénétrer aucune personne qui soit en état de les enlever à l'obéissance et à la fidélité qu'ils lui doivent.

Ce fut seulement le 26 août que le roi jugea à propos, par une troisième lettre, de mander aux Amiénois de cesser la garde extraordinaire qu'il avait prescrite [1].

DE PAR LE ROY.

Chers et bien amez, dès lors que la royne, nostre très-honorée dame et mère, est partie de Blois, nostre cousin le duc de Longueville vous a donné advis que nostre intention estoit que vous eussiez à veiller à vostre seureté, et apporter ce qui estoit nécessaire de vostre part pour empescher les surprises. Maintenant, ayant jugé à propos que vous faciez garde, nous vous escrivons ceste lettre pour vous ordonner de la faire et de pourveoir de sorte à vostre conservation, que l'on ne puisse entreprendre sur nostre ville d'Amyens au préjudice de nostre service et de vostre repos, selon l'ordre et le commandement que vous en recevrez de la part de nostre cousin le duc de Montbazon,

---

[1] Ordonnance échevinale portant qu'il sera envoyé un commandement aux capitaines et lieutenants des compagnies bourgeoises, pour se trouver à l'appel de la garde. Faute par eux d'obéir à cet ordre, ils seront punis d'une amende de soixante sous parisis. 1618, 8 février. (Arch. de l'hôtel de ville d'Amiens, liasse c, dossier 3, pièce 54, invent. de Gresset.) — Délibération par laquelle l'échevinage, en conséquence des lettres du roi et du duc de Longueville-Montbazon, gouverneur d'Amiens, fait un règlement pour la garde bourgeoise. 1619, 15 avril. (Ibid., pièce 53.)

vostre gouverneur; à quoy vous ne ferez faulte, car tel est nostre plaisir. Donné à Paris le xxviiie jour de mars 1619.

Signé : Louis.   Et plus bas : Potier.

Au dos est écrit : A nos chers et bien amez les eschevins et habitans de nostre ville d'Amyens.

Arch. de l'hôtel de ville d'Amiens, liasse D 12, pièce 53.

De par le roy.

Chers et bien amez, voulant pourveoir à vostre seureté et conservation sur les occurances présentes, nous vous escrivons cette lettre pour vous mander et ordonner, comme nous faisons expressément par icelle, de faire garde en nostre ville de Amyens, et n'y laisser entrer personne qui y soit le plus fort ny qui vous puisse empescher de vous maintenir en la fidélité et obéissance que vous nous devez. A quoy vous ne ferez faulte, car tel est nostre plaisir. Donné à Paris le premier jour de juillet 1620.

1620.
1er juillet.

Signé : Louis.   Et plus bas : Potier.

Au dos est écrit : A nos chers et bien amez les premier, eschevins, manans et habitans de nostre ville d'Amyens.

Arch. de l'hôtel de ville d'Amiens, liasse D 12, pièce 58.

De par le roy.

Chers et bien amez, les occasions pour lesquelles nous vous avons cy-devant commandé de faire garde en nostre ville d'Amyens estant maintenant cessées, nous avons jugé à propos de vous en descharger. C'est pourquoy nous vous escrivons ceste lettre pour vous mander et ordonner, comme nous faisons très-expressément, que vous ayez à cesser lesdictes gardes incontinant que vous l'aurez receue. A quoy vous ne ferez faulte, car tel est nostre plaisir. Donné à Tours le xxvie jour d'aoust 1620.

1620.
26 aoust.

Signé : Louis.   Et plus bas : Potier.

Au dos est écrit : A noz chers et bien amez les premier, eschevins et habitans de nostre ville d'Amiens.

Arch. de l'hôtel de ville d'Amiens, liasse D 12, pièce 61.

XV.

REQUÊTE DE L'ÉCHEVINAGE D'AMIENS AU SUJET DES ROBES FOURNIES ANNUELLEMENT AUX OFFICIERS DE LA VILLE.

Chaque année, la veille de l'Ascension, les magistrats municipaux d'Amiens distribuaient du drap aux officiers et aux employés subalternes de la ville, pour faire les robes de cérémonie avec lesquelles ils figuraient dans les assemblées publiques et dans les grandes solennités. La dépense occasionnée par cette distribution s'élevait annuellement à la somme de sept ou huit cents livres, qui était prise sur le domaine de la ville, avant 1597, et sur les deniers d'octroi, après la réunion de ce domaine à la couronne. En 1604, la chambre des comptes supprima cette dépense des deniers d'octroi et la reporta sur les deniers patrimoniaux. Mais en 1621, le fonds des deniers patrimoniaux manquant [1], les échevins d'Amiens adressèrent à Louis XIII la requête qu'on va lire, pour lui exposer les inconvénients graves qu'avait la suppression ordonnée par la chambre des comptes, et lui demander l'autorisation de prélever sur les deniers d'octroi les huit cents livres nécessaires pour la fourniture annuelle des robes de cérémonie aux officiers de la ville.

On a vu par un acte du 15 mai 1598 quel était alors le costume des échevins dans les solennités [2]. La requête de l'échevinage en 1621 contient des détails curieux sur les différentes espèces de drap distribuées par la ville, et sur la couleur des robes qu'on donnait aux officiers et qui différait selon leur rang et la nature de leurs fonctions.

---

[1] Cette pénurie de deniers se faisait déjà sentir en 1613, ainsi que constate l'acte suivant :

Nous, eschevins de la ville d'Amyens, certifions au roy et à nosseigneurs de son conseil et tous autres qu'il appartiendra, qu'il n'y a aucuns fondz sur les deniers patrimoniaulx pour le paiement des droictz des robbes à nous attribué par le roy par ses lettres patentes données à Paris au mois de mars mil six cens quatre, à cause des grandes charges quy sont sur les deniers patrimoniaulx, de sorte que lesdites lettres nous demeureroient infructueuses s'il ne nous est par Sa Majesté pourveu, ny ayant aucun moyen de payer lesdicts droitz de robbes, sy ce n'est des deniers d'octroy de ladicte ville, sur lesquelz nous supplions Sa Majesté nous voulloir assigner. En tesmoing de quoy nous avons signé la présente notification. Donné à Amiens le xiiie jour d'aoust mil six cens treize. Signé : Louvencourt, d'Ypre, Cornet, de Mons et Vacquette, avec paraphe. (Arch. de l'hôtel de ville d'Amiens, liassé cotée e 8, 5e dossier, pièce 3, dans l'inventaire de Gresset.)

[2] Voy., t. II, p. 1102.

Au roy et à nos seigneurs de son conseil. — Les eschevins de la ville d'Amiens vous remonstrent très-humblement que, de temps immémorial ilz font fournir et livrer par chacun an, la veille de l'Ascenssion, aux officiers de ladite ville, tant de justice que autres, le drap nécessaire pour leur faire chacun une robbe, afin d'assister aux assemblées publicques et jours solempnelz et actions notables où lesditz eschevins sont obligez de marcher en corps, à sçavoir au procureur fiscal, advocat, greffier, procureur de ladite ville, maître des présens, greffier des comptes d'icelle ville, controlleur des ouvraiges, greffier des portes et fournier, chacun la quantité de sept aulnes de drap viollet cramoisy mesure d'Amiens, à l'huissier la quantité de six aulnes moitié rouge moitié bleu, aux huict sergentz à masse chacun trois aulnes de drap bleu pers, au sergent messier, deux sergentz des quennes, aux douze sergentz de la suicte desdits eschevins, chacun cinq aulnes moitié bleu moitié rouge, et au cirurgien des pestiférez six aulnes de drap viollet ou bleu pers, lesquelles estoffes montent et reviennent par commune année à la somme de sept à huit cens livres tournois ou environ, dont la despence a tousjours esté passée sans difficulté ès comptes qui ont esté rendus en ladite ville à cause du domaine d'icelle. Mais le feu roy d'heureuse mémoire Henry le Grand, ayant, par son édict faict sur la reprise d'Amiens en l'an mil cinq cens quatre-vingt-dix-sept, annexé à son domaine celluy de ladite ville, sur lequel se soulloit prendre ladicte despence, montant à vingt-cinq mil livres par chacun an, les supliantz ont esté contraintz la faire porter sur les deniers d'octroy qui leur avoient esté accordez pour les réparations et autres charges de ladite ville, et depuis aiant esté ceste despence employée en compte par eulx rendu desdits deniers d'octroy, depuis ladite année commencée le premier octobre mil cinq cens quatre-vingt-dix-sept jusques et compris l'année finie le dernier jour de septembre mil six cens trois, en procédant à la closture desdits comptes, ladicte despence, quoyqu'honnorable et nécessaire pour la conservation de la splendeur et dignité de ladicte ville comme capitale de la province de Picardie, auroit esté rayée purement par la chambre et rejetée sur lesdits deniers patrimoniaulx, sçavoir au compte de l'année finie le dernier septembre mil six cens quatre-vingt-dix-huit, la somme de neuf cens quatre-vingt et sept livres six deniers, en celluy de l'année IIII^{xx} XIX, cinq cens trente-neuf livres dix-sept solz ung denier, en celluy de l'année mil six cents, cincq cens ving-quatre livres quinze solz, en celluy de l'année mil six cens ung, cincq cens quarante-six livres seize sols quatre deniers, en celluy de l'année mil six cens deux, cincq cens soixante-dix livres sept solz six deniers, et en celluy de l'année mil six cens trois, cincq cens soixante-quinze livres deux solz six deniers; tellement que, si l'arrest de raddiation avoit lieu, ce seroit

1621.
mai.

oster le moien aux suplians de faire à l'advenir ladicte despence, n'aiant plus de fondz destiné à cest effet, et obliger d'ailleurs une infinité de pauvres officiers qui ont employé tout leur temps au service de ladite ville, depuis ladite année, IIII^{xx} dix-sept jusque à présent, et les vefve et héritiers de ceulx qui sont décéddez de restituer ce qu'ilz ont receu pour lesditz droitz de robbe, chose qui seroit bien rude à supporter, les ayant usées en faisant service à Votre Majesté et au publicq, et encore en seroit ung préjudice aparent à ladicte ville, qui se trouveroit enfin destituée d'officiers, parce qu'ils n'ont presque aulcun autre esmolument en leur charge que lesdictes robbes. A ces causes, Sire, dont il appert par les présentes cy-attachées, et attendu que ladicte despence de droictz de robbe ne se poeult prendre sur les deniers patrimoniaulx de ladite ville, parce qu'ilz ne suffisent pas au paiement entier des charges qu'ilz portent à présent, ny pareillement sur le domaine d'icelle ville, d'aultant qu'il est annexé au vostre, comme dict est, et qu'en pareil cas Votre Majesté a cy-devant ordonné que la despence des robbes et bonnetz des eschevins de la ville d'Amiens seroit portée sur les deniers d'octroy d'icelle, nonobstant que ladite chambre eust pareillement ordonné qu'elle se feroit sur lesdictz deniers patrimoniaulx, il vous plaise, pour maintenir la ville d'Amiens en son antienne splendeur, et obliger lesdictz officiers à la continuation de leur devoirs et services, permetre aux suppliants d'ordonner par chacun an en leurs loiaultez et conscience, sur lesdictz deniers d'octroy, jusques à la somme de huict cens livres pour lesdictz droitz de robbe, sans qu'ilz puissent excedder ladicte somme; ce faisant, mander à ladicte chambre que, reprins lesdictz comptes, elle ayt à restablir, passer et allouer purement et simplement lesdictes sommes rayées et rejectées, sans y faire aulcune difficulté ny s'arrester aux causes notifiées dudit arrest, comme aussy passer et allouer en la despence des comptes qui seront cy-après rendus desdictz deniers commungs ce qui a esté ou sera paié aux marchans qui auront fourny les estoffes nécessaires pour lesdictz droitz de robbez, selon les parties quy en seront arrestées par lesdictz supplians, jusques à la concurence de ladicte somme de huict cens livres, lesquelles parties il plaira à Vostre Majesté vallider et approuver à cest effet, et en oultre, en tant que besoing seroit, pour faire cesser toutes les difficultez quy se pourroient rencontrer en l'exécution de la grâce que requièrent les suplians, commuer ladicte despence de droictz de robbe sur lesdictz deniers d'octroy au lieu du domaine sur lequel elle se prenoit, dont jouist à présent Vostre Majesté, ainsy qu'il a cy-dessus esté dict, et ce nonobstant toutes lettres, arreztz, règlemens, coustumes et choses contraires, et lesditz suppliantz seront de tant plus obligez à prier Dieu pour la grandeur et prospérité de vostre règne. Signé : CORNET, FARDOIL, DELESSAU.

Arch. de l'hôtel de ville d'Amiens, liasse cotée **z 8**, pièce 6, 5e dossier, inventaire de Gresset.

XVI.

REQUÊTE PRÉSENTÉE A LOUIS XIII PAR L'ÉCHEVINAGE D'AMIENS, POUR OBTENIR LA RÉVOCATION DU PRÉAMBULE DE L'ÉDIT DE 1597.

Henriette de France, sœur de Louis XIII, ayant quitté Paris pour aller rejoindre son nouvel époux, Charles Ier, roi d'Angleterre, arriva à Amiens le 7 du mois de juin 1625 [1], et s'y arrêta jusqu'au 16. Elle était accompagnée de la reine de France, Anne d'Autriche, et de la reine mère, Marie de Médicis, qui resta quelques jours de plus. Les Amiénois profitèrent de la présence des princesses dans leur ville pour prier Marie de Médicis de les aider à obtenir du roi la révocation du préambule de l'édit de 1597, et le rétablissement de certains priviléges dont cet édit les avait dépouillés.

Nous donnons ici le texte de la requête adressée à ce sujet à Louis XIII par l'échevinage, en date du 21 juin 1625. Les magistrats municipaux y rappellent le châtiment infligé aux Amiénois à raison de la surprise de leur ville par les Espagnols, l'atteinte portée à leur honneur, la destruction de leurs priviléges, la suppression de leurs meilleurs revenus. Suivant eux, cette surprise ne saurait être imputée à la lâcheté ni à la trahison, et elle a eu pour cause l'état misérable auquel la contagion avait réduit les citoyens. En conséquence, ils prient Louis XIII de faire ce que son père leur avait promis à plusieurs reprises, de relever les Amiénois du blâme jeté sur leur conduite par l'édit de 1597, de révoquer le préambule de cet édit, et de les reconnaître pour sujets fidèles et affectionnés. Ils demandent, en outre, que le titre de *maire* soit rendu au premier échevin; que celui-ci puisse porter, comme autrefois, une *tasse* ou bourse semée de fleurs de lis, pour se distinguer des autres échevins; que l'impôt du sou pour pot sur le vin soit aboli, et que le droit de travers et la levée d'un impôt de deux mille livres par an pendant quinze années, sur les lods et ventes, soient concédés à la ville.

---

[1] Louis XIII avait annoncé aux Amiénois l'arrivée de la reine d'Angleterre, par une lettre du 15 mai 1625.

La cour fut sourde à ces plaintes et à ces demandes, et pour le moment les Amiénois n'obtinrent aucune des concessions qu'ils réclamaient.

Articles contenuz en la très-humble requeste que les habitans de la ville d'Amiens désirent présenter au roy et en espèrent anthérinement de sa bonté, par la prière et recommandation de la royne sa mère, suppliée très-humblement de ce faire en l'occasion de son séjour et de l'heureuse entrée de la royne d'Angleterre en cestedicte ville.

En l'année quatre-vingtz-dix-sept, la ville d'Amiens, toutte dépeuplée et comme déserte à cause de la grande contagion de l'année précédente, ayant esté par un malheur surprise de l'Espagnol, fust par la force et valleur des armes du feu roy Henry le Grand, remise en son obéissance six mois après, et Sa Majesté, irritée sur l'heure par ce désastre, fist un édict au mois de novembre de la même année, lequel, dès le commencement et en sa préface, notte les habitans quy estoyent pour lors d'une espèce de marque d'infamie honteuse à leur postérité, et ensuite de la perte de l'honneur acquis par la fidélité de leurs ancestres, les prive de vingt-sept mil livres de rente et plus, dont ils jouissoient au précedent la surprise, que le roy a réuny à son domaine.

Du depuis, le temps ayant faict cognoistre que le malheur estoit arrivé comme à plusieurs autres villes, sans dessein ny faute notable des habitans, et que les deniers délaissez pour subvenir aux charges n'estoient point suffisans, au moyen de ce quy avoit esté retiré et de la diminution de l'octroy du huictiesme du vin, quy a vallu tousjours moins de quatre mil livres qu'il n'estoit baillé lors de l'édict, c'est la vérité que le feu roy a par plusieurs et diverses fois faict l'honneur aux eschevins quy ont esté députtez en court dans l'occasion des affaires de leur promettre, non-seullement une partie du revenu osté, avecq la réformation de ce quy sembloit dans son édict préjudiciable à l'honneur et fidélité des habitans, mais une entière oubliance et amnistie de tout le passé.

Ce sont les effectz de ses promesses, sinon au tottal, du moins en partie, que l'heureuse entrée de la royne d'Angleterre faict espérer à tous les habitans de la bonté du roy, particulièrement sy la royne, mère de sa majesté, leur faict l'honneur d'emploier sa recommandation, et tesmoigne l'affection qu'elle a recogneu dans tout ce peuple au bien de son service, de quoy elle est suppliée en toutte humilité.

En premier lieu, que la préface de l'édict du mois de novembre quatre-vingt-dix-sept demeure révocquée, en ce qu'elle blasme les bourgeois et habitans de lâcheté et négligence, qu'il plaira au roy de recognoistre très-fidèles et affectionnez au bien de son service, sans qu'à l'advenir il leur puisse estre rien reproché touchant la surprise.

Et pour tesmoignage, ordonner que doresnavant le premier eschevin s'appellera du nom de *mayeur*, ainsy qu'ès autres villes et moindres bourgades du royaume, nommément en la province de Picardie, lequel néantmoins sera faict par Sa Majesté, et n'aura autre auctorité que celle attribuée par l'édit au premier eschevin, sinon qu'il portera une tasse semée de fleurs de lys, pour estre distingué des eschevins, ainsy qu'il faisoit antiennement.

Que l'impost du sol pour pot demeurera aboly, en considération des grandes impositions quy sont sur le vin en ceste ville, lesquelles excèdent le prix d'icelluy, et que ledit sol pour pot ayant esté mis au lieu de la pancarte du depuis levée ailleurs, il est bien raisonnable semblablement qu'il soit osté...

Finallement, à cause du manque de fonds quy faict que la ville doibt plus de soixante mil livres d'arrérages de rentes, qu'il plaise à Sa Majesté octroier à ladite ville le droict de travers, avec la somme de deux mil livres par an sur les droictz des lotz et ventes des maisons, pour quinze années, après que les assignacions baillées sur lesdits droictz [seront] acquittés..

A quoy, pour le regard du travers, Sadite Majesté se portera, s'il luy plaist, tant plus facilement, que ledit droict n'est affermé que trois cens livres par an, que journellement les fermiers molestent le peuple par leurs exactions, et que les eschevins entretiennent le pavé des chaussées à raison desquelles le droict se prend.

En ce quy concerne les droictz seigneuriaux, ils ont esté mis autres fois par les habitans sur eux et Sa Majesté, quy n'en a jamais profitté, par ce que estant casuelz, le don s'en obtient par assignations dix ans devant l'eschéance d'iceux.

Arch. de l'hôtel de ville d'Amiens, LIXᵉ reg. aux délibérat. de l'échevin. coté T, fol. 193 et 194.

XVII.

LETTRE DE LOUIS XIII AUX AMIÉNOIS AU SUJET DU TRAITÉ CONCLU ENTRE GASTON D'ORLÉANS ET LE ROI D'ESPAGNE.

Gaston, duc d'Orléans, frère de Louis XIII, qui, dès l'année 1631, s'était retiré à l'étranger en haine du cardinal de Richelieu, conclut, en 1634, avec le roi d'Espagne, un traité d'union contre la France, dont l'original tomba entre les mains de Louis XIII. D'après ce traité,

Philippe IV s'engageait à fournir à Gaston quinze mille hommes de troupes, et les hostilités devaient commencer au mois de septembre suivant.

Le 8 août, Louis XIII adressa aux Amiénois une lettre où il leur donne avis de l'existence du traité fait entre son frère et le roi d'Espagne. Il leur recommande, attendu l'approche du mois de septembre, de se mettre, par une surveillance rigoureuse, à l'abri des surprises, leur promettant de les garantir de toute attaque à force ouverte.

DE PAR LE ROY.

1634.
8
août.

Chers et bien amez, ayans appris par ung traicté fait à Bruxelles le xii may de l'année présente, entre le duc d'Orléans, notre frère unique, et le marquis d'Ayetonne pour le roy d'Espagne (lequel traicté nous est tombé comme par miracle entre les mains), les mauvais desseins ausquelz l'Espagne a engagé notre-dit frère contre la France, nous avons estimé vous en devoir donner advis d'autant plus soigneusement qu'ayans le propre original de la ratification que le roy d'Espagne a signée du susdit traicté, nous avons tout lieu de croire que ceux qui ont eu assez de mauvaise volonté pour faire un tel projet n'oubliront rien de ce qu'ilz pourront pour le mettre en exécution. C'est ce qui faict qu'estans proche du mois de septembre, auquel, par les conventions dudit traité, la guerre qu'on veult allumer en ce royaume doit estre commencée, nous vous faisons cette lettre pour vous ordonner très-expressément de prendre garde et veiller si soigneusement à votre conservation, que toutes les entreprises qu'on pourra faire pour vous surprendre soyent inutilles, vous asseurans que nous serons en estat de vous garantir, avec l'ayde de Dieu, de tout ce qu'on voudra entreprendre à votre préjudice par la force. Nous augmentons à cette fin le nombre de nos gens de guerre, espérans par ce moyen nous rendre si considérable, que non-seulement les ennemis de l'estat ne pourront rien faire à son désavantage, mais qu'ilz ne l'oseront tenter. Donné à Chantilly le viiie jour d'aoust 1634.

Signé : Louis.   Et plus bas : Philippeaux, avec paraphe.

A nos chers et bien amez les officiers, mayeur, eschevins et habitans de nostre ville d'Amiens.

Arch. de l'hôtel de ville d'Amiens, liasse D 12, pièce 87.

XVIII.

ACTES RELATIFS AUX DROITS DE L'ÉCHEVINAGE D'AMIENS, EN CE QUI CONCERNE LA GARDE DE LA VILLE.

On a vu quelles restrictions l'édit de 1597 avait apportées aux droits et aux fonctions de l'échevinage, quant au service militaire intérieur de la ville d'Amiens. Néanmoins, les magistrats municipaux avaient continué, sous l'autorité des gouverneurs, à faire faire la garde tant de nuit que de jour par les habitants, à exercer une surveillance active sur les postes de milice bourgeoise, à faire des rondes et des appels, et à imposer des peines et des amendes aux défaillants et délinquants. Cet état de choses avait eu en plusieurs occasions l'approbation du souverain, qui, dans ses lettres, à propos des troubles et des prises d'armes si fréquents alors, recommandait souvent aux Amiénois la garde de leur ville. Il était d'usage que chaque jour un des sergents portât le mot d'ordre au premier échevin, qui lui-même le transmettait à l'échevin chargé de faire la ronde [1].

Mais à l'époque où nous sommes arrivés, sous le gouvernement du duc de Chaulnes, qui montrait en toute circonstance une hostilité systématique aux prétentions de l'échevinage, des atteintes graves furent portées aux priviléges que les magistrats municipaux avaient conservés dans l'intérêt de la sûreté de la ville. Le 6 octobre 1635, un des échevins, délégué par ses collègues, ayant inspecté le poste de milice bourgeoise de la porte de Noyon, fait l'appel et constaté plusieurs absences, le sieur de Bocourt, sergent-major de la place d'Amiens, se prit d'une grande colère, déclara que les magistrats municipaux n'avaient point le droit de faire des visites de ce genre dans les corps de garde, ordonna aux miliciens, si les échevins se présentaient pour faire une ronde, de les chasser ou de les retenir en prison, et défendit aux sergents de leur donner le mot d'ordre. Quelques jours

---

[1] Règlement de 1623, sur le fait de la garde bourgeoise, et ordonnance sur le même sujet. (Arch. de l'hôtel de ville d'Amiens, liasse. 0.8, dossier 5.) — Règlement du duc de Chaulnes pour la garde bourgeoise d'Amiens, daté de Corbie, 16 septembre 1635. (Ibid., dossier 3; pièce 61, invent. Gresset.)

plus tard, le sergent-major déclara qu'il entendait que les échevins vinssent le chercher chez lui. L'échevinage, alarmé de ces prétentions, décida, dans une séance tenue le 11 octobre, qu'une plainte serait adressée à ce sujet au duc de Chaulnes, et qu'on demanderait à être maintenu dans le bénéfice de l'ancien usage.

Des difficultés s'élevèrent bientôt sur un autre point. Les portes de la ville n'étaient fermées qu'après la chute du jour, quelquefois même après plusieurs heures de nuit; les fossés de la place étaient à moitié comblés, la sûreté d'Amiens se trouvait ainsi mise en péril. Pour faire cesser ces dangereuses négligences, les échevins arrêtèrent, le 8 novembre, qu'on s'adresserait de nouveau au duc de Chaulnes, qu'on lui représenterait qu'il était indispensable d'avancer l'heure de la fermeture des portes, de curer les fossés, d'employer à la garde les ecclésiastiques et de les y faire contribuer pécuniairement, ainsi que les femmes veuves qui en avaient le moyen. Le 16, une députation alla présenter au duc les requêtes des membres de l'échevinage. Celui-ci répondit qu'il n'avait point à tenir compte de leurs avis; qu'il savait ce qu'il avait à faire; que les échevins ne devaient se mêler en rien de ce qui concernait la garde de la ville, et qu'à l'égard de la participation des ecclésiastiques et des veuves aux frais de cette garde et des travaux de défense, il était le maître de donner tel ordre qu'il jugerait convenable. Nous ignorons quelle suite fut donnée à cette affaire. Il semble néanmoins, par un acte postérieur, que, quant à la question du mot d'ordre, il fut fait droit aux réclamations de l'échevinage.

En avril 1636, le litige recommença entre le gouverneur et les magistrats municipaux. Les ouvriers sayéteurs et houpiers, ayant fait une émeute (12 mars)[1], le duc de Chaulnes, qui se trouvait alors à Cor-

---

[1] L'occasion de cette émeute fut l'établissement du droit de sou pour livre sur les marchandises fabriquées à Amiens. Il existe deux relations de ce qui se passa alors. (Arch. de l'hôtel de ville d'Amiens, liasse c 8, dossier 3, pièces 6 et 7, invent. Gresset; et liasse G 8, pièce 67, invent. Gresset.) — Déjà en 1628 une sédition des sayéteurs avait eu lieu, à raison des sacrifices que le siège de la Rochelle avait forcé les Amiénois de faire, et de l'augmentation de droits que le roi levait sur la sayéterie d'Amiens. Il est certain que, pendant la guerre de 1635 et 1636, entre la France et l'Espagne, Amiens donna à la cour de sérieuses inquiétudes. Monsieur, dit le ministre Desnoyers à M. de Chaulnes, le roi ayant eu advis que le peuple d'Amiens, mécontent de l'établissement du sou pour livre, de quelques nouveaux impôts qu'on lui demande, du changement de la garde et de l'affoiblissement de la garnison de la citadelle, sème des bruits séditieux, et que les plus mutins osent crier.

bie, vint à Amiens avec un détachement de cavalerie pour rétablir l'ordre, et invita les membres de l'échevinage à payer les dépenses de sa troupe. Les échevins répondirent qu'ils ne pouvaient le satisfaire, attendu que la ville était très-endettée; et qu'on avait saisi récemment ses revenus, jusqu'à concurrence de quatre-vingt mille livres. Le duc, sans avoir égard à ces représentations, somma le receveur de la ville de fournir cette somme destinée à la solde de ses cavaliers, et, sur son refus, il leva sur lui un bâton qu'il tenait à la main, et menaça de le faire jeter dans un cul de basse-fosse.

Le lendemain, le duc manda les magistrats municipaux et les blâma vivement de la conduite qu'ils avaient tenue lors de la dernière émeute, et du refus qu'ils avaient fait de payer les dépenses de sa cavalerie; il les accusa d'avoir été ingrats; et, pour les punir, il leur interdit la connaissance et disposition de la garde de la ville faite par les bourgeois, en leur ordonnant de remettre les registres et les rôles entre les mains de son lieutenant, le sieur de Cornillon, qui prit, avec MM. de Maurepas et de Bocourt, le commandement de la milice bourgeoise, à l'exclusion des échevins [1]. Au mois de juillet suivant, des envoyés de l'échevinage se rendirent à Paris, pour prier le roi de faire cesser cet état de choses. Dans leur requête, dont nous donnons le texte, les magistrats municipaux rappellent les droits qui leur ont été conservés par l'édit de 1597, la manière dont ils en ont usé, et l'approbation qu'en les exerçant ils ont longtemps obtenue de la couronne; ils se plaignent des atteintes arbitraires portées à ces droits par le gouverneur d'Amiens, des vexations auxquelles les citoyens sont en butte

qu'il ne leur importe quel maître ils servent, puisqu'ils sont réduits à la dernière misère, j'ai eu charge de vous dépêcher ce courrier exprès pour vous dire que l'intention de S. M. est de vous envoyer quelque gentilhomme de vos amis qui reconnoisse sous main la vérité de ces bruits, afin de guérir les esprits malades. » — Voyez d'autres détails sur ces dispositions de la population amiénoise dans l'Histoire d'Amiens de M. Dusevel, t. II, p. 63.

[1] Le duc de Chaulnes imputait aux maire et échevins d'avoir connivé avec ceux qui avaient fait une émeute, « parce que la plupart desdits sieurs eschevins estoient marchans, qu'ilz n'y avoyent point apporté assez d'ordre et de diligences, n'ayans pas informé contre les séditieux, n'y faisant aucune capture; c'est pourquoy il interdisoit mesdits sieurs de la connoissance du faict des armes, qu'il remestoit aux officiers du roy, voullant que cest affront leur fût faict, qu'il estoit bien aise que cela eschût en leur année d'eschevinage en punition de leur ingratitude, et qu'ilz estoient des ingratz de n'avoir voullu défrayer la cavallerye qui l'avoit accompagné. Délibération du 5 avril 1636. (Arch. de l'hôtel de ville d'Amiens, reg. aux délibér. LXIIIe, coté T, fol. 64. — Voy. aussi liasse G 8, dossier 1er, pièce 69; invent. Gresset.)

de la part des officiers, de la fréquence insupportable des gardes auxquelles on les oblige; ils ajoutent que le gouverneur fait emprisonner les miliciens, ou saisir leurs meubles lorsqu'ils ne se rendent pas à leur poste, sans vouloir admettre aucune espèce d'excuses. Le conseil délibéra sur cette affaire, et le roi, cédant aux réclamations des envoyés de l'échevinage d'Amiens, leur donna des lettres pour le gouverneur. A leur retour, les envoyés se rendirent chez le duc de Chaulnes; mais celui-ci refusa de les voir et de recevoir personnellement les lettres qu'ils apportaient, et après s'être fait donner ces lettres par l'intermédiaire d'un capitaine de ses gardes, il les laissa sans aucune réponse. Alors l'échevinage décida qu'une députation nouvelle serait envoyée à Paris, et, le 27 juin 1636, les citoyens qui avaient fait partie de cette députation informèrent les magistrats municipaux que le roi avait mandé de nouveau ses intentions au duc de Chaulnes, et que le chancelier de France, ainsi que le duc de la Vrillière, leur avaient promis satisfaction.

1635.
6
octobre:

L'an mil six cens trente-cinq, le mardy sixiesme jour d'octobre, nous Jacques Mouret, David Quignon, Vincent Castelet, Jehan de Sachy, Claude de Mons, Ivremont Barré et Anthoine Cornet, eschevins de la ville d'Amiens, comme nous sortions de l'hostel commun de ladicte ville sur le midy, Claude Gueudon, geolier des prisons de la conciergerie, nous auroit donné advis que les habitans estans en la garde à la porte de Noion n'estoyent point en leur devoir, aurions depputé ledict sieur Barré, nostre confrère, pour s'y transporter à l'instant, ce qu'il auroit faict, lequel, faisant rapport en la chambre du conseil où nous estions assemblez sur les quatre heures de rellevées en la manière accoustumée, nous auroit dict avoir visité le corps de garde de ladicte porte, et que les chefs de porte lui aians mis ès mains les brevetz par nous expédiez, il a fait l'appel de tous les portiers, desquelz il y avoit quelques absens.

Et le mesme jour au soir, nous ayant esté rapporté que le sieur de Bocourt, sergent-major, s'estoit trouvé à la fermeture de ladicte porte de Noion et s'informé de ce qu'il s'y estoit passé le long du jour, les portiers lui ayans respondu que ledict sieur Barré y avoit esté faire la reveue et l'appel, ledict sieur sergent-major, se mettant en colère, leur auroit dict qu'ils ne devoient endurer cela, qu'il leur deffendoit à l'advenir de laisser entrer aucun des eschevins, quand ils yroyent au corps de garde pour ce subject, soit de jour ou nuit, et qu'il les falloit retenir prisonniers jusques à ce qu'il y seroit arrivé, ou les chasser, que cela lui appartenoit et non pas ausdictz eschevins.

Et le lendemain, dix-septiesme dudict mois, ayans mandé audict hostel de ville aucuns desdictz portiers, pour nous enquérir particulièrement de la vérité, entre aultres Anthoine Poullain, Pierre Mouret, Nicolas de Lahaye, marchans, Claude Godde, teinturier, Jacques Boullenger, trippottier, ils nous auroient dict et asseuré qu'ils avoient esté présens à la fermeture de la susdicte porte et avoient veu et entendu ce que s'y estoit passé, conformément à ce que est dict cy-dessus; ledit Boullenger nous ayant encore rapporté qu'en passant par le marché au bled, venant audict hostel de ville comme nous l'avions demandé, il auroit rencontré ledict sieur sergent major auquel, il dit que nous l'avions envoyé quérir apparemment pour sçavoir ce que s'estoit passé à la fermeture de ladicte porte, lequel luy auroit reppeté les mesmes propos qu'il avoit tenus à ladicte fermeture, qu'il voulloit bien que nous le sceussions, et donnoit charge audict Boullenger de nous le dire de sa part.

Et en mesme temps, Jehan Lattier, Jehan Simon, sergens des compagnies bourgeoises, ayant esté pareillement mandez, nous ont dict et rapporté que depuis sept ou huict jours, recepvans la parolle ou mot du guet dudict sieur sergent major, il leur deffend de la donner au premier des eschevins ny à aucun d'eux, à peine de prison et d'estre cassez, dont et de tout ce que dessus nous avons faict le présent procès-verbal, que nous avons signé avecq les habitans, portiers et sergens desdittes compagnies bourgeoises susnommez, les jours et an dessusdictz. Ainsi signé : MOURET, QUIGNON, CASTELET, DE SACHY, DE MONS, BARRÉ, POULLAIN, CORNET, Jacques BOULLENGER, Claude GODDE, V. MOURET, Nicolas DE LA HAIE, Jehan SIMON, Jehan LATIER et GUEUDON, avec paraphes.

Arch. de l'hôtel de ville d'Amiens, liasse G 8, pièce 4.

Du unziesme jour d'octobre mil vi^e trente-cinq, en la chambre du conseil de l'hostel commun de la ville d'Amyens, où estoient Jacques Mouret, David Quignon, Me Vincent Castelet, Jean de Sachy, Me Claude de Mons, sieur de Hédicourt, Yvremon Barré et Anthoine Cornet, eschevins, présent Robert de Bailly, greffier.

Sur la proposition faicte par ledit sieur Mouret que monsieur le sergent major luy dict ce jourd'hui qu'un des sergens des compagnies bourgeoises qui estoient de garde avoient baillé la parole à quelqu'un des messieurs quy avoit faict la ronde sur le rempart, et qu'il n'entendoit que cela fût à l'advenir, voullant obliger celluy de messieurs les eschevins qui ira en ronde d'aller prendre la parolle de luy, quoyque depuis longtemps il ayt esté observé que tous les jours un desdits sergens la porte à monsieur le premier, qui la donne à l'un de mesdits sieurs pour faire la ronde et congnoisson des deffaillans et absens à la garde, affin d'y donner ordre à ce que ladite garde soit faicte comme le service du roy le requert, priant la compagnie d'en délibérer, il a esté résolu que sera escript à monseigneur le duc de Chaulnes, gouverneur et lieutenant-général de ceste province, et supplié d'avoir agréable que les sergens desdites compagnies portent la parolle tous les jours à monsieur le premier, qui la pourra donner à celuy de mesdits sieurs qui yra en ronde.

Signé : DE BAILLY.

Arch. de l'hôtel de ville d'Amiens, liasse a 8, n° 5.

Du huitième jour de novembre mil six cent trente-cinq, en la chambre du conseil de l'hostel commun de la ville d'Amyens, où estoient Jacques Mouret, David Quignon, M⁰ Vincent Castelet, monsieur M⁰ Claude de Mons et Yvremon Barré, eschevins, présent Robert de Bailly, greffier.

Sur ce que monsieur Mouret a représenté qu'il y a un grand péril pour la ville en ce que la fermeture des portes d'ycelle se faict tous les jours fort tard, à cause que ceux habitans qui ont faict la garde desdites portes le long du jour et qui en faisoient cy-devant eux-mesmes la fermeture au soir ne le font plus depuis quelque temps qu'ils ont ordre d'attendre ceux qui doivent entrer en garde pour la nuict, pour estre lesdictes portes fermées par lesdits entrans en garde, lesquelz ne s'y trouvant que après la parade faicte et la parolle donnée, il est desjà nuict quant ladite fermeture se faict; d'ailleurs, que, pour la seureté de ladicte ville, il est grandement besoing de curer les fossez d'ycelle, notamment depuis la porte de Saint-Pierre jusqu'à celle de Noion, et qu'il est expédient d'employer la jeunesse à ladite garde, mesme d'y faire contribuer les ecclésiastiques et les femmes veufves qui ont des commodités, selon que monseigneur le duc de Chaulnes, gouverneur et lieutenant général de ceste province, a plusieurs fois faict entendre à messieurs qu'il le désiroit; il a esté résolu en premier lieu de représenter ce que dessus à mondit seigneur et qu'il sera très-humblement supplié de donner ordre que les portes soient désormais fermées au soir et devant la nuict par les portiers qui auront fait la garde le long du jour, et ce lorsque la cloche sonne, lesquelz portiers néantmoins attendront ceux qui entreront en garde pour la nuict pour les en relever.

Secondement, mondit seigneur sera aussy supplié de trouver bon que mesdits sieurs puissent employer les habitans de la ville et banlieue pour travailler à corvées auxdits fossés et de donner son ordre pour faire aller à la garde ladite jeunesse et y faire contribuer lesdits ecclésiasticques et femmes veufves.

Signé : DE BAILLY.

Arch. de l'hôtel de ville d'Amiens, liasse G 8, pièce 62.

Du seiziesme jour de novembre mil six cent trente-cincq, en la chambre du conseil de l'hostel commun de la ville d'Amiens, où estoient Jacques Mouret, David Quignon, Me Vincent Castelet, Jean de Sachy, monsieur Me Claude de Mons et Ivremont Barré, eschevins, présent Robert de Bailly, greffier. Ledict sieur Mouret a dict à la compagnie que, le huictiesme de ce mois, il fut délibéré qu'il seroit donné advis à monseigneur le duc de Chaulnes, gouverneur et lieutenant général de ceste province et gouverneur particulier de ceste ville, qu'il y a du péril en la fermeture des portes d'icelle quy se faict tous les jours fort tard après que la garde est faicte et la parolle donnée, qu'il est nécessaire de faire nettoier les fossés de laditte ville, particulièrement depuis la porte de Saint-Pierre jusques à celle de Noion, qu'il est expédient d'employer la jeunesse à la garde et y faire contribuer les ecclésiastiques et femmes vefves quy ont des commoditez, et qu'il seroit très-humblement supplié de donner ordre que lesdictes portes soient désormais fermées au soir et devant la nuit par les portiers quy auront faict la garde d'icelle le long du jour, lesquelz néantmoins attenderont et seront relevez par les habitans quy entreront en garde pour la nuict, comme aussy de trouver bon qu'on emploie quelques habitans de ceste ville et banlieue à travailler à jornées au nettoiement desditz fossez, pourquoy il est à propos d'exécuter ladite résolution et depputer quelqu'un pour voir mondict seigneur, et le supplier encore de trouver bon que messieurs les eschevins quy ont de tout temps pourveu aux places de chef de porte, continuent de ce faire, du moins lorsqu'il sera absent, et ce d'autant que le sieur de Bocourt, sergent major, est venu aujourd'huy en l'hostel de ville dire à mesdictz sieurs que mondict seigneur avoit faict un nommé Tassegond chef de porte, au lieu de M. François Lestocq, à présent deffunct, et qu'on donna audict Tassegond un billet pour le faire coucher au logis des portes, sur quoy mesditz sieurs délibérans, messieurs Castelet et de Mons, eschevins, ont esté députez, lesquelz à l'instant estant sortis de laditte chambre du conseil, sont revenus incontinent après et rapporté avoir veu monseigneur le duc de Chaulnes, auquel aiant représenté ce que dessus et luy faict lesdittes supplications, à quoy il a respondu : premièrement, qu'il ne veut pas que messieurs les eschevins se meslent de ce quy se doict observer à la garde ny à l'ordre d'icelle, qu'il ne doib-

1635.
16 novembre.

6.

vent pas luy dire ce qu'il a à faire, sçachant très-bien ce qui est de sa charge;

Secondement, qu'il ne veut pas qu'on lui face souvenir de l'ordre qu'il doit donner; pour ce quy est des hommes d'église, de la jeunesse et des femmes veufves, qu'il le fera quand il luy plaira et trouvera bon, sans attendre l'advis de mesdictz sieurs, et qu'il falloit faire paier le feu desdictz corps de gardes par lesdittes femmes vefves, affin que personne ne soit dispensé de laditte garde;

Et en dernier lieu, touchant les chefs de portes, qu'il n'entend pas que messieurs les eschevins les reçoipvent à l'advenir, estant à luy à faire, et voeult que celluy qu'il a faict aujourd'huy demeure comme tous les autres qu'il fera désormais. Signé : DE BAILLY.

Arch. de l'hôtel de ville d'Amiens, liasse c 8, pièce 63.

L'an mil six cens trente-six, le vendredy quatriesme jour d'avril, nous Jacques Mouret, David Quignon, Vincent Castellet, conseillier du roy et esleu en l'élection d'Amiens, Claude de Mons, conseillier du roy au bailliage et siége présidial d'Amiens, Yvremon Barré et Anthoine Cornet, tous eschevins de laditte ville d'Amiens, estant assemblez en la chambre du conseil de l'hostel commun de cestedite ville sur les deux heures de relevée, ledit Mouret nous auroit rapporté que, ledit jour sur le midy, le sieur de Maurepas, capitaine des portes, seroit venu en laditte chambre du conseil, et parlant ausditz Mouret, de Mons et Barré, il leur auroit faict entendre avoir charge de monseigneur le duc de Chaune, gouverneur général de ceste province et gouverneur de ceste ville et citadelle, de nous dire que ledit seigneur duc désiroit que nous envoiassions comter et satisfaire ses hostelleries, pour la despence de la cavallerie avecq laquelle il estoit venu de Corbie en ceste ville la nuit d'entre mardy et mercredi dernier, auquel sieur de Maurepas ledit Mouret auroit répondu qu'il nous feroit tous assembler à heure présente pour en délibérer et lui en donner responce. Ce faict, l'affaire mise en délibération, nous aurions depputez lesditz Castellet et Cornet, noz confrères, vers ledit sieur de Maurepas, pour le prier de supplier très-humblement de nostre part monseigneur duc, de voulloir dispenser la ville du paiement de laditte despence, pour ce que laditte ville est tellement obérée de dettes et poursuivie sy rigoureusement par ses créantiers, que tout le revenu d'icelle est saisy pour plus de quatre-vingt mille livres, tant d'arriérages de rente dont elle est chargée que d'aultres debtes et autres fraiz de la contagion récente dont elle a esté affligée, pourquoy nous aurions esté contrainctz d'obtenir au conseil du roy plusieurs arrestz de surcéance de paiement d'icelles, outre que les deniers communs de ladite ville estans destinez à certains ouvrages particulliers, il nous est deffendu de les divertir ailleurs, et que tel employ ne pourroit estre allouez ès comptes de ladite ville, lesquelz Castellet et Cornet aians esté chez ledit sieur de Maurepas, nous auroient rapportez à leur retour que, lui aiant représenté ce que dessus, il auroit promis de le faire entendre à mondict seigneur le duc de Chaune.

Et ledit jour, sur les six heures du soir, Jean le Roux, receveur de ladite ville, seroit venu en la chambre du conseil nous rapporter que, aiant esté mandé par mondict seigneur en son hostel, il luy auroit commandé d'aller compter et paier la despence que ladite cavallerie avoit faicte ès hostelleries où ilz avoient logez, et que s'en estant excusé, mondict seigneur se seroit mis en collère et levé le batton qu'il tenoit en la main, faisant contenance de l'en voulloir frapper, le menaçant de prison et de le faire mettre en ung cul de fosse.

Et le lendemain samedy cincquiesme dudict mois, ledict seigneur duc, gouverneur, nous auroit mandé sur le midy en son hostel, où nous estant transportez avec maistre Jean Boullenger, fiscal, il nous auroit dict, en la présence des sieurs de Cornillon, son lieutenant en la ville, de Bocourt, sergeant major, de Maurepas, cappitaine des portes, et le Fœuvre, chevallier du guet, que, sytost qu'il avoit sceu la rumeur naguères faicte en ceste ville par les ouvriers saieteurs et houppiers, il s'estoit rendu en toutte dilligence avec une compagnie de cavallerie pour y mettre l'ordre nécessaire, comme il avoit faict, et supprimant tous les devoirs que nous y avions faict de nostre part, il nous auroit blasmé de négligence et de manquement d'affection au service du roy en ceste occasion ; pourquoy il nous ostoit et interdisoit la cognoissance et disposition que nous et noz prédécesseurs eschevins avoient tousjours eu de la garde de la ville quy se faict par les habitans d'icelle, laquelle congnoissance et disposition de ladite garde il mestoit entre les mains desdictz sieurs Cornillon, de Bocourt et de Maurepas, comme officiers du roy ; que nous estions des ingratz d'avoir refusé de défraier la cavalerie quy l'avoit accompagné, qu'il voulloit que cest affronct nous demeurast, et qu'il estoit bien aise qu'il fût escheu à nostre eschevinage en punition de nostre ingratitude. Et sur ce que ledit Mouret auroit commencé à luy représenter les debvoirs ausquelz nous nous étions mis, et nostre affection et fidellité au service du roy et bien de la ville, et les raisons pourquoy nous ne pouvions satisfaire à ladite despence, il nous auroit fait retirer sans permettre audict Mouret d'achever, nous aiant incontinent après faict remettre les registres et rolles de ladite garde entre les mains dudit sieur de Cornillon, quy deppuis ce temps les retient et ordonne de ladite garde avecq lesditz sieurs sergent major et Maurepas, cappitaine des portes, à notre exclusion. Dont et de tout ce que dessus nous avons faict ce présent procès-verbal, pour servir et valloir en temps et lieu ce que de raison, que nous avons signé comme véritable.

Ainsi signé : MOURET, QUIGNON, CASTELET, DE MONS, Y. BARRÉ, A. CORNET, BOULLENGER, avec paraphe.

<small>Arch. de l'hôtel de ville d'Amiens, liasse c 8, n° 67.</small>

AU ROY.

1636. Les eschevins de vostre ville d'Amyens vous remonstrent très-humblement que, depuis l'an mil cinq cens quatre-vingtz-dix-sept que la surprise de ladite ville fut réparée, ils ont continuellement, soubs les commandemens et l'authorité de messieurs leurs gouverneurs, fait faire la garde par les habitans de ladite ville, tant de nuit que de jour, aux portes, sur les ramparts d'icelle, veillé à la seureté publique, apporté tous leurs soings à la conservation de la ville, ordonné, réglé, mulcté d'amende et puny d'autres peines les deffaillans et délinquans au fait de ladite garde; Vostre Majesté mesme, authorisant cet ordre à toutes les occasions qui se sont présentées, à toutes les rencontres, troubles et mouvements, a fait l'honneur aux supplians de leur commander et recommander ladite garde, messieurs les gouverneurs, par leur présence, par leurs mandemens estans absens, agréé et commandé ledit ordre, et suivant icelluy les cappitaines de quartiers, leurs lieutenans, enseignes et officiers et mesme les sergent major et cappitaine des portes ont tousjours fait leurs rapports ausdits eschevins des fautes et manquemens qu'ilz ont trouvé à ladite garde, pour estre par lesdits eschevins procedé à la correction et punition des deffaillans et délinquans, selon l'exigence des cas, et lesdits eschevins réglé les registres et roolles des habitans subjetz à la garde, tant pour les y mettre chacun en leur ordre, selon les quartiers de leurs demeures, et les y faire aller chacun à leur tour, que pour y enroller les nouveaux, rayer ceux qui viennent à décedder, et dispenser du service personnel les invalides, absens et autres légitimement empeschez; néantmoins, monsieur le duc de Chaulnes, gouverneur général de la province et gouverneur particulier des ville et citadelle d'Amiens, renversant cet ordre continué par l'espace de trente-huit à quarente années, tant soubz le reigne du feu roy Henry le Grand de très-heureuse mémoire que de Vostre Majesté, a despuis le cinquième avril dernier osté et interdit sans subjet ausdits eschevins la cognoissance et disposition qu'eux et leurs prédécesseurs eschevins avoient eu de la garde de ladite ville et icelle mise ès mains des sieurs de Cornillon, son lieutenant en ladite ville, de Boucourt, sergent major, et Maurepas,

cappitaine des portes, et nonobstant les depputations, prières et très-humbles
supplicacions que lesdits eschevins ont depuis fait vers ledit sieur gouverneur,
il ne leur a pas esté possible de faire révocquer cette juricdiction, et ont esté
comme ils sont encores contrains de veoir la cognoissance et ordre total de
ladite garde, qui se fait par chacun des habitans de six en six jours, ès personnes
desdits sieurs de Cornillon, Boucourt, Maurepas, qui seuls en disposent comme
il leur plaist, à la grande foulle et oppression des habitans, décernant contre eux
des exécutoires pour les amendes esquelles ils les condamnent, soubs prétexte
de manquemens ausdits guet et gardes, et les faisant contreindre au paiement
d'icelles à main armée par leurs domestiques assistés de sergens de bandes, et
emportans leurs meubles sans exploit ny formalité de justice, ne voulant recevoir aucune excuse de maladie ou absence, opposition ou appellation, et dispen-
sans d'ailleurs ceux que bon leur semble desdits habitans de faire lesdits guet
et gardes par argent qu'ilz en tirent, desquelles exactions, violences, nouveautés
et voies indeues lesdits habitans vexés et molestés ont fait diverses pleintes
ausdits eschevins et requis leur estre pourveu; tout ce que dessus ayant donné
subjet aux supplians de se pourveoir vers Vostre Majesté, pour luy en faire leur
très-humble remonstrance et luy représenter qu'au vray sens de l'édit de l'an
xve iiii^{xx} xvii sur l'establissement de l'eschevinage, justice et police de laditte
ville d'Amiens, mondit sieur le gouverneur peut bien de son authorité ne point
employer les habitants à la garde, quand il y a garnison suffisante en ladite
ville, mais les habitans y estans emploiez, comme ils sont et ont toujours esté,
les eschevins, suivant l'édit, en ont l'ordre dudit seigneur gouverneur, et suivant cet ordre ont tousjours fait faire la garde par lesdits habitans, puny et
corrigé les fautes qui s'y sont commises, comme il se pratique ès autres villes
de vostre royaume où il a gouverneur et garnison, l'usage desquelles villes est
expressément donné pour règle à celle d'Amiens par le même édit. Ce fut pourquoy le feu roy Henry le Grand, père de Vostre Majesté, qui par cet édit
avoit voulu descharger lesdits habitans desditz guet et garde, ayant despuis recogneu la grande despence de l'entretenement de ladite garnison, l'affection
et fidélité des habitans à son service, et qu'il y avoit eu plus de malheur en ladite surprise que de faute de leur part, laissa la garde de la ville et les armes
entre les mains des habitans, qui dès lors et tousjours depuis, ont receu le commandement des eschevins soubs l'authorité et les ordres de messieurs les gouverneurs, de sorte qu'il n'y a eu aucun lieu d'oster et interdire par ledit sieur
gouverneur aux supplians la cognoissance de ladite garde, puisque le mesme
seigneur roy qui a fait ledit édit la leur a de tout temps laissée et que Vostre
Majesté leur a par ses lettres de temps en temps continuellement commandée,

que messieurs les gouverneurs tant présens qu'absens ont par leurs ordonnances et mandemens agréé et commandé ledit ordre continué pendant trente-huit à quarante années, et seroit d'ailleurs extraordinaire, inouy et sans exemple en aucune ville du royaume............ de veoir les habitans de la ville d'Amiens, limitrophe et cappitale de la province, qui ont accoustumé de faire ladite garde soubs le commandement et jurisdiction desdits eschevins, leurs juges et magistratz politiques, qui s'exerce par leurs officiers, greffiers et sergens, assubjectis et abandonnés soubs prétexte de manquemens ès gardes et guets, aux ordres désordonnés, jugemens informes, violences, exécutions et exactions des gens de guerre, qui n'ont officiers pour juger les fautes et délitz, ni ministres pour exécuter leurs jugemens que la passion, la violance et les fréquentes animositez qu'ils ont contre les habitans, qui seroient de pire condition que les soldats suisses qui ont nouvellement esté mis en garnison en ladite ville et soulagent à présent les habitans de la moitié des guets et gardes, car quoiqu'ilz soient soubz le commandement et authorité de monsieur le gouverneur, leurs manquemens au fait desdites gardes et guets sont punis par leurs colonnels et cappitaines, ledit seigneur gouverneur ni les siens n'ayans aucune coerction ny correction sur eux, à plus forte raison n'en peuvent-ils pas prétendre sur les habitans, bourgeois et habitans des villes, estans les gens de guerre eux-mesmes subjetz aux juges ordinaires par les édits et réglements pour les délitz qu'ilz commettent ès garnisons, aussy n'y en ont-ils pas prétendu jusques à présent, au contraire ont fait leurs rapports des deffaillans et manquans aux gardes et guets auxditz eschevins, qui en ont fait la punition comme dit est. A ces causes, Sire, dont il appert par les pièces cy-jointes soubz les cottes A, B, C, D, E, F, G, H, et que les supplians, qui n'ont failly ains se sont toujours fidellement acquittez de leur debvoir, ne peuvent estre légitimement destitués de leur droit et possession, il vous plaise les maintenir et garder au fait et commandement desdites gardes et guetz, soubz l'authorité de monsieur le gouverneur, pour en jouir ainsy qu'ils ont fait despuis le restablissement de $IIII^{xx}XVII$, et sans que ledit major ni autres gens de guerre puissent prétendre aucune jurisdiction, coerction, ni correction pour le fait des armes, guetz ni gardes sur lesditz habitans, et d'autant que ledit sieur gouverneur, offencé de la depputation de ladite ville vers Vostre Majesté, a menacé les depputés et les supplians de se venger d'eulx, les exterminer et leurs familles, il vous plaise pareillement les mettre soubz vostre protection et sauvegarde spécialle et soubs celle dudit seigneur gouverneur, et les supplians et depputtez seront d'autant plus obligez de continuer leur fidellité et les prières qu'ils font journellement à Dieu pour la bénédiction et prospérité de vostre règne.

Signé : Mouret, de Sachy, de Mons et A. Cornet, eschevins députés, et Lardois, avec paraphe.

<small>Arch. de l'hôtel de ville d'Amiens, liasse c 8, pièce 96, dans l'inventaire de Gresset.</small>

Du quatorziesme jour de juing mil six cens trente-six.

1636.
14 juin.

Sur ce qui a esté proposé par ledit Mouret que ledict de Mons et luy aians esté députez en court avecq Jehan de Sachy et Anthoine Cornet, aussy eschevins, ont apporté lettres du roy addressantes à monseigneur le duc de Chaulnes, gouverneur général de ceste province et particulier de ceste ville et citadelle, qui avoient esté mises ès mains desdits Mouret et de Mons, par monseigneur de la Vrillière, secrétaire d'estat, pour faire entendre à mondit seigneur le duc de Chaulnes, et aux eschevins, par luy, la volonté du roy ensuitte de la délibération et résolution de nosseigneurs de son conseil sur la très-humble remonstrance que lesdits depputez avoient faicte à Sa Majesté et nosdits seigneurs de son conseil, de ce que mondit seigneur le duc, sans aucun subject, auroit osté et interdict ausdits eschevins la cognoissance et direction de la garde qui se faict de ceste ville par les habitans d'icelle et mis lesdits habitans en la jurisdiction et coertion des gens de guerre de sa suitte, pour le faict de ladite garde, contre l'ordre et usage de tout temps observé en ladite ville, non-seulement à la foulle et oppression du peuple, mais mesme au grand préjudice du roy et seureté de ladite ville ; lesquelz depputez, à leur retour de Paris, s'estans transportez avecq lesdits Quignon, Castelet et Barré en l'hostel de mondit seigneur le duc de Chaulnes, le quatre du présent mois, pour luy présenter lesdites lettres, il n'auroit voullu voir lesdits eschevins ny recepvoir lesdites lettres que par les mains du sieur de Mouflers, cappitaine de ses gardes, qui auroit dict avoir charge de mondict seigneur de les prendre pour luy délivrer, et quoique depuis ledit jour quatre de ce mois jusqu'à présent les eschevins ayent esté plusieurs foys en l'hostel dudit seigneur et tâché par tous les moiens possibles de le voir, il n'auroit esté en leur pouvoir de parler à luy ny moien de voir aucune exécution de la volonté de Sadite Majesté et résolution de nosdits seigneurs de son conseil portée par lesdites lettres, ayant mesme à cest effect employé la faveur de monsieur de Beljamme, intendant de la justice en Picardie ; et d'autant que ce retardement est fort important au service du roy et repos de ladite ville, dont il peut arriver de grands inconvéniens, ledict Mouret prioit la compagnie d'y adviser ; il a esté résolu que lesdits sieurs Mouret et de Mons retourneront en court pour supplier très-humblement Sa Majesté que sa volonté et la résolution de nosdits seigneurs de son conseil soyent exécutées conformément aux

T. III.

lettres de Sadicte Majesté. Pourquoy faire ils ont esté depputtez par le présent acte, et Jehan de Sachy, aussy eschevin, de présent en ladite ville de Paris.

Arch. de l'hôtel de ville d'Amiens, LXIIIe reg. aux délibér. de l'échevin. coté T, fol. 63 v°.

Du vingt-septiesme jour de juing mil six cens trente-six.

Rapport des sieurs Mouret et consors du voiage par eux faict à Paris.

Le chancellier et monseigneur de la Vrillière leur ont fait entendre qu'en conséquence de leur nouvelle plainte, les intentions de Sa Majesté avoient esté de nouveau mandées à monseigneur le duc de Chaulnes, qui leur donneroit contentement; pourquoy ilz pouvoient s'en retourner avecq ceste espérance.

Arch. de l'hôtel de ville d'Amiens, LXIIIe reg. aux délibérat. de l'échevin. coté T, fol. 70.

XIX.

LETTRE ET ÉDIT DU ROI A L'OCCASION DE LA PRISE DE CORBIE PAR LES ESPAGNOLS.

Les troupes impériales, commandées par Jean de Wert, ayant pénétré en Picardie, et s'étant rendues maîtresses de Corbie, le 15 août 1636, Louis XIII, par une lettre du 19, exhorta les maire et échevins d'Amiens à persévérer dans la résolution prise par eux de résister vigoureusement aux ennemis, en cas d'attaque. Le roi, dans cette lettre, parle avec un grand mépris de la conduite des habitants de Corbie, qui, en se rendant avec lâcheté, sont devenus infâmes, « odieux et en horreur à tous les gens de bien. »

Les Amiénois s'occupèrent de réparer et de compléter leurs fortifications; mais les Espagnols s'étant emparés de Roye, et la garnison nombreuse que Jean de Wert avait laissée à Corbie s'étant mise à faire des courses aux environs, et s'étant avancée jusque sous les murs d'Amiens, Louis XIII intervint de nouveau. Par un édit du 15 octobre 1636, il enjoignit aux échevins de faire terminer les travaux, et les autorisa, pour fournir aux dépenses nécessaires, à emprunter soixante mille livres et même plus au besoin, leur abandonnant, pour le remboursement de cette somme, les recettes de la ferme du pied fourché, des bûches et des bières [1].

---

[1] Il y a deux autres actes relatifs à cette afaire: un arrêt du conseil, portant qu'il sera levé soixante mille livres sur les principaux habitants, qui en seront remboursés sur les fermes de la bûche,

XVII° SIÈCLE.

DE PAR LE ROY.

1636.
19 août.

Chers et bien amez, le bon ordre que nous establissons en nostre ville d'A-miens et les soins continuels que nous apportons pour la mettre en estat de se garentir, en cas que les ennemis la vinsent attaquer, vous font assez cognoistre combien nous chérissons votre conservation. Nous croyons aussi que vous y correspondrés, et c'est à quoy nous vous exhortons de toute nostre affection, persévérant en la résolution généreuse que vous avez prise de vous défendre avec la constance à laquelle vostre honneur, vostre conscience et vostre propre salut vous obligent, ce que si ceux de Corbie se fussent représenté comme ils debvoient, ils ne seroient pas tombés au malheur, en se rendant laschement, d'estre non-seulement le mespris et la proye, ainsy qu'ils sont à présent, de leurs ennemis, mais encores odieux et en horreur à tous les gens de bien. Nous nous assurons que vous et vos subjects profiterés de cet exemple, et que vous aymerez bien mieux conserver par vostre courage et fidélité vos biens, vostre honneur et vos vies que d'attirer sur vous par aucune lascheté une infamie perpétuele et vostre propre ruine. Donné à Chantilly le xix° jour d'aoust 1636. LOUIS; et plus bas BOUTHILLIER.

Au dos est écrit : A noz chers et bien amez les mayeur, eschevins et habitans de nostre ville d'Amiens.

<small>Arch. de l'hôtel de ville d'Amiens, liasse D 12, pièce 96.</small>

Louis, par la grâce de Dieu roy de France et de Navarre, à nos amés et féaux conseillers les gens tenans nostre chambre des comptes et nostre cour des aydes à Paris, présidens, trésoriers généraux de France au bureau de nos finances estably à Amiens, salut. Considérant comme il est nécessaire, pour le bien de nostre service et pour la seureté et conservation tant de nostredicte ville d'Amiens que de toute nostre frontière de Picardie, de faire promptement achever les ouvrages commancées aux dehors de ladicte ville, dont la despence a esté estimée à la somme de soixante mille livres, et de travailler aux réparacions qui se trouveront à faire aux ramparts et portes d'icelles, nous avons à cette fin, par arrest cejourd'huy doné en nostre conseil d'estat nous y estans, dont l'extrait est cy attaché soubz nostre contrescel, ordoné et ordonons par ces présentes signées de nostre main que les premier et eschevins de nostredite ville d'Amyens seront chargez de faire incessamment travailler aus-

1636.
15 octobre.

<small>du pied fourché, et des bières. (1636, 15 oct. — Arch. de l'hôtel de ville d'Amiens, v 6, n° 22, invent. de Gresset.) — Lettres patentes de Louis XIII, concédant à la ville les fermes de la bûche, etc., pour être employées au remboursement des soixante mille livres. (1636, 15 oct. — Id., ibid., pièce n° 30.)</small>

dits ouvrages des dehors jusques à leur entier achèvement et réparacions des ramparts et portes d'icelles, et pour cet effet d'emprunpter ladite somme de LX m. livres ou plus grande si besoing est, pour estre employée aux payemens d'iceux ouvrages à mesure qu'ilz s'avanceront, de laquelle somme ilz seront remboursés des deniers provenans des fermes du pied fourché, de la busche et des bières, dont les receveur et controlleur des fortiffications de ladite ville ont eu le maniment jusques à présent, lesquelz en seront déchargés en vertu du présent arrest et des présentes; voulons et entendons que lesdits premier et eschevins jouissent dès à présent et à l'advenir desdites fermes, à la réserve du payement des gaiges seulement desdits receveur et controlleur des fortiffications, aux sommes accoustumés par les premier et eschevins, jusques à l'actuel et entier remboursement, tant du principal de ladicte somme que des intérêts d'icelle, et ce nonobstant oppositions ou appellations quelconques, si aucunes interviennent, nous nous sommes réservés et à nostredit conseil la cognoissance, icelle avons interdicte et deffendue, interdisons et deffendons à tous autres juges, à peyne de nullité et de tous despens, dommages et intérest; ordonons en outre qu'il sera tenu conseil par messires Ollivier de Beauregard et le premier eschevin, que nous avons nommé et deputté, nommons et deputtons à cet effet par ces présentes, pour, sur ledit controlle qui sera par eux tenu, les estatz desdites deppences et du remboursement des avances faittes par lesdicts premier et eschevins estre arrestés en nostre conseil. Si vous mandons que ces présentes vous ayés à faire enregistrer et du contenu en icelles jouir et user plainement et paisiblement lesdits premier et eschevins de nostre ville d'Amyens, sans y contrevenir en manière que ce soit, ny permettre qu'il y soit contrevenu; car tel est nostre plaisir, nonobstant tous édits, ordonnances et lettres à ce contraires, ausquelles nous avons dérogé et dérogeons par ces présentes. Donné au camp de Demuin, le quinziesme jour d'octobre l'an de grâce mille six cens trente-six et de nostre règne le vingt-sept.

De par le roy. Signé : DUBLET, avec paraphe.

<small>Arch. de l'hôtel de ville d'Amiens, liasse v 6, pièce n° 23, dans l'inventaire de Gresset.</small>

XX.

ACTES RELATIFS AUX ÉLECTIONS MUNICIPALES DE L'ANNÉE 1636.

Pendant une maladie réputée contagieuse, et qui fit à Amiens de grands ravages, le sieur de Mareuil, conseiller au présidial et ancien prémier échevin, Charles de Lestoc, receveur des consignations, M⁰ de Halloy, ancien échevin, et le sieur de Sachy, échevin en charge, avaient donné de grandes preuves de dévouement. Pour les mettre en mesure de rendre de nouveaux services au public, et sans doute aussi pour les récompenser de leur conduite passée, Louis XIII, par la lettre suivante, ordonne aux Amiénois de faire entrer dans l'échevinage aux prochaines élections Mareuil, Lestocq et de Halloy, et de maintenir en charge le sieur de Sachy. Le roi déclare que l'injonction qu'il donne n'est que pour cette fois seulement, qu'il n'entend déroger en aucune façon aux priviléges de la ville d'Amiens, et qu'il laisse aux habitants l'entière liberté de choisir le reste des magistrats qui devront compléter leur échevinage [1].

Le 24 septembre 1636, le duc de Chaulnes, gouverneur de la province de Picardie et de la ville d'Amiens, ayant voulu procéder à l'élection des échevins nouveaux, sans avoir au préalable désigné les deux anciens qui devaient rester en charge, les magistrats municipaux le firent prier par le procureur fiscal de suivre les prescriptions de l'édit de 1597. L'article 9 de cet édit porte que deux échevins destinés à instruire les nouveaux élus seront choisis par le gouverneur-bailli d'Amiens, les échevins en charge et les conseillers de la ville. Le duc de Chaulnes, irrité de cette remontrance, ordonna au procureur fiscal de se taire, et, après avoir fait faire l'appel des capitaines et des chefs des six compagnies bourgeoises, il remit au greffier, qui en donna lecture, les lettres citées plus haut, par lesquelles le roi commandait aux électeurs d'introduire dans le nouvel échevinage les sieurs de Mareuil, de Lestocq et de Halloy, et d'y maintenir M. de Sachy; le duc ajouta que, pour sa part, il voulait que le sieur Cornet, échevin en charge, fût également maintenu. Les chefs de portes protestèrent, au nom de l'édit

---

[1] On usait souvent du droit laissé à la couronne par l'édit de 1597, de proroger l'échevinage. Par lettres du 20 septembre 1628, la reine mère Marie de Médicis informe les magistrats municipaux d'Amiens que son intention est que les échevins en charge soient prorogés pendant une année, conformément aux lettres qui leur seront remises à cet effet par le duc d'Elbeuf. (Arch. de l'hôtel de ville d'Amiens, original sur parchemin, liasse D 12, n° 81.) — Lettre par laquelle Louis XIII ordonne aux membres de l'échevinage d'Amiens de prolonger d'une année l'exercice de leurs fonctions, sans qu'il y ait aucune assemblée, festin ni prestation de nouveau serment. (24 septembre 1630. — Arch. de l'hôtel de ville d'Amiens, origin. en parchemin, liasse cotée D 12, pièce n° 83.)

de 1597, qui leur laissait la nomination des échevins, et le procureur fiscal déclina la validité des lettres qui venaient d'être produites, comme dérogeant à un édit dûment vérifié; il concluait en s'opposant à l'exécution des ordres donnés à l'assemblée, et en réclamant, dans tous les cas, un délai de deux jours pour porter au roi les remontrances des citoyens.

Le duc de Chaulnes avait quitté la salle; on députa vers lui le sieur Hannicque, conseiller et avocat du roi, afin de savoir ce qu'il désirait que l'on fît. Le duc répondit qu'on n'avait qu'à dresser procès-verbal de ce qui s'était passé. C'est ce procès-verbal que nous donnons ici. L'assemblée, avant de se séparer, décida que deux personnes seraient envoyées à Roye [1], où était alors Louis XIII, pour prier ce prince de révoquer les lettres données par lui le 18 septembre.

Les députés désignés pour aller porter au roi les réclamations de l'échevinage présentèrent au duc de la Vrillière, secrétaire d'état, et au grand chancelier, le procès-verbal de la séance du 24 septembre. Le roi, après en avoir pris connaissance, fit répondre qu'il voulait que ses lettres fussent exécutées, et *qu'il fallait obéir.*

Cette réponse ayant été rapportée à Amiens, on procéda au renouvellement de la loi, et Guy de Mareuil, Nicolas de Halloy, Jean de Sachy, et Charles de Lestocq, furent nommés échevins, ainsi que le sieur Cornet, qui avait été désigné par le duc de Chaulnes. Adrien Conreur et Ivremond Barré furent élus librement par les suffrages de l'assemblée.

De par le roy.

1636.
18 ptembre.

Chers et bien amez, ayant sceu le mauvais estat auquel est à présent notre ville d'Amyens à cause de la contagion, et estant nécessaire d'y apporter les remèdes convenables pour en arrester le cours, ayans particulière congnoissance du soin, vigilance et suffisance du sieur de Mareuil, conseillier au présidial de ladicte ville, ancien premier eschevin, de maître Charles de Lestoc, receveur des consignations, et de maître . . . . . de Hallois, ancien eschevin,

---

[1] Roye, occupée par les Espagnols, s'était soumise le 18 septembre 1636 aux troupes du roi de France. Louis XIII, qui était à la tête de son armée, s'arrêta à Roye, puis à Demuyn près de Corbie, dont on faisait le siége, puis à Amiens, où le cardinal de Richelieu resta aussi quelque temps.

comme aussy du sieur de Sachy, l'un des eschevins à présent en charge, nous désirons que ledit Mareuil soit par vous nommé pour estre premier eschevin pendant l'année prochaine, lesdits de Lestoc et de Hallois aussy nommés pour estre eschevins et ledit de Sachy retenu, ce que nous entendons estre par vous fait pour cette fois seulement, et sans tirer à conséquence pour l'avenir, et mesmes sans vouloir, en quelque manière que ce soit, diminuer ou déroger aux priviléges de nostredite ville en la nomination libre desdits eschevins qui luy apartient, suivant lesquelz vous procéderez à celle des trois restans à nommer pour ladite année prochaine en la forme ordinaire et accoustumée. C'est ce qui est en cela de notre volonté, à laquelle nous vous mandons et enjoignons de vous conformer entièrement et sans y apporter aucune remize ny retardement ; ne faictes donc faute d'y satisfaire, sur peyne de désobéyssance. Car tel est notre plaisir. Donné à Senlis le xviiie jour de septembre 1636.

Signé : LOUIS. Et plus bas : PHELYPEAUX.

Au dos est écrit : A nos chers et bien amez les eschevins et habitans de notre ville d'Amyens.

<small>Arch. de l'hôtel de ville d'Amiens, liasse D 12, pièce 102.</small>

Du 24e jour de septembre mil six cens trente-six.

Sur ce que Me Jacques Mouret, eschevin, a dict que la compagnie sçayt assés comment et en quelle forme monseigneur le duc de Chaulnes a voullu qu'il fût procédé au renouvellement de la loy et eschevinage ceste après-disnée, contre ce qui s'est observé de tout temps et l'intention de l'édict de l'an 1597, et que, sur l'opposition à l'exécution des lettres de cachet de sa majesté formée de la charge de messieurs par Me Jehan Boullanger, procureur fiscal, ledit renouvellement n'auroit esté achevé, il a esté résolu que l'on dressera procès-verbal de ce qui s'est passé en ceste occasion et qu'il sera porté au roy, qui est à présent en la ville de Roye, et sera sa majesté très-humblement supplyé d'ordonner que les eschevins qui doivent entrer pour l'année prochaine soyent nommez en la manière accoustumée et les deux retenus conformément audict édict. Et à l'instant MM. Jehan Boullenger et Adrien Perdu ont esté depputtez pour faire ladite supplication, et porter à sadite majesté ledit procès-verbal, dont la teneur ensuit :

Le vingt-quatriesme jour de septembre mil six cens trente-six, nous Jacques Mouret, faisant la charge de premier eschevin de la ville d'Amiens, David Quignon, Vincent Castelet, conseiller du roy, esleu en l'eslection d'Amiens, Jehan de Sachy, Claude de Mons, conseillers du roy au bailliage et siège présidial de ladite ville, Yvremond Barré et Anthoine Cornet, tous eschevins d'icelle,

Jehan Boullanger, procureur fiscal, Adrian Perdu, advocat, Robert de Bailly, greffier de ladicte ville, et Anthoine Perdu, greffier des portes, estans assemblez en l'hostel commun sur les trois heures d'après-midy, sur l'advis à nous donné que monseigneur le duc de Chaulnes, gouverneur et lieutenant général de ceste province et particulier de cestedite ville, estoyt arrivé au bailliage pour procéder au renouvellement de la loy et eschevinage en conséquence de la publication faicte cejourd'huy matin par les carefours, nous sommes à l'instant, ainsy qu'il est accoustumé, transportez audit bailliage, où estans, après avoir salué mondict seigneur, avecq messieurs le Roy, lieutenant général, Lucas, lieutenant criminel, Lecouvreur, assesseur, et Hannicque, conseiller et advocat du roy, comme mondit seigneur se disposoit de monter au siége de l'auditoire à l'effet que dessus, sans qu'au préalable les deux eschevins quy doivent demeurer en charge eussent esté choisis, ledict procureur fiscal l'auroit de nostre charge très-humblement supplyé d'avoir agréable que l'édit de restablissement fût observé en ce qu'il porte que les deux eschevins qui doivent demeurer en charge et estre retenus pour instruire les autres seront esleuz par monsieur le gouverneur-bailly d'Amiens ou son lieutenant, par les eschevins estans en charge et conseillers de ville; de laquelle remonstrance mondict seigneur s'estant irrité, auroit commandé audit fiscal de se taire; à l'instant seroit sorty de la chambre du conseil et monté audit siége, où estant, auroit faict faire l'appel par ledict Perdu, greffier des portes, des cappitaines et chefs de porte de six compagnyes de bourgeoisye, ausquelz ayant faict faire le serment de nommer en leurs consciences de nouveaux eschevins, il auroit mis ès mains de Me Jehan Pécoul, greffier dudit bailliage, deux lettres closes addressantes à nous et aux habitans de ceste ville, qu'il a dict avoir présentement reçues, l'une du roy en datte du xviiie de ce mois, l'autre de monsieur de la Vrillière, secrétaire d'estat de mesme datte, laquelle lettre du roy avoit esté ouverte et leue par ledict Pécoul, icelle portant commandement de nommer les sieurs de Mareuil, Lestocq et de Halloy pour nouveaux eschevins avecq ledit de Sachy, à présent en charge, retenu, après laquelle lecture mondit seigneur s'est retiré, disant qu'oultre ledit de Sachy, retenu par ladite lettre, il retenoit encore ledit Cornet, aussy eschevin en charge, et laissé ledit lieutenant général pour achever ce quy restoit à faire; ensuitte de quoy, comme l'appel se faisoit des six autres compagnyes, les chefz de porte assemblez ont représenté que, par l'édict il est porté qu'ils nommeront les eschevins, dont ils seroyent privez sy lesdites lettres de cachet avoyent lieu. Sur laquelle plainte, ledit procureur fiscal auroit remonstré que, par les ordonnances, il est deffendu d'avoir esgard aux lettres de cachet, quand elles dérogent aux édictz deuement vériffiez, tels que celluy dont est question, pourquoy il s'opposoit à l'exécution desdites lettres de cachet, soustenant qu'il doit estre proceddé à la nomination des eschevins en la manière accoustumée par les cappitaines et chefs de porte, du moins qu'il doit estre surcy de deux jours pour se pourvoir par très-humbles remonstrances vers Sa Majesté, sur quoy ledit sieur lieutenant général ayant trouvé à propos que ledit sieur Hannique, conseiller et advocat du roy, allast vers mondit seigneur le duc de Chaulnes sçavoir ce qu'il désiroit estre faict, ledit sieur Hannique, à son retour, auroit rapporté que mondit seigneur estoit occupé en affaire important au service du roy, et luy avoit commandé de dire audit sieur lieutenant général qu'il fist procès-verbal de ce que dessus et de l'opposition formée à l'exécution de la volonté de sa majesté. A quoy ledit fiscal auroit répliqué qu'il n'y avoit aucune opposition à la volonté de Sadicte Majesté, au contraire, que chacun désiroit et requiéroit qu'elle fût exécutée suivant ledit édict. Et à l'instant l'assemblée s'est retirée, dont de tout nous avons faict le présent procès-verbal, que nous certiffions véritable. Signé : MOURET, QUIGNON, CASTELET, DE SACHY, DE MONS, BARRÉ, CORNET, eschevins, et DE BAILLY, greffier, etc.

Arch. de l'hôtel de ville d'Amiens, LXIIIe reg. aux délibér. de l'échevin. coté T.; fol. 83 et 84.

Du vingt-huictiesme jour de septembre mil six cens trente-six, en la chambre du conseil de l'hostel commun de la ville d'Amiens, où estoyent Jacques Mouret, David Quignon, etc.

1636.
28 septembre

Me Jehan Boullenger, procureur fiscal, et Adrien Perdu, advocat, faisans rapport du voiage qu'ils ont fait en la ville de Roye vers sa majesté, suivant et pour les causes portées en l'acte de leur députation du XXIIIe de ce mois, ont dict qu'estant chez monsieur Desnoyers, auquel ilz avoyent présenté le procès-verbal de messieurs les eschevins, contenant la forme extraordinaire et inouye avecq laquelle monseigneur le duc de Chaulnes, gouverneur de ceste province, voulloit faire le renouvellement de la loy et eschevinage pour l'année prochaine, monsieur de la Vrillière, secrétaire d'estat, y survint, qui dict ausdictz Boullenger et Perdu, lesquelz l'avoyent veu auparavant et luy mis ès-mains autant dudit procès-verbal, et pareillement à monseigneur le chancellier, que la volonté du roy estoit que les lettres de cachet escriptes ausdictz sieurs eschevins fussent exécutées et lesdits eschevins pour ladite année prochaine faictz en la forme prescripte esdictes lettres; que Sa Majesté luy avoit commandé de leur dire cela, et qu'il falloit obéyr.

En conséquence :

Le vingt-noeufviesme jour de septembre mil six cens trente-six, noble homme

M⁰ Guy de Mareuil, antien conseiller au bailliage et siége présidial d'Amiens et antien premier eschevin de ladicte ville, Nicolas de Halloy, Jehan de Sachy, Adrien Correur, Ivremond Barré, Anthoine Cornet et Charles de Lestocq ont esté nommez et créez pour ceste année, sçavoir : lesdictz sieurs de Mareuil, de Halloy et Lestocq, suivant les lettres de cachet du roy, qui portent: sans tirer à conséquence pour l'advenir, mesmes sans voulloir en quelque manière que ce soit diminuer ou déroger aux priviléges de laditte ville en la nomination libre desdictz eschevins qui luy appartient, ledit de Sachy retenu par lesdictes lettres, ledict Cornet retenu par monseigneur le duc de Chaulnes, gouverneur et lieutenant général de ceste province et gouverneur particulier de ceste ville, et lesdictz Correur et Barré par les voix et suffrages du peuple.

Arch. de l'hôtel de ville d'Amiens, LXIII⁰ reg. aux délibérat. de l'échevinage, coté T, fol 85.

XXI.

PROCÈS-VERBAL D'UNE DÉLIBÉRATION DE L'ÉCHEVINAGE D'AMIENS, CONCERNANT L'ABROGATION D'UNE PARTIE DE L'ÉDIT DE 1597.

Le 6 novembre 1636, Louis Lemaître, sieur de Bellejamme, conseiller d'état, maître des requêtes de l'hôtel du roi et intendant de la justice en Picardie, se présenta devant l'échevinage d'Amiens, qu'il avait convoqué la veille, et, après s'être assuré que, selon un récent arrêt du conseil, des commissaires avaient été nommés pour surveiller dans chaque paroisse la police de la voirie, il se plaignit de la négligence avec laquelle ces commissaires s'acquittaient de leurs fonctions. Les échevins donnèrent pour excuse la difficulté des temps, les embarras occasionnés par l'épidémie et la guerre. Ils ajoutèrent que, réduits comme ils l'étaient à un petit nombre, ils ne pouvaient, malgré leur zèle, exercer une surveillance suffisante; que d'ailleurs les commissaires institués seulement par l'échevinage avaient peu d'autorité, et que pour rendre au corps municipal la considération qui lui était due, comme étant à la tête d'une ville importante et d'une capitale de province, il faudrait augmenter le nombre des échevins, et rétablir le titre de maire. Ils terminèrent en priant M. de Bellejamme de faire connaître à cet égard au roi les vœux et les besoins de la ville d'Amiens. M. de Bellejamme s'engagea à porter devant le conseil le procès-verbal

XVIIᵉ SIÈCLE.

de la séance du 7 novembre, et à appuyer la demande d'augmentation du nombre des échevins.

Assemblée tenue en la chambre du conseil de l'hostel commun de la ville d'Amiens, le septiesme jour de novembre mil six cens trente-six, suivant l'ordre que messire Louis Lemaistre, escuier, sieur de Bellejamme, conseiller du roy en ses conseils d'estat, maître des requestes ordinaire de son hostel et intendant de la justice, police et armée de Picardie, donna le jour d'hier à messieurs les eschevins de ladicte ville ordre de se trouver ce jourd'huy une heure après midy dans ladicte chambre, et enjoindre aux commissaires par eux nommez suivant l'arrest du conseil du . . . . jour d'octobre dernier, de s'y rendre à ladicte heure, à laquelle ledict seigneur de Bellejamme seroit venu, assisté de Nicolas Leroy, escuier, sieur de Jumelles, lieutenant général, et Anthoine Lucas, lieutenant criminel au bailliage d'Amiens, qu'icelluy seigneur de Bellejamme auroit dict avoir amené audit lieu du commandement de monseigneur le chancellier, en laquelle chambre du conseil estoyent messieurs Guy de Mareuil, antien conseiller du présidial, premier eschevin de ladicte ville, les sieurs Nicolas de Halloy et Adrien Correur, eschevins, Mᵉ Jehan Boullanger, procureur fiscal, et Robert de Bailly, greffier, et les susdictz commissaires évoquez tous attendans l'arrivée dudit seigneur de Bellejamme; lequel président en ladicte assemblée auroit dict que, du commandement de mondict seigneur le chancellier, il estoit venu audit hostel commun pour sçavoir ce qui auroit esté faict en exécution dudist arrest touchant lesdits commissaires, et après avoir recogneu que lesdictz sieurs eschevins avoient de leur part entièrement satisfaict audict arrest par la nomination et establissement qu'ilz avoient faict d'un commissaire en chacune des paroisses de ladicte ville et leur font les injonctions de faire leur charge conformément à ce qui est contenu audict arrest, ledict sieur de Bellejamme, s'addressant ausdits commissaires, leur auroit faict reproche du peu de devoir qu'ilz avoient faict depuis leur établissement de faire nettoyer les rues, chacun en l'étendue de sa parroisse. . . . . Sur quoy lesdictz sieurs eschevins auroyent représenté audit seigneur de Bellejamme, qu'ils avoient faict tout leur possible pour le nettoyement desdictes rues, mais que, dans l'occurrence du temps, que la ville se trouve surchargée de toutte sorte d'affaires tant ordinaires qu'extraordinaires et assaillye de deux puissans fléaux, la peste et la guerre, il leur estoit impossible, n'estans à présent que quatre eschevins dans la ville, d'apporter à touttes choses tel ordre que la nécessité désireroit; qu'ils ont ressenti fort peu de soulagement desdits commissaires, que la cause pourquoy

1636.
7 novembre.

ilz n'ont réussy peult procéder du peu d'obéissance qu'ilz ont receu dans leurs commandemens, le peuple les jugeans personnes privées, pour n'avoir esté commandez dans la police que par lesdictz sieurs eschevins, juges politiques de la ville, desquelz la compagnie avoit jugé nécessaire d'en augmenter le nombre, sy Sa Majesté l'avoit agréable, dont celluy quy porte à présent le nom de premier eschevin porteroit à l'advenir le nom de maieur, ainsy qu'il se faict en touttes les villes de Picardye, bien que moins considérables que ladicte ville d'Amiens, métropolitaine de la province, de quoi ledict sieur de Bellejamme auroit esté très-humblement supplyé de donner advis à mondit seigneur le chancelier, et de la résolution et délibération de ladicte compagnie; lequel seigneur de Bellejamme a promis de représenter au conseil de sa majesté la remonstrance desdictz sieurs eschevins contenue en la présente délibération, avecq les raisons quy luy ont esté représentées, et comme il a jugé estre du bien du service du roy et de la ville qu'il y ait un plus grand nombre d'eschevins pour pourvoir aux affaires d'icelle et y apporter meilleur ordre qu'on n'a fait jusques à présent, dont en a esté faict le présent procès-verbal.

Arch. de l'hôtel de ville d'Amiens, LXIII° reg. aux délibér. de l'échevin. coté т., fol. 92 et 93.

XXII.

ORDONNANCE DU CONSEIL RELATIVE A L'ORGANISATION DE L'ÉCHEVINAGE D'AMIENS ET A LA DÉFENSE DE CETTE VILLE.

Les Amiénois, depuis la promulgation de l'édit de 1597, n'avaient cessé de réclamer contre les dispositions de cet édit, notamment contre celles qui réduisaient le nombre des membres de l'échevinage et supprimaient le titre de maire. Nous avons donné, à la date du 21 juin 1625, une requête dans ce sens qui fut adressée à Louis XIII, et qui resta sans résultat, et l'on vient de voir les nouvelles sollicitations que M. de Bellejamme fut prié de présenter au roi, au sujet de l'insuffisance du nombre des échevins. Il n'était pas possible alors de donner pour prétexte à de plus longues rigueurs le ressentiment causé par la soumission d'Amiens aux Espagnols. On s'était aperçu que l'affaiblissement du corps échevinal avait été fatal aux intérêts de la ville, sans être utile à ceux de la couronne. On se décida donc, sur la demande de M. de Bellejamme, à donner quelque satisfaction aux désirs des bourgeois d'Amiens.

XVIIe SIÈCLE.

L'acte qu'on va lire et que nous reproduisons d'après une copie sans date ni signatures, fut rédigé, si l'on s'en rapporte au P. Daire [1], pendant le mois de novembre 1636. C'est un règlement donné par le conseil sur la requête des Amiénois, et dans lequel sont résolues les questions qui se rapportent à l'organisation de l'échevinage, à l'administration militaire et à la défense de la ville [2].

En voici les principales dispositions : le nombre des membres de l'échevinage est porté de sept à douze ; les échevins, élus suivant le mode ordinaire, seront pris, moitié parmi les officiers royaux de judicature ou de finance ayant leurs siéges établis à Amiens, moitié parmi les *bourgeois ou notables marchands non mécaniques, artisans et vendans en détail*. Deux anciens échevins, désignés de la même manière que les autres, resteront en charge pour instruire leurs nouveaux collègues. — Sur les douze élus, le roi choisira un maire qui ne pourra être continué plus d'une année dans sa dignité ; les échevins ne pourront demeurer en charge plus de deux ans. — L'échevinage prêtera serment entre les mains du gouverneur-bailli d'Amiens ou de son lieutenant, et aussitôt après l'installation, il procédera à l'élection d'un receveur annuel des deniers communs. — Pour cette année, huit jours après la date de l'ordonnance, on élira cinq échevins, qui, avec les sept en charge, compléteront le corps municipal. — Les échevins s'assembleront deux fois par jour à l'hôtel de ville, et une fois par semaine à la Male-Maison. — Ils auront droit d'envoyer des députés en cour, de publier et de faire exécuter des ordonnances et règlements relatifs à la police, à la garde de la ville, à la santé publique, etc. — Il est interdit aux habitants de se faire porter, pour échapper à la juridiction de l'échevinage, sur les contrôles de la garnison de la citadelle. — Les deniers patrimoniaux et d'octroi ne pourront être détournés de leur destination.

Les ordonnances de payement données de l'avis de la majorité du

---

[1] Hist. d'Amiens, t. Ier, p. 419.

[2] Suivant Lamorlière (Antiquités de la ville d'Amiens, t. III, p. 381), le roi en son conseil, par arrêt du 15 octobre 1636, donné au camp de Demuyn, avait ordonné que dorenavant le premier et les échevins auraient le soin des fortifications de la ville, qu'ils seraient les directeurs des ouvrages, et pour ce jouiraient des fermes du pied fourché, de la bûche et des bières.

corps municipal, seront signées par le maire et deux échevins, ou par trois échevins en l'absence du maire, et il en sera fait mention sur un registre qui sera représenté lors de la reddition des comptes. En cas de contravention à cet égard, les échevins seront punis d'une amende de quinze cents livres, privés de leur charge, et condamnés à rembourser les sommes dont la comptabilité ne serait point régulière. — Un fonds spécial sera mis en réserve pour l'acquittement des dettes de la ville. — L'échevinage, auquel le soin des fortifications a été récemment remis, tiendra la main à ce que la clôture militaire d'Amiens soit tenue en bon état, à ce que les tours et casemates ne soient point données en location et employées à d'autres usages qu'à la défense de la ville, et à ce que les clefs des portes, barrières et fausses portes, ne soient point confiées, comme par le passé, à des valets ou à des enfants; ces clefs, doubles pour chaque porte et pour chaque barrière, seront déposées, l'une chez le gouverneur, l'autre chez le maire, où les chefs de portes iront les prendre. — Il est défendu aux magistrats municipaux de dispenser, moyennant finances, les habitants du service militaire; ceux qui refuseront de faire ce service en personne devront présenter comme remplaçants des hommes expérimentés et bien équipés. — Les capitaines, lieutenants de la milice bourgeoise et chefs de portes seront élus par l'échevinage; ils demeureront autant que possible dans les quartiers habités par les hommes de leur escouade, pour être plus en mesure, en cas d'alerte de réunir leur monde et de donner des ordres. — Deux personnes expérimentées exerceront les jeunes gens au maniement des armes, une fois la semaine au moins. Le soin de faire des rondes dans les corps de garde et sur les remparts est confié aux magistrats municipaux, qui délégueront pour cela un ou deux d'entre eux; le sergent-major de la place devra envoyer tous les jours le mot d'ordre au maire. Les divers membres de l'échevinage auront des attributions distinctes : deux seront préposés à la police, deux autres à la salubrité, deux autres aux fortifications, les autres à la justice [1].

[1] Il ne paraît pas que le règlement dont on vient de lire l'analyse ait été exécuté d'une manière complète et continue.

XVIIe SIÈCLE.

RÈGLEMENT POUR LA POLICE DE LA VILLE D'AMIENS.

Sur ce que les habitans de la ville d'Amyens ont très-humblement remonstré 1636. au roy que ladite ville, estant l'une des meilleures et plus importantes du royaulme, est capitale de la province de Picardie, en laquelle sont establis plusieurs siéges de justice tant ordinaires que de finances et de gabelles, remplie de nombre de très-fidelz subjects de sa majesté, bourgeois, citoyens et marchans, quy luy ont tousjours renduz et aux prédécesseurs de Sadite Majesté roys de France de parfaictz tesmoignages de leur fidélité à la couronne et un désir extrême de leur conservation en son obéissance, ce qu'ilz ont faict paroistre au soing qu'ils ont eu de fermer ladite ville de bons et spacieux rempartz, beaux et profonds fossez garnis de forts bollevertz et esperons, quy se recongnoissent encores aujourd'huy, quy y ont attiré beaucoup de bonnes familles et leur donne subject de s'y establir; par le moien de quoy et du traficq et négoce qui s'y faict, elle s'est multipliée de grand nombre d'habitans, composés de divers mestiers réglez par brefs, statutz et ordonnances polliticques, qui y ont esté jusques à présent régis et pollicez par le nombre de sept eschevins esleuz, nommez et choisiz chacun an par les eschevins en charges, capitaines des quartiers, chefs de portes et conseillers de ville, suivant les concessions et previlléges à eulx donnez par sadite majesté et ses prédécesseurs roys de France, en laquelle ville grande et spacieuse y ayant nombre de mestiers de toute sorte, sur lesquels il est nécessaire d'avoir continuellement les yeux pour régler les contraventions quy se commettent journellement à leursdits brefz et statutz, et qu'estant frontière de Flandre et Arthois les supplians y font continuellement la garde, soit en paix ou en guerre et tant de jour que de nuit, à quoy les eschevins sont d'autant plus obligés de tenir exactement la main que, oultre l'obligation naturelle qu'ilz ont au service de sadite majesté, dont ilz ont tousjours donné de grandes preuves, nottamment en ces présens mouvemens, par leurs depputez vers sadite majesté, depuis le passage des ennemis de la rivière de Somme, leurs interestz particuliers et la conservation de leurs familles et leurs biens leur a fait cognoistre par les événemens et remarquer en diverses occasions que ledit nombre de sept eschevins, composez la pluspart de marchans, lesquelz estans souvent occupez à leur négoce et trafic, aultres absens ou incomodez de maladie, il en resté sy peu en laditte ville qu'ilz ne peuvent satisfaire à tout ce quy est nécessaire pour la bien régler et pollicer, tant au fait de la pollice des mestiers que de la contagion dont elle a esté affligée depuis cinq ou six cens ans, comme elle est encore à présent, et de la garde d'icelle, à raison de quoy il seroit très-nécessaire d'augmenter le nombre desdits eschevins de personnes capables et rescéantes en ladite ville, requérans partant sadite majesté sur ce leur pourveoir et en ce faisant ordonner que ledict nombre de sept eschevins sera augmenté de cinq aultres pour faire le nombre de douze, quy seront nommez chacun an par les eschevins en charge, conseillers de ville, capitaines de quartiers et chefz de portes, en la manière accoustumée, auquel nombre de douze pourront entrer six officiers de sadite majesté dont les siéges sont establis en ladite ville, gens de lettres ou de longue robbe, et que l'un des douze quy sera choisy par sadite majesté aura la qualité de maieur comme il avoit anciennement ad instar de plusieurs autres villes de la mesme province de moindre considération que ladite ville d'Amyens, et qu'à cest effect leur seront expédiées toutes lettres nécessaires; — le roy en son conseil, voullant favorablement traicter lesdits habitans et pourveoir à ce quy leur est nécessaire pour le bien de son service, seureté et conservation de ladite ville, a ordonné et ordonne que à l'advenir en ladite ville d'Amyens seront créez en la manière accoustumée douze eschevins par les voix, suffrages et nominations des eschevins en charge, conseillers de ville, capitaines et chefz de portes, auquel nombre pourront estre compris six officiers de sadite majesté, soit de judicature ou de finance dont les siéges sont establis en ladite ville d'Amiens et gens de lettres ou de longue robbe, et les autres six pris entre les bourgeois ou notables marchans non mécaniques, artisans et vendans en détail par eulx ou par aultruy, sans que les habitans de ladite ville pourveuz d'office establiz ailleurs que en icelle puissent estre excluz d'entrer audit eschevinage en qualité de bourgeois, desquelz douze eschevins, après la nomination d'iceulx, la liste sera par eulx envoyée à sa majesté pour choisir l'un d'iceulx quy aura la qualité de maieur, et en attendant ladite nomination de sadite majesté, la charge de maieur se fera par le plus ancien desdits eschevins en réception, en laquelle charge d'eschevins ne pourront estre deux parens au degré de l'ordonnance [ni] les conseillers de ville, affin que lesdits eschevins soient assistez aux occasions nécessaires de leurs advis et conseils et que le nombre d'iceulx n'en soit diminué, comme il arriveroit s'ilz estoient eschevins et conseillers de ville tout ensemble, ny mesme les officiers comptables d'icelle quy n'auront rendu compte et payé le reliqua d'iceulx.

Lequel maieur ne pourra estre continué plus d'un an en ladite charge ny es autres eschevins plus de deux ans, pour quelque cause ou occasion que ce soit, sy ce n'est de l'exprès commandement de sa majesté et par ses lettres pattentes.

Et toutesfois, demeureront tousjours deux anciens eschevins de ceux quy n'auront esté en charge que en l'année précédente seulement, pour instruire les autres nouvellement esleuz des affaires de ladite ville, lesquelz deux eschevins seront pareillement choisis et esleuz par les mesmes personnes susnommées, sçavoir les eschevins en charge, conseillers de ville, capitaines de quartiers et chefz de portes, quy seront tenuz de comprendre dans leurs brevetz deux desdits anciens eschevins faisans partie des douze qu'ils auront à nommer.

Lesquelz douze eschevins, immédiatement après avoir presté le serment pardevant le gouverneur bailly d'Amiens ou son lieutenant, s'assembleront au corps de ville et procedderont à la nomination d'un recèveur de ladite ville à la pluralité des voix, quy fera le serment et en rendera compte par devant ledit bailly d'Amyens ou son lieutenant audit hostel de ville, ou en leur absence pardevant lesdits maieur et eschevins, sans que, pour l'examen et audition desdits comptes, ilz puissent prendre aucun sallaire et vaccation suivant l'ordonnance de l'an, et ne pourra ledit recepveur estre continué plus d'un an en ladite charge, pour quelque cause et occasion que ce soit.

Et d'aultant qu'en la présente nécessité de ladite ville, à cause de la contagion dont elle est affligée, il est besoing de remplir promptement ledit nombre de douze eschevins en icelle, sa majesté a ordonné que, dans la huictaine du jour et datte des présentes, il sera procedé en la manière accoustumée à la nomination de cinq aultres eschevins, pour faire avec les sept eu charge ledit nombre de douze, jusques au jour que l'on a accoustumé de renouveller chacun an ledit eschevinage, sauf à estre continuez l'année suivante s'ilz sont lors dudit renouvellement suffisamment nommez.

Lesquelz maieur, unze eschevins, procureur fiscal et greffier s'assembleront tous les jours matin et aprez midy audit hostel de ville, pour l'expédition des affaires dont la congnoissance leur est donnée.

Auquel lieu ilz pourront faire assembler toutesfois et quantes que bon leur semblera les conseillers de ville et aultres personnes notables habitans d'icelle, pour résouldre des affaires d'importance esquelles il se trouvera difficulté pour le service de sa majesté, bien, repos et seureté de ladite ville et tranquillité des habitans.

Seront pareillement tenuz lesdits maieur et eschevins de tenir toutes les sepmaines, pour le moins une fois, leur eschevinage au lieu ordinaire de la Mallemaison à ce destiné et y mettre en délibération toutes les affaires de ladite ville, dont ilz feront bon et fidel registre par le greffier, contenant les propositions quy seront faites et délibérations sur icelles, quy seront reveues aux eschevinages suivans.

Pourront aussy, toutefois que bon leur semblera et qu'ilz le jugeront à propos pour le service de sa majesté, bien et utillité de ladite ville, depputter en court pour faire entendre à sadite majesté les nécessitez de ladite ville.

Comme aussy ilz pourront, sans demander aultre permission que ces présentes, faire publier à son de trompe ou aultrement et afficher les ordonnances et réglements quy sont ou seront par eulx faitz ou rafreschis, concernant la pollice, garde, contagion ou aultres affaires de ladite ville, lesquelz ilz feront estroitement observer, aux peines quy seront imposées contre les infracteurs d'icelles, ausquelles seront subjectz tous les habitans de ladite ville, faulxbourgs et banlieue, de quelque estat, condition et qualité qu'ilz soient, sans nul excepter.

Et pour éviter aux abus quy se sont cy-devant commis et peuvent commettre par plusieurs desdits habitans, lesquelz, pour se dispencer de la jurisdiction desdits maieur et eschevins, se font enroller et advouer du nombre des soldatz de la garnison de la citadelle de ladite ville, quy néantmoings n'y font aucune faction, et soubz ce prétexte se font descharger de la garde de ladite ville et commettent impunément une infinité de contraventions contre les ordonnances de la pollice, brefz et status des mestiers, et désobéissances aux eschevins et leurs sergens, l'article cclxxxvii de l'ordonnance de l'an m vi^e xxix sera observé en tous ses pointz, faisant deffense de recepvoir aucun habitant de la ville pour soldat de la compagnie qui est en garnison en icelle, et aux commissaires de les enroller, à peine d'estre punis comme pour employer des passevollans, tant lesdits capitaines que commissaires et soldats.

Comme aussy pour éviter aux abus quy se pourroient commettre en l'administration des deniers communs patrimoniaulx et d'octrois de ladite ville, il est aussy très-expressément deffendu ausdits maieur et eschevins de les divertir ailleurs que à ce à quoy ilz sont destinez, et d'expédier aucuns mandemens, sinon par l'advis des autres eschevins assemblez audit eschevinage et suivant leurs résolutions et à la pluralité des voix de tous ceulx quy seront lors en la ville estans pour ce assemblez, suivant lesquelles résolutions et non aultrement, les ordonnances et mandemens seront signez du maieur, deux eschevins, quy seront pour ce commis et nommez par les autres audit eschevinage, et du greffier, ou en l'absence dudit maieur par trois eschevins pour ce nommez audit eschevinage et du greffier, deffendant très-expressément ausdits maieur, eschevins, greffier et recepveur d'apporter aucun desguisement ausdites ordonnances et mandemens, et à cest effect sera tenu registre desdites délibérations et expéditions desdits mandemens, pour estre représenté à l'audition des comptes; le tout à peine de quinze cens livres d'amende, restitution des sommes diverties et de privation de leurs charges et de passer et allouer lesdites sommes ès comptes, sur les mesmes peines.

Et affin que les créanciers et rentiers de ladite ville, dont ont esté receues plusieurs pleintes, soient à l'advenir facillement payez de leurs rentes, sans divertissement de ce quy leur est deub, sadite majesté a ordonné qu'il sera fait un fond séparé par lesdits maieur et eschevins pour le payement desdites rentes, auquel il ne pourra estre touché pour quelque cause ou occasion que ce soit, à peine de répéter sur lesdits maieur et eschevins, en leurs noms privez, par lesditz créanciers ce quy aura esté diverty dudit fond pour le payement de leurs rentes, le surplus desdits deniers communs patrimoniaulx et d'octroy, après la distraction dudit fond desdites rentes, demeurant pour les charges ordinaires et extraordinaires de ladite ville.

Lequel maieur aura voix délibérative avec lesdits eschevins en toutes leurs assemblées et opinera le dernier comme président en icelles, esquelles assemblées et eschevinages chacun desdits maieur et eschevins pourront faire leur rapport, ouvertures et propositions de ce qu'ilz auront recongneu nécessaire de mettre en délibération, tant pour le service de sadite majesté, seureté et repos de ladite ville, que pour l'ordre de la pollice, garde, fortiffications et nettoiement d'icelle.

Et d'aultant que depuis peu le soing des fortiffications de ladite ville a esté mis en mains desdits eschevins, comme il estoit anciennement, il est très-expressément enjoint ausdits maieur et eschevins de tenir exactement la main que toutes les portes, pontz et chesnes de ladite ville soient bien fermées et entretenues de bonnes serrures et ferrures aux tapeculz, pont-levis, grilles, faulses portes et barrières et aultres plus grandes seuretez qu'ilz adviseront utilles et nécessaires, à quoy ilz se doivent d'autant plus volontiers porter d'affection que c'est pour leur seureté, repos et conservation dont nous nous chargeons, leurs honneurs, réputation et conscience, leur faisant très-expresses inhibitions et deffenses de permettre que les tours et cassemattes desdites portes, ponts, esperons et des fortiffications de ladite ville, rempartz et fossez soient baillez à louaige, ny en donner les ouvertures, synon à ceux qui en doivent avoir congnoissance, nottamment de permettre d'y demeurer, tenir cabaretz, ny les employer à magasins de marchandises, granges à fagotz ou aultrement, ains les tenir secretz et bien fermez pour la seureté de ladite ville, à peine de confiscation de tout ce quy se trouvera dedans et de cinq cens livres d'amendes contre chacun de ceulx quy les bailleront ou prenderont à louaige et entreprenderont de les occupper à aultre usage que des fortifications à quoy ilz sont destinez, lesdites confiscations et amendes applicables à l'hostel Dieu, bureau des pauvres et fraiz de contagion.

Et pour donner plus de subject ausdits habitans de se porter avec affection de faire bonne garde de ladite ville, rempartz et fortiffications d'icelle, il est

9.

aussi enjoint ausdits eschevins d'avoir soing particulier de faire bien entretenir les corps de garde, tant des portes, pontz, que rampartz et bollevertz, et qu'ilz soient bien fermez et couvertz, que l'on n'y puisse faire aucunes immondices et qu'il ne s'y porte aucun mauvais aer, comme aussy de faire exactement curer, nettoier et évider les fossez de ladite ville, qui se sont terassez et réduitz en préries depuis quelques années, et les faire remettre en la largeur et profondeur qu'ilz estoient cy-devant, sans permettre qu'ils soient remplis, comme ilz sont en divers endroitz, soubz prétexte de quelque petit prouffict qu'aucuns particuliers en tirent, ce quy leur est très-expressément deffendu.

Et ayant sadite majesté receu diverses pleintes que l'on a eu si peu de soing de la garde des clefz de ladite ville, qu'il s'est souvent remarqué qu'elles estoient en mains d'un vallet ou vallet d'estable pendues en son escurie, aultrefois rencontrées par les rues portées publicquement par un petit garçon laquais, aagé de environ quatorze ans, sans aucune assistance, ce qu'a donné souventes foys subject ausdits habitans de murmurer et s'en pleindre, comme affectionnez au service de sadicte majesté et conservation de ladite ville, estant plus que raisonnable que ladite ville d'Amyens, quy est de très-grande considération, les clefz en soient religieusement gardées, affin qu'il n'en arrive aucun inconvénient, dont on pourroit imputer les fautes ausdits maieur et eschevins innocemment, sadite majesté a ordonné et ordonne que doresnavant chacune porte, pont-levis, tapeculz, barrières, chesnes, pontz et forteresses seront fermées de deux diverses clefs, dont l'une sera gardée par le gouverneur et en son absence par le lieutenant en ladite ville, ou sergent major en l'absence des deux, et l'autre par le maieur ou celuy des eschevins qui fera la charge de maieur, auquel elles seront rapportées tous les soirs et reprises tous les matins par les chefz de porte ou ceulx qui seront en leurs places, accompagnez de leur escouade de la garde, desquelles sadite majesté charge lesdits maieur et eschevins, leur deffendant très-expressément de les confier sinon à personnes bien famées et de probité requise et bien accompagnées pour seureté d'icelles.

Comme aussy sadite majesté fait très-expresses deffenses auxdits maieur et eschevins de prendre ny permettre estre pris aucuns deniers des habitans, pour estre dispencez du service de la garde, sinon pour le feu et chandelles des corps de garde, quy seront payez par les invalides malades ou légitimement absens de la ville, sans fraulde, lesquelz seront nottez par ledit maieur sur les billetz de la garde, leur enjoignant de tenir la main que chacun face son debvoir d'aller à ladite garde tant de jour que de nuit, et en cas de légitime empeschement dont ilz auront congnoissance, d'y commettre ou faire commettre de bons soldatz suffisamment armez, sur lesquelz l'on puisse avoir attente pour la seureté de ladite ville. Et affin qu'il ne se commette plus aucune exaction par ceulx quy ont esté et sont employez à fournir le feu et chandelles desdits corps de garde et aux fermetures des chesnes quy souvent ont donné aux habitans subjectz de pleintes, il est aussy expressément enjoint ausdits maieur et eschevins de commettre des personnes capables et de probité pour livrer lesdits feux et chandelles et garder lesdites chesnes, ausquelz sadite majesté a deffendu de commettre aucuns abus ou exaction, et desquelz ne sera tiré aucuns deniers ny récompense, mais au contraire leur sera donné sallaires raisonnables par lesdits maieur et eschevins, quy les pourront changer selon les occurrences, quant ilz le jugeront à propos.

Faisant semblablement sadite majesté très-expresses deffenses de permettre que les personnes que lesdits maieur et eschevins ont commis ou doivent commettre à tenir le registre de la garde, comme greffier des portes et celuy qu'ilz emploieront pour porter les billetz de ladite garde aux habitantz, tirent ne exhigent des particuliers aucune chose pour les dispenser ou aultrement les soulager de ladite garde, auquel greffier des portes est aussy très-expressément deffendu d'adjouster ou diminuer aucune chose à sondit registre, sinon par l'ordre et ordonnance desdits maieur et eschevins, par advis et délibération des eschevinages ; à peine de privation ausdits greffier et commandeurs de portes de leurs charges et d'y en commettre d'autres par lesdits maieur et eschevins.

Et pour éviter la confusion quy peut arriver en ladite ville, soit lorsque lesdits habitans doivent marcher et monter en garde, ou en cas d'allarme ou aultre nécessité, par l'esloignement des demeures des capitaines de quartier hors de leurdit quartier, quy s'est introduit depuis quelques années par un mauvais usage, il est aussy très-expressément enjoint ausdits maieur et eschevins de choisir, par advis et délibération de leurs eschevinages et à la pluralité des voix, les capitaines de quartiers, lieutenans et enseignes, quant vaccation arrivera de ceulx quy sont à présent pourveuz, ou que pour autre considération ilz deveront estre changez, les plus capables de l'estendue de leurs quartiers et les chefz de porte, aultant que faire se pourra, dans l'estendue de leur escouade ou demeurant plus proches qu'il sera possible d'icelles de mesme quartier, des personnes les plus capables de commander et affectionnez au service de sadite majesté et portez à leur debvoir et conservation de ladite ville.

Enjoignant aussi sadite majesté ausdits maieur et eschevins d'avoir soing de tenir tousjours en ladite ville une ou deux personnes expérimentées au fait des armes, quy soient tenuez de faire faire l'exercice à la jeunesse pour le moins une fois la sepmaine, pour les adextrer à la deffense de ladite ville, service de sa majesté et leur conservation, et les rendre plus habiles et hardis aux occasions.

Et affin qu'il n'arrive à l'advenir aucun désordre aux logemens des gens de guerre que sa majesté fera entrer en ladite ville, comme il est arrivé en ces dernières occasions, lesdits maieur et eschevins feront observer par leur fourrier ou personne qu'ils commettront à cest effect les réglements portez ès ordonnances de l'an m vi^{c}xxix, à peine de privation de sa charge et d'y en commettre un autre par lesdits maieur et eschevins capable d'icelle.

Et voullant, aultant qu'il luy est possible, donner un bon ordre en ladite ville en ce qui dépend de la charge desdits eschevins, sadite majesté leur a ordonné et ordonne de commettre toujours deux d'entr'eulx, qui s'emploieront avant la ville à remarquer les contraventions à la pollice, deux autres aux ouvrages des fortifications pour y faire observer les marchez et empescher les abus, deux aultres à la contagion pour y apporter l'ordre requis et deux aultres pour tenir la main que ladite ville soit tousjours nettement entretenue et purgée des immondices, le surplus desdits eschevins tenuz de rendre la justice audit hostel de ville.

Et affin qu'ilz puissent avoir une parfaite congnoissance des défaillans à la garde de ladite ville et des abus quy s'y peuvent commettre, sadite majesté leur a pareillement enjoint de faire souvent les reveuez des portes et rondes sur le rempart par un d'entr'eux, et à cest effect le sergent major sera tenu de porter ou envoier tous les jours la parolle et mot du rempart audit maieur, pour la communiquer et donner à ceulx desdits eschevins quy seront destinez pour faire lesdites rondes; lequel sergent major sera pareillement tenu se trouver audit hostel de ville, lorsqu'il sera besoing d'apporter quelque changement à l'ordre de la garde qui sera fait et arresté avec lesdits maieur et eschevins; et pour faire observer exactement tout ce que dessus à l'advenir en ladite ville, ordonne sadite majesté que toutes lettres nécessaires seront expédiées ausdits maieur et eschevins.

Biblioth. imp., Saint-Germain français, 641, p. 27.

XXIII.

LETTRES DU ROI SUR LES TRAVAUX DE DÉFENSE EXÉCUTÉS A AMIENS.

Louis XIII avait, en 1636 [1], enjoint aux habitants d'Amiens de mettre leur ville en état de défense, et avait pris diverses mesures pour faciliter les travaux à faire aux fortifications. Les Amiénois, voulant

---

[1] Voy. plus haut, p. 50.

témoigner de leur empressement, offrirent, à ce qu'il paraît, en 1637, de travailler par corvée [1]. Le roi, dans une lettre écrite le 25 mars, les félicite de ce bon vouloir, et les engage à commencer de suite les travaux, en attendant que le compte des deniers d'octroi affectés à la dépense soit réglé.

Un mois après, le 26 avril, une nouvelle lettre fut adressée par Louis XIII aux habitants d'Amiens, pour les remercier du zèle qu'ils avaient montré pour l'achèvement des nouvelles fortifications de leur ville. Il les encouragea en même temps à terminer promptement ce qui restait encore à faire, et les pria de lui envoyer un état exact des travaux exécutés depuis le commencement de l'année.

De par le roy.

1637.
25 mars.

Chers et bien amez, ayantz sceu la bonne disposition où vous estes de travailler par corvées aux fortiffications de nostre ville d'Amiens, nous vous faisons cette lettre pour vous dire que nous trouvons bon et désirons que vous et les habitans circonvoisins de nostredite ville vous employez au plus grand nombre et en la plus grande diligence que faire se pourra aux travaux qui sont à faire ausdites fortiffications, suivant les ordres de nostre très-cher et bien-amé cousin le duc de Chaunes, en attendant que, la vérification du doublement des droictz d'entrée en ladicte ville estant faicte, vous ayez moyen de fournir le payement des ouvrages qui seront à faire, et comme c'est chose importante à vostre conservation, ainsy qu'au bien de nostre service, nous ne vous en ferons celle-cy plus expresse. Sy n'y faictes faulte, car tel est nostre plaisir. Donné à Saint-Germain-en-Laye, le xxv mars 1637.

Signé : Louis. Et plus bas : Sublet.

Au dos est écrit : A nos chers et bien amez les maire, eschevins et habitans d'Amiens.

Arch. de l'hôtel de ville d'Amiens, liasse D 12, pièce 107.

De par le roy.

1637.
26 avril.

Chers et bien amez, ayant apris avec combien de zèle et d'affection vous avez travaillé à l'avancement des travaux de nostre ville d'Amiens, nous avons bien voulu vous tesmoigner par cette lettre le gré que nous vous en sçavons,

---

[1] La ville de Corbie fut reprise par les Français le 14 novembre 1636. La garnison d'Amiens se signala au siège de cette place, et s'empara, le 16 octobre, d'une demi-lune.

et vous dire que, comme nous désirons pour le bien de nostre service et pour vostre propre conservation que les places de nostre province de Picardye soyent en si bon estat que nos ennemis ne puissent y former aucune entreprise qui leur réuscisse, nostre intention est que vous ayez, en continuant vostre première diligence, à redoubler les atteliers de vos fortifications et faciez tout vostre possible pour les achever, à présent que la saison y est si propre qu'en peu de temps vous y pouvez aporter un notable advancement. Et affin que nous soyons informé au vray de ce qui y a esté faict depuis le premier janvier de la présente année, nous voulons que vous ayez à nous envoyer au plus tost un estat de tous lesdits ouvrages, certiffié par celuy qui en a la conduicte, et nous faciez sçavoir dans quel temps il espère que le tout pourra estre achevé. Si n'y faictes faulte, car tel est nostre plaisir. Donné à Saint-Germain-en-Laye, ce xxvi avril 1637.

  Signé : Louis.   Et plus bas : Sublet, avec paraphe.

Au dos est escrit : A nos chers et bien amez les maire et eschevins de nostre ville d'Amyens.

<small>Arch. de l'hôtel de ville d'Amiens, liasse D 12, pièce 108.</small>

XXIV.

LETTRE DE LOUIS XIII AU SUJET D'UN IMPÔT LEVÉ SUR LE CLERGÉ D'AMIENS POUR LES FORTIFICATIONS.

L'échevinage d'Amiens ayant voulu faire contribuer le clergé de la ville aux frais que nécessitait la réparation des fortifications, les ecclésiastiques réclamèrent auprès du roi contre cette décision. Louis XIII, par la lettre suivante, datée du 22 juin 1637, ordonne que les ecclésiastiques réguliers ou séculiers resteront exempts de toutes contributions levées à l'occasion des fortifications, et défend expressément aux magistrats municipaux de porter atteinte aux immunités et aux priviléges du clergé.

1637.
22 juin.

  De par le roy.

Très-chers et bien-amez, ayant apris que vous aviez voulu contraindre le clergé de nostre ville d'Amiens à contribuer pour les fortiffications qui s'y font, nous avons bien voulu vous faire cette lettre, pour vous dire que nostre intention est que les ecclésiastiques de ladicte ville, tant réguliers que séculiers,

XVIIᵉ SIÈCLE.

demeurent exemptz et deschargez de toute contribution à cause desdites fortifications, et que vous ne les troubliez en cette occasion ny en aucune autre en leurs exemptions et immunictez. A quoy nous assurrantz que vous ne manquerez, nous ne vous en ferons celle-cy plus expresse. Si n'y faictes faute, car tel est nostre plaisir. Donné à Fontainebleau, le xxiiᵉ jour de juin 1637.

  Signé : Louis.   Et plus bas : Sublet.

Au dos est écrit : A noz très-chers et bien-amés les premier et eschevins de nostre ville d'Amyens.

<small>Arch. de l'hôtel de ville d'Amiens, liasse D 12, pièce 111.</small>

XXV.

LETTRE DE LOUIS XIII AUX MAGISTRATS D'AMIENS, SUR LA DÉCOUVERTE D'UN TRAITÉ CONCLU ENTRE LE COMTE DE SOISSONS ET L'ESPAGNE.

L'acte qu'on va lire est un manifeste que Louis XIII paraît avoir adressé aux villes importantes du royaume; il a trait aux affaires générales du temps. Le roi, après avoir exposé les menées, les intrigues, les tentatives de révolte du comte de Soissons, et des ducs de Soubise et de Lavalette, annonce la découverte qui vient d'avoir lieu, d'un traité conclu par le comte de Soissons et les ducs de Bouillon et de Guise avec l'Espagne. En conséquence, il recommande aux Amiénois de veiller à la sûreté de leur ville, et de réprimer avec vigueur les complots qui pourraient se tramer chez eux. Ce manifeste est daté du 11 juin 1641; quelques jours plus tard, le comte de Soissons prit les armes, et, le 9 juillet, il périt au combat de la Marfée, où il avait battu les troupes royales.

  De par le roy.   1641.
                      11 juin

Chers et bien amez, la crainte que nous avons que certains bruictz qui s'espendent depuis quelque temps des nouvelles factions que quelques-uns de nos subjetz taschent de faire pour troubler le repos de nostre estat, vous donnent de l'aprehension pour n'en sçavoir pas les particularitez, nous a faict résoudre à vous en donner advis et vous faire congnoistre en mesme temps que, la descouverte estant un des principaux remèdes de tels maux, vous n'avez grâces à Dieu rien à craindre des mauvais desseings qui se découvrent maintenant.

Dieu, qui a fait paroistre en diverses occasions la singulière protection qu'il prend de ce royaume, a permis que depuis un an quelques-uns de ceux qui ont esté envoyez par les seigneurs de Soubize et de Lavallette pour corrompre la fidellité de diverses personnes de nos subjectz soient tombez entre noz mains, et que par leur moyen nous ayons appris que lesditz de Soubise et de Lavallette, faisans croire au roy d'Espagne qu'ils pouvoyent faire souslever quelques-unes de nos provinces, quoyque leur fidellité soit entièrement asseurée, traitent avec luy pour faire avec ses armes une descente en Bretaigne, en Aulnis ou en la rivière de Bordeaux, qu'au mesme temps que le project ourdy dès le temps que la dame de Chevreuse estoit en Espagne, auroit son effet, on leur faisoit espérer que du costé de Sédan une armée conduite par d'autres de nos subjectz entreroit dans la Champagne, ensuitte des négociations faictes à cette fin par l'abbé de Mercy, qui soubz différents prétextes a fait diverses allées et venues en Allemagne, à Sédan et à Bruxelles.

Nous aurions mesprizé et teu ces desseings comme impuissans, ainsy que nous avons faict depuis deux ans des sollicitations faictes à des maîtres de camp, tant de pied que de cheval, de nos armées pour les faire manquer à la fidellité qu'ils nous doibvent, les offres de brusler nos vaisseaux, l'envoy fait à Brest pour en recognoistre les moyens et une entreprise sur Metz, que le duc de Lavallette voulloit faire tomber entre les mains des Espagnols au préjudice de son propre sang, notre cousin le cardinal son frère, dont la fidellité estoit telle que beaucoup attribuent sa mort au déplaisir qu'il conceut d'une telle trahison, sy leur continuation ne nous faisoit cognoistre que ce que nous attribuions au commencement à légèreté est une suitte d'une malice noire et enracinée, à laquelle nous sommes d'autant plus obligez de remédier que ceux qui en sont autheurs ont toujours abusé de nostre indulgence. Nous n'eussions jamais creu qu'après avoir pardonné au comte de Soissons, nostre cousin, la mauvaise trame qu'il fit en six cents trente-six contre nostre service, lorsque nous confions nos armes entre ses mains, il se fût embarqué dans des desseings pareils à ceux qui sont venus depuis quelque temps à nostre cognoissance.

Mais la capture de divers esprits factieux envoyez dans nos provinces pour y lever des gens de guerre contre notre service, desbaucher ceux qui sont enroollez dans nos troupes et esbranler la fidellité de nos subjectz; — des levées publicques qui se font au Liége soubz le nom et soubz les commissions de nostredict cousin; — les hostilitez commises contre les corps de troupes establis par nos gouverneurs dans nos frontières, jusques à tuer des soldats qui n'avoyent autre ordre que d'empescher la sortie des bleds de nostre royaume; — l'entreprise ouverte sur le mont Olimpe, dont le complot a esté non-seulement faict dans Sédan, mais qu'on a tasché deux fois d'exécuter avec les troupes qui sont en cette place, joinctes à celles du roy d'Espagne, ce que la notoriété a fait recognoistre à toucte nostre frontière de Champagne, et qui est authentiquement vérifié par lettres originalles, par la capture de quelques particuliers employés à cette affaire et par la disposition de ceux qu'on a voullu corrompre à cette fin; — l'envoy d'un nommé Vauselle à nostre très-cher et très-amé frère le duc d'Orléans, qui semble n'avoir esté permis que pour nous donner lieu de recevoir de nouveaux tesmoignages de la fidellité de nostredict frère et des preuves d'autant plus notoires de la malice de ceux qui le voulloient perdre, que ledict Vauselle estant tombé entre nos mains lorsque, s'en retournant à Sédan, il pensoit avoir esvité tout péril, recognoist avoir esté envoyé pour faire sçavoir à nostredict frère que le comte de Soissons, le duc de Guyse et le duc de Bouillon ont traicté avec le cardinal infant pour le roy d'Espagne, que ledict cardinal leur promet de notables sommes de deniers, dont ils ont desjà touché partie pour faire des levées de gens de guerre, qui joints à d'autres troupes doibvent agir contre la France; et qu'au cas que nostredict frère refuse le commandement de cette armée, ledict sieur comte de Soissons en doit estre le chef; — le voyage public du duc de Guise à Bruxelles pour plus grande sûreté de ce traitté, nous ont donné une si claire cognoissance de ce dont nous estions bien ayse de douter, que nous n'avons peu, sans manquer à ce que nous debvons à nostre estat et à nous-mêmes, différer davantage de vous faire sçavoir que ledict comte de Soissons, les ducs de Guise et de Bouillon, s'estans déclarez nos ennemis par les actions ci-dessus spécifiées, actions d'autant plus infâmes qu'elles les unissent à ceux qui n'ont d'autre fin que la ruine de cet estat, nous voullons qu'ils soient recogneus de tous nos subjectz pour estre ennemis déclarez, sy dans un mois ils ne recognoissent leurs faultes et n'ont recours à nostre clémence. Comme le soing que nous debvons prendre de ce royaume nous oblige à n'oublier aucune précaution nécessaire à la continuation de son repos, l'assurance que nous avons de vostre fidélité faict que nous ne doutons poinct que vous ne fasciez ce que nous pouvons désirer de vostre vigilance à ce que, s'il se descouvre quelques suittes de ces malheureuses trames en nostre ville d'Amiens, ceux qui y tremperont soient si promptement saisis que leurs mauvais desseings ne soyent pas plus tôt esclos que chastiez. Moyennant cette conduite de votre part et la bénédiction de Dieu, à qui nous recognoissons debvoir tous les bons succès qui nous arrivent, nous ne craignons point de vous asseurer que la malice de ces mauvais esprits ne fera tort qu'à eux-mesmes, et que vous en retirerez un grand advantage, en ce que les ennemis de cet estat, se détrompans à leurs despens des espérances qu'ilz ont peu concevoir jusques à présent des vaines propositions qui leur ont esté faictes par les susnommez, se rendront aussy disposez à une bonne paix qu'ilz s'en sont esloignez jusques à cette heure, demandant ce bonheur à Dieu de tout nostre cœur. Donné à Abbeville, le onzième jour de juin 1641.

Signé : Louis.   Et plus bas : Phelypeaux

Au dos est écrit : A noz chers et bien amez les mayeur et eschevins de nostre ville d'Amiens.

<small>Arch. de l'hôtel de ville d'Amiens, liasse D 12, pièce 136.</small>

XXVI.

ACTES RELATIFS A DES ÉCHEVINS NOMMÉS D'OFFICE PAR LE ROI.

Contrairement à l'édit de 1597, qui assurait aux Amiénois le droit de choisir leur échevinage, le roi avait à plusieurs reprises nommé d'office les magistrats municipaux d'Amiens. Les réclamations furent inutiles [1], et une nouvelle nomination eut lieu par ordonnance royale le 18 septembre 1648 [2]. La ville d'Amiens crut devoir s'élever avec énergie contre cette violation de son privilége. Les échevins en charge, conseillers de ville, capitaines, chefs de portes, etc., interjetèrent appel devant le parlement pour obtenir l'abrogation de l'ordonnance du 18 septembre, et faire infirmer en même temps le serment que les échevins nommés d'office avaient prêté devant le lieutenant criminel du bailliage, ce qui constituait une infraction de plus aux droits de la ville, ce serment ne devant être prêté que devant le gouverneur-bailli ou son lieutenant.

---

[1] Lettres du roi Louis XIII aux maire et échevins d'Amiens, pour leur mander de continuer leurs offices pendant un an. 1630, 14 septembre. (Arch. de l'hôtel de ville d'Amiens, liasse D 12, pièce 83.) — Lettres du 10 septembre 1637, par lesquelles Louis XIII ordonne, pour le bien de la ville et l'avancement des fortifications, que deux des anciens échevins, quoiqu'ils aient été depuis deux ans en charge, soient encore maintenus pour un an. (Arch. de l'hôtel de ville d'Amiens, liasse D 12, pièce 112.) — Lettres par lesquelles Louis XIV exprime aux maire et échevins d'Amiens l'intention que les échevins en charge y restent durant l'année suivante, et que seulement M. de Cerisy, premier échevin, étant mal portant, soit remplacé par Ch. Lestoc. 1645, 16 septembre. (Arch. de l'hôtel de ville d'Amiens, orig. sur papier, liasse D 12, pièce 177.) — Voy. Rech. sur le cérémonial de l'hôtel de ville d'Amiens, 1730, aux arch. de la préfecture de la Somme.

[2] Arch. de l'hôtel de ville d'Amiens, liasse des procès-verbaux du renouvellement de la loi.

Nous donnons un mandement adressé par le roi au premier huissier ou sergent de la maréchaussée de Picardie, pour lui enjoindre, en raison de l'appel porté par les capitaines et chefs de portes, d'assigner devant le parlement de Paris le procureur, les échevins d'Amiens, et les autres personnes que les appelants jugeraient convenable de faire comparaître dans l'intérêt de leur cause.

Le 7 décembre 1648, intervint un arrêt du conseil d'état qui mit à néant l'opposition formée par les chefs de portes contre l'installation des maire et échevins désignés par le roi, déchargea les maire et échevins de l'assignation qui leur avait été donnée, et défendit aux chefs de portes de se pourvoir sur leur opposition ailleurs que devant le conseil, à peine d'être destitués de leurs charges et de trois mille livres d'amende.

Par une lettre datée du 12 décembre, le roi fait connaître aux échevins nommés par lui d'office les dispositions de l'arrêt du 7, et leur signifie que, nonobstant les réclamations des capitaines et chefs de portes, il les maintient dans leurs charges [1].

Néanmoins l'affaire fut portée au parlement, et la cour, toutes chambres assemblées, prenant en considération la requête des capitaines et chefs de portes, décida, par arrêt du 22 janvier 1649, que, la dernière élection ayant été faite sur simples lettres de cachet au préjudice des suppliants et de l'ordre établi par l'édit de 1597, l'arrêt du conseil rendu le 7 décembre en faveur de l'échevinage nommé par le roi ne pouvant, non plus que la lettre de cachet, infirmer l'édit de 1597, une nouvelle élection de l'échevinage devrait avoir lieu en la forme accoutumée; que le lieutenant général du bailliage serait tenu d'y procéder, et que les maire et échevins actuels cesseraient d'exercer leurs fonctions [2].

L'arrêt du 22 janvier 1649 ne paraît pas avoir été exécuté; lorsque l'époque du renouvellement de la loi approcha, le roi manifesta la volonté de maintenir encore les magistrats municipaux en exercice,

---

[1] Arch. impér., sect. administr., E, 1692. — Arch. de l'hôtel de ville d'Amiens, liasse E 8, invent. de Gresset, 3ᵉ dossier, pièce n° 1.

[2] Dufresne, commentaire sur la coutume d'Amiens, arrêts servant de preuves, col. 423, dans le tome Iᵉʳ du Coutumier de Picardie, in-fol., 1726. — Voy. aussi reg. de l'hôtel de ville de Paris pendant la Fronde, publ. par MM. Leroux de Lincy et Douet d'Arcq (Paris, 1846, in-8°), t. Iᵉʳ, p. 163.

et il leur expédia une dépêche à cet effet le 21 septembre 1649 [1]. Cette nouvelle violation des priviléges de la ville paraît avoir soulevé un profond mécontentement et même une certaine résistance; Louis XIV crut devoir céder. Par la lettre suivante, postérieure de neuf jours à la première dépêche, le roi déclare qu'informé de ce qui s'est passé dans la ville d'Amiens, et désirant maintenir les habitants *en repos et tranquillité,* il veut que les élections prochaines *se fassent conformément à l'édit de* 1597.

1648.
13
novembre.

Louis, par la grâce de Dieu, roi de France et de Navarre, au premier notre huissier ou sergent sur ce requis, salut. De la partie des capitaines et chefs de porte de nostre bonne ville et cité d'Amiens, nous a esté exposé, qu'encore que, par l'édict d'establissement de nostredicte ville du mois de novembre 1597, deuement vérifié, les roys nos prédécesseurs aient ordonné que tous les ans au 24 septembre les eschevins estant en charge, conseillers de ville, capitaines et chefs de porte s'assembleront en la grand salle du bailliage d'Amiens pour prester le serment par devant le gouverneur bailly ou son lieutenant, d'eslire en leur conscience, sans avoir acception de personnes ny aucune considération que de nostre service et bien public, des personnes qu'ils cognoistront capables pour faire la charge d'eschevins, et par les ordonnances, nommément celle de Moulins, il soit expressément défendu à tous juges d'avoir aucun esgard aux lettres closes, ce qui est et se trouve confirmé par nostre déclaration du mois de juillet dernier, sy est-ce que le lieutenant criminel au bailliage d'Amiens, soubs prétexte [de nos lettres] du xviii septembre aussi dernier, portant nomination et eslection de tous les eschevins de notredite ville pour la présente année, quoyqu'icelle lettre close ou de cachet ne semble suffisante pour déroger auxdicts édicts, ordonnances et déclarations, ledict lieutenant criminel n'auroit délaissé le 25 sept. dernier, sans avoir esgard à la remonstrance et opposition des exposants, de prendre et recevoir le serment des parties nommées par ladicte lettre et les admettre en cette présente année; et d'autant que icelle ordonnance, sentence et acte de prestation de serment déroge auxdicts édicts, ordonnances, déclarations et aux priviléges desdicts habitants, capitaines et chefs de porte, qui depuis quatre ans se trouvent par ce moyen exclus de faire ladicte eslection accoustumée et ordonnée par ledict

---

[1] Procès-verbal du lieutenant général d'Amiens sur la réception d'une lettre de cachet du roi portant continuation des échevins de la ville (1649, 24 septembre. — Biblioth. impér., Recueil de procès, in-fol., papier, Saint-Germain français, n° 387, fol. 153).

édit de novembre 1597, ils se trouvent obligez d'interjeter, comme ils font par ces présentes, appel de ladite ordonnance, sentence et acte de prestation de serment, dudict jour 25 septembre dernier, rendu par ledict lieutenant criminel d'Amiens, pour ce est-il que nous te mandons adjourner et inthimer à certain et compétant jour en nostre cour de parlement à Paris lesdits procureurs et échevins nommés et telle autre personne que lesdictz exposants verront bon estre, pour procéder sur ledict appel et voir infirmer ladicte ordonnance, sentence et acte de prestation de serment, comme aussy voir dire qu'il sera procédé à nouvelle eslection desdicts premier et eschevins en la forme ordonnée par ledict édict de 1597, manière accoustumée, et en outre procéder ainsi que de raison : de ce faire te donnons pouvoir, car tel est nostre plaisir. Donné à Paris, le XIIIe jour de novembre 1648, et de notre règne le VIe.

L'an 1648, le mardi 24e jour de novembre, en vertu de la commission de relief d'appel cy-dessus par copie, et à la requeste des capitaines et chefs de porte de la ville et cité d'Amiens dénommés en ladicte commission, le sergent royal et archer de la mareschaussée de Picardye soussigné certifie avoir adjourné et inthimé messieurs les procureurs et eschevins de ladite ville et cité d'Amiens à comparoir mardy prochain pardevant nos seigneurs de la cour de parlement à Paris, pour respondre et procéder sur le contenu en ladite commission et en outre selon raison. Fait présentement. Signé : DE SCELLERS.

Arch. de l'hôtel de ville d'Amiens.

DE PAR LE ROY.   1648.
12 décembre.

Chers et bien amés, par arrest de nostre conseil d'Estat du VIIe du présent mois, nous vous avons deschargés de l'assignation qui vous a esté donnée en notre cour de parlement de Paris, à la requeste des cappitaines et chefs de portes de notre ville d'Amiens, et maintenus en la fonction des charges d'eschevins d'icelle, ausquelles vous avés esté admis en vertu de notre ordonnance du XVIII septembre dernier. Ce que voullant estre exécuté, nous vous faisons cette lettre, de l'advis de la reyne régente notre très-honorée dame et mère, pour vous mander et ordonner de vacquer à la fonction desdictes charges, et maintenir nos sujects de ladite ville en repos et tranquilité. Et nous promettans que vous ne manquerez de vous conformer à notre intention, nous ne vous ferons la présente plus expresse. Donné à Paris le XIIe jour de décembre 1648.

Signé : LOUIS.   Et plus bas : PHELYPEAUX.

Au dos est écrit : A nos chers et bien amés les échevins de nôtre ville d'Amiens.

<small>Arch. de l'hôtel de ville d'Amiens, liasse D 12, pièce 226.</small>

Ce jour (22 janvier 1649), fut donné un arrest au parlement sur la requeste présentée par les capitaines et chefs de portes de la ville et cité d'Amiens, par lequel il est ordonné que ledict arrest de vériffication et réglement seront exécuttez selon leur forme et teneur. Ce faisant, qu'il sera procedé à la nouvelle eslection et nomination des premier et eschevins de ladicte ville d'Amiens pour la présente année, en la forme et manière accoustumée. Enjoinct au lieutenant général du bailliage de ladicte ville tenir la main à l'exécution du présent arrest et de faire incessamment procedder à ladicte nouvelle eslection et nomination, et de conserver les supplians en leurs priviléges, à peyne d'en respondre en son propre et privé nom et d'interdiction de sa charge. Cependant faict très-expresses inhibitions et deffences aux prétendus premiers eschevins nommez par la lettre de cachet de s'imisser en la fonction desdictes charges, en quelque sorte et manière que ce soit, à peyne de faux, confiscation de corps et de biens.

<small>Reg. de l'hôtel de ville de Paris pendant la Fronde, publ. par MM. Leroux de Lincy et Douet d'Arcq (Paris, 1846, in-8°), t. Ier, p. 163.</small>

DE PAR LE ROY.

Chers et bien amez, ayant esté particulièrement informez de ce qui s'est passé en nostre ville d'Amiens ensuitte de la dépesche que nous vous avons faite le xxie de ce mois, pour vous ordonner de continuer pendant l'année présente la fonction de vos charges, l'élection desquelles voulant estre maintenant faite conformément à l'édit de l'an 1597 que nous nous sommes fait représenter, affin de maintenir en repos et tranquilité les habitans de ladite ville, nous escrivons au sieur vidasme d'Amiens, nostre lieutenant général en nostre province de Picardie et gouverneur particulier de ladite ville et citadelle d'icelle, qui est à présent par delà, de présider à ladite eslection, et à faire assembler, conformément à l'ordonnance que nous luy envoyons, les cappitaines chefz de porte et autres qui ont droit de faire ladite eslection, pour procedder à la nomination de cinq personnes, suivant les formes ordinaires, pour exercer lesdites charges ladite année présente, et à en retenir deux de ceux qui sont à présent en icelles, comme il est accoustumé, pour faire le nombre de sept, desquelz ledit sieur vidasme nous envoyera la liste, pour faire choix de l'un d'entre eux pour faire la charge de premier de nostredite ville. De quoy nous avons bien voulu vous donner advis par cette lettre, que nous vous faisons de celuy de la reyne régente nostre très-honnorée dame et mère, et vous dire que vous ayez à vous conformer à notre intention, et à nommer pour lesdites charges des personnes affectionnées à nostre service et à vostre commun repos. Car tel est nostre plaisir. Donné à Paris le xxx{^{e}} jour de septembre 1649.

Signé : Louis.   Et plus bas : Phelypeaux.

Au dos est écrit : A nos chers et bien amez les premier, eschevins et habitans de nostre ville d'Amiens.

Arch. de l'hôtel de ville d'Amiens, liasse D 12, pièce 240.

XXVII.

ARRÊT DU PARLEMENT RELATIF A LA NOMINATION D'UN ÉCHEVIN PAR LE GOUVERNEUR D'AMIENS.

Le gouverneur-bailli d'Amiens avait, par une décision du 2 octobre 1649, conféré d'office les fonctions d'échevin à un bourgeois nommé Gabriel Rogeau, avocat au bailliage et bailli du temporel de l'évêché. Appel ayant été interjeté de cette décision comme contraire aux prescriptions de l'édit de 1597, le parlement statua, le 14 février 1650, que le règlement de 1597 serait exécuté selon sa forme et teneur; que les prochaines élections seraient faites par les conseillers de ville, capitaines et chefs de portes; que les gens recevant gages ou pension de princes, seigneurs et communautés, ne pourraient faire partie de l'échevinage; et enfin que Rogeau resterait en charge jusqu'aux prochaines élections.

Maistre Charles Mocquet, sieur de Topature, conseiller du roy, esleu en l'eslection d'Amiens, appellant de l'ordonnance rendue par le gouverneur de ladite ville d'Amiens, bailly de ladite ville, ou son lieutenant, le deuxième octobre mil six cens quarante-neuf, portant nomination de l'inthimé en la charge d'eschevin de ladite ville pour la présente année, au préjudice de ce que, par l'édict de restablissement de ladite ville du mois de novembre mil cinq cens quatre-vingt-dix-sept, et réglement fait sur iceluy deuement vérifié en la cour, il est expressément porté que, dans la nomination et eslection des eschevins de ladite ville, ne pourront entrer les personnes qui sont gagées ou pensionnaires des princes, seigneurs ou communautez; prestation de serment dudit inthimé en la charge d'eschevin, et de tout ce qui s'en est ensuivy, demandeur en évocation de l'opposition par luy formée à ladite nomination et prestation de serment, et aux fins de commission du sixième novembre audit an mil six cens quarante-neuf, et ce pour le refus du procureur fiscal de ladite ville de se joindre avec luy, il soit dit qu'il sera auctorisé à ladite poursuite, mesme tous les habitans à l'avenir, quand il s'agira de l'intérest public, et de se conserver en leurs priviléges, d'une part : et M. Gabriel Rogeau, advocat audit bailliage d'Amiens et bailly du temporel de ladite ville, inthimé et deffendeur, d'autre; et encore M. Jean Boullenger, procureur fiscal de ladite ville, aussi deffendeur, et encore entre les premier et eschevins de ladite ville, intervenans et joints avec ledit Rogeau, suivant leur requeste du cinquième janvier mil six cens cinquante, d'une autre part : et ledit Mocquet deffendeur, d'autre, sans que les qualitez puissent préjudicier aux parties; aprez que Pucelle, pour l'appellant et demandeur, et Langlois, pour l'inthimé deffendeur et intervenans, ont dit avoir communiqué de la cause au parquet des gens du roy, et par leur advis estre demeurez d'accord, soubs le bon plaisir de la cour, de l'appointé récité par Talon pour le procureur général du roy, la cour, sans avoir esgard à ladite intervention, a mis et met les appellations et ce dont a esté appellé au néant, émendant, évocquant le principal et y faisant droict, ensemble sur les conclusions du procureur général du roy, ordonne que le règlement de l'an mil cinq cens quatre-vingt-dix-sept sera exécuté selon sa forme et teneur, et ce faisant que, le vingt-cinquiesme septembre de chacune année, il sera procédé à l'eslection des eschevins par les conseillers de ville, capitaines et chefs des portes, à la pluralité des voix, de personnes capables qui ne seront pensionnaires ou gagez d'aucuns princes, seigneurs ou communauté, enjoint aux substituts dudit procureur général, de tenir la main à l'exécution du présent arrest, et néantmoins que la partie de Langlois exercera le reste de la présente année, sans tirer à conséquence, sans despens. Fait en parlement le quatorziesme février mil six cens cinquante. Signé : GUIET.

Imprimé. — Extrait des registres du Parlement.

XXVIII.

PROCÈS-VERBAL DES ÉLECTIONS DE L'ÉCHEVINAGE D'AMIENS, EN 1651.

Les élections municipales du 24 septembre 1650 avaient soulevé à Amiens de graves difficultés. En procédant à la retenue des anciens échevins, on avait fait voter les conseillers du bailliage, quoiqu'ils n'eussent point voix délibérative, et que cela fût contraire à l'édit constitutif de 1597, et l'on avait négligé de recueillir, ainsi qu'on le devait, les voix des échevins en charge; on avait de plus refusé d'admettre, comme échevins, à la prestation du serment, deux bourgeois désignés par les suffrages des électeurs; enfin, l'un d'eux, le sieur Hémart, avait été remplacé par un certain Gueudon, qui, tour à tour, sergent, archer et geôlier, ce qui constituait une première cause d'exclusion, se trouvait de plus, en 1650, investi de la charge de greffier du bailliage, et ne pouvait à ce titre faire partie de l'échevinage, où son entrée eût porté à trois, au lieu de deux comme le voulait la loi municipale, le nombre des officiers royaux [1]. Le premier échevin, le sieur Ducroquet, ayant protesté contre ces illégalités, il y eut scission complète entre les membres de l'échevinage. Gueudon, de Court et de Lestocq s'installèrent à l'hôtel de ville, et en expulsèrent les autres échevins; ceux-ci, unis au sieur Ducroquet, arrêtèrent qu'on interviendrait au nom de la ville, dans les appels qui pourraient être portés en parlement au sujet de cette affaire, et que l'on prierait la cour de décider : 1° si deux cousins germains par alliance étaient aptes à faire simultanément partie de l'échevinage; 2° si un officier de robe longue et un marchand détaillant pouvaient y entrer comme simples bourgeois, en renonçant, l'un à son commerce, l'autre à sa charge [2].

Un procès ayant été entamé, les deux parties firent des démarches actives, Gueudon et ses amis, pour faire maintenir en leur faveur les résultats de l'élection de 1650; Ducroquet et les autres, pour obtenir que cette élection fût réformée. Me Adrien Perdu, avocat, et Nicolas Delessau, greffier de la ville, s'étant rendus à Paris au mois de décembre, allèrent trouver le duc d'Elbeuf, gouverneur de Picardie, pour le prier de faire délivrer un sauf-conduit à Ducroquet et aux échevins qui avaient avec lui attaqué les élections de 1650, afin que, deux ou trois jours avant l'appel de la cause, ils pussent être à Paris, où ils n'osaient venir sans lettres de sauvegarde, Gueudon, ayant

---

[1] Arrêt du parlement, qui ordonne qu'il ne pourra y avoir à la fois dans l'échevinage que deux officiers de longue robe. 1617, 18 novembre. (Arch. de l'hôtel de ville d'Amiens, liasse cotée E 8, 4° dossier, pièce n° 3.) — Arrêt du parlement dans le même sens: 1618, 29 mars. (Ibid., pièce n° 4.) — Lettres patentes sur le même sujet. 27 octobre 1619. (Ibid., pièce n° 2.)

[2] Arch. de l'hôtel de ville d'Amiens, reg. aux délibérations de l'échevin. (1650, coté T), fol. 2 v°.

annoncé que tout individu qui irait solliciter contre lui serait immédiatement arrêté. Le duc d'Elbeuf répondit que ces craintes ne lui paraissaient point fondées, que cependant il fallait réfléchir, et il demanda en même temps un mémoire expositif de l'affaire. Lorsque ce mémoire fut présenté, le duc déclara à MM. Delesseau et Perdu que d'autres députés étaient venus le trouver, au sujet du même débat; qu'il devait les recevoir le lendemain, et qu'il désirait que l'avocat et le greffier de la ville assistassent à cette audience, afin qu'on pût entendre contradictoirement les parties. Maître Perdu, soupçonnant que ces députés n'étaient autres que Gueudon et ses amis, pria le duc de le dispenser de se rencontrer avec eux. Il apprit bientôt qu'il ne s'était point trompé, et que c'était Gueudon lui-même qui s'était présenté au duc d'Elbeuf, en compagnie de quelques-uns de ses partisans, entre autres du nouveau trésorier, *qu'il avoit fait travestir en homme de robbe longue;* il apprit de plus que le duc s'était montré très-favorable à Gueudon.

Sur ces entrefaites, le sieur Hémart, ancien échevin, expulsé par le parti Gueudon, et le sieur de Topature, élu, arrivèrent à Paris, pour soutenir, avec leurs propres droits, ceux d'une partie de l'échevinage d'Amiens et ceux des chefs de portes. Sans se donner le temps de voir l'avocat de la ville, qui les eût informés de la situation, ils se rendirent chez le duc d'Elbeuf, et, au retour de cette visite, le sieur Hémart fut arrêté, enfermé dans les prisons de Saint-Merry, et n'en sortit qu'en fournissant caution juratoire. Adrien Perdu, Delesseau et ceux qu'ils représentaient, ne se découragèrent point de cet échec. Ils redoublèrent d'activité, exposèrent l'affaire à l'avocat général Talon, visitèrent le premier président, et confièrent à trois avocats du parlement le soin de la défense. Enfin, le 9 janvier 1651, la cour rendit un arrêt[1] portant que, dans le plus bref délai, *il seroit procédé à nouvelle retenue et élection des échevins d'Amiens, conformément à la déclaration du roy de l'an 1597, et que la retenue se feroit en l'hostel de ville*, au lieu de se faire au bailliage, comme cela s'était pratiqué l'année précédente. Cet arrêt ayant été signifié à Amiens, Ducroquet et ses adhérents se présen-

---

[1] Copie sur parchemin aux archives de l'hôtel de ville d'Amiens, liasse z 8, 4ᵉ dossier, pièce n° 5.

tèrent à l'hôtel de ville pour reprendre jusqu'aux élections prochaines les fonctions dont ils se regardaient comme légitimement investis depuis les élections de 1650; mais les sieurs de Lestocq et de Court ayant refusé de les reconnaître, et le lieutenant général de les appuyer, ils furent contraints de se retirer, après avoir fait dresser procès-verbal, et ils reprirent leur instance en parlement. Le 10 mars, un nouvel arrêt enjoignit au lieutenant général d'exécuter l'arrêt du 9 janvier, *sous quinzaine et à peine d'interdiction de sa charge*. Le délai passé sans que rien eût été fait, le procès-verbal du refus, signé par les avocats du roi au bailliage, fut adressé à la cour, avec requête tendant à obtenir l'interdiction du lieutenant général et l'envoi dans cette ville d'un conseiller de la grande chambre pour régler définitivement l'affaire. Un troisième arrêt confirmatif du précédent fut rendu au mois d'avril. Gueudon et ses adhérents protestèrent de nouveau; mais le parlement délégua un de ses membres, le sieur Sévin, seigneur de la Grange, qui se mit en route pour Amiens le 25 avril [1]. Le 28, jour de son arrivée, il se rendit à l'échevinage, où étaient réunis les officiers royaux, les conseillers de ville et les échevins. Le greffier, ayant donné lecture de l'arrêt du 9 janvier, ainsi que de ceux du 10 mars, du 4 et du 20 avril, qui en avaient confirmé les dispositions, l'assemblée décida que ces arrêts seraient transcrits sur les registres aux chartes. On procéda ensuite à la retenue des anciens échevins, qui furent Hémart et Ducroquet, ainsi qu'à l'élection de cinq nouveaux échevins, qui ne sont point désignés dans le procès-verbal dont nous donnons le texte [2].

---

[1] Arch. de l'hôtel de ville d'Amiens, reg. aux délibér. de l'échevinage (1650-1651, coté т, fol. 26).

[2] On possède encore sur cette époque : Résolution afin qu'en l'absence du premier échevin, le plus ancien des autres échevins prenne séance dans la chaire à ce destinée. 1651, 11 mai. — Arrêt du conseil ordonnant que les premiers échevins de la ville appelleront le lieutenant général, en l'absence du gouverneur, pour assister aux fêtes de la Saint-Jean, y donner les ordres nécessaires, commander aux armes, etc. 1651, 28 août. (Arch. impér., sect. administrat., E, 1696.) — Délibération du corps de ville, à l'effet de s'opposer à la réception de M. Anth. de Lestocq, procureur du roy, comme échevin. 1651, 24 septembre. — Ordonnance du roi, au sujet du renouvellement de l'échevinage, et arrêt de la cour, qui lève l'opposition formée à la réception d'Anth. de Lestocq. 1651, 16 octobre. — Réception du sieur de Lestocq comme échevin plus nommé. 1651, 25 octobre. — Ordonnance de Louis XIV, annulant ce qui a été fait aux dernières élections par le lieutenant criminel d'Amiens. Cet officier, malgré une ordonnance du roi, qui enjoignait de conserver dans leurs charges les échevins de l'année précédente, avait voulu procéder au renouvellement de l'échevinage. 1652, 28 septembre. (Arch. de l'hôtel de ville d'Amiens, liasse D 12, pièce 259.)

Du 28e jour d'apvril mil six cens cinquante-un après midy, en la chambre du conseil de l'hostel commun de la ville d'Amiens, où estoient monseigneur Sévin, seigneur de la Grange, conseiller du roy en sa court de parlement à Paris, commissaire depputé par ladite cour pour l'exécution de l'arrest du ixe janvier dernier et autres suivans, pour la nomination des eschevins, monsieur le lieutenant général au bailliage d'Amyens, monsieur Jamain, substitut de M. le procureur général, MM. de Mons, Hanicque, Lestocq et de Sachy, conseillers de ville, Louis Houzet, Gabriel de Sachy, Jean Ducroquet, Jean Hémart, Me Gabriel Rogeau et Anthoine Mouret, eschevins.

Sur la requeste de Me Adrien Perdu, advocat de la ville, a esté faict lecture par M. Dongois, greffier de ladite commission, des arrests des ixe janvier, 10e mars, 4e et 20e avril dernier, rendus sur le faict du renouvellement de l'eschevinage, et ordonné qu'iceux seront registrés au registre aux chartes de l'hostel de ville, pour y avoir recours.

Ce faict, a esté proceddé à la retenue de deux des anciens eschevins de l'année dernière, ensuitte de quoy les sieurs Hémart et Ducroquet, comme plus nommés à la pluralité des voix, ont esté choisis et retenus pour faire ladite charge d'eschevin avecq les cinq quy se trouveront les plus nommés par le peuple, et ordonné par mondit sieur le commissaire que ladite retenue sera publiée à son de trompe et cry publicq aux carfours ordinaires de cette ville, avecq injonctions aux capitaines de quartier, capitaines de compagnies privilégiées et chefs de porte d'eux trouver en l'auditoire du bailliage d'Amyens le le lendemain trois heures de relevée.

<small>Arch. de l'hôtel de ville d'Amiens, reg. aux délibérat. de l'échevin. (1650), coté т, fol. 30.</small>

XXIX.

ACTES RELATIFS A LA NOMINATION D'UN DÉPUTÉ D'AMIENS AUX ÉTATS GÉNÉRAUX CONVOQUÉS EN 1651.

Les premiers troubles de la Fronde avaient inspiré à la cour l'idée de se donner l'appui des états généraux du royaume. Convoqués d'abord au 23 janvier 1649, puis ajournés indéfiniment, ces états furent, sur les instances de la noblesse, mandés à Tours au 1er octobre, puis au 8 septembre 1651. A cette dernière date, les députés attendaient l'arrivée du roi, qui devait ouvrir l'assemblée après avoir fait déclarer sa majorité par le parlement; mais ils reçurent l'ordre de retourner chez eux.

C'est à la nomination d'un député du tiers état à l'assemblée de 1651 que se rapportent les actes suivants. Les habitants d'Amiens avaient nommé en 1649 pour les représenter Me Nic. Leroy, seigneur de Jumelles, ancien lieutenant général au bailliage; le roi ayant accordé aux électeurs la faculté de remplacer ou de conserver, en 1651, les députés élus en 1649, les bourgeois d'Amiens confirmèrent la nomination précédemment faite par eux.

Les actes que nous publions à ce sujet contiennent quelques détails intéressants sur les dispositions matérielles auxquelles donnaient lieu dans les villes de province les élections de députés.

Du 24 juillet 1651, en la chambre du conseil de l'hostel commun de la ville d'Amiens, où estoient monsieur Me Anthoine de Lestocq, conseiller procureur du roi au bailliage d'Amiens, premier eschevin, messieurs Jean Ducroquet, Jean Hémart, Anthoine Mouret, Me Gui Fournier, conseiller du roi, esleu en l'élection d'Amiens, François de Court et Claude Lebon, escuier, sieur de Thionville, eschevins, en présence de Me Adrien Perdu, advocat, faisant la fonction de procureur roi, et Nicolas Delesseau, greffier de laditte ville. Sur la proposition faicte par ledit sieur premier eschevin, que messieurs les eschevins représentans le corps et communaulté de ceste ville ont esté assignés à ce jourd'hui huit heures du matin en l'auditoire du bailliage, par devant M. le bailli d'Amiens ou son lieutenant, pour nommer une personne du tiers-estat et icelle estre envoiée aux estats convocqués en la ville de Tours au premier jour d'octobre prochain, pour y proposer les remonstrances et doléances du tiers-estat de l'étendue dudit bailliage, et les moyens convenables et nécessaires pour le bien publicq, à laquelle assignation lesdits sieurs premier et eschevins, comparans en corps avecq le corps ecclésiastique et cellui de la noblesse, la nomination des députés a esté remise à ceste après-disner, mesdits sieurs premier et eschevins ont unanimement réitéré la nomination de monsieur Me Nicolas le Roy, seigneur de Jumelles, conseiller du roi en ses conseils d'estat privé, ancien lieutenant général au bailliage et siége présidial d'Amiens, et donné pouvoir à Me Adrien Perdu, advocat fiscal, et Nicolas Delesseau, greffier de laditte ville, de comparoir par devant mondit sieur le bailli d'Amiens ou son lieutenant, pour faire laditte nomination; ce qu'ils ont faict ledit jour. Signé : DE LESTOCQ, J. DUCROQUET, J. HÉMART, FOURNIER, DE COURT, LEBON, DELESSEAU.

*1651.
24 juillet.*

AMIENS

Ledit jour de lundi xxiiiie de juillet 1651, lesdits sieurs de Lestocq, premier eschevin, Ducroquet, Hémart, Mouret, Fournier, de Court et Lebon, assemblés sur les sept heures du matin, après avoir veu le procès-verbal de ce qui s'estoit passé à l'assemblée des estats provinciaux tenus en ceste ville en l'année 1614, ont députez ledit sieur Lebon et Me Adrien Perdu, advocat en laditte ville, pour recognoistre l'estat des séances tant de monsieur le lieutenant général que de messieurs du clergé, messieurs de la noblesse et messieurs les premier et eschevins et officiers de cesteditté ville, et quelle place pourroient occuper en laditte assemblée messieurs du présidial, prévost roial et autres prévosts tant de ceste ville que du bailliage, lesquels sieurs députez ont faict rapport que :

Dans la grand salle de la Malemaison appartenant et estant du patrimoine de ceste ville, on avoit dressés un siége élevé qui estoit au bout de laditte salle et se continuoit en toute la largeur d'icelle, accompagné à chacque bout de deux escaliers de cinq à six marches servantes à monter audit siége, auquel siége, messieurs les premier et eschevins ont de tout temps [accoutumé] d'aller seoir, tant lors de la prestation du serment du premier, que lorsque lesdits sieurs procèdent aux adjudications des baulx à ferme des aydes et aultres biens de laditte ville, au lieu duquel siége dressé comme dit est on avoit faict ung planché en forme carrée d'environ six pieds, élevé de deux marches par-devant et par les deux côtés, joignant par derrière la muraille qui faict le pignon de laditte salle du costé de la chambre de l'eschevinage, sur lequel planché estoit posé une chaire à bras pour apparamment servir audit sieur lieutenant général, aux deux costés duquel planché il n'y avoit aucune ailes ni siéges;

Que contrè les deux murailles collatérales de laditte salle l'on avoit eslevé deux autres planchez de pareille hauteur que celui dudit sieur lieutenant général, pour apparament servir, sçavoir : celui du costé droit auxdits sieurs du clergé et celui du costé gauche auxdits sieurs de la noblesse;

Que, vis-à-vis dudit siége destiné audit sieur lieutenant général, il y avoit encore un planché de la même eslévation que les autres, posé au milieu de laditte salle, avec un dossier pour soustenir ceux qui prendroient séance sur le bancq posé sur laditte eslévation, tenant d'un bout et d'autre auxdits planchez eslevez desdits sieurs du clergé et de la noblesse, sauf deux espaces qui servoient de passage pour entrer dans le parquet, clos et environné desdits quatre planchez élevez dessus déclarez, toutes lesquelles quatre places estoient encore fermées d'une deffence et balustrade traversant laditte salle par le milieu, environ trois pieds en deçà le dossier dudit quatriesme plancher; laditte deffense et balustrade faisant la séparation d'entre les personnes convocquées auxdits estats et ceux qui viendroient simplement pour veoir la cérémonie, lequel quatriesme planché eslevé comme dit est de deux marches, garni de son dossier et de ses bras aux deux bouts, lesdits sieurs Lebon et Perdu estimoient estre préparés pour mesdits sieurs premier et eschevins;

Que dans ledit parquet fermé comme dit est desdits quatre planchers eslevés, il y avoit trois bancqs de chascun costé dudit clergé et de la noblesse, qui estoient à platte terre sans aucune élévation, tapis ni autres marques, lesdits trois bancqs du costé du clergé pour asseoir les curés et autres ecclésiastiques moins gradués, et les trois autres du costé de la noblesse pour asseoir les gentilshommes les moins qualifiés d'entre ladite noblesse;

Que dans ledit parquet, vis-à-vis et aux pieds du planché élevé dudit sieur lieutenant général, il y avoit une table et un bancq en face pour apparamment servir au greffier dudit bailliage, à la main droite duquel il y avoit deux chaires en profil, pour apparamment servir aux advocats du roi, entre lesquelles chaires et bancq du clergé il y avoit deux bancqs, pour probablement servir auxdits sieurs du présidial, comme aussi à la gauche de laditte table ou bureau du greffier, il y avoit deux petits bancqs aussi en profil, entre ledit bureau et le dernier banc de la noblesse, lesdits deux petits bancqs destinés apparemment pour ledit sieur prévost roial et autres prévosts tant de ceste ville que du ressort du bailliage.

Duquel rapport faict par lesdits sieurs députés, lesdits sieurs premier et eschevins ont inféré que ledit quatrième plancher, garni comme dit est de bancqs, dossiers et bras, estoit destiné pour eulx, et que lesdits sieurs du présidial et les prévosts n'avoient aucune intention de leur contester la séance, pourquoi ils auroient envoié l'huissier de laditte ville avec les tapis d'icelle pour en revestir et couvrir ledit bancq, le dossier d'icelui et un aultre petit banc au pied du leur susdit, destiné pour servir à leurs officiers.

Ce faict lesdits sieurs premier et eschevins ayant esté invitez par deux huissiers dudit bailliage de se trouver à l'assemblée où estoient déjà arrivez ledit lieutenant général et lesdits sieurs du clergé et de la noblesse, s'y seroient transportez en habits décens, accompagnez dudit Perdu, leur advocat, Me Nicolas Delesseau, leur greffier, et autres officiers et sergents, tant à masse que de la suitte, qui auroient pris, sçavoir lesdits sieurs premier et eschevins séance sur ledit bancq eslevé, les autres officiers sur le bancq posé aux pieds du leur susdits, lesdits sergents à masse debout aux deux costez de messieurs et les sergents de suitte derrière mesdits sieurs.

Pour mémoire de ce qui s'est passé, dict et faict en laditte assemblée des estats provinciaux, mesdits sieur premier et eschevins ont résolu de prier

MM. Fournier et Lebon de veoir ledit lieutenant général et le supplier de ne dresser son procès-verbal qu'avec eux, pour y insérer leur plaidoyer, dires et sousténemens, et que dudit procès-verbal, lorsqu'il sera faict, il en sera levé une coppie du greffe dudit bailliage, pour demeurer au greffe de la ville à y avoir recours; laquelle députation lesdits sieurs Fournier et Lebon ont accepté, exécuté et rapporté le consentement et agrément dudit sieur lieutenant général, et a esté chargé Me Adrien Perdu, advocat susnommé, de veoir ledit sieur lieutenant général et faire insérer dans sondit verbal le plaidoyer de mesdits sieurs sur le mémoire concerté et arresté entre eux avec ledit sieur Perdu.

Et à l'instant mesdits sieurs ont faict et réitéré la nomination dudit sieur de Jumelles, suivant l'acte ci-dessus transcript, laquelle nomination a esté faicte par lesdits sieurs Perdu et Delesseau, à ce députez, ledit jour de relevée 24e dudit mois de juillet, lesquels sieurs ont esté chargés de faire insérer ledit plaidoyer et lever le verbal dudit sieur lieutenant général pour l'assemblée desdits estats provinciaux. Signé : Ducroquet, Hémart, Mouret, Fournier, Lebon.

<small>Arch. de l'hôtel de ville d'Amiens, recueil fait par M. Janvier des actes relatifs à la tenue des états généraux.</small>

XXX.

ARRÊT DU CONSEIL D'ÉTAT, DÉCLARANT QUE LA PAROISSE DE MONTIÈRES FAIT PARTIE DE LA BANLIEUE D'AMIENS.

Les habitants du hameau de Montières, situé à peu de distance d'Amiens, prétendaient faire partie de la banlieue, et être à ce titre exempts, comme les Amiénois, de tailles et de gabelles. Ces prétentions, contredites par les officiers de l'élection, furent portées devant le conseil d'état, et les réclamants prouvèrent par des certificats émanant de divers gouverneurs, officiers de finance, etc., qu'ils avaient toujours été considérés comme appartenant à la banlieue, qu'ils contribuaient comme les autres bourgeois aux travaux de défense de la ville d'Amiens et qu'ils étaient sujets aux corvées destinées pour le service des armées royales.

Le conseil d'état, par l'arrêt suivant, daté du 2 décembre 1654, déclara que les habitants de la paroisse de Montières étaient compris dans la banlieue d'Amiens, et décida qu'ils seraient admis à jouir des mêmes priviléges que les autres bourgeois et habitants de la ville et de la banlieue.

Sur la requeste présentée au roy en son conseil par les manans et habitans de la paroisse de Monstière, hameaux et lieux en deppendans, contenant que, s'estans plainctz au conseil de ce qu'encores qu'ilz ne soient distants que d'un quart de lieue de la ville d'Amyens et qu'ainsy ladite paroisse fasse partye de la banlieue de ladite ville, et qu'ilz soient par conséquent non contribuables aux tailles, gabelles et autres impositions, tant ordinaires qu'extraordinaires, de la mesme sorte et soubz les mesmes conditions que les autres habitans de ladite banlieue ont de tout temps jouy et jouissent encores à présent de ladicte exemption, suivant les lettres patentes pour ce de temps en temps obtenues par lesdits habitans; néantmoings, ilz ne laissoient pas d'estre compris aux roolles desdites impositions comme les autres habitans des paroisses scituées hors des limites de ladite banlieue, ilz auroient, par leur requeste expositive de ce que dessus, demandé qu'il pleust à sa majesté les déclarer, en tant que besoing, faire partye et deppendance de ladite banlieue, ce faisant ordonner qu'ilz jouiront des mesmes priviléges, franchises et exemptions dont ont jouy et jouissent les autres paroisses de ladite banlieue, avecq deffences aux officiers de l'eslection d'Amyens, grenier à sel et tous autres de les comprendre aux roolles desdites tailles et impositions, aux peines requises par ladite requeste, sur laquelle seroit intervenu arrest le seiziesme septembre dernier, portant qu'auparavant y faire droict il seroit par le sieur de Bordeaux, intendant des finances de sa majesté, ou en son absence par le sieur Piétre, président et trésorier de France en la généralité d'Amyens, incessamment informé du contenu en ladite requeste et donné advis à sadite majesté, pour, ce faict rapporté audit conseil, estre ordonné ce que de raison. A ces causes et qu'il appert par les informations, advis et certifications y joinctes de la vérité des faicts mentionnés dans ladicte requeste, requéroient lesditz supplians qu'il pleust à sa majesté leur adjuger les fins de leurs conclusions par eux prises par leurdicte requeste, veu ladicte requeste signée : . . . . (sic), advocat audit conseil, ledit arrest dudit jour xvie septembre dernier, procez-verbal d'arpentage et mesurage faict de ladite banlieue en l'an mil trois cent dix-huit, ladicte informacion faicte en conséquence et au désir dudict arrest par ledit sieur Piétre, commissaire à ce depputé, le huictième octobre aussy dernier, par laquelle il appert que ladicte paroisse, hameaux, censes en deppendans ont tousjours faict et font encores partye de la banlieue de ladite ville, pour n'en estre distant que d'environ ung quart de lieue, certifficat du sieur duc d'Elbœuf, lieutenant général pour sa

1554.
2 décembre.

majesté en sa province de Picardie, du xxixe septembre précédent, contenant que ladite paroisse de Monstiers est presque enclavée dans l'ung des faulxbourgs de ladicte ville et que, pour la raison de cette proximité, les habitans sont sujectz aux corvées, travaulx nécessaires non-seulement aux fortifficacions de la ville et citadelle d'Amyens, mais encores aux convois destinez aux armées de sa majesté, autre certifficat du sieur de Bar, gouverneur pour sadicte majesté desdictes ville et citadelle d'Amyens, du premier dudict mois d'octobre dernier, contenant que lesdictz habitans desdites paroisses, hameaux de Monstiers, se présentent et servent avec toute la dilligence possible à toutes les occasions où ilz sont appelez pour la deffence de ladicte ville et service de sadite majesté, autre certifficat des présidents, trésoriers de France en ladicte généralité, du xvie desdits mois et an, contenant les mesmes véritez et que soubz le bon plaisir de sa majesté lesdictz supplians doibvent jouir des mesmes priviléges des autres habitans de ladite ville et banlieue, autre semblable certifficat des esleuz de ladicte eslection, du xxixe dudict mois d'octobre audict an, autre semblable certifficat des eschevins de ladicte ville, du trentiesme dudict mois; ouy le rapport du sieur Gargan, intendant des finances, commissaire à ce depputé, et tout considéré, le roy en son conseil, ayant esgard à ladicte requeste, a ordonné et ordonne que lesdictz habitans de ladicte paroisse de Monstières et censes en deppendantes jouiront des mesmes priviléges, exemptions, franchises dont ont cy-devant jouy et jouissent les autres habitans de ladicte ville et banlieue, comme deppendant et faisant partie d'icelle, à condition de payer leur portion des charges et impositions de ladicte ville, les deschargeant sa majesté de toutes impositions qui pourroient estre sur eux faictes par cy-après par les officiers des eslections et grenier à sel dudict Amyens, pour raison des tailles et de l'imposition du sel; le tout sans préjudice aux droictz de justice du seigneur évesque d'Amyens. Faict au conseil d'estat du roy tenu à Paris le deuxiesme jour de décembre xvie cinquante-quatre, signé : GALLAND.

'Louis, par la grâce de Dieu, roy de France et de Navarre, au premier des huissiers de nostre conseil ou aultre huissier ou sergent sur ce requis : nous te mandons et commandons que l'arrest dont l'extrait est cy-attaché soubz le contre-seel de nostre chancellerie, ce jourd'huy donné en nostre conseil d'estat, sur la requeste des manans et habitans de la paroisse de Monstier, hameaux, censes en deppendans, soit signiffié aux officiers de l'eslection d'Amyens et grenier à sel et à tous aultres qu'il appartiendra, à ce qu'ilz n'en prétendent cause d'ignorance, et faire pour l'exécution dudict arrest tout commandement, sommation, deffences et autres actes et exploitz nécessaires, sans aultres permissions; car tel est nostre plaisir. Donné à Paris le deuxiesme jour de décembre

XVII SIÈCLE.

l'an de grâce xvi° cinquante-quatre et de nostre règne le douziesme. Signé par le roy en son conseil : GALLAND, et scellé du grand sceau de cire jaulne.

Collationné aux originaux par moy, conseiller secrétaire du roy et de ses finances.   Signé : PIOGER, avec paraphe.

<small>Arch. de la préfecture de la Somme, copie en papier cotée M 7.</small>

XXXI.

STATUTS DU COLLÉGE DES MÉDECINS D'AMIENS.

Les médecins d'Amiens, organisés d'abord en *compagnie* [1], s'érigèrent, en 1655, en un collége qui forma un des douze colléges médicaux du royaume. Des statuts, convenus entre eux, furent enregistrés par l'échevinage, conformément à une délibération du 12 juillet, et confirmés par lettres-patentes de Louis XIV, en date du mois de mai 1656 [2]. Voici l'analyse de ces statuts [3] :

L'administration du collége des médecins d'Amiens sera confiée à deux doyens, l'un désigné sous le nom de *doyen du collége*, nommé à l'ancienneté, l'autre appelé *doyen de charge*, élu chaque année à la pluralité des voix. Le doyen du collége convoque les assemblées, préside les délibérations, et casse, s'il le veut, les décisions de la majorité; le doyen de charge règle les affaires du collége, en prenant pour les plus considérables la volonté du collége lui-même (art. 1, 2). — Deux docteurs seront nommés chaque année pour diriger l'instruction des

---

[1] La compagnie des médecins était régie par des statuts et ordonnances, au nombre desquels on peut citer des actes du 20 décembre 1539 (Arch. de l'hôtel de ville d'Amiens, reg. aux chartes coté M, fol. 194 r°), du 6 février 1566, du 9 juillet 1599 et du 16 juin 1644 (Arch. de l'hôtel de ville d'Amiens, reg. aux brefs et statuts des corporations, coté N, 214, 2ᵉ cote.) — La principale préoccupation de l'autorité dans ces règlements paraît être d'empêcher les apothicaires de se mêler de l'art de guérir; on voit aussi la compagnie interdire à ses membres, à peine d'être traités comme faux frères, tout secours aux malades qui auraient abandonné le médecin appelé précédemment à leur aide. (Reg. aux délibérations de la compagnie des médecins,

délibération du 15 décembre 1654, fol. 77.)

[2] Archiv. impér., sect. judiciaire, reg. du parlement de Paris, intit. 5ᵉ vol. des ordonnances de Louis XIV, coté 3 N, fol. 442 v°. — Biblioth. impér., collect. de D. Grenier, xvɪᵉ paq., n° 7.

[3] Il y eut quelque opposition à la réception de ces statuts. On trouve dans les arch. de l'hôtel de ville d'Amiens, liasse cotée dans l'inventaire de Gresset D 8, pièce n° 11 : Mémoire et consultation donnés à Paris, dans lesquels on conclut à ce que les maire et échevins de la ville d'Amiens doivent s'opposer aux statuts des médecins de ladite ville, parce que plusieurs articles de ces statuts sont contraires à la bonne police et à l'utilité publique.

élèves en pharmacie et des élèves en chirurgie. Le professeur chargé de l'enseignement chirurgical fera publiquement une dissertation anatomique (3). — Le plus ancien maître, assisté de deux agrégés, présidera les examens. Il visitera chaque année les pharmacies de la ville, et toutes les drogues qui seront jugées falsifiées ou de qualité médiocre seront mises au rebut (4, 5). — Les assemblées générales du collége auront lieu aux mois de janvier, d'avril, de juillet et d'octobre; les candidats à l'agrégation devront se présenter à ces époques, néanmoins les fils d'agrégés ont le droit de se faire recevoir à d'autres moments. — Les articles 7 et 8 contiennent des prescriptions sur la conduite à tenir par les membres du collége, et sur les mesures sanitaires à prendre dans les cas d'épidémie. — Les articles 9, 10, 11, 19 et 20 sont relatifs à la tenue des assemblées du collége, à la forme des délibérations, à la réception ou à l'exclusion des membres, aux égards dus par les jeunes médecins à leurs doyens d'âge, et à la manière de prendre les avis dans les consultations. — Il est défendu de faire connaître au dehors ce qui se sera passé dans les réunions du collége. Les insultes contre la corporation ou contre l'un de ses membres seront punies par l'exclusion, à moins que le coupable ne confesse publiquement ses torts. L'expulsion une fois prononcée, la personne exclue ne pourra rentrer dans le collége qu'après avoir demandé pardon, payé vingt livres, et remboursé les dépenses qu'elle aurait pu occasionner (12-17). — Les mécréants et les vagabonds, les charlatans et les empiriques, ne pourront être reçus dans le collége, et, dans aucun cas, ils ne seront admis aux consultations. Sont exceptés de cette mesure les médecins du roi et des membres de la famille royale, avec lesquels la compagnie pourra s'associer dans l'intérêt des malades (18). — Les médecins qui auront surpris des secrets dans l'intérieur des familles, doivent s'abstenir de les divulguer au dehors, et, suivant le serment hippocratique, oublier ce qu'ils auront vu et entendu (22). — Dans les maladies graves et menaçantes, à la première ou à la seconde visite, ils inviteront le malade à s'occuper du soin de son âme et de ses affaires (23). — Les membres du collége qui, pendant trois ans, s'absenteront avec leur famille sans autorisation, perdront leur titre d'agrégé (24). — Tout médecin, pour être admis dans le collége, devra professer la religion catholique, et prouver en outre qu'il n'a jamais exercé de profession mécanique, qu'il n'a point paru, comme acteur, sur les théâtres, qu'il est de bonne vie et mœurs, et qu'il a satisfait aux examens du baccalauréat, de la licence et du doctorat (25-27). — Les candidats argumenteront sur le sujet de leur thèse, contre l'assemblée tout entière, et contre chaque membre en particulier (28). — Les fils d'agrégés seront dispensés de la thèse; il leur suffira d'avoir obtenu les grades dans une académie en renom, d'avoir exercé pendant un an à Amiens ou dans toute autre ville; l'argumentation, pour eux, se bornera à quelques aphorismes d'Hippocrate, indiqués par le sort (31). — Les marchands étrangers qui voudront vendre à Amiens des simples ou des préparations médicinales seront tenus de les faire visiter par le doyen, accompagné par deux agrégés ou par les gardes de la pharmacie (32).

STATUTA COLLEGII MEDICORUM AMBIANENSIUM.

1555.
12 juillet.

1. Collegii decanus habeatur, non ætatis prærogativa, non collegarum calculis, sed adscriptionis antiquitate. Jus ipsi competat collegium convocandi, præsidendi, proponendi, suffragia colligendi, quodque majori deliberancium numero probatum fuerit renuntiandi; penes eum liber et instrumenta collegii remaneant.

2. Quolibet anno eligatur oneris decanus, qui, sine dolo res collegii tractet, nec tamen sine collegii decreto quid majoris momenti possit suscipere.

3. Duo doctores singulis annis nominentur, quorum alter pharmacia, alter chirurgia tyrones instruat; qui chirurgis prælegendi curam suceperit, is enchirisim anatomicam publice moliatur, invitato prius collegio, nec alteri collegarum liceat, nisi cum bona ejusdem collegii venia.

4. Omnibus et singulis tam chirurgorum quam pharmacopolorum examinibus magister senior cum duobus aggregatis ex ordine præsit; et si pharmacopoli interrogare suos canditatos renuerint, aggregati examinent juxta urbis statuta.

5. Semel quolibet anno magister senior, duobus aggregatis et artis pharmaceuticæ custodibus stipatus, pharmacopolia inveniat, ibique quod viciatum, quod exsuccum, adulteratum judicaverint rejiciant, nec parcant mixtionibus ex pharmacopolorum mente compositis.

6. Singulis annis quater convocetur collegium diebus lunam sequentibus primam mensium januarii, aprilis, julii et octobris, ibique de arte ad novum

splendorem evehenda totis animorum viribus agatur, tum que, si quis aggregacionem postulat, collegio se sistat, nam alio tempore nec aliis collegii indictionibus [se sistere potest], nisi fuerit aggregati filius, cui liberum erit se sistendi collegio pro qualibet re et extra ordinem convocato.

7. Quoties urbem aut regionem depopulabitur morbus epidemicus et gravior, toties indicatur collegium, et ibi de causis, signis atque præsidiis, unoquoque mentem suam clare et dilucide apparante, statuatur præsenti malo remedium, ratione et experientia ducibus.

8. Pestis seminaria atque miasmata deprehensa, necnon domus quæ prima mali labe fuerit infecta collegio differatur, et a collegio deputatis, si malum et urbis commodum ita exigere videatur, magistratui.

9. Convocati collegæ indicta hora præcise conveniant in habitu decenti, sicut viros literatos decet, singulis a decano rogatis sentenciam dicentibus, cœteris placide auscultantibus, aut, si quis inter turbaverit, a decano imperetur silencium.

10. In omnibus deliberationibus decanus aut prodecanus necessario adsint, et major pars deliberantium idem censentium minori prævaleat, ita tamen ut duæ aggregatorum partes affuerint, quodque statutum fuerit id in præsentia eorum ab omnibus obsignetur, mox in collegii librum refferendum, decano, prædecano et oneris decano subscribentibus, penes priorem tamen autographo semper remanente.

11. Ubi de medici aggregatione aut expunctione agetur, collegarum præsentium partes eam sanciant, omnibus vocatis.

12. Præposita, consulta, statuta in collegio silentii religione involvantur nec quis propalet nisi mulctari velit, aureo extemplo solvendo, et, si pluries vulgaverit, a collegii deliberationibus arceri.

13. Sancte et amice et prudenter omnes se gerant in collegio, nec blasphemiis aut rixis concessus honor violetur, utrique crimini mulcta præsens pro collegii arbitratu irrogetur.

14. Simultates et cavillationes etiam extra collegium, tanquam nostræ unitatis continuum dissolventes, summo studio vitentur, ea que, si exorta fuerint, collegium componat.

15. Admissum in artis decus flagitium vindicetur a collegio, et qui objurgationibus primo privatis, mox publicis, et in collegarum faciem non profecerit, excludatur a collegio.

16. Pœna delicto respondeat, nec [adversum] errores excommunicans gladius stringatur; sed tantum in graves [culpas], utpote blasphemias, imprecationes, injurias in collegas atroces, aut injuriam in ordinis universi gloriam, idque tantum post iteratas denuntiationes.

17. Semel motus a collegio non ante possit restitui quam deprecatus veniam exsolverit viginti libras argenteas, et, si quid ejus causa expensum fuerit, repetent; locum tantum in collegio sibi vendicet a die redintegrationis, nisi aliter placuerit collegio.

18. Sint omnibus collegiis, tanquam ethnici et publicani, circula, agyrta, empirici, non adscripti aut exclusi, nec [cum] iis fas sit consilium inire; ab hoc tamen numero excluduntur regis et principum regali prosapia satorum medici, cum quibus societas expetetur in communem ægrorum utilitatem.

19. Juniores, sive publice sive privatim, antiquiores omni cultu excipiant, eos que, si quid apud judices aut ægrotos renuntiandum sit, refferre sinant.

20. Si consilium ineundum est, hora que antiquiori placuerit, accersiti collegæ precise adsint, de proposito morbo censa ex adscriptionis ordine reclusuri; oppinionum dissensio si antecesserit, tertius solvat, nisi junior velit ad antiquioris mentem accedere.

21. Nullus medicinam factitet in urbe, nisi aggregatus fuerit.

22. Quæ inter curandum visu aut auditu medicus notaverit quæ vulgari non deceant silentio tegat, et tanquam [inscita] æstimet juxta Hippocratis jusjurandum.

23. In morbis gravibus et periculosis medicus primo aut secundo ingressu ægros, amicos vel adstantes moneat de cura animæ rerum que familiæ habenda.

24. Qui per triennium cum familia ab urbe abfuerit, aggregatione cædat, nisi cum collegii licencia scripte data secesserit.

25. Qui in collegii librum adscriptionem postularit, non proficiatur religionem aliam a catholica romana, non artem mimicam aut mœcanicam tractaverit, non virga censoria aut fama aut morum pravitate notus fuerit; sed si, morum et vitæ integritate commendatus, per quadriennium integrum rei medicæ operam dederit, gradus in illustri accademia, hoc est ea quæ fuerint prescripta a sanctionibus regiis intervalla, adeptus fuerit, imo medicinæ rudimentum in alia urbe per biennium posuerit.

26. Qui talibus conditionibus dotatus fuerit, pro aggregatione obtinenda decanum cœteros que doctores honorifice adeat; mox adeat ad decanum, litteras baccalaureatus, licentiatus et doctoratus, aut saltem licentiatus et baccalaureatus cum studiorum et [graduum] testimoniis, traditurus, qui tempore opportuno collegium convocabit.

27. Indicto collegio, decanus litteras exhibeat, iisque legitimis nec cum fraude subreptis compertis, collegium tempus indicat, intra quod aggregandus testimoniales litteras de religione et morum integritate rite confectas afferat, se que die dicta collegio sistat in habitu decenti, de proposito orationem habiturus.

28. Tum thesim medicam assertionibus aliquot constantem ex collegii arbitratu proponat, quam omnes et singuli doctores uno et altero argumento impugnabunt, quo pacto morbi ex tempore propositi naturam, diagnesim, pregnosim et terapiam enarret.

29. Qui collegii approbationem mœruerit, in medicorum album adscribatur, sin minus repulsam patietur.

30. Aggregatus doctor, prelectis collegii statutis, sacramento se obstringat ad eorum observationem, nec non aliorum quæ pro re nota in collegio condentur, ea obsignet, persoluto prius honorario in res collegii imponendo.

31. Cum ab hippocratico tempore [aggregatorum filii, cum] aliqua gracia soleant excipi, adeo filiis aggregatorum pro aggregatione consequenda sufficient gradus in celebri academia acquisiti, artis medicæ per annum in urbe aut alibi exercitatio, et aphorismi Hippocratis quem fortuna dederit enarratio a singulis aggregatis pro arbitrio lenitiæ et animi causa impugnata.

32. Antequam extranei mercatores exponant in publicum simplicia et composita medicamenta, teneantur de suo instituto movere collegii decanum, ut ipse gratis, duobus aggregatis et artis pharmaciæ custodibus sive curatis stipatus, medicamenta ab hora decano indicta examinet, referat que apud magistratum, si quid adulteratum aut vitiatum notatum fuerit, subsignet. BRISEL, decanus. DUCROCQ.

Les articles cy-dessus en forme de statutz ont été registrés aux délibérations d'eschevinage de la ville et citté d'Amyens, suivant la résolution en datte du jourd'huy douziesme juillet mil six cens cinquante-cinq. Signé : CARON.

Registrées, ouy ce consentant le procureur général du roy, pour estre exécutez et jouir par les impétrans de l'effect y contenu selon leur forme et teneur.

A Paris, en parlement, le vingt-neufiesme jour de may mil six cens cinquante-six.   Signé : DU TILLET.

Collationné à l'original.   Signé : DU TILLET.

Archiv. Imp., sect. judic., reg. du Parlement de Paris intitulé V° volume des *Ordonnances* de Louis XIV, coté 3 N, fol. 443 v° (copie très-défectueuse). — Imprimé sous le titre de : *Statuta collegii medicorum Ambianensium*. Ambiani, 1656, in-4° de 11 pages.

XXXII.

ORDONNANCES DE L'ÉCHEVINAGE D'AMIENS TOUCHANT LA CORPORATION DES ÉCRIVAINS.

Il existait à Amiens, au milieu du xviie siècle, une corporation d'écrivains, c'est-à-dire de maîtres d'écriture et de calcul. Cette corporation n'avait pas alors, à ce qu'il paraît, de statuts réguliers, et quelques personnes donnaient des leçons sans avoir subi un examen préalable, et sans avoir fourni des certificats de bonnes vie et mœurs et de catholicité. Les maîtres écrivains réclamèrent auprès de l'échevinage contre cet état de choses, qu'ils déclaraient préjudiciable aux intérêts de la ville, et, sur leurs plaintes, les magistrats municipaux rendirent, le 4 août 1656, l'ordonnance suivante. Elle porte que les écrivains nommeront un syndic chargé de produire devant l'échevinage, à titre de renseignements, les statuts des écrivains de Paris, et que, provisoirement, pour enseigner à Amiens l'écriture et l'arithmétique, il faudra avoir obtenu des magistrats municipaux une autorisation qui sera donnée après information sur les mœurs et les sentiments religieux des candidats [1].

Deux ans plus tard, les écrivains, jugeant cette ordonnance insuffisante, demandèrent que, tout en continuant à la prendre pour règle, ils fussent mis sous le même régime que les écrivains de Paris. L'échevinage, dans sa séance du 22 février 1658, décida que les syndic et maîtres du métier iraient demander au roi des lettres patentes à cet égard, et il renouvela, en les complétant, les mesures provisoires prescrites par l'ordonnance du 4 août 1656 [2].

---

[1] Le 22 septembre 1656, sur la demande des écrivains, l'échevinage décide qu'à l'avenir tous les maîtres écrivains seront tenus, lors de leur réception, à payer soixante sous à la confrérie érigée par la communauté sous le nom de Saint-Nicolas, en l'église des R. P. cordeliers. (Arch. de l'hôtel de ville d'Amiens, cahier en papier du xviiie siècle.)

[2] Accord passé entre les syndic et maîtres écrivains d'Amiens, par lequel les parties s'engagent, pour prévenir certains désordres, à ne recevoir aucun élève venant d'une autre école, à moins qu'il ne soit porteur d'un certificat signé du maître de l'école dont il sort, et attestant sa bonne conduite et le payement des frais d'étude. (1659, 10 mai. — Arch. de l'hôtel de ville d'Amiens, cahier en papier du xviiie siècle, sans numéro.)

1656.
4 août.

A tous ceux qui ces présentes lettres verront, les premier et eschevins de la ville et cité d'Amiens, salut. Sçavoir faisons que ce jourd'huy, datte des présentes, veu la requête présentée par les maîtres écrivains de cette ville expositive que, depuis quelque temps en çà, plusieurs personnes se sont ingéréez d'enseigner les arts d'écrire et arithmétique, sans avoir fait expérience de leur capacité ès dits arts, apparoir de leur vie, mœurs et religion catholique, apostolique et romaine, ce qui est préjudiciable au bien public et a causé inconvénient en cettedite ville; pourquoy requéroient, pour obvier aux abus, désordres et inconvéniens, qu'il nous pleust vouloir ordonner que, lorsque quelqu'un se présentera pour estre receu et admis à l'enseignement de la jeunesse, les anciens maistrez jurez ou syndic des maîtres escrivains qui seront nommez et choisis ad instar de toutes les bonnes villes de France, seront appellez pour connoistre de la capacité, et qu'il soit tenu faire paroître approbation de ses vie et mœurs, même que les maîtres qui se sont icy nouvellement estably et introduis sans pouvoir ny authorité, seront appellez et évocquez pour faire expérience de leur capacité et faire amplement reconnoistre de leur vie et mœurs; et cependant deffense à eux d'enseigner et tenir escole jusques à ce qu'ils ayent à ce satisfait; notre ordonnance, au bas de laquelle requeste du 3ᵉ du présent mois, portant qu'icelle seroit communiquée au procureur du roy; les conclusions dudit procureur du roy; nous avons ordonné que les supplians nommeront et choisiront l'un d'entre eux pour syndic, à la diligence duquel les brefs et status desdis maîtres écrivains de la ville de Paris seront rapportés par devant nous, pour, ce fait, ordonner ce que de raison; cependant, par provision, ordonnons que tous ceux qui se présenteront pour enseigner à écrire et l'arithmétique en cette ville seront tenus nous présenter leur requête aux fins d'obtenir notre permission, faisons deffenses à toutes personnes de s'immiscer à enseigner à écrire et l'arithmétique, sans au préalable avoir obtenu notre permission, le syndic des suppliants appellé et information des vie, mœurs et religion préalablement faite. Enjoignons audit syndic des suppliants de nous dénoncer ceux qui enseignent à présent et enseigneront à l'advenir.

Arch. de l'hôtel de ville d'Amiens, cahier en papier du xviiᵉ siècle, sans n°, dans une liasse sans cote.

1658.
22 février.

Du vingt-deuxième février 1658, en la chambre du conseil de l'hostel commun de la ville d'Amiens, où estoient Jean Thierry, seigneur de Génonville, conseiller du roy en ses conseils, lieutenant général au baillage d'Amiens; Jacques de Mons, escuier, sieur d'Édicourt, conseiller magistrat audit baillage, premier; Adrien Cornet, Philippe de Flesselle et Nicolas de Sachy, eschevins:

Claude de Mons, escuier, sieur d'Édicourt, conseiller magistrat audit baillage; M. Charles Lestocq, conseiller du roy, receveur des consignations; Gabriel de Sachy, sieur du Coudray, conseiller de ville.

Veu la requeste présentée par Jacques Leclercq, syndicq; Nicolas Poisson, Léonard Digeon, Jean Pelé, Alexandre Larcher, Antoine Binet, Denis Boulanger, Estienne Desseau et Pierre Leclercq, tous écrivains jurez de ladite ville, expositive qu'en toutes les bonnes villes de France les maistres escrivains ont brefs et statuts, qu'ils sont tenus d'observer pour le bien public et particulièrement pour empescher qu'il ne s'introduise des ignorans et personnes de mauvaise vie et mœurs, comme il s'est fait par le passé, en cettedite ville; pour à quoy obvier, requièrent leur vouloir accorder des brefs et statuts ad instar de la ville de Paris, qu'ils seront tenus suivre et garder à l'avenir; la sentence desdits sieurs eschevins du 4ᵉ aoust, avec les brefs et statuts accordez aux maistres escrivains de ladite ville de Paris par le roy Charles, suivant les lettres patentes données à Saint-Germain-des-Prez, au mois de novembre 1570 et arrest du parlement du dernier janvier 1576, tout considéré;

A esté résolu et arresté que lesdits syndicq et maistres escrivains de cettedite ville se retirent vers sa majesté, pour obtenir lettres patentes et arrests de vérification, et cependant, par provision, que tous ceux qui font profession de tenir école publique, pour enseigner les enfans à lire, escrire, jetter et calculer, seront tenus se transporter au corps de ville, pour y faire le serment ainsy que les autres maistres escrivains, et seront registrez au registre à ce destiné, pour à quoy parvenir présenteront requeste;

Que doresnavant nul ne sera receu à tenir escole publique qu'il ne soit de bonnes vie et mœurs, religion catholique et deuement expérimenté, tant en l'art d'escriture que de l'orthographe, jetter, compter; à cette fin sera examiné par le syndicq et maistres escrivains audit hostel de ville, le procureur du roy présent, pour estre procédé à sa réception s'il est trouvé capable;

Que le syndicq sera choisy et éleu tous les ans et faira la charge de maistre de confrérie, lequel en prestera le serment par devant lesdits sieurs premier et eschevins. — Signé: Delesseau, avec parafe.

Arch. de l'hôtel de ville d'Amiens, cahier en papier du xviiiᵉ siècle, sans n°, dans une liasse sans cote.

XXXIII.

DÉLIBÉRATION DE L'ÉCHEVINAGE, RELATIVE A L'ADMINISTRATION DE L'HÔTEL-DIEU D'AMIENS.

Par un arrêt du 30 août 1586[1], le parlement de Paris avait, comme on l'a vu plus haut, ordonné : que l'évêque d'Amiens nommerait, de trois ans en trois ans, telles personnes laïques qu'il jugerait convenable, autres toutefois que ses serviteurs, pour administrer les biens de l'Hôtel-Dieu; que les comptes seraient rendus chaque année, en présence de quatre bourgeois notables; qu'on ferait un inventaire annuel; que la location des biens serait publiée au prône dans les villages sur le territoire desquels ces biens étaient situés; et que les revenus seraient adjugés au plus offrant et dernier enchérisseur.

Il paraît qu'à l'époque à laquelle nous sommes parvenus ces prescriptions n'étaient qu'imparfaitement suivies; car l'échevinage, dans la séance du 17 décembre 1656, décida, comme on le voit par la délibération suivante, qu'une assignation serait donnée au maître et aux religieuses de l'Hôtel-Dieu pour les contraindre à exécuter les arrêts du parlement[2].

Du dix-sept décembre, en la chambre du conseil de l'hostel commun de ladite ville d'Amiens, où estoient messieurs les premier et eschevins;

Sur la proposition faicte par ledit sieur premier que, par arrest contradictoirement rendu au parlement le 30 aoust 1586, entre le procureur général du roy, prenant le fait et cause pour le procureur sindicq du bureau des pauvres de cette ville, demandeur et soustenant l'exécution des arrests de la cour des 14 novembre 1579 et 24 mars 1580, et monsieur l'évesque d'Amiens, deffendeur et opposant à l'exécution desdits arrêtz, il a esté ordonné que ledit sieur évesque commettra, de trois ans en trois ans, telles personnes laïques que

---

[1] Voy. t. II, p. 945. — Voy. aussi une délibération échevinale du 4 janvier 1629, au sujet de l'administration de l'Hôtel-Dieu. (Arch. de l'hôtel de ville d'Amiens; reg. т, 62.)

[2] Voy. sur cette affaire un acte du 7 décembre 1657 contenant les moyens fournis par les maire et échevins d'Amiens contre les maître et religieuses de l'Hôtel-Dieu, au sujet de l'administration d'icelui; et trois autres actes sur la même matière (Arch. départem. de la Somme, invent. des titres de l'évêché, fol. 93 r°); trois arrêts du parlement (le premier du 24 octobre 1658) rendus entre messire François Faure, évêque d'Amiens, et les maire et administrateurs de l'Hôtel-Dieu. (Id., ibid.)

bon lui semblera, autres toutesfois que ses serviteurs et domestiques, pour recevoir et administrer le revenu dudit Hostel-Dieu, suivant les ordonnances et statuts faicts pour la police et particulier reiglement des pauvres et religieux et religieuses dudit Hostel-Dieu, lesquels administrateurs qui seront ainsi par luy commis rendront compte chacun an de l'administration dudit revenu pardevant ledit sieur évesque ou son vicaire, en présence de quatre notables bourgeois de ladite ville, dont deux seront nommés par les officiers du siége présidial d'Amiens, les deux autres par les mayeur et eschevins, et que lesdits administrateurs fourniront au maistre dudit Hostel-Dieu les deniers nécessaires pour l'entretennement et nourriture des pauvres et religieux et religieuses de la maison, et que ledit sieur évesque commettra une autre personne qui dressera état de ladite dépense, lequel, à la fin de chacune semaine, sera signé dudit maistre et contrôleur et mis ès mains desdits administrateurs et receveurs à l'administration de leur compte, et qu'à la diligence desdits administrateurs sera tout le revenu dudit Hostel-Dieu publié aux prosnes des églises et lieux où le bien se trouvera situé, et adjugé au plus offrant et dernier enchérisseur pardevant monsieur le bailly d'Amiens ou son lieutenant, ledit sieur évesque ou son vicaire présent ou deubment appellé, ensemble le procureur du roy, lesquels baux ne se pourront faire à plus long temps que de neuf ans; qu'à la diligence desdits administrateurs, inventaire des reliquaires, papiers et titres sera fait, les bois mesurés et visités, en présence desdits administrateurs, desquels sera pris certain nombre par advis dudit sieur évesque, et de quatre bourgeois, que ledit sieur évesque ou son vicaire sera tenu faire assembler et tenir chapitre audit Hostel-Dieu deux fois par an, où assisteront lesdits quatre bourgeois, pour pourvoir à la police et reiglement particulier des pauvres, religieux et religieuses dudit Hostel-Dieu, conformément aux statuts faits par ses prédécesseurs évesques et autres charges portées par ledit arrest, lesquels il est important et avantageux au public de faire garder; sur quoi ledit sieur premier prioit la compagnie de délibérer. Lecture faite dudit arrest,

A esté unanimement résolu de faire assigner les maistre et religieuses dudit Hostel-Dieu pour observation dudit réglement, et qu'à cet effet copie deubment collationnée dudit arrest sera baillée au procureur de la ville et la copie du présent acte, soubs la signature du greffier de la ville. Signé : DECOURT, C. LEBON, J. QUIGNON, N. PINGRÉ, E. DELATTRE avec paraphes.

<small>Arch. de l'hôtel de ville d'Amiens, LVIe reg. aux délibérations de l'échevinage, т 67, fol. 44 r°</small>

XXXIV.

ARRÊT DU CONSEIL D'ÉTAT RELATIF AUX VISITES ET PRÉSENTS DUS A L'ÉVÊQUE D'AMIENS PAR LES MAGISTRATS MUNICIPAUX.

D'après un usage consacré depuis un temps immémorial, les membres de l'échevinage d'Amiens allaient faire visite à l'évêque, lorsque, après une absence, il revenait dans la ville, et lui offraient un présent de pain et de vin ; ils étaient, en outre, dans l'habitude de donner chaque année à l'évêque des flambeaux, des bougies de cire, et le sel blanc nécessaire à sa provision. En 1657, les magistrats municipaux crurent pouvoir se dispenser de la visite à l'égard de l'évêque François Faure, conseiller du roi et maître de son oratoire, et ils décidèrent qu'il ne serait plus fait aucun présent en semblable circonstance. Ces faits donnèrent lieu à une protestation de la part de l'évêque ; le conseil d'état, saisi de l'affaire, rendit, le 22 août 1657, l'arrêt suivant, portant que la délibération prise par l'échevinage serait mise à néant, qu'elle serait remplacée dans les registres municipaux par l'arrêt même qui la révoquait, et que les magistrats municipaux d'Amiens devraient faire à l'évêque leurs visites et présents accoutumés ; le tout à peine de suspension de leurs charges et de quinze cents livres d'amende.

1657.
22
août.

Sur ce qui a été représenté au roy en son conseil, par M. François Faure, conseiller de sa majesté en ses conseilz, maistre de son oratoire et évesque d'Amiens ; que, bien que de temps immémorial les premier et eschevins ayent rendu leurs visites en corps au suppliant et à ses prédécesseurs audit évêché touttes les fois qu'après quelque absence hors de son diocèse, ilz sont revenus dans la ville, et qu'en ses visites ilz ayent esté continuellement accompagnez de leurs officiers chargez du pain et du vin de la ville dont ilz ont à mesme temps faict présent audit sieur évesque : que de plus, pour marque de leur respect et de leur déférence envers luy, ilz lui ayent annuellement faict présent, non-seulement de flambeaux et bougies de cire, mais mesmes du sel blanc nécessaire à sa provision ; néantmoins quelques esprits factieux et animez sans raison contre ledit suppliant, s'estant l'année dernière et la présente rencontré dans les charges publiques et politiques de ladite ville, ont si bien faict par la brigue que, non contens de n'avoir point rendu leurs visites accoustumées audit suppliant lorsqu'il est arrivé en ladite ville au mois de . . . . . dernier, ilz ont encorés, par certain acte d'assemblée de ladite ville, faict délibérer qu'il ne seroit plus faict aucun présent audit sieur évesque, et en conséquence rayé dans l'estat de leur distribution annuelle dudit sel blanc les deux quarts de minot qui y avoient esté jusques-là employez pour ledit sieur évesque. Pourquoy M^e . . . . . Dais, procureur dudit suppliant, ayant esté adverty et que cet estat avoit esté ainsy présenté par le nommé Laloyer, maître des présents de ladite ville, aux officiers du grenier à sel d'icelle, aux fins de la délivrance par luy requise de la quantité de sel y controuvé, ledit Dais s'est transporté audit grenier, et il a formé au nom dudit suppliant son opposition à ladite délivrance, jusques à ce que ledit estat eust esté réformé, et ledit sieur évesque employé en iceluy en la manière ordinaire, soubz les protestations en tel cas requises et accoustumées. Sur quoy lesdits officiers dudit grenier ont rendu leur ordonnance le 17 juillet dernier, portant que les partyes se pourveoiroient, et cependant que délivrance seroit faite dudit sel audit Laloyer, suivant et conformément audit estat, et cependant que lesdits deux quarts ainsy rayez audit sieur évesque demeureroient en séquestre dans lesdits greniers, pour estre délivrés à qui et ainsy qu'il seroit ordonné. A quoy sa majesté désirant pourveoir et empescher que cette entreprise desdis premier et eschevins ne produisist des effectz de dangereuse conséquence contre et au préjudice de l'honneur, du respect et de la déférence qui est due audit sieur évesque, non-seulement par lesdits premier et eschevins, mais encore par tous les autres habitans de ladite ville en général et chascun en particulier, veu ledit estat desdits selz, apostille de la délibération de ladite ville sur cette prétendue radiation y contenue du mois de juillet dernier, ladite ordonnance desdits officiers du grenier à sel dudit jour 17e dudit mois et an, ouy le rapport du sieur Lelièvre, commissaire à ce députté, et tout considéré :

Le roy en son conseil, sans avoir esgard à ladite délibération dudit conseil de ville et autres semblables qui pourroient avoir esté faictes, lesquelles sa majesté a cassées et annullées, ensemble tout ce qui s'en est ensuivy, a ordonné et ordonne que lesdis premier et eschevins en corps rendront audit sieur évesque leurs visites et luy présenteront le pain et vin de ladite ville en la manière accoustumée, touttes et quantes fois qu'après un mois d'absence hors de son diocèse ledit sieur évesque rentrera dans ladite ville, comme aussy luy continueront à l'avenir les mesmes présens annuelz de sel blanc, flambeaux et bougies de cire et autres accoustumez, à peine contre lesdis premier et eschevins, tant présens qu'à venir, de suspension de leurs charges et de quinze cens livres d'amende contre chacun des contrevenans; ordonne que ladite délibération sera incessamment tirée du registre de ladite ville et le présent arrest enregistré en son lieu et place, et à ce faire étant lesdits premier et eschevins et gresfiers de ladite ville contraincts par touttes voyes deues et raisonnables, mesmes par corps, leur faisant sa majesté très-expresse défense de faire cy-après semblables propositions et délibérations dans le conseil de ladite ville ny ailleurs, aux peines cy-dessus et de plus grande s'il y eschet; ordonne sadite majesté au sieur gouverneur de ladite ville, au sieur intendant de la justice, police et finances en ladite province et à tous autres officiers qu'il appartiendra, de tenir la main à l'exécution du présent arrest, qui sera exécuté nonobstant oppositions ou appellations quelconques, dont, si aucunes interviennent, sa majesté s'est réservé à soy et à son conseil la connoissance, et icelle interdite à tous autres juges. Fait au conseil d'estat du roy tenu à Paris le vingt-deuxième jour d'août mil six cents cinquante-sept[1].

Arch. département. de la Somme, évêché, pièces cotées v. 22.

XXXV.

DÉLIBÉRATION DE L'ÉCHEVINAGE D'AMIENS AU SUJET DE L'HÉRÉDITÉ DE DIVERS OFFICES APPARTENANT A LA VILLE.

Au XVIe siècle et au commencement du XVIIe, les offices dépendants de l'échevinage d'Amiens, tels que ceux de courtiers, peseurs, mesureurs, gardes des corporations, étaient vénaux et transmissibles du père au fils, comme la plupart des offices royaux de judicature et de finance. Mais, pour que le titulaire d'un office pût le résigner, soit à

---

[1] On a plusieurs preuves de l'exécution de cet arrêt à des époques postérieures : 1690. Le 10 août, a été présenté à M. de Savoye, nommé à l'évesché d'Amiens, étant revenu de la ville d'un voyage de Paris de plus de trois mois, messieurs l'aiant été saluer, six pots de vin. — 1699. Le 8 nov., M. l'évesque estant de retour d'un voiage de trois mois d'absence, messieurs l'ont été saluer et lui a été présenté six pots de vin. — 1705. Le 12 oct., M. l'évesque étant de retour de la députation de l'assemblée du clergé, après une absence de plus de six mois, messieurs l'ont été saluer et ensuite lui a été présenté six pots de vin. — 1712. Le 26 nov., M. l'évesque aiant été absent de la ville trois mois et étant de retour, messieurs l'ont été saluer en corps et ensuite luy a été présenté comme ordinaire. — 1719. Le 9 fév., M. l'évesque étant de retour à Amiens, après une absence considérable, messieurs l'ont été saluer et ensuite lui a été présenté... — Messire Pierre de Sabatier, évêque d'Amiens, étant arrivé de Paris à Amiens le 25 février 1720, après une absence de six semaines, l'arrêt du 2 août 1657 fut communiqué à M. de Vuillemville, maire de la ville, qui fit aussitôt recherche dans les registres aux présens de la ville, par lesquels il montra que messieurs du corps de ville ne viennent saluer avec les présens et en corps, monseigneur l'évêque d'Amiens qu'après une absence de trois mois hors du diocèse. (Archiv. départ. de la Somme, évêché, pièces cotées v. 22.)

quelqu'un de sa famille, soit à toute autre personne capable de le remplir, il devait comparaître devant l'échevinage pour déclarer son intention et faire accepter par les magistrats municipaux la résignation proposée. Si, avant de mourir, le titulaire n'avait point fait de déclaration en faveur de l'un de ses enfants, aucun de ceux-ci n'héritait de la charge, qui alors faisait retour à la ville. On comprend quelle gêne cette formalité obligatoire apportait aux possesseurs d'offices : lorsqu'ils tombaient gravement malades, ils se voyaient forcés, pour assurer à leurs fils la survivance de leur office, de se faire porter en toute hâte à l'échevinage ; ce qui arrivait parfois la nuit, et dans la plus rude saison de l'année, de telle sorte que plusieurs expiraient dans le trajet de leur maison à l'hôtel de ville.

En 1659, les intéressés adressèrent à l'échevinage une réclamation à cet égard. Ils demandèrent que l'hérédité de leurs charges devînt un droit de leur famille, moyennant une redevance d'abonnement payée à la ville. C'était l'application aux offices municipaux de ce qui se pratiquait depuis le règne de Henri IV pour les magistrats des cours souveraines et pour les officiers royaux de tout grade, au moyen du droit annuel vulgairement nommé la *paulette*. L'échevinage d'Amiens se prêta volontiers au désir des pétitionnaires ; par la délibération suivante, en date du 20 juillet, il décida qu'à l'avenir les offices vénaux seraient héréditaires, et que les possesseurs de ces offices seraient dispensés d'aller s'en démettre à l'hôtel de ville, sous la condition de payer d'abord une certaine somme pour chaque office, puis les droits ordinaires à chaque mutation ; enfin une rente annuelle proportionnée à la valeur de l'office.

En l'assemblée tenue en la chambre du conseil de l'hostel commun de la ville d'Amiens, le vingtiesme juillet mil six cent cinquante-neuf, où étoient Jean Thierry, seigneur de Genouville, conseiller du roi dans ses conseils, lieutenant général au bailliage d'Amiens ; Jacques de Mons, escuier, sieur d'Hédicourt, conseiller audit bailliage, premier de ladite ville ; Claude Petyt, sieur de Dumy ; Adrien Cornet ; Mathieu de Flesselle, Nicolas de Sachy, sieur de Maurepas ; Antoine le Caron, escuier, sieur de la Motte, et Antoine Delattre, eschevins ; Claude de Mons, escuier, sieur d'Hédicourt, ancien conseiller audit bailliage

1659.
20
juillet.

d'Amiens ; M° Charles Lestocq, conseiller du roi, receveur des consignations, ancien premier ; Gabriel de Sachy, sieur d'Habiencourt, aussi ancien premier, conseillers de ville ; M° Philippe Boulenger, procureur du roi, et Nicolas Delessau, greffier en chef de laditte ville ;

Veues les requestes présentées par les officiers vénaux de police, expositives qu'il n'y a aucune ville dans le royaume où les propriétaires des offices vénaux de police soient sujets à en faire la démission avec tant de rigueur comme en cette ville, puisque, pour les conserver à leurs familles, ils sont obligés de se transporter en personne au corps de ville, lesquels, venant à être malades, différant de jour à autre d'aller se dessaisir de leurs offices, soit par la crainte d'augmenter leur mal, soit par l'espérance d'en sortir, se trouvent obligés très-souvent de s'y faire porter la nuit, aux plus rudes saisons de l'année, lorsqu'ils sont à l'extrémité et dans le temps le plus ordinaire des crises, lesquelles se trouvant destituées de la chaleur naturelle qu'on doit ayder pour lors, ne produisent que de mauvais effects, qui font trouver aux malades une mort assurée où ils devroient le plus espérer la guarison, de sorte que les reportant morts chez eux, avec la nouvelle que la fin de leur vie a devancé leurs démissions, on voit des maisons doublement affligées, et pour la perte des personnes et pour celle des biens, et le plus souvent réduites au désespoir et à la mendicité ; adjoutant à ces considérations celle de la charité chrestienne, à laquelle il n'y a rien de plus contraire que de laisser sans assistance spirituelle des personnes dans le moment le plus considérable de leur vie qui décide la bienheureuse ou la malheureuse éternité ; que, pour obvier à tous ces funestes accidens qui regardent les biens, la vie et l'âme, les supplians proposent des moiens, lesquels, bien loin de porter préjudice à la ville, lui font trouver un prompt secours dans la nécessité présente de ses affaires : premièrement, de paier pour une seule fois une somme assez considérable pour estre dispensés de se dessaisir en personne de leurs offices, en second lieu, de paier tous les ans une rente à la ville qui esgallera le profit qu'elle reçoit des offices vacans par mort, et en troisiesme lieu, de paier les droits seigneuriaux à chaque mutation, qui augmenteront au moien que les offices se vendront plus cher ; sur quoi l'affaire mise en délibération,

A été unanimement résolu d'accepter les offres desdits officiers et en conséquence de passer contract avec eux conjointement ou séparément, par lequel ils seront dispensés de se transporter en personne à l'hôtel de ville, pour y faire les démissions de leurs offices, en paiant à la ville une somme d'argent pour une seule fois, suivant la valeur dont ils conviendront avec messieurs les premier et eschevins, et en continuant le paiement des droits seigneuriaux à chaque mutation à raison du quind et requind denier, ainsi qu'il est accoustumé, avec un cens ou rente annuelle et perpétuelle sur chacun desdits officiers qui esgalera le profit que la ville reçoit des offices vacans par mort, et qu'à cet effect quelques uns de mesdits sieurs examineront dans les registres, avec le greffier de la ville, ce qu'elle a eu depuis plusieurs années des offices vacans par mort, pour ensuite fixer et arrester lesdites rentes sur tous les officiers et les régaler sur chacun en particulier suivant la proportion de leurs offices, laquelle rente se paiera tous les ans au jour qui sera désigné dans le contract, et ne pourront lesdits officiers estre receus qu'en faisant apparoir de toutes les quittances desdites rentes jusques au temps de leurs réceptions, lesquelles rentes seront continuées par eux et tous leurs successeurs auxdits offices; au moien desquelles conditions tous lesdits offices vénaux de police seront et demeureront héréditaires à l'avenir, après qu'ils auront traicté avec mesdits sieurs et entièrement satisfait aux clauses du contract, et pourront les propriétaires en disposer et les vendre à telles personnes et ainsi qu'ils adviseront bon estre, sans être obligés d'aller faire leurs démissions en personne et que les acquéreurs ou donataires y seront receus en vertu de leurs contracts ou donations qu'ils représenteront, comme aussi les veuves et héritiers pourront, après le décedz, disposer et vendre lesdits offices, et que tous les successeurs jouiront paisiblement et à toujours des mêmes droits et priviléges, sans qu'ils puissent être contraints de paier à l'avenir, pour raison d'iceux, aucune chose à ladite ville, dont les priviléges qu'elle a toujours cy-devant eu de retenir lesdits offices à son domaine demeureront en leur force et vertu.

<small>Arch. de l'hôtel de ville d'Amiens, reg. aux délibér. de l'échevin., 1658-1662.</small>

XXXVI.
CONTRATS PASSÉS ENTRE L'ÉCHEVINAGE D'AMIENS ET DIVERS POSSESSEURS D'OFFICES.

Les registres aux délibérations de l'échevinage d'Amiens contiennent, depuis le 30 juillet 1659 jusqu'au 13 juin 1663, la transcription d'un grand nombre de contrats passés devant notaires entre la ville et divers particuliers pour l'hérédité des offices désignés dans la délibération du 20 juillet 1659. Nous nous bornerons à donner textuellement l'acte de vente des offices de peseurs de fil de sayette par l'échevinage; quant aux autres, il suffira d'une courte analyse, contenant le nombre et le titre des possesseurs d'offices, le montant du prix des ventes et la date des contrats.

EXTRAIT DES TRAITÉS FAITS EN CONSÉQUENCE DE LA DÉLIBÉRATION DU CONSEIL DE VILLE DU 20 JUILLET 1659 POUR L'HÉRÉDITÉ DES OFFICES VÉNAUX ÉTANT DU PATRIMOINE DE L'HÔTEL DE VILLE D'AMIENS.

1659.
30
juillet.

Traité passé devant François le Caron et son confrère, notaires à Amiens, entre messieurs les premier et eschevins et les douze peseurs de fil de saiette, par lequel lesdits peseurs ont promis de payer dans le jour à M° Nicolas Guyot, receveur des deniers communs, patrimoniaux et d'octrois de ladite ville, la somme de douze cents livres, pour être employée aux affaires d'icelle ville, comme aussi de payer à la recette de ladite ville, par chacun d'eux, une somme de cent sols de rente par an au 31° juillet, dont première année écherroit à pareil jour 1660. Au moyen du paiement de ladite somme et de l'acquit desdites rentes, lesdits sieurs premier et échevins ont consenti et accordé que lesdits offices de peseurs, appartenant aux y dénommés, leur soient et demeurent héréditaires à l'avenir, pour par eux, leurs veuves, enfants et héritiers, après leur décès, en disposer et les vendre à telles personnes et ainsi qu'ils aviseront bon être, sans être obligés de se transporter au corps de ville pour y faire leurs démissions lors des ventes ou donations qui en seront faites par les propriétaires, veuves ou héritiers, de quoi ils seront exempts et dispensés à l'avenir; mais seront les acquéreurs ou donataires desdits offices reçus en iceux en vertu des contrats d'acquisitions ou donations dont ils justifieront; comme aussi a été accordé que leurs successeurs auxdits offices jouiront paisiblement et à toujours des mêmes droits et priviléges, sans qu'ils puissent être contraints de payer autre chose à la ville, sinon lesdites rentes annuelles; et pareillement a été convenu que lesdits peseurs ni leurs successeurs ne pourront disposer de leurs offices ni les vendre à l'avenir qu'à la charge desdites rentes annuelles, au payement desquelles lesdits offices demeureront vicéralement affectés et hypothéqués, et que les donataires et acquéreurs ne seront reçus en iceux qu'en payant les arrérages de ces rentes, s'il s'en trouve dus lors de leurs réceptions, et les droits seigneuriaux, à raison du quint et requint, ainsi qu'il s'étoit observé jusqu'alors, ledit traité fait sans préjudice du droit qu'a ladite ville de retirer lesdits offices à son domaine lors des ventes; laquelle somme de 1,200^{tt} a été payée comptant, suivant la quittance du receveur mentionnée audit traité.

XVIIᵉ SIÈCLE.

Pareil traité passé aux mêmes clauses et conditions, devant le même notaire, avec les trois encordeurs de bois, moyennant 90ᵗᵗ payées comptant et une rente annuelle de 2ᵗᵗ échéant au 6 août de l'année suivante.

1659. 5 août.

Idem, avec les trois priseurs jurés, moyennant 240ᵗᵗ payées comptant et une rente de 4ᵗᵗ chacun échéant au 7 août.

1659. 6 août.

Idem, avec les 4 peseurs de fil de chanvre, lin, pions, etc., moyennant 100ᵗᵗ, et chacun une rente de 1ᵗᵗ 10ˢ échéant au 12 août.

1659. 11 août.

Pareil traité, avec les 4 mesureurs de charbon et braise de bois, moyennant 300ᵗᵗ, et chacun 3ᵗᵗ 10ˢ de rente échéante au 20 août.

1659. 19 août.

Idem, avec Louis Lefort et François Haboury, aulneurs de draps, toiles, linges, etc., et ledit Lefort, courtier de draps forains, moyennant 250ᵗᵗ reçues comptant dudit Lefort et 12ᵗᵗ 10ˢ de rente, savoir 11ᵗᵗ pour son office d'aulneur, et 30ˢ comme courtier; plus 234ᵗᵗ de François Haboury et pareille rente de 11ᵗᵗ, lesdites rentes échéant au 21 août.

1659. 20 août.

Idem, avec les quatre courtiers de fruits, moyennant 200 francs comptant et une rente de 3ᵗᵗ chacun échéant au 24 août.

1659. 23 août.

Idem, avec le maître et les six compagnons grossiers de poisson, moyennant 225ᵗᵗ reçues du maître, qui s'est chargé en outre d'une rente de 10ᵗᵗ, et 112ᵗᵗ 10ˢ de chacun des compagnons, chargés en outre aussi chacun d'une rente de 5ᵗᵗ, lesdites rentes échéant au 10 septembre.

1659. 9 septembre.

Pareil traité, avec Jean Lefort, maître du marteau sur la draperie foraine et courtier de draps forains en cette ville, moyennant 80ᵗᵗ comptant et cent sols de rente annuelle échéant au 10 septembre.

Idem.

Idem, avec Martin Fouache et Jean Fossé, égards sur la draperie foraine, et ledit Fouache, courtier de draps forains, moyennant trente livres reçues comptant dudit Fossé et la rente de 40ˢ, et dudit Fouache cinquante livres comptant et la rente de 70 sols pour ses deux offices, lesdites rentes échéant au 10 septembre.

Idem.

Idem, avec Mᵉ François le Caron, greffier des comptes, moyennant 200ᵗᵗ comptant et une rente de 6ᵗᵗ échéant au 20 septembre.

1659. 19 septembre.

Pareil traité, avec l'huissier sergent à verge, moyennant 150ᵗᵗ comptant et cent sols de rente échéant au 20 septembre.

Idem.

Idem, avec Philippe Framezelle, veilleur de vin, moyennant 100ᵗᵗ comptant et cent sols de rente échéant au 21 septembre.

1659. 20 septembre.

Idem, avec les deux porteurs de cannes, moyennant 30ᵗᵗ comptant et chacun la rente de 20 sols échéant au 24 septembre.

1659. 23 septembre.

Idem, avec trois lieurs et flaqueurs, moyennant 150ᵗᵗ comptant et chacun la rente de 3ᵗᵗ échéant au 24 septembre.

Idem.

1659.
24 septembre.
Pareil traité, avec François Dupuy, pourvu de deux offices d'afforeur de vin, moyennant cent sols comptant et la rente de 10^s échéant au 25 septembre.

Idem.
Idem, avec Nicolas Deschamps, aulneur de draps, toiles, etc., moyennant 234^{tt} comptant et 11^{tt} de rente échéant au 25 septembre.

Idem.
Idem, avec 3 égards féreurs sur le foulage de saietterie, moyennant 48^{tt} et chacun 30^s de rente échéant au 25 septembre.

Idem.
Idem, avec les huit sergents à masse de la police, moyennant 500^{tt} et chacun 60^s de rente échéant au 25 septembre.

1659.
16 décembre.
Idem, avec Simon Guérard, lieur et flaqueur, moyennant 50^{tt} et 3^{tt} de rente échéant au 17 décembre.

1660.
20 janvier.
Idem, avec deux mesureurs de charbon et braise, moyennant 150^{tt} et chacun 70^s de rente échéant au 21 janvier.

1660.
17 février.
Pareil traité, avec quatre lieurs et flaqueurs, moyennant 200^{tt} et chacun trois livres de rente échéant au 18 février.

Idem.
Idem, avec deux mesureurs de charbon et braise, moyennant 150^{tt} comptant et chacun 3^{tt} 10^s de rente échéant au 18 février.

Idem.
Idem, avec Jean de Riquebourg, languéieur de porcs, moyennant 30^{tt} payées comptant et la rente de 50^s échéant au 18 février.

1660.
10 mars.
Idem, avec les 24 porteurs au sac, moyennant 400^{tt} comptant, et chacun 40 sols de rente échéant au 11 mars.

1660.
26 mai.
Idem, avec Jean Gadou, encordeur de bois, moyennant 30^{tt} comptant et la rente de 40^s échéant au 27 mai.

1660.
4 juin.
Pareil traité, avec trois égards féreurs, saietteurs drapans, moyennant 60 livres et chacun 30^s de rente échéant au 5 juin.

Idem.
Idem, avec trois féreurs en guelde, galle et garance, moyennant 90^{tt} comptant et chacun 40^s de rente échéant au 5 juin.

1660.
1er juillet.
La transaction faite avec les 13 courtiers de vin diffère de celles passées avec les autres officiers. Les courtiers avoient payé au roi plusieurs finances, montant ensemble à 12,050^{tt}, pour le rachat de pareils offices lors nouvellement créés pour Amiens, et auxquels il avoit été attaché de nouveaux salaires ou droits de 5^s à percevoir par muid, demi-queue ou barique de vin, cidre, poiré, vinaigre, verjus, etc., et ils avoient traité alors avec la ville pour la réunion de ces nouveaux offices aux leurs, en sorte que par cette dernière transaction du 1er juillet mil six cent soixante, loin de payer par eux aucune somme comptant à la ville pour l'hérédité de leurs offices, c'est la ville au contraire qui promet de leur en payer une aux termes y portés. Ils s'obligent de payer seulement chacun une rente de trois livres par an, échéant au 2 juillet, et d'acquitter les droits seigneuriaux à chaque mutation sur le même pied que les autres officiers, avec néanmoins quelques modifications.

XVIIe SIÈCLE.

A la suite est un contre écrit entre les mêmes parties, portant qu'encore bien que, par contrat du même jour, les maire et eschevins aient quitté au profit des courtiers la propriété de leurs offices de nouvelle création, et iceux réunis aux anciens, suivant et au désir de l'arrêt du conseil du 11 mars précédent, pour en jouir aux droits et attributions mentionnés audit arrêt, néanmoins il a été consenti et accordé qu'au cas qu'il survînt quelques oppositions à la perception desdits droits, et même au cas que lesdites oppositions fussent reçues, que ladite ville ne seroit tenue d'en faire jouir lesdits courtiers ni d'aucuns frais, etc., ni à toutes autres choses qu'ils pourroient prétendre contre elle, sinon par lesdits eschevins de prêter leur nom pour soutenir la perception desdits droits, comme aussi que, si, par la suite, il survenoit quelques taxes sur lesdits offices, de quelque nature que ce fût, portant attribution de quelques droits, lesdites taxes seront en la charge des courtiers, qui profiteront des droits attribués, sans pouvoir rien prétendre contre la ville, qui audit cas sera tenue de prêter son nom, et si lesdites taxes ne portoient attribution d'aucuns droits, elles demeureroient en la charge de la ville, laquelle en ce cas auroit la liberté de rembourser lesdits courtiers de toutes les finances et taxes par eux payées et de tous frais quelconques.

Traité passé aux mêmes clauses et conditions que celui du 30 juillet 1659, avec Damiens Lagrené, féreur en guelde, galle et garance, et égard féreur sur le foulage de la saietterie, moyennant 62tt comptant et 3tt 10s de rente échéant au 14 septembre. — 1660. 13 septembre.

Idem, avec trois courtiers de laine, moyennant trente livres et chacun trente sols de rente échéant au 13 novembre. — 1660. 12 novembre.

Idem, avec Nicolas Tellier, sergent messier, moyennant 15tt comptant et 2tt de rente échéant au 14 septembre. — 1661. 13 septembre.

Idem, avec deux courtiers de laine, moyennant 20tt comptant et chacun 15s de rente échéant au 12 janvier. — 1662. 11 janvier.

Idem, avec six égards féreurs en blanc sur la saietterie, moyennant 90tt comptant et chacun trente sols de rente échéant au 28 janvier. — 1662. 27 janvier.

Traité avec Nicolas Chastel, languéieur de porcs, moyennant 30tt comptant et la rente de 50s échéant au 23 mars. — 1662. 22 mars.

Idem, avec Nicolas Framezelle, veilleur de vin, moyennant 100tt comptant et cent sols de rente échéant au 30 avril. — 1662. 29 avril.

Idem, avec Me Jacques Levasseur, contrôleur des ouvrages, moyennant 170tt comptant et 6tt de rente échéant au 14 juin. — 1663. 13 juin.

XXXVII.
LETTRE DE LOUIS XIV AUX BOURGEOIS D'AMIENS, POUR LEUR DEMANDER UN SECOURS D'ARGENT.

Les victoires remportées par les généraux français, et surtout par le maréchal de Turenne, en 1658, avaient disposé les Espagnols à la paix. Au mois de mai 1659, des conférences s'ouvrirent entre le cardinal Mazarin et don Louis de Haro, dans l'île des Faisans sur la Bidassoa, et peu de temps après, Louis XIV se rendit lui-même à la frontière d'Espagne. Par la lettre suivante, adressée aux habitants d'Amiens, le roi annonce son prochain départ, et déclare que la guerre, qui dure depuis vingt-quatre ans, ayant épuisé les finances du royaume et les habitants des campagnes étant sans moyens de fournir des subsides, il se trouve dans la nécessité de recourir au bon vouloir des grandes villes. Après avoir rappelé que Paris vient de lui accorder cent cinquante mille livres, il termine en invitant les bourgeois d'Amiens à suivre l'exemple de la capitale et à l'aider dans la proportion de leurs ressources [1].

DE PAR LE ROY.

1659.
6
août.

Chers et bien amés, la guerre qui a esté ouverte entre cette couronne et celle d'Espagne, du vivant du feu roy nostre très-honoré seigneur et père de glorieuse mémoire que Dieu absolve, qui a esté soubstenue par luy et par nous despuis vingt-quatre années avec des despenses incroyables, a tellement épuisé nos finances que, pour le maintient de nos armées et pour la conservation de nostre estat, nous avons esté nécessités d'engager la pluspart de nos dommaines, de consommer par advance le fondz de plusieurs années des autres revenus qui nous restent; cependant, comme par l'assistance divine nous sommes en termes de conclure une bonne paix, mais aussy de la cimenter par tous les

---

[1] Lettre du duc d'Elbeuf, gouverneur de Picardie, aux Amiénois, pour presser ceux-ci d'accorder au roi les secours d'argent qui leur ont été demandés. (1659, 18 août. — Arch. de l'hôtel de ville d'Amiens, liasse D 12, pièce 12, 2° dossier.) — Lettre du cardinal Mazarin, du 18 décembre 1659, par laquelle il remercie les membres de l'échevinage d'Amiens des choses qu'ils avaient écrites à l'occasion de la paix, et les assure de toute sa bienveillance pour la ville. (Ibid., liasse D 12, pièce 388.) — Lettre de Louis XIV aux habitants d'Amiens, en date du 3 février 1560, pour les informer de la conclusion du traité des Pyrénées. Le roi leur fait savoir en même temps son mariage avec l'infante, et leur donne ordre de célébrer des réjouissances. (Arch. de l'hôtel de ville d'Amiens, liasse D 12, pièce 389.) — Lettre du roi aux magistrats municipaux d'Amiens, en date du 1er novembre 1661, annonçant l'accouchement de la reine. (Ibid., pièce 268.)

moyens qui la peuvent rendre plus ferme et plus durable; et qu'à cet effect nous avons envoyé nostre très-cher et très-amé cousin le cardinal Mazariny sur nostre frontière de Guienne, où nous allons présentement en personne pour mettre la dernière main à ce grand ouvrage, nous prévoyons avec peine et desplaisir que, sans des secours extraordinaires de deniers, il nous sera impossible de subvenir à toutes les despences ausquelles nous nous trouvons obligés nécessairement et dans un mesme temps, puisqu'outre celles de la guerre, qui seront esgalles durant le reste de cette année à celles que nous avons faictes dans les années précédentes, nous voyons qu'il faut absolument pourvoir à toutes celles que requiert une occasion de cette natture, en laquelle il est très important au bien général de nos subjects, à la réputation de cette couronne, et à nostre propre satisfaction, que les choses se passent aux yeux des estrangers avec toute la magnificence digne de nous et de la grandeur de cette monarchie; et sachant que nos peuples de la campagne sont sans moyen de nous donner aucune assistance nécessaire, nous ne pouvons dans le besoing avoir recours qu'à nos bons fidelles subjects des grandes villes de nostre royaume, et nous nous promectons qu'à l'exemple de nostre bonne ville de Paris, qui nous a secoureu de la somme de cent cinquante mil livres, chacune des autres se portera bien vollontiers en ce rencontré à faire un effort proportionné à son zèle pour nostre service, d'autant plus qu'outre ce que nous debvions attendre de l'affection qu'elles nous ont toujours tesmoignée, leur propre intérêst et celuy de tout nostre royaume requièrent qu'elles nous aydent de tout ce qui sera en leur pouvoir, affin de nous mectre promptement en estat de leur donner un soullagement plus considérable que nous n'avons peu faire jusques à présent. C'est à quoy nous avons bien vollu vous communiquer par cette lettre, laquelle nous adressons audict sieur d'Ormesson, conseillier en noz conseilz, maistre des requestes ordinaire de nostre hostel et intendant de justice, police, finances en Picardie, à qui nous avons commis le soing de ceste affaire en son département, voullant que vous preniez une entière créance à tout ce qu'il vous faira entendre de nostre part sur ce subject, soit par sa bouche, soit par les lettres ou par les personnes qu'il envoyera aux lieux où il ne pourra luy-mesme aller, et nous vous assurons que le service que vous nous rendrés en satisfaction à ce que désirons de vous dans cette nécessité urgente nous sera aussy agréable que la chose nous est de grande conséquence et très-particulièrement à cœur. Sur quoy, nous remectant audit sieur d'Ormesson de tout ce que nous pourions adjouster à la présente, nous ne vous la ferons plus longue ny plus expresse. Donné à Poictiers, le vi^e jour de aoust 1659.

    Signé : LOUIS.   Et plus bas : PHELYPEAU.

Au doz est escrit : A nos chers et bien-amez les premier, eschevins et habitans de nostre ville d'Amyens.

Arch. de l'hôtel de ville d'Amiens, liasse D 12, pièce 304.

XXXVIII.
STATUTS DES MERCIERS, CIRIERS, ÉPICIERS ET DROGUISTES D'AMIENS.

Les merciers, ciriers, épiciers et droguistes d'Amiens, réunis en une seule et même corporation, présentèrent, dans la seconde moitié du XVIIe siècle, à l'échevinage, un projet de règlement qu'ils avaient arrêté entre eux, et qui obtint l'approbation des magistrats municipaux, sauf certaines modifications (9 septembre 1661)[1]. Ce projet fut alors adressé au roi, qui l'approuva également, et les nouveaux statuts furent enregistrés au parlement, sous la date du 9 janvier 1662.

L'article 1er et les suivants contiennent une série de prescriptions sur le poids et la qualité des matières employées dans la confection des ouvrages de cire. Les articles 8, 9, 10 et 11 concernent les conditions dans lesquelles doivent se trouver le suif, les dragées et les autres épices. — La durée de l'apprentissage est fixée à trois ans (12). — Les maîtres n'auront qu'un seul apprenti à la fois (13). — Les eswards ne pourront conférer d'office la maîtrise à personne, même dans le cas où le postulant aurait obtenu des lettres du roi (21). — Tout maître nommé esward à la pluralité des voix sera tenu d'en remplir les fonctions, sous peine de cinquante livres d'amende (22). — Les femmes veuves sont autorisées à continuer le métier pendant la durée de leur

---

[1] Voy., pour les merciers, des statuts du 10 mai 1515, du 10 janvier 1575, de l'année 1578. — Voy. aussi Transaction entre les marchands merciers, grossiers, joailliers de la ville d'Amiens, et les marchands merciers, ciriers, droguistes et apothicaires de la même ville (13 mai 1644). — En 1644, les merciers se divisèrent, les uns continuèrent d'appartenir à la confrérie de Saint-Jacques, les autres prirent saint Louis pour patron, et se firent donner des statuts particuliers. (Statuts des marchands merciers, grossiers, joailliers d'Amiens, 16 juin 1644. — Arch. de l'hôtel de ville d'Amiens, reg. aux brefs et statuts coté N, fol. 321 r° à 322 v°. — Arch. imp., sect. administr., F, 2164.) — Lettres patentes de Louis XIV, qui confirment les statuts des maîtres merciers, grossiers, joailliers de la ville d'Amiens. (Août 1647. — Arch. imp., sect. administr., F, 2164, imprimé.) — Arrêt du parlement, qui, faisant droit à la requête des merciers, leur permet d'assigner les cloutiers, pour leur faire défense de contrevenir à leurs statuts. 27 juillet 1656. (Arch. imp., sect. judic., parlem. de Paris, Conseil, coté 950.) — Lettres patentes de Louis XIV, portant confirmation des articles et statuts faits pour l'union des merciers secs avec les épiciers d'Amiens. (Arch. imp., parlement de Paris, reg. des ordonn. 3 O, fol. 274.)

veuvage (24). — Les forains qui amèneront du dehors des marchandises à Amiens, et les marchands de la ville qui en recevront, devront les faire visiter par les eswards avant de les mettre en vente (25, 26, 27, 29). — Les forains ne pourront vendre leurs marchandises dans la ville pendant plus de trois jours consécutifs, et, plus de quatre fois dans l'année outre les foires franches, certaines denrées, comme la mercerie, l'épicerie, la droguerie, le tabac, les marrons, les oranges, les citrons (33-34). — Les membres de la corporation ont seuls le droit de vendre également en gros et en détail le beurre et le fromage. Les étalagistes ne débiteront qu'en détail (35-36). — Aucun membre de la corporation ne pourra s'associer avec d'autres personnes que des maîtres du métier. Il est défendu d'apposer sur les marchandises amiénoises des marques étrangères ou foraines, excepté dans le cas où ces marchandises auraient à passer le détroit, et en cas de danger des ennemis (44). — Il est interdit aux gens du métier de tenir hôtellerie et d'être courtiers ou commissionnaires pour des forains, sous peine de privation de la maîtrise et d'amende (45). — Nul ne pourra ouvrir deux boutiques à la fois, ni avoir en même temps une boutique et un étalage dans les rues (47). — Il est défendu d'aller acheter en dehors de la ville les huiles de navette et les graines servant à faire ces huiles (49). — Trois visites générales seront faites tous les ans dans les boutiques par les eswards, accompagnés d'un sergent à masse et du valet de la corporation en robe. Chaque visite sera payée cinq sols (52-53). — Les maîtres, quand ils ouvriront pour la première fois boutique, payeront une somme de soixante sols pour les eswards (54). — L'article 55 et les suivants sont relatifs aux devoirs à remplir par les membres, lors des mariages ou décès de leurs confrères. — En vertu de l'article 64, les eswards ne pourront lever aucune taxe sans le consentement de tous les membres de la corporation réunis en assemblée générale.

Louis, par la grâce de Dieu, roy de France et de Navarre, à tous présens et à venir, salut.

1661. décembre.

Les gardes, corps et communauté des marchands merciers, graissiers, ciriers, espiciers et droguistes de nostre ville d'Amiens nous ont très humblement fait remonstrer que, pour remédier aux abus, malversations qui se commettent journellement en l'exercice desdits mestiers, ils ont, après plusieurs conférences tenues entre eux, dressé certains articles et statutz au nombre de soixante-quatre, pour estre augmentez aux anciens, fondez la pluspart sur des sentences rendues par les premier et eschevins de nostredicte ville d'Amiens et confirmées à ceux de nostre bonne ville de Paris, lesquelz articles ayant esté présentez ausdits eschevins [ils y ont], sur les conclusions de nostre procureur en ladite ville, donné leur consentement et aprobation, ainsi qu'il apert par leur ordonnance du neufiesme septembre dernier, aux charges et restrictions y contenues; mais, afin que lesdits statuts soient fidellement gardez et y servir à l'avenir de loy à toute ladite communauté, lesdits exposans nous ont requis nos lettres de confirmation et autorisation sur ce nécessaires.

A ces causes, de l'advis de nostre conseil, qui a veu lesdits statuts, ensemble l'ordonnance desdits eschevins d'Amiens cy-attachée sous le contre-scel de nostre chancellerie, désirans favorablement traiter lesdits exposans, pourveoir au bien et utilité public et arrêter le cours des désordres de ladite communauté;

Avons, de nos grâce spéciale, pleine puissance et autorité royale, confirmé, loué, ratifié et approuvé, et par ces présentes signées de nostre main louons, ratifions, confirmons et approuvons lesdits statuts et articles, pour estre inviolablement observez et exécutez de point en point selon leur forme et teneur et suivant et conformément à ladite ordonnance desdits eschevins.

Si donnons en mandement à noz amez et féaux conseillers les gens tenans nostre cour de parlement à Paris, notre bailli d'Amiens ou son lieutenant général et tous autres nos juges et officiers qu'il appartiendra, que ces présentes, ensemble lesdits statuts, ils ayent à faire publier et enregistrer partout où besoin sera, iceux faire observer et exécuter de point en point, et de tout le contenu faire jouir lesdits exposans pleinement et paisiblement; faisant cesser tous troubles et empeschemens à ce contraires; car tel est nostre plaisir. Et afin que ce soit chose ferme et stable à toujours, nous avons faict mettre nostre scel à ces présentes, sauf en autres choses nostre droict et l'autruy en tout.

Donné à Paris au mois de décembre l'an de grâce mil six cent soixante-un et de nostre règne le dix-neuf. Signé: Louis, et sur le reply: Par le roy, Phelypeaux, et scellé du grand sceau de cire verte.

Registrées, ouy le procureur général du roy, pour estre exécutées et jouir par les impétrans de l'effect et contenu en icelles selon leur forme et teneur, à Paris, en parlement, le neufiesme janvier mil six cent soixante-deux. Collationné à son original. Signé: du Tillet.

Ensuit la teneur desdits articles:

Articles et statuts de la communauté des merciers, graissiers, ciriers, espiciers et droguistes de la ville d'Amiens, arrestez par messieurs les premier et eschevins de ladite ville, le neufiesme septembre mil six cent soixante-un.

A tous ceux qui ces présentes lettres verront, les premier et eschevins de la ville d'Amiens, salut. Sçavoir faisons que, ce jourd'huy, date des présentes, veu en l'assemblée du conseil de ville, étant en la chambre du conseil de l'hostel commun de ladite ville, la requeste présentée par les esgardz, corps et communauté des merciers, graissiers, ciriers, espiciers et droguistes de cette ville d'Amiens, expositive que leur mestier fait une bonne partie d'icelle, ce qui a donné lieu à leurs prédécesseurs d'employer tous leurs soins tant pour la manutention dudit estat que pour faire qu'il ne se commist aucuns abus et malversation, ainsi qu'il se reconnoist par plusieurs de nos sentences rendues en divers temps à leur requeste; mais comme l'expérience, qui est la maîtresse des arts et faict connoistre auxdits esgards, corps et communauté, que la vie de l'homme est véritablement trop courte pour prévoir tous les inconvéniens qui peuvent arriver et y apporter les remèdes nécessaires, ils ont, à l'exemple de leurs pères, cherché le remède aux nouveaux inconvéniens, abus, malversations et entreprises que quelques-uns ont voulu faire glisser depuis quelque temps au préjudice et contre l'honneur dudit corps, et pour y parvenir, après plusieurs conférences tenues entre eux, ont dressé un cayer contenant soixante-quatre articles, pour leur servir d'augmentation de bref et statuts, lesquelz articles sont fondez la pluspart et apuyez de nos sentences qui ne regardent que le service divin, la capacité des maistres, des aspirans et apprentis, la qualité, bonté et connoissance que chacun doit avoir des marchandises, lesquels articles lesdits égards, corps et communauté requièrent leur vouloir accorder et octroyer, pour leur servir de bref et iceux faire registrer pour être suivis et entretenus de point en point, veu aussi ledit cayer, plusieurs sentences y attachées, les statuts des merciers de la ville de Paris, avec les conclusions du procureur du roy de ladite ville, le tout mûrement considéré ;

A esté résolu et arrêté d'accorder et octroyer ausdits merciers, ciriers, espiciers et droguistes de cette ville lesdits articles pour leur servir d'augmentation à leurs brefz et statuts, lesquels articles seront registrez où besoin sera, pour être suivis et entretenus, sauf néanmoins que l'article dix-sept sera réformé conformément au réglement cy-devant fait, tel que les aspirans non fils de maîtres seront tenus de faire chef-d'œuvre en la présence des égards, lesquels égards seront tenus avertir quatre anciens égards dudit métier la veille dudit chef-d'œuvre, pour y être présens si bon leur semble, sans que pour raison de ce lesdits anciens égards puissent prétendre aucun droit ni festin, à peine de dix livres d'amende, et que les aspirans donneront vingt livres à la chapelle, au lieu de trente énoncé audit article; que l'article vingt-quatre, portant que les forains seront tenus avertir lesdits esgards, merciers, ciriers, espiciers et droguistes pour visiter leurs marchandises, drogues et autres compositions simples, sera réduit conformément au réglement intervenu entre lesdits merciers et les apothicaires, pour jouir par eux dudit article conformément audit réglement; qu'au trentiesme article, portant qu'ilz seront préférez pour acheter les marchandises à tous marchands, sera adjousté et entendu qu'icelle préférence n'est qu'à l'égard des marchands de dehors de la ville seulement, et qu'au trente-troisiesme article, portant que les forains ne pourront venir vendre en cette ville des marchandises de mercerie que deux ou trois fois l'année, sur peine de dix livres d'amende pour les égards dudit corps, sera inséré, au lieu de deux fois, quatre fois l'an outre le temps de franche foire que les amendes appartiendront moitié à la ville moitié aux esgards.

Donné audit Amiens, le neufviesme jour de septembre mil six cent soixante-un. Lesquels articles ensuivent.

1. Que nuls ouvrages de cierges ne soient faits et vendus si l'on ne pèse le poids de la cire nettement sans lumignon, à peine de confiscation et soixante sols pour les esgards.

2. Item, que tout ouvrage de torche se fera de pure cire, bonne et loyale, et seront les torches servant au corps humain et communauté remplies de cire jusques à la moitié du baston, sur peine de soixante sols pour les esgards.

3. Item, qu'à ladite cire il n'y ait que d'une seule cire telle dessous que dessus, sans y mettre aucune mauvaise cire, sur ladite peine de soixante sols pour les esgards.

4. Item, qu'en ledit ouvrage il n'y ayt aucune poix résine, ni autres drogues mêlées en ladite cire, sur peine d'être ardées et brûlées devant sa maison et à l'amende à la volonté de la justice, exceptez les bougies et flambeaux composez, qui ne se tirent à la main, car ils ne pourroient se faire sans aucune liqueur comme poix résine ou graisse, pour ce que la cire est trop seiche.

5. Item, qu'en l'ouvrage de bougie il ne se mette que pur fil de Guibray sans estoupes et lumignon, et elle se peut peser ainsi qu'elle est avec la mesche, sur ladite amende de soixante sols pour les esgardz.

6. Item, que tous ouvrages de cire que ce soit en cierges soient marqués du poids de la cire qui est dedans, le pied du cierge apointé, comme un cierge d'une livre, un point; de deux livres, deux points; trois livres, trois points; mesme de marquer tous lesdits cierges en diminuant jusques à une once, et à faulte qu'ilz ne soient marquez, seront les défaillans condamnez de pareille amende de soixante solz pour les esgards.

7. Item, que nul ne vendra chandelle de cire par la ville qu'elle ne soit de toute cire à lumignon délié, comme il appert audit ouvrage, sur peine de ladite amende de soixante sols pour les esgards.

8. Item, que nul ne vende aucune dragée qu'elle ne soit faite de sucre pur, et s'il se trouve qu'il y ait de l'amidon mêlé dedans ledit sucre, lesdites dragées seront confisquées et seront les défaillans condamnés en soixante sols d'amende pour les esgards.

9. Item, que nul ne pourra vendre aucun suif à faire chandelle qu'il ne soit bon, loyal et marchand et visité par deux esgards, sur peine de soixante sols pour les esgards.

10. Item, que nul ne pourra vendre chandelle de suif qu'elle ne soit telle dessous que dessus, faire aucune fourrure ne couverture, sur peine de pareille amende pour les esgards.

11. Item, que nul ne pourra vendre gingembre batu, ni poivre, muscade, clou de girofle, saffran et toutes autres espices qu'elles ne soient pures, bonnes et loyales, et s'il s'en trouve quelques-unes desdites épices mêlées, les défaillans seront condamnez en soixante sols d'amende et lesdites épices confisquées pour les esgards.

12. Item, que tous maistres qui voudront prendre aprenty seront tenus les faire enregistrer au greffe de l'hostel commun de la ville, huit jours après qu'ils seront dans leurs maisons, à peine de soixante sols d'amende pour les esgards, lesquels maistres ne pourront pas prendre les aprentis moins que pour trois ans de temps consécutifs, à quoy ils les engageront, et de leur rendre service pendant lesdits trois ans du tiers, et payeront les aprentis aux esgardz pour estre présens à leur enregistrement soixante sols.

13. Item, que chacun desdits maistres dudit estat ne pourra prendre et tenir qu'un seul aprenti, et si quelqu'un en recevoit deux, il sera tenu d'en renvoyer un, et pour être contrevenant au présent article il sera condamné en soixante sols d'amende pour les esgards.

14. Item, que tous les aprentis seront tenus d'assister et de porter le cierge et may dudit mestier à la procession solennelle qui se fait en cette ville le jour et fête du Saint Sacrement, à peine de dix sols d'amende sur chacun défaillant, au profit de la chapelle, et dont ils seront avertis de ce faire la veille de ladite fête par le serviteur du corps.

15. Item, que les maistres dudit estat ne pourront prendre à leurs services aucun garson dudit mestier, soit qu'il ait fait son aprentissage en ceste ville, à Paris ou ailleurs, qu'il n'ait payé pour l'entretien du cierge du mestier soixante sols pour une seule fois aux esgards.

16. Item, que nul ne pourra estre reçu maistre dudit estat qu'il n'ait fait et acompli son aprentissage pendant l'espace de trois ans entiers et consécutifs sous un mesme maistre en cettedite ville.

17. Item, que les fils de maistres dudit estat et mestier de mercier, cirier, graissier, espicier et droguiste, quant ils voudront se passer maistres dudict estat, pourront estre reçus sans charge ni estre tenus de faire aucun chef-d'œuvre, et ils payeront seulement les droits dus aux esgards, tel qu'il est dit cy-après dans l'article suivant.

18. Item, que tous ceux qui ne sont pas fils de maistres, qui auront fait leurs aprentissages et qui voudront estre receus maistres audit estat, ils seront tenus de faire voir aux esgards l'acte de leur enregistrement d'aprenty, pour connoistre comme ils auroient fait et achevé leur temps de trois ans d'aprentissage, et leur avertiront huit jours auparavant qu'ils voudront passer maistres, pour prendre un jour à faire leur chef-d'œuvre, lequel ils seront tenus de faire en la présence des esgards en charge et des autres anciens et gardes, pour empescher qu'il ne se commette aucuns abus; et auparavant que de se faire recevoir maistres, ils seront tenus de payer pour la confrairie et la décoration de la chapelle dudit mestier, chacun aspirant, la somme de trente livres tournois et pour l'assistance de chacun des esgards en charge, chacun soixante solz.

19. Item, que tous ceux qui voudront estre receuz maistres dudit estat seront tenus de souffrir l'examen sur le fait des drogues servans au corps humain, et comme aussi de faire un cierge du poids d'une demie livre pour chef-d'œuvre dans la présence des esgards en charge et des anciens esgards dudit mestier, et lequel cierge demeurera au profit de la chapelle.

20. Item, que les esgards en charge, lorsqu'il se présentera quelqu'un pour passer maistres, seront tenus de faire avertir tous les anciens esgardz dudit corps quatre jours auparavant la réception de l'aspirant, et ne pourront les esgardz en charge admettre aucun aspirant à la maîtrise, sans y avoir appellé lesdits esgards anciens pour estre présens à son chef-d'œuvre et examen, à peine, pour l'aspirant, de nullité de ladite réception de maîtrise et de dix livres d'amende sur chacun esgard contrevenant, aplicable pour la chapelle dudit estat.

21. Item, que les esgards ne pourront recevoir ni admettre aucun maistre audit estat, quoique pourveu des lettres du roy, attendu que ledit corps en est exempt suivant les arrests de vérification des édits de création desdites lectres de maistrisés et comme il est contenu dans l'article dix-sept des brefz et statuts dudit mestier de la ville de Paris.

22. Item, que nul maistre dudit mestier ne pourra refuser, s'il en est requis, d'estre esgard, quand il aura esté esleu et nommé à la pluralité des voix par

les esgards en charge conjointement avec les autres anciens esgards dudit estat, et sera tenu, tant celuy ou ceux qui auront esté esleus, d'accepter ladite charge, sur peine de cinquante livres d'amende, aplicable pour la décoration de la chapelle dudit mestier.

23. Item, que, lors de la nomination et eslection des nouveaux esgardz, il entrera pour ancien esgard le plus ancien esgard de ceux qui auroient esté cydevant esgards, et laquelle nomination se fera tous les ans le lundy matin auparavant le jour et feste du Saint Sacrement, après l'assemblée faicte dudict corps.

24. Item, que toutes les femmes veuves des maistres dudict estat pourront entretenir et continuer leur mestier pendant leur viduité comme elles faisoient pendant que leurs maris vivoient, et au cas qu'elles se remarient à d'autres personnes qui ne soient maistres dudit estat, elles ne pourront tenir ne continuer ledit mestier, ains elles seront privées dudict estat et maîtrise.

25. Item, que tous forains qui auront des marchandises dépendantes dudit estat pour les vendre en ceste ville, seront tenus d'advertir les esgards en charge dudit corps auparavant que de les exposer en vente, et dès le mesme jour que leurs marchandises seront arrivées, pour icelles estre veues et visitées, comme les espices entières et battues, les drogues, les compositions simples, fromages, beurres, huiles, tabac, sucre, savon, miel, peinture et teinture, et toutes autres marchandises dépendantes dudit mestier, sur peine de soixante sols d'amende pour les esgards.

26. Item, que tous forains et horsins payeront aux esgards, pour leurs droictz de première visite de leurs marchandises, la somme de soixante sols, dont les esgards en charge seront tenus d'enregistrer leurs noms et bailler quittances pour cette première fois seulement.

27. Item, toutefois et quantes que lesdits forains feront entrer des marchandises dépendantes dudit méstier, pour les vendre en cette ville, ils seront toutes les fois tenus de faire visiter leursdites marchandises, par les esgards, auparavant que de les exposer en vente, et se trouvant avoir payé les droits de la première visite, ils payeront seulement pour chacune des autres visites de toutes leurs marchandises vingt sols aux esgards.

28. Item, que tous les maistres dudit estat qui feront facture seront tenus de déclarer aux esgards à qui les marchandises qui leur auroient été envoyées le mesme jour apartiennent, quelle heure elles seront arrivées, pour être visitées, et payeront aux esgards comme cy-dessus, à peine de soixante sols d'amende pour lesdits esgardz en charge.

29. Item, que tous autres facteurs qui ne sont pas maistres dudit estat, qui

recevront des marchandises dépendantes d'iceluy, apartenantes à des marchands forains, seront pareillement tenus d'en faire leur déclaration aux esgards en charge, par avant que d'exposer lesdites marchandises en vente, pour estre veues et visitées, sur peine de soixante sols d'amende pour les esgards, et payeront pour les droits de la visite soixante sols pour la première fois et vingt sols pour les autres fois, comme dit est cy-dessus.

30. Item, que nul ne se pourra entremettre de débiter en détail toutes sortes de marchandises d'espiceries et drogueries servans au corps humain ne autres marchandises dépendantes dudit estat, s'il n'est maistre espicier, mais seront tenus tous les marchands, tant de cette ville que forains, facteurs ou commissionnaires, de vendre les pièces en balles, caisses, tonneaux, barils, paniers entiers, en sac et sur cordé, sans les pouvoir débiter en détail, comme dit est, suivant l'article dix-neuf des brefs et statuts des marchands espiciers de la ville de Paris, sur peine de soixante sols pour les esgards.

31. Item, que les maistres dudit estat, voulant avoir quelques marchandises de leurs négoces et mesme estant en la possession de quelque facteur et comme appartenant à des marchands forains, ils seront préférez à tous autres marchands pour en fournir la ville.

32. Item, que nuls marchands forains ne pourront vendre en cette ville aucunes marchandises dépendantes dudit mestier, après la visite qui en aura esté faicte d'icelles, comme (qu'aux) maistres dudict estat de cettedite ville et non à d'autres de ladite ville, ni forains arrivans en icelle pour acheter marchandises, durant et pendant le temps de trois jours francs et consécutifz, lesquels passez, ilz seront tenus remballer leurs marchandises et icelles faire ressortir et emporter hors de la ville, à peine de soixante solz pour les esgardz.

33. Item, que tous marchands horsains ou forains pourront vendre leurs marchandises pendant trois jours, après qu'elles auront été visitées, sinon et ledit temps passé, ils seront tenus de les faire sortir de la ville comme dit est, sur peine de soixante solz pour les esgards.

34. Item, que pour empescher la ruine entière du commerce et négoce des maistres dudit estat, les forains ne pourront venir vendre en cette ville les marchandises de mercerie, espicerie, droguerie, tabac, marrons, oranges et citrons, dépendans d'iceluy, que deux ou trois fois l'année au plus, sur peine de dix livres d'amende pour les esgardz dudit corps.

35. Item, que nul ne pourra entreprendre de vendre en détail et en gros aucun beure ni fromage, sur peine de soixante sols d'amende, fors et excepté [que] les revendeurs ou revenderesses des places et hayons en nombre de dix, exposées au grand marché de cette ville d'Amiens, auront la liberté de vendre

leurs denrées acoustumées auxdites places et hayons, seulement pour la commodité du public, et lesquels revendeurs ou revenderesses ne pourront pas vendre lesdites marchandises et denrées dans leurs maisons et boutiques, attendu qu'ilz ne sont pas maistres, sur peine de soixante sols pour les esgards.

36. Item, que nul desdits revendeurs ou revenderesses auxdites places, rues et hayons, ne pourra vendre en gros ni détail, beurre ni fromage ou autres marchandises dépendans dudit estat comme les autres maistres dudit mestier, ains seulement en détail pour la commodité du public, comme dit est cy-dessus, en la place desditz hayons seulement, sur peine de soixante solz pour les esgardz.

37. Item, que si aucun maistre vient à s'adonner luy ou sa femme à revendre auxdites places et hayons, il sera privé dudit estat et maistrise et ne pourra vendre dans sa maison ou boutique aucune marchandise dépendante dudit mestier, sur peine de soixante solz pour les esgardz.

38. Item, que nul revendeur ni autre personne ne pourra mesler dans le pain d'oing aucunes mauvaises graisses, lesquels pains d'oing ne seront faits que de panne, et s'il se trouve aucunes fraises ou autres mauvaises graisses dans iceux, ilz seront confisquez et les défaillans en soixante sols pour les esgardz.

39. Item, que nul revendeur ne pourra vendre aucun oing en détail, beurre ne fromage ne autre marchandise dépendante dudit mestier, sur peine de soixante sols d'amende pour les esgards, excepté les revendeurs ou revenderesses desdits hayons du grand marché, comme dit est, lesquels néantmoins ne pourront vendre aucun oing en détail ni autre marchandise dudit mestier, sinon beurre, fromage, comme ils ont accoutumé, sur les peines susdites.

40. Item, que les revendeurs ne pourront achepter aucun pain d'oing ni panne ou graisse pour faire iceux pour les revendre, ains pourront seulement faire leur pain d'oing des pannes provenans des porcs qu'ils auront fait acheter, lesquels ils seront tenus de les vendre en gros et de les faire visiter par les esgards dudit mestier auparavant que de les exposer en vente.

41. Item, que nuls marchands forains et horsains ne pourront porter ou faire porter aucune marchandise dépendant dudit mestier par les rues de cette ville, maison, couvents et hostels. . . . . . ., ains seront tenus de les exposer en vente, pour connoistre si lesdites marchandises ou espices sont bonnes et loyales, sur peine de confiscation desdites marchandises et de soixante sols pour la première fois pour les esgards, de six livres pour la seconde, attendu qu'il s'agit de la vie de l'homme quand il se trouve quelque défectuosité dans les drogues qui servent dans le corps humain. C'est pourquoi il leur sera indi-

qué une chambre et lieu propre pour vendre leur marchandise par les esgards dudit corps.

42. Item, que nul revendeur et revenderesse, ou telle autre personne qu'elle puisse estre, ne pourront estaller pour vendre en gros ni en détail aucuns pruneaux, raisins, figues, ni entreprendre sur lesdits mestiers, à peine de soixante sols pour les esgards.

43. Item, que nul autre marchand de cette ville, de quelque condition qu'il puisse estre, ne pourra vendre aussi aucune marchandise dépendante dudit estat ne entreprendre sur iceluy, n'estant pas maistre receu audit estat, sur peine de soixante sols d'amende pour les esgards, pour la première fois, et de plus grande amende si il récidive, et de confiscations de leurs marchandises.

44. Item, que nul marchand dudit estat ne pourra faire ni contracter association avec aucun, s'il n'est marchand et maistre receu audit estat, ni de prester leurs noms ou marques pour l'effect des marchandises dépendantes dudit estat et mestier, à peine de privation de la maistrise et de soixante sols d'amende, et de se servir des noms et marques estrangères et foraines, si ce n'est que, pour passer le destroit et danger des ennemis, ils y feussent contraints, auquel cas ilz seront tenus en advertir les maistres en charge, auparavant l'arrivée desdites marchandises, à peine d'icelles d'estre déclarées foraines.

45. Item, que nul dudit estat ne pourra tenir hostellerie, estre courtier ou commissionnaire pour aucun marchand estranger ou forain, à peine de privation d'iceluy estat et maistrise et d'amende susdite.

46. Item, qu'ils seront privez dudit estat et maistrise, s'ilz viennent à icelluy délaisser, comme ils feroient s'ils s'adonnoient à autre vacation incompatible audit estat.

47. Item, que nul dudit estat et mestier ne pourra tenir deux boutiques ouvertes en cette ville ni étaler dans les rues et places ayant une boutique ouverte, sur les peines cy-dessus.

48. Item, que nul fils de maistre dudit mestier ou autre ne pourront tenir boutique ouverte ni se mesler de vendre ni débiter en leurs maisons ou magasins aucune marchandise dépendante dudit estat en gros ou en détail, que préalablement il n'ait esté receu maistre, aux peines susdites.

49. Item, que nul dudit estat ou autre ne pourront aller au-devant des marchandises foraines pour acheter les huiles de navette et autres qu'ils feront voiturer en cette ville pour les vendre, ni les grains servans à faire icelles, sçavoir colsat, navette ou rabettes, camomille, chénevis et linuise, aux peines susdites.

50. Item, que tous forains qui feront entrer lesdits grains et huilles pour

les vendre en cette ville, seront tenus les faire mener au marché au favre de cette ville, pour y estre vendus après la visite faite d'icelle, et ceux qui feront venir beurre et miel au grand marché de cette dite ville, et non ailleurs, pour estre aussi veuz et visittez auparavant que de les y vendre, aux peines susdites.

51. Item, que tous et uns chacuns des maistres dudit estat pourront et auront la faculté de vendre toutes sortes de marchandises dépendantes d'iceluy, à l'exclusion de tous autres, sans qu'aucun y puisse déroger, ainsi qu'il a esté de tout temps acoustumé.

52. Item, que tous les maistres dudit estat seront tenus de souffrir la visite dans leurs bouticques par les maistres et gardes en charge, par trois diverses fois pendant leur année de gardise, pour connoistre de la bonté, défectuosité et qualité des marchandises de mercerie, cierges, chandelles, épices, dragées, drogues et autres marchandises dudit estat, pourquoy ils seront tenus de se faire assister d'un sergent à masse de la ville reçu pour cet effect par la communauté dudit estat, avec le serviteur dudit corps, qui sera revêtu de sa robe, ainsi qu'il a esté de tout temps pratiqué, lequel aussi sera tenu de les assister auxdites visites.

53. Item, que tous et chacuns les maistres seront tenus payer aux esgards, pour leurs droictz de chacune visite, cinq sols, sur lesquels deniers ils payeront les gages et officiers dudit corps, comme procureur, huissier et le serviteur dudit corps.

54. Item, que tous les maistres seront tenus de payer à la première ouverture de leurs boutiques, et pour l'exposition de leurs tapis, la somme de soixante sols pour les esgards.

55. Item, que tous maistres dudit estat seront tenus et obligés de faire prier et semoncer les maistres, lorsqu'ils marieront aucuns de leurs enfans, pour assister aux saints sacremens de mariage et y faire aporter les quatre torches, à peine de soixante sols pour les esgards.

56. Item, que tous veufs ou veufves, enfans ou héritiers de maistres dudit estat seront tenus de faire convier et semoncer les maistres, lors de l'enterrement et service divin des maistres ou maistresses dudict mestier décédez, et lesquels seront tenus payer au profict dudict estat, pour l'entreténement du drap mortuaire et torches, la somme de soixante sols, soit qu'il se serve du drap mortuaire ou non.

57. Item, que tous les maistres et gardes en charge seront tenus de faire prier par le serviteur du corps revêtu de sa robe tous les maistres et maistresses dudit estat, la veille de la feste, pour assister aux vespres et service solennel, la veille et le jour de monsieur saint Jacques, apostre, patron dudit

estat et confraierie, qui escheoit le vingt-cinquiesme jour du mois de juillet, ensemble le lendemain de la feste que l'on chante pour le repos des défuncts maistres et maistresses dudit estat dans la chapelle dédiée à l'honneur dudit patron monsieur saint Jacques estant au derrière l'église Nostre-Dame d'Amiens.

58. Item, que les esgards en charge seront tenus de se faire présenter par le chapelain de la confraierie dudit corps au chapitre de messieurs les doyen et chanoines d'Amiens, trois jours auparavant ladite feste de monsieur saint Jacques, pour obtenir la permission et privilége octroyé audit corps de mesdits sieurs du chapitre de porter le précieux reliquaire et menton de monsieur saint Jacques, apostre et patron dudit estat, à la procession qui se fait à sept heures du matin le jour de ladite feste dans l'église de Nostre-Dame d'Amiens et après la messe du cœur chantée, et porter ledit reliquaire dans la chapelle de monsieur saint Jacques, pour y estre exposé pendant la messe que l'on chante dans icelle à son honneur et à la fin de laquelle ledit reliquaire sera rapporté sous le pupitre de ladite église, en la place ordinaire où ledit reliquaire s'expose, sur peine de six livres d'amende applicable pour la chapelle.

59. Item, que le cierge et may dudit estat sera toujours entretenu par les maistres et gardes en charge, et qu'il sera dit et célébré deux messes dans la chapelle de monsieur saint Jacques, sçavoir les lundy et vendredy de chacune semaine de l'année à sept heures du matin.

60. Item, que les esgards sortans de charge remettront le cierge du may, lequel sera pesé pour en rendre tous les ans, entre les mains de tous les esgards entrans en charge, autant de poids de cire qu'ils auront reçu, ensemble les clefs du coffre de la chapelle dans lequel se mettent les ornemens de ladite confrairie, suivant ce qui est contenu dans l'inventaire écrit sur le registre de la communauté, dont les esgards seront tenus s'en charger et les rendre en leurs charges de gardises.

61. Item, que lesdits esgards en charge seront tenus de porter les quatre torches avec les blazons dudit mestier attachez à icelles aux processions solennelles qui se font en cette ville pendant leur année de gardise.

62. Item, que les esgards sortans de leurs charges seront tenus et obligés de rendre les deniers pour la chapelle, pendant leur année de gardise, ez mains de celui qui sera nommé par les anciens dudit corps.

63. Item, que les esgards en charge seront tenus de faire avertir tous les anciens maistres, lorsqu'il s'agira, pour le profit du corps, de faire ou souffrir quelqu'instance en justice et desquelles ils seront obligez d'en faire les poursuites, ainsi qu'il sera arresté par l'acte de ladite assemblée.

64. Item, que les esgards ne pourront lever aucuns deniers pour quelqu'occasion que ce soit, que la levée n'ayt esté arrestée par acte d'assemblée préalablement faicte de tous les anciens maistres dudit état.

Et plus bas est écrit :

Extrait du registre aux brefs et statuts des mestiers de la ville d'Amiens, délivré par moy, greffier soussigné. Signé : Delessau, avec paraphe.

Registré, ouy le procureur général du roy, pour être exécutez selon leur forme et teneur, aux charges et restrictions contenues en l'ordonnance des premier et eschevins de la ville d'Amiens du neufiesme septembre dernier, à Paris, en parlement, le neuf janvier mil six cent soixante-deux. Signé : du Tillet.

<small>Archiv. Imp., sect. judic., reg. du parlem. de Paris intitulé 9ᵉ *volume des Ordonnances de Louis XIV*, coté R 3, fol. 41°.</small>

XXXIX.

LETTRE DE LOUIS XIV A L'ÉCHEVINAGE D'AMIENS, APRÈS UNE SÉDITION ARRIVÉE DANS LA VILLE.

Une sédition avait eu lieu à Amiens, en 1662, au sujet des droits levés sur les bières. Le 9 août, M. Colbert de Saint-Pouange fut envoyé par le roi en Picardie et en Artois, pour rétablir l'ordre, faire exécuter les édits et informer des excès commis pendant les troubles. En même temps, la lettre que nous donnons ici, fut adressée aux maire et échevins d'Amiens. Dans cette lettre, Louis XIV, après avoir rappelé aux magistrats municipaux la mission qu'il a donnée à M. Colbert, leur recommande de prêter main-forte à son commissaire, s'il les en requiert, pour que force demeure à la justice.

De par le roy.

Très chers et bien amez, ayant ordonné par arrest de nostre conseil de ce jourd'huy que par le sieur Colbert de Saint-Pouange, commissaire départy pour l'exécution de nos ordres ès provinces de Picardie et Artois ou son subdélégué, il sera informé des exceds, violences et émotion populaire mentionnez au procez-verbal de l'huissier Lefebvre et ses assistans, et le procez faict et parfaict aux coulpables jusqu'à jugement deffinitif, et cependant que la jaulge et épale des chaudières des brasseurs d'Amiens et autres de la province soit continuée et parachevée, et sur icelle les droicz deubz liquidez et payez tant au

1662
août

fermier du tiers qu'aux engagistes, et voulant que ledit arrest soit exécuté selon sa forme et teneur, à ces causes, nous vous mandons et enjoignons d'y tenir la main et prester main-forte aussytost que vous en serez requis, en sorte que la force nous demeure et à la justice, soubz les peynes portées par ledit arrest. Sy n'y faictes faute, attendu qu'il y va du bien de nostre service et que tel est nostre plaisir. Donné à Saint-Germain-en-Laye, le ix aoust 1662.

 Signé : Louis.   Et plus bas : Phelypeaux.

Au dos est écrit : A noz très chers et bien amez les maire et eschevins de la ville d'Amiens.

XL.

FACTUM RÉDIGÉ AU NOM DE L'ÉCHEVINAGE D'AMIENS CONTRE LES JÉSUITES ÉTABLIS DANS LA VILLE, ET RÉPONSE DE CEUX-CI.

Depuis l'époque de leur établissement à Amiens, c'est-à-dire depuis la fin du xvie siècle [1], les jésuites s'étaient, en différentes occasions, mis en opposition avec le corps municipal. Pour agrandir la chapelle du prieuré de Saint-Denis, qui leur servait d'église, ils avaient, une première fois, anticipé sur le cimetière de la ville; et comme on voulait s'opposer à leurs travaux, ils avaient fait venir des soldats pour *bâtir à main armée*. A quelques années de là, vers 1664, ils annoncèrent l'intention d'exécuter des constructions nouvelles, et de bâtir trois chapelles dans le cimetière même, sur lequel ils prétendaient avoir des droits. Ils adressèrent à cet effet une requête à l'échevinage, en faisant valoir les services qu'ils avaient rendus, soit dans l'instruction publique, soit dans l'exercice du sacerdoce. Le premier échevin, qui n'aimait pas les jésuites, mais qui les craignait, n'osa point prendre sur lui la responsabilité d'un refus, et laissa la demande sans réponse; les partisans des jésuites eux-mêmes leur conseillèrent de ne point insister, attendu que le peuple d'Amiens avait un grand respect pour le cimetière, et que les travaux qu'on y exécuterait seraient regardés comme une profanation. « Des conseils si sages, est-il dit dans un factum rédigé

---

[1] Voy. t. II, p. 1043. — Voy. en outre des lettres de Henri IV, qui permettent aux jésuites d'établir un collége à Amiens (février 1604. — Daire, Hist. d'Amiens, pièces justific., t. II, p. 431.) — Concession du collége d'Amiens aux jésuites (22 octobre 1607. — Arch. de l'hôtel de ville d'Amiens, liasse cotée n 4, 2e dossier, pièce n° 2, dans l'inventaire de Gresset.), etc.

« au nom de l'échevinage, que nous publions ici, n'ont pu faire im-
« pression sur leur esprit, qui n'est touché que d'ambition et du vaste
« désir de s'agrandir partout ; c'est l'unique règle de toutes leurs entre-
« prises, et on peut leur appliquer avec raison ces paroles : *Quod vo-*
« *lumus, sanctum est.* »

- Une nouvelle requête ayant été adressée à l'échevinage, on con-
voqua, pour statuer sur l'affaire, une assemblée générale, à laquelle
assistèrent les conseillers du présidial, les trésoriers de la généralité
de Picardie, les élus et quelques anciens échevins. A peine la séance était-
elle ouverte, porte le factum cité plus haut, qu'une « voix commune
« et populaire, qui dans cette occasion était celle de Dieu, » s'éleva
pour repousser les prétentions des jésuites. Cependant quelques personnes qui voulaient les ménager ou leur plaire, désespérant de rien
obtenir dans une réunion générale, décidèrent de soumettre l'affaire
à une assemblée particulière, et de n'admettre à la délibération que
des gens dont l'assentiment n'était point douteux. Cette assemblée
accorda aux jésuites, dans le cimetière public, un terrain de cent pieds
de long, pour y construire leurs chapelles, à condition que les bourgeois conserveraient dans le cloître leurs droits de sépulture, et que
les curés seraient libres d'y enterrer leurs paroissiens.

La nouvelle de cette concession excita dans la ville une vive rumeur et motiva la rédaction du factum ci-dessus mentionné. L'auteur
de cette pièce, après avoir exposé l'historique des querelles survenues
à différentes époques entre les habitants d'Amiens et les jésuites, s'élève
en termes souvent très-violents contre l'ambition de ces religieux. Il
montre que la dernière concession faite aux jésuites a été arrachée par
la peur ou par une fausse piété; que cette concession est illégale, attendu que l'assemblée qui l'a décidée l'était elle-même. Les jésuites
triompheront peut-être, dit-il en terminant, mais « cela n'empêche
« pas que les os et les cendres de nos pères ne s'élèvent à la résur-
« rection contre ces harpyes, qui nous veulent ôter la consolation
« d'être dans la sépulture que nos pères ont choisie, et qu'ils ne s'élè-
« vent aussi contre nous-mêmes, si nous n'apportons une généreuse
« résistance contre une entreprise si extraordinaire. Si tout ce qu'on
« leur représente ne peut les arrêter, et qu'on ne trouve point d'asile

« contre leur violence auprès des juges de ce monde, ils doivent
« s'attendre à éprouver les effets les plus sévères de la justice de
« ce juge des vivants et des morts qui les punira d'un attentat si cri-
« minel. »

Au factum des Amiénois est annexée une réponse des jésuites, dans laquelle ces religieux, sans se disculper des reproches qui leur sont adressés, s'efforcent de prouver qu'en demandant une partie du cimetière ils n'empiètent en aucune façon sur les droits de la ville, attendu que ce cimetière est la propriété du prieur de Saint-Denis; que le terrain qu'ils réclament ne sert qu'à déposer des immondices, et que, si la ville en a la jouissance, ce n'est que du consentement du prieur.

PLAINTE DE LA VILLE D'AMIENS CONTRE UNE ENTREPRISE DES JÉSUITES DE LA MÊME VILLE.

C'est une chose étrange de voir que l'ambition des pères jésuites n'a point de bornes, et qu'ils travaillent incessamment à s'étendre et à s'agrandir en toutes manières, soit pour leur église, soit pour leurs bâtimens et leur collége, soit pour acquérir de nouveaux bénéfices, et augmenter leurs revenus.

Mais, sans parler de sept ou huit bénéfices qu'ils ont unis au collége de cette ville, et dont ils ne font pas acquitter toutes les fondations, on se contentera de parler icy de leur église, et ce récit suffira pour faire connoître leur conduite.

Les jésuites sont entrés à Amiens l'année 1608; on leur a donné le collége, et ils y ont uni le prieuré de Saint-Denis, qui leur a été donné par l'un des principaux auteurs de leur établissement.

La chapelle de ce prieuré, qui leur sert maintenant d'église, est contiguë au cimetière; mais comme ils l'ont trouvée trop petite, ils l'ont agrandie d'un tiers en longueur, il y a environ cinquante ans; ils ont fermé une des entrées du cimetière, et ils ont pris une place publique pour faire cet agrandissement.

Les habitans s'y sont opposés, jusqu'à faire démolir les murailles que ces pères faisoient bâtir; mais ils se sont maintenus dans cette innovation par des soldats qu'ils ont fait venir, pour bâtir à main armée; c'est par ce moyen qu'ils sont venus à bout de leur dessein, malgré la résistance de toute la ville.

Il y a trente ans qu'ils firent bâtir une chapelle à main droite de l'église; depuis deux ou trois ans, ils en ont encore fait bâtir deux au-dessous de la première; personne n'en a formé de plainte, parce qu'elles sont bâties sur les terres du prieuré qui leur appartient: on ne diroit encore rien contre eux présentement, s'ils se contentoient de cet agrandissement considérable; mais ce qui fait rompre le silence en cette occasion, est le dessein qu'ils ont de bâtir trois autres chapelles à la gauche, c'est-à-dire sur le cloître du cimetière de la ville, ou d'avoir au moins un espace aussy long qu'il faudroit pour les bâtir, et pour répondre aux trois autres et rendre la symmétrie de leur église plus régulière.

La description de l'état des lieux fera mieux comprendre leur pensée. Le cimetière est de grande étendue, il est environné de quatre grands cloîtres ornés de belles épitaphes et de sculptures curieuses; le milieu est en pré, avec de riches croix de bronze, cuivre, fer et autres grands mausolées. C'est le cimetière de toute la ville et fauxbourgs, c'est-à-dire que tout le monde a droit de s'y faire enterrer, et il y a neuf parroisses dans la ville qui n'ont pas d'autre cimetière que celui-là; c'est un ouvrage public, qui donne de l'admiration aux étrangers, et telle que plusieurs écrivains ont crû devoir en faire la description. L'un des quatre cloîtres, qui n'est pas encore entièrement couvert, parce que la ville n'a point été en état de le faire, s'étant trouvé obérée par les frais qu'elle a été obligé de soutenir pendant les guerres civiles et les dernières, est joignant l'église des jésuites, à qui le collège ayant été donné, celui qui a été le principal moteur de leur établissement y a annexé le prieuré de Saint-Denis, qui avoit cette église avec de grands logemens et une grande étendue de jardinage : ces logemens et ces jardinages sont à la droite de l'église, et le cimetière à la gauche.

C'est de ce côté-cy qu'ils prétendent envahir cent pieds de long, sous prétexte d'une prétendue symmétrie c'est-à-dire, quatre arches du cloître qui joint leur église, et une arche et demie de celuy qui fait le retour. Il y a quelques années qu'ils ont voulu vendre leur église aux bénédictins, et il n'a tenu qu'à mille francs que le marché n'en ait été conclu. Ils conservent encore le dessein de la vendre, lorsque l'occasion s'en présentera, et ils ne travaillent à cet agrandissement qu'afin de la faire acheter plus cher à ces religieux, c'est peut-être ce qui est en partie cause des nouvelles brigues qu'ils ont employées pour cela.

Pour en venir à bout, ils ont rendu de fréquentes visites à tous ceux qui ont quelque autorité dans la ville, et qui pourroient les y favoriser; et quoyqu'ils en eussent trouvé plusieurs, de ceux mêmes qui sont dans leur congrégation et des plus dévoués à leurs intérests, qui leur ont dit avec beaucoup de liberté qu'ils ne réussiroient pas dans une entreprise qui blesseroit la piété publique et qui seroit capable de leur attirer l'indignation de tout le peuple qui a beaucoup de respect pour ce cimetière, ils n'ont pas laissé de chercher tous les moyens possibles d'exécuter leur projet, des conseils si sages n'ayant pu faire impression sur leur esprit, qui n'est touché que d'ambition et du vaste désir de s'agrandir partout; c'est l'unique règle de toutes leurs entreprises, et on leur peut appliquer avec grande raison ces paroles : *Quod volumus, sanctum est.*

Ils ont présenté pour cela requête au premier et échevins de la ville, et quoyque le premier ait apporté toute la longueur possible pour y répondre, leur cupidité n'a pû être lassée; ils y exposent qu'ayant été établis par la munificence de la ville, il est de son honneur, non-seulement de conserver, mais même d'accroître ses bienfaits; que n'ayant rien de plus à cœur que de rendre service au public par les exercices de leur collége, par l'administration des sacremens et de la parole de Dieu, l'église n'est pas capable, pour sa petitesse, de contenir ny les écoliers ny les peuples; ce qui est une grande fausseté au regard de leurs écoliers, et, à l'égard des peuples qui viennent à confesse et au sermon, une marque du désir qu'ils ont de faire déserter entièrement les paroisses, en faisant voir qu'ils n'ont point encore assez d'étendue, ny assez de confessionnaux pour soustraire les ouailles de la conduite de leurs pasteurs.

Cette même requête énonce que le prieur de Saint-Denis, dont ils sont les successeurs, ayant donné une grande partie du cimetière à la ville, ils n'en demandent aujourd'huy qu'une très-petite portion. Mais cette clause est très-fausse, car la vérité est que les prieurs de Saint-Denis n'en ont jamais été les propriétaires, mais seulement les seigneurs, et la ville a cédé le droit de fossoyage que reçoivent les jésuites qui sont à leur place pour le droit d'amortissement.

Le premier, qui blâmoit dans son âme cette conduite ambitieuse, et qui, par considération humaine, n'osoit pas désobliger les jésuites, crût qu'il ne pouvoit les favoriser que par la voye d'une assemblée générale et publique, parce que ce cimetière étant le domaine de la ville, il ne peut être donné ny aliéné que par le consentement des compagnies qui composent la ville : c'est pourquoy il en donna avis par billets qui marquoient l'heure et le lieu de l'assemblée, au chapitre de l'église cathédrale, à la compagnie des présidens et conseillers du présidial, au corps des trésoriers de la généralité de Picardie, à la chambre des président et élus, et à quelques anciens échevins et notables bourgeois pour le corps des marchands.

Cette assemblée ne fut pas plutôt commencée, qu'avant l'arrivée des corps, une voix commune et populaire, qui étoit dans cette rencontre celle de Dieu, fit connoître combien ce dessein étoit en abomination à tous les bons bourgeois et gens de piété; ce qui donna sujet au premier, et à ceux qui étoient les moteurs secrets de cette assemblée, de changer d'avis, et, pour agir avec sûreté dans cette usurpation impie, de traiter cette affaire dans une assemblée particulière et sans appareil. Ainsi, quelques jours après, traitant avec un mépris insupportable les compagnies qui avoient été convoquées à la première assemblée, et sans leur donner avis, ils se sont contentés d'une assemblée composée du premier échevin, avec quatre conseillers de ville, qui sont toutes personnes attachées et vendues aux intérests des jésuites, les uns ayant leurs fils ou leurs neveux dans leur société, les autres étant congréganistes, l'un leur avocat à gage, et les autres ayant leurs enfans au collége; si bien que les uns les aiment et les honorent, les autres les craignent, n'y ayant rien de plus ordinaire dans la bouche de ceux qui les ont favorisé, ou qui avoient dessein de le faire, qu'ils ne pouvoient refuser cette grâce aux pères, parce qu'ils avoient leurs enfans chez eux, et lorsqu'on les pressoit, en leur demandant s'il falloit les craindre et faire une injustice pour cela, ils répondoient que les pères les maltraiteroient, et qu'ils étoient fort puissans. Mais, quoyque cette dernière assemblée ait été faite par complot, et sans y garder les formes, Dieu, qui ne veut pas que tous fléchissent les genoux devant Baal, et qui sçait conserver le grain parmi la paille, a permis que quelc'un de cette assemblée ait parlé avec vigueur, et remontré qu'étant question d'aliéner le patrimoine de la ville, il étoit besoin d'un consentement général de tous les corps; qu'il n'y avoit pas d'apparence de détruire ce que la piété de nos pères a édifié avec tant de magnificence; enfin qu'il ne falloit pas attirer sur soy le reproche de la postérité; et quoyque cet avis ait été suivi de trois autres, on n'a pas laissé de conclure et accorder aux jésuites ce qu'ils demandoient, et d'ordonner qu'on leur donneroit les cent pieds de long, avec une arche et demi du cloître qui retourne; à condition qu'on laisseroit deux portes, l'une au-dessus de cet espace, l'autre au-dessous, fermées chacune à deux clefs qui seroient gardées par les jésuites, et pour la sûreté publique, les autres seroient mises dans l'hôtel de ville, pour les avoir lorsque le chapitre de la cathédrale et les chapelains du cimetière y font des processions et autres cérémonies aux jours solemnels; que les particuliers bourgeois de la ville, non-seulement conserveront leurs droits de sépulture dans cet endroit du cloître, mais même y pourroient mettre des épitaphes, et qu'ainsy les curés de la ville demeureroient dans le droit et la possession d'y enterrer leurs paroissiens, aussy bien que dans tout le reste du cimetière; et parce que messieurs de la cathédrale, la compagnie des curés, les chapelains du cimetière et plusieurs corps d'artisans qui ont des confréries dans l'église du cimetière, ce qui est cause qu'ils y font plusieurs processions à quelques jours de l'année, s'estoient opposés à cette aliénation, il a été dit par cette conclusion, que les jésuites feroient lever toutes oppositions.

Mais cette résolution ayant été communiquée au recteur des jésuites, par le greffier de la ville, au lieu de faire des remercîmens, il a été assez insolent pour témoigner qu'ils n'en étoient pas contents ny satisfaits, et cependant on ne doute point qu'ils ne se mettent en possession, s'assûrant bien qu'ayant eu le crédit d'être maîtres de la chose, il leur sera facile de se rendre maîtres des conditions : mais, quand ils accepteroient toutes celles qu'on leur propose, il est certain qu'ils n'en observeroient aucune. Ils sont déjà en possession d'en user de la sorte dans cette ville, où ils ont été reçûs à condition d'être soumis à l'ordinaire, comme il paroît par les pièces que feu monseigneur l'évêque d'Amiens a fait imprimer dans le procès qu'il eut contre eux, et cependant lorsque messieurs les curés les ont dénoncés à M. d'Amiens d'aujourd'huy, au sujet de leur mauvaise morale, ils n'ont pas voulu reconnoître sa jurisdiction.

Voilà l'état où est maintenant cette affaire ; le greffier, ensuite du mauvais accueil du recteur, n'a point encore délivré la permission qui leur a été accordée par des gens qui ont mieux aimé détruire les monumens de la piété de leurs ancêtres que de déplaire aux jésuites.

Pour ces pères, on n'a pas sujet de s'étonner de leurs entreprises ; ils pratiquent ce qu'ils enseignent. Le factum des curés est un ramas de ce qu'ils ont autrefois enseigné dans la ville, et qu'ils continuent d'y enseigner tous les jours, et cette entreprise sur le bien d'autruy est une pratique de leur méchante doctrine.

Ils promettent de faire enterrer chez eux, cela pourra être, pourvû qu'il leur en revienne de l'argent ; mais autrement, il n'y a pas lieu de l'espérer. Que s'ils font cette usurpation, ils pourront bien dire avec saint Augustin dans la Cité de Dieu, que les chrétiens qui méprisent tout en ce monde, ne se soucient pas de la sépulture de leurs corps, et comme dit un ancien, *cœlo tegitur qui non habet urnam ;* mais cela n'empêchera pas que les os et les cendres de nos pères ne s'élèvent à la résurrection contre ces harpyes, qui nous veulent ôter la consolation d'être dans la sépulture que nos pères ont choisie, et qu'ils ne s'élèvent aussy contre nous-mêmes, si nous n'apportons une généreuse résistance contre une entreprise si extraordinaire. Si tout ce qu'on leur représente ne les peut arrêter, et qu'on ne trouve point d'azile contre leur violence auprès des juges de ce monde, ils doivent s'attendre à éprouver les effets les plus sévères de la justice de ce juge des vivans et des morts, qui les punira d'un attentat si criminel.

Mais les tribunaux de la terre ne nous sont point fermés ; nous y pouvons adresser nos plaintes, et nous devons même espérer qu'elles y seront favorablement écoutées, puisqu'elles seront des marques de notre piété, de notre religion, et du zèle que nous devons avoir pour conserver ce que nos ancêtres nous ont laissé.

RÉPONSE DES PÈRES JÉSUITES.

1° Le prieuré de Saint-Denis, appellé, il y a plus de deux cens ans, le prieuré de Saint-Denis-du-Pré-lès-Amiens, et du depuis appellé le prieuré de Saint-Denis au fauxbourg d'Amiens, enfin renfermé dans l'enceinte de la ville, est un prieuré dépendant de l'abbaye de Marmoutier.

2° La moitié du cimetière de Saint-Denis, qui a pour bornes les images de saint Jacques et de saint Denis, est de l'ancien domaine du prieuré, comme il est aisé de le voir par le dénombrement des terres.

3°. Les prieurs ont permis que cette terre servît de cimetière, se réservant toujours le domaine direct et utile, et cecy est encore évident par les titres où il est vérifié que, depuis plus de deux cens ans, jamais il ne s'est rien fait dans ledit cimetière sans la permission, l'agrément et le congé desdits prieurs; si bien qu'il ne s'est pas dressé une croix, un mausolée, ny un oratoire, ny fait une fosse, ny coupé un arbre, que par le congé desdits prieurs; et même, en l'an 1540, il appert que le mayeur, le prévost et les eschevins ont demandé congé et permission de bâtir le cloître qui est vers la porte de Noyon; et en l'an 1543, il se voit qu'ils ont demandé la même permission, pour continuer le cloître qui est le long du jardin et du mur du prieuré, lequel congé leur a été libéralement accordé. En l'an 1579, se voit une descente d'experts et de massons, pour aviser aux moyens de continuer le cloître le long de la chapelle de Saint-Denis.

De tout cecy résulte : 1° que les prieurs sont seigneurs spirituels et temporels dudit cimetière, et qu'ils ont réservé non-seulement la seigneurie, mais la propriété. 2° Que messieurs de ville, consentant que les pères jésuites bâtissent une chapelle, n'aliènent et ne donnent pas le bien de la ville, mais seulement changent l'usage d'un bout du cimetière inutile et le réceptacle des immondices en usage saint, pour agrandir l'église du collége qui est un bien public. 3° Que les messieurs de la ville accordent avec grande raison cette grâce aux pères jesuites, puisque la ville n'a usage du cimetière de Saint-Denis et du cloître que par la permission et le congé des prieurs de Saint-Denis : ainsy c'est reconnoître une grâce par une autre grâce, qui ne peut être déniée au prieur du Saint-Denis sans luy donner un juste sujet de se plaindre.

XLI.

SENTENCE DU BAILLI D'AMIENS RELATIVE A LA JUSTICE CIVILE DE L'ÉCHEVINAGE.

Le document qui va suivre offre l'une des dernières traces de la juridiction civile de l'échevinage d'Amiens. C'est une sentence rendue par le bailli, à la suite d'un procès soutenu par la communauté des seize sergents à masse de la justice civile, prévôté royale et police de la ville d'Amiens, contre la communauté des procureurs du bailliage et siége présidial. Il est enjoint aux procureurs, toutes les fois qu'ils signifieront une pièce de procédure, d'indiquer en tête de l'expédition, si cette pièce est extraite du registre aux causes de la justice civile d'Amiens, ou du registre aux causes du bailliage. Ils ne pourront en outre faire faire les exploits de la justice civile de la prévôté et de la police d'Amiens que par les seize sergents à masse, qui *serviront les plaids* aux jours ordinaires.

1665.
13 juillet.

A tous ceux qui ces présentes lettres verront, Guy de Bar, chevalier, seigneur dudit lieu, gouverneur et bailly d'Amiens, salut. Sçavoir faisons que, ce jourd'hui datte des présentes, en jugement entre la communauté des seize sergens à masse de la justice civile, prévôté royale et police de la ville d'Amiens, demandeurs en réglement, contre la communauté des procureurs du bailliage et siége présidial dudit Amiens, défendeurs et assignez; parties ouïes en personnes, et le procureur du roy, par M° Antoine Petit, avocat; après que les parties ont dit être demeurées d'accord de l'appointé proposé au parquet des gens du roy : Nous avons ordonné que ledit appointé aura lieu et sera exécuté tel que les procureurs seront tenus d'intituler les actes et appointemens qu'ils font signifier, sçavoir, ceux de la justice civile : *extrait du registre aux causes de la justice civile d'Amiens*, et ceux du bailliage : *extrait du registre aux causes du bailliage d'Amiens;* et au regard des actes qui commencent par *entre*, que lesdits procureurs seront tenus, après le nom et qualité du conseiller raporteur ou autres juges pardevant lesquels l'acte aura été rendu, d'ajouter et faire mention si l'acte est du bailliage ou de la justice civile, à peine de cinquante livres d'amende. Comme aussi faisons défenses ausdits procureurs de faire faire aucun acte ou exploit de la justice civile, prévôté royale et police d'Amiens, par autres que par lesdits seize sergens à masse, aussi à peine de cinquante livres d'amende pour chacune contravention; enjoint aux sergens à masse de servir les plaids aux jours ordinaires. Et sera notre sentence exécutée, nonobstant opposition ou appellation quelconque, et sans préjudice d'icelle. Donné à Amiens, et expédié pardevant nous Jean Thiery, seigneur de Genonville, conseiller du roy en ses conseils d'État et privé, lieutenant général, le vingt-trois juillet mil six cens soixante-cinq. Signé : DE BAR.

XLII.

ARRÊT DU CONSEIL D'ÉTAT RELATIF A LA VENTE DE LETTRES DE MAITRISE DANS LA VILLE D'AMIENS.

Divers édits royaux, promulgués dans les années 1647, 1660 et 1663, à l'occasion du sacre de Louis XIV, du baptême de *Monsieur* et de la naissance du Dauphin, avaient créé, dans chaque ville de France et pour la plupart des métiers, un certain nombre de maîtrises. Jusqu'à l'époque à laquelle nous sommes parvenus, ces édits, à ce qu'il semble, n'avaient pas été exécutés à Amiens; mais en 1666, un homme dont le nom et le titre ne nous sont point connus, vint dans cette ville pour y placer des lettres de maîtrise, dressées en vertu des édits de 1647, 1660 et 1663. Les magistrats municipaux protestèrent, en alléguant que l'industrie de la ville, l'une des plus florissantes du royaume, serait ruinée par l'introduction, moyennant finances, dans les corps de métiers, de gens qui n'auraient fait ni apprentissage ni chef-d'œuvre; et malgré la défense contenue dans les édits sus-indiqués de recevoir aucun maître avant que les lettres fussent toutes vendues, ils continuèrent à assister à la réception des chefs-d'œuvre. Poursuivis pour ce fait par les officiers royaux, et condamnés à l'amende, ils appelèrent au conseil d'état, qui, en attendant une décision définitive, ordonna que les magistrats municipaux et les officiers de métiers pourraient, comme par le passé, recevoir des maîtres ayant fait leurs preuves et exécuté le chef-d'œuvre, et qu'il serait sursis à l'exécution des condamnations prononcées contre eux.

Sur la requeste présentée au roy en son conseil par les premier et eschevins de la ville d'Amiens, contenant que, dans le temps de leur plus forte application au restablissement du commerce et maintient des manufactures de ladite ville, en faisant faire une estroite observation des nouveaux statuts et reiglements arrestés et confirmez au conseil royal du commerce, un certain particulier porteur des trois ecdits a paru dans ladicte ville, où il prétend débiter jusqu'au nombre de cinq cens lettres de maistrises en faveur des ignorans qui n'auront faict apprentissage et ne pouront faire chef-d'œuvre, le premier desdicts en datte du mois de novembre 1647, portant création de deux lettres de maistrises de touttes sortes d'arts et mestiers en touttes les villes, faubourgs et lieux du royaume, à cause de son sacre et couronnement, le second, du mois de janvier 1660, portant une semblable création, soubs le tiltre du bastesme de Monsieur, frère unique de sa majesté, et par le troisiesme, du mois de décembre 1663, sadite majesté a créé quatre lettres de maistrises de chacun art et mestier, en faveur de la joyeuse naissance de M. le Dauphin, premier fils de France. Et d'autant qu'il est certain que sy ces ecdits, lesquelz ont sans doute esté surpris par importunité ou autrement, subscistoient dans ladicte ville d'Amiens, leur exécution seroit la ruine indubitable de touttes les manufactures qui sont establies et maintenues avec un tel succez qu'il n'y en a point de plus florissante dans le royaume; et comme les apprantissages font les bons ouvriers, et les chefs-d'œuvres empeschent que les ignorans se produisent, il est visible que lesdicts ecdits, qui disposent de l'un et de l'autre [pour] ceux qui voudront achepter les lettres de maistrises créées par iceux, ouvrent la porte aux ignorans et la ferment aux habilles, en ce qu'il est faict deffences par ces édicts à tous officiers de recevoir ny admectre aucuns compagnons, soit apprentifs ou fils de maistre, par chef-d'œuvre ou autrement ausdites maistrises, qu'auparavant lesdites lettres n'ayent esté remplies et les pourvus en vertu desdicts ecdicts reçus et mis en possession, sur paine de cent livres d'amande contre chacun des jurez qui se trouvoient auxdictes réceptions, ce qui auroit donné lieu à quelques jugemens des requestes de l'hostel, portant condamnation d'amande contre lesdits premier et eschevins, le sieur lieutenant général et quelques gardes et jurez des mestiers de ladicte ville, à cause de la réception par eux faite de quelques aspirans à la maistrise desdits arts et mettiers nonobstant lesdites deffenses, lesquelles condamnations ne se peuvent soustenir en connoissance de cause; d'ailleurs il ne seroit pas juste que ces gens sans expérience et avec un peu d'argent fussent préférez aux fils de maistres et à des ouvriers qui, après un travail de plusieurs années continuel et infructueux, se sont rendus capables et se présentent pour estre receus maistres en faisant chefs-d'œuvre; cette prefférance, sy elle estoit tollérée, leur osteroit le courage et causeroit insensiblement la disette des bons ouvriers, qui sont le principal soustient de touttes les manufactures, comme les mauvais ouvriers en sont la honte et la destruction. Finallement lesdits premier et eschevins ayant receu des ordres très-exprès de tenir la main à l'exécution des nouveaux statuts confirmez depuis peu par sa majesté, et y ayant des formalitez essentielles prescriptes pour la réception des maistres [, les lettres] qu'on veut débiter soubz les noms de MM. Vauguin, Vaultier et Labourlie, prétendus donnataires de la finance qui en doit provenir, les réduisent dans une actuelle impossibilité de satisfaire à ces ordres et causeront de notables préjudices aux manufactures, arts et mestiers de ladicte ville d'Amiens, s'il n'y est promptement pourveu. A ces causes, les supplians auroient requis qu'il pleust à sa majesté faire très-expresses inhibitions et deffences aux porteurs desdits trois ecdits et à tous autres de vendre et débiter en vertu d'iceux ny autrement aucunes lettres de maistrises dans la ville et fauxbourgs d'Amiens, soubs telle paine qu'il plairoit à sadite majesté ordonner, et en conséquence casser et annuller les jugemens rendus aux requestes de l'hostel, tant contre les suppliants que contre le sieur lieutenant général de ladicte ville et quelques jurez desdits arts et mestiers, pour avoir procédé aux réceptions des ouvriers en la forme prescripte par les statutz et nonobstant les deffences incérées par surprises dans lesdits ecditz. Veu ladicte requeste; [ouy] Buisain, advocat aux conseils de sa majesté; [veu] lesdits ecdits et autres pièces attachées à ladite requeste; ouy le rapport du sieur Colbert, conseiller au conseil royal et conseiller général des finances, le roy en son conseil a renvoyé et renvoye ladite requeste au sieur Colbert, conseiller audit conseil, maistre des requestes ordinaire de l'hostel et commissaire départy en la province de Picardie, pour donner advis sur le contenu en icelle; et cependant, permet sa majesté aux gardes et jurez des arts et mestiers de ladite ville et fauxbourgs d'Amiens de recevoir aux maistrises par chef-d'œuvre en la manière accoustumée, nonobstant les deffences portées par lesdicts ecdits de recevoir aucuns compagnons, soit apprantifs ou fils de maistres, par chef-d'œuvre ou autrement, ausdictes maistrises, qu'auparavant lesdites lettres de maistrise n'ayent esté remplies et les pourvus receus et mis en possession, auxquelles deffences sa majesté a desrogé et déroge et surcis à l'exécution des jugemens portant condamnation d'amande allencontre des lieutenant général, premier et eschevins et desdits gardes et jurez, jusqu'à ce que, sur l'advis dudit sieur Colbert, il en ayt esté autrement ordonné par sa majesté. Faict au conseil d'État du roy, tenu à Paris le sixiesme janvier mil six cens soixante-sept. Collationné. BECHAMEIL.

Extrait authent. des reg. du conseil d'état, aux arch. de l'hôtel de ville d'Amiens, liasse т 8, pièce 8.

XLIII.

ARRÊT DU PARLEMENT RENDU DANS UN PROCÈS INTENTÉ A DEUX ÉCHEVINS D'AMIENS PAR LE LIEUTENANT CIVIL.

Le lieutenant civil d'Amiens avait, à la suite des élections de l'année 1666, intenté un procès au parlement à deux nouveaux échevins, François Mouret et Honoré Quignon, sous prétexte qu'ils s'étaient rendus coupables de brigues et d'intrigues pour arriver aux charges municipales. La cour, ainsi qu'on le voit par l'extrait suivant, emprunté aux *registres aux délibérations* de l'échevinage d'Amiens, jugea que les difficultés soulevées contre Mouret et Quignon n'étaient qu'un moyen détourné employé par les officiers du bailliage pour se rendre maîtres des élections. En conséquence, elle ordonna que la procédure commencée ne serait point continuée, et que les deux élus mis en cause prêteraient serment comme échevins devant le conseiller chargé de présenter au parlement le rapport de l'affaire.

Arrest du 30 septembre 1667 qui ordonne, attendu que la procédure suivie par le lieutenant civil d'Amiens contre François Mouret, sieur de Coullière, et Honoré Quignon, sieur de la Mairye, tous deux bourgeois et eschevins de la ville d'Amyens, pour raison des prétendues brigues faites par ces derniers pour parvenir à l'eschevinage au mois de septembre mil six cens soixante-six, n'est que pour se rendre maistre par les officiers du bailliage desdites élections d'eschevins qui se font tous les ans en ladite ville, lesdits sieurs Mouret et Quignon feront le serment d'eschevins pardevant le conseiller rapporteur et faict deffences de les troubler en la fonction de ladite charge.

Arch. de l'hôtel de ville d'Amiens, LXIXᵉ reg. aux délibérations de l'échevinage, fol. 85 v° et 86.

XLIV.

ÉDIT PORTANT RÉUNION DE L'HÔPITAL DE SAINT-CHARLES ET SAINTE-ANNE AU BUREAU DES PAUVRES D'AMIENS.

En 1640, Antoine Louvel, curé de la paroisse de Saint-Remi, ayant acheté deux maisons près de la porte de Beauvais, fit construire sur leur emplacement des bâtiments destinés à servir d'hospice pour les femmes âgées et de maison d'éducation pour les jeunes filles. Cette fondation eut lieu du consentement de l'échevinage, et Louis XIV l'approuva par lettres patentes du mois de décembre 1644 [1]. L'hôpital fondé par Antoine Louvel fut placé sous l'invocation de Saint-Charles et Sainte-Anne [2].

Quelques années après, les magistrats municipaux songèrent à donner à cet établissement une destination plus générale en le joignant au bureau des pauvres. Sur leur demande, un arrêt fut rendu par le conseil d'état, le 17 février 1667, portant réunion de l'hôpital Saint-Charles et Sainte-Anne au bureau des pauvres, avec cette clause, que la nouvelle maison serait administrée comme l'hôpital de la Charité de Lyon. L'acte qui suit est l'édit du roi rendu à ce sujet le 9 janvier 1668.

Louis, par la grâce de Dieu, roy de France et de Navarre, à tous présens et à venir, salut. Nos chers et bien amez les commissaires et sindicqs du bureau des pauvres de la ville d'Amiens nous ont fait remonstrer que la ville, ayant de tout temps recherché les moyens les plus convenables pour empêcher la mendicité, les eschevins d'icelle auroient dès l'année mil cinq cens soixante et treize convoqué une assemblée de tous les corps et résolu en icelle l'establissement d'un bureau des pauvres, ce qui auroit esté confirmé par lettres patentes du roy Charles neuf du six aoust de la mesme année, registrées en nostre cour de parlement de Paris le vingt-huit novembre ensuivant. Mais, quoyque les commissaires establys pour la direction dudit bureau ayent apporté tous les soings possibles pour faire réussir un si bon et si charitable dessein, le public néantmoins n'en auroit pu recevoir tout l'effect qu'il auroit esté à souhaitter, soit manque d'autorité suffisante pour en soutenir l'entreprise, soit par le deffault d'un fonds nécessaire pour parvenir au renfermement général des pauvres, tant de la ville que de ceux qui s'y réfugient ordinairement de toutes les frontières circonvoisines pendant les guerres; à quoy feu messire Antoine Louvel, vivant chanoine de la cathédralle et curé de la paroisse de Saint-Remy de

1668.
9
janvier.

---

[1] Daire, hist. d'Amiens, pièces justific., t. II, p. 436.

[2] Voy., sur l'affaire de l'hôpital Saint-Charles et Sainte-Anne: Délibération de l'hôtel de ville au sujet du consentement à l'établissement de l'hôpital. (11 janvier 1645. — Arch. de la préfecture de la Somme, reg. aux chartes du bailliage, fol. 242 v°.) — Arrêt du parlement portant règlement des lettres patentes de décembre 1644, obtenues par le sieur Louvel, et portant que l'évêque d'Amiens ne peut entreprendre sur le temporel dudit hôpital. (7 septembre 1646. — Note de M. Janvier père.)

ladite ville, voulant charitablement pourveoir suivant ses facultez, il auroit faict dessein de jetter les premiers fondemens d'un hospital général, et à cet effect auroit acquis deux maisons dans ladite ville, auxquelles, après son déceds, plusieurs autres acquisitions auroient esté joinctes des deniers léguez et destinez au renfermement général, dans lesquelles maisons il auroit esté establi un hospital sous le nom de Saint-Charles et Sainte-Anne pour y retirer les pauvres de l'un et de l'autre sexe, ce qui auroit esté auctorisé par les lettres patentes du feu roy d'heureuse mémoire, nostre très-honoré seigneur et père que Dieu absolve, l'exécution duquel establissement auroit commencé par le renfermement des femmes fort avancées en âge, et de jeunes filles pour y estre instruites et y apprendre à travailler, ce qui auroit heureusement continué jusques à présent. Mais comme cet establissement ne produit pas l'effect que tous les ordres de la ville pourroient désirer, et que l'exemple de ce qui s'est fait à cet esgard en nostre bonne ville de Paris et autres plus considérables de nostre royaume font bien espérer du succès de semblables entreprises, d'autant plus que l'union des hôpitaux qui se trouvent establys dans ladite ville y peut notablement contribuer, lesdits habitans auroient entre eux arresté ladite union et auroient, pour la confirmation d'icelle, présenté leur requeste en nostre conseil, laquelle, par arrest rendu en iceluy le dix-sept février mil six cent soixante-sept, nous aurions renvoyé à nostre amé et féal conseiller en nos conseils, maistre des requestes ordinaires de nostre hostel, le sieur Colbert, commissaire par nous départy en la généralité d'Amiens, pour informer de la commodité ou incommodité de ladicte union. En exécution duquel arrest, ledit sieur commissaire ayant assemblé pardevant lui tous les corps et communautez de ladite ville, ils auroient tous unanimement requis ladicte union et establissement dudit hospital, comme très-utile au bien général et particulier de ladite ville, à l'exception du lieutenant général et de nostre procureur au bailliage d'icelle, qui auroient formé leur opposition pour des considérations particulières contenues au procès-verbal dudit sieur commissaire, lequel auroit sur le tout donné son avis le deux novembre dernier, conforme aux conclusions de la requeste desdits exposans et au consentement général de tous les ordres de ladite ville; de quoy nous ayant esté fait rapport en nostre conseil d'Estat, arrest seroit intervenu en iceluy le . . . . du présent mois de janvier, par lequel, sans s'arrester aux oppositions dudit lieutenant général et procureur du roy, l'union desdits hospitaux portée par l'advis dudit sieur commissaire auroit esté ordonnée, pour estre exécutée aux clauses et conditions portées par ledit advis, ce quy oblige lesdits exposans de se retirer par devers nous, pour leur estre pourveu de nos lettres à ce nécessaires.

A ces causes, de l'avis de nostre conseil, qui a veu l'arrest rendu en iceluy le 17 février 1667, avec le procès-verbal d'assemblée générale fait par devant ledit sieur commissaire de tout le corps et communautez de ladite ville, et son advis sur le contenu en iceluy, ensemble l'arrest de nostre conseil d'Estat du du présent mois de janvier qui ordonne l'union desdits hôpitaux, le tout cy-attaché sous le contre-scel de nostre chancellerye, et voullant favoriser en tout ce qui dépendra de nous l'establissement dudit hôpital et pourveoir à ce que les pauvres mandians soient renfermez pour estre instruits à la piété crestienne et employez aux ouvrages dont ils seront jugez capables, et de nostre certaine science, pleine puissance et autorité royalle, nous avons, suivant l'arrest de nostredict conseil et advis dudit sieur Colbert, commissaire, ordonné qu'à l'advenir les biens, maisons et revenus appartenans audit hospital de Saint-Charles et de Sainte-Anne seront et demeureront unis, joints et incorporés au bureau des pauvres de ladite ville d'Amiens, pour ne faire qu'un seul bureau et hospital général sous le nom de Saint-Charles et de Sainte-Anne, pour estre les lieux et revenus en dépendans employez au logement et subsistance des pauvres familles honteuses de ladite ville, mesme à l'entretenement et nourriture des pauvres mandians qui seront renfermez audit hôpital général, qui sera régi et administré en la forme et manière ancienne et acoustumée au bureau des pauvres, et conformément à l'administration de l'hospital de la Charité de Lyon, par les commissaires et sindics dudit bureau, suivant les clauses et conditions portées par ledit advis, lequel nous voulons estre exécuté selon sa forme et teneur.

Si donnons en mandement à nos amés et féaux conseillers les gens tenans nostre cour de parlement à Paris que ces présentes ils ayent à registrer et le contenu en icelles faire exécuter selon sa forme et teneur, cessant et faisant cesser tous troubles et empeschemens qui pourroient estre mis et donnés au contraire; car tel est nostre plaisir. Et afin que ce soit chose ferme et stable à tousjours, nous avons fait mettre nostre scel à cesdites présentes. Donné à Paris, le 9ᵉ jour de janvier l'an de grâce mil six cent soixante-huit et de nostre règne le vingt-cinq. Signées : Louis, et plus bas : Par le roy, Phelipeaux, et scellées du grand sceau de cire verte.

Registrées, ouy le procureur général du roy, pour jouir par les impétrans de leur effect et contenu et estre exécutées selon leur forme et teneur suivant l'arrest de ce jour, à Paris, en parlement, le vingt-six juillet mil six cent quatre-vingt-quinze. Signé : Dongois.

<small>Arch. Imp., sect. judic., reg. du parlem. de Paris intitulé 36ᵉ *volume des Ordonnances de Louis XIV*, coté 4 x, fol. 99.</small>

XLV.

ARRÊT DU CONSEIL D'ÉTAT QUI CONFIRME AUX BOURGEOIS D'AMIENS L'EXEMPTION DU DROIT DE FRANC-FIEF.

La ville d'Amiens, qui, de temps immémorial, était exempte du droit de franc-fief, avait été confirmée dans cette exemption par Henri IV en 1597, par Louis XIII en 1613, enfin par Louis XIV en 1643 et en 1652; mais dans l'année 1673 les officiers du fisc réclamèrent d'un certain nombre de bourgeois, pour mutations ou acquisitions nouvelles, le payement du droit avec deux années d'arrérages. Aux premières sommations qui furent faites, l'échevinage s'adressa au roi, en invoquant les priviléges de la ville, et en offrant à titre de don gratuit une somme de quarante mille livres.

L'acte qu'on va lire est un arrêt du conseil d'état qui exempte à nouveau les habitants d'Amiens, *de quelque qualité et condition qu'ils soient*, des droits de franc-fief et de toute contribution au ban et à l'arrière-ban, pour les propriétés nobles par eux possédées. Le roi accepte les quarante mille livres proposées en leur nom. Le payement de cette somme aura lieu en six termes, et pour qu'il se fasse aisément, l'octroi sur les vins, les eaux-de-vie et le tabac est prolongé de six ans. L'échevinage est autorisé à établir un receveur comptable pour la gestion de cette finance.

1673.
17.
juin.

Le roy estant en son conseil, voulant favorablement traiter les habitans de ladite ville et fauxbourgs d'Amiens, a ordonné et ordonne, conformément aux priviléges, franchises, exemptions et libertez à eux accordées par les roys ses prédécesseurs, confirmées par sa majesté par ses lettres patentes duement vérifiées, que tous lesdits habitans, de quelque qualité et condition qu'ils soient, seront et demeureront plainement et entièrement deschargés, sçavoir : les roturiers desdits droits de francs-fiefs, affranchissement d'iceux et contribution au ban et arrière-ban, pour tous les fiefs, seigneuries, terres, alleus, rentes, dixmes inféodées et autres biens et droits nobles et féodaux, de quelque nature et mouvance qu'ils puissent estre et en quelque lieu du royaume qu'ilz soient scituez; et les abbez, chapitre et communautez des droits de nouveaux acquêts pour tous les biens et droits immobiliaires à eux appartenants en commun, mesme de ceux acquitz depuis le payement du droit d'admortissement, en exécution de la déclaration du mois d'avril 1639, sans qu'il puisse estre fait à l'advenir aucunes poursuittes ny recherche allencontre desdits roturiers, ecclésiastiques et communautez pour raison desdits droits, en exécution desdits édits et déclarations, ny autrement en quelque sorte et manière que ce soit et suivant les offres desdits habitans; ordonne sa majesté qu'ils payeront audit Lefranc, procureur dudit Drouet, sur les quittances du sieur de Bartillat, garde du trésor royal, la somme de quarante mil livres en six payements esgaux, le premier comptant, le second au premier octobre prochain et les quatre autres de trois en trois mois; et pour donner moyen ausdits habitans de satisfaire au payement de ladite somme et à l'acquit des debtes de ladite ville, sa majesté a prolongé pour six années l'octroy à eux accordé sur les vins, eaue-de-vie et tabac, qui se lève présentement, à commencer au premier juillet et premier octobre mil six cens soixante-dix-sept que ledit octroy expire et que finit l'engagement dudit octroy; et cependant ordonne sa majesté que tous les deniers qui proviendront des fermes particulières et autres revenus de ladite ville seront employez par préférence à touttes assignations au payement desdits quarante mil livres, auquel effet les premier et eschevins de ladite ville pourront dès à présent establir un receveur comptable pour tel temps qu'ils jugeront nécessaire, encore que, par l'édit de mil cinq cens quatre-vingts-dix-sept, il soit porté que le receveur de ladite ville ne pourra estre continué pour plus de deux années, et après ladite somme acquittée, les créanciers de ladite ville seront payez de leur deub en la manière accoutumée et des arrérages qui se trouveront escheus à cause dudit retardement, tant sur le produit desdites fermes particulières que sur les deniers de la susdite imposition sur le vin, eaue-de-vie et tabac, et sera le présent arrest exécuté nonobstant oppositions ou appellations quelconques, desquelles, si aucuns interviennent, sa majesté se réserve la connoissance en son conseil et icelle interdit à touttes ses cours et autres juges, ordonne au sieur Roville du Coudray d'y tenir la main.

Signé : D'ALIGRE et COLBERT.

En tête de la minute est écrit : 17 juin 1673, au camp devant Mastrait.

Arch. Imp., sect. administr. B, fol. 520. — Copie authentique aux arch. de la mairie d'Amiens cotée dans l'invent. de Gresset M 6, n° XLVIII; à la suite est la commission pour l'exécution de l'arrêt.

XLVI.

STATUTS DES PAVEURS D'AMIENS.

Par une exception rare dans l'histoire de l'industrie amiénoise, les paveurs étaient restés libres jusqu'à la fin du XVIIe siècle; mais à cette époque ils résolurent de s'unir en corporation et de se soumettre, comme les autres gens de métiers, à une police régulière. Des statuts, discutés et adoptés par eux furent présentés aux magistrats municipaux, et ceux-ci, après les avoir fait approuver par le procureur du roi, les homologuèrent le 12 octobre 1679. Voici les principales dispositions de cet acte :

Les ouvriers, qui, dans le délai de deux mois à partir de la publication du statut, se présenteront devant l'échevinage, pourront être reçus maîtres, sans avoir besoin de faire un chef-d'œuvre, en prêtant serment et en acquittant certains droits (art. 1). — Après ce délai, ils devront, pour obtenir la maîtrise, justifier d'un an entier d'apprentissage, exécuter comme chef-d'œuvre un pavage dans les coins ou les tournants des rues, et payer, outre les droits ordinaires, six livres pour l'entretien de la chapelle, et vingt sous à chacun des eswards (art. 2). — Les eswards et deux anciens maîtres, auxquels le chef-d'œuvre sera soumis, en feront un rapport aux magistrats municipaux, qui prononceront sur l'admission (art. 4). — Les paveurs ne pourront travailler dans les rues que du consentement des propriétaires des maisons donnant sur la voie publique, ou par l'ordre des membres de l'échevinage (art. 7). — Ils devront ménager au pavage une pente assez considérable pour que l'écoulement des eaux ait lieu librement, et, s'il survient à ce sujet quelque difficulté, ils en avertiront les échevins. Les rues seront pavées d'une manière régulière, sans que l'inclinaison souvent exigée par le niveau des habitations puisse excéder trois pouces par toise; les paveurs devront garantir leur ouvrage pendant un an et un jour, et si cet ouvrage est défectueux, ils seront tenus de le recommencer à leurs dépens, et de payer une amende de soixante sous (art. 10, 11, 13). — Le prix de la toise de pavage neuf sera fixé par les magistrats municipaux; celui des réparations sera débattu de gré à gré entre les paveurs et les propriétaires, et, s'il s'élève des difficultés, l'affaire sera réglée par l'échevinage (art. 14). — La corporation des paveurs élira, chaque année, deux eswards, qui seront chargés de veiller à l'observation des statuts, de visiter les ouvrages exécutés à Amiens, et de faire des rapports à l'échevinage sur les contraventions qu'ils auront découvertes (art. 16).

Messieurs les premier et eschevins de la ville et communauté d'Amiens,

Supplient très-humblement, Jacque Huet, Antoine Guérard, Nicolas Huet l'aisné, Alexandre Leroux, François Féret, Nicolas Huet le joeusue,

1679. 12 octobre.

Tous habitans et paveurs de cette ville d'Amiens, disans que, quoyqu'ils se soient rendus fort habiles dans ledit estat de paveurs, n'aians jamais fait que cette exercice, néantmoins la ville d'Amiens n'en estoit pas mieux servie, attendu qu'il est permis à un chacun de paver, ce qui cause qu'il se fait de grandes fautes et mauvais ouvrages en fait de pavement; pour à quoy obvier et pour en avoir bonne et suffisante congnoissance et aussy pour mettre ordre, forme et manière d'ouvrage uniforme, il convenoit et estoit mesme nécessaire, pour la comodité et embélissement de la ville, auxdits paveurs d'avoir des ordonnances, status et réglement pour le mettier de paveur, afin que, en cas que quelqu'un vienne à y contrevenir, il soit repris et puni ainsy que de raison.

A ces causes, ils vous requièrent, messieurs, leur vouloir accorder et prescrire les ordonnances, status et réglement cy-après transcrit sur ledit mettier de paveur, se soubmettans tous de les observer, tenir et garder, soubz les peines y conteñues et telles autres qu'il vous plaira les condamner, ainsy qu'il se praticque en quantité d'autres villes et principalement en la ville capitale de Paris, dont coppie des status et réglemens est icy attachée, pour les imiter autant qu'il se peut faire en cette ville.

Premièrement, les nomez Antoine Guérard, Alexandre Leroux, François Féret, Antoine et Nicolas Huet, Jean Leroux, Jacques Huet, Jean Bourgeois,

Et tous les autres ouvriers paveurs quy, dans deux mois de la datte des présentes, se présenteront pardevant vous, messieurs, et seront par vous trouvez capables, seront receus maistres paveurs de cette ville, sans estre obligez à faire chef-d'œuvre et sans frais, en prestant en la chambre du conseil de l'hostel commun de laditte ville le serment accoustumé par les autres maistres, en paiant seullement les droits ordinaires de la ville et d'enregistrement.

2. Aucun ne sera receu en laditte maistrise de paveur lesdits deux mois passez, qu'il n'ait fait apprentissage soubs un maistre en cette ville ou dans une au-

tre ville de loi d'un an entier et sans interruption, dont il justiffira par acte d'enregistrement d'apprentisage, et qu'il n'ait fait chef-d'œuvre en la présence des deux esgards et des deux antiens maistres dudit mestier, tel que de faire une pointe ou en tournant soit en coin ou en rue, ainsy qu'il sera ordonné par vous, messieurs, et paiera l'aspirant à laditte maistrise, outtre les droits ordinaires de la ville et d'enregistrement, la somme de six livres pour l'entretiennement de la chapelle, et à chacun esgard vingt sols pour leurs peines, sallaires et frais de visitte; deffence ausdits esgards et maistres d'exiger plus grande somme, faire aucune despence et recevoir aucun don ny présent des aspirans, à paine d'interdiction et de dix livres d'amende applicable les deux tiers à la ville et l'autre tiers aux dénonciateurs.

3. Le fils de maistre néantmoins quy, après avoir travaillé soubz son père ou autre maistre dudit mettier du moins un an et après avoir fait expérience, sera receu maître dudit mettier, sans rien paier ausdits esgards et aux deux anciens maistres, mais paiera seullement les droits de la ville et d'enregistrement et soixante sols pour l'entretiennement de laditte chappelle.

4. Lesdits égards et lesdits deux anciens maistres qui auront estés présens à cedit chef-d'œuvre, après l'avoir bien et deubment visitté, vous en feront fidelle raport, messieurs, et de la capacité de l'aspirant, et ce quelques jours auparavant sa réception, et ledit aspirant, aiant esté trouvé capable, sera receu maistre en cette ville, en faisant le serement au cas requis et satisfaisant aux droits, comme il est dit cy-dessus.

5. Aucun maître dudit mettier ne poura tenir et avoir plus d'un apprenty avecq ses enfans, si il en a, qu'il fera enregistrer par nom, surnom et lieu de sa naissance, après vous l'avoir présenté, messieurs, en la chambre du conseil de vostre hostel, et presté avecq son maître le serement accoustumé en la présence desdits esgards, et paiera les droits ordinaires et accoustumés des autres mestiers à la ville; ne pourra l'apprenty changer de maistre ny le maistre transporter son apprenty que par vostre permission, messieurs, dont il sera fait notte sur le registre aux apprentis, à paine contre ledit maistre, en cas de contravention, de cent sols d'amende applicable comme dessus.

6. Aucun maistre ne pourra avoir plus d'un attelier ouvert et ne pourra quitter une ouvrage imparfaite qu'il ne le soit ordonné par vous, messieurs, et pour travailler pour le bien et commodité publicq, à quoy tous les maistres dudit mettier seront tenus d'obéir, à paine de six livres d'amende applicable à la ville.

7. Ne sera travaillé aux pavez des rues et chaussées de cette ville que du consentement des propriétaires des maisons ou par vos ordres, messieurs.

8. Ne pouront les maistres dudit mettier, lorsqu'il sera besoing de changer de pavé, employer aucun pavé ny carreau pour le pavement des rues et chaussées de cette ville, qu'il n'ait au moins sept pousses de large et huict de long sur six de hauteur et sans estre affamé par le bas, à quoy les esgards tiendront la main, à paine contre les uns et les autres de six livres d'amende applicable deux tiers à la ville et l'autre tiers au dénonciateur, et afin que lesdits esgards puissent plus facilement cognoistre les fraudes et abus, aucun marchant forain ny autre ne pouront vendre à l'avenir, à comencer du .... aucun pavé ny carreau aillieurs qu'en la place de l'hostel commun de la ville et qu'il n'ait esté visitté par lesdits esgards, ny les vendre à plus hault prix que celuy porté par vostre taxe, messieurs, à paine de confiscation et de dix livres d'amende, dont les deux tiers seront au proffit de la ville et l'autre tier à celuy des esgards, lesquels auront deux sols du cent de pavé ou carreaux pour le droit de leur visitte, qui leur seront paié par le vendeur; bien entendu que le droit de visitte ne se prendra que sur les pavez et carreaux quy seront emploiez au pavement des rues et que les particuliers habitans pouront, si bon leur semble, achepter des pavez et carreaux de telle grandeur qu'il leur plaira, pour estre emploiez dans l'intérieur de leurs maisons, en faisans leur déclaration aux esgards, lesquelz pavez et carreaux seront néantmoins exposez audit marchez pour la commodité publicque.

9. Aucun maistre dudit mettier de paveur et tous autres ne pouront aller au devant des pavez et carreaux hors de la ville pour les achepter des marchands, mais les laisseront arriver audit marchez, où lesdits maîtres et marchands paveurs né les pouront achepter qu'ils n'y aient posez deux heures entières, et ce à paine de six livres d'amende applicable comme dessus.

10. Lesdits maistres paveurs travaillans au pavé des rues, chaussées et places publicques de cette ville seront obligés d'avoir esgard au dégorgements, vuidanges et escoulement des eaus, boues et immondices, selon les ruisseaux et pente des rues et places publicques, comme aussy des esgousts de cette ville, afin que les eaues aient leur cours comme elles ont accoustumés, et si il se trouvoit quelque difficulté, seront tenus vous en donner advis, messieurs, pour par vous estre ordonné ce que de raison, à paine de soixante sols d'amende contre les contrevenans, applicable comme dessus.

11. Et pour éviter aux accidents qui arrivent tous les jours, accause que sur les devantures de plusieurs maisons le pavé y a esté excessivement haussé et arrondis, seront tenus lesdits maîtres paveurs de paver les rues esgallement, sans paver un endroit plus bas ny plus haut que l'autre et sans arrondir le pavé, en proportionant le penchant seulement de trois pousses sur toise ou environ,

afin que les rues soient plus unies et plus commodes pour le charois, aians toujours esgard au fil et penchant des ruisseaux qu'ils seront tenus conserver, afin que les eaues, boues et autres immondices s'escoulent facilement, le tout à paine de soixante sols d'amende, comme dessus, et de refaire l'ouvrage à leurs frais et despens. Que si néantmoins il survenoit quelque difficulté pour l'exécution du contenu au présent article, lesdits maistres seront tenus vous en donner advis, messieurs, et l'alignement sera donné par un de vous, messieurs, qui se transportera sur les lieux avecq lesdits esgards et sans frais.

12. Lesdits maistres auront soing de mettre ou faire mettre dans le milieu des rues et chaussées et joingnant les ruisseaux les plus grands pavez et carreaux, et que tous les ruisseaux qu'ils racomoderont ou feront de nouveau soient seullement d'un fil de deux rens de pavé ou carreaux des plus grands pavez et caniveaux ou cameau et presque à mesme haulteur que le viel du pavé, à peine de soixante sols comme dessus.

13. Seront aussy obligés lesdits paveurs de n'employer pour le pavé des rues, chaussées et places publicques de cette ville que de bon sable en quantité suffisante, bien garnir, serrer et battre le pavé avec la hye, sans y faire aucune bassure ny bosse, en tel sorte que toutte l'ouvrage soit bien formée et bien unie, qu'ils garantiront tous leur travail par an et jour, à paine de refaire l'ouvrage à leur frais et despens et de soixante sols d'amende comme dessus.

14. Ne pouront lesdits maistres paveurs se faire paier plus grandes sommes pour leur travail des particuliers que celle quy sera par vous, messieurs, arrestée à la toise, qui sera mesurée à l'advenir au pied du roy; et pour le racommodage, ils en conviendront de gré à gré avecq les propriétaires, sinon sera ordonné de la taxe par vous, messieurs, leur faisant deffence de prendre ny exiger plus grande somme ny de se pourvoir pour le paiement d'icelle ailleurs que par devant vous, messieurs, à paine de dix livres d'amende comme dessus.

15. Pouront lesdits maistres paveurs paver dans les rues, cours et autres lieux des maisons de pavez, pincez, filetz de ruisseaux et autres au mortier et au ciment. Deffence à qui que ce soit de les en empêcher et de travailler dudit mestier de paveur en laditte ville et fauxbourcq qu'auxdits maistres par vous reçus, messieurs, à paine de dix livres d'amendes contre ceux qui s'y ingéreront et de confiscation des outils, le tout applicable comme dessus.

16. Et pour la conservation dudit mettier de paveur en cette ville et l'exécution desdits status, sera fait élection tous les ans, huict jours auparavant la feste de saint Roch, à la pluralité des voix des maistres dudit mettier, de deux d'entre eux pour estre esgards, laquelle élection sera faite d'un ancien et d'un joeusne par devant vous, messieurs, en la chambre du conseil de vostre hostel,

où lesdits esgards presteront le serment, et que pour cette fois, jusques au temps prescrit pour ladite nomination, en feront la charge.

17. Lesdits esgards et ceux qui seront cy-après nomez seront tenus de veiller à l'observation des présents brefs et status et de visitter tous les ouvrages quy se feront dans cette ville, sans frais, et de rapporter fidèlement à vous, messieurs, les abus et contraventions qu'ils trouveront avoir estés faits, à paine contre lesdits esgards en charge d'interdiction et de six livres d'amende comme dessus.

Présenté le 30ᵉ jour de septembre 1679. Signé Jacque Huet, Anthoine Guérard, Jehan Bourgeois et quatre croix pour Alexandre Leroux, Jean Leroux, Antoine Féret et Nicolas Huet.

Au-dessous est écrit : Soit communicqué au procureur du roy pour, par ses conclusions, ordonner ce que de raison. Du neufiesme jour d'octobre mil six cens soixante-dix-neuf. Signé : DUFRESNE, avec paraphe.

Derrière est écrit : Veu les dix-sept articles joints à la présente requeste, je déclare pour le roy, suivant la déclaration et conclusion prise par moi en l'assemblée du conseil de la ville, consentir les dix-sept articles cy-dessus avoir lieu pour servir de status aux suppliants, du douzième jour d'octobre mil six cens soixante-dix-neuf. Signé : BOULLANGER.

Soit fait comme il est conclud par le procureur du roy desdits jour et an. Signé : DUFRESNE, DE LESTOCQ, LECARON et SIMON.

Arch. de l'hôtel de ville d'Amiens, liasse cotée D 8, pièce 18, dans l'inventaire de Gresset.

XLVII.
ACTE RELATIF A LA CORPORATION DES PEINTRES, SCULPTEURS, BRODEURS, DOREURS ET ENLUMINEURS D'AMIENS.

Les peintres, sculpteurs, brodeurs, doreurs et enlumineurs d'Amiens étaient restés, depuis l'année 1491, sous l'empire du même réglement, ce dont leur industrie avait beaucoup souffert. A la fin du XVIIᵉ siècle, ils résolurent de suivre les statuts des peintres de Paris [1], et ayant fait transcrire ces statuts à la suite des leurs, ils prièrent l'autorité municipale de sanctionner leur nouveau réglement; l'approbation de l'échevinage fut donnée, sur l'avis favorable du procureur du roi, le 14 sept. 1682 [2].

[1] Les statuts des peintres de Paris reçurent des additions ou des modifications en 1619, 1639, 1660, 1669, 1671, 1676, 1679. Voy. Savary, *Dictionnaire du commerce*, au mot PEINTRES.

[2] D'autres statuts signés le 23 août 1703, furent approuvés par Louis XIV en déc. 1703, et enregistrés le 11 mars 1704.

1682.
14
septembre.

Messieurs les premier et eschevins de la ville et cité d'Amiens, supplient humblement les maistres peintres, sculpteurs, brodeurs, doreurs et illumineurs de ceste ville d'Amiens, disant que depuis l'année quatre cens [quatre-vingt] et unze, l'on n'a renouvellé leurs brefs et statuts de leur corps et communauté desdits art et mestier, ce quy cause de grands abus et aporte dommage tant au public qu'auxdicts maistres, qui souffrent grand intérest, estant nécessaire pour le bien public et pour l'entretien desdits arts d'y pourvoir; et comme il a pleu à sa majesté en donner la connoissance à vous, messieurs, lesdicts supplians ont faict dresser les articles icy attachés, vous requérant vouloir ordonner qu'ils seront à l'advenir suivis et entretenus, aux peines y contenues, et qu'à ceste fin ils seront augmentés dans les brefz et statuts d'art et mestier, et obligerez les supplians à prier Dieu pour vostre noble prospérité et santé, et ferez justice.

Présenté le vingt-cinq aoust mil six cens quatre-vingt-deux. Signé : Charles Briois, Herregosse, Noaviers, Charles Guillet, F. Ringuot, Delahaye, J. Lesueur, Jacques Guillet, Gille de Bouget, Defranse, Joseph Figay, Rohault, Augustin Bigan, François, Jean Sellier, Creseau, Duporge et Frençait.

Soit montré au procureur du roy, du 27 aoust 1682. Signé : DE LESTOCQ.

Ayant veu les trente articles extraits des réglements et statuts de Paris attachés à la présente requeste, je déclare pour le roy n'avoir moien d'empêcher lesdicts trente articles estre joints aux statuts des supplians pour estre exécutés suivant leur forme et teneur, à la charge de les faire omologuer où il appartiendra et en conséquence estre registrés aux registres aux statuts, du XIIII septembre 1682. Signé : BOULLANGER.

Soit faict comme il est requis par le procureur du roy, desdits jour et an. Signé : DE LESTOCQ, DURIEUX et BERTHE, avec paraphes.

<small>Original en papier aux arch. de l'hôtel de ville d'Amiens, liasse cotée » 8, n° 17, dans l'inventaire de Gresset.</small>

XLVIII.

ACTES RELATIFS A UN DÉBAT SURVENU ENTRE LE LIEUTENANT DE ROI ET LES MAGISTRATS MUNICIPAUX D'AMIENS.

On se souvient des difficultés qui s'étaient élevées, vers 1636, entre le duc de Chaulnes, gouverneur de Picardie, et l'échevinage d'Amiens, au sujet de la distribution des billets de garde, des visites dans les corps de garde, et de diverses autres pratiques se rapportant à la milice bourgeoise. La querelle, terminée par une décision royale en faveur de l'échevinage, ranimée plus tard, quoique d'une façon moins vive, éclata de nouveau en 1690.

M. de Verville était alors lieutenant de roi à Amiens. Il voulut signer, à l'exclusion du premier échevin, les billets de garde des bourgeois, interdire à ce magistrat le droit de faire des rondes, et avoir jour et nuit à sa porte des sentinelles prises dans la milice bourgeoise; il prétendit en outre que nul à Amiens ne devait se porter comme candidat dans les élections municipales, sans son approbation. Les membres de l'échevinage protestèrent contre ces prétentions contraires aux priviléges de la ville, et par d'actives démarches, ils obtinrent que le sieur de Verville en serait débouté, qu'il lui serait défendu d'avoir des sentinelles à sa porte, et que la liberté des élections municipales serait maintenue.

Nous publions, au sujet de cette affaire, un procès-verbal dressé le 2 décembre 1690; une lettre de M. de Châteauneuf, secrétaire d'état, à M. de Bar, gouverneur d'Amiens, pour annoncer à celui-ci la décision du conseil du roi (27 novembre 1690); une lettre de M. de Bar au corps municipal d'Amiens, avec des ordonnances et règlements pour le service de la garde bourgeoise (28 novembre 1690).

1690.
2 décembre.

Afin que dans les siècles advenir les habitans de cette ville et cité d'Amiens aient connoissance entière de ce qui s'est passé entre M. de Verville, lieutenant pour le roy d'icelle, et les magistrats de police, au subjet des billets de la garde ordinaire, de la sentinelle bourgeoise qu'il avoit fait mettre à la porte de son logis et autres ses prétentions, nous, Jean-Baptiste le Caron, écuier, seigneur de Chocqueuse et de Marieu, ancien conseiller du roy au bailliage et siége présidial d'Amiens, premier en fonction, nobles hommes Firmin de Heu, Jean Durieux, Louis Lorel, Pierre Lefebvre, Michel Ducastel et Alexis Dupontrevé, tous échevins dudit Amiens, avons jugé à propos de faire procès-verbal de la manière que cette affaire a commencé, qu'elle a continué et qu'elle s'est finie, et faire le tout inscrire aux registres de cette hostel de ville, pour y avoir recours quand bon sera; sçavoir que, le vingt-cinq⁰ jour de septembre, an présent mil six cent quatre-vingt-dix, jour que nous prestâmes le serment en qualité d'eschevins, nous fûmes surpris d'apprendre que ledit sieur de Verville s'estoit ingéré de signer les billets de garde ordinaire qui s'envoient chacun jour au capitaine et aux huit escouades de chacune compagnie bourgeoise, au préjudice du premier en fonction ou en son absence de l'ancien échevin et contre l'usage inviolablement observé depuis l'année mil cinq cent quatre-vingt-dix-sept jusqu'à-présent, ce qui nous auroit obligé de députer vers ledit sieur de Verville lesdits sieurs Lorel et Dupontrevé, pour sçavoir de lui la cause de cette nouveauté de changement de la signature desdits billets de garde. A quoi ledit sieur de Verville auroit d'abord demandé qui estoit ledit sieur Pontrevé, qui lui auroit respondu estre un des eschevins nommés le jour précédent; le sieur de Verville lui auroit répliqué qu'il s'estonnoit que ledit sieur Dupontrevé eust aspiré à entrer audit eschevinage sans lui avoir auparavant fait connoître son intention, et aiant été respondu que cela n'estoit pas d'usage, et entré en matière au subjet de leur députation, ledit sieur de Verville auroit faict entendre auxdits sieurs Lorel et Dupontrevé qu'il prétendoit continuer de signer lesdits billets de garde, comme étant au faict militaire, et s'y maintenir, nonobstant l'usage et la possession dans laquelle avoit été jusqu'alors ledit sieur premier eschevin en fonction. Il y auroit eu dans les jours suivants plusieurs conférences entre ledit sieur de Verville et ledit sieur de Chocqueuse sur le moien de terminer à l'amiable ces différents, lesquelles conférences n'aiant produit que de l'opiniastreté dans l'esprit dudit sieur de Verville, nous aurions donné advis à M. de Bar, gouverneur de cette ville, cité et citadelle d'Amiens et lieutenant général des armées du roy, de tout ce que dessus, le suppliant de vouloir avoir la bonté de prendre connoissance de tous ces différens, auquel seigneur notre gouverneur aurions aussi donné advis que, deppuis la Sainct-Jean dernier, an présent mil six cent quatre-vingt-dix, ledit sieur de Verville avoit de son autorité privée fait ôter du rempart de cette ville une guérite de planches, icelle faict placer à la porte de sa maison, et que là il y avoit fait monter une sentinelle bourgeoise de jour et deux de nuit, ce qu'il continuoit, et étoit à la [foulle] et à grand fatigue des pauvres habitans subjets à la garde, et qui devoit être le moins pratiqué par ledit sieur de Verville, qui étoit notre compatriot et devoit soulager par cette raison lesdits habitans et non les fatiguer; que nos seigneurs les gouverneurs généraux et particuliers et messieurs les lieutenants pour le roy en cette ville ses prédécesseurs n'en avoient jamais exigé, et que le commandant trouvoit toujours sa sûreté dans la fidélité et le grand nombre des habitans; dont et de tout auroit été dressé procès-verbal et icelui envoié audit seigneur notre gouverneur, avec très-humbles supplications de voulloir y remédier par son autorité; aurions aussi fait entendre audit seigneur gouverneur que ledit sieur de Verville nous auroit témoigné prétendre, contre l'usage observé jusqu'à présent, ne plus envoyer la parolle ou le mot au premier en fonction, l'empêcher d'aller à la ronde et aux corps de garde, d'estre présent à la parade, où ledit premier en fonction estoit en possession d'aller quand bon lui sembloit, pour connoistre si le service actuel estoit bien faict, pareillement que ledit sieur de Verville prétendoit aussi, par une nouvauté surprenante, que nous dits premier et eschevins n'aurions plus à l'advenir aucune jurisdiction pour condamner les habitans défaillans soit à la garde, soit au service actuel de jour et de nuit, ou de les absoudre des condamnations qu'ils auroient encourues lorsqu'iceux habitans auroient raison ou excuse valable, du moins que nous ne le pourrions faire que sur sa dénonciation ou sans sa participation et de son consentement. Sur quoi notredict seigneur de Bar, notre gouverneur, auroit mandé audit sieur de Verville de mettre dans une colonne ses demandes, raisons et prétentions et nous premier et eschevins de mettre ensuite sur une autre colonne aussi nos raisons, demandes et prétentions ; mais n'ayant ledit sieur de Verville voulu y satisfaire, quoique nous l'en eussions plusieurs fois requis, et ayant appris qu'au contraire le sieur de Verville avoit écrit tant à nos seigneurs de Lannoy et de Chasteaunœuf, ministres et secrétaires d'État, touchant ses prétentions, leur avoit envoyé ses raisons avec l'édit de l'an 1597 et un arrêt du conseil d'État obtenu en l'année 1651 par monsieur de Saisseval, alors lieutenant pour le roy en cette ville, au subjet de la garde stationnaire des veilles de jour de sainct Jean-Baptiste par chacun an, aurions de notre part envoyé nos raisons et prétentions dans un ample mémoire audit seigneur de Bar et le supplié de vouloir nous donner sa protection en cour. A quoi ledit seigneur nous aiant asseuré de sa bienveillance, il nous auroit envoyé la copie d'un billet de garde signé Picard, greffier de cette ville, datté du vingt-trois au vingt-quatre juin mil six cent quatre-vingt-dix, au subjet de la garde stationnaire du jour et veille de la Sainct-Jean-Baptiste, qui lui avoit esté envoyé par ledict sieur de Verville, avec plainte à nous tesmoignée qu'il y avoit dans ces billets de garde des termes contraires à l'édit de l'an 1597, en ce que nous y ordonnions aux bourgeois de se porter en armes, ce qui n'estoit pas de notre compétence, à quoi nous aurions supplié ledit seigneur de nous voulloir conserver dans l'usage et possession de la signature des billets de ladite garde stationnaire et de réformer ce qu'il croioit être à propos. Et après plusieurs mémoires envoiés et lectres escrites audit seigneur gouverneur pour le bon droict de cette hostel de ville, et entre autre qu'en l'année 1636 pareille question pour les billets de la garde ordinaire auroit été agité entre feu M. le maréchal de Chaulnes, lors gouverneur de cette ville, et les premier et eschevins, lequel aiant voulu desposséder lesdits premier et eschevins de ladite signature, auroit, sur leur plainte en cour, reçu ordre du roy de les laisser en ladicte possession et usage et de rétablir les choses, ce qu'il auroit faict après une lettre de jussion d'obéir, ainsi qu'il paroissoit par les actes étant au trésor littéral de cette ville ;

en conséquence de quoi, avoient lesdits premier en fonction et en son absence le premier eschevin continué la signature desdits billets jusqu'au jour vingtième septembre dernier, et le trente novembre dernier, le paquet dudit seigneur de Bar adressant audit sieur de Chocqueuse lui auroit été rendu, dans lequel il y auroit trouvé la lettre de monseigneur le marquis de Chasteauneuf, du vingt-sept novembre, adressant audit seigneur de Bar, portant réglement pour lesdits billets de garde, pour oster la sentinelle, pour la visite du corps de garde et la liberté de l'eslection des eschevins, dont copie est cy-après registrée et qui a esté envoyée audit seigneur de Bar, suivant sa missive du vingt-huit novembre mil six cent quatre-vingt-dix, demeurée dans les archives dudit hostel de ville et cy-après transcrite ; auroict aussi esté trouvé dans ledit pacquet deux ordonnances dudit seigneur de Bar, nostre gouverneur, toutes deux dattées du vingt-huit novembre mil six cent quatre-vingt-dix, registrées à la suite des présentes, et les originaux mis et déposez au trésor et archives de ceste hostel de ville, l'une pour oster la sentinelle estant lors à la porte dudit sieur de Verville, laquelle n'a pas été publiée ni affichée, parce que ledit sieur de Verville l'auroit faict oster dès le vingt-neuf dudit mois, et l'autre pour la signature des billets de garde et de la stationnaire, de la visite des corps de garde, de la parolle ou du mot pour la ronde, pour se trouver à la place de parade et pour punir les contrevenants ; le tout en faveur du premier en fonction et eschevins, dont ledit sieur de Chocqueuse ayant donné advis audit sieur de Verville où estoit le sieur major, ils seroient convenus de la réforme des billets de garde, qui seroient signés du premier en fonction chacun jour ou en son absence par l'ancien échevin en ces termes, sçavoir, à l'esgard de celui qui est porté au capitaine : La compagnie de monsieur (avec le nom du capitaine qui doit estre de garde) est ce jourd'hui de garde et s'assemblera à la porte de la maison de son capitaine, pour de là monter à la parade (avec la datte du jour, mois et an), et les huit autres pour les huit escouades, au bas du nom du chef des portes et de ceux qui y sont contenus dans l'escouade, en ces termes : Il est enjoint aux chefs des portes et aux cardiniers d'apporter mémoire des absents, à peine de soixante sols d'amende, et à tous porteurs de se trouver à la parade à quatre heures de relevée, avec armes convenables, à faute de quoi, dès à présent comme pour lors, avons condamné les absents de ladite parade en vingt sols d'amende, ainsi qu'il sera par nous ordonné, mesme autre de laisser le présent billet au corps de garde, n'est qu'il ne soit donné à quelque officier qui le demande de nôtre part pour l'apporter en personne, sans que ledit sieur de Verville ni aucun autre officier en sa place puisse signer à l'advenir aucun billet de ladite garde, ainsi qu'il a été toujours pratiqué jusqu'au vingt-cinq septembre dernier.

Et a esté ladite ordonnance notifiée par notre greffier audit sieur de Verville, et à lui donné copie à ce qu'il n'en ignore, et encore copie signée de notredit greffier audit seigneur de Bar, avec l'acte de notification audit sieur de Verville estant au bas, et le tout fait registrer aux registres de cette hostel de ville et les originaux mis au trésor des registres aux chartes, pour y avoir recours; et de ce jour le sieur Desjardins, commandeur des portes, auroit apporté lesdits billets de garde à signer dans les termes cy-dessus audit sieur premier, ce qu'il continue de faire, et un des sergents de la garde a continué d'apporter la parolle audit sieur de Chocqueuse, ce que nous certifions véritable. En foi de quoi nous avons signé le deuxième jour de décembre mil six cent quatre-vingt-dix. Ainsi signé: Caron, de Chocqueuse, de Heu, Lorel, Lefebvre, Ducastel, Dupontrevé, Durieux.

Monsieur,

1690.
27 novembre

J'ay informé le roy de ce que le sieur de Verville prétendoit, en qualité de lieutenant pour sa majesté en la ville d'Amiens, consistant en quatre choses: la première de signer les billets des noms de ceux des bourgeois quy doivent monter la garde, ce qu'il a commencé de faire à la fin de septembre dernier; la deuxiesme, que le premier eschevin ne fît aucune visite au corps de garde, comme il avoit acoustumé de faire quelquefois, pour voir sy aucun ne s'absentoit du service actuel; la troisiesme, d'avoir une sentinelle le jour et deux la nuict à sa porte, ce qu'il a faict observer deppuis quelque temps, lesquelles choses les eschevins représentoient estre contre l'usage; et la quatriesme, qu'aucuns bourgeois ne puissent aspirer à l'eschevinage sans son approbation. Et j'ay en même temps rendu compte à sa majesté qu'il appuioit les deux premières demandes sur l'édict touchant la ville d'Amiens de 1597 et un arrest du conseil d'estat du mois d'aoust 1651, rendu sur la requeste du feu sieur de Saisseval, son prédécesseur, au subject de quelque assemblée générale, où aucuns s'estoient mis soubs les armes la veille et le jour de la feste de la Saint-Jean, sans le avoir adverty; la troisiesme, sur l'usage observé dans un très-grand nombre de places à l'esgard de celluy quy y comande, et que, pour la quatriesme, il me paroissoit qu'il appuiast à exiger qu'on eust son approbation pour les eschevinages. Là-dessus, sa majesté m'a ordonné de luy mander qu'elle veut que, pour ce quy regarde la signature des billets, pour la garde et la visite quelquefois des corps de garde, par le premier eschevin, il en soit usé tout de la mesme manière qu'il se praticquoit lorsque son prédécesseur vivoit, immédiatement avant son décéds, ne désirant pas qu'il soit rien changé, en sorte qu'il ait à laisser les premier et eschevins dans la possession où ils estoient, de remettre à cest effect incessamment les choses en mesme estat qu'en ce temps-là ; et qu'à l'esgard des sentinelles à sa porte, elle n'entend pas qu'il en ait aucunes, puisque mesme vous n'en avez jamais eu ny voulu, ny vos prédécesseurs et ceux quy estoient gouverneurs généraux de la province, et ce d'autant plus qu'Amiens n'est pas une ville frontière et qu'il ne fault pas fatiguer les habitans sans nécessité, conciliant tousjours autant qu'il est possible leur soulagement avec le service. Au surplus, je luy mande que l'intention de sa majesté est qu'il ne se mesle en aucune façon, et sous quelque prétexte que ce puisse estre, de l'eslection des eschevins, dont les suffrages doivent estre libres, et de tout ce quy peut y avoir du rapport, ce que j'ay estimé à propos de vous mander, afin que vous ayez connoissance de ce quy est, sur tout cela, des intentions de sa majesté, que vous en donniez advis aux eschevins et que vous teniez la main à son exécution.

Je suis, monsieur, vostre très-humble et très-affectionné serviteur,

CHASTEAUNEUF.

A Versailles, le 27 novembre 1690.   A M. de Bar, etc.

Arch. de l'hôtel de ville d'Amiens, LXXVIe reg. aux délibérations de l'échev., fol. 14 v° et 15.

Messieurs,

Je reçus hier au soir deux lettres de Versailles de différentes personnes ; je vous prie de me renvoyer l'original de celle de M. le marquis de Chasteauneuf, après l'avoir communiqué à M. le lieutenant général et à messieurs les quatre conseillers de l'hostel de ville ; l'autre m'apprend que le roy persiste dans l'intention que mes provisions de gouverneur et de bailly, l'arrêt intervenu entre feu M. le duc d'Elbeuf et moi, les ordonnances qui l'avoient précédé et celle qui fut donnée, trois jours après ledit arrest, signée de messieurs les quatre secrétaires d'Estat, demeurent dans leur force et teneur pour être exécutées. Cela m'oblige de joindre ici une ordonnance pour être registrée, affichée et publiée le troisième jour de décembre prochain et d'en faire de nouvelles lorsqu'il en sera de besoin. Si M. de Verville continue jusqu'audit jour à avoir des sentinelles devant son logis, il s'apercevera de bien en mieux que je sçay conserver l'autorité dont sa majesté m'honore. Je vous prie, messieurs, que doresnavant les billets que vous donnerez pour que la garde se trouve à la place d'armes, pour apprendre ce qu'elle aura à faire, ne parlent point de poser des sentinelles, messieurs les lieutenants du roy, major ou son aide en son absence, diront aux officiers et soldats ce qu'ils auront à faire ; il ne m'avoit jamais été connu que depuis que M. de Verville est installé à la lieutenance de roi que les greffiers de l'hostel de ville se meslassent de délivrer des ordres, statuant et fixant aux troupes les postes où elles se metteroient, à la feste de sainct Jean; ces billets doivent seulement porter de se trouver à la grande place de la ville pour recevoir les ordres de celui qui commande les armes de ce qu'elles auront à faire. Le roy me fait la grâce, messieurs, de me maintenir dans le pouvoir qui m'est attribué sur les fonctions militaires, par les actes ci-dessus expliqués, mais je n'ay point obtenu celle de faire partager les appointements de capitaine des portes entre celui qui en est pourvu présentement et M. de Ramesseau qui en fait la fatigue. Deux frères nommés Tourtillières, garçons de la chambre du roi, en ont esté pourveus et toujours touchés les appointements; et, après leurs décès, un troisième qui est de leurs parents, mais qui n'a point de charge dans la maison de sa majesté, auquel je refusay mon attache en manière de certificat, pour suspendre le payement qu'il demande à l'extraordinaire des guerres, sur l'attestation que demande la dernière ordonnance que les nouveaux officiers par commission seront pourveus de ladite attache. Un extrait mortuaire justifiant le décès de feu M. Viollier pourroit estre de quelque utilité à prouver la somme considérable qui est revenue à messieurs de Tourtillières et à leur parent. Je cherche à tirer monsieur de Ramesseau de l'indigence, sans vouloir faire de despence à la ville. Je suis, messieurs, votre très-obéissant serviteur. Signé: BAR. De Paris, ce 28 novembre 1690.

L'ordonnance ne doit pas estre affichée et publiée si M. de Verville n'a pas continué de vouloir les sentinelles devant son logis. Je prend ce petit délay, pour qu'il ait fait réflexion sur l'obéissance qu'il doit observer.

A messieurs les premier et échevins.

Guy de Bar, chevalier, seigneur dudit lieu et autres places, lieutenant général des armées du roi, gouverneur et bailly des villes et citadelle d'Amiens.

La bonté du roy me voulant constamment maintenir dans le pouvoir que m'ont attribué mes provisions, les ordonnances qui ont précédé et suivi l'arrêt contradictoire qui a réglé les contestations qui ont esté entre messieurs les gouverneurs, lieutenants généraux de la province et moi, me fait croire à propos d'expliquer par bonnes considérations ce qui peut empêcher les différents qui sont et pourroient estre à l'advenir entre messieurs les premier et eschevins, et ordonner que celui qui, en mon absence, commandera les armes dans la ville d'Amiens, mandera à l'hostel de ville, la veillé de la feste de la Sainct-Jean, les compagnies qu'il jugera nécessaires pour la sûreté de la ville, attendu la grande affluence de gens de tous les endroits du royaume qui viennent en dévotion au chef de sainct Jean, et que le billet que le greffier donnera de la part de l'hôtel de ville portera simplement qu'elles se tiendcront à la grande place, d'où elles envoyeront sçavoir du commandant ce qu'elles ont à faire, sans fixer ni statuer aucune porte, pour estre divisées çà et là, ce qui est du faict de ceux qui commandent les armes et non pas du premier et eschevins. Il sera encore observé exactement que, pour la garde ordinaire, le billet de la part de l'hostel de ville qui fera trouver à la place de parade ce qui sera commandé, ne parlera en nulle façon de poser des sentinelles devant les corps de garde, ce qui est encore de la fonction du commandant ou de ceux qui soubs lui font le détail de ce qui est nécessaire. Estant juste que le premier en fonction ne soit pas de pire condition que le capitaine bourgeois qui a la garde, il poura prendre d'icelui-le mot et faire la ronde, quelques fois mesme se pourra trouver, si bon lui semble, à la place de parade, pour connoître de jour et de nuit si le nombre d'hommes commandés pour le service actuel auroit été diminué, pour punir ainsi que de raison ceux qui auroient manqué à leur devoir. Et sera la présente ordonnance registrée dans l'hôtel de ville et donnée en authentique forme à monsieur le lieutenant de roy. Faict à Paris, ce vingt-huit novembre mil six cent quatre-vingt-dix. Signé: DE BAR; et au bas (de la) coppie est aposé le cachet de ses armes.

Guy de Bar, chevalier, seigneur dudit lieu, lieutenant général des armées du roy, gouverneur et bailly des ville et citadelle d'Amiens.

Il est ordonné aux quatre capitaines des compagnies bourgeoises de dire aux lieutenans, enseignes, chefs de porte et sergens de leurs compagnies que je deffend que nulles sentinelles de jour ni de nuit soient posées devant le logis de M. de Verville, lieutenant de roi au gouvernement d'Amiens, à commencer du troisième jour de décembre prochain, quelque demande qu'il en puisse faire après ledit jour contraire à la présente deffense, sur peine de punition exemplaire tant à la sentinelle qu'à l'officier qui lui auroit dit d'aller devant ledit logis. En ce cas, la présente ordonnance sera affichée et publiée, afin que personne n'en puisse ignorer. Fait à Paris, ce vingt-huit novembre mil six cent quatre-vingt-dix. Signé: DE BAR, et plus bas, par monseigneur: LE BRUN, et à costé au bas est aposé le cachet dudit seigneur et de ses armes.

Au bas est écrit: Ladite ordonnance ne sera pas affichée et publiée si M. de Verville déclare n'en vouloir plus. Les intentions du roy lui seront communiquées avant le trois décembre.

Arch. de l'hôtel de ville d'Amiens, reg. aux délibérations de l'échevinage, n° 76, fol. 17.

XLIX.

ARRÊT DU CONSEIL D'ÉTAT PORTANT RÉTABLISSEMENT DE LA CHARGE DE MAIRE A AMIENS.

Tout le monde connaît le fameux édit rendu par Louis XIV au mois d'août 1692 [1], en vertu duquel furent créés des offices de maires perpétuels, d'assesseurs et de commissaires aux revenus dans les hôtels de ville et communautés du royaume, Paris et Lyon exceptés. Les Amiénois se hâtèrent de profiter de l'occasion pour tâcher de recouvrer leur ancienne forme d'administration municipale.

Moyennant la somme de quatre-vingt-seize mille huit cents livres qu'ils offrirent au roi, ils obtinrent un arrêt du conseil du 18 novembre 1692, d'après lequel les offices nouvellement créés devaient être incorporés à la communauté de la ville, et le corps politique composé, outre les officiers subalternes, d'un maire et de six échevins élus chaque année comme les sept échevins qui formaient l'échevinage en vertu de l'édit de 1597 [2]. Il fut décidé que le maire jouirait des mêmes attributions et avantages que l'ancien premier échevin; qu'il pourrait convoquer les assemblées générales et particulières à l'hôtel de ville; qu'il recevrait le serment du procureur du roi et du greffier de la ville; qu'il assisterait à l'examen, reddition et clôture des comptes des deniers patrimoniaux, etc.; qu'il aurait des fonctions et droits semblables à ceux du maire qui eût été nommé par le roi, et qu'il serait dispensé, en entrant en charge, de prendre des lettres de provision et de con-

---

[1] Isambert, Recueil des ancien. lois françaises, t. XX, p. 158. — D'autres actes du même genre avaient précédé : Édit du roi portant création de procureurs du roi et greffiers des hôtels de ville. Vérifié en parlement le 28 juillet 1690. (Ibid., t. XX, p. 126.) — Édit du roi portant création des offices de conseillers-présidents, lieutenants, procureurs de Sa Majesté, greffiers et autres, etc., 1691, mai. — Arrêt du conseil d'État portant que, sur la requête des marchands et communautés des arts et métiers des villes d'Amiens et d'Abbeville, les offices de maîtres et gardes jurés créés par les édits des mois de mars et décembre 1691 seront incorporés auxdites communautés. (26 février 1692. — Copie sur papier certifiée aux archiv. départem. de la Somme, pap. de l'intendance, liasse intitulée : Réponse à l'ordonn. de l'intend. en date du 9 septembre 1762.)

[2] Voy., au sujet de cette affaire, une lettre adressée par M. de Chauvelin, intendant de Picardie, aux membres de l'échevinage d'Amiens et datée d'Arras, 28 septembre 1692. (Arch. de l'hôtel de ville d'Amiens, LXXVI° reg. aux délibérations, fol. 84 v°.)

firmation. Quelques facilités furent données aux Amiénois pour le solde des quatre-vingt-seize mille huit cents livres, prix des offices municipaux. On les autorisa à aliéner la ferme des vins, eaux-de-vie et tabacs, jusqu'à l'entier remboursement de la somme, et de plus à surseoir au payement des dettes de la ville, en acquittant seulement les intérêts [1].

Veu au conseil du roy les offres faictes en iceluy par les eschevins de la ville d'Amiens de payer ez mains du trésorier des revenus casuels de sa majesté la somme de quatre-vingts-huit mil livres pour la finance des offices d'un maire perpétuel, de six assesseurs et d'un commissaire aux revenus créez en icelle par édit du mois d'aoust dernier, sçavoir : soixante mille liv. pour l'office de maire, dix-huit mil livres pour ceux d'assesseurs, dix mil livres pour celuy de commissaire aux revenus et huit mil huit cens livres pour les deux sols pour livre desdites sommes, faisant ensemble celle de quatre-vingts-seize mil huit cens livres, moyennant qu'il plût à sa majesté unir et incorporer lesdits offices au corps de ladite ville et communauté, sans pouvoir en estre désunis pour quelque cause que ce fût, ordonner qu'à l'avenir le corps politique de la mesme ville seroit composé d'un maire et de six eschevins et autres officiers, desquels maire et eschevins l'élection seroit annuellement faite et en la manière pratiquée jusques à présent pour celle des sept eschevins instituez par édit du mois de novembre 1597, pour jouir par ledit maire des mêmes honneurs, droits, émoluments, priviléges, rang et séance, tant en l'hostel de ville, assemblées et cérémonies publiques qu'autres lieux dont jouissoit celuy qui portoit le titre de premier eschevin, avec faculté de convoquer les assemblées génerales et particulières en l'hostel de ville où il s'agiroit de l'utilité publique, du service de sa majesté et des affaires de ladite ville, recevoir le serment du procureur de sa majesté et du greffier de ville, présider à l'examen, reddition et closture des comptes des deniers patrimoniaux d'icelle, et généralement faire touttes et telles autres fonctions, jouir des mesmes droits dont auroit pu jouir celuy que sa majesté auroit pourveu dudit office de maire perpétuel, sans néantmoins que la ville soit tenue d'obtenir des provisions pour celuy qui seroit élu pour en faire les fonctions, non plus que pour les offices d'assesseurs et commissaire aux revenus. Veu aussy la requeste présentée à sa majesté par lesdits eschevins,

---

[1] Quittance par le trésorier des revenus casuels, signée Bertin, de quatre-vingt-huit mille livres, prix de la vente faite par le roi à la ville d'Amiens des offices de maire perpétuel, etc.; 25 septemb. 1693. (Arch. de l'hôtel de ville d'Amiens, liasse F 7, dossier 1er, pièce 2, invent. Gresset.) — Quittance de huit mille huit cents livres pour les deux sous pour livre de la somme de quatre-vingt-huit mille; 24 octobre 1693. (Id., ibid., pièce 3.)

tendante à ce que, pour donner à ladite ville moyen de payer ladite somme de 96800ʳ, il luy plût leur permettre d'emprunter les deniers à ce nécessaires et d'aliéner la ferme du droit qui se lève dans ladite ville sur les vins, eaux-de-vie et tabacs, dont le produit est, par arrest du conseil du 23 septembre 1687, destiné à l'acquittement des debtes d'icelle, jusqu'à ce que ladite somme fût acquittée, et cependant surseoir le payement desdites debtes, en payant néantmoins par lesdits eschevins les arrérages courants des rentes deues aux particuliers qui n'ont encore esté remboursées. Ouy le raport du sieur Phélipeaux de Pontchartrain, conseiller ordinaire au conseil royal, controlleur général des finances, tout considéré;

Le rey en son conseil, ayant égard aux offres et à la requeste desdits eschevins d'Amiens, a uny et incorporé au corps et communauté de ladite ville lesdits offices de maire perpétuel, d'assesseurs et de commissaire aux revenus, créez et establis en icelle par édit de sa majesté du mois d'aoust dernier, sans pouvoir en estre cy-après désunis pour quelque cause et occasion que ce soit, et sans que lesdits eschevins soient tenus de prendre des lettres de provision desdits offices, et en conséquence ordonne sa majesté qu'à l'avenir le corps politique de ladite ville sera composé d'un maire et de six eschevins et autres officiers, desquels maire et eschevins l'élection sera faitte annuellement et en la manière pratiquée jusqu'à présent pour celle des sept eschevins instituez par édit du mois de novembre 1597, sans qu'il soit besoin que le mayeur élu prenne des lettres de confirmation de sa majesté, pour jouir par ledit maire des mesmes honneurs, droits, émolumens, priviléges, rang et séance en l'hostel de ville, assemblées et cérémonies publiques et autres lieux dont jouissoit celuy desdits eschevins qui portoit le titre de premier eschevin, avec faculté de convoquer les assemblées généralles et particulières en l'hostel de ville où il s'agira du bien du service de sa majesté, de l'utilité publique et des affaires de ladite communauté, recevoir le serment dudit procureur de sa majesté et de ladite ville, du secrétaire ou greffier et du receveur des deniers communs, présider à l'examen, audition et closture des comptes des deniers patrimoniaux d'icelle, et généralement faire toutes et telles autres fonctions et jouir des mesmes droits et honneurs dont auroit pu jouir celuy que sa majesté auroit pourvueu dudit office de maire, sans que ledit maire annuellement élu soit tenu de prendre des provisions de sa majesté, ny que ladite communauté soit sujette à aucune taxe pour la confirmation dans la jouissance desdits offices, en payant par lesdits eschevins, suivant leurs offres, ez mains du trésorier des revenus casuels de sa majesté en exercice la somme de quatre-vingt-seize mil huit cens livres: sçavoir, soixante mil livres pour la finance de l'office de maire perpétuel, dix-huit mil livres pour celle des six assesseurs, dix mil livres pour l'office de commissaire aux revenus et huit mil huit cens livres pour les deux sols pour livre desdites sommes, et à cet effet leur a sa majesté permis et permet d'emprunter les deniers à ce nécessaires et aliéner la ferme du droit qui se lève en ladite ville sur les vins, eaux-de-vie et tabacs et jusqu'à l'acquittement des sommes qui seront par eux empruntées et intérest d'icelles et frais, sa majesté a surcis le payement des debtes de ladite ville en payant par elle les arrérages courants des rentes deües aux particuliers qui n'ont encore esté rembourcées, veut sa majesté que, dans les quittances de finances desdits offices qui seront expédiées, il puisse estre fait mention des deniers prestez à ladite communauté pour l'acquisition d'iceux; lesquels, ensemble les gages y atribuez, demeureront affectez et hypotéquez par privilége à ceux qui les auront prestez.

Signé : BOUCHERAT et PHELYPEAUX.

A Versailles, le dix-huitième novembre 1692.

Arch. imp., sect. administr., κ 610 30. — Voy. aussi arch. municip. d'Amiens, liasse ғ 7, dossier 1er, pièce 1re, invent. Gresset. — LXXVIe reg. aux délib. de la ville d'Amiens, fol. 94 v° et 95. — Biblioth. imp., collect. de D. Grenier, 1er paq., n° 2, p. 479.

L.

DÉLIBÉRATION DE L'ÉCHEVINAGE D'AMIENS SUR LA FORME DES ÉLECTIONS MUNICIPALES.

Le 22 septembre 1693, un an environ après le rétablissement de la mairie à Amiens, et deux jours avant l'époque du renouvellement de la loi, la forme des élections municipales fut soumise aux délibérations de l'échevinage. Les magistrats municipaux, comme on le voit par l'acte suivant, décidèrent que l'assemblée électorale, composée des maire et échevins, des conseillers et autres officiers de ville, des capitaines de quartiers, des capitaines des quatre compagnies privilégiées, des chefs de portes, etc., serait convoquée par le maire, à la requête du procureur du roi, et aurait lieu dans la grande salle de l'hôtel de ville avec le cérémonial accoutumé; que la retenue des deux anciens échevins et conseillers de ville se ferait par l'échevinage et les conseillers de ville, en la chambre du conseil, sur le réquisitoire du procureur du roi; que les bulletins de vote, remis au maire, paraphés aussitôt par le greffier de la ville, seraient déposés dans un coffre à deux clefs, l'une pour le maire, l'autre pour le procureur du roi; que le scrutin serait dépouillé par le procureur du roi, et que le maire brûlerait ensuite publiquement les billets.

Du vingt-deux septembre mil six cens quatre-vingt-treize, en l'assemblée tenue dans la chambre du conseil de l'hostel de ville d'Amiens.

Sur ce que monsieur François d'Amiens, faisant la fonction de maire, a représenté qu'il a convoqué la compagnie, où estoient messieurs les eschevins, conseillers de ville, le procureur du roy et le commis greffier d'icelle, pour déterminer le lieu, le temps et l'heure qu'on procederoit à la retenue des deux antiens eschevins, la compagnie ayant veu et examiné l'édit portant création de maire perpétuel de l'année 1692 et l'arrest du conseil d'Estat de la même année, portant que le roy unit et incorpore au corps et communauté de la ville d'Amiens les offices de maire perpétuel, d'assesseurs et conseillers aux revenus, créés et establis en icelle par ledit édict de 1692, sans en pouvoir estre cy-après désunis pour quelque cause que ce soit, et sans que lesdits eschevins soient tenus de prendre des lettres de provision desdites offices, et porte encore que généralement le maire annuellement esleu fera toutes et telles autres fonctions, et jouira des mêmes droits et honneurs dont auroit pû jouir celluy que sa majesté en auroit pourveu, et quy donne droit à M. le maire ou au corps politicque de la ville d'Amiens de jouir de tous les droits, honneurs et fonctions, priviliégez et prérogatives attribuez par ledit édict de 1692, tels que de convocquer les assemblées générales et particullières ès hostels de ville où il s'agira d'utilité publique, du service de sa majesté et des affaires de la communauté, de recevoir le serment des eschevins, capitaines et autres officiers, après qu'ils auront esté esleus dans les assemblées tenues ès hostels et maisons de ville, ausquelles présideront lesdits maires, sans qu'on puisse faire à l'advenir ailleurs lesdites eslections, avec deffences à tous seigneurs des villes et officiers de troubler lesdits maires dans les fonctions cy-dessus, ny s'entremettre et présider auxdites eslections et nominations ou à recevoir le serment desdits eschevins et officiers, et aux baillifs, séneschaux, leurs lieutenans et autres d'entreprendre à l'advenir de faire aucune fonction de maire dans les hostels de ville et autres lieux, ny de troubler lesdits maire, à peine de trois mil livres d'amende, dérogeant sa majesté à tous édits, déclarations, réglements et autres choses contraires, s'en réservant la connoissance et l'interdisant à toutes cours; sur quoy mondit sieur d'Amiens prioit la compagnie de deslibérer. L'affaire mise en deslibération;

La compagnie a résolu et arresté que l'eslection de messieurs les maire et

1693.
22 septembre.

eschevins et la retenue des deux autres eschevins se feront en la forme quy suit : assavoir, que l'assemblée, pour procedder à ladicte eslection et retenue, sera convocquée sur la requeste du procureur du roy, par monsieur le maire, au son de la cloche, de trompe et cris publicq; que cette assemblée, quy sera composée de messieurs les maire, eschevins, conseillers et autres officiers de ville, à laquelle présidera monsieur le maire, se fera en la grande salle de l'hostel de ville, où se trouveront les capitaines de quartier, capitaines des quatre compagnies privilégiées, les chefs de portes et autres nominateurs, suivant l'usage, et tous autres officiers de ville quy doivent figurer et faire fonctions en ladite eslection, quy sera faicte avec les mesmes cérémonies, honneurs, prérogatives qu'on a coustume d'observer, que la retenue des deux antiens eschevins et conseillers de ville se fera par lesdits sieurs maire, eschevins et conseillers de ville sur le réquisitoire dudit procureur du roy de ladite ville, en la chambre du conseil dudit hostel de ville, où présidera ledit sieur maire. De plus a esté arresté et statué que les brevets seront mis pliés par les nominateurs entre les mains de mondit sieur maire, quy, sans les desplier, les fera mettre sur le bureau pour estre paraphés par le greffier de la ville, ou son comis, et en mesme temps estre déposés dans un coffre à deux clefs, dont l'une sera ès mains de mondit sieur maire et l'autre ès mains dudit procureur du roy, pour estre lesdits brevets retirés et estre leus par ledit procureur du roy, ensuitte portés pliés à mondit sieur maire, pour les mettre ou faire mettre dans un autre coffre, pour, après tout ce que dessus observé, estre lesdits brevetz publicquement bruslés avant que l'assemblée se sépare.

Arch. de l'hôtel de ville d'Amiens, LXXVIe reg. aux délibér. de l'échevinage, fol. 127.

LI.

ARRÊT DU CONSEIL D'ÉTAT RELATIF AUX ÉLECTIONS MUNICIPALES D'AMIENS.

La décision prise le 22 septembre 1693, par l'échevinage d'Amiens, qui, en fixant la réunion des électeurs municipaux à l'hôtel de ville, excluait le lieutenant général de toute participation au renouvellement de la loi, avait presque aussitôt été appliquée; les magistrats municipaux avaient fait placarder dans les rues d'Amiens des affiches annonçant que les élections auraient lieu à l'hôtel de ville, et portant invitation à tous les électeurs de s'y rendre. Le lieutenant général vit dans ces actes un empiétement sur ses droits ; il ordonna, par sentence du 23 septembre, que, conformément à l'édit de 1597, les élections municipales auraient lieu devant lui, dans l'auditoire du bailliage, et fit défense aux électeurs de se réunir dans aucun autre lieu, à peine de cinq cents livres d'amende. M. de Chauvelin, intendant général de Picardie, fit provisoirement surseoir aux élections, et adressa au conseil d'État, sur le débat de l'échevinage et du lieutenant général, un rapport à la suite duquel il émit l'avis que les élections se fissent à l'hôtel de ville d'Amiens, sous la présidence du maire, et que l'intendant de la province fût autorisé à recevoir le serment du nouveau maire.

Par arrêt du 22 décembre 1693, le conseil d'État, après avoir pris connaissance des pièces produites par les parties, décide que les élections auront lieu à l'hôtel de ville, dans la forme voulue par l'édit de 1597 ; que la présidence de l'assemblée électorale sera dévolue à la personne qui aura rempli l'année précédente les fonctions de maire, et que, le lendemain de l'élection, le bailli, ou, en son absence, son lieutenant, ou le plus ancien officier du siége, recevra les serments des nouveaux magistrats [1].

1693.
22 décembre.

Veu au conseil d'Estat du roy le procez-verbal du sieur Chauvelin, conseiller d'Estat de sa majesté, intendant de police et finances en la province de Picardie et Artois, du 3.e de novembre dernier, par luy fait sur la contestation d'entre les mayeur et eschevins de la ville d'Amiens, d'une part, le lieutenant général au bailliage et siége présidial de ladite ville, à l'occasion de l'eslection des mayeur et eschevins qui se devoit faire le 24 septembre précédent, contenant que lesdits mayeur et eschevins ayant prétendu que ladite eslection devoit estre faite en la maison et hostel commun de la ville et que ledit lieutenant général en devoit estre exclus et n'en pouvoit prendre aucune connoissance, suivant la teneur de l'édit de création des offices de maires perpétuels de 1692, à l'effet de quoy, ayans esté mis à la diligence desdits mayeur et eschevins des billets et affiches qu'il seroit ledit jour procédé à ladite eslection audit hostel de ville, à ce que toutes personnes ayans droit de nomination eussent à s'y rendre, ledit lieutenant général au contraire auroit ordonné, par sentence du 23 dudit mois, que l'eslection desdits mayeur et eschevins se feroit par devant luy

---

[1] Un arrêt du conseil d'État fut rendu sur le même sujet, le 15 janvier 1694.

en la manière accoutumée, dans l'auditoire dudit bailliage, où les nominateurs seroient tenus de se trouver, avec deffenses à eux de se trouver ailleurs, pour ladite nomination, à peine de 500" d'amende et de prison, soutenant que la prétention desdits mayeur et eschevins est contraire à l'arrest du conseil du 18 novembre 1692, portant réunion de l'office de maire au corps de ladite ville, qui confirme l'édit de 1597, suivant lequel ladite eslection a toujours esté faite; sur quoy ledit sieur intendant, pour prévenir le trouble et la confusion que cette contestation auroit pu causer, auroit ordonné, sans préjudicier au droit des parties, qu'elles luy mettroient leurs pièces et mémoires de leurs prétentions, pour en estre par luy dressé procez-verbal et l'envoyer au conseil; cependant, qu'il seroit surcis à la nomination, eslection et à la retenue desdits mayeur et eschevins, jusqu'à ce qu'autrement il en eust esté ordonné, ensuite duquel est son advis, par lequel il estime que, sous le bon plaisir de sa majesté, il y a lieu d'ordonner que l'eslection, tant du maire que celle des eschevins de la ville d'Amiens, se fera dans l'hostel commun de ladite ville, où le maire présidera; et d'autant qu'en ce cas il est à propos de déterminer entre les mains de qui le maire prestera serment, sa majesté aura peut-estre agréable de prononcer que ce sera entre les mains de l'intendant, puisqu'elle a desjà renvoyé par devant luy les maires perpétuels pour leur réception; l'édit sur l'établissement des eschevins, justice et police de la ville d'Amiens du mois de novembre 1597, portant qu'au lieu d'un mayeur et vingt-quatre eschevins qu'il y avoit, il n'y aura à l'avenir que sept eschevins, dont un d'entr'eux sera choisy, qui aura le tiltre de premier eschevin, lequel avec les six autres seront esleus et renouvellez par chacun an le vingt-cinquiesme septembre; l'édit de création des maires perpétuels dans toutes les villes du royaume du mois d'aoust 1692, portant faculté aux pourveus desdits offices de convoquer toutes les assemblées génerralles et particulières où ils présideront et que les eschevins seront faits par devant eux, avec deffenses de les faire ailleurs qu'aux hostels de ville, et aux baillifs, leurs lieutenans et autres officiers, de s'immiscer esdites eslections, à peine de 3000" d'amende, etc.; arrest du conseil du 18 novembre audit an 1692, par lequel sa majesté a uny et incorporé au corps et communauté de ladite ville d'Amiens lesdits offices de maire perpétuel, d'assesseurs et de commissaires aux revenus, créez et établis en icelle par ledit édit du mois d'aoust 1692, sans pouvoir en estre cy-après désunis pour quelque cause et occasion que ce soit, et sans que lesdits eschevins soient tenus de prendre des lettres de provision desdits offices, et en conséquence ordonne sa majesté qu'à l'avenir le corps politique de ladite ville sera composé d'un maire et de six eschevins et autres officiers, desquels maire et eschevins l'eslection sera faite annuellement et en la manière pratiquée jusques à présent pour celle des sept eschevins instituez par ledit édit de novembre 1597, sans qu'il soit besoin que le mayeur prenne des lettres de confirmation de sa majesté, pour jouir par ledit maire des mesmes honneurs, droits, émolumens, priviléges, rang et séance en l'hostel de ville, assemblées et cérémonies publiques et autres lieux, dont jouissoit celuy desdits eschevins qui portoit le tiltre de premier eschevin, avec faculté de convoquer les assemblées génerallles et particulières de l'hostel de ville où il s'agira du bien du service de sa majesté, de l'utilité publique et des affaires de ladite communauté, recevoir le serment du procureur de sadite majesté et de ladite ville, du secrétaire ou greffier et du receveur des deniers communs, présider à l'examen, audition et closture des comptes des deniers patrimoniaux d'icelle, et généralllement faire toutes et telles autres fonctions et jouir des mesmes droits et honneurs dont auroit pu jouir celuy que sa majesté avoit pourveu dudit office de maire, sans que ledit maire annuellement esleu soit tenu de prendre des provisions, ny que ladite communauté soit sujette à aucune taxe pour la confirmation dans la jouissance desdits offices, en payant par lesdits eschevins, suivant leurs offres, ez mains du trésorier des revenus casuels en exercice la somme de quatre-vingt-seize mil huit cens livres, etc.; les mémoires fournis, tant par le sieur de Bar, gouverneur de ladite ville d'Amiens, que par les parties, et autres pièces produittes; ouy le raport du sieur Phelipeaux de Pontchartrain, conseiller ordinaire au conseil royal, controoleur général des finances;

Le roy en son conseil a ordonné et ordonne que l'eslection des maire, eschevins et autres officiers de la ville d'Amiens sera faite par les nominateurs ordinaires, ainsy qu'il est ordonné par l'édit de 1597, et que ladite eslection sera faite dans l'hostel commun de ladite ville, à laquelle présidera celuy qui aura fait la fonction de maire pendant l'année précédente; ordonne sa majesté que, le jour suivant de ladite eslection, le bailly d'Amiens ou en son absence son lieutenant ou le plus ancien officier du siége se transportera dans l'hostel de ville pour recevoir le serment de celuy qui aura esté esleu maire, lequel, après avoir presté serment, recevra celuy des eschevins et autres officiers qui auront été esleus. Signé: BOUCHERAT, DE BEAUVILLIER, PHELYPEAUX, PUSSORT, LE PELETIER et D'ARGOUGES.

A Versailles, le vingt-deuxième décembre 1693.

<small>Arch. imp., sect. administr., E 623 16. — Arch. de l'hôtel de ville d'Amiens, reg. aux délibér. de l'échev., n° 76, fol. 140 et 141.</small>

Du quinze janvier mil six cens quatre-vingt-quatorze.

Sur ce que mondit sieur le maire a dit à la compagnie que MM. Lecomte et Poirel, eschevins, sont de retour de la ville de Paris du jour d'hier au soir, en conséquence de la depputation faite de leurs personnes par acte du conseil de ville du 23 novembre dernier, pour soustenir au conseil l'exécution de l'acte de délibération faicte le 22 septembre pour la retenue des eschevins et nominations du maire et des eschevins quy se devoient faire le vingt-quatre dudit mois de septembre, et qu'ils ont rapporté arrest du conseil d'estat de sa majesté donné à Versailles le 22 décembre dernier, portant la manière que se fera la nomination et prestation de serment du maire et des eschevins, lequel arrest ils ont présentement mis sur le bureau et dont a esté faict lecture, lequel arrest il est nécessaire de faire enregistrer pour y avoir recours, sur quoy il prioit la compagnie de deslibérer.

Sur quoy la compagnie a résolu que ledit arrest sera enregistré à la suite des présentes et qu'il sera leu et publié l'audience tenante, et ont lesdits sieurs Lecomte et Poirel esté remerciés par la compagnie de leurs peine, zèle et affection.

Arch. de l'hôtel de ville d'Amiens, LXXVIe reg. aux délibérat. de l'échevin., fol. 140 et 141.

LII.

STATUTS DES HÔTELIERS, TAVERNIERS ET CABARETIERS D'AMIENS.

Nous avons donné plus haut divers statuts et ordonnances relatifs aux hôteliers, taverniers et cabaretiers d'Amiens, formant des corporations distinctes, ou rassemblés sous une même loi; voici à leur égard un nouveau document qui n'est point daté, mais qui paraît devoir être rapporté aux dernières années du XVIIe siècle; il contient trente-deux articles, dont quelques-uns méritent d'être remarqués [1].

Les hôteliers, taverniers et cabaretiers sont réunis en un seul corps (art. 3). — Les individus qui voudront entrer dans la corporation devront être nés en France ou avoir été naturalisés Français; appartenir à la religion catholique, apostolique et romaine; faire preuve de bonne vie et mœurs; justifier d'un an de séjour à Amiens ou dans la ban-

---

[1] Voy. en outre un arrêt du conseil dans un procès entre les esgards des marchands de vin et le fermier général. (13 août 1611. — Greffe de la cour d'appel d'Amiens; reg. aux chartes de l'élection coté 5, fol. 107 r°.) — Statuts des taverniers (1680, environ). — Autres statuts (31 août 1684).

lieue, et d'un an d'apprentissage chez un maître du pays; enfin payer une redevance de cent livres (art. 8, 9, 10, 15). — Les aubergistes ou marchands de vin qui, au moment de la promulgation du nouveau statut, exerceront une autre profession, seront obligés d'opter dans le délai de six semaines, à peine d'amende et de confiscation du vin (art. 14). — L'exercice du métier de marchand de vin, et de tout autre métier en dépendant, est interdit à ceux qui *manient poil et graisse*, c'est-à-dire aux bouchers, aux corroyeurs et aux tanneurs (art. 13). — Les marchands de vin ne pourront tenir qu'une boutique à la fois; cette mesure a pour objet de protéger, en maintenant la concurrence, les intérêts des petits débitants (art. 20). — La police intérieure et la direction administrative de la corporation sont confiées à quatre gardes électifs, qui resteront deux ans en fonctions, et seront chaque année renouvelés par moitié (art. 4, 5, 23). — Les gardes en charge, assistés de deux anciens gardes désignés à cet effet, constateront la capacité des personnes aspirant à entrer dans le métier, et seront présents à la réception des nouveaux maîtres et à leur prestation de serment (art. 2 et 7). — Les quatre gardes visiteront, non-seulement les caves des confrères, mais celles même des bourgeois et des privilégiés (art. 22). — Les gardes tiendront une comptabilité régulière; ils inscriront la recette des amendes, et rendront compte de l'emploi des fonds. Ils auront de plus un registre sur lequel seront transcrites les décisions des assemblées (art. 30, 31, 32).

1. Premièrement, que les hostelliers, taverniers, cabartiers, vendans vin, cidre et les vendans bierre ne feront qu'un même corps. *Après 1695.*

2. Que nul ne pourra estre receu en la communauté des hostelliers et cabartiers de laditte ville, fauxbourg et banlieue d'Amiens qu'en présence des quatre gardes en charge et deux anciens, qui seront élus à l'instant de l'élection des deux nouveaux gardes, pour assister à laditte réception et voir sy il est capable d'exercer laditte marchandise; et pour cet effet, quatre gardes en charge s'assembleront dans leur bureau tous les jours de mercredy, neuf heures du matin, de chaque semaine et proposeront et résoudront toutes sortes d'affaires quy se présenteront concernant le fait de laditte marchandise.

3. Que lesdits marchands de vin, cidre et bierre, hostelliers et cabartiers de cette ville, fauxbourg et banlieue d'Amiens, seront et demeureront à l'ave-

nir, comme ils ont estés jusqu'à présent, unis et incorporés en un seul et même corps et communauté; régy et gouverné sous même loy, statuts et ordonnances et par mêmes gardes, quy seront par eux élus en la forme cy-aprez déclarée, sans qu'à l'avenir ils se puissent séparer les uns des autres pour quelque cause et occasion que ce soit.

4. Que pour le bien et utilité publique dudit corps et communauté, direction et administration des affaires d'icelles, entreténement et exécution desdits statuts et ordonnances, demeureront quatre maistres gardes en charges, ainsy qu'ils ont toujours esté depuis le temps de leur élection; lesquels seront nommez et eslus en la forme et manière cy-aprez déclarée:

5. Que lesdits quatre maistres gardes qui sont et seront cy-aprez en charge, pour éviter à toutes confusions et désordres, à cause de la quantité de marchands qu'il y a audit corps, seront à l'advenir, comme tous les anciens gardes dudit corps et communauté, pour faire et dresser une liste des nouveaux et anciens gardes, pour ensuitte comparoistre par devant messieurs les maires et eschevins de laditte ville d'Amiens, au commencement du mois de may ou environ; et aprez avoir faits le serment en la forme et manière accoutumée, seront appellés, selon leur rang les uns après les autres, pour élire et donner leurs suffrages à deux anciens marchands de bonnes vies et mœurs et probité recognuz, pour entrer en laditte charge de gardes et en faire l'exercice et fonction, durant le temps et espace de deux années consécutives, au lieu et place de deux anciens, quy en sortiront tous les ans au jour et veille de l'Assomption ensuivant, lesquels gardes nouveaux élus feront le serment accoutumé par devant messieurs les maire et eschevins de la ville d'Amiens, de bien faire et exercer leurs charges en conscience, garder et observer exactement les visites, tant en général qu'en particulier, laquelle charge, aprez qu'ils y auront esté éslus, comme dit est cy-dessus, ne pourront refuser de l'accepter pour quelques cause et occasion que ce soit.

6. Que tous les marchands dudit corps et communauté quy seront deument averty pour assister et se trouver à laditte élection, y seront obligés, sur peine contre chacun des absens et deffaillants de soixante-quinze sols d'amende, moitié applicable aux pauvres et l'autre moitié à leur chapelle et au service divin quy s'y fait, sinon en cas de maladie ou légitime empeschement.

7. Que tous ceux qui font à présent estat et traficq de laditte marchandise de vin en cette ville d'Amiens et quy ont presté le serment par devant messieurs les maire et eschevins de laditte ville d'Amiens, en présence des gardes, en charge et des deux anciens, même ceux quy se sont trouvé au jour de la création de l'édit de mil six cent quatre-vingt-onze sans avoir presté le ser-

ment, seront aussy recognus et déclarés pour marchands de vin, et comme tels incorporés audit corps et communauté, pourveu qu'ilz ne dérogent à l'avenir aux statuts et ordonnances de laditte marchandise.

8. Que nul ne pourra estre receu cy-après pour faire état et traficq de laditte marchandise de vin, cydre et bierre dans la ville, fauxbourg et banlieüe d'Amiens, qu'au préalable il n'ait demeuré en laditte ville, fauxbourg et banlieue l'espace d'une année consécutive, fait preuve de ses vies et mœurs aux termes des édits et arrest de sa majesté, et registrer l'acte d'enregistrement, avant que d'estre admis au corps et communauté desdits marchands de vin.

9. Que celuy quy voudra estre receu dans ledit corps et communauté sera tenu de se faire inscrire dans les registres des maistres dudit corps et communauté et demeurer un an chez l'un desdits maistres, pour s'instruire de ce qui concerne ledit mestier et apprendre à servir et satisfaire le publicq, pourquoy, au jour qu'il souhaittera bailler sa requeste pour estre receu dans ledit corps, le temps cy-dessus expiré, il sera obligé de rapporter le certificat en forme, avec attestation de ses bonne vie et mœurs, pour pouvoir prêter le serment au cas requis par devant messieurs les maire et eschevins, les gardes présents, et sera tenu payer pour l'acte de son enregistrement trente sols entre les mains desdits gardes.

10. Qu'auparavant de procéder à la réception d'aucun marchand pour faire traficq de laditte marchandise de vin, lesdits gardes seront tenus [d'informer] des bonnes vie et mœurs, religion de celuy quy demandra à estre receu, afin que, s'il se trouve n'estre de la religion catolique, apostolique et romaine, ou qu'il fût diffamé de quelque vice notable dont il pût encourir noté d'infamie, ils en advertissent messieurs les maire et eschevins, pour estre rejetté de ladite marchandise de vin.

11. Et au cas que celuy quy se présentera pour estre receu et admis à laditte marchandise de vin, cydre et bierre, soit trouvé suffisant et capable de la qualité requise, lesdits gardes le présenteront pour luy faire faire le serment au cas requis, aprez qu'il aura payé la somme de cent livres pour les droits de laditte communauté et les droits deubs à la ville, ensemble ceux des gardes, tels que de trente sols à chacun desdits gardes conformément.

12. Que les fils des maistres quy voudront estre admis dans ledit corps et communauté des hostelliers et cabartiers de cette ville, fauxbourg et banlieuë, payeront les deux tiers de la susditte somme de cent livres, ceux deubs à la ville, ensemble les droits des gardes.

13. Pareillement qu'il sera deffendu à tous ceux quy manient poil et graisse en leur état de vendre vin, comme aussy aux vinaigriers, courtiers, jaugeurs,

tonneliers, deschargeurs et autres quy sont incompatibles avec laditte marchandise et quy exercent des états mécaniques, conformément aux anciens statuts et deffenses faites par les ordonnances de police.

14. Que tous ceux quy font à présent état et traficq de laditte marchandise de vin et quy font exercer ou exercent d'autres mestiers et vacations seront tenus d'opter dans six semaines aprez qu'ils en auront esté deument adverti par lesdits gardes, sur peine de confiscation du vin quy se trouvera à eux apartenir et de telle amende qu'il plaira à justice ordonner.

15. Que nul ne pourra estre receu audit estat et marchandise, s'il n'est originaire François, ou bien qu'il n'ait obtenu lettres de naturalité deument vérifiées où besoin sera.

16. Que les veuves desdits marchands de vin, tant en gros qu'en détail, hostelliers et cabartiers, durant le temps qu'elles demeureront en viduité, jouiront de pareils priviléges que leurs deffunts maris, et sy elles se remarient en secondes nopces ou qu'elles soient convincues d'avoir fait faute en leur veuvage, elles perdront leurs priviléges et ne pourront s'entremettre en laditte marchandise.

17. Que nul hostellier ny cabartier ne pourra vendre ny donner à menger en sa maison, durant le saint temps de carrême et autres jours de l'année viende deffendue par nostre mère sainte esglise.

18. Que nul marchands en détail ny cabartier ne donneront à boire ny à menger à aucuns habitans de la ville et fauxbourg d'Amiens les jours de dimanche et festes solemnellés, durant le service divin, suivant et conformément à l'ordonnance de pollice.

19. Que pour faciliter le traficq et donner moyens aux pauvres et médiocres marchands dudit corps et communauté de gagner leur vie, qu'à l'avenir il ne sera loisible ny permis à aucuns marchands de vin dudit corps, tel qu'il puisse estre, de tenir ny faire ouvrir dans la ville, fauxbourg et banlieue d'Amiens, aucune cave pour y vendre vin en détail, attendu qu'il n'est permis de tenir qu'une boutique ouverte.

20. Ne pourront lesdits marchands, outre la maison par eux occupée, en faire ouvrir d'autre pour y vendre vin en détail dans la ville, fauxbourg et banlieue de laditte ville, sous aucun nom suposé ny emprunté et pour quelque occasion que ce soit, sur peine contre les contrevenans d'estre descheus des priviléges de laditte marchandise de vin, confiscation des marchandises et telle amende qu'il plaira à justice ordonner.

21. Qu'il ne sera loisible ny permis à tous forains, tels qu'ils puissent estre, amenans vin en cette ditte ville pour y estre vendus en foire, de vendre leur vin qu'en gros d'une foire à l'autre, sans le pouvoir aucunement détailler.

22. Que pour éviter aux fraudes, abus et malversations quy se pourroient commettre en laditte marchandise, il sera permis auxdits maistres et gardes dudit corps et communauté, en faisant leurs visites ordinaires et extraordinaires, d'entrer dans toutes les caves et scelliers où l'on vendra vin en détail dans la ville, fauxbourg et banlieue d'Amiens, tant en celle des bourgeois que privilégiers, pour faire leur visitte, ainsy que sur les autres marchands, sans que pour ce il leur soit permis de prendre aucunes choses desdits bourgeois quy ne vendront que vin de leurs creus ny des privilégiers, ainsy feront lesdittes visittes gratis.

23. Que desdits maistres gardes en charge il en sortira deux par chacun an de laditte charge, au premier jour de may ou environ, et les deux nouveaux élus entreront en leur place, pour prendre fin et direction des affaires dudit corps et communauté, conjointement avec les deux anciens quy seront demeurés.

24. Que lesdits maistres et gardes, pour leurs vacations d'administrer cette charge, ne pourront prendre plus grands droits que ce quy est ordonné par les édits et arrêts de sa majesté, quy est, à la réception des nouveaux maistres, trente sols à chacun desdits gardes, comme dit est cy-devant.

25. Que tous marchands quy se feront recevoir bailleront au serviteur dudit corps et communauté desdits marchands de vin trente sols, en considéracion des services qu'il leur rend journellement et pour l'occasionner de bien et fidellement servyr à l'advenir ledit corps et communauté, sans diminution des salaires quy luy estoient attribués.

26. Ne pourront les enfans des maistres tenir hostellerie que l'espace d'un an aprez le décez de leurs pères et mère, pour débiter et rendre le reste des marchandises de vin quy se trouveront, à peine de trente livres d'amende, aplicables moitié à l'hospital et l'autre moitié à la communauté.

27. Que lorsque lesdits gardes procéderont au fait de visite de vacation par la ville, fauxbourg et banlieue d'Amiens, se pourront faire assister d'un commissaire ou sergent, si bon leur semble, pour leur donner main-forte et aide, et mesme, sy besoin est, faire ouverture et procéder par voye de scellé de tous les vins où ils sçauroient ou auroient appris quy y eschoit de visitation, il leur sera permis, pour éviter aux abus et malversations quy se pourroient commettre audit traficq de laditte marchandise de vin, d'entrer dans toutes les caves et scelliers qu'ils trouveront ouvertes où l'on vendra vin en détail, pour y faire le devoir de leur charge, sans que pour cela ils soient tenus de demander permission à messieurs les maire et eschevins de cette ville, par devant lesquels il en sera fait fidel raport.

28. Que lesdits gardes ne pourront entreprendre aucun procès ny affaire de conséquence où il y aura de l'intérest de corps et de communauté de la marchandise de vin, sans y appeler les autres gardes et prendre advis de ceux quy se trouveront à l'assemblée où ils seront mandés.

29. Que les hostelliers et cabaretiers de la ville, fauxbourg et banlieue d'Amiens seront maintenus et gardés dans les privileges portés par l'édit de sa majesté du mois de may 1693 et arrests des sept et quatorze avril audit an 1693, et, en conformité d'iceux, de donner à manger chez eux à toutes sortes de personnes.

30. Que lesdits gardes ne pourront admettre ny démettre aucun officier dudit corps, sans le consentement des anciens gardes, lesquels seront assemblés à cette fin dans leur bureau, pour en donner leur advis comme en toutes affaires de conséquence et importance, lesquels seront obligés de se trouver audit bureau lorsqu'ils auront esté duement advertis, à peine de soixante-quinze sols d'amende contre les défaillans, s'il n'y a excuse légitime, et laquelle est levée sans qu'il soit besoin d'aucune condamnation allencontre d'eux; et pourront estre contrains en vertu du présent arrest au payement d'icelle, desquelles amendes lesdits gardes en charge seront tenus de faire le recouvrement et tenir registre des sommes qu'ils toucheront, à l'effet d'estre employées au payement desdittes rentes et charges de ladite communauté, desquelles sommes lesdits gardes seront tenus rendre compte et de l'emploi d'icelles, et qu'à cette fin il sera fait un registre où il sera fait mention des propositions et délibérations quy se feront auxdittes assemblées, lesquelles délibérations seront signées sur le registre par les présens quy assisteront auxdittes assemblées.

31. Que lesdits maistres et gardes anciens, à la fin des deux années de l'exercice de leur charge, bailleront les présentes ordonnances avec tous les registres, titres, sentences, arrests et autres papiers et enseignemens concernants le fait et traficq de ladite marchandise de vin aux deux gardes quy leur succéderont, avec un ample inventaire de tous lesdits registres, titres, papiers et enseignemens, dont lesdits deux anciens gardes quy demeureront seront obligés et contrains à l'avenir de faire la même chose à ceux quy succéderont à leurs charges, et tous ceux quy les posséderont aprez eux seront tenus de faire la même chose et de tout ce quy sera fait pendant leurs années dernières.

32. Que lesdits gardes seront tenus et obligés de rendre compte de la recepte et dépences qu'ils auront faites durant ladite année de leur exercice, dans trois mois au plus tard, par devant les anciens gardes dudit corps quy auront rendus leurs comptes et les quatre quy seront en charge, à peine de cens livres d'amende aux contrevenans, au proffit de ladite communauté, sur la première

XVIIᵉ SIÈCLE.

sommation quy leur sera faite de la part de laditte communauté, lesquels six anciens seront élus et nommés au même temps et à l'élection des nouveaux gardes, lesquels prêteront aussy le serment par devant messieurs les maire et eschevins de cette ditte ville, et, en cas de contestation, les autres anciens dudit corps et communauté, et seront appelés pour régler les difficultés aprez que lesdits gardes anciens auront rendu leurs comptes en la fourme susditte, seront obligés, au cas qu'ils se trouvent reliquataires, de mettre ce quy restera en leurs mains en celles des nouveaux gardes quy demeureront en leur place, pour subvenir aux affaires dudit corps, dont ils rendront compte.

Arch. de l'hôtel de ville d'Amiens, liasse cotée D 8, pièce 12, dans l'inventaire de Gresset.

LIII.

ARRÊT DU CONSEIL D'ÉTAT, AU SUJET DE DIVERS OFFICES DE LA VILLE D'AMIENS.

Par édit du mois de mars 1694, le roi avait érigé en offices, dans toutes les villes fermées du royaume, les charges de colonels, capitaines et lieutenants des milices bourgeoises, ainsi que celles de substituts, contrôleurs et receveurs des deniers patrimoniaux [1]. Les Amiénois, pour réunir tous ces offices à leur échevinage, et rester exempts, comme par le passé, de toute contribution pour le ban et l'arrièreban [2], adressèrent une requête au roi, et lui offrirent une somme de trente-trois mille livres. M. de Bar, gouverneur d'Amiens, qui, de son côté, voulait se rendre acquéreur des charges de la milice bourgeoise, fit des enchères et obligea la ville à élever ses offres jusqu'à quarante-quatre mille francs.

Le conseil d'État fut appelé à décider entre le gouverneur et les magistrats municipaux. Ceux-ci prétendaient que la ville n'avait jamais été privée par aucune ordonnance ou arrêt du droit de nommer aux places de capitaines, lieutenants, chefs de portes et autres charges des

---

[1] Isambert, Rec. des anc. lois franç., t. XX, p. 219. — Cet édit conférait aux officiers des milices bourgeoises : 1° le droit d'assister aux assemblées de l'hôtel de ville; 2° de prendre part aux élections municipales; 3° de faire admettre dans le corps de ville, à chaque renouvellement de l'échevinage, l'un d'eux comme échevin; 4° d'assister aux cérémonies publiques à la gauche du corps municipal.

(Factum adressé par les maire et échevins d'Amiens au contrôleur général des finances; 30 mars 1765.)

[2] Arrêt du conseil d'état qui maintient les Amiénois dans tous leurs priviléges, franchises et exemptions, notamment dans la franchise du ban et arrière-ban; 17 avril 1696. (Copie conservée au ministère de l'instruct. publ.)

compagnies bourgeoises, mais seulement par l'autorité des gouverneurs; que la concession faite à la ville par l'édit du mois d'août 1692 deviendrait inutile, si le gouverneur conservait la nomination des offices de milice bourgeoise, etc. De son côté, M. de Bar, dans sa requête, cherchait à établir qu'en vertu de l'édit de 1597, c'était au gouverneur, à l'exclusion de tous autres, qu'appartenait et devait appartenir le commandement militaire à Amiens.

Le conseil rendit, le 19 avril 1695, sur le rapport de M. Phelypeaux de Pontchartrain, l'arrêt qu'on va lire, et dont voici les dispositions principales :

Les officiers des seize compagnies de la milice bourgeoise, capitaines, lieutenants, enseignes et chefs de portes, seront choisis, moitié par le maire et les échevins, et moitié par le gouverneur. Ils seront enregistrés au greffe de l'hôtel de ville et à celui des portes, et ils prêteront serment devant le gouverneur et en son absence devant le maire. Ils auront à concourir à l'élection des membres de l'échevinage. Le nombre des chefs de portes est réduit à six par compagnie; les grades de colonel et de major sont supprimés. Les magistrats municipaux pourront disposer, en faveur de qui bon leur semblera, des offices de substitut de procureur du roi et de contrôleur des deniers patrimoniaux. Une somme de quarante-quatre mille livres, plus deux sous pour livre, sera payée comme finance des nouveaux offices [1]; les artisans et les *gens de profession mécanique* ne pourront remplir les grades de capitaines, de lieutenants et d'enseignes; quant aux chefs de portes, on les choisira parmi les habitants notables, et ils seront hiérarchiquement distribués dans les compagnies, selon leur *état et condition* [2].

---

[1] Les capitaines furent taxés à douze cents livres, les lieutenants privilégiés à mille cinquante livres, les lieutenants non privilégiés à trois cent cinquante livres, les chefs de portes à cent vingt livres. (Arrêt du conseil d'état du 11 juin 1709. — Arch. imp., sect. administr., z, 805 9⁵.)

[2] Arrêt du conseil, qui reçoit les soumissions faites par les officiers de la milice bourgeoise d'Amiens. Ces officiers seront tenus d'avancer, par forme de prest, la somme de treize mille quatre cent dix livres et les deux sols pour livre, à quoy la ville a été taxée pour être maintenue dans ses priviléges, et notamment dans ses exemptions de ban et arrière-ban; desquelles sommes sera payé l'intérêt auxdits officiers au denier dix-huit. (Copie authent. sur parchemin aux arch. de l'hôtel de ville d'Amiens, liasse cotée B 7, dossier 3, pièce 10, dans l'invent. de Gresset.)

Veu au conseil d'Estat du roy les requestes présentées en iceluy, la première par les maire et eschevins de la ville d'Amiens et la seconde par le sieur de Bar, gouverneur de la ville et citadelle dudit Amiens, celle desdits maire et eschevins contenant que, depuis l'édit du mois de février 1597 et le réglement fait en conséquence le 23 dudit mois, qui ont changé la forme du gouvernement de ladite ville, ils ont esté insensiblement privez de la disposition des places de capitaines, lieutenans, chefs de portes et autres charges des compagnies bourgeoises pour la garde de ladite ville, sans que ce droit ancien, dont ils avoient jouy de tout temps, leur ait esté osté par aucun édit, déclaration, réglement ny arrest, mais seulement par l'autorité des gouverneurs, qui ont trouvé en divers temps de la facilité à se l'attribuer, sous prétexte que le commandement des gens de guerre leur a esté donné, ce qui ne se peut entendre de la milice bourgeoise et des chefs de portes, et d'autant que, par édit du mois de mars 1694, sa majesté a érigé en tiltre d'office les estats et employs de milice bourgeoise, qu'elle a pareillement créé un office de substitut de son procureur, un autre office de contrôleur des octroys et un receveur des deniers communs et patrimoniaux des villes du royaume, les suplians désireroient réunir toutes ces charges au corps et communauté de ladite ville, ce qui est d'autant plus juste que, moyennant une somme de cent mil livres, sa majesté a eu la bonté d'unir audit corps et communauté la charge de maire perpétuel créé par édit du mois d'aoust 1692, et comme ce sont les officiers de la milice bourgeoise et les chefs de portes qui, dans le nombre des habitans, font l'eslection du maire et des eschevins, la grâce de cette union de l'office de maire demeureroit inutille à ladite ville et le payement desdits cent mil livres entièrement infructueux, sy ledit sieur de Bar, gouverneur, avoit l'entière disposition desdits offices des compagnies bourgeoises et chefs de portes, joint que ce seroit toujours laisser les habitans de la ville dans une espèce de servitude, à la diférence des autres villes de la province de Picardie, quoique Amiens en soit la capitalle, elle se trouveroit en cela distinguée d'Abbeville, Péronne, Noyon, Soissons, Laon, Rheims, Lyon et autres, contre l'intention de sa majesté, de sorte que les suplians auroient fait des offres de lever tous lesdits offices, et d'en payer une somme de trente-trois mil livres avec les deux sols pour livre, pour en jouir conformément à l'édit de création et y estre pourveu, ensemble aux places de chefs des portes de personnes capables et de distinction. Mais ledit sieur de Bar, désirant se maintenir dans l'autorité que se sont attribuez les précédens gouverneurs, auroit fait des enchères et réduit ladite ville à en faire de sa part jusques à la somme de. . . . . A ces causes et attendu que les habitans de ladite ville sont inquiétez dans la jouissance du privillége de leur exemption du ban et arrière-ban, les suplians requéroient qu'il plust à sa majesté recevoir leurs offres de payer ladite somme de trente-trois mil livres et les deux sols pour livre, en quatre payemens égaux de trois mois en trois mois, pour la finance des offices de colonel, major, capitaines, lieutenans, enseignes et sergens des compagnies bourgeoises créées par édit du mois de mars 1694 et des offices de substituts du procureur du roy de la ville, controlleur des deniers patrimoniaux et d'octroy, pour estre lesdits offices unis à la communauté de ladite ville et pouvoir par elle en disposer, ensemble des places de chefs de portes, et y estre par ladite ville pourveu de personnes capables, auquel effet les quittances de finances et lettres à ce nécessaires leurs seroient délivrées; ce faisant, ordonner que les habitans de laditte ville demeureront maintenus dans l'exemption du ban et arrière-ban, suivant les lettres pattentes de sa majesté, celles des roys ses prédécesseurs et l'arrest du conseil d'estat du 17 juin 1693, mesme de toute contribution audit ban et arrière-ban, et en conséquence, les descharger des taxes faites sur eux pour raison de ce, avec restitution des sommes qu'aucuns desdits habitans pouvoient avoir esté contraints de payer pour la finance desdits offices créez dans ledit ban et arrière-ban; et celle dudit sieur de Bar, contenant que, par l'édit et le réglement de 1597, le roy Henry IV° ayant, pour des considérations très-justes, suprimé le mayeur et les eschevins qui estoient établis dans la ville d'Amiens, auroit changé tout le gouvernement et créé un gouverneur particulier, auquel il auroit attribué le soin des armes et le commandement des gens de guerre, lequel, suivant la disposition de cet édit, a depuis eu l'entière disposition des charges de capitaines, lieutenans, enseignes et autres officiers de milice bourgeoise, ausquels il a toujours pourveu, ce qu'il justifie par des actes autentiques et par des certificats desdits officiers de milice et des eschevins mesme; mais sa majesté ayant, par son édit du mois de mars 1694, créé en office toutes lesdites charges, se trouveroit dépouillé de la plus belle partie de son gouvernement et hors d'estat de pouvoir contenir dans le devoir et la fidélité qu'ils luy doivent, si elle accorde aux maire et eschevins lesdits offices pour en disposer comme ils le prétendent, c'est ce qui l'oblige d'offrir à sa majesté, pour luy marquer son zelle dans l'occasion présente des besoins de l'estat, de payer et fournir une somme de trente-cinq mil livres et les deux sols pour livre pour la finance de tous lesdits offices de milice bourgeoise de la ville, et pour ceux de substitut du procureur du roy et de contrôleur des deniers communs d'octroy et patrimoniaux, pour conserver ses droits de la disposition d'iceux en faveur de quy bon luy semblera; à ces causes, requéroit ledit sieur de Bar qu'il plust à sa majesté recevoir ses offres de payer ladite somme de trentre-cinq mille livres et les deux sols pour livre pour la finance desdits offices, pour en faire et disposer comme il avisera, et se conserver la faculté de choisir comme il a toujours fait ceux de milice bourgeoise et y pourvoir de personnes capables, et à cet effet luy en estre les quittances de finances expédiées. Acte du 27 février dernier, contenant les offres et sumission desdits maire et eschevins, stipullez par Me Nicolas Grouin, sieur de Préval, leur député, de payer deux mil livres au-dessus des 35,000^{tt} de principal et deux sols pour livre offerte par ledit sieur de Bar pour lesdits offices de colonel, major, capitaines, lieutenans, enseignes, chefs de portes ou quarteniers et sergens des bourgeois et habitans de ladite ville, et encore desdits offices de substitut du procureur du roy et de contrôleur desdits deniers patrimoniaux et d'octroy, pour pourvoir auxdites charges par lesdits maire et eschevins ceux desdits bourgeois et habitans qu'ils adviseront bien, lesquels jouiront des privilléges et exemptions qui leurs sont attribuées, et pour estre en outre les habitans de la ville et fauxbourgs et banlieue d'Amiens maintenus dans leurs privilléges et exemptions de ban et arrière-ban et contribution d'iceux, à condition que lesdits maire et eschevins pourront répéter les sommes qui auront esté payées pour raison dudit ban et arrière-ban par ceux qui les ont receus. Autre acte du dernier dudit mois de février dernier, contenant l'offre et submission dudit sieur de Bar de payer à sa majesté 2,000^{tt} au-dessus de la dernière enchère faite par lesdits maire et eschevins. Autre acte du mesme jour, par lequel ledit de Préval, député, a offert de payer la somme de 1,000^{tt} au-dessus de celle de 39,000^{tt} de principal et 2^s pour livre offerte par ledit sieur de Bar. Acte du 4 mars présent mois, contenant les protestations faites par les sieurs Hoschedé et Galland, eschevins, contre les offres faites par le maire et les autres eschevins de ladite ville et délibérations prises à l'hostel de ville. Autre protestation des sieurs Dailly et Sallé, conseillers de ville, du 5e mars. Acte du 7e dudit mois de mars, contenant les offres de submission dudit sieur de Bar de payer trente mil livres, y compris les deux sols pour livre pour la finance desdites charges de colonel, major, capitaine, lieutenant, enseigne, chefs des portes ou quarteniers et autres officiers de milice, parce que toutes les charges seront réunies au gouvernement et qu'il pourra nommer et pourvoir ceux desdits habitants capables, comme ont fait les gouverneurs qui l'ont précédé, en le remboursant desdites xxx$^{mil.\ tt}$, suivant la répartition qu'il en fera, et en outre de payer la somme de quatorze mille livres, aussy compris les deux sols pour livre pour la finance desdites offices de substitut et de controlleur des deniers patrimoniaux et d'octroy, et la confirmation de l'exemption du ban et arrière-ban, conformément à l'édit de 1597, qui sera exécuté, ledit édit et réglement du mois de novembre 1597. Provisions de la charge de greffier des portes délivrées par les sieurs duc de Chaulnes et marquis de Bar, gouverneurs de la ville d'Amiens. Arrest du conseil contradictoirement rendu le 2 juin 1655, entre M. le duc d'Elbœuf, gouverneur de la province de Picardie, et le feu sieur de Bar, gouverneur particulier de la ville et citadelle d'Amiens, qui ordonne l'exécution desdits édits et réglement de 1597, et que le gouverneur particulier d'Amiens et en son absence le bailly ou son lieutenant convocque l'assemblée qui a accoutumé de se faire le 24 septembre pour l'eslection des eschevins, etc. Autre arrest du conseil du 20 février 1657, par lequel sa majesté auroit confirmé l'ordonnance rendue par le sieur de Bar, portant révocation de tous les chefs de portes, et qui ordonne que ledit sieur de Bar fera choix, remplisse et pourvoye auxdites charges de personnes capables, avec pouvoir de destituer ceux qui ne feront pas leur devoir, etc. Ordonnance dudit feu sieur de Bar, gouverneur, du 14 septembre 1675, par laquelle il auroit cassé la compagnie de milice bourgeoise commandée par le sieur de Sachy, capitaine. Plusieurs certificats des capitaines et officiers de milice de ladite ville et des eschevins, contenant que ledit feu sieur de Bar a toujours pourveu auxdites charges de milice. L'édit du mois de mars 1694, portant création des charges de colonels, capitaines, majors et lieutenans des bourgeoisies dans les villes et bourgs fermez du royaume. Copie des lettres pattentes du roy Louis XIe, du mois de février 1470, portant confirmation de la capitulation accordée aux habitans de ladite ville par le comte de Dammartin, général des armées du roy, avec exemption du ban et de l'arrière-ban, registrées en la chambre des comptes le 27 avril 1471, et, par les généraux des finances, le 15 février 1470. Lettres pattentes de confirmation desdits privilléges du roy Charles VIIIe, du mois d'octobre 1483. Autres lettres de confirmation du roy Louis XIIe, du mois de may 1498. Autres du roy François Ier, du mois de mars 1514. Autres du roy Henry II, du mois de décembre 1547, registrées en la chambre des comptes. Autres de François IIe, du mois de janvier 1559, registrées au parlement et chambre des comptes le 23 mars audit an et 2 may 1560. Plusieurs ordonnances des baillifs de Ponthieu et de Beauvoisis, qui deschargent lesdits habitans dudit ban et arrière-ban, en conformité desdites lettres de privilléges des années 1568, 1573, 1574 et 1587. Arrest du conseil du 17 juin 1673, par lequel lesdits habitans sont maintenus dans leurs privilléges et notamment dans l'exemption du ban et arrière-ban et de toutes contributions d'iceux. Les réponses de M^e . . . . . Dommartin, chargé de la vente desdits offices de milice de la bourgeoisie. Ouy le raport du sieur Phelypeaux de Pontchartrain, conseiller ordinaire au conseil royal, contrôleur général des finances;

Le roy en son conseil, faisant droit sur lesdites requestes respectives, a ordonné et ordonne que du nombre des officiers des seize compagnies dont la milice bourgeoise de la ville d'Amiens est composée, le sieur de Bar, gouverneur, aura la nomination, provision et entière disposition des offices de huit compagnies, et les maire et eschevins auront pareillement la nomination, provision et entière disposition des offices des huit autres compagnies, pour estre les offices remplis et exercez par ceux des habitans d'Amiens qui seront nommez et choisis par ledit sieur de Bar et par les maire et eschevins, en faire par les pourveus les fonctions en la manière accoutumée, jouir par les seize capitaines et quatre plus anciens lieutenans seulement des priviléges portez par l'édit du mois de mars 1694 et avoir par les seize capitaines et quatre lieutenans, avec les autres lieutenans et enseignes desdites compagnies et chefs de porte, voix élective à la nomination des maire et eschevins, auquel effet sa majesté a réduit le nombre des chefs de porte à six au lieu de huit, pour chaque compagnie; et vaccation avenant par mort ou autrement des officiers et chefs de porte, il y sera pourveu par le sieur gouverneur et par les maire et eschevins, chacun pour les charges et places de chefs de porte qui leur appartiennent, à condition par les pourveus desdits offices d'en rembourser le prix aux veuves et héritiers, et seront les provisions desdits offices enregistrées dans le greffe de l'hostel de ville et en celuy des portes, le serment desquels officiers sera receu par le sieur gouverneur et en son absence par le maire; et à l'égard des offices de colonel et major, sa majesté ordonne qu'ils demeureront éteints et suprimez, sans que, sous quelque prétexte que ce soit, ils puissent estre cy-après restablis; comme aussy sa majesté ordonne que les maire et eschevins pourront disposer en faveur de qui bon leur semblera des offices de substitut du procureur de sa majesté et de controlleur des deniers communs, patrimoniaux et d'octroy de la ville, créez par autre édit dudit mois de mars 1694, et à cette fin les quittances de finance de tous lesdits offices seront délivrées aux maire et eschevins, en payant par eux la somme de quarante-quatre mil livres, y compris les deux sols pour livre, en quatre payemens égaux de trois en trois mois, à compter du jour et datte du présent arrest, et pour donner moyen aux maire et eschevins de payer la susdite somme, sa majesté leur a permis et permet d'en faire la répartition, ensemble des frais de l'arrest, sur tous les particuliers qui seront pourveus desdits offices de la milice bourgeoise, sur ceux qui seront nommez pour remplir les places de chefs de porte, de substitut du procureur du roy et de controlleur des deniers communs, lequel estat de répartition sera communiqué audit sieur gouverneur avant qu'il puisse estre mis à exécution, et seront les sommes contenues audit estat mises ez mains du receveur de la ville et les provisions expédiées en conséquence par ledit sieur gouverneur et par les maire et eschevins, chacun pour ce qui les concerne, sur les quittances dudit receveur; ordonne sa majesté que les charges de capitaines et de quatre lieutenans qui doivent jouir des priviléges et exemptions accordez par ledit édit ne pouront estre remplies que par des personnes distinguées, comme officiers de sa majesté et notables bourgeois ou gros marchands ; qu'aucuns artisans ny autres de profession mécanique ne pouront estre admis aux autres charges de lieutenans et enseignes ny remplir les places de chefs de porte, qui auront leur rang dans chacune desdites compagnies de milice bourgeoise suivant leur estat et condition, et ne poura estre nommé pour remplir les places de chefs de porte plus de vingt personnes d'une mesme profession.

Signé : BOUCHERAT, DE BEAUVILLIER, PHELYPEAUX, PUSSORT, LE PELETIER et D'ARGOUGES.

A Versailles, le dix-neufvième avril mil six cens quatre-vingt-quinze.

Arch. imp., sect. administr. E, 638 63.

LIV.
ARRÊT DU CONSEIL PRIVÉ PORTANT RÉUNION DE LA MALADRERIE DE LA MADELEINE A L'HOTEL-DIEU D'AMIENS.

L'exécution d'un édit de septembre 1672, rendu en faveur de l'ordre de Saint-Lazare [1], ayant donné lieu à un procès entre les membres de cet ordre et les magistrats municipaux d'Amiens, la chambre royale pour la réformation des hôpitaux rendit, le 17 février 1674, un arrêt par lequel la ville d'Amiens fut condamnée à se dessaisir des biens de la maladrerie de la Madeleine, en gardant seulement la possession des bâtiments et des enclos qui servaient au logement des personnes atteintes de maladies contagieuses, et de leurs médecins, apothicaires et gardiens [2].

[1] Un arrêt du conseil d'état, rendu le 5 janvier 1665, avait révoqué la nomination d'un administrateur de la maladrerie d'Amiens faite par le grand aumônier de France, et maintenu les maire et échevins dans l'exercice de cette charge. (Arch. de l'hôtel de ville d'Amiens, F 3, liasse 1re, pièce 29, invent. Gresset. — Arch. imp., sect. administr., E, 1728.) — Voy. aussi une requête de l'échevinage d'Amiens au cardinal du Perron, grand aumônier de France, pour être maintenu dans l'administration de la maladrerie. (Arch. de l'hôtel de ville d'Amiens, B 3, invent. Gresset, pièce n° 4.)

[2] Arch. de l'hôtel de ville d'Amiens, liasse cotée F 3, dossier 1er, pièce 32, 33, invent. Gresset. — Transaction par-devant notaires entre l'ordre de Saint-Lazare et les échevins d'Amiens, par laquelle il est dit que l'échevinage conservera la propriété du fief de la Carnée, dépendant de la maladrerie de la Madeleine, à condition de payer à l'ordre de Saint-Lazare deux cents livres de rente foncière, assises sur la cure de la Madeleine. (18 janv. 1675. — Arch. de l'hôtel de ville d'Amiens, F 3, liasse 1re, p. 34, invent. Gresset.)

XVIIe SIÈCLE.

Au bout de quelques années, dans le mois de mars 1693, Louis XIV, par un nouvel édit, ordonna que les maladreries seraient remises entre les mains des anciens possesseurs, sous la condition que ceux-ci justifieraient de titres suffisants, et l'échevinage d'Amiens demanda en conséquence à reprendre possession de la maladrerie de la Madeleine [1]. L'ordre de Saint-Lazare refusa de délaisser cette maison, en alléguant, entre autres motifs, que les maire et échevins ne possédaient point de titres suffisants pour appuyer leurs prétentions, et que les revenus de la maladrerie seraient par eux appliqués à des usages profanes; de leur côté, les magistrats municipaux produisirent divers factums [2] pour établir leur ancien droit de possession, et repousser l'accusation qu'on faisait peser sur eux de vouloir employer les revenus de la Madeleine à des objets autres que le soulagement des pauvres et des malades; ils rappelèrent à ce propos leur conduite passée, et les sacrifices faits par eux en temps de maladie épidémique, notamment dans les années 1668 et 1669, où ils avaient dépensé soixante-trois mille huit cents francs. Le conseil privé, devant lequel l'affaire fut portée, donna gain de cause à l'échevinage, et, par arrêt du 13 juillet 1695 [3], il replaça la maladrerie de la Madeleine sous la juridiction municipale, en l'unissant à l'hôtel-Dieu d'Amiens, ainsi que les maladreries de Villers-Bocage, Behencourt, Pont, etc., à la charge pour l'hôtel-Dieu de recevoir les malades de ces diverses localités.

Vû par le roy en son conseil les avis du sieur évêque d'Amiens et du sieur Bignon, conseiller de sa majesté en ses conseils, maître des requestes ordinaires de son hôtel, intendant et commissaire départi en la généralité d'Amiens, sur l'employ à faire au proffit des pauvres des biens et revenus des maladeries, hôpitaux et hôtels-Dieu y mentionnés du diocèse d'Amiens, en exécution de l'édit et des déclarations des mois de mars, avril et aoust mil six cent quatre-

1695
13
juill.

---

[1] Requête présentée au roi par les habitants d'Amiens, en date du 10 décembre 1693. (Arch. de l'hôtel de ville d'Amiens, liasse F 3, dossier 1er, pièce 2.) — Voy. aussi une requête de l'échevinage au conseil privé, en date du 10 février 1694. (Id., ibid., pièce 36, invent. Gresset.)

[2] Mémoire de l'affaire de la maladrerie de la Madeleine. (Arch. de l'hôtel de ville d'Amiens, pièces non cotées, liasse M 3.)

[3] Arrêt du conseil privé, du 7 février 1695, qui maintient les échevins d'Amiens en la possession et jouissance de leurs droits, comme fondateurs et administrateurs de la maladrerie d'Amiens, etc. (Arch. de l'hôtel de ville d'Amiens, F 3, liasse 1re, pièce 37, invent. Gresset.)

vingt-treize, ouy le rapport du sieur Defoury, conseiller d'État, et suivant l'avis des sieurs commissaires députés par sa majesté pour l'exécution desdits édits et déclarations, et tout considéré;

Le roy en son conseil, en exécution desdits édits et déclarations, a uni et unit à l'hôtel-Dieu de la ville d'Amiens tous les biens et revenus de la maladerie de la Madelaine de ladite ville, et ceux des maladeries de Villers-Bocage, Behencourt, Pont, Bussy, Flesselle, Honbercourt, Trouville, Bonnay et Boves, pour en jouir du premier du présent mois, et estre lesdits revenus employés à la nouriture et entretient des pauvres malades dudit hôtel-Dieu, à la charge de satisfaire aux prières et services de fondation dont peuvent estre tenus lesdites maladeries, et de recevoir les pauvres malades de Villers-Bocage, Behencourt, Pont, Bussy, Flesselle, Honbercourt, Trouville, Bonnay et Boves, à proportion des revenus des maladeries desdits lieux, et en conséquence ordonne sa majesté que les titres et papiers concernant lesdites maladeries, biens et revenus en dépendant, qui peuvent estre en la possession de Me Jean-Baptiste Macé, cy-devant greffier de la chambre royale aux archives de l'ordre de Saint-Lazare, et entre les mains des commis et préposés par le sieur intendant et commissaire départi en la généralité d'Amiens, même en celle des chevaliers dudit ordre, leurs agens, commis et fermiers ou autres qui jouissoient desdits biens et revenus avant l'édit du mois de mars mil six cent quatre-vingt-treize, seront délivrés aux sieurs administrateurs dudit hôtel-Dieu; à ce faire les dépositaires contraints par toutes voyes, ce faisant ils en demeureront bien et valablement déchargés, et pour l'exécution du présent arrêt seront toutes lettres nécessaires expédiées. Fait au conseil privé du roy, tenu à Paris le treisième jour de juillet mil six cent quatre-vingt-quinze.

Louis, par la grâce de Dieu, roy de France et de Navarre, à tous présents et à venir, salut. Nos chers et bien-amez les administrateurs de l'hôtel-Dieu de la ville d'Amiens nous ont fait remontrer que, sur les avis de nos amez et féaux les sieurs évêque d'Amiens, et du sieur Bignon, notre conseiller en notre conseil, maître des requêtes ordinaires de notre hôtel, intendant et commissaire par nous départy en la généralité dudit Amiens, sur l'emploi à faire au profit des pauvres des biens et revenus des maladeries, hôpitaux, hôtels-Dieu y mentionnés du diocèse d'Amiens, en exécution de notre édit et déclarations des mois de mars, avril et aoust mil six cent quatre-vingt-treize, seroit intervenu arrêt en notre conseil en exécution d'iceux édit et déclarations le treize juillet dernier, par lequel nous aurions uni à l'hôtel-Dieu de ladite ville d'Amiens tous les biens et revenus de la maladerie de la Madelaine de ladite ville, et ceux des maladeries de Villers-Bocage, Behencourt, Pont, Bussy, Flesselle, Honbercourt, Trouville, Bonnay et Bovez, pour en jouir du premier dudit mois de juillet, et estre lesdits revenus employés à la nourriture et entretient des pauvres malades dudit hôtel-Dieu, à la charge de satisfaire aux prières et services de fondation dont peuvent estre tenues lesdites maladeries, et de recevoir les pauvres malades de Villers-Bocage, Behencourt, Pont, Bussy, Flesselles, Honbercourt, Trouville, Bonnay et Boves, à proportion des revenus des maladeries desdits lieux, et en conséquence nous aurions ordonné que les titres et papiers concernants les maladeries, biens et revenus en dépendants qui peuvent estre en la possession de maître Jean-Baptiste Macé, cy-devant greffier de la chambre royale aux archives de l'ordre de Saint-Lasarre, et entre les mains des commis et préposés par le sieur intendant et commissaire par nous départy en la généralité d'Amiens, même en celle des chevaliers dudit ordre, les agens, commis et fermiers ou autres, qui jouissoient des biens et revenus avant notre édit du mois de mars mil six cent quatre-vingt-treize, seroient délivrés aux administrateurs dudit hôtel-Dieu, à ce faire les dépositaires contraints par toutes voies; ce faisant ils en demeureroient bien et valablement déchargés, et que, pour l'exécution dudit arrêt, toutes lettres à ce nécessaires leur seroient expédiées, lesquels lesdits sieurs administrateurs nous ont très-humblement fait suplier leur vouloir accorder; à ces causes, désirans favorablement traiter lesdits exposants, après avoir fait venir en notre conseil ledit arrêt dudit jour treizième juillet dernier, dont l'extrait est cy-attaché sous le contre-scel de notre chancellerie, nous, conformément à iceluy, en exécution de nos édits et déclarations, avons par ces présentes signées de notre main uni et unissons à l'hôtel-Dieu de laditte ville d'Amiens tous les biens et revenus de la maladerie de la Madelaine de laditte ville et ceux des maladeries de Villers-Bocage, Behencourt, Pont, Bussy, Flesselle, Honbercourt, Trouville, Bonnay et Boves, pour en jouir du premier juillet dernier, et tous lesdis revenus emploiés à la nouriture et entretient des pauvres malades dudit hôtel-Dieu, à la charge de satisfaire aux prières et services de fondation dont peuvent estre tenues lesdites maladeries, et de recevoir les pauvres malades de Villers-Bocage, Behencourt, Pont, Bussy, Flesselle, Honbercourt, Trouville, Bonnay et Boves, à proportion des revenus des maladeries des lieux; et en conséquence ordonnons que les titres et papiers concernants lesdites maladeries, biens et revenus en dépendants, qui peuvent estre en la possession de Me Jean-Baptiste Macé, cy-devant greffier de notre chambre royale aux archives de l'ordre de Saint-Lasare, et entre les mains des commis et préposés par le sieur intendant, commissaire départy en la généralité d'Amiens, même en celles des chevaliers dudit ordre, leurs agens, commis et fermiers ou autres qui jouissoient desdits biens et revenus avant notre édit du mois de mars mil six cens quatre-vingt-treize, seront délivrés aux administrateurs dudit hôtel-Dieu, à ce faire les dépositaires contraints par toutes voies, le faisant ils en demeureront bien et valablement déchargés. Sy donnons en mandement à nos amés et féaux conseillers les gens tenans notre cour de parlement de Paris que ces présentes et ledit arrêt ils fassent enregistrer, et du contenu en iceux jouir et user lesdits exposants et leurs successeurs audit hôtel-Dieu pleinement, paisiblement et perpétuellement, cessant et faisant cesser tout trouble et empêchement au contraire; car tel est notre plaisir. Et afin que ce soit chose ferme et stable à toujours, nous avons fait mettre notre scel à ces présentes. Donné à Fontainebleau au mois de septembre l'an de grâce mil six cent quatre-vingt-quinze et de notre règne le cinquante-troisième. Signé: Louis, et sur le replis, par le roy: PHELIPAUX.

Registré, ouy le procureur général du roy, pour estre exécuté selon leurs formes et teneurs, suivant l'arrest de ce jour; à Paris en parlement, ce troisième mars mil six cent quatre-vingt-seize.

Visa, Boucherat, pour lettres d'union des maladeries contenues esdites lettres à l'hôtel-Dieu d'Amiens.

Vu par la cour les lettres patentes du roy données à Fontainebleau au mois de septembre mil six cent quatre-vingt quinze, signé Louis, et sur le replis, par le roy, Phelipaux, et scellées du grand sceau de cire verte, obtenues par les administrateurs de l'hôtel-Dieu de la ville d'Amiens, par lesquelles, pour les causes y contenues, ledit seigneur roy auroit uni audit hôtel-Dieu de la ville d'Amiens tous les biens et revenus de la maladrerie de la Madelaine de ladite ville, et ceux des maladreries de Villers-Bocage, Behencourt, Pont, Bussy, Flesselle, Honbercourt, Trouville, Bonnay et Boves, pour en jouir du premier juillet dernier, et estre lesdits revenus employés à la nourriture et entretient des pauvres malades dudit hôtel-Dieu, à la charge de satisfaire aux prières et services de fondation dont peuvent estre tenues lesdites maladreries, et de recevoir les pauvres malades de Villers-Bocage, Behencourt, Pont, Bussy, Flesselles, Honbercourt, Trouville, Bonnay, Boves, à proportion des revenus des maladreries desdits lieux, ainsy que plus au long le contiennent lesdites lettres à la cour adressantes, et à la requête présentée par lesdits administrateurs, à fin d'enregistrement desdites lettres, conclusions du procureur général du roy, ouy le rapport de Me François Robert, conseiller; tout considéré, la cour ordonne que lesdites lettres seront enregistrées au greffe d'icelle, pour jouir par ledit hôtel-Dieu d'Amiens de leur effet et contenu, et estre exécutées selon leur forme et teneur. Fait en parlement, le trois mars mil six cent quatre-vingt-seize. Signé: DUTILLET. Collationné, signé: GRENET.

Collationné à l'original par nous, écuier, conseiller secrétaire du roy, maison, couronne de France et de ses finances. Signé: JOURDAIN.

XVIIIe SIÈCLE.

LV.

ARRÊT DU CONSEIL D'ÉTAT SUR LA RÉUNION DE DIVERS OFFICES DE POLICE A LA VILLE D'AMIENS.

Des offices de lieutenant général, procureur du roi, commissaires-greffiers et huissiers de police, avaient été créés dans les villes du royaume par édits en date des mois d'octobre et novembre 1699. Les bourgeois d'Amiens, que ces édits privaient de la juridiction qui leur était restée depuis l'édit de 1597, s'adressèrent au conseil d'état pour obtenir, moyennant une somme de vingt mille livres, la réunion des nouveaux offices au corps de ville. Des démarches furent faites dans le même sens auprès du conseil par le lieutenant général du bailliage et par le prévôt, qui désiraient, dans le cas où les offres de la ville seraient acceptées, faire cesser certains litiges d'attributions entre eux et l'échevinage.

Le 11 mai 1700, le conseil d'état prit les décisions suivantes :

1° Les maire et échevins d'Amiens seront maintenus dans la connaissance des matières de police ; les offices de lieutenant général, de procureur du roi, de commissaires-greffiers et d'huissiers de police, créés par les édits d'octobre et de novembre 1699, sont réunis au corps de ville ; la somme de vingt mille livres offerte par les Amiénois est acceptée ;

2° Le lieutenant général, selon sa demande, aura la présidence des assemblées échevinales dans lesquelles sera fixé le tarif des vivres ; il recevra, en l'absence du bailli, le serment du nouveau maire ; il recevra en outre le serment des maîtres des corporations d'arts et métiers, qui lui payeront pour cela chacun vingt sous;

3° Le prévôt conservera la surveillance des poids et mesures; le procureur du roi, le greffier et les huissiers de la ville exerceront les mêmes fonctions que par le passé.

La répartition entre l'échevinage, le lieutenant général et les autres officiers, des sommes fixées pour le rachat des offices sera faite par le sieur Bignon, conseiller d'état, commissaire départi dans la généralité d'Amiens [1]. L'échevinage, pour se libérer, pourra emprunter sur le produit de l'octroi des vins, eaux-de-vie et tabac établi en 1641.

1700. 11 mai.

Sur la requeste présentée au roy en son conseil par les mayeur et eschevins de la ville d'Amiens, contenant qu'anciennement ils avoient toute la justice civile et criminelle en ladite ville, laquelle, par lettres patentes du mois de juin 1332, le roy Philippes de Vallois auroit jugé à propos de réunir au siége royal de ladite ville, et se seroit seulement réservé la connoissance de toutes les affaires de police dont ils estoient en possession de temps immémorial, dans laquelle connoissance de la police ils auroient esté maintenus par lettres patentes de François Ier de l'année 1545, comme en ayant le gouvernement et super-intendance, avec droit de faire les status et ordonnances politiques pour les mestiers, lesquelles lettres auroient esté enregistrées au baillage d'Amiens, par sentence du 14 octobre de la mesme année, par laquelle les officiers du baillage de ladite ville se seroient réservez les cas royaux seulement; les suplians, s'estant dans la suitte remis en possession de la justice civile et criminelle telle qu'ils l'avoient anciennement, le roy Henry Quatre auroit, par son édit du mois de novembre 1597, réuny ladite justice civile et criminelle au baillage et laissé aux suplians la juridiction et connoissance de ce qui est du fait de police de ladite ville et des contraventions qui se feroient aux statuts et réglemens de police, conformément au réglement joint audit édit, ce qu'ils ont fait depuis sans troubles, et en quoy ils ont esté maintenus par le procès-verbal de rédaction de la coustume du baillage d'Amiens. Les suplians ont encore acquis la connoissance de la police, moyennant une somme consi-

---

[1] Par un arrêt du conseil d'état rendu le 23 avril 1701, la répartition des vingt mille livres eut lieu, sur l'avis du sieur Bignon, de la manière suivante: pour l'échevinage, 17,000 liv.; pour le lieutenant général, 1,400 liv.; pour le prévôt, 300 liv.; pour le procureur du roi, 600 liv.; pour le greffier, 450 liv.; pour les deux huissiers, 100 liv.; pour les huit sergents, 150 liv. (Arch. imp., sect. administr. E 707 474.)

T. III.

dérable, car ils ont uny au corps de ladite ville l'office et les fonctions de maire, moyennant une somme de quatre-vingt-seize mille livres et les deux sols pour livre, au moyen de quoy, toute la jurisdiction de la police leur appartenant, ils ont lieu d'espérer que Sa Majesté n'establira point dans ladite ville des nouveaux offices de police créez par ses édits des mois d'octobre et novembre derniers, seulement dans les villes dans lesquelles la justice de la police luy appartient, ou que, si elle souhaittoit recevoir d'eux une finance, ils avoient lieu d'espérer qu'il luy plairoit la modérer sur le pied de vingt mil livres, par raport à celle de douze mille livres et les deux sols pour livre qui a esté payée pour mesme fait par les mayeur et eschevins d'Abbeville. A ces causes, requéroient les suplians qu'il plût à Sa Majesté recevoir les offres qu'ils font de payer ladite somme de vingt mil livres et les deux sols pour livre, pour l'union au corps de ladite ville des offices de lieutenant général, procureur de Sa Majesté, commissaires greffiers et huissiers de police créez en ladite ville par lesdits édits des mois d'octobre et novembre derniers, sans qu'ils puissent néantmoins jouir d'aucuns gages ny priviléges. Veu ladite requeste et pièces y jointes, veu aussy la requeste présentée par le sieur de Vieucourt, lieutenant général au bailliage et siége présidial de ladite ville, tendante à ce qu'il plût à Sa Majesté, en cas qu'elle jugeast à propos d'unir au corps de ladite ville d'Amiens lesdits offices de police, en conséquence de l'édit du mois de novembre 1597, il luy plût aussy le maintenir, conformément audit édit, dans le droit de présider, en l'absence du gouverneur et du bailly, aux assemblées générales et délibérations publiques de ladite ville, à l'examen et audition des comptes de ladite ville, à l'élection et prestation de serment des eschevins, à l'apprétiation et taux des denrées et réception des maîtres, comme avant l'union de l'office de maire au corps de ladite ville et l'arrest du conseil du 22 décembre 1693. Autre requeste du prévost de ladite ville d'Amiens, tendante à ce qu'il plût à Sa Majesté le maintenir et confirmer dans la connoissance et examen des poids et mesures, conformément audit édit du mois de novembre 1597, ensemble la réponse de Charles de la Cour de Beauval, chargé de la vente desdits offices, et l'avis du sieur Bignon, conseiller d'estat, intendant en Picardie et Artois, sur le tout, par lequel il auroit estimé qu'il y auroit lieu, sous le bon plaisir de Sa Majesté, de recevoir l'offre des habitans de ladite ville de la somme de vingt mil livres et les deux sols pour livre, pour l'union desdits offices au corps de ladite ville d'Amiens, et de rétablir en mesme temps ledit sieur de Vieucourt dans le droit de présider dans l'hostel de ladite ville à la réception des maistres et à l'apprétiation et taux des denrées, qui sont les seulles des fonctions qui luy ont esté ostées par ledit arrest du conseil du 22 décembre 1693, lesquelles fassent partie de celles attribuées au lieutenant de police, et le prévost de ladite ville dans la connoissance des poids et mesures, à la charge par eux de contribuer pour quelque chose dans ladite somme de vingt mille livres et les deux sols pour livre, à laquelle le procureur de Sa Majesté et le greffier de ladite ville seroient aussy tenus de contribuer par rapport au bénéfice qu'ils recevroient de ladite union, et que, pour le payement de ce que ladite ville seroit tenue de payer, il plairoit à Sa Majesté luy permettre de continuer pour une année la levée de l'octroi estably en 1641 sur les vins, eaux-de-vie et tabacs qui se consomment en ladite ville, ladite année commençant au 15 novembre 1706; oüy le rapport du sieur de Chamillart, conseiller ordinaire au conseil royal, contrôleur général des finances,

Le roy en son conseil, conformément à l'avis dudit sieur Bignon, a accepté et accepte les offres des mayeur et eschevins de ladite ville d'Amiens; en conséquence les a maintenus et gardez, maintient et garde dans la connoissance de la police en ladite ville, conformément au droit et à la possession en laquelle ils sont d'en connoistre à titre patrimonial, en vertu des chartres et lettres patentes des années 1209, 1332, 1545 et 1560, confirmées par l'édit du mois de novembre 1597, auquel effet Sa Majesté a uny et incorporé au corps de ladite ville lesdits offices de lieutenant général, procureur de Sa Majesté, commissaire greffier et huissiers créez pour la police par lesdits édits des mois d'octobre et novembre derniers; ordonne néantmoins Sa Majesté que ledit lieutenant général au baillage et siége présidial d'Amiens présidera aux assemblées qui se tiendront audit hostel de ville pour l'appretiation et taux des denrées et vivres, à l'effet de quoy il sera averty par les valets de ville; veut aussy Sa Majesté que ledit lieutenant général reçoive le serment des maîtres des arts et métiers de ladite ville, ainsy qu'il faisoit avant l'union dudit office de maire à l'hostel de ville, et se transportera audit hostel de ville le lundy de chacune semaine, à l'heure de midy, pour recevoir ledit serment desdits maistres; à laquelle heure lesdits mayeur et eschevins lèveront leur audiance ordinaire pour la police, et sera payé quarante sols par chacun desdits maistres, dont il appartiendra vingt sols audit lieutenant général pour le serment et les vingt sols restans audit maire pour l'examen et réception du chef-d'œuvre desdits maîtres, sans que l'un ny l'autre puissent à l'avenir prétendre ou exiger plus grand droit, sous quelque prétexte que ce soit, ny ledit lieutenant général avoir entrée ou scéance à l'hostel de ville pour autre cause, excepté pour le serment du maire, suivant l'arrest du conseil du mois de décembre 1693; maintient Sa Majesté le prévost royal de ladite ville dans la connoissance des poids et mesures, conformément audit édit de novembre 1697, et les procureur de Sa Majesté, gref-

25.

fier et huissiers de ladite ville dans leurs fonctions accoutumées, le tout à la charge, tant par lesdits mayeur et eschevins que par lesdits lieutenant général, prévost, procureur du roy, greffier et huissiers de ladite ville, de payer la somme de vingt mil livres et les deux sols pour livre, sçavoir : le principal sur la quittance du trésorier des revenus casuels et les deux sols pour livre sur celle dudit sieur de la Cour de Beauval, suivant la répartition qui en sera faite entre eux par ledit sieur Bignon, et pour faciliter ausdits mayeur et eschevins le payement de la somme pour laquelle ils seront compris dans ladite répartition, Sa Majesté leur permet d'emprunter ladite somme sur le produit de l'octroy accordé à ladite ville, en l'année 1641, sur les vins, eaux-de-vie et tabac entrans dans ladite ville, à commencer du quinze novembre 1706, que doit expirer l'adjudication qui en a esté faite, et pourront lesdits mayeur et eschevins l'adjuger à l'effet dudit emprunt pour une année seulement dont Sa Majesté a prorogé ledit octroy; le tout sans qu'à cause du payement de ladite somme de vingt mil livres et des deux sols pour livre lesdits mayeur et eschevins et autres officiers puissent prétendre jouir d'aucuns gages ny priviléges autres que ceux dont ils ont jouy ou deu jouir jusqu'à présent. Signé : PHELYPEAUX, DE BEAUVILLIER et CHAMILLART.

A Versailles, le onziesme may mil sept cent.

Arch. imp., sect. administr., κ 698 336. — Arch. de l'hôtel de ville d'Amiens, liasse P 7, dossier 1er, pièce 10.

LVI.

ARRÊT DU CONSEIL D'ÉTAT, AU SUJET DE L'ÉTABLISSEMENT D'UN GARDE-SCEL A AMIENS.

Des offices de garde-scel ayant été créés dans les villes du royaume par un édit de novembre 1696, Henri Hucherard, qui était chargé de la vente de ces offices, voulut forcer l'échevinage d'Amiens à payer le prix de l'un d'eux. Les magistrats municipaux s'y refusèrent, en disant qu'en vertu de l'édit de 1696, il ne devait y avoir de garde-scel que dans les justices royales, et que la ville d'Amiens, dès l'établissement de son échevinage, avait joui de la justice haute, moyenne et basse; que, même réduite, en 1597, à la connaissance des matières de police, cette justice avait toujours été reconnue comme patrimoniale, nommément par l'édit du roi portant réunion à l'échevinage des offices nouvellement créés.

XVIIIᵉ SIÈCLE.

L'affaire fut soumise au conseil d'état, qui, par arrêt du 8 juin 1700, déchargea la ville d'Amiens de l'établissement d'un office de garde-scel et l'échevinage de la taxe qui lui avait été imposée à ce sujet. De plus, il fut défendu à Henri Hucherard, sous peine de dommages-intérêts, de continuer les poursuites.

Sur la requête présentée au roy en son conseil par les mayeur et eschevins de la ville d'Amiens, contenant qu'ils sont poursuivis à la requête de Mᵉ Henry Hucherard, chargé de la vente des offices de garde scels, pour la réunion faite à la communauté d'un office de garde scel, quoique, suivant la disposition de l'édit du mois de novembre 1696, il n'en doive être étably que dans les justices royalles, et qu'ils luy ayent fait connoître depuis longtemps le peu de fondement de sa prétension ; en effet, les supliants observoient au conseil que, par d'anciennes chartes des roys prédécesseurs de Sa Majesté et par la coutume même rédigée en 1507, réformée en 1567, que la ville d'Amiens jouissoit autres fois, c'est-à-dire dez l'établissement de son eschevinage, de la haute, moyenne et basse justice, et qu'elle connoissoit de toutes les affaires civiles et criminelles entre ses habitants et ceux de la banlieue, qu'elle y avoit joint la prévôté, qui luy fut ostée en 1346 et rendue depuis, et que ce n'a été qu'en 1597 que, par l'édit de sa réduction sous l'obéissance de nos roys, tous ces avantages furent réduits à la police, c'est-à-dire à conoître des poids et des mesures, des contraventions aux statuts faits pour les arts et métiers, et autres affaires de cette nature, avec pouvoir de condamner seulement au fouet et au banissement et en soixante livres d'amende, et comparant cette jurisdiction avec la coutume locale de la ville d'Amiens, on connoist combien cet édit luy a fait perdre de son ancienne jurisdiction ; mais enfin, et la coutume et ces chartes justifient que la justice étoit patrimonialle à la ville, et que les amendes provenantes de la haute justice apartenoient pour les deux tiers aux maire et eschevins, le surplus à l'évecque et au vidame, comme celles de la police apartenoient en entier à la ville, ce qui se pratique encore aujourd'huy, et une dernière preuve très évidente que cette justice est patrimonialle, est que pour l'exercer la ville avoit son procureur fiscal, ce qui luy est conservé par l'édit de l'année 1597 ; il paroist même, par un recueil d'ordonnances apelé le *Livre noir*, qui contient des réglemens politiques faits par les maire et eschevins, qu'elle a toujours eu droit de créer des officiers municipaux et domaniaux, auquel elle a été maintenue encore tout récemment par différents arrests du conseil, et qu'il y avoit des tarifs pour les droits qui se payoient en la justice de la mairie différents de ceux qui se percevoient en la justice de la prévôté qui apartenoit au roy ;

1700.
8
juin.

mais enfin ce n'est plus une question que la justice qu'exercent les maire et eschevins ne leur soit patrimonialle, Sa Majesté le vient de décider précisément par son arrest du 11ᵉ may présent mois, par lequel elle les a maintenus au droit d'exercer la police et réuny à leur corps les offices nouvelement créez à cet effet, sur le fondement des anciens titres qui justifient que la justice est de leur ancien patrimoine. A ces causes, requéroient les supliants qu'il plust à Sa Majesté les dispenser de l'exécution de l'édit pour la création d'un garde petit scel, puisqu'ils ne peuvent avoir de justice qu'ils n'ayent de leur chef un sceau pour sceler les jugemens qu'ils rendent. Veu ladite requête, les chartes cy-dessus dattées et énoncées, l'arrest du conseil du 11ᵉ may dernier, qui réunit les offices de police nouvelement créez à la communauté de ladite ville, et tout considéré, ouy le rapport du sieur Chamillart, conseiller ordinaire au conseil royal, contrôleur général des finances;

Le roy en son conseil a deschargé et descharge ladite ville d'Amiens de l'établissement d'un office de conseiller garde scel et les mayeur et eschevins de la taxe sur eux faite pour raison de ce, fait Sa Majesté deffenses à Mᵉ Henry Hucherard, chargé de la vente desdits offices, de mettre son rolle à exécution, à peine de tous dépens, domages et intérests. Signé: PHELYPEAUX, DE BEAUVILLIER et CHAMILLART.

A Versailles, le huictiesme juin mil sept cent.

Arch. imp., sect. administr., E 699 34.

LVII.

ARRÊT DU CONSEIL D'ÉTAT PORTANT RÉUNION DES OFFICES DE RECEVEURS DES DENIERS D'OCTROI ET DES DENIERS PATRIMONIAUX A L'ÉCHEVINAGE D'AMIENS.

Les charges de receveur des deniers d'octroi et de receveur des deniers patrimoniaux ayant été érigées en titre d'office dans toutes les villes du royaume, en juillet 1689 et en 1694, Amiens obtint successivement du roi l'autorisation de réunir ces offices à son échevinage. Mais comme le mauvais état des finances municipales ne permettait pas d'en payer immédiatement le prix, ils furent levés sous le nom et en partie des deniers du receveur, Jean Gaillet, qui dut continuer à faire les recettes jusqu'au moment où il serait remboursé de ses avances. En 1701, la ville était libérée envers Jean Gaillet; en conséquence, et

XVIIIᵉ SIÈCLE.

pour éviter des dépenses inutiles, les magistrats municipaux prièrent le roi de réunir de fait et définitivement à leur échevinage les offices de receveur des deniers d'octroi et de receveur des deniers patrimoniaux. Le conseil d'état autorisa cette réunion par l'arrêt qu'on va lire.

Sur la requeste présentée au roy en son conseil par les maire et eschevins de la ville d'Amiens, contenant que le mesme esprit qui les a engagez à réunir à l'hostel commun de leur ville les offices de receveurs des deniers patrimoniaux et d'octroy, les oblige encore de consommer cette union par l'extinction de ces offices, pour ménager les revenus de la ville et n'en laisser l'administration qu'entre les mains de ceux qui leur paroistront les plus propres à cette fonction, au mois de juillet 1689, Sa Majesté créa en titre d'office des receveurs des deniers d'octroi dans touttes les villes de son royaume, pour en estre les fonctions unies aux receveurs des tailles de chaque élection, et par autre édit du mois de décembre suivant, Sa Majesté excepta de la disposition du premier les villes d'Amiens, Bordeaux et autres, à qui elle permit d'unir les charges à leurs corps. Les supplians n'avoient point d'argent pour cette réunion, et néanmoins elle leur étoit trop importante pour ne pas proffiter de l'exception qui avoit esté faitte en leur faveur. L'expédient qu'ils prirent pour accorder ces différens intérêts et qui fut autorisé par arrest du conseil du quatorze février 1690, fut de lever l'office sous le nom et en partie des deniers de Mᵉ Jean Gaillet, qui étoit leur receveur par commission, d'obtenir des provisions sous son nom, et de convenir avec luy, par un traitté qu'ils firent ensemble, qu'il continueroit sa recepte jusqu'à ce qu'il fût remboursé de sa finance; ils en usèrent de mesme à l'égard de l'office de receveur des deniers patrimoniaux, qui fut créé en l'année 1694, le levèrent sous le nom du mesme Gaillet, et luy en laissèrent l'exercice jusqu'à ce qu'il fût remboursé de la finance qu'il en avoit avancée. Mais enfin ce remboursement se trouve achevé, et, par le compte que Gaillet a rendu de son exercice pour l'année 1698, il ne luy étoit déjà plus deub que 669ᶫ 17ˢ 10ᵈ. En cet estat, ils seroient de mauvais œconomes des revenus publics dont l'administration leur a esté confiée si, étant quittes envers leur receveur, ils continuoient de payer tous les ans près de deux cens livres de prest et d'annuel, pour conserver sur sa teste sans aucune nécessité des offices dont il est remboursé. A ces causes, requéroient qu'il plust à Sa Majesté, conformément à l'édit du mois de décembre 1689 et à l'arrest de son conseil du 14ᵉ février 1690, ordonner que les offices de receveurs des deniers patrimoniaux et d'octroy que la ville d'Amiens a acquis sous

1701.
14
juin.

le nom de Me Jean Gaillet demeureront unis et incorporez audit hostel de ville;
et attendu que ledit Gaillet est entièrement remboursé des sommes qu'il avoit
prestées à ladite ville pour l'acquisition desdites charges, permettre aux maire
et eschevins de faire faire la recepte de leurs deniers patrimoniaux et d'octroy
par telles personnes qu'il leur plaira choisir, et au cas que Sa Majesté y fist
quelque difficulté, renvoyer ladite requeste au sieur Bignon, conseiller d'estat,
intendant en Picardie, pour entendre les parties et en donner son avis. Veu
ladite requeste, signée Ricard, avocat des supplians, et les pièces qui y étoient
jointes, l'avis dudit sieur Bignon du trois du présent mois de juin, ouy le
raport du sieur Chamillart, conseiller ordinaire au conseil royal, controlleur
général des finances;

Sa Majesté en son conseil, conformément à l'avis dudit sieur Bignon, a
ordonné et ordonne que les offices de receveurs des deniers patrimoniaux et
d'octroys de la ville d'Amiens seront et demeureront unis et incorporez à
l'hostel de ladite ville, en conséquence permet Sa Majesté aux maire et eschevins et habitans d'icelle d'en faire faire les fonctions par telle personne qu'ils
jugeront à propos. Signé : PHÉLYPEAUX, DE BEAUVILLIER et CHAMILLART.

A Versailles, le quatorziésme juin mil sept cens un.

Arch. imp., sect. administr., E 70970.

LVIII.
DÉLIBÉRATION DE L'ÉCHEVINAGE D'AMIENS, PORTANT CRÉATION D'UN OFFICE DE MAÎTRE DES FLAQUEURS.

Les flaqueurs ou portefaix d'Amiens ayant demandé à l'échevinage
la création d'un office héréditaire de maître des flaqueurs, lieurs,
chargeurs et déchargeurs de voitures, les magistrats municipaux, par
délibération du 13 juin 1703, ordonnèrent cette création, moyennant
finance, en faveur d'un nommé Jean Brasseur. Il fut décidé que l'office
serait conféré par la ville au titulaire, que celui-ci payerait une rente
de soixante sous pour l'hérédité, et qu'en cas de mutation, la personne
qui en serait pourvue verserait une somme de douze cents francs.

1703.
13 juin.

Délibération par laquelle, vu la requête des flaqueurs, il a été résolu de
créer un office de maître héréditaire des flaqueurs, lieurs, chargeurs et déchargeurs de voitures en cette ville, en faveur de Jean Brasseur, à la charge
de tenir ledit office de la ville, de payer annuellement pour l'hérédité d'icelui

XVIIIᵉ SIÈCLE.

[...]e sols de rente, et qu'arrivant mutation dudit office en telle manière
[...]uisse arriver, de payer, par celui qui en sera pourvu, les droits seigneu[riaux de]
la ville, tels que le quint et requint, comme tous les autres offices dé[pendan]ts de la ville, moyennant 1200 francs.

Arch. de l'hôtel de ville d'Amiens, LXXVIᵉ reg. T, fol. 448 v°.

LIX.

[ARRÊT] DU CONSEIL D'ÉTAT PORTANT RÉUNION DE DIVERS OFFICES A L'ÉCHEVINAGE D'AMIENS.

[Des] offices de lieutenants de maire, d'assesseurs et d'échevins avaient
[été créés] dans les hôtels de ville du royaume, par édits de mai 1702
[et j]anvier 1704. Les magistrats municipaux d'Amiens demandèrent
[alors] la réunion de ces offices à leur échevinage. Ils offraient de
[payer] comme prix de rachat, une somme de 50,000 livres, en sti[pulant] toutefois qu'on les laisserait jouir des gages affectés aux emplois
[suppr]és, jusqu'à concurrence de 2,750 livres. Ils exposaient en même
[temps] que le produit des octrois de la ville ayant été absorbé par
[les im]pôts de guerre et le payement des dettes, ils seraient obligés,
[pour r]embourser les 50,000 livres, d'aliéner l'octroi sur les vins et
[l'eau-d]e-vie, à moins que le roi ne consentît à déroger en leur faveur
[aux pr]escriptions de l'édit de 1704, à les maintenir dans leur ancien
[éta]t à leur permettre de nommer, comme par le passé, à certains
[offices] inférieurs. L'arrêt suivant, rendu sur cette demande, statue
[que le]s offices de lieutenant de maire, d'assesseurs et d'échevins se[ront], moyennant la somme offerte, réunis à la communauté de la ville
[d'Ami]ens, que l'échevinage restera composé d'un maire, six échevins
[et qua]tre conseillers de ville, qu'il conservera la nomination du pre[mier h]uissier garde-meubles de l'hôtel de ville et des officiers de po[lice, e]nfin qu'il pourra donner des brefs et statuts aux corporations
[d'arts] et métiers, et rendre des ordonnances de police.[1]

[1 Voir] aussi, pour la question des créations, [et suppressi]ons des actes d'août 1701, de mai 1702, du [...] 1702, du 17 décembre 1703, de janvier [1704, d]u 29 juin 1704, du 22 juillet 1704, du 3 août 1704, du 23 septembre 1704, du 7 octobre 1704, de décembre 1706, des 6 et 7 juillet 1708, du 3 avril 1708, etc., soit aux arch. imp., soit aux arch. municipales d'Amiens.

Sur la requeste présentée au roy en son conseil par les maire, eschevins, corps et communauté de la ville d'Amiens, contenant que, pour empescher que la multiplication des offices et des priviléges qui y sont attachez ne fasse retomber sur le pauvre peuple les charges de la ville, ils ont résolu, sous le bon plaisir de Sa Majesté, de réunir plustost à leur corps les offices nouvellement créez de lieutenant de maire, six assesseurs et moitié des eschevins, que de souffrir que les plus riches bourgeois se missent en estat de les lever, et à cet effet d'offrir à Sa Majesté une somme de cinquante mil livres pour la finance de ces offices, payable un tiers comptant et les deux autres tiers de six mois en six mois, ensemble les deux sols pour livre, au moyen duquel payement ils demeureront réunis au corps commun de la ville, sans qu'elle puisse à l'avenir estre inquiétée pour raison de cette réunion, à quelque titre que ce soit, de confirmation d'hérédité, d'augmentation de gages, suplément de finance ou en quelqu'autre manière que ce puisse estre, et à condition de jouir des gages que Sa Majesté a accordez à ces offices jusqu'à la concurrence de deux mil sept cens cinquante livres; mais, pour parvenir au payement d'une somme si considérable, les suplians, qui ont pendant le cours de cette guerre et de la précédente consumé d'avance le produit de leurs octrois à fournir à Sa Majesté les secours dont elle a eu besoin, sont encore réduits à alliéner l'octroy qui se lève dans leur ville sur les eaux de vie et le tabac, en vertu de lettres patentes de l'année 1641, à commencer au quinziesme novembre 1707, que les précédentes aliennations qu'ils ont faites doivent finir; et comme ils ont lieu d'espérer que les efforts continuels qu'ils ont faits pour témoigner leur zèle à Sa Majesté et l'aliennation qu'ils sont encore prêts de faire de cet octroy, qui avoit esté destiné au payement des dettes de la ville, l'aura parfaitement convaincue de leur zèle, ils osent la suplier très humblement de leur accorder une grâce qui ne luy coûtera rien et qui ne tend qu'à maintenir l'hostel de ville dans le bon ordre et la splendeur qui conviennent parfaitement à Sa Majesté, à une des premières villes du royaume, c'est qu'il plaise à Sa Majesté, dérogeant à cet égard à son édit du mois de janvier 1704, ordonner que le corps politique de l'hostel de ville demeure composé des mêmes officiers qui l'ont composé jusqu'à présent aux termes de l'édit de l'année 1597, pour estre mandez dans les affaires de conséquence, et maintenir les maire et eschevins au droit de possession où ils sont d'accorder des provisions des offices de police et nommément de celuy de premier huissier garde-meubles de l'hostel de ville aux fonctions ordinaires dont cet officier a toujours jouy, atendu que ces offices font la meilleure partie du patrimoine de la ville, les maintenir pareillement au droit et possession où ils sont de faire des brefs et statuts et autres ordonnances de police, conformément aux lettres patentes des années 1332, 1545, confirmées par édit de 1597, et par deux ordonnances des commissaires à ce députez de l'année 1622, et par arrest du conseil du 11ᵉ may 1700. A ces causes requéroient les supliants qu'il plust à Sa Majesté sur ce leur pourvoir. Veu ladite requeste, les édits des mois de may 1702 et janvier 1704, deux ordonnances desdits sieurs commissaires des 28 juin et 15 juillet 1622, dans laquelle les édits précédents sont visez, les arrests du conseil des 18 novembre 1692 et 11ᵉ may 1700, l'avis du sieur Bignon, conseiller d'estat, intendant en Picardie, du 16 décembre 1704, et tout considéré, ouy le raport du sieur Fleuriau d'Armenonville, conseiller ordinaire au conseil royal, directeur des finances ;

Le roy en son conseil a accepté et accepte lesdites offres, et en conséquence ordonné qu'en payant par lesdits maire, eschevins, corps et communauté d'Amiens ladite somme de cinquante mil livres, un tiers comptant et les deux autres tiers de six mois en six mois, sçavoir trente mil livres pour la finance des offices de lieutenans de maire et assesseurs créez par édit du mois de may mil sept cens deux et vingt mil livres pour moitié des eschevins et l'office de concierge garde-meubles créez par édit du mois de janvier 1704, et les deux sols pour livre desdites sommes, lesdits offices demeureront éteints et suprimez et les fonctions réunies à la communauté, sans que les habitans puissent être inquiétez sous prétexte d'augmentation de finance, confirmation d'hérédité ou à quelqu'autre titre que ce soit, ordonne Sa Majesté que le corps de ville sera et demeurera composé comme par le passé, d'un maire, six eschevins et quatre conseillers, conformément à l'édit de l'année 1597 et à l'arrest du conseil du dix-huitiesme novembre 1692, maintient lesdits maire et eschevins au droit et possession de donner des provisions pour l'office d'huissier garde-meubles et de tous les offices de police, de faire des brefs, statuts et des ordonnances de police en la manière ordinaire, suivant les édits des années 1204, 1332, 1545, 1560, 1597, et des ordonnances des commissaires à ce députez. Et pour donner moyen ausdits maire, eschevins et habitans de payer ladite somme de cinquante mil livres et deux sols pour livre, leur permet Sa Majesté d'alliener le droit qui se lève dans ladite ville sur les vins, eaues-de-vie et le tabac, pour autant de temps qu'il sera nécessaire, à commencer la jouissance au quinze novembre mil sept cens sept, laquelle alliennation sera faite en la manière ordinaire pardevant le sieur Bignon, conseiller d'estat, intendant en Picardie. Signé : PHELYPEAUX, DE BEAUVILLIER, FLEURIAU et CHAMILLART.

A Versailles, le treize janvier mil sept cens cinq.

<small>Arch. imp., sect. administr., E 75274. — Arch. de l'hôtel de ville d'Amiens, reg. aux délibér. de l'échevin., 1705, fol. 487.</small>

LX.

ARRÊT DU CONSEIL D'ÉTAT RELATIF AUX DROITS DE L'ÉCHEVINAGE D'AMIENS EN MATIÈRE DE RÈGLEMENTS INDUSTRIELS.

La cour de parlement, par un arrêt du 19 juin 1700, avait défendu aux magistrats municipaux d'Amiens de s'immiscer, comme par le passé, dans la police des métiers. L'échevinage ayant voulu néanmoins user de ses anciens droits envers les merciers et les drapiers, ceux-ci refusèrent de reconnaître son autorité; alors il porta plainte devant le conseil d'état, et produisit, en faveur de sa prétention à donner des statuts aux corporations industrielles, une lettre de Philippe-Auguste[1], de 1209, une autre de Philippe de Valois, de 1332, un édit confirmatif de 1545, l'ordonnance de Henri IV, de 1597, et différents autres titres[2].

Par l'arrêt qu'on va lire, en date du 6 juillet 1706, le conseil renvoie devant le parlement les magistrats municipaux d'Amiens, en les autorisant à former, si bon leur semble, opposition à l'arrêt du 19 juin 1700.

1706.
6
juillet.

Veu au conseil d'estat du roy la requeste des maire et eschevins de la ville d'Amiens, tendante à ce qu'il plût à Sa Majesté, conformément aux lettres patentes données en leur faveur par le roy Philipes-Auguste en 1209, par Philipes de Vallois en 1332, et par celles de confirmation du roy François premier en l'année 1545, par lesquelles il leur a esté accordé la faculté de donner des statuts aux communautez, comme aussy à l'édit de rétablissement de leur hostel de ville de l'année 1597, et à différens arrests tant du conseil que du parlement, et entr'autres ceux des 11 may et 13 janvier 1705, qui les ont pareillement confirmez dans le droit et possession de donner des brefs et statuts aux corps et communautez d'arts et mestiers, les maintenir et garder dans ledit droit et possession et de tenir la main à l'exécution desdits brefs et statuts, et sans avoir égard à l'arrest du parlement de Paris du 19 juin 1700,

---

[1]. La lettre de Philippe-Auguste dont il est ici question ne paraît pas être autre chose que la confirmation, donnée en 1209, de la commune d'Amiens, concédée par lui en 1190.

[2] Voy. les lettres de 1332 dans le t. Ier, p. 438, l'édit de 1545, dans le t. II, p. 622; et l'ordonnance de Henri IV, dans le même vol., p. 1090.

par lequel deffenses leur ont esté faites de donner, réformer ou augmenter les statuts desdits corps et communautés de ladite ville et aux communautez de les reconnoistre, jusques à ce qu'ils raportent des lettres patentes de Sa Majesté duement registrées, les décharger des assignations qui leur ont esté données audit parlement, à la requeste des drapiers et merciers de ladite ville, la réponse fournie à ladite requeste par les gardes en charge de ladite communauté des marchands merciers, joailliers et drapiers, contenant que la prétention des maire et eschevins d'Amiens estant contraire audit arrest du parlement du 19 juin 1700, par lequel deffenses leur ont esté faites de reconnoistre le droit desdits maire et eschevins, ils ne pouvoient se dispenser d'exécuter ledit arrest ; ouy le raport du sieur Fleuriau d'Armenonville, conseiller ordinaire au conseil royal, directeur des finances ;

Le roy en son conseil a renvoyé et renvoye lesdits maire et échevins d'Amiens au parlement de Paris, pour y former, si bon leur semble, oposition à l'exécution de l'arrest dudit parlement du dix-neuf juin mil sept cens, par les voyes de droit. Signé : PHELYPEAUX, FLEURIAU et CHAMILLART.

A Versailles, le sixième jour de juillet 1706.

Arch. imp., sect. administr., e 770²⁰.

LXI.

ARRÊT DU CONSEIL D'ÉTAT PORTANT CONFIRMATION DE PRIVILÉGES ET CONCESSION D'UN DROIT D'OCTROI EN FAVEUR DES HABITANTS D'AMIENS.

Au mois de juillet 1705, Louis XIV avait rendu un édit portant qu'à l'avenir les bourgeois des villes franches ou abonnées, ne pourraient jouir des franchises à eux accordées pour les maisons dont ils étaient propriétaires ou locataires qu'en vertu de lettres de bourgeoisie expédiées par les magistrats municipaux, moyennant finances au profit du roi. L'exécution de cet édit rencontra une vive opposition ; et, pour remplacer le produit des lettres de bourgeoisie, on taxa les villes à des sommes fixes. Amiens ayant été imposée pour sa part à vingt-six mille livres, les habitants réclamèrent et représentèrent qu'ils étaient hors d'état de payer immédiatement la somme demandée, attendu qu'ils devaient encore quatorze mille quatre cent quatre-vingt-dix-sept livres pour l'achat et la réunion de divers offices, et ils prièrent le roi de leur permettre de lever des deniers d'octroi sur l'eau-de-vie, le vin, le cidre et la bière entrant à Amiens.

Le conseil d'état, par l'arrêt ci-joint, dérogeant en faveur des habitants d'Amiens à l'édit de 1705, les confirme dans tous leurs privilèges, les dispense de prendre des lettres de bourgeoisie, et les autorise à lever un nouvel impôt sur le vin et les autres boissons, à la charge par eux de payer les sommes de vingt-six mille livres de don gratuit et de quatorze mille quatre cent quatre-vingt-dix-sept livres d'arriéré, moitié dans le délai d'un mois, l'autre moitié deux mois plus tard.

1707.
30
avril.

Sur la requeste présentée au roy en son conseil par les maire, eschevins et principaux habitans de la ville d'Amiens, contenant que, par édit du mois de juillet 1705, Sa Majesté, pour les causes y contenues, a ordonné qu'à l'avenir aucun bourgeois, tant de la ville de Paris que des autres villes franches et abonnées du royaume, ne pourront jouir des exemptions et franchises à eux accordées pour les maisons et héritages qu'ils possèdent en propre ou à loyer dans les paroisses des environs desdites villes, autrement qu'en vertu des lettres de bourgeoisie qui leur seront expédiées par les prévosts des marchands, échevins, maires, consuls, jurats et autres magistrats desdites villes, sur les quittances du garde du trésor royal, des sommes pour lesquelles chacun desdits bourgeois seroit employé dans les rolles qui seroient arrestez à cet effet au conseil, à peine, faute d'y satisfaire dans les trois mois du jour de la signification desdits rolles, d'estre déchus desdits privilèges et exemptions, et en conséquence que leurs jardiniers, concierges et domestiques seroient imposez à la taille, comme les autres habitans taillables desdites paroisses, et sujets à toutes les autres charges et impositions d'icelles, même au logement de gens de guerre; et les fonds des héritages desdits particuliers qui ne sont point afermez imposez sur le pied de deux sols pour livre de leur valeur, et toutes les denrées provenans du crû desdites maisons et héritages assujetties aux droits qui se payent aux entrées des villes, sans qu'elles en puissent estre exemfes qu'au moyen du payement desdites sommes, suivant le tarif qui en a esté arresté au conseil le 4 aoust de ladite année 1785, mais que depuis Sa Majesté, pleinement informée des inconvéniens qui se rencontrent dans l'exécution de cet édit, ayant résolu, pour les prévenir, d'en changer la disposition et de confirmer généralement tous les privilèges cy-devant accordez par elle ou les rois ses prédécesseurs à toutes les villes de son royaume, sans que les bourgeois desdites villes fussent tenus de prendre aucunes lettres de bourgeoisie, moyennant la somme que chacune de ces villes seroit tenue de payer par forme de don gratuit, pour tenir lieu à Sa Majesté de partie du secours qu'elle auroit pu tirer de l'exécution dudit édit, Sa Majesté auroit fixé la finance qui doit estre payée pour raison de ce par la ville d'Amiens à la somme de vingt-six mil livres et les deux sols pour livre, mais quelque bonne volonté qu'ayent les suplians de contribuer de tout leur pouvoir aux secours dont Sa Majesté peut avoir besoin, ils se trouvent néantmoins hors d'estat de satisfaire par eux-mesmes au payement de ladite somme, non plus qu'à plusieurs autres qui leur sont demandées, sçavoir douze mil livres et les deux sols pour livre pour les ofices de greffiers des brevets d'aprentissage des communautez d'arts et métiers, dix-huit cens trente-sept livres, y compris les deux sols pour livre, pour la suppression des ofices de facteurs commissionnaires des rouliers, et six cens soixante livres, y compris les deux sols pour livre, pour la suppression des offices de controlleurs des voitures, si Sa Majesté n'a la bonté de leur accorder la liberté d'en chercher les deniers nécessaires par les voyes qu'ils jugeront le moins à charge, et d'autant qu'ils n'ont point trouvé de plus prompt et de meilleur expédient pour cela que d'établir un nouvel octroy de trois livres sur chaque baril d'eau-de-vie de vingt-sept veltes, les demy-barils et ceux de plus grande contenance, à proportion qu'ils entreront et se consommeront dans ladite ville, et s'ils en sortent, le droit qui aura esté receu à l'entrée sera rendu pour les barils de la contenance cy-dessus et non d'une moindre, en cas que lesdits barils soient plains et non entamez, cinquante sols sur chaque muid de vin, quinze sols sur chaque muid de cidre ou poiré, dix sols sur chaque muid de double bière et sur les autres vaisseaux à proportion, lesquels droits seront levez sur les taverniers, cabaretiers et autres vendans en détail de ladite ville, fauxbourgs et banlieue d'Amiens, en quelque juridiction qu'ils fassent leurs demeures, soit de l'évesché, chapitre et autres où s'estend la police de ladite ville ; à ces causes, requéroient les suplians qu'il plût à Sa Majesté confirmer, garder et maintenir ladite ville d'Amiens dans tous les droits, priviléges, franchises et exemptions à elle accordées par Sa Majesté et par les rois ses prédécesseurs, en conséquence, ordonner que les bourgeois et habitans de ladite ville continueront de jouir desdits droits, priviléges, franchises et exemptions, ainsy qu'ils en ont jouy ou dû jouir par le passé, même les dispenser de prendre à l'avenir, sous quelque prétexte que ce soit, aucunes lettres de bourgeoisie portées par ledit édit du mois de juillet 1705, de l'exécution duquel ils demeureront à toujours déchargez, aux offres que font les suplians de payer dans un mois moitié des sommes cy-dessus, et l'autre moitié deux mois après, en leur permetant, pour trouver les deniers nécessaires, de lever les droits, d'octrois cy-dessus exprimez. Veu ladite requeste et l'avis du sieur Bignon, conseiller d'estat, commissaire départy pour l'exécution des ordres de Sa Majesté en Picardie et Artois, ouy le rapport du sieur Fleuriau d'Armenonville, conseiller ordinaire au conseil royal, directeur des finances;

Le roy en son conseil, ayant esgard à ladite requeste et aux offres des supliants, conformément à l'avis dudit sieur Bignon, a confirmé, gardé et maintenu, confirme, garde et maintient ladite ville d'Amiens dans les droits, priviléges, franchises et exemptions à elle accordées tant par Sa Majesté que par les rois ses prédécesseurs, et en conséquence a ordonné et ordonne que les bourgeois et habitans de ladite ville jouiront paisiblement desdits droits, priviléges, franchises et exemptions, ainsy qu'ils en ont jouy ou deu jouir par le passé, nonobstant tous édits, déclarations et arrests à ce contraires, auxquels Sa Majesté a dérogé et déroge par ce présent arrest, les dispensant de prendre aucunes lettres de bourgeoisie portées par ledit édit du mois de juillet mil sept cent cinq, de l'exécution duquel Sa Majesté a déchargé et décharge ladite ville d'Amiens, à la charge de payer, dans un mois du jour de la signification du présent arrest, moitié de la somme de vingt-six mil livres et les deux sols pour livre qui seroit provenue de l'exécution dudit édit du mois de juillet mil sept cent cinq, moitié de celle de douze mille livres et les deux sols pour livre pour les offices de greffiers des brevets d'aprentissage des communautez d'arts et métiers, moitié de celle de dix-huit cens trente-sept livres, y compris les deux sols pour livre, pour la supression des offices de facteurs commissionnaires des roulliers, et moitié de celle de six cens soixante livres, y compris aussy les deux sols pour livre pour la supression des offices de controlleurs des voitures, et l'autre moitié des susdites sommes et les deux sols pour livre deux mois après entre les mains des traitans chargez desdits recouvrements, leurs procureurs et commis, portant promesse de fournir les quittances de finance du garde du trésor royal ou du trésorier des revenus casuels pour les sommes principalles, et celles desdits traitans pour les deux sols pour livre; et pour faciliter aux maire et échevins et habitans de ladite ville d'Amiens le payement desdites sommes, Sa Majesté leur a permis et permet d'emprunter le tout ou partie à telles conditions qu'ils jugeront à propos, et pour leur procurer en même tems le moyen de se rembourser desdites avances, Sa Majesté a ordonné et ordonne qu'à commencer au premier may prochain, ils leveront trois livres sur chaque baril d'eau-de-vie de vingt-sept veltes les demybarils et ceux de plus grande contenance à proportion qui entreront et se consommeront dans ladite ville, et s'ils en sortent, le droit qui aura esté receû à l'entrée sera rendu pour les barils de la contenance cy-dessus et non d'une moindre, en cas néantmoins que lesdits barils soient pleins et non entamez, cinquante sols sur chaque muid de vin, quinze sols sur chaque muid de cidre et poiré, dix sols sur chaque muid de double bière, et sur les autres vaisseaux à proportion, lesquels droits seront levez sur les taverniers, cabaretiers et autres vendans vin en détail de ladite ville, fauxbourgs et banlieue d'Amiens, en quelque juridiction qu'ils fassent leurs demeures, soit de l'évesché, chapitre et autres où s'étend la police de ladite ville, jusqu'au parfait remboursement des susdittes sommes, deux sols pour livre, frais de régie, intérests d'emprunts et autres dépenses légitimes, après quoy lesdits droits demeureront éteints et supprimez, et à cet effet ordonne Sa Majesté que lesdits maire et eschevins compteront par récette et dépense, tous les six mois, par devant le sieur commissaire départy en la généralité d'Amiens, qui arrestera leurs comptes et estats, sans que lesdits maire et eschevins ou leurs recéveurs puissent estre obligez d'en compter à la chambre des comptes ny ailleurs, imposant silence à son procureur général de ladite chambre et à tous autres ses officiers, permet Sa Majesté auxdits maire et eschevins d'établir des bureaux et les commis nécessaires pour la perception desdits droits, même de les donner à ferme ou à moins d'années par adjudication, laquelle sera faite par ledit sieur commissaire départy pour le tems qu'il jugera nécessaire, et pour l'exécution du présent arrest seront toutes lettres nécessaires expédiées. Signé : Phelypeaux, de Beauvillier, Fleuriau et Chamillart.

A Versailles, le trente avril mil sept cens sept.

Arch. imp., sect. administr., E 779 242.

LXII.

ARRÊT DU CONSEIL D'ÉTAT RELATIF A LA CORPORATION DES MARCHANDS EN GROS D'AMIENS.

Un certain nombre de bourgeois d'Amiens, au commencement du xviiie siècle, faisaient le commerce en gros d'épicerie, de mercerie et d'étoffes, sans appartenir à aucune corporation d'arts et métiers. Des taxes onéreuses leur ayant été appliquées, en même temps qu'ils étaient obligés d'acheter à prix d'argent la réunion de divers offices de police industrielle nouvellement créés, ils se trouvèrent débiteurs de plus de quarante-six mille livres sans pouvoir les payer, et on procéda contre eux par voie de garnison. Ils reconnurent alors la nécessité de se former en corporation, afin d'avoir la faculté d'emprunter de l'argent en commun, et de remédier aux abus qu'avait fait naître, suivant eux, la liberté illimitée de leur commerce. Ils suivaient, en agissant ainsi, les tendances du gouvernement, et se conformaient aux édits qui, dès l'année 1673, avaient été rendus par Louis XIV, pour contraindre les artisans et les marchands à s'établir en maîtrises et jurandes. Le projet de statuts que rédigèrent les *grossiers* d'Amiens, reçut, le 20 mars 1708, l'approbation royale.

Les marchands en gros non incorporés, porte cette pièce, auront des magasins où ils vendront toute sorte de marchandises en balles, caisses, tonneaux ou sacs fermés. Ils ne pourront tenir de boutiques ouvertes, ni, sous aucun prétexte, *faire le détail* (art. 2 et 4). — Quant aux marchands incorporés à d'autres communautés, il leur est interdit de négocier en gros, si ce n'est pour les marchandises dont la vente est spécialement autorisée par leurs statuts (art. 6). — Les manufacturiers d'Amiens ne pourront acheter les produits des autres manufacturiers amiénois pour les revendre ensuite de seconde main; ils ne mettront dans le commerce que les étoffes sorties de leurs propres ateliers et portant leur nom (art. 7). — La police du métier appartiendra à cinq gardes, dont le premier aura le titre de *grand-garde*; ils seront élus le 10 novembre de chaque année, à la pluralité des voix, et prêteront serment entre les mains de l'échevinage. Leurs fonctions sont obligatoires (art. 8, 9, 10). — Les gardes des autres corporations, lorsqu'ils voudront aller en visite chez les marchands en gros, devront se munir d'une autorisation du juge de police (art. 13). — Les commissionnaires, courtiers, hôteliers, ne pourront vendre, colporter, ni recevoir aucunes marchandises des *grossiers*, sous peine de confiscation et d'amende (art. 18). — La durée de l'apprentissage est de trois ans (art. 15). — Les droits de maîtrise sont fixés à trente livres, payables à la confrérie, plus six livres au grand-garde, et trois livres à chacun des autres gardes (art. 19).

Les marchands drapiers, merciers, épiciers secs, etc., de la ville d'Amiens, formèrent opposition à la requête des marchands en gros; le conseil d'état, par l'arrêt suivant, en date du 20 mars 1708, autorisa ces derniers à s'unir en corporation particulière, décida qu'un délai d'un mois serait accordé aux opposants pour énoncer leurs griefs contre les statuts, et chargea M. Bignon, commissaire en Picardie, de les entendre. Les drapiers, merciers et autres ayant refusé de se présenter devant le commissaire, en déclarant qu'ils voulaient en référer directement au conseil d'état, les marchands grossiers protestèrent contre cette prétention, et il fut statué, par arrêt du 10 juillet 1708, que les opposants articuleraient leurs griefs, dans le délai de huit jours, devant M. de Bernage, commissaire en Picardie [1]. Le 15 du même mois intervint un second arrêt portant que, ces griefs n'étant point admissibles, il serait passé outre, et que les statuts seraient homologués [2]. Malgré de nouvelles difficultés, les statuts des marchands en gros furent confirmés de nouveau [3], le 23 décembre de la même année. Le 4 janvier 1711, ils furent définitivement homologués [4], et le 23 juin le conseil d'état décida que les personnes qui voudraient entrer dans le corps des marchands en gros n'auraient qu'à se faire inscrire sur leur registre dans le délai d'un mois [5]. L'arrêt contient en outre injonction pour les nouveaux associés d'acquitter leur part des taxes imposées pour l'acquit des sommes empruntées par la communauté.

Veu au conseil d'état du roy les requêtes présentées en iceluy, la première par les marchands en gros non incorporés de la ville d'Amiens, contenant que Sa Majesté, par ses édits des mois de mars et décembre 1691, mars 1694 et juillet 1702, aiant taxé les corps et métiers et créé des offices de jurez-gardes, d'auditeurs et examinateurs des comptes, et de trésoriers de bourse commune dans toutes les communautez du royaume, les suplians auroient payez sous

1708.
20
mars.

---

[1] Arch. imp., sect. administr., E 794.69.

[2] Id., ibid., E 818.146.

[3] Id., ibid., E 823.167.

[4] Arch. imp., sect. judic., reg. du parlem. de Paris intit.: *Ordonn. de Louis XIV*, LIVe vol., cot. s Q, fol. 172 r°.

[5] Arch. imp., sect. administr., E 829.108. — Par un arrêt du conseil d'état du 12 septembre 1711, les marchands en gros furent autorisés à vendre par demi-pièces les serges d'Aumale, qui avaient une longueur de quarante à soixante aunes.

(Arch. imp., sect. administr., E 832.138.) — Voy. aussi un arrêt du conseil du 26 janvier, et un autre du 12 juillet 1712 (Arch. imp., sect. administr., E 836.190 et 841.116); — un arrêt du conseil d'état du 24 février 1714, portant que le grand-garde sera le plus ancien des gardes sortants (id., ibid., 860.120); — des statuts donnés en 1733, qui ont été imprimés; — un acte du 29 octobre 1745, etc. (Arch. de la préfect. de la Somme, intendance, dossier intitulé *Commerce*, etc.)

le nom de marchands en gros non incorporés, conformément aux étatz arrêtez au conseil et aux répartitions faittes par les sieurs Chauvelin et Bignon, conseillers d'état, commissaires départis en la généralité de Picardie, la somme de 9900 ″ pour la taxe sur les corps et métiers, celle de .... pour la réunion des offices de jurez-gardes, celle de 8238 ″ pour la réunion des offices d'auditeurs et examinateurs des comptes, et celle de 4000 ″ pour la charge de la trésorerie et bourse commune. Mais, par autres édits des mois de janvier et octobre 1704 et déclaration rendue en conséquence le trente décembre de ladite année, Sa Majesté aiant créé des offices de controlleurs visiteurs des poids et mesures et d'inspecteurs généraux des manufactures, les suplians auroient été taxés, suivant les états arrêtés au conseil, à la somme de 4480 ″ et les deux sols pour livre pour le rachat des poids et mesures, et à celle de 19600 ″ et les deux sols pour livre pour la supression des charges d'inspecteurs des manufactures, lesquelles taxes les suplians n'étant pas en état de payer de leur caisse, comme ils ont fait jusques à présent, voulant néantmoins satisfaire aux intentions de Sa Majesté et faire cesser les poursuites rigoureuses que l'on exerce contr'eux par établissement de garnison, ils se seroient assemblez le treize du mois de septembre dernier, pour délibérer entr'eux sur les taxes auxquelles ils sont imposés sous le nom de marchands en gros non incorporés, pour le rachat de ladite charge d'inspecteur des manufactures et pour le rachapt des poids et mesures, et aiant cherché les moiens de s'acquitter envers Sa Majesté, ils n'auroient trouvez de moien plus convenable pour y parvenir que de s'établir sous le bon plaisir de Sa Majesté en corps et communauté, affin qu'aiant le titre de corps ils soient en état de prendre de l'argent à rente pour payer les taxes qui leur sont demandées, comme ont fait tous les autres corps de ladite ville d'Amiens, leur étant impossible de pouvoir faire aucun emprunt sans être érigé en corps, et à cet effet, souhaittant d'ailleurs remédier aux abus qui se peuvent commettre dans leur commerce en gros, qui est permis à toutes personnes indistinctement sans avoir les qualités requises et sans être incorporés dans aucun corps ny assujetty à aucun réglement, les suplians, en conséquence des édits des mois de mars 1673 et décembre 1691, qui permettent à tous les marchands et artisans qui ne sont point en jurande de prendre des statuts si bon leur semble, ont été conseillez, pour le bien et utilité publique de la manufacture de ladite ville, et pour l'avantage et perfection de leur commerce, qui deviendra de jour en jour plus florissant, quand il sera fondé sur des réglemens ausquels l'on ne pourra contrevenir, de rédiger entr'eux par devant nottaires les dix-neuf articles des status et réglemens cy-après, que Sa Majesté est très humblement supliée d'agréer et confirmer, pour être exécutez selon leur forme et teneur.

1. Les marchands en gros ont choisy pour leur patron saint Martin.

2. Les marchands en gros ne pourront avoir de boutique ouverte, mais seulement des magasins pour y vendre en gros, balles, caisses, tonneaux, barils, panniers entiers ou sacs et sous cordes de toutes sortes de marchandises, comme ils ont fait de tout temps immémorial, dont seront exceptez les beures et fromages, réservés au corps des épiciers par l'article xxxv de leurs brefs et statuts.

3. Ne pourront avoir chez eux aucun draps ny dans leurs magasins, mais seront tenus de les faire descendre au bureau de la halle aux draps, pour y être veus et visités et marqués; et de là portés dans le bureau des marchandises foraines, pour y être vendues comme il s'est toujours pratiqué.

4. Ne pourront lesdits marchands en gros faire le détail, sous tel prétexte que ce puisse être.

5. Ne pourront vendre aucunes pièces des manufactures de cette ville et des environs, ny d'autres manufactures du royaume ou pays étrangers, qu'elles n'aient été marquées au bureau et que par pièces aiant le plomb.

6. Nul, s'il n'est incorporé ou qui ne sera du corps desdits marchands en gros, ne pourra faire en cette ville d'Amiens le négoce en gros, excepté les marchands incorporés ez autres communautez, qui ont droit de faire le gros et le détail des marchandises seulement dont ils ont la faculté de vendre suivant leur état, en conformité de leurs statuts.

7. Les manufacturiers de cette ville ne pourront achepter des autres manufacturiers leurs pièces de manufactures pour les revendre, mais pourront seulement vendre les pièces de marchandises qui proviendront de leurs ouvriers, où leur nom sera tissu à l'extrémité de chaque pièce, conformément à l'ordonnance des manufactures, à peine de confiscation des marchandises et d'amende.

8. Les marchands en gros seront tenus de s'assembler le dixième novembre de chacune année, dans un bureau qu'ils auront à cet effect, pour procéder à la nomination de leurs gardes, où ils seront tenus de se trouver, à peine de soixante sols d'amende aplicable aux pauvres.

9. Il sera choisy cinq desdits marchands en gros à la pluralité des voix, pour faire les fonctions de grand-garde et gardes, dont le plus nommé sera le grand-garde pour la première année seulement, et après sera pris tous les ans suivant l'ordre du tableau par droit d'ancienneté; des quatre gardes qui

seront élus, il en sera choisy chaque année deux pour rester avec deux nouveaux qui seront éleus pour faire lesdites fonctions de gardes.

10. Le grand-garde et gardes ainsy nommés seront présentez devant messieurs les maire et échevins, juges de police et manufacture, pour y prêter le serment de bien et fidèlement s'acquitter du devoir de leurs fonctions, sans qu'aucuns desdits marchands puissent s'exempter d'en accepter la charge pour quelque cause que ce puisse être.

11. Les gardes dudit corps seront obligés de se trouver chaque jour aux bureaux des marques de la manufacture, halle aux draps, gueldes et teintures, pour être présens aux heures de marques, pour visiter et veiller qu'il ne se commette aucun abus et contravention aux réglemens des manufactures, sans qu'ils puissent prétendre aucuns droits pour la visite.

12. Seront tenus de faire leurs visites dans les magasins des marchands dudit corps, pour examiner s'il ne se trouvera des marchandises en contravention des réglemens, auquel cas seront tenus de requérir permission du juge de police pour enlever ce qui se trouvera en contravention, et être aporté en l'hôtel commun de cette ville, dont ils dresseront procez-verbal pour être jugé conformément à l'ordonnance des manufactures.

13. Les gardes des autres communautés ne pourront aller en visite chez lesdits marchands en gros, sous quelque prétexte que ce puisse être, sans en avoir obtenu permission du juge de police.

14. Les marchands qui voudront prendre aprentifs seront tenus de les faire registrer au greffe de l'hôtel de ville en présence des gardes dudit corps, et lesdits aprentifs d'être trois ans consécutifs chez lesdits marchands pour faire leur aprentissage, à quoy ilz les engageront et de leur rendre service pendant ledit temps.

15. Nul ne pourra être reçu marchand en gros, s'il n'a accomply le temps de son aprentissage, et qu'il n'ait le brevet de son maître.

16. Les fils de maîtres seront affranchis du droit d'enregistrement et d'aprentissage.

17. Celuy qui aura accomply le temps de son aprentissage et qui voudra être receu au corps desdits marchands sera présenté par son maître et les gardes dudit corps, et sera receu maître, après qu'ils auront certifié par devant messieurs les maire et eschevins des bonnes vie et mœurs, religion catholique, apostolique et romaine, et capacité de l'aspirant à ladite maîtrise.

18. Nuls commissionnaires, courtiers, courtières, hôtelliers et tous autres sans qualités ne pourront s'entremettre de vendre, porter, ny recevoir dans

leurs maisons aucunes marchandises du corps desdits grossiers, à peine de confiscation et d'amande.

19. Nul aspirant à la maîtrise ne pourra être receu maître, s'il ne paye pour le droit de confrérie la somme de trente livres, six livres au grand garde et trois livres à chacun des quatre gardes en charge.

Requérants qu'il plust à Sa Majesté, pour leur faciliter les moiens de payer les taxes qui leur sont demandées pour le rachapt des poids et mesures et pour la suppression des charges d'inspecteurs des manufactures, leur permettre d'établir corps et communautez en jurande sous le nom de marchands en gros de ladite ville d'Amiens, et à cet effect agréer et aprouver les dix-neuf articles des statuts et réglements mentionnés en la présente requête, pour être à l'avenir gardez et observez de point en point selon leur forme et teneur par lesdits marchands et leurs successeurs, sans qu'il y soit contrevenu, et, en cas de contravention ou opposition, qu'il plust à Sa Majesté s'en réserver la connoissance et à son conseil, à l'exclusion de toutes ses cours et juges, à peine de mil livres d'amende contre les contrevenans, ordonner en outre qu'en payant par les suplians les sommes ausquelles ils sont taxés pour le rachapt des poids et mesures et pour la supression des charges d'inspecteurs des manufactures, ils ne pourront être troublés ny inquiétés, sous prétexte de leur établissement en corps et communauté, pour les sommes par eux cy-devant payées, sous le nom de marchands en gros non incorporés, pour la taxe sur les corps et mettiers, pour la réunion des offices de jurez gardes, des offices d'auditeurs et examinateurs des comptes et pour la réunion de la charge de la trésorerie et bourse commune, et enjoindre au sieur commissaire départy en la généralité d'Amiens de tenir la main à l'exécution de l'arrest qui interviendra. La seconde, par les marchands épiciers et drapiers de ladite ville d'Amiens, contenant leurs oppositions à l'érection dudit corps. Les requêtes renvoyées au sieur Bignon, commissaire départy en la généralité de Picardie, pour donner son avis. Veu aussy la requeste présentée audit sieur Bignon, le 6 octobre 1707, par lesdits marchands en gros non incorporés, tendante à ce qu'il luy plust donner son avis en conformité de leurs conclusions. Ordonnance dudit sieur Bignon, du douze dudit mois, portant que ladite requeste seroit communiquée aux marchands merciers secqs, drapiers, épiciers et autres, qui peuvent avoir intérest dans l'établissement proposé par lesdits marchands en gros, avec leurs brefs et statuts, pour y fournir de deffences dans le procez-verbal qui en seroit dressé par devant luy. Signification de ladite requeste ausdits marchands merciers secqs, drapiers et épiciers, le 19 dudit mois d'octobre, avec sommation de se trouver chez ledit sieur Bignon. Autre assignation, donnée le 24 novembre 1707, à la requeste desdits marchands en gros non incorporez, aux gardes, corps et communautez des tanneurs, saiteurs, hautelisseurs de ladite ville d'Amiens, en vertu de l'ordonnance dudit sieur Bignon du 12 octobre dernier. Procès-verbal dudit sieur Bignon, fait en conséquence du renvoy du conseil, contenant la comparution, dires et contestations des gardes, corps et communautez des maîtres marchands merciers, grossiers, jouailliers et drapiers de ladite ville d'Amiens, qui auroient soutenu que lesdits marchands en gros, n'ayant aucun titre, droits et qualités, avoient été déboutés d'une pareille tentative ez annéez 1704 et 1705, et que leur prétention pour un nouveau corps et pour leurs statuts étoit insoutenable et sans exemple, ainsy qu'ils le feront connoître par la suitte, et qu'ils protestoient de nullité de tout ce qui pouvoit être fait par devant ledit sieur Bignon de la part desdits marchands en gros. Autre comparution, faitte par devant ledit sieur Bignon par les gardes, corps et communautez des marchands merciers épiciers de ladite ville d'Amiens, qui ont dit que, pour ne point incidenter, ils déclaroient employer ce qui auroit été dit de la part des marchands merciers secqs. Répliques desdits marchands en gros que, c'est une supposition d'avancer, de la part des marchands merciers secqs, épiciers et drapiers de ladite ville d'Amiens, que lesdits marchands en gros ayent été déboutez de pareille requeste, qu'au surplus il s'agissoit de sçavoir si l'on pouvoit les empêcher de faire un corps particulier de marchands grossiers, leur commerce étant tout différent de celuy desdits merciers secqs, épiciers et drapiers, suivant qu'il paroist par les brefs et statuts par eux présentés à Sa Majesté. Autre comparution, faite par devant ledit sieur Bignon par les gardes, corps et communautez des maîtres saiteurs et hautelisseurs de ladite ville d'Amiens, qui ont soutenu que ladite communauté devoit être conservée dans le droit et possession qu'elle a de faire tenir et acheter, de tel lieu que les maîtres veulent, toutes les soyes, laines et autres choses dont ils ont besoin pour la fabrique des marchandises qu'ils font, sans être obligez à aucune visite ny payer aucuns droits, comme aussy de vendre à quy bon leur semble; qu'au surplus ladite communauté doit être conservée dans tous les droits et priviléges accordés par les brefs statuts et réglemens généraux de la manufacture, et tout ce qui a été dit par devers ledit sieur Bignon. Veu aussi l'avis dudit sieur Bignon, ensemble les édits de Sa Majesté des mois de mars 1673 et décembre 1691. Ouy le raport du sieur Desmaretz, conseiller au conseil royal, conseiller général des finances;

Le roy en son conseil, conformément à l'avis du sieur Bignon, conseiller d'estat, commissaire départi en la généralité d'Amiens, a permis aux marchans en gros non incorporés de la ville d'Amiens de s'unir en corps et communauté particulière et distincte des autres communautés de marchans et négocians de ladite ville, et à l'égard des statuts contenus en leur requeste, ordonne Sa Majesté que, dans un mois pour tout délay à compter du jour de la signification du présent arrest aux marchans drapiers, merciers, épiciers secs de ladite ville d'Amiens, ils seront tenus d'articuler les griefs ou dommages qu'ils peuvent y souffrir, sinon et à faute de ce faire et ledit tems passé, lesdits statuts seront et demeureront homologués avec eux pour estre exécutés selon leur forme et teneur, et du tout Sa Majesté a réservé au conseil la connoissance, fait deffenses aux parties de se pourvoir ailleurs, à peine de trois mille livres d'amende, cassation de procédures et de tous dépens, dommages et intérests, ordonne en outre Sa Majesté qu'en paiant par lesdits marchans en gros les sommes auxquelles ils sont taxés pour le rachat des visiteurs controlleurs des poids et mesures, et pour la suppression des offices d'inspecteurs des manufactures, ils ne pourront être troublés ny inquiétés, sous prétexte de leur établissement en corps et communauté, pour les sommes par eux cy-devant paiées sous le nom de marchans en gros non incorporés, pour la taxe sur les corps d'arts et mestiers ny pour les réunions des offices de jurés gardes, d'auditeurs examinateurs des comptes et de trésoriers de la bourse commune. Enjoint Sa Majesté audit sieur Bignon de tenir la main à l'exécution du présent arrest. Signé : PHELYPEAUX et DESMARETZ.

A Versailles, le vingt mars mil sept cent huit.

Arch. imp., sect. administr., E 791 :6¹.

LXIII.

ARRÊT DU CONSEIL D'ÉTAT RELATIF A LA FINANCE DES OFFICES DE MILICE BOURGEOISE RÉUNIS A L'ÉCHEVINAGE D'AMIENS.

Les habitants d'Amiens avaient, ainsi qu'on l'a vu plus haut, obtenu, en 1695, moyennant finance, la réunion à leur échevinage des offices de capitaines et de lieutenants de la milice bourgeoise, créés au mois de mars 1694. Ces offices, supprimés par un édit de septembre 1703, furent rétablis par un autre édit de juin 1708, et le fisc imposa une nouvelle taxe aux officiers de la milice bourgeoise d'Amiens, qui, ne se croyant pas compris dans les termes de l'édit de suppression de septembre 1706, avaient continué à exercer leurs charges [1]. La somme exigée était de seize mille huit cents livres, qui se divisait en seize parties de six cents livres pour chaque capitaine, et en seize parties de quatre cent cinquante livres pour chaque lieutenant. Les officiers amiénois protestèrent, en alléguant que leurs charges ayant été réunies, en 1695, à l'échevinage, n'étaient susceptibles ni de suppression ni de rétablissement, et qu'on ne devait point les considérer comme officiers du roi; des poursuites furent alors dirigées contre eux pour le remboursement de la somme de seize mille huit cents livres; et le 6 novembre 1708, intervint un édit portant que les échevinages, lors même qu'ils auraient racheté les offices de milice bourgeoise, seraient tenus, pour en conserver la libre disposition, de solder, dans le délai d'un mois, les finances auxquelles ils avaient été taxés.

Les magistrats municipaux d'Amiens réclamèrent contre ces dispositions; ils demandèrent que les seize mille huit cents livres fussent réduites à dix mille; qu'il leur fût permis de faire la répartition de cette somme entre les capitaines, lieutenants et chefs de portes; que le nombre des officiers privilégiés de la milice bourgeoise ne fût point augmenté, attendu que, si l'on étendait aux officiers subalternes l'exemption de logement de gens de guerre, il deviendrait impossible de loger les troupes royales; qu'ils pussent eux-mêmes disposer des offices, dans le cas où les titulaires refuseraient de payer leur quote-part de la somme qui serait définitivement imposée à la ville.

Voici, à la date du 11 juin 1709, un arrêt par lequel le conseil d'état réduit à quinze mille les seize mille huit cents livres fixées par l'édit de juin 1708; et décide que, moyennant le payement de cette somme dans les délais voulus, les maire et échevins jouiront de neuf cent trente-sept livres dix sous d'augmentation de gages; que le nombre des privilégiés ne sera point augmenté; que l'échevinage pourra faire la répartition des quinze mille livres entre les officiers, et que les magistrats municipaux pourront disposer des offices dont les titulaires ne payeraient point la finance, en faisant toutefois rembourser

---

[1] Cet édit fut rendu en interprétation d'un autre édit du mois d'août 1705. Voy. le Recueil d'Isambert, t. XX, p. 742.

à ceux-ci par leurs remplaçants les sommes payées antérieurement, soit au roi, soit à la ville [1].

Sur la requeste présentée au roy en son conseil par le sieur de Mézieres, gouverneur de la ville et citadelle d'Amiens, et par les maire et échevins de la mesme ville, contenant que, par édit du mois de mars 1694, Sa Majesté ayant créé en titre d'office, dans touttes les villes et bourgs du royaume, des charges de colonels, majors, capitaines et lieutenans des bourgeois, ce qui auroit renversé l'ordre observé de tout temps pour la seureté de ladite ville d'Amiens, dont la garde a toujours esté confiée aux bourgeois commandez par les officiers nommez et choisis par les suplians, qui y montent journellement la garde, à l'exclusion mesme des troupes réglées qui y sont en garnison pendant les quartiers d'hyver, les suplians (qui sont responsables envers Sa Majesté de la garde et seureté de ladite ville, dans laquelle il y a toujours eu seize compagnies), pour empescher le dérangement que la vente de ces offices y auroit causé s'il avoit esté permis à touttes personnes sans naissance, expérience et capacité de s'en faire pourvoir, firent des offres à Sa Majesté de payer la somme de 44,000#, sçavoir : 30,000# pour les offices de milice bourgeoise et 14,000# pour les charges de substitut du procureur de Sa Majesté et de controlleur des deniers patrimoniaux créés par autre édit de la mesme année 1694, pour la supression et réunion de tous ces offices à la ville, sur lesquelles offres intervint arrest de réglement, le 19 avril 1695, par lequel il fut ordonné que, du nombre d'officiers des seize compagnies dont la milice bourgeoise de la ville d'Amiens avoit de tout temps esté com-

---

[1] Voici l'indication de quelques autres actes relatifs à la milice bourgeoise, et qui n'ont pas semblé mériter d'être publiés textuellement : 1° Requête adressée au roi par les Amiénois (28 décembre 1707). Les requérants se plaignent de vexations auxquelles ils sont en butte de la part des officiers de l'état-major de la ville d'Amiens ; ils sont astreints, disent-ils, à un service plus rigoureux que celui de la garnison. On les met en prison pour les infractions au service, et cela sans la participation du maire et des échevins ; de plus, l'état-major met sur eux chaque année des impôts pour cinq mille livres. (Arch. de l'hôtel de ville d'Amiens, reg. aux délibérat. coté 77, fol. 541-542.) — Observations sur le fait de la garde, dans lesquelles les habitants protestent de nouveau contre la prétention des officiers de l'état-major de la place à connaître des fautes d'indiscipline commises par les bourgeois dans le service de la milice. (Sans daté. — Arch. de l'hôtel de ville d'Amiens, liasse G 8, dossier 2, pièce 12, invent. Gresset.) — Arrêt du conseil d'état du 11 août 1708 ; le conseil confirme un arrêt du 19 avril 1695, et décide, contrairement à l'ordonnance du marquis de Mézières, gouverneur d'Amiens, qu'en cas de vacance des offices de milice bourgeoise, les personnes qui en seront pourvues seront tenues d'en rembourser le prix à ceux qu'elles remplaceront ou à leurs héritiers. (Arch. imp., sect. administr., E, 795 ^{81}.) — Arrêt du conseil d'état, rendu sur la requête du gouverneur et des maire et échevins d'Amiens, ordonnant que les douze lieutenants non privilégiés, seize enseignes de la milice bourgeoise et chefs de porte seront tenus de payer les sommes auxquelles ils ont été compris dans l'état de répartition pour la finance de leur office. 11 janvier 1710. (Arch. imp., sect. administr., E 812 ^{139}.)

posée, le feu sieur de Bar, pour lors gouverneur, auroit la nomination et disposition entière des offices de huit compagnies et les maire et échevins la nomination, provision et disposition des huit autres compagnies, pour estre lesdits offices remplis et exercez par ceux des habitans de ladite ville qui seroient nommez et choisis par le gouverneur et par les maire et échevins ; qu'il n'y auroit que les seize capitaines et quatre plus anciens lieutenans seulement qui jouiroient des priviléges portez par l'édit du mois de mars 1694, et que les seize capitaines et quatre anciens-lieutenans, avec les autres lieutenans, enseignes desdites compagnies et chefs de porte, auroient voix délibérative à la nomination des maire et échevins, à l'effet de quoy Sa Majesté auroit réduit le nombre des chefs de porte à six au lieu de huit par compagnie, que les offices de colonel et major seroient éteints et suprimez et que les maire et échevins pouroient disposer en faveur de qui bon leur sembleroit de ceux de substitut et de controlleur des deniers patrimoniaux, qu'à cet effet les quittances de finance de tous lesdits offices seroient délivrées aux maire et échevins, en payant par eux ladite somme de 44,000" en quatre payemens égaux, et, pour donner moyen ausdits maire et échevins de payer ladite somme de 44,000", Sa Majesté leur auroit permis d'en faire la répartition, ensemble des frais de l'arrest, sur tous les particuliers qui seroient pourveus desdits offices de milice bourgeoise et sur ceux qui seroient nommez pour remplir les places de chefs de porte, de substitut de procureur de Sa Majesté et de controlleur de deniers patrimoniaux, et ordonné que l'état de répartition seroit communiqué audit gouverneur, comme aussy que les charges de capitaines et quatre lieutenans qui devoient jouir des priviléges et exemptions accordez par l'édit de 1694 ne pouroient estre remplies que par des personnes distinguées, comme officiers de Sa Majesté, notables bourgeois ou gros marchands, et qu'aucuns artisans ny autres de profession mécanique ne pouroient estre admis aux autres charges de lieutenans et enseignes ny remplir les places de chefs de porte ; qu'en exécution de cet arrest de réglement particulier pour la ville d'Amiens, les maire et échevins, conjointement avec le feu sieur de Bar, gouverneur, firent un état de répartition de cette somme de 44,000", dans lequel les seize capitaines furent compris chacun pour 1,200", les quatre lieutenans privilégiez chacun pour 1050", les douze lieutenans non privilégiez pour 350" chacun, les seize enseignes pour 240", et les quatre-vingt-seize chefs de porte, à raison de six pour chaque compagnie, chacun pour 120", montant le tout à 42,960", et le surplus fut fourny par la ville, de sorte que Sa Majesté a receu pour cette réunion et supression ladite somme de 44,000", et les suplians ont donné des provisions à tous les officiers par eux nommez, avec faculté de les révoquer en les remboursant par les nouveaux pourveus, afin de les maintenir dans le bon ordre et les attacher au service qu'ils doivent pour la garde et seureté de ladite ville, qui a eu de tout temps le privilége de se garder elle-même; que Sa Majesté ayant depuis suprimé tous les offices de milice bourgeoise du royaume par son édit du mois de septembre 1706, donné en explication de celuy du mois d'aoust 1705, les officiers de milice bourgeoise de la ville d'Amiens qui n'avoient point de provisions de Sa Majesté, mais seulement du gouverneur et des maire et échevins, avoient lieu de croire qu'ils estoient exceptez de cette supression, cependant, Sa Majesté ayant, par autre édit du mois de juin 1708, rétably dans tout le royaume les officiers de milice bourgeoise et les priviléges et exemptions à eux attribuez par l'édit de 1694, en payant par les pourveus desdits offices, ou par les villes qui les auroient réunis lors de leur création, la finance des augmentations de gages à eux attribuées par ledit édit, les seize capitaines et seize lieutenans de la ville d'Amiens, tant privilégiez que non privilégiez, ont en conséquence esté compris dans un rolle arresté au conseil le 17 juillet dernier pour la somme de 16,800" et les deux sols pour livre, lesquelles sommes il leur a esté fait commandement de payer, sçavoir: les capitaines 600" et les lieutenans 450" chacun, ce qui a obligé lesdits officiers de se pourvoir à Sa Majesté, pour en obtenir la décharge, fondée sur ce qu'ils n'estoient pas officiers de Sa Majesté, et par conséquent non sujets à supression ny rétablissement; mais Sa Majesté ayant depuis ordonné, par un arrest du conseil du six novembre 1708, que les maires et eschevins des villes qui avoient réuny les offices de milice bourgeoise seroient tenus dans un mois de payer la finance demandée ausdits officiers, en conséquence de l'édit du mois de juin, pour estre maintenus dans la faculté de disposer desdits offices, et qu'à faute d'y satisfaire ceux qui en sont pourveus y seroient contraints, au moyen de quoy ils demeureroient propriétaires incommutables desdits offices, avec faculté d'en disposer ainsy qu'ils aviseroient, et jouiroient, conformément à l'édit de 1694, des priviléges et exemptions y attribuez, nonobstant tous traitez et conventions faites au contraire, les suplians ont esté informez que, sous prétexte de cet arrest, le traittant poursuivoit les seize capitaines et seize lieutenans par eux nommez et pourveus, pour les obliger à payer ladite somme de 16,800" et les faire jouir de l'effet dudit arrest qui renverseroit entièrement l'ordre ètably dans ladite ville, et que Sa Majesté, par sa déclaration du vingt may dernier, ayant ordonné que les augmentations de gages créées par l'édit du mois de juin 1708 seroient réparties aux enseignes et chefs de porte et tous autres qui auroient fait les fonctions d'officiers de milice bourgeoise à quelque titre que ce soit, le préposé au recouvrement de la finance qui doit provenir de l'exécution dudit édit du mois de juin 1708 prétendoit faire comprendre dans de nouveaux rolles, en conséquence de cette déclaration, les enseignes et chefs de portes de ladite ville d'Amiens pour la finance desdites augmentations de gages, ce qui oblige les suplians de représenter à Sa Majesté que les officiers de milice bourgeoise de ladite ville n'ayant pas esté compris dans la supression portée par l'édit de septembre 1706, ne sont pas dans le cas du rétablissement et ne peuvent par conséquent estre tenus de payer aucune finance, pour raison de ce que, si l'arrest du 6 novembre 1708 et la déclaration du 20 may 1709 estoient exécutez dans la ville d'Amiens, le nombre des privilégiez, qui est à présent réduit à vingt officiers seulement, sçavoir : 16 capitaines et 4 plus anciens lieutenans, conformément à l'arrest du 19 avril 1695, se trouveroit tellement multiplié que les suplians seroient dans une impossibilité absolue de loger les troupes de Sa Majesté lors des passages et d'imposer les charges ordinaires et extraordinaires, et que d'ailleurs ces officiers, qui ont esté jusqu'à présent nommez et pourveus par le gouverneur et par les maire et échevins, ne manqueroient pas, sous prétexte dudit arrest du six novembre 1708 et de la déclaration du vingt may dernier, de se soustraire de la dépendance dudit sieur gouverneur et de la ville, et de disposer ensuite à leur gré de leurs offices en faveur de gens sans naissance, sans capacité et sans expérience, ce qui feroit perdre aux suplians toutte leur autorité, les mettroit hors d'estat de répondre de la fidélité de ces officiers et pourroit mesme devenir dans la suite très-préjudiciable au bien de la ville et au service de Sa Majesté. A ces causes, les suplians requéroient qu'il plust à Sa Majesté sur ce leur pourvoir, ce faisant les décharger, ensemble tous les officiers de la milice bourgeoise de ladite ville d'Amiens qui sont à leur nomination, provision et disposition, du payement de la somme de 16,800" pour laquelle les seize capitaines et seize lieutenans ont esté compris dans un roolle arresté au conseil le dix-sept juillet dernier, et de celle qui pouvoit estre demandée tant aux enseignes qu'aux chefs de porte de ladite ville, en exécution de la déclaration du vingt may de la présente année; et où Sa Majesté feroit difficulté de les décharger purement et simplement du payement desdites sommes, qu'il luy plust au moins les réduire et modérer à celle de 10,000", y compris les deux sols pour livre qu'ils seront tenus de payer en deux payemens égaux de trois mois en trois mois, à compter du jour de l'arrest qui interviendra, et pour donner moyen aux maire et eschevins de payer ladite somme, leur permettre d'en faire la répartition, ensemble des frais de l'arrest, sur les seize capitaines et quatre lieutenans privilégiez, ensemble sur les douze lieutenans non privilégiez, enseignes et chefs de porte, conformément à l'arrest de réglement du 19 avril 1695, et à proportion de la finance par eux payée en exécution dudit arrest, ordonner que tous lesdits officiers et chefs de porte seront payez par le receveur de la ville des interests des sommes qu'ils payeront sur le fonds des augmentations de gages qui seront employées sous le nom des maire et eschevins dans l'état des finances de la généralité d'Amiens, et ce à proportion de ce qu'ils suporteront de ladite répartition, et qu'au surplus l'arrest de réglement du 19 avril 1695 sera exécuté selon sa forme et teneur, et en conséquence qu'il ne poura y avoir d'autres privilégiez dans ladite ville que lesdits seize capitaines et quatre plus anciens lieutenans seulement, lesquels seront en tant que de besoin confirmez dans leurs priviléges, et en cas de refus par aucuns desdits officiers de payer leur part dans la répartition de ladite somme de 10,000", permettre aux suplians, chacun pour les charges qui sont à leur nomination, de disposer des places et offices de ceux qui seront refusans de payer, à la charge de les faire rembourser par ceux qui seront nommiez en leurs places des finances par eux payées pour raison de leurs offices. Veu ladite requeste, l'arrest de réglement du 19 avril 1695, ledit édit du mois de juin 1708, l'arrest du six novembre suivant, la déclaration du vingt may dernier et autres pièces attachées à ladite requeste; ouy le raport du sieur Desmaretz, conseiller ordinaire au conseil royal, controlleur général des finances;

Le roy en son conseil, ayant aucunement égard à ladite requeste, a réduit et modéré à la somme de quinze mil livres et deux sols pour livre la finance qui auroit deu estre payée par les capitaines, lieutenans, enseignes, chefs de portes et autres officiers de milice bourgeoise de la ville d'Amiens, en exécution dudit édit du mois de juin mil sept cens huit et de la déclaration du vingt may dernier; ordonne Sa Majesté qu'en payant par les maire et eschevins de ladite ville ladite somme de quinze mil livres et deux sols pour livre, moitié dans deux mois du jour de la signification qui leur sera faite du présent arrest et du rolle qui sera arrêté en conséquence, et l'autre moitié deux mois après, sçavoir le principal sur la quittance, du receveur des revenus casuels, et en attendant l'expédition d'icelle sur les récépissez de Jean Denoyalle, chargé par Sa Majesté dudit recouvrement, ses commis et préposez, portant promesse de raporter ladite quittance de finance et de deux sols pour livre sur la simple quittance dudit Denoyalle, lesdits maire et échevins jouiront de neuf cens trente-sept livres dix sols d'augmentation de gages au denier seize, faisant partie de cinquante-huit mil livres d'augmentations de gages créées par ledit édit du mois de juin mil sept cent huit; et pour leur donner moyen de payer ladite somme, Sa Majesté leur a permis d'en faire la répartition, ensemble des frais du présent arrest, sur les seize capitaines et quatre lieutenans privilégiez et sur les douze lieutenans non privilégiez, enseignes et chefs de portes de la milice bourgeoise de ladite ville, conformément à l'arrest de réglement du dix-neuf avril mil six cent quatre-vingt-quinze, et ce à proportion de la finance par eux payée en exécution dudit arrest, lequel état de répartition sera fait de concert avec ledit sieur gouverneur, avant qu'il puisse estre mis à exécution; ordonne Sa Majesté que tous lesdits officiers et chefs de porte recevront les intérests des sommes qui seront par eux payées pour ladite répartition des mains du receveur de ladite ville, sur le fonds desdites augmentations de gages, qui sera fait sous le nom desdits maire et échevins, dans l'estat des finances de la généralité d'Amiens, et en cas de refus de la part d'aucuns desdits officiers de payer les sommes pour lesquelles ils seront compris dans ladite répartition, permet Sa Majesté ausdits sieurs gouverneur et maire et eschevins, chacun pour les offices qui sont à leur nomination, de disposer des places et offices de ceux qui seront refusant, à condition néantmoins de les faire rembourser, par ceux qui seront nommez à leurs places, des finances par eux payées tant à Sa Majesté qu'à la ville, et sera au surplus l'arrest du dix-neuf avril mil six cens quatre-vingt-quinze exécuté selon sa forme et teneur, sans qu'il puisse y avoir d'autres privilégiez dans ladite ville que lesdits seize capitaines et quatre plus anciens lieutenans seulement, lesquels Sa Majesté a en tant que de besoin maintenus et confirmez dans leurs priviléges et exemptions, enjoint au sieur commissaire départy pour l'exécution des ordres de Sa Majesté dans ladite généralité d'Amiens de tenir la main à ce que le présent arrest soit exécuté, nonobstant touttes oppositions ou autres empeschements, dont, si aucuns interviennent, Sa Majesté s'en est réservé la connoissance et à son conseil et icelle interdit à touttes ses cours et autres juges.

Signé: PHELYPEAUX, DE BEAUVILLIER et DESMARETZ.

A Versailles, le onze juin mil sept cent neuf.

Arch. imp., sect. administr., E 805 95.

LXIV.

REQUÊTE DE L'ÉCHEVINAGE D'AMIENS POUR LE MAINTIEN DE SA JURIDICTION CRIMINELLE SUR LA MILICE BOURGEOISE.

Un habitant d'Amiens, appartenant à la milice bourgeoise, avait été tué, pendant qu'il faisait son service dans un corps de garde, par un officier subalterne de la même milice. Les magistrats municipaux instruisirent le procès du meurtrier; de son côté, le lieutenant criminel évoqua l'affaire, et ce conflit donna lieu, de la part de l'échevinage, à la requête suivante, qui n'est point datée, mais qui remonte indubitablement aux premières années du xviiie siècle [1].

Cette pièce mérite de fixer l'attention, par les renseignements qu'elle contient sur les droits judiciaires encore subsistants des magistrats municipaux d'Amiens. Les juridictions qui appartiennent à l'échevinage, y est-il dit, sont de quatre espèces et tout à fait distinctes. La première, qu'ils possèdent à titre patrimonial, et qui est un reste de leurs anciens droits de haute, moyenne et basse justice, est celle de la police ordinaire; la jouissance leur en a été assurée par l'édit de 1597. Les appels, en cette matière, sont portés au bailliage d'Amiens; et du bailliage au parlement. Le maximum des amendes est de soixante-quinze livres; dans les affaires criminelles, les peines sont le fouet et le bannissement. — La seconde juridiction, qui est illimitée, est celle des manufactures; elle a été réservée à l'hôtel de ville d'Amiens, comme aux autres hôtels de ville du royaume, par un édit de 1669; les appels, ainsi que pour les tribunaux prononçant en dernier ressort, sont portés directement au conseil du roi. — La troisième juridiction, celle du logement des troupes et des impôts levés pour le roi, a été attribuée au maire d'Amiens par édit de 1694. — La quatrième est celle de la garde bourgeoise; elle a été maintenue à l'échevinage par arrêts du conseil d'état de 1636 et du 10 juillet 1665.

On ignore quelle fut l'issue de l'affaire, et le silence des documents est particulièrement regrettable dans cette circonstance. C'est en effet un cas de haute justice revendiquée, au nom de la police des armes, par un bourgeois sous les armes.

Les maire et échevins d'Amiens observent qu'ils ont à l'hôtel de ville quatre sortes de juridiction, toutes différentes l'une de l'autre.

La première est celle de la police ordinaire; ils en jugent journellement toutes les causes à l'audience. L'appel de leurs sentences est dévolutif au bailliage

---

[1] Dans cette requête, adressée à Louis XIV, il est question d'un édit de 1695, et de divers arrêts rendus pour l'exécution de cet édit; il y est parlé aussi de l'état de guerre où se trouvait alors la France; or, la dernière guerre de Louis XIV, commencée en 1701, fut terminée au commencement de 1714 par le traité de Rastadt.

d'Amiens, et du bailliage d'Amiens au parlement; cette juridiction leur appartient à titre patrimonial; elle est un reste de la haute, moyenne et basse justice qu'ils avoient avant 1597 : et l'édit de ladite année 1597 leur laisse cette juridiction, ainsi que les édits de création de maire et lieutenants généraux de police, avec les arrêts rendus en conséquence; les bornes de cette juridiction patrimoniale sont faites en l'édit de 1597 : l'amende ne peut passer 75" et les peines à prononcer dans les affaires criminelles sont fixées au fouet et au bannissement.

La seconde juridiction, bien différente de celle ci-dessus, n'a aucune borne ni limite; l'appel des sentences que rendent les suppliants audit hôtel de ville ne va ni au bailliage ni au parlement. C'est pour les manufactures. Cette juridiction est attribuée audit hôtel de ville, ainsi qu'à tous les autres hôtels de ville de France, par l'édit du roi de 1669. Lorsque les parties condamnées sur contravention audit édit se plaignent des jugements rendus auxdits hôtels de ville, leur plainte n'en est portée que directement au conseil de Sa Majesté, comme contre des arrêts rendus en dernier ressort. Les requêtes de plaintes sont renvoyées aux sieurs intendants des provinces, sur l'avis desquels Sa Majesté réforme ces jugements des hôtels de ville ou rejette les requêtes des plaintes.

La troisième juridiction est celle pour les logements des troupes en garnison et de passage, ensemble pour les sommes à lever par le roi sur les habitants; l'édit de création des maires, en 1694, donne cette juridiction aux maire et échevins, qui l'avoient naturellement tenue sur ce sujet en dernier ressort.

La quatrième juridiction de l'hôtel de ville d'Amiens est celle qu'il a pour raison de la garde de ladite ville par les bourgeois, soit quand il n'y a pas de troupes réglées en garnison; soit conjointement avec ces troupes réglées, quand il plaît à Sa Majesté d'y en mettre. Avant 1597, un des privilèges de ladite ville étoit d'être exempte de garnison et de séjours et de logements de gens de guerre, ladite ville se gardant elle-même. Les maire et échevins étoient naturellement les premiers officiers qui commandoient seuls les bourgeois sous les armes, et ils avoient la juridiction naturelle et universelle qu'ont tous les officiers de chacun régiment sur ses soldats délinquants dans le fait des armes. Cette juridiction n'avoit pas de limites; ni l'appel n'en a jamais été reçu ni au bailliage d'Amiens, ni au parlement, ni ailleurs. Par l'édit de 1597, le roy, en ôtant le privilége de l'exemption de logements de gens de guerre à la ville d'Amiens et en l'assujettissant à recevoir garnison, il a ôté, par cet édit, la juridiction de la garde audit hôtel de ville d'Amiens et tout commandement. Il ne veut pas que les habitants se mettent sous les armes, que quand le gouverneur que le roi a mis en ladite ville le jugera à propos pour le service de Sa Majesté. En exécution de cet édit, le feu roi Henri IV mit garnison en ladite ville d'Amiens, qui, par la manière que les officiers des troupes réglées usèrent du gouvernement en ladite ville, firent périr les manufactures et tous les droits du roi, en sorte que la ville devint déserte. Pourquoi, sur l'avis du sieur gouverneur de ladite ville d'Amiens, le roi très-sage ne rendit point d'arrêt qui changeât l'édit de 1597; mais il fit retirer la garnison et ordonna verbalement aux échevins de faire faire la garde par les habitants tout de même qu'elle se faisoit avant 1597; ce qu'ils ont continué sans interruption jusqu'en 1636, en condamnant les délinquants en fait de la garde, sans que jamais il ait été reçu un appel de leur sentence ni au bailliage, ni au parlement, ni ailleurs, tant pour le civil que pour le criminel. En 1636 le sieur duc de Chaulnes, gouverneur général de la province de Picardie et gouverneur particulier de la ville d'Amiens, ayant voulu ôter aux suppliants leur juridiction ordinaire sur les habitants étant en garde, Sa Majesté, en son conseil, sur les plaintes des suppliants, les a maintenus, par des lettres écrites audit sieur de Chaulnes, et depuis, ses prédécesseurs et successeurs ont, dans leurs ordonnances, confirmé le droit des suppliants sur le fait de la garde. Même les sieurs officiers de l'état-major à Amiens ont journellement renvoyé aux suppliants la connoissance et le jugement des contraventions au fait de la garde, attendu que cet état-major n'a nulle juridiction à Amiens sur la garde. Ainsi le droit de juridiction attribué à l'état-major d'un régiment est transféré aux suppliants, qui sont naturellement les premiers colonels des habitants assemblés sous les armes pour le service du roi.

En 1665, y ayant eu un jour insulte faite à un des sentinelles sur le rempart et à un des corps de gardes, le sieur lieutenant criminel d'Amiens en voulut connoître et décréta de prise de corps contre le sentinelle; les sergents, en vertu de ce décret, entrèrent à main armée au corps de garde, qu'ils forcèrent, et enlevèrent le particulier en garde pour le constituer prisonnier. Les suppliants, ayant informé Votre Majesté de ce procédé, elle rendit arrêt, en son conseil d'état, le 10 juillet 1665, qui ordonne que le procès commencé par les suppliants contre les sergents seroit parachevé. Cet arrêt en interdit la connoissance audit sieur lieutenant criminel, et par là Votre Majesté a confirmé le droit commun de la juridiction de l'hôtel de ville, tel qu'ont toutes les autres villes qui se gardent elles-mêmes, et tel que les colonels et autres officiers de chacun régiment l'ont sur leurs soldats ou officiers subalternes. Depuis 1665, Votre Majesté a confirmé ce droit en l'édit de 1694 qui crée des maires, et par un autre édit qui crée des officiers de la milice bourgeoise. Par arrêt du 19 avril 1695, Votre Majesté en a donné la nomination, savoir: moitié au sieur gouverneur de la ville d'Amiens et l'autre moitié aux suppliants; qui, toutes les fois que l'état-major a voulu entreprendre sur leur juridiction, en ayant donné avis au conseil de Votre Majesté, elle a eu la bonté d'y pourvoir sur-le-champ.

Or, dans cette quatrième juridiction, il est arrivé le trois du mois d'août, à 5 heures du soir, un homicide volontaire, dans un corps de garde de ladite ville d'Amiens. Un des habitants de garde a été tué d'un coup de fusil tiré par un autre habitant aussi de garde, sur une querelle arrivée entre eux; celui qui est tué sur-le-champ est Léon Debonnaire; le coupable est Étienne Doderel, officier subalterne de la garde. Quoique les suppliants aient fait leur devoir et commencé à instruire le procès par une plainte du procureur de Sa Majesté, rendue audit hôtel de ville, par un procès-verbal et par des informations, néantmoins le sieur lieutenant criminel du bailliage d'Amiens recommence et tient le même procédé que son prédécesseur a fait en 1665. Il s'est fait donner une plainte par la veuve et héritiers du décédé; et sur cette plainte, il prétend instruire et juger le criminel, en ôtant aux suppliants leur droit de juridiction sur le fait de la garde, laquelle n'est pas limitée comme celle de la police à 75^{lt} d'amende et à la peine du fouet; mais elle n'a pas de borne, non plus que celle de l'état-major d'un régiment de troupes réglées. Si, en 1665, qui étoit un temps de paix, le roi a eu la bonté de confirmer les suppliants en leurdite juridiction contre ledit sieur lieutenant criminel, les suppliants espèrent, pendant un temps de guerre, où les suppliants fournissent annuellement des sommes si considérables à Sa Majesté, que elle aura égard à tous les arrêts par elle rendus sur le fait de la garde et qu'elle voudra bien marquer, s'il lui plaît, de quelle nature sera le jugement définitif et qui sera rendu en la juridiction des suppliants, c'est-à-dire s'il sera en dernier ressort, comme tous leurs jugements l'ont été jusqu'à présent sur le fait de la garde, ou si cet appel sera dévolutif, ce cas n'étant pas arrivé depuis 1597 ni auparavant.

Or, à ces causes, requièrent les suppliants que les informations et procédures criminelles faites par ledit sieur lieutenant criminel d'Amiens à la requête de la veuve et héritière dudit Debonnaire soient portées au conseil de Votre Majesté, et sur icelles faire défenses audit sieur lieutenant criminel de passer outre, à peine de nullité, cassation de procédure, d'amende, dépens, dommages et intérêts; ordonner, conformément audit arrêt du 10 juillet 1665, que le procès commencé audit hôtel de ville à la requête du procureur de Votre Majesté, sera parachevé; enjoindre à ladite veuve et héritiers de s'y joindre, si bon leur semble, et que ledit procès sera instruit et jugé en dernier.

ressort par les suppliants, tout ainsi que tous les autres causes et procès qui concernent la garde qui se fait par les habitants des villes et par les troupes réglées à la solde de Sa Majesté. Et en cas que Votre Majesté désire qu'il y ait appel, qu'elle règle, s'il lui plaît, où cet appel sera dévolutif.

Arch. de l'hôtel de ville d'Amiens, liasse G 8, dossier 2, pièce 1re, invent. de Gresset.

LXV.

STATUTS DE LA CORPORATION DES CHARCUTIERS.

En conséquence des édits royaux rendus en faveur de l'établissement des maîtrises et jurandes, et suivant l'exemple donné par les marchands en gros, les charcutiers d'Amiens songèrent à s'organiser en corporation régulière. Ils dressèrent, en 1715, un projet de statuts, et le présentèrent aux magistrats municipaux, qui, ayant donné un avis favorable, obtinrent qu'il fût approuvé par une ordonnance royale en date du mois de mai 1715.

Les charcutiers déjà établis à Amiens continueront d'exercer le métier sans être tenus de faire un chef-d'œuvre. Ils auront seulement à prêter serment d'observer les statuts, et à payer leur quote-part des frais occasionnés par l'obtention des lettres confirmatives du roi (art. 1). — La durée de l'apprentissage est fixée à un an; les aspirants à la maîtrise devront être âgés de vingt ans, et professer la religion catholique. Les fils de maîtres qui auront travaillé jusqu'à l'âge de dix-sept ans chez leur père ou leur mère seront dispensés du chef-d'œuvre (art. 2-5). — Les veuves de maîtres pourront continuer le métier aussi longtemps qu'elles resteront sans se remarier, mais elles ne prendront pas d'apprenti (art. 6). — La police du métier appartiendra à quatre gardes, qui seront renouvelés par moitié, d'année en année, et qui feront tous les trois mois, assistés d'un sergent de ville, une visite chez les maîtres et maîtresses. Le premier jeudi de chaque mois, il y aura assemblée chez le syndic pour régler les affaires de la corporation (art. 9, 10). — La vente du porc frais, salé et cuit est réservée aux charcutiers; néanmoins, il est permis aux bouchers de vendre du porc frais, et aux pâtissiers et cuisiniers de débiter, comme par le passé, certains menus articles de charcuterie (art. 11 et 16). — Les articles 13, 14, 15, 16, 19, contiennent des dispositions relatives à la qualité des viandes à exposer en vente, aux soins à apporter dans leur préparation, etc. — Si les maîtres charcutiers sont avertis de quelques empiètements commis sur les droits de leur métier, ils pourront aller constater le fait, avec l'autorisation spéciale du lieutenant de police et l'assistance d'un huissier de police (art. 12). — Les syndics et les gardes seront tenus de rendre compte chaque année de leur gestion devant le lieutenant général et le procureur du roi dans une assemblée générale (art. 18).

Louis, par la grâce de Dieu, roy de France et de Navarre, à tous présens et à venir, salut.

Nos bien amez les chaircuitiers de nostre ville d'Amiens nous ont fait remonstrer que, par nos édits des mois de mars 1673, décembre 1691 et déclaration du six mai 1710, nous aurions ordonné que tous arts, mestiers et professions qui ne sont pas en jurande seroient tenus de s'établir en maistrise et jurande, mesmes celles qui ont esté establies par les juges ordinaires sans avoir pris nos lettres patentes et des roys nos prédécesseurs, en exécution desquels édits et déclaration les exposans, qui sont en possession de temps immémorial d'exercer le métier de chaircuitiers, pour y satisfaire et empescher les abus qui pourroient se glisser dans leur communauté, contraires au bien public et préjudiciables à leurs intérêts, ont dressé un cahier de statuts et réglemens de tout ce qui peut concerner leur communauté, rédigés en dix-neuf articles, qu'ils ont présentés aux maire et eschevins, juges de police de nostredite ville d'Amiens, pour les examiner, lesquels, après les avoir communiqués à nostre procureur de ladite ville, ont, par sentence du deux octobre dernier 1714, renvoyé les exposans par devers nous, pour obtenir nos lettres de confirmation, qu'ils nous ont très-humblement fait supplier de leur accorder; à ces causes, voulant favorablement traiter les exposans, les maintenir dans l'ordre, la discipline et la police, réprimer et empescher les abus qui peuvent se glisser dans leurdit mestier, de l'avis de notre conseil, qui a vu lesdits statuts rédigés en dix-neuf articles, ensemble le jugement desdits maire et eschevins, juges de police de notredite ville, cy-attachés sous le contrescel de nostre chancellerie, nous avons lesdits statuts desdits chaircutiers de nostredite ville d'Amiens agréés, approuvés, confirmés, autorisés et homologués, et de nostre grâce spéciale, pleine puissance et autorité royale, agréons, approuvons, confirmons et autorisons et homologuons par ces présentes signées de nostre main, voulons et nous plaist qu'ils sortent leur plein et entier effet et soient exécutés selon leur forme et teneur par ceux qui composent leur communauté, leurs successeurs et tous autres, sans qu'il y soit contrevenu en quelque sorte et manière que ce soit, sur les peines y portées, pourveu toutesfois qu'auxdits statuts il n'y ait rien de contraire aux uz et coustumes des lieux, préjudiciable à nos droits ny à ceux d'autruy.

Faisons très-expresses inhibitions et défenses à toutes personnes de les y troubler et de s'entremettre en ladite profession, s'il n'est reçu maître en ladite communauté.

Si donnons en mandement à nos amez et féaulx conseillers les gens tenans nostre cour de parlement de Paris et autres nos juges qu'il appartiendra, que ces présentes ils ayent à faire enregistrer et du contenu en icelles jouir et user lesdits chaircuitiers d'Amiens, et ceux qui leur succéderont en ladite communauté, pleinement, paisiblement et perpétuellement garder et observer lesdits statuts et réglemens selon leur forme et teneur; à ce faire contraindre d'obéir tous ceux et ainsi qu'il appartiendra, cessant et faisant cesser tous troubles et empeschemens contraires, car tel est nostre plaisir; et afin que ce soit chose ferme et stable à toujours, nous avons fait mettre nostre scel à cesdites présentes.

Donné à Marly, au mois de may, l'an de grâce mil sept cent quinze et de nostre règne le soixante-treizième. Signé : LOUIS; et sur le reply, par le roy : PHÉLIPPEAUX, et visa VOISIN, pour confirmation des statuts des chaircuitiers d'Amiens, et scellé du grand sceau de cire verte en lacs de soie rouge et verte.

Registrées, ouy le procureur général du roy, pour jouir par les impétrans et ceux qui leur succéderont en ladite communauté de leur effet et contenu, et être exécutées selon leur forme et teneur, suivant et conformément à l'arrêt de ce jour, à Paris en parlement, le treize juillet mil sept cent quinze.

<small>Arch. imp., sect. judic., reg. du parlement de Paris intitulé 60e volume des *Ordonnances de Louis XIV*, coté 5 y, fol. 622 r°. — Arch. de l'hôtel de ville d'Amiens, D 8, n° 12, invent. de Gresset. — Voy. aussi D 8, n° 4.</small>

STATUTS, ORDONNANCES ET RÉGLEMENS DES MAISTRES CHAIRCUITIERS DE LA VILLE D'AMIENS.

1. Que tous chaircuitiers de la ville d'Amiens qui ont accoutumé de tenir et exercer et qui tiennent et exercent actuellement le mestier de chaircutiers le continueront et demeureront maistres sans faire aucun chef-d'œuvre, en faisant serment par devant les sieurs officiers de police de bien et fidellement garder et observer les statuts et réglemens cy-après repris, ce qu'ils seront tenus de faire dans un mois du jour de la publication et d'enregistre-

ment d'iceux au greffe de police, et en outre à la charge de faire soumissions, dans le mesme délay, de payer leur part et portion des frais qu'il conviendra faire pour l'obtention des lettres patentes confirmatives desdits statuts et frais d'enregistrement d'iceux, partout où il appartiendra, en la forme et manière qui sera cy-après déclarée.

2. Après le temps d'un mois expiré, nul ne pourra estre admis à la maîtrise qu'il n'ayt fait aprentissage chez l'un desdits maîtres pendant l'espace d'un an, qu'il n'ait atteint l'âge de vingt ans accomplis, qu'il ne fasse profession de la foy catholique, apostolique et romaine, qu'il ne rapporte son brevet d'apprentissage visé de monsieur le lieutenant général de police et enregistré sur le registre de la communauté des maîtres charcuitiers, auxquels sera payé pour l'enregistrement desdits brevets trente sols.

3. En cas que le maître chez lequel un aprentif aura commencé son apprentissage vienne à décéder, l'apprentif poura continuer son temps chez un autre des maîtres, en faisant par ledit aprentif sa déclaration sur le registre de la communauté et sans frais, à moins qu'il ne reste que trois ou quatre mois au plus de ladite année; pour lors l'aprentif poura achever son apprentissage chez la veuve de son premier maître, qui continuera ledit mestier comme son deffunt.

4. Après le temps de l'aprentissage finy, les aprentifz aspirans à la maîtrise qui auront des brevets d'apprentissage en bonne et deue forme et des certificats des maistres chez lesquels ils auront demeuré, seront tenus de faire leur chef-d'œuvre, qui leur sera prescrit par le sindic et garde en charge des chaircuitiers; en cas qu'ils soient trouvez capables de la maîtrise, ils seront presentez par le sindic et garde en charge aux sieurs officiers de police, pour prester le serment de bien et fidellement exercer ledit mestier et exécuter les statuts.

5. Les fils des maîtres seront réputez avoir fait apprentissage lorsqu'ils auront demeuré habituellement en la maison de leur père ou leur mère faisant profession de chaircuities, jusqu'à l'âge de dix-sept ans accomplis, et seront receus maîtres sans estre tenus d'aucuns chefs-d'œuvre.

6. Quand l'un des maistres sera décédé, la veuve poura continuer le mestier de chaircuitier pendant son veuvage, sans pouvoir prendre aucun aprentif, et, en cas qu'elle se remarie, elle perdra son privilége.

7. Que chacun maistre ne poura avoir ny tenir qu'un aprentif à la fois.

8. Que les maîtres chaircuitiers s'assembleront tous le seiziesme janvier, veille de la feste de saint Antoine, qu'ils ont choisy pour leur patron, en l'église des pères Cordeliers, pour assister aux premières vespres, le lendemain à la messe et secondes vespres et le jour ensuivant à la messe des trépassez, à

peine de dix sols d'amende payable par ceux qui auront manqué à aucune desdites messes ou vespres.

9. Que, pour la conservation des droits et priviléges des maistres chaircutiers, il sera esleu à la pluralité des voix, le lendemain de la feste de saint Antoine, en présence desdits officiers de police, pour la première fois, quatre gardes, dont les deux plus anciens continueront une seconde année; et à l'expiration de la première année en sera eslu et nommé deux autres nouveaux, pour continuer dans la même fonction de gardes pendant ladite seconde année avec les deux anciens, ce qui sera continué et renouvellé d'année en année, en sorte qu'il reste toujours deux anciens et deux nouveaux, pour faire par lesdits gardes le serment de bien et fidellement garder et observer les présens statuts, faire leurs visittes chez tous les maistres et maistresses veuves, de trois mois en trois mois, assistez d'un sergent de ville, et en cas que lesdits gardes trouvent de la marchandise deffectueuse chez lesdits maistres ou veuves des chaircuitiers, ils peuvent les saisir et enlever en vertu de la permission du lieutenant général de police.

10. Que, pour traitter et régler les affaires des maistres chaircuitiers, il se tiendra une assemblée chez le sindicq tous les premiers jeudis du mois, et, en cas de feste, le lendemain, et que le registre de réception des maistres et aprentifs, élection des gardes et délibération de ladite communauté, avec les titres, papiers et argent d'iceux, seront enfermez dans un coffre à trois clefs, qui demeureront entre les mains du sindic et des deux anciens gardes.

11. Que nul, s'il n'est chaircuitier ou boucher, ne pourra s'entremettre à vendre et débiter dans la ville d'Amiens, en entier ou en détail, les lards ou chairs fraisches desdits porcs, et il sera deffendu à tous bouchers, cuisiniers, pâtissiers et à tous autres de vendre dans la ville chairs cuites et sallées desdits porcs et mesme les lards sallés, à peine de cinquante livres d'amende pour la première fois, applicable moitié à l'hôpital général et moitié à la communauté des chaircutiers, et à peine de confiscation desdits lards sallés et chairs cuites qui se trouveront en contravention du présent article.

12. Qu'il sera permis auxdicts maistres chaircuitiers, au cas qu'ils ayent avis de quelque entreprise sur leur profession, soit par les bouchers, cuisiniers, pâtissiers et autres, d'aller en visite chez les contrevenans, en conséquence des permissions particulières qui leur seront accordées par le lieutenant général de police d'Amiens, assisté d'un huissier de police, et que les contrevenans seront condamnés en l'amende de cinquante livres, applicable comme dessus, avec confiscation des marchandises qui seront trouvées en contravention.

13. Que nul maistre dudict mestier ne pourra vendre le vieux oing prove-

nans des porcs qu'il tuera, s'il n'est bon, loyal et marchand, à peine de confiscation, et de six livres d'amende applicable comme dessus.

14. Que les maîtres chaircuitiers seront tenus, avant d'exposer en vente ou saller la chair fraische des porcs qu'ils tueront, de les faire égarder par les égards langoyeurs, pour connoistre si les porcs sont sains et ne sont pas sursemés, et ne pourront vendre et débiter la chair des porcs qu'ils auront sallés, qu'elle n'ayt resté quinze jours assaisonnée et non corrompue dans le salloir, et ne poura ladicte chair estre réchauffée après qu'elle aura une fois esté cuite et exposée en vente; le tout à peine de dix livres d'amende applicable comme dessus.

15. Que les maîtres et veuves des maîtres seront tenus de faire cuire leurs chairs dans un vaisseau propre et net, de couvrir lesdites chairs cuites d'un linge blanc et d'avoir une grande fourchette auprès de leurs vaisseaux, pour faire monstre et vente de ladite chair cuite, afin qu'elle ne soit touchée des mains, à peine de trois livres d'amende applicable comme dessus.

16. Que les maîtres chaircuitiers feront ou vendront lards de cervelats, andouilles, langues de porcs sallées et fumées, jambons, boudins et saucices des porcs seulement, et seront tenus de vendre et tuer des porcs pendant toute l'année, à l'exception du temps de carême et autres jours deffendus, sans que lesdits chaircuitiers puissent empescher les cuisiniers, pâtissiers de vendre du porc rosty, saucices et langues de porcs en leurs maisons et en porter en ville, ainsi qu'ils ont accoutumé de faire, pourveu toutesfois qu'ils en acheptent la chair fraîche chez les chaircuitiers ou bouchers.

17. Qu'il sera permis aux forains de porter des lards en ladicte ville et les y vendre en gros, jusqu'à la concurrence de vingt livres pesant à la fois, après que lesdits lards auront esté veus et visitez par les esgards des chaircuitiers, auxquels il sera payé vingt-cinq sols pour chacun cent pesant.

18. Que les deniers qui seront empruntés pour parvenir à faire confirmer et homologuer les présens statuts, pour acquitter les charges de la communauté desdits maîtres chaircuitiers, seront acquittez annuellement par les sindics et gardes en charge, des deniers qui proviendront des amendes et visites sur les lards apportés par les forains, de brevets des apprentifs et autres proffits qui pourront venir à ladite communauté, desquels lesdits sindics et gardes seront tenus de rendre compte tous les ans par devant le lieutenant général et procureur du roy de la police, dans une assemblée généralle de tous lesdits maîtres chaircuitiers, et en cas d'insuffisance pour acquitter le courant des rentes et charges, il sera faict tous les ans par ledict sindic et gardes en charge un état de répartition sur tous les maîtres et veuvès desdits maistres chaircui-

tiers, de manière néantmoins que les veuves desdits maistres ne seront imposées que pour la moitié de la cotte de chaque maistre.

19. Ne pourront lesdits maîtres chaircuitiers nourir porcs dedans la ville ny les tuer et brûler que dans les lieux hors du péril du feu et où personne n'en puisse estre incommodé.

Signé : Pierre DELATTRE, Nicolas LEROY, François COLBERT, Pierre MARCEILLE, Andrieu BARBET, J. L. B. Nicolas DURET, sir LEROY, marque de Claude COSTEL, Guillaume DELATTRE, marque de Jean DELATTRE, Jean-Jacques LEQUIEN, marque de François COLBERT.

Registrées, ouy le procureur général du roy, pour estre exécutées selon leur forme et teneur, suivant et conformément à l'arrest de ce jour, à Paris en parlement, le treizième juillet mil sept cent quinze.

<small>Arch. imp., sect. judic., reg. du Parlement de Paris intitulé LXe volume des *Ordonnances de Louis XIV*, coté 5 v, fol. 618 r°. — Arch. de l'hôtel de ville d'Amiens, copie cotée D 8, n° 3, invent. de Gresset. — Imprimé dans un recueil d'une feuille et demie in-4°, conservé aux arch. de la préfect. de la Somme.</small>

LXVI.

ARRÊT DU CONSEIL D'ÉTAT RELATIF AUX ÉLECTIONS MUNICIPALES D'AMIENS.

L'arrêt du conseil d'état portant réunion de l'office de maire à la ville d'Amiens (18 novembre 1692), avait, comme on l'a vu, attribué aux magistrats municipaux le droit de convoquer les assemblées électorales; l'année suivante, le conseil avait décidé [1] que les élections auraient lieu à l'hôtel de ville, ce qui empêchait toute intervention des officiers royaux dans le renouvellement de la loi. Néanmoins, les offices de maire créés par édit ayant été supprimés au mois de septembre 1714 [2], le bailli d'Amiens crut l'occasion favorable pour ressaisir les prérogatives qu'il avait perdues; il rendit, le 23 septembre 1715, une ordonnance portant que l'élection des échevins serait faite devant lui, à l'auditoire du bailliage, et que les électeurs qui se rendraient pour voter dans un autre lieu seraient punis d'une amende de cinq cents livres et d'emprisonnement.

[1] 22 décembre 1693.

[2] Voy. Isambert, Rec. des anciennes lois françaises, t. XX, p. 637.

Les membres de l'échevinage d'Amiens réclamèrent contre cette ordonnance [1]. Ils présentèrent au roi une requête où ils établirent que l'édit de 1714 n'était point applicable à leur ville, puisqu'il ne portait suppression que des offices de maires, lieutenants de maire, etc., non réunis aux échevinages, et qu'au contraire la ville d'Amiens avait opéré à grands frais la réunion de ces offices. L'arrêt qu'on va lire fit droit à cette réclamation. Le 19 novembre 1715, il fut décidé par le conseil d'état que les élections auraient lieu à l'hôtel de ville et dans la forme ordinaire.

Sur la requête présentée au roy en son conseil par les maire et échevins de la ville d'Amiens, contenant que, par l'édit de création des maires du mois de mars 1692, Sa Majesté leur a attribué le droit de convocquer les assemblées générales et particulières des hôtels de ville et de recevoir le serment des échevins, capitouls, jurats, consuls et autres pareils officiers, après qu'ils auront été élus dans les assemblées tenues ez-hôtels et maisons de ville, ausquelles présideront lesdits maires, sans que l'on puisse à l'avenir faire ailleurs lesdites élections, et ce avec deffenses à tous seigneurs et officiers de troubler lesdits maires dans leurs fonctions et de s'entremettre à présider auxdites élections et nominations ou à recevoir le serment desdits échevins, capitouls, jurats, consuls et autres pareils officiers; pour empêcher l'effet de cette création, les échevins de la ville d'Amiens ont offert de payer à Sa Majesté la somme de 96,800#, pour la réunion au corps et communauté de ladite ville des offices de maire perpétuel, assesseurs et de commissaire aux revenus créés par ledit édit, et par arrest du conseil d'état du 18 novembre 1692, Sa Majesté, ayant égard aux offres et à la requête desdits échevins d'Amiens, a uny et incorporé au corps et communauté de ladite ville lesdits offices de maire perpétuel, d'assesseurs et de commissaire aux revenus, sans pouvoir être cy-après désunis pour quelque cause et occasion que ce soit, et sans que lesdits échevins soient tenus de prendre des lettres de provision desdits offices; et en conséquence Sa Majesté a ordonné qu'à l'avenir le corps politique de ladite ville sera composé d'un maire et de six échevins et autres officiers, desquels maire et échevins l'élection se fera annuellement et en la manière pratiquée jusqu'alors pour celle des sept échevins institués par édit du mois de novembre

---

[1] On trouve dans les manuscrits de D. Grenier (Biblioth. imp., xvie paq., n° 7, p. 22) la mention d'une délibération de l'échevinage d'Amiens, avec opposition à l'ordonnance du lieutenant général. 24 novembre 1715.

1597, sans qu'il soit besoin que le mayeur prenne des lettres de confirmation de Sa Majesté, pour jouir par ledit maire des mêmes honneurs, droits, émolumens, priviléges, rang et scéance en l'hôtel de ville, assemblées et cérémonies publiques et autres lieux, dont jouissoit celuy desdits échevins qui portoit le titre de premier échevin, avec faculté de convocquer les assemblées générales et particulières en l'hôtel de ville où il s'agira du bien du service de Sa Majesté, de l'utilité publique et des affaires de ladite communauté, recevoir le serment du procureur de Sa Majesté et de ladite ville, du secrétaire ou greffier et du receveur des deniers communs, présider à l'examen, audition et clôture des comptes des deniers patrimoniaux d'icelle, et généralement faire toutes les fonctions et jouir des mêmes droits et honneurs dont auroit pu jouir celuy que Sa Majesté auroit pourveu dudit office de maire. En exécution de cet arrest de réunion, les mayeur et échevins de la ville d'Amiens ayant fait publier et afficher qu'il seroit procédé le 24 septembre de l'année 1693 à l'élection des maire et échevins en la maison et hôtel commun de ladite ville, à ce que toutes personnes ayant droit de nomination eussent à s'y rendre, et le lieutenant général au bailliage et siége présidial de ladite ville ayant ordonné au contraire, par sentence du vingt-trois dudit mois, que l'élection desdits maire et échevins se feroit par devant luy, en la manière accoutumée, dans l'auditoire dudit bailliage, où les nominateurs seroient tenus de se trouver, avec défenses à eux de se trouver ailleurs pour ladite nomination, à peine de 500^{lt} d'amende et de prison, cela a fait naître une grande contestation entre lesdits mayeur et échevins et ledit lieutenant général par devant le sieur Chauvelin, conseiller d'état, lors intendant de Picardie, sur la question de sçavoir si l'élection des mayeur et échevins seroit faite en l'hôtel commun de ladite ville ou par devant ledit lieutenant général dans l'auditoire dudit bailliage, et par arrest contradictoire du conseil d'état du 22 décembre 1693, rendu sur le procès-verbal et avis dudit sieur de Chauvelin incéré audit arrest, et sur les mémoires respectifs des parties et du sieur de Bar, gouverneur de ladite ville, Sa Majesté a ordonné que l'élection des maire et échevins et autres officiers de la ville d'Amiens seroit faite par les nominateurs ordinaires, ainsy qu'il est porté par l'édit de 1597, et que laditte élection seroit faite dans l'hôtel commun de ladite ville, à laquelle présidera celuy qui aura fait la fonction de maire pendant l'année précédente, et que, le jour suivant laditte élection, le bailly d'Amiens ou en son absence son lieutenant ou le plus ancien officier du siége se transportera dans l'hôtel de ville pour recevoir le serment de celuy qui aura été élu maire, lequel, après avoir prêté serment, recevra celuy des échevins et autres oficiers qui auront été élus. Depuis cet arrest de réglement, la ville d'Amiens a payé des finances considérables pour des réunions; sçavoir: 42,000ᵗᵗ en 1695, pour les offices de milice bourgeoise et pour la réunion et supression des offices de substitut de procureur de Sa Majesté et de contrôlleur des deniers communs, patrimoniaux et d'octroy de laditte ville, créés par édits du mois de mars 1694, plus 20,000ᵗᵗ pour la réunion au corps de laditte ville des offices de lieutenant général, procureur de Sa Majesté, commissaires, greffier et huissiers, créés pour la police par les édits des mois d'octobre et novembre 1699, et par arrest du treize janvier 1705. Sa Majesté a receu les offres faites par les maire, échevins, corps et communauté d'Amiens, de payer la somme de 50,000ᵗᵗ, sçavoir: 30,000ᵗᵗ pour la finance des offices de lieutenant de maire et assesseurs, créés par édit de 1702, et 20,000ᵗᵗ pour moitié desdits échevins et l'office de concierge garde-meuble, créés par édit de 1704, et ordonné que lesdits offices demeureront éteints et suprimés et les fonctions réunies à la communauté, sans que les habitans puissent être inquiétés, sous prétexte d'augmentation de finance et confirmation d'hérédité. En outre, Sa Majesté a ordonné que le corps de ville sera et demeurera composé, comme par le passé, d'un maire, six échevins et quatre conseillers, conformément à l'édit de 1597 et à l'arrest du conseil du 18 novembre 1692, au préjudice des droits et priviléges de la ville d'Amiens, établis par l'arrest de réunion de la mairie de 1692 et par l'arrest de réglement du 22 novembre 1693, confirmés par celuy du 18 janvier 1705. Le bailly d'Amiens, par contravention aux dispositions desdits arrests, a rendu une ordonnance le 23 du présent mois, portant que l'édit de supression des maires du mois de septembre 1714 sera exécuté, en conséquence qu'il sera procédé par devant luy à l'élection des échevins, conformément à l'édit de 1597, en la manière accoutumée et pratiquée jusqu'à l'édit de 1692; qu'à cet effect il se transportera en l'hôtel commun de laditte ville, pour y être procédé à la retenue de deux échevins, et le même jour en la salle de l'auditoire de ce bailliage, pour y être procédé par devant luy à l'élection de cinq échevins, pour la liste des deux échevins retenus et des cinq échevins élus être envoyée à Sa Majesté, pour être choisy l'un d'eux, qui aura le titre et qualité de premier échevin, conformément à l'édit de 1597, avec injonction à tous les nominateurs de s'y trouver et défenses à eux de se trouver ailleurs pour le fait de laditte nomination, à peine de 500ᵗᵗ d'amende. Pour empêcher l'exécution de cette ordonnance, qui tend à détruire les priviléges à la ville d'Amiens sur l'élection d'un maire et autres officiers de l'hôtel de ville, les supliäns se sont pourveus au sieur marquis de Mézières, gouverneur d'Amiens, qui a ordonné qu'il seroit sursis à l'élection des officiers de l'hôtel de ville, jusques à ce que par Sa Majesté en ayt été autrement ordonné. L'ordonnance des offiiers du bailliage d'Amiens est des plus irrégulières, et elle est contraire au sens et aux dispositions de l'édit du mois de septembre 1714, qui leur a servy de fondement. Par la première disposition de cet édit, qui a été rendu en faveur des villes et communautez, Sa Majesté a suprimé les offices de maires, lieutenans de maires et autres offices qui restent à vendre et à réunir, en exécution des édits de 1692, 1702, 1706, 1709 et 1710 et des déclarations des 26 février 1709 et 18 aoust 1711, sans qu'ils puissent être à l'avenir rétablis sous quelque prétexte que ce soit, en conséquence ordonné que les communautez des villes où lesdits offices n'ont pas été jusqu'à présent vendus ny réunis nommeront et esliront des maires, lieutenans de maires, secrétaires et autres officiers, de même qu'elles avoient droit de le faire avant lesdits édits; pour jouir par ceux qui seront élus et nommés des droits, fonctions et priviléges dont jouissoient les officiers électifs des hôtels de ville avant leur création. Cette première disposition, qui ne regarde que la supression des charges de maires et autres officiers des hôtels de ville créés par les édits de 1692, 1702, 1706, 1709 et 1710, qui n'ont pas été vendus ny réunis en exécution desdits édits, n'a aucune aplication pour la ville d'Amiens, qui a réuny les charges de maire, échevins et autres officiers créés dans l'hôtel commun de laditte ville, moyennant des finances très-considérables, affin d'empêcher l'établissement d'un maire perpétuel et pour jouir du droit de procéder dans l'hôtel de ville à l'élection d'un maire et autres officiers, et l'on ne conçoit pas comment les officiers du bailliage d'Amiens ont pu s'aveugler jusqu'au point que de vouloir s'attribuer un droit que la ville a acquis et dans lequel elle a été confirmée par l'arrest de réglement du 22 décembre 1693, rendu sur une pareille contestation, sous prétexte de l'édit de supression des offices de maires non vendus ny réunis. Par la seconde disposition de cet édit, Sa Majesté a permis aux villes et communautez de déposséder dans trois ans les acquéreurs et titulaires des offices de maires, lieutenans de maires et autres officiers des hôtels de ville créés par lesdits édits, en les remboursant de ce qu'ils se trouveront avoir payé en principal et deux sols pour livre pour l'acquisition desdits offices, que, passé lequel temps, elles en demeureroient déchêues pour toujours et les acquéreurs et titulaires desdits offices et leurs successeurs maintenus et confirmés à perpétuité dans la jouissance et paisible possession d'iceux et des gages, droits, fonctions et priviléges y attribués. Cette seconde disposition n'a aussy aucun raport à l'espèce dans laquelle se trouve la ville d'Amiens, où il n'y a pas de maire en titre sujet à remboursement, elle prouve seulement que l'intention de Sa Majesté a été de favoriser les villes et communautez, en leur permettant de dépouiller les officiers titulaires, mais cette grâce n'a pu servir de prétexte au bailly d'Amiens pour s'attribuer sans aucune raison un droit acquis et apartenant à la ville d'Amiens, duquel elle ne pourroit être privée qu'en la remboursant des finances considérables payées à Sa Majesté pour acquérir le droit de se choisir un maire et de procéder à son élection dans l'hôtel commun de ladite ville. L'entreprise du bailly d'Amiens est une contravention formelle aux arrests du conseil énoncés en la présente requête, et pour la faire cesser les suplians ont recours à l'autorité de Sa Majesté pour leur être sur ce pourveu. A ces causes, requéroient les suplians qu'il plust à Sa Majesté ordonner que les arrests du conseil d'état des 18 novembre 1692, vingt-deux décembre 1693 et quinze janvier 1705 seront exécutés selon leur forme et teneur; en conséquence et sans avoir égard à l'ordonnance rendue par le bailly d'Amiens le vingt-trois du présent mois de septembre, laquelle sera cassée et annullée et tout ce qui peut s'en être ensuivy, ordonne que, conformément auxdits arrests, il sera procédé dans l'hôtel commun de la ville d'Amiens à l'élection des maire et échevins et autres officiers de laditte ville, en la manière accoutumée et ainsy qu'il auroit pu être fait avant laditte ordonnance, avec très-expresses défenses au bailly d'Amiens, son lieutenant, et autres officiers dudit bailliage, de rendre à l'avenir de pareilles ordonnances, à peine, en cas de contravention, de trois mile livres d'amende et de tous dépens, domages et intérêts. Veu au conseil d'état du roy laditte requête, ensemble les arrêts des années 1692, 1693 et 1705, l'ordonnance du bailly d'Amiens du 23 septembre 1715, la délibération prise en la chambre du conseil de ville, le 24 dudit mois, au bas de laquelle est l'ordonnance du sieur marquis de Mézières dudit jour, ouy le raport du sieur. . . . .

Le roy en son conseil, ayant égard à laditte requeste, a ordonné et ordonne que les arrests du conseil des dix-huit novembre 1692, vingt-deux décembre 1693 et quinze janvier 1705 seront exécutez selon leur forme et teneur, en conséquence et sans avoir égard à l'ordonnance du bailly d'Amiens du vingt-trois septembre dernier, que Sa Majesté a cassée et annullée et tout ce qui peut s'en estre ensuivy, ordonne que, conformément ausdits arrests, il sera procédé dans l'hostel commun de laditte ville d'Amiens à l'élection des maire, échevins et autres officiers de laditte ville en la manière accoustumée et ainsy qu'il auroit pu estre fait avant laditte ordonnance.

Signé : Voysin, Villeroy et Taschereau de Baudry.

A Vincennes, le dix-neuvième novembre mil sept cent quinze.

Arch. imp., sect. administr., z 880 8º. — Arch. municip. d'Amiens, liasse F 7, dossier 1ᵉʳ, pièce 6, invent. de Gresset.

XVIIIᵉ SIÈCLE.

LXVII.

STATUTS DES MENUISIERS D'AMIENS.

Les menuisiers d'Amiens, jusqu'à l'époque à laquelle nous sommes parvenus, avaient été régis par des statuts homologués en 1399 et en 1487. Mais au XVIIIᵉ siècle, ces statuts ne paraissant plus en rapport avec les usages introduits dans le métier, et leur insuffisance à cet égard, ainsi que l'obscurité de leur texte, ayant causé la perte de plusieurs procès pour les maîtres du métier, ceux-ci présentèrent, le 24 avril 1715, à l'approbation de l'échevinage, un nouveau règlement rédigé en partie d'après leurs anciens statuts, et en partie d'après ceux du corps des menuisiers de Paris. Ce règlement, approuvé par les magistrats municipaux d'Amiens, fut enregistré au parlement le 20 janvier 1718. On y trouve les dispositions suivantes :

Les maîtres en exercice au moment de la promulgation des nouveaux stauts seront dispensés du chef-d'œuvre (art. 1). — A l'avenir, la maîtrise ne pourra être obtenue qu'en justifiant d'un apprentissage dont la durée est fixée à quatre ans (art. 2). — Le chef-d'œuvre, prescrit par les gardes, sera exécuté dans la maison de l'un d'eux ; on aura quatre mois pour le terminer. Les droits de maîtrise sont de cent livres (art. 5). — Les compagnons qui auront accompli les conditions de l'apprentissage et qui seront mariés avec des filles de maître, ne seront astreints, outre le chef-d'œuvre, qu'au payement de vingt livres pour droits de maîtrise (art. 6). — Les fils de maître qui auront travaillé en menuiserie dans la maison paternelle pourront être reçus maîtres en prouvant leur capacité devant les gardes et en payant quarante sous pour les gardes (art. 7). — Les veuves sont admises à continuer l'exercice du métier après la mort de leur mari, mais sans avoir d'apprenti et à la condition de prendre chez elles un ouvrier expérimenté qui surveillera les travaux (art. 8). — La corporation des menuisiers nommera chaque année quatre esgards ou gardes, auxquels pourront se joindre les quatre gardes sortant d'exercice (art. 13 et 14). — Les gardes feront chaque année quatre visites chez les maîtres et chez les revendeurs d'objets de menuiserie; ils devront aussi examiner les ouvrages fabriqués au dehors, et apportés à Amiens pour y être tournés, dorés, peints ou sculptés, ainsi que les bois vendus pour être mis en œuvre (art. 15, 18, 27 et 28). — Quand la corporation aura des affaires importantes à régler, les gardes convoqueront une assemblée générale, à laquelle tous les maîtres seront tenus d'assister, sous peine de quinze sous d'amende (art. 16). — Les dettes de la corporation seront payées par les gardes sur les fonds provenant des droits d'enregistrement des brevets d'apprentissage, des réceptions de maîtres, des amendes et des confiscations (art. 17). — Aucun ouvrage de menuiserie ne sera mis en vente avant d'avoir été marqué et visité par les gardes, à peine de confiscation et de soixante livres d'amende (art. 20). — Les compagnons menuisiers ne pourront travailler en ville que pour le compte des maîtres et avec les outils de ceux qui les employeront; il leur est interdit de travailler en chambre, sous peine de confiscation des ouvrages, outils et établis, et de six livres d'amende pour la première fois et de cinquante livres en cas de récidive (art. 21 et 22).

STATUTS, RÉGLEMENS ET ORDONNANCE DES MENUISIERS DE LA VILLE, FAUXBOURG ET BANLIEUE D'AMIENS.

1. Tous les maîtres menuisiers qui exercent actuellement dans ladite ville le métier de menuiziers le continueront et demeureront maîtres sans faire aucun chef-d'œuvre, en faisant serment par devant le lieutenant de police de bien et fidèlement observer les articles des présents statuts et réglemens, ce qu'ils seront tenus de faire dans le mois du jour de la publication de l'enregistrement desdits statuts au greffe de la police.

2. Après le temps d'un mois expiré, nul ne pourra estre admis à la maîtrise, qu'il n'ait fait apprentissage chez un desdits maîtres pendant l'espace de quatre ans, qu'il n'ait vingt ans accomplis, qu'il ne fasse profession de la religion catholique, apostolique et romaine, qu'il ne rapporte son brevet d'apprentissage passé par devant notaire et l'enregistrement d'icelluy au greffe de la police, faisant mention de la prestation de serment devant le lieutenant général de police et de l'enregistrement d'icelui brevet sur le registre de la communauté desdits maîtres menuisiers; pourront néantmoins les apprentifs qui ont commancé

leurs apprentissages sous aucun des maîtres de ladite communauté continuer leurs apprentissages sous lesdits maîtres.

3. Aucun maître menuisier ne pourra avoir qu'un apprentif, et néantmoins, dans la quatriesme et dernière année d'aprentissage, il pourra prendre un second aprentif qu'il gardera aussi pendant quatre années, en observant les formalités prescrites dans l'article précédent.

4. Sy les maîtres chez lesquels un apprentif aura commancé son apprentissage viennent à décéder, l'apprentif pourra le continuer chez un des autres maîtres, en faisant sa déclaration sur le registre de la communauté, en présence du maître et des esgards en charge, ausquels il ne sera payé aucun droit pour raison de ce, et en faisant registrer tout de nouveau au greffe de la police et prestant le serment par devant le lieutenant général de police.

5. Après les quatre années d'apprentissage finies, les aprentifs aspirans à la maîtrise qui auront des brevets d'aprentissage en bonne et due forme et des certificats des maîtres chez lesquels ils auront travaillé et demeuré, seront tenus de faire le chef-d'œuvre qui leur sera prescrit par les esgards en charge avec quatre anciens maîtres qui seront choisis par la communauté, pour décider dudit chef-d'œuvre, lequel sera fait et parfait dans quatre mois en la maison de l'un desdits esgards non suspect qui sera nommé et choisi par ladite communauté, et, en cas que les apprentifs soient trouvés capables de la maîtrise, ils seront présentés par les gardes en charge au lieutenant général de police, qui leur fera prester serment de bien fidellement exercer ledit métier et exécuter les statuts et réglemens, et seront tenus les aspirans à ladite maîtrise de payer pour tous droits aux gardes en charge la somme de cent livres au greffe de la communauté, qui sera mise dans le coffre d'icelle pour estre employée au payement des dettes de ladite communauté.

6. Tous compagnons aspirans à la maîtrise, ayant la qualité d'apprentifs en forme, ayant épousé une fille de maître, ne seront tenus que de faire pièces d'œuvre comme cy-devant et de payer, au profit de ladite communauté, la somme de vingt livres pour estre employée à l'acquit des dettes de ladite communauté.

7. Les fils de maîtres seront réputés avoir fait apprentissage lorsqu'ils auront demeuré en la maison de leur père et mère faisant profession de menuiserie, et seront reçus maîtres après avoir fait expérience seullement, laquelle leur sera prescrite par les gardes en charge, en payant les droits desdits gardes, qui seront de quarante sols.

8. Quand l'un des maîtres sera décédé, sa veuve pourra continuer son métier pendant sa viduité, sans pouvoir prendre aucun apprentif, à condition

31.

que la veuve sera obligée, pour la conduite des ouvrages, de prendre un compagnon expert au fait dudit métier, qui demeurera chez elle et auquel elle fournira le bois, outils et les nourritures nécessaires.

9. Nul ne pourra estre reçu maître menuisier dans la ville d'Amiens, s'il n'est originaire de France ou qu'il n'ait obtenu de Sa Majesté lettres de naturalité duement vérifiées où besoin sera.

10. Tous ceux qui sont maîtres en vertu des lettres de Sa Majesté, des rois ses prédécesseurs ou d'autres, pour quelques causes et occasions que ce soit, pourront prétendre à la maîtrise dudit métier, en faisant par eux chef-d'œuvre en présence des esgards et en payant cent livres pour leur réception au profit de ladite communauté, ce qui s'exécutera pareillement pour semblables lettres de dons des rois et prédécesseurs de Sa Majesté régnante.

11. Les maîtres menuisiers et les veuves s'assembleront tous les ans, le vingt-six juillet, feste de sainte Anne, leur patronne, dans l'église des révérends pères cordeliers, en la manière accoutumée, pour assister au service qui s'y fera et pour l'acquit duquel il sera payé ausdits pères cordeliers par les gardes en charge quarante livres en la manière accoutumée, suivant le contrat fait avec eux.

12. Il sera fait deux confrères tous les ans ledit jour de sainte Anne, qui payeront auxdits révérends pères cordeliers chacun quatorze livres, pour les basses messes qui se disent tous les dimanches de l'année pour la communauté.

13. Pour la conservation des droits de ladite communauté, il sera fait et nommé le dix-sept janvier, feste de saint Antoine, quatre gardes nouveaux, sçavoir deux anciens et deux jeunes, qui seront nommés par ladite communauté desdits maîtres menuisiers, par devant M. le lieutenant général de la police.

14. Les quatre gardes sortans d'exercice auront droit de continuer la charge avec les quatre nouveaux reçus dans le cours de leur seconde année, pour y avoir l'œil, et ils seront appelés en toutes choses pour y maintenir le droit de ladite communauté et y rappeller les affaires de leur année d'égardises.

15. Les gardes en charge seront tenus de faire quatre visites dans le cours de leur année d'exercice chez tous les maîtres et veuves qui travaillent dudit métier de menuzerie d'ébenne et autres bois, mesmes dans les maisons de ceux qui revendent des ouvrages qui dépendent dudit métier, en obtenant la permission du juge de police, et en cas que lesdits gardes trouvent des ouvrages défectueux, ils feront faire un procès-verbal de saisie avec assignation à la partie saisie par devant le juge de police, aux fins de confiscation, amende et des dommages et intérêts, lesquels seront arbitrez par le juge de police.

16. Lorsqu'il surviendra des affaires à ladite communauté, les gardes convoqueront des assemblées, après en avoir demandé la permission au juge de police, et ce à l'endroit ordinaire, et ce qui sera arrêté à la pluralité des voix sera suivi et exécuté comme si tous y avoient consenti, et à cet effet tous les maîtres seront tenus de se trouver ausdites assemblées, à peine de quinze sols d'amende applicable au profit de ladite communauté, et ce en cas qu'il n'y ait excuse légitime, les délibérations desquelles assemblées seront écrites sur le registre de ladite communauté par lesdits gardes, lequel registre sera destiné à cet effet seulement.

17. Pour acquitter les sommes dues en constitution de rente par lesdits maîtres menuiziers, sçavoir : celle de quatre mille cinq cens livres au denier vingt-quatre à Pierre du Fremy, maître boulanger, par contrat du neuf juin mil sept cent douze, celle de six cens livres au denier vingt à Marie Boutte, veuve de Jehan Sullier, par contrat du cinq novembre 1714, il a esté convenu par tous lesdits maîtres que toutes lesdites rentes montant à la somme de . . . ., ensemble celles qui pourront être faites ci-après, seront annuellement acquittées par lesdits gardes et jurez en exercice des deniers qui proviendront des droits d'enregistrement des brevets d'apprentissage, des réceptions des maîtres, amendes et confiscations, et en cas d'insuffisance il sera fait tous les ans par les gardes en charge une répartition sur tous les maîtres et veuves, et que, pour connoistre le produit desdits droits, les gardes rendront compte tous les ans par devant le lieutenant général de police, en la présence du procureur du roy d'icelle.

18. Les gardes dudit métier visiteront et examineront tous les ouvrages de menuiseries qui seront amenés en cette ville et qui auront été fabriqués ailleurs pour dorer, tourner, peindre ou faire la sculpture, et ausquels gardes il sera payé dix sols pour chacune visite, pour quoi lesdits gardes seront avertis de les venir visiter, à peine de trois cens livres d'amende applicables, moitié à la ville et moitié à la communauté, avec deffenses de les y troubler, aux peines cy-dessus.

19. Il est très-nécessaire que ceux qui s'employent dans la confection des ouvrages dudit métier soient deument expérimentés, et il seroit de fâcheuse conséquence que d'autres voulussent s'en entremettre, pourquoi il sera deffendu à toute personne de telle qualité, art, métier, d'entreprendre, faire vendre, ne distribuer publiquement ou en particulier en cette ville, fauxbourgs et banlieue d'Amiens, pour les églises, formes, pulpitres, vis rompus pour monter en iceux, ceinture de cœur, table d'autel, tabernacle sur iceux à mettre, chaire à prescher, jeux d'orgues, clostures, bans d'œuvres de marguilliers, s'ils n'ont

été apprentifs, fait chef-d'œuvre et payé les droits cy-dessus déclarez; et où lesdits ouvrages se trouveroient avoir été entrepris en gros par charpentiers, sculpteurs, doreurs et autres, confusément avec ceux de menuiserie, ne pourront être faits dans l'estendue de la ville, fauxbourgs et banlieue d'Amiens par d'autres que par des maîtres menuisiers de ladite ville et travaillés dans les boutiques, de manière que les bois qui y seront employés puissent être vus et visités dans le temps qu'ils seront travaillés.

20. Pour prévenir tous procès sur les contraventions aux articles cy-dessus, il est deffendu à tous frippiers, tapissiers et revenderesses, d'exposer en vente aucun ouvrage neuf de menuzerie à eux vendu par les maîtres ou autrement [, avant] que lesdits ouvrages auront été marqués et visités par les gardes dudit mestier, à peine de confiscation et de soixante livres d'amende applicable, moitié à la ville et moitié à la communauté.

21. Tous compagnons dudit métier ne pourront faire aucune entreprise dudit métier pour leur compte, en la ville, fauxbourgs et banlieue d'Amiens, mais seront tenus de servir fidèlement les maîtres pour lesquels ils travailleront, à peine de confiscation de leurs ouvrages, outils, établis et de six livres d'amende pour la première fois, et, en cas de rescidive, de cinquante livres applicables comme dessus.

22. Tous compagnons dudit métier seront tenus de travailler et faire les ouvrages chez les maîtres, sans pouvoir travailler en chambres dans aucunes maisons, colléges et autres lieux de ladite ville, fauxbourgs et banlieue; à peine de confiscation des ouvrages, à moins qu'ilz n'y soient envoyés par un desdits maîtres, auquel cas ils se serviront des outils desdits maîtres pour le compte desquels ils travailleront.

23. Aucun compagnon ne pourra quitter son maître pour aller travailler chez un autre, qu'il n'ait achevé l'ouvrage par luy encommancé, et les maîtres dudit métier ne pourront suborner ni débaucher lesdits compagnons ny les admettre chez eux, qu'ils n'ayent auparavant seu du dérnier maître qu'ils auront servy s'il est satisfait d'eux, dont les compagnons seront tenus de rapporter preuve par écrit, à peine, contre les maîtres qui contreviendront au présent article, de soixante sols d'amende applicable comme dessus.

24. Les compagnons qui auront travaillé trois jours dans la ville d'Amiens payeront aux gardes pour leur droit d'entrée huit sols pour une fois seulement, qui seront employez pour les affaires de ladite communauté.

25. Pour empescher les abus qui se commettent par les maîtres charpentiers et autres entrepreneurs qui entreprennent journellement sur ce qui dépend de la menuiserie, pour raison de laquelle ils employent et font tra-

vailler des maîtres indignes, auxquels ils fournissent de mauvais bois, ce qui est préjudiciable au publicq, il est deffendu à tous maîtres menuisiers d'entreprendre aucun travail desdits entrepreneurs, à peine de cinquante livres d'amende applicable comme dessus.

26. Pourront lesdits maîtres menuisiers travailler, faire travailler dans leurs boutiques à la chandelle, à commencer au premier octobre jusqu'au premier avril, depuis cinq heures du matin jusqu'à neuf heures du soir, et, en cas de contravention, les contrevenans condamnez en trois livres d'amende applicable comme dessus.

27. Toutes personnes qui amèneront dans la ville des bois propres pour les ouvrages de menuiserie, seront tenus de les conduire dans le marché aux bois pour y estre vendus, et, en cas qu'ils soient vendus dans les rues ou autres endroits à telle personne que ce puisse estre, les égards pourront les faire saisir et en poursuivre la confiscation pardevant le lieutenant général de police, et le vendeur et l'acheteur solidairement condamnés en trois livres d'amende applicable comme dessus.

28. Tous les bois de menuserie qui arriveront dans la ville pour y estre vendus ne pourront estre enlevés ou serrés, soit par les bourgeois ou maîtres menuisiers, qu'ils n'aient esté visités par l'un desdits gardes, pour veoir dire s'il est loyal.

29. Il est fait deffenses à toutes personnes, et notamment aux marchands de bois, d'aller achepter du bois à la campagne pour le revendre, si ce n'est qu'ils ayent achepté les bois propres pour la menuiserie au delà de huit lieues à la ronde de la ville, à peine de trente livres applicable comme dessus.

30. Pareilles deffenses sont faites à toutes personnes de revendre ny exposer en vente sur le marché les bois qu'ils auront achepté, aux peines susdites.

31. Lesquels statuts ordonnances et réglemens, rédigez par les maîtres menuisiers de la ville de Paris, lesdits menuisiers de la ville d'Amiens supplient très-humblement Sa Majesté d'agréer, approuver lesdits statuts ordonnances, ordonner l'homologation d'iceux partout où il appartiendra, pour qu'iceux soient suivis et exécutés en tout leur contenu.

Fait à Amiens le vingt et un mars mil sept cens quinze.

A messieurs les lieutenant général de police, maire et échevins de la ville d'Amiens.

Supplient humblement les maîtres menuisiers de la ville, fauxbourgs et banlieue d'Amiens,

Disans que, depuis les anciens brefs et statuts qui leur ont esté accordez par vos prédécesseurs en années 1399 et 1487, qui sont en termes gaulois et peu intelligibles, leur métier et la façon de leurs ouvrages estant entièrement changés par les usages qui se sont introduits et par une manière différente de travailler, il arrive journellement que, lorsque les supplians veullent intenter procès contre des particuliers en contravention de leurs anciens statuts, on leur oppose qu'ils sont trop anciens, que ce qui s'en est pratiqué depuis en a changé les dispositions, et ont donné à ces statuts à cause de leur ancien langage plusieurs interprétations contraires aux intérêts des supplians et du public, de manière que, depuis plusieurs années, la communauté des supplians a succombé dans plusieurs procès par elle intentés contre des particuliers assignés en contravention de ces anciens statuts; pour prévenir de pareilles contestations, qui engagent les supplians dans des procès qui ruinent leur communauté, et pour le bien ou avantage de cette même communauté, qui est considérable dans cette ville par rapport au nombre des maîtres qui y tiennent actuellement boutique ouverte et qui deviendra de jour en jour plus fleurissante, quand elle sera fondée et établie sur des réglemens auxquels il ne pourra estre contrevenu, les supplians ont rédigé trente-deux articles de nouveaux statuts et réglemens sur leurs anciens statuts et sur ceux de la ville de Paris, qui contiennent la police qui s'observera dans leur communauté et la manière de travailler aux ouvrages de menuiserie, sur lesquels ils entendent obtenir des lettres patentes confirmatives d'iceux, conformément aux dispositions de l'édit du mois de mars 1673, décembre 1691, août 1709 et de la déclaration du cinq mai 1710, par lesquels Sa Majesté a ordonné que tous arts, métiers et professions, sans aucune exception, seront tenus de s'établir en maîtrise et jurande, même les professions qui ont esté establies par les juges ordinaires, sans avoir pris de lettres patentés de Sa Majesté et des rois ses prédécesseurs; ces nouveaux statuts assureront l'état des supplians et empescheront tous les abus qui se commettent par des particuliers sans expérience ni capacité, qui entreprennent journellement sur leur métier, ce qui leur est très-préjudiciable et au public, qui est souvent trompé par des ouvrages imparfaits et de peu de durée; et pour parvenir à faire homologuer et approuver ces nouveaux statuts par Sa Majesté, dans lesquels il n'y a rien de préjudiciable aux intérêts du roy et du public, ils ont recours à vous, messieurs, pour obtenir votre approbation.

Ce considéré, il vous plaise approuver, agréer et autoriser les trente articles des statuts et réglements des autres parts, pour estre exécuttés selon leur forme et teneur, au surplus renvoyer les supplians par devers Sa Majesté pour en obtenir l'homologation et leur estre pourveu sur iceux de lettres patentes sur ce nécessaires, qui seront enregistrées en votre greffe ou partout ailleurs où besoin sera; et vous ferez bien.

Présenté le 24 avril 1715, signé : Pierre Pinchon, N. Dailly, Manseville, Pierre de Poix, Jean Richard, Nicolas Flut, Jacques Poissant, Jean-Baptiste Richard, Nicolas Bourgeois, Toussaint Bellegaulle, Antoine Parguite, Jean de la Motte, Adrien Lignier, Michel Fontaine, Jean Turq, Pierre Bérangy, Charles Bannal, Aclocque de Nerville, Charles Soye, Joseph Briois, Jean Pinchon, Jean Groullet, Louis Gervin, Antoine Crépin, François de Sailly, Jacques Louis, Jean Catre, F. Dupont, Antoine Tellier, Jean Coréedieu, Philippe Déon, François Allou, François Hudon, Jean Chibanville, Michel de Camal, Antoine Dupont.

Soit communiqué au procureur du roy; du 27 avril 1715.

Signé : DUFRESNE.

Veu, je requiers pour le roy que les supplians ayent à se retirer par devers Sa Majesté, pour obtenir l'homologation des présens brefs et statuts; du 27 avril 1715.

Signé : GUILLEBERT.

Soit fait comme il est requis par le procureur du roy; desdits jour et an.

Signé : DUFRESNE.

Registrés, ouy le procureur général du roy, pour estre exécutés suivant et conformément à l'arrêt de ce jour à Paris, en parlement, le vingt janvier mil sept cent dix-huit.

Signé : GILBERT.

    Arch. imp., sect. judic., reg. du parlem. de Paris intitulé : vi^e volume des *Ordonnances de Louis XV*, coté 6 D, fol. 167 r°.

LXVIII.

ARRÊT DU CONSEIL D'ÉTAT QUI MAINTIENT AUX HABITANTS D'AMIENS LEUR DROIT D'ÉLIRE LE MAIRE.

La ville d'Amiens avait, comme on l'a vu, obtenu en 1715 un arrêt du conseil d'état qui lui assurait le bénéfice de l'acquisition faite par elle de ses offices municipaux. Cependant un édit donné au mois de juin 1717 [1], dans les commencements du règne de Louis XV, ayant prescrit l'exécution de celui de septembre 1714, le bailli d'Amiens prétendit de nouveau que les dispositions de cet édit s'appliquaient à la capitale de la Picardie, et voulut s'arroger le droit de présenter au roi un candidat aux fonctions de maire. Les Amiénois réclamèrent,

[1] Isambert, Rec. des anc. lois françaises, t. XXI, p. 117.

en rappelant qu'ils avaient, en 1692, acheté la charge de maire moyennant soixante mille livres; ils demandèrent l'autorisation de continuer à procéder aux élections municipales, conformément aux arrêts du conseil de 1692 et 1693, et, pour l'obtenir, ils offrirent de payer au roi une somme de quinze mille livres. Le conseil d'état, par un arrêt rendu le 16 août 1718, accepte les offres des habitants d'Amiens, et les maintient dans leur droit d'élire le maire et les échevins [1].

Sur la requête présentée au roy en son conseil par les échevins de la ville d'Amiens, contenant qu'anciennement le corps de ville étoit composé d'un maire et 24 échevins, qui exerçoient la justice civile et criminelle, dont l'élection se faisoit par les habitans assemblez en l'hôtel de ville. Par édit du roy Henry IV du mois de novembre 1597, il fut ordonné qu'il n'y auroit plus à l'avenir que sept échevins, desquels Sa Majesté en choisiroit un qui précéderoit les autres et porteroit le titre de premier échevin, sur la présentation du gou-

---

[1] On a sur cette affaire plusieurs pièces dont voici le détail: Arrêt du conseil d'état sur la requête des échevins de la ville d'Amiens, qui leur permet d'emprunter en billets de l'état la somme de quinze mille livres, pour satisfaire à l'arrêt du 16 août 1718. 30 août 1718. (Arch. impér., sect. administrat., E 913 285. — Arch. de l'hôtel de ville d'Amiens, liasse F 7, dossier 1er, pièce 10, invent. de Gresset.) — Quittance de cette somme donnée par le garde du trésor royal en exercice. 19 septembre 1718. (Arch. munic. d'Amiens, liasse F 7, dossier 1er, pièce 12.) — Arrêt du conseil d'état ordonnant de communiquer aux maire et échevins d'Amiens une requête présentée par le marquis de Mézières, gouverneur d'Amiens, par laquelle celui-ci s'oppose à l'exécution de l'arrêt du 16 août 1718. 21 octobre 1718. (Arch. munic. d'Amiens, liasse F 7, dossier 2e, pièce 1re. — Arch. imp., sect. administr., E 914 364.) — Requête des maire et échevins, servant de réponse aux moyens présentés par M. de Mézières. 7 novembre 1718. (Arch. de l'hôtel de ville d'Amiens, liasse F 7, dossier 2, pièce 2.) — Réponse de M. de Mézières à la requête du maire et des échevins. 15 novembre 1718. (Arch. de l'hôtel de ville d'Amiens, ibid., pièce 3.) — Requête des maire et échevins, servant de réplique à la requête et aux contredits de M. de Mézières. Cette requête contient une offre de dix mille livres en sus des quinze mille payées le 19 septembre 1718. 17 novembre 1718. (Arch. de l'hôtel de ville d'Amiens, ibid., pièce 4.) — Voici l'indication de quelques autres actes relatifs aux offices, de 1710 à 1718. Édit du roi, qui unit au corps de ville d'Amiens les offices de conseillers, trésoriers, receveurs et payeurs alternatifs et mitriennaux des deniers communs, d'octrois et tarifs créés par édits de janvier et juillet 1709. Juin 1710. (Arch. imp., section domaniale, mémorial 1710, fol. 590.) — Arrêt du conseil rendu sur la requête des maire et échevins d'Amiens, qui accepte l'offre qu'ils font de cent vingt-six mille neuf cents livres, pour la suppression des offices d'avocats du roi en la mairie et police de ladite ville. 29 octobre 1712. (Arch. imp., sect. administr., E 8, 44 195. — Arch. de l'hôtel de ville d'Amiens, liasse D, n° 7, pièce n° 1, invent. de Gresset.) — Arrêt du conseil rendu sur la requête des maire et échevins d'Amiens, qui approuve l'acte du 3 septembre 1704, passé entre eux et le sieur Berquier, pour la réunion au corps municipal de l'office de receveur alternatif mitriennal des deniers patrimoniaux de la ville, et qui ordonne que l'office de greffier des présentations de l'hôtel de ville sera réuni au corps de la ville. 2 mai 1713. (Arch. imp., sect. administr., E 851 13.)

verneur bailly d'Amiens, et que l'élection, qui avoit accoutumée de se faire à l'hôtel de ville, se feroit dans la grande salle du baillage. Cet usage s'est pratiqué jusqu'à la création des maires en 1692. Alors les officiers de l'hôtel de ville et les habitans, désirant rentrer dans l'ancien droit qu'ils avoient de se choisir un maire par élection, firent une assemblée, et délibérèrent de faire des offres de payer à Sa Majesté 60,000^{lt}, s'il luy plaisoit de réunir au corps de ville l'office de maire perpétuel créé pour Amiens et leur permettre de procéder tous les ans à l'élection d'un sujet pour remplir cette place et à celle de six échevins. Leurs offres furent acceptées par arrest du 18 novembre 1692, et ledit office fut uni et incorporé au corps et communauté de laditte ville, sans pouvoir en être désuny pour quelque cause et occasion que ce soit, et il fut ordonné qu'à l'avenir le corps politique de laditte ville seroit composé d'un maire et de six échevins et autres officiers, dont l'élection seroit faite annuellement, et que le maire feroit toutes les fonctions attribuées par l'édit de création des maires et jouiroit des mêmes droits dont jouissoit celuy qui portoit le titre et qualité de premier échevin. Laditte somme de 60,000^{lt} ayant été payée en exécution dudit arrest, il fut convoqué une assemblée pour procéder à l'élection desdits officiers. Mais le lieutenant général du baillage ayant prétendu qu'elle se devoit faire pardevant luy, la contestation fut portée au conseil, et, par arrest du 22 décembre 1693, il a été ordonné qu'elle seroit faite par les nominateurs ordinaires dans l'hôtel de ville. Les choses ont subsistées en cet état jusqu'à la supression des offices de maires ordonnée par édit du mois de juin 1717. En vertu de cet édit, le gouverneur bailly d'Amiens prétend être rentré dans son droit de présenter à Sa Majesté le premier échevin qui doit faire les fonctions de maire, et comme il peut en résulter des inconvéniens très-grands qui ne manqueroient pas de causer un dérangement dans l'administration des affaires de laditte ville, et que le choix qui doit être fait d'un sujet pour remplir la place de maire est très-important pour le service de Sa Majesté et le bien public, les suplians, qui n'ont point d'autre vue, ont délibéré d'offrir à Sa Majesté un suplément de finance de 15,000^{lt} en billets de l'état, pour être maintenus dans les droits à eux accordez par lesdits arrests des 18 novembre 1692 et 22 décembre 1693. A ces causes, requéroient les suplians qu'il plût à Sa Majesté recevoir les offres qu'ils font de payer au proffit de Sa Majesté la somme de quinze mille livres en billets de l'état, ce faisant ordonner qu'ils seront et demeureront exceptez de la supression portée par l'édit du mois de juin 1717 et en conséquence qu'ils continuront de procéder tous les ans à l'élection des maire et échevins de ladite ville d'Amiens en la manière et ainsy qu'il étoit observé avant ledit édit et en exécution desdits arrests du conseil des 18 novembre 1692 et 22 décembre 1693, lesquels seront exécutez selon leur forme et teneur, nonobstant opposition ou autres empêchemens quelconques. Veu ladite requête, signée Moreau, avocat des supliants, lesdits arrests du conseil, l'édit de supression du mois de juin 1717, ouy le raport;

Sa Majesté en son conseil, de l'avis de monsieur le duc d'Orléans, régent, a accepté et accepte les offres desdits échevins et habitans de la ville d'Amiens, et en conséquence a ordonné et ordonne qu'en payant par eux entre les mains du sieur Gruin, garde du trésor royal, ladite somme de quinze mille livres en billets de l'état, conformément à leurs offres, ils rentreront au premier septembre prochain en possession de tous les droits, fonctions, émoluments, priviléges et prérogatives appartenans audit office de maire, pour en jouir par celuy qui sera par eux éleu ainsy qu'en ont jouy ou deu jouir ceux qui en faisoient les fonctions avant l'édit du mois de juin mil sept cens dix-sept et conformément aux arrests du conseil des dix-huit novembre mil six cens quatre-vingt-douze et vingt-deux décembre mil six cens quatre-vingt-treize, sans que lesdits échevins et habitans puissent demander aucuns gages sur les fonds, domaines et revenus du roy, ny prétendre aucun remboursement de la finance par eux payée pour ledit office. Et sera le présent arrest enregistré au greffe de l'hôtel de ville d'Amiens et exécuté nonobstant opposition ou autres empêchemens quelconques, dont, si aucuns interviennent, Sa Majesté s'en réserve la connoissance et à son conseil, et icelle interdit à toutes ses cours et juges. Enjoint au sieur intendant et commissaire départy en la généralité d'Amiens de tenir la main à l'exécution du présent arrest, sur lequel toutes lettres néoessaires seront expédiées. Signé : LE VOYER D'ARGENSON, le duc DE LA FORCE, TASCHEREAU DE BAUDRY.

A Paris, le xvie jour d'aoust 1718.

<small>Arch. imp., sect. administr., a 913 (46. — Arch. municip. d'Amiens, liasse F 7, dossier 1er, pièce 8, invent. de Gresset. — Arrêt de commission adressé à M. de Chauvelin, intendant de la généralité d'Amiens, pour l'exécution de l'arrêt du conseil d'état du 16 août 1618 (16 août 1618). Arch. munic. d'Amiens, ibid., pièce 9.</small>

LXIX.

ARRÊT DU CONSEIL D'ÉTAT PORTANT RÈGLEMENT POUR LA NOMINATION DU MAIRE ET DES ÉCHEVINS D'AMIENS.

Entre l'année 1718 et l'année 1726, à laquelle nous sommes parvenus, de nouvelles modifications eurent lieu dans l'organisation des municipalités du royaume [1]. A la suite des expériences malheureuses du système de Law, la nécessité de pourvoir au payement des arrérages et au remboursement des dettes de l'état fit recourir de nouveau le gouvernement à des moyens extraordinaires pour se procurer de l'argent, et la vénalité des offices municipaux, abolie en 1718, fut rétablie par un édit du mois d'août 1722 [2]. Cet édit ne reçut point d'exécution; il fut révoqué par un autre édit de juillet 1724, portant que les villes nommeraient leurs échevinages, que les acquéreurs d'offices municipaux seraient remboursés en rentes sur les tailles, que les villes présenteraient trois candidats pour les places de maire vacantes, et que les élections se feraient comme avant la création des offices [3].

C'est sous l'empire de cette loi que fut rendu, le 7 septembre 1726, l'arrêt suivant, qui constitue d'une manière nouvelle le corps municipal de la ville d'Amiens. Cet arrêt est motivé sur les nombreux abus qui, suivant les termes du préambule, se sont glissés dans les élections de l'échevinage, sur l'état de déconsidération où est tombée la magistrature municipale, et sur la nécessité d'engager les personnes notables de la ville à rentrer dans les charges publiques.

Voici les principales dispositions de l'arrêt:

Les habitants d'Amiens choisiront chaque année trois candidats, parmi lesquels le roi désignera le maire de la ville (art. 1). Il y a là une remarquable dérogation à l'édit de 1724, qui voulait que les élections eussent lieu tous les quatre ans. — Le nombre des échevins est fixé à neuf, dont trois seront pris parmi les officiers du roi ou magistrats de robe longue, deux parmi les nobles, et quatre parmi les marchands

---

[1] Le 17 septembre 1720, un arrêt du conseil d'état, rendu contradictoirement entre le bailli d'Amiens et les officiers du bailliage, d'une part, et les maire et échevins d'Amiens, de l'autre, statue que la nomination des échevins se fera à l'avenir comme avant l'édit de 1692, et conformément au règlement de 1597. Voy., aux archiv. municipales d'Amiens, un mémoire manuscrit relatif au droit que l'on contestait au gouverneur de présider les assemblées électorales.

[2] Isambert, Rec. des anc. lois françaises, t. XXI, p. 209. — Procès-verbal, dressé le 24 septembre et jours suivants par le lieutenant général au bailliage et siège présidial d'Amiens, de l'élection des échevins en 1722. (Arch. de l'hôtel de ville d'Amiens, liasse cotée E 8, 3e dossier, pièce n° 18.) — Lettre de cachet de Louis XV, par laquelle il annonce au comte de Canilhac le choix qu'il a fait sur la liste des personnes désignées pour l'échevinage d'Amiens. (4 octobre 1722. — Id., ibid., 1er dossier, n° 18.) — Lettres patentes de même date, pour le même objet. (Id., ibid.)

[3] Indiqué dans le Recueil d'Isambert, t. XXI, p. 275.

en gros et n'exerçant pas des professions mécaniques (art. 2 et 3). —
Tous les ans, six échevins sortiront de charge; il en restera trois, un
noble, un magistrat, un bourgeois, qui seront choisis par le bailli,
l'échevinage et les conseillers de ville. Les six échevins seront élus,
ainsi que les trois candidats à la place de maire par : les officiers des
diverses justices royales et des siéges administratifs; le maire et les
échevins en exercice; les conseillers de ville; les anciens maires; les
chefs de la milice bourgeoise; la communauté des procureurs; celle
des notaires; le collége des médecins et chirurgiens; les avocats; le
tout formant un total de suffrages individuels ou collectifs qui s'élève
à quarante-cinq (art. 4 et 5). Ce mode d'élection, on le voit, diffère
essentiellement de celui qui jusqu'alors avait été usité à Amiens; les
corps de métiers ne figurent plus sur la liste des électeurs, et ils ne
sont plus admis à voter que comme faisant partie de la milice bourgeoise [1]. — Les articles 7, 8, 9, 12 donnent le détail des formes de
l'élection. — Le nombre des conseillers de ville est porté à six (art. 14).
— L'avocat de la ville et le procureur du roi auront voix consultative
au conseil de ville (art. 15). — L'article 18 porte qu'on procédera immédiatement au récolement des titres déposés dans les archives, ainsi
qu'à un nouvel inventaire par ordre des matières. Ce travail, rendu
nécessaire par les soustractions commises dans le dépôt, sera exécuté
à l'hôtel de ville, en présence du maire, de deux échevins, de deux
conseillers et de l'avocat de la ville. Les papiers appartenant aux archives, qui seront prêtés au dehors, seront inscrits sur un registre coté
et paraphé par le maire [2].

726.
7
embre.

Le roy, estant informé des abus qui se commettent depuis plusieurs années
dans l'élection des maire et eschevins de la ville d'Amiens, que par ce moyen

---

[1] On possède d'assez curieuses observations manuscrites sur l'arrêt du 7 septembre 1726, rédigées peu de temps après qu'il eut été rendu. (Archiv. munic. d'Amiens.) L'auteur blâme diverses dispositions, entre autres celle qui porte le nombre des échevins de six à neuf.

[2] Arrêt du conseil du 1er avril 1727, par lequel le roi, moyennant certaines concessions pécuniaires, déclare avoir éteint les titres des deux offices de receveur et de contrôleur des octrois. (Arch. de l'hôtel de ville d'Amiens, liasse v 6, n° 74, invent. de Gresset.) — Arrêt du conseil du 10 juin 1727, confirmant la ville, moyennant finance, dans la jouissance de ses octrois; et dans ses droits, privilèges et exemptions. (Ibid., liasse v 6; n° 76, dossier 1er.) — Création au mois d'août, par le roi, de charges de maire, de trois échevins, de six assesseurs, et suppression des conseillers de ville, dont on racheta la réunion. (Daire, Hist. d'Amiens, t. 1er, p. 65 et 66.)

ces places tombent dans l'avilissement, et que de plus les papiers de cette ville n'estant point renfermés, sont pris par différentes personnes et ne sont point remis en place, de sorte qu'il s'en perd considérablement, ce qui cause un préjudice notable à ladite ville, à quoy voulant remédier par un réglement qui rétablisse le bon ordre et engage les personnes distinguées dans la ville à entrer dans ces places, ouy le raport et tout considéré, Sa Majesté étant en son conseil, a ordonné et ordonne ce qui suit :

1. A l'avenir, les habitans de la ville d'Amiens choisiront et nommeront par chacun an trois sujets capables à la charge de maire, l'un desquels sera choisi et institué maire par le roy en la manière accoutumée, sur le mémoire de leurs noms qui sera à cet effet envoié à Sa Majesté par le sieur gouverneur, grand bailly d'Amiens, ou son lieutenant, et la nomination des deux autres demeurera sans effet.

2. Le nombre des eschevins sera à l'avenir de neuf.

3. Aux neuf places d'eschevins seront appellez nécessairement trois de longue robe ou officiers du roy, deux personnes nobles, ou vivans noblement, et quatre marchands non mécaniques, artisans ou vendeurs en détail par eux ou par autruy.

4. Demeureront toujours par chacun an trois anciens eschevins qui seront entrez en charge l'année précédente, pour instruire les autres nouvellement élus des affaires de la ville, lesquels trois eschevins seront choisis, sçavoir un de chaque estat et retenu par le sieur gouverneur bailly d'Amiens ou son lieutenant, les maire et eschevins en charge et les conseillers de ville.

5. L'élection pour l'office de maire et celle des six autres eschevins se fera par les corps des officiers ou habitans et par les communautez qui ensuivent, sçavoir :

Par le corps du bureau des finances et gens du roy;

Par le corps de l'élection et gens du roy ;

Par le corps de justice du grenier à sel et gens du roy ;

Par le corps de justice de la maison des eaux et forêts et gens du roy ;

Par le corps de la justice de la monnoie et gens du roy ;

Par le corps de la justice consulaire ;

Par les capitaine, lieutenant, enseigne et chefs de la première compagnie de la milice bourgeoise, en la maison du capitaine ;

Par ceux de la seconde compagnie ;

Par ceux de la troisième ;

Par ceux de la quatrième ;

Par ceux de la cinquième ;

Par ceux de la sixième ;
Par ceux de la septième ;
Par ceux de la huitième ;
Par ceux de la neuvième ;
Par ceux de la dixième ;
Par ceux de la onzième ;
Par ceux de la douzième ;
Par ceux de la treizième ;
Par ceux de la quatorzième ;
Par ceux de la quinzième ;
Par ceux de la seiziesme, aussi en la maison du capitaine ;
Par les capitaine, lieutenans en exercice et par les anciens capitaines servans des quatre compagnies privilégiées, au jardin des arbalestriers ;
Par la communauté des procureurs, chez leur doyen ;
Par celle des nottaires, en la maison de leur doyen ;
Par le collége des médecins et par les chirurgiens, en la maison du doien des médecins ;
Par les avocats, en la maison de leur doïen ;
Par le maire en exercice,
Par le premier eschevin,
Par le second,
Par le troisième,
Par le quatrième, } en la manière accoutumée ;
Par le cinquième,
Par le sixième,
Par le septième,
Par le huitième,
Par le neuvième,
Par le premier conseiller de ville,
Par le second,
Par le troisième, } en la manière accoutumée ;
Par le quatrième,
Par le cinquième,
Par le sixième,
Par les anciens maires, en la maison du plus ancien ;
Par le corps du présidial et gens du roy, en la chambre du conseil ;
Et en conséquence demeureront tous les suffrages réduits au nombre de quarante-cinq.

6. Les sujets de chacun desdits corps, compagnies ou communautez, qui en diverses qualitez se trouveront dans le cas de porter plusieurs suffrages en des corps différents, ne pourront en donner qu'un seul, et à cet effet seront tenus, à peine de privation, de le donner dans le corps moins nombreux, à moins qu'ils ne soient membres du corps de ville, ou conseillers de ville, auquel cas ils le donneront chacun en cette qualité.

7. Au jour de l'élection, et après la publication de la retenue, chacun des vingt-neuf corps, compagnies ou communautez ci-dessus, qui n'ont suffrages qu'en compagnie, s'assemblera séparément dans lesdits lieux, en la manière ordinaire de ces assemblées, où les sujets de chaque corps, après avoir prêté le serment ordinaire ès mains de celui à qui il apartient de présider, nommeront trois personnes capables de la charge de maire et six autres sujets pour eschevins.

8. Fera à l'instant chacun desdits vingt-neuf corps, compagnies ou communautez, un extrait de nomination, qui contiendra les noms des trois personnes sur lesquelles la pluralité de ses suffrages sera tombée pour la place de maire, et ensuite les noms des six autres sujets sur lesquels la pluralité sera aussi tombée pour les places d'eschevins; contiendra même ledit extrait les noms de ceux qui auront assisté à ladite nomination et sera signé pour les corps de justice par le président et le greffier, pour la milice bourgeoise par le capitaine et le plus ancien des chefs, pour la milice privilégiée par le capitaine, le doyen et le greffier, et pour les autres corps par le premier ou doyen et par le sous-doien.

9. Seront lesdits extraits aportez pour les corps de justice par leurs greffiers, pour la milice bourgeoise et privilégiés par chaque capitaine, et pour les autres corps par le premier ou doien, aux jour et heure ordinaire, dans l'auditoire du bailliage, où, après avoir par eux prêté serment que lesdits extraits contiennent le vray résultat de la délibération de chaque corps, compagnie ou communauté particulière, ils présenteront chacun leurdit extrait en la manière accoutumée, et dans l'ordre invoqué par l'article cinq, pour, après que les maire et eschevins en charge et les conseillers de ville auront chacun séparément donné leur voix en la manière ordinaire, estre à l'instant fait autre extrait des trois plus nommez pour la charge de maire et des six autres plus nommez pour eschevins.

10. Le mémoire des noms des trois plus nommez pour la charge de maire sera envoié au roy, conformément à l'article 1er, à l'effet d'y choisir l'un d'entre eux pour ledit office.

11. Les six autres plus nommez pour échevins demeureront échevins, pour,

avec les trois anciens retenus suivant l'article 4, remplir les neuf places d'eschevins conformément à l'article 2.

12. Dans le cas de concurrence ou d'égalité de suffrage en la nomination des maire et eschevins, le plus considérable par sa charge, qualité, profession ou employ sera préféré, et entre marchands celuy qui aura déjà été eschevin, sinon le plus ancien marchand aura la préférence.

13. Les neuf eschevins auront pareillement entr'eux le rang et séance qui leur apartient et dont ils doivent jouir par leur dignité particulière, à cause de leur charge, qualité, profession ou employ; et entre toutes autres personnes dont le rang ne se trouve point ainsi déterminé, celui qui aura déjà été eschevin, subsidiairement le plus nommé, précédera les autres comme ci-dessus.

14. Le nombre des conseillers de ville, qui est présentement de quatre, sera augmenté de deux autres, desquels le roy se réserve pour cette fois la nomination des personnes des sieurs Pingré, de Sourdan et Pierre-Augustin Damiens, qui seront mandez et appellez avec les quatre anciens en toutes les affaires de conséquence et assemblées extraordinaires de ladite ville.

15. Dans toutes les assemblées et conseils de ville, l'avocat de ladite ville, ainsi que le procureur du roy, seront appellez et auront entrée, séance et voix consultative seulement.

16. Vacation avenant d'aucun desdits conseillers de ville par mort et non autrement, il y sera nommé en la forme et manière accoutumée de personnes capables et expérimentées, qui seront choisies par préférence entre les anciens maire et eschevins et en sorte que, dans ledit nombre de six, il ne puisse, au défaut d'autres sujets, y avoir qu'un seul marchand notable, non mécanique, artisan ou vendant en détail par lui ou par autruy, et que, desdits six conseillers qui seront de longue robe ou nobles, ou vivant noblement, il y en ait au moins trois de longue robe.

17. Le maire, par chacun an, dans la première semaine de son exercice, sera tenu de distribuer à chaque eschevin les fonctions de l'exercice de la police qu'il jugera convenir à chacun d'eux, leur enjoignant de s'en acquitter exactement et d'en rendre compte à chaque assemblée, et au maire d'y tenir la main, pourquoi il fera délivrer par le greffier à chaque eschevin une feuille contenant par détail l'indication des parties de la police dont il l'aura chargé.

18. Il sera, à la diligence du procureur du roy de l'hôtel de ville, en présence du maire, de deux eschevins, de deux conseillers et de l'avocat de la ville, incessamment procédé au recouvrement sur les anciens inventaires et ensuite au recollement et à nouvel inventaire par ordre de matières de tous les titres, chartes, papiers et enseignemens étans aux archives dudit hôtel de

ville, avec notte de ceux qu'on aura connoissance estre nécessairement engagez ailleurs, duquel inventaire signé desdits députez, le procureur du roy sera tenu dans trois mois de certifier le corps de ville, et sera tenu le greffier de ladite ville de se charger au bas d'icellui de tous les papiers y repris.

19. Après ledit inventaire, seront lesdits titres, chartes, papiers et enseignemens placez et rangez par ordre avec étiquette dans les laiettes fermantes à trois clefs différentes, dont l'une restera ès mains du maire, l'autre en celles du procureur du roy de ladite ville et la troisième ès mains du greffier, et ne pourront aucuns papiers en estre tirez que par le greffier et de l'ordre du maire.

20. Sera fait un registre particulier dont les feuilles seront cottées par première et dernière de la main du maire et de luy paraphées, et dans lequel le greffier sera tenu d'inscrire en détail tous les papiers qui seront ainsi tirez desdites archives, avec les noms, qualités et demeures des personnes ausquelles ils auront été confiez. Chaque article en sera visé par le maire, et ledit registre sera mis sur le bureau et lû par le greffier en la première assemblée de chaque magistrature.

Mande et ordonne Sa Majesté au sieur commissaire départi en la généralité de Picardie de tenir la main à l'exécution du présent arrest, qui sera lu, publié et affiché où besoin sera, à ce que personne n'en prétende cause d'ignorance, et pour son exécution toutes lettres nécessaires seront expédiées, si besoin est.

Fait au conseil d'estat du roy, Sa Majesté y étant, tenu à Fontainebleau le sept septembre mil sept cent vingt-six.

Signé : PHELIPPEAUX.

Arch. de l'hôtel de ville d'Amiens, LXXXe reg. aux délibér. de l'échevin. coté T, fol. 42, 43 et 44.

LXX.

ARRÊT DU CONSEIL D'ÉTAT PORTANT RÉUNION DE CERTAINS OFFICES A LA COMMUNAUTÉ DES DRAPIERS D'AMIENS.

Les réglements généraux pour les manufactures promulgués au mois d'août 1669 avaient attribué aux seuls gardes drapiers le droit de visiter et de marquer les étoffes, et un arrêt du conseil d'état, du 25 août 1670, avait supprimé à Amiens les offices de *garde-marteau* et de *garde-forain*. Ces offices furent rétablis par arrêts du conseil du 25 mai 1700 et du 21 juin 1701, et, trente ans plus tard, les marchands drapiers demandèrent au roi de les réunir à leur communauté. Le conseil d'état, par l'arrêt suivant, daté du 18 mars 1732, ordonne que les offices de garde-forain et de garde-marteau seront réunis à la communauté des drapiers, qui en remboursera le prix aux titulaires.

1732. 18 mars.

Veu par le roy en son conseil les requestes présentées par les gardes et communauté des marchands drapiers de la ville d'Amiens, tendantes à ce qu'il plaise à Sa Majesté ordonner que les réglemens généraux pour les manufactures du mois d'aoust 1669, qui attribuent aux seuls gardes-drapiers le droit de visiter et marquer les étoffes de draperie foraine, et l'arrest du conseil du 25 aoust 1670, qui a supprimé les fonctions des offices de garde-marteau et d'égards forains dans la ville d'Amiens, seront exécutez selon leur forme et teneur; en conséquence et sans avoir égard aux arrests du conseil des 25 may 1700 et 21 juin 1701, qui ont restabli les fonctions desdits offices, ordonner que celuy de garde-marteau et celuy d'égard forain restant seront et demeureront supprimez ou réunis à la communauté des marchands drapiers de ladite ville, aux offres qu'ils font d'en rembourser le prix aux nommez Jolly et Coquillart, prétendus propriétaires d'iceux, sur le pied de la première finance payée à la ville d'Amiens, à l'effet de quoy ils seront tenus d'en représenter les titres par devant les commissaires qui seront nommez, pour estre procédé à la liquidation desdits offices, et encore de donner à la ville un homme vivant et mourant par forme d'indemnité. La requeste de Louis Jolly et de Jean-Baptiste Coquillart, propriétaires des offices de garde-marteau et d'égard forain de la draperie de la ville d'Amiens, employée pour réponse à celles cy-dessus, et tendante à ce que les nommez Gillet, de Bonnes, Boistard et consorts, marchands drapiers de ladite ville, soient déboutez de la demande qu'ils ont formée sous le nom de la communauté des marchands drapiers. Les lettres patentes du mois de juin 1332, confirmées par autres lettres des années 1545 et 1560 et par édit du mois de novembre 1597, par lesquelles le corps de la ville d'Amiens a esté maintenu dans le droit qui luy avoit esté auparavant accordé d'exercer la police dans ladite ville, et de nommer et pourvoir tous les officiers nécessaires, et entre autres les égards de la draperie foraine, préposez pour visiter les draps et autres étoffes de laine qui estoient apportées à la halle de ladite ville, et le garde-marteau pour y appliquer la marque, après que la visite en avoit esté faite, auxquels il estoit attribué douze deniers par chaque pièce d'étoffe qu'ils visiteroient et marqueroient. L'article 39 des réglemens généraux pour les manufactures du mois d'aoust 1669, portant entre autres choses que la visite des draps, serges et autres étoffes de laine seroit faite par les gardes de la communauté des drapiers dans chacune des villes du royaume. L'article 42 des mêmes règlemens, qui attribue auxdits gardes des drapiers un sol par pièce d'étoffe pour les frais de visite et de marque. L'arrest du conseil du 25 aoust 1670, rendu contradictoirement entre les égards forains et les gardes des marchands drapiers de la ville d'Amiens, par lequel il a esté ordonné que les draps et autres étoffes qui seroient apportées à la halle de ladite ville seroient visitées et marquées par les gardes de la draperie et non autres, sauf à estre pourveu ainsy qu'il appartiendroit sur les demandes desdits égards forains, après qu'ils auroient représenté leurs titres par devant le sieur Barillon, lors intendant de Picardie. Autre arrest du conseil du 25 may 1700, par lequel il a esté ordonné que les pourveus desdits offices d'égards de la draperie foraine seroient restablis dans les fonctions de leurs offices, pour les exercer ainsy qu'ils auroient pu faire avant ledit arrest du conseil du 25 aoust 1670, à la charge qu'ils ne percevroient que trois deniers par pièce d'étoffe, qui seroient levez sur le sol par pièce qui se payoit aux gardes des marchands drapiers, et à condition que lesdits offices seroient exercez, suivant les anciens réglemens de police de la ville d'Amiens, par un fabriquant, un pareur de draps, un tondeur et un tailleur d'habits. Autre arrest du conseil du 21 juin 1701, par lequel il a esté ordonné que Louis Jolly, pourveu de l'office de garde-marteau de la draperie foraine, seroit restabli dans les fonctions dudit office, pour l'exercer ainsy qu'il auroit pu faire avant ledit arrest du 25 aoust 1670, à la charge qu'il ne percevroit qu'un denier par chaque pièce d'étoffe, qui lui seroit payé par lesdits égards forains sur les trois deniers qui leur avoient esté attribuez par ledit arrest du 25 may 1700. Les moyens desdits gardes et communauté des marchands drapiers. Les réponses desdits Jolly et Coquillart. Veu pareillement le mémoire des maire et échevins de la ville d'Amiens, contenant leurs observations sur la contestation dont il s'agit. La délibération desdits gardes et communauté des marchands drapiers du 5 janvier 1730, pour se pourvoir au conseil afin d'y obtenir la suppression desdits offices de garde-marteau et d'égard forain, ou la réunion d'iceux à leur communauté; ensemble l'avis du sieur Chauvelin, conseiller d'estat, intendant et commissaire départi dans la généralité d'Amiens, et celuy des députez du commerce. Ouy le rapport du sieur Orry, conseiller d'estat et au conseil royal, controlleur général des finances. Le roy en son conseil, sans avoir égard à la requeste desdits Jolly et Coquillart, dont Sa Majesté les a déboutez, a ordonné et ordonne que lesdits articles trente-neuf et quarante-deux des réglemens généraux pour les manufactures du mois d'aoust mil six cent soixante-neuf, ensemble ledit arrest du conseil du vingt-cinq aoust mil six cent soixante-dix, seront exécutez, selon leur forme et teneur, et en conséquence que, nonobstant lesdits arrests du conseil des vingt-cinq may mil sept cent et vingt-un juin mil sept cent un, les quatre offices d'égards forains et celuy de garde, marteau de la halle foraine de la ville d'Amiens seront et demeureront réunis à la communauté des marchands drapiers de ladite ville, sans en pouvoir à l'avenir estre désunis sous quelque prétexte que ce soit; fait Sa Majesté inhibitions et deffenses à ceux qui sont actuellement pourveus desdits offices d'en faire doresnavant les fonctions; à la charge toutefois par ladite communauté de rembourser le prix desdits offices sur le pied de la finance qui sera liquidée par le sieur Chauvelin, maistre des requestes, intendant et commissaire départi dans la généralité d'Amiens, que Sa Majesté a commis à cet effet, pour parvenir à laquelle liquidation, les pourveus et propriétaires desdits offices seront tenus de représenter par devant luy leurs quittances de finances, provisions et autres pièces justifficatives, dans un mois pour tout délay à compter du jour de la signification du présent arrest, et à condition par ladite communauté, suivant ses offres, de donner au corps de la ville d'Amiens un homme vivant et mourant pour chacun desdits offices et de payer les droits et redevances annuelles perceus jusqu'à présent au proffit de ladite ville pour raison desdits offices.

Signé: D'AGUESSEAU, CHAUVELIN et ORRY.

A Versailles, le dix-huit mars mil sept cent trente-deux.

Arch. imp., sect. administr., E 1079 139.

LXXI.

ORDONNANCE QUI RÉGLEMENTE LA CONSTITUTION DU TRIBUNAL CONSULAIRE D'AMIENS.

Le siége de justice consulaire créé à Amiens par un édit du 16 mai 1567 se composait d'un juge et de trois consuls, élus par les membres de l'échevinage, alors au nombre de vingt-cinq, et pris parmi eux[1]. En 1650, lorsque le corps municipal était réduit à sept membres, des lettres patentes du 10 janvier enjoignirent aux habitants d'Amiens de se conformer à l'édit général relatif aux juridictions consulaires, daté

[1] Voy. t. II, p. 767. — Il existe aux archives impériales, sect. administr., F 2155, une délibération des députés des négociants d'Amiens, contenant les articles qu'ils jugent convenables pour l'établissement d'une chambre de commerce à Amiens. 19 juin 1641.

du mois de novembre 1563[1]. Sur l'opposition formée à l'enregistrement de ces lettres par les magistrats municipaux d'Amiens, le parlement de Paris rendit, le 3 septembre 1651, un arrêt portant qu'à l'avenir le juge-consul serait un échevin nommé par les membres de l'échevinage, et que les autres consuls seraient élus par les marchands[2]. La nouvelle organisation dura près de quatre-vingts ans. Le 9 avril 1726, le conseil d'état, sur la demande des consuls anciens ou nouveaux et des marchands d'Amiens, adjoignit aux juges-consuls en exercice quatre jeunes marchands élus par les anciens juges, et chargés d'examiner les affaires, d'en dresser des rapports et d'assister aux audiences avec voix consultative[3]. Enfin, Louis XV rendit, le 1er juillet 1738, l'ordonnance suivante, dont les dispositions sont basées sur celles de la déclaration générale du 18 mars 1728.

D'après cet acte, le siége consulaire est composé de cinq membres, dont un juge-consul et quatre consuls. — Le juge-consul sera choisi parmi les anciens consuls (art. 1). — Les consuls seront élus par soixante notables bourgeois et marchands, pris autant que possible parmi ceux qui auront exercé les fonctions de consul (art. 2). — L'entrée en charge et la sortie des membres du siége consulaire sont combinées de telle sorte qu'il restera toujours deux anciens consuls en exercice (art. 3)[4].

Louis par la grâce de Dieu roy de France et de Navarre, à tous ceux qui ces présentes lettres verront, salut.

Les mêmes motifs qui ont déterminé le roy Charles neuf, par son édit du

1738.
1er juillet.

---

[1] Ces lettres portent que les juges et consuls seront à l'avenir nommés par les marchands, et non par les échevins.

[2] Daire, Hist. d'Amiens, t. Ier, p. 157. — Voy. aussi un arrêt du conseil sur la nomination des consuls, du 5 décembre 1664.

[3] Arrêt du conseil d'état, en date du 9 avril 1726. (Arch. imp., sect. administr., n 1007 78.) — Voy. aussi : Lettre de M. de Chauvelin, intendant de Picardie, aux maire et échevins d'Amiens, pour leur annoncer l'envoi d'un mémoire par lequel les juges et consuls de la ville demandent à pouvoir choisir parmi les anciens consuls un sujet pour remplir la place de juge, sans être obligés de le prendre parmi les quatre marchands échevins. 17 avril 1731. (Arch. de l'hôtel de ville d'Amiens, liasse D 12, pièce 139, invent. de Gresset.) — Arrêt du conseil d'état pour la préséance des marchands, juges-consuls et des anciens juges-consuls d'Amiens, sur les procureurs au bailliage et siége présidial. 25 mars 1732. (Imprimé.)

[4] On voit dans un rapport de l'intendant de Picardie, en date du 4 novembre 1756, que les juges-consuls d'Amiens avaient eu jusqu'en 1732 la connaissance des banqueroutes, qui, à cette époque, leur fut enlevée. (Arch. départem. de la Somme, papiers de l'intendance, liasse intitulée : *Juridictions consulaires.*)

moys de novembre mil cinq cens soixante-trois, d'establir des jurisdictions consulaires dans nostre bonne ville de Paris et autres villes de nostre royaume, l'ont porté, à la supplication des mayeur et eschevins de la ville d'Amiens, d'établir par ses lettres patentes du seize may mil cinq cens soixante-sept dans la ville un juge et trois consuls pour connoistre des procès et différends d'entre les marchands. Ces lettres patentes ont permis auxdits mayeur et échevins, qui pour lors étoient au nombre de vingt-cinq et presque tous marchands, de choisir parmi eux lesdits juges et consuls. Dans la suite, lesdits mayeur et eschevins ayant été réduits au nombre de sept, le feu roy Louis quatorze de glorieuse mémoire, nostre très-honoré seigneur et bisayeul, par ses lettres patentes du dixième janvier mil six cent cinquante, a ordonné, conformément audit édit du mois de novembre mil cinq cens soixante et trois, que dorénavant il seroit procédé à la nomination des juges et consuls des marchands de ladite ville d'Amiens aux mêmes nombre, terme et manière portés par ledit édit. Sur l'opposition formée à l'enregistrement de ces lettres patentes par lesdits mayeur et eschevins d'Amiens, il est intervenu le trois septembre mil six cens cinquante un arrêt en notre parlement de Paris, par lequel il a été ordonné par provision qu'il seroit à l'avenir nommé par lesdits mayeur et échevins un d'entre eux à la place du juge consul, et qu'à l'égard des autres consuls, la nomination en seroit faicte par les marchands de ladite ville d'Amiens seuls de quatre d'entre eux, en la forme et manière portées par lesdites lettres patentes du dix janvier mil six cens cinquante et par ledit édit de création des juge et consuls de notre bonne ville de Paris du mois de novembre mil cinq cens soixante-trois. Mais les juges et consuls et les anciens juges et consuls de ladite ville d'Amiens, nous ayant représenté les inconvéniens qui résultent de cette permission accordée aux mayeur et eschevins de choisir parmi eux le juge consul, et d'ailleurs nous ayant très humblement remonstré qu'il étoit du bien public de conserver toujours dans leur jurisdiction une partie des juges qui sont en place, pour continuer l'exercice de leurs fonctions avec partie de ceux qui sont choisis de nouveau, pour empescher que la jurisdiction ne soit à coup renouvellée, et nous étant fait rendre compte des mémoires qui nous ont été respectivement présentés, tant de la part desdits juge et consuls que de la part desdits mayeur et échevins de ladite ville d'Amiens, comme aussi nous étant fait représenter lesdits édit, lettres patentes et arrêts cy-dessus énoncez, ensemble l'article premier du titre douze de l'ordonnance du commerce de mil six cens soixante-treize, qui déclare commun pour tous les sièges des juges consuls l'édict de leur establissement dans la ville de Paris, du mois de novembre mil cinq cens soixante-treize;

Nous avons cru ne pouvoir mieux répondre au zèle que lesdits juges consuls d'Amiens nous ont marqué pour le service du public qu'en establissant dans cette jurisdiction consulaire le même ordre que nous avons jugé à propos de fixer pour celle de nostre bonne ville de Paris, par nostre déclaration du dix-huit mars mil sept cent vingt-huit, tant pour ce qui concerne l'attribution du pouvoir de l'élection desdits juges et consuls, que pour régler la manière dont ils exerceront leurs fonctions après leur élection.

A ces causes et autres à ce nous mouvans, de l'avis de nostre conseil et de nostre certaine science, pleine puissance et auctorité royale, nous avons dit, déclaré, statué et ordonné, et par ces présentes signées de nostre main, disons, déclarons, statuons et ordonnons, voulons et nous plaît ce qui suit :

1. Le nombre des juge et consuls de notre bonne ville d'Amiens demeurera fixé à cinq, un juge et quatre consuls ; ledit juge sera choisi entre les anciens consuls et non du nombre des échevins.

2. Seront tenus les juge et consuls en exercice, immédiatement après l'enregistrement des présentes en notre cour de parlement, de nommer, appeller et assembler soixante notables bourgeois et marchands, qui seront pris, suivant l'ordre du tableau, dans le nombre des anciens juges et consuls, supposé qu'il y en ait suffisamment, et lorsqu'il ne se trouvera pas un assez grand nombre desdits anciens juges et consuls pour composer celui des soixante notables, lesdits juges et consuls en exercice choisiront autant de notables bourgeois et marchands versés au fait du commerce qu'il en sera nécessaire pour rendre complet le nombre des soixante, lesquels seront tous appellés par commission desdits juges et consuls, et conjointement avec eux et non autres en éliront et tireront au sort trente d'entre eux, qui, sans partir du lieu et sans discontinuer, procéderont, avec lesdits juge et consuls, à l'instant et le même jour, à peine de nullité, premièrement à l'élection d'un nouveau juge, et ensuite à celle des quatre consuls.

3. Voulons, conformément à ce qui est prescrit pour la jurisdiction consulaire de Paris, que le juge consul qui sera élu dans la première assemblée qui se tiendra immédiatement après l'enregistrement des présentes, exerce ses fonctions pendant une année, et qu'à l'égard des quatre consuls nouvellement élus dans ladite assemblée, deux d'entre eux qui auront eu le plus de voix entrent en exercice aussitôt après leur élection avec les deux anciens des quatre consuls actuellement en place, ou au refus desdits anciens avec les deux derniers, et que les deux autres nouvellement élus n'entrent en exercice qu'au mois de décembre prochain, c'est-à-dire six mois après les deux autres qui auront été choisis avec eux dans ladite prochaine élection, et alors les deux qui seront

restés de la précédente élection sortiront d'exercice; voulons que les deux consuls qui entreront au mois de décembre prochain demeurent en place jusqu'au mois de décembre de l'année mil sept cent trente-neuf, laquelle forme sera gardée et observée à l'avenir dans toutes les élections, au moyen de quoy il y aura toujours dans ladite juridiction consulaire d'Amiens deux consuls qui auront servi six mois, qui continueront de servir six autres mois avec deux des nouveaux consuls élus.

Voulons au surplus que lesdits juge et consuls ne puissent commencer leur exercice qu'après avoir prêté le serment en la manière ordinaire.

Si donnons en mandement à nos amés et féaux conseillers les gens tenans nôtre cour de parlement à Paris que ces présentes ils ayent à faire registrer et le contenu en icelles garder, observer et exécuter de point en point selon leur forme et teneur; car tel est notre plaisir. En témoin de quoi, nous avons fait mettre notre scel à cesdites présentes, données à Versailles le premier jour de juillet l'an de grâce mil sept cent trente-huit et de notre règne le vingt-troisiesme. Signé : LOUIS. Et plus bas : par le roi : PHELYPEAUX. Vu au conseil : ORRY, et scellées du grand sceau de cire jaune.

Registrée, ouy ce requérant le procureur général du roy, pour estre exécutée selon sa forme et teneur et que copie collationnée sera envoyée au baillage d'Amiens, pour y être leue, publiée et enregistrée, enjoint au substitut du procureur général du roy d'y tenir la main et d'en certifier la cour dans le mois, suivant l'arrêt de ce jour, à Paris, en parlement, le dix-neuf juillet mil sept cent trente-huit. Signé : YSABEAU.

<small>Arch. imp., sect. judiciaire, reg. du parlement de Paris (*Ordonnances*) coté 7 c, fol. 172 r°, xxviii° vol. des *Ordonn. de Louis XV*. — Arch. de l'hôtel de ville d'Amiens, liasse cotée F, n° 8, pièce n° 3, invent. de Gresset. — Impr. en placard.</small>

LXXII.

RÉGLEMENT DU GOUVERNEUR D'AMIENS POUR LA MILICE BOURGEOISE.

On a vu combien, depuis l'édit de 1597, l'autorité des magistrats municipaux d'Amiens, en ce qui touchait le gouvernement militaire de la ville, avait été amoindrie au profit des gouverneurs et des intendants. Dans un réglement, daté du 24 septembre 1738, le duc de Chaulnes, gouverneur d'Amiens, disposant souverainement du droit d'organiser la milice bourgeoise, enlève à cet égard aux magistrats municipaux leurs derniers priviléges, et ne leur laisse qu'une part d'intervention tout à fait insignifiante. Le texte de cet acte a été plusieurs fois imprimé [1]; nous nous abstiendrons de le reproduire, et nous nous bornerons à indiquer les dispositions les plus remarquables des cinquante-deux articles qu'il contient.

Le corps de la milice bourgeoise d'Amiens se compose de seize compagnies, placées chacune sous les ordres d'un capitaine commandant, d'un lieutenant, d'un enseigne, de six chefs de portes, de quatre sergents, de huit lieutenants d'escouade et de huit quarteniers (art. 1). — Chaque compagnie est divisée en huit escouades; chaque escouade est formée de douze hommes, non compris le lieutenant et le quartenier (art. 4). — Un recensement de la milice sera fait tous les trois mois par les chefs de portes ou les lieutenants d'escouade, et le greffier des portes tiendra quatre registres contenant : 1° les noms des bourgeois astreints à monter la garde; 2° les provisions des officiers; 3° les réglements; 4° les noms des privilégiés (art. 3, 5, 6, 7, 8). — Les rôles de la garde de chaque jour seront signés par le greffier des portes et par le maire (art. 9). — L'heure de la garde montante sera réglée par le gouverneur, ou, en son absence, par le commandant de place (art. 13). — Les hommes de service, convoqués au son du tambour, devront être réunis une heure après que le rappel aura été battu. Ils se rendront, avant d'aller à leurs postes, devant la maison de leur capitaine, qui fera l'appel et l'inspection des armes, et recevra des mains des sergents la liste des absents. Cette liste sera transmise en duplicata au gouverneur et au maire, qui jugera les défaillants, et les absences non légitimées seront punies, pour les officiers, de six livres d'amende; pour les soldats, de trois livres et de vingt-quatre heures de prison. En cas de récidive, la peine sera doublée pour les officiers comme pour les

---

[1] Réglement général pour le service des troupes de la milice bourgeoise de la ville d'Amiens, arrêté à Amiens le 24ᵉ de septembre 1734, in-4°, 1738. — Mélanges de la biblioth. de M. Dusevel, in-4°. — Hist. de la ville d'Amiens, par M. Dusevel, t. II, p. 93. — Voy. aussi Arch. de l'hôtel de ville d'Amiens, reg. aux chartes non coté, de 1738 à 1744, fol. 23 v°. — Arch. départementales, liasse provenant de l'intendance intitul. *Ville d'Amiens*,

État politique, dossier 1750 à 1772. — On possède, à une date antérieure une ordonnance de M. le gouverneur pour la garde. « M. de Cayla, lieutenant de roy de la ville d'Amiens, y est-il dit, fera mettre chaque jour une sentinelle à la porte de l'hôtel de ville. Fait à Chaulnes, le 12 juillet 1738. Signé LE DUC DE CHAULNES. » (Arch. de l'hôtel de ville d'Amiens, reg. aux chartes non coté, de 1738 à 1744, fol. 1 r°.)

soldats; à la troisième absence, le gouverneur se réserve de prendre contre les délinquants telle mesure qu'il jugera convenable (art. 15). — Le capitaine pourra exempter de la garde ses subordonnés, sauf à rendre compte des motifs de l'exemption (art. 16). — Il enverra, pour chaque garde, un sergent avec deux fusiliers prendre les clefs et le mot d'ordre chez le gouverneur ou le commandant de place (art. 17 et 19). — Les sentinelles qui seront trouvées endormies ou qui auront quitté leur faction, pourront être punies de trois livres d'amende et de prison (art. 33). — La déposition d'un seul officier suffira pour qu'un factionnaire soit condamné (art. 34). — Les chefs qui se seront indûment absentés, encourront une amende de douze livres et seront exclus de leurs fonctions (art. 38). — En fait de milice bourgeoise, le maire siégeant à l'échevinage jugera et prononcera les amendes, qui ne pourront, sous aucun prétexte, être remises ou modérées (art. 39). — Dans les cas de prises d'armes extraordinaires, le gouverneur enverra un officier de son état-major chez le maire lui demander un ordre écrit de convocation pour tel nombre d'hommes qu'il sera jugé nécessaire; et les hommes convoqués en vertu de cet ordre se rendront immédiatement à la place d'armes, pour y rester à la disposition du gouverneur (art. 41). — Les officiers de la milice bourgeoise qui feront faillite, seront aussitôt déclarés incapables de remplir leur charge (art. 44) [1].

LXXIII.

ORDONNANCE DE L'INTENDANT DE PICARDIE AU SUJET DES ARCHIVES D'AMIENS.

On sait quel soin les villes de France au moyen âge avaient de la conservation de leurs archives. La décadence de leurs libertés municipales les rendit moins jalouses et moins attentives à l'égard des titres qui en constataient l'ancien état; et ce fut le pouvoir royal qui prit alors des mesures pour prévenir la dispersion de ces titres. Des

---

[1] Provisions de commandeur des portes pour la garde de la ville d'Amiens, données par le duc de Chaulnes, gouverneur de la ville et cité d'Amiens. (1er octobre 1738. — Arch. de l'hôtel de ville d'Amiens, reg. aux chartes non coté, fol. 12 v°.)

soustractions ayant eu lieu dans les archives de la ville d'Amiens au commencement du xviii° siècle, le roi, par un édit du 7 septembre 1726, avait ordonné qu'on fît l'inventaire de ce dépôt. Il paraît par l'acte suivant que le mal continua, malgré les efforts faits par la couronne pour y mettre un terme. C'est un ordre de M. de Chauvelin, intendant de Picardie, qui enjoint au greffier de l'hôtel de ville de ne prêter les titres et les papiers de la ville qu'à ceux qui en auraient besoin dans l'intérêt même de la commune, et surtout d'exiger des emprunteurs un récépissé en bonne forme.

Jacques-Bernard Chauvelin, chevalier, conseiller du roy en ses conseils, maître des requêtes ordinaire de son hôtel, intendant de justice, police, finances et des troupes de Sa Majesté en Picardie, Artois, Boulonnois, pays conquis et reconquis.

1738.
6
décembr

Il est enjoint au greffier de l'hôtel commun de ne délivrer à qui que ce soit, sous quelque prétexte que ce puisse être, aucun des titres et papiers qu'il a en ses mains concernant ladite ville, sans prendre un récépissé en bonne et due forme de ceux à qui il seroit absolument nécessaire de les confier pour l'intérest de ladite ville, à peine de répondre en son propre et privé nom de ceux qui pourroient se trouver égarez. Fait à Amiens le six décembre mil sept cent trente-huit. Signé : CHAUVELIN.

Arch. de l'hôtel de ville d'Amiens.

LXXIV.

ACTES RELATIFS A LA CONFIRMATION DE LA FOIRE DE SAINT-JEAN-BAPTISTE A AMIENS.

En 1206, le chef de saint Jean-Baptiste, que l'on voit encore aujourd'hui à Amiens, ayant été apporté de Constantinople dans cette ville, et déposé à la cathédrale [1], on institua, en commémoration de cet événement, une fête et une foire franche qui duraient huit jours. La foire de Saint-Jean fut, à différentes reprises, confirmée par les rois; mais, au moment des troubles de la Picardie et des guerres de la France avec l'Espagne, les titres qui la concernaient se perdirent, et il ne resta aucune trace écrite de son établissement. Vers 1740, les

[1] Voy. le Traité historique du chef de saint Jean-Baptiste, de Du Cange (Paris, 1666, in-4°).

Amiénois, dont le commerce était en souffrance, s'adressèrent au roi pour lui demander des lettres de confirmation ou de nouvel établissement de la foire de Saint-Jean-Baptiste, invoquant en leur faveur la tradition et l'usage, à défaut de titres [1]. Louis XV, faisant droit à cette requête, confirma, par lettres patentes du mois de mars 1740, la foire de Saint-Jean, avec les mêmes privilèges que les autres foires du royaume, et à la seule condition qu'elle se tiendrait à une époque où il n'y en aurait, dans un rayon de quatre lieues autour d'Amiens, aucune autre à laquelle elle pût porter préjudice [2]. Peu de temps après, le parlement rendit un arrêt par lequel il reconnaissait les maire et échevins d'Amiens comme seuls juges de police pendant la foire de Saint-Jean, accordait pour l'année 1740 seulement, à divers marchands, la permission d'étaler durant cette foire, et recevait les oppositions qui pourraient être faites contre l'enregistrement des lettres du mois de mars (20 mai 1740) [3]. Cet enregistrement souffrit quelque difficulté; cependant, après diverses informations, sentences et arrêts [4], une assemblée de bourgeois d'Amiens, tenue le 13 avril 1742, s'étant prononcée unanimement en faveur des avantages que la foire de Saint-Jean pouvait procurer à la ville, l'ordonnance de Louis XV fut enregistrée au parlement le 8 juin 1742 [5].

[1] Il est question, dans un acte du 29 juillet 1639, d'un procès entre la ville et les merciers, au sujet de la foire de Saint-Jean. (Arch. de l'hôtel de ville d'Amiens, reg. non coté, de 1738 à 1744, fol. 38 r°.)

[2] Nous ne donnons pas ces lettres, dont la copie existe aux arch. imp., Ordonn., 7 G, fol. 380, et qui ont été imprimées in-4°.

[3] Copie authentique en parchemin aux archiv. de l'hôtel de ville d'Amiens, dans une liasse sans cote.

[4] Arrêt du parlement qui déboute plusieurs corporations d'Amiens de leur opposition à l'enregistrement des lettres de mars 1740, ordonne qu'il sera passé outre audit enregistrement, et donne aux maire et échevins la police pendant ladite foire. 15 juin 1741. (Copie authent. dans une liasse sans cote aux arch. de la mairie d'Amiens.) — Information faite par le bailli d'Amiens sur la commodité et incommodité de la confirmation de la foire de Saint-Jean-Baptiste. 10 avril 1742. (Cop. auth., id., ibid.) — Procès-verbal de l'assemblée dans laquelle les habitants d'Amiens ont donné leur consentement à l'enregistrement des lettres patentes du mois de mars. 13 avril 1742. (Arch. de l'hôtel de ville d'Amiens, liasse non cotée.) — Sentence du bailli pour l'enregistrement des lettres de mars. 13 avril 1740. (Copie auth., id., ibid.)

[5] Extrait du reg. du parlem., impr. in-4° à la suite des lettres de mars 1740. — La foire de Saint-Jean, instituée en 1740, se tint d'abord dans la rue du Beau-Puits et dans d'autres petites rues voisines de la cathédrale. Au bout de quelques années, le nombre des marchands s'étant accru, on reconnut que l'emplacement qui leur était réservé était trop petit, que les loyers des boutiques s'élevaient à un prix excessif, et que le voisinage de la foire troublait le service divin. En conséquence, les habitants d'Amiens et les forains demandèrent la translation de la foire dans la grande halle, qui avait été rebâtie depuis l'incendie de 1772. Le conseil d'état, par un arrêt du 8 avril 1777, autorisa la translation demandée à la halle et au besoin sur la place de l'hôtel de ville. (Imprimé. Amiens, L. Caron, in-4°.)

XVIIIᵉ SIÈCLE.

L'an mil sept cent quarante-deux le treizième jour d'avril, sur les deux heures de rellevée, par devant nous Jean-Baptiste Thierry, chevalier, seigneur de Vivencourt, Genonville et autres lieux, et conseiller du roy, lieutenant général au bailliage et siége présidial d'Amiens, commissaire en cette partie, en la présence de Jean-Baptiste Roger, greffier civil de ce siége; les principaux habitans de cette ville d'Amiens estant assemblés et convoqués en la manière accoutumée dans la salle dudit bailliage, pour l'exécution de l'arrêt de la cour de parlement à Paris du vingt-huit juillet dernier, et sur la réquisition du procureur du roy de ce siége, avoient fait faire lecture par notre greffier, tant dudit arrêt de la cour par lequel il est ordonné que lesdits principaux habitans de cette ville d'Amiens seront convoqués et assemblés en la manière acoutumée, pour donner leur consentement à l'enregistrement des lettres patentes dont sera cy-après parlé, en dire ce qu'ils aviseront bon être, ainsi que desdites lettres patentes du mois de mars mil sept cent quarante, par lesquelles, sur la très-humble supplication et remontrance des maire et eschevins de cettedite ville d'Amiens, Sa Majesté a confirmé et en tant que de besoin étably et créé de nouveau la foire qui se tient en cette ville d'Amiens pendant l'octave de la feste de la translation du chef de saint Jean-Baptiste, célébrée le vingt-quatre juin, et après leur avoir de nouveau communiqué lesdites lettres patentes et ledit arrêt de la cour pendant tout le temps qu'ils ont souhaité, et qu'ils ont conféré ensemble autant qu'ils l'ont voulu, les sieurs Joseph Leclerc, prêtre, chanoine et prévôt de l'église catédralle d'Amiens, président du chapitre de ladite église; Jean-Baptiste-Adrien Delacourt, prêtre, chanoine et chantre en dignité de ladite église catédralle; François Dufresne, écuier, seigneur de Fontaine, doyen des trésoriers de France au bureau des finances d'Amiens; Gabriel Florent de Sachy, écuier, seigneur de Carouges, conseiller du roy, président trésorier de France en cette ville d'Amiens; Pierre Durieux, écuier, seigneur de Maricourt, conseiller, secrétaire du roy, maison et couronne de France; Pierre-Étienne Doderel, conseiller du roy, président en l'élection d'Amiens; Jacques Lasnier, conseiller du roy, élu en ladite élection; Claude-Alexis Baillet, conseiller du roy et lieutenant en la maîtrise des eaux et forêts de cette ville; Étienne Dodérel, officier de la monnoye de cettedite ville; Antoine Romanet, négociant; Jean-Baptiste-Nicolas Duhamel, seigneur de Luzières; Pierre-Augustin Damyens, capitaine de milice bourgeoise, ancien consul et négociant; Étienne Leroux, capitaine de milice bourgeoise, négociant et ancien consul; Nicolas Froment, capitaine de milice bourgeoise et négociant en cette ville; Barthélemy Midy, capitaine de milice bourgeoise, négociant et ancien consul de cette ville; Jean-Baptiste Lefort, écuier, négociant en cette ville; Charles Vicart, conseiller du

*1742.
13
avril.*

roy, commissaire enquêteur, examinateur au bailliage d'Amiens; Nicolas Tripier, conseiller du roy, aussy commissaire et enquêteur examinateur audit bailliage d'Amiens; Jean-Baptiste Roussel, marchand épicier; Jacques-François Cornet, négociant et ancien juge consul; Jean-Baptiste Fouache, écuier, seigneur de Boullant, et autres principaux habitans assemblés, ont dit et déclaré unanimement et d'une commune voix que ladite foire étant, très-anciennement et au-dessus de toute mémoire d'hommes, établie en cette ville et reconnue très-utile aux habitans de la ville et aux étrangers qui viennent des provinces voisines en grand concours pendant ladite octave en dévotion au chef de saint Jean-Baptiste; ils donnent leur consentement à l'enregistrement desdites lettres patentes, et ont lesdits sieurs comparans signé avec nous, le procureur du roy et le greffier. Ainsi signé : Leclerc, prévôt; Delacour, chantre et chanoine, etc., etc., et signé : Thierry, Pingré et Roger, avec paraphe.

Délivré conforme à la minute par le greffier civil du bailliage présidial d'Amiens, soussigné, le vingt et un avril mil sept cens quarante-deux, signé : ROGER.

<small>Arch. de l'hôtel de ville d'Amiens, copie sans n°, dans une liasse sans cote.</small>

Louis, par la grâce de Dieu roy de France et de Navarre, à tous présens et à venir salut.

Nos très-chers et bien amés les maire et eschevins de la ville d'Amiens nous ont fait remontrer qu'en l'année mil deux cent six, le chef de saint Jehan-Baptiste fut apporté de Constantinople et déposé en l'église cathédralle de ladicte ville, qu'il y a une fête instituée en l'honneur de ce grand saint, dont la solemnité dure huit jours, que le grand concours de peuple qui vient des provinces voisines y a estably par succession de temps une foire pendant cette octave semblable à celles établies dans plusieurs endroits de nostre royaume, ils sont persuadés que cette foire a dans la suite été confirmée par lettres patentes de quelques-uns des rois nos prédécesseurs, la régularité avec laquelle elle se tient et la police que les exposans ont coutume d'y faire observer ne les en laisse pas douter; mais les troubles arrivés dans cette province dans le temps des guerres avec les Espagnols, sont la cause qu'ils ont perdu tous leurs titres et qu'il ne leur reste aucun vestige de l'establissement ou confirmation de cette foire, ils nous ont fait observer qu'ils savent par tradition qu'elle s'y tient régulièrement depuis plusieurs siècles pendant cette octave, et que de mémoire d'hommes elle n'a souffert aucune interruption; et comme elle est très-avantageuse, non-seulement à notre bonne ville d'Amiens et à notre province de Picardie, mais encore à nos provinces voisines,

Ils nous ont très-humblement fait supplier de leur accorder nos lettres de confirmation de cette foire et en tant que de besoin de nouvel établissement, comme nos autres foires franches établies dans notre royaume, afin que tous marchands et toutes autres personnes y puissent venir librement vendre et acheter toutes sortes de marchandises et denrées permises.

A ces causes, voulant traiter favorablement les exposans, de notre grâce spéciale, pleine puissance et autorité royale, avons confirmé et approuvé, confirmons et approuvons par ces présentes signées de nostre main, la foire qui se tient dans notre ville d'Amiens pendant l'octave de la fête de la translation du chef de saint Jean-Baptiste dans l'église cathédrale de ladite ville,

Et en tant que de besoin nous l'avons créée et établie, créons et établissons de nouveau par ces présentes, pendant ladite octave, à l'instar des foires franches établies dans notre royaume.

Voulons et nous plaît que tous marchands et autres particuliers, de quelque condition qu'ils soient, y puissent venir librement apporter, vendre, acheter, troquer, échanger et autrement débiter toutes sortes de marchandises licites et permises, grains, fruits, bestiaux et denrées, et qu'ils jouissent des droits, libertés, franchises et immunités dont on a coutume de jouir et user aux foires établies dans notre royaume, pourveu toutefois qu'aux jours que se tiendra ladite foire il n'y en ait d'autre à quatre lieues à la ronde auxquelles celle d'Amiens pourroit porter préjudice.

Si donnons en mandement à nos amés et féaux conseillers les gens tenans notre cour de parlement à Paris et à tous nos autres officiers et justiciers qu'il appartiendra, que ces présentes ils ayent à faire lire, publier et enregistrer, et de leur contenu jouir et user les exposans et tous marchands forains et autres pleinement, paisiblement et perpétuellement, cessant et faisant cesser tous troubles et empeschémens contraires; car tel est notre plaisir. Et afin que ce soit chose ferme et stable à toujours, nous avons fait mettre notre scel à ces présentes, sauf en autres choses notre droit et l'autruy en toutes.

Donné à Versailles au mois de mars l'an de grâce mil sept cent quarante et de nostre règne le vingt-cinquiesme. Signé Louis; et sur le reply : par le roy, Phelypeaux, et scellées du grand sceau de cire verte attaché en lacs de soye rouge et verte. Visa : d'Aguesseau, pour confirmation d'établissement de foire en la ville d'Amiens en faveur des maire et eschevins de ladite ville.

Registrées, ouy le procureur général du roy, pour jouir par lesdits impétrans et leurs successeurs, maires et échevins de ladicte ville d'Amiens et tous marchands forains et autres, de leur effect et contenu et être exécutées selon leur forme et teneur, aux charges, clauses et conditions y portées, et de ne pouvoir

T. III. 35

lever ni percevoir aucuns droits sur aucunes des marchandises, denrées, bestiaux ni autres choses qui seront exposées en vente dans ladicte foire, en quelque sorte et manière que ce puisse estre,

Suivant l'arrest de ce jour, à Paris en parlement, le huict juin mil sept cent quarante-deux. Signé : DUFRANC.

Arch. imp., sect. judic., reg. du parlem. (*Ordonnances*) coté 7 G, fol. 380 r°, xxxII° vol. des Ordonn. de Louis XV. — Imprimé.

LXXV.

ARRÊT DU CONSEIL D'ÉTAT RELATIF AUX ÉLECTIONS MUNICIPALES D'AMIENS.

Au mois de novembre 1733, le gouvernement de Louis XV avait rétabli encore une fois la vénalité des offices, abolie en 1724. Nous avons peu de renseignements sur les effets de cette nouvelle révolution municipale à Amiens; nous savons cependant qu'en 1735 le corps de ville racheta, moyennant cinquante mille écus, payables en huit termes, les offices créés par l'édit de 1733 [1]. Ainsi, les bourgeois

---

[1] Daire, *Histoire d'Amiens*, t. Ier, p. 72. — Il existe, parmi les documents conservés au ministère de l'instruction publique, un *Mémoire pour prouver que M. le gouverneur de la ville d'Amiens, ou en son absence M. le bailli d'Amiens ou son lieutenant, ont seuls le droit de présider à la nomination des maire et échevins de ladite ville et d'y juger les contestations*. Cette pièce n'est point datée ; il est certain seulement qu'elle a été rédigée après 1730. — Arrêt du conseil qui fixe les droits à percevoir dans les villes et communautés de la généralité d'Amiens, pour le payement de la finance des offices municipaux, et ordonne la réunion desdits offices aussitôt après l'adjudication de la perception desdits droits. (21 novembre 1747.) — Arch. imp., sect. administr., E 2263.) — Voici ce que l'on trouve dans un *mémoire* manuscrit *sur la création d'offices municipaux*, de la main de M. Janvier, qui est conservé au ministère de l'instruction publique : « Par l'édit de novembre 1733, le roy créa des offices de gouverneur, de maire, d'échevins, de procureur du roy et de secrétaires dans toutes les villes du royaume. Comme il y avoit état-major et gouvernement militaire à Amiens, l'édit de 1733 n'y eut lieu que pour les offices qui suivent : maire ancien et alternatif ; deux échevins anciens ; deux échevins alternatifs ; deux assesseurs anciens ; deux alternatifs ; secrétaire greffier ancien et alternatif ; controlleur ancien et alternatif ; avocat du roy ; procureur du roy. — Ces différents offices furent taxés ensemble au conseil à 207,600 liv. Ils furent modérés depuis. Aucun ne s'empressa de les lever. Ils restèrent vacants jusqu'en 1747, c'est-à-dire pendant quatorze ans. — Au bout de ce temps, il intervint arrêt du conseil, le 21 novembre 1747, par lequel le roi réunit aux villes de la généralité d'Amiens les offices municipaux de la création de 1733 qui n'y avoient pas été levés, et aliéna à l'effet de cette réunion les droits réservés aux hôpitaux et qui se percevoient alors en vertu d'un arrêt du conseil du 11 septembre 1731. Ces droits furent même augmentés suivant le tarif contenu dans l'arrêt de 1747, et furent connus sous le nom d'octrois municipaux. Ils ne devoient être perçus, suivant l'arrêt, que pendant le temps nécessaire pour fournir le montant des sommes auxquelles les villes étoient

XVIIIe SIÈCLE.

d'Amiens, rentrés à force d'argent dans le peu qui leur restait de leurs anciens droits municipaux, continuèrent à se débattre, comme par le passé, contre l'empiètement perpétuel des officiers de la couronne. Des contestations s'élevaient journellement dans les élections, surtout au sujet de la retenue des échevins destinés à rester en charge après l'année révolue, et. pour les faire cesser, le conseil d'état rendit, le 24 décembre 1750, l'arrêt suivant, qui donne des règles pour les assemblées électorales, la retenue des anciens échevins, les excuses que ceux-ci pourraient présenter, etc.

Le roy étant informé que, contre la disposition et l'esprit de l'édit du mois de novembre 1597 et de l'arrêt de son conseil d'état du 7e septembre 1726, portant réglement pour l'élection des maire et échevins de la ville d'Amiens, il s'élevoit annuellement des contestations, notament au sujet de la retenue que les articles 9e dudit édit et 4e dudit arrêt ordonnent être faitte tous les ans en l'hôtel de ville, par le gouverneur bailly d'Amiens ou son lieutenant et par les maire, échevins en charge et les conseillers de ville, d'un échevin de chaque état pour instruire les autres nouvellement élus des affaires de la ville; que même, nonobstant les ordres cy-devant donnés de la part de Sa Majesté au sieur Chauvelin, commissaire départy en Picardie et Artois, et l'ordonnance par luy rendue en conséquence le 22e septembre 1733, portant qu'il sera chaque année retenu un échevin de chaque état parmi ceux qui n'auront pas été retenus l'année précédente, quand bien même ils auroient servi chacun deux années, néantmoins les anciennes contestations qu'on avoit eu en vue de faire cesser et qui par là auroient dû s'éteindre, ont encore été renouvellées dans l'assemblée du conseil de ville tenu le 24 septembre dernier, à l'occasion de ladite retenue d'échevins, et Sa Majesté, jugeant convenable d'expliquer précisément quelles sont ses intentions à cet égard :

Veu l'édit du mois de novembre 1597, le réglement y attaché, l'arrêt du 7 septembre 1726 et l'ordonnance dudit sieur commissaire départy du

1750.
24 décembre.

taxées pour le rachat de ces offices, qui montoient en total pour la généralité d'Amiens à 700,007 liv. Il y eut de pareils arrêts pour les autres villes du royaume. L'adjudicataire de ces droits pour la généralité d'Amiens paya en acquit de la ville d'Amiens, au trésorier des parties casuelles, la somme de 161,300 liv. de prix principal, à quoi avoit été modéré le prix des offices, suivant la quittance de finance du 6 février 1750, enregistrée au contrôle général des finances le 7 suivant; — La ville obtint en conséquence des lettres patentes en forme de provision des offices municipaux en question, sous le nom d'un homme vivant et mourant, le 14 février 1750.....»

22e septembre 1733, rendue de l'ordre de Sa Majesté; ouy le rapport et tout considéré,

Sa Majesté étant en son conseil a ordonné et ordonne ce qui suit :

1. Les trois réglements cy-dessus seront exécutez suivant leur forme et teneur; et, y ajoutant ou les interprétant, le maire en charge et en son absence le premier échevin convoquera en la manière ordinaire, le vingt-quatrième septembre de chaque année, sur les dix heures du matin, l'assemblée du conseil de ville, auquel, en l'absence du gouverneur ou du bailly d'Amiens, son lieutenant inclusivement, présidera le maire ou le premier échevin, qui, avec les autres échevins, auront séance de suitte à la droite du président, les conseillers de ville à la gauche, suivant le rang entre eux qui leur appartient et dont ils doivent jouir par leurs dignitez particulières, à cause de leurs charges, qualitez, professions ou employs; le procureur du roy sindic et l'avocat de la ville prendront séance en la manière accoutumée et y auront seulement voix consultative, sur les réquisitions soutenues et contestations que pourroit y faire le substitut du procureur de Sa Majesté audit bailliage.

2. Le conseil de ville ainsy assemblé, et pour qu'il n'y manque jamais d'anciens échevins pour l'instruction des nouveaux, il sera, toujours par chacun an, procédé nécessairement et sans distinction du temps continu de service à la retenue des trois échevins en charges, dont un de chaque état, soit qu'ils ayent été commis et continués par Sa Majesté ou élus par le peuple et qu'ils ayent servy pendant deux ans et plus. Ne pourra néantmoins jamais être retenu aucun de ceux qui pendant leur exercice annuel auroient déjà été retenus par le conseil de ville, ny être préféré à ceux du même état qui n'auront pas encore été retenus, ny même être de nouveau retenu, qu'autant qu'il se trouveroit seul de son estat.

3. Le conseil de ville, à la pluralité des voix, jugera sur le champ des excuses qui pourroient être proposées par aucun des échevins retenus, et où elles seroient jugées légitimes, il sera à l'instant procédé à la retenue d'un autre, s'il en reste dans le même état; sinon, les nominateurs seront avertis pour élire en la manière ordinaire un sujet capable de remplir la place de chaque excusé.

4. En aucun cas, et pour quelque raison que ce soit, le président au conseil de ville ne pourra prononcer sur le réquisitoire du procureur du roy au bailliage qu'à la pluralité des voix, après avoir pris l'avis des maire et eschevins et conseillers de ville présents. Il sera libre au procureur du roy sindic et à l'avocat de la ville de faire avant le prononcé telles remonstrances, dires et réquisitions que bon leur semblera pour l'exécution des réglements et pour

la conservation des droits et priviléges de la commune, même de requérir, ce qui sera sur le champ ordonné et exécuté, qu'il soit dressé procès-verbal des contestations qui pourroient survenir, pour le tout raporté au conseil être statué ce qu'il appartiendra; et cependant-veut et entend Sa Majesté que, si le cas requiert célérité et que le bien du service l'exige, il soit provisoirement fait droit par le commissaire départi.

5. Il sera sur-le-champ et avant la levée du conseil de ville, dressé procès-verbal de tout ce qui s'i sera passé et aura été résolu, par le greffier du baillage assistant en la manière accoutumée, lequel en donnera expédition collationnée dans les vingt-quatre heures, qui sera remise et déposée au greffe de l'hôtel de ville, pour y avoir recours au besoin, la minute dudit procès-verbal préalablement signée de tous les présents au conseil de ville.

6. Les nominateurs ne pourront donner leurs suffrages à ceux qui auront été sans interruption en charge les deux années précédentes, soit par retenue, soit par renomination, et si aucun étoit aussy porté par élection, il sera exclu, et le plus nommé après luy, s'il a les qualitez requises, sera tenu de faire la charge.

7. En cas d'opposition ou d'empêchement à l'exercice de ceux qui seront appelez aux charges d'échevins, il en sera defféré au conseil d'état du roy, et cependant par provision, et pour que le service ne manque pas, les plus nommez feront la charge jusqu'à ce qu'il en ait été décidé par le roy, pourquoy l'extrait de nomination et le mémoire contenant les moyens d'exclusion contre ceux qui auront été nommés sera adressé à Sa Majesté par le gouverneur bailly d'Amiens ou son lieutenant.

8. Veut et entend au surplus Sa Majesté que l'arrêt du conseil d'état du septième septembre mil sept cent vingt-six soit suivy et exécuté selon sa forme et teneur; mande et ordonne au sieur commissaire départy en la généralité de Picardie d'y tenir la main, ainsy qu'à l'exécution du présent arrêt, qui sera lu, publié et affiché partout où besoin sera, à ce que personne n'en puisse prétendre cause d'ignorance, et pour son exécution touttes lettres nécessaires seront expédiées, si besoin est.

Signé: DE LAMOIGNON et MACHAULT; et plus bas est écrit: BON, avec paraphe. Le 24 décembre 1750, à Versailles.

Arch. imp., sect. administr., κ 2293, p. 663.

LXXVI.

LETTRES PATENTES DE LOUIS XV PORTANT ÉTABLISSEMENT D'UNE FOIRE FRANCHE POUR LES CHEVAUX.

Le marché aux chevaux établi de temps immémorial à Amiens se tenait dans les rues, ce qui incommodait les habitants, et devenait fréquemment une cause d'accidents. Les Amiénois prièrent le roi de les autoriser à transporter ce marché dans un terrain vide situé entre la ville et les faubourgs, et de leur accorder une foire franche pour les chevaux, le dernier samedi de chaque mois. Louis XV, par lettres patentes du 23 février 1758, accéda à cette demande, à condition que, lors de la foire, la ville ne percevrait à son profit aucun droit sur les acheteurs ni sur les vendeurs.

Louis, par la grâce de Dieu roy de France et de Navarre, à nos amez et féaux conseillers les gens tenans notre cour de parlement à Paris et autres nos officiers et justiciers qu'il appartiendra. Nos chers et bien amés les maire et eschevins de la ville d'Amiens nous ont fait représenter que, dans l'enceinte de cette ville capitale de la Picardie, il y a toujours eu un marché aux chevaux qui se tenoit dans une des rues de ladite ville, où il causoit des incommodités et des dangers, qui ont déterminé les exposans à le transférer entre les murs de la ville et ses fauxbourgs dans un lieu dont l'étendue et l'accès libre contribuent à en augmenter la fréquentation très-utile à la ville et aux païs d'alentour, et qui le deviendroit même à toute la province, s'il nous plaisoit d'y permettre l'établissement d'une foire franche pour les chevaux le dernier samedy de chaque mois; que cet établissement ne peut nuire à aucuns égards à personne; que les foires aux chevaux les plus prochaines d'Amiens en sont éloignées au moins de neuf à dix lieues; que leur intention, en demandant cette foire, n'est ni d'obtenir que les droits d'entrée et de sortie qui nous sont dus pour les chevaux venant de l'étranger ou des provinces réputées étrangères reçoivent la moindre diminution, ny de requérir la levée d'aucuns droits pour la ville par les vendeurs ny les achepteurs; sur quoy, nous avons statué par arrêt rendu en nostre conseil le vingt-deux mars mil sept cent cinquante-sept et ordonné que sur iceluy touttes lettres nécessaires seroient expédiées, lesquelles ils nous ont très-humblement fait supplier de leur accorder.

A ces causes, de l'avis de notre conseil, qui a vu ledit arrêt du conseil du vingt-deux mars mil sept cent cinquante-sept, dont l'extrait est cy-attaché sous le contrescel de notre chancellerye, nous avons permis et par ces présentes signées de notre main permettons aux maire et eschevins de la ville d'Amiens d'y établir une foire franche pour les chevaux le dernier samedy de chaque mois, à la charge par les maire et eschevins de ne pouvoir exiger, sous quelque prétexte que ce soit, aucuns droits d'étalage ny autres sur les vendeurs ny acheteurs, pour raison des achats et ventes de chevaux qui se feront à ladite foire franche, sans néanmoins que ladite franchise puisse concerner les droits qui nous sont dus.

Si vous mandons que ces présentes vous ayez à faire registrer et de leur contenu jouir et user les exposans pleinement, paisiblement et perpétuellement, cessant et faisant cesser tous troubles et empêchemens, nonobstant toutes choses à ce contraires; car tel est notre plaisir.

Donné à Versailles, le vingt-troisième jour de février l'an de grâce mil sept cent cinquante-huit et de notre règne le quarante-troisième. Signé : Louis; par le roy, Phelipeaux.

Registrées, ouy le procureur général du roy, pour jouir par lesdits impétrans de l'effet et contenu en icelles et être exécutées selon leur forme et teneur, suivant l'arrêt de ce jour, à Paris en parlement, le trente août mil sept cent cinquante-huit. Signé : Dufranc.

<small>Arch. imp., sect. judiciaire, reg. du parlem. de Paris (Ordonnances) coté 8 D, fol. 307 r°, LIIe volume des Ordonn. de Louis XV.</small>

LXXVII.

LETTRE MINISTÉRIELLE, TOUCHANT LES ÉLECTIONS MUNICIPALES D'AMIENS.

Il paraît qu'en 1760, quelque temps avant l'époque ordinaire des élections municipales, le gouvernement avait montré l'intention de suspendre la nomination d'un nouveau maire de la ville. L'échevinage adressa alors au comte de Saint-Florentin, secrétaire d'état, une lettre et un mémoire dans lesquels il réclamait le droit de la ville aux termes de l'édit de 1597; il y fut répondu par la lettre suivante. Le ministre informe les magistrats municipaux que le roi n'a point l'intention de porter atteinte à leurs priviléges, mais qu'il désire voir rester encore une année à la tête de l'administration le sieur Sachy de Carouges, en charge seulement depuis quatre mois.

Messieurs,

J'ay receu la lettre que vous m'avez écrite et le mémoire que vous y avez joint, par lequel vous demandez au roy la liberté d'élire un nouveau maire conformément à l'édit du mois de novembre 1597. Son intention n'est pas de porter aucune atteinte à vos droits et priviléges; mais Sa Majesté étant satisfaite de l'administration du sieur de Sachy de Carouges, qui n'est d'ailleurs que depuis quatre mois en place, elle désire qu'il continue d'en remplir encore les fonctions pendant une année.

Je suis, messieurs, votre très-affectionné serviteur. Signé : Saint-Florentin.
A Versailles, le 16 septembre 1760.

LXXVIII.

ARTICLES ARRÊTÉS PAR LES NÉGOCIANTS D'AMIENS POUR L'ÉTABLISSEMENT D'UNE CHAMBRE DE COMMERCE.

Le 19 juin 1761, des délégués nommés par les négociants d'Amiens s'assemblèrent à l'hôtel de ville, en présence du maire et des échevins, pour y préparer les articles relatifs à l'établissement d'une chambre de commerce. Voici les principales dispositions du projet arrêté dans cette réunion :

La chambre particulière du commerce sera composée du juge-consul et de huit marchands, qui prendront le titre de syndics, et qui devront être commerçants, ou avoir fait le commerce durant quinze ans (art. 1 et 2). — Les membres nommeront eux-mêmes leurs successeurs; les juges-consuls concourront à cette élection (art. 3 et suiv.). — Les séances auront lieu une fois par semaine; l'intendant de Picardie pourra y assister et les présider quand il le jugera convenable (art. 9 et 10). — La chambre de commerce aura pour mission d'examiner les mémoires dressés par les négociants, et contenant soit des plaintes, soit des propositions sur des matières commerciales; de donner son avis sur ces mémoires, et de le transmettre au contrôleur général des finances; elle fera aussi à ce fonctionnaire les représentations qui lui paraîtront utiles au bien du commerce (art. 12). — L'article 14 et les suivants concernent les fonctions du secrétaire, la tenue des registres, les procès-verbaux, les frais d'administration et la comptabilité. — L'article 19 porte (§ IV) qu'il sera accordé à chacun des membres un jeton en argent, pour chaque séance à laquelle il assistera, et une médaille d'or du poids de cinq louis, lorsqu'il sortira de charge.

Le 6 août 1761, le conseil d'état sanctionna le projet des négociants d'Amiens par un arrêt portant établissement d'une chambre de commerce dans cette ville. Nous nous abstenons de reproduire cette pièce, qui a été imprimée [1].

Aujourd'huy dix-neuf juin mil sept cents soixante-un, sur les trois heures de relevée, en l'assemblée des députés des négotiants de la ville d'Amiens, tenue en la chambre de l'hôtel commun de laditte ville, pardevant Messieurs les maire et échevins, en conséquence du procès-verbal du six de ce mois, pour y régler et préparer les articles qui pourront servir à l'établissement d'une chambre de commerce dans cette ville, pour être raporté à la prochaine assemblée des négotiants; lesdits députés représentés par les soussignés, estiment:

1. La chambre particulière du commerce d'Amiens sera composée du juge consul et de huit marchands.

2. Ceux qui seront élus pour être de laditte chambre seront regnicoles, actuellement marchands ou ayant fait le commerce au moins pendant quinze années dans laditte ville d'Amiens ou ailleurs, et seront appellés sindics du commerce de la province de Picardie.

3. La première élection des huit sindics du commerce sera faite, aussitôt la réception du présent arrêt, par le juge consul, les quatre juges consuls en charge et tous les anciens juges et consuls par scrutin, et les sujets qui auront eu le plus de suffrages demeureront élus. En cas d'égalité de suffrages, sur deux sujets proposés, il en sera décidé par le sort, et la première assemblée de la chambre particulière de commerce se tiendra dans la semaine suivante.

1761.
19 juin.

---

[1] On en trouve des exemplaires imprimés ou manuscrits: Arch. imp., sect. administr., K 2394, et F 2213, et arch. du départem. de la Somme, papiers de l'intendance, liasse intit. *Commerce.* — Voy. aussi Daire, *Hist. littér. de la ville d'Amiens,* p. 496.

4. La seconde élection se fera le douze juillet 1762, par les douze membres qui composeront alors la chambre particulière de commerce et par les juges et consuls en la forme cy-dessus, et dans cette élection il sera nommé quatre sindics pour entrer en exercice au premier jour d'assemblée de l'année suivante, à la place des quatre qui auront eu le moindre nombre de suffrages lors de la première élection.

5. La troisième élection se fera le 12 juillet 1763, par les membres qui composeront alors la chambre particulière de commerce, par ceux qui auront desjà été sindics, et par les juges et consuls, en la forme cy-dessus.

6. Les élections suivantes se feront de même tous les ans de quatre sindics, de manière qu'ils seront au moins deux années en exercice.

7. Pourront lesdits sindics être continués de leurs agréments, lorsque les électeurs le trouveront à propos, pour deux années seulement, sans qu'ils puissent être continués au delà dudit temps; ils pourront néanmoins être élus de nouveau après quatre années d'intervalle.

8. Après le juge consul, ceux des sindics qui auront été précédemment juges consuls ou consuls suivront entre eux leur rang et ancienneté, et précéderont ceux qui ne l'auront pas été, lesquels prendront séance suivant la datte de leur élection, et ceux de la même élection suivant le nombre des suffrages qu'ils auront eu.

9. La chambre particulière de commerce s'assemblera à l'hôtel de ville dans la chambre consulaire un jour de chaque semaine qui sera convenu une fois pour toutes lors de la première assemblée.

10. Le sieur intendant de Picardie pourra se trouver aux assemblées de la chambre particulière de commerce et y présider quand bon lui semblera.

11. Le député d'Amiens au conseil de commerce sera toujours censé membre de la chambre particulière de commerce, et quand il poura se trouver à ces assemblées, il prendra séance immédiatement après le président. La nomination qu'il conviendra d'en faire à l'avenir s'en fera ainsy que celle des sindics expliquée en l'article 5, et sera fait choix, à la pluralité des voix, de trois sujets reconnus capables d'en remplir les fonctions, pour un des trois être nommé par Sa Majesté, si elle le juge ainsy à propos.

12. Le soin et l'application des membres de la chambre particulière de commerce sera de recevoir les mémoires qui leur seront adressés par les négotiants de la province ou autres, contenants leurs propositions ou leurs plaintes touchants le commerce, d'examiner et discuter ces mémoires, de donner leur avis sur ce qui y sera contenu, et d'envoyer le tout au sieur controlleur général des finances, lorsque les matières paroîtront importantes, comme aussy

de faire audit sieur controlleur général des finances les représentations qu'ils estimeront nécessaires pour le bien et l'avantage du commerce.

13. Aucun parère ou avis servant de règle sur les matières de commerce fait sur la place n'aura d'autorité dans les affaires de commerce qu'il n'ait été présenté à la chambre particulière de commerce et par elle approuvé.

14. Il sera fait choix par ladite chambre, lors de sa première assemblée, d'une personne sans reproches, marchand ou ayant fait le commerce, pour être secrétaire de ladite chambre et en faire les fonctions pendant deux années, après lesquelles il pourra être continué ou un autre être élu en sa place, si la chambre le trouve à propos.

15. Ledit secrétaire tiendra un registre journal de tout ce qui sera proposé et discuté dans les assemblées de la chambre particulière de commerce et de ce qui y sera arrêté. Il signera les expéditions des délibérations qui seront prises, les mémoires qui seront envoyés au sieur controlleur général des finances, et les lettres et autres mémoires que ladite chambre fera dresser.

16. Les délibérations qui seront prises dans ladite chambre sur les mémoires qui y seront présentés, ou sur les matières et difficultés qui seront proposées touchant le commerce, seront signées sur le registre à la fin de chacune séance par tous ceux des membres de ladite chambre qui seront présents, et il sera fait mention de leurs signatures dans les expéditions des délibérations.

17. Si les membres de la chambre particulière de commerce se trouvoient de sentiments opposés sur les matières de commerce qui y seront agitées, les opinions différentes seront écrites sur le registre avec les noms de ceux qui auront été de chaque opinion.

18. Ordonne Sa Majesté que, pour subvenir aux frais nécessaires de ladite chambre particulière de commerce, il sera pris tous les ans, sur le produit des octrois de dix sols par velte d'eau-de-vie qui se perçoivent au profit de la ville d'Amiens, tant que ledit octroi subsistera, sauf à y pourvoir autrement lorsqu'il finira, la somme de............, laquelle sera remise par le receveur desdits octrois, sur les ordonnances du sieur intendant de la province, à celuy des sindics de la chambre particulière de commerce que ladite chambre aura nommé trésorier et qu'elle renouvellera chaque année.

19. Ladite somme de............ sera employée au payement : 1° des appointements du député de la ville d'Amiens au conseil de commerce, fixés à............; 2° des appointements du secrétaire de la chambre particulière de commerce, suivant qu'ils seront réglés par ladite chambre; 3° des frais de

l'écritoire, du bois, des bougies, chandelles et autres menus frais ; 4° du prix de dix-huit jettons d'argent du poids de six deniers, qui seront distribués, à la fin de chaque assemblée, à chacun des membres de la chambre qui y auront été présents, et d'une médaille d'or du poids de cinq louis d'or, qui sera donnée à chacun des sindics sortants de charge à la fin de deux années de leur exercice, en assistant par année au moins trente fois à la chambre, et au député au conseil de commerce, lorsqu'il cessera d'en faire la fonction, pour marque de la satisfaction qu'on aura eu de ses services, et le surplus, s'il y en a, aux autres frais extraordinaires de ladite chambre.

20. Le sindic trésorier ne pourra disposer d'aucune partie de ladite somme, ni en faire aucun payement que sur les ordres signés de cinq au moins des membres de ladite chambre et approuvés par le sieur intendant de la province; et seront lesdits ordres raportés avec les quittances des parties prenantes, au moyen de quoy les sommes qu'il aura duement payées seront allouées et passées au compte qu'il rendra de sa gestion à la chambre particulière de commerce à la fin de l'année de son exercice, sans que ledit sindic trésorier soit tenu de compter ailleurs qu'à ladite chambre.

Et pour l'exécution du présent arrêt, seront, etc.

Tous les articles cy-dessus demandés soumis aux lumières du conseil et au bien que le commerce de Picardie en espère.

Fait, clos et arrêté lesdits jour et an que dessus, et ont lesdits sieurs comparants signé avec nous.

Signé : De Sachy de Carouges, Creton, Le Marchant, Leleu, Tripier, F. Frennelet, Boullanger, Delussière, Jourdain de Cannessière, Poujot, Leleu fils aîné, Pierre Thuillier, Sallé l'aîné, Degand l'aîné, Avenaux fils, Guérard, Lanuin, Despont, Vast, Chevallier et Guidée.

Arch. imp., sect. administr., f 2155.

LXXIX.

ORDONNANCE ROYALE RELATIVE AUX ÉLECTIONS MUNICIPALES D'AMIENS.

Les fonctions de maire de la ville d'Amiens étant devenues vacantes, dans le courant de l'année 1760, par le décès du sieur de Hangart, Louis XV, par ordonnance du 15 mai, avait nommé à ces fonctions le sieur de Sachy de Carouges, trésorier de France. Cette nomination était un empiétement sur les droits que la ville avait rachetés après le rétablissement des offices vénaux en l'année 1733. Aussi, pour répondre sans doute aux réclamations que l'acte dont il s'agit avait soulevées, le roi, par l'ordonnance suivante (24 août 1761), déclare que le sieur de Carouges ne restera en fonctions que jusqu'au 25 septembre suivant, époque à laquelle il autorise les magistrats municipaux d'Amiens à s'assembler et à lui présenter, selon l'usage, trois candidats à la charge de maire [1].

De par le roy.

Sa Majesté ayant par son ordonnance du quinze may mil sept cent soixante nommé le sieur Sachy de Carouges, trésorier de France, pour continuer jusqu'à nouvel ordre les fonctions de la place de maire de la ville d'Amiens vacante par le décès du sieur d'Hangart, elle a ordonné et ordonne que ladite ordonnance du quinze may mil sept cent soixante n'aura lieu et exécution que jusqu'au vingt-cinq septembre prochain, temps auquel elle permet aux maire et échevins de la ville de s'assembler et de lui présenter suivant l'usage trois sujets capables de remplir ladite charge de maire, l'un desquels sera choisy et institué par Sa Majesté dans ladite place en la manière accoutumée; et sera la présente ordonnance lue, publiée et affichée partout où besoin sera, à ce que personne n'en ignore.

Fait à Versailles, le 24 aoust 1761.

Signé : Louis.   Et plus bas : Phelipeaux.

LXXX.

ÉTAT DE SITUATION DES COMMUNAUTÉS D'ARTS ET MÉTIERS D'AMIENS.

L'intendant de Picardie, par une ordonnance du 9 septembre 1762, avait prescrit aux membres et gardes des corporations industrielles de la ville d'Amiens l'obligation de lui fournir des états de situation de

---

[1] En envoyant aux maire et échevins d'Amiens l'ordonnance de Louis XV, M. de Chaulnes leur adressa la lettre suivante, datée de Chaulnes, 29 août 1761 : « Messieurs, le roy ayant bien voulu vous rendre la liberté d'élire un nouveau maire en la manière accoutumée, je joins ici l'ordre que Sa Majesté a fait expédier à cet effet, et que M. le comte de Saint-Florentin vient de m'adresser. Je vous prie de m'en accuser la réception et d'être persuadés de la sincérité des sentiments avec lesquels je suis très-parfaitement, Messieurs, votre affectionné serviteur. Signé : le duc de Chaulnes. »

leurs métiers respectifs. Les chefs des corporations répondirent aux questions posées dans l'ordonnance de l'intendant par des mémoires dont les résultats furent consignés ensuite dans le tableau qu'on va lire. Ce tableau, relevé le 30 novembre 1762 sur les déclarations des gardes jurés, et signé par le subdélégué de l'intendant de Picardie, est divisé en neuf colonnes, contenant : 1° la liste, par ordre alphabétique, des corps d'arts et métiers d'Amiens; 2° l'indication de leurs titres constitutifs, brefs et statuts; 3° la date et l'objet des actes de réunion de certaines communautés entre elles; 4° le nombre des membres, maîtres ou veuves; 5° le détail des revenus de toute sorte; 6° l'état des produits des collectes; 7° la mention des autorisations en vertu desquelles ces collectes ont eu lieu; 8° le chiffre des droits de maîtrise; 9° le montant des charges et dettes passives, avec la date et l'extrait des titres constitutifs de ces dettes [1].

L'examen de ce document montre que le nombre des corporations légalement constituées à Amiens était, en 1762, de 64, non compris les marchands de bois et de tourbes, les paveurs, les plombiers, les écrivains, les maîtres de danse et les fabricants de pain d'épice, qui n'étaient pas organisés. Le nombre des maîtres et des veuves dans les 64 métiers constitués s'élevait à 2227, dont 504 sayeteurs et 224 marchands en gros, dits marchands des trois corps réunis [2].

Nous renvoyons pour les détails à la pièce elle-même, en nous bornant à faire remarquer que, dans la plupart des corporations, les revenus étaient absorbés, et même dépassés de beaucoup par les charges annuelles et par les dettes, et que le chiffre total de ces dettes, contractées en grande partie par suite de la création des offices, s'élevait à 591,254 liv. de capital, et les rentes annuellement servies à 27,701 liv. Les marchands en gros devaient à eux seuls une somme de 219,050 liv.

Dans le manuscrit que nous reproduisons, la colonne des dettes de communautés contient le détail des charges, des sommes dues, des

---

[1] Il y a une dixième colonne dans le manuscrit, destinée aux observations; mais elle est totalement vide.

[2] Outre le tableau, on possède les déclarations et mémoires envoyés par les métiers, en réponse à l'ordonnance de l'intendant de Picardie; ils sont conservés aux archiv. départem. de la Somme, intendance, liasse intit. : *Réponse à l'intendant*.

motifs des dettes et les noms des débiteurs; il nous a paru que ce détail ne ferait qu'allonger sans utilité l'état de situation des corporations d'Amiens, nous l'avons supprimé, et nous nous sommes borné à donner les sommes totales. — On s'apercevra que l'ordre chronologique est dérangé deux fois, à partir du métier des cabaretiers; cela tient aux retards que certaines communautés avaient mis dans la remise des renseignements demandés par l'intendant de Picardie.

AMIENS — XVIIIᵉ SIÈCLE

NOMS des communautés d'arts et métiers. Nos des liasses.	DATES ET EXTRAITS des TITRES CONSTITUTIFS de ladite communauté.	DATES ET EXTRAITS des titres de réunion à d'autres communautés.	NOMBRE DES MEMBRES qui composent ladite communauté.	DÉTAIL EXACT ET CIRCONSTANCIÉ DES REVENUS DE LADITE COMMUNAUTÉ, soit sur le roi, soit sur des particuliers.	ÉTAT DES PRODUITS provenant DE LA COLLECTE sur les membres.	SI CETTE COLLECTE EST AUTORISÉE OU NON.	CE QU'IL EST D'USAGE DE PAYER à la RÉCEPTION DES MAÎTRES, la date et l'extrait des titres qui y autorisent.	DES DETTES PASSIVES OU CHARGES DE LA COMMUNAUTÉ, avec la date et l'extrait des titres constitutifs.
DES AMIDONNIERS ET GOUDRIERS. nº 1.	Ils n'en ont aucun.	Point.	9 maîtres.	D'aucunes espèces.	Aucun.	Il ne s'en fait point.	Point de droit de maîtrise.	Aucunes dettes.
DES APOTICAIRES ET ÉPICIERS. nº 2.	Leurs brefs et statuts ont été enregistrés à Amiens le 18 may 1748. Les lettres patentes à eux accordées sont du 18 may 1754, homologuées au parlement le 26 juin audit an.	Aucune communauté n'a été réunie à la leur.	4 maîtres et une veuve.	Elle jouit de 38 liv. 8 s., portées annuellement sur les états du roi, pour réunion de deux offices d'inspecteur et de contrôleur, créés par édit du roy du 3 juillet 1745.	Il ne se fait aucune collecte.	Point.	Huit livres à chaques maîtres pour leur assistance aux exercices et examen de l'aspirant, suivant leurs statuts.	Capitaux............ 3644 liv. Rentes............. 141 liv. 4 s.
DES APRÊTEURS. nº 3.	Ils n'en ont point.	Point.	7 maîtres.	Ils n'en ont aucuns.	Point de collecte.	Néant.	Ils ne perçoivent rien à l'admission des aspirants.	Ils n'en ont aucunes.
DES ARMURIERS. nº 4.	Ils n'ont aucuns brefs ni statuts à pouvoir représenter; ils sont restés entre les mains du vieur de Fiers, procureur au parlement.	Point.	3 maîtres.	Point.	Il ne s'en fait point.	Point.	Idem.	15 liv. de rente au capital de 300 liv.
DES BOULANGERS. nº 5.	Ils ont des brefs et statuts émanés de l'hôtel de ville, du 5 juillet 1569.	Point.	66 maîtres et 10 veuves; un autre et une veuve qui exercent en vertu de l'acquisition des lettres d'inspecteur et de contrôleur, créées par l'édit de 1745.	Elle n'a aucun revenu.	Ils perçoivent sur eux annuellement, en vertu de cette exécution, de quoy acquitter les charges exprimées de l'article 9.	Les maire et échevins rendent ces rôles exécutoires.	Suivant les brefs et statuts, un apprenti paye 4 liv. de droit au roi, 7 liv. 10 s. pour sa prestation de serment et expédition de lettre de maîtrise, 3 liv. 10 s. de contrôle, 4 liv. pour les droits des gardes jurés, à raison de 20 s. par chacun, ce qui est conforme aux statuts. Le fils de maître paye 8 liv. de droit de communauté et l'apprenti qui ne l'est pas 12 liv., ce qui s'est point autorisé par les statuts.	Capitaux............ 7680 liv. Rentes............. 167 liv. 6 s. 4 d.
DES BONNETIERS ET FABRICANTS DE BAS. nº 6.	Lettres patentes du mois de février 1672. Arrêt du conseil du 30 may 1700. Ordonnance de M. de Chauvelin, du 15 juillet 1734.	Premier mars 1762, arrêt du conseil portant réunion des fabriquants de bas maîtres et marchands bonnetiers.	50 maîtres.	Elle reçoit annuellement 67 liv. de rente, portée sur l'état du roi, pour les offices d'inspecteurs et de contrôleurs, créés par l'édit de février 1745, qu'elle a réunis par ordonnance de M. Chauvelin, du 15 juillet 1734, article 3. Elle est autorisée à percevoir 3 s. par douzaine de bas, pour payer les frais de plomb et de bureau; depuis 1743, cette ordonnance reste sans exception.	Elle impose sur ses membres chaque année 100 liv. pour être employées à ses affaires, 12 liv. à la confrérie, à chacun des quatre gardes 3 liv. pour leur chef-d'œuvre, autant pour leur assistance à la prestation de serment, 4 liv. 10 s. à chacun des anciens gardes, 10 s. à chacun des gardes modernes et 20 s. à chacun des deux derniers maîtres,	Les maire et échevins l'autorisent.	Suivant les statuts du mois de février 1672, l'aspirant doit payer à la communauté 100 liv. pour être employées à ses affaires, 12 liv. à la confrérie, à chacun des quatre gardes 3 liv. pour leur chef-d'œuvre, autant pour leur assistance à la prestation de serment, 4 liv. 10 s. à chacun des anciens gardes, 10 s. à chacun des gardes modernes et 20 s. à chacun des deux derniers maîtres,	Capitaux............ 11603 liv. Rentes............. 344 liv. 5 s. 6 d. Ladite communauté doit encore 114 liv. par an, pour le loyer d'un bureau, et 30 liv. de frais de confrérie.

T. III.

AMIENS — XVIII SIÈCLE

NOMS DES COMMUNAUTÉS D'ARTS ET MÉTIERS. N° des liasses.	DATES ET EXTRAITS des TITRES CONSTITUTIFS de ladite communauté.	DATES ET EXTRAITS des titres de réunion à d'autres communautés.	NOMBRE DES MEMBRES qui composent ladite communauté.	DÉTAIL EXACT ET CIRCONSTANCIÉ DES REVENUS DE LADITE COMMUNAUTÉ, soit sur le roi, soit sur des particuliers.	ÉTAT DES PRODUITS provenant DE LA COLLECTE sur les membres.	SI CETTE COLLECTE EST AUTORISÉE OU NON.	CE QU'IL EST D'USAGE DE PAYER à la RÉCEPTION DES MAÎTRES, la date et l'extrait des titres qui y autorisent.	DES DETTES PASSIVES OU CHARGES DE LA COMMUNAUTÉ, avec la date et l'extrait des titres constitutifs.
DES BOUTONNIERS. n° 7.	Bref et statuts émanés de l'hôtel de ville du 17 aoust 1650.	Il n'a point été fait de réunion.	13 maîtres.	Elle n'a point de revenu.	Les maîtres contribuent de leurs poches à l'acquit de leur confrérie.	Il ne se fait point de rolle pour cet objet.	3 liv. à l'hôpital, et suivant leur déclaration l'aspirant ne paye que 4s liv. de droit de chapelle, 16 liv. pour les gardes jurés, 4 liv. au receveur du domaine, 2 liv. 10 s. à l'hôtel de ville pour serment, et 30 s. de droit de sceau; les fils de maître ne payent que la moitié de cette somme. (Il y a infidélité dans cette déclaration, le dernier reçu a payé 300 liv.) L'aspirant paye anciennement 15 s. à chacun des maîtres.	Cette communauté n'a point fait d'emprunt et ne doit rien.
DES BRASSEURS. n° 8.	Ses brefs et statuts sont émanés de l'hôtel de ville, le 9 septembre 158.	Il n'a pas été fait de réunion à cette communauté.	10, tant maîtres que veuves, 8 autres qui ne sont pas établis.	Elle perçoit annuellement sur le roy 120 liv., pour la réunion qu'elle a faite des offices d'inspecteur et de contrôleur, créés par édit de février 1745, au principal de 6 liv. 13 s., compris les 2 sous pour livre. En exécution de l'édit du mois d'aoust 1789, elle a payé au sieur Boulanger, préposé par M. le contrôleur général, suivant sa quittance du 20 avril 1769, la somme de 1500 liv. d'augmentation de finances; elle n'a pas encore été portée sur les états du roy, elle n'en reçoit pas d'intérêts. Le moulin qui sert à moudre les grains propres au brassage lui appartient.	Elle lève sur les membres d'icelle de quoy acquitter les chev-t'eux, le rolle ne se rend pas exécutoire.	Les membres sont d'accord entr'eux, le rolle ou roolle... 120 lir.	En exécution d'une sentence du bailliage d'Amiens du 14 décembre 1655, les fils de maîtres payent trente livres et les apprentis 120 liv.	Capitaux .... 24000 liv. Rentes .... 806 liv. 17s. Sans comprendre les réparations du moulin et le curement du canal.
DES BOURLIERS. n° 9.	Brefs et statuts émanés de la police, le 24 octobre 1579.	Point de réunion.	9 maîtres et 5 autres, en vertu des lettres expédiées en vertu des édits de novembre 1722 et de juin 1748.	15 liv. pour la finance des offices d'inspecteur et de contrôleur, créés par édit de février 1745 qu'elle a réunis.	Elle fait annuellement un rolle pour payer les charges cy-après.	Ce rolle se fait de concert avec les maîtres et n'est point autorisé.	Les apprentis payent 4 liv. au roy, 3 liv. 5 s. pour la prestation de serment à l'hôtel de ville, et 30 s. à chacun des gardes. La communauté ne perçoit rien pour l'admission de l'apprenti.	Capitaux .... 2800 liv. Rentes .... 76 liv. 13 s. 4 d.
DES CAFFETIERS ET LIMONADIERS. n° 10.	Elle n'a ni brefs ni statuts. Les membres prestent serment à l'hôtel de ville, en qualité de bourgeois, de se conformer aux règlements de police.	Il n'y a point de réunion.	7 maîtres.	Elle n'en a aucun.	Il ne se fait aucune collecte, sinon pour payer l'industrie.	Le rolle est autorisé de M. l'intendant ou de son subdélégué en son absence.	Il n'est dû aucun droit de réception à ladite communauté.	Elle n'a aucunes dettes.

AMIENS — XVIIIe SIÈCLE

NOMS DES COMMUNAUTÉS D'ARTS ET MÉTIERS. N^{os} des liasses.	DATES ET EXTRAITS des TITRES CONSTITUTIFS de ladite communauté.	DATES ET EXTRAITS des titres de réunion à d'autres communautés.	NOMBRE DES MEMBRES qui composent ladite communauté.	DÉTAIL EXACT ET CIRCONSTANCIÉ DES REVENUS DE LADITE COMMUNAUTÉ, soit sur le roi, soit sur des particuliers.	ÉTAT DES PRODUITS provenant DE LA COLLECTE sur les membres.	SI CETTE COLLECTE EST AUTORISÉE OU NON.	CE QU'IL EST D'USAGE DE FAIRE à la RÉCEPTION DES MAÎTRES, la date et l'extrait des titres qui y autorisent.	DES DETTES PASSIVES OU CHARGES DE LA COMMUNAUTÉ, avec la date et l'extrait des titres constitutifs.
DES CHAIRCUI-TIERS. n° 11.	Leurs brefs et statuts sont émanés de l'hôtel de ville le 3 may 1515, revestus de lettres patentes du mois de may de la même année, registrées au parlement le 30 dudit mois.	Il n'a été fait aucune réunion.	53 maîtres, dont 20 indigents et 4 autres qui exercent, en vertu des offices créés par édit de novembre 1702 et de février 1745; ces huit maîtres reçoivent la finance de leurs offices.	Cette communauté n'eu a revenus pour parvenir aux payements de ses charges. L'on impose annuellement au marquese de chaque porc trois à quatre sols, suivant l'exigence. L'adjudication s'en fait par devant le maire et échevins et elle monte entre cinq et six cens livres.	Il ne se fait point de collecte.	Point.	L'aspirant paye 4 liv. au roy, 20 s. à chaque des quatre gardes pour leur droit et assistance à sa prestation de serment, plus 7 liv. 8 s. pour ladite prestation de serment et expédition d'icelui.	Capitaux.......... 8850 liv. Rentes............. 596 liv. 10 s. Ladite communauté est chargée de 22 liv. 10 s. de droits de confrérie et de 5 liv. de gages de bedeaux.
DES CHAPELIERS n° 12.	Les brefs, statuts et ordonnances de police en ampliation sont des 2 mars 1480, 15 décembre 1486, 20 février 1494, 28 avril 1691 et 10 février 1583.	Il n'a pas été fait de réunion à cette communauté.	10 maîtres et 2 veuves. Du nombre de ces 10 maîtres il en est 2, savoir l'un en vertu des lettres créés par l'édit du mois de novembre 1702 et l'autre du mois de ...... 1725.	Ses revenus consistent en 45 liv., portées sur les édits du roi, à cause de la réunion des offices d'inspecteur et de controlleur créés par l'édit de 1745. Elle est autorisée à percevoir 2 s. par douzaine de chapeaux foraines entrants dans la ville pour y être vendus; ce droit n'est arbitré qu'à dix à douze sols par année.	Il n'est fait de perception que quand il manque de quoi acquitter les charges, et on répartit ce qui s'en defaut sur chaque maître. Les veuves n'y contribuent que pour moitié.	La suite ne se rend point exécutoire.	L'aspirant paye 4 liv. de droit au roy, 7 liv. 5 s. à l'hôtel de ville, pour la prestation de serment et expédition de la réception, il paye 20 s., 20 s. aux gardes et 10 s. à chacun des anciens gardes; il n'est rien reçu à la communauté pour son admission.	Capitaux.......... 6550 liv. Rentes............ 168 liv. 4 s. 3 d.
DES CALENDREURS. n° 13.	Elle n'a aucuns titres constitutifs.	Point de réunion.	Ils sont 4.	Elle n'a aucuns revenus.	Nulle collecte de contribution.	Point.	Point de droit, ni de maîtrise ni de réception.	Elle ne doit rien.
DES CHARONS. n° 14.	Elle n'a ni brefs, ni statuts ni autres règlements.	Point de réunion.	7 maîtres.	Aucuns.	Pour parvenir au payement des charges ci-après, il se fait annuellement un rolle; chaque maître paye la cotte à laquelle il est imposé.	Il n'est point rendu exécutoire.	Fils de charon ou apprenti paye 4 liv. de droit au roy. 7 liv. 10 s. pour prestation de serment et expédition. 2 fr. à chacun des gardes pour leur susistance.	Capitaux........ 1500 liv. Charges actuelles...... 35 liv.
DES CLOUTIERS ET PÉRONNIERS. n° 14 bis.	Cette communauté est réglée par un principal règlement de police du 21 août 1670.	Point de réunion.	Elle est composée de 3 maîtres et de 3 veuves.	Elle reçoit 9 liv. 12 s. de gage, à cause des réunions d'offices d'inspecteur et de controlleur, créés par édit de février 1745.	Il se lève annuellement sur les maîtres 62 liv. 12 s.	Elle le fait de concert avec les maîtres.	Chaque aspirant paye aux gardes 4 liv.	Total des capitaux......... 1500 liv.
DES CORDIERS. n° 15.	Elle n'a d'autre règlement que les ordonnances de police des 19 octobre 1405, 16 mars 1451, 3 juin 1502 et 7 mars 1573.	Il n'en a point été fait.	6 maîtres et 4 veuves, un autre maître comme propriétaire d'office, créé par édit du mois de novembre 1722.	Elle reçoit sur le roy 24 liv. 10 s. par an pour gage de la réunion des trois offices d'inspecteur et de controlleur créés par édit du mois de février 1745. Elle perçoit pour droit de visite, 2 d. par botte de chanvre ou lin et 6 d. par pièce de corde à puits; cet objet, qu'on arbitre.	Pour parvenir à payer les charges ci-après, elle dresse un rolle, tantôt rendu exécutoire par les maîtres et echevins, tantôt fait à l'amiable.	Voir ci à côté.	L'aspirant paye 4 liv. pour le droit royal, 7 liv. pour prestation de serment et expéditions, 15 s. à chacun des gardes, conformément aux brefs et statuts.	Capitaux........ 1718 liv. Rentes.......... 61 liv.

AMIENS — XVIII° SIÈCLE.

NOMS DES COMMUNAUTÉS D'ARTS ET MÉTIERS, N° des liasses.	DATES ET EXTRAITS des TITRES CONSTITUTIFS de ladite communauté.	DATES ET EXTRAITS des titres de réunion à d'autres communautés.	NOMBRE DES MAÎTRES qui composent ladite communauté.	DÉTAIL EXACT ET CIRCONSTANCIÉ DES REVENUS DE LADITE COMMUNAUTÉ, soit sur le roi, soit sur des particuliers.	ÉTAT DES PRODUITS provenant DE LA COLLECTE sur les membres.	SI CETTE COLLECTE EST AUTORISÉE OU NON.	CE QU'IL EST D'USAGE DE PAYER à la RÉCEPTION DES MAÎTRES, la date et l'extrait des titres qui y autorisent.	DES DETTES PASSIVES OU CHARGES DE LA COMMUNAUTÉ, avec la date et l'extrait des titres constitutifs.
DES CORDONNIERS. n° 16.	Elle n'a aucune notion des premiers titres de sa constitution; les premiers qu'elle a conservés sont du 3 février 1568. Elle s'est pourvue en 1718 pour obtenir des lettres patentes sur de nouveaux brefs et statuts. Ces lettres patentes sont demeurées imparfaites, faute de signature et de sceaux; néanmoins la communauté a été régie par ces nouveaux brefs et statuts, et les membres d'icelle n'ont pas été en état de reporter la dépense convenable, après la perte d'une somme de 1500 liv. empruntées à cet effet, que leur ont occasionnée les billets de banque.	Point de réunion.	Elle est composée de 53 maîtres, y compris 10 revêtus de lettres de maîtrise, reçus en 1745.	Elle n'a d'autres revenus que 10 liv. 12 s. de rente provenant des flambeaux d'argent portés à la monnoye. ... pas, ne peut produire année commune qu'une cinquantaine de livres.	Sous l'autorité des maire et échevins, il se fait un rôle de contribution sur tous les maîtres, à proportion des ouvriers qu'ils emploient, pour l'acquit des rentes, charges et vingtièmes.	Les maire et échevins.	Les aspirants, lors de leurs brevets d'apprentissage, payent 2 liv. 10 s., dont 10 s. au profit de la confrérie et 20 s. aux gardes pour droit d'enregistrement; pour leur admission à la maîtrise, 80 liv., qui sont employées à la décharge de la communauté, 20 s. à chacun des gardes et 20 s. pour la confrérie.	Capitaux .... 1500 liv. Rentes .... 246 liv. 10 s.
DES ÉPRONNIERS. n° 17.	Elle n'en a pas.	Aucune.	2 maîtres.	Aucuns.	Aucunes répartitions.	Il ne peut y avoir lieu.	Rien.	Aucunes.
DES PAVANCIERS ET POTTIERS DE TERRE. n° 18.	Elle n'en a pas.	Aucune.	16 maîtres.	Aucuns.	Aucunes répartitions.	Il ne peut y avoir lieu.	Rien.	Aucunes.
DES VERRELANTIERS. n° 19.	Il n'en existe pas; cet état fait partie des marchands des trois corps réunis.	Aucune.	3 maîtres.	Aucuns.	Aucune.	Idem.	Rien.	Aucunes dettes.
DES FOULLONS ET CORROYEURS. n° 20.	Elle est une branche de la manufacture de la ville d'Amiens. Les règles	Aucune.	8 maîtres. S'ils sont sans qualité font une partie de leur métier.	8 liv. 10 s. le roi, à cause de la finance payée pour la révision des offices d'inspecteur et de contrôleur, créés par édit de février 1745.	Il se perçoit annuellement sur les membres d'icelle, 149 liv. 4 s. pour payer les offices et	Les maire et échevins.	Les aspirants payent 4 liv. de droit au roi, et 15 liv. tant à l'hôtel de ville, pour expéditions, que 20 s. à chacun des deux gardes. Nota. Cette communauté est composée	Capitaux .... 3800 liv. Rentes .... 57 liv. 10 s.

AMIENS   XVIIIᵉ SIÈCLE

NOMS DES COMMUNAUTÉS D'ARTS ET MÉTIERS. Nos des liasses.	DATES ET EXTRAITS des TITRES CONSTITUTIFS de ladite communauté.	DATES ET EXTRAITS des titres de réunion à d'autres communautés.	NOMBRE DES MEMBRES qui composent ladite communauté.	DÉTAIL EXACT ET CIRCONSTANCIÉ DES REVENUS DE LADITE COMMUNAUTÉ, soit sur le roi, soit sur des particuliers.	ÉTAT DES PRODUITS provenant DE LA COLLECTE sur les membres.	SI CETTE COLLECTE EST AUTORISÉE OU NON.	CE QU'IL EST D'USAGE DE PAYER À LA RÉCEPTION DES MAÎTRES, la date et l'extrait des titres qui y autorisent.	DES DETTES PASSIVES ET CHARGES DE LA COMMUNAUTÉ, avec la date et l'extrait des titres constitutifs.
	ments sont de 1572, de 1666 enregistrés au parlement en 1669, et du 24 avril 1717.				messes qui se célèbrent à leur fête, le payement de l'industrie, l'acquit de leur rente annuelle et les frais de rolle.		d'une seule famille, qui cherche à exclure ceux qui ont qualité pour se présenter ; c'est l'objet de la plupart des procès qu'elle a.	
DES GANTIERS, MÉGISSIERS ET PARCHEMINIERS, nº 21.	Ses brefs et statuts, émanés de l'hôtel de ville, sont de 1364, 1441, 1460 et 1686.	Point de titre de réunion.	9 maîtres, dont 4 hors d'état, 2 autres en vertu des lettres créées par les édits de 1722 ou 1725 et 1745, 4 veuves et une fille qui a été agrégée.	Elle n'a aucun revenu.	Pour payer les charges cy-après, on fait un rolle d'imposition sur la communauté.	Les maire et échevins.	4 liv. pour les droits au roy. 7 liv. 8 s. pour frais de prestation de serment et expédition. 3o s. à chacun des gardes, et il n'est rien payé à la communauté pour l'admission à la jurande.	Capitaux........ 1700 liv. Rentes........... 110 liv.
DES GRAVEURS, nº 22.	Ni brefs ni statuts.	Point de réunion.	2 maîtres, dont l'un se retire et l'autre n'a pas de quoy s'occuper.	Aucuns.	Aucuns.	Point.	Il n'y a pas de maîtrise; de la point de droit de réception à payer.	Aucunes.
DES GRENETIERS, nº 23.	Idem.	Idem.	38 maîtres.	Idem.	Idem.	Idem.	Idem.	Idem.
DES HORLOGERS, nº 24.	Idem.	Idem.	8 maîtres.	Idem.	Idem.	Idem.	Idem.	Idem.
DES HORTILLONS, nº 25.	Idem.	Idem.	47 tant hommes que veuves.	Idem.	Idem.	Idem.	Idem.	Idem.
DES JARDINIERS, nº 26.	Idem.	Idem.	Ce sont des ouvriers libres ; le nombre en est indéfini.	Idem.	Idem.	Idem.	Idem.	Idem.
DES LUSTREURS, nº 27.	Idem. Les membres ont cherché à se faire incorporer avec les foulons ; ils en ont été rebutés.	Idem.	4 maîtres.	Idem.	Idem.	Idem.	Idem.	Idem.
DES MARÉCHAUX, nº 28.	Ils sont émanés du maire et échevins, du 28 avril 1497. Règlements entre lui et les	Anciennement les serruriers, taillandiers, éperonniers et maréchaux se	18 maîtres.	60 liv. pour finance, 120 liv. employées à la réunion de quatre offices d'inspecteurs et de controlleurs créés par édit de février 1745. Plus 15 liv. pour finance d'un offre de	Ladite communauté ne fait que les membres d'icelle que se répartition de 68 liv. pour payer l'industrie.	Ce rolle se vend exécutoire par M. l'intendant ou ses subdélégués.	4 liv. de droit au roy, 12 liv. à l'hôtel de ville pour serment, sceau, expédition. 3 liv. à chacun des gardes, au nombre de deux.	Capitaux........ 2920 liv. Rentes........... 61 liv. 13 s. 4 d.

NOMS DES COMMUNAUTÉS D'ARTS ET MÉTIERS. Nos des liasses.	DATES ET EXTRAITS des TITRES CONSTITUTIFS de ladite communauté.	DATES ET EXTRAITS des titres de réunion à d'autres communautés.	NOMBRE DES MEMBRES qui composent ladite communauté.	DÉTAIL EXACT ET CIRCONSTANCIÉ DES REVENUS DE LADITE COMMUNAUTÉ, soit sur le roi, soit sur des particuliers.	ÉTAT DES PRODUITS provenant DE LA COLLECTE sur les membres.	SI CETTE COLLECTE EST AUTORISÉE OU NON.	CE QU'IL EST D'USAGE DE PAYER à la RÉCEPTION DES MAÎTRES, la date et l'extrait des titres qui y autorisent.	DES DETTES PASSIVES OU CHARGES DE LA COMMUNAUTÉ, avec la date et l'extrait des titres constitutifs.
	habitadiers du 14 septembre 1583.	faisaient qu'une même communauté qui s'est insuite divisée.		même nature levé par l'un des membres qui l'a ensuite abandonné à la communauté par traité du 5 juillet 1749.				
DES MARCHANDS DES TROIS CORPS RÉUNIS. n° 29.	Elle a pour brefs et statuts un nouveau règlement, revêtu de lettres patentes du 24 février 1745, enregistrées au parlement le 10 juin 1750.	Par arrêt du conseil du 6 mars 1746, registré au bailliage d'Amiens et à l'Hôtel de ville les 1er juillet et 4 septembre 1750, la communauté des marchands en gros, celle des drapiers et celle des merciers, grossiers et joailliers ont été réunies.	224.	1° 2250 liv. de gages annuels dus par le roy à cause de la réunion de 4a offices d'inspecteurs et de contrôleurs, créés par édit de février 1745, suivant la quittance de finance du 30 décembre 1768. Signé: Bertin. 2° 1125 liv. de rente à elle due par le roi au principal de 22,500 liv., qu'elle a payées en exécution de l'édit de mars d'août 1758, pour sa part dans l'augmentation de finance desdits offices; la quittance est du 1er janvier 1761. Elle perçoit sur chaque pièce arrivée à la halle foraine, pour y recevoir le plomb de ville, 1 s. 6 d. et 29 d. par denier pièce; ce produit sert à payer 2000 liv. de gages de l'inspecteur, 200 liv. au commis garde qui tient le registre conformément à l'article 9 des statuts et pour acheter les plombs, registres et fournir aux frais de bureaux.	Les charges s'acquittent par un rolle qui se fait annuellement sur tous les membres. On en fait un second pour la répartition de l'industrie.	Par M. l'intendant ou son subdélégué. Les maire et échevins le rendent exécutoire.	4 liv. de droit au roy. 10 liv. pour la prestation de serment et expédition de lettres. 60 liv. pour droit de confrérie, si c'est un apprenti. 10 liv. au grand garde et 5 liv. à chacun des huit autres, suivant l'article 28 des brefs et statuts. 20 liv. à la confrérie, s'il est fils de maître. 5 liv. au grand garde. 2 liv. 10 s. à chacun des huit gardes, quoi-qu'il n'ait aucun apprenti ni fils de maître, pour estre dispensé de l'apprentissage, ce qui est employé à payer une partie des dettes, conformément à un arrêt du parlement du 10 juin 1750, fol. 3a des brefs et statuts. (Cet événement est rare.) Les gardes ne payent rien pour leur admission et jurande.	Capitaux . . . . 21960 liv. Rentes . . . . 8125 liv. 13s. 2d.
DES MARCHANDS LIBRAIRES ET IMPRIMEURS. n° 30.	Le code de la librairie arrêté au conseil, le 28 février 1723, rendu commun à toute la librairie du royaume par arrêt du conseil d'état du 24 mars 1744; un exemplaire joint.	Il n'y a pas eu de réunion; les règlements de la librairie font partie de toutes les autres communautés d'arts.	Imprimeurs libraires, deux: la veuve Caron et la veuve Godard; libraires seulement: 4, dont 2 ne font pas de commerce.	Cette communauté n'en a aucun.	Il n'a en aucun temps été fait de rôle; les frais des procès sont aux dépens des membres lors existans.	Il n'y a pas lieu.	Il est dû 1000 liv. à chaque réception de maître, suivant le règlement de la librairie, jusqu'à présent il n'a été rien reçu de ceux qui ont été admis, parce qu'ils estoient fils de maître, en conséquence d'une convention entre eux.	Cette communauté n'a ni dettes ni charges, que l'industrie, montant à 88 liv. payées par quatre d'entre eux.
DES MENUISIERS. n° 31.	Brefs et statuts revêtus de lettres patentes du mois de janvier 1717, enregistrées au parlement le 20 janvier 1718.	Il n'en a été fait aucune.	61 maîtres, dont 57 travaillent et 3 veuves, les autres indigens.	120 liv. sur le roi, à cause de la réunion de 20 lettres d'inspecteurs et contrôleurs, créés par édit de février 1745. Plus 60 liv. sur le roi, à cause de 2000 liv. payées par augmentation de finance desdits offices, en conséquence de l'édit du mois d'août 1758.	Elle fait un rôle de répartition annuelle pour les membres présents sur les membres d'icelle, pour payer ce qui est dû, dont sera cy-après parlé.	Les maire et échevins.	L'apprenti, comme le fils de maître, paye 4 liv. de droit au roi. 10 liv. 8 s. pour la prestation de serment, expédition, sceau. L'apprenti paye 100 liv., conformément à l'art. 5 des brefs et statuts. S'il épouse une fille de maistre, il ne paie que 50 liv. suivant l'article 6. Le fils de maître ne paye rien à la communauté, mais leur paient 2 liv. à chaque	Capitaux . . . . 12500 liv. Rentes . . . . 525 liv.

AMIENS — XVIIIᵉ SIÈCLE.

NOMS DES COMMUNAUTÉS D'ARTS ET MÉTIERS. Nᵒˢ des liasses.	DATES ET EXTRAITS des TITRES CONSTITUTIFS de ladite communauté.	DATES ET EXTRAITS des titres de réunion à d'autres communautés.	NOMBRE DES MEMBRES qui composent ladite communauté.	DÉTAIL EXACT ET CIRCONSTANCIÉ DES REVENUS DE LADITE COMMUNAUTÉ, soit sur le roi, soit sur des particuliers.	ÉTAT DES PRODUITS DE LA COLLECTE sur les membres.	SI CETTE COLLECTE provoquait EST AUTORISÉE OU NON.	CE QU'IL EST D'USAGE DE FAIRE À LA RÉCEPTION DES MAÎTRES, la date et l'extrait des titres qui y autorisent.	DES DETTES PASSIVES OU CHARGES DE LA COMMUNAUTÉ, avec la date et l'extrait des titres constitutifs.
DES MARCHANDS MERCIERS. nᵒ 32.	Leurs brefs et statuts sont émanés de l'hôtel de ville le 9 septembre 1661, registrés au parlement le 9 janvier audit an, au bailliage d'Amiens le 21 mars 1676.	Cette communauté est en quelque façon jointe à celle des apoticaires, conformément à la réserve faite en la teneure des brefs et échevins du 9 septembre 1661, visée dans l'enregistrement du 9 janvier 1661 audit an.	93 maîtrises, 24 veuves, 3 filles et 1 agrégé, 121 au total.	Elle reçoit 500 liv. sur le roi pour la finance de 11000 liv., comprise les 22 pour livre, de dix charges de contrôleurs et inspecteurs, créés par édit de février 1745, qu'elle a réunis. Elle reçoit 12 liv. des marchands forains pour première visite, suivant les articles 17 et 18 des brefs et statuts; 3 liv. suivant l'article 3, et 1 liv. pour les autres visites suivant l'article 27. Les apoticaires partagent avec la communauté des merciers les produits de ces visites, on ne peut en fixer le montant. Plus, les membres paient 91 par chacune des trois visites par an, plus 3 liv. à l'ouverture de la boutique, suivant l'article 24. Chaque boutique paye 10 s. pour la célébration de l'office le jour du patron, l'acquit de deux messes par semaine et les gages du bedeau. Et les héritiers d'un maître paient 3 liv. pour l'entretien du poêle.	Elle ne répartit sur ses membres que l'industrie.	Par M. l'intendant ou son subdélégué.	Les aspirants à la maîtrise, après leur apprentissage, ne paient que 20 liv. 20 liv. de 30 liv. portées par l'art. 18 du brefs et statuts, et ce suivant l'ordonnance de police du 9 septembre 1661 pour l'extension de la chapelle. Ceux qui n'ont point de qualité et qui veulent entrer dans cette communauté, paient depuis 3 et 400 liv. jusqu'à 1200 liv. et même 1600, suivant les besoins de la communauté, qui servent à payer les rentes et autres charges et à soutenir ses droits contre les forains, qui ne cherchent que l'extension des leurs. Quand elle a plus de fonds que ses charges, elle fait des remboursements. L'aspirant paie 3 livres à chacun des quatre gardes, suivant l'article 12 des brefs et statuts.	Capitaux.... 4006 l liv. 3 s. 4 d. Rentes..... 1845 liv.
DES ORFÈVRES. nᵒ 33.	Brefs et statuts émanés de la cour des monnayes de Paris, du 12 décembre 1727.	Point de réunion.	7. Deux qui ne travaillent plus et 4 apprentis.	40 liv. de gages, à cause de la réunion de deux offices créés par édit du mois de février 1745.	Point de collecte sur les membres.	Point.	Les fils de maître paient 300 liv.; les apprentis de la ville, 450 liv.; ceux des autres villes, 600 liv., en conformité des brefs et statuts.	Capitaux.... 300 liv. Rentes..... 267 liv.
DES PAILLOLEURS. nᵒ 34.	Elle n'a ni brefs, ni statuts ni règlements.	Point.	7-8 maîtres.	Aucun revenus.	Il ne fait annuellement un rôle de répartition sur chacune paillolleurs pour payer les charges.	Les maire et échevins.	L'aspirant paye 4 liv. du droit au roy, 7 liv. 10 s. pour la prestation de serment et expédition, et 20 s. à chacun des gardes.	Capitaux.... 1460 liv. Rentes..... 70 liv.
DES PERRUQUIERS. nᵒ 35.	Lettres patentes en forme de statuts, du 6 février 1768, registrées au parlement le 28 juin audit an, et arrêt du conseil du 10 novembre 1768, qui ordonne l'exécution desdites lettres patentes dans tout le royaume.	Aucune autre que les officiers d'Inspecteur et contrôleur, créés par édit de février 1745.	44, y compris le lieutenant du 1er chirurgien du roi et 20 à 30 garçons, 2 coiffeurs de femmes, qui font cette profession sans qualité. Les perruquiers sont en inaction.	Elle reçoit annuellement 384 liv. sur le roi, pour les gages des offices d'inspecteur et contrôleurs réunis à cette communauté.	Cette communauté ne lève sur les membres que quand il n'y a point de fonds dans sa caisse et lorsqu'il faut contribuer à toutes les charges. La part de chaque maître monte à 25 à 30 liv., y compris les...	Les statuts les autorisent à faire faire les contributions entre eux.	On ne peut fixer ce que l'aspirant paye à la communauté; c'est plus ou moins suivant ses besoins. Quand il est apprenti de la ville, il ne paye rien à la communauté que 3 liv. 15 s. par chaque sindic, 15 s. par chaque maître qui a passé le sindicat, 12 liv. 25 lieutenant du premier chirurgien, 3 liv. 15 s. au doyen, 1 liv. 6 s. suivant les statuts. Lorsque l'apprenti n'est pas de la ville il...	Capitaux.... 12600 liv. Rentes et charges.. 648 liv.

NOMS DES COMMUNAUTÉS D'ARTS ET MÉTIERS. Nos des liasses.	DATES ET EXTRAITS des TITRES CONSTITUTIFS de ladite communauté.	DATES ET EXTRAITS des titres de réunion à d'autres communautés.	NOMBRE DES MEMBRES qui composent ladite communauté.	DÉTAIL EXACT ET CIRCONSTANCIÉ DES REVENUS DE LADITE COMMUNAUTÉ, soit sur le roi, soit sur des particuliers.	ÉTAT DES PRODUITS provenant DE LA COLLECTE sur les membres.	SI CETTE COLLECTE EST AUTORISÉE OU NON.	CE QU'IL EST D'USAGE DE PAYER à la RÉCEPTION DES MAÎTRES, la date et l'extrait des titres qui y autorisent.	DES DETTES PASSIVES OU CHARGES DE LA COMMUNAUTÉ, avec la date et l'extrait des titres constitutifs.
				toute contre elle au parlement.	frais d'instance qu'elle eut à soutenir contre les chambellans et autres.		payé 20 liv. de droit à la communauté, 5 liv. au greffier; ceux qui épousent des filles de maîtres ne payent que la moitié, pour enregistrement de bail, 4 liv. et 1 liv. au greffier.	
DES POTIERS D'ESTAIN. no 38.	Les brefs et statuts sont de 1407.		Il n'a point été fait de réunion.	9, dont on peut à 10 faire admettre. 15 liv. sur le roy. Elle perçoit les droits attribués pour la marque de contrôle du maire d'or sur ce qui se fabrique en cette ville, mais, comme la fayance a succédé aux ouvrages d'étain, on ne peut arbitrer ce produit, qui diminuent chaque jour; elle n'en perçoit pas de quoy acquitter ses charges.	Le garde en exercice fait trois visites par an chez les maîtres; il perçoit 5 liv. par chacune visite. Elle n'a pas encore fait de rôle, elle sera obligée d'y venir, parce qu'elle doit une année de ses rentes et de ses charges.	Il n'y a pas encore eu lieu.	Elle ne reçoit rien pour l'admission de maîtrise. Il n'est coûté que les frais de prestation de serment à l'hôtel de ville et 4 liv. de droit au roy.	Capitaux........ 10360 liv. Rentes........... 209 liv. 5 s.
DES POISSONNIERS. no 37.	Réglemens concernant la vente des poissons du 7 septembre 1611 et sentence du 17 may 1753.	Les poissonniers ne sont pas en communauté; point de réunion.	10 poissonniers et une veuve. Pour faire ce métier, il faut avoir étang ou rivière à bail.	Aucun.	Il se fait entre eux une répartition pour payer les charges cy-après.	Elle n'est pas autorisée.	On ne paye rien.	13 liv. au nommé Haussart au principal de 548 liv.
DES RELIEURS. no 36.	Aucuns brefs ni réglemens.	Aucune.	2 et une veuve.	Aucun.	Aucun.	Point.	Rien.	Aucunes charges.
DES SAITEURS OU FABRIQUANS. no 30.	Les statuts et réglemens sont du .... 1666, revêtus de lettres patentes et arrêté du conseil du 13 aoust suivant, et plusieurs autres arrêts qui concernent des réglemens nouveaux sur la manufacture.	Les saiteurs, les houppiers ont cy-devant fait trois communautés séparées. L'union des saiteurs aux houstelisseurs a été faite en 1739, et celle des houppiers aux deux autres en 1758.	Le nombre des maîtres actuellement travaillant dans la ville est de 432 et 33 veuves; beaucoup d'autres travaillent dans les lieux circonvoisins, en conséquence de la liberté qu'on laisse au conseil, indépendamment de la prohibition contenue aux statuts.	400 liv. sur le roy, pour intérêt d'une partie de finance au principal de 8000 liv. des offices d'inspecteurs et de contrôleurs. 400 liv. au principal de 8000 liv. pour autre partie de ladite finance. 80 liv. pour percement de 2500 liv. pour nouveaux gages réunis auxdits offices. Le produit du bureau de marque, qu'on ne peut fixer et qui ne suffisent pas pour payer les appointemens de l'inspecteur des 2000 liv. Les gages des commis et clercs de la communauté et l'achet des plombs pour la marque à la balle foraine des étoffes fabriquées hors de la ville, laquelle halle a son inspecteur.	Il se fait en rolle de contribution sur les maîtres, à raison des métiers qu'il employent, pour acquitter les charges.	Les maire et échevins.	Les fils de maîtres, 15 liv. Ceux qui épousent des veuves ou filles de maîtres, 50 liv. Les apprentis de la ville, 50 liv. Ceux qui n'ont point de qualité, 120 liv. Aux gardes, 16 liv. Au bureau, 1 liv. Droit de l'hôtel de ville pour serment, expédition, droit au roy et ouverture de boutique, 14 liv. L'usage a autorisé cette perception sous les yeux des maire et échevins.	Capitaux........ 81530 liv. 8 s. 8 d. Rentes et charges.. 6023 liv. 19 s. 10 d.

AMIENS — XVIII° SIÈCLE

NOMS DES COMMUNAUTÉS D'ARTS ET MÉTIERS. N° des liasses.	DATES ET EXTRAITS des TITRES CONSTITUTIFS de ladite communauté.	DATES ET EXTRAITS des titres de réunion à d'autres communautés.	NOMBRE DES MEMBRES qui composent ladite communauté.	DÉTAIL EXACT ET CIRCONSTANCIÉ DES REVENUS DE LADITE COMMUNAUTÉ, soit sur le roi, soit sur des particuliers.	ÉTAT DES PRODUITS provenant DE LA COLLECTE sur les membres.	SI CETTE COLLECTE EST AUTORISÉE OU NON.	CE QU'IL EST D'USAGE DE PAYER à la RÉCEPTION DES MAÎTRES, la date et l'extrait des titres qui y autorisent.	DES DETTES PASSIVES OU CHARGES DE LA COMMUNAUTÉ, avec la date et l'extrait des titres constitutifs.
DES SONEURS DE VIEUX OU SAVE- TIERS. n° 40.	Lettres brefs et statuts sont homologués par or- donnance de police des 28 may 1608, 1er février 1667, 28 novembre 1474 et 29 janvier 1481.	Aucune.	52 maîtres et une veuve.	16 liv. de rente sur le roy pour intérêt des offices d'inspecteurs et contrôleurs, créés par édit de 1745.	Elle répartit par un rolle exécutoire sur les membres de quoy payer les charges.	Les maire et é- chevins.	Il paye au roi, 4 liv. 7 liv. 10 s. pour sa prestation de serment à l'hôtel de ville et expédition. 2 liv. 10 s. de sceau. 4 liv. aux quatre gardes. 60 liv. si c'est un apprenti, au profit de la communauté pour l'aider à payer ses charges. Le fils de maître ne paye rien à la communauté.	Capitaux............ 6800 liv. Rentes et charges... 226 liv. 12 s. 4 d.
DES SELLIERS. n° 41.	Brefs et statuts revêtus de lettres patentes du 4 may 1593.	Aucune.	9 maîtres.	20 liv. sur le roy pour intérêt des offices d'inspecteurs et de contrôleurs, créés par édit de 1745.	La communauté fait annuellement un rolle de répartition sur les maîtres pour payer les charges.	Personne.	4 liv. de droit au roy. 7 liv. 5 s. pour serment et expédition. La communauté ne reçoit rien.	Capitaux............ 2000 liv. Rentes............. 43 liv. 6 s. 8 d.
DES SERRURIERS. n° 42.	Brefs et statuts du mois d'avril 1588, enre- gistrés au parlement le 14 juillet 1740.	Aucune.	26 et 5 veuves; 8 travaillant et les 5 veuves.	43 liv. 12 s. sur le roy pour la finance des offices d'inspecteurs et de contrôleurs, créés par édit de 1745.	Elle perçoit, par un rolle, sur les membres de quoy acquitter ses charges; elles sont plus ou moins fortes, surtout lorsqu'il est des instan- ces à former et à suivre.	Personne; les maîtres s'arrangent entre eux.	Suivant l'article 18, l'apprentif paye 200 liv. pour servir à l'acquit des charges de la communauté. 6 liv. aux gardes. 9 liv. pour droit à l'hôtel de ville et greffier. Par l'article 23, ceux qui épousent fille de maître ne payent que 50 liv. à la com- munauté. Et par l'article 25, les fils des maîtres ne payent que 10 liv. Tous indistinctement payent 8 liv. pour la confrérie.	Capitaux............ 11700 liv. Rentes et charges... 455 liv. 6 s. 3 d.
DES SCULPTEURS, PEINTRES, DOREURS, ENLUMINEURS ET BRODEURS. n° 43.	Les brefs et statuts sont du 11 mars 1500, sur les- quels, au mois de décem- bre 1703, il a été obtenu des lettres patentes re- gistrées au parlement le 11 mars 1704.	Aucune réunion.	12 maîtres.	8 liv. de gages sur le roy pour finances de la réunion de deux offices d'inspecteurs et de contrôleurs, créés par édit de 1745.	Un rolle de contribu- tion chaque année sur tous les maîtres pour payer les charges ey- après.	Les maire et é- chevins.	L'apprentif à la maîtrise paye 25 liv. à la communauté pour sa réception, le fils de maître ne paye que 5 liv. Tous payent 9 liv. 10 s. pour serment, expédition à l'hôtel de ville et 4 liv. pour droit de sceau.	Capitaux............ 2600 liv. Rentes et charges... 107 liv.
DES TAILLANDIERS. n° 44.	Les brefs et statuts sont émanés de l'hôtel de ville du 4 octobre 1589.	Aucune.	3 maîtres.	Aucuns.	Il ne se fait pas de répartition, les mem- bres tirent de leur po- che de quoy acquitter la rente cy-après.	Il n'en est pas besoin.	La communauté ne retire rien; l'aspirant n'a à payer que 9 liv. 10 s. pour les droits de réception à l'hôtel de ville et l'expédition.	Capitaux............ 1500 liv. Rentes............. 54 liv.

T. III.   39

AMIENS — XVIIIᵉ SIÈCLE

NOMS DES COMMUNAUTÉS D'ARTS ET MÉTIERS. Nᵒˢ des liasses.	DATES ET EXTRAITS des TITRES CONSTITUTIFS de ladite communauté.	DATES ET EXTRAITS des titres de réunion à d'autres communautés.	NOMBRE DES MEMBRES qui composent ladite communauté.	DÉTAIL EXACT ET CIRCONSTANCIÉ DES REVENUS DE LADITE COMMUNAUTÉ, soit sur le roi, soit sur des particuliers.	ÉTAT DES PRODUITS provenant DE LA COLLECTE sur les membres.	SI CETTE COLLECTE EST AUTORISÉE OU NON.	CE QU'IL EST D'USAGE DE PAYER à la RÉCEPTION DES MAÎTRES, la date et l'extrait des titres qui y autorisent.	DES DETTES PASSIVES OU CHARGES DE LA COMMUNAUTÉ, avec la date et l'extrait des titres constitutifs.
DES TAILLEURS, FRIPIERS ET COUTURIÈRES. nᵒ 45.	La communauté des tailleurs a été fondée au règlement de police du 15 may 1699; il a été suivi jusqu'en 8 mars 1736. Elle a obtenu de nouveau bref et statuts qui réunissent les fripiers le 5 mars 1740. Arrêt du conseil, du 25 mai 1747, qui confirme cette réunion, ainsi que le relate l'ordonnance de M. Chauvelin, du 10 mars 1748. Enregistrement à l'hôtel de ville du 22 mars 1748. 15 juin 1749, autre ordonnance de M. Chauvelin qui enjoint l'exécution des derniers statuts.	Les fripiers, en exécution d'arrêt de conseil du 18 may 1747. Les couturières y ont été agrégées par acte émané de l'hôtel de ville, le 28 février 1696.	86 tailleurs, 20 fripiers, 120 maîtresses couturières.	180 liv. sur le roy pour la finance de 3600 liv. employée au rachat des offices d'inspecteurs et de contrôleurs, créés par édit de 1745. Les amendes prononcées au profit de la communauté en cas de contravention ne tant pas ici portées; on ne peut l'arbitrer.	La collecte est en usage dans cette communauté, suivant l'article 18 des statuts; depuis trois ans ses rôles montent par chacun an à 1249 liv., pour payer les rentes et charges ci-après.	Les maire et échevins.	Chaque apprenti paye 50 liv. à la communauté. Le fils de maître ne paye que 10 liv. Par l'article 3 des statuts, tous les aspirans, quels qu'ils soient, payent 2 liv. à chaque garde. 1 liv. à chacun des six anciens pour leur assistance au chef-d'œuvre et à la prestation de serment. Les couturières payent la moitié des droits sus-mentionnés.	Capitaux . . . . . . 3050 liv. Rentes et charges . . 1193 liv. 10 s.
DES TAPISSIERS. nᵒ 46.	Les brefs et statuts sont du mois d'avril 1655, émanés de l'hôtel de ville, autorisés par lettres patentes du mois d'avril audit an, registrées au parlement le 21 avril 1656.	Aucune réunion.	11 maîtres et 3 veuves.	Elle ne jouit d'aucuns revenus.	Vole ou fait point de rolle de répartition, elle dresse seulement un état à l'amiable pour acquitter les charges. Les veuves ne payent que la moitié des maîtres.	Personne.	Les aspirans ne payent rien à la communauté pour leur admission, et ne donnent que 2 liv. à chacun des gardes en charge, leurs frais de serment à l'hôtel de ville et expédition.	Capitaux . . . . . . 2600 liv. Rentes . . . . 160 liv.
DES TANNEURS. nᵒ 47.	Elle ne connaît point de brefs ni statuts, simplement des ordonnances de police; la première, du 14 février 1664, et la dernière du 19 juin 1696. Elles ne sont pas observées; il s'est introduit depuis des usages pour la perfection des cuirs.	Aucune réunion. Les négocians s'ingèrent dans cette profession.	25 maîtres, dont 9 travaillent.	Cette communauté jouit d'un moulin, ce qu'elle n'a pas déclaré; elle perçoit sur chaque sac de tan ce qu'il faut pour acquitter les charges ci-après.	Elle ne fait point de rolle.	Il n'y a pas lieu.	3 liv. seulement, dont on fait présent aux ouvriers et 2 liv. au greffier de l'hôtel de ville pour les droits de serment et expédition.	Capitaux . . . . . . 1260 liv. Rentes . . . . 198 liv. 8 s.
DES TRAITEURS, CUISINIERS.	Les brefs et statuts sont émanés du maire et	Point de réunion.	18 maîtres, 3 veuves et environ	43 liv. 17 s. 9 d. sur le roy pour l'intérêt de la finance des offices d'inspecteurs	Elle impose sur les maîtres par un rolle de	Les maire et échevins.	L'aspirant paye 40 liv. pour toute chose, dans laquelle somme 4 liv. pour les gardes,	Capitaux . . . . Rentes . . . . 396 liv. 13 s. 4 d.

AMIENS — XVIIIe SIÈCLE

NOMS DES COMMUNAUTÉS D'ARTS ET MÉTIERS. N° des liasses.	DATES ET EXTRAITS des TITRES CONSTITUTIFS de ladite communauté.	DATES ET EXTRAITS des titres de réunion à d'autres communautés.	NOMBRE DES MEMBRES qui composent ladite communauté.	DÉTAIL EXACT ET CIRCONSTANCIÉ ET REVENUS DE LADITE COMMUNAUTÉ, soit sur le roi, soit sur des particuliers.	ÉTAT DES PRODUITS provenant DE LA COLLECTE sur les membres.	SI CETTE COLLECTE EST AUTORISÉE OU NON.	CE QU'IL EST D'USAGE DE PAYER à la RÉCEPTION DES MAÎTRES, la date et l'extrait des titres qui y autorisent.	DES DETTES PASSIVES OU CHARGES DE LA COMMUNAUTÉ, avec la date et l'extrait des titres constitutifs.
RÔTISSEURS ET PÂTISSIERS. n° 48.	échevins le 22 septembre 1609, suivis de lettres patentes du mois d'août 1668, registrées au parlement le 31 avril 1670.		16 autres qui ont le droit d'ouvrir boutique; les charcutiers et aubergistes font leur métier.	contrôleurs, créés par édit de février 1745. 7 liv. 16 s. pour port à la monnaye de deux chandeliers d'argent; le produit de ces deux objets est destiné à l'acquit des offices; le jour du patron.			droit de serment; à l'hôtel de ville, contrôle, sceaux pour les incendies et gages du bureau.	
DES TISSERANDS. n° 49.	Brefs et statuts émanés des maire et échevins, le 23 septembre 1738.	Aucune.	11 maîtres.	Aucuns.	Elle perçoit sur ses membres la somme de 54 liv., qu'elle répartit à proportion des métiers que chacun d'eux fait travailler, savoir : 25 l. pour acquitter ses rentes, 4 liv. 2 s. 6 d. pour les 8/20, 7 liv. 14 s. d'industrie, 6 liv. au roy pour nomination des gardes, et 9 liv. 12 6 d. pour acquit des offices, fondations et autres.	Les maire et échevins.	Les fils de maître ne payent rien; les autres aspirants qui font chef-d'œuvre ne payent que 18 liv.; ceux qui veulent lever le métier, payent 54 liv., ce qui sert à acquitter les charges.	Capitaux .... 700 liv. Rentes et charges .. 70 liv.
DES TONDEURS. n° 50.	Elle n'a d'autres brefs et statuts que les règlements généraux de la manufacture, du mois d'août 1666.	Aucune.	12 et un autre qui fait cette profession sans qualités.	Point de revenus.	Les maîtres lèvent sur eux mensuellement de quoy payer les charges et taxes.	Personne.	Les aspirants payent 4 liv. au roy, 7 liv. 10 s. à l'hôtel de ville pour réception, serment et expédition, à 3 liv. à chacun des deux gardes.	70 liv. au capital de 3500 liv.
DES TONNELIERS. n° 51.	Elle est fondée et réglement des maire et échevins du mois de juin 1386, 2 décembre 1436, 26 janvier 1446, 6 février 1485, 28 juillet 1488, 27 mars 1539 et 11 février 1583.	Aucune.	42, dont 5 en vertu des lettres du mois de février 1745 et une veuve.	30 liv. pour réunion de cinq offices, créés par ledit édit de 1745.	Il est fait un rolle pour acquitter les charges cy-après.	Les maire et échevins.	L'aspirant paye 4 liv. de droit au roy, 7 liv. 10 s. pour sa prestation de serment à l'hôtel de ville et expédition; ce qui se paye à la communauté est de 20 liv. à 30 liv., suivant que l'aspirant est plus ou moins en état de faire son chef-d'œuvre; s'il est bon ouvrier il ne paye que 10 s. à chaque maître.	Capitaux .... 10960 liv. Rentes et charges .. 355 liv.
DES TOURNEURS. n° 52.	Brefs et statuts émanés de l'hôtel de ville le 15 may 1602, règlement du 19 décembre 1640, règlement du 24 mars 1750, qui les autorise à percevoir des droits sur les marchandises foraines, relatives à leur état.	Point de réunion.	2 maîtres et une	15 liv. de gages pour 300 liv. de finances des charges d'inspecteurs et contrôleurs, créés par édit de 1745.	Elle fait sur les membres annuellement une collecte pour payer les charges.	Les maire et échevins.	Les aspirants payent depuis 24 liv. jusqu'à 40 liv.	Capitaux .... 1760 liv. Rentes .... 69 liv.

NOMS des communautés d'arts et métiers. Nos des liasses.	DATES ET EXTRAITS des titres constitutifs de ladite communauté.	DATES ET EXTRAITS des titres de réunion à d'autres communautés.	NOMBRE des membres qui composent ladite communauté.	DÉTAIL EXACT ET CIRCONSTANCIÉ des revenus de ladite communauté, soit sur le roi, soit sur des particuliers.	ÉTAT DES PRODUITS provenant DE LA COLLECTE sur les membres.	SI CETTE COLLECTE EST AUTORISÉE OU NON.	CE QU'IL EST D'USAGE DE PAYER à la RÉCEPTION DES MAÎTRES, la date et l'extrait des titres qui y autorisent.	DES DETTES PASSIVES OU CHARGES DE LA COMMUNAUTÉ, avec la date et l'extrait des titres constitutifs.
DES VANNIERS. n° 53.	Elle n'a point de brefs ni statuts autorisés ; elle s'était pourvue auprès des maire et échevins, le 6 mars 1728, pour faire approuver ces brefs et statuts ; ils n'ont point été autorisés.	Point de réunion.	15 maîtres et une veuve.	Point de revenus.	Lorsqu'elle a besoin de fournir aux charges dans le cas où elle a des procès à soutenir.	Il n'y a pas lieu.	Les aspirans payent 2 liv. aux gardes, la communauté ne reçoit que 5 liv.	Elle est chargée de 28 liv. pour l'acquit de la confrérie.
DES VINAIGRIERS. n° 54.	Les statuts sont revêtus de lettres patentes de 1500, homologuées au parlement le 1er septembre 1706.	Aucune.	14 maîtres et 5 qui n'exercent pas, les épiciers entiépont sur leurs droits.	Elle n'a aucun revenu.	Elle ne fait contribuer ses membres que dans le cas où il y a des procès à soutenir.	Il n'y a pas lieu.	Les aspirans payent 2 liv. 10 s. à la confrérie et 20 s. à chacun des gardes, suivant l'article des statuts.	Elle n'a d'autres charges que l'industrie et les frais de confrérie que les maîtres acquittent.
DES VITRIERS. n° 55.	Les brefs et statuts émanés de l'hôtel de ville, le 5 décembre 1491, sont communs avec les peintres, brodeurs et enlumineurs ; ces peintres, brodeurs et enlumineurs en sont actuellement divisés.	Point de réunion.	16 maîtres et 4 en vertu de lettres créés par édit de novembre 1702 et de février 1745.	16 liv. sur le roy à cause de la finance payée pour les offices créés en 1748, qu'elle ne reçoit pas, ayant égard au quittance de finances ; une rente de 25 liv. au principal de 700 liv. créée à son profit par le nommé Dufour, par contrat devant Torbert, du 8 mars 1757 ; plus une autre de 20 liv. au principal de 400 liv., créée à son profit par Jean-Baptiste Valard, et contenue en sa reconnue du 1er décembre 1769.	La communauté, pour payer ses charges, impose sur les maîtres 2 liv. plus ou moins, par pannier de verre.	Les maire et échevins.	Les apprentis payent pour droits au roy, 4 liv. 7 liv. 5 s. à l'hôtel de ville pour la prestation de serment et expédition. 2 liv. à chacun des gardes et rien à la communauté.	Capitaux......... 2600 liv. Rentes et charges.. 220 liv.
DES CABARETIERS, MARCHANDS DE VIN ET HÔTELLIERS. n° 56.	Il n'est aucuns brefs ni statuts ; fait ces métiers qui veut.	Aucune.	Le nombre en est très-considérable ; on ne peut le fixer, à cause de la liberté de s'établir et de quitter.	Aucun.	Aucune.	Il n'y a pas lieu.	Point.	Aucunes dettes.
DES BOUCHERS. n° 57.	Ses réglemens sont émanés de l'hôtel de ville 1351, 1344, 1430, 1465, 1478 et 1495.	Aucune.	24 maîtres, dont 15 indigens.	80 liv. à cause de la réunion des offices créés par édit de 1745.	Elle perçoit par massacre de bœuf, 2 s. et par vaches, 2 s. Cette somme sert à acquitter les charges ci-après.	Entre eux.	On n'y admet que les fils de maître ; ils payent au roy 4 liv. de droit, 7 liv. 10 s. pour le serment, expédition de lettres à l'hôtel de ville et rien pour la communauté.	Capitaux......... 1050 liv. Rentes et charges.. 55 liv. 14 s.
DES MAÇONS. n° 58.	Ses brefs et réglemens sont émanés de l'hôtel de ville le 15 juin 1407, 10 octobre 1434 et 8 août 1560.	Aucune.	24 maîtres, dont 5 en conséquence de l'édit de création.	48 liv. de rentes pour finances de huit offices, créés par édit de février 1745, réunis à cette communauté.	Elle impose sur les membres de quoy payer les charges ci-après.	Les maire et échevins.	4 liv. pour droit au roy. 10 liv. pour la prestation de serment et expédition et 2 liv. à chacun des gardes, rien à la communauté.	Capitaux......... 3850 liv. Rentes et charges.. 155 liv.
DES TEINTURIERS. n° 59.	Elle se compose de deux branches distinctes.	Aucune.	28 maîtres, y compris les veuves.	120 liv. de revenus pour les gages attribués aux huit offices d'inspecteurs et contrôleurs.	Il se fait une roite sur les maîtres pour acquitter.	Les maire et échevins.	Les fils de maître payent 2 liv. 10 s. à l'hôtel de ville, 2 liv. 10 s. à Plaisisier, aux	Capitaux......... 2300 liv. Rentes et charges.. 93 liv.

NOMS DES COMMUNAUTÉS D'ARTS ET MÉTIERS. Nos des liasses.	DATES ET EXTRAITS DES TITRES CONSTITUTIFS DE LADITE COMMUNAUTÉ.	DATES ET EXTRAITS des titres de réunion à d'autres communautés.	NOMBRE DES MEMBRES QUI COMPOSENT LADITE COMMUNAUTÉ.	DÉTAIL EXACT ET CIRCONSTANCIÉ DES REVENUS DE LADITE COMMUNAUTÉ, soit sur le roi, soit sur des particuliers.	ÉTAT DES PRODUITS provenant DE LA COLLECTE sur les membres.	CETTE COLLECTE EST AUTORISÉE OU NON.	CE QU'IL EST D'USAGE DE PAYER À LA RÉCEPTION DES MAÎTRES, la date et l'extrait des titres qui y autorisent.	DES DETTES PASSIVES OU CHARGES DE LA COMMUNAUTÉ, avec la date et l'extrait des titres constitutifs.
	tes, l'une nommée du grand et bon teint et l'autre du petit teint. Elle est fondée en règlement du 29 janvier 1737, émané du conseil, enregistré au parlement le 12 mars suivant.		Dans ce nombre 8, est une veuve du grand et bon teint; le reste est du petit teint, et trois teinturiers qui teignent sans qualité.	trailleurs de la communauté créés par édit de février 1745.			receveurs des droits royaux 4 liv., et aux quatre gardes, 12 liv. La communauté ne reçoit rien des fils de maîtres. Les derniers reçus du bon teint, qui n'avoient aucunes qualités, ont payé chacun 1800 liv. à la communauté et un autre du petit teint 600 liv. qui ont servi au remboursement de capitaux de rentes.	
DES COUVREURS. n° 60.	Elle est régie par des ordonnances émanées de la police des 20 novembre 1411, 6 août 1456, 25 septembre 1466, 19 septembre 1525 et 9 may 1536.	Point.	28 maîtres et une veuve, au moins le quart d'iceux sont indigents et hors d'état d'en supporter les charges.	50 liv. de revenu sur le roy à cause de la création des offices d'inspecteurs et de contrôleurs, créés par édit de février 1745. Suivant le règlement du 5 may 1616, elle est encore autorisée à percevoir ce qui suit : Sur le millier de tuiles......4 s. Sur le cent de faîtières........1 Sur le mille de vanneaux et arêtiers. 4 Sur le mille pieds de caliste d'ardoises. 2 Sur mille pieds de caliste de tuiles.. 4 Sur mille lattes à thuilles .... 2 Sur mille pieds de tambourdes..... 4 Sur cent pieds de morts de bois.... 4 Les gardes en charges font cette perception, qui procède du droit de visite qu'ils font, et rendent 60 liv. à la communauté.	La communauté lève sur elle les rouits et charges cy-après détaillées à la déduction des 60 liv. que les gardes rendent pour le droit de visites des marchandises cy-contre.	Les maire et échevins rendent ce rolle exécutoire.	L'aspirant paye pour sa réception à la maîtrise une livre de cire à la confrérie et 16 s. à la communauté. Plus 4 liv. pour droit royal. Plus 20 liv. pour les droits de réception à l'hôtel de ville, compris le sol et droits du bedeau.	Capitaux........ 3420 liv. Rentes.......... 120 liv. 3 s. 1 d.
DES CHAUDRONNIERS ET FONDEURS. n° 61.	Par ordonnance de police du 13 décembre 1451.	Point de réunion, compris 2 veuves, quoique les chaudronniers et les fondeurs ne fassent qu'un même corps.	13 maîtres, compris 2 veuves, parmi lesquels il y en a 3 qui exercent comme propriétaires de lettres créées par édit de février 1745.	Elle n'a aucuns revenus.	Elle lève sur elle les routes et charges portés au rolle.	Les maire et échevins rendent ce rolle exécutoire.	L'aspirant paye de droit au roy 4 liv. à cause de son admission. 7 liv. 10 s. pour le contrôle d'icelle. 1 liv. aux gardes et 1 liv. à la communauté. Il n'est rien dû à la jurande.	Capitaux........ 8336 liv. Rentes.......... 498 liv. 12 s.
DES CHARPENTIERS. n° 62.	Ordonnance de police du 17 décembre 1464.	Point de réunion.	9 maîtres et 5 autres, qui exercent en exécution de lettres créées par édit de février 1745.	Point de revenus.	Ils perçoivent tous ans annuellement en vertu de rolle de quoy acquitter leurs charges.	Les maire et échevins rendent ce rolle exécutoire.	L'aspirant paye 4 liv. au roy. 10 liv. pour sa prestation de serment et expédition. 1 liv. à chacun des gardes pour leur assistance.	Capitaux........ 3400 liv. Rentes.......... 337 liv.
DES COUTELLIERS. n° 63.	Ordonnance de police en date des 3 février	Aucune.	8 maîtres, dont 1 qui exerce comme	Point de revenus.	Ils perçoivent sur eux annuellement en vertu	Les maire et échevins	L'apprenti paye 4 liv. au roy. 7 liv. 5 s. pour sa prestation de serment	9 liv. 9 s. du cinquième et d'industrie,

NOMS DES COMMUNAUTÉS D'ARTS ET MÉTIERS. Nos des liasses.	DATES ET EXTRAITS des TITRES CONSTITUTIFS de ladite communauté.	DATES ET EXTRAITS des titres de réunion à d'autres communautés.	NOMBRE DES MEMBRES qui composent ladite communauté.	DÉTAIL EXACT ET CIRCONSTANCIÉ DES REVENUS DE LADITE COMMUNAUTÉ soit sur le roi, soit sur des particuliers.	ÉTAT DES PRODUITS provenant DE LA COLLECTE sur les membres.	SI CETTE COLLECTE EST AUTORISÉE OU NON.	CE QU'IL EST D'USAGE DE PAYER à la RÉCEPTION DES MAÎTRES, la date et l'extrait des titres qui y autorisent.	DES DETTES PASSIVES OU CHARGES DE LA COMMUNAUTÉ, avec la date et l'extrait des titres constitutifs.
DES PELTIERS FOURREURS. n° 64.	1319, 6 aoust 1456 et 11 mars 1481. Cette communauté produit d'anciens brefs et statuts qui sont joints, et en a fait rédiger de nouveaux il y a plusieurs années, sans savoir précisément la date. Ils sont chez le sieur Trespagne, procureur au parlement de Paris pour l'homologation. Cette communauté ne peut rendre raison de ce que contiennent ces nouveaux statuts.	Il n'a aucune réunion.	propriétaire d'une lettre créée par édit du mois de février 1483; 4 rémouleurs sont aggrégés à ladite communauté sans qu'il y ait aucun acte qui le constate. 9 maîtres, 6 reulement qui exercent.	Elle n'a point de revenu.	de rolle pour payer leurs charges. Les charges cy-après sont annuellement payées par un rolle d'imposition sur les membres.	et expédition. 2 liv. aux gardes. Il n'est rien dû pour son admission à la jurande. Les maire et échevins.	Il paye au roy 4 liv. pour son admission. 7 liv. 10 s. pour sa prestation de serment et expédition des lettres et sceaux. 3 liv. à chacun des gardes. 10 liv. de droit de chapelle. Et rien à la communauté.	Capitaux........ 1900 liv. Rentes.......... 95 liv.

GENS D'ARTS ET MÉTIERS QUI N'ONT PAS SATISFAIT [1].

Les chapeliers forment communauté.   Les marchands de toiles.   idem.   Les charbonniers et fondeurs.   idem.   Les maîtres à danser ne forment point de communauté.
Les coutelliers.   idem.   Les corroyeurs forment communauté.   Les arquebusiers. On n'en connoit plus.   Les pelletiers fourreurs font communauté.
Les marchands de soie. Ceux-cy ne forment pas de communauté.   Les paveurs ne forment point de communauté.   Les écrivains ne forment point de communauté.   Les paru-decreux ne forment point de communauté et sont très-pauvres.
  Les plombiers   idem.

Fait et rédigé à Amiens par nous subdélégué de l'intendance de Picardie,
Le 30 novembre 1767.   Signé : Ducastel.

Original sur papier aux archives départementales de la Somme, papiers de l'intendance, liasse intitulée : *Réponse à l'ordonnance de l'intendant*, en date du 9 septembre 1767.

[1] Dans le manuscrit, l'article qui concerne les gens d'arts et métiers n'ayant pas satisfait, et la signature du subdélégué, précèdent les renseignements relatifs aux couvreurs, aux charpentiers, aux cordeliers, aux pelletiers-fourreurs, aux menuisiers, quelque arriérée un peu tard, ont été considérés par l'autorité locale comme susceptibles d'être côtisés avec les autres; nous avons cru devoir les côtiser à la lecture fixe lui-même. Dans la dernière liste, la distinction des métiers qui en réalité avaient satisfait au moment où la mémoire fut close.

LXXXI.

MÉMOIRE DRESSÉ PAR L'ÉCHEVINAGE D'AMIENS, EN EXÉCUTION DE L'ARTICLE 10 DE L'ÉDIT DU MOIS D'AOUT 1764.

Par ordonnance du mois d'août 1764 [1], Louis XV supprima les offices municipaux créés par l'édit de 1733, et rétablit la liberté des élections. En même temps, il institua dans les villes et bourgs des assemblées de notables chargées de veiller sur l'administration municipale, et afin d'approprier les nouvelles dispositions aux besoins des citoyens, il demanda sur tous les points de la France des renseignements aux membres des conseils de ville. « Voulons, porte l'article 10, que lesdits « officiers municipaux soient tenus, dans un mois à compter du jour « de l'enregistrement de notre présent édit, à remettre audit com- « missaire départy un mémoire sur la forme dans laquelle lesdites « assemblées ont été tenues jusqu'à ce jour et tous ceux qui y ont « été appelés, pour être ledit mémoire par lui envoyé avec son avis « au contrôleur général de nos finances. »

En vertu de cet article, les magistrats municipaux d'Amiens adressèrent au contrôleur général un mémoire très-étendu, et dont nous regrettons de ne pouvoir, à cause de sa longueur même, donner ici le texte. Cette pièce, datée du 27 septembre 1764, est divisée en deux parties. La première, qui contient l'historique des usages municipaux observés à Amiens jusqu'à l'époque de la rédaction du mémoire, est partagée elle-même en deux chapitres intitulés : 1re époque, *temps antérieurs*, et 2e époque, *temps postérieurs* à l'édit de 1597.

Les rédacteurs exposent que la ville d'Amiens a été gratifiée du droit de *bourgeoisie romaine*, et de celui de se gouverner elle-même par des magistrats élus chaque année; qu'après la domination des Romains, elle a conservé ses priviléges, qui ont été successivement augmentés. Ils énumèrent ensuite les droits, les attributions judiciaires, administratives, financières, militaires de l'échevinage au moyen âge; ils font connaître la forme des élections municipales, la nature des fonctions

---

[1] Isambert, Rec. des anc. lois franç., t. XXII, p. 406.

du maire et des échevins, l'emploi par l'échevinage des gens de pratique, avocats, procureurs, etc. Sous le titre 2e *époque*, sont compris une analyse de l'ordonnance de 1597, un exposé des variations que le régime municipal a subies à partir de cette époque, et un tableau de l'administration à Amiens, en 1764.

Vient ensuite la seconde partie du mémoire, *contenant les observations par rapport aux lettres patentes à intervenir.* Les rédacteurs opinent en général pour le *statu-quo*. De tous les usages en vigueur à l'hôtel de ville d'Amiens au moment de la publication de l'édit d'août, il y en a peu, suivant eux, qu'on puisse réformer ou modifier sans courir le risque des plus grands inconvénients. — Ils proposent, pour tenir lieu des notables dont la réunion avait été prescrite par l'édit de 1764, de maintenir à vie les anciens conseillers de ville dans leurs charges, d'augmenter le nombre de ces fonctionnaires, si besoin est, et de déterminer les nouvelles conditions d'admission. Ils disent que le nombre des échevins ne doit pas être diminué; qu'on peut donner le droit de suffrage particulier aux chirurgiens; ils demandent que le vote soit obligatoire, que la peine de l'amende soit encourue par les nominateurs qui se seraient abstenus de voter, et qu'à cause des vacances et des récoltes, le jour de l'élection soit porté du 24 septembre au mois de novembre. Le mémoire se termine par des observations sur les préséances, sur les conditions exigibles des personnes aspirant à la charge de maire, sur la périodicité des assemblées des conseillers de ville et des échevins, sur les comptes, sur les exemptions à accorder aux conseillers de ville, etc. [1]

---

[1] Une ordonnance générale du mois de mai 1765 fixa pour les municipalités les points laissés incertains par celle d'août 1764. (Isambert, Rec. des anc. lois franç., t. XXII, p 434.) — Par un arrêt du parlement, du 27 août 1766, les conseillers de ville de l'institution de l'édit de mai 1765 sont maintenus dans le droit d'assister aux audiences et à toutes les assemblées du corps de ville. — Arrêt du conseil qui, en exécution de l'édit de mai 1765 et de la déclaration du 15 juin 1766, règle le mode d'élection des notables de la ville d'Amiens. (3 août 1771. — Arch. imp., sect. administr., E 2476.)

LXXXII.

ÉDIT DU ROI ET ARRÊT DU CONSEIL D'ÉTAT RELATIFS A L'ORGANISATION MUNICIPALE DE LA VILLE D'AMIENS.

Sept ans s'étaient écoulés depuis le rétablissement de la liberté municipale, lorsque, par un édit de novembre 1771, Louis XV, en dépit de ses engagements, supprima l'ordre de choses consacré par les édits d'août 1764 et de mai 1765, et ramena les offices municipaux à l'état de charges vénales.[1] La ville d'Amiens, qui avait déjà fait de si grands sacrifices, se résolut à racheter encore une fois ses magistratures[2]; elle offrit soixante-dix mille livres pour la réunion des charges de maire, lieutenant de maire, échevins, conseillers assesseurs, et autres officiers subalternes. Par un arrêt du conseil, en date du 13 octobre 1772, cette somme fut acceptée, l'échevinage fut confirmé dans ses droits et priviléges; on l'autorisa à contracter des emprunts, et à faire tourber, pendant trente ans, soixante journaux de marais communaux[3]. L'arrêt d'octobre 1772 fut complété par un règlement général d'administration, qui contient les dispositions suivantes :

---

[1] Isambert, Rec. des anc. lois franç., t. XXII, p. 539.

[2] Les officiers municipaux, habitants, corps et communautés d'Amiens firent présenter au roi, le 31 juillet 1772, un mémoire relatif aux dispositions de l'édit de novembre 1771. Dans cette pièce, ils cherchent à montrer les inconvénients de la vénalité des offices municipaux, et font l'historique des édits royaux qui l'ont, depuis 1690, établie et supprimée tour à tour. Selon eux, ces offices ne doivent point être vénaux et perpétuels, mais électifs et temporaires; le principe de l'éligibilité est la meilleure garantie d'une bonne administration. Ils rappellent ensuite les sacrifices que la ville d'Amiens s'est imposés pour racheter précédemment ses offices, sacrifices qui se sont élevés, depuis 1733, à la somme de 220,871 liv. 13 s. 6 d., et déclarent que la ville est dans une situation financière des plus fâcheuses, et dans l'impossibilité d'acquitter le prix, fixé à 161,300 liv., des offices nouvellement créés. Ils demandent en terminant que le principe de l'éligibilité soit maintenu en faveur de la ville d'Amiens, et qu'il soit fait aux habitants remise des 161,300 liv. au payement desquelles ils ont été taxés pour en recouvrer la possession. (Copie conservée au ministère de l'instruction publique.)

[3] Un incendie, arrivé le 6 décembre 1772, ayant consumé la grande halle et une partie de l'hôtel de ville d'Amiens, les Amiénois demandèrent au roi la remise des soixante-dix mille livres, pour les employer à la reconstruction des édifices incendiés. Cette demande fut accordée, comme on le voit par une lettre de l'abbé Terray, contrôleur général des finances, du 22 décembre. (Arch. départementales de la Somme, liasse provenant de l'intendance, intitulée : *Ville d'Amiens*, état politiq., 1750 à 1800.) — La ville obtint quittance des soixante-dix mille livres, le 22 décembre 1773, et sur cette quittance, il lui fut expédié, le 26 janvier 1774, des lettres patentes en forme de provision des offices municipaux.

Le corps de ville sera composé d'un maire, d'un lieutenant de maire, de six échevins, d'un procureur du roi, d'un secrétaire-greffier et d'un trésorier-receveur (art. 1). — Il y aura de plus quatre conseillers de ville nommés par les membres de l'échevinage et ne faisant point partie du corps municipal (art. 4). — Le maire, le lieutenant de maire et les échevins seront élus par une réunion de citoyens agissant, les uns personnellement et comme ayant droit de vote individuel, les autres comme députés ou représentants de corps et de communautés. Le droit de suffrage direct appartiendra au maire, au lieutenant de maire, aux échevins, aux conseillers de ville et aux anciens maires; les nobles, les principaux membres du clergé, les gens de robe, les officiers de la milice bourgeoise, les avocats, les médecins, les chirurgiens, les notaires, les procureurs et les communautés marchandes les plus importantes, seront représentés par des députés; les chefs élus ou gardes jurés des corporations d'artisans et de petits marchands se feront représenter eux-mêmes par des délégués. L'académie d'Amiens, le chapitre de la cathédrale, la chambre de commerce, les lieutenants des faubourgs et des villages de la banlieue figurent ici pour la première fois sur la liste électorale; on y voit admises toutes les classes de la population, qui sont réparties dans des catégories d'électeurs plus ou moins favorisées, suivant l'expérience administrative, les lumières et la position de chacune d'elles (art. 2 et 5). — Les élections doivent se faire le 23 juin de chaque année; l'assemblée générale où elles auront lieu sera présidée par le lieutenant du bailliage (art. 6). — Il est défendu aux habitants d'Amiens de voter dans plusieurs corps à la fois (art. 8). — Les diverses communautés et les gardes jurés qui négligeront d'envoyer des députés, seront punis d'une amende qui s'élèvera, pour les communautés, à cinquante livres, et, pour les gardes, à dix livres. L'amende sera de vingt livres pour les députés qui, après avoir reçu leurs mandats, ne se rendront point à l'assemblée électorale, et s'abstiendront de voter (art. 10). — Le maire sera choisi par le roi sur une liste de trois candidats désignés dans l'assemblée du 23 juin; ces candidats devront être pris parmi les citoyens ayant exercé les charges de maire, de lieutenant de maire ou d'échevin (art. 16). — La durée des fonctions de maire est fixée à trois ans, et ce magistrat ne pourra être réélu qu'après trois autres années (art. 22). — Le lieutenant de maire sera choisi parmi ceux qui auront été échevins (art. 17); les échevins, parmi les nobles, les officiers des sièges royaux, les gradués, les officiers militaires, les commensaux du roi, les gens vivant noblement et les négociants (art. 18). — Les échevins exerceront leur charge pendant deux ans (art. 24). — Le procureur du roi, le secrétaire-greffier et le trésorier seront nommés par l'échevinage et exerceront pendant six ans (art. 27). — Le procureur *ad lites*, l'archiviste, le maître des présents, les officiers subalternes de police, seront nommés par l'échevinage (art. 33). — Les affaires d'administration et de comptabilité seront réglées par les assemblées de l'échevinage tenues le jeudi de chaque semaine (art. 36). — La juridiction de police et celle des manufactures continueront d'être exercées par le maire, le lieutenant de maire, les échevins, le procureur du roi et le secrétaire-greffier (art. 37). — La juridiction de petite police est attribuée au maire seulement (art. 38).

1772.
13 octobre.

Vu par le roy en son conseil la délibération prise par les officiers municipaux de la ville d'Amiens le trois septembre mil sept cent soixante-douze, par laquelle ils ont arrêté de charger leurs députés de traiter du rachat des offices municipaux créés par l'édit de novembre 1771, autre délibération desdits officiers municipaux du 12 des mêmes mois et an, par laquelle ils ont arrêté que leurs députés offriroient définitivement pour le rachat desdits offices une somme de soixante-dix mille livres, pourquoi ils suplioient très humblement Sa Majesté : 1° de recevoir l'offre de laditte somme comme un témoignage du dévouement de la ville au bien de l'état; 2° de permettre, attendu la situation fâcheuse des finances de laditte ville, que la somme de soixante-dix mille livres soit payée en trois termes égaux, le premier au 15 janvier 1773, le second au 15 may suivant, et le troisième et dernier au 15 septembre suivant; 3° d'autoriser la ville à faire tous emprunts nécessaires pour subvenir au payement de laditte somme; 4° et, pour la mettre en état de subvenir au remboursement desdits emprunts, de l'autoriser à faire tourber soixante journaux de ses communes dans les parties qui sont encore susceptibles de tourbage et qui seront reconnues les plus avantageuses, lequel tourbage elle pourra faire dans le cours de trente ans aux époques et dans les endroits qu'elle jugera à propos en total ou en partie, soit par voye d'économye, soit par voye d'adjudication, le tout ainsy qu'il sera délibéré dans l'assemblée du conseil de ville, sans qu'il soit besoin d'autre autorisation que celle de l'arrêt à intervenir, à la charge seulement que les délibérations qui seront prises sur cet objet seront visées du sieur intendant et commissaire départi et les adjudications faites devant lui à l'hôtel de ville, si adjudications doivent avoir lieu, et sans que, pour raison desdits emprunts et tourbage, la ville soit tenue de payer aucun droit de marc d'or, attendu que lesdits emprunts et tourbage ne sont que des moyens onéreux employés par la ville pour subvenir au payement des soixante-dix mille livres; 5° d'ordonner enfin que laditte ville sera maintenue dans tous ses droits, possessions et priviléges; qu'elle pourra élire ses officiers municipaux; et que son administration sera et demeurera réglée conformément au projet de règlement faisant l'objet d'une autre délibération. Vu laditte délibération du 18 septembre 1772, contenant projet de règlement en 43 articles, les pièces jointes à laditte délibération, qui sont l'extrait du livre noir qui constate l'usage observé pour le renouvellement de la loi antérieurement à l'édit de novembre 1597; ledit édit de novembre 1597, avec le règlement y attaché; l'arrêt du conseil du 7 septembre 1726; celui du 24 décembre 1750; le mémoire dressé pour l'obtention des lettres patentes promises par l'édit d'aoust 1764; l'arrêt du conseil du 3 aoust 1771; le mémoire adressé au conseil le 5 décembre suivant; l'ordonnance du roy du 18 février 1772; l'avis du sieur intendant commissaire départi dans la province de Picardie, et ouy le rapport du sieur abbé Terray, conseiller ordinaire et au conseil royal, controlleur général des finances; le roy en son conseil a ordonné et ordonne ce qui suit:

1. Les offices de maire et de lieutenant de maire, les quatre offices d'échevins, les quatre offices de conseillers assesseurs, l'office de procureur du roy, celui de secrétaire-greffier garde des archives, et ceux de trésoriers-receveurs, ancien mytriennal et alternatif mytriennal, et de controlleurs desdits receveurs créés en la ville d'Amiens par édit de novembre 1771, seront et demeureront unis et incorporés au corps de laditte ville, à la charge par elle de payer, suivant ses offres, entre les mains du trésorier des revenus casuels de Sa Majesté la somme de soixante-dix mille livres; à quoy Sa Majesté a bien voulu modérer la finance totale desdits offices, de laquelle il ne sera délivré qu'une seule et même quittance, et en outre de nommer et faire pourvoir un homme vivant et mourant.

2. Laditte somme de soixante-dix mille livres sera payée aux parties casuelles en trois termes égaux, sçavoir: le premier, au quinze janvier mil sept cent soixante-treize; le second, au quinze may suivant; et le troisième et dernier au quinze septembre suivant.

3. Autorisons les officiers municipaux de laditte ville à faire tous emprunts

pour subvenir au payement de ladite somme de soixante-dix mille livres, à la sûreté du remboursement desquels emprunts et payement d'arrérages d'iceux ils pourront affecter et hypothéquer tous les biens et revenus de ladite ville.

4. Et pour mettre ladite ville en état de subvenir au remboursement desdits emprunts, Sa Majesté l'autorise par le présent arrêt à faire tourber soixante journaux de ses marais communs dans les parties qui sont encore susceptibles de tourbage et qui seront reconnues les plus avantageuses, lequel tourbage elle pourra faire dans le cours de trente ans, aux époques et dans les endroits qu'elle jugera à propos, soit en total, soit en partie, soit par voie d'économie, soit par voie d'adjudication; de tout ainsy qu'il sera délibéré dans l'assemblée du conseil de ville tenu en la forme prescrite par l'article neuf du règlement annexé au présent arrêt, sans qu'il soit besoin d'autre autorisation que celle portée au présent arrêt; à la charge seulement que les délibérations qui seront prises sur cet objet dans le conseil de ville seront approuvées par le sieur intendant de la province, et les adjudications, si elles doivent avoir lieu, faites par devant luy à l'hôtel de ville, où la minute en restera, et sans que, pour raison desdits rachat, emprunts et tourbage, ladite ville soit tenue de payer aucun droit de marc d'or, dont elle est dispensée par le présent, attendu que le rachat ne pourroit estre fait sans l'emprunt, et que l'emprunt ne pourra être remboursé que par le tourbage.

5. Maintient et confirme Sa Majesté en tant que de besoin ladite ville d'Amiens dans la propriété, possession et jouissance de tous ses biens, droits et revenus patrimoniaux et d'octrois et dans tous ses droits, priviléges et exemptions quelconques, pour par elle continuer d'en jouir comme elle a fait jusqu'à présent, lui permet de procéder à nouvelle élection de ses officiers municipaux dans la forme prescrite et à l'époque fixée par le règlement cy-attaché.

6. Ledit règlement arrêté aujourd'huy au conseil, Sa Majesté y étant, et annexé au présent arrêt, sera suivi et exécuté en tout son contenu, comme s'il étoit inséré mot à mot dans ledit présent, et sera ledit arrêt et le règlement y attaché lus, publiés et affichés en la ville d'Amiens et registrés sur le registre aux chartes de ladite ville. Mande et ordonne Sa Majesté au sieur commissaire départi dans la généralité d'Amiens de veiller et tenir la main à l'exécution desdits arrêt et règlement. Signé : DE MAUPEOU et TERRAY.

A Fontainebleau, le treize octobre mil sept cent soixante-douze.

Suit la teneur de l'annexe:

RÈGLEMENT POUR L'ADMINISTRATION MUNICIPALE DE LA VILLE D'AMIENS.

1. Le corps de ville d'Amiens sera et demeurera composé d'un maire, d'un

lieutenant de maire, de six échevins, d'un procureur du roy, d'un secrétaire greffier et d'un trésorier receveur.

2. Les maire, lieutenant de maire et échevins seront élus par voie de scrutin et par billets, dans une assemblée des députés des corps et communautés ci-après nommés, qui se tiendra le 24 septembre de chaque année.

3. A l'égard du procureur du roy, du secrétaire greffier et du trésorier receveur, ils seront élus aussi par billets et par voie de scrutin dans le conseil de ville qui se tiendra ledit jour 24 septembre, à l'issue de l'assemblée des députés, et où le lieutenant général au baillage présidera.

4. Il y aura quatre conseillers de ville qui ne feront pas partie du corps municipal, qui seront choisis par les officiers municipaux parmi les anciens maires et, à défaut d'anciens maires, parmi les plus notables personnages de la ville qui auront été lieutenant de maire ou échevin.

5. Les députés pour la nomination des maire, lieutenant de maire et échevins seront envoyés par les corps qui suivent, savoir :

Un par le chapitre de la cathédrale ;
Un par le chapitre des collégiales de Saint-Firmin le confesseur et de Saint-Nicolas joints ;
Un par la congrégation des curés ;
Un par l'université des chapelains ;
Un par l'ordre de la noblesse et les officiers militaires ;
Un par le baillage et siège présidial ;
Un par le bureau des finances ;
Un par l'élection ;
Un par les officiers de la maîtrise des eaux et forêts ;
Un par les officiers du grenier à sel ;
Un par la juridiction consulaire ;
Un par la juridiction de la maréchaussée ;
Un par la juridiction des monnoyes ;
Un par les officiers des juridictions de l'évêché, du chapitre, du vidame, de l'abbaye de Saint-Jean, du collège et des jacobins joints ;
Un par l'accadémie ;
Un par la chambre du commerce et les anciens sindics joints ;
Un par les seize capitaines et les lieutenants de milice bourgeoise ;
Un par les avocats ;
Un par les médecins ;
Un par les chirurgiens ;
Un par les notaires ;

Un par les procureurs;

Un par les marchands des trois corps réunis;

Un par les marchands épiciers;

Un par les imprimeurs, libraires, orfèvres, teinturiers, brasseurs, tanneurs et apoticaires joints;

Un par les tapissiers et les bonnetiers fabricants de bas joints;

Un par les seize gardes fabricans seulement, sans que la communauté soit tenue de s'assembler non plus que celles cy-après nommées;

Un par les gardes en charge des maçons, charpentiers, menuisiers, couvreurs, serruriers, pailloleurs, vitriers et peintres sculpteurs joints;

Un par les gardes des charrons, maréchaux, cloutiers, féronniers, taillandiers, éperonniers, armuriers, fourbisseurs, chaudronniers, fondeurs, couteliers joints;

Un par les gardes des cuisiniers, traiteurs, pâtissiers, boulangers, meuniers, aubergistes, cabaretiers, bouchers, charcuitiers, poissonniers, bateliers, potiers d'étain et fayanciers joints;

Un par les lieutenant et prévôt des perruquiers, gardes tailleurs et gardes boutonniers joints;

Un par les gardes des corroyeurs, gantiers, mégissiers, parcheminiers, relieurs, pelletiers-foureurs, cordonniers, sueurs de vieil, selliers et bourreliers joints;

Un par les gardes des tonneliers, tourneurs, ménestriers, vanniers, tondeurs, foulons, imprimeurs d'étofes, calandreurs, lustreurs et apprêteurs joints;

Un par les maîtres et les doyens des différents corps d'officiers dépendants de la ville et du vidame, pourvu que le nombre des membres excède trois dans chacque corps;

Et un par les lieutenants des faubourgs et des villages de la banlieue;

Le maire, le lieutenant de maire, les six échevins et les quatre conseillers de ville donneront chacun séparément leur billet de scrutin, ainsy que chacun des anciens maires qui ne seroient pas conseillers de ville.

6. Les corps et les gardes des communautés dénommés en l'article précédent seront tenus de s'assembler chacun, comme il sera dit cy-après, le 24 septembre au matin, pour nommer leur député et pour dresser leur billet de scrutin, qui sera remis cacheté au député, desquelles nomination de député et remise de scrutin sera dressé procès-verbal par celui qui présidera auxdittes assemblées particulières.

7. Les corps ecclésiastiques, ceux de magistrature et de justice, l'accadémie,

la chambre de commerce, la jurisdiction consulaire, les avocats, médecins, notaires, procureurs, chirurgiens, s'assembleront ainsy qu'ils ont accoutumé; les jurisdictions des seigneurs s'assembleront chez le plus ancien chef gradué, et ne députeront et n'enverront de scrutin à moins qu'ils ne soient trois délibérants; les nobles et officiers militaires s'assembleront en la chambre du conseil du baillage par devant le lieutenant général ou premier officier du siége qui les convoquera, et ne pourront envoyer de député s'ils ne sont au moins cinq délibérants; les communautés de marchands et autres ayant droit au consulat s'assembleront en la chambre consulaire devant le juge consul; les gardes des communautés, les maîtres et doyens des officiers et les lieutenants des faubourgs et banlieue, à l'hôtel de ville devant le maire ou premier officier municipal.

8. Aucun habitant ne pourra voter dans deux ou plusieurs corps ou communautés, sous peine de cent livres d'amende applicable à la commune; et pour pouvoir connoître les contrevenants au présent article, les procès-verbaux de chaque assemblée particulière contiendront les noms et surnoms de ceux qui se sont trouvés auxdittes assemblées.

9. Les députés se rendront ledit jour 24 septembre, sur les trois heures de relevée, en la grande salle de l'hôtel de ville dans l'assemblée des officiers municipaux, où les conseillers de ville seront appellés, ainsy que les anciens maires qui ne seroient pas conseillers de ville, et où présidera le gouverneur de la ville, en son absence le bailly d'Amiens ou le lieutenant général ou premiers officiers du baillage; lesdits députés justifieront d'abord de leur acte de nomination, ils prêteront tous serment devant le président de l'assemblée, que le scrutin qu'ils vont raporter est tel qu'il leur a été confié; ils déposeront ensuite ce scrutin devant le président, qui les mêlera avec ceux de chacun des officiers municipaux, conseillers de ville et anciens maires et en fera publiquement ouverture et lecture sous les yeux du maire et du procureur du roy de la ville.

10. Les corps et les gardes des communautés qui auroient négligé d'envoyer des députés seront condamnés, sçavoir: chacun des corps en cinquante livres d'amende et les gardes chacun personnellement en dix livres; les députés qui auront manqué de se trouver à l'assemblée sans cause légitime seront condamnés aussy chacun personnellement en vingt livres d'amende, lesquelles amendes seront prononcées à la fin de l'assemblée contre chacun des deffaillants, par le président, sur les conclusions du procureur du roy de la ville, et appliquées à la commune.

11. Les difficultés qui pourroient s'élever pendant la tenue de l'assemblée

seront jugées provisoirement l'assemblée tenante par le président d'icelle, sur l'avis du conseil de ville et sur les conclusions du procureur du roy de la ville, et les jugements exécutés par provision.

12. Le procès-verbal de ladite assemblée sera rédigé par le secrétaire greffier, lequel y portera le plus nommé pour chacque place et fera mention du plus nommé après luy.

13. Il sera envoyé de nouveaux députés chaque année en la manière cy-dessus prescrite, sans qu'aucun puisse être continué.

14. Il sera élu trois sujets pour la place de maire, lesquels seront présentés au roy, pour par Sa Majesté choisir parmi eux celui à qui elle jugera devoir confier ladite place.

15. Dans la matinée du lendemain de l'élection des trois sujets pour la place de maire, il sera remis deux expéditions du procès-verbal d'icelle au lieutenant général au baillage, pour estre par lui envoyé sur le champ, sçavoir: l'une au secrétaire d'état ayant le département de la province et l'autre au gouverneur de la ville.

16. Les trois sujets pour la place de maire ne pourront estre élus que parmi ceux qui auront déjà rempli cette place, ou parmi ceux qui seront ou auront été lieutenants de maire ou échevins.

17. Le lieutenant de maire ne pourra estre élu que parmi ceux qui seront ou auront été échevins.

18. Ne seront nommés échevins que des personnes notables choisies parmi les nobles, magistrats et autres officiers de justices royales, gradués, officiers militaires, commensaux de la maison du roy, gens vivant noblement ou négociants non vendans en détail.

19. Il n'y aura jamais plus de deux gradués et plus de deux négociants parmi les échevins, et il y aura toujours au moins un noble ou officier militaire.

20. Ne pourront estre reçus en même temps dans le corps municipal le père et le fils, le beau-père et le gendre, les frères et les beaux-frères, l'oncle et le neveu, ni les cousins germains; ne pourront même y estre reçus les officiers comptables de la ville qui n'auroient pas rendu compte ny payé le reliquat d'icelui.

21. Les six échevins ne prendront point séance entr'eux selon l'ancienneté de leur nomination ny selon le plus grand nombre de voix, mais les échevins nobles d'extraction auront le premier rang, ensuite les échevins gradués, en telle sorte cependant que, si l'un des deux nobles est gradué, le gradué aura la préférence, à moins que le noble non gradué ne soit chevalier de St-Louis

ou des autres ordres du roy. Après les gradués viendront les officiers non gradués des justices royales, ensuite les commensaux de la maison du roy; après eux les gens vivant noblement et finalement les négociants; à l'égard des échevins de chacune des classes cy-dessus, ils se régleront pour la préséance entr'eux selon leur dignité, état ou qualité particulière, et à toutes choses égales selon l'ancienneté de leur nomination.

22. Le maire exercera pendant trois années, à l'expiration desquelles il sera remplacé en la forme cy-dessus prescrite, sans qu'il puisse estre continué ni élu de nouveau, si ce n'est après un intervale de trois ans; il ne cessera cependant ses fonctions que le lendemain du jour de l'élection, après qu'il aura reçu le serment des officiers municipaux nouvellement élus et qu'il aura fait la cérémonie d'allumer le feu.

23. Le lieutenant de maire exercera pendant trois ans et sera remplacé sans pouvoir estre continué.

24. Les échevins exerceront pendant deux ans; il en sera cependant élu trois nouveaux chaque année pour exercer avec les trois anciens qui, pour la première élection seulement, seront retenus dans un conseil de ville.

25. La première élection qui sera faite en vertu des présentes aura lieu le 24 septembre 1773, et jusqu'à ce tems tous les officiers municipaux actuels continueront l'exercice de leurs fonctions.

26. Il sera cependant procédé immédiatement après la publication des présentes au choix des quatre conseillers de ville, dont l'un sera le sieur Jourdain de Thieulloy, maire actuel.

27. Le procureur du roy, le secrétaire-greffier et le trésorier-receveur exerceront leurs fonctions pendant six années, à l'expiration desquelles ils pourront être continués; et cependant le sieur Boistel continuera d'exercer pendant sa vie les fonctions de procureur du roy, et le sieur Janvier continuera aussy d'exercer pendant sa vie celles de secrétaire-greffier, et ce pour récompenser lesdits sieurs Boistel et Janvier des services par eux rendus à la commune, et le sieur Bernard de Cléry, trésorier-receveur actuel, continuera d'en exercer aussy les fonctions pendant sa vie, pour par eux tous en jouir aux honneurs, gages et attributions qui y sont attachés.

28. La place de procureur du roy de la ville sera toujours exercée par un gradué.

29. Le procureur du roy de la ville pourra faire tels réquisitoires qu'il jugera convenables pour le bien de la ville, tant aux assemblées des officiers municipaux qu'à celles du conseil de ville.

30. Le maire prêtera serment en la forme accoutumée, dans la salle de la

Malemaison, entre les mains du gouverneur, ou du bailly, ou du lieutenant général ou premier officier du baillage. Le brevet de sa nomination sera registré au greffe du baillage ou à celui de l'hôtel de ville.

31. Les autres officiers municipaux prêteront serment le 25 septembre à midi dans la grande salle de l'hôtel de ville, devant le maire, et, en cas d'absence ou de vacance de la place, devant celui qui en fera les fonctions.

32. Il y aura comme ci-devant un avocat de la ville, lequel sera choisi dans l'ordre des avocats; il sera élu dans un conseil de ville pour six années, à l'expiration desquelles il pourra estre continué; et cependant voulons que le sieur Boulet de Varennes, actuellement en exercice, en continue les fonctions sa vie durante, aux honneurs et émoluments qui y ont été attachés.

33. Le procureur *ad lites*, l'archiviste, le maître des présents, l'inspecteur de police et tous les autres officiers de la ville, seront nommés par les maire, lieutenant de maire et échevins, et prêteront serment devant le maire.

34. Les serviteurs et domestiques pourront estre nommés et destitués par le maire seul.

35. N'entend Sa Majesté que, sous prétexte des continuations de fonctions portées ès articles 27 et 32, la ville ny ceulx qui sont continués soient assujétis à aucuns droits de marc d'or, dont Sa Majesté les dispense par ces présentes en tant que de besoin.

36. Toutes les affaires ordinaires d'administration seront réglées et décidées dans les assemblées des officiers municipaux qui se tiendront les jeudis de chacque semaine, dont sera toujours fait acte par le secrétaire greffier, et qui seront convoquées la veille par billets signés de luy.

37. La jurisdiction de police et de manufacture continuera d'estre exercée par les maire, lieutenant de maire, échevins, procureur du roy et secrétaire greffier; les audiences de laquelle jurisdiction seront tenues comme ci-devant les mardi et samedy.

38. Le maire continuera d'exercer en son hôtel la petite police et d'ordonner seul de ce qui sera relatif au bien du service du roy.

39. La délivrance des mandements ne pourra estre arrêtée que dans les assemblées des jeudis; et seront lesdits mandemens signés au moins par le maire ou le lieutenant de maire ou échevin et le secrétaire, ou, en l'absence du maire et du lieutenant de maire, par deux échevins et par le secrétaire, qui en fera registre et les rapportera sur le sommier de dépense.

40. Les adjudications des baux pour les biens, revenus et aides patrimoniaux seront faites en la manière accoutumée, devant les officiers municipaux en leurs audiances, sur trois publications de huitaine en huitaine; elles seront

reçues par le secrétaire greffier, dont les expéditions emporteront hipothèque, conformément à la déclaration du 23 juin 1772, et à l'égard des adjudications des octrois au profit de la ville, elles seront faites en la manière accoutumée, par devant le commissaire départi dans la province.

41. Le compte du trésorier receveur sera présenté à l'assemblée des officiers municipaux, qui sera convoquée exprès.

42. Ledit compte comprendra toute la recette et toute la dépense de l'année, tant des revenus patrimoniaux que d'octrois; il sera vérifié en laditte assemblée, sur l'examen des commissaires nommés parmi les échevins; il sera ensuite présenté au baillage pour y être arrêté, et enfin un double d'icelui envoié à M. l'intendant pour estre de lui visé.

43. Toutes les affaires extraordinaires, comme emprunts, aliénations, acquisitions, établissements, constructions, reconstructions, grosses réparations, toutes dépenses extraordinaires excédant 500^{tt}, demandes de nouveaux octrois, et enfin toutes affaires qui pourront intéresser les droits, possessions, privilèges et exemptions de la ville et de ses habitans ne seront délibérées que dans une assemblée convoquée exprès par billets signés du secrétaire, où les conseillers de ville seront appellés et où le lieutenant général présidera avec voix délibérative, et les délibérations prises dans ces assemblées seront envoyées au commissaire départi, pour estre de lui visées, s'il y a lieu.

Signé : DE MAUPEOU et TERRAY.

Arch. imp., sect. administr., E 1483.

LXXXIII.

ORDONNANCE ROYALE RELATIVE A LA MILICE BOURGEOISE D'AMIENS.

Divers abus s'étaient introduits dans le service de la milice bourgeoise d'Amiens; la plupart des compagnies manquaient d'officiers, et, à raison du grand nombre des exempts, elles n'étaient plus composées que des citoyens les moins aisés; beaucoup d'habitants se dispensaient du service, et portaient en appel devant le baillage, malgré son incompétence, les condamnations prononcées contre eux par les magistrats municipaux[1]. Pour faire cesser cet état de choses, Louis XV, par un

[1] On voit dans un *Factum adressé par le maire et les échevins d'Amiens au contrôleur général des finances*, 30 mars 1765, que, dans la 2e moitié du XVIIIe siècle, la milice bourgeoise d'Amiens faisait chaque jour le service des portes et des corps de garde, tant de jour que de nuit, à raison d'une compagnie par chaque jour, lors même qu'il y avait une garnison dans la ville; que les habitants

édit du 11 janvier 1773, qui a été imprimé, décida qu'il serait dressé, sous les ordres des maire et échevins, de nouveaux rôles des habitants devant faire partie de la garde bourgeoise; il fixa les conditions auxquelles on en pourrait être exempt; il enjoignit aux propriétaires d'offices de milice de remplir leur charge; et statua que les maire et échevins continueraient à connaître des faits de garde bourgeoise, et qu'on ne pourrait, à raison de ces faits, se pourvoir contre les sentences de l'échevinage ailleurs que devant l'intendant ou le secrétaire d'état ayant le département de la province.

DE PAR LE ROI.

Sa Majesté étant informée qu'il s'est introduit plusieurs abus dans la discipline du service de la garde bourgeoise de la ville d'Amiens; que la plupart des compagnies manquent d'officiers; qu'elles ne sont plus composées que des citoyens les moins aisés, à cause du nombre prodigieux des exempts; que beaucoup d'habitans parviennent à se dispenser du service et de toutes contributions à icelui, sur de prétendues exemptions; que, pour éluder l'effet des sentences des maire et échevins qui les condamnent à faire le service, ils en interjètent appel au bailliage, ce qui est contre l'ordre des choses, et contre la nature du service militaire, qui ne peut être assujéti aux formalités des procédures ordinaires; que la réformation des jugemens des maire et échevins, pour fait de garde, n'a jamais été de la compétence des juges civils contentieux, mais bien du ressort immédiat du gouvernement;

Sa Majesté a ordonné et ordonne ce qui suit:

1. Il sera dressé, sous les ordres des maire et échevins, de nouveaux rôles des habitans qui doivent composer les seize compagnies de la milice bourgeoise de cette ville.

2. Ne seront exempts de la milice et garde bourgeoise que ceux que Sa Majesté a déclarés exempter de logement par l'article 57 du titre 5 de son ordonnance militaire du 1er mars 1768.

3. Les propriétaires des offices de milice bourgeoise seront tenus de s'y faire recevoir dans le délai d'un mois, à compter du jour de la publication de la présente ordonnance, et de faire les fonctions attachées auxdits offices, sinon,

---

pouvaient se dispenser complétement du service en se faisant inscrire sur le rôle des marqués, c'est-à-dire, en payant par an 13 liv. 16 s., somme qui était perçue au profit du roi; que l'on pouvait aussi se faire remplacer provisoirement, avec l'autorisation des magistrats municipaux, par des gens soldés qu'on appelait *gagne-deniers*.

il sera pourvu auxdites places par le sieur gouverneur et les maire et échevins, selon l'ordre réglé entre eux par l'arrêt du conseil du 19 novembre 1695.

4. Les maire et échevins continueront de connoître des faits de garde bourgeoise, conformément aux lettres patentes du 15 mai 1557, et à la possession où ils sont jusqu'à ce jour.

5. Fait défenses Sa Majesté de se pourvoir contre les sentences desdits maire et échevins pour fait de garde bourgeoise, et de toute contribution à icelle, ailleurs que pardevant le sieur intendant et commissaire départi en la province de Picardie, lorsqu'il s'agira de motifs d'exemption, et pour tous autres faits, devant le secrétaire d'état ayant le département de ladite province.

6. Ordonne Sa Majesté que l'appel formé au bailliage, par les notaires et procureurs, de la sentence des maire et échevins du 21 avril 1768, sera et demeurera nul, ainsi que toutes les procédures faites en conséquence; veut et entend Sa Majesté que les notaires et procureurs fassent incontinent et provisoirement le service personnel de la garde, sauf à eux à se pourvoir devant le sieur intendant, pour y exposer leur prétendue exemption.

Et au surplus, veut Sa Majesté que les réglemens des 24 septembre 1728 et 24 avril 1769 soient exécutés, ainsi que la présente ordonnance, laquelle sera lue, publiée et affichée et transcrite sur les registres de l'hôtel de ville d'Amiens, afin que personne n'en ignore. Fait à Versailles le onze janvier mil sept cens soixante-treize. Signé : LOUIS. Et plus bas : PHELYPEAUX.

Copie conservée au ministère de l'instruction publique.

LXXXIV.

ARRÊT PAR LEQUEL LE CONSEIL D'ÉTAT AUTORISE LA CONSTRUCTION D'UN MOULIN À FOULON À AMIENS.

Quoique Amiens fabriquât, au xviiie siècle, une grande quantité d'étoffes de laine, cette ville ne possédait qu'un seul moulin à foulon. Les magistrats municipaux, dans une requête au roi, ayant déclaré que ce moulin était insuffisant, et que la construction d'un nouveau moulin serait à l'avantage de l'industrie amiénoise et de la classe pauvre des habitants, le conseil d'état, par arrêt du 2 novembre 1773, autorisa les maire et échevins à faire faire ce moulin à côté du pont Saint-Michel.

Sur la requête présentée au roy en son conseil par les officiers municipaux de la ville d'Amiens, contenant que, dans cette ville, où l'on fabrique beaucoup

1773.
2 novembre.

de sortes d'étoffes de laine, il n'y a qu'un seul moulin aux apprêts ; que, pour procurer la concurrence et la perfection dans cette partie, il seroit à désirer qu'il y eût un autre moulin qui servît en même temps au foulage ; que cet établissement, nécessaire aux fabriques subsistantes, donneroit occasion d'établir à Amiens des fabriques de draperies qui n'y ont pas encore lieu, par le défaut seul de foulage ; que l'avantage de cet établissement seroit bientost sensible aux négotians, aux fabriquans et surtout au peuple nombreux de cette ville, qui n'a d'autres moyens de subsister que les travaux de la manufacture ; que l'on ne pourroit faire plus commodément cet établissement qu'au pied d'une ancienne tour démolie à côté du pont de Saint-Michel, appartenante à ladite ville d'Amiens, en profitant de la chûte du radier des trois arches dudit pont vers le nord, que le moulin ne pourroit nuire ny à la fortification, ny à la navigation, ny aux moulins supérieurs, qu'il ne pourroit préjudicier non plus aux droits d'autruy, parce que l'emplacement en question est du domaine de Sa Majesté, suivant le droit public du royaume et les dispositions expresses de l'article 41 du titre 27e de l'ordonnance de 1669, et suivant des titres positifs appuyés sur une possession immémoriale du domaine.

Requéroient à ces causes les supplians qu'il plût à Sa Majesté leur permettre de faire établir un moulin aux apprêts et à foulon, au pied de l'ancienne tour démolie, à côté du pont Saint-Michel de laditte ville d'Amiens, en profitant de la chûte du radier des trois arches dudit pont vers le nord, suivant que le tout est désigné au plan qui a été dressé à ce sujet, sans cependant qu'ils soient adstraints à suivre la distribution tracée audit plan, qu'ils pourront changer, suivant qu'il sera jugé plus avantageux par le sieur intendant de la province, pourvu qu'ils n'outrepassent pas les limites figurées audit plan, aux offres qu'ils font de payer au domaine du roy telle modique censive qui sera jugée convenable, et à la charge par eux, ainsy qu'ils s'y sont soumis par leur délibération du 2 octobre 1773, de transporter ailleurs ledit moulin, si le déplacement en étoit jugé nécessaire par ledit sieur intendant, lorsque l'exécution du projet d'embellissement et d'aggrandissement du pont de laditte ville aura lieu ; dans lequel cas ladite censive seroit éteinte, à moins que ledit moulin ne fût replacé sur une partie navigable de la Somme, enjoindre au sieur intendant de tenir la main à l'exécution de l'arrest à intervenir. Vu ladite requête, le plan des lieux dont il s'agit, la délibération du deux octobre 1773 ; vu aussi l'article 41 du titre 27e de l'ordonnance de 1669, ensemble l'avis du sieur d'Agay, intendant et commissaire départy dans la province de Picardie, ouï le rapport du sieur abbé Terray, conseiller ordinaire et au conseil royal, contrôleur général des finances,

Le roy en son conseil a permis et permet aux officiers municipaux de la ville d'Amiens de faire établir un moulin aux apprêts et à foulon au pied de l'ancienne tour démolie à côté du pont Saint-Michel de laditte ville, en profittant de la chûte du radier de trois arches dudit pont vers le nord, suivant que le tout est désigné au plan qui a été dressé à ce sujet, sans cependant que lesdits officiers municipaux soient adstraints à suivre la distribution tracée audit plan, qu'ils pourront changer, suivant qu'il sera jugé plus avantageux par le sieur intendant de la province, pourvu qu'ils n'outrepassent pas les limites figurées audit plan; à la charge par lesdits officiers municipaux d'une censive annuelle de dix livres envers le domaine, et à la charge encore par eux, ainsi qu'ils s'y sont soumis par leur délibération du 2 octobre 1773, de transporter ailleurs ledit moulin, si le déplacement en est jugé nécessaire par ledit sieur intendant, lorsque l'exécution aura lieu, dans lequel cas ladite rente censive sera éteinte, à moins cependant que ledit moulin ne soit replacé sur une partie navigable de la Somme; enjoint Sa Majesté audit sieur intendant, de tenir la main à l'exécution du présent arrest. Fait au conseil d'état du roy tenu à Fontainebleau le 2 novembre 1773. Collationné, Devougny.

François-Marie Bruno comte d'Agay, chevalier, seigneur de Villers, Mutigney, Bémont et autres lieux, conseiller du roy en ses conseils, maître des requestes ordinaire de son hôtel, ancien avocat général du parlement de Besançon, intendant de justice, police, finance et des troupes de Sa Majesté en Picardie, Boulonnois, pays conquis et reconquis......

(*Suivent divers visa et enregistrements.*)

Copie déposée au ministère de l'instruction publique.

LXXXV.

PROCÈS ENTRE L'ÉCHEVINAGE D'AMIENS ET LE CHAPITRE DE LA CATHÉDRALE AU SUJET DE LA SEIGNEURIE DES EAUX DE LA SOMME.

Le *droit de castiche*, c'est-à-dire le droit de ficher des pieux, d'élever des estacades dans le lit de la Somme, et de faire travailler aux ponts, aux moulins et aux édifices existant sur les berges de la rivière, avait été, pendant le moyen âge, l'objet de débats longs et animés entre l'échevinage et le chapitre de la cathédrale d'Amiens. De nombreux procès, dont la trace s'est conservée dans les archives de la mairie et du département, avaient été soutenus à ce sujet, soit devant le bailli d'Amiens, soit devant le parlement ou le grand conseil [1]. Après des phases diverses, la querelle se réveilla plus violente, au XVIIIe siècle, et cette fois il ne fut plus question seulement du droit de castiche, mais de la propriété, de la seigneurie et de la juridiction des eaux de la Somme.

On vient de voir que l'échevinage d'Amiens, ayant reconnu l'insuffisance de l'unique moulin à foulon qui existait dans la ville, avait obtenu du conseil d'état, le 2 novembre 1773, l'autorisation de faire construire un second moulin sur la Somme, près du pont Saint-Michel. Le chapitre forma opposition à l'exécution de cet arrêt, en soutenant d'abord, comme il l'avait fait plusieurs fois auparavant, que la construction projetée par les magistrats municipaux devait nuire à ses propres moulins, et de plus en prétendant que, à titre de seigneur des eaux de la Somme, il avait droit de s'opposer à toute espèce de travaux sur les berges de cette rivière. Le conseil d'état, saisi de l'affaire, ordonna qu'un procès-verbal des dires, titres et préten-

---

[1] Voy. sur l'affaire des eaux de la Somme, depuis son origine : Accord entre l'échevinage et le chapitre, relativement au droit d'ordonner et de diriger les travaux à faire aux ponts sur la Somme. (T. Ier du présent recueil, p. 241.) — Février 1283 : Accord entre l'échevinage et l'évêque. (Ibid., p. 246.) — Février 1284 : Accord entre le chapitre et le roi. (Ibid., p. 249.) — 26 juin 1291 : Accord devant le bailly, entre le chapitre et la commune. (Ibid., p. 277.) — Mai 1292 : Lettres de Philippe le Bel, par lesquelles la prévôté est affermée à l'échevinage. (Ibid., p. 289.) — 26 juillet 1324 : Accord entre l'échevinage et le chapitre. — 19 avril 1373 : Règlement donné par l'échevinage pour la navigation de la Somme. — 1er juin 1385 : Dénombrement demandé par le roi au chapitre. — 1415 : Permission accordée par l'échevinage à l'abbaye du Gard, d'établir sur le cours de la Somme une *huche* à poissons. — 18 décembre 1455 : Visite du cours de la Somme ordonnée au prévôt par l'échevinage. — Dernier décembre 1455 : Délibération échevinale sur le même objet. — 15 juillet 1476 : Autorisation accordée par l'échevinage aux chanoines de faire travailler à leurs moulins et nettoyer les bourbes. — 30 mai 1480 : Transaction entre le chapitre et l'échevinage. — 2 mars 1481 : Procès-verbal d'une levée de cadavre dressé par l'échevinage. — 9 mars 1503 : Autre semblable procès-verbal. — Actes du 30 mai 1503 et du 5 août 1535. — 12 janvier 1541 : Plaintes du chapitre de ce que la ville avait accensé des illiers. — 16 mars 1541 : Délibération échevinale à ce sujet. — 14 décembre 1542 : Autre délibération sur le même sujet. — Acte du 26 mai 1542. — 2 juin 1547 : Reconnaissance par le chapitre de la propriété, seigneurie et justice de l'échevinage. — Acte du 8 octobre 1548. — 24 janvier 1549 : Délibération par laquelle l'échevinage refuse à un bourgeois l'autorisation de construire des moulins sur la Somme. (T. II de ce recueil, p. 625.) — Actes des 29 mars, 8 mai 1549, du 9 janvier 1552, du 6 juillet 1559, de septembre 1561. — 1567 : Coutumes du bailliage d'Amiens, art. 184. — Actes des 19, 27, 28 juin et 29 août 1567, 19 juin 1578, 21 février 1583, 18 juillet 1585, 24 avril et 6 juin 1586, 17 août 1587, 5 décembre 1590, 29 mars 1593. — 13 décembre 1603 : Sentence du présidial au sujet des illiers de la Somme. — 6 août 1668 : Lettres du roi au sujet des eaux de la Somme. — 27 février 1682 : Reconnaissance de la propriété du moulin Baudry comme appartenant au chapitre.

tions des parties serait dressé par l'intendant de Picardie ou son subdélégué. Ce procès-verbal, commencé le 4 février 1774, n'était pas encore clos au mois de février 1776; à cette époque, le chapitre prit le parti d'accorder lui-même à des particuliers d'Amiens la faculté d'établir un second moulin à foulon, afin de pouvoir faire révoquer, comme étant devenue sans motif, l'autorisation concédée précédemment aux magistrats municipaux. L'arrêt du conseil d'état du 2 novembre 1773 fut en effet révoqué par un nouvel arrêt du 13 août 1776; mais en même temps les parties furent renvoyées, sur la question de propriété des eaux de la Somme, devant les juges qui devaient en connaître. L'échevinage se pourvut devant le bureau des finances d'Amiens; le chapitre porta l'affaire au parlement.

Pendant cette nouvelle période du procès, les deux parties, pour soutenir leurs prétentions respectives, produisirent des mémoires et des factums de tout genre, où l'historique de l'affaire fut repris à partir du XIIe siècle, et où furent débattues contradictoirement les prétentions des chanoines, celles de l'échevinage et celles du domaine de la couronne.

Le chapitre cherchait à établir la validité de ses droits comme seigneur haut justicier, en s'appuyant sur ce qu'en 1185 la ville et le comté d'Amiens se trouvaient dans la mouvance de la cathédrale; il ajoutait que, le comté ayant passé dans les mains de Philippe-Auguste, l'église d'Amiens n'avait pas reçu l'hommage de ce prince, parce que le roi de France ne devait être l'homme de personne, mais que l'hommage aurait été rendu alors et depuis lors, si tout autre que le roi avait possédé la seigneurie de la ville et du comté d'Amiens; aussi se considérait-il toujours comme seigneur haut justicier, et refusait-il au roi lui-même le droit d'accorder l'autorisation de construire un moulin sur la Somme. Ce n'était donc pas seulement avec la ville d'Amiens, mais avec le domaine de la couronne que le chapitre était en litige, et de la sorte, à côté de la question purement locale, se trouvaient engagés les droits souverains des rois de France.

L'échevinage d'Amiens repoussa vivement les prétentions des chanoines. Il récusait l'autorité des titres produits par eux, soutenant qu'aucun acte, aucune déclaration de temporel, ne prouvait que la propriété de la rivière de Somme eût été donnée par les rois au chapitre, pour cause de fondation ; il ajoutait, que le roi étant seul seigneur haut justicier dans Amiens, et l'article 184 de la coutume attribuant aux seigneurs hauts-justiciers la propriété des eaux coulant dans leur fief, il en résultait que la Somme appartenait au roi comme seigneur, en même temps qu'elle lui appartenait comme souverain, les rivières navigables de leur propre fonds relevant du domaine de la couronne. De plus, il cherchait à établir qu'en interdisant aux magistrats municipaux la faculté d'ordonner des travaux d'utilité publique, on les dépossédait de l'administration domaniale de leur ville, et qu'ainsi on méconnaissait toutes les transactions passées depuis le XIIIe siècle entre le chapitre et la commune, transactions en vertu desquelles les magistrats étaient tenus, non pas de demander la permission des chanoines, mais seulement de les prévenir, lorsqu'on exécutait pour cause d'utilité publique des travaux sur les berges ou dans le lit de la rivière.

Tel est, réduit à sa plus simple expression, l'exposé de l'affaire relative à la propriété des eaux de la Somme. Le procès, commencé, ainsi que nous l'avons dit, en 1773, durait encore à l'époque de la révolution ; et il n'est pas sans intérêt de voir ainsi, au moment où vont disparaître jusqu'aux dernières traces du régime féodal, le chapitre d'Amiens afficher des prétentions plus exagérées que celles qu'il avait mises en avant à l'origine même de la querelle. Le nombre des mémoires, factums, requêtes, appels, arrêts, qui composent l'ensemble des pièces du procès des eaux de la Somme est considérable. Nous n'avons pas cru que ces pièces présentassent un intérêt suffisant pour être reproduites ; nous nous bornons à en donner la liste :

Avertissement que mettent et donnent pardevant vous, nos seigneurs de parlement en la grande chambre, les officiers municipaux de la ville d'Amiens. Vers 1781, cahier ms. in-fol. de 56 pages.

Mémoire pour prouver que les officiers municipaux de la ville d'Amiens ont intérêt dans l'instance de la seigneurie des eaux de la Somme contre le chapitre. 1783, ms. de 4 pages.

3ᵉ Mémoire de la ville, présenté le 9 janvier 1775. Cahier ms. in-fol. de 52 pages.

4ᵉ Mémoire de la ville, servant de réponse au 4ᵉ mémoire du chapitre, présenté le 17 juillet 1775. Ms.

Mémoire et analyse de titres pour les officiers municipaux de la ville d'Amiens, contre le chapitre de la cathédrale de la même ville. Paris, impr. de Valleyre, 1783, in-4°.

Titres décisifs produits par les officiers municipaux de la ville d'Amiens, contre le chapitre de la cathédrale de la même ville. Paris, impr. de Valleyre jeune, 1783, in-4° de 20 pages.

Mémoire pour les maire et échevins de la ville d'Amiens, contre le chapitre de la même ville; question de savoir : si le chapitre a la propriété, seigneurie et justice des eaux de la rivière de Somme à Amiens, et s'il a pu s'opposer à l'accensement fait par le roi au profit de la ville, d'un moulin à foulon. Paris, impr. de L. Cellot, 1783, in-4° de 84 pages.

Signification faite au chapitre, à la requête des magistrats municipaux d'Amiens. 1783, ms. de 4 pages in-fol.

Pièce de production pour les doyen et chapitre de l'église cathédrale d'Amiens. 24 mai 1783; ms. de 16 pages.

Fins de non-recevoir et avertissement servant aussi de contredit de production, que mettent et fournissent par devant vous, nosseigneurs de parlement en la grande chambre, les doyen, chanoines et chapitre de l'église cathédrale de Notre-Dame d'Amiens. Sans date; ms. de 24 pages.

Requête de production nouvelle pour le chapitre d'Amiens. Paris, Delaguette, 1783, in-4° de 24 pages.

Extrait du registre aux délibérations de l'échevinage d'Amiens. 20 novembre 1783, ms. de 4 pages.

État des pièces que la ville produit pour prouver que le chapitre n'est pas seigneur des eaux de la Somme fluant dans la ville, qu'il ne l'est pas même des canaux sur lesquels sont les moulins, que cette seigneurie appartient au roi, et que les maire et échevins l'ont toujours exercée tant qu'ils ont eu le bail de la prévôté. Sans date; ms. de 8 pages.

Seigneurie, justice et police sur la rivière, depuis Camons jusqu'à Montières, titres de 1300 à 1600. Sans date; ms. de 4 pages.

Mémoire et analyse de titres pour les officiers municipaux de la ville d'Amiens, contre le chapitre de la cathédrale de la même ville. Paris, Valleyre, 1783, in-4° de 76 pages.

Précis de l'affaire de la seigneurie des eaux mis sur le bureau au conseil de ville, le 18 août 1783. Ms. de 6 pages.

Mémoire (signé) des magistrats municipaux d'Amiens au roi, commençant par ces mots : « Sur la requête présentée au roi en son conseil par les officiers municipaux de la ville d'Amiens, contenant que le devoir de leurs places leur impose l'obligation de recourir à l'autorité supérieure de Sa Majesté, contre un arrêt du parlement rendu le 6 août 1783, entre le chapitre de la cathédrale, d'une part, les suppliants, les ouvriers de l'hôtel de ville, plusieurs habitants et le procureur du roi en la maîtrise, d'autre part.... » Ms. de 26 pages.

Mémoire en forme de requête, rédigé au nom des magistrats municipaux, et commençant par ces mots : « Sur la requête présentée au roi en son conseil par les officiers municipaux d'Amiens, contenant que, pour remplir exactement le vœu des arrêts du conseil des 13 août 1776 et 27 mai 1777.... » 1783 ou 1784, ms. de 48 pages in-fol.

Supplique des magistrats municipaux d'Amiens au roi et au conseil d'état. 1783, ms. de 8 pages.

Requête de production nouvelle pour le chapitre d'Amiens, à nosseigneurs du parlement en la grande chambre. 1783, in-4°.

Extrait du registre aux délibérations des officiers municipaux de la ville d'Amiens, du 20 novembre 1783. Ms. de 4 pages.

Extrait du registre aux délibérations des officiers municipaux de la ville d'Amiens, 29 mars 1784. Ms. de 24 pages.

Remarques sur les pièces justificatives produites par le chapitre, avec la requête signifiée le 12 novembre 1785. Ms. de 12 pages.

Arrêt du conseil d'état du roi qui ordonne l'exécution de l'édit d'avril 1783, et des arrêts du conseil du 7 mai et du 2 décembre 1783, qui casse et annule, etc. Amiens, Caron, 1784, in-4° de 15 pages.

Extrait des principaux titres et moyens des officiers municipaux de la ville d'Amiens, dans l'instance pendante entre eux et le chapitre de la cathédrale de la même ville, au conseil des finances. Paris, Simon, 1787, in-4° de 54 pages.

Ceux des actes mentionnés dans cette liste qui ne portent point le mot imprimé, se trouvent dans les archives de l'hôtel de ville d'Amiens ou au ministère de l'instruction publique.

LXXXVI.
ARRÊT DU CONSEIL D'ÉTAT, AU SUJET DE DIVERS OFFICES DE POLICE INDUSTRIELLE A AMIENS.

Différents offices de police industrielle créés précédemment avaient été réunis au domaine du roi par un arrêt du 18 mai 1767. Depuis lors intervinrent un édit du mois d'avril 1768, portant suppression de ces offices, une déclaration dans le même sens, du 15 décembre 1770, et le célèbre édit de 1771, dont nous avons fait connaître les résultats. Cependant, l'état s'étant prétendu possesseur des charges créées, supprimées ou rétablies, les Amiénois réclamèrent énergiquement contre cette prétention, en ce qui concernait leur ville; ils refusèrent de se laisser dépouiller des droits dont la commune jouissait sur les offices d'auneurs jurés de toiles et draps, de jurés vendeurs de poisson de mer frais, sec et salé; de visiteurs mesureurs de bois et charbons, de contrôleur-visiteur des poids et mesures, droits dont les officiers du fisc voulaient s'emparer. La contestation fut portée au conseil d'état, et les deux parties rédigèrent, dans l'intérêt de leur cause, de nombreux mémoires qu'il est encore intéressant de consulter [1].

---

[1] Mémoire soumis à monseigneur (sans doute le contrôleur général) par les régisseurs des droits domaniaux, au sujet de trois mémoires remis successivement par les officiers municipaux et notables de la ville d'Amiens sur les offices. Les régisseurs des droits domaniaux, après avoir discuté ces mémoires, et examiné les circonstances de la création des offices, et la valeur des motifs à l'aide desquels la ville d'Amiens soutenait son droit patrimonial sur ces offices, concluent en proposant la suppression en grande partie de la faculté dont les Amiénois avaient joui jusque là. (31 décembre 1767. — Copie du temps aux arch. de l'hôtel de ville d'Amiens. — Copie déposée au minist. de l'instr. publique.) — Quelques remarques sur la réponse des régisseurs aux mémoires de la ville d'Amiens au sujet des offices de police. (9 janvier 1768. — Copie déposée au ministère de l'instr. publique.) — Lettre du contrôleur général, à l'occasion des quatre arrêts du conseil du 18 mai 1767, et suivant laquelle le conseil n'a point entendu dépouiller la ville d'Amiens de ses droits patrimoniaux. (28 janvier 1768.) — Mémoire présenté au roi par les officiers municipaux d'Amiens, tendant à ce qu'ils soient conservés dans les amendes de leur juridiction. (1768 environ. — Copie certifiée, au minist. de l'instruct.

Les magistrats municipaux d'Amiens soutenaient, et cet argument avait été déjà invoqué par eux à diverses reprises, que les officiers en question existant à Amiens de temps immémorial, appartenaient à l'échevinage à titre patrimonial, et qu'ils étaient inhérents au droit de commune. Ils n'ont été, est-il dit dans un factum, *ni donnés, ni concédés, ni engagés, ni abonnés, ni aliénés*; ils appartiennent en toute propriété à la ville. La commune en jouit, en vertu de sa constitution primitive, comme elle jouit des édifices qui sont dans ses murs, et elle tire de la libre possession cet avantage que, partout où il y a des offices créés par le roi, on est forcé de recourir au ministère des officiers, tandis qu'à Amiens chacun peut faire soi-même sa besogne, ou la faire faire par ses enfants et ses domestiques. De leur côté, les officiers du fisc ou régisseurs des droits domaniaux prétendaient qu'il n'appartenait qu'au roi de créer des offices et de déterminer les attributions de ceux qui en étaient chargés; ils ajoutaient que les concessions de ce genre n'étant qu'une aliénation du domaine de la couronne, pouvaient toujours être révoquées par la seule volonté du roi. Ainsi, malgré l'état de décadence, ou plutôt d'annihilation où était tombé le pouvoir échevinal, le débat, cette fois encore, s'engageait directement entre le droit traditionnel de la commune et la souveraineté de la couronne.

Par l'arrêt suivant, en date du 17 juin 1779, le conseil d'état décida que la possession des offices d'auneurs de toiles, de vendeurs de poisson, de mesureurs de bois et charbon, de visiteurs des poids et mesures, serait maintenue à l'échevinage, sans constituer néanmoins

---

publique.) — Réponse au dernier mémoire des régisseurs des droits domaniaux, en faveur des officiers vénaux de la police d'Amiens. (1768 envir. — Cop. dépos. au minist. de l'instr. publ.) — Lettre des maire et échevins d'Amiens demandant au ministre de supprimer les huit sous pour livre qu'il avait établis sur les salaires de la ville d'Amiens. (1768 envir. — Copie du temps aux archiv. de la mairie d'Amiens. — Copie dépos. au minist. de l'instr. publ.) — Nouveaux éclaircissements sur les offices de la ville d'Amiens. (1768 envir. — Copie dépos. au minist. de l'instr. publ.) — Mémoire pour prouver que la ville d'Amiens jouit à titre patrimonial des amendes de la juridiction de police, qu'elle a toujours joui au même titre de la moitié des amendes de la juridiction des manufactures. Dans cette pièce, après avoir soutenu que la juridiction de police et les amendes qu'elle entraine sont patrimoniales, on cherche à montrer que la juridiction des manufactures, qui n'est qu'un démembrement de celle de la police, est également patrimoniale, et que la moitié des amendes doit revenir à la ville. On y affirme que les Romains ont conservé aux Amiénois les droits qu'ils réclament aujourd'hui et dont ils jouissaient *avant les comtes, au temps de Clodion et de Mérovée*. (1768 envir. — Copie conservée au minist. de l'instr. publ.) — Mémoire pour la ville d'Amiens (imprimé, 1776, in-4° de 32 p.).

pour la ville une propriété inaliénable, attendu que cette propriété ne pouvait résider que dans la main du roi. Le conseil arrêta en outre qu'en sus des droits principaux attribués à ces offices, il serait perçu, au profit du trésor royal, une somme de huit sous pour livre [1].

On sait, par un état dressé en vertu de cet arrêt [2], qu'il y avait alors à Amiens trois auneurs, quatre courtiers de fruits, trois courtiers de la draperie foraine, huit courtiers de laine, treize courtiers de vin, dix-neuf dévalleurs de vin, quatre encordeurs de bois, neuf flaqueurs, sept grossiers de poisson, deux languéieurs de porcs, huit mesureurs et porteurs de charbon de bois, douze peseurs de fil de sayette, quatre peseurs de fil de lin, vingt-cinq porteurs au sac, huit huissiers, trois priseurs jurés, huit sergents à masse, deux veilleurs de vin.

Vu par le roy étant en son conseil la requête présentée en icelui par les maire et échevins de la ville d'Amiens, contenant : qu'ils sont propriétaires et jouissent des offices d'auneurs de toiles et draps, de jurés vendeurs de poisson de mer frais, sec et salé, de visiteurs mesureurs de bois et charbon et de contrôleurs et visiteurs des poids et mesures dans ladite ville; que lesdits offices n'ont été ni pu être compris dans la supression ordonnée par l'édit du mois d'avril mil sept cent soixante-huit, et la déclaration du quinze décembre mil sept cent soixante-dix; que néantmoins Jean-Baptiste Pirodeau et Dominique Compant, successivement régisseurs des droits attribués aux offices suprimés, ont cherché à se faire un titre de ces loix pour déposséder la ville d'Amiens des droits qui luy appartiennent et pour en établir la perception au proffit de Sa Majesté; mais que cette entreprise est également contraire à la justice et aux règlemens invoqués par lesdits régisseurs, parce qu'en effet leurs dispositions ne peuvent être appliquées qu'aux offices de création royale; que ceux dont jouit la ville d'Amiens ne doivent leur existence qu'à sa commune, qu'ils ont été institués par elle pour l'exercice de la police, le bien et l'avantage des citoyens, et qu'ils luy appartiennent à titre patrimonial; qu'il est bien vrai que le roy a seul le droit de créer des offices, d'en confier l'exercice à qui bon luy semble et d'y attribuer des droits, mais qu'il ne faut pas mesurer le pouvoir et l'autorité dont

[1] La prescription relative à ce droit de huit sous pour livre excita de la part des membres de l'échevinage d'Amiens une vive opposition. Le ministre Necker, dans une lettre qu'il leur adressa le 20 octobre 1779, chercha à leur prouver que cette opposition n'était point fondée, soit que les offices fussent comme une concession faite par les rois, soit qu'on les regardât comme une possession patrimoniale de la ville. (Copie authentique déposée au minist. de l'instruct. publ.)

[2] Copie conservée au ministère de l'instruction publique.

les villes et leurs communes jouissoient dans les premiers âges de la monarchie sur ceux qui leur restent maintenant; qu'ils étoient alors beaucoup plus étendus; que la ville d'Amiens avoit eu dans ces temps reculés la faculté de créer les offices dont il s'agit; que les rois prédécesseurs de Sa Majesté ont confirmé de règne en règne les créations et autorisé la perception des droits qui y avoient été attribués; qu'elle en a joui constamment et que sa propriété est établie par une foule de titres : 1° par une charte de Philippe de Valois de l'année treize cent trente-deux, qui met sous sa main toutes les possessions de la ville d'Amiens, et cependant, sur la réclamation des officiers municipaux, distingue les possessions provenantes de la libéralité des roys ses prédécesseurs, qu'il retient et réunit à son domaine, de celles qui appartiennent à la ville à titre de mairie et commune, et nommément des offices qu'il lui conserve et lui délivre à plein; 2° par un arrêt du conseil contradictoire entre la reine de Navarre et la ville d'Amiens, du six juillet quatorze cent soixante-quatorze, qui maintient ladite ville dans ses offices de priseurs jurés; 3° par un édit du roy Henry quatre, du mois de novembre quinze cent quatre-vingt-dix-sept, par lequel ce monarque, mécontent de la ville d'Amiens, lui retire tous les droits qui lui avoient été concédés et dans lesquels elle avoit été rétablie depuis la charte de Philippe de Valois et lui conserve néanmoins son revenu patrimonial et nomément la provision des offices de la ville; 4° par deux jugemens, en date des vingt-huit juin et quinze juillet seize cent vingt-deux, des commissaires généraux des finances, députés par Sa Majesté pour la liquidation et le recouvrement des droits d'hérédité des officiers de la ville, par lesquels ils sont dispensés de ce droit et la ville renvoyée en possession de ses offices; 5° par un arrêt du conseil du dix décembre seize cent quatre-vingt-dix-sept, qui maintient les aulneurs pourvus par la ville dans leurs offices, nonobstant plusieurs arrêts qui les en avoient dépossédés et à la charge seulement de ne percevoir d'autres et plus forts droits que ceux portés dans un réglement et une ordonnance des officiers municipaux de ladite ville; 6° par un arrêt du parlement du 31 may mil sept cent vingt-neuf, rendu sur les conclusions du ministère public, qui maintient la ville dans le droit de pourvoir à ses offices; 7° et par un arrêt du conseil du dix-huit may mil sept cent trente-deux, qui, en autorisant l'union d'un office de garde de la draperie, ordonne que ledit corps donnera à la ville un homme vivant et mourant et luy payera les droits de mutation accoutumés; que tous ces titres et la possession constante de la ville ne permettent pas de douter que ces offices ne soient de son institution municipale; que d'ailleurs les droits qui leur sont attribués sont différens de ceux des offices dont la supression a été ordonnée par l'édit de mil sept cent soixante-huit et la déclaration de mil sept cent soixante-dix; qu'avant le dix-huit may mil sept cent soixante-sept, époque fixée par ces règlemens, il ne se percevoit dans ladite ville et qu'il ne s'y est jamais perçu aucuns des droits attribués aux offices suprimés, ce qui est une nouvelle preuve que les offices de la ville ne peuvent leur être assimilés ni être compris dans la supression; que, s'il est arrivé qu'en vertu d'édits ou autres loix portant création ou confirmation d'offices moyennant finance, quelques titulaires de ceux de ladite ville d'Amiens, dans la crainte d'en être dépossédés, ayent payé des taxes, ces payemens ont été faits sans l'aveu et la participation de la ville et ne peuvent lui être opposés ni préjudicier à ses droits; qu'enfin, si la ville étoit dépouillée de ses offices, elle seroit privée d'un revenu qui luy est absolument nécessaire pour subvenir à ses charges; qu'un grand nombre de citoyens seroient privés d'un état nécessaire à leur subsistance et à celle de leurs familles; qu'il en résultera une multitude de procès en garantie et contre-garantie de la part des titulaires contre leurs vendeurs et de la part de ceux-ci contre ceux de qui ils tenoient leurs droits et ainsy en remontant de l'un à l'autre jusqu'au premier titulaire, qui entraîneroit des frais immenses et la ruine de la moitié des familles de la ville d'Amiens; pourquoi concluoient lesdits officiers municipaux à ce qu'il plût à Sa Majesté les maintenir et confirmer dans la possession desdits offices et les titulaires qu'ils en ont pourvus dans leur exercice et la perception des droits y attribués, les mémoires desdits régisseurs expositifs qu'il n'appartient qu'au roy de créer des offices, de déterminer les fonctions des officiers et de fixer leurs attributions, que c'est un droit de sa souveraineté qui ne peut être ni partagé ni communiqué et qu'il ne faut point confondre avec les droits de police; que la faculté de créer des offices, d'en disposer et d'y attribuer des droits peut avoir été concédée à la ville d'Amiens par nos roys, mais qu'elle n'a pu émaner que de leur autorité; qu'en quinze cent soixante-quinze la ville d'Amiens a rendu elle-même hommage à ce principe, qu'on voit dans les lettres de confirmation qu'elle obtint alors et qu'elle invoque aujourd'huy qu'elle reconnut que les franchises, grâces et priviléges dont elle jouissoit, et entre autres la jurisdiction de la police, luy avoient été concédés par les souverains; que toute concession dans ce genre étant une aliénation du domaine de la couronne ne cesse jamais d'être révocable; que par conséquent le roy a pu suprimer les offices dont il s'agit et qu'il les a en effet suprimés, puisqu'ils sont de la nature de ceux que l'édit de mil sept cent soixante-huit et la déclaration de mil sept cent soixante-dix ont eu pour objet; qu'il est si vrai que la ville d'Amiens n'a pas la propriété de ces offices, qu'en seize cent soixante-un, seize cent soixante-dix-sept, seize cent quatre-vingt-seize et mil sept cent les courtiers de vin et les contrôleurs, visiteurs et marqueurs de toilles, canevas, futaines et coutils ont payé différentes sommes au trésor royal pour être confirmés dans lesdits offices; qu'ainsy ces offices se trouvant suprimés, les droits qui leur étoient attribués doivent être perçus au proffit de Sa Majesté; que les considérations tirées du vuide que cette supression laisseroit dans les finances de la ville d'Amiens, qu'elle prétend n'être pas encore proportionnées à ses charges, de la perte que les titulaires et leurs familles en souffriroient, des demandes en garantie et des discussions qui en seront la suite, peuvent bien porter le roy à confirmer la ville d'Amiens dans sa possession, mais non pas à lui assurer irrévocablement une propriété qui ne peut résider que dans la main de Sa Majesté, que même cette confirmation ne peut être opérée que par l'effet d'une dérogation à l'édit de mil sept cent soixante-huit et à la déclaration de mil sept cent soixante-dix; que les régisseurs ne peuvent que s'en raporter à ce qu'il plaira à Sa Majesté d'ordonner, mais que, dans tous les cas, et soit que Sa Majesté, en suivant les règles de sa justice, confirme la supression des offices et la perception à son proffit des droits qui y étoient attribués, soit que, cédant aux mouvemens de sa bonté et de sa bienfaisance, elle maintienne la ville d'Amiens dans la possession desdits offices, les huit sols pour livre ordonnés par l'édit de novembre mil sept cent soixante-onze doivent être perçus au proffit de Sa Majesté sur les produits des offices de la nature de ceux dont la supression a été prononcée par l'édit d'avril mil sept cent soixante-huit et la déclaration du quinze décembre mil sept cent soixante-dix, attendu que, sous quelque point de vue qu'on envisage ces offices et soit qu'on les considère comme domaniaux, ou qu'ils soient réellement patrimoniaux, leur assujétissement aux huit sols pour livre est prononcé par l'édit de mil sept cent soixante-onze, les arrêts du conseil des vingt-deux décembre mil sept cent soixante-onze, quinze septembre mil sept cent soixante-quatorze et dix-sept novembre mil sept cent soixante-dix-huit, ainsy que par ceux des quinze décembre mil sept cent soixante-quatorze, dix-huit avril et vingt-sept août mil sept cent soixante-dix-sept, qui ont successivement commis Jean-Baptiste Pirodeau et Dominique Compant à la régie et perception des droits; que cette perception, faite en sus des droits principaux, ne diminuera les revenus ni de la ville d'Amiens, ni des titulaires desdits offices, et qu'ils opposeroient vainement que les droits y attribués sont perçus au proffit des particuliers pourvus de ces mêmes offices, parce qu'il faut toujours se porter à l'origine et que lesdits particuliers ne jouissent desdits droits que du chef de la ville et qu'ils ne peuvent pas être plus privilégiés relativement aux huit sols pour livre dans la main de ses cessionnaires qu'ils le seroient dans les siennes; qu'elle se regarde réellement comme propriétaire desdits offices, que c'est en cette qualité qu'elle s'oppose à leur suppression, et qu'enfin, si les titulaires ne tenoient pas d'elle leurs droits, leur dépossession ne pourroit souffrir de difficulté. Vu aussi l'édit d'avril mil sept cent soixante-huit, la déclaration du quinze décembre mil sept cent soixante-dix, l'édit du mois de novembre mil sept cent soixante-onze, les arrêts du conseil des vingt-deux décembre mil sept cent soixante-onze, quinze septembre mil sept cent soixante-quatorze, dix-sept novembre mil sept cent dix-huit et ceux des quinze décembre mil sept cent soixante-quatorze, dix-huit avril et vingt-sept août mil sept cent soixante-dix-sept, ensemble les titres et pièces énoncés dans la requête des officiers municipaux de la ville d'Amiens et y jointes. Oui le raport du sieur Moreau de Beaumont, conseiller d'état ordinaire et au conseil royal des finances.

Le roi étant en son conseil a maintenu et maintient les maire et échevins de la ville d'Amiens dans la possession et jouissance des offices d'auneurs et controlleurs de toiles et draps, de jurés vendeurs de poissons de mer frais, secs et salés, de visiteurs et mesureurs de bois et charbon et de contrôleurs et visiteurs des poids et mesures dans ladite ville, pour en jouir, ensemble des droits y attribués, ainsy et de la même manière qu'ils en ont joui ou dû jouir avant l'édit du mois d'avril mil sept cent soixante-huit et la déclaration du quinze décembre mil sept cent soixante-dix, auxquels Sa Majesté a dérogé et déroge en tant que de besoin à ce regard seulement en faveur de ladite ville d'Amiens, ordonne que l'édit du mois de novembre mil sept cent soixante-onze et les arrêts du conseil des vingt-deux décembre mil sept cent soixante-onze, quinze septembre mil sept cent soixante-quatorze, dix-sept novembre mil sept cent soixante-dix-huit et ceux des quinze décembre mil sept cent soixante-quatorze, dix-huit avril et vingt-sept août mil sept cent soixante-dix-sept, seront exécutés selon leur forme et teneur, et qu'en conséquence les huit sols pour livre seront perçus au profit de Sa Majesté en sus des droits principaux attribués auxdits offices par le régisseur qu'elle a commis à l'exploitation et recette desdits huit sols pour livre ou telle autre personne qu'elle jugeroit à propos de luy substituer. Ordonne Sa Majesté que par lesdits officiers municipaux il soit incontinent et sans délay remis audit régisseur un état certiffié d'eux, indicatif du nombre et de la nature de tous les offices des titulaires qui les exercent, de la quotité des droits qu'ils sont autorisés à percevoir et de la manière dont ils le perçoivent, à l'effet par ledit régisseur de pourvoir au recouvrement desdits huit sols pour livre. Enjoint Sa Majesté au sieur intendant et commissaire départy en la généralité d'Amiens de tenir la main à l'exécution du présent arrêt, lequel sera exécuté selon sa forme et teneur, nonobstant toutes oppositions ou autres empêchemens généralement quelconques, pour lesquels ne sera différé, et dont, si aucuns interviennent, Sa Majesté se réserve et à son conseil la connoissance, qu'elle interdit à toutes ses cours et autres juges.

Signé : Hue de Miroménil et Moreau de Beaumont.

A Versailles, le 17 juin 1779.

Arch. imp., sect. administr., e 2552.

LXXXVII.

ÉDIT SUR LE RÉTABLISSEMENT DE LA COMMUNAUTÉ DES TONDEURS A GRANDES FORCES DANS LA VILLE D'AMIENS.

La communauté des *tondeurs à grandes forces* dans la ville d'Amiens avait été supprimée par un édit royal du mois d'avril 1777. Cependant, les anciens maîtres ayant réclamé, et ayant fait valoir l'utilité que cette communauté pouvait avoir pour l'industrie amiénoise, le roi la rétablit par un nouvel édit du 20 novembre 1779. L'ordonnance de Louis XVI, que nous publions ici, contient seulement quatre articles; le second fixe à trois cents livres les droits de maîtrise, qui seront partagés ainsi : les trois quarts au profit du roi, et un quart au profit de la corporation.

1779. 20 novembre.

Louis, par la grâce de Dieu, roy de France et de Navarre, à tous ceux qui ces présentes lettres verront, salut. Les anciens maîtres de la communauté des tondeurs à grandes forces de notre ville d'Amiens, supprimée par notre édit du mois d'avril mil sept cent soixante-dix-sept, nous ayant représenté qu'il étoit intéressant pour les manufactures de cette ville que leur communauté fût rétablie; qu'ils avoient d'autant plus lieu de l'espérer que, par nos lettres du vingt-trois juin dernier, nous avions créé une communauté de tondeurs à grandes forces dans notre ville de Troyes, et qu'ils offroient de se conformer à toutes les dispositions y contenues, nous avons cru qu'il étoit de notre bonté de leur accorder leur demande. A ces causes et autres à ce nous mouvant, de l'avis de notre conseil et de notre certaine science, pleine puissance et autorité royale, nous avons dit, déclaré et ordonné, et par ces présentes signées de notre main disons, déclarons et ordonnons, voulons et nous plaît ce qui suit :

1. Nous avons créé et établi, créons et établissons dans notre ville d'Amiens une communauté de tondeurs à grandes forces.

Les droits de réception à la maîtrise seront et demeureront fixés à la somme de trois cent livres, dont les trois quarts seront perçus à notre profit et l'autre quart appartiendra à la communauté, à la déduction du cinquième dudit quart, qui sera délivré aux sindics et adjoints pour leurs honoraires.

3. Ceux qui avoient été reçus maîtres dans l'ancienne communauté seront admis dans la nouvelle, en payant dans trois mois, pour tout délai, le quart des droits cy-dessus fixés, et faute d'avoir payé ledit quart dans ledit délai, ils seront seulement aggrégés et inscrits dans le second tableau.

4. Les fabricans continueront de jouir de la faculté que nous leur avons accordée de donner aux étoffes de leur manufacture tous les apprêts dont elles seront susceptibles, et sera au surplus notre édit du mois d'avril mil sept cent soixante-dix-sept exécuté selon sa forme et teneur en ce qui concerne ladite communauté, comme pour les autres communautés dont l'état est annexé sous le contrescel dudit édit. Si donnons en mandement à nos amés et féaux conseillers les gens tenant notre cour de parlement à Paris, que ces présentes ils ayent à faire lire, publier et registrer et le contenu en icelles garder, observer et exécuter selon leur forme et teneur ; car tel est notre plaisir. En témoin de quoi nous avons fait mettre notre contrescel à ces présentes. Donné à Versailles le vingtième jour de novembre, l'an de grâce mil sept cens soixante-dix-neuf et de notre règne le sixième.

En marge est écrit: Vu, *avec un paraphe qui paraît être celui de M.* Hue de Miromenil. *(Enregistré le 14 janvier 1780.)*

Arch. imp., sect. administr. ɛ 3282 9°, et ordonn. 10 x, fol. 186.

LXXXVIII.

ORDONNANCE DE LOUIS XVI AU SUJET DE LA JUSTICE CONSULAIRE D'AMIENS.

En vertu d'une déclaration du 1er juillet 1738, la justice consulaire à Amiens était composée d'un juge et quatre consuls; les fonctions du juge duraient un an; au bout de ce temps, deux des consuls sortaient de charge, les deux autres, désignés par le scrutin, restaient en fonction, et les quatre nouveaux élus exerçaient deux par deux pendant six mois.

Louis XVI, par l'ordonnance suivante, en date du 7 janvier 1788, modifia cet état de choses. Attendu que le commerce d'Amiens augmentant, et les affaires devenant d'une discussion plus difficile, le temps d'exercice préparatoire des nouveaux consuls était trop court, le roi décida qu'à l'avenir il n'y aurait à Amiens que deux consuls au lieu de quatre, lesquels resteraient en exercice pendant deux années au lieu d'une, mais de manière qu'il y eût toujours en fonction deux anciens consuls.

1788.
13 janvier.

Louis, par la grâce de Dieu, roy de France et de Navarre, à tous ceux qui ces présentes lettres verront, salut.

La déclaration du premier juillet mil sept cent trente-huit a fixé le nombre des juges et consuls qui doivent composer la juridiction consulaire d'Amiens à cinq, savoir : un juge et quatre consuls; il a été dit, par l'article premier de cette loi, que le juge qui seroit élu dans la première assemblée qui se tiendroit après l'enregistrement d'icelle exerceroit ses fonctions pendant une année, et qu'à l'égard des quatre consuls nouvellement élus dans ladite assemblée, deux d'entre eux qui auroient le plus de voix entreroient en exercice aussitôt après leur élection avec les deux anciens des quatre consuls qui étoient alors en place, ou, au refus des anciens, avec les deux derniers; que les deux autres nouvellement élus n'entreroient en exercice qu'au mois de décembre suivant, c'est-à-dire six mois après, avec les deux autres qui auroient été choisis avec eux, et qu'alors les deux qui seroient restés de la dernière élection qui avoit précédé ladite déclaration sortiroient d'exercice; la même loi a ajouté que cette forme seroit gardée et observée dans toutes les élections, au moyen de quoy il y auroit toujours dans la juridiction consulaire de la ville d'Amiens deux consuls qui auroient servi six mois, qui continueroient d'en servir six autres avec deux des nouveaux consuls élus. Le motif qui avoit déterminé le roi notre très-cher et très-honoré ayeul à adopter cette forme d'élection, étoit d'empêcher que la juridiction consulaire de ladite ville d'Amiens ne fût tout à coup renouvellée et que, les consuls entrant en exercice n'étant point familiarisés avec les fonctions de leurs nouvelles places, la justice et l'intérêt des parties ne fussent compromis; mais nous avons été informés que le commerce de ladite ville prend tous les jours un nouvel accroissement, que les affaires auxquelles il donne lieu sont plus intéressantes et d'une discussion plus difficile, que c'est trop peu d'un exercice aussi court pour mettre les deux consuls restant en place en état d'acquérir les lumières dont ils ont besoin et que l'inconvénient prévu par la déclaration du premier juillet mil sept cent trente-huit pourroit avoir lieu, si nous n'étendions pas la durée des fonctions des consuls de ladite ville.

A ces causes et autres à ce nous mouvant, de l'avis de notre conseil et de notre certaine science, pleine puissance et autorité royale, nous avons par ces présentes signées de notre main ordonné et ordonnons, voulons et nous plaît qu'à compter du jour de l'enregistrement des présentes, il ne soit plus élu annuellement pour le service de la juridiction consulaire de la ville d'Amiens que deux consuls au lieu de quatre, lesquels resteront en exercice pendant deux années au lieu d'une, mais de manière qu'il y ait toujours en fonction deux anciens consuls avec deux nouveaux.

Ordonnons en conséquence qu'à commencer à l'élection qui suivra l'enregistrement des présentes, deux des quatre consuls qui se trouveront alors en place et dont le choix sera fait à la pluralité des voix, continueront leur service encore une année avec les deux nouveaux consuls qui seront élus à ladite époque, et que, ladite année révolue, lesdits nouveaux consuls serviront pareillement une seconde année avec les deux consuls qui seront alors élus, laquelle forme sera ainsi observée et continuée successivement d'année en année, dérogeant, quant à ce, à la déclaration du premier juillet mil sept cent trente-huit; qui au surplus sera exécutée suivant sa forme et teneur.

Si donnons en mandement à nos amés et féaux conseillers les gens tenant notre cour de parlement à Paris que ces présentes ils ayent à enregistrer et le contenu en icelles garder, observer et faire exécuter selon sa forme et teneur; car tel est notre plaisir. En témoin de quoi nous avons fait mettre notre scel à cesdites présentes. Donné à Versailles le treizième jour du mois de janvier l'an de grâce mil sept cent quatre-vingt-huit et de notre règne le quatorzième. Signé: Louis; et plus bas, par le roy: le baron DE BRETEUIL, et scellées du grand sceau de cire jaune.

Registrées, ouï ce requérant le procureur général du roi, pour être exécutées selon leur forme et teneur, et copies collationnées envoyées au bailliage d'Amiens pour y être leues, publiées et registrées; enjoint au substitut du procureur général du roy audit siége d'y tenir la main et d'en certifier la cour dans le mois, et aux juge et consuls d'Amiens pour y être lues, publiées et registrées et inscrites dans leurs registres, leur enjoint pareillement d'y tenir la main et d'en certifier la cour dans le mois suivant l'arrêt de ce jour, à Paris en parlement la grande chambre assemblée le douze février mil sept cent quatre-vingt-huit.

Collationné par nous, écuyer, conseiller, secrétaire du roi, maison, couronne de France, l'un des quatre anciens servans près sa cour de parlement.

Signé: YSABEAU.

Arch. imp., sect. judic., parlement de Paris (*Ordonnances*), minutes.

LXXXIX.

STATUTS DES MARCHANDS ÉPICIERS, CIRIERS ET CHANDELIERS D'AMIENS.

On sait que, sous le ministère de Turgot, Louis XVI avait rendu (février 1776) un édit portant suppression des jurandes et des communautés de commerce, d'arts et métiers. Cette mesure coupait court à une foule d'exactions et d'abus; cependant elle souleva de vives réclamations, car elle froissait momentanément de nombreux intérêts, et beaucoup de gens redoutaient une liberté dont on n'avait point encore fait l'expérience. Le parlement adressa au roi des remontrances; et par un nouvel édit daté du 28 août 1776, Louis XVI, tout en laissant libres un certain nombre de professions, reconstitua en maîtrises et en jurandes six corps de marchands et quarante-quatre corporations d'arts et métiers.

« En rectifiant ainsi, dit le préambule de l'ordonnance, ce que
« l'expérience a fait connaître de vicieux dans le régime des commu-
« nautés, en fixant par de nouveaux statuts et règlements un plan
« d'administration sage et favorable, lequel dégagera des gênes que
« les anciens statuts avaient apportées à l'exercice du commerce et
« des professions, et détruisant des usages qui avaient donné naissance
« à une infinité d'abus, d'excès et de manœuvres dans les jurandes,
« et contre lesquels nous avons dû faire usage légitime de notre au-
« torité, nous conserverons de ces anciens établissements les avan-
« tages capables d'opérer le bon ordre et la tranquillité publi-
« ques [1]. »

Les épiciers, ciriers, chandeliers, étaient au nombre des corporations dont l'édit du 28 août 1776 ordonna le rétablissement. Ceux d'Amiens furent constitués en communauté par un édit du mois d'avril 1777. Mais quelques années s'écoulèrent avant que la police de la nouvelle communauté eût été réglée d'une manière définitive,

---

[1] Édit portant modification de l'édit de février 1776, sur la suppression des jurandes. (Isambert, Rec. des anc. lois franç., t. XXIV, p. 74 et suiv.)

et ce fut seulement en 1787 que le roi lui octroya, sur sa demande, le statut qu'on va lire. Cette pièce, conforme à l'esprit de l'ordonnance du 28 août 1776, renferme de notables concessions au principe longtemps méconnu de la liberté du commerce, qui, quelques années plus tard, devait être consacré par la révolution française; cependant elle rappelle encore, par plusieurs prescriptions minutieuses et exclusives, la législation industrielle du moyen âge. On y trouve plusieurs articles empruntés à la *déclaration du 25 avril 1777, portant règlement pour les professions de la pharmacie et de l'épicerie à Paris*[1].

Les articles 1, 2, 3, 4 et 5 contiennent l'énumération des denrées dont les marchands épiciers, ciriers et chandeliers, peuvent faire trafic. Ces marchands sont autorisés à vendre des articles de droguerie, des produits chimiques, des comestibles de toute espèce, des cotons, de la brosserie, des vins, des liqueurs, du vinaigre, du sucre, des légumes secs, de l'huile, etc.; pour certains objets, la vente est permise ou prohibée selon qu'elle a lieu en gros ou en détail, selon qu'il s'agit de matières premières ou de produits manipulés. — En vertu de l'article 6, les sociétés en commandite sont admises à exploiter des établissements d'épicerie; mais il est interdit aux bailleurs de fonds ne faisant point partie de la corporation des épiciers de se mêler de vendre pour le compte de la société. — Les forains qui apporteront dans la ville des marchandises du métier, devront les déposer au bureau de la communauté, et les y laisser étalées vingt-quatre heures, sans pouvoir les vendre à d'autres qu'aux maîtres amiénois, excepté cependant en temps de foire (art. 8 et 9). — Si des actes de mauvaise foi sont commis dans la vente par les maîtres, maîtresses et agrégés[2], et si les acheteurs portent plainte contre eux aux syndics de la communauté, ils seront mandés au bureau, et tenus de s'y rendre pour donner des explications (art. 15). — La communauté sera représentée par des députés nommés en assemblée générale, par des syndics

---

[1] Isambert, Id., ibid., p. 389 et suiv.
[2] *Agrégés*, c'est-à-dire les anciens maîtres des communautés supprimées, dont les professions avaient été réunies par l'édit d'avril 1777.

et des adjoints destinés à les remplacer après le temps de leur exercice (art. 16 et 17). — Les affaires courantes de la communauté seront expédiées par les syndics et adjoints, dans une assemblée hebdomadaire; les affaires importantes seront réglées dans des assemblées générales des députés du métier, qui se tiendront tous les mois ou seront convoquées extraordinairement par permission du juge de police (art. 18). — Les syndics et adjoints feront chaque année, chez les maîtres et agrégés du métier, quatre visites, dans lesquelles ils vérifieront les marchandises et s'informeront de la conduite des apprentis et des garçons de boutique (art. 20). — Ils pourront, assistés d'un commissaire de police, se transporter dans tous les endroits où ils seront informés que l'on empiète illégalement sur les attributions de la communauté et constater les contraventions (art. 22). — L'article 23 et les suivants sont relatifs à la comptabilité générale, à l'encaissement des fonds de la communauté, au payement des dettes. Les comptes généraux doivent être rendus chaque année par les syndics et les adjoints, en présence des députés en charge et du procureur du roi; les observations de ce magistrat seront inscrites à la marge du procès-verbal (art. 27). — Les maîtres qui tomberont en faillite ou qui auront subi quelque condamnation pour fait d'improbité sont déclarés incapables de remplir les fonctions de syndics, d'adjoints ou de députés (art. 30). — L'âge d'admission à la maîtrise est fixé à vingt-cinq ans. Toutefois les apprentis qui auront travaillé trois ans chez les maîtres établis dans la ville ou les faubourgs, et les fils de maître qui auront travaillé au moins deux ans chez leurs pères, pourront être reçus, les premiers à vingt ans, les seconds à dix-huit. Les filles et les femmes seront reçues à dix-huit ans, mais il leur est interdit de former des apprentis, et d'assister aux assemblées publiques (art. 31). — Les aspirants à la maîtrise seront examinés par les syndics, les adjoints et trois députés. L'examen durera au moins deux heures, et si l'apprenti est refusé, il pourra demander au juge de police l'autorisation d'être examiné de nouveau (art. 35, 36). — Il est défendu aux garçons épiciers, sous peine d'amende et de prison, de former des réunions et de cabaler pour faire la loi à leurs maîtres (art. 39).

XVIII.e SIÈCLE.

1787.
7 juillet.

Louis, par la grâce de Dieu, roy de France et de Navarre, à nos amés et féaux conseillers les gens tenans notre cour de parlement à Paris, salut.

Les marchands épiciers, ciriers, chandeliers de notre ville et fauxbourg d'Amiens, que nous avons réunis en communauté par notre édit du mois d'avril mil sept cent soixante-dix-sept, ayant procédé à la rédaction de nouveaux statuts et réglemens pour le régime et la discipline intérieure de leur communauté, nous avons fait examiner lesdits statuts en notre conseil, et comme nous n'y avons rien trouvé qui ne fût conforme à nos intentions, nous avons bien voulu les revêtir de notre autorité.

A ces causes, de l'avis de notre conseil qui a vu lesdits statuts, ensemble les observations des officiers de police de ladite ville, nous avons lesdits statuts, contenant quarante articles, aprouvés, ratifiés et homologués, et, par ces présentes signées de notre main, approuvons, ratifions et homologons, voulons qu'ils soient exécutés de point en point selon leur forme et teneur, ainsi qu'il suit :

1. Les maîtres composant la communauté des marchands épiciers, ciriers, chandeliers, de la ville et fauxbourgs d'Amiens, créés par édit du mois d'avril mil sept cent soixante-dix-sept, jouiront seuls et à l'exclusion de tous autres du droit d'y faire le commerce, vendre et débiter toutes sortes de marchandises d'épicerie et droguerie, les huiles, le savon, les beurres salés et fondus, toutes espèces de graisses, la soude et autres drogues servant au blanchissage, les poudres, pomades, essences et eaux spiritueuses, la cire, les suifs, les fromages étrangers qui se vendent au poids, tous fruits, racines, légumes et plantes confits ou préparés, les graines et fruits secs, les fruits verds étrangers tels que citrons, oranges et autres, les casses en grain et en poudre, le thé, la vanille, le cacao et le chocolat, le sucre et la cassonade, les miels non composés, les chairs et poissons séchés, salés et marinés ou confits à l'huile ou au saindoux, le sagou, le riz, le vermichel et autres pâtes de pareille nature, l'amidon, toutes les drogueries simples servant à la médecine et à l'art vétérinaire, qu'ils pourront tirer, monder, éplucher et pulvériser, toutes les drogues et matières servans à la teinture et à l'impression des toiles, ainsi que celles servant à la peinture, qu'ils pourront broyer et mélanger, les instrumens servans à l'emploi des couleurs, les vernis, colle-forte et toutes espèces de gommes, toutes les productions de chimie servant aux arts, les matières résineuses, les productions des animaux et tous les minéraux.

2. Les maîtres de ladite communauté jouiront pareillement et exclusivement à tous autres du droit de fabriquer et vendre la bougie, les cierges, flambeaux

et autres ouvrages en cire, les suifs et chandeles, comme aussi les confitures sèches et liquides, les dragées et pastilles, sirops et autres objets dépendans de la profession de confiseur; sans préjudice néantmoins de la faculté qu'auront les marchands merciers de vendre la cire d'Espagne concurremment avec les épiciers, sans pouvoir la fabriquer, et de la faculté qu'auront les pâtissiers de faire les confitures pour être employées dans leurs ouvrages seulement, les maîtres de ladite communauté jouiront aussi du droit de fabriquer et vendre le chocolat, concurremment avec les limonadiers et les maîtres en pharmacie, sans néantmoins que lesdits limonadiers puissent le débiter autrement que liquide et en boisson.

3. Jouiront en outre les maîtres de ladite communauté, concurremment avec celles cy-après et exclusivement à tous autres, savoir : avec les marchands merciers, du droit de vendre et débiter les lins et cotons non filés, les bouchons de liége, les ballais de soye et de crin de toutes espèces, les blanchissoirs, les brosses et généralement tout ce qui concerne l'épousseterie; avec les maîtres pâtissiers, de celui de faire et vendre les biscuits et macarons en caisses et en moules, même de vendre les pâtés qu'ils pourront faire venir du dehors; avec les maîtres chaircuitiers, de faire venir et vendre des jambons, saucissons et cervelats; avec les maîtres cabaretiers aubergistes, des vins, des liqueurs étrangères; avec les maîtres limonadiers, de faire venir et vendre toutes sortes de liqueurs, ratafias, eaux-de-vie, esprits-de-vin, fruits confits à l'eau-de-vie, vinaigre et moutarde, sans pouvoir néantmoins par lesdits marchands épiciers faire ny fabriquer aucunes desdites liqueurs ou ratafiats, ny pouvoir vendre et débiter, savoir : les vins étrangers, les liqueurs, ratafiats et eau-de-vie à petite mesure, ny autrement qu'en pièces ou bouteilles coeffées, le vinaigre qu'en tonneaux contenant vingt pintes au moins, la moutarde qu'en pots, et les pâtés, jambons, saucissons et cervelats autrement que entiers, sans pouvoir les couper ny détailler.

4. Les maîtres de ladite communauté ne pourront vendre et débiter aucuns sels, compositions ou préparations entrantes au corps humain en forme de médicament, ny faire aucune mixtion de drogues simples pour administrer en forme de médecine; ils ne pourront faire la vente et le débit des drogues simples servans à la médecine qu'au poids de commerce et non au poids médicinal, à l'exception néantmoins de la manne, de la casse, de la rhubarbe et du séné, ainsi que des bois et racines qu'ils pourront vendre à tous poids, le tout en nature, sans préparation, manipulation, ni mixtion, et sans préjudice du droit des apoticaires; à l'effet de quoy les maîtres de ladite communauté seront tenus de

souffrir les visites qui seront faites dans leurs boutiques ou magasins par les médecins et les apothicaires de ladite ville conjointement et de leur représenter les drogues servans à la médecine pour en constater la qualité.

5. L'édit du mois de juillet mil six cent quatre-vingt-deux sera exécuté; en conséquence défenses sont faites, et sous les peines y portées, aux maîtres de ladite communauté de vendre et distribuer l'arsénic, le régule, le sublimé et autres drogues réputées poisons, si ce n'est à des personnes connues et domiciliées, auxquelles elles seront nécessaires pour leurs professions et à la charge par elles d'inscrire de suite et sans aucun blanc ny interligne, sur un registre tenu à cet effet par chaque marchand épicier et qui sera paraphé par le juge de police, leurs noms, qualités, demeures, le jour qu'elles auront pris lesdites drogues, leur quantité et l'employ auquel elles seront destinées; à l'égard des personnes étrangères ou inconnues ou de celles qui ne sçauront pas écrire, il ne leur sera distribué aucunes desdites drogues, si elles ne sont accompagnées de personnes domiciliées et connues, qui inscriront et signeront sur ledit registre comme il est prescrit cy-dessus. Seront au surplus tous poisons et drogues dangereuses tenus et gardés en lieu sûr et séparé, sous la clef du maître seul, sans que les femmes, enfants, apprentifs, garçons ou domestiques en puissent disposer, vendre ou débiter, le tout sous les mêmes peines.

6. Défenses sont faites à toutes personnes sans qualité de s'immiscer dans ledit commerce de l'épicerie et aux maîtres de la communauté de prêter leur nom directement ny indirectement sous aucun prétexte, même sous celui d'association, si ce n'est que lesdites associations ne soient faites à titre de commandite, auquel cas les bailleurs des fonds ne pourront s'entremettre de la vente et débit des marchandises dépendantes dudit commerce.

7. N'entendons néantmoins déroger aux édits et déclarations concernant le commerce en gros, ny priver les habitans de ladite ville et de ses faubourgs de la faculté de tirer directement des autres provinces du royaume ou de l'étranger les marchandises qui leur seront nécessaires pour leur usage ou consommation seulement.

8. Pourront pareillement les marchands forains apporter en tout temps dans ladite ville des marchandises dépendantes dudit commerce en balle et sous corde, à la charge par eux de les emmener directement au bureau de la communauté, pour, après avoir été exposées en vente pendant 24 heures, aux maîtres d'icelle être loties entre eux, et ce sans pouvoir les déposer dans les hôtelleries, cabarets, maisons particulières ni partout ailleurs qu'au bureau de ladite communauté, à peine de confiscation desdites marchandises et de tous dépens, dommages et intérêts.

9. La défense faite par l'article ci-dessus aux marchands forains de vendre leurs marchandises à d'autres qu'aux maîtres de ladite communauté, n'aura point lieu dans les temps des foires; ils pourront pendant la tenue d'icelles vendre lesdites marchandises à tous particuliers, et ce seulement dans les lieux où se tiendra la foire, sans pouvoir sous ce prétexte les colporter ni entreposer dans ladite ville et faubourgs, à la charge par eux de les embaler et emporter immédiatement après la clôture de ladite foire, sous les mêmes peines portées ci-dessus.

10. Les maîtres de ladite communauté ne pourront tenir ny avoir qu'une seule boutique ou magasin, dans lequel ils feront publiquement la vente de leurs marchandises, sans pouvoir les colporter ou faire colporter dans les rues ou de maisons en maisons pour les y annoncer et les y vendre, et sous les mêmes peines. Permettons néantmoins à ceux d'entre eux qui changeront de demeure de garder la boutique qu'ils quitteront pendant l'espace de trois mois, à compter du jour où ils entreront en jouissance de celle qu'ils devront occuper, en faisant préalablement au bureau de la communauté la déclaration du changement de leur domicile, de laquelle déclaration il leur sera délivré une expédition sans frais.

11. Seront pareillement tenus les maîtres de ladite communauté de faire audit bureau la déclaration prescrite par l'article précédent, quand même ils ne voudroient pas conserver deux boutiques pendant ledit espace de trois mois, de laquelle déclaration il leur sera également délivré une expédition sans frais.

12. Les anciens maîtres des communautés supprimées dont les professions ont été réunies par l'édit du mois d'avril mil sept cent soixante-dix-sept, qui n'auront pas payé les droits fixés par icelui, ne seront qu'agrégés à ladite communauté; ils ne pourront en ladite qualité exercer d'autre commerce ou profession que celui qu'ils avoient droit d'exercer avant ladite réunion, et ils seront, pour raison d'icelui ainsi que pour les charges et impositions de la communauté, soumis à l'inspection des sindics et adjoints, auxquels ils seront tenus de faire toutes les années leur déclaration qu'ils entendent continuer ledit commerce, et, en conséquence de ladite déclaration, ils seront inscrits sur le catalogue des agrégés; défenses leur sont faites d'entreprendre, sous quelque prétexte que ce puisse être, sur les autres commerces ou professions réunies à la nouvelle communauté, à peine de confiscation des marchandises et de tels dommages-intérêts qu'il appartiendra.

13. Les veuves des anciens maîtres décédés avant la publication de l'édit du mois d'avril 1777, lesquelles n'auroient été tenues de payer que le quart

des droits, si elles s'étoient fait recevoir dans la nouvelle communauté dans les délais prescrits, pourront, conformément à l'article huit dudit édit, continuer d'exercer ladite profession en qualité de simples agrégés à ladite communauté, sans être tenues de payer aucun nouveau droit. Dans le cas où elles voudroient être admises en qualité de maîtresses, elles le pourront en payant la moitié desdits droits.

14. À l'égard des veuves des anciens maîtres qui ne sont décédés que depuis la formation de la nouvelle communauté et dont les maris, lors de leur admission en icelle en qualité de maîtres, n'auront pas payé pour elles le quart des droits à l'effet de leur procurer, dans le cas où elles leur survivroient, la faculté d'exercer ladite profession, elles seront tenues ainsi que les veuves des simples agrégés de payer dans l'année de leurs veuvages la moitié des droits, sinon et ledit délai passé, elles ne pourront être reçues qu'en payant la totalité d'iceux. La présente disposition aura pareillement lieu par rapport aux veuves des nouveaux maîtres qui, en se faisant recevoir, n'auront pas payé le quart desdits droits pour l'admission de leurs femmes, et ne pourra ladite disposition, dans aucun cas, être réputée comminatoire.

15. Tous les maîtres, maîtresses et agrégés de ladite communauté seront tenus d'exercer bien et loyalement leur commerce; ils seront garands et responsables envers les acheteurs des infidélités qu'ils pourroient commettre dans l'exercice d'icelui, et, dans le cas de plainte portée contre eux aux sindics et adjoints de leur communauté, ils seront tenus de se rendre au bureau d'icelle aux jour et heure auxquels ils seront mandés. Il leur est enjoint de porter honneur et respect auxdits sindics et adjoints, à peine de 10^{tt} d'amende au profit de la communauté et même sous de plus grandes peines, s'il y échet.

16. Les députés qui doivent représenter la communauté aux termes de l'article 13 de l'édit du mois d'avril 1777, seront choisis dans une assemblée générale qui ne pourra être convoquée que par permission du juge de police, lequel indiquera les jour, lieu et heure et la forme en laquelle elle sera tenue; il présidera ladite assemblée, à laquelle assisteront pareillement le procureur du roy et le greffier. Il sera passé au juge 6^{tt}, au procureur du roy et au greffier 2^{tt}, y compris le coût et les déboursés du procès-verbal de l'assemblée, mais la permission sera accordée sans aucun droit ny frais.

17. Les deux adjoints qui doivent remplacer ceux qui deviendront sindics seront élus par la voie du scrutin dans une assemblée des maîtres de la communauté ou des députés, s'il en a été nommé, auquel cas ladite assemblée sera tenue dans les trois jours après la nomination desdits députés Lesdits adjoints ne pourront être pris que parmi les anciens députés; ils seront pré-

sentés au lieutenant général et au procureur du roy du siége de la police, avant qu'ils puissent exercer leurs fonctions, et leur nomination sera inscrite sur le registre de la communauté par l'un des sindics et sans qu'il soit besoin d'en dresser procès-verbal.

18. Les sindics et adjoints seront tenus de se rendre l'un des jours de chaque semaine chez l'ancien sindic ou au bureau de la communauté, si elle en a un, pour expédier les affaires courantes; quant à celles qui exigeront qu'il en soit délibéré, elles seront portées à l'assemblée des députés qui se tiendra chaque mois, aux jour et heure qui seront indiqués par une délibération des députés, ou qui, en cas de nécessité, sera convoquée extraordinairement par permission du juge de police, laquelle sera accordée sans frais; et dans le cas où le juge croira sa présence nécessaire à ladite assemblée, il pourra y assister; les deux sindics présideront alternativement auxdites assemblées.

19. Les délibérations qui seront prises dans lesdites assemblées ne seront valables que lorsqu'elles auront été signées par la moitié au moins des représentans; les sindics et adjoints seront tenus de veiller à ce que tout se passe dans lesdites assemblées avec l'ordre, la décence et la tranquilité convenables; dans le cas où quelques députés négligeroient d'y assister ou y causeroient quelque trouble, il en sera rendu compte au juge de police pour y être par lui pourveu.

20. Les sindics et adjoints seront tenus de faire chaque année quatre visites chez tous les maîtres et agrégés de la communauté, à l'effet de reconnaître si les marchandises dont ils font commerce sont loyales, marchandes et conformes aux réglemens, et faire la vérification des poids et mesures sur les étalons qui seront à cet effet fabriqués aux frais de la communauté et déposés au greffe de la police, comme aussi de s'informer de la conduite des apprentifs et des garçons de boutique. Ils auront soin d'en rendre compte à la première assemblée des députés, à laquelle ils citeront les maîtres qu'ils auront trouvés en contravention; en cas de récidive, les sindics et adjoints en feront dresser procès-verbal, lequel sera remis entre les mains du procureur du roy de la police pour y être pourveu à sa requête, si la contravention intéresse l'ordre public, sauf aux sindics et adjoints à poursuivre au nom de la communauté, si elle y est intéressée.

21. Il sera payé aux sindics et adjoints, par tous les maîtres et agrégés, vingt sols pour chacune desdites quatre visites; les trois quarts du produit desdits droits seront versés dans le coffre de la communauté pour subvenir à ses besoins, l'autre quart sera partagé entre les sindics et adjoints qui auront fait les visites, dont les frais seront à leur charge. Les sindics et adjoints pourront

faire des visites extraordinaires, lorsqu'ils le jugeront nécessaire, mais sans qu'ils puissent percevoir aucun droit pour raison d'icelles.

22. Lesdits sindics et adjoints pourront se transporter pareillement, assistés d'un commissaire de police, dans tous les lieux indistinctement où ils seront informés qu'il se commet quelques entreprises contre les droits et priviléges de leur communauté par des gens sans qualité, à l'effet de constater leurs contraventions. Défenses sont faites à tous particuliers, de quelque qualité et condition qu'ils puissent être, de leur apporter aucun empêchement et de les troubler dans lesdites visites, sous peine de 300" d'amende et de tels dommages-intérêts qu'il appartiendra; les confiscations et les dommages-intérêts qui seront prononcés, tant contre les maîtres que contre les gens sans qualité, pour contraventions aux statuts et réglemens de la communauté, seront applicables pour un quart aux sindics et adjoints et pour les trois autres quarts à la communauté.

23. Aussitôt après l'élection des adjoints, les deux sindics et les deux nouveaux adjoints se retireront au bureau de la communauté, pour convenir entre eux de celui des deux sindics qui sera chargé de faire pendant l'année de leur exercice et en leur nom la recette des revenus de la communauté et des impositions royales, duquel receveur ils seront solidairement garends et responsables, sans que de ladite qualité de receveur il puisse résulter en faveur de celui qui en sera revêtu aucune prééminence ni préséance sur ses collègues. En cas de partage sur le choix dudit receveur, le plus ancien en maîtrise des deux sindics sera nommé et ladite nomination sera enregistrée sur le champ sur le livre des délibérations de la communauté.

24. Il sera tenu par ledit receveur un registre journal, lequel sera coté et paraphé par le lieutenant général au siége de la police; dans lequel il écrira jour par jour, de suite, sans aucun blanc ni interligne, les recettes et dépenses qu'il fera. Ledit registre sera visé chaque jour de bureau ou au plus tard à la fin de chaque mois par les sindics et adjoints et représenté à chaque requisition au lieutenant général de police; les sindics et adjoints seront tenus de justifier dudit registre à l'appuy de leurs comptes lors de la reddition d'iceux.

25. Ledit receveur sera tenu de rendre compte chaque jour de bureau à ses commetans des deniers qu'il aura reçus, lesquels, ainsi que les pièces justificatives de la dépense, seront déposés sur le champ dans la caisse particulière des sindics et adjoints sous deux clefs différentes, dont l'une restera au sindic receveur et l'autre au plus ancien en maîtrise des deux adjoints, à la déduction néantmoins de la somme qu'il sera par eux jugé nécessaire de laisser entre les

mains du receveur pour les dépenses courantes. Quant aux deniers provenans des reliquats et comptes, ils seront déposés dans une autre caisse, sous trois clefs différentes, qui seront remises, l'une au plus ancien en maîtrise des sindics et adjoints en exercice, l'autre au plus ancien des députés et la troisième restera au sindic receveur. Les fonds ne pourront être tirés de cette dernière caisse pour être remis aux sindics et adjoints en exercice qu'en vertu d'une délibération approuvée du lieutenant général de police.

26. Le receveur ne pourra, sous peine d'en répondre en son nom personnel, faire aucun payement que sur le mandement signé de deux de ses collègues au moins ; dans le cas où il refuseroit de rendre compte de sa recette chaque jour de bureau, d'en remettre le montant à la caisse, et où il s'ingéreroit de faire des dépenses sans l'autorisation de ses collègues, il sera permis à ces derniers, après avoir obtenu l'agrément du lieutenant général de police, de nommer un autre receveur pour achever en son lieu et place le temps de son exercice.

27. Les sindics et adjoints rendront compte chaque année, dans les deux mois au plus tard après la fin de leur exercice et par bref état, de leur gestion et administration. Ledit compte sera rendu aux députés lors en charge, en présence du procureur du roy en la police, lequel pourra faire telles observations qu'il appartiendra sur les recettes et dépenses ; lesdites observations ou réquisitions seront écrites à la marge de chacun desdits articles, sans qu'il puisse être dressé aucun procès-verbal de la reddition desdits comptes ; après que les députés les auront arrêtés, ils seront visés par le procureur du roy et il sera passé en dépense pour ses honoraires la somme de 10^{tt}.

28. Les comptes seront faits triples, arrêtés et visés tous les trois en la même forme : l'un sera déposé au coffre de la communauté avec les pièces justificatives, l'autre demeurera entre les mains du sindic qui aura été receveur, pour servir de décharge aux rendans compte, et le troisième sera remis au sieur intendant et commissaire départi en la généralité, pour être par lui envoyé au conseil, conformément à l'édit ; faute par les comptables de rendre leurs comptes dans les délais et dans la forme prescrite par les articles précédens, ils y seront contraints à la diligence du procureur du roy au siège de police et condamnés envers la communauté en 20^{tt} de dommages-intérêts, pour chaque quinzaine de retard après que ledit délai de deux mois sera expiré.

29. Les sindics et adjoints qui se trouveront reliquataires par l'arrêté de leur compte seront tenus de remettre sur-le-champ ledit reliquat entre les mains de leurs successeurs, à peine d'y être contraints ; et s'ils se trouvoient en avance, ils en seront remboursés par leurs successeurs des premiers deniers

de leurs recouvremens, dont lesdits successeurs feront dépense dans le compte de leur exercice; dans le cas où les avances excéderoient les revenus ordinaires de la communauté, ils en seront remboursés, par la voye de la répartition sur tous les maîtres et agrégés de la communauté. Le rôle de ladite répartition sera fait par lesdits sindics et adjoints en exercice, en présence du juge de police, au marc la livre des impositions, et rendu exécutoire en la forme ordinaire.

30. Les maîtres qui auront failli dans leur commerce ou subi quelques condamnations pour cause d'infidélité dans l'exercice d'icelui ou autrement, seront exclus du droit de parvenir aux charges de sindics, adjoints et députés de la communauté, et s'ils se trouvoient alors pourvus de l'une desdites charges, ils en seront de plein droit destitués, après qu'il en aura néantmoins été référé au juge de police.

31. Les aspirans à la maîtrise ne pourront être reçus qu'à l'âge de 25 ans accomplis et après avoir travaillé pendant un an chez un des maîtres de la communauté; pourront néantmoins être reçus dès l'âge de 20 ans ceux qui auront travaillé en qualité d'aprentif, pendant l'espace de trois années, chez les maîtres exerçant la profession et établis dans ladite ville et fauxbourgs et qui en justifieront, soit par un brevet passé devant notaires, soit par un acte sous seing privé duement contrôlés. A l'égard des fils de maîtres qui auront travaillé de la profession pendant deux ans au moins chez leur père ou mère, depuis la réception à la maîtrise de l'un d'eux, et qui auront été inscrits à cet effet sur le registre de la communauté, ils pourront être reçus dès l'âge de 18 ans sans brevet d'apprentissage; les filles et femmes pourront être reçues dans la communauté lorsqu'elles auront atteint l'âge de 18 ans, mais elles ne pourront être admises aux assemblées ni faire des apprentifs.

32. Les brevets ou actes d'apprentissage seront enregistrés au bureau de la communauté et il sera payé 6ᴴ par l'aspirant pour ledit enregistrement, dont moitié au profit de la communauté et l'autre moitié au profit des sindics et adjoints. Le temps écoulé avant que l'apprentif ait atteint l'âge de 12 ans ne sera point compté pour parvenir à la maîtrise, et il ne courra après ladite époque qu'à compter du jour de l'enregistrement, dont mention sera faite au bas desdits brevets ou actes.

33. Les maîtres de la communauté créée et établie par l'édit du mois d'avril 1777 auront seuls et à l'exclusion des simples agrégés le droit de faire des apprentifs. Pourront néantmoins lesdits agrégés faire inscrire leurs enfants sur le registre de la communauté et les faire travailler avec eux en qualité d'apprentif; mais lesdits enfants ne seront reçus maîtres de leur métier ou profession qu'à l'âge de 20 ans accomplis et après avoir fait quatre années d'apprentissage.

34. Lorsque le brevet se trouvera annullé avant son expiration, soit du consentement des parties, soit par le décès du maître ou la cessation de son commerce, soit enfin par autorité de justice, l'apprentif pourra passer un nouveau brevet chez un autre maître pour parachever les trois années d'apprentissage, et ledit nouveau brevet sera enregistré sans frais. Après l'expiration desdites trois années, les maîtres d'apprentissage seront tenus de certifier au bas des brevets ou actes qu'ils ont eu leur exécution, sans qu'ils puissent, sous quelque prétexte que ce soit, faire remise d'aucune portion de temps dudit apprentissage, sous peine de 50^{lt} d'amende.

35. Les aspirans, avant d'être admis, seront tenus de justifier de leurs bonnes vie et mœurs par le témoignage de deux maîtres et de deux notables bourgeois dignes de foy et non suspects, et après avoir suby un examen et répondu aux questions qui leur seront faites par les sindics et adjoints et trois députés en exercice, chacun à tour de rôle, suivant l'ordre de leur réception, dans une séance de deux heures au moins, sur toutes les parties relatives à la profession et au commerce de la communauté; les examinateurs décideront à la pluralité des voix si l'aspirant a la capacité et l'expérience suffisantes et requises pour être admis à la maîtrise, et il sera distribué par ledit aspirant trois livres à chacun des examinateurs pour leurs honoraires et droits d'assistance audit examen.

36. Dans le cas où l'aspirant n'auroit pas été jugé capable, il lui sera loisible de se retirer par devant le juge de police pour obtenir un nouvel examen; lorsqu'au contraire il aura obtenu l'approbation des examinateurs, il sera présenté au lieutenant général de police par l'un des sindics ou adjoints, et il sera par lui reçu, après qu'il se sera fait représenter le certificat de bonnes vie et mœurs et les quittances des droits ordinaires de réception. Les droits des officiers de police pour la réception demeureront fixés, savoir : ceux du juge à 6^{lt}, ceux du procureur du roy à 4^{lt} et ceux du greffier à 2^{lt}, y compris le droit de scel et de signature.

37. Les apprentifs, garçons de boutique, commis ou facteurs, qui voudront, après leur admission à la maîtrise, s'établir, ne pourront prendre à loyer, dans les 3 années qui suivront leur sortie de chez les maîtres où ils demeuroient, les boutiques ou magasins occupés par lesdits maîtres; ils ne pourront pas même occuper des boutiques voisines, si ce n'est qu'il n'y ait entre les unes et les autres une distance de trois maisons, ou qu'ils n'ayent obtenu la faculté de se placer dans une distance moindre desdits maîtres chez lesquels ils demeuroient, ou qu'enfin ce ne soit pour prendre l'établissement d'une veuve ou d'une fille de maître qu'ils auront épousée, le tout sous peine de fermeture de boutique et de tels dommages-intérêts qu'il appartiendra.

38. Tous garçons épiciers résidens actuellement dans la ville ou qui y viendront par la suite travailler seront tenus, savoir : les premiers dans la quinzaine du jour de l'enregistrement des présens statuts, et les autres dans les trois jours de leur arrivée, d'aller se faire inscrire chez l'ancien sindic sur un livre qui sera tenu à cet effet, dont il leur sera délivré un certificat sans frais, et ce sans préjudice de l'exécution des lettres patentes du 12 septembre 1781. Ils seront pareillement tenus, lorsqu'ils seront au service d'un maître, de l'avertir 8 jours avant leur sortie, duquel avertissement ils justifieront par un billet de congé que les maîtres seront tenus de leur délivrer lors de leur sortie.

39. Défenses sont faites auxdits garçons de contrevenir aux dispositions de l'arrêt précédent, comme aussi de former aucune assemblée, même sous prétexte de confrairie, ny de cabaler entre eux pour faire la loi à leurs maîtres, le tout sous peine de 10tt d'amende et même de prison en cas de récidive, et autres peines portées par les ordonnances.

40. Pareilles défenses sont faites aux maîtres et agrégés de la communauté de recevoir aucun garçon, qu'après s'être fait représenter les certificats d'enregistrement et billets de congé prescrits par l'article 38 cy-dessus, sous peine de 10tt d'amende et de tels dommages et intérêts qu'il appartiendra, au profit des maîtres que lesdits garçons auront quittés sans avoir obtenu lesdits certificats et billets de congé.

41. Si vous mandons que ces présentes vous ayez à faire enregistrer, et le contenu en icelles garder et exécuter selon leur forme et teneur; car tel est notre plaisir. Donné à Versailles le 7e jour du mois de juillet l'an de grâce 1787 et de notre règne le 14e. Signé : LOUIS; et plus bas : par le roy, le baron DE BRETEUIL.

Vu au conseil : Laurent DE VILLEDEUIL, et scellées du grand sceau de cire jaune.

Registrées, ce consentant le procureur général du roy, pour jouir par les impétrans de leur effet et contenu et être exécutées selon leur forme et teneur, suivant l'arrêt de ce jour à Paris en parlement, le 15 janvier 1788, signé : Ysabeau, collation faite. Ainsi signé : YSABEAU.

Arch. imp., sect. judic., minutes intitulées : *Lettres patentes*.

XC.

ACTES RELATIFS A LA CONVOCATION DES ÉTATS GÉNÉRAUX DE 1789.

Nous voici arrivés aux limites de cette histoire; nous touchons à l'époque solennelle où la nation française, après un travail de plusieurs siècles, après une longue suite d'efforts soutenus dans l'intérêt de l'unité et de la liberté civile, va renverser d'un seul coup l'édifice des vieilles institutions qui entouraient la monarchie. Louis XVI, se rendant au vœu général, poussé par la nécessité présente et aussi par ses propres instincts, engage la couronne dans la voie des grandes réformes; en 1787, il donne à tous les pays d'élection des assemblées provinciales [1], et, peu de temps après, il décrète la réunion des états généraux du royaume [2].

L'assemblée provinciale de Picardie fut tenue à Amiens en octobre, novembre et décembre 1787. Les représentants de ce qu'on appelait le département d'Amiens s'assemblèrent le 20 octobre, et formèrent cinq bureaux, entre lesquels fut divisé le travail : 1er bureau, des grandes routes, des chemins vicinaux, des canaux et du commerce; 2e, de la taille, des accessoires et de la capitation; 3e, des vingtièmes; 4e, des charges locales, des fonds de charité et du bien public; 5e, du règlement et de l'agriculture. Ils se prononcèrent pour la fixation à trente-six pieds de la plus grande largeur des routes de première classe; pour une répartition de fonds destinés à l'entretien des chemins par chaque département; pour l'application des roues à larges bandes aux voitures de roulage; pour l'ouverture de deux chemins, d'Amiens à Conti, et de Picquigny à Oisemont, et pour l'ouverture d'un troisième chemin conduisant d'Eu à Paris par Blangy et Gamaches, etc.

Lorsque parurent les ordonnances de convocation des états généraux pour l'année 1789, ces états n'avaient point été assemblés depuis près de deux siècles. Le 21 octobre 1788, le département d'Amiens entendit le rapport de la commission particulière chargée de donner son avis au gouvernement sur la question du mode d'élection des représentants des trois ordres.

Le rapporteur expose que les formes autrefois adoptées étant aujourd'hui peu connues, ayant beaucoup varié, et d'ailleurs ne se trouvant pas en rapport avec les besoins de l'époque présente, le roi veut bien demander avis à ses sujets sur le règlement de cette matière.

---

[1] L'édit de convocation des assemblées provinciales dans le pays d'élection est du mois d'avril 1787. Voy. Essai sur les assemblées provinciales par M. Girardot (Bourges, 1845, in-8°).

[2] Lettres du 18 décembre 1787 et du 8 août 1788.

Ensuite il examine les différents modes d'élection précédemment suivis, sans toucher à la division de la nation en trois ordres, clergé, noblesse et tiers état; il passe en revue les différentes manières de convocation, décrit les élections par bonnes villes et les élections par bailliages, en montre les défauts, et déclare que c'est le chiffre de la population qui doit principalement servir de base aux proportions à garder pour régler le nombre des représentants de la nation; ce nombre, selon lui, doit s'élever (pour 25 millions d'habitants) à 900 au moins, et, dans cette proportion, la province de Picardie aurait 19 à 20 représentants. Il se prononce pour une élection à deux degrés, en disant qu'il n'est pas nécessaire, pour le premier degré, que la distinction des ordres soit rigoureusement observée, pourvu qu'elle se retrouve dans la nomination ultérieure et définitive des députés; qu'en outre, il est convenable que les campagnes soient représentées. Il opine pour que personne ne soit éligible de droit et en raison seulement de la place ou charge qu'il occupe; la seule condition d'éligibilité doit être l'âge de trente ans et la jouissance d'une propriété ou l'exercice d'une profession commerciale importante; il soutient encore que le tiers état doit participer aux élections dans la proportion de 3 à 6. Enfin, il propose certains détails d'exécution pour la ville et le département d'Amiens. — L'assemblée adopte le plan proposé par sa commission; elle décide qu'une copie en sera transmise au garde des sceaux, et prie les membres de la commission intermédiaire provinciale [1] d'interposer leurs bons offices auprès du roi pour que, comme il l'a fait en divers lieux, il convertisse en états l'assemblée provinciale de Picardie, et lui confère ainsi les prérogatives dont jouissent les provinces ayant des états particuliers.

Une correspondance au sujet des élections s'engagea, d'une part, entre le lieutenant général, le procureur du roi et l'intendant, et, de l'autre, le garde des sceaux et le contrôleur général des finances [2]. Les élections du premier degré eurent lieu, pour la ville d'Amiens, dans le

---

[1] Dans une délibération du conseil de ville, il est question des attaques dont il a été l'objet de la part de la commission provinciale. 8 janvier 1789.

[2] Voy. la collect. génér. des procès-verbaux, mémoires, lettres, etc., concernant les députations à l'assemblée nationale de 1789. (Arch. imp., sect. législat., t. III, bailliage d'Amiens, 1re partie, p. 270, 283, 294, 342, 346, 349, 357, 359, etc., B. III, 3.

courant de février, et furent l'objet d'un débat dont nous trouvons le détail dans des lettres, mémoires et procès-verbaux du temps. La nomination de MM. Viot et Suard, faite le 17 par les gens de métier non corporés, c'est-à-dire ne faisant partie d'aucune corporation spéciale, fut vivement attaquée, et même annulée par l'échevinage, à raison de ce que la convocation des électeurs n'avait pas eu lieu d'une manière régulière, et que l'assemblée n'était formée que de dix-sept personnes, au lieu de plusieurs milliers qui devaient la composer. Malgré les efforts des deux élus, l'opération controversée fut recommencée le 23 par une assemblée de deux cent quinze personnes.[1]

Les électeurs ainsi nommés dans les assemblées du premier degré entraient pour la première fois en scène lors de la publication de l'ordonnance royale qui accordait au tiers état une représentation égale à celle des deux autres ordres. Le 24 février 1789, ils arrêtèrent par acclamation que cette mesure libérale serait l'objet de témoignages de gratitude adressés au roi, et d'une lettre de remercîment écrite à M. Necker, contrôleur général des finances. Outre la délibération du 24 février, nous donnons la lettre adressée à M. Necker, et la réponse de ce ministre éminent.

Une affaire grave passionna ensuite la ville d'Amiens. L'assemblée préliminaire du bailliage, d'abord fixée au 2 mars, avait été reculée au 23; le 20 devait avoir lieu à Amiens même l'élection de trente-six députés du tiers état de la ville, chargés de concourir dans l'assemblée du bailliage à la rédaction des cahiers et à la nomination des représentants du tiers état aux états généraux. L'assemblée se tint sous la présidence du maire, et ce magistrat, de concert avec les autres officiers municipaux, décida qu'afin de perdre moins de temps les trente-six seraient nommés quatre par quatre. Cette méthode ayant excité de vives réclamations, le maire et les échevins rendirent une seconde ordonnance portant que les députés seraient nommés un à un. L'assemblée se prononça contre cette manière de procéder avec plus de force encore que contre la première, et demanda que l'élection eût lieu par scrutin de liste. L'échevinage s'y refusa, et ne pouvant maintenir son

---

[1] Collect. génér. des procès-verbaux, etc., p. 286, 297, 301, 304, 308, 318, 330, etc.

autorité et dominer les cris des électeurs, il se retira en dissolvant l'assemblée et en la déclarant nulle et illégale. Néanmoins l'élection fut continuée après le départ des officiers municipaux; un nouveau président fut nommé, et l'assemblée élut trente-six personnes, auxquelles elle remit, à défaut et en guise des cahiers qu'elle ne put obtenir, un double du procès-verbal, pour leur servir de pouvoirs.

Cet acte important fut le sujet d'une lutte que l'on peut suivre dans les correspondances du temps [1]. Les élus demandaient au gouvernement la validation de l'élection; l'échevinage insistait pour qu'elle fût annulée; l'intendant de Picardie, M. d'Agay, d'après l'inspiration du garde des sceaux et du contrôleur général des finances, s'efforçait de rapprocher les parties et d'obtenir d'elles des concessions réciproques, qui laisseraient subsister l'élection, sans blesser les susceptibilités de l'échevinage. Plusieurs jours se passèrent dans l'attente d'une décision, et le 23 l'assemblée du tiers état du bailliage fut ouverte en l'absence des trente-six députés de la ville [2]. Elle se composait de 960 personnes, qui se divisèrent en six bureaux, pour travailler sur les cahiers de la prévôté de Beauvoisis, de celle de Beauquesne, de celle de Fouilloy et de celle de Vimeu. Enfin, les élus se présentèrent dans la séance du 26; le conseil d'état, lorsque toutes les tentatives de conciliation eurent été épuisées, avait rendu, le 24 février, un arrêt par lequel il donnait raison aux députés, et validait leur élection. L'un d'eux, M. Leroux, ancien maire d'Amiens, porta la parole en leur nom. Son discours est remarquable, comme expression des sentiments libéraux du tiers état de la ville et de la banlieue d'Amiens.

L'orateur déclare que lui et ses collègues, au nom et à titre de représentants du tiers état de la ville d'Amiens, renoncent aux priviléges et exemptions pécuniaires accordés précédemment à cet ordre, et dont il avait joui à l'exclusion des habitants de la campagne; il demande que les distinctions particulières entre les gens des villes et ceux des campagnes, qu'il regarde comme enfants d'une même fa-

---

[1] Collect., etc., B. III, 3, p. 372, 381, 373, 416, 449, 403, 424, 378, 427, 441, 442, 4.., 438, 435, 443, 325, 316, 310, 323, 341, 346, 333, 335, 362, et B. II, 62.

[2] Collect. générale des procès-verbaux, etc., B. III, p. 451, 362, 364, 385, et B. II, 3.

mille, soient abrogées, que tout impôt soit exactement réparti sur toutes les personnes et les propriétés sans exception, et particulièrement que les priviléges et exemptions relatifs à la taille et à la corvée, dont jouissent les bourgeois d'Amiens, soient abolis; enfin, il émet le vœu que la déclaration du tiers état d'Amiens soit consignée dans le procès-verbal de l'assemblée.

EXTRAIT DE LA SÉANCE DE L'ASSEMBLÉE DU DÉPARTEMENT D'AMIENS.

1788.
21
octobre.

La commission particulière nommée pour le travail relatif au vœu à former pour la convocation des états généraux a fait le rapport suivant :

Messieurs, depuis longtemps le roi a notifié à ses peuples l'intention où il étoit de convoquer les états généraux de son royaume; Sa Majesté, dans toutes les occasions, depuis ce premier moment en a réitéré l'annonce solennelle, et tout récemment encore, les derniers édits nous prouvent qu'elle n'a d'autre soin, d'autre désir que de trouver et d'adopter les moyens qui puissent réunir pour la convocation de cette assemblée nationale le vœu de ses sujets, et, par un heureux accord, leur procurer efficacement les plus grands avantages. Cette sollicitude paternelle de notre monarque, Messieurs, cette nouvelle preuve de son amour pour ses peuples, lui assureroit seule l'empire des cœurs, s'il n'y régnoit déjà par tant d'autres bienfaits, si celui de tout Français n'étoit dévoué à son roi. Nous n'avons pas besoin, Messieurs, de lui offrir de nouveaux témoignages de notre tendresse et de notre amour, mais notre première pensée, notre premier sentiment aujourd'hui, celui de tous nos cœurs, Messieurs, c'est l'expression la plus vive de notre gratitude et de notre reconnoissance. Ne perdons donc pas un instant, Messieurs, pour en porter, avec nos respects, l'hommage aux pieds du trône, et que Sa Majesté, dans la franchise et la vivacité de notre gratitude et de notre affection, reconnoisse les véritables sentiments de ses sujets et de sa fidèle province de Picardie.

Nous touchons donc, Messieurs, à la grande époque de cette auguste assemblée dont le monarque et toute la nation doivent se promettre réciproquement de si heureux effets. Et où effectivement un monarque justement aimé pourroit-il trouver plus de lumières pour s'éclairer sur l'adoption d'une infinité de lois qui doivent intéresser la fortune et même la vie ou l'honneur d'une multitude immense, sinon dans le concours de celles de l'élite des citoyens d'une grande nation, qui tient depuis si longtemps le rang le plus ancien et le plus distingué parmi les nations les plus polies et les plus instruites? Où trouver plus de moyens pour améliorer les revenus de l'état, augmenter sa puissance, assurer sa force et son bonheur, sinon dans les offres empressées, dans les contributions généreuses d'une nation noble et grande et aussi jalouse de rehausser en dedans l'éclat du trône que d'en assurer la puissance au dehors? Où trouver plus de ressources, dans les grandes calamités qui viennent quelquefois affliger les royaumes les plus florissants, sinon dans les sacrifices généreux, dans le noble dévouement d'un nombreux concours de citoyens vraiment patriotes? Où trouver enfin, dans ces grands revers tristement mémorables qui viennent quelquefois ébranler le trône le plus affermi et y porter le deuil, plus de secours, plus d'appui, plus de consolation, sinon dans le sein d'un peuple sensible et affectueux?

Si nos rois, traîtreusement trompés sur leurs véritables intérêts, pouvoient jamais douter du dévouement à leur personne sacrée, comme au bien de l'état, des assemblées de leurs fidèles sujets, ouvrons notre histoire, Messieurs.

Une courageuse opposition à d'indignes conditions de paix et au démembrement de tout le royaume, pendant la malheureuse captivité du roi Jean, les efforts les plus généreux, les subsides les plus abondants, le dévouement le plus affectueux pour le jeune successeur de Louis XI, une partie de nos plus sages lois, sous Charles IX et sous les auspices d'un de nos plus grands magistrats, le chancelier de L'Hôpital; la demande enfin et le vœu d'une déclaration solennelle sur la puissance de nos rois et la sûreté de leur personne sacrée sous Louis XIII, tant de témoignages imposants et de monuments respectables n'attestent-ils pas assez quel a été dans tous les temps le zèle des députés de la nation pour l'intérêt de nos princes comme pour le bien public?

Si nous voulons nous rappeler un trait encore tout récent et bien mémorable qu'une auguste alliance confond presque aujourd'hui avec les fastes de notre histoire, l'immortelle Marie-Thérèse, accablée par les plus grands revers, dépouillée de presque tous ses états, sans troupes, sans argent, sans asile, fugitive, enceinte, un foible enfant dans les bras, où trouva-t-elle enfin un appui salutaire et décisif, sinon dans le noble enthousiasme de l'assemblée de ses fidèles Hongrois?

En un mot, Messieurs, le soulagement des charges de l'état, l'amélioration de ses revenus, l'établissement des institutions les plus salutaires, l'agriculture puissamment encouragée, le commerce revivifié, la puissance de l'état assurée au dehors, et sa prépondérance affermie dans le système politique, la régénération des mœurs, la félicité publique, tels doivent être et seront sans doute les fruits précieux de cette auguste assemblée.

Mais pour obtenir plus sûrement de si grands avantages, la régularité des formes, la sagesse des combinaisons, le bon ordre et l'harmonie doivent sans doute présider à une convocation aussi importante.

C'est sur ces préliminaires intéressants que notre monarque, non content d'écouter seulement sa sagesse, veut encore entendre le vœu de ses sujets; c'est sur ces points déjà assez importants que Sa Majesté veut que tous les corps fassent des recherches, rassemblent des renseignements, que votre assemblée elle-même lui transmette son vœu.

Il seroit à désirer sans doute que les formes adoptées pour les anciennes convocations des états généraux fussent assez incontestablement connues, assez constantes et uniformes, et surtout assez convenables à tous les temps pour pouvoir servir d'exemple aujourd'hui; mais l'obscurité qui nous dérobe une partie des anciens usages, les modifications que le laps des temps, les différentes révolutions ont dû leur imprimer, le changement des opinions, des mœurs, l'accroissement considérable du royaume et de la population, la différence des tems, en un mot, ne peuvent permettre de chercher aujourd'hui dans les anciennes formes un modèle unique et qui puisse exclusivement s'adapter aux convenances actuelles.

C'est une difficulté que le roi a sentie le premier, que Sa Majesté n'a pas voulu laisser ignorer à ses peuples, et qu'elle a bien sagement exprimée dans son nouvel arrêt de convocation des notables.

L'antique et constitutionnelle division de l'état en trois ordres, le clergé, la noblesse et le tiers état, est devenue sans contredit une loi fondamentale du royaume qui doit être religieusement observée : après cela, Messieurs, nous ne craindrons pas de dire que les usages successivement et presque toujours différemment suivis dans la convocation des états généraux et même des derniers, en 1614, ne peuvent plus, pour la plupart au moins, convenir au temps présent, à l'ordre public actuel, ni pour la représentation des différentes parties du royaume et pour le nombre des députés, ni pour la manière la plus convenable de les faire élire et de les convoquer.

La méthode des élections par villes seulement connues autrefois sous le nom de *bonnes villes* demanderoit une distinction entre les villes du royaume et qui pourroit en priver quelques-unes du droit d'élection.

Les priviléges de toutes les anciennes villes ne peuvent plus être invariablement les mêmes qu'autrefois.

Telle ville, anciennement importante et considérable, conserve à peine aujourd'hui quelques vestiges ou plutôt quelques ruines de son ancienne grandeur, et telle autre, à peine connue autrefois, tient aujourd'hui un des premiers rangs par son commerce, ses richesses ou sa population.

XVIIIe SIÈCLE.

Les élections concentrées dans les villes seulement excluroient entièrement les habitants des campagnes d'avoir quelques représentants, et il seroit injuste qu'ils ne pussent pas participer à cet avantage.

Le droit d'élection, confié seulement aux municipalités des villes, paroîtroit encore moins juste, parce qu'il se trouveroit déposé seulement entre les mains des membres de ces municipalités, dont un grand nombre aujourd'hui dans le royaume ne doivent l'exercice de leurs fonctions qu'à la propriété d'un office acquis à prix d'argent.

L'arrêt du 5 octobre dernier fait également sentir combien les élections par bailliages se trouveroient illégales et disparates dans les différentes provinces, par la disproportion extrême qui se trouve entre le nombre des bailliages de chacune des provinces du royaume.

Le nombre des députés fixé par le nombre seulement des provinces seroit également inexact et disproportionné, par la différence essentielle qui existe aussi entre les richesses, l'importance et la population de chacune des provinces.

Quelque intéressant que soit pour tous les royaumes le degré des richesses des provinces, de leur commerce, de leur activité, de leur industrie, c'est surtout leur population qui en fait la principale force, et tous les gouvernements ont aujourd'hui la sagesse de sentir et d'apprécier la valeur des hommes.

C'est donc la population, Messieurs, qui nous paroît devoir principalement servir de base aux proportions à garder pour régler le nombre des représentants de la nation.

Le sage ministre, l'espoir de la nation, que toute la France voit aujourd'hui avec tant de satisfaction chargé des intérêts de l'état et dont elle a si bien accueilli les écrits politiques, a porté, d'après des calculs exacts, la population de la France (sans y comprendre les possessions extérieures) à environ 24 millions 676,000 hommes. Ce nombre d'habitants de l'intérieur du royaume semble demander pour ses délégués au moins 900 députés.

Ce nombre pourroit-il paroître prodigieux et excessif ? Les habitants de nos cités s'assembloient autrefois en plus grand nombre pour la seule élection de leurs propres officiers. L'élection des supérieurs d'un ordre religieux rassemble quelquefois une foule d'individus ; la seule inspection d'un corps militaire rassemble des milliers d'hommes, et on pourroit regarder comme excessif le nombre de 900 ou 1,000 représentants de 25 millions d'hommes qui doivent leur confier les plus grands intérêts ? Ce nombre de députés pour le royaume, Messieurs, paroîtra moins considérable encore, si vous en faites la division entre les différentes provinces, en la proportionnant à leur population respective.

Prenons pour exemple notre Picardie. M. Necker compte 31 généralités, dont 3 dans la seule Normandie, et dans notre généralité de Picardie, en y comprenant même le Boulonnois, environ 533,000 habitants.

Le nombre total de 900 députés n'en donneroit à notre province que 19 à 20 par proportion avec la population du reste du royaume.

Ne devons-nous pas désirer, Messieurs, et solliciter Sa Majesté qu'elle veuille accorder à notre province au moins ce nombre de représentants ?

Mais, avec le juste espoir d'obtenir au moins ce nombre de députés pour notre province, quelle seroit la forme la plus convenable pour les élire ? C'est ce qui présente quelques difficultés, sur lesquelles nous hasarderons quelques réflexions.

Nous observerons, Messieurs, qu'il ne paroît pas possible que la nomination des députés aux états se fasse en quelque sorte du premier jet, et qu'il est indispensable qu'elle soit précédée par celle d'un nombre convenable d'électeurs chargés à leur tour d'élire ces députés.

Nous ajouterons encore que ce seroit une difficulté presque insoluble de vouloir observer rigoureusement dans cette nomination préparatoire et préliminaire d'électeurs, la division exacte des trois ordres de l'état, mais qu'il doit suffire qu'elle se retrouve ensuite dans de justes proportions dans la nomination ultérieure et définitive des députés.

Nous pensons que, comme il est juste qu'il se trouve des députés dans toutes les classes de chacun des ordres de l'état, il est convenable qu'il se trouve immédiatement quelques représentants des habitants des campagnes. Mais nous sommes persuadés que l'intérêt du tiers état, et nous osons même l'ajouter de son propre aveu, demande fortement qu'il cherche par préférence le plus grand nombre de ses représentants dans les villes, où certainement il se trouve en général plus de lumières, plus de connoissances et plus de citoyens instruits et capables également de faire valoir les véritables intérêts de l'agriculture et de soutenir les intérêts du commerce, si essentiellement liés avec ceux de l'état et avec sa prospérité. Cette espèce de préférence en faveur des villes paroîtra également plausible et nécessaire, pour peu qu'on veuille calculer comparativement le degré d'importance de leurs richesses, de leurs propriétés, de leur industrie, de leur commerce, de leurs contributions aux charges publiques et de leur population.

C'est une vérité qui n'a pas échappé à la pénétration et à la sagesse du gouvernement, et qu'il a déjà clairement indiquée et énoncée par la majorité décidée des suffrages qu'il a déjà accordée aux villes dans la distribution qu'il a ordonnée des provinces en différents districts et arrondissements.

Nous pensons, Messieurs, que, comme le mérite doit seul fixer les suffrages, aucune personne ne doit paroître éligible de droit et en raison seulement d'aucune place ou charge qu'elle pourroit occuper.

Il est d'ailleurs assez naturel que les premiers regards se fixent d'abord sur les personnes déjà en place, mais, encore une fois, le mérite personnel seul, et non la place, doit servir de titre et de véritable recommandation.

Par cette raison nous pensons qu'aucune cour, corps ou compagnie ne doivent avoir le droit de nommer particulièrement des députés, mais que tous les membres doivent seulement jouir de celui de tous les citoyens recommandables par leur mérite personnel et par l'estime publique.

Nous croyons, Messieurs, qu'il seroit convenable que nulle personne ne fût éligible, à moins qu'elle ne fût âgée de 30 ans au moins, et en libre jouissance d'une propriété connue ou déterminée ou faisant un commerce important.

Nous douterons s'il seroit à propos de faire participer au droit d'éligibilité les célibataires et toutes personnes chargées de la perception ou recouvrement des impôts ou de commissions du même genre.

Nous pensons encore, Messieurs, qu'il seroit plus proportionnel à la quotité et au nombre des individus de chacun des trois ordres de l'état que les représentants du clergé, vis-à-vis de ceux de la noblesse, ne se trouvassent que dans la proportion d'un à deux, et ces deux ordres ensemble, vis-à-vis le tiers état, dans la proportion de trois à six. Ce sont les proportions adoptées dans la formation des états du Dauphiné.

Après toutes ces réflexions, Messieurs, et pour revenir à la manière qui nous paroîtroit la plus convenable, la plus régulière et peut-être la seule admissible de procéder à une nomination d'électeurs et de députés, nous prendrons pour exemple notre province de Picardie, en y comprenant le Boulonnois, à cause du calcul déjà cité de la population de toute la généralité et du nombre au moins de 20 députés que nous espérons qu'elle doit fournir.

Nous proposerions donc que notre généralité, divisée en 8 départements (le Boulonnois toujours compris), nommât d'abord 432 électeurs. — Chacun des 7 départements en fourniroit 48, et le département d'Amiens, toujours dans la proportion déjà indiquée, en fourniroit 96. — La nomination de ces 96 électeurs pour le département d'Amiens se répartiroit entre ses arrondissements et 48 pour la ville d'Amiens et son arrondissement. — La nomination des 12 électeurs, dans chacun des 4 premiers arrondissements du département d'Amiens, se feroit, à la pluralité des voix dans chacun, par l'assemblée représentative de tout l'arrondissement, composée du seigneur, du curé et de 3 députés de chaque paroisse, choisis par son assemblée municipale ou même paroissiale et payant au moins 10^{tt} d'impositions. — Ces 12 électeurs pourroient même déjà se prendre dans les proportions déterminées pour chacun des trois ordres, et, dans les arrondissements où il se trouveroit une ville un peu considérable, 6 électeurs y seroient nécessairement pris.

La nomination des 48 électeurs pour la ville d'Amiens et son arrondissement s'y feroit nécessairement avec quelque différence, ne pouvant pas se faire pour la ville comme pour les campagnes par assemblée municipale ou paroissiale.

Le clergé d'un côté, les chefs de famille de la noblesse de l'autre, les chefs de famille de bourgeoisie payant au moins 10 liv. d'impositions, et enfin les députés des paroisses de cet arrondissement, ou même, si cela paroissoit juste, leurs habitants payant 10 liv., seroient appelés successivement pour donner leurs suffrages à la nomination de ces 48 électeurs; 42 seroient nécessairement pris dans la ville d'Amiens.

La nomination des électeurs de chacun des 4 arrondissements pourroit même absolument, si on le vouloit, se faire dans cette même forme indiquée pour la ville et l'arrondissement d'Amiens : c'est-à-dire que les suffrages des 3 ordres, pris isolément d'abord, pourroient être ensuite réunis pour déterminer par la pluralité le choix des électeurs; enfin ces 432 électeurs des 8 départements de toute la généralité deviendroient les plénipotentiaires de leurs nominateurs et se réuniroient pour choisir à leur gré dans toute la province, sans exclusion pour leurs collègues, et pour nommer enfin à leur tour et en dernière analyse les 20 députés de la généralité; mais obligés seulement d'observer alors le plus précisément possible, pour le nombre de 20 députés, les proportions voulues et déterminées entre chacun des 3 ordres, d'en prendre au moins un de chaque département, au moins 2 du département d'Amiens, et au moins 5 dans la seule ville d'Amiens.

Telles sont, Messieurs, nos réflexions, que nous vous référons et que nous soumettons à votre prudence.

La matière mise en délibération :

Ouy messieurs les procureurs syndics, l'assemblée a adopté le plan de formation proposé par la commission, pour quoy il a été arrêté d'en remettre une expédition, sous la signature du secrétaire, à MM. les procureurs syndics provinciaux, afin de la faire parvenir à M. le garde des sceaux, pour valoir d'observations et faire connoître le vœu de la province sur cet objet; qu'au surplus, Sa Majesté ayant rendu aux provinces qui avoient autrefois des états la faculté de les assembler de nouveau et ayant converti en états provinciaux leurs assemblées provinciales, l'assemblée ne peut que solliciter la commission intermédiaire provinciale d'interposer ses bons offices auprès de Sa Majesté, pour faire étendre à la province la même faveur, en représentant que c'est une grâce à laquelle son antique union à la couronne et sa fidélité constante semblent lui donner des titres, et que la conversion de son assemblée provinciale en états provinciaux, en lui donnant les mêmes prérogatives qu'aux provinces réunies depuis et qui ont des états, ne fera que rétablir entre elles toutes une égalité bien digne de la bonté toute paternelle du roi, qui ne préjudiciera à aucune, et qu'alors cette province députeroit comme celles qui ont des états provinciaux.

Collationné et délivré conforme au registre par moi, secrétaire de l'assemblée du département d'Amiens soussigné, à Amiens, le 28 octobre 1788.

Signé : DEQUEN.

Collection générale des procès-verbaux, mémoires, etc., concernant les députations à l'assemblée nationale de 1789, t. III, bailliage d'Amiens, 1re partie (Arch. imp., sect. législative, B, III 3), p. 1.

EXTRAIT DU PROCÈS-VERBAL DE L'ASSEMBLÉE DU TIERS ÉTAT DE LA VILLE D'AMIENS.

1789.
24
février.

Il a été arrêté par acclamation qu'il sera adressé des remercîments au roi, de ce qu'il a accordé au tiers état une représentation égale à celle des deux autres ordres à l'assemblée des états généraux ; qu'il sera écrit au même sujet à monseigneur le directeur général des finances ; que les lettres et adresses seront signées par nous et par tous les députés.

Et ont les délibérants signé.

Délivré par le secrétaire greffier de la mairie d'Amiens soussigné, le 18 février 1789. Signé : JANVIER.

Id., ibid., p. 324.

LETTRE ADRESSÉE PAR LES OFFICIERS MUNICIPAUX ET DÉPUTÉS DES CORPS, COMMUNAUTÉS ET CORPORATIONS D'AMIENS, A M. NECKER, CONTRÔLEUR GÉNÉRAL DES FINANCES.

1789.
25.
février.

Monseigneur,

Le peuple français vous aura l'obligation du rétablissement de ses droits et de la consolidation de son bonheur. C'est à vous qu'il doit principalement la justice que Sa Majesté vient de lui rendre, en lui accordant une représentation aux états généraux égale à celles réunies des deux ordres privilégiés.

Nous adressons à ce sujet de très-humbles remercîments au roi. Recevez aussi, Monseigneur, à cette occasion, le juste tribut de notre reconnoissance.

Les bontés spéciales dont vous nous avez toujours honorés, et dont nous conservons les monuments avec vénération, nous donnent la confiance de croire que vous ne doutez ni de notre sincérité, ni du vif désir que nous avons de concourir à tout le bien que vous voulez procurer à la nation.

C'est avec ces sentiments et le plus profond respect que nous sommes, Monseigneur, vos très-humbles, etc... les officiers municipaux et députés des corps et communautés et corporations de la ville d'Amiens, signé : GALAND DE LONGUERUE, D'ESMERY, BOISTEL, etc.

<small>Collection générale des procès-verbaux, mémoires, etc., concernant les députations à l'assemblée nationale de 1789, t. III, bailliage d'Amiens, 1re partie (Ach. imp., sect. législative, B, III 3), p. 321.</small>

1789.

RÉPONSE DE M. NECKER, DIRECTEUR GÉNÉRAL DES FINANCES, AUX OFFICIERS MUNICIPAUX ET DÉPUTÉS DES COMMUNAUTÉS DE LA VILLE D'AMIENS.

J'ai reçu, Messieurs, la lettre que vous et les députés des corps et communautez de la ville d'Amiens avez bien voulu m'écrire le 25 février. Je mettrai sous les yeux du roi la délibération que vous y avez jointe. Je vous prie de recevoir mes sensibles remercîments des expressions flatteuses que vous m'adressez et de compter toujours sur ma disposition à rendre service à votre ville. Je suis avec un très-parfait attachement, Messieurs, votre très-humble, etc.

Signé : NECKER.

<small>Id., ibid., p. 325.</small>

1789.
26
mai.

EXTRAIT DU PROCÈS-VERBAL DE L'ASSEMBLÉE PRÉLIMINAIRE DU TIERS ÉTAT DU BAILLIAGE D'AMIENS.

.... En présence de tous les députés dénommés au présent procès-verbal, sont comparus les 36 députés de la ville d'Amiens et de la banlieue, composant l'étendue de sa prévôté, savoir : .... tous nommés par acte de délibération du 20 de ce mois, validé par l'arrêt du conseil du 24, duquel acte ils ont représenté et remis un duplicata sur le bureau, ensemble une copie signée d'Agay de l'arrêt du conseil du 24 de ce mois.

M. Le Roux, portant la parole, a dit :

Messieurs, des circonstances particulières et connues ne nous ayant pas permis d'élever la voix à l'ouverture des séances de l'assemblée baillivale, nous avons été forcés de renfermer dans nos cœurs un vœu que nous nous faisions un plaisir et un devoir d'exprimer en présence des nombreux habitants des campagnes qui étoient alors rassemblés dans cette enceinte.

Nous saisissons avec empressement le premier instant où notre qualité de représentans du tiers état de la ville d'Amiens, sanctionnée par la justice du souverain, nous autorise à venir ici stipuler ses droits, pour consigner dans le procès-verbal de cette assemblée la renonciation expresse qu'il a faite aux priviléges et exemptions pécuniaires qui lui ont été accordés et dont il a joui à l'exclusion des habitans de la campagne.

Le tiers état de la ville d'Amiens, guidé dans la rédaction du cahier que nous apportons par des sentimens d'amour et de respect pour la personne et les droits de son souverain, de zèle pour la gloire et la prospérité de la nation, d'attachement et de justice pour le tiers état des campagnes, a demandé que les distinctions particulières soient abrogées, et que tout impôt soit exactement réparti sur toutes les personnes et les propriétés sans exception.

Il a senti que ce vœu entraînait nécessairement l'abolition des priviléges et exemptions relatives à la taille et à la corvée dont jouissent les habitans de la ville d'Amiens sur les héritages situés hors de son enceinte; nous croyons ne pouvoir pas mieux répondre à la confiance dont il nous a honorés qu'en déclarant que c'est avec une vraie satisfaction que les bourgeois d'Amiens ont renoncé à leurs anciens priviléges pécuniaires, et que, se regardans avec les habitans des campagnes comme enfans d'une même famille, ils se sont estimés heureux que les circonstances leur aient procuré l'occasion de leur donner une preuve signalée de désintéressement et d'affection.

Et pour que cette déclaration, qui ne peut être entendue par ceux qu'elle a pour objet, soit un gage durable des sentimens de fraternité qui nous unissent à eux, nous demandons qu'elle soit consignée dans le procès-verbal de l'assemblée actuelle, avec le vœu que nous formons de la réitérer dans l'assemblée des trois ordres du bailliage.

A quoi l'assemblée a répondu par des acclamations et des applaudissemens universels........

Id., ibid., p. 557.

LISTE DES TRENTE-SIX DÉPUTÉS DU TIERS ÉTAT DE LA VILLE D'AMIENS, NOMMÉS PUBLIQUEMENT A HAUTE VOIX LE 20 MARS 1789, EN LA SALLE D'AUDIENCE DE L'HÔTEL DE VILLE, A GRANS HUIS OUVERTS, POUR PORTER LE CAHIER DE DOLÉANCES DE LADITE VILLE EN L'ASSEMBLÉE DU BAILLIAGE, LE 23 DU MÊME MOIS.

MM. Leroux, ancien maire, ancien consul, administrateur de l'hôpital, et membre de l'assemblée du département d'Amiens.

Laurendeau, avocat au parlement, et au bailliage présidial d'Amiens.

Després, docteur en médecine.

MM. Poulain, négociant, ancien consul.
Ancelin, doyen des chirurgiens, de l'académie des sciences, belles-lettres et arts, chirurgien major du dépôt de la généralité de Picardie.
Berville, procureur au bailliage présidial d'Amiens, secrétaire de l'assemblée provinciale de Picardie.
Massey, entrepreneur de manufactures.
Daire, négociant, ancien juge-consul.
Joiron-Marest, fabricant.
Machart, procureur au bailliage présidial d'Amiens.
Pauqui, apothicaire.
Boucher, ancien échevin, juge-consul en exercice et administrateur de l'hôpital.
Maressal de la Houssoye, greffier de la monnoye et membre de l'assemblée du département d'Amiens.
Navel, négociant, ancien consul.
Patin, greffier principal de la maréchaussée de Picardie, et procureur au bailliage présidial d'Amiens.
Maisnel, avocat, ancien échevin, conseiller de ville et procureur syndic du département d'Amiens.
Lefèvre-Langlet, négociant, ancien consul et l'un des syndics de la chambre de commerce.
Thierry, procureur au bailliage présidial d'Amiens.
Cordier, négociant, ancien consul.
D'Hervillet, médecin de l'hôpital militaire, professeur de chimie et membre de l'académie d'Amiens.
Harmanville, teinturier.
Le Caron-Crépin, négociant, ancien consul et syndic de la chambre de commerce.
Palyart, ancien consul, et administrateur de l'hôpital.
De Namps, médecin, professeur de botanique et membre de l'académie.
Lamy-Tranel, négociant, ancien consul.
Jérôme Laîné, négociant, ancien consul.
De la Porte, avocat, lieutenant de la maîtrise particulière des eaux et forêts.
Déjardin, fabricant.
Guidé, orfévre.

Lefèvre le jeune, notaire.

De Saint-Riquier, négociant, consul en charge.

Le Sellier, avocat, bailli du temporel de l'évêché et administrateur de l'hôpital.

Scellier-Joiron, négociant, consul en exercice.

Scribe, notaire.

Beaucousin, marchand épicier.

_{Id., ibid., p. 416.}

XCI.

CAHIER DU TIERS ÉTAT DU BAILLIAGE D'AMIENS POUR LES ÉTATS GÉNÉRAUX DE 1789.

Le cahier de doléances du tiers état du bailliage d'Amiens fut arrêté et signé dans l'assemblée préliminaire du 29 mars 1789. Le lendemain 30 les trois ordres se réunirent, mais pour un instant seulement [1]. Le 2 avril, les délégués du tiers état des bailliages d'Amiens et de Ham, au nombre de plus de 260, décidèrent qu'ils procéderaient en dehors du clergé et de la noblesse à la rédaction de leur cahier et à la nomination de leurs représentants, et cela, est-il dit dans le procès-verbal, pour éviter des retards aux gens de la campagne.

Tandis qu'ils délibéraient, les députés de la noblesse leur envoyèrent déclarer qu'ils avaient arrêté de se soumettre aux charges publiques, comme les autres citoyens, sans distinction ni exception; de demander la suppression de la taille et des autres impôts portant uniquement sur l'ordre du tiers, et leur conversion en une imposition générale pesant également sur chaque citoyen de tous les ordres et de toutes les classes, au prorata de ses propriétés et facultés; ils témoignèrent également ne vouloir d'autres droits que ceux de la propriété, et ne revendiquer d'autres priviléges que les avantages honorifiques dont la conservation intéressait l'état, comme étant liés à la monarchie elle-même. On conçoit combien ces sentiments remplirent d'enthousiasme les délégués de la bourgeoisie et du peuple; ils remer-

---

[1] Arch. imp., assemblée nationale de 1789, B, III 3; t. III, bailliage d'Amiens, 1re partie, p. 600, — et une expédition authentique, carton B, II 3.

cièrent avec effusion les députés de la noblesse, et arrêtèrent que le cahier leur serait communiqué. Le clergé se montra d'abord moins explicite, moins disposé à de larges concessions, et il annonça seulement au tiers état qu'il consentait à ce que ses biens fussent imposés temporairement dans la même proportion que ceux des deux autres ordres; mais la déclaration de la noblesse le força à faire quelques pas de plus, et il donna une complète adhésion aux principes que les nobles avaient proclamés. Ceux-ci, après avoir pris lecture du cahier du tiers état, firent des représentations sur certains articles qu'ils prétendaient contraires à leurs droits de champart, bannalités, péages, etc.; mais les députés du tiers, tout en protestant qu'ils n'avaient voulu porter aucune atteinte aux droits de propriété de la noblesse, refusèrent de rien changer à leurs doléances, arrêtèrent le cahier réduit des bailliages d'Amiens et de Ham, et procédèrent à l'élection de quatre représentants aux états généraux. Ceux qui obtinrent la majorité des voix furent: Pierre Douchet, cultivateur au Hamel; Charles Lenglier le jeune, de Feuquières; Leroux, ancien maire d'Amiens; Laurendeau, avocat.[1]

Nous publions dans son entier le texte du cahier des bailliages réunis d'Amiens et de Ham. Ce document, qui a une grande étendue, se compose de six parties: articles préliminaires; — de la constitution nationale; — de la police générale du royaume; — du clergé; — de la noblesse et du gouvernement militaire; — de la justice; — des finances; — du commerce, de l'agriculture, des manufactures et des arts; — de l'amirauté; il se termine par les pétitions particulières de la ville d'Amiens et celles du bailliage de Ham.

Il serait superflu de donner une analyse de cette pièce, dont les quelques mots qui précèdent indiquent les grandes divisions. Quant aux demandes spéciales de la ville d'Amiens, nous devons les noter, et

---

[1] Assemblée nationale de 1789, arch. imp., sect. législat., t. III, bailliage d'Amiens (B, III, 4), p. 158, 409, 411, 513. — Le procès-verbal a été imprimé. Une lettre de M. Laurendeau, l'un des députés, en annonce l'envoi au garde des sceaux. (Id., ibid., p. 418.) — Délibération par laquelle le corps de ville d'Amiens a préliminairement et unanimement accepté avec acclamation et reconnaissance l'abandon fait par MM. les lieutenants de maire de toutes attributions pécuniaires, soit à titre de robe et de palefroi, soit pour rôles de capitation et de sexté; 2° par le procureur du roi et l'avocat de la ville de leurs appointements (3 oct. 1789). (Copie au ministère de l'instruct. publ.)

cela avec d'autant plus de soin, que nous ne possédons pas le cahier présenté à l'assemblée préliminaire par les députés de la ville elle-même; elles ont pour objet : la non-intervention des membres du corps municipal dans la nomination des maire et échevins; la suppression des octrois municipaux et l'abolition des charges créées par les villes; l'obligation pour les officiers municipaux de ne faire aucunes aliénations et constructions sans autorisation de la commune; la suppression de la milice bourgeoise; l'attribution au maire du commandement des troupes dans la place.

CAHIER DES DOLÉANCES, PLAINTES ET REMONTRANCES DE L'ORDRE DU TIERS ÉTAT DU BAILLIAGE D'AMIENS.

L'assemblée des députés du tiers-état des bailliages d'Amiens et de Ham, réunis en exécution des lettres de convocation données à Versailles et de l'article 43 du règlement du 24 janvier dernier pour former le cahier général des doléances, plaintes et remontrances desdits bailliages, considérant que l'objet de leur convocation a été de nommer des députés pour les représenter aux états généraux du royaume et de leur donner des instructions et des pouvoirs généraux et suffisans, pour proposer, remontrer, aviser et consentir tout ce qui peut concerner les besoins de l'état, la réforme des abus, l'établissement d'un ordre fixe et durable dans toutes les parties de l'administration; la prospérité générale du royaume et le bien de tous et de chacun des citoyens, a arrêté de prescrire à ses députés :

1789

ARTICLES PRÉLIMINAIRES.

1° De porter aux pieds du trône de Sa Majesté l'expression de sa respectueuse reconnoissance pour le grand et mémorable bienfait qu'elle a accordé au tiers état de son royaume, en lui donnant une représentation égale à celle des deux autres ordres dans la prochaine assemblée des états généraux, et de supplier Sa Majesté d'être persuadée que l'ordre du tiers ne fera jamais usage de son influence que pour le maintien de son autorité royale, le salut et la prospérité de l'état.

2° De ne consentir à d'autres distinctions entre les différens ordres qu'à celles des préséances établies par l'usage.

3° De requérir que le vote ne soit pas pris par ordre, mais par tête et en alternant les avis de manière que deux députés du tiers opineront après un ecclésiastique et un noble.

4° De se retirer dans le cas où ils n'obtiendroient pas l'exécution de ces deux articles ci-dessus, si les députés des autres bailliages estiment, à la pluralité des suffrages, devoir le faire.

5° De se conformer aux autres pétitions ci-après contenues dans le cahier et d'y insister de tout leur pouvoir, sans qu'il leur soit permis de s'en départir autrement que par la pluralité des suffrages, en les autorisant au surplus à proposer et consentir tout ce qu'ils croiront, en leur honneur, âme et conscience, être pour le plus grand bien du royaume en général et celui de la province en particulier, quoique non exprimé dans leur cahier.

PREMIÈRE PARTIE.
De la Constitution nationale.

Une constitution solide et permanente, qui assure à tous les citoyens en général, et à chacun d'eux en particulier, la liberté individuelle et la conservation des propriétés, est le plus précieux avantage que les états généraux puissent procurer à la nation. C'est donc l'objet vers lequel doivent tendre tous les efforts des députés de la province; qu'ils déployent pour l'établir toute l'autorité de la raison, toute l'énergie du caractère dont ils seront revêtus. C'est le premier vœu du peuple, ce doit être le premier ouvrage.

Les députés proposeront donc, sur la constitution nationale, qu'il soit arrêté aux états généraux, comme loi constitutionnelle du royaume:

1° Que le tiers état doit avoir dans les états généraux une représentation égale à celle des deux autres ordres;

2° Que les états généraux seront perpétuels et se rassembleront tous les cinq ans;

3° Qu'aucun subside ne pourra être établi, aucun emprunt ouvert, aucune loi portée que par le concours de l'autorité du roi et de leur consentement;

4° Qu'ils détermineront la forme du dépôt et de la promulgation des lois, dont l'exécution appartiendra au roy seul, comme chef de l'état, et qu'en conséquence il ne pourra être établi de commission intermédiaire;

5° Qu'il sera établi des états provinciaux dans tout le royaume et notamment dans la Picardie, lesquels s'assembleront chaque année à une époque fixe, après que l'organisation en aura été déterminée par les états généraux;

6° Que ces états particuliers seront chargés de l'assiette et de la répartition de tous les subsides, et généralement de toutes les parties d'administration qui concerneront leurs provinces; qu'en outre, dans l'intervalle d'un terme à l'autre, ils seront représentés par une commission intermédiaire, à laquelle sera confié le détail de l'administration et l'expédition des affaires urgentes ;

7° Que le régime de toutes les municipalités, tant des villes que des campagnes, sera analogue à celui des états provinciaux ; et tellement ordonné que nulle place municipale ne soit perpétuelle, sauf celle de secrétaire, qui sera permanente jusqu'à révocation ;

8° Que dans l'un et l'autre les représentans seront élus librement et pour un temps limité ;

9° Que lesdites administrations ne pourront établir aucuns octrois, soit provinciaux soit patrimoniaux, sans le concours et le consentement des provinces et des communes ;

10° Que les délibérations des états généraux, celles des états provinciaux et le compte qui sera rendu par les municipalités aux communes assemblées seront publiés par la voie de l'impression.

SECONDE PARTIE.
De la police générale du royaume.

1° La liberté civile est un droit inaliénable et imprescriptible, et toute propriété qui y porte atteinte doit exciter la réclamation générale des François. L'exemple que le prince a donné de l'affranchissement des serfs et mainmortables dans ses domaines n'ayant pas été généralement suivi par tous les propriétaires des fiefs qui sont dans le même cas, les députés demanderont l'affranchissement absolu des serfs et mainmortables et l'abolition de toute servitude personnelle dans le royaume, telles que corvées, bannalités et autres ;

2° Afin que la liberté des citoyens ne puisse être de nouveau compromise par la révocation d'une loi dictée plus encore par l'amour de l'humanité que par la politique, les députés demanderont que l'édit de novembre 1787, qui assure aux non-catholiques un état civil en France, soit sanctionné par l'assemblée des états généraux ;

3° Les députés considéreront que les lettres de cachet ne sont le plus souvent qu'une arme perfide dans les mains des agents de l'autorité, qu'un moyen d'enchaîner l'opinion publique, la sauve-garde des mœurs et de la liberté, et qu'elles sont d'ailleurs inconstitutionnelles. En conséquence, ils demanderont que les lettres de cachet soient abolies et les prisons d'état supprimées, et que les juges royaux soient autorisés à ordonner la détention d'un sujet qui auroit fait des actions déshonorantes, sur un avis de parens bien motivé, sans que ledit avis puisse, en aucun cas et sous aucun prétexte, donner lieu à la dénonciation du ministère public ;

4° La nécessité de propager les lumières, l'utilité d'une censure publique qui éclaire la conduite des hommes, épure les mœurs, arrête les injustices ou venge les opprimés, qui fixe l'opinion sur les administrations en général, les corps et les individus en particulier, tout réclame que la presse soit libre, mais en même temps tout indique qu'il faut prendre des précautions pour réprimer les écrits séditieux et contraires à la religion et aux bonnes mœurs, et, en conséquence, les députés proposeront à l'assemblée des états d'arrêter que la presse sera libre dans tout le royaume, que tous priviléges d'imprimerie seront supprimés, que ceux qui exerceront à l'avenir cette profession formeront des corporations pour constater le tems d'exercice et la capacité des aspirans, et qu'enfin les imprimeurs seront assujétis à ne laisser sortir de leurs presses aucun écrit qu'il ne porte leur nom;

5° Il sera pris les plus rigoureuses mesures pour assurer l'inviolabilité du secret de la poste, étant de l'essence d'une bonne constitution de respecter le secret des familles, de protéger la confiance réciproque et de donner un libre ressort à l'opinion. — En s'occupant de cet objet, les députés demanderont que le port des lettres soit fixé à raison des distances directes et non du circuit qu'on leur fait faire pour le profit de la régie;

6° La responsabilité et la comptabilité des ministres aux états généraux sera demandée comme un moyen propre à éclairer leur conduite aux yeux du roi et de la nation. — Les députés requerront en outre qu'ils soient assujétis à publier chaque année, dans l'intervalle d'une tenue d'états généraux à l'autre, le compte de l'administration de leur département et l'emploi des fonds qui y auront été assignés;

7° Un plus grand enseignement au centre des provinces, de l'économie dans la dépense qu'entraîne un long cours d'études, sont des motifs qui ont porté l'assemblée à réclamer l'établissement d'une université dans la ville capitale de chaque province, ce qui seroit d'autant plus facile à Amiens, que le collège de cette ville a des revenus beaucoup plus considérables que les charges, et que l'extinction de l'ordre de Cluny laisse dans la province des biens immenses attendant encore une utile destination;

8° Les mêmes motifs s'élèvent aussi en faveur de l'établissement d'une école de chirurgie et d'un cours d'accouchement, il est même plus indispensable encore que celui d'une université, à cause de l'impéritie des chirurgiens et des sages femmes de campagne et des suites funestes qu'elle produit. En conséquence, les députés demanderont qu'il soit établi une école de chirurgie dans chaque capitale de province, et que nul ne pourra être reçu à l'avenir dans la profession de chirurgien, soit pour la ville soit pour la campagne, qu'il n'ait fait son cours dans lesdites écoles, et suivi les hôpitaux pendant cinq ans; qu'il ne sera reçu aucun droit pour leur réception, et qu'enfin il sera pareillement établi des cours d'accouchements gratuits pour former les sages-femmes. — Les archives publiques sont éparses en mille mains diverses, les dépôts particuliers en sont souvent violés; il arrive quelquefois que le titre de l'office du dépositaire passe dans une main et ses actes dans plusieurs autres; enfin, on a l'exemple d'un tel abandon d'une propriété si précieuse qu'on rencontre tous les jours des minutes d'actes importants confondues avec des papiers inutiles et livrées à la dilapidation des mains ignorantes. Des motifs puissants ont déterminé l'assemblée à requérir qu'il soit établi dans chaque bailliage ou sénéchaussée un dépôt public de tous les actes authentiques, où les notaires seront tenus de déposer une expédition de tous les actes qu'ils auront reçus dans l'année de la datte de l'acte, sans que le dépositaire ou gardien puisse en aucun cas délivrer d'expédition ou copie des actes déposés, si ce n'est en vertu d'ordonnances qui ne pourront être accordées que dans le cas seulement de perte des minutes, qu'au surplus il sera fait deffenses aux officiers de justice de recevoir aucun acte de juridiction volontaire. — La mendicité est un fléau pour la société; il est donc d'une bonne administration d'aviser aux moyens de la faire cesser. D'après ce principe, l'assemblée charge expressément ses députés de demander que les pauvres infirmes et hors d'état de gagner leur vie soient efficacement secourus dans les paroisses où ils demeurent, et qu'il ne leur soit pas permis d'aller demander des secours ailleurs. A l'égard des pauvres valides, il doit être pris des mesures pour leur procurer des moyens de subsistance, soit en les occupant à des travaux publics, soit tout autrement.

TROISIÈME PARTIE.
Du clergé.

L'assemblée, sans porter atteinte à celles des prérogatives du clergé qui doivent être respectées, a cru pouvoir proposer quelques réformations qui paroissent intéresser l'ordre public et la nation en général.

La conservation et le maintien des libertés de l'église gallicane doivent fixer l'attention des états généraux; jamais la nation ne s'est assemblée qu'elle ne s'en soit occupée. Les députés requerront donc que cet objet soit pris en considération.

Considérant que la cour de Rome ne connoît ni ne peut connoître les sujets à qui elle confère des bénéfices ou accorde des dispenses, ce qui en rend l'usage abusif et purement fiscal, que les grâces et faveurs qui émanent de l'autorité spirituelle ne peuvent être payées à prix d'argent sans une espèce de profanation, que les sujets d'un état ne doivent pas de tributs à un prince étranger et qu'enfin il est d'une bonne administration de ne laisser sortir le numéraire du royaume que par échange avec une valeur au moins équivalente, l'assemblée charge ses députés d'insister sur l'abolition des provisions, expectatives, dispenses et autres expéditions de cour de Rome, et pour que toutes soient données et accordées à l'avenir par les ordinaires diocésains. L'assemblée les charge même d'examiner si le droit d'accorder des dispenses pour les empêchements de mariages appartenant à la puissance séculière, il ne conviendroit pas de le lui restituer, comme on a fait pour les mariages de non catholiques;

3° Les annates sont un tribut que l'on paye au pape, par un usage qui s'est perpétué jusqu'à nous et qui est contraire à l'article 14 de nos libertés. On sait que le produit des annates et de l'expédition des bulles fait passer à Rome 500,000^{lt} année commune. Les députés demanderont que ce droit ne soit plus à l'avenir payé en cour de Rome, mais versé dans la caisse de charité de chaque province ; ils demanderont aussi l'abolition des droits d'indult, même de ceux accordés aux cours pour l'expectative des bénéfices;

4° La juridiction quant au temporel ne peut être qu'une, et les individus qui composent le clergé faisant partie de la nation comme ceux de la noblesse et du tiers, ils ne doivent pas plus avoir de juges particuliers et pris parmi eux que les deux autres ordres, et les députés insisteront en conséquence de ce principe pour que la juridiction temporelle sur les ecclésiastiques soit ôtée aux officiaux et autres juges purement ecclésiastiques;

5° Les députés demanderont la résidence des bénéficiers dans leurs bénéfices pendant au moins neuf mois de l'année, à peine d'être privés des revenus de leurs bénéfices, comme le seul moyen de ramener les bénéfices à leur institution première, de les faire servir à l'instruction et à l'édification des gens de la campagne, et d'entretenir parmi eux une abondance qui est le fruit de leurs peines et de leurs travaux;

6° La cumulation des bénéfices sur une même tête est contraire à leur institution et à l'intérêt général, qui réclame que leur bénigne influence s'étende sur un plus grand nombre d'individus; en conséquence on demandera que nul ecclésiastique ne puisse posséder plus d'un bénéfice;

7° La voix publique s'est élevée depuis longtemps contre l'insuffisance des portions congrues des curés et des vicaires. L'augmentation qui a été accordée il y a peu de temps est encore de beaucoup au-dessous du besoin, et l'assemblée, convaincue de cette vérité, charge les députés de demander que les portions congrues des curés de villes soient portées à 2,000^{lt} et celles de leurs vicaires à 1,000ᵗ, que les portions congrues des campagnes soient portées à 1,500ᵗ pour les paroisses composées de 200 feux et au-dessus, avec augmentation de 100ᵗ pour chaque 50 feux au-dessus, et de la moitié pour les vicaires, au moyen de quoi, le casuel forcé sera supprimé.

8° Les députés demanderont la réduction de la majeure partie des fêtes, dont l'institution est à charge au peuple, sans aucun avantage réel pour la religion.

9° Les bonnes mœurs, l'unité de principe et de règle, le maintien de l'ordre dans la hiérarchie ecclésiastique, sont des motifs sur lesquels les députés insisteront particulièrement pour obtenir l'abolition des titres de curés primitifs et leur soumission aux ordinaires diocésains.

10° Ils demanderont également que tous les bénéfices simples, dont le titre ne sera point rapporté ou sera insuffisant pour faire le sort d'un ecclésiastique, soient supprimés vacance avenante, et le revenu d'iceux versé dans une caisse particulière pour servir à l'amortissement des dettes du clergé ;

11° Ils demanderont que les canonicats soient affectés exclusivement aux curés suivant l'ancienneté de leurs fonctions, comme une juste récompense de leurs services dans le ministère, et qu'en général tous les bénéfices ne puissent être accordés qu'aux sujets diocésains ;

12° L'extinction et la sécularisation des abbayes commendataires et de tous les ordres religieux sera expressément demandée, avec translation des charges et fondations dont ils sont tenus dans les églises paroissiales des lieux, et l'aliénation de leurs biens, pour le prix en provenant être versé dans une caisse particulière, sous la direction des états provinciaux, et employés suivant la destination qui sera avisée par les états généraux, notamment à l'acquit des portions congrues ;

13° Les dîmes ecclésiastiques sont un droit nuisible à l'agriculture, injuste, tant par l'inégalité de sa perception que parce qu'il se lève sur le produit réel des terres et non sur leur produit net. Les députés demanderont donc leur extinction en faveur des fonds qui en sont grevés et qu'il soit assigné aux curés, à titre de remplacement, des honoraires conformes à ce qui a été dit à l'article des portions congrues ;

14° Ils réclameront que les baux des biens des bénéficiers ou gens de mainmorte, même de l'ordre de Malthe, soient faits pour douze années entières et consécutives, sans pouvoir être résolus par la mort ou le changement des destinataires.

15° Les députés insisteront également pour qu'il soit défendu aux ecclésiastiques de prendre aucuns biens à ferme, directement ou indirectement.

16° Ils demanderont qu'il soit pris des mesures pour que les reconstructions et entretiens des églises et presbitaires cessent d'être à la charge des propriétaires.

QUATRIÈME PARTIE.

De la noblesse et du gouvernement militaire.

1° La noblesse ne doit pas être le prix des richesses, elle doit être au contraire la récompense des services et de la vertu. Ce seroit une bonne institution que de ne conférer la noblesse qu'à un certain nombre de personnes de chaque province, choisies et présentées au roi par les états provinciaux. Les députés proposeront donc cet établissement, comme propre à rendre à cet ordre son ancienne splendeur.

2° La dernière ordonnance militaire paroît avoir été dirigée par esprit de corps, directement contre le tiers état; la suppression doit donc en être demandée, et l'abolition absolue de tout ce que les peines correctionnelles dans la discipline militaire peuvent avoir d'avilissant et de contraire à nos mœurs; ils demanderont aussi l'admission du tiers état aux grades militaires dans le service tant de terre que de mer. Le siècle de Louis XIV n'auroit pas vu la plupart des grands hommes qui l'ont illustré, si cette ordonnance avoit existé alors.

3° Les besoins de l'état et les principes d'une bonne administration ne pouvant admettre de places inutiles, les députés demanderont la suppression des gouverneurs, commandants et états-majors des provinces et villes non frontières; le bon ordre semble exiger que ceux conservés résident dans leurs départements.

4° On demandera en même temps l'aliénation au profit de l'état des terrains employés aux fortifications inutiles et que les fonds nécessaires à l'entretien des fortifications qui seront jugées nécessaires soit déterminé invariablement.

5° Le régime de la milice étant vicieux par les priviléges et les exemptions qu'il admet, les députés insisteront de la manière la plus positive sur sa suppression, et demanderont que la milice soit convertie en une prestation en argent, à laquelle seront assujéties toutes les personnes indistinctement, tous les citoyens profitants de la deffense commune, doivent y contribuer également.

6° Celui de la garde-côte n'ayant pas les mêmes inconvénients et n'étant pas susceptible d'être remplacé par aucun autre, les députés réclameront qu'il soit conservé, mais ils demanderont en même temps qu'il soit payé sur les fonds de l'état vingt sols à chaque homme qui fera une garde de 24 heures.

7° Les députés supplieront le roi de rendre le passage des troupes le plus rare possible, comme très onéreux aux citoyens en particulier et à charge à l'état, et requerront qu'à l'avenir le logement soit une charge commune à laquelle tous les ordres contribueront également.

8° Les compagnies de maréchaussée, dont l'établissement a procuré jusqu'ici tant d'avantages, sont insuffisantes pour remplir pleinement l'objet de leur institution; les députés proposeront donc d'augmenter les brigades de maréchaussée dans toute la France et notamment dans la province.

CINQUIÈME PARTIE.
De la justice.

C'est maintenant une vérité universellement reconnue que la législation françoise est vicieuse dans presque toutes ses parties et qu'il est nécessaire de la réformer pour y parvenir.

Les députés demanderont :

1° Qu'il soit formé un nouveau code civil et criminel le plus simple possible et uniforme pour tout le royaume.

2° Ils représenteront combien il seroit important de faire cesser cette diversité de coutumes qui rend, pour ainsi dire, étrangers les uns aux autres les sujets du même royaume et souvent de la même province, et occasionne de fréquentes contestations; ils demanderont qu'il soit pris des mesures pour ramener, autant que les circonstances et les mœurs locales le permettront, les coutumes à l'unité désirable, au moins pour chaque province.

3° Si la deffense de l'honneur et de la vie des citoyens est infiniment plus précieuse que celle de leur fortune, il doit paroître bien inconséquent que la loi qui les oblige à recourir à des tiers pour stipuler leurs intérêts en matière civile, les prive de la faculté d'avoir des deffenseurs en matière criminelle. La raison, l'humanité et la justice ne permettent pas de laisser subsister plus longtemps cette inconséquence, et il est essentiel que les députés demandent qu'il soit donné un conseil aux accusés, pour les assister dans les actes d'instruction, même dans les interrogatoires.

4° Le jugement des accusés étant nécessairement déterminé par la force et le concours des preuves acquises pour l'instruction, il est infiniment dangereux que le soin de recueillir ces preuves soit confié à un seul homme, qui peut être prévenu ou distrait, et qui pourtant se trouve ainsi constitué seul arbitre de la vie et de l'honneur des citoyens; il est donc indispensable de demander que l'instruction des procès criminels ne puisse être faite que par le concours de trois juges.

5º C'est encore un grand abus que le juge d'instruction tourne, réduise et modifie à son gré les réponses des accusés et les dépositions des témoins ; il arrive souvent que le sens en est altéré. Il seroit convenable que les interrogatoires et les informations fussent faites en forme de dialogue entre le juge, les témoins et accusés et que les réponses de ceux-ci fussent dictées par eux au greffier.

6º Les exemples, anciens et récents, des méprises malheureuses de la justice invitent à appeler au jugement des procès criminels, tant en première instance qu'en dernier ressort, le plus grand nombre de juges possible. Les députés demanderont que tout procès criminel ne puisse être jugé en première instance par moins de cinq juges, en dernier ressort par moins de onze et que l'avis le plus sévère ne passe qu'à la pluralité de trois voix.

7º Il n'est personne qui ne sente la nécessité d'exprimer dans les jugements criminels les délits qui ont motivé la peine qu'ils infligent ; il y a donc lieu de demander l'abrogation de la formule adoptée de condamner pour les cas résultant du procès.

8º Il est également intéressant que les juges soient tenus d'exprimer le motif de leurs jugements en matière civile. — Cette institution est propre à bannir l'arbitraire des jugements ; un juge jaloux de sa réputation se gardera de rendre un jugement dont il ne pourra donner une bonne raison. — La partie qui croira pouvoir se plaindre de ce jugement n'aura à combattre que le motif qui l'aura fait rendre. — On ne pourra plus citer des arrêts que des circonstances inconnues ont déterminés, et dont l'une et l'autre partie se disputent souvent l'avantage. — Enfin, cette précaution aussi simple que sage fera disparoître la contrariété apparente des jugements, qui est tout à la fois déshonorante pour les cours et funeste aux parties, qu'elle égare en flattant leurs intérêts.

9º Les députés demanderont l'abolition de la question préalable, comme une peine barbare et inutile.

10º Les peines doivent être déterminées par l'énormité du crime et non par la qualité des accusés ; tous les hommes sont égaux devant les tribunaux humains, comme devant le tribunal de la justice divine, tous, quel que soit leur rang, leur condition, doivent donc être soumis aux mêmes peines, lorsqu'ils se sont rendus coupables du même délit.

Il n'y a pas de raison pour que ceux en qui le crime auroit dégradé la noblesse dans leur extraction en conservent les prérogatives jusques dans le châtiment que la foi leur inflige ; les députés doivent donc demander qu'il n'y ait plus à l'avenir pour le même crime qu'un seul genre de peine de mort, qui sera commun à toutes personnes, de quelque qualité et condition qu'elles soient.

11° Les fastes de l'histoire prouvent que trop souvent les commissions extraordinaires n'ont été établies que pour perdre des innocents ou sauver des coupables illustres; il devient donc nécessaire de demander que nulle personne ne puisse être jugée en matière civile et criminelle que par ses juges naturels, et qu'à cet effet il ne puisse être établi aucune commission extraordinaire, sauf, en cas de parenté de l'accusé avec les juges du lieu ou autre motif de grande considération, à renvoyer l'affaire au tribunal plus prochain.

12° Les députés demanderont aussi l'abolition de l'usage abusif de l'évocation au conseil des affaires contentieuses; s'il est utile que le conseil conserve le droit de casser les arrêts qui ont jugé contre la disposition des ordonnances, il ne l'est pas moins que ce droit soit restreint à ce cas seulement; que le motif d'injustice évidente, dont il est si facile d'abuser, n'en soit plus un de cassation, et que le conseil, en cassant les arrêts, ne retienne jamais le jugement du fond.

13° Les droits de *committimus*, les évocations générales et particulières sont autant de moyens mis dans la main de l'homme puissant pour se soustraire aux justes réclamations du foible. — Ils forcent le malheureux à chercher loin de ses foyers une justice dispendieuse et souvent favorable aux priviléges, ou à abandonner des droits légitimes; ces motifs sont plus que suffisants pour authoriser à demander la suppression des droits de *committimus* au grand et au petit sceau, des évocations générales accordées à certains ordres, de l'attribution accordée au scel du Châtelet et du privilége des bourgeois de Paris.

14° Si deux degrés de juridiction sont nécessaires en matière civile, sauf pour les objets de peu d'importance, ces degrés portés à un nombre plus considérable, sont extrêmement onéreux et abusifs par les frais ruineux et inutiles qu'ils occasionnent. Les députés demanderont donc qu'il n'y ait plus à l'avenir, en matière civile, que deux degrés de juridiction, même un seul pour les objets de peu d'importance.

15° De-là dérive la nécessité d'ôter aux juges seigneuriaux la connoissance des affaires contentieuses, sauf à leur conserver l'exercice de la police, le droit d'accorder des saisines, de recevoir les aveux et dénombrements, foi et hommage, de faire les saisies féodales, les actes de tutelle et curatelle, et celui d'apposer les scellés et faire les inventaires concurremment avec les notaires. — En ôtant la connoissance des affaires contentieuses aux juges seigneuriaux, on diminuera le nombre des procès; car l'expérience prouve que les justices seigneuriales occasionnent plus de procès qu'elles n'en préviennent. — On obviera à une infinité d'abus qui ne sont nulle part aussi multipliés que dans les justices seigneuriales, où il se commet journellement des faux, des surprises et des vexations qu'il est impossible de réprimer. — Il sera néanmoins très-utile de conserver encore aux juges seigneuriaux le droit d'informer et décréter en manière criminelle, sauf à renvoyer les procédures et les accusés, s'ils sont saisis, aux juges royaux.

16° L'uniformité dans les tribunaux inférieurs est certainement digne de fixer l'attention de l'assemblée nationale. Il seroit utile, mais il est impossible d'établir la présidialité dans tous ces tribunaux ; il paroîtroit plus à propos de leur donner à tous le droit de juger en dernier ressort, au nombre de cinq juges, toutes affaires non excédantes 500 livres.

A l'égard des affaires de plus grande importance, il n'y auroit pas d'inconvénient à les porter aux cours supérieures, auxquelles le recours seroit plus facile, s'il en étoit établi une dans chaque généralité, comme on le proposera ci-après. Pour quoi les députés demanderont que les bailliages et sénéchaussées connoissent en première instance de toutes matières civiles et criminelles, sans aucune exception, avec pouvoir de juger en dernier ressort, au nombre de trois personnes, les causes civiles personnelles non excédantes 100 livres et toutes autres causes non excédantes 500 livres, au nombre de cinq juges.

17° Dans les bailliages dont le ressort est étendu, il sera utile de conserver les prévôtés royales qui y sont établies, même de rétablir celles qui étoient établies hors du lieu du siége du bailliage et qui y ont été réunies. Par ce moyen, les parties privées du recours aux justices seigneuriales, en trouveront un presqu'aussi facile et moins susceptible d'inconvéniens dans les prévôtés, pour quoy les députés demanderont que les prévôts soient authorisés à connoître de toutes matières civiles en première instance ; à la charge de l'appel aux bailliages et sénéchaussées pour les affaires non excédantes 500 livres et aux cours supérieures pour celles excédantes ladite somme. — Ils demanderont pareillement que les prévôtés réunies au bailliage d'Amiens, sauf la prévôté d'Amiens, soient rétablies.

18° Le ressort de chaque siége devant être déterminé pour la convenance et pour la plus grande commodité des justiciables, les députés demanderont qu'il soit formé de nouveaux arrondissemens pour chaque bailliage et sénéchaussée, même pour les prévôtés, de manière à ce que la justice soit, le plus que faire se pourra, rapprochée des justiciables. — Mais ce n'est point assez que le recours aux tribunaux inférieurs soit rendu plus facile, il est encore plus important de rapprocher des justiciables la justice souveraine. — Sa Majesté, frappée des inconvéniens sans nombre attachés au trop grand éloignement des cours souveraines, avoit tenté d'y remédier par son édit du 8 may 1788; mais les moyens employés pour y parvenir n'étoient point assez étendus et offroient plusieurs vices essentiels auxquels il auroit été pourtant facile de remédier. — En supprimant l'exécution de cet édit par sa déclaration du 23 septembre, Sa Majesté a annoncé que rien ne pourroit la détourner de l'intention où elle étoit de diminuer les frais de contestations civiles, de simplifier les formes de procédure et de remédier aux inconvéniens inséparables de l'éloignement où sont plusieurs provinces des tribunaux supérieurs. — Sa Majesté a ajouté que, désirant atteindre au but qu'elle s'étoit proposé avec cet accord qui naît de la confiance publique, elle a cru pouvoir renvoyer à l'époque prochaine des états généraux l'accomplissement de ses vues bienfaisantes. — Le temps est donc venu où ce grand et imposant ouvrage doit être consommé d'une manière aussi stable que solennelle. — Les députés devront faire connoître à l'assemblée nationale que l'établissement tenté par l'édit du 8 may 1788 ne remplissoit que très-imparfaitement l'attente des peuples, et que le but d'utilité publique qu'ils désirent ne peut être atteint que par l'érection d'une cour supérieure de justice dans chaque généralité. — Ils demanderont l'établissement d'une cour supérieure dans le chef-lieu de la généralité, et insisteront spécialement pour que la province jouisse de ce précieux avantage.

19°. On ne peut se dissimuler que la multiplicité des tribunaux d'exception ne soit un très-grand abus dans l'ordre judiciaire. — Elle a été portée à l'excès dans l'unique vue de tirer des finances; plusieurs de ces tribunaux n'ont presque point de fonctions; celles qui ont entre elles la plus grande analogie et qui auroient à peine occupé utilement un de ces tribunaux, ont été scandaleusement divisées entre plusieurs. — Personne n'ignore qu'il eût été facile qu'un seul tribunal connût des matières d'aydes, gabelles, traites et tailles, et ces objets sont l'aliment stérile de trois tribunaux, qui deviennent inutiles au moyen de la suppression généralement demandée de ces droits. — Les bureaux des finances sont onéreux par leur inutilité, par les priviléges qu'ils confèrent; leur existence d'ailleurs rend déserts les tribunaux utiles. — Les députés demanderont que l'édit du 8 may 1788, concernant la suppression des tribunaux d'exception, soit mis en vigueur.

20. On a toujours, mais inutilement, réclamé jusqu'à ce jour contre la vénalité des offices de judicature introduits dans des vues purement fiscales; elle a produit des maux trop réels. — Elle a éloigné des places de judicature la science et le mérite, pour les assigner exclusivement à l'argent. — Ceux qui exercent sur leurs semblables le plus saint, le plus auguste des ministères, n'y ayant plus été appelés par la confiance et la vénération de leurs concitoyens, plu-

sieurs se sont crus dispensés de les mériter. — D'autres, ayant acheté à prix d'argent le droit de juger, ont calculé ce qu'il devoit leur produire sur le prix qu'ils en avoient payé, et la considération de leur intérêt particulier a quelquefois influé sur leurs jugements. — Le moindre des abus qu'a produits la vénalité des offices, et il est très-considérable, a été de confier à la jeunesse et à l'inexpérience des fonctions redoutables, dont l'homme sage, réfléchi et capable n'approche pas sans frayeur. — La régénération de l'ordre public ne seroit point parfaite, si cet abus échappoit aux réformes utiles qui se préparent; les députés demanderont donc la suppression de la vénalité des charges et offices de judicature en général. — Ils demanderont que les magistrats des cours supérieures soient élus par les états provinciaux ; ceux des cours inférieures par les municipalités de leur ressort, parmi les avocats et autres officiers gradués qui auront exercé pendant cinq ans et qui auront le mieux mérité de leurs concitoyens. — Que les membres desdites cours soient pris dans les trois ordres, de manière que la moitié des places soit toujours affectée à l'ordre du tiers, et que tout soit présenté à Sa Majesté pour recevoir des provisions.

21° Ils demanderont qu'il ne soit recréé aucunes places de secrétaires enquêteurs, greffiers de l'écritoire et contrôleurs des experts. — Les enquêtes peuvent et doivent être faites par l'un des conseillers; les offices de commissaires sont inutiles, leurs fonctions seroient mieux remplies par les juges. — Une seule enquête suffit aux deux parties, sauf à elles à produire les témoins qu'elles voudront faire ouïr ; il est abusif que le même témoin dépose du même fait dans deux enquêtes. En supprimant cet abus, on préviendra un grand scandale. On ne verra plus la même personne faire deux dépositions contradictoires sur le même fait, mais devant deux commissaires différents. — Les greffiers de l'écritoire ont été institués, pour mettre les experts à l'abri de la surprise, et il en résulte l'effet tout contraire, ces officiers se rendant à peu près maîtres de la rédaction des rapports qu'ils tournent à leur gré. — D'ailleurs, leur présence, inutile lorsqu'elle n'est pas dangereuse, augmente considérablement les frais des rapports, qui sont aujourd'hui énormes; il seroit moins dispendieux et plus simple que les rapports fussent rédigés par les experts, qui les déposeroient au greffe.

22° L'énormité des frais actuels des rapports tient encore à un autre abus qu'il est très-facile et très-urgent de réformer. — Les procureurs des parties se transportent avec les experts sur le local où ils font des soutenues très-longues; ils y produisent et discutent les titres. Ces discussions augmentent considérablement les vacations des experts qui y sont présens. — Il seroit plus simple qu'il s'ouvrît un procès-verbal au greffe, comme cela se pratique pour les ordres; les parties y inscriroient, hors la présence des experts, leurs dires et réquisitions; elles y feroient l'énumération de leurs titres et leur application. Tout étant dit de part et d'autre, le procès-verbal seroit remis aux experts, qui y auroient, en procédant aux visites, tel égard que de raison et qui inscriroient à la suite leur rapport. — Les députés devront proposer cette forme simple et facile, comme propre à diminuer de beaucoup les frais de visite.

23º Ils demanderont singulièrement la suppression des offices de jurés priseurs, comme infiniment onéreux au public. L'état a été évidemment trompé dans la vente de ces offices, qui rapportent énormément à ceux qui les ont achetés à vil prix.

24º Ils demanderont la suppression des receveurs de consignations. Les droits attribués à ces officiers tombent directement sur les malheureux débiteurs, et souvent sur leurs créanciers, auxquels ils enlèvent une partie de leur collocation. Les deniers consignés peuvent être versés sans frais ni remise aucune dans les caisses des états provinciaux.

25º Le privilége dont jouissent les notaires de Paris est contre le droit commun, il doit être supprimé; il est juste que chaque officier soit renfermé dans un ressort qui lui est assigné. — Les députés demanderont la suppression de ce privilége; ils demanderont aussi que dans le cas où les places de tabellions attachées à aucune justice seigneuriale seroient conservées, ceux qui en seront pourvus à l'avenir ne puissent être reçus que par les juges royaux et avec les mêmes formalités auxquelles sont assujétis les notaires royaux pour leur réception. Ils exprimeront le vœu de l'assemblée pour que les juges soient plus sévères dans l'examen des sujets qui se présenteront pour être reçus aux charges de notaires. — Les lettres de ratification substituées aux décrets volontaires sont une bonne institution; mais, comme les institutions humaines, elles ont leurs inconvéniens. On en diminueroit l'étendue en ordonnant que les contrats de vente seront non-seulement affichés dans le siége de la situation des biens, mais encore dans celui du domicile du vendeur, sans que cette nouvelle affiche puisse donner lieu à de nouveaux droits.

26º Les députés demanderont l'abrogation des procédures actuelles, des saisies réelles, décrets, vente par licitation, ordre et des formalités rigoureuses du retrait lignager, auxquelles procédures seront substituées des formes plus simples, plus faciles et moins dispendieuses. — Il est digne de l'assemblée nationale de prendre en considération les frais énormes que ces procédures occasionnent, de peur qu'il n'arrive que le patrimoine enlevé par l'autorité de la loi à des débiteurs malheureux devienne celui des officiers de la justice en pure perte pour les débiteurs et les créanciers.

27° Les députés demanderont l'abrogation des visa pour mettre les sentences et arrêts à exécution, même pour former les demandes. — Ces formalités sont aussi vaines que ridicules ; les jugemens de tous les tribunaux sont rendus sous l'autorité du roi, leur exécution ne doit pas rencontrer d'obstacles dans toutes les terres de sa domination.

28° Les députés demanderont que les fonctions d'avocats et de procureurs soient réunies dans toutes les juridictions royales, pour quoi nul ne pourra exercer lesdites fonctions s'il n'est gradué. Ils demanderont aussi qu'il soit fait un tarif universel pour les officiers de toutes les juridictions, proportionné à l'importance des villes où seront établies lesdites juridictions.

29° Les députés demanderont que la noblesse personnelle soit attribuée aux magistrats des cours supérieures et inférieures pendant l'exercice de leurs fonctions, laquelle sera transmissible à la troisième génération. — Cette faveur est bien due à des magistrats qui consacrent leur vie à l'étude des lois, et qui remplissent avec assiduité les pénibles fonctions qui leur sont confiées, et puisque désormais la noblesse doit être la récompense des vertus et des travaux utiles, qui plus que le magistrat intègre et laborieux a droit d'y prétendre ?

30° Cependant une décoration personnelle ne seroit pas une indemnité suffisante des peines et des soins assidus qu'exige des magistrats l'expédition des affaires civiles et criminelles, et en même temps que les députés demanderont la suppression des épices et vacations des juges, ils exprimeront le vœu que forme l'assemblée pour qu'il leur soit attribué des gages proportionnés à l'importance de leurs services.

31° La justice devant être rendue gratuitement, ce ne seroit point assez de supprimer les épices et vacations des juges ; il est plus pressant, plus nécessaire encore de supprimer tous les droits fiscaux qui pèsent énormément sur les plaideurs. Trop longtemps, le génie fiscal, en se mêlant aux fonctions augustes de la justice, est parvenu à tirer parti de la nécessité où les uns sont contraints par la mauvaise foi des autres d'avoir recours aux tribunaux. Les députés demanderont donc la suppression absolue de tous les droits fiscaux perçus sur les actes judiciaires.

32° Ils observeront cependant que le vœu de l'assemblée n'est pas de comprendre dans cette suppression le droit de contrôle. — Ce droit a le rare avantage d'avoir un objet utile, celui d'assurer la datte des actes judiciaires ; mais il doit être converti en un simple droit d'enregistrement uniforme pour tout le royaume et pour tous les actes judiciaires.

33º L'assemblée a pensé qu'inutilement la justice seroit dégagée des entraves de la fiscalité, si on ne prévoit les moyens propres à accélérer l'expédition des affaires. Le roi doit à ses sujets, de quelque condition qu'ils soient et sans acception de personne, bonne et briève justice; ses officiers doivent l'acquitter de cette double dette. — L'assemblée a en conséquence chargé ses députés de demander qu'il soit fixé un délai, dans lequel tous procès devront être terminés devant les différens tribunaux, et que ce délai courre du jour où la partie la plus diligente aura enregistré sa cause dans un rôle public qui sera ouvert au greffe de chaque juridiction, et que toutes les causes soient jugées dans l'ordre de leur insertion au rôle, sans qu'il soit permis aux juges, pour quelque cause et sous quelque prétexte que ce soit, d'intervertir ledit ordre. — Les députés représenteront que chaque citoyen ayant un droit égal à la distribution de la justice, il a celui de fixer son rang dans l'ordre de cette distribution, et que la raison et l'équité veulent que celui qui a le premier imploré l'appui de la loi, reçoive aussi le premier la faveur de ses oracles.

34º Les députés observeront qu'il est essentiel que toute sentence qui porte une condamnation réparable en définitif, soit exécutée par provision. Outre que cet hommage est dû à l'autorité de la loi, c'est un moyen d'éviter beaucoup d'appels que la mauvaise foi seule fait interjetter. — Ils demanderont donc que toutes sentences soient exécutoires par provision, nonobstant appels, en donnant caution, et qu'il soit fait deffenses aux juges supérieurs accorder contre icelles aucun arrêt de deffenses.

35º Il n'arrive que trop fréquemment des difficultés entre les cultivateurs pour les limites de leurs dépouilles, et ces difficultés, dont l'objet est ordinairement très-peu important, ne peuvent être jugées dans les tribunaux ordinaires ni avec assez de célérité, ni avec la simplicité convenable à ces sortes d'affaires. Le vœu de l'assemblée seroit qu'elles fussent réglées sans frais et sans instruction par les municipalités de chaque paroisse, dont les membres pouvant à tout instant se porter sur le local, paraissent être plus propres que les juges à terminer sommairement ces sortes de contestations, pour le réglement desquelles il ne faut que l'œil éclairé d'un observateur impartial.

36º L'assemblée qui vient de recevoir de la part des ordres du clergé et de la noblesse une déclaration qui caractérise leur justice et leur affection pour le troisième ordre, et tout à la fois leur zèle pour le salut et la prospérité de la patrie, n'entend pas porter la moindre atteinte aux droits de propriété des deux premiers ordres. — Persuadée que les membres qui les composent ignorent l'abus qu'on fait en leur nom du droit de chasse qui appartient aux propriétés féodales, loin de l'authoriser, l'assemblée croit devoir entrer dans les vues d'équité qui caractérisent les deux premiers ordres, en formant un vœu qui ne fera sans doute que prévenir celui qu'ils formeront eux-mêmes. — Ce vœu est que le code des chasses reconnu vicieux soit réformé. — Que l'arrêt du parlement de Paris, de l'année 1779, qui a apporté des entraves multipliées et pour ainsi dire insurmontables aux réclamations que nécessite souvent la trop grande multiplicité des lapins, soit cassé. — Qu'il soit fait un réglement simple qui trace une marche facile et peu dispendieuse pour constater les dégâts causés par les lapins, lièvres et toute espèce de gibier et pour en assurer l'indemnité aux cultivateurs.

37° Le vœu de l'assemblée s'étendra jusque sur les gardes des seigneurs. Il est juste qu'ils ayent des gardes tireurs, mais celui-là seul doit porter un fusil dans le temps où la chasse est permise. — A l'égard des autres, ils ne doivent être armés en tout tems que d'une hallebarde et de pistolets de ceinture pour leur défense. Les accidens récens arrivés par l'emportement aveugle de plusieurs gardes sont des motifs pressans de requérir avec instance l'exécution stricte et sévère des réglemens qui leur défendent de porter des fusils. — Il seroit sans doute à désirer que la déclaration d'un seul garde ne fût pas regardée comme suffisante pour constater un délit; cependant, comme il seroit ruineux pour les seigneurs d'avoir plusieurs gardes, l'assemblée se bornera à demander qu'il ne soit ajouté foi en justice qu'aux procès-verbaux qui seront écrits entièrement de la main du garde dont ils entendront le rapport, que nul ne soit reçu garde avant l'âge de 25 ans, sans qu'il puisse être accordé de dispense d'âge, et que l'information qui doit précéder sa réception soit faite avec une sévérité salutaire et ne soit plus, comme c'est aujourd'hui, une vaine et coûteuse formalité.

38° L'assemblée a également considéré que la maxime, *nulle terre sans seigneur* et *nul franc-aleu sans titre*, s'est établie depuis quelques siècles par un abus manifeste des principes. Elle charge ses députés de demander que le franc-aleu puisse s'établir comme toutes les autres propriétés, par une possession légale.

39° Enfin, l'assemblée a considéré que, l'établissement des états provinciaux devant rendre très-coûteux celui des intendans de provinces, il est à propos d'en demander la suppression; — qu'elle est d'autant plus indispensable que, si l'établissement des intendans subsistoit, il faudroit conserver aussi leurs subdélégués, qui depuis longtemps exercent sur les habitans de la campagne des vexations incroyables. Leur notoriété dispense d'en faire ici l'énumération.

XVIIIe SIÈCLE.

SIXIÈME PARTIE.

Finances.

Tous ceux qui profitent de la protection publique, à quelqu'ordre qu'ils appartiennent, dans quelque rang qu'ils soyent nés, dans quelque pays qu'ils habitent, doivent contribuer dans une juste proportion à la dépense qu'exigent l'honneur et la deffense de l'état. — Une province n'étant pas plus tenue qu'une autre aux charges communes, la surcharge des impôts sous lesquels gémit depuis si longtemps la Picardie ne doit pas être éternellement l'unique distinction que lui aient valu son antique attachement à la couronne et sa constante fidélité, et le roi, en garantissant les priviléges d'une province, ne s'est pas interdit de les communiquer à une autre.

1º Les députés demanderont donc et insisteront de tout leur pouvoir et sans départir sur ce que tous les impôts en général, et de quelque nature qu'ils puissent être, soient payés par toute personne, sans distinction d'ordre, de rang, de condition, ni de priviléges, ceux de l'ordre de Malthe compris, et sans aucun abonnement ni traitement particulier.

2º Ils insisteront également sur ce que les impôts soient uniformes par toutes les provinces et villes du royaume.

3º Les députés ne pourront consentir aux subsides qui seront jugés nécessaires que pour une tenue d'états généraux à l'autre.

4º Ils établiront que les pensions ne peuvent être considérées que comme des récompenses pécuniaires; en conséquence, ils demanderont la suppression de toutes celles qui n'auroient pas été personnellement méritées et la réduction de celles exorbitantes. — Et comme il convient de subordonner en tout la dépense à la recette et conséquemment de fixer chaque partie de la première, les députés réclameront qu'il soit fait un fonds déterminé invariablement pour l'acquit des pensions qui seront légitimement accordées. — Ils insisteront d'ailleurs sur toutes les réformes qui ne peuvent nuire ni préjudicier à l'honneur et à la deffense de l'état et à la sûreté du royaume.

5º De tous les impôts qui pèsent aujourd'hui diversement sur les hommes et sur les propriétés, la taille, les aides et la gabelle sont les seuls qui aient été consentis par les états généraux; encore ont-ils subi une telle altération qu'ils ne conservent presque plus rien de leur institution primitive. Il faut donc demander la suppression et abolition totale des impôts de la taille, capitation, accessoires tailliables, vingtièmes, aydes, gabelle et vente exclusive du tabac. — Ils observeront que les tailles accessoires et capitation sont particulièrement ruineuses et accablantes pour les habitans des campagnes.

6° Ils demanderont aussi la suppression des droits casuels et réservés, dont la régie est tout à la fois vicieuse et vexatoire;

7° Celle du centième denier, tant sur les immeubles que sur les offices, et de tous les autres droits de pareille nature.

8° Ils demanderont l'abolition du droit de franc-fief, comme minutieux dans sa perception, injuste dans son principe, révoltant dans l'extension qu'on lui a donnée, et contraire même aux intérêts du roi par la gêne et les entraves qu'il apporte dans le commerce des terres de nature féodale et la vilité du prix auquel il les réduit.

9° Le contrôle a un objet d'utilité, joint à celui de la fiscalité; par cette raison, il sera nécessaire de le conserver, mais en même tems il sera indispensable de composer un nouveau tarif, qui, par la clarté et l'étendue du plan, ne laisse point de prise à l'arbitraire. Les réglemens intervenus sur cette matière sont compliqués, nombreux et contradictoires; ils sont d'ailleurs tant à l'avantage de l'administration qu'ils donnent lieu à des abus effrayans. En en formant un nouveau, il faudra donc y imprimer la condition qu'il ne sera jamais interprété qu'en faveur des redevables. En conséquence, les députés demanderont la suppression du droit de contrôle, sauf à le convertir en un simple droit d'enregistrement pour tous les actes, sans qu'en aucun cas le droit puisse être multiplié à raison des stipulations ni du nombre des parties, ni étendu aux actes de commerce qui n'ont point jusqu'à présent été assujétis au contrôle.

10° Les barrières intérieures divisent les intérêts entre les citoyens d'un même état, les rendent étrangers les uns aux autres, apportent des entraves à la circulation et au commerce, et servent à la levée des subsides injustes, vexatoires et humilians; il convient donc de demander et d'insister sur le reculement des barrières, en rapportant la perception de tous les droits à l'entrée du royaume. — Il sera en même temps formé un tarif général qui fixera les droits à percevoir aux barrières, sans qu'ils puissent être augmentés arbitrairement et autrement que de l'avis et du consentement des états généraux; pour favoriser l'industrie nationale, les droits à percevoir sur les marchandises fabriquées tirées de l'étranger seront portés au plus haut taux possible, et par le même principe, on prendra des mesures pour empêcher la sortie des matières premières et notamment des laines, soit par l'interdiction absolue de l'exportation, soit en les assujétissant à de très-graves droits à la sortie. — La perception des impôts à l'entrée du royaume devra porter aussi particulièrement sur les superfluités, telles que le tabac, le café, le thé, le sucre et autres objets de cette nature, autant toutefois que le comportera l'avantage du commerce des colonies, et sans que les matières premières à employer dans les manufactures puissent y être assujéties et non plus que les grains tels que la luzerne, trèfle et autres de pareille nature servant à l'agriculture. — On affranchira au contraire par le tarif de tout impôt à l'entrée les marchandises de première nécessité et notamment les graines, le charbon de terre et les huiles.

11° Les députés demanderont la suppression des octrois qui se perçoivent dans la Picardie, sauf à les remplacer d'une autre manière.

12° Les députés demanderont la réformation du régime des messageries, en ce qu'il donne lieu à des recherches, à des gênes et à des exactions contraires à la liberté des citoyens, et qu'il est d'ailleurs nuisible au commerce.

13° Le régime actuel des ponts et chaussées étant extrêmement dispendieux et arbitraire, les députés en demanderont la suppression et l'abolition des corvées, sauf à y intervenir par une augmentation de subsides qui sera supportée et répartie sur les personnes.

14° Les députés demanderont la suppression des receveurs généraux et particuliers des finances, comme à charge à l'état, sauf à pourvoir à leur remboursement, et qu'il soit établi une caisse nationale, sous la direction des états généraux, et des caisses provinciales sous celle des états provinciaux, en obligeant ces derniers à verser directement leurs fonds dans la première de mois en mois.

15° Après que tous les retranchemens qu'exige la justice, le malheur des tems et la misère du peuple auront été opérés, les députés demanderont la vérification et la fixation de la dette publique; ils détermineront et fixeront le remboursement des offices et celui des domaines aliénés; enfin, ils reconnaîtront et consolideront le tout comme dette nationale. — L'assemblée considérant que la multiplicité des impôts nécessiteroit un plus grand nombre d'agens pour les percevoir et multiplieroit les abus; qu'il est de l'intérêt de la nation de les réduire au moindre nombre possible, et que les subsides qui frapperoient également sur toutes les propriétés réelles et mobilières, seroient les plus conformes aux principes de la justice distributive, charge ses députés de proposer et consentir l'établissement de deux impôts, l'un sur les propriétés réelles, l'autre sur les facultés industrielles et mobilières.

16° La perception du premier de ces deux impôts ne pourra être faite en nature, parce que ce mode seroit injuste, indépendamment des inconvéniens sans nombre qu'il entraîneroit. En effet, le cultivateur qui a obtenu des productions abondantes par ses avances et son travail et par son industrie particulière payeroit de trop et le cultivateur indolent ne payeroit pas assez. La différence des frais et mises suivant la nature des terres ou l'espèce de culture offre encore de nouveaux motifs de rejeter tout impôt perceptible en nature non pas sur ce que le fonds a produit, mais sur ce qu'il a dû produire par une culture ordinaire; ainsi tous les inconvéniens cessent et il n'y a pas d'injustice. Ce mode sera d'ailleurs propre à exciter l'émulation des cultivateurs. Les députés requerront donc que l'impôt qui sera établi sur les fonds soit perçu en argent, et supporté par les trois ordres de l'état sur un même rôle de répartition et dans le lieu de leur situation. Les propriétés foncières de pur agrément y seront également assujéties.

17.° Le second ne portera que sur les revenus et bénéfices non soumis à l'impôt réel, et le mode en sera déterminé par les états généraux, de manière à écarter l'arbitraire et à rendre la perception telle qu'elle frappera plus particulièrement sur les capitalistes, négocians et autres possesseurs de fortunes mobilières.

18° Les députés requerront qu'il soit appliqué aux dépenses de chacun des départemens, ainsi qu'aux objets de dépenses extraordinaires, une branche correspondante du produit des impôts, de manière que jamais les fonds d'un département ne puissent être versés et appliqués à un autre, et les administrateurs seront responsables de l'infraction qui sera portée à cette disposition.

19° Les appointemens, traitemens, pensions, arrérages de rente et généralement toutes les dettes de l'état seront payés et acquittés dans les provinces sur le produit des caisses qui y seront affectées et les quittances envoyées pour comptant au trésor national.

20° Le nouvel ordre de choses qui se prépare, en changeant le taux de la taxe et des biens, nécessitera les états généraux de déterminer la retenue sur les rentes dans une autre proportion.

21° Il est des opérations ministérielles sur lesquelles les états généraux semblent ne pouvoir se dispenser de revenir; telle entre autres la réduction des rentes sur le roi faite par l'abbé Terray et par plusieurs de ses prédécesseurs dans le ministère des finances. Cette opération injuste a ruiné un grand nombre de familles, et la justice semble prescrire à la nation assemblée de chercher à réparer cette injustice. Le nouveau roi d'Espagne vient de donner en ce genre un bel exemple à suivre; il a ordonné, par son décret du 18 décembre dernier, que les dettes des rois ses prédécesseurs seroient payées selon le montant de leur capital à ceux qui ont traité avec le roi ou à leurs héritiers et qu'il y aura composition avec ceux qui sont devenus créanciers par achat, cession ou autrement.

SEPTIÈME PARTIE.

Du commerce. — De l'agriculture. — Des manufactures et des arts.

Comme il est universellement reconnu que c'est au commerce et à l'agriculture que les états les plus florissans doivent leur splendeur, on ne sauroit douter que ces articles intéressans ne fixent l'attention de l'assemblée nationale. Déjà, par un heureux accord, ces deux arts étroitement liés en France, semblent se prêter un secours et un éclat réciproques. Car si l'agriculture peut se glorifier d'avoir ouvert quelques branches au commerce, le commerce à son tour a la satisfaction de relever le courage trop souvent abattu des cultivateurs. A ces avantages multiples, le commerce réunit presque toujours celui d'entretenir l'abondance, de soutenir la guerre, d'amener la paix et d'embrasser à la fois tous ces grands intérêts ; le commerce en un mot est en France la providence de l'état, et la nation assemblée lui doit une protection d'autant plus éclatante que les avantages qui y sont attachés sont un patrimoine commun à tous les ordres et à toutes les classes des citoyens. — Pour parvenir à ce but si désirable, les députés demanderont :

1° Que, dans le cas où il y auroit trop d'inconvénient à rompre le traité de commerce avec l'Angleterre, il soit mis des droits additionnels sur les étoffes des fabriques angloises, et qu'il soit apporté à leur circulation en France les mêmes entraves que les Anglois mettent chez eux à l'introduction et à la circulation intérieure des étoffes françoises ; à ce que les droits de sortie des marchandises expédiées d'Angleterre en France soient les mêmes lorsqu'elles sont transportées sous le pavillon françois que ceux qui sont perçus pour le transport sous le pavillon anglois. La réciprocité peut ici se concilier avec la foi due aux engagemens.

2° Que le roi soit supplié de ne plus faire à l'avenir de traité de commerce qu'après avoir consulté les états provinciaux, les chambres consulaires et de commerce.

3° Que le commerce soit libre pour tout le royaume aux Grandes Indes et au Levant, et que tous les privilèges exclusifs soient anéantis ; ces privilèges ne servent qu'à étouffer l'émulation en France. Ce ne sont pas des privilèges que l'on doit accorder, mais des encouragemens, des distinctions flatteuses, de l'honneur ; enfin il fut et il sera toujours le plus sûr aiguillon des François.

4° Que le commerce du sel soit libre et affranchi de tout droit ; cette denrée de première nécessité à l'humanité et à l'agriculture doit ouvrir au commerce une nouvelle branche, sans jamais à l'avenir faire l'objet d'un impôt ;

5° La liberté du commerce du tabac, des eaux-de-vie et des vins étrangers et, à l'entrée du royaume, un droit uniforme pour toutes les provinces. Quand l'état ne feroit qu'économiser les frais de régie, ce seroit déjà un grand avantage; mais il empêcheroit plus facilement la contrebande qui tue l'industrie, et il préviendroit le découragement que la complication des droits d'aides et que la vexation actuelle de la régie imprime sur le commerce des liqueurs.

6° Que le poids, l'aune et les mesures de Paris soient communs et uniformes pour tout le royaume, comme un moyen efficace de maintenir dans toutes les provinces le juste équilibre dans les prix des mêmes denrées et d'augmenter le commerce par la simplification des calculs devenus à la portée de tous les individus.

7° Que la pêche nationale soit encouragée. Elle présente le double avantage de fournir à l'état d'excellens matelots, classe précieuse de citoyens, et d'ouvrir dans nos ports différentes branches d'un commerce encore ignoré.

8° Les députés aviseront aux moyens d'encourager la fabrication et l'exportation des toiles et des étoffes de nos manufactures, en accordant des primes d'exportation ou en proposant de nouveaux traités de commerce et d'amitié avec les autres puissances de l'Europe. Ils observeront que les Anglois sont favorisés dans presque toutes les cours du Nord, et que dans celles du Midi, telles que le Portugal et l'Italie, ils sont parvenus à faire prohiber celles de nos étoffes dont ils ne peuvent soutenir la concurrence, comme pannes ciselées, pannes poil, tigrées, etc., et qu'en Espagne même, plusieurs de leurs articles jouissent sur les droits d'une faveur que la politique et le droit des gens réprouvent également. En conséquence les députés demanderont qu'il soit pris des mesures suffisantes pour qu'aucunes de nos étoffes ne soient prohibées nulle part pour le seul avantage de l'Angleterre, et pour qu'aucune nation ne soit favorisée sur les droits d'entrée chez l'étranger, au préjudice du commerce de France.

9° Que les cotons filés en France puissent s'exporter à l'étranger en exemption de tous droits, ce qui laisseroit dans le royaume le bénéfice de la main-d'œuvre, et ouvriroit une branche de commerce chez des voisins qui ont prohibé nos étoffes fabriquées avec cette matière et qui accueillent favorablement le coton filé à notre manière.

10° Que toutes les matières premières servantes à la fabrication et à la teinture des étoffes, quelle que soit leur origine, ne soient assujéties à aucun droit en entrant en France. La raison et la politique réclament impérieusement que tout ce qui sert à enrichir la nation, à augmenter sa population, à rendre les étrangers tributaires de leur industrie, soit encouragé et non imposé.

11° Que le colportage soit interdit dans les villes, fauxbourgs et banlieues où il y a jurande. Ce commerce réunit tant d'abus que, si on ne juge pas devoir l'abolir partout, il ne doit au plus être toléré que dans les campagnes, pour la plus grande commodité de leurs habitans.

12° Que les bureaux de marque et les inspecteurs des manufactures soient supprimés. Ces frais deviennent vexatoires et inutiles, vue l'entière liberté accordée aux fabrications.

13° L'abolition des lettres de maîtrise et l'établissement d'un régime universel pour chaque espèce de profession d'arts et métiers, suivant lequel les aspirans seront tenus de faire apprentissage et chef-d'œuvre. C'est le moyen d'exciter l'émulation et de perfectionner les arts, en assurant à chacun le juste tribut de ses talens et de son travail.

14° Que le transit de l'étranger à l'étranger soit permis par l'intérieur de la France; à l'exception seulement des étoffes, qui pourroient entraîner des inconvéniens. — S'il est du devoir des députés de faire tout ce qui sera en leur pouvoir pour ouvrir de nouvelles branches de commerce, et améliorer celles déjà existantes, il ne l'est pas moins de [s'occuper] de la réforme de la législation. Deux siècles et plus écoulés depuis le premier établissement des juridictions consulaires nécessitent aujourd'hui ces changemens survenus dans nos mœurs et nos usages mercantiles. En conséquence, les députés demanderont :

1° Que le nouveau code ait particulièrement en vue la bonne foi du commerce, l'abbréviation des procès et la prescription des formes.

2° Que l'ordonnance de Blois et l'ordonnance de 1759 seront exécutées, mais qu'il sera ordonné de suivre dans la procédure le sommaire prescrit pour les matières de commerce.

3° Que les sentences consulaires soient exécutées par tout le royaume, nonobstant tous arrêts de deffense, lorsqu'il aura été donné caution pour l'exécution du provisoire.

4° Que les priviléges de refuge attachés à certains lieux, tels que le temple et autres, soient supprimés. Dans ce siècle de la raison et de la philosophie, on a peine à croire qu'il existe encore de ces lieux où on trouve l'impunité de la violation de ses engagemens et où l'on se dérobe à la sévère vigilance de la justice.

5° Que toutes juridictions consulaires auront un procureur syndic choisi parmi les anciens consuls.

6° Que les faillites, revendications, ordre et répartitions de deniers soient restitués aux juridictions consulaires, à la charge d'y procéder sans frais et sans retard, sauf cependant l'exécution de l'ordonnance de 1759 et sous les modifications portées en l'art. 2 ci-dessus. Les longueurs et les frais énormes nécessaires à la liquidation des faillites portées devant les juges royaux mettent presque toujours les faillis hors d'état de se rétablir, ils augmentent la perte des créanciers déjà assez infortunés et donnent lieu à de nouveaux malheurs.

7° Que dans toutes les faillites le ministère public soit tenu de vérifier si elles sont ou non frauduleuses. Dans le premier cas, il poursuivra extraordinairement le failli, lequel sera toujours emprisonné provisionnellement. La multiplicité des banqueroutes frauduleuses exige qu'on mette en vigueur les lois promulguées à ce sujet.

8° Qu'il soit donné aux juridictions consulaires une ampliation de pouvoir en dernier ressort, en proportion de l'augmentation du numéraire et du commerce.

9° Que tous les effets de commerce n'aient qu'une seule et même échéance dans tout le royaume. Cela dispenseroit les citoyens de toutes les classes qui reçoivent en payement ces sortes d'effets, d'une étude continuelle des usages locaux, et leur éviteroit les inconvéniens sans nombre qui en résultent, et cependant qu'il soit accordé au porteur d'effet dix jours après l'échéance pour faire la demande, autant pour le recours et la garantie dans les dix premières lieues et un jour de plus pour chaque cinq lieues jusqu'au premier endosseur et à dater du jour du protêt.

10° Que la contrainte par corps, dans tous les cas où elle aura lieu, soit exécutée en tout temps à toutes heures et en tous lieux.

11° L'assemblée ayant pris en considération le commerce de la côte d'Afrique et de nos colonies, est demeurée d'accord que la traite des nègres est l'origine des crimes les plus atroces, qu'un homme ne peut à aucun titre devenir la propriété d'un autre homme, que la justice et l'humanité réclament également contre l'esclavage. — L'assemblée, convaincue en même temps qu'un bien de cette nature ne peut être l'ouvrage d'un jour, et que son vœu ne [doit pas faire] perdre de vue la culture des colonies et la propriété des colons, dont elle ne prétend pas détruire les richesses, mais seulement en épurer la source et les rendre innocentes et légitimes, a chargé ses députés de demander aux états généraux d'aviser aux moyens les plus convenables d'anéantir la traite des nègres et de préparer l'abolition de l'esclavage des noirs.

Agriculture.

1° Les députés demanderont la suppression des haras et gardes étalons, parce que leur établissement est absurde et préjudiciable à la propagation et à l'amélioration de l'espèce des chevaux.

2° L'éducation des bestiaux qui servent à la culture des terres et dont les hommes tirent tout à la fois leur nourriture et leurs vêtemens, est encore loin de la perfection. Cette branche d'industrie doit exciter l'attention des états généraux. Loin d'être grevé par l'impôt, le cultivateur intelligent qui aura multiplié ses élèves doit recevoir des récompenses. Les députés feront donc connoître la nécessité d'aviser aux moyens de perfectionner l'éducation des bestiaux et d'accorder à cet effet des primes d'encouragement aux cultivateurs les plus industrieux.

3° Quoique la suppression de tous les priviléges ait été demandée de la manière la plus positive, l'assemblée croit devoir recommander ici de nouveau à ses députés de requérir la suppression de ceux d'exploitation de terres et d'exemption d'impôts attribués aux maîtres de postes, sauf au gouvernement à pourvoir au dédommagement de ceux auxquels les brevets ont été accordés, selon que ce dédommagement aura été réglé par les états provinciaux.

4° Il est aussi juste de décharger de tout impôt les prés tourbés, jusqu'à ce qu'ils soient remis en culture, attendu que la tourbe y a été soumise lors de son extraction pour toute la valeur principale de son produit.

5° La libre navigation des rivières intéresse également l'agriculture et le commerce; jusqu'à présent, toutes les rivières, excepté les grands fleuves, ont été regardées comme des propriétés particulières; et d'après cette invasion générale sur la chose publique, les seigneurs riverains les ont obstruées et surchargées de moulins, qui gênent la circulation dans l'intérieur des provinces et privent les habitans de campagne d'un transport facile de leurs denrées dans les villes qui les avoisinent. — L'établissement de ces moulins a d'ailleurs des inconvéniens qu'une bonne administration ne sauroit tolérer; ils occasionnent des inondations fréquentes, qui détruisent les moissons, changent en cloaques infects les prairies destinées à la pâture des bestiaux et qui portent la destruction et la mort dans les habitations d'une infinité d'hommes que les circonstances, les besoins et la profession forcent de s'établir sur le bord des rivières. Leur libre navigation produiroit d'ailleurs l'avantage inappréciable d'une plus grande économie dans la confection et l'entretien des routes. — Les députés demanderont donc que les rivières soient rendues libres à la navigation; en conséquence, qu'il ne soit plus établi de moulins que sur des canaux formés hors du lit naturel de ces rivières, qu'enfin les propriétaires des moulins puissent les employer à l'usage qui leur paroîtra le plus avantageux.

6° Ils demanderont en même tems qu'il soit permis aux habitans dont les propriétés avoisinent les ruisseaux et rivières, d'y faire deux fois la semaine des tranchées pour arroser les prairies.

7° Les députés exposeront le dommage que la plantation des bois et remises cause à l'agriculture, et ils réclameront en conséquence qu'il ne soit plus permis à qui que ce soit de planter des bois et des remises, sinon à la distance de 20 pieds des propriétés particulières et sous la condition de les borner et fossoyer, qu'il leur soit défendu de planter dans les rues de leurs villages, ainsi que dans les chemins vicinaux et vicomtiers.

8° La protection que l'on doit à l'agriculture exige qu'il soit fait deffense à tous ceux qui ont des colombiers ou volières d'en laisser sortir les pigeons dans les tems de semaille et de moisson.

9° Les députés demanderont aussi la suppression de tous droits de palette, d'étalage, d'afforage, mort et vif herbage, de péage, barrage, pontenage, travers et autres de pareille nature, et du droit de tiercement de parc, qui se perçoit au profit des seigneurs, parce que ces différens droits, restes déplorables du gouvernement tyrannique de la féodalité, pèsent sur les propriétés comme sur le commerce et appauvrissent les campagnes.

10° Que le rachat de tous les autres droits féodaux sera autorisé, en y comprenant le droit de champart, qui seroit payé au denier vingt-cinq, attendu qu'il est extrêmement onéreux aux cultivateurs et qu'il est de l'intérêt des seigneurs comme des propriétaires d'éteindre ce droit.

11° Il existe dans la province un droit féodal exorbitant du droit commun : c'est un relief qui emporte le quint et requint en toute mutation, même de père en fils. Il arrive souvent qu'en peu d'années l'ouverture de ce droit absorbe la valeur entière de la propriété. Les députés demanderont donc qu'il soit ramené au même mode de perception que les autres de pareille nature, ce qui est d'autant plus juste que les propriétaires n'en rapportent aucuns titres constitutifs.

12° Dans le cas où les députés n'obtiendroient pas la faculté de racheter les droits féodaux, ils demanderont que les censitaires ne puissent être tenus de fournir pour le payement de leurs cens d'autres grains que ceux qui auront été par eux récoltés sur les fonds qui en sont grevés.

13° Ils demanderont aussi que les seigneurs soient tenus de faire les frais de la rénovation de leurs terriers, et qu'il ne puisse être exigé aucuns deniers des vassaux et tenanciers, à l'occasion des déclarations et aveux qui pourroient leur être demandés.

14° La Picardie est devenue l'émule de la Normandie pour la quantité de cidre qu'on y fait; mais en Normandie il est permis de convertir cette liqueur en eau-de-vie; pourquoi la Picardie n'auroit-elle pas le même avantage ? L'assemblée charge donc ses députés de réclamer le droit de faire fabriquer des eaux-de-vie ; l'intérêt public le sollicite en sa faveur.

HUITIÈME ET DERNIÈRE PARTIE.

Amirauté.

Les députés demanderont :

1° Que l'ordre des classes pour la marine soit plus régulièrement suivi.

2° Que jamais un père et plusieurs enfants ne puissent être levés pour partir ensemble et servir en même temps ;

3° Que jamais les maîtres pêcheurs ne puissent être pris pour le service du roi.

4° Que tous les droits de l'amirauté soient réduits en un seul.

5° Qu'il soit fait un tarif proportionnel sur les droits à percevoir sur les navires étrangers entrans et sortans des ports de France et semblables à ceux qui se perçoivent sur les navires français dans les ports étrangers.

6° Les députés demanderont l'abolition de toutes vacations aux côtes, qui seront échangées contre une prime raisonnable sur la valeur des effets naufragés, et remises des procès-verbaux aux réclamans dans la quinzaine suivante.

7° L'économie exige que le nombre des amirautés soit réduit.

PÉTITIONS PARTICULIÈRES A LA VILLE D'AMIENS.

Les députés requerront :

1° Que les membres qui composent le corps municipal de la ville d'Amiens ne puissent avoir de voix délibérative, ni collectivement, ni particulièrement, pour la nomination des maire et échevins qui doivent les remplacer.

2° Que les octrois municipaux et provinciaux soient supprimés, comme établis sans le concours de la commune, ainsi que l'abolition de toutes les charges créées par les villes.

3° Que les officiers municipaux ne pourront faire aucunes constructions, aliénations de leurs propriétés ou privilèges, sans y avoir été autorisés par la commune assemblée.

4° Que la milice bourgeoise sera supprimée et les finances de leurs commissions de capitaines et autres officiers remboursées.

5° Que le commandement des troupes dans la place sera attribué au maire de la ville.

PÉTITIONS PARTICULIÈRES DU BAILLIAGE DE HAM.

1° Arrêté qu'il sera demandé pour la ville de Ham un port sur le canal de Somme.

2° Le parachèvement des travaux du canal depuis Saint-Simon jusqu'à Ham et de Ham à Péronne est bien essentiel, parce que les communications sont interceptées, n'y ayant que de faux ponts de mauvaise construction sur lesquels on n'ose se hasarder pour le transport des denrées et marchandises. Ces travaux avanceroient bien plus promptement, si on y employoit des troupes. La direction en seroit laissée à l'officier choisi par l'administration, et l'inspection en seroit confiée aux officiers municipaux.

3° Les états-majors des villes et places du royaume étant supprimés, le château de Ham serviroit utilement à loger un bataillon d'infanterie. Cette garnison pourroit être employée au parachèvement des travaux du canal et à l'entretien des principales routes. Ce château a servi à renfermer des prisonniers d'état; mais il y aura assez d'autres citadelles à cet usage, quand les lettres de cachet seront soumises à des formes légales, si toutefois l'usage n'en est pas entièrement proscrit.

4° La suppression des états-majors produira un autre bien à la ville de Ham, c'est-à-dire la décharge d'une somme de 700^{lt} que le gouvernement lui fait payer pour le logement des officiers de l'état-major, d'un garde magasin, du directeur des fortifications, de l'ingénieur. Quoique le logement leur soit payé, ils sont pour la plupart logés dans des appartements qui ont été construits en dernier lieu et qui ont beaucoup coûté au roi.

5° La ville de Ham n'a pas de revenus patrimoniaux. Elle perçoit un octroi et la moitié d'un autre; ces deux octrois sont une charge qu'elle impose sur elle-même. La moitié du premier octroi que Louis XIV s'est attribuée par son ordonnance de 1681, et les 10 sous pour livre qui se perçoivent sur les deux octrois au profit du roy, lui font de cet impôt une nouvelle taille et une taille plus onéreuse que la taille ordinaire. Elle en requiert la suppression et le remplacement, pour subvenir à ces charges par l'abandon des fortifications, glacis et autres fonds, sur lesquels le gouvernement et l'état-major prennent ce qu'ils appellent leurs émolumens, à moins qu'on ne préfère de leur concéder des domaines dépendans de quelque établissement à supprimer.

6° M. le marquis d'Hautefort perçoit à Ham un droit de péage qu'il tient en engagement de la châtellenie de Ham. La perception de ce droit met des entraves au commerce. La ville demande à racheter ce droit pour le prix qui doit être estimé, déduction faite de la charge de l'entretien de la chaussée sur laquelle il est à percevoir. On n'a jamais vu M. le marquis de Hautefort ni ses auteurs dépenser un sol pour cet entretien; on espère que monseigneur le duc d'Orléans, apanagiste de la seigneurie de Ham, voudra bien faire le sacrifice de sa domaine féodale sur le droit du péage.

7° Le même seigneur perçoit aussi un droit de mesurage sur les biens qui se vendent au marché. Il est intéressant pour l'approvisionnement de la ville et pour la liberté du commerce que le droit soit supprimé. La ville indemnisera M. le marquis d'Hautefort par voie d'accord. Elle demande à y être autorisée.

8° Les chemins de Ham à Péronne, à la Fère, à Chauny, ont besoin d'être réparés et mis en état. Ils auroient la double utilité de procurer l'importation dans la basse Picardie et dans l'Artois des vins du Soissonnois, du Laonnois et de la Champagne et de servir au passage des troupes et au transport des armées et munitions de guerre, sans parler des autres avantages qu'on en pourra retirer en général.

9° Le faubourg de Ham appelé faubourg de Saint-Sulpice est séparé de la ville par la rivière de Somme; au delà il est de la généralité d'Amiens, tandis que la ville est de la généralité de Soissons. Il est juste que le faubourg soit de la généralité de Soissons, comme la ville de qui il dépend et qu'il soit compris comme elle dans l'élection de Noyon, au lieu de faire partie de l'élection de Saint-Quentin.

10° L'emplacement de la ville sur une grande route rendra plus avantageux au commerce l'établissement d'une foire franche fixée au 18 de chaque mois, qui se tiendra alternativement dans la ville et dans le fauxbourg de Saint-Sulpice, au moyen de quoi les deux foires qui ont coutume de se tenir en mai et en septembre seront supprimées.

11° La ville de Ham n'a, dans son bailliage qu'un ressort très-resséré. Elle demande, avec tous les habitans des campagnes voisines, un arrondissement qui peut lui être accordé facilement, sans démembrer entièrement les bailliages voisins qui ont trop d'étendue.

Le présent cahier a été fait et arrêté le 4ᵉ jour d'avril 1789, sur le rapport de MM. les commissaires nommés le 2 de ce mois et signé d'eux et de nous président de l'assemblée, suivant le procès-verbal de cejourd'hui.

Arch. imp., sect. législat., B. III, 4, p. 206. (Collection générale des procès-verbaux, mémoires, lettres et autres pièces concernant les députations à l'assemblée nationale de 1788, t. III, bailliage d'Amiens, 2ᵉ partie.)

MONUMENTS INÉDITS

DE

L'HISTOIRE DU TIERS ÉTAT.

CHARTES, ORDONNANCES, COUTUMES, STATUTS, RÈGLEMENTS,
ET AUTRES ACTES

CONCERNANT

L'HISTOIRE MUNICIPALE DE CORBIE

ET CELLE DES AUTRES VILLES, BOURGS ET VILLAGES
DE L'AMIÉNOIS.

I.

CORBIE.

NOTICE PRÉLIMINAIRE.

Cette ville, dans laquelle on a cru, mais sans preuves, reconnaître le *Curmiliacu* de l'Itinéraire d'Antonin [1], est située à quatre lieues Est d'Amiens et à trente lieues Nord de Paris. Elle faisait partie à l'époque mérovingienne du *pagus Ambianensis,* et on la trouve, dès le milieu du viie siècle, désignée sous le nom de *Corbeia* ou *Corbegia villa* [2]. Ce nom, s'il faut en croire l'ancien auteur d'une histoire de la vie et des miracles de saint Adalhard, abbé de Corbie, vient de

---

[1] Itiner. Antonini Augusti, ap. script. rer. gallic. et franc., t. I, p. 107, col. 2.

[2] *Corbeia,* dans un diplôme de Chlotaire III (Script. rer. gall. et franc., t. IV, p. 652).—Monasterium quod vocatur Corbegia, in Ambianensi parrochia, suo opere construxit (Vita sanctæ Batthildis,

celui d'une petite rivière appelée *Corbeia*, aujourd'hui la Corbie, qui se jette dans la Somme [1]. L'abbaye, à laquelle la ville doit son origine ou au moins ses principaux accroissements, fut dotée et construite, vers l'an 657, par la reine Bathilde et son fils Chlotaire III, sur un domaine appartenant au fisc, et qui provenait d'un seigneur appelé Guntland [2]. La charte de fondation n'est point datée; elle contient la concession au nouveau couvent d'un grand nombre de terres dans les *pagi* d'Amiens et d'Arras. Un autre diplôme du 23 décembre 661 ajouta d'importants priviléges à ceux qui avaient été concédés par la charte primitive [3].

Nous possédons, sous le nom de statuts de saint Adalhard, des réglements et un censier rédigés vers l'an 822 pour le monastère de Corbie [4]. Ce document ne fournit que très-peu de données sur ce que pouvait être à cette époque la ville de Corbie; il montre seulement comme existantes au IXe siècle, outre l'église de l'abbaye, consacrée à Saint-Pierre, les églises de Saint-Albin et de Saint-Étienne, qui ont formé plus tard deux paroisses importantes. Le monastère avec ses dépendances fut dans le même siècle plusieurs fois dévasté par les Normands, qui y mirent le feu en 859; l'ayant menacé d'une attaque en 879 [5], ils furent contraints par Louis, frère de Carloman, de se retirer sans avoir rien entrepris; deux ans plus tard, en 881, ils l'incendièrent de nouveau, après en avoir tué ou mis en fuite les habitants. Pour prévenir le retour de semblables désastres, l'abbé Francon prit la résolution d'a-

---

ap. Acta sanctorum ord. sancti Benedicti, sæc. II, p. 779). — Voy. aussi collect. de D. Grenier, à la Biblioth. imp., XXIIe paq., art. 1, a, fol. 178.

[1] Corbeia fluviolus vocabulum loco tribuit (Acta sanctorum ord. sancti Benedicti, sæc. IV, pars prima, p. 358.) — Deinde veniens (sanctus Furseus, abbas Latiniacensis) in pagum ambianensem et in curtem vocabulo Antiolum super fluvium Corbeiam, ibi obviavit ei vir malignus. (Ibid., sæc. II, p. 311.)

[2] ... In loco qui dicitur Corbeia, quem Guntlandus quondam possederat et ad fiscum nostrum pervenerat (diploma Chlotarii regis, ap. Script. rer. gallic. et francic. t. IV, p. 642). — Voy. sur la fondation de Corbie par Bathilde et Chlotaire, Chron. de saint Denis (Script. rer. gall. et fr., t. III, p. 304); — Sigeberti Gemblacensis monachi Chron. (ib., p. 343); — Vie de sainte Bathilde (ibid., p. 573). — Si l'on en croit quelques mémoires manuscrits, dit D. Grenier, les foudements de Corbie furent jetés sur ceux du château de Guntland, d'où vraisemblablement la rue du Châtelet, aujourd'hui de Notre-Dame, avait pris son nom.

[3] Script. rer. gallic. et franc., t. IV, p. 643.

[4] Statuta antiqua abbatiæ Sancti Petri Corbeiensis, dans l'appendix du polyptique d'Irminon, publ. par M. B. Guérard, p. 306 et suiv.

[5] Hist. reg. francorum (Script. rer. gall. et franc., t. IX, p. 42). — Chron. turon (id., p. 46). — — Chron. sithiense (id., p. 70).

grandir la ville en donnant à cens une partie des terrains de l'abbaye, et de protéger la population et les religieux par de fortes murailles et un fossé. Ce nouvel établissement est mentionné dans un diplôme de Charles le Simple, du 9 novembre 901 [1]. La ville de Corbie jouit alors de quelque repos à la faveur duquel elle put se développer, et elle fut soumise en certains points à l'autorité d'un châtelain vassal de l'abbaye [2].

La fin du IXe siècle vit s'étendre par des priviléges royaux la seigneurie féodale des abbés de Corbie; ils prirent le titre de comte et s'arrogèrent les droits régaliens. La monnaie de la ville se trouva placée sous leur suprématie, et vers l'an 912, Évrard, successeur de Francon, fit un règlement portant que cette monnaie aurait la valeur de 7 deniers d'argent et serait au titre et au poids de la monnaie d'Amiens; que les oboles pèseraient 6 deniers et que, sur 100 s. de deniers, il n'y aurait que 20 den. d'alliage; enfin, que les coins seraient confiés à la garde des officiers de la monnaie [3].

Au siècle suivant, le cours de la prospérité de Corbie fut arrêté de nouveau. La ville fut saccagée, ainsi que l'abbaye, en 923, par le comte de Vermandois, Herbert II, puis, sous le règne de Louis d'Outre-mer, par Raoul, comte de Champagne, et enfin, en 946, par l'armée d'Othon, roi de Germanie. Vers l'année 1025, fut conclu entre les villes de Corbie et d'Amiens ce pacte de paix réciproque dont il a été question dans le premier volume de ce recueil [4]. Les habitants de ces deux villes et de leur territoire promirent, si quelque différend s'élevait entre eux, de ne plus se venger l'un sur l'autre par le pillage ou par l'incendie et de s'expliquer pacifiquement devant le comte et l'évêque [5].

Henri Ier, roi de France, étant monté sur le trône en 1031, détacha de son domaine la suzeraineté de Corbie pour la donner en dot à Adèle de France, sa sœur, qui épousait Baudouin V, dit le Vieux,

---

[1] Script. rer. gall. et franc., t. IX, p. 493. — D. Grenier, XXIIe paq., art. 1, E, p. 179.

[2] Sur les châtelains de Corbie, voy. D. Grenier, loc. cit.

[3] Biblioth. imp., cartulaire noir de Corbie, n° 19, fol. 48 r°. — D. Grenier, XXIe paq., n° 2. B.

[4] Page 13.

[5] Miracula sancti Adalhardi, abbatis Corbeiensis, auctore sancto Gerardo, abbate monast. Sylvæ majoris, ap. Script. rer. gallic. et franc., t. X, p. 379, et apud Acta sanctorum ord. S. Benedicti, sæc. IV, pars prima.

comte de Flandre. Cette ville passa ensuite à Baudouin VI; mais les enfants de ce dernier ayant été dépossédés par Robert le Frison, s'adressèrent au roi Philippe Ier, et le prièrent de les réintégrer dans l'héritage de leur aïeule. Philippe accueillit favorablement cette demande; il se rendit de sa personne à Corbie, et après avoir fait prêter aux habitants serment de fidélité, il réunit la ville et le comté au domaine de la couronne. Malgré la perte de la bataille de Cassel, où Philippe Ier fut vaincu, en 1071, par Robert le Frison, Corbie resta au roi de France.

Placés sous la dépendance immédiate des abbés du monastère, les habitants de Corbie étaient primitivement serfs de corps et de biens; ils le furent jusqu'à l'année 1124. « A cette époque, dit le laborieux « D. Grenier [1], l'abbé Robert et sa communauté en firent des hommes « de poeté, *homines potestatis*, commuant leur servitude en une pres- « tation annuelle, qui étoit appelée *caveliche* dans le pays, et ailleurs « *droit de chevelage*, parce qu'elle se payoit par tête . . . . . . [2]. Les « Corbéiens, ainsi affranchis, reçurent de la même main la grâce de « former entre eux, pour la défense de la patrie, une association pa- « reille à celle que le roi Louis VI et différents prélats avoient accordée « à leurs serfs, c'est-à-dire le droit de commune. »

C'est à l'an 1123 environ que l'on fait remonter l'établissement de la commune de Corbie par le roi Louis le Gros, à la sollicitation des clercs et des laïcs de la ville. Son existence, comme on le verra en détail par les documents qui vont suivre, fut constamment troublée par des débats avec l'abbaye; dès l'origine et malgré les concessions qu'ils avaient eux-mêmes consenties, les abbés s'appliquèrent à en contrarier le développement. Enfin, ruinés par les procès et ne pouvant suffire aux charges que leur imposait leur constitution municipale, les habitants de Corbie abandonnèrent, en 1310, au roi Philippe le

---

[1] Biblioth. imp., XXIIe paq., art. 1, B, p. 256.

[2] Le devant dis messire li abbés a en ladite vile bien mile personnes ou plus assez, lesquels ne puent se marier sans son congié, et du congié donné il en a sa droiture accoustumée, et tant come ils sont ensamle par mariage, cascune personne paie à monsieur l'abbé deux parisis de sen kief, et apele on tele condicion en nom vulgal *caveliche*, pour chou que ch'est pour le kief. (D. Grenier, XXIe paq., art. 2 B, fol. 65 v°, d'après le cartul. noir de Corbie.)

Bel leur commune avec tous les droits qui en dépendaient. L'abbaye intervint alors; elle fit consentir le roi à un échange [1] d'après lequel les droits abandonnés par les bourgeois étaient transférés au monastère, qui, de son côté, cédait à la couronne la terre de Wailly, au diocèse de Soissons, et diverses autres propriétés foncières. De la sorte, les habitants de Corbie se retrouvèrent après deux siècles hommes de fief de l'abbaye. Ce retour à l'ancienne condition ne fut point accepté sans murmure; il y eut à Corbie des protestations, des soulèvements, des tentatives de restauration communale. Mais peu à peu les souvenirs et les traditions du régime de liberté municipale s'affaiblirent, et les luttes entre la ville et l'abbaye se réduisirent à des procès, dont la plupart n'offrent au point de vue historique qu'une importance secondaire [2]. Au XVIe siècle, s'opéra une sorte de reconstitution du gouvernement municipal de Corbie, qui fut composé, par décision même du conseil de l'abbaye, d'un prévôt et de quatre échevins.

Corbie fut au moyen-âge une des localités commerçantes de la Picardie. Placée sur le cours de la même rivière que Péronne, Saint-Quentin,

---

[1] Voici l'histoire de la commune de Corbie, racontée dans un de ces procès par les moines:

Et au contraire, disoient iceux religieux que madame sainte Bauthoin, en son vivant roine de Franche, et Lothaire son fils, qui depuys avoit esté roy, avoient fondé ladite église et abaye de Corbie et icelle doué de la terre, conté et seigneurie de Corbie, qui lui estoit venue ou escheue et à ses prédécesseurs par la confiscation que en avoit faite le conte Corbant, durant lequel temps ne depuis n'avoit eu en la dite ville corps, loy ne communalité, maieur, jurés ne autres officiers pour icelle gouverner ne exercer, mais appartient la justice et seigneurie aux dits religieux ou leurs prédécesseurs, et par ce estoient tous les demourans et habitans de la dite ville nuement leurs subgects; et depuis s'estoient les habitans nobles et clergie d'icelle ville, par le consentement des dits religieux, trais devers le roy nostre sire qui pour lors estoit, qui leur avoit créé loy, communauté et eschevinage, et y avoit eu maieur, jurez, eschevins, et autres officiers, qui par aucuns temps avoient eu le gouvernement et police de la dite ville; mais aucun temps après, ladite loy et communauté avoit par le roy lors régnant et pour certaines causes qui ad ce l'avoient meu, esté remite en la main d'iceulz religieux, ausquels par ce moien avoit appartenu autelle seigneurie en la dite ville, terres, picage, pasturages, marescage et communaultez, comme ils avoient auparavant la dite réduction, et par ces moiens n'avoient les dits demandeurs onques eu en icelle ville aucun droit, justice ne seigneurie, et s'aucune chose avoient eu en pasturage, soyage ou autrement en quelque manière que ce fust, ce ne l'avoit ça esté que par le grâce, courtoisie et amour que les dits religieux et leurs prédécesseurs leur avoit fait, et avoit depuis la dite réduction esté ordonnés en la dite ville aucunes personnes pour entendre au gouvernement et affaires communes d'icelle, comme prevost, qui avoit congnoissance des questions qui se mouvoient entre les subjets de la dite ville, eschevins qui avoient la congnoissance des questions meues à cause d'éritages et autres officiers convenables... (Accord passé le 16 avril 1448, entre les habitants et les religieux de Corbie, et conservé aux Archives imp.)

[2] Bouthors, Notice historique de la commune de Corbie (Amiens, 1839, in-8, p. 65).

Amiens et Abbeville, elle tirait de sa position de notables avantages. Une ordonnance de Philippe-Auguste, de l'an 1199, et un réglement donné en commun par les maires et eschevins d'Amiens, d'Abbeville et de Corbie [1], sont destinés à faciliter et à rendre plus sûres la navigation de la Somme et les relations entre les villes du littoral. Le débit des grains, du vin, des draps, était considérable à Corbie. D'après des comptes des années 1345-1346, cent vingt-sept pièces et demie de drap furent vendues depuis la Saint-Jean-Baptiste jusqu'à la Saint-Thomas de l'an 1354, deux cent quatre-vingt-quatre pièces de la Saint-Thomas à la Saint-Jean de l'année suivante, et deux cent cinquante-trois du 24 juin au 24 décembre [2]. Une enquête du 16 mars 1202, constate l'existence à Corbie d'une fabrique d'épées, de boucliers, de piques, de cottes de mailles; il résulte d'un compte de 1348 que cette ville possédait un *molin à oliette, à than et as coutiaus*, c'est-à-dire dont on se servait pour polir et pour aiguiser le fer [3].

On voit, dans le cours du XIe siècle, les habitants de Corbie prendre part comme vassaux, et sous la conduite des abbés du couvent, à plusieurs expéditions militaires. En 1072, ils marchent, sous les ordres de l'abbé Foulques, au secours de la comtesse de Flandre [4], et en 1096 ils concourent, sous la conduite de l'abbé Nicolas Ier, au siége de Montmorency. Il paraît que leur service consistait principalement à rendre les routes praticables, à remuer des terres, à planter les tentes, à aller au fourrage, et enfin à faire les gros travaux du camp [5]. Au siècle suivant, organisés en milices communales, ils figurent avec honneur dans diverses actions de guerre. En 1185, Philippe d'Alsace, étant venu mettre le siége devant leur ville, s'empara des ouvrages avancés au faubourg de Fouilloy; mais les Corbéiens coupèrent les ponts qui pouvaient donner passage à l'ennemi, et opposèrent une si vive résistance, que le roi de France eut le temps de leur envoyer des secours, et que Philippe d'Alsace fut contraint de se retirer [6]. En 1194, ils marchèrent contre les Anglais, qui, maîtres du

---

[1] Ces deux actes ont été publiés dans le tome I. de ce recueil, p. 119 et 217.
[2] D. Grenier, XXIe paq., art. 2 B, p. 86.
[3] Ibid., p. 87.
[4] Script. rer. gall. et fr., t. XI, p. 391.
[5] D. Grenier, XXIe paq., art. 2 B, p. 65 v°.
[6] Guillelm. Armoric., *de Gestis Philippi-Augusti* (Script. rer. Gall. et Fr., t. XVII, p. 67.) —

Vexin, ravageaient les frontières de la Picardie; ils avaient fourni à cette occasion 200 sergents et quatre chariots [1]. Witchind, abbé de Corvey ou nouvelle Corbie, en Saxe, se trouvait alors dans la province. Il reconnut les bourgeois de Corbie, revenant de cette expédition, aux corbeaux qui ornaient leur bannière, et qui étaient aussi l'oiseau symbolique de Corvey [2].

Les Corbéiens se signalèrent en 1214, avec les milices des autres communes picardes, sur le champ de bataille de Bouvines [3]; en 1254, ils fournirent au roi quatre cents hommes d'armes, contingent plus considérable que celui d'Amiens; en 1273, ils fournirent encore 200 sergents et quatre chariots pour l'armée de Flandre, et autant pour les troupes envoyées à la conquête de l'Aragon [4]. Hugues, abbé de Corbie, prit part à la bataille de Crécy avec 500 hommes, bien que son abbaye n'eût été tenue de fournir que *deux sommiers estoffés de sommes, sacs et bahuts* [5].

Les fortifications de Corbie reçurent, vers l'année 1313, un accroissement considérable. L'abbé Hugues le Vert fit élever dix-huit tours, et les frais de construction furent pris sur le tonlieu et sur un impôt accordé par le roi. En 1417, Corbie était tombée entre les mains des partisans du duc de Bourgogne; l'année suivante, elle rentra sous l'obéissance du roi. Attaquée par les Bourguignons en 1431, elle fut vigoureusement défendue par les habitants, obéissant au seigneur d'Humières, et encouragés dans leur résistance par l'abbé Jean de Lyon. Les Bourguignons furent forcés de se retirer, mais ils revinrent à la charge en 1435; cette fois ils emportèrent la place, et la garde-

---

Rigord. *de Gest. Phil. Aug.* (Id., ibid., p. 13.) — Guill. Britonis-Armorici, *Philippidos*. (Id., ibid., p. 137.).

[1] Biblioth. imp., cartul. de Corbie, fol. 635 v°.

[2] Gall. christ., t. IX, instr., col. 332. — D. Grenier, xxiie paq., art. 1, E, fol. 257 v°.

[3] D. Grenier, xxiie paq., art. 1 E, fol. 257 v°, et xxie paq., n° 2 B, fol. 68 r° et v°; — Guill. Armoric. *de Gest. Phil. Aug.* (Script. rer. Gall., t. XVII, p. 97). — Cet écrivain (p. 101), donne les noms de plusieurs Corbéiens faits prisonniers à Bouvines. — Voy. aussi Chron. de Saint-Denys, id., ibid., p. 409. — On lit dans le poëme de Guillaume Guiart, intitulé : *Branche des royaux lignages*. (Collection des chron. nationales françaises, publiées par M. Buchon, t. VII, p. 292.) :

Après venoient les communes
Où genz avoit blanches et brunes,
Pour aidier au roi léaument,
Comme Amiens espécianment,
Qui désire qu'à l'estour viengne,
Corbie, Arraz, Biauvez, Compiengne...
. . . .
Entre le roi et les Tyois,
Se met Amiens et Corbiois...

[4] D. Grenier, xxie paq., art. 2 B, fol. 72.

[5] Louandre, *Hist. d'Abbeville*, t. I, p. 233.

rent en vertu du traité d'Arras. Rachetée par Louis XI en 1463, elle fut de nouveau cédée au duc de Bourgogne en 1465. Louis la reprit le 11 mai 1475, et malgré la capitulation qui garantissait les propriétés des habitants, les soldats français, réunis aux milices d'Amiens, la ruinèrent complétement et ne laissèrent que six maisons debout.

Dans le cours du xvi® siècle, la ville de Corbie eut à traverser de nouvelles vicissitudes. En 1524, elle fut ravagée par la famine et la contagion, et la population se trouva considérablement diminuée. Ayant adhéré à la Ligue en 1588, Cobie fut prise en 1590 par Charles d'Humières, commandant pour le roi en Picardie, tomba, cinq ans plus tard, aux mains des Espagnols, et ne tarda point à être reconquise par Henri IV. Enfin, en 1615, les princes ligués contre le maréchal d'Ancre en avaient fait leur place d'armes; mais ils ne purent la défendre, et le maréchal les en chassa cette même année.

Corbie eut à subir un nouveau siége en 1636, lors de l'invasion de la France par les Hispano-impériaux, sous les ordres de Jean de Werth et de Piccolomini. Attaquée le 7 août, elle se rendit le 15 du même mois. L'armée française la reprit le 14 novembre, et, en punition de la faiblesse de leur défense, Louis XIII déclara les habitants criminels de lèze majesté et les priva de leurs priviléges. En 1673, Corbie fut démantelée par ordre de Louis XIV [1].

I.

BREF DU PAPE PASCAL II, PORTANT CONFIRMATION DES PRIVILÉGES DU MARCHÉ DE CORBIE.

Nous donnons cette pièce comme constatant, dès le commencement du xii® siècle, un certain développement dans la population et dans le commerce de Corbie. Le roi Philippe Ier avait garanti la liberté du marché tenu dans cette ville au profit de l'abbaye. Le pape Pascal II confirme cette concession par le bref suivant, qui assure

---

[1] Archiv. départem. de la Somme, Hist. du doyenné de Corbie, par le P. Daire, art. Corbie.

aux négociants la faculté de se rendre à Corbie par terre ou par eau, en défendant, sous les peines canoniques, de les en empêcher et de troubler ainsi l'abbaye dans la jouissance de ses droits.

DE LIBERTATI FORI CORBEIE.

Paschalis, episcopus, servus servorum Dei, dilectis filiis Nicholao abbati et Corbeiensis monasterii monachis salutem et apostolicam benedictionem. Bonis scholarium studiis non tantum favere, sed ad hoc eorum animos etiam incitare debemus, qui pro nostro officio eorum saluti prospicimus. Illud igitur donum quod filius noster Philippus, Francorum rex, pro peccatorum suorum remissione vestro monasterio Corbeiensi restituit, nos, largiente Domino, litteris presentibus confirmamus, ut videlicet quicumque negociatores ad forum Corbeie venire voluerint libere et nullo inhibente sive per aquam sive per terram valeant commeare. Presentis ergo decreti litteris interdicimus ut nulli deinceps persone facultas sit super hac causa Corbeiensi ecclesie aliquas injurias irrogare, ne quod possessione diutina tenuit temeritate cujuslibet presumptionis amittat. Si quis autem, presentis decreti tenorem agnoscens, contra id temere venire temptaverit, canonice districtionis animadversione multetur. Datum Autisiodori IIII kal. junii, per manum Johannis diaconi ac bibliothecarii.

1102
29 mai

Biblioth. imp., cartul. blanc de Corbie, n° 20, fol. 29 v°. — D. Grenier, IIe paq., art. 8, p. 239.

II.

CRÉATION DE LA COMMUNE DE CORBIE.

Dans les premières années du XIIe siècle, les habitants de Corbie obtinrent, comme on l'a vu, des moines de l'abbaye, leur affranchissement et la commutation de leur servitude en une prestation annuelle. Ce fut là pour la ville l'origine toute pacifique de la commune. Après la première concession de liberté faite par eux à leurs serfs, les religieux paraissent avoir senti que, pour devenir productive, cette liberté avait besoin d'être organisée; que pour être capables de défendre le monastère et ses biens contre des pillards ou des ennemis, il fallait que les nouveaux affranchis fussent unis par les liens de l'association politique. Ils autorisèrent donc les habitants de Corbie à se former en commune.

Il y a lieu de croire qu'une charte fut rédigée à cette occasion; elle n'est pas parvenue jusqu'à nous. Nous savons seulement que la commune concédée par l'autorité ecclésiastique fut ratifiée par le roi Louis le Gros, à la demande *des clercs, des chevaliers et des bourgeois* de Corbie, et du consentement formel de l'abbé [1]. C'est ce qui résulte d'une confirmation de l'acte de Louis le Gros, donnée par Philippe-Auguste en 1180. Antoine de Caulaincourt, official de Corbie au XVIe siècle, qui a laissé une chronique de l'abbaye, fixe la date de l'établissement consenti par Louis le Gros à l'année 1123, première de Robert, 32e abbé; il ajoute que cet établissement eut lieu sous la réserve expresse que les officiers et serviteurs de l'abbaye seraient exempts de toute charge pécuniaire imposée par la commune.

123. Robertus, abbas trigesimus secundus, et primo anno quo huic monasterio abbas prefuit, Leudovicus crassus, Francorum rex, ad petitionem clericorum, burgensium et habitantium nostrorum corbeientium, communiam ab eis tenendam in qua ipsi inter se confederati tenerentur, assensu et petitione abbatis, condidit et confirmavit, quibus tunc precepit ut servientes et robas nostras habentes tam ad abbates quam ad conventum pertinentes, in pace dimitterent nec pro communia aliquid ab eis extorqueretur, ymo sub pena lesionis corone liberos eos fore confirmavit.

Chronique de Corbie, par Antoine de Caulaincourt, bibl. imp., fonds Corbie, 25, p. 23 r°.

III.

LETTRE PAR LAQUELLE LOUIS VII DÉFEND AUX MAIRE ET BOURGEOIS DE CORBIE D'EXIGER AUCUNE REDEVANCE DES SERVITEURS DE L'ABBAYE.

De très-bonne heure, des différends s'élevèrent entre l'abbé de Corbie et les magistrats de la commune. En dépit des conventions primitives, les bourgeois voulaient faire contribuer les religieux ou leurs serviteurs aux charges municipales; l'abbé résistait et avait recours à la protection du roi. Par la lettre suivante, adressée au maire, aux jurés et aux bourgeois de Corbie, Louis le Jeune leur enjoint de laisser en paix les gens appartenant à l'abbaye, et de n'exiger d'eux, pour la com-

---

[1] Bibl. imp., D. Grenier, XXIe paq., art. 2 B, fol. 66, v°.

mune, aucune redevance; le roi les menace, s'ils refusent, de les traiter comme coupables du crime de lèse-majesté. La lettre de Louis VII est sans date. Quelques personnes pensent qu'elle fut rédigée avant 1147, d'autres vers 1150, d'autres enfin vers 1170. Une lettre de l'abbé de Corbie à Suger, que l'on trouvera ci-après, et qui paraît se rapporter aux mêmes difficultés, nous porte à croire qu'on doit la placer vers l'année 1150.

Ludovicus, Dei gratia rex Francorum et dux Aquitanorum, majori G[altero] de Helly et Giloni et juratis de communia Corbeye et universis burgensibus salutem et gratiam nostram. Nostri juris et officii est possessiones ecclesiarum regni nostri et homines earum a privatis et extraneis inimicis servare et deffendere. Hac igitur ratione coacti, vobis mandando precipimus quatinus servientes monasterii Corbeyensis, tam ad abbatem quam ad capitulum pertinentes, quietos et in pace dimittatis, nec ab eis pro communia nostra aliquid exigatur, vel aliquam exactionem predictis servientibus aut rebus inferatis eorum. Nos enim, tam propter jus ecclesie, tum propter abbatem quem valde diligere et honorare sattagimus liberos et quietos esse eos volumus et confirmamus. Qui vero huic mandato nostro contrarius extiterit nos sibi contrarios esse non ambigat et lesionem corone et majestatis nostre nos fore vindicaturos certissime sciat.

Vers 1150.

Biblioth. imp., fonds de Corbie, n° 19, cartul. noir de Corbie, fol. 34 r°, et sous forme d'analyse, 2ᵉ feuillet non coté. — D. Grenier, xɪvᵉ paq., n° 4, fol. 61 r°. — Cartul. de Philippe-Auguste, n° 9852, fol. 17 v°. — Ancien cartul. de Philippe-Auguste (Fontanieu, portefeuille 11), fol. 80 r°. — Cartul. Esdras, Corbie, n° 21, fol. 63 v°.

IV.

LETTRE DE L'ABBÉ DE CORBIE, OU IL EST QUESTION DES DIFFÉRENDS SURVENUS ENTRE LE MONASTÈRE ET LES BOURGEOIS.

Malgré les menaces adressées par le roi aux bourgeois de Corbie, ceux-ci persistèrent, à ce qu'il paraît, dans leurs prétentions. On trouve des traces de leur lutte avec les religieux dans une lettre adressée par Nicolas, abbé de Corbie, à Suger, abbé de Saint-Denis. Nicolas, après avoir entretenu Suger d'une circonstance dans laquelle il craignait d'avoir mécontenté le roi Louis le Jeune, lui demande s'il est vrai, comme on l'annonce, que ce prince, en quittant Orléans,

doive venir à Corbie [1]; il le prie de l'informer des dispositions du
roi dans la querelle du monastère et des bourgeois : « Si son appui
« me manque, dit-il en terminant, je n'ai plus qu'à accepter telle quelle
« la paix qui nous est offerte. »

150. Domino et patri suo Sugerio, Dei gratia venerabili abbati beati Dionysii,
Nicolaus, Corbeiensis ecclesiæ humilis minister, salutis plurimum et amoris.
Ex omnibus periculis et necessitatibus meis ad tranquillitatem vestram quasi ad
tutissimum et expertum salutis meæ portum confidenter confugio. Postquam
igitur a vobis redii, gravi negotio, quod inter nos et comitem Flandriæ agitur,
præpeditus, et ad partes illas, submonentibus episcopis Tornacensi et Morinensi,
propter compositionem mutuam dominica præterita profectus : ad diem
quam Dominus noster rex vobis condixerat, ut scilicet ad eum Aurelianis mitterem,
mittere non valui. Unde vestram crebro expertam dilectionem obnixe
deprecor, quatinus domino regi me excusetis, et ne irascatur agatis : quia absens
negotium tantum nisi fidelissimo nuncio credere ausus non fui, et ideo mittere
supersedi. Ego quoque absque dubio dominica proxima post apostolorum
festum, aut nuncius meus, præsentiæ vestræ propter hoc assistam. Quoniam
autem paternitatem vestram offendisse me in hoc, quod ad prædictam diem
non misi, plurimum timeo; de remissione iræ vestræ certificari per literas
vestras precor. Precor etiam nobis mandari, si verum est, quod audivi, dominum
regem ab Aurelianis ad nos recto itinere venire debere. Illud etiam quæro,
quod, si dominum regem negotium suum et nostrum contra burgenses nostros
efficaciter exequuturum fore scitis, nobis mandetis, et ego ejus misericordiam
expectabo. Quod si eum flecti et mollius agere senseritis, nobis idem innuite,
quia nisi ejus mihi assit auxilium, pacem nostram qualemcumque ab offerentibus
accipiam. Valete et honori ecclesiæ subvenite.

Sugerii abbatis S. Dionysii epistolæ historicæ, epist. cxlv, ap. Duchesne, *Hist. francorum scriptores*, t. IV, p. 538.

V.

CHARTE DE CONFIRMATION DE LA COMMUNE DE CORBIE, DONNÉE PAR PHILIPPE-AUGUSTE.

La charte de commune de Corbie est perdue, ainsi qu'on l'a vu.
Nous ne possédons pas non plus la ratification qui en fut octroyée

---

[1] Louis VII se rendit à Corbie au mois de juillet 1151; mais on ignore ce qui s'est passé dans le séjour qu'il fit dans cette ville. (Bibl. imp., D. Grenier, xxiie paq., art. 1 r, fol. 256 r°.

par Louis le Gros, et nous avons seulement une confirmation donnée par Philippe-Auguste en 1180 [1]. Les sept articles de *coutumes* que, dans cet acte, le roi déclare vouloir ratifier après son père et son aïeul, sont-ils la reproduction exacte de ceux qui figuraient dans la charte primitive? Cela est probable; mais il n'est pas permis de l'affirmer positivement. Il ne s'agit là, du reste, que du règlement des rapports des citoyens entre eux et avec le seigneur. L'organisation administrative de la commune, les titres et la nature des fonctions des magistrats municipaux, n'y apparaissent en aucune manière.

Voici les principaux articles de la charte de 1180. — Tout habitant de Corbie et de la banlieue sera tenu au service du roi, et à toutes les obligations imposées par la commune. — Les habitants détenteurs de fiefs acquitteront le devoir ordinaire envers leurs seigneurs immédiats, sans préjudice, pour le reste, de ce qui est dû au roi et à la commune. — Nul ne pourra bâtir de maison forte dans les limites de la banlieue sans l'autorisation du roi et de la commune. — Si les hommes de la commune, en corps ou individuellement, commettent, hors de la banlieue, quelque délit envers le roi, ils ne pourront être forcés à comparaître en justice que dans la ville, et ils seront jugés par les échevins [2]. S'il s'agit d'un délit envers quelqu'un de la commune, le coupable se soumettra à la peine prononcée par les jurés et la commune; autrement, il sera privé du droit d'entrer dans la ville jusqu'à ce qu'il ait donné satisfaction. — Les membres de la commune prêteront secours et protection de tout leur pouvoir à tout marchand forain dès qu'il se trouvera dans la banlieue.

In nomine sancte et individue Trinitatis, amen. Philipus, Dei gracia Francorum rex. Sicut ea que bona fide temporibus nostris agimus, precipue que scriptis commendamus, apud posteros inconcussa volumus permanere, sic nostre congruit excellentie predecessorum nostrorum instituta immutabiliter

1180

---

[1] L'acte est daté de la première année du règne de Philippe-Auguste; il a dû être donné entre le 18 septembre 1280, date de la mort de Louis le Jeune, et le 1er novembre suivant, époque à laquelle fut accomplie la première année du règne de Philippe, à partir de son association au trône.

[2] On a des confirmations de la charte de Philippe-Auguste, données par Louis VIII, à Melun, en 1225; — par Louis IX, à Amiens, en 1234; — et par Philippe le Hardi, à Villeneuve-le-Roi, en 1274. Voy., entre autres, Arch. du dép. de la Somme, arm. 1re, liasse 23, no 4.

servare, in quo debitam regibus reverentiam exhibemus antiquis et ad idem successores nostros congruis invitamus exemplis. Noverint ideo universi presentes et futuri quod Ludovicus, gloriosus Francorum rex, avus noster, ad petitionem clericorum, militum, burgensium Corbeiensium, communiam ab eis tenendam, in qua ipsi inter se confederari tenentur, assensu etiam et petitione abbatis Corbeiensis, condidit et conditam confirmavit, cujus auctoritatem secutus, karissimus pater noster Ludovicus eandem communiam assecuravit et manutenuit. Nos itaque patrum nostrorum facta, quorum intererat nihil agere preter rationem, in irritum revocare nolentes, immo ad posse nostrum illibata et inconcussa servare volentes, has consuetudines memoratas hominibus Corbie a patribus nostris concessas, concessimus, assecuramus et confirmamus.

1. Quicumque infra banlivam manserit, servitium nostrum et id quod pertinet ad communiam faciet.

2. Si aliquis, infra banlivam manens, feodum ab aliquo domino tenuerit, domino suo quicquid feodi nomine debet exhibebit; de residuo ad servitium nostrum et id quod pertinet ad communiam faciendum tenebitur.

3. Nullis firmitatem infra banlivam Corbie licebit edificare, nisi per nostram et communie licentiam.

4. Si quis adversus aliquem de communia aliquid querele habuerit, ille qui impetietur ad justiciam exequendam villam non exibit.

5. Si homines de communia vel aliquis eorum nobis aliquid forifecerit extra banlivam, non poterimus eos compellere ad placitandum; immo in villa, ante nos vel ante mandatum nostrum, justitiam capiemus per arbitrium scabinorum quibus judicium proferendum incumbit.

6. Si quis alteri de communia forifecerit, ad arbitrium juratorum et communie id emendabit, vel villam, donec idem sit emendatum, non intrabit.

7. Negociatoribus, ex quo infra banlivam Corbie fuerint, homines de communia auxilium et protectionem ad posse suum parabunt.

Que omnia ut perpetuum, etc. Actum apud Castrum Nantonis, anno Domini m° c° octogesimo, regni nostri primo. Datum per manum secundi Hugonis cancellarii.

<small>Arch. du départem. de la Somme, origin. en parchem., armoire 1re, liasse 23, n° 4. — Bibl. imp., fonds de Corbie, n° 19, cartulaire noir, fol. 43 r°. — Cartul. de Philippe-Auguste, $\frac{8408}{72, B}$, fol. 104 v°. — Fonds de Corbie, n° 21, cartul. Esdras, fol. 11. — D. Grenier, xxx° paq., n° 2, xiv° paq., n° 4, fol. 62 r°, viii° paq., n° 4. — Arch. imp., j. 231, 1er invent., t. III, fol. 124 r°, etc., etc. — Imprimé dans le *Recueil des Ordonnances des rois de France*, t. XI, p. 216.</small>

VI.

LETTRE DE PHILIPPE-AUGUSTE, POUR L'OBSERVATION DE LA CHARTE DE COMMUNE.

La mésintelligence ayant persisté ou éclaté de nouveau entre l'abbaye et les bourgeois de Corbie[1] postérieurement à l'octroi de la charte de commune, le roi Philippe-Auguste se rendit dans la ville, afin de concilier les deux partis; il entendit leurs raisons, se fit représenter la charte qu'il avait donnée aux bourgeois, et à laquelle l'abbé refusait soumission, et se déclara formellement pour la commune. Par la lettre qu'on va lire, il déclara que l'acte de 1180 était bon et valable, et il ordonna aux habitants de le maintenir invariablement et de passer outre sans répondre, dans le cas où il serait, de la part des religieux, l'objet de nouvelles contestations.

In nomine, etc. Philippus, etc. Notum sit quod, propter ortam inter abbatem Corbeiensem et burgenses ejusdem ville discordiam, Corbeiam venimus et, auditis hinc inde rationibus, cognovimus cartam prefatis burgensibus a nobis traditam, quam memoratus abbas infirmare volebat, bonam esse et racionabilem et quod abbas nulla racione eam poterat in irritum revocare. Hinc est quod, racionis ductu previo, precepimus ut jamdicti burgenses abbati predicto vel successoribus ejus nullatenus respondeant de cetero super taxata quarta, immo eam firmiter et inconcusse teneant et custodiant, et si quisquam ipsam cartam sequi noluerit, ei non respondeant. Quod ut ratum, etc. Actum Corbeie, anno Domini millesimo centesimo octogesimo secundo, regni nostri anno tercio.

<small>Biblioth. imp., D. Grenier, xive paq., n° 4, fol. 61 r°, xxie paq. n° 2, xxiie paq. n° 1, xxxe paq. n° 2. — Cartul. noir, fonds de Corbie, n° 19, 2e feuillet non coté, v^e col. 2. — Cartul. de Philippe-Auguste, n° 9852 A, fol. 8 r°. — Collect. Decamps, vol. XXIX, fol. 15 r°. — Collect. Duchesne, t. LXXVIII, p. 234.</small>

[1] Voy. plus haut, p. 422 et 423.

VII.

LETTRE DE PHILIPPE-AUGUSTE RELATIVE AUX QUERELLES ENTRE LA COMMUNE ET L'ABBAYE DE CORBIE.

Philippe-Auguste, au moment de partir pour la Terre Sainte, donne une déclaration par laquelle sont garantis les droits de propriété de l'abbaye contre toutes les tentatives ultérieures qui pourraient être faites par la commune. Quant au jugement des anciens litiges, il promet qu'à son retour de la croisade pleine justice sera faite par lui aux religieux, et que, dans le cas où il mourrait dans son pèlerinage, il recommandera à son successeur et aux baillis de mettre fin, par une décision formelle, aux différends soulevés entre l'abbaye et les bourgeois.

1190. juillet.

Philippus, Dei gratiá Francorum rex, universis ad quos littere iste pervenerint, salutem. Noveritis nos concessisse abbati et monachis Corbeie quod nullum dampnum sustineant de his que ad proprietatem abbatis et monachorum pertinent, occasione tenuiture quam communia Corbeie contra eos fecerit, vel per aliquod punctum quod communie concessimus et; cum dominus Deus a peregrinatione nostra nos reduxerit, si requisiti fuerimus, judicium inter abbatem et communiam fieri faciemus. Si vero in hâc sanctâ peregrinatione aliquid humanitus de nobis acciderit, heredi nostro et ballivis nostris precipimus quod judicium fieri et firmiter observari faciant inter abbatem et communiam eandem, de his de quibus contentio inter eos vertitur et rem sine dilatione finiant, sicut ex presenti nostra concessione tenemur. Actum apud Parriciacum, anno ab Incarnatione Domini m° c° nonagesimo, mense Julio.

Biblioth. imp., cartul. blanc de Corbie, n° 20, fol. 115 r°. — Cartul. noir, n° 19, fol. 33 v° — D. Grenier, xxi° paq., n° 2, et xxx° paq., n° 2.

VIII.

LETTRE DE PHILIPPE-AUGUSTE SUR LES DROITS DES BOURGEOIS DE CORBIE.

Philippe-Auguste était à Messine, lorsque des réclamations lui furent adressées par les moines de Corbie contre les bourgeois; sa réponse fut la charte suivante.

Il y déclare qu'afin de maintenir l'abbaye dans l'intégrité de ses droits et franchises, il veut que la commune se renferme et reste désormais à perpétuité dans l'état où elle se trouvait à la mort de son père Louis VII. Il ajoute que si lui-même, depuis cette époque, a ordonné quelque chose de préjudiciable aux intérêts de l'abbaye, il le tient pour nul et non avenu. Enfin, il renouvelle sa promesse de jugement définitif à son retour de la croisade, et au cas de mort, il recommande le soin de cette affaire, non-seulement à son fils, mais encore à ses autres successeurs [1].

In nomine sancte et individue Trinitatis, amen.

1190.

Philippus, Dei gratia Francorum rex. Noverint universi presentes et futuri quod, ob remedium anime nostre et parentum nostrorum, jura et libertates monasterii beati Petri Corbiensis illibatas servare volentes, decrevimus et precise volumus quod communia Corbie in eo statu et puncto deinceps remaneat in perpetuum in quo erat quando pie recordationis genitor noster Ludovicus migravit a seculo. Et si quid post mortem ejus in ecclesie exheredationem a nobis innovatum [fuerit], omnino cassamus et revocamus in irritum, hoc salvo quod, si Deus nos ab hac peregrinatione reduxerit, nobis liceat emendare consilio sapientum; si quid emendandum viderimus absque exheredatione ecclesie. Si vero in hac peregrinatione Hierosolomitana aliquid nobis humanitus acciderit, precepimus karissimo filio nostro Ludovico et, per fidem quam filius debet patri, requirimus, ut inviolabiliter faciat id quod de ecclesia diximus in perpetuum observari. Id ipsum volumus firmiter observari a quocumque successore nostro qui regni gubernacula, post nos et post filium nostrum, si Deus et Dominus noster de nobis et de filio nostro suam faceret voluntatem, habiturus est. Quod ut perpetuam obtineat stabilitatem, signi nostri auctoritate et regii nominis karactere inferius annotato, precepimus confirmari. Actum Messane, anno ab incarnatione Domini M° C° nonagesimo, regni nostri anno duodecimo; astantibus in palatio nostro quorum nomina supposita sunt et signa: S. comitis Theaubaudi, dapiferi; S. Guidonis, buticularii; S. Mathei, camerarii; S. Radulphi, constabularii. Vacante cancellaria.

Arch. du départ. de la Somme, armoire 1re, liasse 23, n° 2, original en parchemin. — Biblioth. imp., cartul. blanc, n° 20, fol. 114 v°. — D. Grenier, XIVe paq. n° 4, fol. 116 r°, XXIe paq. n° 2, marque n° 5, et XXXe paq. n° 2. — Collect. Duchesne, t. LXXVIII, p. 234, etc. — Imprimé dans Martenne, *Amplissima collectio*, t. I, col. 992.

[1] Voyez une bulle du pape Célestin III (1191, nones de mai), confirmant la charte donnée par Philippe-Auguste à Messine, en 1190. (Bibl. imp., cartul. blanc de Corbie, n° 20, fol. 115 r°.)

IX.

NOTICE DES DROITS ET REVENUS DE L'ABBAYE DE CORBIE.

La pièce qu'on va lire est la réunion de plusieurs fragments disséminés dans les manuscrits, et qui paraissent former un ensemble à peu près complet. Elle fait connaître les droits attribués à l'abbaye de Corbie et ceux de diverses autorités ecclésiastiques ou civiles, entre autres du châtelain, officier chargé de la défense du château de Corbie, et dont l'existence est constatée depuis une époque assez reculée. On y trouve fixée l'intervention de l'abbé, des échevins, des portiers, du cellerier de l'abbaye, du châtelain, du prévôt, du maire et des jurés de la commune dans l'administration de la justice et l'examen des poids et mesures, dans la visite du pain et la police des métiers; on y voit aussi déterminées les redevances que les bourgeois ont à payer aux religieux quand ils déposent des céréales dans le grenier de la ville, quand ils vendent des grains, quand de grands personnages logent à l'abbaye, et les corvées auxquelles ils sont astreints pour le fanage des prés et pour l'entretien des fossés, des bois et des jardins du monastère.

La date manque; mais on peut affirmer, d'après le rôle que le châtelain joue dans l'acte, que cet acte est antérieur à l'année 1285. C'est en effet à cette date que le châtelain Gui, du consentement d'Agnès sa femme, transporta à l'abbaye la châtellenie de Corbie, avec les droits, fiefs, arrière-fiefs qui en dépendaient, moyennant une somme de 645 liv. et certaines redevances.

1. Omnis justicia liberorum hominum nostra est, et quicquid homines liberi judicare habent ad castellanum non spectat.

2. Quicumque ad ecclesiam spectant, solvendo cavagium, sive nobis, sive ministris nostris, ex parte nostra de cujuscumque sint, custodia scilicet, potest justiciarius ex parte castellani justiciam facere. Quicquid tamen pro emendatione receperint, ad bursam abbatis in domo prepositi ferre debent, et nichil inde penitus recipient, nisi vel banni facti fuerint vel testes arramiti, tunc inde medietatem recipient.

3. Si quis aliquid velit mutuo accipere super censuale suum, quicumque sit, non potest fieri nisi coram preposito.

4. Si fuerit facta imbannicio super aliquos qui de justicia castellani sunt, partem habet in justicia. Si banni requisiti fuerint pro aliqua violentia, habent partem suam de omnibus de quibus justiciam facere debent.

5. In rectis vicis qui de porta ad portam transeunt, si fiat fenestra vel bertescha de novo, partem suam habent. In aliis vicis qui orbi dicuntur nichil habent, sed totum est abbatis.

6. In omnibus aquis nostris et marescis et eorum forisfactis nichil habent, nisi maresci calceati fuerint; medietas vicecomitatus nostra est, et altera Balduini de Dors, quàm tenet de Roberto de Bova, et ille a nobis.

7. Medietas etiam vicecomitatus de Foilliaco nostra est; alteram tenet major de Foilliaco de illo de Bova.

8. De falsis mensuris, sic sit: ferantur in domo prepositi coram scabinis, et qui falsas habere mensuras convicti fuerint duobus solidis emendent; et medietas emendationis nostra est, altera castellani; ferratura autem mensurarum portariorum est.

9. Si fiat panis non rationabilis, deferatur in domo prepositi coram scabinis; et medietas ipsa panum nostra est, altera vero castellani.

10. Singuli panetarii debent singulis dominicis diebus panem unius denarii una dominica, et altera panem unius oboli, et horum medietas nostra est, altera castellani. Preterea dant singuli panetarii et singulis ebdomadis panem unius oboli ad theloneum; singuli panetarii dant in festo sancti Johannis duos solidos, et qui panificant in augusto, in festo sancti Remigii dant XVIII denarios; et in Purificatione beate Marie duos solidos: horum medietas nostra est, alia castellani. Non licet panetariis reddere officium panificandi, nisi in festo sancti Johannis vel in Purificatione, et cum suscipit aliquis officium, solvit duos sextarios vini; et nisi censum suum diebus predictis solverent, cum lege reddunt, et medietas nostra est, altera vero castellani.

11. Carnifices in introitu solvent duos vini sextarios et duos in exitu, et in festo sancti Johannis arietes duos: horum medietas nostra est, et altera castellani, et unum de nostris tenet prepositus; a nobis submoneri debent, ita quod unum forum habeant.

12. Venditores uncti et sepi XVI denarios debent in festo sancti Johannis similiter.

13. Nemo vendere potest carnes vel sepum, nisi licentia nostra.

14. Nemo potest manus mittere in res illorum qui sanguinem fundunt vel

occidunt hominem, nisi prius justiciam de nostro foriffacto receperimus pro comitatu.

15. Nemo potest mittere manum in latronem, nec in res suas.

16. Singuli illorum qui sotulares faciunt de vacca duo debent paria sotularium, ab Adventu Domini usque in Natali, et duo a media Quadragesima usque in Pascha, et duo in augusto, et dantur eis pro singulis duo denarii, et hoc commune est nobis et castellano.

17. Quicumque adducunt ligna ut vendant, duas quadrigatas debent nobis et castellano, et redditur singulis obolus unus. Et si adduxerint materiem ut vendant, sex denarios debent nobis et castellano. Si autem, postquam ligni materiem vendiderint, ligna adducere ceperint et vendiderint, reddentur eis sex denarii, et quadrigatam suam solvent, qui redditus focata dicitur.

18. Summarii qui minas et vasa hujusmodi advehunt debent focatam.

19. Milites nichil debent de libero feodo, et quicumque emat debet duos denarios de modio; si non est de tabula sive liber homo, debet iii denarios.

20. Quicumque burgensis istius ville ponat frumentum in granario in festo sancti Andree, debet, de quibuscumque quinque modiis, unum sextarium frumenti, et de quibuscumque tribus modiis avene, debet unum sextarium avene simul, alii bladi sunt cum avena.

21. Quicumque vendit unum modium avene, debet unum denarium, et qui emit, debet duos denarios et obolum.

22. Post Natale, quicumque emit, debet duos denarios de modio frumenti et de modio avene tres obolos, et in eodem die debet solvere sextaragium, et si non solverit, debet legem per xii solidos.

23. Mercennarius qui vendit vinum in villa, si vendat, debet unum sextarium vini de theloneo, et unum de foragio.

24. Venditor debet duos denarios de frusto panni, emptor debet ii denarios similiter. Pannus qui vulgo vocatur pimpiloratus debet iiii denarios. Quicumque emat tres ulnas panni, debet i denarium.

25. Venditor debet de miliari alleciorum ii denarios, emptor similiter ii denarios. De summa piscium, quicumque emit, ii denarios.

26. Unumquodque stallum debet in die veneris duos denarios.

27. Homo extra villam, si emat vinum in villa, debet i sextarium; de quadrigata cineris ii denarios.

28. Sciendum itaque est quod forisfacta que fiunt in aquis aut in mariscis nostris ad cellerarium pertinent, non ad castellanum nec ad prepositum. Ipse vero prepositus in omnibus justiciis Corbeie nichil habet, nisi tantum arietem per

annum; proinde carnifices submonere debet, ut in Natali sancti Johannis-Baptiste abbati Corbeie arietes suos (*sic*) persolvant, sed ipsi carnifices debent prius habere unum forum.

29. Preterea sciendum est quod castellanus nec prepositus aut justiciarius, nec major sive jurati aut scabini nichil habent in justicia molendinorum, vel omnium eorum que ad feodum domini abbatis pertinent, neque in clamoribus aut responsionibus, sive in bellis.

30. Scabini etiam nullam potestatem extra domos suas habent, nisi per abbatem aut castellanum sive prepositum; nec possunt capere mensuram aliquam frumenti, aut vini, aut olei, sive waisdii, seu alnam, aut libram, aut aliquid hujusmodi, sine jussu abbatis, aut prepositi ejus. Quandocumque vero false mensure deprehenduntur, abbas aut prepositus ex jussu abbatis debet eas facere capi a portariis, et afferri in camera abbatis vel in domo prepositi, et ibidem judicari a scabinis an sint vere aut false; si autem false inveniuntur, ipse mensure debent esse portariorum, emendatio autem sit duorum solidorum et vi denariorum: debet esse abbatis et castellani uniquique medietas, prepositus nichil inde habet. Simili modo, si panis bolengariorum extra tempus messionis ultra mensuram parvus in villa invenitur, prepositus debet facere eum afferre per portarios in domo sua, et medietas debet esse abbatis, alia vero medietas castellani, exceptis quatuor nummatis que debent esse portariorum, prepositus vero nichil inde habet.

31. Preterea sciendum est quod prepositus, sive castellanus, aut scabini, sive major et jurati nullam potestatem habent in molendinis Corbeie nec Folliaci, nec pratorum. Si autem bustellus perditus fuerit vel fractus, aut falsus, jussu abbatis et consilio scabinorum reficietur [juxta sextarium ville; *D. Grenier*], ita quod tredecim bustelli valebunt sextarium.

32. Major et jurati, sive scabini, nullum bannum possunt in villa facere nec hominem aut feminam bannire, nisi de precepto abbatis, aut illius qui vices ejus supplet.

33. Portarii debent annunciare benedictiones et proclamare boscos vendendos. Ipsi soli debent submonere gentes coram justicia, et habere debent ligaturas falsarum mensurarum; nec debet fieri excluneamentum in Corbeia, quin portarii intersint. Ipsi debent amassare fenum abbatis et capere culcitros, et submonere corveias. Quando autem rex venit in villa, tunc colligunt gallinas ubi debent, propter hoc debet habere unusquisque eorum duos panes et dimidium sextarium vini. Ipsi etiam debent custodire hominem qui remanet justitie septem diebus, nec debent expeditiones neque dicas. Ecclesia sancti Petri debet portariis, unicuique in die Omnium Sanctorum duos sextarios vini;

die sancti Martini, duos sextarios vini; in Natali Domini, duos sextarios vini et sex capones; in Carnicapio, duo sextaria vini et unam tiliam lardi unicuique, et per annum vi paria sotulariorum. Tamen ipsi clamant duodecim capones per annum, sed non putamus hoc esse de jure.

34. Omnes generaliter, preter liberos, debent sex diebus pro singulis mansis ad operas manuales ad fossatum, et debent submoneri a portariis in templo; qui non solverit emendat, et hoc debent annuatim ad fossatum, ad curtiliarium, et ad ortiliarium. Hoc autem totum potest inveniri in scriptis Sebastiani, abbatis hujus loci; item requiratur ad abbatem Adalardum primum, similiter requiratur ad abbatem hujus loci Wala; item requiratur ad abbatem hujus loci Johannem primum. Iste Johannes habuit servicium hoc plenum inter atrium sancti Sepulcri, et domos vinitorum inter duas vineas.

35. Cum fena abbatis colligenda fuerint, submonent portarii, et singule domus debent annuatim unum mittere qui colligat, nisi fuerint scabinorum vel liberorum hominum; et in introitu prati debet esse serviens abbatis, et si ille qui mittitur sufficiens non fuerit, non suscipitur, et nisi alium miserint sufficientem, emendabunt.

36. Vicus Calceie et de la Macacre et de la Katerie, et vicus Sancti Albini hac et illac, et de boulengaria et retro bolengariam, debent lectos cum rex venerit, et in festis nostris, in nostris necessitatibus, pro hospitibus, et dolia ad carnes salliendas et calderias et patellas ad nostras necessitates pro magnis hospitibus, et ad ferendum in expeditionibus; et bolengarii debent corbellas ad vendemiandam vineam.

37. Pueri, dum manent in ballione parentum, possunt emere et vendere de catallo eorum; si vero fuerint separati de catallo et pane patris et matris, debent venire, antequam possint emere nec vendere, ad thesaurarium, sive ad camerarium, sive ad hospitarium ecclesie, sive ministris eorum, et solvere duos sextarios vini de precio triticiarum pro introitu cavagii sui, et reddere cavagium suum per annum, sicut debent.

38. Nullus vero sive nulla qui est de custodia thesaurarii, sive camerarii, sive hospitarii debet matrimonium contrahere sine licentia domini sui; quod si [contra ierit], debet emendare. Quicumque enim furtive intrat in cavagium ecclesie, excommunicatus est et qui se retrahit, et qui ipsum terminis designatis legitime non solvit, excommunicatus est, et similiter illi omnes excommunicati sunt qui illos ad hoc false recipiunt pro munere vel. . . . .

39. Sciendum vero est quod homo ad cavagium receptus est per mulierem, si non mulier per hominem.

40. De omnibus illis qui [negant?] suum cavagium solvere, debent dominus

abbas et castellanus justiciam facere, et emendaciones currunt inter illos ad medietatem.

41. Castellanus vero nullam habet justiciam in eos qui non debent cavagium; sed dominus abbas habet totum.

<small>Biblioth. imp., cartul. noir de Corbie, fonds de Corbie, n° 19, partie non foliotée. — D. Grenier, viiie paq., art. 4, p. 99 et suiv., et iie paq., art. 8, p. 183.</small>

X.

LETTRE DE LOUIS VIII EN FAVEUR DE L'ABBÉ DE CORBIE CONTRE LA COMMUNE.

L'abbé de Corbie avait fait entourer de fossés un domaine qu'il tenait du roi. La commune en prit ombrage, et, s'autorisant sans doute de l'article de sa charte d'après lequel aucune fortification ne pouvait être faite sur son territoire sans son consentement, elle combla les nouveaux fossés et détruisit les ouvrages de défense. Aussitôt l'abbé adressa des plaintes au roi, qui se trouvait alors à Avignon [1]. Louis VIII, par la lettre suivante, donne ordre à Barthélemi de Roye, son chambellan, et à Matthieu de Montmorency, connétable de France, de contraindre les habitants de Corbie à rétablir ce qu'ils avaient détruit, et à donner satisfaction aux religieux.

Ludovicus, Dei gratia Francorum rex, dilectis et fidelibus suis Bartholomeo de Roya, Francorum camerario, et Matheo de Montemorenciaco, Francie constabulario, salutem et dilectionem sinceram. Quia dilectus et fidelis noster abbas Corbeyensis nobis conquerendo monstravit quod burgenses Corbeyenses fossata sua que in domanio suo quod de nobis tenet fieri faciebat diruere presumpserunt, vobis mandamus quatinus fossata illa reparari faciatis, ad hoc compellentes predictos burgenses, ut fossata illa que diruerunt reficiant et de dampnis et injuriis illatis satisfaciant competenter abbati memorato, et hoc ita faciatis, ne dictus abbas ad nos de cetero super hoc cogatur querimoniam reportare. Actum anno Domini mccxxvi, mense augusto.

1226.
août.

<small>Biblioth. imp.; cartul. noir de Corbie, n° 19, fol. 34 v°. — Ms. de D. Grenier, viiie paq., n° 4, fol. 155 r°.</small>

<small>[1] D. Grenier, xxie paq., art. 11 B, p. 69.</small>

XI.

ACCORD ENTRE LES BOURGEOIS ET L'ABBÉ DE CORBIE.

En l'année 1228, un accord solennel fut conclu entre l'abbé de Corbie et les bourgeois, au sujet des droits de pâturage et de pêche dans les marais de la banlieue. Ces droits avaient été la source de graves litiges et de violents débats entre les parties. L'affaire ayant été portée devant le roi, la ville fut obligée de se soumettre, en présence de Louis IX et de sa cour, à des conditions qui paraissent très-dures, et dont la teneur authentique se trouve dans l'acte suivant.

Dans l'accord de 1228, il fut décidé que la propriété foncière des marais limités par les terres arables situées entre Bonay et Méricourt appartiendrait par moitié à l'abbaye et aux bourgeois. L'acte contient tous les détails du partage, avec l'indication, pour chaque pièce de terre, des bouts et côtés, et la mention des droits d'usage attribués aux bourgeois sur les parties réservées aux moines. Il fut dit en outre que la justice serait exclusivement exercée par l'abbé; que les bourgeois auraient à payer chaque année 2 s. de cens pour les droits de pâturage et les marais; que si le maire venait à mourir, celui qui serait désigné par l'abbé pour le remplacer devrait, comme droit de relief, deux setiers de vin; qu'ainsi les bourgeois se trouveraient quittes de tout procès et absous de toute sentence d'excommunication. L'abbé se réserva la faculté de prélever, quand il le jugerait à propos, ce qui lui serait nécessaire pour gazonner ses cours. Les propriétaires de moulins et de viviers furent autorisés à prendre des gazons pour faire des *étanques* [1] (*ad stagna facienda*); dans toutes les parties de marais qui ne seraient pas susceptibles d'être encloses pour être mises en prés; le poisson fut adjugé à l'abbaye. Enfin, la ville de Corbie paya de suite une somme de deux mille livres parisis à l'abbé, qui en donna quittance dans l'acte même d'accord. Cet acte nous montre qu'en 1227, et peut-être avant cette époque, la nomination du maire, ou tout au moins le droit de désigner ce magistrat appartenait à l'abbé de Corbie.

---

[1] *Étanque*, en picard, signifie un petit endiguement en terre gazonnée, à l'aide duquel on surélève le niveau d'un cours d'eau, pour *faire flotter* les marais environnants. On voit par là que les habitants de Corbie irriguaient leurs pâturages, en utilisant les eaux courantes.

CORBIE.

Hugo, divina permissione ecclesie abbas Corbeiensis, totusque ejusdem loci conventus, universis presentes litteras inspecturis, in Domino salutem. Noverit universitas vestra quod, [cum] contentio verteretur inter nos ex una parte et burgenses Corbeienses ex altera, super pasturagiis que dicti burgenses in mariscis nostris petebant, de consilio prudentum virorum, scilicet Dei gratia Ludovici, regis Francie, et quamplurimorum aliorum, compositum est inter nos et dictos burgenses in hunc modum : quod de mariscis a Bonaio ad Merincort a latere quod est versus nemus de Freus, sicut se habent terre arabiles inter Bonaium et Merincort et aquam que descendit a Merincort usque ad Bonaium, habemus medietatem ad nostram voluntatem in perpetuum faciendam et dicti burgenses aliam medietatem, de qua similiter idem burgenses suam penitus in perpetuum facient voluntatem. Hii siquidem marisci hoc modo equalibus portionibus partiti sunt : quod in pecia que est a calceia Bonaii, usque ad pratum quod dicitur Camerarii, habemus illam medietatem usque ad pratum supradictum; et ab illo prato quod nostrum est usque ad calceiam de Helliaco habemus illam medietatem prato nostro contiguam; et idem burgenses aliam medietatem usque ad calceiam de Helliaco; a dicta vero calceia de Helliaco usque ad Merincort habemus medietatem illam que est dicte calceie de Helliaco contigua, et prefati burgenses aliam medietatem habent que est usque ad Merincort. Alia autem omnia pasturagia dictis burgensibus in perpetuum remanent ad turbas faciendas et ad omnes aesantias suas, eo excepto quod non poterunt claudere ad prata facienda. Ista autem ultimo dicta pasturagia sunt a Bonaio usque ad managium leprosorum apud Novam Villam et usque ad pontem qui dicitur vaccarum. Preterea, ab arra Fenel, sicut se habet alveolus Summe, usque ad rivulum qui descendit de Rupta Cauda et cadit in Summam, et ab eodem rivulo ad pontem de Dors, sicut se habet rivulus inter domum de Waigni et villam de Dors. Item, a firmitate de Folliaco, sicut dictus alveolus Summe se habet, usque ad managium domini Petri, militis de Corbeia, apud Aubeigny et usque ad terras arabiles. Preterea, a Folliaco usque ad Hamelet et usque ad terram arabilem, et a calceia de Folliaco usque ad Hamelet, et usque ad terram arabilem; et a calceia de Folliaco usque ad Hamelet, et ab Hamelet usque ad pennam de Vers, sicut se habet aqua que ab eadem penna descendit usque ad dictam villam de Hamelet, ante domum monetarii Corbeie, usque ad domum que fuit Johannis le Vallet, et insula Alardi et omnia intermedia ab eadem insula usque ad calceiam de Vaux, excepto quodam managio beati Petri quod nostrum est et quod dicitur le Casteleirs, et a barra de Hamelet, eundo usque ad Villam de Hamelet, a dextris usque ad Folliacum et a sinistris usque ad Vaux. Item, a dicta barra de Hamelet, usque ad aureum puteum, et

1228
18
janvier

ab illo puteo, sicut itur usque ad Vaux, sicut terra se habet, usque ad primum rivulum aque. Sciendum tamen est quod, a jam dicto aureo puteo usque ad villam de Vaux, dicti burgenses habebunt tantummodo pascua, nec nos eadem pascua aliquatenus minuere possumus. Habemus autem fossatum octo pedum inter terram et cavaneum, et est spatium quadraginta pedum inter dictum fossatum et cavaneum, sicut se comportat cavaneus, ita quod remanet ibi via competens itinerantibus. Infra siquidem fossatum cavanei nulla quadrupedalia intrabunt, et si forte intraverint, serviens noster illa poterit ejicere sine emenda et lesione, sed licebit hominibus de Corbeia ibi juncos et herbas solummodo colligere; et sciendum est quod, si aliquis in dictis pasturagiis que non debent claudi ad prata facienda pasturagium prius habuerit, illud sicut prius habebit et salvis nobis pratis illis que in omnibus mariscis falcare alias consuevimus, et salvis nobis aliis pratis et areis ibidem antea clausis, ubicumque et cujuscumque sint, et salva nobis omni justitia quam in omnibus mariscis similiter hactenus habuimus, tam in illis de quibus dicti burgenses suam possunt penitus facere voluntatem quam in aliis; sciendum autem est quod sepenominati burgenses, pro supradictis pasturagiis et mariscis suis, duos solidos censuales nobis in octavis Pasche singulis annis reddent. Et quociens de majore ejusdem ville Corbeiensis humanitus contigerit, alius qui major fuerit substitutus a nobis per duo sextaria vini dicta pasturagia relevabit; quod nisi fecerit, id nobis per duos solidos parisienses tantum emendabit, et hec faciendo, dicti burgenses erga nos in pace remanent de omnibus querelis, excommunicationibus, contentionibus motis usque in hodiernum diem, occasione predictorum mariscorum et pasturagiorum, hoc nobis retento quod in dictis pasturagiis de pratello, sine alicujus licentia, possumus accipere ad pratella in curiis nostris facienda. Quicumque habuerit molendina et veria in dictis pasturagiis ad stagna facienda de cespite poterit accipere, et ubicumque in supradictis pasturagiis que non debent claudi ad prata facienda pisces fuerint, nostri erunt. Propter hanc autem compositionem dederunt nobis dicti burgenses duo millia librarum parisiensis monete nobis plenarie persolute. Et ut hec rata et firma in perpetuum permaneant, sigillorum nostrorum munimine roboravimus et hec ad petitionem nostram sigillo Dei gratia Ludovici regis Francie confirmata sunt. Actum anno Dominice incarnationis m° cc° xx° vii°, xv° kal. februarii.

<small>Biblioth. imp., Cartul. blanc de Corbie, n° 20; fol. 178 v°. — ms. de D. Grenier, viii° paq., n° 4, fol. 158 r°, et xxviii° paq., n° 2.</small>

XII.

SERMENT DE FIDÉLITÉ PRÊTÉ PAR LE MAIRE ET LES JURÉS DE CORBIE A LOUIS IX ET A SA MÈRE.

Lors de l'avénement de Louis IX au trône, on s'assura, par des serments, de la fidélité des villes envers ce prince mineur. C'est dans cette occasion que fut prêté par les maire et jurés de Corbie le serment suivant, dont un acte authentique fut rédigé au mois d'octobre 1228.

Universis ad quos presentes littere pervenerint, major et jurati Corbyenses salutem. Noverit universitas vestra nos jurasse quod pro toto posse nostro fideliter servabimus corpus, membra, vitam et honorem terrenum karissimi domini nostri Ludovici, regis Francorum illustris, et domine regine, matris ejus, et filiorum suorum, et adherebimus et nos tenebimus eidem domino regi et domine regine matri ejus et filiis suis contra omnes homines et feminas qui possunt vivere et mori, et in hujus rei testimonium sigillum nostrum presentibus litteris duximus apponendum. Actum anno Domini m° cc° vicesimo octavo, mense octobri.

1228. octobre.

Arch. imp., sect. histor., J 627, pièce 43, avec un sceau sur queue de parchemin représentant un personnage à cheval et portant pour légende SIGILLVM D......... A: CORBEIE., et un contre-sceau représentant un oiseau. — Trésor des chartes, carton 627,8¹. — Biblioth. imp., D. Grenier, xxiᵉ paq., n° 2.

XIII.

CHARTE DE GAUTHIER DE HEILLY, OÙ SONT MENTIONNÉS LES MARAIS DES BOURGEOIS DE CORBIE.

Dans cet acte, Gauthier, seigneur de Heilly, fait savoir que l'abbé et les religieux de Corbie, dont il est le vassal, lui ont cédé en augment de fief, pour lui et pour ses héritiers, leurs marais et une partie de ceux qu'ils avaient rachetés des bourgeois. Il en marque les limites, ainsi que celles de la portion qui reste jointe au domaine de l'abbaye et réservée à son usage.

Universis presentes litteras inspecturis, ego Galterus, dominus de Helliaco, notum facio quod abbas et conventus Corbeienses dederunt et concesserunt

1229.

mihi, in augmentum totius feodi mei quod de ipsis teneo, omnes mariscos suos cum parte mariscorum burgensium Corbeie quos ab ipsis burgensibus redemerunt, videlicet a finibus prati Camerarii versus Helliacum usque ad fossata et casticamenta antiquorum pratorum de Merincort, in jus hereditarium a me et heredibus meis quiete et pacifice possidendos, et quicquid juris et dominii in dictis mariscis habeo, de dictis abbate et conventu teneo et recognosco et confiteor me solummodo ab ipsis tenere et possidere. Et sciendum quod ad usus suos et demeneum suum retinuerunt totum pratum Camerarii et alios mariscos, tam de parte sua quam de parte dictorum burgensium, a prato Camerarii usque ad Bonaium, cum omni justicia et dominatione. In cujus rei testimonium, presentes litteras sigilli mei munimine roboravi. Actum anno Domini M° CC° XX° IX°, mense aprili.

Biblioth. imp., cartul. blanc de Corbie, n° 20, fol. 178 v°.

XIV.

LETTRE DE LOUIS IX RELATIVE A DES DÉBATS SURVENUS ENTRE L'ABBÉ ET LA COMMUNE DE CORBIE.

Dans l'espace de neuf années, on ne rencontre aucun document relatif à la commune de Corbie. En 1238, nous la trouvons engagée dans de nouveaux démêlés avec l'abbé. Déjà Louis IX, sous la régence de sa mère, s'était interposé entre les parties et les avait déterminées à un accord, en déclarant aux bourgeois que, s'ils le violaient, il se porterait contre eux en faveur de l'abbaye. La paix fut en effet bientôt rompue par la commune, et l'abbé de Corbie s'en étant plaint au roi, celui-ci adressa au maire et aux jurés la lettre suivante. Il leur défend de garder pour maire ou pour échevin un nommé Thibaud, qui était, à ce qu'il paraît, le chef des infracteurs du traité; il déclare en outre autoriser l'abbé à bâtir ou à faire bâtir par un de ses vassaux une maison forte à Fouilloy, selon les conventions prises dans l'accord, et il condamne la commune à une amende, pour avoir mis opposition aux travaux de cette bâtisse, ce que ses magistrats avaient fait, sans doute en s'appuyant de l'article 3 de la charte communale de 1180.

La lettre de Louis IX n'est point datée. D. Grenier la place sous l'année 1238, et les débats qu'elle mentionne nous paraissent antérieurs à ceux dont il est question dans les bulles pontificales que nous donnerons plus loin, et qui elles-mêmes se rapportent à l'an 1238.

L[udovicus], Dei gratia Francorum rex, amicis et fidelibus suis abbati, majori et juratis communie Corbeiensis, salutem cum dilectione. Universitatem vestram scire volumus abbatem Corbeiensem eo tenore per manum nostram composuisse vobiscum quod, si a compositione aliquatenus resiliretis, abbati contra vos coadjutores essemus. Ad hec quum abbas sua nobis conquestione monstravit quod Teboldus et quidam alii jurati pacem fregerint, vobis mandamus et precipimus universi quod Teboldum nec pro majore nec pro scabino teneatis, donec de pacis infractione nobis et abbati satisfecerit; et videte quod de ipso bene sitis securi, quod de forisfacti emendatione nobis et abbati possitis respondere. Proinde volumus ut abbas apud Folletum quam voluerit domum construat vel construi faciat a fidele suo, sicut in die pacis facte publice recognitum fuit, id ipsum curia nostra comiter attestante, unde quia domum ibi fieri prohibuistis, volumus ut nobis et abbati emendetur.

1238. mars.

Biblioth. imp., cartul. blanc de Corbie, n° 20, fol. 115 v°. — Ms. de D. Grenier, vııı° paq., n° 4, fol. 171 r°. — Ibid., xxvıı° paq., art. 2, ann. 1238. — Impr. en partie dans Bouthors, *Notice histor. sur la commune de Corbie*, Amiens, 1839, in-8°, p. 29.

XV.

BULLE DU PAPE GRÉGOIRE IX, QUI ORDONNE DE PUBLIER L'EXCOMMUNICATION PRONONCÉE CONTRE LES BOURGEOIS DE CORBIE.

La lutte dont nous avons suivi jusqu'ici les phases prit, vers l'année 1238, un caractère d'extrême violence. Le maire et les jurés de Corbie maltraitèrent et mirent en prison des sergents de l'abbaye; puis, à la tête d'une troupe de gens de la commune, ils firent invasion dans le monastère, et portèrent la main sur l'abbé; en outre, irrités de ce que les biens d'un bourgeois, mort intestat et excommunié, avaient été placés sous le séquestre, ils expulsèrent les religieux chargés de la garde de ces biens. L'abbé mit la ville en interdit. Les bourgeois, pour gagner du temps, firent appel au saint-siége; et, sous le prétexte que cet appel était pendant, ils refusèrent toute soumission à l'interdit, et donnèrent la sépulture à leurs morts dans le cimetière de l'abbaye.

Le pape Grégoire IX, instruit de ces faits, adresse à l'abbé de Saint-Aubert de Cambray et à Me Guillaume, chanoine et ancien official d'Arras, la bulle suivante, où il leur enjoint de promulguer, au nom du souverain pontife, et dans la forme la plus solennelle, la sentence d'excommunication prononcée contre la commune de Corbie, et de recourir au besoin pour la soumettre à l'appui du bras séculier.

Gregorius, servus servorum Dei, dilectis filiis abbati sancti Auberti Cameracensis, decano, et magistro Guillelmo canonico, quondam officiali Attrebatensi, salutem et apostolicam benedictionem. Timore divini nominis carentibus et ecclesiasticam subvertere molientibus libertatem illud debemus opponere obstaculum, per quod et suam salutem neglexisse doleant et a proximorum persecutione obsistant. Ex conquestione siquidem dilectorum filiorum abbatis et conventus monasterii Corbeiensis, ordinis sancti Benedicti, nullo medio ad romanam ecclesiam pertinentis, accepimus quod major et jurati Corbeienses Ambianensis diecesis, eidem monasterio speciali et temporali jurisdictioni subjecti, contra ipsos spiritu superbie et indevotionis assumpto, quosdam servientes eorum gravibus lacessitos injuriis capere et mancipare carceri et eos tandem bonis propriis destituere presumentes, in prefatum monasterium, convocata parte communie, processu temporis irruerunt, in abbatem ipsum, ausu nefario injectis manibus violentis. Preterea, non contenti quod quosdam ejusdem monasterii monachos, per abbatem ipsum ad cujusdam burgensis loci ejusdem bona conservanda transmissos, qui intestatus decesserat ac excommunicatione ligatus, exinde per violentiam ejecerunt, manum in eos presumpserunt injicere, alia ipsis nimis enormiter perpetrare. Et quamquam dictus abbas in eos, propter hujusmodi et alios multos ac graves excessus, excommunicationes, et eorum excrescente malitia, in villam Corbeiensem interdicti sententias, auctoritate propria, exigente justitia promulgavit, iidem, pretextu cujusdam appellationis frivole, quam ad sedem apostolicam ut asserunt emittentes, non sunt infra tempus legitimum prosecuti, redire ad mandatum contempserunt. Preterea, ut catholice puritatis se manifestos exhibeant contemptores, excommunicatos et interdictos in cemeteriis ejusdem monasterii ac quodam atrio ab ipsis de novo pro talium sepulture constructo, contra inhibitionem dictorum abbatis et conventus, sepelire presumunt. Ne igitur, si hec sub dissimulatione transeant, presumptores hujusmodi habeant Deum et ejus adscriptos laudibus tam damnabiliter offendendos, discretioni vestre per apostolica scripta mandamus quatenus memoratas sententias, sicut rationabiliter sunt prolate, singulis diebus dominicis et festivis, pulsatis campanis et candelis accensis, solemniter publicetis, et per

Remensem mandetis provinciam publicari, eos, usque ad satisfactionem condignam, evitari ab omnibus arctius facientes; ceterum predictum atrium faciatis, veritate cognita, penitus demoliri, contradictores per censuram ecclesiasticam appellatione postposita compescendo, sepedictis autem abbati et conventui illius favoris impendatis auxilium quod eis ad elidendam partis adverse maliciam videritis opportunum, invocato ad hoc, si opus fuerit, auxilio brachii secularis. Quod si non omnes hiis exequendis potueritis interesse, ea nichilominus duo vestrum exequantur. Datum Anagnie, idibus augusti, pontificatus nostri anno duodecimo.

Biblioth. imp., cabinet des chartes, copie de chartes, c. c., 161.

XVI.

BULLE DE GRÉGOIRE IX, ADRESSÉE A SAINT LOUIS, POUR L'INVITER A PRENDRE SOUS SA PROTECTION LES RELIGIEUX DE CORBIE.

Le jour où il écrivait à l'abbé de Saint-Aubert et à l'official d'Arras, en faveur des religieux de Corbie, Grégoire IX adressa au roi de France la bulle suivante, relative à la même affaire. Dans cette pièce, le pape prie Louis IX de prendre sous sa sauvegarde l'abbé et les moines de Corbie, et de les protéger contre la commune, coupable envers eux d'actes de violence, pour lesquels elle avait encouru l'excommunication. Il l'invite à recevoir avec bienveillance les commissaires délégués par le saint-siége pour être juges dans cette affaire. On ignore quel fut leur jugement.

Gregorius, episcopus, servus servorum Dei, carissimo in Christo filio illustri regi Francorum, salutem et apostolicam benedictionem. Clare memorie progenitores tuos in eo potissime regis eterni gratiam meruisse confidimus, quia fuerunt et in virtutum amore pervigiles et libertatis ecclesie zelatores. Cum igitur ad idem et attentu divini nominis et ratione similitudinis tenearis, serenitatem tuam affectione paterna rogamus, quatenus monasterium Corbeiense ordinis sancti Benedicti, Ambianensis diecesis, quod beati Petri juris extitit, protectionis gratia prosequens, majorem et juratos ville Corbeiensis, pro illatis eidem per ipsos molestiis multiplicibus, excommunicationis vinculo, sicut dicitur, innodatos, nullo contra ipsum favore confoveas, sed eos potius ab ejus persecutione desistere compellas, tibi tradita potestate. Ceterum, delegatis super hoc ab apostolica sede judicibus, te sic benignum, cum ab eis requisitus exti-

1238
13
août

teris, pro nostra et apostolice sedis reverentia largiaris, quod, dilectis filiis abbate et conventu monasterii consequentibus quietis optate gaudium, tibi superne benedictionis nostre proveniat incrementum. Datum Anagnie, idibus augusti, pontificatus nostri anno duodecimo.

Biblioth. imp., cabinet des chartes, copie de chartes, c. c., 161.

XVII.
ARRÊT DU PARLEMENT AU SUJET D'UNE RÉVOLUTION OPÉRÉE A CORBIE.

Un jugement par enquête de l'an 1255, qui fait partie des *Olim* du parlement de Paris, contient des renseignements précieux au sujet d'un événement important de l'histoire de la commune de Corbie. On trouve dans cet acte, dont nous reproduisons le texte, quoiqu'il ait déjà été publié, la trace d'une révolution radicale dans le gouvernement de la ville; on y voit l'autorité remise, durant trois années, entre les mains des bourgeois, qui, dans cet espace de temps, dépensent la somme, considérable alors, de 9,000 livres. A quel moment ces faits eurent-ils lieu? Nous ne possédons point, de 1238 à 1255, de documents relatifs à l'histoire de Corbie; mais plusieurs actes de l'an 1238, que nous avons donnés plus haut [1], mentionnent de violentes hostilités commises par les bourgeois envers l'abbaye, les efforts de l'abbé pour ressaisir son autorité, et l'intervention du pape et du roi de France dans la querelle. Cet état de choses paraît être celui auquel se rapporte l'arrêt de 1255, et malgré la distance qui les sépare, nous pensons qu'ils doivent être expliqués l'un par l'autre.

Le fait de rébellion de la part des bourgeois fut établi par preuves judiciaires, et pour ce fait, quatorze d'entre eux, nommés dans l'arrêt du parlement, furent condamnés à la prison et à une amende de 500 livres parisis; mais la cour écarta l'accusation de concussion portée contre eux, et déclara que l'argent levé sous leur administration l'avait été pour les besoins de la ville.

1255. Inquesta facta super confederatione quorumdam burgensium Corbiensium et de talia novem millium librarum facta in tribus annis. Probata est confe-

[1] Voy. p. 441 et suiv.

dératio quatuordecim burgensium, qui fuerunt capitanei illius confederacionis; capientur et tenebuntur ad voluntatem regis et solvent domino regi pro emenda quingentas libras parisienses. Item probatum est quod talliaverunt novem millia librarum, set expenderunt eas in necessariis ville sue, sicut continetur in inquesta.

Nomina ipsorum quatuordecim sunt hec : Martinus Truant, — Jacobus de Vers, — Johannes li Riches, — Enricus, Adam Esoreil, fratres, — Johannes de Braio, — Einardus Oiseles, — Philippus Portarius, — Petrus de Attrebato, — Lambertus le Quart, — Johannes . . . . . — Martinus . . . . . — Adam . . . . . — . . . . .

<small>Olim du parlem. de Paris, publ. par M. Beugnot, t. I, p. 1.</small>

XVIII.

SENTENCE RENDUE CONTRE LES BOURGEOIS DE CORBIE, A PROPOS D'UNE FEMME LÉPREUSE.

La maladrerie de Corbie dépendait directement de l'abbaye; l'abbé décidait seul de l'entrée et de la sortie des malades. Aussi, en 1255, le maire et les jurés ayant de leur propre autorité fait prendre, chez elle, dans son lit une femme qui passait pour lépreuse, ils furent en raison de ce fait frappés d'excommunication. Alors ils adressèrent une plainte au roi, et sur leur demande d'un jugement par arbitrage, l'affaire fut soumise à trois commissaires, Jean de Roncherolles, Pierre de Fontaines, le célèbre jurisconsulte, et Étienne de la Porte. Ces magistrats rendirent à Bapaume, le 11 novembre 1255, une sentence par laquelle les maire et jurés sont tenus de rapporter au lieu même où elle avait été enlevée, dans la même forme, à pareil jour et à pareille heure, non pas la lépreuse, qui était morte, mais une figure habillée en femme, pour la représenter; que, de son côté, après ces formalités accomplies et une amende payée aux religieux, l'abbé lèverait l'excommunication prononcée.

Les commissaires réglèrent en outre, pour l'avenir, les conditions de l'entrée des lépreux dans la maladrerie. Il fut statué que, lorsqu'un cas de lèpre serait signalé dans la ville, le maire en avertirait l'abbé, et que celui-ci, dans un délai de huit jours, ferait procéder à l'examen de la personne malade par les échevins, c'est-à-dire par les officiers judiciaires de la cour abbatiale, par des clercs et des hommes expérimentés, et aussi, en cas de réclamation, par les officiers municipaux.

255. C'est le pais qui fu faite à Bapaumes par monsigneur Jehan de Ronkeroles et monsigneur Perron de Fontainnes et par monsigneur Estevenon de le Porte, chevaliers, entre l'abbé de Corbye et les bourgeois de Corbye, d'endroit une mezele; si en fu an tele manière ordené que cil, s'il estoient vif, qui l'avoient prise en son lit et fait prendre et fait porter à le malederie, le devoient raporter de la maladrerie desques à sa maison, en tele forme comme on le avoit portée et en tel jour et en tele heure, fust en feste ou hors feste, aussi sollempneument comme il l'enportèrent, et rapoestir le liu de li et de tous ses chateus que on en avoit saisis et portez; et pour ce que ce seroit grief chose de li rapporter, pour ce que ele est morte, on doit faindre aucune chose en samblance de fame qu'il raporteront en liu dou cors de celi, pour le liu resaisir par le raison de le mesele et de le crois, et de ce il doivent jurer l'eswart de sainte église et offrir l'amende et baillier bonne plégerie, et des amendes et des cous li abbés en doit ouvrer par le conseil monsigneur Jehan de Ronqueroles, monsigneur Estene de le Porte et monsigneur Perron de Fontainnes, et après toutes ces choses faites, li abbés les doit tant comme à lui en monte absoure des escumeniemens dont il sont escumenié par l'ochoison de cele mesele devant dite. Et s'il avenoit d'ore en avant qu'il eust en le vile de Corbye homme ou fame qui fussent reté de meselerie, de quoi renommée fust en le vile, et li maires requéroit l'abbé qu'il en fesist ce qu'il deust, comme de soupesonneus de tele maladie, li abbez, dedens les VIII jours après le requeste le maieur, doit mander le personne soupesonneuse de cele maladie et les eschevins, prestres et clers et autres bonnes gens qui de tele maladie sevent, et doit faire veoir celui, et au veir puet estre li maires et li juré s'il vuelent, et quant il sera veus et examinés, li eschevin se doivent traire d'une part et aviser par aus et celonc ce qu'il aront entendu de le bonne gent qui i aront esté, et s'il dient qu'il soit mésiaus, par quoi il doie aler à le maladerie, li abbez li doit commander qu'il i voist, et s'il ne le veut faire, li abbés l'en doit contraindre, et li maires et li juré doivent oster la force, s'il en sunt requis. Et c'est encore à savoir que, s'il avoit homme ou fame en le vile de Corbye qui fust renommés de mesélerie, et li prestres en cui parroiche il manroit ou li voisin dou liu en venoient à l'abbé, et l'en requéroient qu'il i mesist conseil, li abbez en deveroit et porroit ouvrer en le

forme devant dite., aussi bien comme se li maires et li juré li avoient monstré
et requis, mais il le doit senefier et mander au maieur qu'il soit à l'examiner;
et s'il avenoit chose que li abbés en fust en défaute, qu'il ne le fesist, si com
il est dit par devant, li maires et li juré porroient mander ciaus qui seroient
renommé de tele maladie et faire les examiner par les eschevins et ouvrer en
le forme devant dite. Ce fu fait en l'an de l'incarnation Nostre Signeur mil et
cc et LV, le jour de la Saint-Martin en iver.

<small>Biblioth. imp., Cartul. blanc de Corbie, n° 20 (partie non foliotée). — Mss. de D. Grenier,
VIIIe paq., n° 4, fol. 185 r°.</small>

XIX.

SENTENCE RENDUE PAR DES COMMISSAIRES ROYAUX SUR DIFFÉRENTS LITIGES ENTRE L'ABBÉ DE CORBIE ET LES MAGISTRATS DE LA COMMUNE.

On a vu plusieurs fois déjà se terminer par des sentences ou par des
accords les différends de toute sorte qui renaissaient constamment entre l'abbé de Corbie et la commune. Voici, à l'occasion de nouveaux
litiges survenus entre les parties, un jugement rendu par des commissaires-arbitres, le lundi du premier dimanche de carême 1256. Les
principaux conflits entre les religieux et les magistrats municipaux
étaient relatifs à la non comparution du maire et des jurés à la cour
de l'abbé, devant laquelle ils avaient été cités; à la question de propriété, à des saisies mobilières, à la police des marchés et des tavernes, et à l'impôt communal, auquel on prétendait assujettir les clercs
faisant marchandise. Ces points furent réglés pour la plupart à l'avantage de l'abbé. La sentence d'excommunication qui avait été portée
contre les magistrats municipaux fut levée, et l'abbé, le maire et les
jurés s'engagèrent par serment à observer les conditions de l'accord,
à peine, pour la partie qui y manquerait, d'une amende de mille
marcs d'argent.

Hec est inquesta facta per mandatum domini regis, per dominum Droconem
de Broia, militem, baillivum Ambianensem, super contencione que vertebatur
inter dominum abbatem Corbeyensem, ex una parte, et majorem et juratos
Corbeyenses, ex altera, de quadam pace que facta fuit inter dictos abbatem et
majorem et juratos, tempore Andree Juvenis, tunc baillivi Ambyanensis. Dominus

Johannes de Praiaus; frater Symon de Bavelamnecourt, de ordine fratrum predicatorum, dominus Matheus de Gibefay, canonicus Ambianensis, dominus Stephanus de Vers, miles, Anjorrannus, frater ejus, clericus, dominus Johannes dictus Maquerel, miles, Andreas, dictus Juvenis, quondam baillivus Ambyanensis, Guido de Terra Mesnolii, dominus Gilo de Polainvile, miles, omnes isti testes prenominati, jurati et requisiti, concordaverunt unanimiter in verbis et articulis omnibus et singulis inferius annotatis, prout hic continetur.

1. Ad primum articulum, qui est de Perrota Cofardi, de cataulis suis que ipsa querebat in curia domini abbatis Corbeye, coram preposito et coram scabinis Corbeye, fuit ita ordinatum et preceptum a mediatoribus, scilicet a domino Johanne de Pratellis, milite, et domino de Raineval, et domino Guillelmo, fratre suo, Andrea Juvene, baillivo Ambianensi, majore et juratis Corbeye, quod ipsi major et jurati redderent quicquid illa Perrota posset probare quod suum esset vel deberet esse coram scabinis, et ipsi responderunt quod ita facerent.

2. Ad secundum articulum, de hoc quod ipsi fuerunt citati et adjornati per comitatum in curia domini abbatis Corbeye, et ipsi non venerunt nec pro se miserunt, de hoc fuit ita ordinatum et eis preceptum, quod ipsi venirent ad submonitionem domini abbatis de die ad crastinum, et ipsi recognoverunt quod ipsi debebant venire tali modo quod ipsi essent submoniti, de tali hora quod possent habere consilium ville.

3. Ad tercium articulum, de hoc quod ipsi fuerunt iterum submoniti per comitatum in curia domini abbatis Corbye, et ipsi non venerunt nec miserunt sicut debuerunt, fuit ordinatum quod, si ipsi essent submoniti et si contramandarent et dominus abbas loqueretur super contramandatum eorum, ipsi super hoc starent judicio scabinorum utrum ipsi possent facere vel non.

4. Ad quartum articulum, de foro vinorum quod dominus abbas posuerat de consilio scabinorum et ipsi major et jurati inhibuerant quod nemo venderet ad illud forum, fuit ordinatum et concessum per eos quod forum poneretur per scabinos, sicut antea ponebatur antequam lis moveretur inter eos.

5. Ad quintum articulum, de decem libris quas Emengardis, que quondam fuit uxor Guillelmi de Balons, petebat, et quas scabini judicaverant quod ipsi debebant reddere dicte Emengardi, fuit ordinatum quod ipsi redderent eidem, quod ipsi major et jurati cognoverunt; etiam dixerunt quod ipsi redderent prout scabini judicaverant.

6. Ad sextum articulum, de hoc quod ipsi saisiverant cataula et claves domus Marie Gamberte, post mortem ejus, ipsi major et jurati recognoverunt quod dominus abbas habebat justiciam de catallis; tamen ipsi dixerunt, quod ipsi,

post mortem hominis vel femine de Corbeya, poterant saisire et non levare pro salvo faciendo et reddere ad dictum scabinorum.

7. Ad septimum articulum, de hoc quod ipsi inhibuerant et preceperant tabernariis, quod ipsi non reciperent vadia de homine qui maneret cum patre vel matre sua, et de hoc quod ipsi inhibuerant Radulfo Monacho, piscionario, quod ipse non venderet pisces usque ad annum, ipsi dixerunt et recognoverunt quod hoc fecerant per dominum Radulfum, abbatem et rogaverunt dominum abbatem, qui modo est, quod ipse sustineret adhuc, et ipse dixit quod adhuc sustineret usque ad revocationem suam.

8. Ad octavum articulum, de quinquaginta quinque solidis de stratura, quos ipsi ceperant de Petro Lorguellous de Proiast pro forifacto suo, fuit recognitum quod dominus abbas habebat in dictis denariis medietatem et esset locus re-saisitus, et esset ad dictum scabinorum, et si scabini ipsi judicarent quod esset stratura, dominus abbas haberet medietatem, et si non esset stratura, fieret ad dictum scabinorum.

9. Ad nonum articulum, de Johanne Hélegrin quem ipsi amoverant de juraria, propter hoc quod dictus abbas ipsum fecerat scabinum, ipsi dixerunt quod, pro re que attingeret dominum abbatem, nec ecclesiam tangeret, nec scabinatum ipsum, non amoverant; et super hoc offerebant se juraturos; et dominus abbas eis remisit juramentum ad instantiam bonorum.

10. Ad decimum articulum, de Johanne dicto Divite, de hoc quod non banniverunt ipsum ad mandatum domini abbatis, fuit ordinatum quod dominus abbas quitavit eis injuriam de hoc quod ipsum non banniverant, ita quod de cetero facerent de hoc illud quod debebant, et illi dixerunt quod ita facerent.

11. Ad undecimum articulum, de Henrico de Hangart cujus catalla ipsi detinebant, fuit ita ordinatum quod ipsi dicta catalla redderent eidem, salva ville taillia, et si ipse volebat esse burgensem dicte ville, burgensis esse poterat; et si ipse villam exire volebat, exire poterat per solutionem partis sue de debitis ville, et si ipse morabatur in villa sicut clericus, ipse debebat tractari ad usus et consuetudines aliorum clericorum mercatorum, si ipse mercabatur.

12. Ad duodecimum articulum, de Thoma dicto Pain, qui dixerat in curia domini abbatis quod catalla que Perrota dicta Coffarda petebat non erant judicanda per scabinos, hoc emendavit et plegium dedit, sed ad preces bonorum dominus abbas dictam emendam quitavit.

13. De clericis autem mercatoribus ita fuit ordinatum, quod per sacramentum quatuor hominum qui per dominum abbatem et majorem eligentur debent dicti clerici talliari de mercatoriis suis solummodo, et per vim officialis domini abbatis, si a majore et scabinis requisitus fuerit, debent habere dictam

tailliam, et si de cetero contingeret quod in aliis locis mercatores clerici tailliam non solverent, dominus abbas istud posset revocare, et facere de suis clericis mercatoribus sicut consuetum est facere in aliis locis.

14. De excommunicationibus vero, de quibus major et jurati erant excommunicati et denunciati, pro crucesignatis quos ceperant et reddere nolebant, et pro rebus cujusdam clerici quas ceperant et reddere nolebant, et pro diversis contencionibus, petierunt absolutionem suam a domino abbate et juraverunt quilibet quod starent mandato ecclesie, et dederunt plegios dominum Johannem de Pratellis, dominum Guillelmum, fratrem suum, militem, et Andream Juvenem, tunc baillivum Ambianensem, et super hoc dominus abbas ipsos absolvit, et dicti major et jurati dictum abbatem resaisierunt de catallis Henrici de Hangart que ceperant, salva taillia sua et de crucesignatis similiter.

15. Dixerunt insuper dicti testes unanimiter, quod dictus abbas et major et jurati promiserunt dictam pacem tenendam, sub pena mille marcarum solvendarum a parte resiliente de dicta pace parti observanti dictam pacem.

Huic autem inqueste facte a dicto ballivo, ut superius est expressum, cum dicto ballivo fuerunt presentes: dominus Andreas de Bartengne, homo domini regis; frater Robertus de Corbeya, frater Johannes de Buigny, fratres de ordine fratrum minorum; frater Andreas, de ordine predicatorum fratrum. Datum dicte inqueste, anno Domini m° cc° quinquagesimo quinto, die lune proxima post dominicam qua cantatur *Invocavit me*, quam si quidem inquestam coram testibus predictis sub sigillo meo remisi interclusam anno et die predictis.

Biblioth. imp., cartul. noir de Corbie, n° 19; fol. 43 r°. — Cartul. blanc de Corbie, n° 20, partie non foliotée.

XX.

ARRÊT DU PARLEMENT DE PARIS RENDU A LA REQUÊTE DE LA COMMUNE DE CORBIE.

Jean Leriche, bourgeois de Corbie, ayant pris femme à Compiègne, s'était établi dant cette ville. Par un arrêt du parlement qu'on trouve reproduit dans les Ordonnances des rois de France, il fut condamné à payer à la commune de Corbie la taille des biens meubles et immeubles qu'il possédait à Compiègne (1261). On voit que plus tard l'échevinage de Compiègne obtint contre le même individu, qui était retourné dans sa ville natale après la mort de sa femme, un arrêt semblable, à raison de la succession laissée par la défunte à son mari, laquelle pouvait s'élever à 20,000 francs[1].

Rec. des ordonn. des rois de France, t. I, p. 315. — Olim du parlem. de Paris, édit. Beugnot, t. I, p. 506.

XXI.

NOTE SUR L'EXÉCUTION A CORBIE DE L'ORDONNANCE DE SAINT LOUIS RELATIVE AUX MUNICIPALITÉS.

On a vu dans le premier volume de ce recueil[2] l'analyse d'une ordonnance de saint Louis, qui fixe une époque pour les élections municipales, et prescrit aux maires de se transporter à Paris, un mois après leur nomination, pour rendre compte des recettes et des dépenses de leur ville. Voici, sur la manière dont cette ordonnance fut exécutée à Corbie en 1262, quelques détails tirés des manuscrits de D. Grenier :

« Comme Gilon de Brinni avoit été élu maire de Corbie vers l'As-
« cension de l'année courante, l'ordonnance n'eut son effet, pour cette
« ville, que l'année suivante quant au premier article. Quant au se-
« cond, il se présenta à Paris avec les comptes de la ville, et fit voir
« aux commissaires nommés pour recevoir les comptes que, quand il
« étoit entré dans la mairie, la commune devoit quatre cent soixante-
« dix livres à rente viagère, deux mille cent trente-neuf livres à usure,
« trois mille huit cent soixante-treize livres sans usure; que, pour satis-
« faire à ces différentes charges, elle n'avoit que quarante livres de
« revenu fixe, et quatre cent vingt-neuf en créance. »

Il serait superflu de faire remarquer qu'ici, le mot *usure* désigne uniquement l'intérêt de l'argent.

Biblioth. imp., D. Grenier, xxi° paq., art. 2 b, p. 70 r°, et xxii° paq., art. 1 z, p. 259 r° et 71 v°.

[1] Voy. Biblioth. imp., D. Grenier, xxi° paq. 2 b, p. 70.   [2] P. 218.

XXII.

ARRÊT DU PARLEMENT AU SUJET DE LA NOMINATION DES ÉCHEVINS DE CORBIE.

Le maire et les jurés de Corbie se prétendaient, *à raison de la commune qu'ils tenaient du roi*, en droit de nommer en tout ou en partie les échevins, qui étaient, comme on l'a vu, les officiers de la cour judiciaire de l'abbé. Néanmoins, en l'année 1264, l'abbé nomma seul quatre nouveaux échevins. Les magistrats municipaux le citèrent pour ce fait au parlement, en demandant que les nouveaux échevins fussent cassés, et, afin que la ville ne restât pas sans justice, que les anciens échevins reprissent leurs charges. La cour décida provisoirement qu'en attendant un arrêt définitif, les quatre anciens échevins rempliraient les fonctions judiciaires, et que les quatre nouveaux, quoique non cassés d'une manière formelle, ne jugeraient pas.

<small>Olim du parlem. de Paris, éd. Beugnot, t. I, p. 589.</small>

XXIII.

ARRÊT DU PARLEMENT AU SUJET DE DIVERS CONFLITS SURVENUS ENTRE LE SEIGNEUR DE FOUILLOY ET LA COMMUNE DE CORBIE.

Les registres du parlement de Paris nous ont conservé le souvenir de plusieurs conflits survenus dans les années 1264 et 1265 entre le seigneur de Fouilloy, village voisin de Corbie, et les maire et jurés de cette ville. En premier lieu, un procès s'éleva au sujet des prétentions qu'avaient les magistrats municipaux de tenir dans la dépendance de leur commune, et sous la même juridiction, les habitants de Fouilloy. Une enquête fut ordonnée par le parlement, et elle eut pour résultat de prouver que le village de Fouilloy faisait partie de la commune de Corbie, et que ses habitants devaient être soumis à la même juridiction que ceux de la ville elle-même.

Cet arrêt fut rendu dans le courant de l'année 1264. Peu de temps après, il arriva qu'un homme ayant apporté du pain à vendre à Fouilloy, et Simon, seigneur du lieu, ayant fait saisir ce pain, sous prétexte qu'il n'avait pas été cuit à son four, les maire et jurés de Corbie le reprirent des mains des agents seigneuriaux. Alors Simon s'adressa au parlement, et la cour, malgré la production de l'arrêt de 1264, décida que les magistrats municipaux de Corbie n'avaient pas eu le droit de reprendre le pain en litige, et les condamna à en ressaisir le seigneur, et à payer une amende (1265).

Enfin, Simon de Fouilloy se plaignit au parlement que le maire et les échevins de Corbie avaient repris deux hommes arrêtés par ses gens dans une querelle à Fouilloy, et qu'il prétendait n'être pas de la commune de Corbie. La cour ordonna au bailli d'Amiens de s'enquérir de la vérité, et s'il reconnaissait que les hommes arrêtés n'étaient pas de la commune de Corbie, de condamner les maire et jurés à restitution (1265).

<small>Olim du parlem. de Paris, éd. Beugnot, t. I, p. 204 et 641.</small>

XXIV.

ACCORD ENTRE LA COMMUNE ET L'ABBAYE DE CORBIE.

En 1255, dit D. Grenier[1], le maire et les jurés de Corbie avaient prêté serment à l'abbé de ne prononcer aucune sentence de bannissement sans avoir au préalable demandé et obtenu son autorisation. L'année suivante, un habitant du village d'Ignaucourt ayant encouru cette peine, ils en informèrent l'abbé; mais, comme l'autorisation qu'ils sollicitaient se faisait attendre, ils passèrent outre et prononcèrent le jugement. L'abbé porta plainte au roi, qui délégua, pour résoudre la difficulté, son chapelain, Gautier de Chambli, chanoine de Senlis, et Gautier Bardin, bailli d'Amiens. Les commissaires royaux cassèrent le jugement de l'autorité municipale, et le maire et les jurés durent s'engager de nouveau à ne prononcer des arrêts de bannissement qu'après en avoir reçu l'autorisation de l'abbé ou de son prévôt, ou d'un officier tenant la place de ce dernier. Il fut décidé, en outre, que la publication de la sentence aurait lieu au nom de l'abbaye et de la commune.

[1] Biblioth. imp., xxiie paq., art. 1 E, p. 259 r° et v°.

Universis presentes litteras inspecturis, major, jurati, totaque communitas ville Corbeyensis, salutem in Domino. Noveritis quod, cum inter nos ex una parte, et viros religiosos Petrum, Dei gratia abbatem monasterii Corbeyensis, ejusdemque loci conventum ex altera, orta fuisset contentio, super hoc quod dicti abbas et conventus dicebant se fuisse in possessione vel quasi talis juris, scilicet quod, quando in villa Corbeyensi alicujus hominis vel aliquorum eminebat bannitio facienda, major et jurati predicti ante bannitionem requirebant licentiam banniendi a dicto abbate vel ejus mandato, et de licentia dicti abbatis et assensu aut ejusdem mandati, nec non et ex parte ecclesie seu monasterii Corbeyensis fieri consueverat bannitio memorata, nichilominus tamen predicti major et jurati quemdam hominem de Ynaucourt, dicti abbatis banniendi eum licentia requisita, et ejusdem abbatis qui aliquantulum super hoc deliberare volebat non obtento responso, absque ejusdem abbatis licentia et assensu, nulla in dicta bannitione facta de ecclesia seu monasterio Corbeyensi mentione, a villa Corbeyensi banniverunt, predictos abbatem et conventum possessione sua vel quasi taliter spoliando, ut predicti abbas et conventus dicebant; tandem, mediantibus viris venerabilibus et discretis magistro Galtero de Chambli, canonico Silvanectensi et domini regis capellano, et Galtero dicto Bardin, baillivo Ambianensi, de mandato excellentissimi domini nostri Ludovici, Dei gratia regis Francorum, ad hoc specialiter missis, de consensu nostro et dictorum abbatis et conventus, pro bono pacis super hoc perpetuo retinende, a nobis et ab antedictis abbate et conventu concorditer extitit ordinatum in hunc modum: quod, adnichilato et penitus adnullato facto bannitionis hominis predicti de quo contendebatur, quociens de cetero alicujus vel aliquorum bannitio in villa Corbeyensi fuerit facienda, nos major et jurati predicti, aut nostrum aliqui, tenebimur adire in abbatia dominum abbatem, si presens fuerit, vel, eo absente, prepositum aut aliquem eorumdem abbatis vel prepositi vices gerentem et ejusdem abbatis vel prepositi aut alicujus alterius eorumdem vices gerentis, licentiam banniendi requirere et demum bannire de ejusdem abbatis aut prepositi vel predicti alterius vices eorumdem gerentis licentia et assensu; et fiet hujusmodi bannitio publice ex parte ecclesie seu monasterii memorati et ville Corbeyensis antedicte. In cujus rei testimonium et munimen, nos major et jurati predicti presentibus litteris sigillum commune ville Corbeyensis dignum duximus apponendum. Datum anno Domini M°.CC° LX° VI°, mense martio.

<small>Biblioth. imp., cartul. noir, fonds de Corbie, n° 19, fol. 44 r°. — Ms. de D. Grenier, Picardie, VIIIe paq., n° 4, fol. 200 r°, et XXXe paq. n° 4. — Cartul. blanc, fonds de Corbie, n° 1, partie non foliotée. — Cabinet des chartes, carton 210.</small>

XXV.

ARRÊT DU PARLEMENT, AU SUJET D'UNE MAISON ABATTUE PAR DÉCRET DES MAIRE ET JURÉS DE CORBIE.

Pierre, dit Cousin, habitant de Corbie, avait été cité par les maire et jurés de cette ville à comparaître devant eux. Prétendant qu'il était clerc, il se constitua prisonnier sous la justice de l'abbaye, et offrit de répondre devant cette justice aux accusations portées contre lui. Les magistrats municipaux ordonnèrent alors que, suivant la coutume de la ville, la maison de l'accusé fût abattue, et, quoique l'affaire eût été mise entre les mains du roi par deux sergents délégués du bailli d'Amiens, ils firent procéder à l'exécution de leur décret. Le parlement, attendu que cette exécution avait eu lieu après la remise du litige à la justice royale, condamna les maire et jurés de Corbie à reconstruire la maison démolie et à payer une amende de cent livres parisis (1270).

Olim du parlem. de Paris, éd. Beugnot, t. I, p. 820.

XXVI.

ARRÊT DU PARLEMENT RELATIF AU DROIT DE BAN DANS LA VILLE DE CORBIE.

L'un des accords conclus entre le monastère et les bourgeois de Corbie portait une concession faite par ces derniers à l'abbé sur le droit de ban. Plus tard, le maire et les jurés, se repentant de cette concession, crurent qu'ils pourraient la faire annuler en la dénonçant comme contraire aux droits du roi dans la ville de Corbie. C'est sous ce prétexte qu'ils réclamèrent et qu'ils soumirent la cause à la décision du parlement. Mais la cour, ayant fait une enquête sur la validité de la transaction, la déclara irrévocable (1271).

Olim du parlem. de Paris, éd. Beugnot, t. I, p. 875.

XXVII.

ARRÊT DU PARLEMENT CONTRE DES BOURGEOIS DE CORBIE ET CONTRE LA COMMUNE.

Le parlement fut saisi, en 1277, de la plainte d'un clerc, vice-gérant de l'official de Corbie, qui prétendait que deux bourgeois de la ville, Thibaut et Étienne Leriche, l'avaient insulté et frappé, et que les maire et jurés, au lieu de punir les agresseurs, l'avaient fait lui-même emprisonner dans le beffroi communal. La cour condamna Thibaut et Étienne Leriche à suivre nu-pieds et en chemise deux processions en l'église de l'abbaye et à payer deux cents livres d'amende, moitié envers le roi et l'abbé, moitié comme dommages-intérêts pour le clerc qu'ils avaient maltraité. Les maire et jurés furent condamnés aussi à une amende de deux cents livres, à prendre sur leurs biens propres et non sur les fonds de la commune.

Biblioth. imp., D. Grenier, xxie paq., art. 2 B, p. 71, et xxiie paq., art. 1 E, fol. 259 r°. — Arch. imp., sect. judic., u 630, p. 248. — Olim du parlem. de Paris, éd. Beugnot, t. II, p. 50.

XXVIII.

ARRÊT DU PARLEMENT CONTRE LE MAIRE DE CORBIE.

Anquetin, maire de Corbie, avait fait procéder à l'exécution à mort d'un malfaiteur, sans en avoir obtenu licence de l'abbé, et contrairement à une défense du prévôt royal, signifiée par son sergent. Le parlement de Paris, devant lequel l'affaire fut portée, condamna le maire à payer une amende de six cents livres parisis, à enlever le pendu des fourches patibulaires, à le faire inhumer, et, avec les jurés de la commune, à rapporter dans la ville un mannequin destiné à le représenter.

Olim du parlem. de Paris, éd. Beugnot, t. II, p. 104.

XXIX.

ORDONNANCE DE PHILIPPE LE HARDI, ET SENTENCE ARBITRALE RENDUE PAR DES COMMISSAIRES ROYAUX A LA SUITE DE LITIGES ET DE COMPROMIS ENTRE L'ABBÉ DE CORBIE ET LES MAIRE ET JURÉS DE CETTE VILLE.

L'acte qui va suivre est comme une seconde charte de commune pour la ville de Corbie; il fixe les droits respectifs des bourgeois et de l'abbaye, et il sanctionne d'une manière formelle les progrès que la commune a faits depuis son établissement en importance et en prérogatives. On y voit que les bourgeois ont gagné la justice haute et basse pour les crimes et délits notoires, et que la justice de l'abbé se trouve réduite aux crimes et délits douteux ou simplement dénoncés. L'abbé étant déclaré seigneur de la ville, aucun jugement ne peut s'exécuter sans sa permission, mais il ne peut refuser cette permission, lorsqu'on la lui demande; la commune partage de droit avec lui le produit des confiscations et des amendes, et sur tous les autres points qui regardent la police de la ville, il y a un partage amiable d'attributions et de pouvoir. Voici le sommaire des principaux articles contenus dans ce document remarquable.

L'abbé est seigneur de la ville de Corbie, à raison de son église; le maire et les jurés n'ont d'autres droits que ceux qui leur ont été concédés en vertu de chartes royales (art. 1). — La justice haute et basse pour tout crime ou délit notoire et manifeste reste au maire et aux jurés, à raison de la commune (art. 2). — Cependant, si le coupable, pris en flagrant délit, est un des serviteurs de l'abbaye, le maire ne pourra ni le juger, ni l'emprisonner, ni lui infliger aucune peine; il devra seulement le tenir en lieu de sûreté jusqu'à ce que le bailli d'Amiens ou son lieutenant averti ait pris connaissance du fait (art. 4 et 7). — Le jugement des crimes et délits, non notoires ni manifestes, a lieu dans la cour abbatiale, par les officiers ou les échevins, ou les francs hommes de l'abbé. L'exécution appartient aux maire et jurés de la commune (art. 6). — Quant aux biens des condamnés, les immeubles situés dans la ville ou la banlieue seront dévolus à l'abbaye; les meu-

bles seront partagés par égale part entre l'abbaye et la commune (art. 3).
— Les officiers et les échevins de l'abbé vérifieront si le pain est de
poids et le vin de bonne qualité, et ils pourront au besoin requérir
l'assistance du maire, qui sera tenu de se rendre en personne à leur
réquisition, ou de leur envoyer main-forte. Le jugement se fera par
les gens de l'abbé (art. 9). — Les cens, revenus et autres redevances
dus dans la ville et la banlieue de Corbie à l'abbé et aux autres seigneurs seront payés directement à l'abbé et aux seigneurs ; en cas de
non payement, le jugement reste aux échevins, et, s'il y a fraude,
la connaissance du délit appartient au bailli d'Amiens, et l'amende
est prononcée au profit du roi et de l'abbé (art. 10). — L'étalonnage
des poids et mesures sera fait par les gens de justice de l'abbé, qui prononceront sur les délits commis à cet égard, et lèveront les amendes;
les étalons seront gardés par le maire et les jurés, qui ne pourront
en refuser l'exhibition, s'ils en sont requis (art. 11). — Le maire et
les jurés ne pourront faire aucune ordonnance ou statut contraire
à l'ancien état de la ville, sans le consentement du roi, surtout en ce
qui serait opposé aux droits de justice ou préjudiciable aux intérêts de
l'abbé et du couvent.

1282.
avril.

Philippus, Dei gratia Francorum rex, notum facimus universis tam presentibus quam futuris quod, cum contentio verteretur inter dilectum et fidelem
nostrum abbatem Corbeie et ejusdem loci conventum ex una parte, et majorem
et juratos ville Corbeiensis ex altera, in curia nostra, super pluribus et diversis
articulis sive causis infrascriptis, tandem de bonorum virorum consilio super
predictis omnibus et singulis, in dilectos et fideles nostros Matheum, ecclesie
beati Dyonisii in Francia abbatem, Radulphium de Stratis, Francorum marescal-
lum, magistrum Guillelmum de Novavilla, archidiaconum Blesensem in ecclesia
Carnotensi, et Galterum Bardin, baillivum nostrum Viromandensem, de alto
et basso extitit compromissum, adjecto a partibus antedictis quod, si dicti abbas,
marescallus, archidiaconus et baillivus discordarent super premissis terminan-
dis seu aliquibus eorumdem, referrent nobis predicta per nos ad nostram voluntatem terminanda seu etiam ordinanda. Promiseruntque partes premisse
quidquid ipsi abbas, marescallus, archidiaconus et baillivus super predictis
conjunctum aut divisum dixerint aut ordinaverint, firmiter observare. Dicti
vero abbas, marescallus, archidiaconus et baillivus, de auctoritate et mandato

nostro, in se dicto compromisso suscepto, auditis partibus, et diligenter discussis omnibus que ipsos movere poterant et debebant, communicato bonorum virorum consilio in curia nostra, dictum seu ordinationem suam super iis pronuntiaverunt in modum qui sequitur ac etiam protulerunt.

In primis, quod dictus abbas dominus est ville Corbeiensis, ratione predicte ecclesie Corbeiensis; major tamen et jurati habebunt in dicta villa id quod habent ex dono antecessorum et nostro, de quo dono habent litteras nostras seu antecessorum nostrorum.

De justicia vero pronunciaverunt quod justicia de delictis omnibus magnis et parvis, videlicet de alta et bassa justicia, claris, notoriis et manifestis, et judicium predictorum et generaliter de omni delicto, claro, notorio et manifesto, ut supra dictum est, remanebit majori et juratis, ratione predicte communie et usus ejusdem. Executio vero predictorum fiet in modum qui sequitur, videlicet major aut ille qui loco ejus erit cum uno aut duobus de juratis venient ad abbatiam et abbatem aut ad locum tenentem abbatis, et requirent eos sub forma que sequitur : Domine, nos venimus ad vos, quia nos fecimus tale judicium, et dicent eis totum factum et formam judicii, quo facto requirent quod ipsi dent sibi licentiam executionem faciendi de predicto facto seu judicio. Et jurabit major aut ille qui loco ejus erit cum uno de juratis quod bene et fideliter in predicto negocio secundum suam conscienciam se habuerunt. Quo facto, abbas aut locum ejus tenens non poterit denegare executionem predicto majori aut juratis, nec alium terminum assignare, nec se deficere, nec aditum ad eos veniendi denegare aut differre, hoc salvo, quod, si abbas consuevit aliquid percipere ratione emende pecuniarie in casibus supradictis, quod habeat de plano et sine fraude eo modo quo consuevit habere.

De bonis vero dampnatorum ita pronuntiaverunt quod aree et immobilia consistentia infra metas banleuce remanebunt abbati. Mobilia autem dividentur per medium inter abbatem et conventum ex una parte et majorem et juratos ex altera; predicta vero bona immobilia, que ad abbatem ita devenerint, tenetur ponere extra manum suam infra annum et diem, et si non faceret, gentes nostre ad hoc faciendum compellerent abbatem et conventum predictos.

De familia abbatis et ecclesie que ad expensas ipsius abbatis et ecclesie erit, ita pronuntiaverunt quod, si capiatur in presenti forisfacto notorio seu manifesto, major non poterit ipsam justiciare, nec in aliquo vili carcere ponere, nec aliquam penam sibi inficere, sed solummodo secure tenere, nisi prius requisito sufficienter ballivo Ambianensi aut locum ejus tenente, quem ballivum pronuntiaverunt ad hoc debere interesse aut locum ejus tenentem, ut supra dictum est, ut videat ne aliquis excessus fiat ex parte ipsorum majoris et juratorum.

De confugientibus ad ecclesias in delictis supra dictis, pronuntiaverunt quod vocabuntur per majorem et juratos secundum legem terre, et facta lege terre, executio fiet et bona dividentur ut supra dictum est. Ad hec pronuntiaverunt de delictis seu maleficiis non notoriis nec manifestis quod in curia abbatis per gentes suas aut per scabinos aut per francos homines suos, si ad ipsos francos homines pertineat cognitio, de predictis cognoscetur et etiam judicabitur. Executio predictorum fiet per majorem et juratos premissos. Bona vero condempnati, que secundum consuetudinem loci publicanda erunt, dividentur, prout in alio articulo superius est expressum. Pendente vero cognitione, personna que accusabitur aut denuntiabitur tradetur majori et juratis custodienda firmiter et secure, ad reducendum in jus coram abbate aut ejus curia ad dies sibi assignandas, si sit personna jurata aut de familia jurati aut eorum taillabilis aut de communia predicta.

De familia vero abbatis aut ecclesie si contigerit aliquem aut aliquos accusari seu denuntiari, pronuntiaverunt quod abbas aut gentes ejus non procedent in dicto negocio, nisi vocato ad hoc baillivo Ambianensi, ut supra dictum est in articulo precedenti.

Preterea pronuntiaverunt super aquis currentibus seu fluentibus infra banleucam, prout in precedentibus articulis est concordatum, salvo tamen jure abbatis predicti et majoris in aquis, si quod habent in premissis.

Ceterum pronuntiaverunt quod parvus panis et malum vinum videbuntur, examinabuntur et judicabuntur per justiciam abbatis et scabinos ipsius. Et si placet predicte justicie seu scabinis, vocabunt aliquem qui cum ipsis vadat ex parte majoris ad forciam removendam et tenetur major ire aut mittere ad eorum requisitionem, et judicio facto per scabinos, executio fiet per gentes abbatis.

Pronuntiaverunt quod census, redditus et redevancie alie et alia debita que debentur abbati aut aliis dominis in villa Corbeiensi et infra banleucam reddentur abbati et aliis dominis, et emenda pro predictis non solutis solvetur, prout hactenus extitit consuetum ; et predictorum judicium pertinet et pertinebit ad scabinos abbatis predicti, et in reddendis non fiet fraus, et si fieret, quod absit, per majorem aut per juratos aut per debentes redevancias, nobis fiet emenda per baillivum nostrum Ambianensem aut locum ejus tenentem et abbati predicto, secundum qualitatem delicti, per baillivum predictum qui de fraude cognoscet de plano.

Pronuntiaverunt insuper de mensuris et ponderibus et adjustatione eorumdem quod fiat per justiciam abbatis et scabinos, et de delictis provenientibus ex eisdem habebit abbas emendam per judicium scabinorum, et levabit emendam justicia abbatis, et major tenebitur tollere forciam sine fraude, si super hoc fuerit requisitus. Major vero et jurati custodient exempla seu stalonem de predictis ponderibus et mensuris, nec poterunt denegare major et jurati exhibitionem et traditionem stalonis predicti, cum abbas aut gentes ipsius aut scabini volent adjustare aut justificare mensuras aut pondera supradicta.

Preterea pronuntiaverunt quod predicti major seu jurati non faciant aliquas ordinationes, novitates seu statuta contra antiquum statum ville, sine consensu nostro et maxime contra justiciam aut in prejudicium abbatis aut conventus ipsius.

Pronuntiaverunt etiam quod abbas possit reficere clausuram sui monasterii et facere de novo sine prejudicio clausure ville, vocato ad hoc, si inter partes dubium oriretur, baillivo nostro Ambianensi aut locum ejus tenente, qui videbunt et judicabunt si commode facere possint; quod si non nobis referent, et per nos super hoc fiet quod nobis videbitur faciendum. Ac nihilominus pronuntiaverunt quod, si aliqua contentio seu dissensio super predictis contentionibus seu dependentibus ex eisdem oriretur super cartis utriusque partis, retineretur nobis, et nos retinemus potestatem et auctoritatem determinandi de plano predicta, prout nobis videbitur expedire.

Nos vero premissa volumus, approbamus et auctoritate regia confirmamus, salvo in omnibus jure nostro et etiam alieno.

Que ut perpetue stabilitatis robur obtineant, presentibus litteris nostrum fecimus apponi sigillum. Actum Parisiis, anno Domini millesimo ducentesimo octogesimo secundo mense aprili.

<small>Arch. du départem. de la Somme, armoire 1re, liasse 23, n° 5, original en parchemin scellé d'un grand sceau en cire verte, avec lacet de soie rouge et verte portant : *Philippus D. G. Francorum rex.* — Bibl. imp., cartul. noir de Corbie, fol. 44 v° et 45 r° et v°. — D. Grenier, vIII^e paq., n° 4, fol. 219 r°. — Cabinet des chartes, copies de chartes, carton c. c. 230. — Sorbonne, 1031-1232, chap. *Ordonnances.*</small>

XXX.

NOTICE DES OCTROIS ACCORDÉS A LA VILLE DE CORBIE.

Rien n'indique au nom de qui a été rédigé l'acte que nous donnons ici. Il commence par le mot *patet, il est évident, c'est chose certaine,* et sous cette formule absolue, il constate une concession d'impôt municipal faite par le roi aux habitants de Corbie. On y voit que le maire et les jurés peuvent lever deux deniers pour livre sur les blés, avoines, grains divers et guède, vendus dans la ville, et une obole sur chaque muid de vin, sauf la réserve d'une certaine redevance payée au roi pendant dix ans sur le vin vendu en taverne.

1291. Patet quod Dominus rex permisit majori, juratis et communitati ville Corbeiensis ut ipsi levarent super mercaturis bonorum bladorum [1], avenarum et aliorum granorum omnium, super mercaturis de waide, de qualibet libra istarum mercaturarum duos denarios parisienses, unum de venditore et alium de emptore, et de quolibet modio vini quod in dicta communitate vendetur unum obolum; et si sit aliquis qui in dicta communitate vinum habeat in dispensa sua, ipse similiter solveret unum obolum de quolibet modio vini; et si illud venderet in taberna, usque ad decem annos, pro certa pecunie quantitate domino regi quolibet dictorum annorum persolvenda.

Biblioth. imp., collect. de D. Grenier, viii° paq., n° 4, fol. 234 r°. — Arch. imp., section judiciaire u 630, p. 248.

XXXI.

ORDONNANCE DE PHILIPPE LE BEL PROMULGUANT UNE SENTENCE ARBITRALE RENDUE EN INTERPRÉTATION DE CELLE DE 1282.

La sentence arbitrale de 1282 donna lieu à une foule d'interprétations contradictoires et de débats entre la commune et l'abbaye de Corbie. Une seconde sentence, s'il faut en croire le témoignage de D. Grenier [2], fut rendue en 1285 par l'abbé de Saint-Denis et par Simon de Nesle, régents du royaume. Mais les discussions n'ayant point cessé, et plusieurs questions étant encore restées indécises, un nouvel arbitrage fut ordonné et confié à Oudart de la Neuville et à Guillaume d'Hangest, trésorier du roi [3]. Les conventions arrêtées par les arbitres

[1] Blés marchands, c'est-à-dire blés qui sont d'assez bonne qualité pour être mis dans le commerce; le mot s'est conservé : les bons blés, les blés marchands.

[2] Bibl. imp., xxii° paq., art. 1.

[3] Lettres de Philippe le Bel, datées du 21 février 1290, où il est dit qu'une enquête ayant été commencée entre la commune et le monastère de Corbie, et certaines questions seulement ayant été tranchées par le parlement, il ordonne aux commissaires délégués par lui de continuer l'enquête, pour qu'il soit statué sur les points restés en litige, en maintenant l'arrêt précédent. (Bibl. imp., cartul. noir de Corbie, n° 19, fol. 46 v°.) Il est question dans cet acte de l'accord de 1282, mais nullement de celui de 1285, dont l'existence par conséquent demeure douteuse. — Arrêt du parlement portant que les parties ne seront point admises à preuve sur toutes les questions résolues par l'accord entre l'abbé et le couvent, et que tous usages antérieurs ou postérieurs à cet accord sont annulés. Parlement de la Chandeleur 1290. (Ibid., fol. 46 v°.)

reçurent la sanction royale au mois de mars 1297. Plusieurs des articles ne sont que la traduction en langage picard de la sentence latine de 1282; d'autres contiennent soit des explications, soit des dispositions nouvelles. Il suffira de citer les points les plus importants.

Les articles 2 et 3 indiquent parmi les crimes ou délits ressortissant à la justice des maire et jurés, et dont la punition ne peut avoir lieu sans la permission de l'abbé, les larcins et la mise en vente des viandes corrompues et des draps ou fils défectueux. — Les articles 4 et 5 règlent les formalités du séquestre des marchandises saisies avant le prononcé de la condamnation, et renouvellent la prescription du partage des profits entre la commune et l'abbaye. — Une restriction est mise à la justice mobilière concédée aux moines en 1282 : s'il s'agit de marchandises, le maire et les jurés en auront la connaissance, quand le terme ne sera point fixé, ou n'excédera pas huit jours, pourvu toutefois que la plainte ait été formée dans la huitaine (art. 6). — Le maire et les jurés connaîtront des fraudes et des contestations auxquelles pourront donner lieu la mise en garde et l'entrepôt des blés, des grains et de tous objets autres que l'argent monnayé, les bijoux et la vaisselle (art. 7). — Ils jugeront également les contestations pour gages de valets, louage de chevaux, dépenses faites à crédit dans les tavernes (art. 8). — Il est interdit au maire et aux jurés de retenir les procès dans lesquels les gages de bataille auront été donnés ou pourront l'être; les religieux, auxquels l'affaire sera renvoyée, ordonneront le combat et feront garder le champ clos par leurs sergents; le vaincu sera remis, à la première porte de l'abbaye, entre les mains du maire et des jurés, qui procéderont à l'exécution (art. 15). — Le maire et les jurés auront la police et la justice des métiers dans la ville et la banlieue de Corbie, et partageront avec l'abbaye les profits et les amendes; lorsqu'il s'agira de marchandises défectueuses, ils seront tenus, pour les confisquer, d'en demander la permission à l'abbé, qui ne pourra la refuser (art. 16). — Le prix du vin vendu en détail sera fixé par les officiers de l'abbaye, à la requête du maire et des jurés, qui veilleront à l'exécution des tarifs; et, en cas de contravention, percevront les amendes (art. 17). — La police de la rivière et des étangs dans la ville et la banlieue appartiendra au maire et aux jurés; les religieux conservent le droit de garder leurs pêcheries, de saisir les délinquants et leurs engins, sauf à les remettre entre les mains des magistrats municipaux, qui prononceront et expliqueront la peine (art. 20). — Le maire et les jurés ne pourront, sans l'assentiment des religieux, faire exécuter des sentences de bannissement, ni rappeler des bannis (art. 26). — Ils devront, à la première réquisition des religieux, remettre entre leurs mains les individus arrêtés pour s'être battus ou pour avoir commis quelque méfait dans la ville et dans la banlieue (art. 28). — Ils auront, comme par le passé, la justice du territoire de Fouilloy, et conserveront avec les religieux la moitié de celui de Neuville (art. 27 et 29). — L'article 33 fixe les limites de la banlieue de Corbie.

1297. mars.

Philippe, par la grâce de Dieu roy de France, à tous chiaus qui ches présentes lettres verront et orront, salut.

Comme pluseurs contenz et descorz feussent meu entre religieus houmes nostre amé et feel l'abbé de l'église Saint-Pierre de Corbie et le couvent d'ice meisme lieu, d'une part, et le maieur et les jurez d'icelle meisme ville pour toutte le communité d'icelle ditte ville, d'autre part, seur pluseurs cas de justiché en la ville de Corbie et en la banlieue, et seur la mainère de justichier ès lieus dessusdiz et seur pluseurs autres choses, desquiex contens et descorz dessusdiz lesdites parties se estoient compromis ès personnes chi-aprez nommées : est à savoir Mathieu, jadis abbé de Saint-Denis en Franche, Raoul d'Estrées, chevalier, adonc mareschal de Franche, maistre Guillaume de Neuville, adonc archediacre de Bloys en l'église de Chartres, et Gautier Bardin, adonc bailleu de Vermandois, liquel pronunchièrent leur dit en le mainère qu'il est contenu ès lettres nostre chier seigneur et père Philippe, par la grâce de Dieu jadis roy de Franche, que les devantdites parties ont seur che faittes ; et comme pluseurs contenz et descorz et débat fussent meu entre les devantdites parties seur pluseurs articles contenuz en ladite pronunciacion, dont lesdites parties demandoient avoir déclaration, et seur pluseurs autres choses et de aucuns articles contencieus dont li arbitre devant dit n'avoient riens déterminé, et meismement d'aucuns articles contenuz en le pronunciacion qui estoient déterminé ou grief et ou préjudice de aucunes des parties et contre raison, si comme il disoient; nous faisons savoir à tous que les devantdites parties, ch'est à savoir les devantdiz abbé et couvent de Corbie, d'une part, et li maire et li juré d'icelle meisme ville pour toutte le communité, d'autre part, se sont compromis en noz amez Oudart de le Neuville et Guillaume de Hangest, nostre trésorier, des devantdiz contenz, débaz et descorz, en tele manière que il en puissent ordener, esclarchir et déterminer à leur volanté du haut et du bas, et meismement d'aucuns cas qui se peuvent offrir ou temps à venir, dont débaz pourroit nestre entre lesdites parties ou prénover, qu'il en puissent ordener et déterminer à leur volanté et qu'il puissent prandre du droit de chascune des parties et prénover au droit de l'autre partie pour bien de pais, et avec che se lièrent les parties devantdites, se aucuns de eus se metoit en saisine de fait contre aucuns articles qui seroient pronunchié, déterminé, ordenné, ou esclarchi par les devantdiz arbitres, que cheste saisine fust de nule valeur, et par cheste saisine le partie qui s'en seroit mise en saisine de fait ne peust acquerre droit de saisine ne de propriété ne ne s'en peust aidier. Et voudrent les parties devantdites que che que lidit arbitre pronunceroient, esclarchiroient, ordeneroient et détermineroient pour leur volanté du haut et du bas, fust ferme et estable et que il ne pussent james aler encontre. Et à che obligièrent li devantdiz religieus tous leurs biens et tout leur temporel, et li devantdiz maires et juré et toutte la communité, tous leurs biens meubles, non meubles, présens et à venir, où que il soient. Liquiex arbitre pronunchièrent en le mainère qui s'ensieut :

Premièrement, de l'article qui parole de le pronunciacion faite par l'abé de Saint-Denis et ses compagnons arbitres, qui fait mencion de tous les meffaitz, clers, notoires et manifès et cetera, est accordé que l'interprétations de chez moz, clers, notoires manifès, est raportée et entendue de tous les meffaiz faiz qui pourront estre souffisamment prouvé ou conveneu en tous cas de haute justiche et de basse dedenz le ville et le banlieu de Corbie, en tout comme il peut touchier les devantdiz religieus d'une part et le maieur et les jurez d'autre, et demourra toute cheste cognoissance et cheste justiche deseurdites au maieur et as jurez, sauf à chascune des parties che qui accordé est chy-aprez en espécial.

2. Se aucuns est condampné par le maieur et les jurez de Corbie pour cas de criesme ou de larrechin, li maires de Corbie ou chil qui sera en son lieu avec li un des jurez ou deus, ainzois que l'exéqution soit faite, iront à l'abbaye et requerront as devantdiz religieus ou à leur lieutenant congié de faire l'exéqution en le forme et en le manière et par les moz qui sont contenu en le pronunciacion l'abé de Saint-Denis, et feront l'exéqution.

3. Des choses qui seront jugies par le maieur et les jurez de Corbie et condempnées pour le mauvaistié de elles estre arses ou despéchies ou jectées puer, soient viandes, soient dras ou filé deffendu ou autres choses, li congiés de l'exéqution sera requis as devantdiz religieus ou leur commant, et ne le pourront déneer.

T. III. 59

4. Se aucuns a fait fait qui touche à cas de criême, où il est sieuis ou li maufecterres est prins ou appelez par le maieur ou les jurez et lidit maires et juré veulent saisir les biens du maufaiteur, saisir les pourront et tenir saisis au lieu ou en lieu, sauf sans lever jusques à tant que le condampnacion soit faite en le parsonne. Et se li devantdit religieus ou leur commant requièrent aveir les biens pour le pourfit qui à eus puet appartenir, li maires et li juré sont tenu à eus monstrer sanz délay et ne leur pueent déneer, et sont tenu à faire inventoire, se li devantdit religieus ou leur commans veulent, sitost comme il le requerront; aprez les biens saisis et aprez le condempnacion de le personne, li bien seront parti loiaument et li devantdit religieus aront le moitié de ches biens et li maires et li juré auront l'autre moitié.

5. Des cas des estraiures et des espaves est accordé que li maires et li juré les pourront saisir en le forme que il est contenu en chel article chi-dessus qui parole des cas de criême, et seront li biens parti si comme il est contenu au devantdit article du cas de criême.

6. Li abbés et li couvens auront le justiche de meubles et de catex et le congnoissanche des hiretages dedanz le ville et le banlieue de Corbie. Et se aucuns en vouloit faire le maieur et les jurez son juge, il ne pourroit, sauf asdiz maieur et jurez que il auront le connoissanche et l'exéqution des marcheandises faites en le ville de Corbie qui seront vendues et délivrées sans terme donné ou accordé par convenanche, se aucuns se dieut dudit marchié ou de la délivranche de la marchandise ou du paiement, se chius qui s'en dieurra s'en trait au maieur et as jurez de Corbie dedenz les wit jours que le marcheandise sera faite ou délivrée, et se li terme par droite convenanche estoit outre les wit jours ou que on n'en traisist au maieur et as jurez dedenz les wit jours, li maire et li juré n'en aroient point la connoissanche, ainzois appartiendroit as devantdiz religieus.

7. Des choses baillées en garde ou en commande et des blez mis en grenier ou d'autres grains, ou par loier ou sans loier ou en garde, se aucuns se plaint de l'empeschement de la délivranche de son blé ou de son grain et que on l'ait vendu sans son congié ou qu'il i ait aucune défaute de son blé ou de son grain, cheste connoissanche et l'exéqution appartiendront au maieur et as jurez, sauf che que, se aucuns bailloit en garde deniers, jouiaux, vessellemente ou autre chose excepté les grains, si comme il est ci-dessus escrit, et on suioit cheluy enquel garde on l'aroit mis dedenz le mois, le connoissanche en appartenroit au maieur et as jurez, et se le mois passoit, ainz que on en traisist au maieur et as jurez, le connoissanche en appartenroit asdevantdit religieus.

8. Des loiers des varlez et des meschines et des chevaus loueis et des escoz

emportés sans congié et dès cas semblables à cheus dessusdiz, qui ne requierrent mie plainne connoissanche de cause, mais hatieve délivranche, pour les damages qui en porroient ensieuir, la connoissanche en appartenra as maieur et as jurez.

9. Se aucuns fait ajourner pour catel ou pour hiretage partie par devant le justiche des devantdis religieus et leurs eschevins de Corbie, et li ajournez se deffaut, il paiera douze deniers pour chascun défaut, et se li plez est entamez entre les parties et sentence donnée contre l'une des parties ou connoissanche faite par devant le justiche et les eschevins as devantdiz religieus seur catel ou seur hiretage, li devantdit religieus feront l'exeqution. Et se li devantdit religieus ou leurs commans, pour mettre à exeqution la sentence deseurdite, ou se ils veulent justichier pour leurs défaus, veulent prendre ou saisir, faire le pueent, et se, en che faisant, aucuns leur fait rescousse ou forche, li devantdiz religieus ou leurs commans ne porront contreforchier, ains trairont au maieur et as jurez pour le forche oster. Et li maires et juré sans délay sont tenu à aler ou à envoier souffisamment oster la forche dessusdite. Et en la présence du maieur et des jurez ou de leur commant, li devantdit religieus ou leur commans pourront prandre comme devant en justichant. Et se rescousse ou forche leur est faite, amende leur en sera faite de sept solz et six deniers, pour chascune rescousse ou forche qui pourra estre prouvé par le serement du sergiant as devantdiz religieus et de une autre personne aveuques li, pardevant le justiche et les eschevins as devantdiz religieus, et auront aussit bien li devantdit religieus sept solz siz deniers, pour chascune rescousse ou forche qui seroit faite avant che que li maires et jurez i allassent ou envoiassent, comme aprez che qu'il i aroient alé ou envoié. Et se li maires et juré ou leur lieutenanz premièrement requis n'aloient ou envoioient sans delay pour oster la forche ou rescousse deseurdités, li devantdit religieus ou leur commans porroient traire à nostre gente pour ledite forche oster.

10. Li devantdit religieus, pour toutes leurs rentes ou redevanches deues à aus en le ville de Corbie et en le banlieue, pourront penre, et che forche ou rescousse leur est faite, li maire et juré sont tenu à oster le forche en le mainère dessusdite. Et se le rente ou redevanche pour coi le prinse aroit esté faite estoit deue as devantdiz religieux, che prouvé ou conveneu pardevant le justiche et les eschevins as devantdiz religieus, amende leur en seroit faite par le jugement de leurs eschevins dessusdiz, selon le quantité du meffait. Et seront li eschevins devantdit tenu ou jugier au commandement de le justiche desdiz religieus. Et se il n'estoit conveneu ou prouvé que le dette ou redevanche pour coi le prinse aroit esté faite fust deue, il n'i aroit point d'amende pour cause de le forche ou de le rescousse.

11. Se li devantdit religieus ou leurs commans veulent saisir pour défaus de leurs chens ès lieus là où li chens leur sont deus et on leur fait rescousse ou forche, il trairont au maieur et as jurez, et li maires et juré sont tenuz à oster la force en la forme qu'il est contenu ou secont article devant chestui. Et la forche ou rescousse prouvée, si comme il est dit en l'article devantdit, amende leur en sera faite, si comme il est contenu ou secont article devant chestui.

12. Li devantdit religieus, pour défaus de leurs chens, ne feront point de procès par ajournement par devant leur justiche et leurs eschevins; pour che que il puent prendre en justichant pour leursditz chens, se il n'est ainsit que chil qui le chences tenroit eust fait tant de défaut que les devantdit religieus vaussissent faire procet contre li pour gaaingner l'yretage de leur droit, ou que il n'iast que le chens que li devantdit religieus demanderoient ne fust mie deuz.

13. Li devantdit religieus pueent prandre pour souspechon le petit pain, les mauvaises mesures, les aunes, les pois et les mauvais vins, pour souspechon qu'il ne soient bons. Et se rescousse ou forche leur est faite, il doivent traire au maieur et as jurez, et li maires et juré ou leur lieutenans sont tenuz à aler ou à envoier souffisamment oster le forche, et par chacune rescousse ou forche prouvée, si comme il est contenu au quart article devant chestui, amende leur en sera faite, si comme il est contenu au quart article devant chestui.

14. Se aucuns fait demande ou procès par devant le maieur et les jurez de Corbie, et que gage de bataille enquesist ou pust naistre, li maieur et li jurez devantdit ce procès ne pourront retenir, ainz envoieront les parties pardevant le justiche et les eschevins desdiz religieus et en leur court; et se il convenoit que bataille soit faite par le jugement de ces eschevins, des parties envoiées ou d'autres parties, li camp et le bataille seroit en le court des devantdit religieus, et le garde du camp appartiendroit as devantdiz religieus, et le feroient li devantdit religieus garder par leur sergent; et se l'une des parties estoit vaincue ou recréant, les devantdiz religieus ou leur commans seroient tenu à délivrer icheli vaincu ou recréant à l'issue de la porte de l'abbaye, est assavoir à le première porte devers le marchié, au maieur et as jurez de Corbie, liquel feroient le justiche et l'exéqution de ledite personne vaincue ou recréant. Et li bien du vaincu seroient départi en le mainère qu'il est contenu en le pronunciacion l'abbé de Saint-Denis.

15. Li maires et li juré, pour leur taille non paiée et pour leurs amendes, pourront prandre meubles et catex en le maison de leur taillable et meismement les corps de leurs bourgois, et se il n'i trouvoient catex, il pourroient le maison louer et recevoir le louage pour le raison de leur taille, sauf les chens et les droitures aus seigneurs; et se il convenoit que le maison fust vendue, elle

seroit vendue du maieur et des jurez et par le seigneur dont le maison seroit tenue. Et se li maires et li juré veulent oster huis et fenestres pour leur taille non paiées, se lidiz religieus ou leur commans avoient saisi pour leur chens, li maires et juré seroient tenu à rendre le chens asditz religieus, tant comme il tendroient les fenestres ou les wis ostez et les arrérages, du tams que lidit religieus l'aroient tenu saisi pour leur chens, et rendront asdiz religieus li devant dit maires et juré les chens et les rentes des termes qui charront, tant comme il tendront les wis et les fenestres.

16. Li maires et li juré de Corbie auront le connoissanche et le garde des mestiers en le ville de Corbie et en le banlieue, et mettront wardes chertainnes selon che que il verront que il appartenra as mestiers et que pourfiz i ert as mestiers. Et se il avenoit que aucune chose fust forfaite as devantdiz mestiers qui venist à pourfit de seigneur, li devantdit religieus en aroient le moitié et li maires et li juré en aroient l'autre moitié de tiex manières de pourfiz forfaiz. Et se ès devantdiz mestiers aucune chose estoit forfaite qu'il convenist ardoir ou despéchier ou jeter puer, li maires et li juré en prandroient congié as devantdiz religieus de l'ardoir, du despéchier ou du jeter puer, liquelz congiés ne porra estre denéez. Et se par avanture aucuns aloit contre les eswardeurs en désobéissant et il i avoit aucune amende d'argent, l'amende seroit as maieur et as jurez.

17. Toutes les fois que il semblera au maieur et as jurez de Corbie qu'il soit mestier que on meiche fuer ès vins que on vendra à broque en le devantdite ville, lidit maires et juré requerront à le justiche des devantdiz religieus que il commandent as eschevins des devantdiz religieus le fuer à mettre as devantdiz vins, et le justiche des devantdiz religieus ne pourra denéer, que elle ne fache le commandement as eschevins que il meichent le fuer ès vins devantdiz. Et li eschevins seront tenu au fuer au commandement de le justiche des devantdiz religieus. Et le fuer mis par les devantdiz eschevins, li maires et li juré devantdit commanderont le fuer à tenir. Et se aucuns faisoit encontre ou forfesoit, l'amende en seroit au maieur et as jurez devantdiz.

18. Li maires et juré devantdiz renouveleront chascun an de par les devantdiz religieus les bans qui ont esté faiz de anchienneté, et se il i avoit aucuns ban que li devantdit religieux deissent que il ne fust mie de anchienneté et li maires et juré maintenoient le contraire, nostre bailliues d'Amiens tout de plain le sauroit ou feroit savoir. Et se il trouvoit que il fust anchiens, faire le pourroient li devantdit maires et juré. Et se li maires et juré voloient faire aucun nouvel establissement ou ban, il en parleroient as devantdiz religieus et leur monsterroient. Et se li devantdiz religieus ne s'i accordoient, en disant que che

seroit ou préjudice de leur église, le descorz seroit aportez à nostre bailleus d'Amiens et il en connoistroit de plain. Et se li bailleus veoit, les parties oïes, que che fust pourfit de che faire et non préjudice as devantdiz religieus, les maires et jurez devantdiz le pourroient faire.

19. Li devantdit maires et juré feront sonner l'eure des marcheandises, toutes les fois que il leur semblera que che soit pourfiz.

20. Li maires et li juré devantdit auront le justiche ez yeaues dedenz le ville et le banlieue de Corbie, en le manière qu'il est ordonné chi-dessus, qui sont en le terre, sauf che que li devantdit religieus i auront leur garde pour garder leur pescherie et leurs engiens. Et se aucuns i estoit trouvé peschant ou meffaisant as engiens, li devantdit religieus ou leur commans pourront penre le maufaiteur se il leur plest, et cheli maufaiteur prins, eux ou leur commans le bailleront au maieur et as jurez pour li punir du meffait. Et se il ne plaisoit asdiz religieus à prandre ou à faire prandre icheli maufaiteur, si porroient lidit religieus ou leur commans prendre les engiens que chil maufaittières aroit aportez et le poisson comme il auroit prins, et le batel se point en avoit aucune, et retenir. Et se le maufaitières s'en voloit douloir, il convendroit que il s'en traisist au bailleu d'Amiens, et li feroit droit, lesdiz religieus oïz en leur resons se avant comme il apartendroit. Et se aucuns des engiens prins par les devantdiz religieus ou leur commans estoient tel que il les convenist ardoir par l'ordenanche que nous avons faite, li devandit religieus ou leur commans les bailleront au maieur et as jurez devantdiz et il l'ardéront en prandant congié as devantdiz religieuz, liquelz congiez ne pourront estre néez.

21. Li devantdit religieus pourront enclore tout ce qu'il ont acquis à Corbie qui marchist à leur meson et à leur moustier, et i aront toute le justiche haute et basse, sauf che que, se il i mettoient hostes, manans ou par loier ou sans loier ou en autre manière, li maires et li juré devantdit i auront autele justiche comme en le ville de Corbie.

22. Tout li amortissement, soit dedenz le ville ou le banlieue de Corbie, demourront puis ore en avant paisiblement en l'estat là où il sont maintenant, sauf nostre droit.

23. Le garde de l'estallon, du patron et du seing demourront en le garde du maieur et des jurez de Corbie, et les bailleront à le justiche et as eschevins des devantdiz religieus, toutes les foiz que mestiers sera de justefier et de seigner mesures, et il les doivent justefier tantost sans délay et renvoïer par le message qui leur apportera ou baillera.

24. Li maires et li juré devantdit auront le saisine des biens aprez mort de homme et de fame à Corbie et en le banlieue pour sauffaisant et sans riens

lever, et pour rendre au dit des eschevins asdiz religieus, sauf che que li devantdit religieus auront le saisine des biens des clercs qui seront bénéficié de sainte église et des prestres, pour rendre et bailler à cheus à qui il apartendront.

25. Li maires et juré devantdit feront donner asseurement toutes les fois que il leur pléra, se il leur semble que le cas le requière.

26. Toutes les fois que li maieur et li juré vaurront bannir aucune personne, pour quelconque cas que che soit, il en prandront congié asdiz religieus ou à leur commans, lequel il ne pueent dénéer, et se il plest au maieur et as jurez devantdiz de rapeler ices banniz ou aucuns d'aus, faire le pueent sans le congié desdiz religieus, exceptez chiaus qui seront banniz pour cas de criême.

27. De tant comme à le justiche de Foilloy apartient, li maires et li juré de Corbie n'i auront autre chose pour cheste ordenanche que il i avoit devant que chis accorz fust faiz.

28. Se aucuns se combat ou fait meffait en le ville de Corbie ou en le banlieue, là où li devantdit religieus doivent avoir leurs bans, est à savoir sept sols et sis deniers pour chascun ban, et ichil maufaitières est prins et tenuz du maieur et des jurez de Corbie, li devantdit religieus ou leur commans requièrent que au maieur et as jurez que cheli maufaiteur, quant il aront eu leur amende et fait leur devoir, il leur délivrent pour avoir leurs bans et pour faire che que raisons porte, li maires et li juré devantdit icheli maufaiteur seront tenu à délivrer sans délay as devantdiz religieus ou à leur commans, et se li maires et juré laissoient aler chil maufaiteur sans rendre as devantdiz religieus ou leur commans, li devantdit maires et juré seroient tenu à rendre asdiz religieus, pour chascunz bans en quoi lidit maufaitières seront tenuz à eus paier, sept sols sis deniers.

29. Toute la juridiction et le justiche de le Neuville dont débaz estoit sera devisé entre les parties en autele manière comme la justiche et la juridiction de la ville de Corbie et de le banlieue, est assavoir que li devantdit religieus auront en ledite ville de le Neuville tele juridiction, tele justiche, teles droitures comme elles leur sont esclarcies et otroiées en le ville de Corbie et en le banlieue par les articles qui sont escriz en ceste ordenanche, et tout aussi lidiz maieur et juré de Corbie auront en ledite ville de le Neuville tele justiche, tele juridiction, teles droitures comme il leur est esclarchi et otroié en le ville de Corbie et en le banlieue par les articles qui sont escriz en cheste ordenanche, sauf le droit d'autrui, se aucun autre en i a point, et sauf che que les choses qui sont à Corbie et en le banlieue sont mises et doivent estre mises ou jugement des eschevins. Li cas qui escharront à le Neuville à jugier seront jugiées par les masnières, si comme il ont accoustumé.

30. Se aucuns de le mesgnée des devantdiz religieus est prins en présent

meffait en le ville de Corbie ou en le banlieue, li maire et li juré le pourront tenir sans mettre en prison vilaine et lui bien faire garder selon le meffait, et ne iront point lidit maires et juré avant en le venjanche du meffait, duques à tant que li devantdit maires et juré l'aient fait savoir à nostre baillieu d'Amiens, liquelz maire et jurez li doivent faire savoir sans délay, et nostre baillieu d'Amiens i doit envoier un preudomme pour veoir que il ne fachent autre chose que raison.

31. Se li devantdit religieus veulent faire prendre aucuns clers pour meffaiz que il aient faiz, il requerront au maieur et as jurez que il leur baille ou à leur commans forche et aide ; et li maires et juré leur sont tenu bailler sans délay et ne le pueent veer. Et se li maires et juré ne le faisoient sans délay, nostre prévost de Foilloy le puet et doit faire.

32. Li maires et li juré de Corbie feront garder, en le ville de Corbie et en le banlieue, l'ordonnanche des monnoies faite de par nous en nostre royaume, et corrigeront et puniront chiaus qui en iront encontre, et en tele manère que li pourfiz d'ices esploiz seront parti à moittié, et li devantdit religieus en auront l'une moittié et lidit maires et juré l'autre.

33. Et comme descorz fust de le banlieue de Corbie, lequele li maires et juré disoient qu'elle duroit juques à l'ourmel que on appele l'ourmel de le banlieue par devers le bos de Treu, et lidit religieus disoient que le banlieue ne duroit point outre les mettes de leur esquevinage et des fourches asdiz religieus, accordé est que, veu et seu le fin dudit esquevinage, ledite banlieue sera assise et devisée en mi voie del fin dudit esquevinage et des fourches asdiz religieus, et tout aussi par droite mesure, si comme li terrouers se comporte, par devers Bonnay juques as mareys qui sont en le ville de Corbie et d'autre part par droite mesure, si comme li terrouers se comporte, à venir droit as mareys par devers Vers.

34. Les chartres et les lettres que les parties ont demourront en leurs vertuz, sauves les choses qui sont déterminées par ceste pronunciation chi dessus escrite, qui tendront fermement, selon che que il est dessus pronunchié.

35. Li arrest qui doivent estre fait des personnes foraines par le justiche asdiz religieus en le ville de Corbie et en le banlieue demourront en l'estat où il estoient avant cheste pronunciacion.

36. Des marès communs qui sont en le ville de Corbie et en le banlieue n'est riens déterminé par ceste pronunciacion, ainz demeure à chascune desdites parties tel droit comme il i avoient avant ceste pronunciacion.

37. Et avec tout che, pronunchièrent lidit arbitre que, se au tans avenir aucunes desdites parties se mettoit en saisine de fait encontre aucunes choses

contenues en cheste pronunchiacion chi-dessus escrite, que cheste saisine fust de nule valeur.

Et nous, toutes les choses devantdites ci-desus pronunchiées par lesditz Oudart de le Neuville et Guillaume de Hangest, arbitres, voulons, approuvons et de nostre autorité royal confermons, sauf en toutes choses nostre droit et le droit d'autrui. Et pour che que ces choses aient perpétuel forche et esteblété, nous avons fet mettre nostre seel à ches présentes lettres. Ce fu fet à Paris l'an de grâce mil deus cenz quatre-vinz et seize, ou mois de mars.

Arch. départementales de la Somme, armoire 1re, liasse 23, n° 7, original en parchemin, sceau détaché. — Arch. imp., Trésor des chartes, carton J 231, n° 5, *Corbie*. — Biblioth. imp., cartul. Esdras, n° 21, fol. 29 v°. — D. Grenier, xxxe paq., n° 4, et viiie paq., n° 4, fol. 249 r°. — Cabinet des chartes, copies de chartes, carton cc, 144. — 101 n, Saint-Germain, 448, fol. 31.

XXXII.
ARRÊT DU PARLEMENT SUR DE NOUVELLES CONTESTATIONS ENTRE LA COMMUNE ET LES RELIGIEUX DE CORBIE.

Malgré les diverses sentences arbitrales rendues pour mettre fin aux différends de la commune et de l'abbaye de Corbie, quelques points restèrent encore en litige. Le maire et les jurés soutenaient que la recréance [1], c'est-à-dire la mise en possession des biens, leur appartenait, lorsqu'ils prêtaient main-forte aux religieux dans les saisies opérées par ces derniers pour cause de non-payement des cens; — que les ajournements quels qu'ils fussent devaient être donnés par eux à la requête des gens du roi; — qu'ils devaient connaître de tous les débats soulevés par la vente des marchandises, quand le terme du payement n'était pas fixé ou n'excédait pas huit jours; — enfin, que c'était devant eux que devaient être portées les demandes en répétition des objets perdus ou volés.

Les religieux, de leur côté, protestaient contre ces prétentions et réclamaient en leur faveur les droits invoqués par la commune. Le parlement, devant lequel l'instance fut portée, décida par l'arrêt suivant, en date de décembre 1300, que la recréance des biens appartiendrait aux religieux, qu'ils conserveraient le droit de donner des

[1] Recredentia, in integrum restitutio, missio in possessionem, adeo ut res ipsa ei, dato vade, reddatur et restituatur interim, maxime dum lis intentata finiatur. (Du Cange.)

ajournements dans les procès soulevés par des questions mobilières ou immobilières; mais que, dans tous les autres cas, les ajournements seraient faits par le maire et les jurés; — que les religieux connaîtraient de toute plainte formée sur vente de marchandises, et des plaintes en répétition des objets volés ou perdus; la connaissance du vol étant maintenue au maire et aux échevins [1].

1300.
écembre.

Philippus, Dei gratia Francorum rex, notum facimus universis tam presentibus quam futuris quod, cum inter majorem et juratos ville Corbeye ex una parte, et abbatem et conventum dicte ville ex altera, esset discordia coram nobis, super eo quod dicti major et jurati dicebant quod in casibus forciarum rescussarum et violentiarum per eos amotarum de prisiis bonorum, ratione censuum in dicta villa factis, ipsi bonorum hujusmodi recredenciam causa pendente super hoc facere debebant per manum suam; dictis religiosis e contrario dicentibus recredenciam hujusmodi per eorum manum esse faciendam; tandem, auditis partibus et visis earum litteris et privilegiis, per judicium nostre curie dictum fuit quod predicta recredencia fieri debet per religiosos predictos. — Item, super eo quod dicti major et jurati proponebant quod per eos, ad requisitionem gencium nostrarum, in omnibus causis fieri debebant adjornamenta in villa predicta, religiosis predictis e contrario dicentibus quod ad eos pertinebat facere hujusmodi adjornamenta, tandem dictum fuit quod hujusmodi adjornamenta super mobilibus et catallis et trefundis et similibus casibus in dicta villa fient per religiosos predictos; cetera vero adjornamenta per dictos majorem et juratos fient ibidem. — Item, super eo quod ipsi major et jurati dicebant quod de mercaturis in dicta villa sine termino et die factis, ipsi ad octo dies, et non dicti religiosi, cognitionem habebant; religiosis eisdem proponentibus ex adverso, quod ipsi hujusmodi cognitionem habebant, quandocumque super hoc querimonia deferebatur; ad ipsos tandem dictum fuit, quod de dictis mercaturis sine die et termino factis in dicta villa, dicti major et jurati, si ipsi super hoc infra octo dies a die contractus dictarum mercaturarum et non ultra adeantur, cognoscere poterunt, et nichilominus hujusmodi contrahentes, si voluerint, poterunt se super hoc trahere ad dictos religiosos, et ipsi religiosi super hoc cognitionem habebunt. — Item, super eo quod in dicta villa aliquis vestem, pecudem vel aliam rem suam mo-

---

[1] On trouve dans le Cartulaire noir (B. I. n° 19, fol. 64 v°) un arrêt du parlement au sujet d'un appel porté par le maire et les jurés de Corbie contre le prévôt de Fouilloy, agissant pour l'abbaye, dans une affaire de pâturage et de tourbage. 30 décembre 1300.

bilem apud alium inventam, sibi furatam, male captam, vel ablatam asserens, ad finem tantummodo dicte rei sue recuperande petit eam ut suam sibi reddi; dicti major et jurati propter suspicionem ex hujusmodi peticione exortam contra rei hujusmodi detentatorem dicebant ad se, non ad religiosos predictos, cognitionem super hoc pertinere; dictis religiosis e contra proponentibus quod, cum ipsi religiosi in dicta villa cognitionem habebant mobilium et ceterorum, hujusmodi cognitio ad ipsos pertinebat, non ad majorem et juratos predictos; tandem dictum fuit quod dicti religiosi de petitione, dominio, restitutione hujus rei mobilis cognoscent, et dicti major et jurati de crimine seu delicto, si quid super hoc incidisse crediderint, vel ipsius criminis aut delicti suspicione cognitionem habebunt. In cujus rei testimonium presentibus litteris nostrum fecimus apponi sigillum. Actum Parisiis in parlamento nostro, anno Domini m° ccc° mense decembri.

>Biblioth. imp., mss. de D. Grenier, viiie paq., n° 4, fol. 268 r°. — Cartulaire noir, n° 19, fol. 64 r°. — Arch. imp., sect. judic., parlement de Paris, *Olim*, t. II, p. 178, et v 630, p. 248.

XXXIII.

LETTRES DE PHILIPPE LE BEL AU SUJET D'UN OCTROI AUTORISÉ POUR LA COMMUNE DE CORBIE.

Philippe le Bel ayant accordé au maire et aux jurés de Corbie la levée d'un impôt destiné à l'extinction des dettes dont la commune était chargée, l'abbé et les religieux portèrent plainte au roi, en disant qu'ils étaient seuls seigneurs de Corbie, et que personne ne pouvait établir d'impôt dans cette ville sans leur consentement. Par la lettre qu'on va lire, le roi déclare que la levée de l'assise sera différée, et qu'à son retour de la guerre de Flandre il évoquera l'affaire par-devant *lui ou ses gens*.

Philippus, Dei gratia Francorum rex, universis presentes litteras inspecturis, salutem. Notum facimus quod, cum religiosi viri abbas et conventus monasterii Corbeiensis, super quadam assisia quam major et jurati dicte ville Corbeie, pro exoneratione debitorum ville ipsius, quibus multipliciter est oppressa, inter ceteras gratias per nos sibi concessas, concesseramus contra eosdem majorem et juratos, conquererentur coram nobis, dicerentque quod, cum ipsi sint domini dicte ville, ut asserunt, dictam assisiam preter voluntatem et consensum eorum concedere nos non debere. Nos, auditis partium rationibus et deffensionibus

1303.
29 juillet.

60.

super hiis, sic duximus ordinandum : videlicet, quod dicta assisia non levabitur
ad presens, et, cum de nostro Flandrensi exercitu reversi fuerimus, partes com-
parebunt coram nobis vel nostris gentibus si voluerint, et vocatis evocandis,
auditisque partium ipsarum rationibus et deffensionibus, fiet super hoc justicie
complementum. Actum Parisiis, die lune ante festum beati Petri ad vincula,
anno Domini M° ccc° tercio.

Arch. départem. de la Somme, Corbie, armoire 1re, liasse 23, n° 8. — Biblioth. imp., Cartul. noir de Corbie, n° 19, fol. 64 v°.

XXXIV.

ARRÊT DU PARLEMENT SUR DIVERS LITIGES ENTRE L'ABBAYE ET LA COMMUNE DE CORBIE.

Le maire et les jurés de Corbie avaient fait détruire un pâlis élevé
par un bourgeois autour d'une maison située dans la ville, et en même
temps ils avaient formé opposition à une saisie de pain, de vin, de
poids et de mesures, faite par les religieux. L'abbaye de son côté
prétendait que la destruction du pâlis était attentatoire à ses droits
de justice foncière, et l'opposition à la saisie contraire aux conventions précédemment conclues. Le débat fut porté devant le parlement,
et la cour décida :

Que le maire et les jurés rétabliraient le pâlis en question; que la
saisie des denrées corrompues, des faux poids et des fausses mesures
appartenait à l'abbaye, et que l'examen et la décision en ces matières
étaient du ressort des religieux [1].

1306.
mai.

Philippus, Dei gratia Francorum rex, notum facimus universis tam presentibus
quam futuris, quod inter religiosos viros [Garnerum] abbatem et conventum
monasterii Corbeiensis ex una parte et majorem et juratos ejusdem ville ex
altera, orta discordia, super eo quod dictus major justiciando amoverat palicium
quod Adam Poullete circa domum suam sitam in dicta villa fecerat in prejudicium dictorum religiosorum, ut ipsi dicebant, cum ipsi habeant in dicta villa

---

[1] Un second arrêt intervint au mois de novembre de la même année, portant que, dans les
cas où il s'agit de pain de mauvaise qualité, de vin
corrompu, de faux poids et de fausses mesures, la
saisie appartient aux religieux de Corbie; l'instruction de l'affaire et l'examen des objets con-
fisqués aux moines et aux échevins, le jugement
aux échevins seuls, et l'exécution aux religieux.
(Biblioth. imp., ms. de D. Grenier, vol. LIII,
VIIIe paq., n° 4, fol. 274 r°.)

et in ejus banleuca cognitionem treffundorum, petentibus dictis religiosis locum predictum et suam justiciam ressaisiri; et e contra dicti major et jurati proponerent ad ipsos hujusmodi facti justiciam pertinere, pro eo quod ad eos pertinet in dicta villa forcias et violentias amovere, dictique Ade vicinus ipso majori super hoc fuerat conquestus, dicendo quod violenter et contra voluntatem suam dictus Adam fecerat palicium predictum. Tandem, auditis hinc inde propositis visisque litteris et cartis partium predictarum, per arrestum nostre curie dictum fuit quod dicti major et jurati de dicto palicio locum predictum et justiciam treffundalem dictorum religiosorum resaisient, et facta dicta ressaisina, dicti religiosi super hoc cognitionem habebunt et partibus exhibebunt justicie complementum. — Item, super eo quod dicti religiosi in villa predicta parvum panem, vinum corruptum, mensuras, alnas et pondera, pro suspicione falsitatis, ceperant et se per se capere posse dicebant et facere super hoc per manum suam executionem post cognitionem et judicium suum et scabinorum, requirentes impedimentum super hoc per predictos majorem et juratos appositum amoveri; et e contra dicti major et jurati dicentes quod ad eos pertinebat prisia predictorum, pro eo, ut ipsi dicebant, quod ipsi habent in dicta villa gardiam ministeriorum, et quod dictarum prisiarum, post factam per judicium scabinorum condempnationem, executio ad eos pertinebat, plures rationes pro parte sua super hoc allegarent; dictis religiosis e contrario proponentibus, quod ad ipsos solos pertinebat prisia predictorum ac eorum executio, postquam essent dicte res capte per suum et scabinorum judicium condempnate. Tandem, auditis hinc inde propositis et visis litteris et cartis earumdem, per arrestum curie nostre dictum fuit quod prisia predictarum rerum pertinet ad religiosos predictos, etiam sine scabinis, sive velint incipere a captione sive a citatione; et quod dicte res per eosdem religiosos capte videbuntur, examinabuntur et judicabuntur per justiciam abbatis et scabinos ipsius, et judicio facto per scabinos, executio fiet per religiosos predictos; et quod impedimentum super hoc eis par dictos majorem et juratos appositum amovebitur, salvis ceteris articulis in dictis litteris et cartis contentis et declaratis.

In cujus rei testimonium, presentibus litteris nostrum fecimus apponi sigillum. Actum Parisiis in parlamento nostro, anno Domini millesimo trecentesimo sexto mense maii.

_{Arch. département. de la Somme, armoire 1re, liasse 23, n° 9, original en parchemin. — Biblioth. imp., cartul. Esdras, n° 21, fol. 20 v°. — Cabinet des chartes, copies de chartes, carton cc, 249. — Saint-Germain-Harlay, Olim, t. II, p. 211. — D. Grenier, viiie paq., n° 4, fol. 272 r°, et xxvie paq., n° 1. — Arch. imp., Trésor des chartes, J 231, n° 6.}

XXXV.

ARRÊT DU PARLEMENT RENDU CONTRE LES HABITANTS DE CORBIE.

Par l'arrêt suivant, le maire, les jurés et la commune de Corbie sont condamnés à payer au roi une amende de cinq cents livres de petits tournois, comme s'étant portés en armes hors de leur territoire sur les terres du domaine et de la justice de l'abbaye, pour y exercer des représailles. Il n'est rien alloué aux religieux, parce que, suivant les termes de l'arrêt, quelques-uns d'entre eux avaient commis des actes de nature à provoquer cette démonstration hostile.

1307.
15
janvier.

Philippus, Dei gratia Francorum rex, universis presentes litteras inspecturis, salutem. Notum facimus quod, visa inquesta contra majorem, juratos et communiam Corbeye facta, super eo quod ipsi nuper extra suum territorium in terra et justicia abbatis et conventus Corbeiensis, turba multorum coadunata, arma portaverunt per modum vindicte; per curie nostre judicium, dicti major, jurati et communia in emendam quingentarum librarum parvorum bonorum turonensium nobis condempnati fuerunt. Nihil fuit adjudicatum dictis religiosis, quia quidam ex eis dederunt causam contentioni predicte. In cujus rei testimonium, presentibus litteris fecimus apponi sigillum. Actum Parisiis, die sabbati post octabas Epiphanie, anno Domini M° CCC° VI°.

<small>Biblioth. imp., D. Grenier, VIIIe paq., n° 4, fol. 273 et 274. — Arch. imp., sect. judic., parlem. de Paris, *Olim*, t. II, p. 329 v°, et v 630, p. 248.</small>

XXXVI.

NOUVELLE SENTENCE ARBITRALE SUR LES CONFLITS DE JURIDICTION ENTRE L'ABBAYE ET LA COMMUNE DE CORBIE.

Philippe le Bel ayant, par lettres du 2 juillet 1306, nommé des commissaires pour faire une enquête sur de nouveaux conflits de juridiction entre la commune et le monastère de Corbie, les délégués du roi se rendirent sur les lieux, procédèrent à l'audition de divers témoins, examinèrent les titres contradictoirement produits par les parties, et firent droit sur les questions en litige. Leur sentence, divisée en trente articles, fut sanctionnée par le roi au mois de janvier 1307.

Les articles 1, 2, 3, 6, 8, 11, 13, 16, 19 et 27 se rapportent à des cas particuliers de bornage, de saisies mobilières ou immobilières, d'arrestations, etc. Les autres articles règlent les droits respectifs des parties en matière d'impôts, de police, de justice civile ou criminelle. On y remarque, entre autres, les dispositions suivantes :

Les ajournements dans les causes civiles sont du ressort des religieux (art. 4). — Le maire et les jurés auront la levée des cadavres trouvés gisants dans les limites de la banlieue (art. 5). — Pour procéder au bannissement d'un citoyen, ils devront obtenir l'autorisation de l'abbé (art. 7). — Ils feront enlever les amas de chaume placés à moins de quarante pieds de distance de maisons couvertes en chaume (art. 9). — Ils connaîtront des délits commis par les poissonniers qui auraient vendu des poissons trop petits, contrairement aux statuts de la ville (art. 10). — La police du pain et du vin, avec tous les profits qui en dépendent, appartient aux religieux (art. 14). — Les voituriers sont justiciables de l'abbaye pour les retards apportés dans le transport et la livraison des marchandises au delà du terme convenu (art. 17). — Les religieux connaîtront des demandes en dommages et intérêts (art. 18). — Ils auront les ajournements dans les causes mobilières, et de plus justice entière sur tout individu qui quitterait la commune pour s'établir sur leurs terres. Dans le cas où le nouveau venu serait condamné à la peine capitale, l'abbaye s'emparerait de ses biens, sauf les cas de partage avec la commune stipulés dans les précédentes conventions (art. 21, 22, 23). — La saisine et la garde des biens des mineurs sont attribuées au maire et aux jurés; mais s'il s'élève à ce sujet quelque contestation, la connaissance en est déférée aux religieux (art. 25). — La cour abbatiale jugera également les plaintes portées pour les dépenses faites à crédit dans les tavernes, lorsque l'affaire ne pourra être expédiée sommairement (art. 26). — Le maire et les jurés percevront les droits de relief, dans le cas où des biens meubles ou immeubles auront passé, pour cause de décès ou de départ, dans les mains d'un individu sujet aux impôts levés par la commune. Si le nouveau possesseur n'est point taillable de la commune, on attendra, pour décider à qui doit revenir le droit de relief, qu'un jugement définitif ait tranché la question de savoir si les tailles communales sont ou non une charge réelle (art. 26). — Les sergents de l'abbaye pourront traverser la ville de Corbie en armes, lorsqu'ils iront faire leur garde à la foire de Saint-Matthieu, foire appartenant à l'abbé, et lorsqu'ils se rendront dans quelque lieu dont l'abbaye possède la haute justice ou qu'ils en reviendront (art. 29).

1307.
janvier.

Philippus, Dei gracia Francorum rex, notum facimus universis tam presentibus quam futuris quod nos litteras infrascriptas vidimus, formam que sequitur continentes :

Philippus, Dei gratia, etc., dilectis et fidelibus magistris G. Bonnet, thesaurario Andegavensi, Andree Porcheron, canonico Attrebatensi, clericis, et Guillelmo de Marciliaco, militi nostro, salutem et dilectionem. Cum inter abbatem et conventum de Corbeia ex una parte, majorem et juratos ville ejusdem ex altera, orta sit contencio super pluribus gravaminibus et jurium usurpacionibus contra punctos chartarum et privilegiorum et longum usum ipsorum, de quibus una pars contra aliam hinc inde conqueritur, requirendo predicta corrigi et emendari; nos, hujusmodi discordiis finem imponere cupientes, mandamus et committimus vobis, quatinus ad locum accedentes predictum, vocatis partibus et evocandis, auditisque racionibus utriusque partis, receptisque articulis ab ipsis partibus vobis tradendis, facientes que ad illos per juramenta partium responderi, visis insuper cartis et privilegiis partium predictarum, super omnibus predictis articulis et usibus factis que negata fuerunt hinc et inde inquiratis, tam per testes, cartas, instrumenta, quam per alias legitimas probaciones, cum diligencia veritatem, et ea que notorie liquida inveneritis, mediante justicia, terminare curetis; super dubiis vero inquestam quam feceritis perfecte completam, sub nostris fideliter inclusam sigillis, curie nostre mittatis, ad diem baillivie Ambianensis futuri proximo parlamenti dictam diem partibus assignantes, ad videndum super hoc fieri quod justicia suadebit. Item volumus et committimus vobis quatinus, super articulis ceteris dictarum partium, super quibus cause pendent via ordinaria coram nobis inter partes predictas, et super quibus per commissionem curie nostre dati sunt alii auditores, vos causas hujusmodi in statu in quo sunt per omnia, cum processibus super hoc habitis, quos tenore presentium recipimus, vobis tradi suscipientes, secundum tenorem dictarum commissionum super hoc concessarum in causis hujusmodi procedatis notorie liquidi terminantes, et dubia sufficienter inquisita et instructa nostre curie remittentes, sub nostris fideliter inclusa sigillis. Quod si vos tres in premissis interesse commode non possitis, duo vestrum, non expectato tercio, sicut premissum est, in premissis procedant. Damus autem dictis partibus ceteris.

que justiciariis nostris tenore presencium in mandatis ut ipsi vobis in predictis diligenter pareant et intendant. Actum Parisiis, die secunda julii, anno Domini M°. CCC° sexto.

Quarum litterarum virtute et auctoritate dicti thesaurarius, nunc electus Baiocensis, et Guillelmus de Marcilliaco, dilecti et fideles nostri, processerunt, prout continetur in litteris sigillis ipsorum sigillatis quas vidimus in hec verba :

Universis presentes litteras inspecturis et audituris, Guillelmus, thesaurarius Andegavensis, clericus, et Guillelmus de Marcilliaco, miles domini regis Francorum, ab eodem domino rege commissarii, deputati ad audiendum, decidendum, concordandum et judicandum controvercias, lites et querelas motas inter religiosos viros abbatem et conventum Corbeie, ex una parte, et majorem et juratos communie et ville Corbeie, ex altera, ad referendum curie predicti domini regis quidquid per nos actum foret in premissis, et dubia, si qua circa hoc eminerent, salutem in Domino. Notum facimus quod nos processimus in premissis in modum qui sequitur :

1. Primo, cum ex parte abbatis et conventus querela facta fuisset contra predictos majorem et juratos, super hoc quod gentes dictorum religiosorum ceperant et in prisionem posuerant injuste; procuratore dictorum majoris et juratorum et communie dicente se premissa juste fecisse, cum gentes ipsorum religiosorum quasdam salices Johannis le Rike, burgensis sui, scinderant et asportare nitebantur, sic crimen quod dicitur vastum committendo, ut dicebant; dictis religiosis adversantibus gentes predictas et dicentibus dictas salices esse in sua terra sitas et eciam pendere super aquam suam et dampnum ipsis inferre, quod tam per aspectum quam per limitacionem docere volebant, ubi et quando deberent, et quorum ad ipsos cognitio et justicia notorie pertinebat de hereditatibus nec non de mobilibus et catallis, petierunt curiam super hoc sibi reddi. Nos vero, loco oculis subjecto et auditis hinc et inde propositis, curiam sibi reddidimus, injungentes eisdem, ut, si dictus Johannes le Rike vel alii super dampnis, catallis, vel limitatione terre vel aliis conquerentur, dicti religiosi, prout ad eos spectat, faciant justicie complementum.

2. Item, cum major et jurati saisissent bona mobilia cujusdam presbyteri anglici, mortui apud Corbeiam, que custodiri debere et reddi per manum suam dicebant quibus esset faciendum, cum non esset beneficiatus; dictis religiosis asserentibus contrarium et ad ipsos hoc pertinere; auditis hinc et inde propositis, pronunciatum est ad religiosos et non ad majorem et juratos hoc pertinere debere, et hoc idem de personis similis condicionis clericalis viventibus, mercaturas non exercentibus intelligendum fore. Si vero persone condicionis hujusmodi publice essent mercatores et monite a mercatura nollent

desistere, tunc de bonis mercature tantummodo pertineret ad majorem et juratos saisina et custodia reddenda ad dictum scabinorum, ut de bonis hominum et mulierum in composicione continetur.

3. Item, de bonnis positis a scabinis in domo domini Johannis de Noion amotisque per religiosos, quia sine presencia et conscientia ipsorum posite fuerant et reposite per gentes domini regis, propter debatum et ad requisitionem majoris et juratorum, pronunciatum est hoc non pertinere ad majorem et juratos, et ideo amovebuntur, et si scabini credant sua interesse et velint conqueri, audientur et fiet eis justicie complementum, et manum regis amovemus.

4. Item, pronunciatum est quod major et jurati adjornamentum non potuerunt facere testium in causis civilibus coram quibusdam auditoribus apud Corbeiam, sed adjornamentum fieri debet per religiosos in talibus causis ibidem.

5. Item, de Judeo invento submerso, de quo ad plenum non potest constare in quo loco fuerat levatus, pronunciatum est quod, si intra banleucam fuit levatus, ad majorem et juratos tales casus et similes pertinent; si vero extra banleucam in terra dictorum religiosorum, ad ipsos religiosos pertinebunt.

6. Item, cum religiosi ad instanciam partis quandam baniariam domini Reginaldi de Tria arrestassent, quam major et jurati liberaverant, et propter debatum majoris et juratorum ad manum regis fuisset posita, pronunciatum est istum casum ad religiosos pertinere, cum in hoc cause cognicio verteretur, salvo majori et juratis articulo in composicione contento, quando statim et sine cause cognicione res potuerit expediri.

7. Item, quando bannicio erit pro crimine facienda, major et jurati accipient licenciam, et jurabunt sicut quando duriorem execucionem deberent pro crimine facere. Si vero tam parvus esset casus criminis, quod vitam vel membra vel bannicionem longam non requireret, sed aliqualem punicionem pecuniariam ultra decem libras Parisienses vellent imponere, petent de plano a justicia religiosorum licenciam, quam non poterunt negare, sed non jurabunt.

8. Item, de processibus factis in curia religiosorum contra scabinos positis ad manum regis propter debatum majoris et juratorum in causis civilibus, pronunciatum est ad majorem et juratos hoc non pertinere, et amota est manus regis. Et si scabini velint, eant ad curiam religiosorum, et justicia sibi fiat.

9. Item, si quis, in forisburgo intra communiam extra villam, ponat acervum chaumi prope domos coopertas chaumo vel simili coopertura, spectat ad majorem et juratos facere propter periculum amoveri, et si quis sit inobediens, super hoc ipsum poterunt punire; et ut res clarius pateat, dicimus nimis esse prope nisi per quadraginta pedes distet hujusmodi acervus a domo cooperta

chaumo sive simili, et cum adhuc iste casus non esset determinatus ad plenum, non imponatur pena hac vice.

10. Item, de Naudo piscionario delinquente in suo officio, parvos pisces vendente contra statuta ville, dictum est quod cognicio et punicio pertinet ad majorem et juratos, sicut de aliis delictis in aliis ininisteriis commissis.

11. Item, de Johanne Morel, dicto Belle-Mère, de Foilloy, qui jam confessatus coram majore esset et emendam pro delicto gagiasset, si ita sit, ultra abbas non audietur, sed dictus Johannes, si hoc neget, audietur.

12. Item, cum parvorum et non legitimorum panis et vini captio, cognicio et reprobacio vel approbacio spectet ad dictos religiosos, et de profectu qui potest hinc obvenire domino esset contencio inter ipsos religiosos et majorem et juratos, pronunciatum est quod, sicut totalis caucio et reprobacio vel approbacio ad ipsos religiosos spectat, ita et profectus totalis inde descendens. Verumtamen, si ad amovendam forciam religiosi requirant majorem et juratos et ipsi amoveant, si quod emolumentum per composiciones in amocione forciarum aliarum habere debebant, tantum habebunt et non plus; et si nichil, nichil in hoc casu.

13. Item, de casu capcionis Bernardi Bonel, de quo casu nichil certi ab aliqua parcium declarari vel probari potuit, auditis hinc et inde propositis, casum ad nichilum ponimus, ita quod non pro facto habeatur.

14. Item, cum religiosi in vico sive rua dicta de Pratis, infra banleucam, pro casu catallorum, arrestassent quemdam hominem dictum Robertum Coart, et major et jurati tamen ad manum regis poni fecissent, et procurator majoris et juratorum recognoverit quod in dicta rua ad dictos majorem et juratos non pertinebat arrestacio, pronunciatum est quod dicti major et jurati super hoc de cetero nullatenus audientur et manus regis super hoc est amota. Si tamen arrestatus velit conqueri coram dictis religiosis, fiet sibi jus.

15. Item, de lardo condempnato ad comburendum et panno condempnato ad scindendum, propter eorum pravitatem, pro quibus religiosi contendebant majorem et juratos petitam ab ipsis licenciam eciam jurare debuisse, majore dicente sufficere in hoc casu petere licenciam absque prestacione juramenti; auditis hinc et inde propositis, dictum est quod, cum non agatur de personarum luto vel crimine, sed de mercaturarum pravitate, sufficit petere licenciam per majorem et aliquem de juratis et religiosis, et tali casu non jurabunt.

16. Item, cum quidam quadrigarii apud Compendium in commendam a Johanne Cardone quandam accepissent pecunie quantitatem sibi reddendam apud Corbeiam, et clamor intra tempus contentum in composicione factus fuisset majori et juratis, auditis hinc et inde propositis et visis composicionum

articulis, dictum est casum hujusmodi racione commende vel depositi ad majorem et juratos pertinere, verumptamen casus contencionis eorum ratione contractus et portacionis mercaturarum pertinet ad religiosos.

17. Item, cum Johannes de Braio, quadrigarius, arrestatus esset per religiosos, propter conventionem habitam inter ipsum et quemdam alium pro apportando sibi guiedam apud Corbeiam, quam convencionem non debite compleverat, ut dicebatur, quem casum major et jurati ad se non ad religiosos pertinere dicebant, pronunciatum est ad religiosos et non ad ipsos majorem et juratos pertinere.

18. Item, cum duo mercatores duos equos haberent in mercato Corbeie, quorum unus equorum crus alterius equi fregit, orta super hoc contencione inter ipsos mercatores, cujus casus cognicionem major et jurati ad se pertinere dicebant, dictis religiosis dicentibus ad se pertinere, auditis propositis et visis cartis composicionum, cum de dampno non de delicto personarum ageretur, dictum est ad dictos religiosos et non ad majorem et juratos pertinere.

19. Item, de captis a servientibus majoris et juratorum pro faccione fossati inter terram domini Hoysie, quod fossatum major dicebat fuisse pro parte fossatum in chemino publico, et repertum sit in nichilo cheminum esse tactum vel occupatum, dictum est de dicto fossato nichil ad dictos majorem et juratos pertinere, sed ad religiosos predictos.

20. Item, super hoc quod major et jurati conquerebantur ex eo quod dicti religiosi, racione adjornamentorum super catallis, capiebant salaria de personis secularibus, dictum est cognicionem ad dictos religiosos pertinere et non ad dictos majorem et juratos; sed si velint illi qui dicunt se gravatos conqueri super premissis, eant ad curiam religiosorum et ipsi faciant eis justicie complementum.

21. Item, de vadiis Johannis Forgeron et Philippi de Sauchoi, captis ex parte religiosorum pro defectibus factis ab ipsis in causa debitorum catallorum adjornatis, in manu regis positis, propter debatum majoris et juratorum, dictum est majorem et juratos super hoc non esse audiendos, et manum regis esse amovendam, et si dicti Johannes et Philippus velint aliquid petere, vadant ad curiam religiosorum et fiat sibi jus.

22. Item, quia constat quod Petrus dictus Coet sufficienter domicilium in quo manserat in villa Corbeia transtulerat a villa Corbeia se ad alium locum extra banleucam transferendo, tempore quo uxorem suam et fratrem suum occidit, extra banleucam in territorio dictorum religiosorum in quo omnimodam habent justiciam, se legi patrie volens supposuit, factum predictum detestabile recognovit et judicatus extitit; sed execucio ad mortem per manum regis tan-

quam superioris propter debatum majoris et juratorum fuit facta; auditis hinc et inde propositis, pronunciatum est per arrestum, cognicionem, judicacionem et execucionem pertinuisse et pertinere debuisse in hoc casu ad dictos religiosos, et fiet ipsis restitucio per figuram aliquam, salvis dictis majori et juratis punctis composicionum in aliis casibus ad quos dicte composiciones se extendunt.

23. Item, de bonis mobilibus ipsius homicide que portaverat et habebat secum in terra dictorum religiosorum intra muros abbatie, in hoc casu dictis religiosis integre remanebunt, salva tamen dictis majori et juratis divisione bonorum aliorum mobilium, si apparerent, inter ipsos et religiosos facienda, ad que composiciones se extendunt.

24. Item, conquerebantur super hoc religiosi quod, licet ad eos cognicio et justicia de mobilibus et catallis pertinet apud Corbeiam, major et jurati de lathomis et carpentariis sibi cognicionem et justiciam nitebantur usurpare, contra puncta composicionum a domino rege confirmatarum; majore et juratis dicentibus contrarium, et per puncta cartarum ad ipsos custodiam, cognicionem et punicionem ministeriorum pertinere; tandem, auditis propositis, declaratum est quod, si ministerium eorum falsum et ficticium dicatur, ad majorem et juratos pertinebit, et similiter si ipsi lathomi et carpentarii vel similes operarii conquerantur majori de salario dietarum suarum licet plurium sibi non esse satisfactum, poterit major audire et precipere ut satisfaccio fiat et querimoniam expedire, si de plano et breviter fieri possit. Si vero longior vel major cognicio requireretur propter concertacionem partium, ad religiosos pertinebit; et similiter, si ad interesse agatur ex parte illorum quibus fiunt opera contra operarios, pertinebit ad religiosos eosdem.

25. Item, conquerebantur major et jurati quod, licet ad eos saisina et custodia bonorum mortuorum hominum et feminarum ville Corbeie laicaliter viventium pertinet, per puncta cartarum reddendorum ad dictum scabinorum quibus esset faciendum, et ideo cum mortui essent pater et mater aliquorum infantium seu pupillorum ville de Corbeia, usi diu, tam ante composicionem quam post, fuissent bona saisire custodienda per eos et reddenda ad dictum scabinorum quibus et quando esset faciendum, et deputare per quem ipsa bona ad utilitatem ipsorum infancium sive pupillorum explectarentur, dicti religiosi ipsos impedierant; super hoc injuste dictis religiosis contrarium asserentibus; tandem, auditis hinc et inde propositis, pronunciatum est in hujusmodi casu hoc ad majorem et juratos pertinere, salvo quod, si inter aliquas partes vel ipsos minores oriatur controversia, ad quem vel in quantum de ipsis bonis pertineat, ad justiciam dictorum religiosorum cognicio pertinebit.

26. Item, de symbolis vel escotis tabernarum viso puncto cartarum, declaratum est quod, si querela ad majorem vel juratos deferatur et breviter possit expediri per recognicionem potatoris vel eorum qui ibi fuerint, expediri per eos poterit; si vero hoc breviter expediri non posset propter concertacionem partium, ad religiosos pertinebit, et si de foraneis sine solutione simboli sive escoti recedentibus querela ad servientes dictorum religiosorum priusquam ad majorem vel juratos deferatur, poterunt arrestare et servienti arrestanti salarium competens ab arrestato reddetur.

27. Item, conquerebantur dicti religiosi quod, cum justiciarius eorum Robinum Yoart, mansionarium in vico seu majoria de Pratis extra scabinatum Corbeie, ad requestam Petri le Potier, pro centum solidis parisiensibus quos idem Robinus eidem Petro debebat, ut dicebat, pro ipsis religiosis et nomine ipsorum arrestasset, et ipsum in anellis seu vinculis ferreis ipsorum religiosorum posuisset in domo ceperii dictorum religiosorum, Freminus dictus le Rique, major tunc Corbeie, ibi venit et per vim dictum Robertum de dictis anellis amovit et de prisione dictorum religiosorum, et dimisit ipsum Robertum abire contra voluntatem religiosorum predictorum, conquerencium super hoc et dicentium quod eisdem vim inferebat super hoc major predictus, et quod hoc de ratione facere non poterat nec debebat, majore contrarium asserente; auditis que hinc inde dicere voluerunt, pronunciatum est dictum majorem et juratos hoc facere non debuisse nec potuisse, et ipsos religiosos restituendos fore, et licet restitutio verbalis in manu nostra facta fuerit ex parte majoris, realem tamen ipsis religiosis in loco fieri faciemus a majore dicte ville, et hoc idem in casibus similibus precipimus observari.

28. Item, ex adverso conquerebantur major et jurati super hoc quod, licet exitus ville et communie sibi ab illis qui per mortem vel aliter in totum exeunt de communia et qui fuerant talliabiles antea, racione debitorum et onerum ipsius communie, pro tempore dicti exitus debeatur, ipsorum ad hoc realiter oneratis sibi satisfieri debeat, escarchiacione facta a dictis majore et juratis, secundum quantitatem bonorum que habebant ipsi morientes vel exeuntes, ipsi religiosi impediunt eos super debito dicti exitus, per manum ipsorum majoris et juratorum exequendo in bonis mobilibus et immobilibus dictorum moriencium vel exeuncium indebite et contra usum super hoc observatum; procuratore religiosorum predictorum dicente quod, licet exitus predictus majori et juratis debeatur et escharchiacio sit per ipsos taxanda et facienda, non tamen execucio post mortem vel recessum eorum in bonis mobilibus ipsorum ad ipsos majorem et juratos spectat, cum ad religiosos cognicio spectet mobilium et catallorum, nec de immobilibus, cum cognicio de hereditatibus

ad religiosos spectet, nec sit onus reale prestacio dicti exitus, sed personale, ut ex parte ipsorum religiosorum dicebatur; tandem, auditis hinc inde propositis, pronunciatum est quod, si bona mobilia vel immobilia ipsius morientis vel exeuntis a communia deveniant ad personam communie tailliabilem, dicti major et jurati pro dicto exitu per se debito super bonis ipsis exequentur pro tempore preterito ante mortem vel recessum predictum; si vero ad personam non tailliabilem communie bona ipsa deveniant, cum alius articulus principalis sit contenciosus inter partes predictas an sit onus reale, taillia communie in immobilibus ad personam francam, sicut sunt clerici vel similes ita viventes, per prepositum regis de Foilleio, tanquam per manum superioris, fiet execucio pro debito dicti exitus, quousque predictus principalis articulus fuerit terminatus.

29. Item, pronunciatum est quod servientes religiosorum poterunt transire per villam Corbeie armati armis coopertis, ad eundum custodire nundinas ipsorum religiosorum de festo beati Mathei apostoli, nec non eundo ad alia loca ubi habent suam justiciam altam religiosi predicti, et redeundo ad abbaciam exinde absque mora excessiva facienda.

30. Item, cum, super controversia tallie clericorum mercatorum, per arrestum curie dictum fuerit quod talliabuntur de mercaturis per quatuor homines auctoritate domini regis ponendos, tanquam per manum superioris, usque ad finem ipsius cause, et dicti religiosi conquerebantur quod omnes predicte quatuor persone de communia laice assumebantur, et de mobili mercaturarum et de aliis mobilibus de quibus clerici nullatenus mercabantur tailliabant ipsos et tailliare nitebantur, pronunciatum est quod de mobilibus mercaturarum tantum talliabuntur usque ad finem cause clerici mercatores, et cavebitur de plus solvendo si contra eos a curia judicetur, nisi jam hoc factum existat; et quod duo de talliatoribus tantum poterunt esse de juratis vel de aliis de communia, et alii duo erunt prepositus domini regis apud Foilliacum et magister Reginaldus de Warigniers, canonicus de Foilliaco. Quod si duo ex una parte et duo ex altera essent contrarii, ostensa vel per scriptum portata discordia baillivo Ambianensi, in qua parte consentiret illud servaretur incunctanter. Plures vero alios articulos adhuc expediendos penes nos habemus, quos quam primum potuerimus, Deo dante, proponimus expedire. In cujus rei testimonium sigilla nostra presentibus litteris duximus apponenda. Datum Parisius, die martis ante Nativitatem Domini, anno ejusdem millesimo trecentesimo sexto.

Nos autem omnia et singula in litteris suprascriptis contenta et rata habemus, et grata volumus, laudamus, approbamus et tenore presencium confirmamus, salvo jure nostro in omnibus et quolibet alieno. Quod ut ratum et stabile permaneat in futurum, presentibus litteris nostrum fecimus apponi sigillum. Actum Parisiis, anno Domini millesimo trecentesimo sexto, mense januarii.

Biblioth. imp., D. Grenier, viiie paq., art. 4, p. 275 et suiv.

XXXVII.
MOYENS PROPOSÉS PAR LE PROCUREUR DE L'ABBAYE DE CORBIE CONTRE LA CONCESSION D'UN OCTROI A LA COMMUNE.

Le maire et les jurés de Corbie avaient sollicité du roi l'autorisation de lever dans leur ville une taxe sur les marchandises qui leur permît d'acquitter les dettes dont la commune était grevée. Les religieux firent opposition à cette demande, et Philippe le Bel donna ordre au doyen de Gerberoy et au bailli d'Amiens de se rendre à Corbie et de faire une enquête sur la question soulevée entre la commune et l'abbaye [1].

Le plaidoyer du procureur des religieux devant les commissaires royaux, et ses répliques aux moyens présentés par la commune sont parvenus jusqu'à nous. Le principe qu'on y trouve posé en première ligne, c'est que l'abbé est seigneur de Corbie; à la suite vient une énumération des divers droits que cette seigneurie assure. Le procureur ajoute que l'établissement par les bourgeois d'un impôt sur les marchandises vendues à Corbie entame les droits utiles de l'abbaye, qu'il éloigne les marchands de la ville, et qu'il occasionne ainsi aux religieux un préjudice considérable; qu'en vertu de leur seigneurie, le roi lui-même ne peut rien faire qui soit contre leur gré; que les bourgeois, avec leurs ressources ordinaires, sont à même d'acquitter leurs dettes, et qu'ils n'ont pas besoin de recourir à des moyens extraordinaires; enfin, que, si le roi leur a accordé précédemment la faculté d'asseoir des tailles, ou il l'a fait du consentement de l'abbé, ou il a retiré son octroi sur la réclamation de l'abbaye.

[1] Lettres de Philippe le Bel, portant commission au doyen de Gerberoy et au bailli d'Amiens pour faire cette enquête. 21 mai 1308. (Biblioth. imp., Cartul. noir de Corbie, n° 19, fol. 233 v°.)

CORBIE.

1308

Par devant vous, honorables hommes et discrets, le doyen de l'église de Gerberoy et le bailly d'Amiens, auditeurs ou commissaires commis de par le roy nostre sire pour oïr diligemment religieux hommes l'abbé et le couvent de Corbie d'une part, et le mayeur et les jurés de ladite ville d'autre part, et les raisons desdites parties rechutes, pour vous informer soigneusement savoir mon si le roy nostre sire doit faire et octroier asdits mayeur et jurés leur requeste, qui tele est, que il leur doint congié de faire assis ou collecte en ledite ville, et pour tost renvoyer ladite information au roi nostre sire, dist et propose li procureur desdits religieux; au nom d'aus et pour aus, les fais et raisons qui ci-après s'ensuient, tendans à le fin que li roy nostre sire ne doint faire le requeste desdits mayeur et jurés ne ottroier ne donner congié de faire ledit assis et collecte en ledite ville.

1. Premièrement, dit ledit procureurs au nom que dessus que li abbé de Corbie est sire de le ville de Corbie, par le raison de l'église de Corbie.

2. Item, que ledite ville et le seignoirie dessusdite il tient tout amorti avec mout d'autres villes, terres, prez, yaues, rivières, bos, fiez, arrière-fiez, hommages, hommes liges, seignoiries et mout d'autres coses en comté et baronie, et en fait service au roi nostre sire et en est en se garde espécial.

3. Item, que en ledite ville liditz abbés a le justice et le seignorie de moeuble, de catex et d'éritages, et, se aucuns en voloit lesditz maieur et jurés faire son juge, il ne le porroit.

4. Item, que ledite église a le congnissance de le marcandise faite en ledite ville, s'on s'en trait à li dedans les VIII jours que ledite marcandise ara esté faite, et après les VIII jours, lidit mayeur et jurés n'en peuvent estre juges.

5. Item, li arrest des personnes qu'on puet arrester en ladite ville appartiennent audit abbé; et a lidiz abbés en ledite ville ses sergens qui prendent et arrestent et mènent les arrestez en le prison dudit abbé, laquelle est en le ville devantdite; et les warde un siens sergens qu'on appele le chepier de l'église, et a lidiz abbés se droiture de chascune personne arrestée.

6. Item, ledite église, de son droit et de se nobleche ou son lieutenant, puet donner sauf-conduit à cui qui lui plaist en allant et venant en demeurant à Corbie, et ne puet nul faire arrester celui à cui ladite église donne tele conduit.

7. Item, li treffonds de ladite ville et de le banlieue sont à ledite église ou tenu de li en fief ou en chancel, et tout li chens qui sont deu en la ville de Corbie pour raison du treffons appartiennent à ladite église.

8. Item, toutes les yaues de ladite ville sont à ladite église, et les rivières et fossez de quoy ladite ville est enclose, et toutes autres en le ville et en le banlieue.

9. Item, tout li four et li molin de ledite ville sont à ladite église, et ne puet nules faire fourniaux à cuire tartes ou pastez ou seminiaux sans congié, et sont tous ses banniers, car il ne puet aler à autres fours ne à autres molins que as siens.

10. Item, tous les tonlieux des denrées que on vent et acate en ledite ville et des marcandises est à ladite église et nus autres n'i a riens.

11. Item, tous li sesterage de toutes manières de grains que on vent ou acate ou met en grenier en ledite ville, appartient à ladite église et à nuz autres.

12. Item, le roage et le forage de ledite ville appartiennent à ladite église, et li vinages, c'est assavoir de tous les vins qui sont amené en ladite ville vendre.

13. Item, ledite église fait mettre fuer ès vins que on vent à broque quant mestier est.

14. Item, tout li estalage sont à ladite église.

15. Item, toutes les denrées qui sont amenées par yaues et par terre en ladite ville pour vendre, li doivent se droiture et nient à autres.

16. Item, toutes les marchandises qui sont vendues à Corbie, est asavoir de bled et autres grains, de waides et toutes autres marchandises, les coustumes et droitures qui sont deues pour le raison de ladite marcandise pour le cause de seignorie, sont deues à ladite église comme à seigneur et non à autruy.

17. Item, li plusieurs de ladite ville de Corbie li doivent corvées à ses prez fener et à autres coses faire, comme à seigneur.

18. Item, li plusieurs de ledite ville li doivent queute à cort[1], quant ils en sont semons.

19. Item, s'il avient aucun cas qui conviengne de mener par wages de bataille en ledite ville, li waage devant dit doivent estre démené en le cour de ledite église, et li camps wardé par ses gens.

20. Item, lidit mayeur et juré, par raison de commune, sont tenus de venir as ajournemens de ledite église en se cour, du jour à lendemain.

21. Item, nuls ne puet faire puchoirs[2], ne férir estoc ès yaues de ledite église en le ville sans son congié, et pour le congié donner, ladite église a se droiture, et nul ne puet faire un heurelant[3] ne autre ouvrage sur le froc de le ville quel que il soit, sans le congié de ledite église, et en a se droiture.

22. Item, nul ne puet faire en ledite ville bouque de chelier, ne siége, ne

---

[1] Le droit de *queute à court* était celui qu'avaient certains seigneurs hauts justiciers de contraindre leurs sujets à leur fournir pendant un jour ou deux des couvertures (*queutes*) et autres objets de literie, dans certaines solennités féodales.

[2] *Puisoir.*

[3] *Heurelant, auvent, appenti*, petit toit destiné à garantir la façade des boutiques.

estal sur rue, ne en marbre ne en froc de ville ne salie de maison, sans le congié de ladite église, et en a se droiture pour le congié donner.

23. Item, nul ne puet faire cambe ne brasser cervoise ne goudale sans son congié, et a se droiture du congié donner, et a toutes les débites et redevances qui sont dues par raison de brassin sans part d'autruy.

24. Item, ladite église puet faire monnoye à Corbie, si comme li roys tesmoigne par ses lettres.

25. Item, si ledit maieur et jurés de ledite ville ont aucune justice en ledite ville de meffait, se ne peuvent-ils faire exécution de leurs subgis fors que en le manière qui s'ensuit, est à savoir que, leur jugement fait des devantdiz cas, il convient que li maires ou son lieutenant, aveuques un ou deux de ses jurés à tout le mains, viengnent à l'abbaye à l'abbé comme à seigneur ou au lieutenant de l'abbé et le requerrent en le fourme par les mots et paroles qui s'ensieuent: Sires, nous venons à vous, car nous avons fait tel jugement; et li diront tout le fait et le fourme du jugement, et ce fait, ils requerront que il leur doint congié de faire l'exécution du devantdit fait ou jugement, et jurera li maires ou cil qui en son lieu sera, avecque un des jurez, que bien et loyaument en ladite besoigne se sont tenu selon leur conscience; lesquelles coses ainsi faites, lidiz abbés ou chil qui est en son lieu leur donne congié de faire l'exécution; et se aucuns cas il y a dont lidit abbé a coustume à avoir amende pécuniaire, il en doit avoir l'amende tout de plein sans fraude, en la manière qu'il l'a accoustumé à avoir; et est à savoir que, des biens de chaus. qui sont condempnez par jugement, que les aires et li biens immeuble et li héritage qui sont dedans les metes de le banlieue demeurent audit abbé comme à seigneur, sans part d'autruy; mais li biens meuble sont parti parmi entre ledit abbé d'une part et les maieur et les jurés d'autre.

26. Item, ladite église a bien en ladite ville mil personnes et plus assez, lesquelles ne se pueent marier sans son congié, et du congié donner elle a se droiture acoustumée.

27. Item, elle a se droiture accoustumée en tant qu'il sont ensemble par mariage, chascune personne paie à ladite église II deniers parisis de son kief, et apele-on icelle condicion en no vulgal *caveliche*, pour che que ch'est paié pour le kief.

28. Item, le devantdite église, pour toutes ses rentes et redevanches, puet prandre ou faire prandre en ladite ville ou en le banlieue; et se rescousse li est faite, ladite église en a les amendes par le jugement de ses esquevins, lequele amende lesdiz esquevins sont tenus à jugier au commandement de ladite église et de ses gens.

29. Item, lidit maieur et jurés ne pueent bannir, pour quelque cas que che soit, aucune personne sans le congié de ladite église, ne ne pueent rappeler espécialement chiaux qui sont bannis pour cas de crime sans son congié, et convient, quant il bannissent, que l'église soit nommée avant et le ville aprez, ou autrement le bannissement seroit de nule valeur.

30. Item, li esquevins et l'esquevinage de ledite ville sont et appartiennent à ladite église.

31. Item, si deux personnes se combattent l'un contre l'autre en ladite ville, li uns et li autre paie vii sols et demi d'amende à ladite église.

32. Item, ladite église a tele seignorie en ledite ville que, se ses sergent mettent sus à aucunes personnes qui se soit combattus, il convient que ledite personne paie l'amende de ladite église ou que il jure li viie par leur serment, par devant justiche et les esquevins de ladite église, que il n'a mie coupés u fait devant li che dont on li demande l'amende, ne autrement n'en puet estre délivrés.

33. Item, ladite église et leur gens ont en ladite ville le prinse du petit pain, des mauvais vins, des aunes, des pois et des mauvaises mesures, et le jugement, exécution et correction des coses dessusdites; et font enfondrer les tonnaus quant li vins sont trouvés mauvais.

34. Item, que toutes les choses dessusdites a ladite église et plusieurs autres coses avecques en ladite ville et banlieue de Corbie comme sire, et à li appartient comme à seigneur de ladite ville; ne lidit maieur et jurez n'i ont riens, fors che seulement que il y ont par lettres et composition.

35. Item, que, se li roys nostre sire faisoit et octroyoit le requeste des maieur et jurez, e ledite église seroit adomagiée ès rentes e debtes ès redevanches et ès autres choses dessusdites perpétuellement.

36. Item, que quant autrefois le maletaute fu ottroiée au roy nostre sire en ladite ville à le requeste et prière du roy, et ledit maletaute eust fait son cours, les rentes et redevanches et debtes dessusdites en furent et demourèrent si amenuisées que onques puis elles ne peurent revenir en leur valeur là où elles avoient esté devant ledite maletaute.

37. Item, que ledite église a plus fait sans comparaison en subvencions et prises de bled et de disiemes que ledite ville de Corbie.

38. Item, que cil de ledite ville de Corbie sont rique et bien saulable pour paier tant et plus qu'ils ne doivent, sans grever chaus qui coupes n'i ont et sans mandier et sans commune deffaire.

39. Item, que, puis le temps que Jehan de Montlichat fu maires, il ont bien tant taillé et levé de taille que bien se pueent estre acquitté de tant et

de plus qu'il ne devoient devant, sans ce qu'ils avoient levé par devant.

40. Item, que les choses dessusdites sont cleres, notoires et manifestes, et en est voix et commune renommée en la ville et en le banlieue de Corbie et en pays.

41. Item, à ce que li maires et li jurés dient qu'ils ont bien servi le roy en ses weres et aidié en ses nécessitez;

Répond ledit procureur qu'ils ont servi en tele manière que, par les désobéissances et défautes qu'ils ont faite d'aler en l'ost au commandement du roy nostre sire et de ses gens, grant planté des gens de ladite ville ont esté en amendes et les ont payées à gens le roy nostre sire.

Et des choses dessusdites offre ledit procureur tant à enfourmer ou à monstrer qu'il devra souffire à le fin dessusdite, et che qu'il vous en pourra enfourmer, seigneur auditeur, li vaille tant que valoir devra à le fin dessusdite; et les faiz proposés au contraire de par lesdits maieur et jurés qui sont à recevoir, en tant qu'ils sont ou pueent estre contraire ou préjudiciable à ladite église, lidis procureur les met en ny.

RÉPONSES DU PROCUREUR DE L'ABBAYE AUX MOYENS PROPOSÉS PAR LA COMMUNE DE CORBIE.

Ce sont les raisons, deffenses et réponses que li procureur des religieux hommes l'abbé et le couvent de Corbie dit et propose par devant vous, seigneur auditeur dessus nommé, tendante à le fin dessusdite.

Premièrement, dit ledit procureur que, selon droit et raison ausquiex us et coustumes ne sont mie contraire, s'aucuns est sires d'aucun lieu, mesmement quant il y a seignories si noble comme ledite église a en ledite ville de Corbie, nus autres ne puet ne ne doit faire de raison cose audit lieu qu'il soit contre le volunté dudit seigneur.

Or, dit lidis procureur que convenu ou prouvé que à ledite église appartiengne la seignorie de ladite ville et qui le tiengue si noblement comme dessus est dit, il s'ensuit et doit ensieuvir que li roys nostre sire ni autres ne doit octroier ne faire le requeste dessusdite desdits mayeur et jurez contre le gré et le volunté de ladite église.

Item, que, selon droit et raison aquelz us et coustumes ne sont mie contraires, nus ne doit faire en le justiche et seignorie d'autruy cose qui soit ou qui puist estre préjudiciable ou domageuse à le justiche et seignorie de chelui, contre le gré et volunté de lui.

Or, dist lidit procureur que, si li roys nostre sire faisoit et octroyoit le requeste desdiz maieur et jurés, che seroit au préjudice et au damage de le justiche et seignorie de ledite église; car convenu ou prouvé que ladite église ait le seignorie et le justiche de meubles, de cateux et d'iretages en ledite ville, si comme dessus est dit, si assis ou maletaute estoit octroyé asdiz maieur et jurez, che seroit sur meubles et sur cateux et sur les personnes justiciables en ce cas à ladite église, car ledite église, avec le connoissance et le justiche de meubles et de cateux qu'elle a en ladite ville, desquelz lesdiz maieur et jurés ne pueent estre juge, a ledite église justiche et connoissance des marcands et des markandises faites en ledite ville, s'on s'en trait à ledite église dedens les viii jours que ledite marcandise aroit esté faite, et outre les viii jours n'en pueent lidit maieur et jurez avoir connoissance ne justice, ainçois appartient à ladite église sans part d'autrui.

Or dist lidit procureur que, si lidit maieur et jurez avoient mis assis ou collecte sur les marcandises en ladite ville, sur l'ombre et en le couleur de l'assis et de la collecte dessusdit, ils atrairoient et voudroient atraire à aus la connoissance et le justiche des meubles, des catex et des marcandises, et ensi en porroient estre juges, lequele cose seroit ou grief et préjudice et contre le droit, le justiche et seignorie de ladite église, parquoy il s'ensuit et doit ensuivre que li roys nostre sire ne doit faire ne ottroier le requeste dessusdite desdiz maieur et jurés contre le gré et la volunté de ladite église.

Item, que, selon droit et raison ausquelz us et coustumes ne sont mie contraire, nus ne doit faire ne octroier cose à autrui qui puist ne doive estre préjudiciable ni dommageuse en temps présent ou en temps à venir à une tierche personne.

Or, dit lidit procureur que, si li roys nostre sire octroioit ou faisoit le requeste dessusdite desdits mayeur et jurés, ce seroit ou grant damage et ou grant amenuissement ou temps présent ou au temps à venir du propre patremoine de ladite église perpétuelement et héritaulement; car convenu ou prouvé que les débites et redevanches dessusdite soient et appartiengnent à ladite église, il apert clerement que, si ledit assis et collecte estoit octroyé asdits maieur et jurés, mains de marcans et de marcandises venroient en ledite ville et ainsy mains de pourfiz des débites et redevanches des marcandises en aroit ladite église. Pourquoy il s'ensuit et doit ensieuir que li roys nostre sire ne doit octroier ne faire le requeste desdits maieur ou jurez contre le gré et le volunté de ledite église, ne ne mouvoir au contraire chose que lidit maieur et jurez dient que par recompensation de peccune ils paurroient et vauroient restaulir et rendre le damage que ledite église y pourroit avoir; car li procureur de ledite église dit que le damage que ledite église y aroit et pourroit avoir ne pourroit estre estimé ne restaulis, car, si ledit assis et collecte couroit en ledite ville, les marcandises et li marcands de bledz, de waides et d'autres coses sur lesquelles marcandises ledite église a et doit avoir ses droitures et ses redevanches, se accoustumeroient pour aler ailleurs que à Corbie et wideroient mout d'abitans en ledite ville qui desdites marcandises se vivent et iroient ailleurs faire leurs mansions perpetueus. Et se lidit assis ou collecte avoit fait leur cours, pour ce ne revenroient mie lesdites marchandises, ne li marcands, ne li habitans qui party se seroient de ledite ville et seroient allé ailleurs là où il seroient usé et accoustumé de leur marcandise mener et faire leur pourfit; et ainsi il s'ensieuroit que ledite église seroit adamagée perpétuelement et amenuisée en rentes et redevanches que ledite église a en ledite ville, en fours, en moulins, en brassins et sur lesdites marcandises et en autres coses; lequel damage et amenuisement on ne pourroit estimer ni esvaluer, ne jamais lesdites rentes et redevanches ne revenroient jamais en leur première valeur. Et ce peut apparoir clerement, car, quant lidit abbé octroia le maletaute au roy nostre sire, à le requeste et prière dudit roy, et ledite maletaute eust fait son cours, oncques puis lesdites rentes et redevanches ne peurent revenir en le value que elles avoient esté pardevant ledite maletaute; et ce puet-on savoir par chiaus qui les rentes et redevanches dessusdites ont cœulli avant le maletaute et aprez. Ensy il s'ensuit et doit ensuir que li roys nostre sire ne doit octroier ne faire le requeste desditz maieur et jurés contre le gré et volunté de ledite église.

Item, que, selon droit et raison ausquels us et coustumes ne sont mie contraire, chascun se doit plustost incliner et descendre par devers celui qui traite de son propre damage, et de l'amenuisement de son patrimoine eskever, que devers cheluy qui traite de pourfit avoir, mesmement au préjudice d'autruy.

Or dist lidit procureur que, en che requérant que lidit maieur et jurez ont requis au roy nostre sire, il traitent de pourfit et de waing avoir ou grief préjudice et damage de ledite église, si comme dist est, et ledite église, en li opposant au contraire, traite de propre damage et amenuisement de son propre héritage eskivé, si comme dist est; et ensy il s'ensuit et doit ensievir que li roys nostre sire se doit plustost encliner à l'opposition de ledite église qui traite de son propre damage eskiever, si comme dist est, que devers lesditz mayeur et jurez qui traitent de pourfit et de waing avoir ou préjudice et damage d'autrui, si comme dist est. Pourquoy il s'ensuit et doit ensieuir que li roys nostre sire ne doit octroier ne faire le requeste desditz maieur et jurez contre le gré et volunté de ledite église.

Item, que, selon droit et raison ausquels us et coustumes ne sont mie contraire, nus ne puet estre contrains à le sienne cose escanger ne bailler à ferme à autruy contre son gré et se volunté, se il n'y a cause nécessaire pourquoy il le conviegne faire.

Or dist lidit procureur que, si le damage que ledite église pourroit avoir pour le cause dudit assis ou collecte povoit estre estimé, et lidit maieur et jurez le voloient rendre et restaulir à ledite église, ne le devroit-on constraindre à faire cest escange de ses rentes, débites et redevanches bailler ensy à ferme ausditz maieur et jurez contre le gré et le volunté de ledite église, car il n'y a mie cause nécessaire pourquoy il conviegne faire; et ensy il s'ensuit et doit ensuir que li roys nostre sire ne doit octroier ne faire le requeste desdits maieur et jurez contre le gré et le volunté de ladite église.

Item, à che que lidit maieur et jurez dient que il ont bonne cause et juste par quoy li roys nostre sire doint faire leur requeste, car ch'est pour aus relever de leur debtes qui doivent et pour eschiver que leur commune ne se deffache et qu'il ne soient mendiant, si comme il ont donné à entendre... Respont lidis procureur, que ceste cause ne doit de rien mouvoir le roys no sire à ce qui doint faire leur requeste, car, selon droit et raison asquels us et coustume ne sont mie contraire, toutefois que provision puet estre faite de quoy que che soit par voie ordinaire et on le puet faire aussy par voie extraordinaire, on doit laissier le voie extraordinaire et le doit faire par voie ordinaire; or est-il ainsy que cil qui doivent et ont fait les debtes par voie ordinaire les doivent payer, et seroit voie extraordinaire qui autruy contraindroit à payer ou à aidier à payer les debtes qu'il n'auroit mie faite ni aidié à faire.

Or, dist lidit procureur que, si li maieur et jurez de ledite ville sont carkié et oppressé de debtes, ce a esté par leur fait, par leur excès et despens outrageus que il et leur devanciers ont fait en plaidant contre droit et raison contre ledite église; lesquelles coses pueent apparoir par les jugiez que ledite église a eues encontre lidit maieur et jurez; et ainsy s'ensuit et doit ensieuir par voie ordinaire que lidit maieur et jurez doivent payer les debtes dessusdites et doit cesser le voie extraordinaire, ce que ce seroit s'il avoient ledit assis et collecte, car cil qui lesdites debtes dessusdites n'ont mie faites ne aydié à faire les aideroient à payer; ne le cause dessusdite qu'il ont donné à entendre au roy nostre sire, en disant qu'il sont carkié de debtes, que il convenra les habitants en ledite ville mendier se il ne sont secourus dans un temps brief, n'est mie vraye, car les personnes de ledite ville qui sont leur taillables sont riques et aisies, bien soulas de payer leur tailles par voie ordinaire si comme par aus taillier, sans aler mendiant et sans leur commune défaire, car il sont aussy riques plus que ne furent oncques. Et ensy s'ensuit et doit ensuir que li roys nostre sire ne doit octroier ne faire le requeste desdits maieur et jurez contre le gré et volunté de ledite église.

CORBIE.

Item, à ce que lidit maieur et jurez dient que autrefois li roy nostre sire baillia les lettres dessusdites audit abbé, que ce ne doit grever ne faire préjudice à ce que on ne doie faire leur requeste ne aidier ne valoir audit abbé, car aussi baillia li roys nostre sire en même temps lettres aus autres bonnes villes soumises à lui sans moien et à toutes autres bonnes villes qui avoir les vouloient, que li assis dessusdit ne leur portast préjudice, si comme il dient, et fu fait au temps des weres, auquel le roy nostre sire ne vouloit mie troubler ni mouvoir ses subgis contre lui, si comme lidit maire et jurés dient;

Respont lidit procureur que, si il estoit vérité que li rois no sires eust fait l'assis dessusdit pour le cause desdites weres, ne s'en pourroient ne devroient aidier lesdits maire et jurez ne li roys no sire contre ledite église, nieismement au cas qui s'offre ore endroit, car par lesdites lettres il appert que li assis et collecte qui adont fust octroié à cœullir il ne puet et ne doit porter préjudice à ledite église, et ensy il ne puet et ne doit aidier ausditz maieur et jurez à le fin que li roys par ce fait puist avoir acquis saisine suffisante contre ledite église d'octroier asditz maieur et jurez assis ou collecte en ledite ville; et si li maieur et jurez ont cœulli assis ou maletaute prinses en ledite ville de Corbie, se le prirent-il à ferme ou à chense audit roy nostre sire, lequel assis ou maletaute li rois no sires eut de l'octroi dudit abbé et à le requeste du roy no seigneur, lequele cose ne puet et ne doit porter préjudice à ledite église, par ce qui dessus est dit; mesmement comme, pour cel assis qu'il prirent au roy no sire, si comme dessus est dist, il promirent et s'obligèrent au roy nostre sire à acquitter la ville de toutes les debptes qui devoient, fust au roy fust à autruy; et a esté li roys nostre sire de ce décheus, car li maires et jurez donnent à entendre au roy nostre sire que li assis dessusdit ne vauroit mie par l'espace de dix ans plus de VI^m livres, et pour tant leur octroia li roys nostre sire et y valu bien esdites x années, as maieur et jurez, XVI^m livres parisis.

Item, à ce que lidit maires et juré dient qu'autrefois li roys nostre sire a eu le maletaute en le ville de Corbie et en saisine est d'avoir toutes fois et quant il lui plaist;

Respont lidit procureur que, si li roys no sire a eu aucune fois maletaute ou assis en le ville de Corbie, ce a esté pour le propre nécessité et pour le pourfit de son royaume, par le gré et volunté et l'assentement dudit abbé et à le requeste du roy no sire; liquel requiert audit abbé qu'il se vousist assentir, et en bailla li roys no sire ses lettres audit abbé parlant en ceste manière, que plus cras droit ne fust acquis au roy no sire ne préjudice engenrés ne fait à ladite église pour le cause de l'octroi et de l'assentement de ledite maletaute ou assis, si comme il peut apparoir par le teneur desdites lettres; et ensy il s'ensuit et

T. III. 63

doit ensuivre que de tele saisine ne se pueent ne ne doivent lidit maires et juré aidier, car ele n'est mie de valeur.

Item, à ce que li maires et juré dient que li roys no sire a octroié tel assis ou maletaute en aucunes villes l'où li roys no sire n'a demaine où il se puist asseir, si comme il dient, si comme à Soissons et à Biauvez et à autres villes, si comme il dient;

Respont lidit procureur qu'il ne sont à recevoir, et s'il sont à recevoir, se ne croist-il mie que ce soit vous; et se li roys no sire l'avoit fait, ne doit chil fait estre receu ne porter préjudice à ledite église, car il ne maintienne mie que aucuns s'y opposassent qui eussent esdites villes teles seignories, justiche, redevanches que l'église de Corbie a en ledite ville de Corbie.

Item, à ce que lidit maieur et jurés dient qu'il ont eu autrefois assis ou maletaute en le ville de Corbie par l'octroi du roy no sire;

Respont lidit procureur que, se li roys no sire leur a autrefois octroié lidit assis et maletaute en ledite ville, ce leur a esté osté ou au mains suspendu au pouvoir et à l'opposition de ledite église.

Item, à che que il maintiennent que il ont payé centièmes, chinquantièmes, pretz et empruntz;

Respont lidit procureur que che ne puet valoir asdiz maieur et jurés, car li prest, emprunt, centièmes, chinquantièmes, ne furent mie paié au roy no sire par raison de commune, mais par raison de personne singulière, desquelles coses cil qui s'opposent asdiz assis et leurs hommes et leurs subgis en paièrent aussi bien que ledite ville; pourquoy li roys no sire ne doit octroier ne faire le requeste desdiz maieur et jurés contre le gré et le volonté de ledite église et de ceux qui s'y opposent.

Par quoy dist lidit procureur, par li faits et raisons dessusdites toutes ensamle et chascune à par lui, que, quant il appert clerement que lidiz abbés, par le raison de ledite église, est sires de le ville de Corbie, et ensy le congnoist li roys, et que ledite église aroit et soustenroit grans damages et seroient fais et engenrés grans préjudice en le justiche et seignorie que ledite église a en ledite ville et grans amenuisements des rentes, débites et redevanches que ledite église a en ledite ville s'ensuivroit perpétuelement et en seroient amenris les propres patrimoines de ledite église, se li roys no sire faisoit le requeste desdits maieur et jurés; il s'ensuit et doit ensuir que li roys no sire ne doit faire ne octroier le requeste desdits maieur et jurés, meismement, comme li damage dessusdis ne seroit mie seulement à ledite église en son propre demaine, mais aussy bien par le redondacion de damage que li subgis de ledite église soustenroient par lidit octroy, liquel damage redonderoit à ledite église.

Arch. du départem. de la Somme, armoire 1re, liasse 23, n° 10, copie collationnée en 1662. — Biblioth. imp., cartul. noir, n° 19, fol. 234 r°.

XXXVII.

LETTRES DE L'ABBÉ DE CORBIE, PORTANT AUTORISATION POUR LE MAIRE ET LES JURÉS DE LEVER UN IMPOT SUR LES POSSESSEURS D'IMMEUBLES.

Les magistrats municipaux de Corbie ne purent, à ce qu'il paraît, obtenir la concession d'impôt sur les marchandises qu'ils avaient demandée au roi; ce refus les mit dans la nécessité de s'adresser à l'abbé, pour obtenir une concession analogue. Alléguant de nouveau les dettes considérables dont ils étaient chargés, ils sollicitèrent de lui l'autorisation d'outrepasser l'impôt ordinaire de la commune, et d'asseoir sur les laïques et les clercs ayant héritages une taxe proportionnée à l'étendue et à la valeur des biens possédés par eux. L'abbé accéda à cette requête, et régla par l'acte suivant, du mois de mai 1308, les conditions de l'impôt direct octroyé aux bourgeois sous la dénomination d'aide.

A tous chiaux qui ces présentes lettres verront et orront, Henris, par la grâce de Dieu, humble abbé de l'église Saint-Pierre de Corbie et sires de ladite ville, salut en Nostre Seigneur. Comme no hommes et submis li habitans de no ville de Corbie soient venus par devers nous et nous aient monstré le grant nécessité-là ù il sont pour plusieurs grosses, griés et grandes debtes qu'il doivent et desquelles il sont carchié et entrepris et sans leur couppe et meffait, et nous aient humblement suplié et requis que, pour eulx aidier à descarchier et délivrer de icelles debtes, vausissons de grâce espécial souffrir et otrier que tout ly habitant en nodite ville et autres qui héritages y ont contribussent avec eulx et leur feissent aides auxdites debtes paier selon leur facultés et les héritages qu'il en noditte ville ont, cascun selon se portion; sacent tout que nous, qui tousjours les vauriens et volons sescoure à leurs nécessités et tant que à nous appertient ou poet appertenir, sauf le droict d'autruy, considérans le grant nécessité là ù il sont et le grant dommage et le destruction de nodite ville qui avenir et ensuir se porroit pour lesdites debtes, se remède n'y estoit mis, par le conseil de pluiseurs bonnes personnes et dignes de foy, et eue sur ce grande et diligente délibéracion avec eulx et à tout nostre conseil, leur avons de grâce espécial accordé et octroyé ce qui s'ensuit:

1308.
mai.

C'est assavoir que nous souffrerons que tout ly habitant et résident en nodite ville et demourant, et li autres qui héritage ont en nodite ville, soient clerc ou lay, de quelconque condicion qu'il soient, faissent aide as nos dessusdits homes et paient selon le quantité et qualité des biens ou héritage qu'il aront en nodite ville, pour eulx descarchier des cargues et des debtes dessusdites, exceptés prestres et clers qui se vivent de leur clergie sans mestier ou marchandise, et exceptés les héritages qui ont esté et seront en main morte ou en main de église; et est assavoir que toutes nos maisnies, et tout chil qui sont ou seront nécessaire à nous ou à aucuns de nous servir, c'est assavoir clers, escuiers, chambrelens, panetiers, despensiers, boutilliers, someliers, keus, mareschaus, barbiers, vallés, garchons et tous autres, quel qu'il soient, qui à nous servir estoient ou seront nécessaires, ne paieront point de laditte aide à nos dessusdits homes ne point contribueront avec eulx tant qu'ils seront en no service, ce excepté que, se nous donniens de nos draps à aucun demourant en notredite ville, quel qu'il fuissent, qui ne fuissent nécessaires à nous servir, si que dit est, nous souffrerons que il paient solde dessusditte.

Item, se aucuns de maisnie se manoit en nodite ville et il prendroit fenme taillaulle ou qui eust esté taillaulle, nous souffrerons que il paie l'aide dessusditte de tout ce qu'il prendroit avec se fenme de ce que autreffois auroit esté taillaule, aussi que ly autre de nodite ville où il paieroit part des debtes de tout ce que pris aroit avec se fenme qui taillaulle auroit esté, et durera ceste grâce que nous faisons à no dessusdits homes tant et si longuement qu'il nous plaira et nient plus; et le porrons rappeller quant nous vaurrons, et s'il avenoit, le temps de ceste grâce durant, que aucunes des personnes dessusdites, desquels nous souffrerons à avoir l'aide dessusdite, fust rebelles de ceste aide paier, nous nous soufferons de faire partie avec eulx tant sans plus que ledite grâce durra; et se nos dessusdits homes les voloient sieuir de leditte aide paier, il seront et sont constraint de venir par devant nous ou nos gens, et en no court, ne ailleurs ne les porront traire, ne de no court ne porront issir, se n'estoit par appel de deffaute de droit ou de mauvais jugement, et se il les veullent sieuir, nous appellerons les parties et orrons et leur ferons raisons.

Item, se il avenoit que nous rappellissons ledite grâce el temps à venir et que nous ne vausissons plus souffrir que elle durast, tout ly dessusdits et tout chil qui refusé ont et refusent, et qui franc se sont dit, dient ou diront de taille ou aide paier et de contribuer avec nos dessusdits homes, seroient et seront, demouroient et demouront franc, tantost le grâce rappellée, el point et el l'estat et el manière et en telle francquise qu'il ont esté et sont et qu'il estoient el temps que chiex accors ou grâce se fist; ne leur porroit ne porra porter ne portera ne fera préjudice aide qu'il en aient faite ou paié, ne cose que faite en aient en la grâce que nous en faisons en saisine ne en propriété, ne à nous ne à nostre église aussi; et ne se porront no dessusdits home aider encontre eulx ne aucuns d'eulx ne encontre nous et nostre église de ledite grâce ne de cose qui en fust ensieuie ne paie que chil en eussent faite ne des esploit que fais ou ensieui en fust en jugement ou dehors ne de procès qu'il en eussent fait ne jugement qu'il en eussent encontre eulx ou contre aucuns d'eulx, ne valoir ne leur porra ne pourffit ne leur porra nen plus que se oncques n'eust esté fait; anchois demourra à tous chiaux qui paié le auront de leur volenté ou par constrainte faite par jugement ou en autre manière, et à nous et à notre église aussi, leurs droits et ly nostres et de nostre église sains et entiers sans estre empiriés, malmis, blechiés ne amenuisiés, en saisine ne en propriété, en tout ne en partie, et tous autres et en autel point, fourme et manière qu'il estoit devant ceste grâce, et en porront il et nous emporrons aussi user, et nous aidier tout ainssi que nous faisiens el temps dessusdit, non contrestant tout ce closement et entièrement que fait, advenu ou esqieu fust en jugement ou hors jugement, le temps de ledite grâce durant, et demourra ly droiz de l'autre partie aussi sains et entiers et tous auteuls que devant l'avoient. En tesmongnage de toutes les choses dessusdittes, nous avons à ces présentes lettres mys nostre seel, en l'an de grâce mil ccc viii el moys de mais, et ont et aront ferme et estable tout chose que par leurs devantdits procureurs ou par l'un d'iaus sera fait, dit, procuré ou recongnut des choses dessusdites, par l'obligation de tous leurs biens. En tesmongnage des choses dessusdites, j'ay ces présentes lettres scellées de men propre seel, qui furent faictes en l'an de grâce mil iiie xxii, le xvie jour du moys d'octembre.

<small>Biblioth. imp., cartul. *Esdras*, Corbie 21, fol. 63 v°.</small>

XXXVIII.

LETTRES DE PHILIPPE LE BEL PORTANT RÉUNION DE LA COMMUNE DE CORBIE AU DOMAINE DE L'ABBAYE.

Malgré l'impôt sur les héritages, la ville de Corbie ne put acquitter ses dettes, et la gêne financière devint excessive. Les habitants découragés par cet état de choses, lassés des luttes constantes qu'ils avaient à soutenir avec l'abbaye, résolurent d'abandonner leur établissement communal. Ils proposèrent à Philippe le Bel, pour se libérer envers lui, de remettre entre ses mains la commune avec tous ses droits de justice, domaine, propriété, possession, marais, tourbières, murs, fortifications, portes, beffroi, prisons, et toutes autres dépendances. En même temps les religieux, jaloux de conserver sans partage les prérogatives de leur seigneurie, exposèrent au roi que leur monastère existait dès longtemps avant l'établissement de la commune, qu'il avait reçu en don la ville elle-même avec tous ses droits et dépendances, et que la commune avait été instituée par l'autorité royale sur le territoire et dans le domaine de l'abbaye, à la requête même des religieux; en conséquence, ils prièrent Philippe le Bel de réunir la commune de Corbie, non à son domaine, mais au domaine de l'abbaye, offrant de lui abandonner en échange ce qu'ils possédaient dans les villages de Wailly et de la Royère, tant en immeubles qu'en revenus de diverses natures, et de verser entre ses mains la somme de six mille livres[1].

Par la lettre qu'on va lire, le roi accepte la double proposition des habitants et des religieux de Corbie. Il réunit au domaine de l'abbaye la commune de Corbie avec tous ses droits, et déclare que les choses seront rétablies dans l'état où elles se trouvaient avant l'institution de la commune; que ni lui ni les rois ses successeurs ne contraindront jamais le monastère à rétablir la commune par quelque motif que ce soit, et qu'il sera loisible aux religieux de la conserver ou de la détruire, si bon leur semble. Il se réserve pour lui-même les droits de souveraineté et de ressort, l'ost et la chevauchée, les aides gracieuses dans certaines circonstances déterminées, et le droit, en cas de guerre ou de pressante nécessité, de disposer de la ville et des fortifications.

Philippus, Dei gratia Francorum rex, notum facimus universis tam presentibus quam futuris quod dudum major et jurati et tota communitas ville Corbeiensis et eorum singuli, unanimi assensu considerantes, ut dicebant, communie predicte onera et expeditiones importabiles, tam propter multitudinem debitorum et reddituum ad vitam, in quibus pluribus et diversis creditoribus obnoxii tenebantur, et adeo mole hujusmodi eris alieni depressi quod nulla-

---

[1] Littera permutationis facte domino nostro regi Francie de villa Veylliacci, suessionensis diocesis, ad villam Corbeyensem (juillet 1310). Cartul. noir de Corbie, B. I., 19, fol. 35 r°. — Item alia sequens de quibusdam concordanciis factis inter ecclesiam Corbeyensem et villam ejusdem loci (1321). Id., ibid., fol. 36 r°.

tenus ut resurgerent adjicere volebant, sed magis augmentabantur predicta
debita quotidie, ut non nisi suum expectarent finale exterminium quam etiam
alia incumbentia onera atque insufficientem statum suum in predicta communia ulterius non poterant supportare; dictam communiam et omnia jura ad
ipsam communiam et singulares personas ejusdem nomine communie et communitatis seu ad ipsam spectantia, in dominio, proprietate, possessione, saisina, mariscis, turbagiis, clausuris murorum, portis, berfredo, carceribus, aliis
fortalitiis et firmitatibus ville predicte ac justicia et districtu seu alio quocumque jure in quibuscumque et ubicumque existentibus, in nos et jus nostrum
regium absque retentione aliqua perpetuo transportarunt; dantes nobis, quit-
tantes et remittentes premissa, pleno jure a nobis, successoribus nostris seu
causam a nobis habentibus vel etiam habituris habenda perpetuo et tenenda,
et quodque de eis ordinaremus et nostram faceremus plenariam voluntatem;
prefata itaque communia, cum omnibus juribus et pertinentiis suis, ut premit-
titur, in manibus nostris posita et nostra effecta, dilecti et fideles nostri religiosi viri abbas et conventus monasterii Corbeiensis nobis fecerunt exponi quod
monasterium eorum predictum, diu ante fundationem dicte communie, a predecessoribus nostris in dicta villa fundatum fuerat et constructum et dotatum
de villa predicta, cum omnibus juribus et pertinenciis suis, et que dicti antecessores nostri ibidem obtinebant, que omnia pleno jure, concessione et largi-
tione eorumdem antecessorum eidem monasterio assignata fuerant, in jus et
in proprietatem ejusdem monasterii per eosdem antecessores nostros eodem et
tam pleno jure, sicut ea inibi habebant, penitus transportata, quodque postmodum ad requisitionem dictorum abbatis et conventus dicti monasterii, pro
tunc temporis consideratione provida communia instituta fuerat et fundata
auctoritate regia in villa predicta, in territorio, dominio, districtu ipsius monasterii; propter quod supplicaverunt nobis predicti abbas et conventus ut quieti
eorumdem monasterio providere vellemus per admovitionem et adnullationem
communie et communitatis predicte, reducere jus predicti monasterii ad statum
illius temporis in quo erat ante superinductam communiam supradictam, ut
sic monasterium supra dictum juribus ac libertatibus suis gaudere valeat et
pacis auctori libere et in pace servire; et pro quadam domo ipsorum religiosorum sita in villa de Wailliaco, Suessionensis diocesis, que domus curia dominica
nuncupatur, cum pluribus aliis domibus in dicta villa situatis a certis censibus,
redditibus, pratis, nemoribus, furnis, molendinis, terragiis, vinagiis, hominibus
de corpore, capitagiis, dominio, juridictione, justicia, necnon et pro quadam
eorumdem domo, que vulgaliter nuncupatur la Royère, sita juxta Fillanis, cum
certis terris, boscis et redditibus aliis ad ipsam domum pertinentibus et uni-

versaliter pro omnibus hiis que ipsi religiosi infra metas communie de Wailliaco tempore confectionis presentium quomodolibet possidebant, nobis et
successoribus nostris, cum omnibus juribus, pertinentiis et redditibus, obven-
tionibus et aliis quibuscumque et in quibuscumque locis et rebus consistant,
ad domos predictas spectantibus, assignando et in perpetuum jus nostrum et
successorum nostrorum ac regni nostri transportando predictam communiam
et communitatem in dictum monasterium et jus ejusdem transferre vellemus et
etiam transportare, nec non et pro sex millibus libris parisien., quas etiam, in
recompensationem et ex causa permutationis predicte, nobis cum instantia
offerebant, ad que facienda nos cum causis premissis multis aliis persuasionibus
inducere nitebantur. Nolentes igitur, sicut nec debemus, jura monasterii,
presertim eorum que a predecessoribus nostris sancta sunt devotione fundata, in aliquo minuere, sed ea potius cum sua integritate salva fore volentes,
considerantes etiam utilitatem nostram successorum nostrorum ac regni nostri
et dictorum religiosorum in dicta permutatione versari, et predictis religiosis
et habitantibus in dicta villa tranquillitatem et pacem ex eadem procurari; nos
jura predicte communie seu communitatis et quecumque in personam nostram
et jus nostrum regium, predictos majorem et juratos et totam communiam et
communitatem et eorum singulos sunt transportata generaliter omnia, prout
superius sunt expressa et etiam recitata, que tamen ad dictos majorem et juratos
et singulos eorumdem ratione quomodolibet pertinebant, pro predictis domibus cum eorum juribus et pertinentiis universis et singulis supradictis ac aliis
quibuscumque ex causa dicta permutationis, una cum sex millibus libris parisien., concedimus et in perpetuum jus dicti monasterii, abbatis et conventus
ejusdem transportamus et transferimus pleno jure tenenda, habenda et possi-
denda ab eisdem in perpetuum quiete et pacifice sine coactione vendendi vel
extra manum suam ponendi, ita quod nullam communiam in dicta villa Corbeiensi instituere seu facere institui aut mandare poterimus quoquo modo,
qui immo abbas et conventus dicti monasterii dictam communiam instituere
seu sibi retinere, aut quod villa Corbeiensis absque ulla communia perpetuo
remaneat, prout eorumdem abbatis et conventus predicti monasterii placuerit voluntati, promittentes bona fide quod contra concessionem, demissionem
et transportationem predictas non veniemus rationibus vel causis quibuslibet in
futurum, sed premissa omnia et singula dicto monasterio, abbati et conventui
ejusdem garandizabimus, deffendemus et tuebimus contra omnes et eos potiores
in premissa concessione a nobis faciemus et facere tenebimus in nostris expensis et sumptibus contra omnes.

In predictis tamen superioritatem et ressortum nec non et exercitum, cavalcatum, subsidiumque, maritagium filiarum nostrarum, nec non et subsidium pro militia filiorum nostrorum ac filiorum et filiarum successorum nostrorum regum Francie ac redemptione nostri corporis seu successorum nostrorum Francie regum de carcere, quod absit, nec non fortalitia dicte ville in casu necessitatis seu guerre nobis et nostris successoribus Francie regibus totaliter retinentes ; que omnia et singula in premissis nobis et successoribus nostris predictis retenta, prefati religiosi, cum a nobis seu successoribus nostris Francie regibus requisiti super hoc fuerint, facere et adimplere tenebuntur ; nos vero et successores nostri ad reparationem murorum seu fortalitiorum dicte ville Corbeiensis nullatenus tenebimur de cetero quomodolibet faciendam.

Quod ut firmum et stabile permaneat in futurum, presentibus litteris nostrum fecimus apponi sigillum. Datum Parisiaci, anno Domini millesimo trecentesimo decimo, mense julii.

<small>Arch. du départem. de la Somme, armoire 1re, liasse 23, n° 11, copie collationnée en 1662. — Arch. imp., Trésor des chartes, I, reg. 45, n° 85. — Biblioth. imp., cartul. *Esdras*, n° 21, fol. 13. — D. Grenier, VIIIe paq., n° 4, fol. 287 r°.</small>

XXXIX.

PROCÈS-VERBAL DE LA REMISE DE LA COMMUNE DE CORBIE AUX RELIGIEUX.

Pour faire exécuter le traité d'échange qu'il venait de conclure avec les religieux de Corbie, Philippe le Bel nomma deux commissaires, Guillaume de Marcilly et Jean du Temple. Ceux-ci se rendirent à Corbie, et assistés de Hugues de Fillains, bailli d'Amiens, ils convoquèrent les religieux et les habitants dans une maison située au milieu du marché, où se tenaient les assemblées municipales; là, après avoir fait connaître la mission dont ils étaient chargés, ils expliquèrent en public la teneur des lettres d'échange, et mirent l'abbé Garnier, au nom de son église, en possession de la commune et de toutes ses dépendances, et lui en donnèrent l'investiture par les clefs des portes, des fortifications, des prisons et du beffroi. Cela fait, les religieux déclarèrent qu'ils voulaient que la commune cessât d'exister, et qu'ils l'abolissaient entièrement; et, en signe de cette destruction, ils firent enlever sur-le-champ les battants des cloches communales. Les commissaires déclarèrent ensuite qu'il n'y avait plus de commune, et qu'à l'avenir les habitants devaient obéir en tout aux religieux comme à leurs seigneurs.

1310.
Juillet-
août.

Universis presentes litteras inspecturis Guillelmus de Marciliaco, miles, et Johannes de Templo, clericus domini regis Francorum, salutem. Noverint universi nos litteras dicti domini regis vidisse et cum reverentia qua decuit recepisse, tenorem que sequitur continentes :

Philippus, Dei gratia Francorum rex, universis presentes litteras inspecturis, salutem. Cum nos communiam ville Corbeiensis et jura ipsius communitatis, que nuper major et jurati totaque communitas dicte ville ac eorum singuli certis et legitimis causis nobis penitus et in perpetuum dimiserunt, in dilectos nostros abbatem et conventum monasterii Corbeiensis, ex causa permutationis pro quibusdam domibus sitis in villa de Wailliaco ac quadam alia domo que vocatur la Royere, cum omnibus ipsarum pertinentiis ad ipsos religiosos spectantibus et que ipsi religiosi ex causa permutationis predicte in nos et in jus nostrum regium transtulerunt, transportaverimus et transtulerimus pleno jure, prout hec in quibusdam nostris super permutatione hujusmodi confectis litteris plenius continetur; notum facimus universis quod nos dilectos Guillelmum de Marsiliaco, militem fidelem, et Johannem de Templo, clericum nostrum, et eorum quemlibet exhibitorem presentium, in solidum, ad trahendum, liberandum, assignandum et inducendum ipsos religiosos seu eorum procuratorem, eorumdem nomine, in corporalem possessionem et saisinam prefate communie juriumque et pertinentium ejusdem nomine nostro nec non adipiscendam, nanciscendam, recipiendam et subeundam nostro nomine pro nobis corporalem possessionem et saisinam eorum omnium et singulorum, que prefati religiosi in nos et jus nostrum regium, ex causa permutationis predicte, transtulerunt, pro curatores nostros legitimos constituimus, facimus, ordinamus et etiam speciales nuntios deputamus, dantes eisdem et eorum cuilibet plenariam potestatem et speciale mandatum faciendi nomine nostro et pro nobis premissa omnia et singula que circa premissa et premissorum singula necessaria fuerint vel etiam opportuna, ratum habentes et gratum ac etiam in posterum habituri quidquid per predictos procuratores nostros aut eorum alterum actum fuerit, seu etiam procuratum, ab omnibus autem predictis militi clerico quantum ad premissa et eorum cuilibet pareri volumus et mandamus. Actum apud Pissiacum, die duodecima julii millesimo trecentesimo decimo.

Quarum auctoritate litterarum tradita nobis ex parte dictorum religiosorum et recepta a nobis nomine domini regis et pro ipso possessione et saisina corporali rerum permutatarum predictarum, nos postmodum predicti Guillelmus

et Johannes nos transtulimus ad villam Corbeiensem, adjunctis nobiscum, ad
majorem securitatem, discretum virum Hugonem de Fillanis, tunc baillivum
Ambianensem, religiosos viros abbatem et conventum sancti Petri Corbeiensis
et plures alios fide dignos tam ecclesiasticos quam seculares et specialiter
omnes habitantes dicte ville Corbeiensis vel majorem partem ipsorum, ad videndum et audiendum modum et formam commissionis nostre per dominum
regem nobis facte nec non formam charte que facit mentionem de transmuta-
tione facta inter dominum regem et religiosos predictos, qui religiosi et habitantes predicti coram nobis commissariis predictis ad requestam et mandatum
nostrum mature accesserunt prompti, ut apparebat, ad audiendum bono animo
ea que ex parte domini regis proponere volebamus, et ut clarius procede-
remus, nos predictus baillivus et plures alii accessimus ad quemdam domum, in
medio mercati dicte ville sitam, in qua consueverant major et jurati dicte ville,
tempore quo exercebant in dicta villa, communiam facere, videlicet banna et
proclamationes publicas, et ibi, tanquam in publico loco, dictis religiosis habitantibus dicte ville presentibus, nos, predicti Guillelmus et Johannes, secundum formam commissionis nostre predicte, exposuimus publice in vulgari
tenorem charte predicte, taliter quod audire omnes et intelligere potuerunt, et
exposita charta in modum qui dictus est, nos, autoritate nostra nobis super
hoc ex parte domini regis commissa, religiosum virum abbatem sancti Petri
Corbeiensis predictum in corporalem possessionem posuimus de omnibus rebus
in dicta charta contentis in speciali et generali, et de predictis dictum abbatem,
nomine dicte ecclesie, per traditionem clavium portarum ville, fortalitiorum, pri-
sionum et bertfredi; et quia charta predicta facit inter alia mentionem quod
nullam communiam in dicta villa Corbeiensi instituere seu facere institui aut
mandare poterimus quoquo modo, quin immo, dicti abbas et conventus dicti
monasterii dictam communiam instituere poterunt seu sibi retinere, aut quod
villa Corbeiensis absque ulla communia perpetuo remaneat, prout eorumdem
abbatis et conventus predicti monasterii placuit voluntati, et propter hoc
diximus quod dicti religiosi poterunt de bertfredo et omnibus aliis in dicta
charta contentis suam facere voluntatem; qui religiosi predicti statim extunc,
coram nobis dixerunt et protestati fuerunt quod nolebant communiam in dicta
villa Corbeiensi remanere nec esse, immo eam totaliter et expresse, quantum
eis pertinebat, revocabant et ad singularitatem reducebant et ex tunc reductam
esse volebant et declarabant, et in signum hujus batella campanarum dicte
communie deponi fecerunt et de amovendo perpetuo bertfredo dicte communie protestati sunt, et dictum bertfredum amovendum decreverunt, quousque super premissis sibi aliter videretur ordinandum, quam ordinationem

sue voluntati, utilitati seu etiam opportunitati, prout expedire viderent, omnino reservabant, jure suo in premissis omnibus et aliis plene et integraliter reservato. Quibus sic dictis et actis, precepimus dictis habitantibus et eorum singulis quod dictis religiosis in his et aliis tanquam suis dominis obedirent, qui habitantes omnia supradicta concesserunt et eisdem expresse consenserunt.

His omnibus sic peractis, dictus abbas, pro se et ecclesie nomine, in possessionem omnium predictarum rerum, ut dictum est, intravit et eum posuimus in possessionem corporalem earumdem, que omnia supradicta publicavimus, salvo jure regio, prout in charta transportationis predicte continetur. In cujus rei testimonium sigilla nostra presentibus litteris duximus apponenda.

Actum et datum apud Corbeiam, secunda die augusti, anno Domini millesimo trecentesimo decimo.

<small>Arch. du départem. de la Somme, armoire 1re, liasse 23, n° 13. — Biblioth. imp., D. Grenier, VIIIe paq., n° 4, fol. 289 r°, et 11e paq., n° 8.</small>

XL.

ARRÊT DU PARLEMENT DE PARIS AU SUJET DE LA DESTRUCTION DU BEFFROI DE CORBIE.

L'auteur d'une histoire manuscrite de Corbie, dom Bonnefons, rapporte qu'après la prise de possession de la commune par les religieux, l'abbé Garnier n'eut rien de plus à cœur que de faire démolir le beffroi, c'est-à-dire la grande tour au haut de laquelle sonnait la cloche des assemblées municipales [1]; « mais, ajoute l'historien, comme il crai« gnait d'éprouver une vive résistance de la part des habitants, il eut « recours à un stratagème, et proposa à la jeunesse un divertissement

---

[1] L'emplacement du beffroi, auquel il resta le nom de *Haute Clocque*, comme en plusieurs villes de la Picardie, fut donné en fief aux seigneurs d'Heilly, qui y bâtirent un hôtel dit la Maison de Haute-Cloque, dans des lettres du 16 juillet 1398, données au sujet d'une maison située devant l'église de Saint-Albin et dans la rue de la Houssoie, aboutissant par derrière au jardin de la Maison de la Haute-Clocque, qui appartient au seigneur de Heilly; il fut vendu par Guillaume de Gisselen, seigneur de Heilly, et mademoiselle de Laval, son épouse, à Jean Leroy, marchand à Corbie, dont saisine à lui donnée le 3 octobre 1520; acquis ensuite par le roi, pour en faire un magasin d'artillerie. Ce lieu demeura en cet état jusqu'au 31 janvier 1676, qu'il passa à Michel Devaux, sieur de la Molte, par brevet du roi, pour être tenu en fief du comté par soixante sols parisis de relief. (D. Grenier, XXIIe paq., art. 1 e, p. 261.) — On lit dans une autre note de D. Grenier, que ces soixante sols de relief étaient dus « à cause de la cloche qui étoit pendue au haut de la tour qui couronnoit l'édifice et située entre les rues du Collège et de la Houssoie. » (Ibid., XXIe paq., art. 2 n, p. 73 r°.)

« à une certaine distance de la ville, et des prix aux plus adroits. Tout
« le monde y court, et il ne reste presque personne dans la ville. Tandis
« que l'abbé, qui avait laissé des ordres pour en fermer les portes, fait
« mine de partager la joie publique, des ouvriers apostés sapent le
« beffroi par les fondements avec tant de célérité qu'il était renversé
« avant que les bourgeois pussent s'en apercevoir. Surpris et indignés
« du stratagème, ils traduisirent l'abbé Garnier et la communauté de-
« vant le parlement[1]. »

Nous donnons ici l'arrêt rendu par la cour sur la plainte que les bourgeois de Corbie avaient formée à cause de la démolition de leur beffroi et de l'enlèvement de la cloche qui y était suspendue, et qu'on nommait la *Haute-Clocque*. Le parlement, après avoir entendu les parties sur cette affaire, rendit un arrêt qui déboutait les bourgeois de leur plainte, en leur imposant à cet égard un *perpétuel silence*.

Philippus, Dei gratia Francorum rex, notum facimus universis tam presentibus quam futuris quod cum homines ville de Corbeya conquererentur ex eo quod religiosi viri abbas et conventus dicte ville de Corbeya berfredum dicte ville omnino diruerant et campanam eorum sibi appropriaverant, dicentes dictum berfredum magnum esse fortalitium dicte ville et dictam campanam plurimum esse utilem pro necessitatibus ville ejusdem, requirentes instanter pluribus rationibus dictum berfredum una cum eorum campana in pristinum statum reduci; procuratore dictorum religiosorum e contrario proponente et litteras nostras de acquisitione communie dicte ville et pertinentiarum ejus curie nostre exhibente; tandem, auditis hinc inde propositis et visa littera predicta, per arrestum nostre curie predictis hominibus impositum fuit perpetuum silentium super berfredo et campana predictis. In cujus rei testimonium presentibus litteris nostrum fecimus apponi sigillum. Actum Parisiis in parlamento nostro, anno Domini millesimo trecentesimo duodecimo, mense decembri.

1312.
décembr.

<small>Arch. du départem. de la Somme, armoire 1re, liasse 23, n° 15. — Biblioth. imp., cartul. noir, n° 19, fol. 42 v°. — Cartul. *Esdras*, n° 21, fol. 21 r° et v°, et 42. — D. Grenier, viiie paq., n° 4, fol. 292 r°. — Cabinet des chartes, c. c., 251.</small>

[1] D. Grenier, xxie paq., art. 2 B, p. 73 v°.

XLI.

ARRÊT DU PARLEMENT RENDU CONTRE LES HABITANTS DE CORBIE.

Il y avait à peine deux ans que les habitants de Corbie étaient retombés sous la seigneurie absolue de l'abbaye, lorsqu'ils adressèrent au parlement leur plainte de ce que les religieux et leurs officiers de justice les traitaient avec une excessive dureté, et leur faisaient payer des amendes beaucoup plus fortes que celles auxquelles ils avaient été taxés jusqu'alors; et, de son côté, le procureur de l'abbaye soutint que, puisque les habitants de Corbie étaient justiciables des religieux, leurs plaintes ne pouvaient être portées au parlement que par voie d'appel.

La cour, par l'arrêt qu'on va lire, déclara que les habitants étant sujets des religieux, devaient *ester en droit* devant eux ou leurs officiers, et que toutes les fois qu'ils auraient recours au parlement par voie d'appel, ou, dans tout autre cas de la compétence de la cour, celle-ci, les parties appelées, leur ferait *complément de justice*.

1312.
décembre.

Philippus, Dei gratia Francorum rex, notum facimus universis tam presentibus quam futuris quod cum homines ville de Corbeia curie nostre conquererentur ex eo quod, ut dicebant, religiosi viri abbas et conventus ville predicte et eorum justiciarii et ministri ipsos homines nimis dure tractabant et nimis rigide quam consuetum fuisset justiciabant eosdem, et multo majores emendas quam solvere consuevissent ab ipsis levabant, requirentes super hoc instanter moderamen et conveniens remedium per nostram curiam adhiberi; procuratore dictorum religiosorum e contrario proponente quod, cum homines predicti sint eorum justiciabiles, ipsi super hoc non debebant nisi per viam appelationis audiri; auditis hinc et inde propositis, per arrestum nostre curie dictum fuit quod, cum predicti homines sint dictorum religiosorum subditi, ipsi coram dictis religiosis et eorum ministris tanquam coram dominis juri debent parere et stare juri, et quotiens, vel per viam appellationis vel in casibus aliis quam per appellationem ad ipsam curiam nostram spectantibus, dicti homines curiam nostram adibunt, ipsa curia nostra, vocatis partibus, exhibebit eisdem super hiis justicie complementum. In cujus rei testimonium presentibus litteris nostrum fecimus apponi sigillum. Actum Parisiis in parlamento nostro, anno Domini millesimo trecentesimo duodecimo, mense decembri.

<small>Arch. du départem. de la Somme, armoire 1re, liasse 23; n° 14, original en parchem. — Biblioth. imp., cartul. *Esdras*, n° 21, fol. 21 v°. — Cartul. noir, n° 19, fol. 40 r°. — D. Grenier, viiie paq., n° 4, fol. 292 r° et 293 r°. — Bouthors, Notice histor. sur la commune de Corbie (Amiens, 1839, in-8°), p. 59.</small>

XLII.

AUTRE ARRÊT DU PARLEMENT, PORTANT FIN DE NON-RECEVOIR CONTRE LES PLAINTES DES HABITANTS DE CORBIE.

Deux ans après l'arrêt qu'on vient de lire, les habitants de Corbie s'adressèrent de nouveau, par procureur, au parlement, pour réclamer contre l'abbaye. Ils exposaient que des amendes excessives et plus fortes que la coutume ne le comportait avaient été mises sur eux, et demandaient qu'elles fussent supprimées. Ils demandaient en outre que les religieux fussent obligés à choisir, comme par le passé, pour rendre la justice dans Corbie, des hommes pris parmi les notables de la ville; que l'abbaye fût astreinte à réparer et à tenir en état les fortifications; que des lettres royales qui leur avaient accordé le produit d'un octroi temporaire fussent renouvelées. Sur ces quatre points, débattus devant la cour, les habitants de Corbie furent déboutés de leur requête.

1314.
16
mai.

Ludovicus, Dei gratia Francorum et Navarre rex, universis presentes litteras inspecturis, salutem. Notum facimus quod, cum procurator hominum ville Corbeie conquereretur ex eo quod, ut ipse dicebat, abbas et conventus ville predicte et eorum justiciarii emendas immoderatas et majores quam consuetum fuisset levabant ab hominibus predictis, requirens per nostram curiam sibi super hoc provideri, quodque dicti religiosi deputarent de sapientibus hominibus dicte ville, usque ad certum numerum, secundum quod ab antiquo in dicta villa extitit consuetum, qui judicia facerent in villa predicta; procuratore dictorum religiosorum contrario proponente quod, cum dicti homines sint eorum justiciabiles, ipsi super hiis non debebant audiri, sed si sentirent se gravatos vel male judicatos per dictos religiosos vel eorum ministros, ad curiam nostram per viam appellationis poterunt habere recursum. Tandem, auditis hinc et inde propositis, per arrestum nostre curie dictum fuit quod, cum homines predicti sint dictorum religiosorum subditi, curia nostra non faciet requestas predictas; item, cum dictus procurator hominum predictorum requireret quod dicti religiosi compellerentur reficere et in statu antiquo tenere fortalissia dicte ville, per curiam nostram responsum fuit quod ista requesta ad eos non pertinebat ; item, super eo quod idem procurator requirebat quod littera quam ipsi habebant super malatolta eisdem ad certos annos concessa, cum dictorum annorum numerus non esset completus, renovaretur eisdem, per curiam nostram responsum fuit quod dicta littera non renovabitur. In cujus rei testimonium sigillum quo utebamur vivente carissimo genitore nostro presentibus litteris fecimus apponi. Actum Parisiis in parlamento nostro, die sabbati post festum beati Gregorii, anno Domini M° CCC° XIV°.

Biblioth. imp., cartul. noir, n° 19, fol. 40 r°. — Cartul. *Esdras*, n° 21, fol. 21 v°. — D. Grenier, VIIIe paq., n° 4, fol. 296 r°.

XLIII.

LETTRES DU ROI PHILIPPE LE LONG, AUTORISANT L'ASSIETTE D'UN IMPÔT SUR LE VIN, AU PROFIT DE LA VILLE DE CORBIE.

Pour que la cession de la commune de Corbie produisît le soulagement financier qu'on s'en était promis, le roi Philippe le Bel avait octroyé aux habitants le produit d'un impôt sur le vin et les autres marchandises. Cet impôt devait durer neuf ans. Mais il y eut impossibilité de le lever, à cause de l'opposition des religieux, qui prétendaient, comme toujours, que rien de semblable ne pouvait avoir lieu sans leur consentement. Quelques années se passèrent, et l'abbaye reconnut elle-même qu'en persistant dans cette voie, elle empêcherait à jamais la ville de se libérer de ses dettes; elle consentit donc à la levée de l'impôt accordé par Philippe le Bel, pour le terme de cinq ans qui restait à courir, et le roi Philippe le Long, par les lettres qu'on va lire, renouvela la concession faite par son père [1].

[1] La question du renouvellement de cet impôt donna lieu, quelques années plus tard, à de nouveaux litiges entre le monastère et les habitants de Corbie, ces derniers ayant négligé de demander l'autorisation de l'abbé avant celle de la cour des aides. Des arrêts furent rendus à ce sujet le 25 août 1333 et le 6 mai 1340; enfin, le 18 mars 1341, intervint un accord par lequel il fut stipulé: 1° que jamais à l'avenir les habitants n'obtiendraient du roi l'octroi d'un impôt dans leur ville, sans l'autorisation préalable de l'abbé; 2° que la taille accordée pour douze ans par le roi à la ville et à l'abbaye, serait, pour la part qui en reviendrait aux habitants, appliquée à la réparation des fortifications et au

CORBIE.

Philippus, Dei gratia Francorum et Navarræ rex, universis præsentes litteras inspecturis notum facimus quod, cum inclytæ recordationis karissimus genitor et dominus noster, attendens propensius jacturas et dispendia quæ villa Corbeiæ et habitatores ipsius, tam ex facto guerrarum Flandriæ quam ex improvido dictæ villæ regimine, pro tempore quo major et jurati fuerunt, ibidem incurrisse noscuntur ac importabilia debitorum onera quibus villa ipsa, tam pro redditibus ad vitam quam aliis obligationibus, oppressa multipliciter existebat et adhuc extitit, pro dictorum debitorum onere relevando, ne villa ipsa incommoda graviora subiret, eidem villæ ac ipsius habitatoribus gratiose concessit ac duxit ordinandum quod in dicta villa talis assisia fieret, quod de quolibet loto vini quod in dicta villa venderetur ad tabernam solveretur unus obolus, et de quolibet dolio in grosso vendito solverentur quinque solidi, dumtaxat a venditoribus præmissorum. — Item, de omnibus aliis mercaturis quæ in dicta villa et scabinatu et banleuca ipsius venderentur, solveretur a venditore unus den., de libra qualibet citra viginti solidos nihil penitus solveretur, a cujus assisiæ præstatione clericos mercatores in dicta villa commorantes exemptos esse noluit, quin ad solutionem ejusdem ut ceteri tenerentur, quam quidem assisiam usque ad novem annos durare voluit a tempore concessionis prædictæ, et emolumenta quæ exinde levari contingeret in exemptionem et acquitationem tam redituum ad vitam quam aliorum debitorum in quibus dicta villa tenetur distribui fideliter et converti. . . . . de quibus quidem novem annis adhuc restabant quinque. . . . . in perceptione dictæ assisiæ, per ipsos v annos, pro eo quod abbas et conventus monasterii Corbeiensis in dicta villa omnimodam altam et bassam jurisdictionem habentes, se præmissis opponerent, dicentes hoc sine eorum consensu [non] posse fieri vel debere, impediti fuerunt, ut dicunt, ita quod' ad reformationem status dictæ villæ nullatenus attingere potuerunt ; tandem procurator abbatis et conventus prædictorum, intellecto et cognito, ut dicebant, quod villa prædicta per alium modum ita commode non poterat a prædictorum debitorum onere relevari. . . . . procurator dicti monasterii consensit et voluit quod ista vice, absque jam dictorum abbatis et conventus in futurum præjudicio, prædicta assisia ab instanti termino brandonum usque ad v annos sequentes continue prædicto modo de nostra concessione levetur

1321.
4
février.

curage des rivières; 3° que cette part serait levée par des commissaires à la nomination des religieux, enfin, que, si la somme afférente à la ville n'était point dépensée tout entière, le reliquat serait employé à l'acquisition d'une rente annuelle, dont l'intérêt servirait à des objets d'utilité publique.

(Arch. imp., Trésor des chartes, J, reg. 88, n° 180. — Biblioth. imp., Cartul. noir de Corbie, n° 19, fol. 40 v°. — D. Grenier, xxıı^e paq., art. 1 E, p. 262 et suiv. — Voy. aussi un ajournement des habitants de Corbie, 5 mars 1339, dans le cartul. *Esdras*, fol. 77 r°.)

T. III.

in aquitationem prædictæ villæ fideliter convertendo. Hinc est quod nos eisdem villæ et habitatoribus assisiam prædictam levandam modo prædicto a dictis brandonibus usque ad v annos sequentes in acquitationem tam reddituum quam debitorum dictæ villæ gratiose concedimus prædicto modo per præsentes, ipsisque habitatoribus gratiam volentes facere pleniorem, dilationem solvendi quibuscumque suis creditoribus debita communiæ dictæ villæ, pro tempore quo major et jurati rexerunt eamdem contracta, usque ad annum, nostris et nundinarum campaniæ Briæque debitis duntaxat exceptis, habitatoribus eisdem concedimus de nostra plenitudine potestatis, dantes baillivo Ambianensi et locum ejus tenenti, ceterisque justiciariis regni nostri presentibus in mandatis, ut eosdem dictam assisiam, sicut præmittitur, levare et ipsos ad solvenda debita prædicta, dicto durante termino non compellant. In cujus rei testimonium præsentibus litteris nostrum fecimus apponi sigillum. Actum et datum Parisiis, iv° die februarii, anno Domini m° ccc° xx°.

Biblioth. imp., D. Grenier, viiie paq., n° 4, fol. 299 r°.

XLIV.

LETTRE DU ROI JEAN AU SUJET D'UNE TENTATIVE DE RESTAURATION DE LA COMMUNE DE CORBIE.

On trouve, sous l'année 1356, la trace d'une tentative faite par les habitants de Corbie pour ressaisir leurs prérogatives communales. Voici dans quelle circonstance : les états de la langue d'oil avaient accordé au roi Jean II, pour l'entretien de trente mille hommes d'armes destinés à repousser l'invasion anglaise, un impôt qui devait être levé dans chaque localité par des commissaires électifs. A Corbie, où les religieux de l'abbaye avaient seuls le droit d'autoriser des élections de ce genre, vingt-quatre personnes furent nommées de leur consentement par les habitants, pour asseoir et lever les deniers nécessaires à l'entretien de leurs concitoyens engagés dans l'armée royale; mais trois de ces commissaires, après avoir fait la levée légale, perçurent, sans l'autorisation de l'abbé et sans délibération de la majorité des habitants, une seconde taille, dont le produit, plus ou moins considérable, servit à provoquer dans la ville un mouvement révolutionnaire. Invités à faire une tentative pour le rétablissement de leur commune, les gens de Corbie s'assemblèrent et instituèrent douze personnes, auxquelles fut confiée *la conservation des libertés et des droits de la ville.* Sous ce titre, les nouveaux magistrats municipaux se mirent en possession de la juridiction civile et criminelle, et suspendirent l'exercice des droits seigneuriaux du monastère de Corbie. Les religieux, n'ayant aucune force pour résister à cette révolution, adressèrent leurs plaintes au roi, en le priant d'apporter un remède convenable à la violence qui leur était faite. Par la lettre qu'on va lire, Jean II déclare nuls les faits indûment accomplis, et passibles d'amende les auteurs et complices de ces faits; la poursuite de l'affaire est remise à la diligence du bailli d'Amiens. On ne sait si les membres du nouveau corps de ville résistèrent à ces sommations; mais il paraît que l'ancien ordre de choses fut assez promptement rétabli.

Johannes, Dei gratia Francorum rex, baillivo Ambianensi aut ejus locum tenenti salutem. Tradita nobis querela religiosorum virorum abbatis et conventus cenobii ville Corbeiensis continebat quod, cum ipsi soli et in solidum in eadem villa omnimodam habeant juridicionem, sintque in possessione et saisina eam regendi et eligi faciendi certum numerum personarum dicte ville pro talliis et assietis super habitantibus dicte ville faciendis, necessitate urgente, pro factis honorabilibus, amfractibus, misiis et expensis dicte ville dum casus hoc exigit supportandis, nichilominus, hoc mense novembris ultimo preterito, quo rex Anglie cum omni exercitu suo regnum nostrum intravit, xxiiii[or] persone, de voluntate et assensu dictorum conquerentium electe extitissent ad assidendum, levandum et exigendum certam pecunie summam super dictis habitantibus, pro expensis illorum dicte ville qui tunc in nostra comitiva armati fuerant et parati, quoque satis competentem summam pro dictis expensis exsolvendis levassent, Johannes Karierii, Reginaldus de Tillolio, major de Marcel et Colardus de Manta, ausu temerario, sua auctoritate propria, dictis religiosis et majori parte dictorum habitantium ad hoc minime vocatis, ultra assietam ob causam predictam factam, unam aliam talem seu assietam fecerunt et inde certam pecunie summam, quam ubi eis placuit, ut dicitur, converterunt, receperunt et levaverunt; quod pejus est, mala malis accumulando, habitantes dicte ville coadunati, quanquam corpus et communiam non habeant, eorum motu proprio duodecim personas ad conservacionem libertatum et jurium dicte ville elegisse, et eis, in duorum auditorum regiorum presentia, quos per eos asseritur in dicta Corbeiensi villa hostiatim ductos fuisse, auctoritate et licencia eis prestitisse et per eos illa que facta forent rata et grata habere pro-

1356
20
octob.

misisse dicuntur et per hoc nituntur dicti habitatores juridictionem et dominium ad usum eorum applicare, unde dicti religiosi exheredari possent, in eorum grave, dispendium et prejudicium non modicum et gravamen, sicut dicitur, supplicantes eis super hoc provideri de remedio opportuno. Quocirca vobis mandamus committendo quatenus si, vocatis evocandis, vobis constiterit de premissis dictos habitantes ad annullandum omnia per eos indebite absque dictorum religiosorum consensu facta viritim, nec non emendam propter prestandam condignam secundum quod casus exigerit, attentis premissis, in hac parte compellatis. Si vero dicti habitatores seu aliquis ipsorum in contrarium se opponere voluerint, opponentes adjornetis ad dies ballivie Ambianensis, nostro proximo parlamento, super hujusmodi oppositione contra dictos conquerentes processuri ut sit rationis, quod sic fieri volumus et hoc dictis religiosis concessimus de gratia speciali per presentes litteras, subrepticiis in contrarium impetratis vel in posterum impetrandis non obstantibus quibuscumque. Datum apud Lupariam juxta Parisios, xx[a] die octobris anno Domini m° ccc° quinquagesimo sexto.

Biblioth. imp., cartul. *Esdras*, fonds de Corbie, n° 21, fol. 85 v°.

XLV.

SENTENCE DU LIEUTENANT DU ROI EN PICARDIE, AU SUJET D'UN APPEL FAIT A SON CONSEIL PAR LES HABITANTS DE CORBIE.

Les habitants de Corbie, condamnés par une sentence du prévôt des religieux, avaient voulu faire appel devant l'assise du bailli d'Amiens. En conséquence, ils s'étaient assemblés à la halle, avaient invité le prévôt à s'y rendre, et lui avaient demandé d'autoriser la procuration donnée par eux à un certain Jean Doure de suivre les affaires de la ville; mais l'officier de l'abbaye refusa cette autorisation, hors le cas où la procuration serait donnée non pas collectivement pour la ville, mais au nom des personnes présentes. Alors les habitants de Corbie passèrent outre et firent leur appel au conseil, où la valeur de la procuration donnée par eux fut discutée préjudiciellement.

Robert de Fiennes, lieutenant de Charles, régent du royaume, en Picardie, prononça que leur mandataire n'était pas muni de pouvoirs suffisants, les renvoya devant la cour de l'abbaye pour se faire mieux autoriser, et les condamna aux dépens de la procédure.

CORBIE.

Robers, sire de Fiennes, connestable de France, lieutenant du roy nostre sire et de monseigneur le régent le royaume de France, ès païs de Picardie, de Vermandois et de Biauvoisis, à tous ceulz qui ces présentes lettres verront, salut. Savoir faisons à tous présens et advenir, que, suz ce que les habitans de la ville de Corbie se disoient nagaires appellé, à l'assise d'Amiens du prévost religieux de la ville et église de Corbie, d'un jugement, sentence, ordenance, deffaut ou reffus de droit faict par icelli prévost contre ychiaux habitans ; et pour ce que la cause dudit appel qui estoit en ladite assise fust en brief terminée ad fin deue; ordenasmes que, en le présence de nostre conseil, la cause fust plaidie. Si fu proposé de la partie de Jehan de Dours, lui disant procureur desdits habitans, que à boine cause avoit esté appellé, et devoit estre receux comme bien appellans, parce que en temps passé et au jour que ledite appellacion fu faite, iceux habitans avoient fait requerre audit prévost que il venist en hale pour oïr ce que il li vaulroient dire; li quelz y ala, et lors que venus y fu, le requirent que il leur passast et scellast une procuration ou nom d'iceulx et des habitans de ladite ville, liquel y estoient à grant nombre, pour demener les causes de ledite ville. A lequelle requeste il leur avoit respondu que il meissent ou feissent mettre par escript leurs noms et surnoms, pour savoir se il estoient le plus grande et le plus saine partie desdis habitans, et lesdis habitans disans que il estoient le plus grande et le plus saine partie desdis habitans, et que il leur devoit accorder ledite procuration, sans dénominacion faire, et que il estoient si grant nombre de personnes si notables que il faisoient le plus grande et le plus sainne partie de la ville, si comme il pooit apparoir, et que en telle manière l'avoit passé et ses devanciers, par pluiseurs fois, passé avoit quarante ans. Et sur ce, ledit prévost leur avoit reffusé à faire ladite procuracion, et pour ce avoient lidit habitant de li appellé. Si disoit lidis procureur que il avoit esté mal jugié ou pronunchié par ledit prévost, et bien appellé par lesdis habitans, et leur devoient lesdis religieus rendre coux et frais; le procureur desdis religieus disans et proposans que, à poursieure ladite cause d'appel, ledit Jehans de Dours estoit moins que souffissament fondés pour lesdis habitans; et li devoit estre congiez de court donnez, parce que li lettre qu'il disoit estre procuracion n'estoit mie souffissament faite, ne pardevant juge aians pooir de ce recepvoir, car ladite procuration estoit faite devant Tassart de le Vigne, qui se disoit garde de le justice de la ville de Corbie, liquels estoit juges de petite auctorité, ne n'avoit seel autentique, mais estoit seellée d'un seel privé, si comme il disoit. Et il avoit à Corbie auditeurs ou tabellions de la baillie d'Amiens, qui passoient telz manières de obligations et de procurations et tous autres contraux, et à leur relacion comme autentique et solempnele y estoit mis li seaulz royaux de le baillie d'Amiens, par devant lesquels, se il eussent volut, il eussent fait et constitué leurs procureurs et le peussent et deussent avoir fait, et aussi pour ce que en ladite lettre de procuration n'avoit aucuns noms ne surnoms desdis habitans, ne nommez n'y estoient ne tesmoingné, n'estoit en ladite lettre qu'il disoient procuration, que il fussent le plus grande ne le plus sainne partie, mais n'estoit contenu en général que li habitant de la ville, sans aucun nommer, qui faisoient le plus grande et le plus sainne partie, si comme il sanloit audit juge et garde de ladite justice, faisoient et constituoient leurs procureurs, laquelle chose ne devoit valoir par droit, car il appartenoit et estoit nécessaire de droit que li constituant procureurs fussent nommé déterminéement, ou au moins tesmoingnié souffissament et adcertenéement que il fussent le plus grande et le plus saine partie, et aucuns et nul se obligaissent esdites lettres de procuration de avoir ferme et agréable le fait de leurs procureurs et de paier le jugié, se il estoit contre eulz; par quoy lesdis religieus leurs adversaires peussent avoir droit d'action ou exécucion certainne et déterminée contre lesdis constituans. Et supposé que il fust bien fondés, si disoit li procureurs desdis religieux qu'il estoit mal présentez; car lidis procureurs desdis habitans, quant il fist le présentacion au jour de Foulloy de l'assise d'Amiens, ne bailla aucune procuration viese ou nouvelle de par lesdis habitans, laquelle chose fust nécessaire par le stille et usaige nottoire de la court de la baillie d'Amiens en l'assise d'icelle; mais bailla sa procuration après le jour de la présentacion, c'est assavoir après ce que son advocat eut proposé sa demande; et supposé sans préjudice que il fust bien présentés, si disoit-il, l'adjournement est mains souffissant, veu la commission sur ce donnée, et la relacion d'icelle. Et se ledit adjournement estoit souffissant, si disoit li procureur desdis religieux que li procureurs desdis habitans ne faisoit à recepvoir comme appellans de sentence ou pronunciacion, supposé sans préjudice que le fait que il propose fust voir, car il ne proposoit mie qu'il y eust eu aucune sentence ou jugement, laquelle cose il convenoit nécessairement. Et supposé sans préjudice que lidis procureurs eust dit qu'il reffusoit à faire ledite procuration, si ne proposoit mie li procureurs desdis habitans que il l'eust dit par droit, ne que lidit habitant eussent sommé ne requis ledit prévost de faire droit, ne qu'il eussent demandé droit à avoir, par les hommes ou eschevins de la court desdis religieux; par lesquelz hommez ou eschevins li jugement se font au conjurement dudit prévost; et se il faisoit à recepvoir comme appellans, si disoit li procureur desdis religieux que il avoit esté bien dit ou pronunchié par ledit prévost et mal appellé par lesdis habitans, car, quant lidis prévoz fu requis de faire ladite procuration, il requist auxdis habitans que il baillassent leurs noms et surnoms par escript, par quoy il peust savoir si c'estoit le plus grande et le plus saine partie, et dist que on le devoit faire, et offri à plus faire se faire le devoit; de laquelle cose lidit habitant avoient appellé contre raison, et meesmement qu'il n'avoient corps ne colége, ne ne pooient faire ne ordener procureurs, sans le liscence ou congié desdis religieux, asquelz il estoient subget, ou se par droit lidis procureurs ne l'avoit reffusé à faire, ou que deffaillans eust esté de faire droit souffissant, sommé et requis, ce qui n'avoit mie esté, pour quoy concluoit li procureurs desdis religieux ad fins dessusdites; et en oultre devoit avoir congié li procureurs desdis religieus contre lesdis habitans, pour ce que, veu l'adjournement qu'il apportoit, que lesdis habitans se disoient avoir appellé de sentense, et aussi de deffaut ou reffus de droit dudit prévost desdis religieux, et il ne poursuioit que appellacion de sentense, et non de deffaut ou reffus de droit, et pour ce devoit avoir congié en tant qu'il se disoit avoir appellé de deffaus ou reffus de droit et avoit dudit congié tel pourfit que le coustume donnoit, et aussi le requéroit li procureur du roy nostre sire pour l'amende de ladite appellacion; le procureur desdis habitans disans au contraire que le juge devant lequel il avoient constitué procureurs estoit jugez autentiques et représentans le personne des religieux de Corbie, pour cause de l'exécucion que lesdis habitans avoient par vertu dudit appel; et se il n'y eust eu point d'exécucion, et il eussent fait procureurs devant le juge desdis religieux, il souffesist ladite procuration, et aveucq ce estoit tesmoingnié par ledit juge estre le plus grande et le plus sainne partie, et ainssi li sanloit; laquelle chose devoit souffire, ne il n'y convenoit autre expresion de noms ne de surnoms de . . . . valoir ladite présentacion. Car supposé sans préjudice que stille fust telz que on bailast nouvelle procuration quant on se présentoit, si n'estoit-ce une necessitez de le bailler fors à le plaidoirie, pour ce que l'ordenance faite sur ce ne contenoit mie le contraire, si comme il disoit, et aveuc ce ladite cause avoit esté anticipée par nous et nostre conseil, qui aviesmes volut que ladite cause feust par devant nostredit conseil, et pour ce souffissoit que, quant ladite cause fu plaidié par devant nostre conseil, que la procuration fu baillié et non paravant. Et aveucq ce, disoit ledit adjournement estre bon, veu le fourme d'icelli. Et en oultre disoit lidis procureurs qu'il souffissoit par droit pour appeller, que lisdis prévoz eust en li prins autorité de jugement, sans lesdis hommes ou eschevins, ce que il fist, combien que il y eust des hommes présens à ladite response faire, et fu reffusans lidis prévoz expressément de accorder ladite procuration, sans dire ni faire mencion de avoir autre advis; pour quoy concluoit lidis procureurs desdis habitans, qu'il estoit bien fondez, bien présentez, et que ledit adjournement estoit boins et faisoit à recepvoir commè appellant, et que bien avoit esté appellé, ne congiez ne devoit estre donnez audit procureur du roy ne asdis religieux sur l'appellacion que il disoient estre de deffaut ou reffus de droit; car, veu ledit adjournement, il li leisoit à poursièvir et estoit en se éleccion appellacion de sentence ou de deffaut ou reffus de droit, laquelle qu'il li plaisoit, et il avoit poursuivy appellacion de sentence, si devoit souffire, ne ne devoit riens prendre, se il ne poursuievoit l'appellacion de deffaut de droit, et meesmement que les paroles dudit adjournemens faisant mencion de deffaut ou reffus de droit pooient estre entendues et rapportées à le pronunciacion ou sentence que li prévoz fist; car, ou cas que il prononcha que il reffusoit à bailler ladite procuracion, il le faisoit contre droit, pour quoi concluoit comme dessus; le procureur desdis religieux réplicant au contraire par pluiseurs raisons, sur lesquelles lesdites parties nous demandèrent droit, pour quoy nous, eu boine délibération de conseil, concidéré lesdites raisons, veu ladite procuracion, ledit adjournement et tout ce qui faisoit à veir et à concidérer, deismes, disons et pronunchons et à droit que li procureur desdis habitans est mains souffissament fondez et mains souffissament présentez, et que l'adjournement est boins, et aveucq ce que lidis habitant ne sont à recepvoir comme appellant, et que il fu par aulz mal appellé et l'amenderont au roy nostre sire lidit appellant; et les renvoiasmes et renvoions en le court desdis religieux pour venir en le obéissance desdits religieux et pour amender à aulz lidit appel. Et renderont lidit habitant auxdis religieus coux et frais, la taxation réservée à la court, et n'aront lidit procureur du roy et religieux point de congié contre lesdis habitans. En tesmoing de ce, nous avons fait mettre nostre seel à ces présentes lettres, qui furent faites et données à Amiens, le cincquiesme jour du mois de juing l'an de grâce mil ccc cinquante et nuef; et estoient ainsi signées par monsieur le lieutenant en son conseil, présent messire Jaque la Vache et messire Tristran du Bos, J. de Onphons.   J. Merchier.   N. de Fillains.

Biblioth. imp., cartul. noir de Corbie, fol. 4 v°.

XLVI.

SENTENCE DU SIRE DE FIENNES, LIEUTENANT DU ROI ET DU RÉGENT DE FRANCE EN PICARDIE, A LA SUITE D'UNE NOUVELLE TENTATIVE DE RÉVOLTE DES HABITANTS DE CORBIE.

En 1358, une seconde tentative révolutionnaire eut lieu à Corbie. Les *Jacques* parcouraient en furieux les campagnes voisines, et se faisaient craindre même dans les villes fermées. Les habitants de Corbie, dans une conjoncture aussi grave, et quoique n'ayant *corps, collége, commune, clocque, ne scel*, s'assemblèrent et nommèrent pour gouverner la ville un capitaine, dont l'élection fut confirmée par le lieutenant du bailli et qui exerça pendant plus de six mois un pouvoir absolu; ils firent en outre graver un sceau au nom de la ville, et exécutèrent divers travaux sur les terres et édifices appartenant à l'abbaye. Ces actes donnèrent lieu à une plainte portée au roi par les religieux; ils prétendaient que les gens de Corbie avaient appelé l'abbé à la halle, ainsi que Simon de Douay, et qu'ils avaient voulu les forcer l'un et l'autre à renoncer à toute espèce de procès entrepris contre eux; ils exposaient que l'élection du capitaine avait été faite indûment, sans l'autorisation de l'abbé et sans la permission du roi, le permis donné par le lieutenant du bailli étant insuffisant; enfin, ils réclamaient contre des démolitions de moulins, de clôtures et d'arbres, et divers autres dégâts commis sur leurs terres et à leur préjudice, et demandaient qu'en réparation le capitaine de la ville et ses complices fussent condamnés à leur payer une somme considérable. Les intimés s'excusaient sur la nécessité où avait été la ville de Corbie de faire pour sa propre défense toutes les choses qu'on leur reprochait, l'abbé ayant quitté son abbaye par crainte des Jacques; ils niaient du reste de leur part toute mauvaise intention. L'affaire fut soumise à Robert, sire de Fiennes, lieutenant du régent de France en Picardie, qui décida, le 5 juin 1359, qu'une enquête aurait lieu par des commissaires spéciaux sur les allégations des parties.

1359.
5 juin.

Robers, sires de Fiennes, connestable de France, lieutenant du roy nostre sire et de monseigneur le régent le royaume de France ès païs de Picardie, de Vermandois et de Biauvoisis, à tous ceulz qui ces présentes lettres verront, salut. Savoir faisons à tous présens et à venir que, comme le procureur du roy nostre sire et le procureur des religieux, abbé et couvent de l'église Saint-Pierre de Corbie, chascun pour tant qui li touque, eussent proposé par devant nos amés conseillers les maistres des requestes de nostre hostel, est assavoir le procureur du roy à toutes fins et le procureur desdis religieus à fin civille, contre Gille de Blangi, Jehan de Walloy, Jehan le Roux, Regnault de Tilloy, Jehan Waubert, Martin Biauvais, Jaque le Bel, Jehan Fouache, Maihieu Boutefu, Colart Persone, Maihieu du Gosset, Jehan le Flament, Jehan Morel et Hue de Choques, habitans de la ville de Corbie; pluiseurs criesmes, meffais, exceps, injures et domaiges avoir esté perpétrées par les dessus nommés Gille et ses complices, contre lesdits religieux, leurs seigneurs, en enffraignant la garde du roy en laquelle il sont; et entre les autres choses eussent proposé que lesdits habitans, li quel n'ont corps, collége, quemune, clocque ne seel, mais sont singulières personnes, avoient incité et esmeu les autres habitans de ladite ville et tant fait que, par leur promotion et pourcas, avoient fait assembléez en grant multitude, monopoles et conspirations contre lesdits religieus, leurs seigneurs : et à l'une desdites assemblez avoient fait venir en le hale de Corbie ledit abbé, et li avoient requis qu'il leur laissast pluiseurs lieux qu'il disoient à eulz appartenir, et renonchast à tous les procès qu'il avoit contre eulz, et leur baillast toutes les lettres qu'il avoit faisant mencion de le ville, en disant que li temps estoit venus que quemuns aroit ce qu'il demanderoit; lequelle cose li abbés ne leur vault mie faire, mais s'en excusa au mieux qu'il pot, et par pareille voie avoient fait venir Simon de Douay en ledite hale, et convint par le forche et contrainte desdits habitants que lidis Simons renonchast à tous les procez qu'il avoit contre eulx, tant en parlement comme en l'assise devant le bailli d'Amiens et en la prévosté de Foulloy, et qu'il se obligast à rendre leurs coux et frais; et de leur volenté désordenée avoient esleu contre eulx et fait ledit Gille leur capitaine, sans aucun pooir que ils eussent, et sans aucune autorité du roy nostre sire, de monseigneur le régent, ne de leurs bailly, prévos ou officiers, et aussi sans le gré et consentement, licence et congié desdis religieux leurs seigneurs ; et de fait lidis Gilles s'estoit portés comme capitainne de ledite ville depuis environ le mois de may, qui fu en l'an mil ccc lviii, dusques au xe jour de décembre ensuyvant ou environ, et sans aucun pooir ou autorité, comme dit est ; et ce fait, firent ledit Gilles et complices crier à le bauchie de ladite hale que, sur le teste cauper et estre traîtres de la ville, chascun tous armés alast là ù les procureurs de le vile les sauroient mener; et sur ce, par le hayne et mauvais corage qu'il avoient contre leursdis seigneurs, s'assamblèrent grand nombre de gens d'armes, à banières desploiez et as penonchiaux, et se partirent en cel estat en III batailles; et en alla l'une as prez et aires de le Fontainne, le seconde à Waigny et le tierche as murs et portes de le vingne, desdis religieux; et esdis lieux et environs avoient en pluiseurs terres, prez et aires appartenant auxdis religieus et de leur propre demaine, abatu grant quantité d'arbres fruiz portans et autres, et emporté à leur pourfit, et sans ce qu'il nuisissent à le ville ne à la forteresche d'icelle; et avoient despéchié pluiseurs molins, combien que il fust ordené par le bailly d'Amiens que li uns d'ichiaux tant seulement seroient abatus; et avoient pesquié ès yeaux, rivières et fossés desdis religieux; prins les poissons, et appliquié à leur singuler pourfit, soié herbes en leurs prez et marez, qui sont propre demaine desdis religieux; cachié leurs bestés, aussi comme si ce feust communautez; et faisoient de jour en jour et avoient fait murer et estoupper la porte par laquelle on aloit de l'abaye en ledite vingne, abatu et despechié les murs et porte d'icelle, combien que il n'en feust nécessité; et si avoient fait un sergant et fait prisons en une des portes desdis religieux; et fait faire un seel dont il avoit usé et usoit ou nom de ladite vile, et pluiseurs autres exceps. Et aprez ce que ledit Gile feust députés capitaine par nostre cher et amé nepveu le comte de Saint-Pol, lors lieutenant du roy nostre sire, ledit Gile et lidit habitant, en percévérant en leur mauvais propos, firent pluiseurs autres exceps, grans et énormes, et fist lidis Giles peschier les poissons desdis religieux et mist main au gardien de ledite vile, injuria et sans cause, et rescout les fermes que Tassart de le Vingne, gardien de ledite vile de par le roy, avoit prises en le main du roy, et avoit convenu qu'il en eust ôsté se main, ou autrement il eust esté en péril de son corps; et si avoient les dessus nommés Gile et complices rescous au bailli de Corbie 1 homme qu'il faisoit mener as camps morre par jugemens des hommes liges, aveucq pluiseurs autres meffaits et delis, qu'il avoient fais. Lesquelles coses avoient esté faites par ledit Gile et autres dessus nommés ses complices, et par leur fait et promocion; et à ces choses faire avoient baillié conseil, confort et aide, ou au moins avoient esté faites par aulz et en leur noms, et l'avoient eu ferme et aggréable. Pour quoy concluoit lidis procureur du roy, que lidis Giles et complices fussent pugnis en corps et en biens, ou pugnis et condamnés en telle painne ou amende que le court regarderoit, ce le procureur desdits religieux concluoit, adfin que, pour leurs dommaiges, intérests et injures, lidis Giles et ses complices, cascun pour le tout, fussent condampnés envers eulx eu le valeur de vint mile florins d'or au mouton, comme il deissent que tant leur en appartenoit, et aimassent mieux avoir tout perdu du leur que avoir soustenu lesdites injures, exceps et domaiges, autant que le court regarderoit; et aussi fussent condampnés ès despens desdis religieux fais et à faire en ceste cause. Les dessus nommés Gile et complices proposans au contraire que, pour le doubte qu'ils avoient eu des gens du Biauvoisis que on disoit *Jaquez*, qui s'estoient esmeu, il s'estoient assemblez ensemble, pour avoir advis de la garde de la ville, et aussi pour obvier à le male volonté des ennemis, et pour la ville garder et efforcher; meesmement que il estoient tout désolé, car li abbés et couvent s'estoient partis de ladite ville pour doubte que il avoient; et avoient lidis habitans fait escrire par devers ledit abbé, li requérant qu'il alast en le hale, pour pourveoir as coses dessusdites; et que ledit abbé y avoit envoié le cevelier de ledite église, et pour ce qu'il estoit nécessaire et convenable qu'il eussent capitaine, lidit habitant, [pour le besoin ? ?] qu'il avoient de garder la ville et obvier as périls et à le male volonté des ennemis et desdis Jaques, avoient par le gré et consentement dudit cevelier et du lieutenant du bailli de Corbie, qui présens y estoit, esleu à capitaine ledit Gile; et pour ce qu'il estoit nécessaire de pourveoir à le fortereche de le ville, et oster ce qui y pooit nuire, tous li habitans, en le plus grande partie, par commune délibération, avoient abatu lesdis arbres et lesdis molins, et que lesdis arbres il avoient mis en le defence de le fortereche, et des branques avoient paié les ouvriers, sans riens en [retenir] à leur pourfit singulier; et aussi ce qu'il avoient abatu les murs et portes de ladite vingne et estoupé le porte de l'abbaïe devers ledite vingne, ce avoit esté pour le seureté de la ville; et disoient que, s'il estoient alé armés, c'estoit pour doubte des ennemis, mais il n'y avoient porté bannières ni panonchiaux ni fait aucun exceps ou maléfice, ne rien n'avoient fait par hayne ou mauvais coraige, mais pour le bien et service de ladite ville, comme dessus est dit, et s'il avoient eu sergant, c'estoit pour le nécessité du gait de la ville et pour prendre garde à icelle, aveuc pluiseurs autres raisons qu'il proposoient; et pour ce concluoict ad fin de absolucion et que il fuissent absols desdites demandes du procureur du roy et desdis religieux, et que lesdis religieux feusseut condempnés ès despens. Les procureurs du roy et desdis religieux réplicans au contraire que, supposé sans préjudice que ainsi fust que lidis Gilles et ses complices disoient, c'est assavoir de avoir esleu capitaine et avoir esté de fait de capitainerie et par si lonc temps comme de demy-an ou environ, sans congié et autorité de seigneur ne de souverain, puet-il apparoir que tous les fais qui estoient fais par li et lesdis habitans durant le temps dessus, devoient estre réputés et tenuz pour damnables, ne ne souffissoit mie l'accord dudit chevelier, et dudit lieutenant, supposé que il y fussent présent, ne aussi le consentement dudit abbé, supposé que il y fust, ce que non, ne à li n'appartenoit du faire, se il n'estoit fait par l'autorité du roy ou de monseigneur le régent ou d'autre souverain; meesmement que, dedens si grant temps et si lonc, il peussent bien avoir trait par devers monseigneur le régent, ou son lieutenant, par devers le bailli d'Amiens ou ses officiers, pour aux excuser des fais du temps passé et mettre provision ès choses dessusdites; mais il n'en avoient riens fait, ne il ne le proposoient, et par ce devoit-on présumer et supposer que ce que il avoient fait, c'estoit par hayne qu'il avoient auxdis religieux; concidéré aussi le manière du fait et l'énormité d'icelli, aveuc pluiseurs autres raisons. Lesdis Gille et ses complices disans au contraire. Et sur ce furent les parties apointiez à baillier leurs raisons par manière de mémore, et les baillèrent ad fin que nous leur feissons droit sur les choses proposéez, se boinement lez poions délivrer sans fait. Pourquoi nous, concidérans les raisons des parties bailléez par manière de memore, comme dit est, et ce qui faisoit à considérer, eu advis et delibéracion aveuc nostre conseil à pluiseurs autres saiges, avons dit et pronunchié, disons et pronunchons, et à droit, que le éleccion ou institution faite dudit capitaine, anchois que il fust instituez par notredit nepveu, et tout ce que il a fait et exercé comme capitaine pendant ledit temps, ne se puet ni doit soustenir, et le réputons et tenons pour fait dampnable, et l'amenderont les dessus nommez Gilles et ses complices; mais, pour ce que les fais que il proposent peuvent servir et valoir à la diminution des amendes ès cas dessusdit, nous y commetterons certains commissaires pour savoir et enquerre le vérité des fais dudit Gilles et ses complices et desdis religieux, quant ad ce et quant as fais proposez tant d'une part comme d'autre, advenus depuis ce que ledit Gilles fust député capitaine par notredit nepveu, nous ne le poons délivrer, sans savoir le vérité desdis fais; si feront les parties leurs fais et bailleront actes, et sur iceulx baillerons commissaires pour savoir et enquerre la vérité et l'enqueste faire et parfaire, et rapporter tant des fais fais et advenus anchois que lidis Gilles fust capitaine par nostredit nepveu, comme des fais que on dist estre advenus depuis qu'il fu capitaine par notredit nepveu; nous ferons droit entre les parties et réservons le question des despens en le diffinitive de ladite enqueste; et meemement nous avons donné congié asdites parties de eulx accorder se il leur plaist, et que, se lidit commissaire les pueent mettre à accord, il les y mettent, sauf le droit du roy et de monseigneur le régent, en rapportant l'accord par devers nous. En tesmoing de ce, nous avons fait mettre notre seel à ces presentes lettres, qui furent faites et données le cinquiesme jour du mois de juing l'an mil ccc chienquante et noef, et estoient ainsi signées: par monsieur le lieutenant en son conseil, ouquel estoient messire Pierre Lerache, messire Estienne Dubos, maistre Guillaume de la Vaquerie, et plusieurs autres.

J. Merchier.   H. de Fillains.

Biblioth. imp., cartul. noir de Corbie, fol. 3 r°.

XLVII.

LETTRES DE CHARLES, RÉGENT DU ROYAUME, AU SUJET DE LA DERNIÈRE ÉMEUTE DES HABITANTS DE CORBIE.

Les lettres suivantes, données par Charles, régent de France, au mois d'octobre 1360, contiennent la décision solennelle de l'autorité royale dans l'affaire de l'an 1356. On y fait le récit de cette affaire tel que le présentaient les religieux, et on y rappelle les explications que donnaient les habitants de Corbie incriminés. Sur plusieurs des points en litige, la lettre du régent contient des transactions faites entre les habitants et les religieux; pour les autres, les parties sont renvoyées devant la justice compétente. Après avoir loué et approuvé l'accord conclu par les religieux d'une part et les habitants de l'autre, le régent déclare accorder à ces derniers un pardon absolu pour les excès et délits dont ils se sont rendus coupables, et leur faire remise entière des amendes ou peines corporelles qu'ils auraient pu encourir.

361. août.

Johannes, Dei gratia Francorum rex, notum facimus universis tam presentibus quam futuris nos litteras infrascriptas carissimi primogeniti nostri ducis Normannie et Delphini Viennensis, tunc regnum nostrum regentis, vidisse, formam que sequitur continentes :

360. octobre.

Charles, aisné fils du roy de France, régent du royaume, duc de Normandie et Delphin de Viennois, savoir faisons à tous présens et advenir que, oye l'umble supplication des religieux, abbé et couvent de Saint-Pierre de Corbie et des habitans d'icelle ville, contenant que, comme certains descors fussent meus ou espérés à mouvoir entre lesdits religieux d'une part et lesdits habitans d'autre, pour cause de ce que Gille de Blangi, soy portant lors capitaine desdites ville et habitans, ses adhérens et complices, par force et violences et à armes, du commandement desdits habitans, avoient en plusieurs lieus, fons et domaines d'iceux religieux et contre leur volenté, couppé et abbatus plusieurs arbres portans fruis et plusieurs saulx et autres arbres profitables auxdis religieux; et aussi avoient esdis demaines et fons desdis religieux vuasté et dissipé plusieurs prés et aires, et abbatus et mis par terre leurs molins et osté les cours de l'eaue et fait certaine doudane, prins et emporté lesdits arbres et le merrien desdits molins et appliquié à eux et fait ce qu'il leur avoit pleu, et peschié en certains viviers et eaux d'iceux religieux et emporté les poissons, vendu et dispensé à leur singulier pourfit; et aussi muré la porte d'une certaine vigne appartenant auxdits religieux et plusieurs murs d'icelle vigne et qui faisoient closture à icelle, despeschiés et abbatu; et aveuc ce eussent effondré et prins fousseurs et autres instrumens à foussoier; et fait où fait faire fosses ou fons ès demaines d'iceux religieux, et, non contens de ce, fussent allés lesdits capitaines et habitans en la maison de Saint-Ladre de ladite ville, et d'icelle maison eussent osté le maistre et le ministre de leur propre volenté, sans mandement ou commission avoir, mais par force et contre la volenté desdits religieux, qui ledit maistre et ministre ostent, mettent et instituent toutefois que il leur plaist, et mis et institué autre maistre et ministre en lieu de l'autre, et prins et osté les clefs d'icelle maison, par volenté baillés et livrés au maistre par eux mis, et aveuc ce eussent fait ou fait faire lesdits capitaine et habitans un seel nouvel de la jurisdiction temporelle de ladite église, laquelle appartient seule et pour le tout auxdits religieux, et d'icelui usé et prins les pourfis et émolumens et à eux appliqué par force et contre la volenté desdits religieux; et après lesdits capitaine et habitans, de leur autorité et volenté, sans la licence et assentement desdits religieux ne d'autre pour eux, eussent prins de fait et emporté les clefs des portes d'icelle ville et ostées à ceux qui de par lesdits religieux les gardoient, et baillés à autre tel qu'il leur a plu, et plusieurs autres exceps et délis contre lesdits religieux; pour lesquels exceps, injures et délis, lesdits religieux s'estoient complains et dolus, afin d'avoir leurs demaiges, intérests et injures, lesquels furent estimés par lesdits religieux et leur conseil à certaine somme d'argent; et disoient que lesditz excès, injures et délis avoient esté faits et perpétrés en leur grant griefs, préjudice et demaige, et en eulx troublant et empeschant en leur possession et saisine, tant de justice et seigneurie que ils ont tous seuls et pour le tout en la ville et lieu dessusdit, comme en saisine et possession qu'ils ont de leursdits fonds et demaine et en enfreignant la sauvegarde de mondit seigneur et la nostre, en laquelle lesdits religieux, leurs biens, possessions, et faculté ont de longtems passé esté, estoient pour le temps, et encores sont, si comme ils dient, et s'en estoient dolus et entendoient à doloir en cas de nouvelleté et saisine, en requérant que, avec ladite demande faite desdites injures, ils fussent tenus et gardés en saisine et possession des choses dessusdites, et que l'empeschement mis par lesdits Gilles

et habitans fust osté en plain. Lesdits Gilles et habitans disant au contraire
que ce qu'ils avoient fait, ils l'avoient fait pour le bien, seureté et pourfit de
ladite ville de Corbie et pour esquiver le péril qu'il s'en pouvoit ensuivre par
les ennemis de monseigneur et de nous, pour contrester et résister à la male-
volenté d'eux et d'aucunes gens du plat pays, qui pour le temps estoient mal
meus, et aussi pour ladite ville garder et fortifier loyalement et en bonne foy;
et ce que fait estoit dudit seel s'estoit pour le bien public des habitans d'icelle
ville, et pour savoir qui partiroient d'icelle ne quels gens ne comment; et aussi
de la maison de la maladerie de Saint-Ladre s'estoit pour le pourfit et utilité
de ladite maison et pour obvier aux excès que on faisoit en icelle, aveuc plusieurs causes et raisons qu'ils disoient et proposoient à fin d'absolucion et
délivrance. Item disoient et proposoient lesdits habitans contre lesdits religieux
que, comme certaine porte d'icelle ville, nommée la porte du Gibet, que lesdits
religieux avoient estoupée et pont qui y estoit et tenoit à ladite porte brisie
et abbatue qui estoit nécessaire pour voie commune, que icelle porte et pons
fussent refais et réparés et remis en estat deu par lesdits religieux, et à leur
propre mission et despens, si comme faire le devoient; et aussi il est en ladite
ville de Corbie prés, lieux et certains marés communs, pourffitables et nécessaires pour les habitans de ladite ville que lesdits religieux faisoient fauchier et
tourber sans cause et contre raison; et aveucques ce du tonlieu des denrées et
choses que l'on achate pour son user en icelle ville que lesdits religieux voloient prendre ou faire prendre et lever à leur pourffit de toutes manières de
gens sans cause, jà soit ce que lesdits habitans aient usé et soient en possession et saisine du contraire.

Item, se plaignoient et disoient lesdits habitans que lesdits religieux voloient
prendre ou faire prendre, recevoir et lever par eulx ou leurs députés bassi-
nage de sel qu'on amenoit et amène à cheval ou à brouette et par tele manière que de celui qu'on amenoit en ladite ville à nef ou à navel.

Item, requéroient et disoient lesdits habitans que certaines maisons qui
sont sur le froc de la ville et voient devant l'hostellerie par laquelle chascun
d'ancienneté devoit avoir son usaige d'aller et venir, lesdits religieux ont
baillé à rente, cens ou autrement, et pour ce que leur usaige d'aler et venir
estoit empeschiez, qu'ils fussent restituez et restablis par lesdits religieux ou
autres pour eulx à leurdit usaige, premier et deu.

Item, requéroient lesdits habitans que, comme il ait d'ancienneté et de coustume en ladite ville de Corbie certains eschevins qui mettent pris et feur aux
vins et si doivent visiter et regarder l'estat du vin vendu et acheté en ladite
ville; et aucunes fois, quant ils mettent feur ausdits vins, selon le pays dont

ilz sont creus, selon le prix qu'ils coûtent, on défend et fait deffendre que nuls ne mette ou face mettre vin d'un pays aveuc autre d'autre pays, afin que aucun ne soit déceus ou fraudé, à peine de certaine amende, et il avient et eschiet aucune fois que lesdits religieux, par faveur ou autrement, donnent ou font donner congié et licences à aucuns de faire le contraire ou au moins leur pardonnent ou font pardonner, remettre et quittier les amendes, s'ils les fourfont, sans mettre la chose en estat dû, pour quoi les bonnes gens de la ville en sont fraudés, grevés et dommagiés; et avecques ce lesdits religieux ou aultres pour eulx se fussent efforchiés et voulu demander, avoir et recevoir, de ceulx qui trespassent en ladite ville de cest siècle en l'autre, luminaire, selon la grandeur ou linage des trespassez, ou selon leur faculté et richesse, et non mie selon la voulenté, ordennance et dévotion desdits trespassés, de leurs amis charnels ou exécuteurs, et que on mist sur le corps des trespassez draps d'or ou autre noble draps, et s'aucun en y avoit ou estoit mis, ils voloient avoir et recevoir des amis ou exécuteurs desdits trespassés grands et excessives sommes d'argent, contre droit et raison et l'ancienne coustume et observance de ladite ville; lesquels choses dessusdites et chacune d'icelles estoient au grant grief, préjudice et dommaige de ladite ville et desdits habitans, si comme ils disoient, requérans que sur ce leur fust par mondit seigneur et nous pourveu de remède convenable. Et comme nous, saichans et véans les périls qui pour les causes s'en pooient ensuir, veillions pourveoir à la seureté de la ville et du pays, et tenir en garde lesdits religieux et habitans et tous les autres bons, loyaulx et vrais subjects obéissants de monseigneur et de nous et du royaume en bonne union, paix et tranquillité, avons commis et députés de par mondit seigneur et nous, à la requeste desdits religieux et habitans, nos amés et féaulx conseillers, Jacque la Vache, Fauvel de Vaudencourt, Tristan du Bos, chevaliers, et maistre Guillaume de la Bergerie, les trois ou les deulx d'iceulx, pour eulx enformer et enquérir la vérité des choses dessusdites, et iceulx accorder et mettre en bonne pais et union; lesquels, par vertu et auctorité de nos lettres sur ce faites, oïes les causes et raisons desdites parties, et de l'assentement, consentement et accord d'eulx, faites premier sur icelles informations, veus par inspection lesdits lieux et lesdits faits et cogneus d'iceulz diligement, ont traitié, disposé et ordené desdits descords et discensions ou cas qu'il nous plaisoit, en le manière qui s'ensuit :

Ch'est assavoir que, pour les choses et complaintes dont lesdits religieux se sont complaincts desdits habitans par les sergents exécuteurs d'icelles, jours sera donnés et assignés estre sur les lieux auxdits religieux et ausdits habitans, auquel jour lesdis habitans, ou leur procureur suffisamment fondés, remettront ou remettra pour eulx, par signe, en cas de justice et en cas de prouffit, réalement et de fait, par une boise, par un poisson, et par une botte d'herbe, et iront de lieu en lieu, et les choses remises comme dit est, elles seront baillées en quitte et délivre auxdits religieux, et amenderont lesdits habitans ou leur procureur desdittes complaintes auxdis religieux, et de tout ce seront lesdits religieux tenus et gardés en leur saisine et possessions, sauf et réservé pour lesdis habitans de faire demande de propriété, quant ils cuideront que bon soit, et aussi sauf et réservé ausdis religieux les deffenses au contraire.

Item, que, pour sçavoir la valeur des choses par lesdis habitans prinses et emportées, seront ordenné et esleu certaines personnes, c'est assavoir dampt Bernart de Belaire, prévost, religieux de ladite église, et Mahieu Harier, habitant de ladite ville de Corbie; et tout ravaluement et estimation qui de ce par eulx sera trouvé et faict ils seront tenus de rapporter par devers nos dessusdits commissaires, les trois ou les deux d'iceulx, lequel notre commissaire, les trois ou les deux, leur rapport oy, en porront ordener et ordenneront et disposeront du tout selon leur discrétion et conscience, ainsi que bon leur semblera, laquelle ordenance lesdits religieus et habitans seront tenus de tenir sans contredits, et tout ce que par nosdits commissaires, les trois ou les deux, de ladite estimation sera ordené, lesdits habitants seront tenus de rendre ou restituer ausdits religieux tout, selon l'ordenance et conscience de nosdits commissaires, de trois ou deux d'iceulx, comme dit est; et quant auxdits exploits et aux frais desdits sol et maison ou maladerie de Saint-Ladre, les habitants ne clameront ou demanderont aucun droit, seigneurie ou justice, ne ès clefs des portes dont cy-dessus est faite mention.

Item, tant que aus murs et portes murées, ordené est qu'il demouront en l'estat où ils sont les présentes guerres durans, sauf pour lesdis religieus que, se paix ou treuves estoient telles que les autres bonnes villes voisines se asseurassent, ils pourroient destouper la porte de leur vigne, et destoupée se tendroit tant que lesdites paix ou treuves se tendroient; et, se par avanture après ce les guerres recommenchoient, lesdits religieus seront tenus d'icelle tantost restouper et murer souffisament.

Item, ordené est que lesdits religieus clorront et pourront clorre leur vigne tout autour d'icelle, selon la teneure des compositions sur ce faites, et faire une porte au bos devers la porte d'Encres, et une autre porte devers la rivière qui vient de Heilli à Corbie, lesquelles ils pourront tenir closes et ouvertes touttefois qu'il leur plaira en temps de paix ou de treuves, telles que les autres bonnes villes s'i asseurent; et se guerres estoient, lesdits religieus seront tenus de faire à chascune desdites portes deux clefs, desquelles lesdits religieus auroient les unes, et les autres seroient mises en certain lieu de la ville, là où lesdits habitans les pussent avoir et prendre, pour aller les forteresses visiter touttefois que mestier en sera.

Item, tant comme aux injures faittes et dites auxdis religieus par lesdis habitans, iceuls habitans ou leur procureur ayant sur ce puissance d'eulx, venront et comparoîtront par devant ledit abbé comme par devant leur droit seigneur et lui prieront et supplieront que, ce ès choses dessusdites ou aucunes d'icelles avoient fait aucunes méprision ou offense dont ledit abbé se tenist ou deust tenir en aucune manière pour mal content, qu'il leur veille de sa grace pardonner et remettre, et qu'il seront prest et appareilliés et offeront à faire amende condigne, et que ou temps présent ou à venir il lui feront toute bonne obéissance et telle comme vrais et léaulx subjets doit faire à son seigneur, et ledit abbé leur pardonnera et remettra.

Item, tant comme à la porte que on dit de la porte du Gibet et du pont tenant et servant à icelle, dont mention est faite ci-dessus, ordené est que ladite porte et pont seront tenus et mis par lesdis religieux en la fourme et en la manière contenues en certains accords autrefois faits sur ce.

Item, de ce que lesdis religieux ont fait fauchier et font quant il leur plaist prendre et lever tourbe ès marès communs, lesdits religieux ont esté et sont en saisine de le faire, et pour ce demourront en leursdittes possessions et saisines, et en useront selon ce qu'ils ont accoustumé.

Item, tant comme au tonlieu que lesdis religieux vouloient prendre et lever des choses que l'en achate en ladite ville pour s'en user, ordené est que lesdis habitans et chascun d'eulx, touttefois qu'il achetteront aucunes denrées, jureront, se mestier est et il en sont requis, se ce sera pour leur user, et l'en seront creus par leurs simples sermens, sans autres preuves ou ses témoins produire ou admener, ou au cas qu'il jureront et diront par leur simple serment que ce sera pour leur user, il en seront et demourront quitte et n'en payeront riens.

Item, du bassinaige du sel que lesdis religieux vouloient prendre de ceulx qui le amenoient à cheval ou à brouette, aussi de ceux qui l'amenoient à nef ou à navel, lesdits religieux l'ont accoustumé de prendre et lever, et en sont en possession et saisine; et doresenavant le lèveront et recevront ou feront recevoir et lever selon ce qu'il ont accoustumé, et demourront en leurdite possession et saisine.

Item, de certaines maisons séans depuis le portail de l'église jusques devant l'hostellerie que lesdis religieux ont baillé à cens à certaines personnes, lesdites maisons demourront et seront en la fourme et manière qu'elles sont et qu'elles sont accoustumées à estre et non autrement.

Item, de ce que lesdis habitans dient que en ladite ville a certains eschevins ordenés, qui ont accoustumés de mettre le feur sur les vins, et ont regard sur le petit pain des boulangiers de ladite ville que on vend en icelle ville, si comme dessus est plus ad plain desclairié, ordené a esté, du consentement desdis religieux, que lesdis habitans auront leur entention, c'est assavoir : quand lesdits eschevins auront mis fuer à aucuns vins d'aucun pays ou contrée et selon ce qu'ils cousteront, nuls ne mettra ou meslera iceulx vins avec vins d'autre pays, afin que nuls ne soit fraudé ou déceu.

Item, tant comme aus draps et luminaires pour les corps, ordené est par nosdis commissaires que luminaires et draps d'or ou autres seront mis sur les corps d'iceulx qui trespasseront, et offert de cy en avant à le volenté, dévotion et ordenance desdis trespassés ou de leurs amis ou exécuteurs et non autrement.

Item, tant comme à la halle aux draps de ladite ville appartenant auxdits religieux, et dont lesdis habitans requéroient qu'il pussent vendre leurs draps en leurs maisons ou autres maisons louées, ordené est que laditte halle demourra en l'estat qu'elle est et a esté toujours; et se lesdis habitans veulent vendre draps en leurs maisons ou ailleurs, soit au ventredi ou à un autre jour de la semaine, faire le pourront sans faire assemblée ne forme de halle, ne ne pourront lesdis habitans faire en laditte ville aucune autre halle.

Et ont lesdites parties accordé que cest présent accort ne face préjudice aux chartres ne aux lettres que lesdittes parties ayent, mais soient et demeurent du tout en leur forcé et vertu, sans aucunement lesdittes lettres ou chartres augmenter ne amenrir par lesdis accors; mais est réservé en toutes ces choses auxdis habitans l'action de propriété à en faire poursuite, quant ils cuideront que bon soit, et ausdits, religieus leurs défenses, comme dessus est dit; pourquoy nous ont lesdis religieux et habitans très-humblement fait supplier que, comme nosdits commissaires, du consentement desdis religieux et habitans, aient fait et ordené le ordenances et accors dessusdit, que, pour le bien, paix et tranquillité d'euls, de ladite ville et du pays, et pour eschiver les périls et mescontentemens qui pourroient ensuir, que les choses dessusdites nous veuillons confirmer, ratiffier et approuver, et que à iceuls habitans, se pour l'occasion desdits meffaits et délits et d'aucuns d'iceulx ils avoient arré, mespris ou meffait à mondit seigneur et à nous, ou nous offendu en aucune manière, nous leurs veullions confermer, rattifier, et approuver, sur ces fais pourvoir de remedé piteable; nous, considérans les choses dessusdittes, eue délibération meure sur icelles à nostre conseil, lesdittes ordenances et accors et autres choses quelconques en la fourme et manière que dessus sont escrites, de certaine science, de grâce spéciale et de l'auctorité royale dont nous usons, voulons, loons, ratiffions et approuvons et par la teneur de ces précédentes confermons, et d'abondans, pour certaines et justes causes desnommées, auxdits habitans et chacun d'eulx, de l'auctorité devantdite, donnons, remettons, pardonnons et quittons lesdis fais, excès et délis, avec toutte amende et peine criminelle, corporelle et civile, que, pour cause des choses dessusdites ou aucunes d'icelles, pourroit et debvroit estre encouru et escheu envers mondit seigneur et nous, en restituant adplain par ces présentes, se mestier est, lesdits habitans et chacun d'eulx à leur bonne fame et renommée, paix et biens quelconques. Si donnons en mandement, par la teneur de ces présentes, au baillif d'Amiens et à tous autres justiciers ou officiers royaulx ou à leurs lieutenans qui pour le présent sont et pour le temps futur seront, et à chascun d'eulx, que lesdits habitans et chascun d'eulx, pour occasion des choses dessusdites ou d'aucunes d'icelles ou leur dépendance, ne molestent, travaillent ou empeschent, ne souffrent estre molesté, travaillé ou empeschié en corps ne en bien, ne en aucune manière, mais de notre présente rattification, confirmation et grâce laissent et facent lesdis religieux et habitans, chascun d'eux, joïr et user paisiblement sans aucuns empeschement ou contredit, et nous par ces présentes imposons silence perpétuel de monseigneur et de nous sur ce. Et pour que ce soit ferme chose et estable à tousjours, nous avons fait à ces présentes mettre nostre seel secret, le grant absent, sauf en autre chose le droit de monseigneur et de nous et en toutte l'autrui. Donné à Bouloigne sur la mer, l'an de grâce mil trois cent soixante, ou mois d'ottobre.

Quocirca nos, visis et attentis litteris gratie et accordo predictis, ipsas litteras et omnia et singula in eis contenta laudamus, ratifficamus et approbamus ac per presentes de speciali gratia et auctoritate nostra regia confirmamus; mandamus baillivo Ambianensi ceterisque justiciariis vel eorum locumtenentibus, presentibus et futuris, quatenus supradictum accordum, litteras ac gratiam juxta istarum litterarum continentiam et tenorem, teneri, adimpleri et signari, ac executionem debite faciant et deprocurent demandari; et, si quid in contrarium factum vel attemptatum fuerit, ad statum pristinum reducant aut reduci faciant indilate. Quod ut firmum et stabile permaneat in futurum, has litteras sigilli nostri fecimus munimine roborari, salvo jure nostro in aliis et in omnibus quolibet alieno. Actum et datum Parisiis, mense Augusti, anno Domini millesimo trecentesimo sexagesimo primo.

Arch. departem. de la Somme, armoire 1re, liasse 23, n° 18.

XLVIII.

SENTENCE ARBITRALE RENDUE ENTRE LES HABITANTS ET LES RELIGIEUX DE CORBIE.

L'accord et l'ordonnance royale du mois d'octobre 1360, ne terminèrent pas entièrement les différends des religieux et des habitants de Corbie; il restait à estimer dans un arbitrage les dégâts commis au préjudice de l'abbaye dans l'émeute de 1356. Trois commissaires furent désignés par le roi pour mettre fin au litige, et, après enquête, ils sanctionnèrent les points suivants, arrêtés entre les parties :

Les habitants de Corbie payeront aux religieux une somme de trois cents francs d'or à titre de dommages et intérêts; ils se procureront cette somme au moyen d'un impôt établi avec le consentement de l'abbé, et levé pendant un an sur le vin vendu et consommé dans la ville. Les faits qui se sont passés à la maison de Saint-Ladre, près Corbie, ne sont point compris dans le traité, et les religieux restent libres d'exercer, pour les dégâts dont cette maison a été l'objet, telles poursuites que de droit.

1363.
18 janvier.

A tous ceulx qui ces présentes lettres verront et oiront, Jacques la Vache et Tristan du Bos, chevalier, et Guillaume de la Berguerie, commissaires du roy nostredit seigneur en ceste partie, salut. Comme sur le débat meu entre les religieux, abbé et couvent de Saint-Pierre de Corbie d'une part et les habitans de ladite ville d'autre part, pour cause de plusieurs biens prins, levez et emportez, appartenant à iceulx religieux, des dommaiges, intérests et dépens qu'ils se disoient avoir eu, encourus et soubstenus par le fait desdits habitans, en ce que, par force et par violence, il estoient venus à armes et bannières desploiées en plusieurs lieux appartenans auxdits religieux; avoient despécié et destruit leur molin, couppé plusieurs arbres portans fruit et aultres; destruit plusieurs haires, peschié et emporté leurs poissons à leur prouffit, ou au moins avoient donné congié et estoient cause d'iceulx domaiges; les prez et pasturaiges d'iceulx religieux despeciez et gastés, et fait plusieurs autres excès et maléfices, si comme lesdits religieux disoient : et lesdits habitans disoient et maintenoient au contraire que ce qu'il avoient fait, il l'avoient fait pour la seureté, tuition et deffense de ladite ville, et pour obvier et contrester aux ennemis du royaume, adfin que par eulx elle ne fust gastée ou domaigié : et sur ce ait esté fait aucun accort entre lesdites parties, confirmé par M. le duc lors régent le royaume, et depuis par le roy nostre sire, scellé en las de soye et en cire verte, ouquel accort, entre les aultres choses, est contenu en substance que certains commissaires seront donnés, qui enquerront et sçauront la vérité des choses emportées et levées, et rapporteront par devers nous commissaires dessus nommés, affin que en nostre conscience nous en puissions ordener comme bon nous semblera; et sur ce a esté faicte certaine enqueste et rapporté par devers nous; et ledit rapport fait et ladite enqueste veue par nous, bien et diligament, à grant et meure délibération de conseil, avons traittié pour bien de paix entre lesdittes parties en la manière qui s'ensuit :

C'est assavoir que, pour toutes choses que lesdicts religieux pouvoient demander auxdis habitans pour les causes dessusdites et dépendances d'icelles, lesdis habitans paieront et seront tenus de paier auxdis religieux la somme de trois cent francs d'or, et pour ce paier, par le consentement desdis religieux, sera empétrée certaine imposition sur le vin vendu et dispensé en laditte ville, jusques à un an, à commencer le ixe jour de février prochain venant, et la tierce partie de ladite imposition sera tournée et convertie au proffit desdits religieux, jusques à la somme de trois cent francs dessusdits; et ou cas où ladite tierce partie ne les vauldroit, iceuls habitans seront tenus de faire et parfaire le surplus de laditte somme au prouffit desdits religieux; et avec ce auront, prendront et recevront lesdis religieux la somme de trois cent escus et plus, s'il y sont, sur la partie de l'imposition qui est et sera ordenée pour la forteresse de ladite ville; et laquelle somme iceulx habitans avoient presté au temps passé à ladicte forteresse pour refaire icelle et pour les reprendre sur l'imposition ordenée ou à ordener pour cause de ladite forteresse; et seront et demourront lesdis trois cent escus et plus, se deubs sont, ausdis religieux, et les recevront et pourront recevoir à leur prouffit, comme dict est : et avec ce auront lesdis religieus au prouffit d'eulx et de leurs successeurs en leur église, à tousjours franchement et quittement, deus places au lieu où au temps passé souloit avoir maisons séans en laditte ville de Corbie, c'est assavoir la place de l'Estaque et la place du Chastellier; et parmi le traité dessusdit, lesdis habitans demourront et seront quittes envers lesdits religieux de cent et cinq livres parisis ou de plus, se plus y a, adjugés ausdis religieux par le baillif d'Amiens, pour cause de certains despens fais par devant lui sur certains procès meu ou temps passé entre lesdites parties, à cause d'une appellation faite par lesdis habitans; sauf et réservé pour lesdis religieux que en cest présent traittié le fait de la maison de Saint-Ladre emprès Corbie n'est en aucune manière compris; mès poeuvent iceulx religieux, touttefois qu'il leur plaira, poursuir touttes les personnes qui de ladite maison et des biens appartenans à icelle ont prins, levé et emporté, ad ce qu'il les rendent et restituent pour remettre en ladite maison et réédifier icelle, si comme bon leur semblera; et aussi sauf et réservé pour lesdits religieux, comme dist est, que chose qui soit contenue en cest présent traittié ne porte ou puist porter ne faire aucun préjudice à tout le surplus de l'accort fait et passé par lesdis religieux et habitans par devant M. le duc de Normandie, lors régent le royaume de France, lequel lesdis religieux ont par devers eulx sellé en cire verte et en las de soye et confirmé du roy notre sire, ne aus lettres, chartres, rémissions et accors que lesdis religieux avoient devant cest présent traittié, mais sont et demeurent entièrement en leur force et vertu, sans ce que, pour cause de cest présent traittié, il soient ne puissent estre empeciés ou amenris en aucune manière, et qu'il n'est fait et parfait de l'accort scellé du scel dudit monseigneur le duc soit fait et parfait entièrement tout en la forme et manière que contenu est ou dit accort. Lesquelles choses dessusdites et chascunes d'icelles maistre Hue Petit, procureur desdits religieux, et Mahieu Havet, procureur desdits habitans, pour tant comme à chascun touche et peut toucher, ont recogneu, accordé et promis à tenir et faire tenir, sans aller ou venir ne faire venir à l'encontre par quelque manière que ce soit.

En tesmoing de ce, nous avons mis nos sceaulx à ces présentes lettres. Donné à Paris, le dix-huitième jour de janvier, l'an de grâce mil trois cent soixante et deux.

<small>Arch. départem. de la Somme, liasse 23, n° 19. — Biblioth. imp., cartul. Esdras, Corbie, n° 21, fol. 411 r° et suiv.</small>

XLIX.

STATUTS DES PARMENTIERS ET POURPOINTIERS DE CORBIE.

On a vu par plusieurs actes précédents que le droit de réglementer les métiers à Corbie appartenait à l'abbaye pendant l'existence de la commune; les religieux durent à plus forte raison user de ce droit dans toute sa plénitude, lorsque l'organisation communale eut été abolie. Cependant nous n'en constatons l'exercice que dans le xve siècle. Le premier acte où figurent l'abbé et son conseil donnant une ordonnance réglementaire pour une corporation industrielle, se rapporte aux parmentiers et aux pourpointiers, et remonte à l'année 1415. Cet acte renferme les dispositions suivantes. Les gardes du métier, au nombre de quatre, trois parmentiers et un pourpointier, seront renouvelés par moitié d'année en année ; ils rendront compte des contraventions au prévôt de la ville, qui jugera avec l'assistance d'un certain nombre de maîtres (art. 1 et 12). — Les infractions aux statuts seront punies d'une amende de xx s., dont un quart pour les gardes et le reste pour l'abbaye; des dommages et intérêts seront attribués aux personnes qui auront à se plaindre des gens du métier.

Est l'ordonnance faicte et ordonnée par monsieur de Corbie et son bon conseil en la ville de Corbie, sur le mestier des parmentiers et pourpoinctiers ouvrans d'iceulx mestiers en ladicte ville de Corbye, faicte et instruicte en la forme et manière cy-après déclarée :

1416.
9
mars.

1. Primes, il est ordonné que esdits mestiers aura quatre esgards : savoir trois parmentiers et ung pourpoinctier, qui esgarderont toutes les œuvres de parmenterie et de pourpointerie là où il y a à dire, et tous les meffaicts qui seront par eulx trouvés, ils le rapporteront au prévost de ladicte ville, ou son lieutenant, qui du meffaict congnoisteront, selon l'exigence du cas, et par conseil de maistres dudict mestier et d'amende telle que au cas appartiendra, soit par mestaillër, par couldre ou par aulcune faulte qu'il y pouroit estre, soit pour restituer ou aultrement.

2. Item, il est ordonné que nuls pourpoinctiers ne pouront faire aucune jaques d'estoupes pour revendre, mais ils le pouront bien faire à tous ceulx qui les vouldront faire sans meffaict.

3. Item, que nul ne face jaque de bonne, de boure tontiche ne de gratuise, ne roion, ne de penne qui chet de mestier, pour revendre, et qu'il ne face queutes poinctes de boure tontiche pour revendre.

4. Item, il est ordonné que nuls pourpoinctiers ne face pourpoincts justes qu'ils ne soient de bonnes futènes nœuvfe et toile nœuvfe, qui soient bonnes, loyales et marchandes : et que iceulx pourpoincts que l'on fera pour revendre soient emplis de cotton et d'entailliures, se aucuns y en vœult avoir, sans boure aulcune ne d'autres emplaise.

5. Item, il est ordonné que lesdits pourpoinctiers lairont en aulcuns lieux leurs pourpoincts ouvers sans cousture, afin que l'on puist veoir de quelle estoffe lesdicts pourpoincts seront emplis.

6. Item, se aucuns veullent faire pourpoints justes et sans cousture, de laine ou de boure, faire le pouront sans y mettre coton, et qu'iceulx soient de bonne futaine et toile noeufe, loiale et marchande.

7. Item, il est ordonné par le consentement des maistres desdits mestiers que, se aulcun voeult eslever son mestier, il sera tenu de monstrer aux esgards d'icelluy mestier s'il est maistre, de sçavoir tailler et de geter ses mesures devant lesdicts maistres, anchois qu'il taille draps d'autruy, affin que nul ne soit décheu.

8. Item, il est ordonné que tous ceulx qui vouldront lever mestier en ladicte ville paieront pour leur entrée aux compaignons dudict mestier v sols à boire et iiii sols à la chandelle ordonnée par lesdits maistres.

9. Item, il est ordonné que tous vallets servants à maistres qui se voldront merler de tailler à quelque personne que ce soit, seront tenus de monstrer leur taille et de geter leur merque de tailles par devant les maistres [et l]es esgards, et ne seront tenus de faire taille telle qu'elle soit, jusques ad ce qu'ils auront faict la monstre, tel que dessus est dict, sur et en peine de xx sols d'amende, et avec ce seront les ouvraiges qu'ils feront esgardés comme les aultres, et se faulte il y a, ils le amènderont à l'ordonnance du prévost, qui du meffait en apprendra aux maistres dudict mestier, soit pour l'intérest [des?] parties ou pour justice.

10. Item, il est ordonné que tous vallets sermentés seront tenus faire bonne et léalle ouvraige sur le faict desdits mestiers, et si faulte y a, et qu'il soit trouvé meffaict, lesdicts vallets l'amenderont de cinq sols et seront tenus de retirer l'ouvraige mal faicte par le dict des esgards.

11. Item, il est ordonné que tous ceulx qui seront trouvés malfaisants ès choses dessusdictes l'amenderont de xx sols chacun à monsieur de Corbye, et de restituer le dommaige aux parties, sy avant qu'il sera dict par lesdits esgards; desquelles amendes iceulx esgards auront le quart desdictes amendes pour leur peine.

12. Item, il est ordonné que lesdits esgards seront renouvellés chacun an le dimance devant le Nostre-Dame de my-aoust; et seront esleux par les compaignons desdits mestiers; et à faire le eslection il est ordonné que des quatre esgards en demourra deux des vieils et avec eulx seront esleus deux nouveaux, et ainsy seront ordonnez d'an en an.

13. Item, il est ordonné que lesdits esgards relèveront les prouffics qui escheront ès choses dessusdites; qu'ils les metteront au prouffict de la chandelle par eulx ordonné.

Item, cette ordonnance fut faicte le lundy ixe jour de mars, l'an mil quatre cent quinze, par monsieur de Corbye et son bon conseil, et eulx joinct à tenir toujours ce consentement par ceulx que s'enssuivent, assavoir: Jehan Carette, Jehan Cardaine, Jehan Meignot, Henry d'Achincourt, Hugues Hanquet, Jehan Possel, Balthasar Dambe, Lambert Carette, Pierre Lire, Jehan

Maillart, Jacques Coppin, Jehan Mangner, Jehan Dumoulin, Jacques Mart, Noël Caron et Simon d'Acourt, parmentiers; par devant Jehan le Sénescal, prévost de la ville, présent Jehan Bertin, lieutenant dudit prévost; Robert de Brye, procureur en l'église de Saint-Pierre de Corbye, Jehan Descoussu, Gilles le Caron, sergens à mache; et Jehan de Fer, clerc de le comté de Corbye.

Ledit jour, furent esleus esgards Jehan Mergnot, Jehan Carette, et Andrien Naiant, parmentiers, et Henry d'Achincourt, pourpoinctier avec eulx, tous lesquels furent jurés et sermentés par le prévost à tenir et esgarder l'esgard dessusdict, et de rapporter audict prévost les maléfices qu'ils trouveront audict mestier, pour estre pugnis comme dict est, et pour ce faire leur fut donné povoir par ledict prévost.

Biblioth. imp., D. Grenier, 11ᵉ paq., art. 8, p. 270.

ORDONNANCE DU BAILLI DE CORBIE RELATIVE AU MÉTIER DES PAREURS DE DRAPS.

L'ordonnance qu'on va lire fut rendue, comme la précédente, par l'abbé de Corbie; elle porte défense formelle aux pareurs de draps résidant dans la ville de continuer à tondre *à sèche table*[1]. C'est le bailli de Corbie, qui, au nom de l'abbé, en présence de son lieutenant, de plusieurs officiers du monastère, du prévôt de la ville, et d'un certain nombre de tisserands et de tondeurs de draps, promulgue l'ordonnance dont il s'agit en enjoignant aux esgards des pareurs d'en faire observer les dispositions.

Le dix-nueufviesme jour du mois de septembre l'an mil cccc xxv, fut ordonné par monsieur Jehan de Lyon, abbé de l'église Saint-Pierre de Corbie, que tous pareurs de draps, résidens dedens ladite ville de Corbie, ne tonderont plus à secque table, et alors fut commandement faict, de par mondit seigneur, par maistre Tristran de Fontaines, bailly dudict Corbie, aux esgards de mestier, c'est assavoir Pierre de Prousel, Pierre Rousse, Bertran Dien, Mahié Prévost, et autres pareurs, de tenir et entretenir ladite ordonnance.

Ce fut fait au buffet de ladicte église, présent Jehan Quellu, lieutenant du

1425
19
septembᵣ

[1] L'expression *Fresque table* figure dans une ordonnance relative aux tondeurs de draps d'Amiens (tome II, page 52); elle indique le procédé opposé à celui dont il s'agit ici.

bailly de Corbie, et dom Régnault Dury, prévost de ladicte église; Jehan Bertin, prévost dedens ladicte ville; Colart de Gennes, procureur de ladicte église; Jehan Magné, Jehan Destimbel, Jehan Dambry, Colart Cardon, Jacques de Marbois, tisserands de draps; Jehan de Prousel, Pierre Baudelocque, et Gille de Prousel, tondeurs; le tout fait sans appellation. Tesmoing, N. Guyot.

Biblioth. imp., D. Grenier, 11e paq., art. 8, p. 249 r°.

LI.

STATUTS DES BOULANGERS ET PATISSIERS DE CORBIE.

Le statut qui suit, et qui contient douze articles, présente peu de dispositions dignes de remarque. En vertu de l'article 3, il est défendu à tout boulanger de *donner à boire* et de faire aucune autre *courtoisie* à ses pratiques, afin d'en augmenter le nombre; chaque membre de la corporation est tenu de déclarer, sous la foi du serment, qu'il se conformera à cette défense, et même qu'il n'a rien fait de contraire. — D'après l'article 12, les boulangers sont astreints à faire tous les jours du pain blanc et du pain bis, sous peine d'amende et de prison.

1443.
11
novembre.

Est l'ordonnance faicte et ordonnée sur le mestier des boulanguiers, pâticiers et vendeurs de pain en ladicte ville de Corbye, ordonnée à tenir, en la manière qui s'ensuit:

1. C'est assavoir, que nuls ne soit si hardy qu'il faict fournaiges, qu'ils ne soient pesant chacun de noeuf livres en paste crue, et qu'il soit pesant, quand il sera cuit, de sept livres et demy, et qu'ils soient tout d'une paste et de sochisme, sur peine de perdre la paste et d'amande en cent sols.

2. Item, se l'on vœult faire aultre fournaige, que du moins on les face du pesant dessusdict, et que on les vende arrère les autres sochismes, pourquoi on les reconnoissent des aultres sujet, à peine de xx sols.

3. Item, que nuls ne donne à boire ne aultre courtoisie à vendre son pain, sur peine de l'amende de lx sols, avec ce que le prévost fera jurer les boulanguiers à tenir ladite ordonnance et sçavoir par leur serment se aucunement ils sont allés ou fait le contraire, en peine desdites amendes.

4. Item, que nul ne vende son pain à faulce fenestre sur xx sols d'amende.

5. Item, que nul ne mete giet en pain ny mextion aucune, sieuf que l'on poelt bien metre giet en pain, s'il plaist aux boulanguiers, depuis Saint-Remy jusques à Pasques, et qui meteroit giet en pain depuis ledit jour de Pasques jusques à la Sainct-Remy, icelluy ou ceulx quy ce feront seront escheu en amende de xx sols.

6. Item, que tous ceux qui feront pain bis pour vendre, le facent de telle farine qu'elle viendra du moulin, sans empirer icelle et sans y mettre son, sus et en peine de ladite amende de xx sols.

7. Item, que tous les boulanguiers fesants et vendants pains en ladite ville, facent leur petit pain blanc ou bis bon et souffisant, selon le feur du blé, sur et en peine de perdre ledit pain et de xx sols d'amende.

8. Item, que nul boulanguier ne poeut refuser à croire sur gaige suffisant six deniers de pain, mais qu'il appelle à prendre ledit gaige deus de ses voisins ; et se ledict gaige n'est rachepté par dedens huict jours, ledict boulenguier le poeult vendre, s'il lui plaist, ou prendre à son proffict.

9. Item, que nul ne soit sy hardy de vendre son pain en ladicte ville cuit d'une fournée à plus haut prix qu'il ne l'aura afforé, sur et à peine de perdre tous lesdits pains, et xx sols d'amende, ne aussy de mucher ledit pain, sur et en peine de pareille amende de xx sols.

10. Item, qu'il ne soit nulles femmes vendans pain, qui fillece laine, sur et en peine de xx sols d'amende.

11. Item, que, pour esgarder lesdits pains, aura en ladite ville trois esgards qui prendent garde aux pain blanc et bis; affin que, s'ils estoient trouvé trop petits, soit le blanc pain, soit le pain de poise, ou aulcune malfaçon ès œuvres dessusdictes, ils le feront sçavoir par leur serment, au prévost ou son lieutenant, qui en feroient l'exécution selon la qualité du malfait ; et seront lesdits esgards renouvellés chacun an, le dimanche de la Saint-Simon et Saint-Jude, et seront sermentez par ledit prévost de faire l'esgard à souffisance.

12. Item, a esté ordonné par révérend père en Dieu dom Jehan de Berséas, abbé de l'église de Saint-Pierre de Corbie, en la faveur du bien publique et à la requeste des manans et habitans de ladite ville, que les boulanguiers d'icelle facent et aient chacun jour pain blanc et bis souffisant selon la valeur du blé, et que boulenguiers, du moins l'un ou les deux, ne soient point trouvés sans avoir d'iceluy pain blanc et bis aux estals, sur et en peine d'amende de v sols et estre punis de prison ; et laquelle ordonnance fut publiée en ladicte ville le jour Sainct-Martin xie jour de novembre, l'an mil iiii^c et xliii, depuis laquelle publication faite, Jehan Dumolins, Jehan Savary, dit Gallien, Jehan Cudefer, Jehan le Vieille, Jehan Perache, Oudart Cocquet, Martin Cuignel, Guillaume

de Baisieu, Pierre le Maigner et Regnier Amigart, tous boulenguiers lors demourans en ladite ville, se submirent d'entretenir et entériner ladicte ordonnance, sur la peine dessusdicte.

Biblioth. imp., D. Grenier, 11e paq., art. 8, p. 253.

LII.

ORDONNANCE RELATIVE AU COMMERCE DES PARMENTIERS DE CORBIE.

L'ordonnance suivante, qui porte défense aux parmentiers faiseurs d'habits de Corbie de vendre du drap en détail, a un intérêt particulier, en ce qu'elle constate l'exercice de certains droits politiques par les habitants de la ville, concurremment avec l'abbaye, plus d'un siècle après la suppression de la commune. Elle fait connaître leur intervention officielle, *pour le bien public et commun*, dans la rédaction d'une ordonnance prohibitive. Il ne s'agit pas seulement ici de la coutume à peu près générale, suivant laquelle, chaque fois qu'un seigneur donnait des statuts à un corps d'arts et métiers, les membres de ce corps étaient par lui appelés à exprimer leur avis; c'est, à ce qu'il nous semble, un droit d'intervention plus étendu, et, si l'on compare l'acte du 22 décembre 1461 avec ce qui se passait dans les temps antérieurs, on trouvera peut-être que les bourgeois de Corbie avaient acquis, à l'égard du droit de règlement industriel, une prérogative qu'ils ne possédaient pas sous le régime de leur liberté municipale.

Le vingt-deuxième jour de décembre l'an mil quatre cent soixante et ung, fut ordonnance et constitution faicte en halle par messieurs les religieux et couvent de l'église de Saint-Pierre de Corbye et les manans et habitans de laditte ville, pour le bien publicq et commun, que nuls parmentiers détaillant draps ne faisant habits, demourants [à Corbie] ne pourront vendre quelque draps à détail en ladicte ville, pour les faultes qu'ils y pourroient faire et commectre, ce ne fût ou soit en commettant en amende envers monsieur de Corbye de xx sols parisis, pour chacune fois qu'ils feront le contraire. Faict en halle, présent domp Jehan Rousset, official; domp Charles, infirmier Saint-Pierre de Corbye et commis quant ad ce de monsieur de Corbye, Michel de Bulleux, prévost, Jehan Aunel l'aîné, procureur général de mesdits seigneurs, Colart

Bousse, procureur desdits habitants, Jehan Fouache, Jehan Haste et aultres la plus grande et plus saine partye desdits habitants.

<small>Biblioth. imp:, D. Grenier, 11ᵉ paq., art. 8, p. 271.</small>

LIII.

DÉCLARATION RELATIVE A LA FORMATION ET AUX ATTRIBUTIONS DU COLLÉGE DES ÉCHEVINS DE L'ABBAYE DE CORBIE.

Le document suivant, qui paraît, quoique non daté, appartenir à la seconde moitié du xvᵉ siècle, fournit quelques renseignements utiles sur l'échevinage du monastère de Corbie, plusieurs fois mentionné ci-dessus. Ce corps de juges seigneuriaux fut, après l'abolition de la commune, la seule institution civile et judiciaire qui subsistât pour la ville. On voit qu'il se composait de douze membres nommés à vie, et se recrutant au moyen d'une élection faite par eux-mêmes entre les habitants les plus notables. Cette élection avait lieu, en cas de décès et de forfaiture d'un échevin, par les autres échevins, réunis aux trois sergents à verge, sous la présidence du prévôt. L'échevinage exerçait la juridiction civile, criminelle et administrative. Toute cause résultant de l'assignation des sergents à verge était de sa compétence. Il tenait audience tous les jeudis dans un bâtiment de l'abbaye nommé la maison de l'*Estaque*.

C'est la déclaration de la loy et eschevinaige de Corbye, comment et par-quoy ladicte loy et eschevinage doibt estre gardée et maintenue ; c'est assavoir, qu'audict eschevinaige a et doibt avoir trois sergens à verge que l'on dict justice, qui sont créés par monsieur de Corbye, et avec eulx doibt avoir douze eschevins qui sont prins en ladicte ville, et sont créés et sermentés par mondit seigneur de Corbye ; mais tant y a que deux frères ne deux cousins germains ne pœuvent ne doibvent estre eschevins ensemble, et est vray que, quant lesdits eschevins sont esleux et sermentés, ils sont et doibvent estre eschevins toute leur vye, ou qu'ils voisent demourer, si il ne le fourfaisoient ; et pour ce furent ordonnés douze eschevins affin qu'il n'y eust faulte de ledicte loy, et s'il advenoit que aulcuns d'iceulx eschevins voict de vye à trespas, il est de coustume en ladicte ville que, le lendemain de Noël, que les justice et eschevins se assemblent ensamble avec le prévost de l'église pour mettre pris au vin, cappons,

<small>xvᵉ siècle</small>

poulles et fouais; et, se à ce jour faulte aucun eschevin, les survivans en élissent ce quy luy en fault pour lors; et iceulx esleus sont mandez et emmenez par devant mondit seigneur de Corbye, et là leur fault faire le serment accoustumé, et ont lesdits eschevins chascun deux chappons, et les doibt paier l'enffermier de l'église de Corbye.

Il est vray que lesdits eschevins doivent avoir congnoissance de tous arrêts, cercommenement et bournaige, qui eschéent estre faits en ladite ville; et sont tenus de juger toutes causes qui sont et eschéent oudit eschevinaige, au commandement desdictes justices à verge, lesquels sont mouveurs des causes, et est accoustumé que, de huictaine en huictaine, les plaids dudict eschevinaige se doibvent tenir en la maison de l'Estaque; et par jour de joeudy à heure de sacrement, et ne sont deffault donné jusques à grande messe chantée à Saint-Pierre, et là doibvent estre eschevins et justice à verge, et convient que du moins il y ayt une justice à verge ou deux eschevins.

Item, il est vray que en laditte ville a loy d'arrest, et qui est loy estroite, et sont tenus lesdittes parties faire lesdits arrêts.

Biblioth. imp., D. Grenier, 11ᵉ paq., art. 8, p. 185.

LIV.

SENTENCE DU LIEUTENANT DU BAILLI D'AMIENS DANS UN PROCÈS ENTRE LES HABITANTS ET L'ABBAYE DE CORBIE.

Sous le régime de la seigneurie absolue, comme sous le régime communal, de nombreux litiges continuèrent de s'élever entre les habitants et les religieux de Corbie. Ces litiges, existants depuis longtemps, donnèrent lieu, au milieu du xvᵉ siècle, à un procès devant le bailliage d'Amiens. Les uns résultaient de la situation nouvelle que la suppression de la commune avait fait naître pour la ville; les autres remontaient jusqu'au-delà du xivᵉ siècle. Les habitants se plaignaient de l'insuffisance et du mauvais état des moulins bannaux; de la négligence apportée par les religieux à l'entretien de ces moulins; de l'exagération du prix de mouture; de la mauvaise tenue des chemins; des fraudes commises par les boulangers, à raison du défaut de surveillance de la part des officiers de l'abbaye; du manque d'entretien de la maladrerie ou hospice des lépreux; du peu de soin que mettait le monastère dans la direction des écoles urbaines, et dans le choix des personnes chargées de l'enseignement; — ils réclamaient contre la perception indue et excessive de certains droits sur les vins; ils demandaient la liberté de pressurer leur verjus où bon leur semblerait, et de mesurer leurs grains dans leurs maisons ou sur le marché, sans l'autorisation préalable des religieux; enfin, quelques-uns de leurs griefs se rapportaient à la sûreté et à la défense de la ville, à l'ouverture des portes, au guet, aux constructions élevées hors des murs qui pouvaient offrir du danger en temps de guerre, etc.

A ces réclamations, les religieux opposaient diverses fins de non-recevoir, invoquant leur possession immémoriale de la seigneurie et de la haute justice, et le passage entre leurs mains, par la suppression de la commune, de tous les droits inhérents aux anciens priviléges de la ville.

Sur toutes les questions proposées, la sentence du lieutenant du bailli d'Amiens ne donna gain de cause aux religieux qu'à l'égard de l'impôt mis sur les vins; quant aux autres points, elle fut entièrement favorable aux réclamations des habitants de Corbie. Voici les principales dispositions de cette sentence:

Les religieux entretiendront quatre moulins avec les cours d'eau en bon état, de manière que les gens de la ville n'éprouvent aucun retard dans la mouture de leurs grains. — En cas de guerre et de danger, ils seront astreints à faire ou faire faire le guet ou la garde, comme les bourgeois; l'abbé remettra les clefs des portes entre les mains de personnes de la ville *à ce convenables;* les pressoirs à vin, dont les bâtiments établis hors des murs pourraient servir de poste à l'ennemi, seront reportés dans l'intérieur de la ville. — Le prévôt de l'abbaye, accompagné de deux échevins et d'autres gens experts, fera chaque semaine des visites chez les boulangers, et fixera la taxe du pain selon le prix du blé. — L'abbaye rendra aux habitants, pour le pâturage, la libre jouissance des *marais* qu'elle avait fait enclore. — Les religieux devront réparer et entretenir en bon état les bâtiments de la maladrerie, et payer une somme hebdomadaire à chaque malade. — Les habitants et les religieux, les premiers pour deux parts et les autres pour trois, feront enlever les terres qui encombrent les rues; ils auront, chacun pour sa part de responsabilité, à rendre compte devant le bailli d'Amiens des finances de la ville. — Enfin, le monastère ne confiera plus la direction des écoles à des maîtres non gradués, de capacité ou de moralité douteuse; mais à des gens *de belle vie et bonnes mœurs, idones et souffisans* pour l'instruction des enfants.

Il nous a paru utile de publier dans son entier la sentence du lieutenant du bailliage d'Amiens, avec les allégations contradictoires qui s'y trouvent rappelées. En effet, cette pièce donne le moyen d'apprécier avec justesse l'esprit qui animait au milieu du xve siècle une ville façonnée jadis aux habitudes du régime communal, et les besoins que ce gouvernement libre avait laissés dans les mœurs; on y voit, pour la première fois depuis la suppression de la commune de Corbie, la mention de droits et de franchises possédés par les habitants de cette ville, et elle montre ainsi que les idées et les mœurs de la liberté municipale avaient survécu aux garanties de cette liberté; elle prouve en outre que, bien que dépouillés de leurs prérogatives politiques, les habitants de Corbie avaient conservé une certaine puissance à l'égard de l'abbaye dont ils dépendaient, et que les religieux, en dépit de leur souveraineté recouvrée mais devenue d'un exercice difficile, étaient obligés à céder souvent. Enfin il résulte de l'acte de 1448 que l'abbaye, après s'être emparée du monopole des services publics, se montrait peu capable d'y pourvoir; qu'après avoir conquis des droits absolus, elle les exerçait mal ou les abandonnait. C'est au nom des anciens usages, c'est-à-dire de ce qui se pratiquait sous le régime de la liberté communale, que les habitants de Corbie élèvent leurs plaintes et gagnent le procès.

1448.
17 avril.

A tous ceulx qui ces présentes lettres verront, Liénard d'Auquasnes, seigneur de Sapegni, lieutenant général de monsieur le bailly d'Amiens, savoir faisons que au siége dudit bailliage se mut naguères procès entre les bourgeois, manans et habitans de la ville de Corbie, consors demandeurs d'une part, et les religieux, abbé et couvent de l'église Saint-Pierre de Corbie dudit lieu, deffendeurs d'autre part, touchans plusieurs griefs, nouvelletés et empeschemens fais par iceulx religieux ou préjudice des droiz, franchises, prérogatives, usages et autres choses appartenans auxdits demandeurs; et disoient iceulx demandeurs que, en ladite ville de Corbie, qui, de toute anchienneté avoit esté ville notable, fermée et assise sur la rivière de Somme, par le moien des notables marchans et autres gens de divers estas qui avoit repairié, avoit toujours eu marchié de blés, grains, vins et autres denrées et marchandises qui en temps de paix si essanoient en la mer par ladite rivière de Somme, par le moien des marchans estrangers, comme Flamengs, Hollandoys, Alemans et autres qui y fréquentoient volentiers, à l'occasion des libertés, franchises, status et petites exaccions qui y avoient lors cours; mesmement que chacun, selon chacun estat, denrée, mestier ou marchandise, avoit eswars ou commis qui, pour le bien et police de ledite ville, entendoient curieusement à ce que tout fust bien entretenu; lesquels, quant il y avoit aucune deffection, y faisoient faire prompte provision, sans ce que lesdits religieux les peussent pour leur pourffit particulier traictier à leur volenté de ce qui gouvernoit les coustumes et usages anchiennes, faire ne imposer sur eulx nouvelles exaccions autrement que anchiennement avoit esté fait de raison par le coustume et usage de bailliage d'Amiens et conté de Corbye, qui estoit telle que, s'aucun joïssoit et possessoit d'aucune liberté, franchise, droit raiel et prérogative entre parens aagiés et privillégiez, et demourroyt paisible de ce dont l'en voloit depuis poursuir par l'espace de vingt ans et contre gens d'église par l'espace de quarante ans complés, il le acquerroit ou aucun lui compétoit comme à son droit par prescription et longue possession; et combien que lesdits demandeurs eussent de tout temps joy de pluseurs drois, franchises et libertés et en demourez paisibles, sans ce que lesdits religieux les peussent ygnorer, ce nonobstant iceulx religieux avoient contre eulx et en leur préjudice fais pluiseurs entreprinses, nouvellettés, status, ordonnances et exaccions et commis plusieurs faultes, négligences, reffus et deenée de droits redondans contre l'utilité publicque d'icelle ville en universel et particulier, tant au regard des molins, retenues de rivière, de fait du pain, des forages, tonlieux, issue de le ville, des murs de le forteresche, des fossés, des marès, des pressoirs à vins et à vergus, des cauchies, pesquerie, maladerie, des comptes du bournage et d'estrencq, des officiers d'iceulx religieux comme autrement en plusieurs manières, et qui plus estoit, lesdits religieux, en voulans tousjours asservir lesdits demandeurs, ou au moins déroguier à ce que de droit commun leur devoit compéter et appartenir de leur volenté, ou préjudice d'iceulx habitans et sans leur consentement, ne les avoit ad ce évoqué ne appellé, et où retardement de la marchandise du blé dudit lieu, avoient d'eulx-mesmes fait estatut, en quoy lesdits demandeurs avoient grandement esté dommagiez et intéressez, lesquelles choses il avoient remonstré et fait remonstrer douchement à iceulx religieux leurs seigneurs, et leur fait à ceste cause plusieurs belles offres, qui sur ce ne leur avoient volu baillier provision; et pour en ce estre pourveus, avoient d'eulx enterjecté certaine appellacion, qui depuis avoit esté relevée audit siége, où tant avoit esté procédé que, parties oyes, elle avoit esté mise au néant sans despens et sans amende, et si avoit esté ordonné auxdites parties de procéder au principal à icellui siége et y dire et proposer tout ce dont elles se voldroient aidier.

Et premièrement, avoient fait et faisoient iceulx demandeurs doléanche des dommaiges et intérests qu'ilz avoient eu par la deffaulte et négligence [desdits] religieux et leur justice touchans les molins et rivières de ladite ville, par[ce que] en icelle lesdits religieux, qui les voloient maintenir estre banniers et devoir [aller] molir à leurs molins, n'avoient pas assez [de] molins, ne entretenus en bon et souffissant estat pour servir le peuple, dont il en y avoit grant foison de résident tant desdits habitans comme des bonnes gens du plat pays qui se y estoient retyrés et se y tenoient à refuge par le fait des guerres, et si n'avoit audit lieu que trois molins seulement, dont l'ung, nommé le molin Braseret, n'estoit que à molir braie, grain à brasser cervoise ou goudalle, et les deux autres nommez les molins de le Boulenguerie tenant ensamble, et estoient d'ung mesme corps et assis sur ung mesme cours d'eaue que on dist l'eaue de Heilly, qui bien souvent ne pooient molir ensamble ou que l'un après l'autre, parce que le cours d'eaue n'estoit pas souffissant pour les entretenir et faire molir tous deux ensamble; et néantmoins il y avoit en icelle ville sept molins, et ung peu paravant ledit procès encommenché chincq, c'est assavoir les molins de le Cauchie, qui par le fait de la guerre avoient esté démolis; le molin des Prés et les trois autres molins dessus déclariez, qui souventteffois avoient deffaulte d'eaue où aucun n'avoient pas telle eaue qu'il appartenoit pour leur entretenement et furnir ce qui y estoit affaire sans cesser, laquelle retenue, tant en nettoiement, haudraguement comme autrement, estoient affaire auxdits religieux et non à autres, et si estoit vray que l'eaue, qui de plain cours devroit deschendre et fluer en ladite ville, alloit fluer et deschendre par dehors la forteresche d'icelle, parce que lesdits religieux ne retenoient pas le rivières, cauchies ou esrondes estans au dehors et entre ladite ville de Corbie et Vaux; et quant à ladite eaue de Heilly, sur laquelle estoit assis, comme dit est, lesdits deux molins de le Boulenguerie, elle estoit à le fois engelée, comme estoit celle dudit molins Brasceret, et par ce qu'il n'y avoit nulz autres molins en ladite ville, icelle demouroit despourveue de farine et de pain, se ne l'y amenoit à grant fraiz de dehors, attendu que, en ladite ville, n'y avoit nulz molins à vent ne à bras; et n'y saroit-on souvent que menger, se n'estoit le pain que les estrangiers y apportoient chacun jour; et en tant qu'il touchoit ledit molin Braseret, l'eaue este si petite que, par ce et la coulpe desdits religieux, l'en n'y pooit pas molir la moictié de ce qu'il appartenoit et que l'en y eust peu molir, s'il eust esté entretenu et gouverné deuement. Oultre estoit vray que lesditz religieux avoient donné et donnoient souvent à plusieurs personnes demourant au dehors d'icelle ville desgren ausdits molins, lesquelz, par ce moien, avoient leurs blés au devant du blé desdits habitans, supposé qu'il fust auxdits molins et qu'ilz eussent attendu le tour de leur molture dès grant temps paravant; et soubz umbre dudit desgren, ceulx à quy lesdits religieux le avoient ottroié desgrevoient lesdits habitans, c'est assavoir quant lesdits habitans avoient mis leur blé au corbellon pour le mettre en le tremuye et à molture. Ceux qui avoient le desgren leur ostoient dudit corbellon et y mettoient et faisoient mettre le leur; par quoy iceulx habitans demouroient souvent sans molture par grant temps, ou au moins estoient destourbés de leur besongne en atendant qu'il eussent leur tour de molre; et convenoit que par lesdits deffaulte de moulture, avec ce qu'ilz et leurs maisnies estoient destourbés en attendant leur délivrance ausdis molins, comme dit est, par tout le jour ou la plus grant partie, qu'ilz attendeissent la molture de la nuit et portassent des chandeilles pour eulx esclairier et aider au ce que faire y auroient, souvent advenoit qu'ilz n'estoient pas sitost délivrés, et les y faloit atendre deux ou trois jours continuez; et qui plus estoit, iceulx religieux ne bailloient leurs molins que à unct seul home, qui redondoit au seul pourfit d'eulx ou leur fermier, et ou préjudice desdis demandeurs, par quoy ledit fermier gaignoit plus que se lesdis molins eussent esté bailliés à diverses persones; et n'avoit ledit fermier néant plus de warlés, maisnies de chevaulx ou voiture pour tous iceulx trois molins qu'il avoit pour ung seul; et savoit ledit fermier que lesdits habitans estoient banniers, et ne pouvoient aller moldre ailleurs que à luy, comme ilz feroient s'il y avoit trois mauniers, et si n'avanchoit fors ceulx qui lui plaisoit, soubz umbre des dons que l'en lui pooit faire; et ne chaloit quelle deffaute lesdits habitans eussent, ne comment leur blé fust ordonné, mais qu'il gaignast; et moloit ledit fremier souventesfois le blé des estrangiers auparavant cellui desdits habitans, que faire ne se devoit, et ne s'en estoit icellui fermier volu cesser ne déporter, pour quelque plainte ou doléance qui faite en eust esté auxdits religieux et leur justice, qui à ce n'avoient point pourvéu, afin que l'en presist plus volentiers leursdits molins, et qu'ilz les balliassent à plus grand pris, car jà fust-il que lesdis religieux, leurs fermiers ou commis ne deussent prendre pour droit de molture auxdis molins de tous les habitans d'icelle ville que douze boistiaux de chascun muy, fust de blé ou autre grain, sans faire différence de ceulx d'un mestier ou estat à l'autre; toutesvoies, il prendoient de jour en jour des boulenguiers de ladite ville, pour ledit droit de molture, de chascun muy quinze boisteaux, qui estoit troys fois plus qu'il ne leur estoit deu et qu'ilz ne devoient paier, par quoy iceux boulenguiers vendoient leur pain plus chier, et avoient iceulx religieux donné ou souffert donner par leurs fermiers desgren auxdits boullenguiers. Lequel, dont ilz s'efforchoient user, estoit tel, que ils ne souffroient molir entre deux boulenguiers que trois d'iceux habitans, combien que ce ilz ne puissent faire sans l'auctorité et consentement d'iceux demandeurs, qui à ceste occasion avoient grant intérest; pourquoy iceulx demandeurs requéroient que iceulx religieux fussent constrains à faire faire en ladite ville tant et telz molins, et ceulx qui y estoient mettre et entretenir en si bon et souffisant estat, molage, cours d'eaue et autres choses, que pour souffire, et iceulx molins gouverner ou faire gouverner si bien et diligamment et y faire et observer telz usages, ordre et paiement de molture, en regetant et adnullant les desgrenz et autres malvais usaiges dessusdits, que lesdits habitans puissent estre légièrement et aisiement servis, et autres telles provisions leur fussent faites au regart desdits molins et de toutes les rivières et cours d'eaue fluans et deschendans en ladite ville et à l'environ, tant au-dessour comme au-dessoubz, qu'il appartendroit pour le bien et entreténement de ladite ville en universel et particulier.

Secondement, se doloient iceulx demandeurs des griefs qu'ilz maintenoient à eux avoir esté faits par lesdits religieux et leurs comis, qui leur avoient fait paier autre et plus grant droit qu'il n'appartenoit, et pour de ce donner congnoissance, faisoit à avertir et estoit voix que, selon les propres registres et cartulaires desdits religieux, ledit droit de tonnelieu et forage des vins vendus et délivrez en ladite ville se diversifioit selon le qualité de ceulx qui estoient appellé ou réputez estre de la table de ganelis ou de ceulx qui n'estoient pas de ladite table, et aussi selon la qualité des vendeurs et des acheteurs et distribueurs desdits vins, et ne devoient lesdits religieux, ne leurs fermiers ou comis, selon le teneur de lesdits registres, avoir ne prendre pour icellui droit de tonnelieu et forages de vins vendus et délivrez en ladite ville, pour ceulx qui ne sont pas de ladite table du ganelis, que ung sestier de vin de tonnelieu et ung sestier de vin de foraige, quant il estoit vendu à détail, pour le tonnel et non plus; et de ceulx qui estoient de ladite table, lesdits religieux devoient avoir et prendre ung sestier de vin du tonnel pour droit de forage et néant de tonnelieu, et ne devoient ceulx de ladite table point de tonnelieu de quelque chose qu'ilz vendissent ou achetassent en ladite ville; et, au regart des acheteurs desdis vins, ilz ne debvoient point de tonnelieu, si non quant il les vendoient illec; et ainsi le portoient en substance lesdits registres, avoir ne prendre, ausquels lesdits devant dis se rapportoient. Mais ce nonobstant, iceulx religieux et leur comis cœulloient et recevoient autant de chacunes queue, pipe, mulot, coquet ou autre petit vaissel de vin que on devoit paier d'un tonnel, qui estoit contre raison; car à tout le plus grand ilz n'estoient ténus paier, s'aucune chose en devoient, si à le quantité du tonnel, à rapporter le petit au grant; et semblablement il faisoit paier ledit tonnelieu aux acheteurs desdits vins, contre le teneur des ordonnances et de la clause de l'estatut sur ce fait, en prenant et exigant de leur auctorité nouvelle exaction sur iceulx habitans, et généralement sur tous ceulx qui venoient marchander en laditte ville et y achetter d'eulx aucune chose, contre les libertés et franchises, police, bien commun, et anchiennes ordonnances de ladite ville; en asservissant iceulx demandeurs sans leur consentement et l'auctorité du prinche, qui faire ne se devoit; pourquoi, lesdits demandeurs requéroient que ladite exaccion, qui estoit torchonnière et excessive, oultre le contenu en leurs registres, cessast et fust adnullée du tout, en réduisant et ramenant ledit droit de tonnelieu et forage à l'estatut et ordonnance anchienne, et fussent lesdis religieux constrains à le observer doresenavant, en apposant grosses paines, se mestier estoit, sur et contre ceulx qui le contraire feroient, ou autrement y fust pourveu, en conservant lesdits demandeurs en leurs drois, franchises et libertez, ainsi qu'il appartendroyt.

Tierchement, se doloient du grief que leur faisoient lesdis religieux touchant le droit de l'issue des vins de ladite ville de Corbie, pour ce que iceulx religieux ne leur comis ne devoient riens prendre, sauf des vins estranges passans parmy ladite ville sans y estre deschargés et qui venoient de loingtains pays; mais néantmoins lesdits religieux voloient ledit droit qui n'estoit que passage de ville, appeller et applicquier au droit que l'en disoit issue de ville, lequel droit ilz maintenoient estre tel que de toutes pièces de vin, fust tonnel, queue, mulot ou coquet, qui yssoient de ladite ville, il y escheoit et prenoient huit deniers de quelque part que le vin venist, fust dedens la ville, et du creu d'icelle, des fourbours et pays à l'environ, ou nom, qui estoit contre raison, et au dehors de l'entendement de ceulx qui avoient estably ledit droit; car du temps que ce avoit esté ordonné, il ne croissoit nulz vins esdits fourbourgs ne en pays environ qui venissent du creu des bourgeois dudit lieu ne qui feussent amenez ou retraits, soubs l'espérance de y estre vendus ou distribuez, fust en gros ou à détail, ne aultres n'y venoient sus quoy ledit droit se présist, fors ceulx qui y estoient amenez en passant tout oultre ladite ville. Considéré que les vingnes qui estoient en ladite ville et en la banlieue d'icelle y avoient esté plantées et aloeuées depuis soixante ans paravant l'encommenchement dudit procès et encores y en plantoit et aleuoit-on de jour en jour, dont à le fois on apportoit le vendenge et le fait presser et entonner dedans ladite ville, et le moust et vin, tantost qu'il estoit entonné, retraire en la maison des bourgois, manans et habitans à qui il appartenoit comme de leur creu et héritage; par quoy il apparoit que, auparavant ledit temps de soixante ans, il n'estoit aucune question de simple issue de ville, est assavoir des vins qui depuis ledit temps avoient creu en ladite ville, banlieue et pays environ, et ne failloit point faire de statut quant ad ce sur simple issue de ville, ne ceulx qui l'avoient fait ne l'avoient entendu autrement que de passage et venue de vins, quant on les lui amenoit de loing et passoient oultre, comme dit est; et si voloit-on dire que, ès registres desdis religieux et la clause faissant mencion d'icelluy droit de passage ou issue, il y avoit aucune suspicion ou apparence de mutacion de y avoir escript aucune cose ou préjudice des franchises et libertez desdits demandeurs, qui entendoient ledit droit d'issue estre deu pour raison des vins passans seulement et non des vins croissans ès vignes scituées en la banlieue, seigneurie et territores de ladite ville; et s'estoient quant ad ce lesdits deffendeurs déportés de pluiseurs poursuites par eulx faites contre lesdits habitans, sachans en ce non avoir droit, tellement que iceulx habitans estoient demourez paisibles et en avoient tousjours depuis usé comme de leur droit, et si estoit vray que aucuns des fermiers ou commis à recevoir les pourffis desdits forages, passage et issue de ville pour iceulx religieux, avoient dit et déclaré publiquement pluiseurs fois que ce qui avoit esté ceully et receu, fust par lesdits religieux ou autres, à cause des vins venans du creu desdits habitans ou de autres vins estants de repos ou longue main en ladite ville, et lesquelz n'estoient pas venus d'estrange marchans passans sans arrest oultre ladite ville, avoit esté et estoit contre raison. Néanmoins, lesdis religieux voloient maintenir ledit droit d'issue estre aussi bien que de passage, et que iceulx habitans, des vins de leur creu et venans de leurs héritaiges ou qui leur appartenoit, devoient icellui droit d'issue pareillement que les estrangers, ou que les vins de passage, et s'efforchoient lesdis religieux ou leur fermier ou comis, de ce leur faire paier par nouvelle exaction indeue et en volant asservir, en quoy ilz avoient esté grevés; et pour ce requéroient que ledit droit que iceulx religieux appelloient droit d'issue fust déclairié estre seulement droit de passage et réduit à icellui, pour en user en la manière dessus déclairiée et ainsi que l'en en usoit anchiennement et auparavant qu'il y eust vignes plantées ne alevées ès fourbours, terroir, pays et à l'environ d'icelle ville, en tenant iceulx habitans paisibles des vins qu'il leur appartenoient de leur creu ou autrement par le manière déclairée, ou autrement y fust pourveu comme raison donroit.

Quartement, se doloient au regart des murs et garde de ladite ville, et aussi de l'ouverture de la porte estant dedens le pourpris de l'abeye dudit lieu, que on disoit le porte de le Vigne, qui devoit demourer fermée et murée en temps de guerre, en quoy, par le fait et coulpe desdis religieux ou autres de par eulx, ils avoient esté grandement griévez, intéressez; et pour de ce avoir congnoissance, faisoit à avertir que, environ l'an 111e et dix ou 111e et xi que le mairie de ladite ville avoit esté délaissié en le main du roy, pour eulx relever des grans charges et debtes en quoy ilz estoient tenus à celle occasion, le roi, faissant certain accord avec lesdis religieux, eust retenu entièrement la fortresse de ladite ville en cas de guerre ou nécessité, et par ce estoient iceulx religieux demourez chargiez de faire la réparacion des murs, portes et fortresse de ladite ville; et si avoient depuis eu autre accord ou usage entre lesdits religieux et habitans, par lequel iceulx religieux devoient faire entretenir et garder le tiers des murs et fortresse, et paier le tiers des reffections d'icelle ville, et ainsi en avoit esté longuement usé; et en démonstrant que ainsi fust, estoit vray que aucunes fois lesdits religieux avoient commis et envoié à leurs despens pour la seureté et garde desdites portes, ainsi que faire le devoient, et si avoient lesdits habitans et leurs prédécesseurs murés ladite porte et estoupé de fait la porte de le Vingne, par lequelle iceulx religieux pooient faire issue et entrée en leurdite église et y mettre dedens et dehors tout ce que bon leur sembloit, sans le consentement d'iceulx habitans; dont ilz s'estoient complains au roy nostre sire; et avoit sur ce tant esté procédé que, par le roy nostredit seigneur, avoit esté ordonné que icelle porte demouroit murée, sauf que, s'il avenoit que paix ou trêves fussent entre les princes, que lesdis religieux porroient en ce cas et non autrement ladite porte destouper; et si estoit vray que lesdis habitans, qui avoient la garde, tuicion et deffense de ladite ville, porroient, pooient et devoient, en cas de guerre et éminent péril, avoir leur aler et venir autour des murs et pardedens la fortresse d'icelle, tant en ce qui estoit dedens l'enclos ou à l'entour de ladite abaïe comme ailleurs; mais ce nonobstant, lesdits religieux n'avoient volu envoier ne contribuer pour leurdit tiers à le garde desdites portes, et si avoient tenu ladite porte de la Vingne ouverte, et avec ce clos les murs et alées de ladite ville à ung lez et à l'autre de ladite abaye, tellement que l'en ne pooit aller autour des murs de ladite fortresse, mesmement par dedens ladite abaïe, s'il ne plaisoit à iceulx religieux, fust pour la deffense de ladite ville ou aultrement; et si avoit monsieur l'abbé de ladite église toutes les clefs des portes d'icelle ville, lesquelles il alloit clorre et ouvrir, et mettre gens hors et dedens à toutes heures, tant de jour come de nuit, à son plaisir et ainsi que bon lui sembloyt, sans le consentement desdis habitans; lesquelles choses estoient faites par lesdits religieux à tort et contre l'ordonnance du roy nostredit seigneur, de ses lettres, des traittiés et accords sur ce faits, et mesmes contre la garde et seurté dedits habitans, qui pooient tourner à leur destruxion; et pour ces causes, requéroient que lesdis religieux feussent constrains de à leurs despens faire faire souffissament le tiers de la garde des portes, et contribuer aux reffections des murs de la forteresse de ladite ville; à tenir close et murée ladite porte de la Vingne, tellement que l'en n'y puist faire entrée ne issue; à oster les portes et huisseries par eulx fais et mises aux allées de ladite forteresse, tellement que lesdits habitans y peussent aller pour leur seureté; pareillement, que par toutes les autres allées de ladite forteresse et de (sic) la moitié des clefs des portes de ladite ville fussent baillées à iceulx habitans, à l'encontre de l'aultre moitié que aroient lesdis religieux, s'il leur plaisoit, afin que l'en n'y peust faire entrée ne issue, sans la présence ou consentement desdis habitans ou de leurs commis.

Quintement, se doloient lesdis habitans des pressoirs au vin qui estoient par dehors auprès de la forteresse, et qui faisoient ostacle contre icelle ville; et pareillement d'ung grant fossé estans assez près desdis pressoirs et fortresse, là où les ennemis s'estoient aucunes fois embuquez pour cuidier soubprendre ladite ville, et disoient lesdis habitans qu'au lieu là où lesdits pressoirs estoient assis, il y avoit en temps passé une notable église, qui, à l'occasion des guerres, et pour ce qu'elle pooit estre préjudiciable à ladite ville, avoit esté démolie; et néantmoins lesdits religieux y avoient en ce lieu fait faire et asseir lesdits pressoirs à vin, combien que, pour le seureté d'icelle ville et aussi l'aissement desdis habitans, ilz fussent plus convenables à estre dedens l'enclos de ladite ville, considéré les embuquez qui, peu paravant l'encommenchement dudit procès, s'estoient faites esdits pressoirs et fossé; pour quoy lesdits habitans requéroient lesdits pressoirs estre transportés en icelle ville ou ailleurs en lieu convenable, et ladite fosse estre remplie ou souffrir remplir, tellement que aucun inconvénient ne s'en peust ensuir.

Sextement, se doloient de la nouvelleté ou servitude à quoy lesdits religieux les voloient asservir touchant les mesures à grain de ladite ville, et pour de ce donner congnoissance, estoit vray que lesdits habitans, de toute anchienneté, tant auparavant la fondation de ladite abbaye et que lesdits religieux fussent seigneurs de ladite ville, come depuis, chacun pooient en sa maison avoir aunes, poix et mesures pour par eulx, leurs femmes, serviteurs, et maisnies ayans discreption auner, peser et mesurer toutes denrées et marchandises qui y estoit débitués, toutesfois qui leur plaisoit, fust pour eulx ou pour aultruy, par courtoisie ou autrement, en plain marchié en jour d'icellui, ou en leurs maisons en dehors, ainsi qu'il plaisoit à ceulx à qui ce touchoit à le faire, sans ce que pour ce faire ilz feussent tenus de requerre congié ne faire sérement à iceulx religieux, pourveu toutesvoyes que lesdis aunes, pois et mesures eussent préalablement esté espalées à l'espal des mesures desdis religieux, et merquiées à leur seing et merque, et ainsi et jusques à la Toussains de l'an mil IIII^c et xxxv en avoient lesdis habitans toudis continuelement usé, ainssi que apparoir pooit par les estatuts, édis et ordonnances sur ce fais, dont on disoit la teneur estre telle : Nul ne poeut mesurer grain qu'il ait acheté ne amené de sa maison, sur l'amende de vingts solz.

Item, que toutes mesureurs assieent leur sestier droit, et ne traient néant aval, mais traient contremont; et que leurs rauleaux de muison et qui sera trouvé autrement que dessus est dit, il sera encheu en amende de dix solz; et bien se garde le mesureur à qui les mesures soient, à qui il fera mesurer à ses gens, maisnies, soit varlet ou mesquine, l'amende sera prinse au maistre à qui les mesures sont.

Item, que nulz ne soit si hardi, qui baille mesure de quelque marchandise que ce soit à porter hors, se ce n'est par le congiet du prévost ou de ceulx qui coeuillent les tonnelieux de monsieur de Corbie, à peine de soixante sols d'amende et de perdre le courterie ung an.

Item, qu'il ne soit nul mesureur si hardi qui mesure grains qu'il ara acheté pour luy, sur l'amende de dix sols, et d'estre prisonnier à le volenté de monsieur de Corbie.

Item, que nuls ne mesure goudale, bleds, avaines, ou autres choses à aucunes mesures, que les mesures ne soient bonnes et loiaux, et seignies du seing de monsieur de Corbie, sur et à paine de perdre les mesures et de soixante sols d'amende; et se lesdis poix ou mesures, ainsi merquiés que dit est, estoient rompues, frossiés ou dépeschiés, lesdits religieux ou leur justice les poroient prendre, ou faire prendre de fait, rompre, despéchier, ardoir ou autrement les amenrir du tout, et ad ce constraindre ceulx qui pesoient ou mesuroient de pois ou mesures autres que bonnes, s'aucun en y avoit. Mais non obstant les choses dessusdites, lesdits religieux, pour leur volenté et sans cause raisonnable, avoient, le venredi avant le Toussains de l'an IIII^c xxxiv, fait crier et publier en plain marchié à haulte voix et deffendre par manière de nouvel édict ou estatus que aucun ne fust si hardi de plus mesurer grain en plain marchié, sans faire serment ausdits religieux ou leur justice, et à paine d'amende à eulx à applicquier, par quoy le fait du marchié dudit jour en estoit grandement retardé; et pour ces causes et autres, s'estoient lesdis habitans ou leur procureur, tantost après ledit cry, trais par devers monsieur l'abbé de ladite église et lui remonstré en toute révérence tout ce que dit est, en lui requérant que icelles publications, ordonnances et deffenses, il lui pleust adnuller ou faire adnuller, et lesdits habitans souffrir joïr de leur droit et franchise anchien, à quoy ledit monsieur l'abbé ne s'estoit volu condescendre. Et pour en ce remédier, lesdits habitans ou leurdit procureur avoient interjecté ladicte appellacion, qui, depuis icelle anticipée, avoit esté mise au néant sans despens et sans admende, comme dit est : et pour ces causes, requéroient que lesdits religieux feussent constrains à révoquier, rappeller, mectre au néant ou compter pour nul ledit édit, ordonnance ou estatudt par eulx fait sur ledit serment, ensamble le cry, publication, et tout ce qui s'en estoit ensuy à leurs despens, en remectant quant ad ce le fait et estat de mesurer, et pooir mesurer toutes manières de grains en ladite ville et banlieue à iceulx habitans en telle faculté, franchise et liberté qu'ilz avoient auparavant ledit cry, et à les en souffrir joïr et user et par la manière que fait avoit esté de toute anchienneté.

Septimement, se doloient pour raison des pressoirs à vergus. Car, jà fust-il que lesdits habitans eussent par cy-devant pressé leurs vergus là où il leur avoit pleu, et à qui qu'ilz avoient volu, mesmement en leurs maisons, et [quand] ilz avoient volu presser au pressoir desdits religieux, ilz n'avoient paié lors [pour ce] que huit deniers ; et non obstant, lesdits religieux avoient contredit auxdits habitans de presser leurs vergus en leurs hosteux ne ailleurs que à leursdits pressoirs ou ès lieux qui estoient ordonnés, et si prenoient lesdits religieux ou leur commis pour presser et batre lesdits vergus xvi deniers où il ne leur estoit deu que xii deniers ; pour quoi ilz requéroient que lesdits religieux fussent constrains à eulx cesser et désister de leurdit empeschement, souffrir et laissier lesdis habitans batre ou faire batre et presser à leurs pressoirs leurs vergus partout là où il leur plairoit, fust en leurs hosteux ou ailliours, et que lesdits religieux ou leurs commis ne exijissent ou presissent desdis habitans pour batre et presser à leurs pressoirs que huit deniers du muy, comme il avoit esté fait auparavant.

Huitimement, se doloient des griefs à eulx fais touchans les marès, communautés et pasturages de ladite ville, mesmement au regard d'un petit marès estant assez près de le Fole-Mote et tenant au Pré-l'abbé, appartenant auxdits religieux ; car jà fust-il que lesdits habitans eussent leur communage et pasturages au lieu dessusdit, et qu'ilz y peussent mener et pasturer leurs bestaux et aussi y soihier à le fauchille comme ès autres marez communs, néantmoins lesdits religieux avoient recoppé dudit marès chinq ou six journaux qu'ils avoient adjoinct avec leurdit Pré-l'abbé et y fait fossés et deffenses, par quoy iceulx habitans et leurs bestiaux n'y pooient aller; et si avoient planté sommiers qu'ilz prenoient à leur singulier pourfit, et qui plus estoit, avoient prins ou fait prendre aucuns desdits habitans qui avoient esté trouvés soyans à fauchille esdits marès, lesquelz ilz avoient constrains ad ce admender; et s'efforchoient de jour en jour, nonobstant que, par les accords fais entre lesdits religieux et habitans, iceulx religieux ne deussent enclore ne mettre à usage de pré aucune partie d'iceulx marez, senon les prés que on disoit mal tolus, en requérant que lesdits religieux fussent constrains à remettre ledit petit marès à tel estat et usage comment qu'il estoit anchiennement, et n'oster lesdits fossez, deffenses et sommiers, tellement que les bestaux desdits habitans y puissent pasturer et communer comme anchiennement faire pooient, et à souffrir sohier à la fauchille esdis marez et pasturages lesdits habitans paisiblement, ne pour ce les mettre ne tenir en danger, comme faire pooient ès marez de ladite communauté, ou que autre telle provision leur fust sur ce faicte qu'il appartendroyt.

Noeufimement, se doloient lesdis habitans au regard des fossés et eaues estans et faisans closture au dehors de la forteresse de ladite ville, qui avoient osté prins et fais sur le propre fons et héritages de pluiseurs particuliers habitans de ladite ville, sans ce que lesdits religieux desquelz lesdits heritages estoient tenus, leur eussent à ceste cause aucune chose diminué de leurs cens, et jà soit ce que par ce moien et aussi parce que lesdits habitans et le corps de ladite ville recevoient le tiers ou autre porcion desdits fossez et fortresse, à l'encontre d'iceulx religieux qui devoient retenir l'autre porcion, et les eaues dont ilz estoient abruvés fussent et deussent estre communes à elles parties, aucun à chascun d'eulx pour sa porcion, tant en pesquerie come autrement, lesdits religieux faissans pesquier et pesquoient lesdits fossez, prenoient et atribuoient à leur singulier proufit le poisson qu'ilz y prenoient, et ne souffroient point à iceulx habitans de y pesquier, ne aussi ès dites eaues estans autour de ladite ville à le mande, à le nasse, ne à le lingne, soubz umbre de leur justice et seigneurie, jà fust-il que les habitans de la ville d'Amiens et autres bonnes villes peussent ce faire ès rivières et eaues d'icelles villes; et qui plus estoit, avoient fait admender de fait à aucuns desdits habitans ce que ès fossez et eaues de autour de ladite ville de Corbie ilz avoient pesquié au pié et à le nasse, come dit est, en les fourcloant de leur droit, et attribuant à eulx exaction et pourffit desdites amendes ou préjudice desdits habitans, à tort et contre raison; pour laquelle cause, ils requéroient que lesdits religieux fussent contrains à eulx cesser et désister de l'empeschement par eulx mis en la pesquerie desdits fossez et eaue, et souffrir auxdits habitans y pesquier et pooir pesquier avec eulx par main commune ou séparément, et avoir leur porcion du prouffit qui en ysteroit, comme à leur droit, pour telle part et porcion qu'ilz estoient tenus de réparer ou retenir lesdits fossez ou fortresse ; et aussi souffrir ausdits habitans et à chascun d'eulx à pesquier, pooir pesquier au piet, à le ligne et à le nasse, esdites rivières et eaues estans autour et à l'environ d'icelle ville, et à rendre et restituer tout ce que eulx et leur justice en avoient receu à ceste occasion.

Dixièmement, se doloient lesdis habitans pour raison du pain que faisoient et vendoient les boulenguiers de ladite ville ; car, ja fust-il que par les chartres, la justice et eschevins d'icelle ville deussent, chascun jour et à chascune foys, eswarder le pain que faisoient lesdits boulenguiers, pour savoir s'il estoit bien et deuement fait ainsi que estre le devoit, et pour y mectre prix raisonnable, ainsi qu'il appartenoit ; aussi que lesdits habitans en eussent fait requeste ausdits religieux, leur justice et eschevins, riens ne leur en avoit esté fait ; mais souffroient à iceulx boulenguiers faire tel pain et vendre tel pris que bon leur sembloit, pourquoy lesdits habitans requéroient que iceulx religieux fussent constrains par les meilleures manières qu'il seroit advisé à en ce mettre provision ; fust pour ce faire requis ou non, en apposant amende ou paine à l'encontre de ceulx qui seroient en deffaulte ou demeure, ou aucunement y fust pourveu selon ce que raison donroyt.

Unzièmement, se doloient au regard qui se maintenoient estre gens et officiers desdits religieux, de ceulx qui demouroient en ladite ville, y tenoient leur mainage et biens, et mesmes les aucuns leurs femmes et enffans, et couchoient et levoient chacun jour au dehors de ladite abbaye, et aussi au regard des sergans à mache et de nuyt, lesquelz, soubz telle couleur et qui se disoient estre à eulx, ne vouloient faire et de fait ne faisoient point de guet ne de garde, ne contribuoient à la réparacion des murs et fortresse ne autres affaires de ladite ville, combien qu'ilz y fussent enclos, gardés et deffendus come tous les autres habitans dudit lieu, et selon raison ilz n'en pooient ne devoient estre excusés; et requéroient lesdits habitans que telz gens, eulx portans serviteurs desdits religieux, non demourans ne résidans continuelement, couchans dedens ladite abbaïe, ilz tenoient et faisoient leurs demeures, et avoient leur maisnage, biens, femmes et enffans au dehors d'icelle, et couchans et levans dedens la fermeté de ladite ville, fussent constrains à faire guet et garde à ladite ville, jour et nuyt, contribuer à la réparacion de la forteresse, fossez et autres affaires d'icelle, pareillement que faisoient les autres habitans dudit lieu, et lesdits religieux tenus ad ce souffrir estre fait, en ostant tous empeschemens mis ou à mectre au contraire, ou que autrement y fust tellement pourveu que raison donroyt.

Douzièmement, se doloient des cauchies de ladite ville et banlieue d'icelle si avant qu'elles s'estendoient; car, combien qu'elles fussent à retenir et entretenir auxdits religieux en bon et souffissant estat, tant pour charoy, chevaux, bestaux et toutes manières de gens et bestaux qui aloient, venoient, et reparoient en ladite ville, tellement que aucun danger, domage et inconvénient ne s'en ensuist, toutesvoies icelles cauchies estoient retenues très-mal, et n'en faisoient pas bien lesdits religieux leur dehu, considéré les droiz et pourfis que à celle occasion ilz en prenoient et levoient. Meesmement estoient mal retenues les cauchies du lieu par lequel les vaques et bestaux desdis habitans aloient et venoient continuelement d'icelle ville au marès; par quoy lesditz bestaux et vaques estoient bien souvent gastez, empiriez, ou dommaigiez, et à le fois en voie d'estre affolez ou péris, avec ce que iceulx bestaux se y enraquoient jusques au ventre, et ne les pooit-on ravoir que à grant paine et destourbier, et si ne y pooit-on aller ne chevaucher, qui estoit grant préjudice et dommage auxdits habitans; et pour ce requéroient que lesdis religieux fussent constrains à mettre et relever lesdites cauchies, tant celle qui maine audit marès comme autres, en bon et souffissant estat, le plus tost que faire se porroit, du tout à leurs despens, tellement que gens et bestaux y puissent aller, passer et rapasser, et que en ce fust tellement pourveu qu'il appartendroyt.

Treisimement, se doloient iceulx habitans pour raison des comptes que lesdits religieux devoient bailler et en faire enseignement auxdits habitans; car de certaines aides octroiés par le roy nostre seigneur à ladite ville, dont lesdits religieux avoient eu l'administration, ou aussi d'autres choses dont ilz avoient les comptes ou enseignements par devers eulx et qui estoient communs entre eulx et lesdits habitans, iceulx religieux estoient reffussans ou délaians de les bailler à ladite ville, et par ce les comptes d'icelle estoient retardez à rendre, et ne pooient lesdits habitans veoir leur estat en leur préjudice, pourquoy ilz requéroient que lesdits religieux et autres qu'il appartendroit, fussent constrains à bailler leursdits comptes auxdits habitans, ou à cellui ou ceulx qui estoient ou seroient tenus de rendre les comptes de ladite ville, ou que en ce fust mise telle et si bonne provision qu'il appartendroit, et que, par le deffault, la redicion desdits comptes ne se délaiast plus, mais peut icelle ville deuement veoir son estat.

Quatorsiment, se doloient pour ce que lesdits religieux, all'occasion des cens qui leur compétoient sur les maisons et héritages de ladite ville, et en action réelle et fonsière, pour desquelz estre paiés ilz faisoient citer lesdits habitans à comparoir en la ville ou cité d'Arras, qui estoit à dix lieues loing de ladite ville, afin de plus vexer, traveiller et faire fraier iceulx habitans ; combien que iceulx religieux eussent justice en ladite ville de Corbie, jà fust-il que les poursieutes ou les cas dont ilz estoient poursuis ne fussent pas privilliégés, et que iceulx habitans ofrissent à procéder et prendre droit par ladite justice; et pour ceste cause requéroient que lesdis religieux fussent constrains à cesser telles citacions et vexacions, et à eulx désister de plus en faire désoremais, et que pour action réelle et fonsière ilz ne les traitaissent que par devant les justices séculières dudit lieu ou autres à qui de raison la congnoissance en appartendroit.

Quinzimement, pour raison de la maladerie de ladite ville, car jà fust-il que lesdits religieux eussent et presissent le pourfis d'icelle maladerie, et que par ce moien ilz deussent administrer les ladres qui y estoient receu deuement selon la fondacion et ordonnance de ladite maladerie, ainsi que l'en avoit usé et de toute anchienneté, qui estoit que chacun home ladre receu en ladite maison debvoit avoir pour chacune sepmaine dix solz, et chacune femme pour chacune sepmaine huit solz ou environ, néantmoins lesdits religieux n'en voloient riens paier; et qui plus estoit, laissoient aller les maisons à ruyne et édifices d'icelle maladerie, sans les retenir comme il appartenoit, ou préjudice desdits habitans et de la police et bien commun d'icelle ville; et à ceste cause requéroient que lesdits religieux fussent constrains de administrer, paier et délivrer ausdits habitans qui pour la maladie de leppre seroient receux en ladite maison, tant homes come femmes, à chacun d'eulx la redevance et pencion chacune sepmaine telle que dit est, et à réparer, mettre et entretenir en bon et souffissant estat les maisons, eddiffices, et autres choses qu'il appartendroit en ladite maison et maladerie, et que en ce fust pourveu comme de raison seroit.

Sezimement, se doloient des dommages et intérests qu'ilz avoient, en tant, que lesdits religieux ne leur avoient volu faire destreng, cherquemanement ne bournage de pluiseurs masurez que iceulx habitans avoient, scituez au dehors de le porte d'Encre, assez près des gardins des archiers et arbalestriers, et que pour avoir leursdites masurez entièrement, ilz eussent requis pluiseurs foiz à iceulx religieux et à leur justice, qui leur vausissent faire faire lesdits destreng, séparacion et bournage, à l'encontre des héritages contigus et voisins; néantmoins ilz n'en avoient volu riens faire, pourquoi ils requéroient que lesdits religieux fussent constrains à leur faire ou faire faire lesdits destreng, bournage et séparacion, afin que chacun peust adrécher ad ce qui estoit sien.

Et dix-septimement, se doloient lesdits habitans en tant que lesdits religieux donnoient, comme ilz disoient que faire pooient, les escolles de ladite ville à qui et ainsi qu'il leur plaisoit, à une persone seule et à la vie d'icelle, ce qui ne devoit estre fait, mais à gens de bonnes mœurs; et souffissoit qu'ilz fussent diligens de introduire et monstrer aux enffans science, en requérant que ad ce il fust pourveu deuement come il appartenroit, pour le bien publique et police d'icelle ville, si que lesdits habitans demandeurs disoient.

Et concluoient afin que lesdits religieux fussent condamnés et constrains à mettre et faire mettre remède en toutes les choses dessusdites, bonne, briefve et prompte provision, ou souffrir icelle y estre mise à leurs despens, et meesmement à faire ou faire faire, réintégrer, restituer et réparer ès droiz, franchises, libertés et autres choses dessusdites, tout ce qui par eulx ou de leur partie avoit esté torchonnièrement entrepriris, fait et commis; et aussi qu'ilz avoient délaissé et obmis à faire des choses à quoy ilz estoient tenus, et tout ce remettre au premier et souffissant estat; à oster et faire cesser tous empeschemens par eulx mis au contraire, et à souffrir iceulx habitans joïr doresenavant des choses dessusdites, ou de ce que adjugié leur seroit, en tant surtout que raison donroit, que à tout ce requerre et contendre feussent iceulx demandeurs bien à oïr et recevoir, eussent cause et action et non lesdits religieux, à avoir fait ne soustenu le contraire, mais nonobstant chose par eulx proposée dont ilz deussent décheoir, et de tout leur propos et procès, comme non recevable ou valable, obtenissent lesdits demandeurs en toute leur entention ou en tant que raison donroit, et si fussent lesdits religieux condempnés en leurs despens.

Et au contraire disoient iceulx religieux que madame sainte Bauthoin, à son vivant roinne de Franche, et Lothaire son filz, qui depuis avoit esté roy, avoient fondé ladite église et abeye de Corbie, et icelle doué de la terre, comté et seignourie de Corbie, qui lui estoit venue et eschéue ou à ses prédécesseurs par la confiscation que en avoit faite le conte Corbant, durant lequel temps ne depuis n'avoit eu en ladite ville corps, loy ne communalité, maieur, jurez ne autres officiers, pour icelle gouverner ne exercer, mais appartient la justice et seignourie auxdits religieux ou leurs prédécesseurs, et par ce estoient tous les demourans et habitans de ladite ville nuement leurs subgects; et depuis s'estoient les habitans nobles et clergié d'icelle ville, par le consentement desdits religieux, trais devers le roy nostre sire qui pour lors estoit, qui leur avoit créé loy, communauté et eschevinage, et y avoit eu maieur, jurez, eschevins, et autres officiers, qui par aucuns temps avoient eu le gouvernement et police de ladite ville; mais, aucun temps après, ladite loy et communauté avoit, par le roy lors régnant et pour certaines causes qui ad ce l'avoient meu, esté remise en la main d'iceulx religieux, ausquels par ce moien avoit appartenu autelle seignourie en ladite ville, terres, picage, pasturages, marescage et communaultez, comme ils avoient auparavant ladite réduction, et par ces moiens n'avoient lesdits demandeurs onques eu en icelle ville aucun droit, justice ne seigneurie, et s'aucune chose avoient eu en pasturage, soyage ou autrement, en quelque manière que ce fust, ce né avoit ce esté que par le grâce, courtoisie et amour que lesditx religieux et leurs prédécesseurs leur avoient fait; et avoit, depuis ladite réduction, esté ordonnés en ladite ville aucunes personnes pour entendre au gouvernement et affaires communes d'icelle, comme prévost, qui avoit congnoissance des questions qui se mouvoient entre les subjets de ladite ville; eschevins, qui avoient la congnoissance des questions meues à cause d'éritages, et autres officiers convenables. Et pour répondre aux doléances que avoient contre eulx faites lesditz demandeurs :

Et premièrement, au regard des molins de ladite ville, iceulx demandeurs ne pooient dényer qu'il ne fussent banniers aux molins d'iceulx religieux, et qu'il n'y eust autant de molins qu'il y avoit eu, dès soixante ou quatre-vingts ans que feu Loïs Vivant, Gilles de Blangy et ses complices en avoient aucuns abbatus et démolis, et fait pluiseurs oppressions à iceulx religieux et à leurdite église, dont, par appointement fait par les commissaires ad ce ordonnés par le roy nostre seigneur lors régnant, ilz avoient esté condamnés de réparer et restablir les dommaiges et oultraiges par eulx fais. Et si soloit nagaires avoir ung molin au dehors et assez près de la porte à l'Image, que iceulx demandeurs avoient de leur autorité fait démolir et abattre, en quoy lesdits religieux avoient eu grand dommage et intérest, lesquelz leurs molins ilz avoient acoustumé de bailler à certaines personnes ou personne, pour en joïr en le manière accoustumée et yceulx gouverner et servir le peuple convenablement, auxquels il chargeoient par exprès de servir loyaument avant tout autres leurs subjets et habitans de ladite ville, par prenant molture telle qu'il estoit accoustumé de tout temps. Et s'il estoit venu à leur congnoissance que en ce lesdits mangniers eussent commis aucune faulte, ils les auroient pugnis; et devoient yceulx demandeurs estre auxdits molins deux ou troys jours ou nuys avant que de ce ilz se peussent doloir, pour ce que les premiers venus devoient de raison estre premièrement délivrez; et tel estoit l'usage en fait de molage ; et si estoit vray que en ladite ville de Corbie avoit certaine ordonnance, et ainsi en avoit esté acoustumé de user de longtemps que entre deux boulenguiers aians blé au molin, ne pooient molir que trois des habitans de la ville, afin que le commun, le peuple, et aussi les seigneurs et passans par ladite ville puissent par lesdits boulenguiers estre servis de pain.

Item, au regard de la doléance que faisoient lesdits demandeurs, pour raison du droit de tonnelieu et forage appartenans à iceulx deffendeurs, disans lesdits deffendeurs qu'il estoit vray que, pour chacun fons de tonnel, coquet ou pièces de vin tenans plus de trente pos, ilz avoient de tout temps prins et eu sans contredit deux sestiers de vin, et ainsi le portoient les anchiens registres de ladite église ausquelz foy faisoit à adjouster.

Et en tant qu'il touchoit la doléance que faisoient lesdits demandeurs, de ce que lesdits religieux prenoient en leur préjudice yssue de ville de tous les vins yssans d'icelle ville de Corbie, iceulx religieux estoient en possession et saisine, de si longtemps qu'il n'estoit mémore du commenchement, de prendre et avoir ledit droit d'issue de ville, de tous les vins yssans hors d'icelle, sans en ce avoir esté onques aucunement empeschiez; et aussi n'avoit onques esté veu que lesdits religieux se deussent entremettre de garder portes, combien que lesdits demandeurs les volsissent par présumption asservir ad ce faire journellement avec les gens lays et commun poeuple de ladite ville; et supposé que aucunesfois aucuns desdits religieux eussent esté auxdites portes, si avoit ce esté à le requeste desdits demandeurs, pour ce que ceux qui estoient portiers pour le jour ne se voloient tenir auxdites portes; et pour ad ce obvier, doublans le péril éminent et les inconvéniens qui s'en eussent peu enssuir, l'abbé de ladite église y avoit commis aucuns desdits religieux, combien que ad ce ilz ne fussent aucunement tenus.

Et en tant qu'il touchoit la doléance faite par lesdits habitans, pour raison dudit pressoir et fossé estans oudit clos Saint-Allart, ilz n'estoient recevables à en faire poursuite, car en icelluy clos ils n'avoient que veoir ne que congnoistre, et leur en estoit toute congnoissance interdite, comme apparoir pooit par certaines lettres d'accord pour ce faictes et passées par lesdits religieux et habitans. Et n'eust esté la despense qu'il convenoit faire à l'occasion dudit procès, ilz avoient bonne volénté de faire mettre dedans la ville iceulz pressoirs, et si estoit vray que aucuneffois l'abbé de ladite église avoit fait crier et publier aux lieux accoustumés à faire crier en icelle ville, que tous teraux qui faisoient à widier et mettre hors d'icelle ville fussent menez en ladite fosse; et ce nonobstant, lesdis habitans ne avoient riens volu faire; mais menoient chacun jour iceulx teraux, tant sur le cauchie estans au dehors de le porte d'Encre, par quoy yssoient les coulis, pleuves et eslavasses redondoient et cheoient ès fossés d'icelle ville, comme sur les cauchies estans ès rues de ladite ville, qui par ce moien demouroient inhabitées.

Disoient aussi lesdits religieux, au regard de la doléance que faisoient lesdis habitans pour raison des pois, aunes et mesures, tant à grains comme à liqueurs, et de l'estatut et ordonnance sur ce fait par lesdis religieux, que, à cause de leurdite justice et seigneurie, et pour le bien publicque, ilz pooient faire ordon-

71.

nances et estatuts en ladite ville, et que, pour les plaintes qui faites leur avoient esté, ledit abbé de Corbie, appellé le conseil de ladite église, les courtiers de blé et autres gens notables de ladite ville, avoit fait publier que nuls ne mesurast grains, qu'il ne feist serment de bien et loiaument ce faire; en quoy ils n'avoient aucunement grevé lesdits habitans, dont ils eussent eu cause d'apeller d'eulx; et si estoit chose notoire que toutes mesures, poix, balanches, et autres aians cours en ladite ville, devoient estre justiffié aux mesures, poix et balanches estans en ladite église et merquiés à la merque d'icelle.

Et au regart de la doléance qu'ilz faisoient pour raison des pressoirs à vergus, et du droit pour ce deu auxdits religieux qui n'estoit que de huit deniers du muy, iceulx religieux disoient que, selon l'usage anchiennement observé, lesdits habitans amenoient ou faisoient amener, piloter et froissier leurs raisins ès auges qui pour ce faire estoient ordonnés, à ce présent la justice desdits religieux, là où lesdits vergus estoient foulés, afin que l'en ne peust merler avec vin ne en faire bruvages; et se, par courtoisie ou autrement, ilz avoient souffert auxdits habitans de battre en leurs maisons leursditz vergus, ce ne leur devoit préjudicier. Et en tant qu'il touchoit les marès, communautés et pasturages estans à l'environ de ladite ville, disoient lesdits religieux qu'ilz estoient du propre demaine et fondation d'icelle, et y avoient toute justiche et seignourie, haulte, moienne et basse, y pooit picquier, fouyr, heuer, tourber, prendre wasons et y faire tout ce que bon leur sembloit, sans ce que lesdits habitans y eussent que veir ne que congnoistre, justice, seignourie ne autre droit en fons ne en propriété, ne qu'ilz y peussent envoier paistre leur bestail, se n'estoit par la courtoisie desdits religieux; et qui plus estoit, ne pooient lesdits habitans picquier, fouyr, carier, soyer, faucquier, ne prendre herbes ès dis marès, se n'estoit les samedis après disnés et autres festes, pour jonquier leurs maisons, et tout ce par le congié desdits religieux, et s'ils faisoient le contraire, ilz eschécoient en amende.

Et au regard de la doléance que faisoient iceulx habitans all'occasion de ce que les fossez de la fortresse d'icelle ville, qui avoient esté fais et prins sur leurs ténemens et héritages, sans pour ce leur avoir fait diminucion de leurs cens, iceulx religieux disoient que, passé deux cens ans, il y avoit eu fossés autour de la fortresse d'icelle ville, et ne pooient lesdits habitans dényer qu'ilz ne fussent seigneurs de toute ladite ville et circuite, et des eaues et fossez estans à l'environ d'icelle, sans qu'ilz y peussent pesquier à ligne, nasse, fillé ou autrement, ne qu'ilz y eussent riens que veir ne que congnoistre; et se lesdis habitans avoient esté constrains à nétoier et haudraguier lesdis fossés, ilz n'estoient recevables de eulx en doloir, atendu que c'estoit pour leur seurté;

et qui plus estoit, savoient bien que, pour ce que autreffois ilz s'estoient efforchiez de pesquier ou faire pesquier et prendre les poissons estans ès eaues de ladite église, et faire pluseurs excès et oultragés auxdis religieux, que, par certains commissaires pour ce envoiez par le roy nostre sire lors régnant, ilz avoient esté condampnés ad ce réparer et restablir, comme apparoir pooit par les lettres desdits commissaires.

Et quant ad ce que lesdits habitans se doloient et disoient que, jà fust-il que, par les chartres anchiennez qu'ilz avoient, les jurés et eschevins deussent mettre poix au pain que faisoient et vendoient les boulenguiers d'icelle ville, que de ce n'estoit riens fait, et vendoient lesdits boulenguiers leurdit pain come bon leur sembloit; lesdis religieux disoient que onques n'avoit esté veu [que] lesdits jurés et eschevins meissent poix audit pain, mais estoit vray que, depuis que la loy et eschevinage de ladite ville avoient esté remis en la main desdits religieux, ilz avoient pour ad ce entendre commis le prévost de ladite ville, qui en avoit tousjours fait son devoir; et que toutteffois qu'il y avoit trouvé faulte, il avoit fait prendre ledit pain comme confisquié et le baillé aux jones religieux d'escole et à l'Ostel-Dieu de ladite ville, ainsy qu'il en avoit semblé bon ausdits jonnes religieux et prévost.

Et en tant qu'il touchoit la doléance que faisoient lesdits habitans, de ce que iceulx religieux contredisoient que aucuns leurs officiers, tenans mainage au dehors de ladite église, ne faisoient guet, garde et ne voloient contribuer avec lesdits habitans aux affaires de ladite ville, lesdis religieux disans que, par lettrez et chartres royaux à eulx pieça octroiez par les roys de France, tous leurs serviteurs demouraus en leurdite église et mesmes en ladite ville, mariez et à marier, à eulx nécessaires et convenables, n'estoient ou devoient estre aulcunement contribuables aux affaires communs desdits habitans; et faisoit chascun desdits serviteurs à son tour dilligence et devoir de faire guet et garde à ladite ville comme les autres habitans d'icelle; et si avoient leurs sergents de nuyt, ausquelz ilz paioient gaiges chacun an pour entendre jour et nuyt à ladite garde.

Et pour respondre ad ce que lesdits habitans maintenoient que les cauchies de ladite ville estoient mal retenues, par espécial au lieu par lequel les vaques et bestaux aloient au marès, lesdits religieux disoient que, en temps passé, tant par grâce et courtoisie, ilz avoient accordé auxdits habitans qu'ilz peussent cachier et mener leurs bestes ausdits marès pour pasturer, il n'avoit pas esté dit qu'ilz fussent tenus de faire ladite cauchie; mais, s'ilz fussent gens de raison, ilz deussent bien retenir icelle et y faire mener teraux, et non ou lieu qu'ilz les faisoient mettre dedens ladite ville et au dehors en pluseurs lieux et places, comme en la rue qui maine de Saint-Éloy à le porte d'Encre, en la rue qui maine de la Tarterie à la grange Saint-Ernoul, lesquelles iceux habitans avoient tellement chargié de teraux et émondices qu'elles en estoient inhabitées, ou préjudice du bien commun de ladite ville; et pour ce requéroient lesdits religieux que provision y fust mise; et quant aux autres cauchies de ladite ville, elles estoient très-bien retenues, sauf aucunes places que lesdits habitans avoient chargié et chargoient chacun jour de teraux et émondices.

Et au regart de ce que lesdits habitans se doloient que iceulx religieux ne leur avoient volu rendre leurs comptes, parquoy les compteurs d'icelle ville ne pooient rendre les leurs, lesdits religieux disoient que ce seroit chose bien estrange que eulx, qui estoient seigneurs, rendeissent compte à leurs subjès, et qu'il estoit vray que de l'ayde que le roy nostre sire avoit accordé pour le réparacion de la fortresse de ladite ville, avec de l'ayde des cens et rentes et des vins vendus et beus à despence par les gens d'église, et dont lesdits habitans avoient eu le gouvernement, ilz avoient fait très-petite diligence de ce cœullir et recevoir; et avoient employé les deniers desdites aides en leurs affaires, et délaissé à parfaire les ouvrages commenchiez, dont aucuns estoient tournés en ruyne, et les avoit convenu faire à deux fois; et qui plus estoit, par les faveurs qu'ilz avoient les ungs aux autres, ilz avoient délaissé à cœullir et recevoir lesdites aides; et se estoient lesdits religieux prests de, touteffois qu'il appartendroit, bailler par déclaration par devant les gens du roy tout ce qu'ilz avoient fait et estoient tenus faire à cause du tiers de réparacions de ladite fortresse.

Et pour respondre à la doléance que faisoient lesdits habitans pour raison de ce que lesdits religieux faisoient, pour leurs cens et rentes, citer les habitans d'icelle ville à Arras ou ailleurs au dehors, lesdits religieux disoient que notre saint père le pappe leur avoit octroyé permission de pooir porseuir les reffussans à eulx paier leurs cens et rentes par les juges à eulx pour ce delléguez; et ce n'estoit pas chose nouvelle, car il n'y avoit église ou monastère ou royaume de France qu'ilz n'eussent semblables privilège et juges déléguez pour congnoistre de leurs causes et les juger, par quoy apparoît le propos desdits habitans estre non recevable.

Et quant à la doléance que faisoient lesdits habitans pour raison de la maison de la maladerie de Corbie, et que les malades n'avoient point ce qu'ils devoient avoir, lesdits religieux disoient que de ladite maison de la maladerie ilz ne se devoient aucunement entremettre et n'estoient recevables à en parler; car ilz sçavoient bien que autreffois par leur oultrage ilz avoient osté le commis de par lesdits religieux au gouvernement de ladite maison, dont ils avoient esté poursuis; et finablement avoit esté appointié par les commissaires roiaux à ce députés que en ladite maison ne au gouvernement d'icelle lesdits habitans n'avoient que veoir ne que congnoistre.

Et au regard de ce que lesdits habitans disoient qu'ilz ne pooient avoir desreng ne bournage de leurs héritages et masures estans auprez du gardin des archiers, lesdits religieux disoient qu'ilz avoient tousjours esté et encores estoient prests de consentir et accorder lesdits bournages et séparacion estre fait, et de sur ce leur faire toute raison ; mais qu'ilz desclairassent combien iceulx leurs ténements contenoient, combien que lesdits habitans, par fourme de communauté, ne pooient riens avoir de propre, et les pooient iceulx religieux constraindre de widier leur main de tout que par ceste fourme ilz voloient dire à eulx appartenir. Et si disoient lesdits religieux que à eulx appartenoit la totale disposicion des escolles de ladite ville.

Et en tant que lesdits habitans se doloient de ce que, par certains accords et traittiez fais entre eulx et lesdits religieux, iceulx religieux estoient tenus de murer et clorre le porte estans en leurdite église, yssans sur les fossez de la fortresse d'icelle ville, lesdits religieux disoient que ladite porte estoit murée, et n'y avoit seullement que ung petit guichet dont mondit sieur de Corbie portoit les clefs, et nul autre, et n'y avoit pont ne planche audevant d'icelle, mais y avoit grans fossez tous plains d'eaue, et estoit la plus forte place qui fust autour de ladite fortresse, et devoient lesdits habitans estre aussi bien contens se mondit sieur de Corbie portoit la clef dudit guichet, sans eulx de ce doloir, néantplus qu'ilz faisoient de la garde des clefs des portes d'icelle ville, qui par eulx lui estoient chacune nuyt portées.

Et quant ad ce que lesdits habitans disoient qu'ilz avoient acoustumé de aller passer et rapasser sur les murs estans sur ladite fortresse à l'encontre du pourpris de ladite église, lesdits religieux disoient qu'il n'estoit pas chose convenable que gens séculiers allassent ne reparassent de nuyt en maison et église de religion, tant pour les dissolucions qui à ceste cause se porroient ensuir, comme autrement ; et avoit, aux entrées estans sur ladite fortresse et respondans en leur monastère, certaines personnes commises pour toutes les nuys y faire [guet] et garde, qui avoient les clefs des huis y estans pour yceulx ouvrir en [cas] d'effroy et quant besoing seroit, et se autrement ilz estoient ouverts, lesdits habitans porroient aller dedens ladite église et y prendre tout ce que bon leur sembleroit, comme ilz faisoient sur ladite fortresse, là où ne demouroient huis, planquiers, houches, gons, veruelles ne autres choses y convenables, que tout ne fust prins, ars ou emporté.

Et pour respondre à ce qu'ilz se doloient que lesdits religieux consentoient à leurs gens et serviteurs de bailler à louage leurs offices de sergenterie et autres, à personnes non souffissans, qui chacun jour faisoient pluseurs abus sur les subjgès de ladite ville ; et lesdis religieus disans que à eulx n'appartenoit en riens de parler de leurs offices, et n'estoit pas chose nouvelle se iceux leurs gens et serviteurs, de leur consentement, bailloient à ferme ou à louage leurs offices de sergenterie ou autres, ce que faire pooient, si comme lesdits religieux et demandeurs en tous leurs poins et autres dessus déclarés disoient.

Concluans lesdits religieux à fin que lesdits habitans, à faire les demandes, requestes et conclusions et qu'ils s'estoient efforchiez de faire, ne feissent à recevoir et n'eussent receu à bonne et juste cause, y eussent contredit et débatu, et que d'icelles demandes alassent quictes, délivres et absolz ; et se en aucune chose estoient condempnables, que non, que ce ne fust en tant, par le manière ne sy avant que contre eulx avoit esté contendu, mais en ce que raison donroit, que à ce requérir, conduire et demener feissent à recevoir et eussent cause, nonobstant chose proposée ou alléguié au contraire par lesdits habitans, dont ilz deussent décheoir comme de propos non recevable ou valable ; et si fussent lesdits habitans condempnés en leurs despens, sur lesquels fais et moiens par lesdites parties proposez, qui bailliés avoit esté par escript devers la court, accordez pour plaidoiez, affirmez et respondus, certains commissaires à ce députez avoient fait enqueste et en icelle oy et examiné pluseurs tesmoings et receu par après pluseurs lettres en fourme de preuves pour chascune desdites parties ; pour lesquels tesmoings et lettres, chascun, au regard de sa partie averse, avoit baillé reprochez et salvacions au contraire ; et sur ce tant avoit esté procédé que ledit procès avoit esté passé et receu à la court, du consentement Hue Harlé, procureur desdits habitans, et Jehan le Prévost le jone, procureur d'iceux religieux, pour estre jugié, se faire se pooit, sans vériffication, sur les fais desdis reproches et salvacions.

Veu lequel procès, et tout ce que par icellui appert et qui mouvoir poeut et doit, nous disons et déclairons par jugement et pour droit que icellui procès se poet bien juger sans faire enqueste sur lesdits reproches et salvacions ; et oultre que iceux religieux, abbé et couvent seront tenus, et les condempnons, de désoremais en avant tenir et entretenir les quatre molins dessusdits, est assavoir, les deux de le Boulenguerie, le molin Braseret, et celluy estant en ladite rue des Prés, bien et souffissant de toutes choses à usage de molre blé, avec les cours des eaues qui les abreuvent et doivent abruver, et les vergues [1], deuves [2], espondes [3] desdites eaues, tellement que lesdits molins soient et demoeurent en tel estat que lesdits habitans y puissent molre touttesfois que besoing

[1] Berges.
[2] Douves ou fossé.
[3] Bords.

leur sera, et d'avoir en' chacun d'iceulx molins autre home expert et souffissant pour les mener et conduire diligemment et loyaument, tellement que lesdits habitans ou autres qui y porteront ou envoiront leur blé pour molre puissent estre expédiez.

Item, au regard de ce que lesdits habitans se doloient desdits religieux de ce qu'ilz faisoient molre, par manière de desgreu, pluiseurs estrangiers et demourans au dehors de ladite ville, auparavant et ou préjudice des boulenguiers et habitans d'icelle qui estoient banniers, comme dit est, nous avons appointié et appointons que lesdits estrangiers non privilégiez n'auront plus ledit desgreu, et porra chacun boulenguier molre tout d'un trait huit sestiers de blé, et entre deux desdits boulenguiers trois desdits habitans que on dist sochaines, en paiant le droyt acoustumé.

Item, et en tant qu'il touche ledit droit de tonnelieu, forage et issue de vins de ladite ville, nous appointons au regard de ce que lesdits demandeurs en ont à tort fait doléance, et en yront lesdits religieux délivres.

Item, quant à la doléance que faisoient lesdits habitans au regard de la fortresse, murs et garde de ladite ville, et aussi de l'ouverture de la porte que on dit le porte de le Vingne, comprinse ou pourpris desdits religieus, qui en temps de guerre devoit demourer fermée, nous, veu l'estat desdites parties et situacion de ladite ville, et pour éviter à autres dangiers et inconvéniens, par provisions avons appointié et appointons que, en temps de guerre et de péril éminent, lesdits religieux, abbé et couvent seront tenus de faire ou faire faire guet et garde à ladite ville de Corbie, comme les habitans d'icelle, à l'ordonnance du bailly d'Amiens ou son lieutenant qui lors sera.

Item, que oudit temps partié des clefs des portes d'icelle ville sera, par l'ordonnance et provision desdits religieux, abbé et couvent, mise en la main d'aucuns desdits habitans à ce convenables, et aussi oudit temps ledite porte de le Vingne sera murée, et en temps de paix ou de trêves, s'il plaist à iceulx religieux, abbé et couvent, sera ouverte et desmurée; et au regard des huisseries faisans clostures sur la fortresse d'icelle à l'endroit du pourpris de l'église et abbaye dudit lieu, ou temps dessusdit, lesdites huisseries seront et demouront ouvertes.

Item, au regard de l'article faisant [mention] des pressoirs à vin et fossés estans ou clos Saint-Allart, nous avons appointié et appointons que, pour obvier aux inconvéniens qui s'en porroient ensuir, que lesdits religieux, abbé et couvent seront tenus à leurs despens de, en dedens ung an prochain venant, oster lesdits pressoirs et les faire mettre et asseoir dedens ladite ville ou ailleurs, en lieu convenable; et démolir les maisons et édefices là où sont adprésent lesdits pressoirs, tellement que ce ne puist porter préjudice à la fortresse de ladite ville ; et si ordonnons que lesdits religieux, abbé et couvent, et aussi les demourans et habitans dedens la fermeté de ladite ville, seront tenus de porter ou faire porter et mener journelement dedens ladite fosse leurs teraux, remplages et émondices, jusques ad ce que icelle fosse soit remplie; et afin que ce se puist faire, iceux religieux seront tenus de tenir à ouverture la porte dudit clos, excepté qu'ilz le porront tenir close, se bon leur semble, pour raison des vendenges, durant les mois de septembre et octobre.

Item, et en tant qu'il touchoit les clauses faisans mencion de la doléance faite par lesdits habitans pour raison de l'estatut fait et publié de par lesdits religieux, à ce que aucuns ne mesurassent grains qu'ilz n'eussent fait serment, nous disons que lesdits habitans n'ont cause de avoir fait ladite doléance, et mesmes ordonnons que lesdits religieux ne leurs officiers ne porront reffusser nulz desdits habitans audit serment et mesurage, pour tant qu'ilz soient ydoines.

Item, quant à la doléance faite par lesdits habitans du fait des petits pressoirs à vergus, nous avons appointié et appointons que lesdits habitans yront batre et presser doresenavant leurs vergus là où bon leur semblera.

Item, au regard de la doléance que faisoient lesdits habitans, touchant leurs marès, communauté et pasturages, mesmement du petit marès estans assis près de le Fole-Mote, tenant au Pré-l'Abbé, contenant de quatre à chincq journeux, nous avons appointié et appointons que lesdits habitans auront leur usage en tous lesdits marès et pré, tel que de y pooir faire pasturer leurs bestaux et y soier l'herbe pour iceux bestaux, et pour faire jonquiries en leurs hostelz, touteffois qu'il leur plaira, sans ce toutesvoies que iceux habitans puissent vendre ne fener aucune des herbes; et seront tenus lesdits religieux de oster tous empeschemens fais esdis marès et pré, tant de fauchelles comme autrement, tellement que tous lesdits marès, pré et communauté soient audit usage.

Item, et en tant qu'il touche la doléance faicte par iceux habitans au regart des fossés et eaues estans autour de ladite fortresse, et aussi de la pesquerie d'iceux fossez et eaues, nous appointons que lesdits habitans auront usage desdits fossés et eaues pour pesquier à le ligne, et ou surplus déclairons que iceux habitans ont à tort fait ladite doléance.

Item, quant à la doléance que faisoient lesdits habitans pour raison du pain blancq que faisoient et vendoient les boulenguiers de ladite ville, et aussi de l'eswart et pris dudit pain, nous appointons que le prévost de ladite ville, accompagné de deux eschevins d'icelle et autres gens en ce congnoissans, sera tenu de, une fois la sepmaine du mains, faire visitacion et eswart du pain blancq et bis que feront iceulx boulenguiers, et bailler poix et pris raisonable, selon la valeur du blé dont ledit pain sera fait; et s'il est trouvé faulte esdits boulenguiers, que ledit pain ne soit point pain quit et pesant son poix, [le prévost fera] confisquier tout le pain des délinquans avec amende de chincq sols, au pourffit desdits religieux, toutes les fois que le cas y esquerra.

Item, au regard de la doléance que faisoient lesdits habitans de ce que lesdits religieux voloient exempter leurs gens et officiers non demourans, couchans et faisans leur résidence dedens leur abbaie et qui tenoient et faisoient leur demeure et avoient leurs mesnages, biens, femmes et enffans dedens l'enclos de la fermeté de ladite ville, nous avons appointé et appointons que tous les serviteurs et officiers desdits religieux qui ont leurs demeures ou mesnages en dehors de le circuite et monastère de ladite église, seront tenus doresenavant à faire guet, garde et à contribuer aux affaires de ladite ville comme les autres habitans d'icelle, excepté que les quatre sergens à mache et dix sergens de nuyt sont tenus exemps seulement de guet et garde de porte.

Item, et en tant qu'il touche la doléance que faisoient lesdits habitans pour raison des cauchies de ladite ville de Corbye et banlieue d'icelle si avant qu'elles s'estendoient, et mesmes les cauchies du lieu par lequel les vaques et bestaux d'icelle ville aloient de ladite ville au marès, qui estoient mal retenues par faulte desdits religieux, nous avons appointié et appointons que iceulx religieux seront tenus de mettre, tenir et entretenir lesdites cauchies, et mesmes celle par lesquelles les bestaux vont et viennent à iceux marez, en bon et souffissant estat, en telle manière que charoy, gens et bestaux y puissent aller, passer et rapasser sans danger, damage et inconvénient; et si ordonnons que lesdits habitans et religieux seront tenus pour ceste fois de à leurs despens, est assavoir lesdits habitans des deux parts et lesdits religieux du tiers, faire nétoyer et oster les teraux et émondices estans de présent ès rues de le Boucherie, Tarterie et autres rues de ladite ville; et ce fait, lesdits religieux seront tenus de faire ordonnance et édit que lesdits habitans depuis lors en avant feront oster les teraux desdits religieux et mener en lieu convenable au dehors de ladite ville, tellement que les cauchies d'icelle ne puissent par ce estre empirez, emblayez ne dommagiés.

Item, au regard de la doléance et requeste que faisoient iceulx habitans ad ce que lesdits religieux, abbé et couvent fussent constrains de faire enseignement et baillier auxdits habitans, ou à celluy où ceulx qui estoient tenus de rendre les comptes de ladite ville, les comptes qu'ilz devoient rendre et baillier touchant les aides ottroiées par le roy nostre sire à icelle, et dont ilz avoient eu l'administration, aussi d'autres choses dont ilz avoient les comptes ou enseignemens par devers eulx et qui estoient communes entre eulx, nous, par provision et pour l'entretenement de ladite ville et de la fortresse d'icelle, avons appointés et appointons que lesdits religieux et pareillement lesdits habitans seront tenus de rendre compte par devant mondit seigneur le bailly ou son lieutenant ou leurs successeurs, pourveu que chacun d'eulx sera à ce faire présent et appellé.

Item, quant à ce que lesdits habitans se doloient desdis religieux des citations qu'ils faisoient faire et exécuter chacun jour sur lesdits habitans pour les cens et arrérages à eux deulx en la ville d'Arras, et pour action réelle et fonsière, nous avons interdit et interdisons auxdits religieux, abbé et couvent que doresenavent ilz ne traient ne poursieuvent lesdis habitans à cause de leurs cens, rentes et autres choses réelles et mouvans de réalité, ailleurs que par devant juges lays, ausquelz la congnoissance de ce doit appartenir.

Item, au regard de la doléance que faisoient lesdits habitans de la maladerie d'icelle ville de Corbie, que lesdits religieux devoient retenir avec les maisons et édiffices d'icelle, et paier pour chacune sepmaine aux malades et religieux y estans, assavoir à homme dix solz et à femme huit solz, ce que lesdits religieux n'avoient volu faire, pourquoy ilz requéroient que à ce faire fussent constrains; nous avons appointé et appointons que lesdits religieux seront tenus doresenavant de réparer, mettre et entretenir en bon et souffissant estat les maisons et édéffices de ladite maladerie et ses appartenances, tellement que les malades y receux y puissent estre et demourer avec la chappelle d'icelle maladerie, en la manière que l'on puist désormais faire et célébrer le service divin, et de paier chacune sepmaine aux habitans de ladite ville qui seront receux malade à ladite maladerie, est assavoir à home dix solz et à feme huyt solz.

Item, en tant qu'il touche la doléance que faisoient iceulx habitans pour raison du cherquemanement et bournage de pluiseurs masures auxdis habitans appartenans, séans dehors la porte d'Encre, assez près des gardins des archiers et arbalestiers, à l'encontre des héritages contigus et voisins, ce que lesdits religieux leur avoient refusé faire, nous avons appointé et appointons que iceulx religieux, abbé et couvent seront tenus de faire et faire faire doresenavant les bournages et cherquemanemens dessusdits et autres nécessités estre fais en ladite ville aux despens de celuy ou ceulx à qui il appartendra.

Item, et au regard de la doléance que faisoient lesdits habitans de ce que lesdits religieux avoient donné leurs escolles à home non gradué, ydone ne souffissant sa vie durant, qui ne devoit estre fait, si non à gens de belle vie et bonnes meurs, par quoy les enffans de ladite ville n'avoient peu acquérir science, nous avons appointié et appointons que doresenavant lesdits religieux seront tenus de commectre auxdites escolles personnes ydones et souffissans pour l'instruxion des enffans desdits habitans et aultres qui y volront aller, et du sourplus des démandes et conclusions desdits demandeurs, yront lesdits deffendeurs quites et délivres, et compensons les despens dudit procès, et pour cause, dont lesdits Hue Harlé et Jehan le Prévost, ès noms que dessus, en tant que ladite sentence estoit préjudiciable à leursdits maistres appellez; en tesmoingnage de ce, nous avons mis nostre scel à ces lettres, données à Amiens le XVII° jour d'apvril l'an mil quatre cens et quarante-huit.

Biblioth. imp., cartul. Esdras, fonds de Corbie, n° 21, p. 86 et suiv.

LV.

STATUTS DU MÉTIER DES TISSERANDS DE DRAPS, DU MÉTIER DES PAREURS ET FOULONS ET DE PLUSIEURS AUTRES MÉTIERS DE CORBIE.

Nous croyons pouvoir réunir ici un certain nombre de statuts réglementaires des métiers de Corbie donnés ou réformés et promulgués de nouveau pendant le XV° et le XVI° siècle. Dans les registres dont le texte nous a été conservé par D. Grenier, la plupart des pièces manquent de date; mais on peut penser, d'après certaines indications contenues dans les papiers du savant bénédictin, qu'elles remontent à l'année 1467, époque à laquelle l'organisation des métiers de Corbie fut renouvelée et complétée.

L'autorité dont émanent les ordonnances en question n'est pas nommée dans tous les actes. Les formules varient beaucoup. Tantôt elles font connaître la part prise à la rédaction du statut par l'abbé et les habitants; tantôt elles ne contiennent aucune trace de l'intervention des habitants, et elles mentionnent seulement le consentement des maîtres du métier; tantôt enfin on voit avec l'abbé figurer dans l'acte le bailli, son lieutenant, le procureur du monastère et celui des gens de la ville, des échevins, des conseillers du siége et diverses autres personnes.

Le prévôt de l'abbaye joue un rôle assez important dans les statuts. Il délivre la permission d'entrée ou de sortie pour certaines marchandises; il juge les contraventions et prononce les amendes. —

Des visiteurs, sous les titres de prud'hommes, esgards, maires, etc., sont chargés de surveiller la fabrication et la vente; ils sont élus par les maîtres; l'abbé ou le prévôt du monastère les institue.

Les métiers dont nous donnons ici les statuts sont ceux des tisserands de draps, des pareurs et foulons, des marchands de vin, des tanneurs, des fabricants de tuiles, des chandeliers, des cordiers, des marchands de guède, des bonnetiers, des bouchers et des chapeliers. Nous y joignons la liste générale des ordonnances industrielles promulguées en 1467, que D. Grenier a transcrite d'après un ancien registre de l'abbaye de Corbie.

STATUTS DES TISSERANDS DE DRAPS.

1.

Est l'ordonnance faicte en la ville de Corbie sur le mestier de tisserans de drap ouvrans audit mestier dans ladicte ville de Corbie, faicte et ordonnée par la manière qui s'enssuit:

1. C'est assavoir que tous les tisserands pourront tiltre drap et laines de xxe; lesquels draps, faits en ladite laine, auront treize quartiers de lez sur l'estille.

2. Item, que tous tisserans porront tiltre draps en laine de xixe, qui averont treize quartiers de lez, deux panch moins sur l'estille.

3. Item, que tous tisserans pourront tiltre drap en laine de xviiie, qui averont treize quartiers de lez, deux panch moins sur l'estille.

4. Item, que tous tisserans pourront tiltre drap en laine de xviie, qui averont trois aulnes demy-quartier et ung panch de lez sur l'estille.

5. Item, que tous tisserans pourront avoir laine de xvie demy pour les gros fillés, qui averont trois aulnes de lez, en laquelle laine nul ne poura ouvrer, jusques à ce qu'ils averont monstré aux esgardeurs les étoffes qu'ils vouldront mettre en ladicte laine de xvie et demy; et combien que ladicte layne soit de quinze cens, et s'il y arroit étoffe de linchon, il le metteront au demy-cent dessusdits, sans faire widengine de roz, moyennant que tout sera monstré aux esgards; et se ils en prendent sur le demy-cent, ils feront leurs drap en largissant de tant qu'ils en prenderont sur le demy-cent.

6. Item, s'aucuns tisserans ourdit ses draps qui ne venissent point à compte de ses laines de xve et au-dessus, nuls ne pourra widier ses laines comme de diz lez.

7. Item, quiconcque voldra faire draps enthiers, ils averont trente-six

aulnes sur le mestier environs; et sy avera en chascun drap six pesons de laine bonne, sergine et nate pignié en suin, comme doibvent estre les estains trais de la trame du drap que on y vœut avoir faiz, sans adjouster aultre laine que celle qui est dit estain.

8. Item, s'aucun tisseran faict draps, et il escheoit que aucune ralonge se fist de estrange estame et d'aultre couleur que du corps du draps, comme on dist en quieveure, pour ce qu'il n'y a différence, le lisière demourra, et s'il y trouve que enssaine le corps du draps, on luy abattera le lisière tant seulement, et de ce faire prendront congié aux esgards.

9. Item, il est ordonné que on poeult bien faire ung draps d'estain de poix à trame d'agneline, lesquels averont une lisière refendue de coiton.

10. Item, s'aucuns vœult faire draps d'estain de poix à trame d'agneline, on les poeult bien faire sans lisière par le congié des esgards.

11. Item, nul tisserant ne poeult vendre, ne prester traime, ni achepter à quelque personne que ce soit, que tout ne soit monstré aux esgards, sur faire amende.

12. Item, que nuls aultres qui vœullent faire draps ne poeuvent vendre, ne achapter, ne faire mettre en vente traime qu'elle ne soit monstré aux esgards pour sçavoir dont elle vient.

13. Item, se aucuns vœult faire draps de surtontiures, faire le poeult pour son vestir; lequel draps, quant il sera faict, celuy à quy le draps est sera tenu de faire serment que c'est pour son vestir et sans vendre, et, se vendre le voulloit pour se necessité, que il die à l'achepteur l'estoffe de quoy il est fait, et ne portera ledit drap point de lisière.

14. Item, nuls tisserans ne poeuvent mettre en vente bourre ne gratintures, mais eschet à tapissiers et non à aultres.

15. Item, s'aucun draps estoient trouvez ronz par trame en estain, le meffait sera par le coulpe de celuy ou ceulx par quel coulpe se sera faict, de pingneurs, de gardeur ou de tisseran; et bien se garde celuy à qui le drap sera qu'il ne porte au tisseran voir là ou il y ayt à dire; se n'est par sa coulpe que le drap soit royé, le tisseran ne sera tenu de luy rien amender; mais le tisserant sera tenu, s'il voit que le drap se roye sur le mestier, demander celuy à qui le drap sera, et les esgards ausquels ce sera monstré, et tous ce que les esgards seront tenus de sçavoir, se meffait y a, et de le faire sçavoir au prévost, afin qu'il sache par qui la faulte sera faicte.

16. Item, et s'il estoit trouvé [qu'il] fust trouvé royé, celui à qui ce sera a sa taincture, et se par sa tainture il est uni, il demoura passant son esgard; et se ne se pooit aunnir au taindre, le bon sera coppé d'une part, et le mauvais

d'aultre part, et ostera-on le lisière à l'endroit de celuy qui sera trouvé royé, et celuy par quy ce sera que le meffait y sera, l'amendera de dix sols parisis.

17. Item, nul ne poeut enquievir un drap de surtontures que on ne face une voie entre deux et abbatre le lisière.

18. Item, que pour mesurer le largeur des laines, aura un bourgon de fer, qui aura treize quartiers de long, et sera chacune laine dessusdicte mesurée selon le largeur, et aura ledict bourgon la largeur de chacune laine, ung cierque; et sera ledit bourgon gardé par les deux esgards qui seront pareurs.

19. Item; que nul tisserans ouvrans en ladicte ville de Corbie ne tissera à la chandaille.

20. Item, il est ordonné que nuls tisserans ouvrans en ladicte ville, ne tistre drap quelconques les samedis ne les cinq vigiles Nostre-Dame, se ce n'est sur l'aussole depuis une heure après midy, sur l'amende de cinq sols; et pour ouvrer sur l'aussole, ils prendront congé aux esgards.

21. Item, quiconques fera pastes passant trois droits, il paiera de chacun un denier au prouffit des esgards.

22. Item, il est deffendu à tous telliers de linge, qu'ils ne mettent fillés de laine en vente, qu'ils ne prendent ainçois congé aus esgards de mestier de tisserands, sur l'amende de x^s parisis.

23. Item, que tous ceux qui vouldront lever mestier de tiltre draps en ladicte ville seront tenus de paier pour leur maistrise xx^s.

24. Item, quiconques sera trouvé ouvrant dudict mestier en feste de commandement, il paiera xii^d, au prouffict de la chandelle ordonnée par les compaignons dudict mestier.

25. Item, que tout draps où il aura soupchon de larchin ou d'autre meffait quel qu'il soit, les esgards les feront sçavoir au prévost, par lequel prévost sera jugé le meffait qu'il appartiendra à estre faict selon le qualité de meffait.

26. Item, que nuls tisserans ne soient si hardis de attaquer aultre denrée sur la sienne, sur peine d'amende de x sols.

27. Item, si aucuns draps [a esté] mal tissus ou mal ordonné par le coulpe du tisserant, il restituera le domaige à celuy à qui le drap sera, tel qu'il sera trouvé par les esgards de mestier, et paiera amende de dix sols, comme dessus est dict.

28. Item, que tous aultres tisserans de draps en ladicte ville seront tenus de faire merque en tous les draps qui seront tissus en ladicte ville, affin que, se aucuns inconvéniens escheoient sur aucuns d'iceulx draps, que on sceust recongnoistre la merque du maistre qui ce auroit faict; et qui fauldra à faire

sa merque, il sera à xii^d d'amende; et qui le contrefera, après ce que le drap sera faict, il sera eschu en cinq sols d'amende.

29. Item, il est ordonné que, pour les draps dessusdis esgarder, aura quatre esgards, c'est assavoir deux tisserans et deux pareurs, et ne meteront ausdits esgards deux frères ne deux cousins germains ensemble.

30. Item, que nul tisserant ne poeult faire drap de revenans de plusieurs fillés, soit à une lisière ou à deux, se ce n'est par le congé des esgards, sur ladicte amende de dix [solz].

31. Item, quiconques meffait en drap et en se lisière, soit maistre ou varlet, il doibt douze deniers d'amende au prouffit des esgards, et se rent le meffait à celuy à qui le drap est par ledict prévost, qui en aprendra aux compaignons des mestiers.

32. Item, de toutes les denrées qui poevent escheoir en bonnes villes, de quelque condition qu'elles soient, hors boures et gratintures, on les poeult faire en toutes bonnes villes, sans lisière et sans scel porter.

33. Item, se aucun tisserant marchande de faire aucuns draps à quelque personne que ce soit, en aucune des laines dessusdictes, et il le fait de moindre laine que il n'en aura marchandé, suppose que le tisserant voulsist dire que le fillé ne pourroit souffrir le laine dont il a marchandé, et que pour ce le averoit mis en moindre laine, faire ne se poeult sans le congé de celuy à qui le draps sera, auquel il le doibt faire sçavoir ainçois qu'il le mete en moindre laine; et qui fera le contraire, il sera escheu en amende de dix sols.

34. Item, il est deffendu à tous tisserans tissans draps en ladicte ville de Corbie, qu'ils ne soient si hardis qu'ils achaptent quelques remanans de fillés de draps qu'ils tisseront, sur l'amende de dix sols.

35. Item, quiconques sera trouvé meffait en chacune des choses dessusdictes, il sera escheu en amendes dessusdictes, moityé à monsieur de Corbie, moitié aux esgards.

Biblioth. imp., D. Grenier, 11e paq., art. 8, p. 250 et suiv.

STATUTS DES PAREURS ET FOULONS.

2.

Est l'ordonnance faicte en la ville de Corbie sur le mestier des pareurs et foullons, ouvrans desdicts mestiers en ladicte ville, ordonné par la manière qui s'ensuict :

1. C'est assavoir qu'il est ordonné que nul pareurs ne foullons, maistre ne varlet, ne lainnent par nuict ne à la chandelle, sur l'amende de dix sols.

2. Item, que nulles femmes ne lainette en cardon, à secq ne à moulié, et que nulle ne foulle en lie ne en grumel.

3. Item, il est ordonné que tous pareurs qui vouldront parer draps en ladicte ville de Corbie, seront tenus de demander à tous ceulx qui vouldront faire leurs draps parer, s'ils le veullent avoir foullés au piet, [et si] lesdits pareurs le faisoient fouller au moulin, ils le amenderoient de dix sols.

4. Item, tous pareurs et foullons estarberont et eswiqueront tous les draps qu'ils feront, sur l'amende de cinq sols parisis.

5. Item, se aucuns pareurs mettent leurs draps hors en vaissel, et ils sont trop gras, le pareur le reffait à son coust, et se paiera xii deniers d'amende aux esgards.

6. Item, que nuls pareurs ne pare blanques sans engradroulie et sans croye.

7. Item, que tous pareurs qui pareront draps, qui seront trouvés par les esgards effondrés des cardons, le pareur qui le fera escherra en dix sols d'amende, et se rendera le domaige à celuy à qui le draps sera. Et n'y a aultre amende. Et si sera le drap corigié par le prévost, comme il apartiendra de raison, afin que nuls ne soient trompé [ne] déceux à vendre iceulx draps.

8. Item, que tous draps qui sont tissus hors ladicte ville de Corbie, et on les apporte pour parer en ladicte ville, ne soient ainchois esgardés et monstrés ausdits esgardeurs, et que par lesdits esgardeurs soit pris de pele ou premier chef du drap, affin que l'on ayt congnoissance d'icelluy draps, se mestier est.

9. Item, se les pareurs avoient aucuns meffaits en leur ouvraige et il estoit sceu, ils le amenderoient des vingt sols à monsieur de Corbie.

10. Item, nuls maistres du mestier ne poeut avoir en sa maison que deux aprentis, l'un à son pain, et l'aultre non ; et sy ne poeuvent deux aprentis ouvrer ensemble, sur l'amende de dix sols, et sera l'amende prise sur le maistre qui les fera ouvrer ensemble.

11. Item, il est ordonné par les maistres des mestiers de pareurs et foullons que deux maistres ne poeuvent ouvrer ensemble.

12. Item, se aucuns pareurs ont leurs draps appointez et paruré, et ils les vœullent faire passer à l'esgard, les esgards demanderont aux maistres pareurs s'il a intention de tondre son drap ; s'il dist que ouy, le drap ne sera point esgardé jusque à ce qu'il sera tondu, pour le doubte de meffait qui y pouroit eschoir pour le tondache ; et, s'il ne les vouloit tondre, les esgards seront tenus de esgarder, d'icelluy délivrer s'il est deuement appointé ; et s'il estoit sceu que lesdits pareurs tondissent iceulx draps après ce que iceulx draps averoient passé l'esgard, et qu'il averoit dit qu'il ne tonderoit lesdits draps, iceulx seroient escheus en amende de cinq sols tournois.

13. Item, que tous pareurs seront tenus de destordre les draps qu'ils pareront bien et souffisament, tant qu'il soient à venre, et se faillie y avoit, ils seront tenus de l'amender, et se amender, ne se poeuvent par leur malfaichon, celui qui ce fera sera à l'amende de cinq sols.

14. Item, il est ordonné anchiennement par les maistres de mestier, que en tout temps que les ouvriers vallez desjuneront à l'heure de prime, en séant, chascun un pain de denier, laquelle denrée sera baillé selon ce qu'elle couste communément en le ville de Corbie et que blé hauschera ou abbaissera en ladicte ville de Corbie.

15. Item, accordé est que les ouvriers foullons prendront leurs draps de telle heure qu'ils le puissent avoir rechinchié à sacrement et aller dîner sans fraulde, et ne pourront mettre l'eau ou vaissel pour rechincher et laissier oudict vaissel quant ils iront disner.

16. Item, ordonné est que en tout temps, excepté le karesme, les ouvriers iront disner à sacrement et reviendront à Seigneur menger à l'ouvraige.

17. Item, accordé est que, depuis les Brandons jusques aux Pasques, les ouvriers iront disner à grand'messe et reviendront à l'ouvraige à sacrement, et lairont venre à Seigneur mengier.

18. Item, accordé est que, depuis la Saint-Remy jusques aux Brandons, les ouvriers ouvreront jusques à soleil esconssant.

19. Item, accordé est que, depuis le Pasques jusques à le Saint-Remy, les ouvriers ouvreront jusques au premier coup de vespres.

20. Item, accordé est que, depuis Pasques jusques à la Toussaint, les ouvriers auront moine mette (sic).

21. Item, accordé est que, depuis la Saint-Remy jusques aux Brandons, les ouvriers viendront au matin à telle heure que l'on puist congnoistre toutte monnoye.

22. Item, que, depuis Pasques jusques à la Toussaint, les ouvriers viendront à l'ouvraige à soleil levant.

23. Item, sy ung varlet apprentis vient au maistre, il paiera cinq sols à l'entrée et cinq sols au sortir, se n'est ainsi qu'il vit au pain du maistre; et se accordent en commun que cest argent avant dit soit mis en une boitte pour faire aulmosne en commun.

24. Item, que tous foullons meteront en icelle boëte chacun samedy ung denier et chascune laineresse une maille.

25. Item, se ung apprentich se part de son maistre devant son terme, sans cause certaine, nul maistre ne le poeult mettre en œvre ny nuls vallets ne poevent ouvrer avec lui, sy n'est pour cause du maistre.

26. Item, que les vallets viengnent en place, puis le Saint-Remy jusques au Bouhourdis, à telle heure que on puist congnoistre toutes monnoies, et depuis là en avant, sitost que le soleil lève.

27. Item, ung maistre et ung varlet soient establis pour garder ceste ordonnance dessusdicte, et s'aucuns sont trouvez infracteurs, seront calongés d'amende par le prévost de Corbie, selon que dit est, et l'argent converti en aumosne ou à le candelle de la confrairie, lesquels maistre et varlet garderont la boëte et recepvront lesdictes amendes.

28. Item, il est ordonné que nuls houliers qui tiengnent ferme (femme?) aux champs ne soient mis en ouvraige, et ceux qui les meteront escherront en amende telle que ledit prévost ordonnera.

29. Item, que toutes les choses dessusdités soient esgardées par quatre hommes, c'est assavoir : deux tisserans et deux pareurs, et qui meffera en aucunes choses dessusdites, il escherra esdites amendes, moityé à monsieur de Corbye et l'autre moityé aux esgards.

Biblioth. imp., D. Grenier, 11ᵉ paq., art. 8, p. 248.

STATUTS DES MARCHANDS DE VIN.

3.

Est l'ordonnance faicte en ladicte ville de Corbye sur les vins vendus en détail en ladicte ville.

1. Assavoir qu'il ne soit nul sy hardy qui mesure ne face mesurer vin à mesures qui ne soient bonnes, justes et loyaulx, flatries et signées du sein monsieur de Corbye, et estre écheu en amende de LX sols parisis.

2. Item, que nuls taverniers vendant vin ayent leurs pots sy grans que l'on puist porter le vin aux hostes qui boivent esdits lieux, sans respandre, et qu'ils ayent en leurs pots bouture à l'endroict et là où ledict pot doibt tenir sa mesure, affin de sçavoir s'il auront leurs mesures ; et que tous taverniers tirent leur vin à leurs mesures et non aultrement, et tout ce que dessus est dict facent, sur et à peine de perdre leurs pots et de LX sols parisis d'amende.

3. Item, qu'il ne soit nul taverniers vendans vin à broche qu'il vende son vin à plus haut pris qu'il ne l'aura esté afforé de prime fois, sur peine et amende de LX sols parisis.

4. Item, que nuls taverniers ne preste ses mesures pour porter hors de la ville, sans le congié du prévost, sur peine de LX sols parisis d'amende.

5. Item, que nuls taverniers ne destourbe à aucune personne qui voeille aller au cellier où lesdits vins seront avec son pot, pour avoir du vin et pour son argent paiant, sur peine de LX sols d'amende.

CORBIE.

6. Il est ordonné que le crieur qui affore le vin voise au cellier où ledit vin sera qu'il devra afforer, et qu'il voist le tonnel ou queue que on voudra afforer, et qui fera le contraire, il sera écheu en amende de xx sols parisis.

7. Item, que ne soit nul tavernier sy hardy qu'il escondice à bailler du vin qui ara esté afforé, à quelque personne que ce soit, pour argent, sur l'amende de lx sols.

8. Item, que tous taverniers aichent à tirer leurs vins en chandailles de cire, sur l'amende de xx sols parisis.

9. Item, que nul tavernier ne porte ne face porter remplaige, de vaulte à aultre ne de maison à aultre, pour oster les inconvéniens et malefaçons qui sont ou pourroient estre contre ou au préjudice de la commune gent, sur l'amende de lx sols parisis.

10. Item, que nuls taverniers, quels qu'ils soient, ne face ou meste aucune mestion en leur vin pour vendre à broche ny en gros, sur et à peine d'amende de lx sols parisis.

11. Item, que ne soit nuls taverniers vendans vins en ladite ville de Corbye qui meste ne face mestre vins estrange avec vins françois, tout en ung cellier, ne semblablement vins de Beauvoisis, creus delà Mondidier, avec les vins creus au château d'Agrimont, mais ayt un cellier entre deux, affin que nul ne soit descheu à boire lesdits vins, sur l'amende de lx sols, sans le congié de M. de Corbie.

12. Item, qu'il ne soit nuls taverniers qui vende vins à deux paires de feures tout en ung creu, sur lx sols parisis d'amende, sans le congié de M. de Corbye.

13. Item, qu'il ne soit nuls taverniers qui en icelle ville merle ou face merler ne mestre aucuns vins estranges ne aultres avec vins françois nouveaux, sur l'amende de lx sols.

14. Item, qu'il ne soit nul sy hardy qui descharge ou face descharger vins en ladite ville de Corbie, sans le congié, gré ou licence des gens monsieur de Corbie ou de celui qui tient le tonnelieu, afin que les droits de monsieur y soient gardés, sur l'amende de lx sols.

15. Item, que nul ne soit si hardy qui s'en voist de la maison du tavernier son escot emportant, sans le gré du tavernier ou pastichier, sur l'amende de v sols et d'estre huit jours en prison fermée, si l'hoste s'en plaint en temps dub; et si l'hoste s'en plaint à tort, il paye ladite amende; et se ung forain repart son escot emportant malgré l'hoste, s'il s'en plaint en temp dub, l'amende est de lx sols.

16. Item, il est ascoutumé et ordonné en ladicte ville de Corbie que, se aulcun demourant en ladicte ville ou aucuns forains se partent de la maison

d'un tavernier ou pasticher, sans avoir fait gré au tavernier ou pasticiers de leur escot, ils doivent l'amende, c'est assavoir : ceux de la ville cinq sols et les forains soixante sols. Moyennant que le tavernier ou pasticier ne se plaint en temps deub, il n'est rechepvable pour soy plaindre; et pour sçavoir le temps et espace de soy plaindre, il convient que, de celluy qui se part de la taverne du matin, comme l'oste se plainde de son escot emporté en dedans solel esconssé; et se l'emporte est faict depuis disner, le tavernier ou pasticier a temps et espace de soy plaindre jusques à lendemain en dedans l'hœure du sacrement. Et s'il advient que aucuns habitans d'icelle ville se partist oultre la volunté dudict tavernier ou pasticier, il poeust dire : « Je suis de le ville; je vois querre gaige en ma maison. » Se n'est du matin, il doit avoir apporté le gaige, ou faict fin à l'hoste en dedans solel esconssé. Et se ce est emporté depuis disner, celuy quy ce faict, puisqu'il est demourant en la ville, il a temps et espace de apport[er gaige] jusques au lendemain devant sacrement. Et se ainsy n'est faict, et que le tavernier ou pasticier ne soit eagé, la plainte qu'il aura faicte portera son effet, et seront icheux eschus en amende; que se l'oste se plainct à mauvaise crainte et comme partye, se d'icelles en enforce parties au contraire, se le tavernier ou pasticier deschet, il paiera ladicte amende pour sa folle plaincte, et rendra à sa partyé ses despens. Et, en tant qu'il touche les forains, ils n'ont mi le temps ni l'œuvre d'aller quérir gaiges en leur maison ne ailleurs, et convient, aussy tost comme le tavernier ou le pasticier se plaint, qu'ils soient prins prisonniers pour ledict escot et pour ladicte amende de LX sols, pour ce qu'ils sont forains, et l'oste ne pouvoit avoir raison d'eulx; se ainsy n'estoit, combien comme se ils se déportoient de la ville sans avoir faict satisfaction dudit escot et amende. Se ils retournoient depuis par ladicte ville, la justice d'icelle ville les poeult prendre et faire prisonniers, jusqu'à ce qu'ils aront faict satisfaction de leurdict escot et de l'amende dessusdicte.

17. Item, qu'il ne soit aucun tavernier qui assiestent aucuns vineurs en leurs maisons après la dernière cloche sonnée, sur LX sols d'amende.

18. Item, que nuls taverniers ne sœuffre jeux de dez de nuict en sa maison, sur l'amende de LX sols; et s'il est aucun qui vœuille jouer oultre leur volenté, ils le facent sçavoir au prévost ou à son lieutenant et aux sergens de ladite ville, ou aultrement il ne sera mye excusé.

19. Item, il est vray que, par les ordonnances anchiennes, nuls taverniers ne poeuvent vendre vin en ladite ville sans afforer, s'il ne plaist à monsieur de Corbye. Et est le prix mis ausdits vins par la justice et eschevins de ladicte ville de Corbye; et se le tavernier vendoit son vin à plus hault prix qu'il ne auroit esté prisé, le vendeur sera à LX sols parisis d'amende; mais il le poeult

bien vendre à plus bas prix que afforé n'est, se il leur plaist, sans meffaict.

20. Item., que tous taverniers vendans vin en ladicte ville doibvent à l'église un septier de vin de afforaige et un septier de tonnelieu.

21. Item, que toutes personnes, de quelqu'estat qu'ils soient, qui vendent vin à détail en ladicte ville de Corbye et eschevinaige et à le Noeufville, doivent à l'église Sainct-Pierre de Corbye de chacune pièce de vin un septier de vin d'afforaige et un septier de tonnelieu; et se le vin est vendu en gros, pareillement on doibt à ladicte église ung septier de vin d'afforaige et ung septier de tonnelieu de chascune pièce ou la valeur du prix que le vin sera vendu; mais de ce qui est vendu en gros le vendeur en doibt payer la moictié et l'achetteur l'autre moictié, et n'en vont nuls quictes, soient les hopitalliers, gens de religion, nobles ny aultres, et ce est bien apparu aus habitans de Corbye par les registres et cartulaires de la dicte église.

Biblioth. imp., D. Grenier, 11º paq., art. 8, p. 255.

STATUTS DES TANNEURS.

4.

Est l'ordonnance faicte et ordonnée sur le faict de mestiers de thanneur demeurans en la ville Corbie, ordonnée pour le prouffit commun en la manière qui s'ensuit:

1. C'est assavoir, qu'il ne soit nul tanneur qui expose ses cuirs ou cuir pour vendre, qui n'aist trois assises bien et loyalement sur le cuir ou cuyrs, [qui?] sont deux sols de valeurs, et que les cuirs soient monstrés aux esgards, sur x sols d'amende; et s'ils estoient esgardés et ils n'estoient dignes de vendre, et depuis ils estoient vendus sans rasser, et il estoit sceu, celuy qui ce feroit seroit escheu en amende de xx sols.

2. Item., que nul thanneur ne soit sy hardy qui en sa maison, par luy ne ses gens demourans avec eux, ne conrye ne face conrer ses cuirs, soit en noirs ou en gresse, pour baudroier ou aultrement, sur paine de perdre les cuirs et de paier amende de xx sols.

3. Item, que nuls ne poeult estre thanneur ne faiseur de soulliers ensemble, mais se tiegne auquel qu'il voeult; et qui fera le contraire, il le amendera de soixante sols et perdera le mestier an et jour.

4. Item, que nuls thanneur ne pourront basener ny adouber peaux de mouton ny de vel, ny aultres peaulx quelconque, mais se tenderont à basener et à thaner. Mais lesdictes peaulx ils porront bien thaner, s'il leur plaist; et qui fera le contraire, il amendera de lx sols et perdera son mestier an et jour.

5. Item, que les thanneurs pourront thaner et adouber basenes ensemble, et ne pourra nul thanneur adouber peaux de vel; et qui fera le contraire, il le amendera de xx sols parisis. Et seront lesdictes peaulx de vel esgardées et forées par les esgards du mestier comme les aultres cuirs.

6. Item, il est ordonné que nuls forains thaneurs ne pourront vendre cuirs thanés en la ville de Corbie, qu'ils ne soient anchois esgardés par les esgards de ladicte ville, et s'ils estoient trouvez mal thanés, ils seroient retraicts par les thaneurs d'icelle ville, férez de le merche d'icelle ville.

7. Item, il est ordonné et advisé qu'il est bien que, le lundy et joeudy, les thaneurs qu'ils voudront vendre cuirs facent en ce jour les esgards [venir?] pour esgarder et férer leurs cuirs. Tant feront que, s'il y a marchans du dehors qui voeulent achepter cuirs thanés et les voeulent faire marquier en aultres jours que dict est, il enverront prendre congé au prévost, et il les prouvera ainsy qu'il appartiendra.

8. Item, que tous thaneurs poeuvent achepter et revendre en la journée, s'il leur plaist, bonnes derées; et sy ne poeuvent vendre jusques à ce que l'hoeure de prime est sonnée, sy n'est en marchand du dehors, sur peine de dix sols d'amende.

9. Item, que tous cuirs thanez soient esgardés par deux thanneurs de mestier, par deux cordonniers et ung conrere avec eulx, lesquels merqueront les cuirs qui seront bien thannez de sel commis ad ce, qui sera baillié en garde à deux cordonniers qui seront esleus esgardeurs. Et seront tenus de merquier tous cuirs thanez en ladicte ville de Corbie et mesmes les fors cuirs, les tennes et peaux de vel, se elles sont thanez souffisament, jusques à un cuir en valeur de deux sols, ausquels esgards il est enjoinct, sur l'amende telle que à la volonté de messieurs de Corbie, qu'ils ne merchent nuls cuirs, s'ils ne sont bien et souffisament thanez.

10. Item, il est ordonné que chascun an, le dimence devant le Saint-Matthieu, seront renouvellez les esgards sur ledict mestier, lesquels, en toutes les amendes là où il eschet esgards, averont pour leur peine le quart des amendes.

Biblioth. imp., D. Grenier, 11ᵉ paq., art. 8, p. 264.

STATUTS DES FABRICANTS DE TUILLES.

5.

Ce sont les ordonnances faictes par monsieur de Corbye et par son bon conseil, sur le faict des thuillières, que l'on fera ou amainera vendre en la ville doresnavant, par le consentement et en la présence de Toussaint Crémery,

CORBIE.

Jehan Gournel, Jehan Coucy, thuillier, Roger Lefebvre, Jehan Juda, Estienne Lecaron et plusieurs aultres couvreurs, pour ce appellés par devers mondict seigneur.

1. Premièrement, il est ordonné par monsieur et par le consentement et accord des dessus nommés thuilliers demourants ad présent en ladite ville de Corbye, et de plusieurs des manants et habitants d'icelle, pour ce appellés en nombre compétent par devers mondit seigneur en son palais, que tous ceulx qui se vauldront entremestre puis doresenavant de faire vendre thuilles, frassures, arestières, vaneaux et aultres ouvraiges appartenans au mestier de thuillier, seront tenu de [les?] faire dans telle gauge ou moulle qui passé a xxx à xl ans où on les a accoustumé de faire en ladicte ville, sans ledict gauge ou moulle amenderir en aucune manière, à peine de confiscation de ce qui amendé seroit ou aulroit été.

2. Item, que lesdicts thuilliers seront tenus de faire et cuire toutes les partyes et derrées dessusdictes, bien et souffisamment, sans quelque fraulde ou malengin, et ne pourront aulcune chose vendre ne délivrer à quelque personne que ce soit, ne transporter arrière dudict four, jusques ad ce qu'ils auront tout ce monstré auxdicts esgards souffisamment, sur et à peine de soixante sols parisis à applicquer à mondit seigneur.

3. Item, toutes les thieulles et aultres derrées dessusdictes, qui seront trouvées par lesdits esgards faittes moins que souffisamment et qui ne pourront passer lesdits esgards, seront par iceulx esgards cassées et rompues, que lesdits thieulliers ne les puissent plus vendre ne délivrer en compte ou en nombre des thieulles.

4. Item, que pour les thieulles et aultres derrées dessusdictes bien et souffisamment seront commis et institués deux couvreurs de thieulles et ung thuillier, qui d'an en an seront renouvellez par ledict prévost, et lesquels feront serment solempnel de faire ledit esgard bien et souffisament sans commettre quelque fraulde; et s'il estoit trouvé que aulcun fist le contraire, il seroit pugni de prison et remenderoit les domaiges et intérests que aultruy pourroit avoir par leur cas; lesquels esgards auront, pour esgarder chacun millier de thuilles sur le marchant à qui appartiendra ladite thuille et qu'il aura faicte avant qu'elle soit vendu, viii^d parisis.

Biblioth. imp., D. Grenier, iie paq., art. 8, p. 275.

STATUTS DES CHANDELIERS.

6.

C'est l'ordonnance et esgard du sieu et chandaille que l'on vend et voeult-l'on vendre en la ville de Corbye, faicte et ordonnée par la manière qui s'ensuit :

1. C'est assavoir qu'il est deffendu par monsieur de Corbie qu'il ne soit nul boucher forain ne aultres, quels qu'ils soient, qui face délivrer ne vendre sieux à quelque personne que ce soit, pour faire chandelle, que lesdits sieux ne soient bons et loyaulx et marchands, sans brûlure de quelque sieu que ce soit, de trippe, ou de flotte, ne de sain, ne d'aultres mauvaises cresses, sur et à peine de perdre les sieu et amende de xx sols parisis.

2. Item, que tous bouchers ou aultres qui vouldront faire sieu pour vendre pourront faire leur bas sieu à par luy, et aussy de sieu de trippe et de flotte à par luy, sans ce qu'ils en puissent faire quelque merlure; et qui fera le contraire et il est trouvé par les esgards, il perdera le sieu et xx s. parisis d'amende.

3. Item, que tous ceux qui feront chandailles de sieus pour vendre en ladicte ville les facent bonnes, loyaulx et marchandes, sans forfecture quelconque de faulx sieu, et qu'y n'y mestent en leursdites chandailles que mesche de colton, sur et en peine de perdre les chandailles et de xx sols d'amende.

4. Item, il est ordonné que tous sieux de quoi l'on voldra faire chandailles seront esgardez avant qu'ils soient mis en fachon de chandailles; et qui fera le contraire, il sera escheu en amende de xx sols, tant pour le vendeur comme pour l'achepteur.

5. Item, que nuls faisans chandailles pour vendre en ladicte ville ne achapte à quelque personne que ce soit sieu de trippe ne de flotte, pour quelque personne ou besongne qu'ils ayent à faire, sur et en peine [de perdre] le sieu et chandailles et xx sols d'amende.

6. Item, que tous vendeurs de chandailles en ladicte ville qui achepteront sieu le monstrent aux esgards avant qu'ils le mectent en œuvre, et, quant les chandailles seront faictes, que nul ne les porte hors de la ville pour vendre, qu'elles ne soient avant esgardez, sur et à peine de perdre le sieu et les chandailles et x sols d'amende.

7. Item, que tous vendeurs de chandelles ayent bonnes ballanches, justes et loyaux, de bon et juste poix, merché à le merche de monsieur de Corbie, et que nul ne porte hors de la ville poix pour peser chandelles ny aultres choses, s'ils ne sont justifiés et merchés, comme dit est, sur et en peine de LX sols d'amende.

8. Item, que, pour faire lesdicts esgards, aura en laditte ville de Corbie quatre esgards sermentés par le prévost de la ville, c'est assavoir deux bouchers et deux merchiers candelliers, lesquels auront pour leur peine, sur chacune amende dessusdicte, v sols.

Biblioth. imp., D. Grenier, II° paq., art. 8, p. 263.

STATUTS DES CORDIERS.

7.

Est l'ordonnance faicte sur le mestier des cordiers, faicte et ordonnée par la manière qui s'enssuict :

1. C'est assavoir qu'il est ordonné par monseigneur de Corbye et par son conseil, que nul dudict mestier ne poeult ouvrer de blanche canvre et de noir ensemble, mais chacune à part luy.

2. Item, que nul dudict mestier ne puist faire ouvraige nouvel de canvre, ne vendre en ladicte ville ne ès appendances d'icelle, fors chacun à par luy.

3. Item, que nul ne puist ouvrer ne vendre, en ladicte ville ne ès appendances d'icelle, ouvraige à fauchel de tille à détail.

4. Item, que nuls cordiers en ladicte ville de Corbye ne ès deppendances d'icelle ne puist ouvrer ne faire ouvrer de quelconque ouvraige que ce soit de pyon de canvre. Et quy fera le contraire des choses cy-dessusdites, il escherra en amende envers monsieur de Corbye, telle qui sera trouvée en la discrétion du prévost, qui en pourra arbitrer par conseil comme il trouvera estre affaire par raison, le quart desquelles amendes appartiendront auxdits esgards.

Biblioth. imp., D. Grenier, III° paq., art. 8, p. 265.

STATUTS DES MARCHANDS DE GUÈDE.

8.

Est l'ordonnance de la marchandise de waides, faicte et ordonnée en ladicte ville de Corbye à grant délibération de conseil anciennement par monsieur de Corbye et par les habitans d'icelle, pour le proufict commun et des marchands vendeurs et achepteurs en ladicte ville de Corbye, faicte et ordonnée par la manière qui s'enssuist :

1. C'est assavoir qu'il est ordonné par monsieur de Corbye que, si quelqu'homme achepte waide au marché de Corbye, il ne poeult revendre devant huict jours, et lui convient qu'il fera widier et mestre son waide à terre, sur l'amende de xx sols.

2. Item, que nul ne poeult froter waide ne achapter au marché de Corbye en dedans la banlieue jusques ad ce que la cloche de sacrement sera sonnée, ne les aultres jours, jusques ad ce que celuy quy coeuille le tonnelieu ou ses commands aura hurté à la bauque, sur xx sols d'amende.

3. Item, que nul ne porte waide en avant le marché, s'il n'a achepté pour luy ou s'il n'a marchant pour quy il achapte, sur x sols d'amende.

4. Item, que nul courtier n'achapte dans la journée que pour un marchand, s'il n'a compaignon et qu'il partiche au barreil.

5. Item, que nul qui achapte pour aultry ne poeult en la journée achepter pour luy, sur xx sols d'amende.

6. Item, que nuls qui amaine waide pour vendre au marché de Corbye ne dedans la banlieue ne peut point achepter de waide tant qu'il a le sien à vendre ne traitter, sur peine de amende de xl sols.

7. Item, que nulz sacqueteurs ne mete vaide avant la Saint-Remy, s'il y a esté, ou s'il y est que l'oste, et ce sur xl sols d'amende.

8. Item, que nul ne poeult conseiller aultruy pour vendre son waide, ne embatre sur aultruy marché, se on ne luy appelle, sur x sols d'amende.

9. Item, que nul ne pœult achepter waides pour aultruy que pour un seul marchant, jusques à tant qu'il n'a fait l'emploite, se ils ne partissent au barroeul, sur xl sols d'amende.

10. Item, que tous les sacqueteurs mesteront leurs waides d'autre part de le cauchie à dextre, se comme on va à l'abbaye, jusques à ledict Saint-Remy, sur xl sols d'amende.

11. Item, que nul ne vende waide pour disme, s'elle n'est pure, et se aucun faisoit le contraire, il le amenderont à le volunté de monsieur de Corbye.

12. Item, que nuls sacqueteurs face vendre waides par estallon desseure la cauchie, ainsy que l'on va à l'abbaye à senestre, jusques à ledict Saint-Remy, sur xl sols d'amende.

13. Item, que nuls marchans courtiers ou aultres ne vendent ou acheptent que six pastes de waides à sept coup [sic], et sy ayt entre les pastes ung pied d'espace, sur xl sols d'amende.

14. Item, que nuls courtiers ne prendent loyer ne courtoisie du vendeur, sur xx sols d'amende.

15. Item, que nuls vendeurs ne donne deniers pour son waide vendu à l'achepteur ne à son courtier, sur x sols d'amende.

16. Item, que nul n'ayt waide qu'il soit embouquié, et qu'il ne soit aussy bon dessoubs que dessus, sur xl sols d'amende.

17. Item, que, sy on trouvoit waide quy fust merlé, on n'en poeult nulle pars

faire, et se l'admenderoit le vendeur à l'arbitraige du prévost, et averoit le marchant le mellère pour le férir en pièce.

18. Item, nul ne poeult vendre disme s'elle n'est bonne et loyale et des premiers waides, sur xl sols d'amende.

19. Item, s'il y a un petit revenant de waide, qu'[on ne le] face point metre en baroeil, et en sera [certifié] sur les mesures quy y sont, par foy et par serment, lesquels en doivent à chascun son droict sans contredict.

20. Item, que nuls courtiers de waide et mesureurs ne poeuvent avoir waide ne vendre waide ne achepter en la ville de Corbye ne en la banlieue, sur xl sols d'amende.

21. Item, les mesureurs à waides sermentés ad ce faire ont de muy de mesurer deux sols douze deniers du vendeur et douze deniers de l'achepteur, et n'en doivent plus prendre par loyer ne par promesse; et, s'ils faisoient le contraire ils le amenderoient à l'arbitraige du prévost, et doibvent les mesureurs parmy ce porter le waide à le mesure, et ne poeult le vendeur renier son waide vendu. Si, [quand?] le venront querre, les mesureurs y veoient ou entendoient aulcune fraude ne tricherie, ils le doibvent faire sçavoir sur leur fiance au prévost ou aux esgardeurs qui gardent le marché et quy ad ce sont establis, sur xx sols d'amende; et sy ledit vaide est vendu au cent, ils averont de chacun cent une maille.

22. Item, nul ne poeult ne doibt mettre la main au baril fors le mesureur; et n'ayt-on de muy pour la place que vi deniers parisis, et de plus et environs à l'avenant, ne en feste ne en aultre jour.

23. Item, ceulx qui garderont le waide ne pourront vendre ledit waide ne achepter, sur xl sols d'amende.

24. Item, se nuls marchands ne courtiers treuvent mesures wiser, il les poeult et doibt prendre et faire mesurer son waide. Et se le mesureur le refuse, il le amendera de xx sols et perdera le mestier un an.

25. Item, que nuls courtiers de waide ne poeult prendre de son courtaige, de cent livres, que xxv sols, et, s'il est sceu que plus en prende, ils se amenderont à le volunté de monsieur de Corbye.

26. Item, que nuls courtiers ne poeult avoir ne demander que xx sols pour son courtaige de vendre ung bareul de waide conré, sur l'amende telle que à la volunté de mondit seigneur, c'est assavoir de x sols du vendeur et x sols de l'achepteur.

27. Item, que nul ne porte baroeul hors de la ville, sans congié du prévost ou de son command, et se on luy porte sans congié, il est échu en amende de la volunté de mondict seigneur de Corbye.

28. Item, que nul ne poeult faire achepter par courtier étrange, s'il ne l'a paravant présenté au prévost et aux esgardeurs, sur xx sols d'amende.

29. Item, il est ordonné de par monsieur de Corbye qu'il y aura marché de waide à Corbye le mardy, ainsy que le vendredy et tous les jours, excepté le demance, auquel ne pourra vendre ne achepter, vendre ne froiter(?), sur xx sols d'amende.

30. Item, que nuls courtiers ne poeuvent avoir part aux saïquetiers, sur l'amende de xl sols, à appliquer à mondict seigneur de Corbye.

31. Item, que nul marchant n'ayt que ung courtier, s'il ne le prent par le congié du prévost ou des esgards, sur xl sols d'amende.

32. Item, qu'il ne soit nul sy hardy quy achapte waide en tourtel au cent, que le barillier ou celluy qui coeullera le tonnelieu à Corbye pour monsieur de Corbie soient appelez dument, sans fraulde, à délivrer le waide en ladite ville et banlieu, affin que monsieur de Corbye soit paié de son tonnelieu en la forme et manière que l'on a accoustumé de paier, sur l'amende de lx sols parisis, ou cas que on seroit en deffault de paier ledict tonnelieu, et que les gens dudit seigneur ne seroient appellez souffisament à ladicte délivrance, faicte comme dessus est dict, se ce n'estoit par la licence dudit seigneur de Corbye ou de sondict prévost. Cette ordonnance et commandement dessusdits furent renouvellez et criés à la breteique, le jour de Saint-Laurens et le jour de la my-aoust IIII^c xxv.

33. Item, que tous ceux qui achepteront waides en la ville de Corbye délivreront les vendeurs de tout ce qu'ils debvront à cause de leurdit achat, en dedans la première cloche sonnée du jour de leur achapt, sur l'amende de xx sols parisis, avec ce que, se le vendeur demeure plus par deffault de son payement, ce sera aux cousts et frais de l'achepteur.

34. Item, quiconques vent waides conrées en ladicte ville, soit en tonnel ou en baroeul, monseigneur de Corbye a pour son tonnelieu de chacun tonnel ii^d et demi, c'est assavoir du vendeur ii deniers et de l'achepteur demi. Et est accoutumé de mettre à chacun tonnel xi baraulx de waides conrez.

35. Toutes les choses dessusdictes et chacune d'icelles sont commandées à tenir par monseigneur de Corbye, et à garder fermes et stables, sur les peines cy-dessus apposées, et se aulcun y estoit trouvé meffaisant, il s'amenderoit à la volunté et arbitraige du prévost, et doibt-on renouveller les choses dessusdictes chacun an à la Magdalaine.

Biblioth. imp., D. Grenier, iie paq., art. 8, p. 272.

CORBIE.

STATUTS DES BONNETIERS.

9.

Est l'ordonnance faite et renouvellée sur le mestier des bonnetiers, aumussiers et faisans cauchettes de laine de la ville de Corbye, ensuivant l'usaige et manière de faire sur le faict dudict mestier en la ville d'Amiens et aultres bonnes villes, par révérend père en Dieu monsieur Pierre, par le permission divine abbé et comte de Corbye, à la requeste et prière de Antoine de Paris, Pierquin Courtois, Antoine Dane, Pasquer Duval, Allart Maistre, Gille Boisset, Robert Prévost, Crépin Boucher, maistres dudit mestier de bonnetiers en la ville de Corbye, en la présence et du consentement de Hue Canesson, bailly de la comté dudit Corbye, maistre Pierre Boileau, lieutenant dudit bailly, Guérard Prévost, prévost de laditte ville, Germain de Riencourt, procureur pour office de messieurs les religieus, abbé et couvent de l'église et monastère Saint-Pierre dudit Corbye, Jehan Amielle, procureur des manans et habitans de ladicte ville, Jehan Coupillon, Colart Guyot, Colart Lenglet, Pierre Faverel, Antoine Bigant, échevin d'icelle ville, Jaque Tanegon, Jehan Chocquet, Régnaut le Prévost, Louis Tournemine et Jehan Hanecque, procureurs conseilliers au siége d'icelle comté, et plusieurs aultres habitans de la ville, laquelle ordonnance a esté faicte et renouvellée en la manière qui s'enssuit :

1. Premièrement, quiconque voldra ouvrer d'amuches, bonnets, mitaines, et cauchettes de laine en laditte ville et comté de Corbye, faire le pourra franchement, selon les points et ordonnance dudit mestier cy-après déclaré.

2. C'est assavoir que doresenavant aucuns ouvriers d'iceluy mestier ne puissent ouvrer à quelque personne, s'il n'est du mestier ou maistre du mestier ou enfans de maistre ou à une vefve de maistre, ou qu'il soit souffisant et sache ouvrer [de] ciseux et de cardons, à fouller sur selles ou sur establie et tondre pour tenir ouvroir, sur peine de xx sols d'amende, à applicquer les xiiii sols au prouffit de monsieur de Corbye et les vi sols aux esgards dudit mestier.

3. Item, que chacun dudit mestier sera tenus donner de toutes bonnes laines de saison filée ou rouez, c'est assavoir de meure laine ou de saison, le peleures faites depuis le my-aoust jusques en tondisson, et s'ils ouvroient d'aultres fausses, comme de gratié, bourre, ou d'aultres mauvaises estoffes, le fil qui en sera fait sera prins, et paira celuy quy le aura faict amende de xx sols, à applicquer comme dessus.

4. Item, que lesdits ouvriers dudit mestier ne pourront avoir ne tenir en leur maison que deux apprentis, qui serviront trois ans, pour ce que, sy plus

en avoient, ils ne pourroient diligemment ne suffisament monstrer ne introduire ledit mestier auxdits apprentis oultre ledit nombre de deux, et sy ne pourront les maistres dudict mestier prendre apprentis sans appeler lesdits esgards, et que iceulx soient souffisant à tenir apprentis; et qui fera le contraire, paiera xx sols d'amende, les xiiii sols à monsieur de Corbye et les vi sols auxdits esgards, et paiera chacun apprenti, quand il sera receu audict mestier, cinq sols pour leur cierge ou aux esgards; et ne pourront les maistres qui prenderont lesdits apprentis les mestre en oeuvre, jusques ad ce qu'ils auront paiés lesdicts droicts, à peine de xx sols à icelluy seigneur.

5. Item, quant un apprentis voldra lever son mestier, il sera tenu de faire un chef-d'oeuvre de tous poincts, est assavoir, tondre, fouller et appareiller. Feront serment les apprentis pardevant nous, en la présence desdicts esgards, quant ils lèveront leur mestier, qu'ils feront bon et loyal ouvraige et venderont bonnes derrées loyales et marchandes sans faussetté aucune.

6. Item, que nuls ouvriers dudict mestier, venants de dehors, ne pourront œuvrer s'ils n'ont esté premièrement examinés par lesdits esgards, et qu'ils seront trouvés souffisants; et ne pourront lever leur mestier jusques ad ce qu'ils auront faict un chef-d'œuvre souffisant, et en paiant les droits de la ville et des esgards, en peine de xx sols d'amende à prendre sur le maistre qui tel ouvrier mesteroit en œuvre autrement que dit est, dont monsieur aura la moictié et le cierge l'autre moictié.

7. Item, que nul ne pourra metre varlet ne aprentis d'aultruy en œuvre, si ce n'est du congié du maistre ou de celuy à quy il sera loué, en peine de xx sols d'amende, à sçavoir xiiii sols à monsieur et six sols auxdicts esgards; et autant en paiera le varlet comme le maistre.

8. Item, nuls foullons ne aultres dudict mestier ne pourront prendre aucunes amuches ne bonnet à fouller, se ce n'est de ceulx d'icelluy mestier, sur peine de xx sols d'amende.

9. Item, que nuls cousturiers ou cousturières ne pourront prendre amuches ne bonnets à tondre, si ce n'est des maistres d'icelluy mestier tenant ouvroir ou qui ont levé leur mestier, pour plusieurs larchines de demourance de fil de laine à drapper et aultres mauvaises larchine qui s'en porroient ensieuvyr de tisserans, filleresses de laine, gardeur ou tainturiers, qui pourroient faire plusieurs larchines ou retiendroient du fillé de leur maistre, à peine de xx sols d'amende, xiiii sols à mondit seigneur, et les vi sols auxdits esgards.

10. Item, ceulx qui prendront amuches ou bonnet à fouller, à tondre et appareiller, et ils les empirent par deffault de leur apparel, et qu'ils soient trouvez faultif par lesdits esgards, ils pairont amende de vii sols, v sols à mon-

sieur et 11 sols auxdits esgards. Et ils paieront le labeur de l'amuche ou bonnet à celuy de quy ils l'averont prins.

11. Item, que nul ne pourra retaindre ne faire retaindre vieus aumuches ne bonnets de laine pour revendre comme nœuf, sur xx sols d'amende; XIIII sols à monsieur et les VI sols aux esgards.

12. Item, se aucuns cousturiers ou cousturières d'aumuche ou de bonnet à l'aguille font mauvais couture ou mauvaisement fachonné, ils paieront quatre sols d'amende: III sols à monsieur de Corbye, et douze deniers auxdits esgards. Et sy sera ladicte amuche ou bonnet deffaict et reffaict à leurs despens.

13. Item, que, se une femme vefve se remarie à un homme qui ne soyt dudit mestier, elle pourra bien tenir ledit mestier et avoir ung varlet souffisant dudict mestier pour iceluy gouverner et le faict de sa marchandise; mais elle ne son mary ne pourront prendre apprentis, ne iceluy mary ouvrer dudict mestier, sur peine de xx sols, à applicquer: XIIII sols à monsieur et VI sols aux esgards.

14. Item, une femme voefve ne pourra prendre apprentis tant qu'elle soit voefve, se elle ne lui sçait souffisament monstrer ledict mestier et par l'ordonnance desdits esgards, sur peine de xx sols d'amende, à applicquer comme dessus.

15. Item, que nuls ne pourront vendre amuches faites à l'aguille, ne autres marchandises appartenant audit mestier venant de dehors, s'ils ne sont avant visités par lesdits esgards, sur peine de xx sols d'amende, les seze à monsieur et les quatre auxdits esgards, pour monstrer les mauvaises œuvres aux marchands forains, à peine de xx sols d'amende que paiera l'achepteur qui les acheptera pour revendre, à applicquer à mondict seigneur.

16. Item, les ouvriers dudict mestier ne pourront taindre ne faire retaindre leurs amuches et bonées [bonnets] en brésil ne en fret, ne en escorches, ne en aultres taintures ou couleurs faulses et mauvaises, mais seront tenus de le taindre ou faire taindre en bonne couleur léaux et marchande. Et se ne pourront vendre de leurs derrées, s'elles ne sont taintes en bonne couleur et marchande, bien et loyalement appareillées; et qui fera le contraire il paiera xx sols d'amende à mondict seigneur, et aussy ne les pourront vendre comme tains en graine ou en demi-graine, et s'elles ne seront véritablement ainsi teintes....., sur peine d'amende voluntaire et de avoir leurs derrées devant leurs maisons, et s'ils en sont coustumiers de ceste peine du mestier, de estre tellement pugny que ce soit exemple à tous, et pareillement des tainturiers. Mais, à cause de laines qui ne sont point si fines que pour taindre en escarlatre, les pourront taindre en waransse, en orselles, en waide, en gaulle, en copperot et non point en escorche.

17. Item, seront par nous ordonnés deux prudhommes souffisant dudict mestier, qui seront esgards et visiteront ensemble les amuches et bonnets que l'on avoit dehors, pour vendre en ladite ville de Corbie, et tireront et mesteront les mauvais hors des bons, desquels sera faict comme dict est; et auront lesdits esgards pour leur peine et visitacion IIII sols de chacun cent.

18. Item, lesdits esgards visiteront semblablement toutes les mitaines, cauchettes, coeffes et affules de nuict qui seront amenés en ladicte ville pour vendre, et auront pour leur peine de la grosse de coeffes de mitaines et de cauchettes IIII sols et metteront les mauvaises hors des bonnes, pour faire comme dessus.

19. Item, que tous ceulx qui auront en icelle ville aucunes derrées appartenantes audict mestier ne pourront déployer leurs fardeaux ou leursdittes derrées, sans appeler lesdits esgards pour les visiter en la manière que dict est, et qui sera trouvé faisant le contraire, les marchands à qui seront les derrées payeront XX sols d'amende, XIIII sols à monsieur et VI sols aux esgards; celuy qui les acheptera paiera XX sols, c'est assavoir XVI sols à mondict sieur de Corbie et IV sols auxdits esgards ou à ceulx qui les accuseront.

20. Item, quiconque sera trouvé faisant aucunes mesprinses contre les points et articles dessus déclarés, il sera tenu de rendre et restituer ausdits esgards, oultre et pardessus lesdites amendes, tous les frais, despens et journées qu'ils feront et soustiendront, en pourchassant les amendes et droit dudict mestier contre ceulx qui sy mesprenront. Lesquels briefs, ordonnances et statuts nous avons faict et par ces présentes faisons et ordonnons par la manière et ainsi que dessus est dict et devisé en nostre volonté et rappel, comme dessusdict est.

Biblioth. imp., D. Grenier, 11e paq., art. 8, p. 267 et suiv.

STATUTS DES BOUCHERS [1].

10.

Est l'ordonnance faite sur le mestier des bouchers de la ville de Corbye par la manière qui s'enssuit :

1. C'est assavoir, se aulcun voeult entrer en la boucherie pour tailler à estal, il convient qu'il soit certiffié aux maistres des bouchers et à tous les autres bouchiers par lettres ou aultrement duement, qu'il soit bon et loyal et qu'il n'aist mis main à morte beste escorcher, à chat, chien, ni cheval.

[1] Il existe un acte du 16 janvier 1476, au sujet des droits à payer pour l'étalage des marchandises de boucherie. (Biblioth. imp., cartul. Esdras, fonds de Corbie, 21, fol. 145 r°.)

2. Item, que nul ne poeult vendre char à Corbye, se elle n'est tuée audict Corbye, sur l'amende de xx sols.

3. Item, que nul ne poeult vendre char à hault estal, se le beste ne vient sainement sur quatre pieds en le boucherie s'il n'est ainsy que, en amenant le beste ou en esgardant se elle n'est bonne, on luy brise le jambe, on ne le poeult amener en la rue de la boucherie que en carette ou aultrement en la journée, et avoir une voix que ce luy ait esté faict par meschef. Et le poeult-on tuer, se ainsy est, et le vendre à estal.

4. Item, se aucun tue beste en ladicte boucherie qu'il n'ayt loy, le maieur du mestier et les compaignons poeuvent et doibvent prendre la chair et le doibvent mestre en tel lieu que chrestien ne en mange. Et celuy qui ainsy le tue est en amende de xx sols et pert le mestier an et jour, à la volenté de monsieur de Corbye.

5. Item, se aucun boucher avoit mis en sel quelque chair, lart [ou] aultres, et il estoit trouvé que icellez chairs ne fussent dignes de manger, elles seront par lesdits bouchers mises en let lieu que personne n'en mange; et ceux qui lesdictes chairs auront ainsi mauvaisement appourtées l'amenderont de xx sols.

6. Item, que nuls bouchers ne poeuvent tuer nuls pourcels sursenez pour vendre à Corbye, et s'il estoit ainsy que aucun ayt achepté aucun pourcel, soit mâle ou femelle, et il eschet sursené par cas de meschef, il le poeult vendre à bas estal, et avera sur ledit estal une banerette de rouge drap, affin que l'on en ayt congnoissance, et que nuls n'y soient descheus; et sy l'on est actaint de vendre à hault estal, le chair surcenée sera confisquée et donnée aux pauvres, là où il plaira au prévost; et sera le vendeur escheu en amende de xx sols.

7. Item, que nuls bouchers ne poeuvent achepter pour tuer pourchels à barbier, à saigneur, à maladerye, ni à veliers; et qui le feroit, ils perderont le mestier de boucherie an et jour sans appel.

8. Item, que nul ne poeult tuer vel de lait ne vendre, se chel qui le vel est a vendu; ne vient afferrmer par serment au maire des bouchers ou à aucuns des bouchers, en l'absence des maieurs, que ledit vel ayt quinze jours passés, et qui feroit le contraire, il seroit escheu en l'amende de xx sols.

9. Item, on ne poeult tuer vaches en le boucherie, se après qu'elle ait vellé, qu'il y ait six semaines après le veller; et quy le tuera, se elle est trouvée après qu'elle sera tuée, elle sera confisquée et sera mise et emploiée où il plaira audict prévost, et sy sera cestuy qui l'aura tuée en amende de xx sols, et s'il vendoit la chair et il venoit à la connoissance du prévost, luy de ce bien informé, le vendeur seroit escheu en amende de lx sols.

10. Item, nul ne poeult tuer chair en ladicte ville en dimence, sur l'amende de xx sols.

11. Item, nul ne poeult tuer en ladicte boucherie, que ce ne soit entre deus soleux. Et quand conviendra tuer quelqu'une beste, elle sera amenée sur rue et monstrée aux maieurs des bouchers ou à l'ung d'eulx ou aultres bouchers avecq luy. Et se pour l'heure n'avoit aucun desdis maieurs, la beste sera monstrée à deux aultres bouchers sermentés, en l'absence desdits maieurs. Et tantost que elle sera esgardée, sy soit abbatue et tuée, présens lesdits esgards. Et qui fera le contraire, il l'amendera de xx sols; et se estoit sceu que aucun ayt tué quelque beste sans estre esgardée, comme qui eût esté entiché de quelque maidelerie, il paieroit ladicte amende, et perderoit ledict mestier, comme dessus est dict.

12. Item, il est ordonné que tous bouchers qui tueront chaire à mectre à estal, la chaire qui sera tuée le samedy depuis Pasques jusques à la Sainct-Remy ne pourra estre fresque à estal, que ledit jour de dimence, lundy et mardy; et celle qui sera tuée depuis la Sainct-Remy jusques aux karesmeaux sera et pourra estre en estal le dimence, lundy, mardy et mercredy, et non plus. Et s'il en demeure, sy soit mis en sel ou la mette en tel lieu que personne n'en menge par achapt; et qui fera le contraire, il sera escheu en vingt sols d'amende, et perdra la chair qui sera trouvée hors sel du vendredy au samedy. Et s'aucuns bouchers voellent tuer de nouvelle en aucuns des jours dessusdits, faire le poeuvent et le tenir à l'estal, autant de jours que dessus est dict et non plus, sur et en peine de telle amende ci-dessus.

13. Item, se aucuns amainent vendre au marché de Corbye ou ailleurs en la ville aucunes bestes entichées de vilaines maladies, ledict maieur le poeult prendre et mestre en tel lieu que personne n'en menge; et celui à quy sera la beste aura le cuir et le lien, et n'en poeult ne pourra aultre chose avoir et demander. Et ainsy est-il usé et accoustumé, et paiera ledict vendeur xx sols d'amende.

14. Item, se aucuns tue à Corbye pour vendre aultres que bouchers hors de le boucherie, il est de usance et accoustumé notoirement que ledict maieur des bouchers poeult prendre la chair cuite et crue et le caudière en laquelle ladicte chair cuira ou aura esté cuite; et feront lesdits bouchers de ladicte chair à leur volenté, et le poeuvent donner à Saint-Ladre ou à l'hostelerye, et la caudière sera baillée au prévost, pour en ordonner, par monsieur de Corbye, ainsy que bon luy plaira à faire, et aussy eschera en amende de xx sols.

15. Item, se aucuns bouchers voeullent aller tuer chars hors de la ville, il ne poeult vendre chair au jour qu'il le aura tué hors ne lendemain audict Corbye, sur laditte amende de xx sols.

16. Item, seront les maieurs soigneux chacun jour de visiter les chars, pour sçavoir si elles sont bonnes; et s'ils en trouvent qu'ils ne soient bonnes, ils le poeuvent prendre et mestre en tel lieu que personne n'en mange, avec ce, sera écheu qui ce fera en xx sols d'amende, s'il le remet à l'estal après défenses faictes par lesdicts maieurs.

17. Item, que nuls bouchers vendans chars en le boucherie de Corbye ne pourront vendre chairs cuites en ladicte ville, si ce n'est aux festes Saint-Pierre et Saint-Mahieu, sur l'amende de x sols et perdre ladicte chaire, et sy lesdits bouchers voeullent vendre esdits jours, ils y vendront au-dessoubs du Pont-Perrin, au lez devers la poissonnerie d'eau doulce et non ailleurs, sur ladite amende.

18. Item, que nuls bouchers ne facent sieux pour vendre à Corbye à aucune personne, que ledit sieux ne soit bon et loyal et marchant, sur et à peine de perdre ledit sieu et xx sols parisis d'amende.

19. Item, que nuls bouchers ne vendent ne facent vendre sieu merlé avec sieus de trippes, mais vendent chascun par luy, s'il luy plaist à vendre, sur et en pène de perdre le sieu et xx sols d'amende.

20. Item, il est ordonné que nuls bouchers ne pourront ne doivent nourrir quelques bestes en leurs maisons pour tuer en le boucherie, ne avoir pourceaux en leursdites maisons, sur l'amende de xx sols parisis, excepté qu'ils poeuvent bien avoir bestes pour mectre au cras, et non bestes allans aux champs pasturer.

21. Item, tous bouchers tenans bestes en le rue de le Boucherie sont tenus et leur est enjoint, à peine de v sols d'amende, de a[ssomm]er leurs bestes qu'ils tueront en cuviers, tellement que le sancq ne puist courre par les rues, et de porter icelluy et leurs boilluques, hors de le rue, en tel lieu qu'il ne face mal à personne; et s'il estoit aucun qui fut trouvé jetter icelluy sang et boilluques en le rivière courant derrière le boucherie, ne sur les fumiers des bouchers, il sera escheu en ladite amende et tenu de hoster lesdites boiluques.

22. Item, il est ordonné que tous bouchers qui vouldront fondre leurs sieux voisent iceulx fondre à Sainte-Bride, ainsy qu'il est anchiennement accoustumé, puisqu'il en avera plus de demy-père, sur et en peine de xx sols d'amende et de perdre entièrement tout ledit sieu.

23. Item, il est ordonné que, pour faire l'esgard de ladite boucherie, seront esleu deux bouchers par tous les autres bouchers, qui seront nommés maires des bouchers, qui seront sermentés par le prévost et qui rapporteront justement et loyalement tous les maléfices qu'ils trouveront au faict de ladicte boucherie, et ce rapport faict, ledit prévôt en fera le jugement et condamnation

selon lesdites ordonnances, et seront renouvellez chascun an par eslection desdits bouchers.

24. Item, pourront lesdits maieurs eslire ung sergent de l'un des bouchers, qui sera sermenté par ledit prévôt, qui à leur commandement fera tout ce que à office d'esgard appartiendra à faire; et seront tous les bouchers tenus de venir au mandement desdits maieurs, pour estre par ledit prévôt [examinez], toutesfois que requis en seront; chacun défaillant payra xii^d pour ledit deffault, lesquels seront alloués à boire pour les compaignons du mestier.

Cette ordonnance fut renouvellée et faicte le vendredy penultième jour de décembre l'an mil iiii^c iiii^{xx} et ung, par monseigneur de Corbye, Me Tristrans de Fontaines, bailly de Corbye, dom Gilles de Chastillon, prévost de l'église, Robert de Brie, procureur général de ladite église, Simon de Douay, lieutenant du bailly; Jehan Guste, sergent du comté; Jehan Despré, et par l'accord de Jehan Vuarnier, Jehan d'Amour, mayeur dudit mestier; Pierre Bricquel, Jehan de Marquise, Pierre Dufour, Mahieu Mellebrancq, Euguerand le Caron, Colart Dufour, Jehan de Bainville, Jehan le Caron, et Bernard Tranquart, bouchiers.

Biblioth. imp., D. Grenier, iie paq., art. 8, p. 260.

STATUTS DES CHAPELIERS.

11.

Est l'ordonnance faicte et renouvelée sur le faict du mestier des cappeliers de la ville de Corbye, en suivant l'usage et manière de faire sur le faict dudict mestier en la ville d'Amiens et aultres bonnes villes, par révérend père en Dieu monsieur Pierre, par la permission divine, abbé et comte de Corbye, à la requeste de Jacques Hamelot, Philippes Rendu, Hue le Josne et Jehannot Tanquoy, maistres dudict mestier de chapellerie, en ladicte ville de Corbie, en la présence et du consentement de Hue Canesson, bailly de la conté de Corbie, maistre Pierre Boileau, lieutenant dudict bailly, Germain de Riencourt, procureur pour office de messieurs les religieux, abbé et couvent de ladite église, Jehan Amyelle, procureur des habitants d'icelle ville; Jehan Coupillon, Colart Guyot, Pierre Faverel, eschevins de ladite ville; Jacques Tassegon., Jehan Chocquet, conseillers au siége dudict conté, et Louis Tournemine, greffier d'icelle, et plusieurs aultres habitants d'icelle ville; laquelle ordonnance a esté faicte et renouvelée en la manière qui s'ensuist :

1. C'est assavoir que lesdits capelliers, ne nuls aultres dudict mestier, ne poeuvent ou pourront estre reçus à passer maistres en ladicte ville, que pre-

mièrement celuy qui voldra passer sa maistrise n'aist faict de soy un chef-d'œuvre passant esgard en la maison des maistres dudict mestier audit Corbye, de la laine et coustieux d'iceluy maistre, sains povoir faire ledit chef-d'oeuvre de ses laines et coustieux, si aucun en a; et sy sera tenu pour sa bienvenue payer aux maistres et compagnons d'iceluy mestier la somme de cinquante sols; mais sy les enfants d'aucun d'iceulx maistres estoient ou sont ydoines de passer la maistrise dudict mestier, ils ne seront tenus ne doibvent paier pour leur bien-venue que ung chapeau portant chef-d'oeuvre, avec la somme de vingt sols aux maistres d'iceluy mestier.

2. Item, seront tenus les maistres d'iceluy mestier de renouveler d'an en an esgards à leurdit mestier par l'eslection du maistre d'icelluy, en faisant serment par iceulx esgards et justement de faire leur debvoir par devant la justice de mesdits seigneurs audict lieu de Corbye, appelé ledict esgard à faire un sergent à mache ou aultre sergent dudict lieu, et se faulte estoit trouvée en aulcun des chapeaux desdits maistres ou aultres vendants desdits chapeaux, il y aura vingt sols parisis d'amende pour chacun d'iceux chapeaux non souffisants, à applicquer la moictyé aux maistres dudict mestier, et sy seront avec ce les chapeaux non souffisants confisqué à mondit seigneur de Corbye.

3. Item, que nuls desdits maistres ne pœuvent ne pourront advoir que [de] deux ans à aultre ung apprentis, lequel apprentis sera tenu payer à son entrée une livre de chire, qui sera convertie et employée à la chandaille dudit mestier.

4. Item, que nuls ne pœult ne pourra apporter chapeaux de dehors pour vendre ou les mettre en vente en cestedite ville de Corbie, sans ce qu'ils soient premièrement esgardez, ne iceulx mectre dedans aucune maison, sans congié desdits esgards, que ne soit sur peine de dix sols d'amende, dont la moitié sera à mondit seigneur, l'autre moitié aux mesmes esgards dudict mestier; sur ce seront tenus paier quatre deniers de la dizaine aux esgards qui esgarderont lesdits chapeaux.

5. Item, que nuls des aultres mestiers de ladicte ville, comme bonnetiers ou aultres, synon seulement eschoppiers, ne pourront vendre ne avoir en leurs maisons aucuns chapeaux pour les mettre à l'estat pour vendre, sur peine de amende de dix sols parisis, à applicquer comme dessus, lesquels eschoppiers ne pourront vendre à nuls desdicts chapeaux, que premièrement ils n'aient esté esgardez, sur peine de ladicte amende.

6. Laquelle ordonnance dessus desclarée, les dessus nommez cappeliers ont promis et se sont soubmis de tenir, furnir et entretenir, de point en point, selon leur forme et teneur, sur les peines sur ce introduictes, qui fut faicte,

passée, consentie, renouvelée et accordée en ladicte ville de Corbye, selon la forme et manière cy-dessus escripte, le xviiie jour de juing l'an de grace mil v^c, en la présence des dessus nommez.

Biblioth. imp., D. Greuier, 11e paq., art. 8, p. 266.

LISTE GÉNÉRALE DES STATUTS INDUSTRIELS PROMULGUÉS DEPUIS 1467.

C'est la table de ce présent livre, par lequelle on poeut bien et licitement congnoistre et sçavoir les chapitres des ordonnances, et ce de quoy il est porté et parlé par icelluy, touchant les édicts et ordonnances de la ville de Corbie, et aultres beaux et notablés enseignements faictes et couchiées en la forme et manière que cy-après s'ensuit:

Premièrement, l'institution et narré de ce présent livre.... fol. i.
Les ordonnances des vendeurs et hostellains de grains......... ii.
— des courtiers de grains................... vi.
— sur le faict des mesureurs................ xi.
— des porteurs au sacq..................... xii.
— des boulangiers......................... xiii.
— des pâtichiers et cuisiniers de viande........ xvi.
— sur le vin vendu à détail................. xvii.
— des tonneliers.......................... xxi.
— des brasseurs de goudailles et cervoises..... xxii.
— des bouchiers.......................... xxiiii.
— sur le poisson de mer................... xxix.
— sur le poisson de doulce eaue............. xxxiiii.
— sur les waides......................... xxxv.
— sur les lins et canvres.................. xli.
— sur les aux............................ xliii.
— des cordiers........................... xlv.
— sur les sieux et chandelles............... xlvi.
— sur les foués et cauchies................ iiii^{xx} xix.
— sur le coustume le Conte................ cii.
— sur l'estallaige et tonnelieu.............. cv.
— sur le cauch et carbon.................. cxvii.
— sur l'office du prévost.................. cxviii.
— sur l'office du greffier.................. vi^{xx} xii.
— sur les sergents à mache................ vi^{xx} xvi.
— sur les sergents de nuict................ vii^{xx} iii.

CORBIE.

Les ordonnances sur les louaiges de maisons................ VII^{xx} VI.
— des revendeurs............................ VII^{xx} VIII.
— sur la loy et eschevinaige de Corbye........ VII^{xx} IX.
— sur le droict des vefves................. VII^{xx} XVIII.
Les enseignements des juges et de justice................ VII^{xx} XIX.
Les ordonnances des capelliers........................ VIII^{xx} XIIII.
— de la maison Saint-Ladre lez Corbye....... VIII^{xx} XVIII.
— des barbiers............................ IX^{xx}.
— sur l'estaple de Corbye................... IX^{xx} II.
— des parmentiers........................ IX^{xx} VIII.
— des thieulliers......................... IX^{xx} XI.
— des machons.......................... IX^{xx} XVI.
— des bonnetiers......................... II^{c} II.
— des thanneurs.......................... XLVIII.
— des cordiers............................ LI.
— des conreurs de cuirs.................... LIII.
— des chavetiers.......................... LIIII.
— des gorliers............................ LVI.
— des frailiers (?)........................ LVIII.
— sur les foins vendus par bottes............ LIX.
— des theiliers de linge.................... LX.
— des thonneliers......................... LXIII.
— sur les vieisiers........................ LXIIII.
— sur les naviages de la rivière de Somme.... LXVI.
— faictes sur les laines..................... LXIX.
— des merchers.......................... LXXI.
— des péletiers et des vieisiers.............. LXXIII.
— des tisserans de draps................... LXXIIII.
— des pareurs et foullons................... IIII^{xx}.
— sur les amendements.................... IIII^{xx} VIII.
— des couvreurs de thuilles................. IIII^{xx} IX.
— sur les pourceaux....................... IIII^{xx} X.
— sur les mariens......................... IIII^{xx} X.
— sur les poirées......................... IIII^{xx} XI.
— sur les joueurs de dez................... IIII^{xx} XII.
— sur les démolissements de maisons........ IIII^{xx} XIII.
— sur les prisons......................... IIII^{xx} XIII.
— sur les descarqueurs.................... IIII^{xx} XV.

Lesquelles ordonnances, statuts et choses dessus dictes, qui aujourd'hui, xxixe jour de septembre mil cccc lxvii, ont par nous esté faictes, statuées et ordonnées en nostre halle dudict lieu de Corbie, en la présence et du consentement de la plus grande et saine partie de tous nos subjetz, manans et habitans d'icelle, nous avons voulu, voulons et vous ordonnons estre tenues, sans aucunement aller au contraire, sur les peines cy dessus.

Biblioth. imp., D. Grenier, 11e paq., art. 8, p. 214 et 216.

LVI.
STATUTS DES PATISSIERS ET DES CUISINIERS.

Les pâtissiers qui auront un four à Corbie ne pourront y faire cuire de pain sans la permission du prévôt de l'église (art. 1); ils ne vendront que des viandes tuées à la boucherie de la ville (art. 2), ne feront leur approvisionnement qu'après l'heure de prime sonnée à Saint-Pierre, et n'achèteront qu'au marché, sous peine de confiscation et d'amende au profit de l'abbé : telles sont les principales dispositions de l'ordonnance qu'on va lire. Elle n'est point datée, mais elle se rapporte évidemment, comme les précédentes, à la fin du xve siècle.

ve siècle, 2e moitié.

1. Est l'ordonnance faicte sur les paticiers et cuisiniers de viande en la ville de Corbye, c'est assavoir : que tous paticiers qui ont fourneau ne poeuvent ne doibvent cuire pain à iceulx fourneaux, sur l'amende de v solz, ce n'est par le congié du prévost de l'église, lequel congié appartient à luy, pour ce qu'il est donateur de congiez de faire iceulx fourneaulx, pour lesquels congiez de faire faire iceulx fourneaulx, il doibt avoir pour chacun fournel, pour une fois, xx sols, et, quant est à l'amende de v sols, elle eschet en la prévosté de la ville.

2. Item, que nuls paticiers ne aultres qui se voeuillent mesler de vendre chairs cuites ne soient sy hardis qu'ils cuissent ne vendent chairs qui ne soient tuées en la boucherie de Corbye, sur et en peine de perdre les chairs et amende de v sols.

3. Item, que nuls ne vendent chaires cuites qu'elles ne soient saines et nettes, sans corruption aucune, sur et à peine d'icelles jetter au vant en la ville ou ardoir, sur l'amende de v sols.

4. Item, que nuls paticiers ne facent garnison ou bouriche de poisson pour revendre, sinon pour les festes de Saint-Pierre et de Saint-Mahieu, esquels jours ils se poeuvent pourveoir et faire provision d'anguilles et non d'aultres

poissons; et que à iceulx jours ils monstrent aux esgards de poissons les anguilles, quant ils les vouldront cuire ou empoister, pour oster les inconvénients qui s'en pouroient ensuyre, sur et à peine de perdre le poisson et v sols d'amende.

5. Item, que nuls paticiers, regratteurs, vendeurs de viandes cuites ou à cuire ne soient sy hardy qu'il achepte en jour de marché ny un dimance devant primes sonnées quelques poullailles, volilles, oeufs, bures, ne fromaige, sur et en peine de v sols d'amende et de perdre ce que achepté auroit paravant ladite heure.

6. Item, que nuls paticiers, regrateurs, vendeurs de viandes cuictes et creues ne autres revendeurs ne soient sy hardys qu'ils achaptent au marché dudit Corbie ne ailleurs en laditte ville auparavant primes sonnées en l'église de Saint-Pierre, quelques poullailles, volille, oeufs, bures, fromaige ne aultres vivres, [ni ne] voisent au-devant desdits vivres, mais les laissent apporter au marché, sur et à peine de perdre tout ce qu'il auroit achepté, et tout soit confisqué à M. de Corbye et de v sols parisis d'amende à applicquer à mondit seigneur.

Biblioth. imp.; D. Grenier, 11e paq., art. 8, p. 254.

LVII.

STATUTS DES ARCHERS DE CORBIE.

Il est probable que la confrérie du *franc-jeu de l'arc* existait à Corbie avant le XVIe siècle. Mais le règlement qu'on va lire, arrêté entre les confrères en 1529, est le premier qui constate l'organisation de cette compagnie. On y trouve énoncées les conditions à remplir pour entrer dans le corps des archers, les formes de l'élection annuelle du *maître*, et les règles du tir, qui doit avoir lieu à différentes solennités. La fête des archers est fixée au jour de la Saint-Sébastien. Tous les membres de la confrérie sont tenus d'assister aux processions de l'Ascension et du Saint-Sacrement, aux fêtes des arquebusiers et des arbalétriers, et aux funérailles des confrères (art. 10, 11, 12). — Les archers de la compagnie de Corbie sont tenus de rapporter dans cette ville et de déposer entre les mains du maître les prix qu'ils auront gagnés ailleurs (art 18).
— Ils ne peuvent abandonner leur confrérie pour s'associer à d'autres compagnies d'archers, et ils sont liés jusqu'à la mort par leur

serment (art. 19). — Tous ceux qui enfreindraient les règlements seraient, sur l'ordre du maître, appréhendés au corps et tenus en prison jusqu'à ce qu'il eût été statué sur leur délit (art. 28).

Est la forme et manière comment le maistre de la confrérie de monsieur Saint-Sébastien recevra celuy qui veut entrer et faire serment du franc-jeu de l'arc; ainchois que ledit maistre ou son lieutenant puisse ou doive recevoir quelqu'un en ladite confrérie, est traité que celui ou ceux qui voudront entrer soit ou soyént paisibles, bien francs et renommés, et que sa réception soit faite par l'advis du maistré et desdits confrères ou de la plus saine partie, et que iceluy ou ceux jurent et promettent en la main du maistre ou son lieutenant par iceux de faire et entretenir ce qui s'ensuit :

1. Premièrement, celui qui fera le serment aura le teste nue, le main sur la flèche revéremment, en promettant et en jurant que justement il gardera les statuts du franc-jeu de l'arbalêtre du tout à son pouvoir, gardera l'honneur du maistre et autres, et obéyra à luy ou à son lieutenant, leur portera révérence et honneur, et s'y submettra à toute obédience et aussy à tous ses frères et compagnons; et que, s'il sçait entre eux noise ou débat, et qu'il sçait quelque haine et rancune, incontinent lè faict sçavoir au maistre ou son lieutenant, pour et afin d'y mettre paix et union; et en tout garder et observer le contenu esdits statuts et ordonnances, promettant qu'il payera pour la première année quatre sols, pour employer au cierge de ladite confrérie, avec douze deniers au valet, et tous les semaines deux sols pour subvenir aus messes; et qu'en dedans l'an il sera tenu d'avoir arc et trousse de flèches, et entretenir le franc-jeu de l'arc, et ainsy qu'on a par cy-devant accoustumé faire. Après, celuy qui sera receu payera sa bienvenue, montant à huit sols ou mieus, se faire le veut.

2. Item, quant au fait de l'élection du maistre, elle se fait par chacun an le dimanche devant la my-carême après disner, par les maistres, confrères, ou la pluspart, lesquels se doivent trouver au jardin, et illec eslire deux compagnons idoines, selonc leur conscience et discrétion, pour iceulx en prendre un et eslire pour maistre, lequel sera tenu agir et gouverner lesdits confrères en bonne paix, amour, concorde et union, afin que le franc-jeu de l'arc peut estre honestement entretenu, en gardant et observant les droits et prérogatives dudit jeu. Après fera serment le maistre ainsy esleu qu'il gardera et observera tous les biens et deniers procédans de ladite confrérie, et en sera tenu rendre compte et reliqua aux maistres et confrères, et non autrement. Et ce fait, payera ledict maistre nouveau sa bienvenue, à sa discrétion et volonté, et lui faira faire serment le maistre ou son lieutenant.

3. Item, le dimanche de la my-caresme, le temps estant beau, le sermon finé, se doivent trouver les maistres et confrères à l'hostel et au lieu où il plaira au maistre nouveau, auquel sera l'estendart déployé. Ils se pareront en bel arroy, iront quérir le roy du gay, pour de là s'en aller à Sainte-Brigide ou autre lieu auquel il plaira au roy pour tirer et admettre le gay, en la forme et manière accoustumée; et le gay puissamment abbatu, feront retour au lieu où la table est mise pour souper. Auquel lieu, le roy est tenu faire son honneur pour sa bienvenue, et ne doit point d'escot; mais sera tenu, au jour de mi-caresme ensuivant, rendre un gay et gasteau à ses despens; et aura ledit roy, pour avoir ainsy le gay abbatu, une quenne d'estain ou autre prix à la volonté des maistres, avec toutes libertés, franchises, telles qu'on a accoustumé d'avoir par cy-devant, comme d'estre franc de porte et de guet toute l'année, et de remettre et pardonner ledit jour les offenses qui sont commises en sa compagnie, pourveu que la partie offensée soit réparée, et que l'offense ne soit excessive et non adressante au maître; audit roy sera délivré par le maître ou son lieutenant la couronne et chaisne d'argent appartenant à ladite confrérie, en la mettant au col, et en sera tenu faire garde ledit jour, et ledit jour finé, la rendra en aussy bon estat qu'elle lui ara esté délivrée, comme il faira tous les jours de prix.

4. Item, le dimanche ensuivant sera tenu ledit roy donner un prix tel que d'une carpe et une anguille, telles que de raison, lesquelles se porteront au jardin après disner, et illec tirer pour ledit prix gagner, en la sorte et manière accoustumée, et qui est telle que la plus courte mesure ara la carpe, et qui ara la plus courte ensuivant, l'anguille; et seront ladite carpe et anguille au proffit de table; mais qui la carpe gagne est franc d'escot, et qui l'anguille paye demi-escot.

5. Item, le lendemain au matin, le maistre, accompagné du roy et des confrères, va en pélérinage à Saint-Mathieu de Fouilloy, auquel dit et célèbre messe le chappelain ou son commis, pour les âmes des confrères trespassés.

6. Item, n'est mie à oublier que le maistre doit le mercredy dernière feste de Pâques un bon et suffisant gambon, demy-cent d'œufs, avec plain une bouteille tenant pour le moins deux pots de vin, cinq ou six petits pains blancs, avec douze bougeons bien empenés; lequel gambon ara qui plus près la broche tirera, et en délivrant, au disner point de dessert ne payera, et quant aux bougeons, cestuy qui ira plus près de la broche en chascune tournée, et jusques à ce que lesdits douze bougeons seront gaigniés, pourra choisir et tirer par la teste celluy que bon luy plaira. Pendant le temps des prix, se mangent les œufs et pain et se boit le vin.

7. Item, est de coustume que les premiers jours de may on va tirer aux

sorchins, en observant et gardant l'ordre de tirer au gay, et qui le sorchin abbat, gaigne le prix. Cela fait, retourne où la table est mise, et au disner, le roy doit faire son honneur, en eslargissant de ses biens, selon sa puissance; et sera tenu les jours de prix ensuivants porter à son bonnet ou chapeau le sorchin d'argent appartenant à ladite confrairie, sur peine d'une quaine de vin, pour chascune fois, et sera tenu rendre au maistre, l'année finée, en aussy bon et souffisant estat qu'il luy a esté délivré.

8. Item, le merquedy dernière feste de Pentecoste, l'on va tirer à la pie, en gardant l'ordre que dessus, et quiconque l'abbat gaigne le prix. Et si au disner est, de l'escot franc sera tenu. Et sera tenu porter une pie d'argent sus, et comme est dessus, et la rendre en tel estat que dessus.

9. Item, n'est mie à oublier que, se quelqu'un des confrères disoit quelques vilains mots et faisoit chose illicite et déraisonnable, pendant le temps que l'estendart seroit desployé, iceux doivent estre pugnis et corrigés expressément à la volonté du maistre.

10. Item, est aussy à noter que chascun des confrères se doit trouver les jours d'Ascension et Sainct-Sacrement à la procession, pour porter la fierte de monsieur sainct Gentian, comme on a accoustumé de faire. La procession faite, se dit et célèbre messe par le chapelain ou son commis. Et ledit jour, les maistres et confrères, après le sacrement sonné, vont en la despense des religieux quérir deux pots de vin, qui se bailleront à ceux qui assisteront, et ainsi à l'heure qu'il plaira au maistre.

11. Item, est à noter l'ordonnance bonne et laudable qui est telle, que tous les confrères, sans empeschement légitime, sont tenus eux trouver en la maison du maistre, pour l'assister, et le roy associé, aux vespres, messes solemnelles, et ceux du jour de la feste des arbalestriers et arquebusiers, et ceux qui seront défaillants seront punis à la discrétion du maistre.

12. Item, faut aussy noter que, quant un des confrères va de vie au trespas, il doit à la confrérie son arc, trousse et huit sols. En quoi faisant, lesdits confrères sont tenus le porter en terre, pourveu qu'il ne soit mort de maladie dangereuse; auquel cas lesdits confrères ne seront tenus le porter, et non autrement. Les héritiers du deffunt seront tenus délivrer lesdits arcs et trousses, et payer lesdits huict sols. Incontinent l'enterrement, seront portées les torses de la confrairie, puis après le maistre faira dire et célébrer une haute messe pour l'âme dudit deffunt, à diacre et sous-diacre et choriste, où se trouveront tous lesdits confrères, ou ceux estant advertis par le varlet, à peine de payer, par chascune fois qui seront trouvés défaillants sans empeschement légitime, deux deniers d'amende, à mettre dans la bourse, et ledit varlet sera tenu advertir

les héritiers dudit deffunt à comparoir à ladite messe, et ara pour sa peine douze deniers.

13. Item, si aucun est défaillant en la maison du maître, la nuit et le jour Saint-Sébastien, pour l'assister allant aux vespres et à la messe, ils seront à l'amende de deux deniers pour mettre en la bourse, pourveu qu'il n'y ait empeschement légitime.

14. Item, est à nóter que le maistre est tenu, durant le mois d'aoust, bailler aux confrères une rasée, que l'on nomme la paste d'aoust, à sa discrétion et volonté, suivant la coustume.

15. Item, le jour Saint-Sébastien, au mois de janvier, se fait la feste solemnelle, auquel jour doivent comparoir les maistres et confrères, tant aux vespres qu'à la messe. La messe dite et célébrée devant disner, se porte le gasteau de royaume par les maistres et confrères en la chambre et lieu abbatial, pour illec partir et puis après tirer pièce, ainsy qu'est de longtemps accoustumé. Celui qui aura la pièce ou la febve, rois sera du gasteau pour et durant toute l'année, et en celuy jour lui sera délivrée et mise au cou la couronne et chaîne d'argent, ayant privilége et puissance, comme de longtemps est accoustumé; et ledit jour passé, sera tenu de rendre en bon et en tel estat que luy a esté délivré par le maistre ou son lieutenant, et sera tenu ledit roy au disner de faire don et présent de ses biens selon sa puissance; et pour ce que par cy-devant ledit roy du gasteau estoit tenu de faire à ses despens un gasteau de royaume l'année séquente, à ceste cause et occasion plusieurs confrères ne continuoient à tirer pièce, comme dit est, et ne [prétendoient] audit royaume, a esté ordonné que doresenavant le maistre le faira faire aus despens de la confrérie.

16. Item, est à noter que le jour du Bouhourdi ensuivant, le maistre doit le pris tel que d'un chemineau, ainsy et en la manière accoustumée; et qui le chemineau gaignera de son escot quitte sera, en deslivrant à l'assemblée, ainsy que l'on a de coustume de faire, un patart ou mieux se faire le veut, [un panier] plein de figues, roisine et noix, avec un vourede privé, et un gresset plein de vin, qui se gagneront au franc-jeu de l'arc au jardin après disner.

17. Item, faut qu'un chascun sache que, le dimanche devant la my-caresme, on fait un maistre nouveau, comme dit est cy-après. Le maistre antien doit pour sa bien-allée un prix d'une carpe et d'une anguille, qui le jour après disner sera tirée.

18. Item, s'il advient que aucun ou aucuns des confrères se comporte hors de la ville de Corbye, tant pour y demeurer que autrement, ne pourront tirer à quelque prix, à l'encontre des confrères et de la confrérie establie en ladite ville; mais seront tenus leur bailler confort et ayde aux prix et autrement; et

s'il advient que le prix fût par eux gaigné, seront tenus l'apporter audit Corbie, et le présenter aux maistres, lesquels le distribueront à leur discrétion et volonté. Par le congé du maistre, pourra ou pourront aller tirer un prix les confrères hors de la ville, et se le prix est par eux gaigné, sera à leur proffit, à condition qu'ils seront tenus venir le présenter au maistre.

19. Item, est ordonné que nul de la confrérie pourra renoncer au serment d'icelle, pour soy mettre dans une autre confrérie et serment, mais sera tenu garder et entretenir à jamais tant qu'ara la vie au corps, et n'aller contre le serment par luy fait.

20. Item, est ordonné que nuls ne pourront doresenavant mesurer coup ne coups, que premièrement le maistre, lieutenant ou mesureur, se en a au jardin, n'aient mesuré le coup ou coups qui pourroient estre en différent, afin d'éviter noise et dissension, et tiendront les parties ce qui sera dit par les dessusdits, sur peine de deux deniers d'amende, et le coup demeure pour mesuré.

21. Quiconque fait quelqu'ordure, quelqu'infamie ou dit quelques vilains mots et discours dedans le jardin, s'il est du serment, il doit l'amender, et puis après estre punis et mis par le maire à l'amende, ainsy qu'il peut estre raisonnable; et s'il n'est du serment, soit puni à la discrétion du maistre.

22. Quiconque est de la confrérie de la mère Dieu, la vierge Marie, ou les saints nommés auroit ou juré les diables, ou dit quelque blasphème lorsqu'on joue au jardin, un sol payera et deux deniers d'amende avec, se il est du serment, ou non sera puni à la discrétion du maistre.

23. Item, se aucun, en refusant de payer la partie ou portion qu'il a perdu au jeu de l'arc, se transporte hors du jardin, contre le gré et discrétion de ceux qui juoient, ils échoient en l'amende de deux deniers à mettre dans la boette, à la discrétion et volonté du maistre.

24. Item, est ordonné que nul ne nuls ne pourront tracasser dans le jardin, pendant que quelqu'un est en mise, sur peine de deux deniers pour mettre en la boette; et s'il n'est du serment, sera puni à la volonté du maistre.

25. Item, a esté ordonné, quant quelque confrère a gaigné [un prix] pourveu que ce ne soit contre estrange, et il luy est loisible, soit qu'il ne les veut porter [dans la ville] de payer un lot de vin ou six deniers, lesquels il donne au profit de la table; en ce cas chascun portera sa portion.

26. Item, est prohibé et deffendu à un chascun confrère de jouer au francjeu de l'arc en ceste ville de Corbie contre estrangier par quelque défiance, sans le congié et licence du maistre, ou son lieutenant, ne aussy hors ceste ville, si lesdits maistre ou son lieutenant ne sont présents, à peine d'estre puni à la volonté des maistres.

27. Item, a esté ordonné que doresenavant la partie des confrères ne bougera de son lieu et place qu'elle ne soit tirée, et quiconque faira le contraire, à l'amende il sera, pour mettre au proffit de table.

28. Item, a esté ordonné que les rebelles et les désobéissans aux maistres et non voulant venir à la raison, selon qu'il est contenu en toutes les ordonnances, seront pris et appréhendés et constitués prisonniers par quelque confrère que le maistre ou son lieutenant contraindront à ce faire, comme par sentence, et seront menés en prison ou autrement en lieu où bon semblera audit maistre ou son lieutenant, pour estre là jusques à ce que aye esté ordonné selon l'offence et mal fait dont ils seront accusés. Ladite puissance et authorité donnée aux maistres de par le révérend père en Dieu abbé de Corbie, auquel le Créateur donne bonne et longue vie.

29. Item, a esté ordonné, se aucun ou aucuns confrères estoient délayant ou refusant payer leur confrérie le jour de la feste ou pendant huitaine en suivant, pour éviter aux despens de justice, le maistre pourra, huitaine passée, commettre quelqu'un avec le varlet pour prendre bien en la maison dudit délayant, et les vendre pour payer ladite confrérie, et pour ce faire auront l'authorité et puissance dudit seigneur par [vertu du mandement] dessusdit.

30. Item, a esté ordonné que, s'il estoit de nécessité de besongner ou faire ouvrage nécessaire au jardin, un chascun desdits confrères sera tenu payer sa part et portion de ce que l'ouvrage aura cousté, après compte fait dudit ouvrage par le maistre.

31. Item, faut qu'un chascun sache que les autres ordonnances sont en original, lesquelles ne sont ici mises ne rédigées par escrit, qu'elles demeurent en leur force et valleur.

Ces présentes ordonnances et statuts furent faites et passées et accordées au jardin desdits confrères par les maistres et confrères du franc-jeu de l'arc ; à sçavoir par Nicolas Couvreur, pour le présent maistre de la confrérie, Pierre Lenoir, maistre entrant, Jean Bersée, Pierre Cabot, Regnaut Cudefer, Jacques Grandhomme, maistre Robert Sénescal, maistre Jacques Brin, chapellain des confrères, Gratian du Bellet, Jehan Sueur, Fuscien Denis, Antoine Lepoulle, Jean Maier, etc., Pierre l'Estoffé, varlet de la confrérie [1].

Biblioth. imp., D. Grenier, 11ᵉ paq., art. 8, p. 205 et suiv.

---

[1] On lit au bas de cette pièce, dans la copie de D. Grenier, la note suivante : Ces statuts furent rédigés en 1529 par dom Antoine d'Oguier, religieux censier de l'abbaye, roy du gay.

LVIII.

DÉLIBÉRATION DU CONSEIL DE L'ABBAYE DE CORBIE, SUR LE MODE D'ADMINISTRATION DE CETTE VILLE.

On a vu précédemment que les douze échevins ou juges seigneuriaux de l'abbaye de Corbie tenaient leurs assises le jeudi de chaque semaine dans une maison de la ville dite la maison de l'*Estache*. Ils étaient présidés par le prévôt du monastère, qu'on appelait *prévôt polician*, à cause de ses fonctions de magistrat de police. C'est dans ces assises que se traitaient les affaires publiques de la ville, et ainsi le collége des échevins faisait pour elle l'office de conseil et de gouvernement municipal. La tendance naturelle des habitants de Corbie devait être de considérer à ce point de vue l'échevinage et le prévôt, et de faire, autant que possible, abstraction de leur rôle d'officiers de l'abbaye. Cette tendance, agissant sur les faits, on en vint à demander que les fonctions du collége des échevins et celles du prévôt polician fussent régularisées à titre d'administration urbaine. Tel fut l'objet de l'acte de 1568.

Par cet acte, probablement d'après le désir des habitants de Corbie et sur la demande formelle des échevins, le conseil se décide à modifier le corps échevinal, à le réduire à quatre membres au lieu de douze, et à en faire ainsi un véritable gouvernement municipal semi-électif, et capable de veiller à tous les intérêts de la ville, sous la présidence du prévôt, devenu semi-électif comme les échevins. Depuis lors, ce magistrat fut un maire pour la ville de Corbie, et on lui en donna souvent le titre. Ses attributions et ses gages, ainsi que ceux des échevins, sont fixés dans la pièce que l'on va lire. La maison de l'Estache, appartenant à l'abbaye, y est expressément désignée pour être *accommodée à l'usage de la justice et police de la ville*, et se trouve ainsi pour les habitants de Corbie une véritable maison commune.

1568.
8 juillet.

Sur la remontrance et supplication par les échevins de la ville et communauté de Corbye, afin que le bon plaisir de monseigneur le cardinal et comte dudit Corbie ou de messieurs de son conseil, auquel estoit présent M. de Merelessart, chevalier de l'ordre, l'abbé de Saint-Fuscien, vicaire général de mondit seigneur, le vicaire et grand-prieur de l'abbaye dudit Corbye, les religieux, procureur et autres officiers de mondit seigneur audit Corbye, fut que lesditz eschevins de laditte ville estant au nombre de douze fussent remis au nombre de six ou à tel nombre que mondit seigneur ou sondit conseil trouvera estre bon, pour servir seulement aux affaires publiques et autres accoutumées, au soulagement du prévôt politien dudit Corbye, par un ou deux ans, en donnant quelque peu d'estat et gaiges à chacun desditz eschevins, pour le temps qu'ilz serviroient, et par mesme moyen qu'il fût ordonné et créé de nouveau par mondit seigneur ou lesditz sieurs dudit conseil un prévôt politien, pour avoir superintendance avec lesditz eschevins, sergents, tant à verge qu'à masse, à la police et affaire de ladite ville.

Sur laquelle requeste, après que lesditz eschevins et autres pour la communauté de ladite ville se seroient retirés à part, a esté advisé et conclud par lesditz sieurs dudit conseil que le nombre de douze eschevins seroit remis au nombre de quatre, pour servir un an entier, pour commencer au jour de Saint-Estienne au mois de décembre jusqu'à semblable jour; mais que, pour cette fois, ceux qui seroient nommés et choisis présentement par lesditz sieurs du conseil serviroient jusqu'au jour Saint-Estienne 1569, à compter selon l'ordonnance, qui sont dix-sept mois et quelques jours, et auquel jour Saint-Étienne 1569 lesditz quatre eschevins pourront eslire douze notables personnages habitans de ladite ville, pour d'iceux estre prins et choissi quatre des plus notables pour estre éschevins et servir un an entier et jusqu'à semblable jour Saint-Étienne, et pour leur salaire, vacation et estat, il a esté accordé par lesditz sieurs du conseil, xx livres, qui est pour chacun desditz eschevins la somme de c. sous tourn., qui leur sera payé par le receveur de mondit seigneur audit Corbye au jour de Saint-Jehan-Baptiste.

Et quant au prévost politian, a esté ordonné par lesditz seigneurs du conseil qu'il sera choisi, nommé et pourveu par mondit seigneur cardinal ou son vicaire ou conseil audit Corbye d'an en an audit jour de Saint-Étienne; et quant à présent, que Simon Hublée seroit créé et pourveu audit estat de prévost, aux gages de XL livres par an, payables audit jour de saint Jean Baptiste, et par ce moyen ledit Hublée servira pour ceste fois jusqu'au jour de Saint-Étienne 1569, en faisant le serment accoustumé par lesditz prévôts et eschevins, par devant M. le grand vicaire, en ladite abbaye dudit Corbie.

Et quant au greffier de ladite prévosté, a esté ordonné que François de Camons, greffier de ladite ville, seroit commis à l'exercice dudit office, et que pour ce faire lui sera payé par chacun an, par ledit receveur de mondit seigneur, la somme de xx livres tournois audit jour de Saint-Jehan-Baptiste.

Et sur les remonstrances et requestes présentées par les sergeants à masse et eschevinage dudit Corbye, tendant à ce qu'ilz eussent augmentation des gages et corvées qu'ils ont journellement à l'exercice de ladite police, soit en temps de paix ou de guerre.

Sur ce quoy, par lesdits seigneurs dudit conseil a esté ordonné, veu que lesditz sergeants à masse n'avoient que vi livres de gages et beaucoup de peines, qu'il a esté dit et remonstré par aucun dudit conseil que lesdits sergeants à verges n'ont aucuns gages, qu'ils auront : à sçavoir lesdits sergeants à masse, avec leursdits gages de vi livres, la somme de iv liv. vi s. viii deniers par chacun an, par augmentation, payables audit jour de Saint-Jehan-Baptiste, et chacun desdits sergeants à verge la somme de xl s. viii deniers, payables audit jour Saint-Jehan-Baptiste.

A esté aussi ordonné par lesdits sieurs du conseil que M. le bailly, lequel a haute justice audit Corbye, qui souloit estre prévost politian depuis deux ou trois ans, lequel avoit requis estre déchargé dudit estat de prévost, pour ne pouvoir bonnement satisfaire à la charge de la prévosté, que l'augmentation des gages que le receveur de monseigneur souloit payer audit bailly..... mais seulement la somme de vi^{xx} livres pour tous gages de pension.

Et pour l'exercice de manutention de ladite police et estat de ladite prévosté et eschevinage, et pour y faire toutes les affaires et négoces qui seront nécessaires pour l'augmentation de sadite justice, a esté advisé que par lesdits prévost et eschevins seroit pris la maison de *l'Attache*, à monseigneur appartenant, pour l'accommoder à l'usage de ladite justice et pollice de ladite ville, et à la charge de l'entretenir de toutes réparations, et sans pour ce faire la reddition des comptes ni autres assemblées ni halles, sinon qu'au lieu abbatial, ainsi que l'on a accoustumé de tout temps et antiquité. Fait ce viiie jour de juillet mil cinq cens soixante-huit. Signé : DE VAUX, avec paraphe.

<small>Biblioth. imp.; ms. de D. Grenier, viiie paq., n° 4, fol. 442 r°.</small>

LIX.

ARRÊT DU PARLEMENT RELATIF AU CUMUL DES OFFICES DE BAILLI ET DE PRÉVÔT DE CORBIE.

En 1568, lorsqu'une décision du conseil de l'abbaye de Corbie reconstitua le gouvernement municipal de la ville en le composant de cinq magistrats, le prévôt et quatre échevins, l'office de prévôt qu'on nommait *polician* se trouvait par cumul entre les mains du bailli, officier de la haute justice du monastère. Cette réunion de deux fonctions anciennement distinctes avait eu lieu en vertu des dispositions de l'édit de Moulins, rendu le 24 octobre 1564. Le bailli lui-même demanda que le cumul de la haute et de la basse justice qu'il exerçait conjointement cessât avec la reconstitution du gouvernement municipal de Corbie, et un nommé Simon Hublée fut désigné par le conseil pour exercer sous le nouveau régime l'office de prévôt polician ou de maire, car cette qualification se montre dès lors indifféremment avec l'autre.

La séparation des deux offices, qui n'était autre que la distinction de la juridiction seigneuriale et de la nouvelle juridiction urbaine, dura jusqu'en 1581. A cette époque, l'abbé de Corbie, ce même cardinal de Bourbon qui avait sanctionné la délibération de son conseil sur la réforme de l'échevinage et l'érection de ce collége en corps municipal, décréta (4 septembre 1581) que l'office de bailli et celui de prévôt seraient de nouveau cumulés. En conséquence, le 23 octobre 1581, le bailli Louis Castelet fut reçu par le vicaire du cardinal à prêter le serment de prévôt. C'était enlever à la ville de Corbie la juridiction de police qu'elle avait obtenue en 1568. Les habitants portèrent plainte au parlement, et l'affaire, après quatre ans de litige, fut jugée au mois de juillet 1585. Le jugement porte que l'office de maire et celui de bailli sont et resteront séparés; que le prévôt sera nommé tous les ans par l'abbé sur une liste de trois candidats élus par les habitants à la pluralité des voix, qu'ensuite il prêtera serment entre les mains de l'abbé. Tels furent, depuis lors, avec la nomination de douze candidats pour l'échevinage, les droits de la municipalité de Corbie.

Entre les eschevins, manans et habittans de la ville de Corbye, appellans de l'union faite de l'estat de maire ou prévost de ladite ville avec l'estat de bailly dudict lieu, et de la réception faite de la personne de maistre Louis Castellet, bailli de Corbye, audit estat de prévost de ladicte ville, le vingt-troisième octobre mil cinq cens quatre-vingt et ung, par le vicaire de l'illustrissime et révérendissime cardinal de Bourbon, abbé et comte dudict Corbye, et de l'ordon-

1585.
29 juillet.

nance dudit vicaire, portant que ledit Castellet seroit receu à faire le serment dudict estat de prévost, nonobstant l'empeschement et remontrance desdis eschevins, manans, et habitans de ladite ville, d'une part, et ledit cardinal de Bourbon, abbé et comte dudit Corbye, et ledit maistre Louis Castellet, bailly de ladicte ville et comté de Corbye, intimé, d'autre part; appointé est, ouy sur ce le procureur général du roy, que ladicte appellation de ce dont a esté appellé sera mise au néant sans amende, et en émendant le jugement, que l'estat de maire ou prévost de ladicte ville de Corbye, qui avoit esté uny et incorporé avecq l'estat de bailly de ladicte ville et comté de Corbye, est et sera désuny d'avecq ledit estat de bailly; et ordonne que les eschevins, manans et habitans de ladicte ville de Corbye s'assembleront par chascun an au lieu accoustumé à faire les assemblées, auquel lieu, à la pluralité des voix d'iceulx habitans, feront eslection de trois notables bourgeois de ladicte ville, lesquels ils présenteront par chascun an audict abbé et comte de Corbye ou à son grand vicaire en ladicte abbaye, pour estre nommez, prins et choisy par luy l'un d'eux, pour exercer ledit estat de maire ou prévost un an entier, selon et en telle forme et manière qu'il avoit été accoustumé auparavant ledicte provision et institution dudit maistre Louis Chatellet, bailly, et oultre adjuster (*sic*) ès autres villes frontières de Picardie. Et à ceste fin, fera celuy qui sera choisy le serment par devant l'abbé et comte dudict Corbye ou sondict vicaire en ladicte abbaye, de bien et deuement exercer ledit estat de maire ou de prévost et sans despens d'une part et d'autre. Fait en parlement, le vingt-neuviesme jour de juillet mil cinq cens quatre-vingt-cinq. Signé : Iskoux.

<small>Biblioth. imp., D. Grenier, 11e paq., art. 8, p. 220.</small>

LX.

DOCUMENTS RELATIFS A L'HISTOIRE DE CORBIE AU TEMPS DE LA LIGUE.

Au moment où la Ligue s'organisa en Picardie, le monastère de Corbie avait pour abbé commendataire et la ville pour seigneur le cardinal de Bourbon, qui, après l'assassinat de Henri III, fut proclamé roi de France par les ligueurs, sous le nom de Charles X. On peut croire que cette circonstance influa beaucoup sur la détermination des habitants, qui, sollicités d'ailleurs par le gouverneur Pontus de Belleforière, s'associèrent aux autres villes de la province dans l'acte d'union catholique. Le 10 juin 1588, ils chargèrent le procureur fiscal de Vaulx de porter leur adhésion, d'abord à Péronne, et ensuite au cardinal de Bourbon. Celui-ci, par lettre du 26 du même mois, les félicita de leur résolution.

Sur ces entrefaites, Henri III s'étant déclaré chef de la Ligue, les villes qui faisaient partie de l'association lui adressèrent des explications et leurs doléances. Corbie fut du nombre. Le roi, qui se trouvait alors à Rouen, répondit, le 5 juillet, au cahier qui lui fut présenté par cette ville; et, le 26 août, tous les habitants, à l'exception des religieux, prêtèrent serment à ce prince, comme chef de l'union et premier fils de l'Église. Enfin, le 20 septembre de la même année, ils s'engagèrent spécialement à obéir au duc de Nevers, gouverneur pour le roi dans la province de Picardie.

Les pièces qui vont suivre sont : 1° la lettre du cardinal de Bourbon aux habitants de Corbie; 2° l'analyse des doléances présentées à Henri III; 3° le serment prêté à ce prince, le 28 août; 4° le serment spécial d'obéissance au duc de Nevers [1].

Chers et bien amés, je loue beaucoup la bonne résolution que vous avez faicte, pour l'effet de laquelle vous avez ici envoyé mon procureur de Vaulx, qui vous dira le contentement que nous avons receu, et moi en particulier, de ce qu'il a apporté par escript, vous asseurant bien, comme je vous prie faire tous ceux de Corbie, que je les aurai toujours en telle recommandation que j'embrasserai tout ce qui concernera leur conservation comme le mien propre. Je remetterai sur ledit de Vaulx à vous dire le reste; et finiray par vous recommander toutes les affaires de nostre maison, priant Dieu vous donner, chers et bien amés, ses saintes grâces. A Paris, le vingt-sixieme juing, mil

1588. 26 juin.

---

[1] Citons encore les deux actes suivants, qui se rapportent au règne de Henri III : lettre par laquelle le roi, sur la demande des habitants de Corbie, les exempte : 1° d'une somme de cent écus, représentant leur part de l'impôt frappé sur les villes closes du royaume; 2° d'une somme de quatre-vingt-douze livres, pour l'office de greffier des tailles de la ville. Donné à Amiens le xvi septembre 1579. (Biblioth. imp., D. Grenier, viiie paq., art. 4, p. 444.) — Lettre de Henri III, qui accorde à la ville de Corbie la prorogation d'un octroi de cinq cents livres, applicables aux travaux de défense de cette ville, et ce pour le terme de six ans. Cette somme sera perçue sur la recette du quatrième et du vingtième du vin vendu en gros dans la ville, et sur les autres aides. Les habitants de Corbie seront tenus de rendre compte de l'emploi de ces deniers devant les officiers royaux. Donné à Paris, le xvii janvier 1583. (Id., ibid., p. 448.)

cinq cent quatre-vingt-huit. Votre très-affectionné ami, CHARLES, cardinal de Bourbon.

Aux prévost et échevins de Corbie.

<small>Biblioth. imp., D. Grenier, viiie paq., art. 4, p. 450.</small>

Henri III s'étant retiré à Rouen après la journée des Barricades et ayant conclu au mois de juillet le traité de réunion par lequel il se déclare chef de la Ligue, les villes qui l'avoient signée s'empressèrent de lui faire passer des représentations. Les députés de Corbie y vont lui présenter leurs doléances; elles roulent sur six articles :

1° Les motifs qui avoient déterminé les habitants à entrer dans la Ligue.

2° La cause des troubles de la Picardie, qu'ils attribuoient au commandant du Boulenois, qui avoit aliéné tous les esprits de la province par ses procédés.

3. La contrainte qui étoit faite aux paysans de lever plus de sel qu'ils ne pouvoient consommer.

4. La nécessité de remettre les tailles sur le pied où elles étoient quinze ans auparavant.

5. L'avantage qui résulteroit pour le royaume que les officiers de finances fussent ramenés au nombre ancien.

6. L'article 6 expose la pauvreté des Corbeiens, surtout depuis que l'exemption des tailles et subsides leur a été ôtée; le roi y est supplié de vouloir bien la rétablir, pour le produit être employé à l'entretien des fortifications de la ville, et leur continuer le privilége de ban et arrière-ban, en considération du service qu'ils font journellement de conduire l'artillerie.

Le cahier fut répondu à Rouen le 5 juillet 1588... Le 28 août le serment de la Ligue fut renouvelé à Corbie.

<small>Id., ibid., xxie paq., art. 8, 2 B, p. 79 r° et v°.</small>

SERMENT DE L'UNION FAICTE AVEC SA MAJESTÉ PAR LES MANANS ET HABITANS DE LA VILLE DE CORBIE, LE XXVIIIe JOUR D'AOUST 1588.

Nous soubsignés manans et habitans de la ville de Corbie et faulxbourgs d'icelle, jurons et promettons à Dieu notre créateur et au roy nostre sire de vivre et mourir en la religion catholique, apostolique et romaine; promouvoir l'advancement et conservation d'icelle; employer de bonne foy toutes nos forces et mesme sans épargner nostre propre vie pour extirper tous schismes et hérésies condempnées par les saints concilles et principalement celui de Trente, nous unissans à cette cause avecq Sa Majesté, comme chef de ladicte nion et premier fils de l'église.

Si jurons et promectons de nous deffendre et conserver les uns les aultres soubz l'auctorité et commandement du roy notredit seigneur, contre les oppressions et violences des hérétiques et leurs adhérents, et de vivre et morir à la fidélité que nous debvons à sadicte majesté et de exposer franchement nos personnes et biens pour la conservation d'icelle, et des enffans qu'il plaira à Dieu lui donner, envers tous et contre tous.

Jurons et promectons aulsi de rejeter touttes unions, pratiques, intelligences, ligues et associations, tant en dedans qu'en dehors du royaulme, contraires à la présente union, sur les peines de l'edict. Faict le dimance 28 aoust 1588.

(Suivent les signatures, qui occupent onze pages dans le manuscrit original.)

Id., ibid., viiie paq., art. 4, p. 451 et suiv.

Nous, prévost et eschevins, manans et habitans de la ville de Corbie, certiffions au roy nostre sire et à tous qu'il appartiendra que, au serment d'union par nous faict de vivre catholicquement soubz l'obéissance de Sa Majesté, entendons y avoir comprins la personne de monseigneur le duc de Nevers, gouverneur pour sadicte Majesté de la province de Picardie, auquel nous entendons obéyr sous ladicte Majesté; que, s'il n'a esté comprins au procès-verbal de ladicte union par nous baillé à monsieur de Maroeul, ce auroit esté par obmission et vice de clerc, ce qu'entendons entretenir à tousjours, suivant l'intention de Sadite Majesté. Faict à Corbye, le mardy vingt-septiesme jour de septembre, l'an mil cinq cens quattre-vingtz et huit. Signé : DE CAMONS.

1588.
27 septembre

Biblioth. imp., collect. Béthune, vol. 8914, p. fol. 131.

LXI.

ACTES RELATIFS A LA PRISE DE CORBIE EN 1636.

Les impériaux, sous la conduite de Jean de Wert et de Piccolomini, s'emparèrent de Corbie le 15 aout 1636. La garnison et les habitans, effrayés du délabrement des remparts, avaient obligé le gouverneur de la place à capituler [1]. Dans l'état malheureux où étaient les affaires, la perte de Corbie causa une profonde sensation. Le gouverneur fut condamné à mort et exécuté en effigie. Louis XIII, dans une lettre à la municipalité d'Amiens, qualifia avec la dernière sévérité la con-

[1] Mémoires de Richelieu, collect. Michaud, 2e série, t. IX, p. 75-81.

duite des habitants de Corbie, qu'il désigna comme devenus, par leur lâche soumission, « odieux et en horreur à tous les gens de bien [1]. » Ce n'est pas tout : quand le 14 novembre la ville fut reprise par les Français, sous les ordres du duc d'Orléans, frère de Louis XIII, le roi voulut la punir. Elle fut déclarée criminelle de lèse-majesté, et privée de tous ses droits et prérogatives; deux des principaux bourgeois furent mis à mort le 20 novembre. Nous ne possédons pas l'ordonnance qui prononce la déchéance de la municipalité de Corbie, mais seulement l'injonction faite par Louis XIII au parlement de Paris d'enregistrer sa déclaration, et l'arrêt d'enregistrement.

Ainsi la ville de Corbie, après les désastres de la guerre, eut à subir encore les effets de sa condamnation. Elle déclina rapidement, et au bout de deux années, elle se trouva presque déserte. C'est alors que le gouvernement songea à mettre un terme à la punition infligée au corps des habitants [2]. Par lettres du 11 mars 1638, des priviléges furent accordés aux personnes qui viendraient fixer leur demeure à Corbie. En juillet 1643, Louis XIV confirma les priviléges que les habitants de Corbie tenaient de son père, les anciennes exemptions de droits, la franchise du marché hebdomadaire, etc., en ajoutant plusieurs dispositions importantes, telles que la création de manufactures de draps, de serges, de passements et de toiles, sans autres droits que ceux qui étaient établis à Amiens et à Beauvais, et la promesse de faire de Corbie le chef-lieu d'une élection; enfin, par lettre du mois d'août 1643, la précédente confirmation fut renouvelée de la manière la plus formelle. Il y eut encore un arrêt du parlement, rendu le 13 octobre 1649 à la requête des habitants, par lequel ceux-ci obtinrent, pendant six années, décharge de taille, taillon, solde du prévôt des maréchaux, etc., et autorisation de lever un impôt sur le vin, la bière, les fagots, l'eau-de-vie, etc. [3]

---

[1] Voy. plus haut, t. II, p. 50. — Voy. aussi un procès-verbal où il est question de la cavalerie menée à Corbie par le duc de Chaulnes, idem, p. 44.

[2] Les religieux avaient su échapper bientôt aux reproches. Voy. des lettres dans lesquelles il est déclaré que l'abbaye de Corbie n'a point favorisé la reddition de Corbie. (23 décembre 1636. — Arch. imp., sect. judic., v, 590, p. 402); — et une déclaration que les religieux de Corbie sont exempts de l'accusation d'avoir participé à la reddition de la ville. (8 février 1639. — Arch. imp., sect. judic., v, 590, p. 403.)

[3] Biblioth. imp., D. Grenier, XXIe paq., n° 2 B, p. 82. Voy. aussi un arrêt du conseil du 10 août 1688.

De par le roy,

Nos amez et féaux, la perfidie et desloyauté commise par aucuns des habitans de nostre ville de Corbie en la reddition de cette place ès mains de nos ennemis, et depuis en la résistance qu'ils ont faitte à nos armes, nous ayant donné sujet, après l'avoir réduitte comme nous l'avons faict par la grâce de Dieu en nostre obéissance, de les déclarer criminels de lèze-majesté, nous avons faict expédier nos lettres de la déclaration nécessaires pour cet effect, lesquelles nous vous envoyons avec la présente, vous ordonnant de procéder, tous affaires cessants et postposez, à l'enregistrement pur et simple de nosdites lettres de déclaration et de la [sic] faire entretenir, garder et observer selon leur forme et teneur, sans y contrevenir ny permettre qu'il y soit contrevenu en aucune manière; si n'y faictes faute, car tel est nostre plaisir. Donné à Chantilly le XIV novembre 1636. Louis.

Arch. imp., Conseil secret, X, 17279.

Veu par la cour les lettres patentes du roy données à Chantilly, le quatorzième jour de novembre mil six cens trente-six, signées Louis, et sur le repli : par le roi, Sublet, et scellées du grand sceau de cire jaune; par lesquelles et pour les causes y contenues, ledit seigneur déclare tous les bourgeois et habitans de la ville de Corbie qui se trouveront avoir adhéré à ses ennemis et les avoir favorisés directement ou indirectement à la prise de ladite ville ou depuis, criminels de lèze-majesté au premier chef, et comme tels leurs biens acquis et confisquez pour estre employez aux fortifications de ladite ville; déclare en outre ladite ville de Corbie privée et deschue de tous privilléges, octrois, franchises et grâces concédez, mesme de la mairie et eschevinage, ensemble de tous droits en deppendans; déclare aussi les religieux de l'abbaïe de ladite ville qui se trouveront avoir adhéré à ses ennemis, compris dans ledit crime de lèze-majesté, et comme tels leur procès leur estre fait et parfait par la voie ordinaire, suivant et ainsy qu'il est plus amplement porté par lesdités lettres; ouies les conclusions du procureur général, la matière mise en délibération,

Ladite cour a ordonné et ordonne que lesdites lettres seront leues, publiées et registrées, pour estre exécutées selon leur forme et teneur, à la charge néantmoins que le procès ne sera fait aux accusés que par les juges ordinaires et suivant les ordonnances, et copie d'icelluy envoyée aux bailliage et sénéchaussée de ce ressort, pour y estre pareillement leu, publié, registré et exécuté, à ladite charge.

Arch. imp., Conseil secret, X, 17280.

1643.
juillet.

Louis, par la grâce de Dieu, roy de France et de Navarre, à tous présens et advenir, salut. Le feu roy nostre très-honoré seigneur et père, que Dieu absolve, ayant, par arrest de son conseil du 11e mars 1638, pour donner lieu au rétablissement de la ville de Corbie, à présent quasi toute déshabitée, et convier plusieurs personnes à y aller faire leur demeure, maintenu et gardé les habitans de ladite ville en toutes les exemptions, francises à eux ci-devant accordées et desquelles ils jouissoient lors de la prise d'icelle arrivée en l'année 1636, et deschargé de l'imposition sur eux faite de la somme de 6200 livres pour les tailles et taillon portées par l'envoyé des esleus de Doullens du 7e janvier audit an; ordonné qu'à l'advenir lesdits habitans demeureront quittes et exems de tous droits de francs-fiefs et nouveaux acquêts, de ban et arrière-ban; qu'ils jouiront pour le temps de six années de l'exemption du taillon, solde du prévost des mareschaux et de toutes autres levées, tant ordinaires qu'extraordinaires; que le franc-marché dont ils avoient auparavant jouy chaque lundy de l'année aura lieu le premier lundy des mois, et que lesdits habitans pourront lever sur chacun muid de vin qui se vendra audit Corbie, soit en gros soit en détail, la somme de 30 sols, dont à fait don ausdits habitans, pour subvenir au payement des gages de guéteur qui est mis de jour au clocher et autres nécessités de ladite ville, et que toutes lettres nécessaires leur seront à cette fin expédiées; et par certains articles qui auroient esté présentés par lesdits habitans et respondus le 29e aoust audit an, leur octroya des pailliasses et couvertures pour les soldats, l'établissement des manufactures de draps et serges, passemens et toilles, sans payer autres droits que ceux qui se payent à Amiens et Beauvais; que toutes les marchandises qui doivent des droits d'entrée et d'issue n'auront aucun passage depuis Péronne jusqu'à Corbie, et quand Dieu aura donné la paix à son peuple, il créera une eslection en chef en ladite ville de Corbie, et donnera ordre à la descharge du doublement du droit d'entrée en ladite ville, et fera pourvoir aux bois et chandelles des corps de garde; deffend expressément à tous officiers et soldats de la garnison dudit Corbie d'exiger desdits habitans le verjus, vinaigre et sel, à peine de concussion; accorde ausdits habitans étans des compagnies d'arbalêtriers, arquebusiers, archers, les mêmes priviléges que ceux des autres villes frontières de Picardie; et par autre arrest de son conseil du 26e mars dernier, par les considérations ci-dessus, descharge lesdits habitans, tant de ladite ville que du fauxbourg de Fouilloy, du payement des tailles, taillon, subsistances, corvées et autres impositions généralement quelconques; leur a permis et octroyé, pendant six années, d'imposer et lever 30 s. sur chacun muid de vin vendu en gros ou en détail audit Fouilloy, tant par les habitans dudit Fouilloy qu'autres, tout ainsi qu'il se lève en ladite ville, en conséquence dudit arrest du conseil du 11ᵉ mars 1638, de lever 6 deniers d'estalage sur chacun de ceux qui vendront des grains au marché dudit Corbie, 12 deniers sur chacune beste chevaline sortant chargée de grains pour aller vers la frontière, et 2 sols des chars, charrettes, pour servir de domaine à ladite ville; ordonne que le franc-marché à eux concédé par chacun lundy aura lieu et se tiendra comme il se faisoit auparavant ledit arrest; et outre, que la somme de 2000 livres sera annuellement imposée, comme les trois dernières années, sur les villages dudit gouvernement de Corbie et autres plus voisins d'icellui, pour estre les deniers provenans dudit octroy et de ladite levée employés aux effets contenus audit arrest, sans aucun divertissement; lesdits habitans nous ont très humblement supplié de leur vouloir confirmer lesdits priviléges, octroys et concessions, et leur estre pourveu sur ce de nos lettres convenables, qu'ils nous ont très-humblement requises. A ces causes, désirans favorablement traicter les exposans et leur donner moyen de se rétablir en ladite ville; de l'advis de la royne régente nostre très-honnorée dame et mère, et de nostre grâce spéciale, plaine puissance et autorité royalle, nous avons continué et confirmé par ces présentes signées de nostre main, continuons et confirmons lesdits priviléges, octroys, concessions, pour en jouir par eux bien et deuement, conformément aux susdits arrests ci-attachés sous nostre contrescel, et ainsi qu'ils en ont ci-devant joui et usé, jouissent et usent encore de présent. Si donnons en mandement à nos amés et féaux les gens tenans nostre cour de parlement, chambre des comptes, cour des aides à Paris, présidens, trésoriers généraux de France au bureau de nos finances à Amiens, bailly dudit lieu, conseillers et esleus des élections dudit Amiens, Doullens, et autres nos justiciers et officiers qu'il appartiendra, que nos présentes lettres de continuation et confirmation ils aient à registrer et vérifier, et du contenu en icelles faire jouir et user lesdits exposans plainement et paisiblement, sans permettre qu'il leur soit donné aucun trouble ou empêchement, car tel est nostre plaisir. Et affin que ce soit chose ferme et stable à toujours, nous avons fait mettre nostre seel à cesdites présentes, sauf en autre chose nostre droit et l'aultrui en toutes. Donné à Paris, au mois de juillet, l'an de grâce 1643 et de nostre règne le premier. Ainsi signé: LOUIS, et sur le reply, par le roy, LA ROYNE RÉGENTE; plus bas, PHILIPEAUX.

Registré en la cour des aides, etc., le 19 décembre 1644. Registré en la chambre des comptes, etc., le dernier février 1644.

<small>Biblioth. imp., ms. de D. Grenier; viiiᵉ paq., n° 4, fol. 473 r°.</small>

1643.
août.

Louis, par la grâce de Dieu, roy de France et de Navarre, à tous présents et advenir, salut. Le feu roy nostre très-honoré seigneur et père, que Dieu absolve, ayant, par deux arrêts de son conseil du onze mars mil six cent trente-huict, et vingt-sixiesme mars dernier, pour donner lieu au restablissement de la ville de Corbie à présent quasi toute déshabittée, et convier plusieurs personnes à y aller faire leur rentrée, maintenu et gardé les habitans de laditte ville en toutes les exemptions et franchises à eulx cy-devant accordées et desquelles ils jouissoient lors de la prise d'icelle, arrivée en l'année mil six cent trente-six, et ayant ordonné qu'à l'advenir ils demeureront quittes et exempts de tous droits de francs-fiefs et nouveaux acquêts, de ban et arrière-ban, et jouiront par chacun lundi du marché franc dont ils jouissoient au temps de ladite prise, lesdits habitans nous ont très-humblement supplié de leur vouloir confirmer lesdits priviléges, octrois et concessions; à ces causes, désirant favorablement traiter les exposants et leur donner moien de les restablir en ladite ville, de l'advis de la reine régente nostre très-honorée dame et mère, et de nos grâce spécialle, plaine puissance et auctorité royale, nous avons continué et confirmé par ces présentes, signées de nostre main, continuons et confirmons lesdits priviléges, octrois et concessions; pour en jouir par eulx bien et duement, suivant et conformément auxdits arrestz. Si donnons en mandemens à nos amez et féaulx conseillers les gens tenans nostre cour de parlement à Paris, que nos présentes lettres de confirmations ils ayent à enregistrer et vériffier, et du contenu d'icelles faire jouir et user lesdits exposans plainement et paisiblement, sans permettre qu'il leur y soit donné aucun trouble ou empeschement au contraire, car tel est nostre plaisir; et affin que ce soit chose ferme et stable à toujours, nous avons faict mettre nostre scel auxdites présentes. Donné à Paris au mois d'aoust, l'an de grace mil six cens quarante-trois et de nostre règne le premier.

Arch. imp., *Ordonnances*, n. n. n., X, 8644.

1649.
13
octobre.

Par lettres du 13 octobre 1649, le roi continua aux habitants de Corbie une partie des avantages concédés en 1643. Il les exempte de nouveau pour six ans de toute tailles, taillon, solde des maréchaux, etc. La perception, au profit de la ville, des droits sur les vins, la bière, les fagots, le gros bois, etc., sont également confirmés.

Biblioth. imp., D. Grenier, 11ᵉ paq., art. 8, p. 225.

LXII.

CONCORDAT ENTRE L'ABBAYE ET LES HABITANTS DE CORBIE SUR LA NOMINATION AUX OFFICES MUNICIPAUX.

L'analyse d'un acte de 1680, faite par D. Grenier, et que nous reproduisons avec le récit où elle est comprise, fournit quelques renseignements sur les débats auxquels donnaient lieu à cette époque, entre le monastère et la ville de Corbie, certaines questions municipales, et entre autres la présentation d'une liste de candidats pour les offices de prévôt et d'échevin.

L'abbé et les religieux avoient été maintenus, par arrêt contradictoire du 15 juin 1668, qu'ils avoient obtenu au conseil contre M. de la Motte-Houdancourt, gouverneur de la place, dans la possession de nommer le prévôt et les échevins, sur la présentation de 15 notables bourgeois qui devoit leur en être faite le 21 décembre. La présentation n'ayant été que de 13, presque tous parents ou alliés, en 1670, le grand prieur refusa de la signer. Le prévôt et les échevins, à l'instigation de l'agent du sieur abbé, concoururent à une nouvelle élection, qui fut attaquée par les religieux et maintenue par arrêt du conseil du 16 février 1671...

De nouveaux débats eurent lieu jusqu'en 1680, que les vues pacifiques du prévôt, Me Hilaire Sory, et de ses collègues ramenèrent les esprits et engagèrent la communauté des habitants à s'en rapporter au conseil du prince Philippe de Savoye, abbé de Corbie. Il dressa le 22 février 1680 un concordat, qui porte en substance : que la croix du milieu de la place seroit remise par l'ordre du grand prieur et des religieux ; que l'acte de nomination du prévôt et des échevins seroit présenté au grand prieur et par lui envoyé, suivant l'usage, à M. l'abbé pour choisir ceux qu'il jugera à propos ; que les désignés prêteront le serment entre les mains du grand prieur, le bailli du comté présent ; que les bailli, prévôt, échevins, procureur fiscal, accompagneront le prévôt de l'église la veille de Saint-Mathieu, à la visite des caves, des poids, des mesures, et pour mettre le prix au vin ; que les échevins, chaque année, le 26 décembre, promettront par serment au grand prieur, en présence du prévôt et de l'infirmier de l'église, de procéder bien et loyalement à la prisée des espèces dues pour censives ; que le 28 juin, veille de Saint-Pierre, le prévôt et les échevins seront appelés, comme les hommes de fiefs et les officiers de la justice, à comparoître

1680
22
février

pour faire la garde des reliques du trésor; qu'il sera présenté à chacun des officiers de la ville et de la justice par honnêteté, sans tirer à conséquence, un cierge le jour de la Purification, et un rameau le jour de Pâque fleurie; qu'il sera laissé passage libre et convenable autour des remparts, lequel passage pourra être planté d'arbres par les religieux, pour servir d'ornement et à leur profit; qu'il leur sera loisible de pratiquer un passage sous le rempart pour aller au clos de Saint-Adalhart; que le jardin des arbalétriers demeurera libre à la jeunesse pour faire ses exercices, en payant la censive ordinaire; que la ville sera déchargée des dépens, tant de ceux qui sont adjugés aux religieux que de ceux qu'ils pourront prétendre.

Biblioth. imp., D. Grenier, xxie paq., art. 2 n, fol. 82 v° et suiv.

LXIII.

NOTES DE D. GRENIER ET DU PÈRE DAIRE, SUR LES VARIATIONS DU RÉGIME MUNICIPAL DE CORBIE, DE 1690 A 1779.

A partir de l'année 1690, où Louis XIV érigea en titre d'office les emplois municipaux, on voit commencer pour le gouvernement des villes une période qu'on peut nommer fiscale, et qui se continue presque régulièrement jusqu'à la révolution [1]. La ville de Corbie, si mal partagée en droit politique, fut néanmoins taxée comme les autres. Sous l'empire de quelques ordonnances rendues au XVIIIe siècle, elle fut sur le point de retrouver par l'élection libre et directe de ses magistrats un ancien état de choses dont elle avait toujours regretté la perte; mais l'existence du nouveau régime électif fut de courte durée pour les habitants de Corbie, et, malgré de courageux efforts, ils ne parvinrent pas à le conserver. Le droit de nomination aux charges municipales et le gouvernement de la ville restèrent acquis à l'abbaye définitivement.

D. Grenier, qui avait sans doute entre les mains les pièces originales maintenant perdues, a fait un exposé intéressant des modifications que subit l'organisation municipale de Corbie par l'effet des ordonnances qui se succédèrent après celle de 1690. Nous donnons textuellement cet exposé, en le faisant suivre d'une autre note empruntée à l'his-

---

[1] Voy. plus haut, p. 163, ce qui regarde la ville d'Amiens.

CORBIE.

toire du Doyenné de Corbie, par le P. Daire, et relative à la nomination des officiers de la ville en 1761 [1].

En 1690, les besoins de l'estat firent ériger en titre d'office les charges municipales de toutes les villes du royaume, moyennant certaine finance.

La charge de maire, nom substitué pour lors à celui des prévôt de Corbie, fut levée par Philippe aux Cousteaux. M. Eudes acquit une des quatre charges d'eschevins; les autres ne furent pas remplies.

Par édit du mois de mars 1691, le roi créa en même temps dans les villes la charge de conseiller rapporteur et celle de vérificateur; pour lesquelles deux charges, Corbie, comme les villes de Saint-Valery et de Guines, fut taxé à deux cents livres. Les seigneurs de ces trois villes représentèrent à l'intendant d'Amiens que leurs mairies étant purement seigneuriales, les deux charges de nouvelle création ne pouvoient avoir lieu à leur égard. Sur ces requêtes et autres envoyées au conseil d'État, intervint arrêt le 20 janvier 1693, qui les décharge de la taxe. Enfin, par un édit du mois de juin 1717, enregistré au parlement le 18 du même mois, le roi supprime les charges et offices de maire, lieutenant de maire, et généralement tous autres créés dans les hôtels de ville, depuis le mois de juillet 1690 jusqu'en janvier 1712, sous quelque titre ou dénomination que ce soit, et à commencer au 1er janvier 1718, remet les choses en l'état où elles étoient en 1690.

Les charges municipales furent mises en vente de nouveau par l'édit de 1733; personne ne s'étant présenté pour lever celle de Corbie, les officiers en exercice alors continuèrent leurs fonctions, jusqu'en 1739. Cette même année, ayant sollicité et obtenu leur décharge, l'abbé (M. le cardinal Melchior de Polignac), croyant pouvoir user de son droit, nomma, suivant l'ancien usage, Maximilien Vrayet à la charge de maire, Grenier, greffier, N... et Bienaimé aux quatre charges d'échevins.

L'abbaie usa tranquillement du droit qu'elle avoit de nommer chaque année aux charges municipales de la ville de Corbie jusqu'en 1758. Au mois d'août

---

[1] Voici sur cette nomination des lettres de cachet données par Louis XV le 1er octobre 1761 : « De par le roy, sa majesté ayant, par son ordonnance du 8 décembre dernier, continué jusqu'à nouvel ordre de sa part les officiers municipaux de la ville de Corbie, et estimant à propos que leur continuation n'ait plus lieu, elle a révoqué et révoque ladite ordonnance; ordonne à cet effet sa majesté qu'il sera procédé suivant l'usage et la forme ordinaire à l'élection d'autres officiers municipaux, et sera la présente ordonnance lue, publiée, affichée et enregistrée par tout où besoin sera, à ce que personne n'en ignore. Fait à Versailles, le 1er octobre 1761. Signé Louis; et plus bas, PHELIPEAUX, avec paraphe. » (Biblioth. imp., collect. de D. Grenier, viii paq., n° 4, fol. 488 r°.)

de cette année, parut un nouvel édit qui accordoit aux villes et bourgs le droit de nommer à ces charges, moyennant un don gratuit extraordinaire, qui lui seroit payé par chacun de ces lieux l'espace de six années. Corbie étoit porté sur l'état annexé à l'édit pour la somme de deux mille deux cents livres. Cette somme fut réduite, par une déclaration du 3 janvier 1759, à six cents livres, payables du produit des octrois dont la ville jouissoit, moyennant quoi, le 8 septembre de la même année, furent expédiées lettres patentes en forme de provision de seize offices municipaux de la ville de Corbie. Ils furent remplis le 21 décembre de la même année à la pluralité des voix. Le maire et le procureur du roi élus prêtèrent serment par devant le lieutenant général au bailliage d'Amiens; les eschevins par devant le maire.

Les Corbeiens ne jouirent pas longtemps de leur triomphe. La justice du roi les rappela aux engagements que leurs ancêtres avoient contractés avec l'abbaye, en signant, le 1er novembre 1761, une lettre de cachet qui révoque les lettres patentes de 1759 et ordonne qu'il soit procédé suivant l'usage et la forme ordinaire à une nouvelle nomination d'officiers municipaux de la ville. Ensuite, c'est-à-dire le 5 septembre 1768, paroît arrêt du parlement qui déboute Charles Bron et consors de la requête présentée par eux à la cour le 20 juin 1666; ordonne que la présentation pour remplir les charges municipales sera faite conformément à l'ancien usage, et que les termes injurieux employés dans les requêtes et mémoires des habitants seront supprimés; condamne ces mêmes habitants à une somme de dix livres pour dommages et intérêts envers l'abbé et les religieux, laquelle somme sera appliquée au pain des pauvres et à tous les dépens; enfin déclare que le présent arrêt sera imprimé, publié et affiché à leurs frais, partout où besoin sera.

Nos compatriotes toujours battus, mais jamais découragés, sont forcés néantmoins de plier sous le joug imposé à leurs ancêtres. Par des lettres patentes du 1er avril 1779, après avoir établi le droit légitime des abbé et religieux de Corbie sur la ville et les habitants, particulièrement depuis l'abandon de la commune fait en 1310, à titre d'échange à l'abbé et religieux, Louis XVI maintient M. le cardinal de Luynes, abbé comte de Corbie, et ses successeurs abbés, dans la possession et jouissance de nommer les officiers municipaux dans la ville de Corbie, en la forme arrêtée par le conseil. La voici : 1° le corps municipal sera composé à l'avenir d'un prévôt ou maire; de trois eschevins, d'un secrétaire greffier et d'un syndic receveur; 2° Chaque année, la veille de Saint-Thomas, apôtre, seront élus par la voie du scrutin trois sujets, pour chacune des places de prévôt et d'eschevins qui seront à remplir; le procès-verbal d'élection sera envoyé à l'abbé, ou, en cas de vacance, remis au prieur, qui nommera à son bon plaisir, l'un des trois sujets présentés pour remplir la place vacante ; 3° Il sera délivré brevet aux nommés pour entrer en exercice, après qu'ils auront prêté serment, savoir : le prévôt entre les mains du bailli du comté, pour la première fois seulement, et à l'avenir entre les mains du prévôt-maire sortant de place ; les échevins, entre les mains du prévôt entrant ; 4° Dans l'assemblée générale seront élus un secrétaire greffier et un syndic receveur, celui-ci en état de donner caution valable ; 5° Chaque officier aura deux années d'exercice, de manière qu'il en restera toujours deux anciens, durant une année, avec les deux nouvellement nommés. — Ces lettres patentes furent enregistrées au parlement le 22 juin de la même année.

Biblioth. imp., D. Grenier, xxie paq., art. 2 B', p. 83 v° et suiv.

Par l'ordonnance du conseil des dépêches en date du 1er novembre 1761, Sa Majesté veut qu'il soit procédé, suivant l'usage et forme ordinaire, à l'élection des officiers municipaux, c'est-à-dire que, tous les ans au mois de décembre, il soit présenté au grand prieur de l'abbaye, par les maire et eschevins en exercice, une liste de trois notables bourgeois, pour choisir un maire ou prévôt, et de douze principaux bourgeois, pour faire choix de quatre échevins, et que ladite liste, signée par les maire et échevins, soit envoyée par le grand prieur au seigneur abbé comte de Corbie, qui nomme en cette qualité les officiers municipaux.

1761

Hist. du doyenné de Corbie, par le P. Daire, 1761.

LXIV.

ORDONNANCE DU ROI CONCERNANT L'ADMINISTRATION MUNICIPALE DE LA VILLE DE CORBIE.

L'acte qu'on va lire est une ordonnance de Louis XVI, par laquelle ce prince, sur la demande du cardinal de Luynes, abbé commendataire de Corbie, règle la composition du corps municipal de cette ville ; le mode d'élection, par les habitants, et d'institution, par l'abbé ou le prieur, des candidats aux fonctions de maire et d'échevins ; la forme de prestation du serment des officiers municipaux à leur entrée en fonctions ; le mode d'élection du secrétaire greffier et du syndic de la ville ; enfin, la durée des fonctions du maire et des échevins.

Cette ordonnance mérite une attention toute particulière, en ce qu'elle offre dans ses considérants le tableau de l'histoire administrative de la ville de Corbie depuis l'année 1310, époque de la réunion de la commune au domaine de l'abbaye. Elle complète ainsi ce que nous avons dit précédemment d'après les pièces originales, et elle fait connaître les principaux changements de régime arrivés depuis cette époque jusqu'aux dernières années du xviiie siècle. Cependant, nous devons y signaler quelques inexactitudes historiques. « Les habi« tants, porte le texte de l'acte, supplièrent le roi Philippe le Bel de « les recevoir à titre de serfs et de les rendre à l'abbaye. » Ce n'est pas à titre de serfs, mais de sujets du domaine royal, libres de corps et de biens, sous l'administration d'un prévôt, que les habitants de Corbie s'offrirent au roi ; de plus, ils ne prièrent nullement Philippe le Bel de les rendre à l'abbaye ; ce fut le roi qui prit de lui-même ce parti, auquel ils se soumirent bien malgré eux, et contre lequel ils protestèrent longtemps. — Dans un autre passage, on lit qu'en 1314 furent établis « un maire et des échevins à la nomination de l'abbé « de Corbie. » Or, les échevins de Corbie n'ont point été établis en 1314 ; ils existaient alors de temps immémorial. Quant au maire, c'est le prévôt de l'abbaye qu'on désigne ici par ce nom ; il existait pareillement de toute ancienneté sous le nom de prévôt policien, mais il ne reçut le titre de maire, et ne devint à proprement parler fonctionnaire municipal qu'après l'importante réforme de 1568.

779.
1er
vril.

Louis, par la grâce de Dieu, roi de France et de Navarre, à nos amez et féaux conseillers les gens tenans notre cour de parlement à Paris, salut ; notre cher et bien amé cousin Paul d'Albert de Luynes, cardinal de la sainte église romaine, commandeur de nos ordres, archevêque de Sens, comte et abbé commendataire de l'abbaye de Saint-Pierre de Corbie, nous auroit représenté en notre conseil que le roi Clotaire III et la reine Bathilde, sa femme, fondateurs de l'abbaye de Corbie en l'année six cens soixante-deux, ont donné à l'abbé la ville de Corbie et ses appartenances, avec toute juridiction sur le terrain en dépendant, faisant expresses défenses à tous autres juges que ceux qui seroient établis par ledit abbé de Corbie d'y prétendre aucune fonction ou exercice ; que cette charte a été confirmée de règne en règne, et que l'abbé comte de Corbie a été autorisé à jouir des plus beaux droits, tel que celui de battre monnoye et autres ; qu'en l'année. 1123. le roi Louis VI, à la réquisition de l'abbé, y établit une commune ou communauté d'habitans ; que cette communauté, ayant contracté bientôt après des dettes considérables, les habitans supplièrent le roi Philippe le Bel de les recevoir à titre de serfs, et de les rendre à l'abbaye eux et tout ce qu'ils pouvoient posséder ; que ce dernier parti fut adopté, au moyen de la cession que firent au domaine de Sa Majesté les abbé et religieux de Corbie, des terres et seigneuries de la Royère et de Vesly qui leur appartenoient, et du payement d'une somme de six mille livres parisis ; qu'à ces conditions, Philippe le Bel leur céda par forme de contre-échange tous les droits qui lui appartenoient, soit sur la communauté, soit sur la personne des habitans et leurs biens, comme aussy en toute propriété la ville de Corbie, ses murs, forteresses, beffroy, portes, prisons, et la justice en quoy elle peut constituer ; laissant auxdits religieux et abbé de Corbie le pouvoir de disposer en telle façon qu'ils voudroient de ladite communauté, comme chose à eux appartenante ; que cette concession ou échange fut suivie, le vingt août treize cent dix, d'un procès-verbal, par lequel deux commissaires du roi mirent les abbé et religieux de Corbie en possession de tout ce qui leur avoit été cédé, et enjoignirent de la part de Sa Majesté aux habitans de les reconnoître pour leur seigneur, auxquels ils doivent toute obéissance, à quoy les habitans se soumirent et les maires furent révoqués ; qu'en conséquence du même traité, dont l'exécution a été ordonnée spécialement par un arrêt du parlement de l'année mil trois cent quatorze, il a été établi un maire et des échevins, à la nomination de l'abbé de Corbie, et depuis, tous les changements relatifs à la composition du corps municipal de cette ville ont été faits par l'abbé ; que telle fut la réduction du nombre des échevins de douze à quatre par le cardinal de Bourbon en 1568 : ce prince régla alors qu'il luy seroit présenté douze notables, parmi lesquels il en choisiroit quatre pour remplir ces places ; qu'il lui seroit aussi présenté annuellement trois sujets pour la place de prévost policier ou de maire, et que, tant ledit maire ou prévost que les échevins, prêteroient serment entre les mains de l'abbé ou de son vicaire général ; que le règlement a été ponctuellement exécuté pendant près de deux siècles, et que si, dans cet intervalle, les abbés de Corbie ont été troublés dans leur jouissance, ces troubles ont servi de plus en plus à assurer leur droit, qui a été confirmé notamment par arrests du conseil du 15 juin 1668, 20 janvier 1693, 2 mars 1696, en sorte que l'abbé de Corbie a toujours été conservé dans la possession des droits et biens qui lui avoient été cédés par le traité d'échange depuis 1310, et que notredit cousin le cardinal de Luynes en a obtenu le 6 décembre 1766 des lettres patentes confirmatives, registrées au parlement de Paris le 17 février suivant, qui le maintiennent singulièrement dans le droit de nomination aux offices municipaux et contiennent un réglement à ce sujet particulier à la ville de Corbie et relatif aux dispositions des édits des mois d'août 1764 et mai 1765; que la possession de notredit cousin n'a pas même été interrompue par la réunion que les habitans de Corbie ont faite de seize offices municipaux de la création de 1733, ni par la provision de ces mêmes offices qu'ils ont obtenue vers l'année 1759; qu'aussitôt que notredit cousin eut connoissance des lettres patentes ou provisions accordées par le feu roi en conséquence de cette union, il y forma une opposition qu'il notiffia aux officiers du bailliage d'Amiens, à qui elles étoient adressées; et que ce ne fut que le 21 décembre 1766 que les habitans entreprirent de faire une nomination de maire et échevins, qui n'eut aucun effet, par la précaution qu'avoit prise notredit cousin, le cardinal de Luynes, d'obtenir l'année précédente des lettres patentes confirmatives de son droit, dans lequel il fut encore maintenu par un arrest de notre parlement de Paris du 7 septembre 1768; qu'il étoit sensible d'après cet exposé que le feu roi Louis XV, notre très-honoré seigneur et ayeul, en recréant des officiers municipaux dans les différentes villes du royaume par son édit du mois de novembre 1771, n'avoit pas eu l'intention de comprendre la ville de Corbie dans les dispositions de cette loi, par quoy notredit cousin ayant déjà été maintenu solennellement, ainsy que les rois nos prédécesseurs l'avoient fait à l'égard des précédents abbés de Corbie, dans le droit de nomination aux offices municipaux de cette ville, il avoit recours à notre bonté et à notre justice pour être conservé dans la possession de ce droit acquis à l'abbaye par un titre spécial et onéreux, et nous auroit en conséquence supplié par sa requeste, qu'il nous plût ordonner, pour les causes y contenues, que les arrêts du conseil des 15 juin 1668, 8 janvier 1693, et 2 mars 1696, ensemble les lettres patentes du six septembre 1766, seroient exécutez selon leur forme et teneur; en conséquence, en exceptant, en tant que de besoin, les offices municipaux de la ville de Corbie des dispositions de l'édit du mois de novembre 1771, notredit cousin fût maintenu et gardé dans le droit et possession d'y nommer, suivant et ainsy qu'il est porté auxdites lettres patentes du 6 septembre 1766, sur laquelle requeste, après avoir vu les lettres patentes du 6 septembre 1766, et l'avis du sieur intendant et commissaire départi en la généralité de Picardie, nous aurions rendu un arrêt, en notre conseil, le 7 mars 1777, contenant plusieurs dispositions relatives au droit réclamé par notredit cousin le cardinal de Luynes, et sur lequel nous aurions ordonné que toutes lettres patentes nécessaires seroient expédiées; à ces causes et autres à ce nous mouvant, de l'avis de notre conseil, qui a vu ledit arrêt du 7 mars 1777, cy-attaché, sous le contre-scel de notre chancellerie, nous avons maintenu et maintenons par ces présentes, tant notredit cousin le cardinal de Luynes, abbé comte de Corbie, que ses successeurs à ladite abbaye, dans la possession et jouissance du droit de nommer les officiers municipaux de la ville de Corbie, dans la forme et ainsy qu'il suit :

Art. 1. Le corps municipal de la ville de Corbie sera à l'avenir composé d'un prévôt ou maire et de trois échevins, d'un secrétaire greffier, et d'un sindic receveur.

Art. 2. Il sera convoqué et tenu chaque année, la veille de la Saint-Thomas, une assemblée générale des bourgeois et habitans de ladite ville, laquelle sera présidée par le prévôt ou maire et par les échevins, dans laquelle il sera fait choix par la voye du scrutin de trois sujets pour chacune des places de prévôt ou maire et des échevins qui seront à remplir, dont il sera rédigé procès-verbal, qui sera envoyé dans la huitaine audit sieur abbé de Corbie, et en cas de vacance au prieur de l'abbaye, pour nommer celui des trois sujets qui lui plaira.

Art. 3. Ceux qui auront été nommés ne pourront entrer en exercice qu'en vertu de brevet de nomination dudit sieur abbé ou du prieur, et après avoir prêté serment, savoir le prévôt ou maire, entre les mains du bailli de ladite ville et comté de Corbie, pour la nomination qui en sera faite en vertu des présentes lettres patentes seulement, et à l'avenir entre les mains du prévôt-maire sortant de place, et à l'égard des échevins, entre les mains du prévôt ou maire.

Art. 4. Il sera élu dans l'assemblée générale un secrétaire greffier et un syndic receveur, lesquels exerceront en vertu de leur élection, toutesfois après avoir fourni une caution, telle qu'elle a été ci-devant fixée, laquelle sera reçeue par devant lesdits prévôts et échevins.

Art. 5. Les officiers qui seront nommés en vertu desdites lettres patentes exerceront savoir : le maire et l'un des échevins jusqu'à la Saint-Thomas 1779, et les deux autres échevins jusqu'à la Saint-Thomas 1780, auquel jour il sera procédé à une nouvelle élection pour les remplacer, en telle sorte que dans la suite chaque officier exerce pendant deux années, et qu'il y en ait toujours deux anciens restans pendant une année avec les deux nouvellement nommés. Si vous mandons que ces présentes vous ayez à faire lire, publier et registrer, et le contenu en icelles garder et observer selon leur forme et teneur, cessant et faisant cesser tous trouble et empeschement à ce contraire, car tel est notre plaisir. Donné à Versailles le 1er jour d'avril l'an de grâce 1779, et de notre règne le cinquième. Signé : par le roy, et plus bas : AMELOT.

Registré, et consentant le procureur général du roy, pour jouir par l'impétrant et ses successeurs en l'abbaye de Corbie de leur effet et contenu, et estre exécuté selon leur forme et teneur, suivant l'arrêt de ce jour, à Paris, en parlement le 22 juin 1779. Signé : Ysabeau.

Biblioth. imp., D. Grenier, 11ᵉ paq., art. 8, p. 236 et suiv.

II.

POIX.

NOTICE PRÉLIMINAIRE.

Poix, *Piccium*, *Picium*, *Piceium*, *Poxium*, *Pisæ*, *Castrum Piciasense*, *villa de Poez*, siége d'un doyenné avant 1789, est aujourd'hui chef-lieu de l'un des cantons de l'arrondissement d'Amiens, à quatre lieues et demie sud-ouest de cette ville, et à huit lieues d'Abbeville, sur la route de Paris à Calais [1]. Les seigneurs de la famille de Tyrel, qui possédèrent ce bourg depuis l'année 1030 environ jusqu'à l'année 1415, s'intitulèrent *princes de Poix* [2]. La principauté de Poix fut érigée en duché-pairie en 1652.

Les habitants de Poix ont reçu dès longtemps le nom de *Pohiers* ou *Poïhiers*, en latin *Poheri* [3], et ce nom a été étendu, sur un assez grand espace de terrain, aux populations des villages occupant d'une part les limites de l'Amiénois et de l'autre les limites du Ponthieu. Les Pohiers, qui sont mentionnés par Guillaume le Breton et Philippe Mouskes, se signalèrent à la journée de Bouvines, sous le commandement de Thomas, seigneur de Saint-Valery, et c'est le fait le plus notable de leur histoire [4]. Le château des seigneurs de Poix et une

---

[1] Labourt, Mémoire sur l'origine des villes de Picardie, dans les Mémoires de la Société des antiquaires de Picardie, t. IV, p. 158, 160.

[2] Voy. sur la maison de Tyrel, qui joue un rôle assez considérable, et dont un membre tua par accident à la chasse Guillaume le Roux, roi d'Angleterre, Hist. généalog., etc., du P. Anselme, IIIe édit.; Paris, 1728, t. IV, p. 689.

[3] Voy. Glossaire de du Cange, à ce mot.

[4] Pontivii comitem comitantur in arma Poheri.
(Will. Brit. *Philippidos*, l. X, v. 484, apud Script. rer. Gallo. et Francic., t. XVII, p. 250.)

Stant contra oppositis Thomas Galericius armis,
Gamachios Wimosque ciens, Robertigenæque,
Pontiviusque comes, Drocensis atque, Poheros.
(Will. Britonis *Philippidos*, lib. XI, v. 344,
id., t. XVII, p. 263.)

Li Pouhiers et li Campignois
I furent prent et cil d'Artois,
Et li Hurepois d'outre Sainne
Ne leur font pas meulée sainne;
Cil d'Aminois et de Pontiu
Tinrent bien d'autre part leur liu.
(*Chron. de Phil. Mouskes*, publ. par M. de Reiffenberg, t. II, p. 367, v. 21969.)

partie du bourg, avec sa forteresse, furent brûlés au mois d'août 1346, peu de jours avant la bataille de Crécy, par l'armée anglaise aux ordres d'Édouard III. Un grand nombre d'habitants périrent dans ce désastre. Ruiné de nouveau en 1472 par le duc de Bourgogne, qui, forcé de lever le siége de Beauvais, se vengea de cet échec en ravageant le pays, Poix eut encore à souffrir, au commencement du XVIIe siècle, d'un incendie qui consuma cent vingt maisons et leurs dépendances [1].

L'un des actes les plus anciens qui se rattachent à l'histoire de ce bourg, est une lettre de l'évêque d'Amiens, Geoffroy, confirmative d'une charte par laquelle Gauthier Tyrel donne aux chanoines de Saint-Augustin, à Amiens, l'église de Saint-Denis qu'il avait fondée récemment dans le bourg de Poix, et affranchit les hôtes de cette église de tous les droits de vicomté [2].

I.
ANALYSE DE LA CHARTE D'AFFRANCHISSEMENT ACCORDÉE PAR GAUTHIER TYREL AUX HABITANTS DE POIX.

En 1173, Gauthier Tyrel, IVe du nom, seigneur de Poix, affranchit, dans des circonstances qui ne nous sont point connues, les habitants de ce bourg, en leur concédant le droit de s'organiser en commune. Nous n'avons pu retrouver le texte même de la concession de Gauthier Tyrel; nous nous bornons à en publier ici une ancienne analyse, qui existe aux archives départementales de la Somme. Cette analyse est imparfaite et insuffisante; heureusement, elle est éclaircie par la charte ultérieure de 1208, qui énonce les dispositions du droit communal de Poix:

1173. Charte de Gauthier Tyrel, seigneur de Poix, par laquelle il affranchit et accorde à toujours à ses hommes de la ville de Poix la commune, sauf son droit de cens et de toutes autres choses, et sauf aussi à l'église Saint-Denis dudit Poix

---

[1] Ce fait est consigné dans un arrêt du conseil d'état rendu le 25 février 1606.

[2] Biblioth. de la ville d'Amiens, mss. n° 507, collect. du P. Daire, 1er carton; doyennés du diocèse d'Amiens; doyenné de Poix.

tout le droit qui lui appartenoit en tous lieux, avant l'établissement de ladite commune, et suivant le consentement des abbés et chapitre de Saint-Quentin, il est statué et arrêté, tant de la part dudit Gautier que de ladite commune, que les hôtes dudit Saint-Denis, demeurants, tant entre le château de Poix qu'au dehors dans les villes adjacentes, rendront tous les ans à perpétuité à l'église de Saint-Quentin, outre la somme des trois sols de cens ordinaires et d'anciennes coutumes, celle de dix-huit deniers à la feste de Saint-Remy et autant à Pâques. Mais, s'il arrive que lesdits hostes fassent des soushostes, ces mêmes soushostes seront tenus de payer aussi auxdits termes trois sous, comme les hostes de l'église de Saint-Quentin. Puis il est dit que, comme ledit Gautier répétoit un droit de corvée sur lesdits hostes, il est convenu pour le bien de la paix qu'ils seront francs et libres de toute inquiétude dudit droit, à condition qu'ils lui payerout chacun à toujours deux sols aux termes ci-dessus.

Lesdites lettres datées de l'an 1173, et scellées du scel dudit seigneur de Poix.

Archives départementales de la Somme, inventaire d'actes, titres et mémoires touchant le prieuré de Saint-Denis de Poix, in-fol., p. 34.

II.
CHARTE DE COMMUNE DU VILLAGE DE POIX.

En 1208, Gauthier Tyrel, V[e] du nom, du consentement de sa femme Ade, confirma la concession qui avait été faite au bourg de Poix par son père, dès l'année 1173; il jura en faveur des habitants une nouvelle charte de commune, en leur permettant de choisir dans les chartes de Saint-Quentin, d'Abbeville et d'Amiens, telles dispositions qu'ils jugeraient convenable d'adopter. On ne trouve dans l'acte de 1208 aucune référence positive avec la charte communale de Saint-Quentin; mais il reproduit plusieurs articles des chartes d'Amiens et d'Abbeville. Une circonstance qui mérite d'être notée, c'est que Gauthier V, s'étant rendu à Paris avec plusieurs membres de la commune de Poix, et ayant obtenu une audience de Philippe-Auguste, lui demanda en leur nom et au sien de prendre la commune sous sa protection spéciale et perpétuelle, moyennant un cens de dix livres, payable chaque année au terme de Noël. Dans l'article de la charte de 1208 [1], qui relate ce fait

[1] Art. 23.

curieux, les mots par mon commandement et ma volonté, *de mandato et voluntate mea*, par lesquels Gauthier Tyrel caractérise la demande à laquelle lui-même avait concouru, semblent avoir été mis pour ôter à cette démarche toute apparence de contrainte, et empêcher que dans la suite ses héritiers pussent prétendre qu'il avait été forcé, ou qu'il avait agi à contre-cœur, en sollicitant pour les habitants de Poix et leur liberté communale la garantie d'une protection qui devait s'exercer au besoin contre leur seigneur. La protection spéciale du roi, ou, selon les termes de l'acte, son avouerie, *advocatio*, fut achetée par les membres de la nouvelle commune au prix d'une rente perpétuelle envers le roi, outre les redevances coutumières et le nouveau cens payé au seigneur comme prix de la liberté municipale. L'article 12 statue qu'en cas de litige entre le seigneur et les bourgeois, l'une des trois communes d'Amiens, d'Abbeville ou de Saint-Quentin sera juge-arbitre.

Sur les vingt-trois articles dont se compose la charte de Poix, six sont en tout ou en partie empruntés aux chartes d'Abbeville et d'Amiens; ce sont les 2e, 3e, 5e, 6e et 11e, qui correspondent aux articles 1, 2, 3, 4, 5, 6, 7, 9 et 10 de la charte d'Amiens, et aux articles 1, 2, 3, 4, 6, 7, 8, 9 et 10 de celle d'Abbeville [1]. Ils sont relatifs à l'assistance que les bourgeois se doivent entre eux; aux poursuites judiciaires exercées dans le cas de vol; à la sécurité des marchands qui fréquentent la ville de Poix; aux aides dues par la commune au seigneur; à l'instruction et au jugement des causes civiles et criminelles.

La charte distingue deux sortes de redevances payées au seigneur de Poix par les membres de la commune, savoir: 1° les anciennes redevances coutumières; 2° le nouveau cens établi comme prix de la liberté municipale concédée, ou le *cens de commune*, qui est fixé, pour chaque bourgeois, à deux sous par an. Un article assez obscur, l'art. 19, donne au maire de Poix la faculté de percevoir, sur les cens dus au seigneur, vingt livres par an pour un usage qui peut-être se rapporte au travail fait dans les sablières voisines dont on tirait du gravier, ou

---

[1] Voy. dans le tome Ier de ce recueil, p. 39, le relevé des dispositions communes aux chartes d'Amiens et d'Abbeville.

à quelque redevance payée au seigneur du village d'Airaines, chef-lieu
des Sablières, comme son nom l'indique. Le texte de la pièce, fort
altéré en général, est ici particulièrement douteux [1].

Karolus, etc., notum facimus universis presentibus pariter et futuris, nos vidisse litteras, formam que sequitur continentes.

In nomine Dei, Amen. Quoniam, teste sacra Scriptura, omnia bene aguntur que in fide et veritate geruntur, et tanta est dignitas fidei atque bonum, ut de ipsa inter cetera legitur, quod fides est religionis sanctissime fundamentum, caritatis vinculum, amoris subsidium et quod amicitias servat, collegia copulat, nullum decipit, nullum contempnit, nulli deest, nisi qui ei forte defuerit, unde humane fragilitatis eventus et improvisi casu fortune volubilis et incerte, per ipsam fidem, quantum est possibile, sepius reparantur, firmantur et roborantur. Idcirco, ego Johannes de Piceyo, dictus Cyrians, miles et dominus dicti loci, attendens et considerans inaudite fortune eventum et casum; videlicet, qualiter per potentiam seu insaniem regis Anglie et suorum complicum seu fautorum, hostium illustrissimi principis et domini nostri Johannis, regis Francie, et tocius ejus regni, dicta villa de Piceyo, una cum multis aliis villis et locis dicti regni Francie, extitit sine culpa quacumque burgensium ipsorum inhabitancium fonditus eversa, incensa et devastata, una cum ipsorum inhabitancium et burgensium bonis mobilibus et catellis, nec non pluribus dicte ville et loci personis, quod dolentes referimus, in cujus eversione, ruina hostili et incendio, nedum predicta amiserunt, sed eciam cartas, litteras, acta, munimenta et instrumenta, quas et que penes se habebant, de et super fundacione, institutione et dottacione communie dicte ville, tam eisdem et suis successoribus concessa et donata ab illustrissimis principibus regibus Francie, quam a nostris predecessoribus et progenitoribus dominis dicte ville de Piceyo, prout plures ipsorum habitancium et burgensium et precipue major et plures scabini dicte ville retulerunt bona fide, supplicantes cum instancia, ut in et super eisdem bonam fidem agnoscere dignaremur et ipsis et ipsorum successoribus providere de remedio competenti; et inter cetera, quasdam copias dictarum cartarum et litterarum originalium, quos penes se habebant, et quas eciam illorum originalium veras esse copias asserebant, nobis exhibuerunt et monstraverunt, supplicando et petendo assensum nostrum et concessum, ut origi-

1208.

---

[1] On trouve dans le recueil des *Olim*, publié par M. Beugnot, t. Ier, p. 199, l'indication d'une : Inquesta facta ad sciendum utrum Dominus de Poez juravit se servaturum cartam villæ de Poez, quando venit ad terram tenendam. 1264.

nales litteras et cartas transcriberentur et redigerentur, et ad perpetuam memoriam appensione sigilli et aliter debite munirentur et vellerentur; quarum litterarum seu copiarum exibitarum nobis et ostensarum forme et tenores sequuntur in hec verba.

In nomine sancte et individue Trinitatis. A linea veritatis errorem falsitatis removere cupientes, utilitati quoque vivorum providentes, cum aliquid esset faciendum solemniter, ita ut firmiori teneretur memoria, predecessores nostri scripto retineri decreverunt. Exigit enim humanitatis nostre ordo naturalis, ut, quod habuerit a noticia priorum, in cognitionem revocetur posteriorum. Hujus igitur rationis respectu, ego Galterus Tyrellus de Poys, quondam filius Galteri Tyrelli, in communem tam successorum quam presencium volo reducere noticiam, quod, cum pater meus cujus anime prospicietur Deus, in tempore suo burgensibus de Poys et hominibus de Placetis dedisset et jurasset communiam, ego autem in tempore meo, assensu et voluntate Ade, uxoris meæ, et Hugonis, filii mei, hominibus predictis juravi et confirmavi communiam, ad usus, consuetudines communie beati Quintini Viromanensis, et communie Ambianensis et communie Abbatisville, quas juxta libitum suum pocius elegerint. Hoc idem juravit Ada, uxor mea, super sanctam crucem Domini, in ecclesia beati Dyonisii de Poys adoratam; salvo jure sancte matris ecclesie et salvo meo, et omnium liberorum hominum meorum, secundum consuetudin[u]m subscriptarum; et convencionum inter me et eos diversarum et per hec antiqua scripta confirmatarum.

1. Omnes itaque jurati communie, premium, jura sancte matris ecclesie, et mea jura, et liberorum omnium hominum infra terminos communie jura possidencium, fideliter firmiterque pro posse meo juraverunt observare.

2. Unusquisque et [ia]m juravit pro posse suo juste conferre jurato suo fidem, consilium, vim et auxilium, observare leges et justiciam pro posse suo, et consuetudines ville infra constitutas.

Nunc vero per capitula consuetudines communie sunt enumerande.

3. Statutum est igitur, ut quicunque de furto reus convincetur et comprobabitur, susceptis a ballivis meis universis rebus suis, primum tradendus erit communie judicibus et ab ipsis in patibulo et in cathena mittendus; post ea michi vel vicecomiti meo reddendus, et per judicium hominum meorum et scabinorum communie judicandus; salvis tamen rebus cujuslibet reclamantis que a latrone prememorato sibi ablate fuerint, si hoc ad judicium scabinorum comprobare potuerit.

4. Quicumque de raptu vel murdrio convictus et comprobatus fuerit, per judicium hominum meorum scabinorum communie judicabitur.

5. Si quis mercatores ad opidum de Poys venientes impedire aut molestare presumpserit, sciat me pro posse meo, si comprehendi poterit, de eo, tanquam de violatore communie mee, per judicium scabinorum justiciam adimplere.

6. Communia vero in vita mea michi debet tria auxilia; videlicet, pro ammiato [amato?] meo filio milite faciendo, sexaginta libras; et pro ammiata filia mea maritanda, sexaginta libras; et pro corpore meo redimendo, si forte captus fuero, quod absit, de guerra domini mei, sexaginta libras.

7. Sciendum est eciam quod non licet michi homines communie mee ad aliquem locum traducere, quin circa noctem in eadem die ad hospicia sua redeant, nisi de sua voluntate.

8. Et terminos ballive concessi et assignavi communie, videlicet: a frassinellis ante nemus Sacerdotum, usque ad crucem juxta vineam de Blangi; item, a cruce que est ante portam crucis Heli de Burgis, usque ad ulmum ante crucem Radulphi.

9. Si quis autem in villa venale vendidit, semel in vita sua sine vadio, usque ad quinque solidos, creditor meus erit; et super vadium, usque ad quinque solidos tantum, nec amplius, nisi de sua voluntate freta.

10. Si quidem et usus ville, prout in tempore mei patris tenuerunt homines mei, eisdem concessi et confirmavi, salvo jure alieno.

11. Si quis vero injuria[m] fecerit alicui de rebus suis, sive de convencionibus, imprimis fiet clamor super querela, ad dominum vel ad baillivum domini cujus hospes fuerit, et secundum quod jus dictaverit tractabunt et judicabunt querelam judices communie, salvo jure domini; et si constiterit quod aliquis majori clamorem faciat de aliquo, et ille de quo fiet clamor veritatem super querela coram majore recognoscat, major eidem precipiet ut, ad diem eidem a majore assignatam, conquerenti satisfaciat. Sin autem, quidquid super hoc judicabunt judices communie tunc ademplebitur. Et iterum, ut breviter dicam, super omni querela et super omni forefacto infra banlivam, nullus debet alicujus supponi judicio, nisi judicio scabinorum de comviciis et de ingessionibus manuum violentarum, sive de palma, sive de punno [pugno], sive de baculo vel lapide, sive de armis, sive de pannis dilaceratis, vel conquatiis et de omni vi, et eciam de universorum clamorum defectibus, ad majorem recurrent clamores, et per judicium scabinorum querele determinabuntur, tam de juratis quam de non juratis: salvo jure meo et alieno.

12. Si vero inter me et homines communie mee aliqua emerserit querela, que non possit determinari per hoc [quod] presens scriptum contineat, secundum judicium alicujus trium prescriptarum communiarum quam ipsi ad libitum

suum potius eligerunt, querela illa determinabitur, et hoc michi sufficiet:

13. Notandum est enim, quod non licet burgensibus meis aliquam suscipere communiam, nisi sub me mensuram susceperit, quandiu supra dominicum meum, infra muros ville, vacuam habebo mensuram, ita dico : si eidem velim invenire et deputare mensuram ; et quicumque supra dominicum meum tenuerit censuale, censum meum constitutum inter me et ipsum, terminis assignatis annuatim michi persolvet : medietatem vero in Pascha et alteram medietatem in festo beati Remigii; et si in parte sui tenenti [tenementi] unum aut duos aut plures subhospites censuales constituerit, cujuslibet hujusmodi subhospes duodecim denarios de censu communie annuatim michi persolvet, scilicet sex denarios in Pascha, et sex denarios in festo beati Remigii.

14. Quicumque autem advena accesserit et eidem communiam licebit jurare, et talamum alicujus conducere, si constiterit ipsum habere unde debeat per judicium scabinorum, herbagium, vel tholoneum, vel molindinaturam, vel furnagium, juxta consuetudinem ville, michi tenebitur persolvere; et si conduxerit domum alicujus, ita quod in principali corpore ejusdem domus maneat, scilicet in burgo, duos solidos de censu communie annuatim habebo, in terminis prememoratis, et si venale vendiderit, sub prescripta lege manebit, extra parrochiam beate Marie.

15. Item, quicumque super censuale alienum quam meum manserit, cujuscumque hospes juratus fuerit, preter hospites vicecomitis, et preter parrochie beate Marie, duos solidos de censu communie michi annuatim persolvet : et si constiterit illum in parte sui tenenti [tenementi], ut supra dictum est, aliquem aut plures constituere subhospites, quilibet hujusmodi subhospes duodecim denarios michi persolvet.

16. Quicumque etenim juratus in parrochia beate Marie manserit, cujuscumque hospes censualis fuerit, unam minam avene per annum, tercia die a festo beati Remigii, michi persolvet, tam pro communia quam pro tributo quod ante communiam michi debebant homines parrochie. Omnibus juratis ibidem manentibus, illud per hanc condicionem remisi et condonavi ; et si constiterit aliquem juratum in parrochia manere, ita quod subhospes...., dimidiam minam avene per annum ille subhospes michi tenebitur persolvere, salvo meo censu quem a principali suscipiam hospite tenementi.

17. Si vero duo jurati in eadem domo et sub eodem culmine domus simul manserint, et cujuscumque hospites fuerint, tam in parrochia beati Dyonisii, quam beati Martini, duos solidos de censu communie per annum michi persolvent ; et si in parrochia beate Marie constiterit, ita ut predictum est, duos juratos simul manere, unam minam avene tantum per annum michi persolvent.

18. Si vero aliquod alienum tenementum, aliqua occasione occurrente, dividatur in duas aut tres aut quatuor partes, nullo principali hospite eminente, tam in parrochia beate Marie quam beati Dyonisii et beati Martini, quilibet juratus, in sua parte tenementi manens, dimidium censum de communia michi per annum persolvet; videlicet in parrochia beate Marie dimidium censum avene, et in parrochia beati Dyonisii et beati Martini dimidium censum denariorum.

19. Major siquidem viginti libras in meo censu denar. ad opus dm. (domini?) harenarum in duobus terminis annuatim suscipiet : scilicet in Pascha, decem libras, et in festo beati Remigii decem libras...

20. Cum autem famulus meus in parrochia beate Marie, die prescripto, in domo uniuscujuscunque jurati, meam mensuravit avenam mensuratam, presente famulo meo, jurato (juratus?) solvens tollet avenam, vel ejus nuntius, et ad domum meam vel ad domum alicujus burgensis, ubi voluero, infra muros illam deportabit.

21. Si vero aliquis alienus hospes, tam in parrochia beate Marie quam beati Dyonisii et beati Martini, censum constitutum ad diem prout debebit non persolverit michi, major, clamore audito, censum vel vadium mihi restitui faciet, et si ita ut predictum est, contingerit de meis propriis hospitibus, quod ad diem censum meum non persolvant, accepto supra fundum terre mee vadio, duos solidos de emendacione apud Poys, et apud Placeta duodecim denarios habebo: nam leges antique apud Poys, per duos solidos constituuntur, et apud Placeta per duodecim denarios. Et si quis proprius hospes michi vadium violenter excusserit, major, audito clamore, censum et emendacionem michi faciet restitui ; quia non licet michi nec alicui infra banlivam aliquam violenciam facere, nisi per scabinos communie et per eorum consilium.

22. De vacua vero domo et de vacua mensura super alienum tenementum nullum habebo censum.

23. Sciendum est enim quod homines communie mee, de mandato et voluntate mea, mecum in presencia domini regis, in palacio suo apud Parisios, apparuerunt, et quod Dominus rex ad peticionem meam universos homines communie mee in sua proteccione suscepit et advoccacione, per decem libras censuales in natali Domini annuatim hereditarias, ab ipsis domino regi persolvendas, salvo jure meo, secundum convenciones et consuetudines que in hiis autenticis continentur ; et ipsi, per hanc censualem advocacionem, ex assensu et voluntate domini regis, prout in suo continetur autentiquo quod eisdem super hoc ad meam commisit peticionem, erga eum in perpetuum liberi remanebunt, salvo servicio quod ego antea domino regi debebam.

Et ut hoc ratum habeatur in perpetuum, sigilli mei impressione corroborare curavi. Actum anno gracie millesimo ducentesimo octavo.

Nos vero predictus dominus de Piceyo, super peticionibus, supplicacionibus, requisitis nostrorum burgensium et dicte ville inhabitancium, habito consilio et deliberatione competenti, omnia in fide bona agere et precipue cum predictis burgensibus et inhabitantibus dicte ville, et bonam fidem agnoscere volentes, atque improvisos fortune eventus reparare pro posse in hac parte, predictas litteras nobis exhibitas et monstratas, ut predictum est, et in presenti carta incorporatas volumus, et volumus illas valere tanquam originales et principales, in omnibus et per omnia, et sub forma et tenore earumdem. Et ut predicta omnia et singula firma maneant, nos assensum et concessum nostrum in et super predictis omnibus et singulis prebentes ad supplicacionem et requestam dictorum burgensium et habitancium dicte ville, presentes litteras atque cartas appensione sigilli nostri, in testimonium veritatis premissorum, fecimus muniri et roborari, anno Domini millesimo ccc° quinquagesimo tercio.

Quas quidem litteras suprascriptas, omnia que et singula in eis contenta, in quantum dicti major, scabini, burgenses et habitantes de Poys, eisdem hactenus usi sunt, ratas atque gratas ipsas que approbamus, et de nostris auctoritate regia et speciali gracia confirmamus per presentes. Quod ut firmum et stabile perpetuo perseveret, presentes litteras sigilli nostri impressione fecimus roborari: nostro et alieno in omnibus jure salvo. Datum Parisius, anno Domini millesimo trecentesimo nonagesimo tercio, et regni nostri xiiii, mense marcii.

Per regem, ad relacionem conssilii. Collacio facta est :   P. DE DISY.

Ordonn. des rois de France, t. VII, p. 600.

III.

LETTRES DE FRANÇOIS Ier, PORTANT CRÉATION DE DEUX FOIRES ANNUELLES ET D'UN MARCHÉ HEBDOMADAIRE A POIX.

La création par François Ier, dans le bourg de Poix, de deux foires annuelles et d'un marché hebdomadaire eut lieu d'après la demande et en considération du seigneur, Jean de Créqui, capitaine de cent gentilshommes de l'hôtel du roi. Les lettres patentes du roi, données au mois de janvier 1540, renferment sur la localité dont il s'agit quelques détails intéressants; on y trouve entre autres une phrase qui autorise à penser que le bourg de Poix avait encore au XVIᵉ siècle une enceinte fortifiée.

François, etc., savoir faisons, etc., que nous avons receu l'humble supplicacion de notre cher et bien amé Jehan de Créquy, seigneur de Canaples et de Poix, cappitaine de cents gentilshommes de nostre hostel, contenant que ledit villaige et faulxbourgs de Poix est assis en bon païs et fertil, et ledit villaige et faulxbourg bien construit et garni de maisons, peuple, marchans, habitans et autres, et aussy y affluent, passant et rapassant, plusieurs marchans et marchandises des païs d'environ et d'autres, et est chose requise et nécessaire y avoir deux foires l'an et ung marché chacune sepmaine, s'il nous plaisoit les y voulloir ordonner et establir, et sur ce lui impartir nos grâce et libéralité. Pour ce est-il que nous, ces choses considérées, mesmement les bons et agréables secours et obéissances à nous faictes par ledict suppliant, voulant à ceste cause favorablement le traicter en ses affaires, pour ces causes et autres à ce nous mouvants, avons audict villaige de Poix créé, ordonné et estably, et par ces mesmes présentes, créons, ordonnons et establissons lesdites deux foires par chacun an, et ung marché chascune sepmaine, c'est assavoir : la première foire le dixième jour d'octobre, et l'autre le vingt-deuxième jour de janvier, et ledit marché, chascun jour de jeudi de la sepmaine, etc. Donné à Paris au moys de janvier l'an de grâce mil cinq cents trente-neuf et de nostre règne le vingt-sixième.

Arch. imp., Trésor des chartes, reg. CCLIV, pièce 239.

1540. janvier.

IV.

LETTRES DE HENRI IV, PORTANT CRÉATION D'UN MARCHÉ DANS LE BOURG DE POIX.

Le 28 septembre 1605, le bourg de Poix fut presque entièrement détruit par un incendie ; les habitants, réduits à la plus grande misère, présentèrent une requête au roi, à l'effet d'obtenir la remise des impôts pendant douze ans, et l'établissement d'un marché. Henri IV, par les lettres qu'on va lire, leur accorda, conformément à leur requête, un marché qui devait se tenir le mardi de quinzaine en quinzaine, et le jour de la fête de saint Éloy ; mais il se montra moins favorable à leur demande en ce qui touchait l'impôt, et, au lieu d'une remise entière, il se borna à fixer, pour six années, le maximum de leur cote à la somme de six cents trente livres, en recommandant aux employés des gabelles de modérer en leur faveur les droits à percevoir sur le sel.

1606. novembre.

Sur la requeste présentée au roy en son conseil, par les habitans du bourg de Poïx en Picardie, tendant affin qu'il pleust à Sa Majesté, en consideration des grandes pertes par eulx souffertes par l'accident de feu advenu, le xxviii septembre mil six cents cinq, audit bourg de Poix, qui auroit bruslé et consommé une grande partie des maisons d'icelluy bourg, avec leurs meubles, bleds et bestiaux, dont la pluspart desdits habitants sont tellement ruynés qu'ils ont esté contraincts de s'absenter dudit bourg, pour n'y avoir plus moyen de vivre, et par consequent leurs terres demeurer en friche et sans labour, voulloir accorder auxdits habitants pour leur donner moyen de se rehabiliter audit bourg, le rebastir et remectre sus leurs labourages, la remise de douze années de tailles, taillon, creues et impost du sel à quoi ils sont imposez, à commencer en l'année présente; et outre ce ung marché tous les deux mardis des mois et jour de Saint-Elloy en l'an;

Le roy en son conseil, veu l'advis donné à Sa Majesté par les trésoriers généraux de France en Picardie, du dernier jour de mars dernier, et ayant esgard aux grandes pertes souffertes par lesdicts habitants de Poix par l'accident du feu, a ordonné et ordonne que lesdicts habitans ne pourront estre cottizés pour les six années prochaines à plus grande somme que de six cents trente livres par chacun an, pour toutes tailles, creues et taillon, et, pour le regard de l'impost du sel, Sa Majesté enjoinct aux grenetiers, contrôleurs du grenier à sel de Granvilliers de modérer lesdicts imposts pour lesdictes six années, eu esgard à la perte soufferte par eulx, et au nombre des habitants qui se sont absentés dudit bourg. Et outre ce, Sadicte Majesté, pour leur donner moyen de rebastir icelluy bourg, leur a accordé ung marché tous les deux mardis de chaque mois, et le jour Saint-Elloy, pourveu qu'il n'y en aict point esdicts jours à quatre lieues proches dudict lieu de Poix.

BELLIEVRE.   DE L'AUBESPINE.

Faict au conseil du roy tenu à Fontainebleau, le xvie jour de novembre 1606.

III.

FLIXICOURT.

NOTICE PRÉLIMINAIRE.

Flixicourt, Flixecourt, Flixcourt, *Frixicuriæ*, *Flexicurtis* (1157), Flessicourt (1298), est un bourg situé dans un territoire très-fertile, à une demi-lieue de la rive droite de la Somme, à trois lieues nord-ouest d'Amiens et à quatre lieues et un quart sud-sud-ouest de Doullens. Il dépend aujourd'hui du canton de Picquigny et de l'arrondissement d'Amiens, et renferme 1640 habitants. Les coutumes particulières de Flixicourt, rédigées au mois de septembre 1507, nous apprennent que le bourg à cette époque était administré par un maire et douze échevins, élus tous les ans le lundi de Pâques, et qui prêtaient serment entre les mains du prévôt seigneurial. Les membres de l'échevinage avaient la charge d'asseoir certaines impositions, de mettre le prix sur le vin, la bière et autres boissons, de délivrer aux marchands des poids et mesures, d'examiner les animaux destinés à la subsistance publique et le pain fait par les boulangers, de visiter l'Hôtel-Dieu, les bâtiments et l'église de la maladrerie, etc. Ils pouvaient emprisonner les malfaiteurs, et percevaient, en partie pour eux-mêmes et en partie pour le seigneur, les taxes imposées aux habitants. Le prévôt ne pouvait siéger en justice sans être assisté d'un certain nombre d'entre eux [1].

On voit, par un titre de la baronnie de Picquigny, dont le texte paraît perdu, et dont nous donnons le sommaire, qu'en l'année 1270,

---

[1] La seigneurie de Flixicourt fut possédée par les châtelains d'Amiens, et passa successivement dans les maisons de Varennes, de Raineval, d'Ailly et d'Albret.

il y avait à Flixicourt un maire et des échevins : « Mars 1270. Lettre « par laquelle Dreux d'Amiens, seigneur de Flixicourt, donne à Agnès « sa fille et à Jehan de Varennes, chevalier, son mari, par testament, « tout le vivier de Flixicourt et toute la justice qu'il a sur les mayeurs, « eschevins et communauté de ce même lieu, et la prévôté de la ville « de Flixicourt [1]. » A part cette indication, nous manquons de renseignements positifs sur l'organisation municipale du bourg de Flixicourt aux époques anciennes.

I.

COUTUMES LOCALES DE LA VILLE, BANLIEUE ET ÉCHEVINAGE DE FLIXICOURT, RÉDIGÉES AU MOIS DE SEPTEMBRE 1507.

Les coutumes de Flixicourt ont été publiées dans le Recueil de M. Bouthors (*Coutumes locales du bailliage d'Amiens*, t. II, p. 214). Nous nous bornons à donner une analyse qui se trouve dans les manuscrits de D. Grenier.

1. Le mort saisit le vif, sans relever terres ni manoirs en roture.
2. Mari ou femme peuvent disposer de leurs acquêts par moitié, par testament, aussi bien que de leurs meubles.
3. Amende de 20 s. p. pour coup de poing ou de main donné en rixe, dont 15 s. aux maire et eschevins, 5 s. au seigneur.
4. Pour coup de poing ou de main donné au maire ou eschevins, 20 s. p. tout aux maire et eschevins.
5. Amende de 60 s. p. pour coup donné avec baston invesible (? M. Bouthors lit : *injurasible*), 40 s. aux maire et eschevins, 20 s. au seigneur.
6. La douairière ne peut engager son douaire que d'an en an, ou le vendre, si ce n'est à l'héritier de son mari.
7. Item, se aulcun got et possesse d'aucuns manoirs ou terres situées en ladite ville et banlieue à vray titre, et par le temps et espasse de sept ans con-

---

[1] Arch. départem. de la Somme, baronnie de Picquigny, répertoire des titres, t. Ier, p. 30. — Voy. sur Flixicourt un arrêt du conseil, qui décharge les habitants du payement de leurs tailles et crues durant deux années, et modère leur cotisation à l'impôt du sel de la quantité de 10 minots durant l'année 1603. 22 octobre 1603. (Arch. imp., sect. administr. z. s.)

tinuels et ensuians, entre présens, sa partie soit aagié et non privilégié, tel possesseur acquierre le droit de la chose par luy ainsi possessée, en tele manière que, après ledit temps passé, aulcun n'est recepvable de en former contre lui aulcune action ou poursuite.

8. Est deu au seigneur, pour droit de mort herbage une obole de chaque beste à laine jusqu'au nombre de 19, la nuit de Saint-Jean-Baptiste, à peine de 60 s. p. d'amende, et pour vif herbage, quand il s'en trouve au-dessus de 19, le seigneur a le droit de prendre une beste, après que le propriétaire ou occupeur en a retiré deux.

9. L'aisné, ou au deffaut de masle la fille aisnée, hérite seul des propres de père et de mère, sans que les puisnez y ayent aucune part.

10. Les maire et eschevins ont droit d'afforer et mettre le pris au vin, bierre, etc., pour quoy il leur est deu un lot et un pain blanc, à peine de 60 s. p. d'amende, dont 40 audit maire et 20 au seigneur, à qui il est deu deux lots de chaque queue, poinçon ou cocquet.

11. Il est deu pour droit de chaussée de ladite ville, du cheval 1 obole et du char 2 deniers.

12. On ne peut vendre sans avoir pois et mesures des maires et eschevins.

13. Libre d'aller au marais par certains chemins.

14. Nul ne peut partir de la ville sans paier 5 s. aux maire et échevins s'il n'y possède immeuble.

15. Les échevins et tenans en roture doivent s'assembler sur les ordres du maire, notifiez par son sergent ou à la porte de l'église, à peine de 5 s.

16. On ne peut tuer aucune beste que les eschevins ne l'aient eswardée, à peine de 60 s. et d'interdiction pour un an.

17. Le boulanger ne peut vendre pain, s'il n'est visité par les maire et eschevins, autrement les officiers le peuvent donner en aumône.

18. Nul ne peut vendre du foin bottelé (à toursel), s'il n'est visité par les maire et eschevins.

19. Les habitants ont droit d'envoier au marais chevaux et vaches de dehors et d'en tirer profit.

20. Ils ont droit de prendre une mine de bled toutes les semaines au moulin de Flixecourt pour la maladerie.

21. Un habitant doit moudre aprez un forain.

22. Le prévost ne peut siéger sans les maieur et eschevins.

23. Il faut avoir paié le droit aux maire et eschevins pour avoir saisiné d'un bien en roture, et le prévost ne doit la donner qu'aprez qu'on a paié au seigneur le 13e denier.

24. Les habitants ont droit d'aller dans toutes les esteules du seigneur de Villes, aprez la Saint-Remi, et avant s'il n'en fait deffense.

25. Les eschevins ont droit d'aller visiter les haies, après que l'ordre en a esté publié par le prévost, et il ne le doit faire qu'après la mi-mars.

26. Le maire, accompagné des échevins, est obligé d'aller quérir le prévost pour faire cette visite.

27. Toutes visites en cotterie se font par les maire et échevins.

28. On adjuge le marais de la Soubite au proffit de la communauté qui en a les amendes. — Chemins accoutumés pour aller à ce marais.

29. Les habitans ont coustume d'aller à la carrière du seigneur de Ville et ont chemin pour cela.

30. Ils ont droit de communer les prez aprez la Saint-Jean.

31. Les maire et eschevins imposent 5 s. sur chaque masure amasée et 2 s. sur non amasée, pour fournir les deniers du seigneur et le surplus, le fort portant le foible.

32. Il est permis d'exécuter sur le rôle dressé par les maire et eschevins signé du greffier.

33. Cinq sols deux aus maire et eschevins, pour assoir bornes avec le prévost.

34. Le prieur de Flixecourt doit fournir clerc ou greffier, taureau ou vérat.

35. Les tenans sur le marais aux voiries doivent clore suffisamment leurs héritages.

36. Le corps de ville visite tous les ans les bastimens et l'église de la maladerie pour y loger les ladres suffisament.

37. Semblable visite de l'Hostel-Dieu à mesme fin.

38. Le corps de ville s'assemble à l'eschevinage selon le besoin.

39. Le corps de ville a droit d'emprisonner les malfaiteurs.

40. Élection d'un maire tous les ans le lundi de Pasques.

41. Le maire esleu élit 12 échevins de ladite ville.

42. Aprez l'élection des maire et des eschevins, le prévost leur fait faire serment de garder les drois du seigneur de la ville.

43. On prend 6 d. sur chaque journal de terre vilaine du terroir de Flixicourt, quand elle porte.

44. On prend aussi 6 deniers par journal de terre sur Roquemont, quand elle porte.

Lesquelles coutumes ont esté veues, lues et accordées par les maieur, eschevins et habitans de Flixicourt, pour ce appelez et assemblez en eschevinage, etc.

— Biblioth imp., D. Grenier, Picardie xcx, xive paq., n° 7, p. 205.

II.

TRANSACTION ENTRE LES HABITANTS DE FLIXICOURT ET CEUX DE VILLE.

Par cette transaction, dont le sommaire seul nous a été conservé, les habitants de Flixicourt permettent à ceux de Ville de faire paître leurs *bestes à cornes et chevalines du costé d'entre la grande rivière, coulant au travers du marais Soubitte et les masures du village de Ville, seulement avec la permission de scier et faucher l'herbe en ladite partie du marais Soubitte.*

Arch. départem. de la Somme, Invent. des titres de la baronnie de Picquigny, t. Ier, p. 116 v°.

III.

LETTRES DE CHARLES IX PORTANT CONFIRMATION DE DEUX FOIRES ANNUELLES ET D'UN MARCHÉ PAR SEMAINE A FLIXICOURT.

Charles d'Ailly, seigneur de Flixicourt, avait obtenu, en 1517, du roi François Ier, l'établissement dans ce village de deux foires annuelles et d'un marché par semaine; mais les guerres dont la Picardie fut le théâtre dans la première moitié du xvie siècle en avaient rendu pendant quelque temps la tenue impossible. En 1567, le seigneur du lieu, Louis d'Ailly, craignant que, par suite de cette interruption, on ne lui contestât la jouissance des droits concédés à son aïeul, présenta une requête au roi, afin d'en obtenir la confirmation. Charles IX fit droit à cette requête, et, par l'acte qu'on va lire, il confirma, en faveur de Louis d'Ailly, les lettres patentes de 1517, et autorisa à perpétuité la tenue dans le village de Flixicourt de deux foires chaque année, l'une le 18 octobre, l'autre le 23 avril, et d'un marché le lundi de chaque semaine.

Charles, par la grâce de Dieu roy de France, à tous présents et advenir, salut. Savoir faisons que notre amé et féal conseiller Louis d'Ailly, vidame d'Amiens, sieur de Flichecourt, nous a fait entendre que le feu roy François premier, notre très-honoré seigneur et ayeul, dès l'an 1517, à l'instante

1567.
juin.

prière de feu Charles d'Ailly, prédécesseur dudit suppliant, créa, ordonna et établit audit lieu de Flichecourt deux foires l'an, l'une le 18 octobre, l'autre le 23 avril, et ung marché par châscune sepmaine, le jour de lundi, et sur ce lui furent expédiées les lettres et chartres cy attachées, suivant lesquelles lettres, tant ledit Charles d'Ailly que ses successeurs ont jouy desdictes foires et marchés depuis les guerres survenues en nostre pays de Picardie, à l'occasion de quoy ne se y sont pu tenir lesdittes foires et marchés, par quelque temps; et maintenant que ledit lieu est rétably en son bon estat, il doubte que on le voulsist empescher en la jouissance et continuation desdittes foires et marchés, par le moien de ladite interruption et discontinuation, sans sur ce avoir nos lettres de provision, lesquelles il nous a très-humblement requis et supplié luy vouloir impétrer. Pourquoy nous, ce considéré, lui désirant subvenir en cest endroit et le faire joïr des pareilles graces que nostredit feu seigneur et ayeul, ayans pour agréable l'establissement desdittes foires et marché, lui avons iceulx continué et confirmé, continuons et confirmons, et en tant que besoin est ou seroit, avons de nouvel créé, ordonné et estably, et par la teneur de ces présentes, créons, ordonnons et establissons audit lieu de Flichecourt lesdites foires et marchés, pour y estre doresenavant tenues à toujours, ainsy que les autres foires et marchés de nostre royaulme; et que les marchands et autres y puissent aller, venir, séjourner et retourner, et illec mener, vendre, eschanger et trocquer toutes denrées et marchandises licites et non prohibées, et que en ce faisant, eulx et ledit suppliant seigneur dudit lieu joïssent et usent pendant lesdittes foires et marchés de tels et semblables droits, priviléges, franchises et libertés que ont accoustumé faire ceulx des autres foires et marchés dudit pays et environs, et que auxdits jours n'y ait autres foires et marchés à quatre lieues à la ronde, auxquelz icelles puissent préjudicier. Si donnons en mandement au bailly d'Amiens ou son lieutenant, et à tous nos autres justiciers et officiers ou leurs lieutenants présens et advenir et à chacun d'eulx, sy comme à eulx appartiendra, que de nos présentes grace, création, ordonnance et establissement desdites foires et marchés, et de tout l'effet du contenu en ces présentes, ils fassent, souffrent et laissent ledit suppliant et ses successeurs, sieurs dudit Flichecourt, ensemble lesdits marchans et gens y affluents, joïr et user plainement et paisiblement, sans leur faire mectre ou donner ne souffrir estre faict, mis ou donné opposition, ni pour le temps advenir aucun arrest, destourbier, en corps, biens, ny marchandises, en quelque manière que ce soit, dequel, si faict, mis ou donné estoit au contraire, mectent ou fassent mectre incontinent et sans délay à plaine et entière déli-

FLIXICOURT.

vrance et au premier estat et deu, et avec ce facent icelles foires et marchés escripre et publier à son de trompe et cry publicq, ès lieux d'environ qu'il appartiendra ou requis seront; et pour icelles tenir, conffemer et establir audit lieu de Flichecourt en lieu convenable, où bon leur semblera, halles, bancs, estaulx et autres choses propres, etc., car tel est nostre plaisir, etc.

Donné à Saint-Maur, au moys de may l'an de grâce mil cinq cents soixante-sept et de nostre règne le VIIe. Ainsi signé sur le reply : par le roy, à notre relacion, LE ROY. *Visa contentor.*

<small>Arch. imp., Trésor des chartes, reg. CCLXV, pièce 250.</small>

IV.

VIGNACOURT.

NOTICE PRÉLIMINAIRE.

Le bourg de Vignacourt, *Vinacurt* (1096), *Vinarcurt* (1101), *Vinardi curia*, *Vinardi curtis*, *Vinacuria*, *Vignaucourt*, est situé dans l'arrondissement d'Amiens et dans le canton de Picquigny, sur la droite de la chaussée romaine dont les vestiges subsistent entre Amiens et Boulogne-sur-Mer; il compte aujourd'hui 3,790 habitants. Si l'on s'en rapporte à une tradition reproduite par la plupart des historiens de la Picardie, Garamon (Gormund), chef de l'armée normande qui fut vaincue à Saucourt en Vimeu par Louis III, y fut enterré en 881. Vignacourt faisait jadis partie de l'intendance d'Amiens et de l'élection de Doullens. On y remarquait un château seigneurial, une forêt qui était très-vaste au xvie siècle, une église collégiale fondée en octobre 1216 par Regnault d'Amiens, sieur du Bourg, et une maladrerie, dont le revenu fut réuni à l'Hôtel-Dieu de Picquigny, par arrêt du conseil du 13 juillet 1695. Un marché au sujet duquel on trouve de nombreux actes émanés des rois de France, depuis la première moitié du xvie siècle, se tenait à Vignacourt le mercredi de chaque semaine [1].

En 1597, Vignacourt fut brûlé par l'armée espagnole, qui se porta, sous les ordres du cardinal d'Albert, au secours d'Amiens, assiégé par

---

[1] Lettres du roi Charles VI confirmant celles par lesquelles le roi Jean, son aïeul, à la requête du seigneur de Varennes et de Vignacourt, avait établi un marché franc à Vignacourt. (Biblioth. imp., D. Grenier, viiie paq., n° 8; et collect. de Camps, t. XLVIII.) — Lettre de François II, qui confirme l'existence de ce même marché, interrompu par les guerres. Août 1560. (Voy. Biblioth. imp., D. Grenier, xive paq., n° 5.)

Henri IV. Il fut incendié de nouveau le 25 septembre 1636 par un détachement de l'armée de Jean de Werth.

On trouve un échevinage fonctionnant à Vignacourt dès la première moitié du XIIIe siècle. D. Grenier nous a conservé une sentence de l'officialité d'Amiens, rendue contre les échevins qui voulaient lever la taille sur les tenanciers de l'abbaye de Bertaucourt (1233), et des lettres de l'official constatant la transaction faite à ce sujet entre les échevins de Vignacourt et l'abbesse de Bertaucourt (1235). A côté et au-dessus de l'échevinage, il y avait un prévôt du seigneur. Dans un titre de 1349, Jean le Greffier s'intitule prévôt, et D. Bouet, Regnault le Sallier, Jean Maistel et Jean Godart prennent la qualité d'échevins.

I.

SENTENCE DE L'OFFICIAL D'AMIENS, RENDUE CONTRE LES ÉCHEVINS DE VIGNACOURT.

D'après l'acte que nous publions ici, les échevins de Vignacourt exigeaient des redevances sur les tenanciers de l'abbaye de Bertaucourt, pour les terres qu'ils tenaient de cette maison. Les religieuses de Bertaucourt portèrent plainte devant l'official d'Amiens, qui les déclara exemptes des tailles indues qu'on prétendait faire payer à leurs tenanciers.

Magister Ricardus, de Sancta Fide dictus, Ambianensis canonicus et officialis, omnibus presentes litteras inspecturis, in Domino salutem. Noverit universitas vestra, quod, cum ecclesia de Bertodicurte traxisset in causam coram nobis scabinos de Vinacort, super hoc quod ipsi petebant, ut dicebatur, tallias et exactiones indebitas a tenentibus ejusdem ecclesie, pro terris quas de ipsa ecclesia tenebant, unde petebat dicta ecclesia ut nos dictos scabinos compelleremus ad eum quod tenentes sui ab hujusmodi talliis et exactionibus immunes remanerent; lite super hoc solemniter contestata, recepto a partibus de calompnia juramento, testibus quos dicta ecclesia producere voluit coram nobis ad intentionem suam probandam diligenter examinatis, post prestitum juramentum, depositionibus eorum publicatis, factaque partibus copia earumdem;

1234. février.

et omnibus rite actis, nos attendentes procuratorem dictorum scabinorum confessum fuisse, terras pro quibus ipsi scabini a tenentibus dicte ecclesie tallias hujusmodi exigebant, nec Joanni de Ambianis, domino ejusdem ville, nec ipsis scabinis in aliquo esse subjectas, cum ecclesia; tam per confessionem partis adverse quam per testes quos produxerat, intentionem suam sufficienter probavisset, de bonorum virorum et juris peritorum consilio, tenentes dicte ecclesie, ab hujusmodi talliis et exactionibus per sententiam definitivam immunes esse decernentes, dictos scabinos, ne a predictis tenentibus tallias seu exactiones indebitas exigent pro terris quas de dicta ecclesia tenent, eadem sententia duximus condemnandos, questionem expensarum penes nos reservantes. In cujus rei testimonium, presentes litteras confici fecimus, et sigillo curie Ambianensis roborari. Actum anno Domini 1233, mense februario.

Biblioth. imp., collect. de D. Grenier, xiv° paq., n° 5, fol. 59 r°; — et une trad. de l'acte, ibid., p. 166.

II.

TRANSACTION ENTRE LE COUVENT DE BERTAUCOURT ET LES ÉCHEVINS DE VIGNACOURT.

Cette transaction, qui a pour objet les tailles exigées des tenanciers de Bertaucourt, fut faite devant l'official d'Amiens. Elle contient, comme la précédente, une mention des échevins de Vignacourt, mais sans qu'on y trouve plus de lumières sur le nombre et les attributions de ces officiers. Nous ne possédons point le texte primitif de l'acte ; nous nous bornons à en donner une traduction moderne, qui a été conservée dans les manuscrits de D. Grenier.

1235. novembre.

Maître Ricard de Sainte-Foy, chanoine official d'Amiens, à tous ceux qui ces présentes lettres verront, salut. Sachez que l'abbesse et le couvent de Bertaucourt, ayant mis en cause devant nous les échevins de Vignacourt, en disant contre eux qu'injustement ils exigeoient tailles de certaines terres que quelques particuliers demeurants à Vignacourt tenoient desdites abbesse et couvent; enfin, après plusieurs débats, l'abbesse et couvent d'une part et lesdits échevins de l'autre sont convenus devant nous en cette sorte : que lesdits échevins, lorsqu'ils lèveront lesdites tailles de ces particuliers qui occupent lesdites terres, ne feront aucune mention des terres devant dites ; et il est assavoir que, si lesdites terres ou parties d'icelles sont venues au domaine desdites abbesse et couvent, Jean d'Amiens, seigneur de Vignacourt, ny lesdits eschevins, ne pourront à l'avenir demander aucunes tailles pour raison desdites terres; mais s'il arrivoit que ceux qui occupent ces terres habitassent hors le village de Vignacourt et la seigneurie dudit Jean d'Amiens, ledit Jean ni les eschevins ne pourroient prétendre aucunes tailles des détenteurs d'icelles terres; et Jean d'Autan, échevin de Vignacourt, et les autres échevins pour le temps présent, ont juré devant nous dans le même village que doresenavant ils garderoient inviolablement cet accord. En témoignage de laquelle chose, nous avons délivré ces présentes lettres, qui ont été faites avec le scel de l'officialité d'Amiens, auxdites abbesse et couvent. Fait l'an du Seigneur 1235, au mois de novembre.

Biblioth. imp., D. Grenier, xiv⁰ paq., art. 5, p. 105 v°.

V.

VILLERS-BRETONNEUX.

NOTICE PRÉLIMINAIRE.

Villers-Bretonneux, *Villaris le Bretonex* (1123), *Villers le Bretonieux* (1221), *Villare Betonis* (vers 1225), *Villarium de Bretonneux*, bourg de la Picardie situé à une lieue sud de Corbie, sur la chaussée romaine d'Amiens à Saint-Quentin, faisait autrefois partie du parlement de Paris, du diocèse, de l'intendance et de l'élection d'Amiens. Les habitants fabriquaient des serges à la fin du xviie et au xviiie siècle. Villers-Bretonneux est aujourd'hui compris dans le canton de Corbie et dans l'arrondissement d'Amiens et possède 2,163 habitants.

Les coutumes de Villers-Bretonneux, adoptées en septembre 1507, sont parvenues jusqu'à nous; elles nous font connaître la constitution intérieure du bourg au xvie siècle, et à des époques antérieures.

I.

COUTUMES LOCALES DE VILLERS-BRETONNEUX.

D'après l'acte qui suit, il y avait au commencement du xvie siècle, dans le bourg de Villers-Bretonneux, un échevinage qui se renouvelait tous les deux ans. Les échevins en charge élisaient, le jour de la Pentecôte, sept habitants de Villers, et présentaient leurs noms au seigneur, qui choisissait trois d'entre eux, le jour de Saint-Remi, et leur faisait prêter serment de *bien et deuement eux entremettre dudit office de eschevins*. Ces trois échevins étaient chargés d'asseoir les tailles et de régler les affaires du bourg pendant les deux années de leur exercice.

Les rédacteurs des coutumes de 1507 y ont fait entrer une ancienne charte des coutumes de Villers réglées entre les habitants et le seigneur. Cette charte, en latin, que l'on peut appeler à bon droit un traité à forfait, n'est point datée; elle doit remonter au XIIe ou au XIIIe siècle. On y voit figurer les échevins et les prud'hommes de Villers, qui semblent former un corps tout à la fois judiciaire et administratif, et on y trouve des détails sur les redevances pécuniaires des habitants de Villers envers le seigneur, soit comme cens annuel, soit comme don extraordinaire, dans les cas de mariage de la fille ou de la sœur du seigneur, de l'entrée en chevalerie de son fils ou de son frère; — sur les amendes encourues par ceux qui ne payaient pas au jour fixé; — sur l'emploi des deniers provenant de ces amendes pour les besoins de la ville; — sur la part que prenaient les échevins dans la répartition et l'application des impôts; — sur les peines prononcées pour toute sorte d'attaque envers les personnes, et en particulier envers le seigneur et envers les échevins; — sur l'office des échevins, soit pour décider de la peine, soit pour partager l'amende; — sur l'assistance que le seigneur d'une part et les échevins de l'autre doivent dans certains cas aux habitants, sur l'assistance que les habitants eux-mêmes doivent au seigneur, en cas d'incendie, d'emprisonnement de lui ou de son fils, et sur celle que les habitants se doivent les uns aux autres, etc.

S'ensieuvent les coustumes locales de la ville... de Villers le Bretonneux, que baillent... les officiers d'icelle terre... pour noble et puissante dame madame Florence de Bouzies, vesve de feu monseigneur Jehan de Rivery, mère et ayant l'administration... et garde noble de Jehan de Rivery, son fils, menres d'ans, sieur dudit Rivery, Fresneville, et dudit lieu de Villers, les eschevins dudit Villers.

1507. septembre

1. Il n'est deu pour tous héritages en cotterie à relever que 12^d et en fief 60^s parisis et 30^d parisis de chambellage, double relief en minorité, et pour femme en puissance de mari les fiefs restrains ne doivent de relief que selon leur nature.

2. Pour deffaut contre qui que ce soit pour simple action, est deu 2 s. 6 d., contrefieffez adjournez pour servir les plais, 10 d.

3. Item, audit lieu de Villers y a une autre coustume qui est telle: que de deux ans en deux ans les eschevins dudit lieu sont renouvelez au jour de Pentecostes, et quant vient à faire nouveaux eschevins, les anciens eschevins eslisent sept hommes dudit Villers, pour les trois d'iceulx estre prins par le seigneur à son choix; lesquels sept hommes esleus, lesdits anciens eschevins présentent audit jour de Pentecostes à icelluy seigneur, lequel seigneur attend jusques au jour Saint-Remy ensievant à prendre sa choisie esdits hommes esleus pour estre eschevins, et ledit jour Saint-Remy il en prend et nomme les trois, tels que bon luy semble. Lesquels font serment à luy ou à son bailly de bien et deuement eulx entremettre dudit office de eschevins; lesquels eschevins prins et nommez par ledit seigneur assieent les tailles et affaires de ladite ville durant les deux ans à leur discrétion.

4. Item, y a une autre charte ancienne escripte en latin, qui jà piéça fu faite entre lesdits seigneurs et habitans dudit Villers, qui contient plusieurs des usages et coustumes dudit lieu, de laquelle la teneur s'ensuict:

Inter dominum Vilerii et incolas apud Vilerium sub eo demorantes, tales consuetudines constitute sunt et confirmate in perpetuum tenende. Incole Vilerii in festo Sancti Remigii singulis annis dabunt censualiter domino suo quadraginta libras monete currentis apud Corbeiam, vel, si melius voluerint, 20 marcas argenti ad pondus Corbeye, secundum considerationem scabinorum et prudentium virorum Villerii. — Et si forte, felici eventu, bona fortuna, ex rerum habundantia locum istum ampliaverit, non tamen summa predicti census augeri poterit vel crescere. Si vero ipsi loco vel incolis ipsius tanta calamitas, videlicet incendii vel guerre oppressio supervenerit, quominus suppetant facultates ad solvendum predictum censum, 40 lib. vel 20 marc. dispositione scabinorum exigetur vel requiretur pagatio, et qui in die pagationis enunciato partem census sibi deputatam non disposuerit, quinque solidos emendabit scabinis. Denarii vero de tali emendatione accepti ad necessarios usus ville per considerationem domini et scabinorum distribuentur. — Qui clamorem fecerit de quo testes aranii (idonei?) producti non fuerint, habebit dominus duo sextaria vini. — Qui alicui contumeliam objecerit, si res cognita fuerit, emendabit per quinque solidos. Si testes producti fuerint, emendabit per quinque solidos, de quibus dominus habebit tres solidos, scabini 12 den., passus injuriam 12 den. — Qui alium in campo vel in via pulsaverit aut percusserit, si convictus fuerit, emendabit domino per septem sol. et dimidium, et si arma affuerint, erit in misericordia domini. — Si servus, vel bubulcus, vel alicujus filius, aut filia vel minister, pro veteri odio vel treuga infracta alium percusserit et statim de villa fugerit, non rediens ad dominum suum, dominus ville habebit totum suum reliquum. Si autem dominus ejus oppressus fuerit a domino ville, sola manu se purgabit, nisi duobus testibus comprobatus fuerit. — Qui culpaverit scabinos de perjurio, totum suum mobile erit in misericordia scabinorum. — Qui ad mandatum domini non venerit, si serviens domini eum invenerit, emendabit domino per duos solidos. — Omnes denarii qui accidunt scabinis de legibus et de forisfactis ad commodum ville secundum considerationem domini et scabinorum expendentur. — Quando dominus voluerit filiam suam vel sororem connubio copulare, dabunt ei homines sui 40 libras in adjutorium; et quando filium suum vel fratrem voluerit facere militem, dabunt ei 20 libr., scilicet duobus primogenitis tantum, et hoc semel in anno. — Si dominus fecerit injuriam alicui vel aggravare voluerit, scabini debent manutenere eum et auxiliari apud dominum, salvo in omnibus jure et honore domini. — Item, si quis domino rebellis et contrarius fuerit, revocare debent eum scabini et reducere ad voluntatem domini. — Qui in agro vel in villa calidam mesleiam fecerit, adversus hominem alienum, vel alterius ville, et postea venerit ad dominum fugiens, dominus debet recipere eum et garandire pro posse suo. Et si non poterit eum garandire, conducere eum debet pro posse suo ad salvamentum. — Qui voluerit exire de villa et domum suam voluerit vendere, bene licebit, sed tali vendat qui consuetudines domini ex ea faciat et postea habebit dominus medietatem venditionis, et ipse qui vendidit, alteram. — Debet etiam dominus habere quatuor sextaria vini de illo qui vendidit, duo scilicet de vendicione et duo de concessu; debet etiam habere de illo qui emit. — Item, qui ad paupertatem vel egestatem tantam ductus fuerit quod domum suam velit vendere, postea velit sicut hospes in ea morari, prius faciat de moratione sua securitatem et postea vendat et habeat totam venditionem suam, preter duo sextaria vini que dominus debet habere de illo qui vendidit et duo de illo qui emit. Et hoc bene sciendum est quod de hac venditione non potest dominus esse contra illos qui panem fecerint in villa ad vendendum, cum rationabilis non fuerit, per visum domini et scabinorum emendari debet. Et si per eos emendatum non fuerit, deinde alterius per totum annum panem non faciet ad vendendum. — Qui panem voluerit apportare in villam ad vendendum, liceat ei, salvo stalagio domini, scilicet in septimana uno pane de uno denario. — Item, si scabini voluerint loqui simul de necessitate ville, et aliquem summonebunt ut veniat et non venerit, emendabit scabinis pro

83.

12 den. — Si dampnum acciderit aliquod domino, vel de incendio domus sue, vel de prisone corporis sui vel filii, homines sui adjuvabunt eum secundum legitimam scabinorum consuetudinem, et secundum hoc quod dampnum grande erit. — Qui summonitus non venerit ad corveiam domini restaurabit dampnum domini consideratione scabinorum per duos solidos de lege. — Cum dominus voluerit villam suam claudere de muro, homines ville semel in anno longitudinem 300 pedum de muro facient, altitudine duodecim, muri vero circa domum 15. Et si dominus voluerit operari de petra cissa, elevare quadro ad sumptum suum faciet, et magistris et mediatoribus mercedem solvet, et hoc semel in anno, famulo suo custode, et causa muri quieti erunt de fossato. — Item, de omni querela de qua dominus debet habere duo sextaria vini, quitti erunt per 12 d. — Sciendum est de emendacione panis, si non fuerit racionabilis, sic fiet de mensuris vini. — Quadriga domini, sicut quadrige aliorum, faciet vices suas. — Si querela venerit domino de herba de qua ipse debeat habere duo sextaria vini, quitti erunt, videlicet de homine alieno. — Item, non potest dominus aliquem de villa liberum facere, nisi hereditate ei acciderit; sed, si voluerit de suo dominio, poterit hoc facere, scilicet homini qui de foris venerit. — Item, terre de villa qui censuales sunt, quicumque eas habuerit, remanere debent ad communem censum ville, ad considerationem scabinorum. Qui terram suam vendere voluerit vel invadiare, prius ostendat domino et scabinis, et per visum eorum de precio respectum habebit unius mensis, nisi infra venerit aliquis de villa qui eam invadiare velit vel emere, exinde ulterius liceat ei facere de suo quod poterit. — Qui de foris venerit vel de villa, et uxorem acceperit in villa, et nolit aut non possit hospitium tenere uno anno et uno die, poterit esse cum patre suo, absque ulla donatione census. — Qui de incendio domus sue dampnum habebit, adjuvabunt eum alii, unusquisque secundum quod habuerit, scilicet qui karuam habuerit equos suos de uno die aut sex denarios, et qui dimidiam karuam, tres denarios, dominus vero ville garandiam suam, ita tamen quod eodem die possit redire domum. — Non potest dominus aliquem incarcerare de bosco suo de Monnerrimo pro una pugnata virgarum pro una die. — Si quis venerit de foris vel de villa et voluerit sicut hospes manere in villa, qualiscumque fuerit, adjuvabunt eum, sicut illum qui aggravatus fuerit de incendio. — Si clamor venerit domino de auxilio domorum, dominus faciet emendare. — Absque ulla emendacione, denarii de calceia expendentur ad utilitatem ville, secundum considerationem domini et scabinorum, nisi dominus voluerit aliquem quittum clamare.

Laquelle charte dessus transcripte fait à entretenir par confirmation faite par sentence du baillage d'Amiens, sauf et réservé que par ladicte sentence fut dit que lesdits habitans ne seront plus tenus à faire aucunes murailles pour la closture de la ville. Mais, en tant qu'il touche le chasteau dudit lieu, ils sont tenus à la réparacion et muraille, selon qu'il est contenu en ladite charte.

Pour le droit de vif herbage, il est deu un agneau de dix bestes et au dessus ou cinq sols pour ledit agneau au choix dudit seigneur. Le pénultième septembre 1507. Signé L. Choques, bailly.

<small>Biblioth. imp., mss. de D. Grenier, xive paq., n° 7, p. 101. — Publié par M. Bouthors, Coutumes locales du bailliage d'Amiens, t. Ier, p. 312.</small>

VI.

CONTI.

NOTICE PRÉLIMINAIRE.

Ce bourg, mentionné au xiᵉ siècle et aux siècles suivants sous les noms latins de *Conteyum, Contiacum, Conteiense castellum, Honor conteiensis* (1069), est situé sur la petite rivière de Seille, à cinq lieues d'Amiens et à quatre lieues de Montdidier. Possédé successivement par la maison de Mailly et par la maison de Bourbon, il a donné son nom à la branche de Bourbon-Conti, cadette des Condé. Conti possédait au moyen âge un château fort, qui fut pris et détruit au mois d'octobre 1589, par les compagnies privilégiées de la ville d'Amiens, venues pour l'assiéger avec trois pièces de canon.

D. Grenier donne le texte d'une charte de juin 1230, par laquelle Jean, seigneur de Conti, cède aux chanoines de Saint-Antoine dix sous parisis de rente sur le ban du vin, payables par le maire, les échevins et toute la commune de Conti [1]. Il mentionne également comme maire de ce bourg, en 1203, un individu nommé Girard le Roux [2]; mais, au delà de ces indications, nous manquons de renseignements sur l'établissement ou l'organisation de la commune de Conti. Le roi de France, par lettres patentes du 12 août 1486, établit à Conti deux foires annuelles; une foire nouvelle y fut créée en mai 1775.

---

[1] Ego Johannes, miles et dominus de Conteio, notum facio, etc., quod ego, de assensu Ermengardis, uxoris mee, et liberorum meorum, contuli in elemosinam perpetuam canonicis ecclesie Sᵗⁱ Antonii de Conteio, pro anima Manasseri, filii mei primogeniti, decem solidos Parisiensium, per bannum vini de Conteio, a majore et scabinis et omni communia mea de Conteio annuatim persolvendos dictis canonicis memorate ecclesie in octabis Pentecostes; quod ut firmum.... (Juin 1230. — D. Grenier, xxivᵉ paq., Topographie, v° Conti, fol. 37 v°.)

[2] Girardus Rufus, maior de Conteio. (Id., ibid., fol. 23 v°.)

I.

LETTRES DE RÉMISSION ACCORDÉES A UN HABITANT DE CONTI QUI AVAIT PRIS PART A LA JACQUERIE.

Les habitants de Conti paraissent s'être mêlés à la grande insurrection qui, sous le nom de *Jacquerie,* éclata au xive siècle dans les environs de Beauvais, et s'étendit de là sur un grand nombre de points. On voit en effet par l'acte suivant que l'un d'entre eux, Colart le Monnier, avait pris part en qualité de capitaine aux expéditions entreprises par les gens du plat pays contre les nobles, et qu'il avait assisté à la destruction de plusieurs forteresses. Plus tard, il avait été arrêté et condamné. Charles, régent du royaume, depuis roi sous le nom de Charles V, considérant qu'avant de participer aux violences récemment commises par les Jacques, Colart le Monnier s'était toujours conduit d'une manière irréprochable, le reçoit en grâce sur sa prière, et lui fait pleine et entière remise des peines qu'il pourrait avoir encourues.

Charles aisné fils du roy de France, régent le royaume, savoir faisons à tous présents et à venir que, comme Colart le Monnier, demourant à Conti, en la conté de Clermont, ait esté capitaine subject des soudars capitaines du plat pays d'environ, et par là contrainte et ennortement d'iceulx, ait esté avec plusieurs autres gens dudit plat pays aux effrois qui dernierement et nagaires ont esté faits par les gens dudit plat pays contre les nobles dudit royaume, à abattre en plusieurs lieux forteresses et dissipé leurs biens et aucuns couru sus, et pour ces causes aucuns desdits nobles porroient avoir malvolenté et hayne aux gens dudit plat pays, par raison des choses dessusdictes, et les grever en corps ou en biens, et nous, depuis que nous revinsmes en notre bonne ville de Paris, avons ordonné que tous les nobles remettent et pardonnent auxdites gens dudit plat pays, et aussi lesdites gens auxdicts nobles, tout ce que pourront avoir meffait les uns envers les autres, et que toute voie de faict et poursuite criminelle soit forclose auxdictes parties, sauf tant que chascun puisse poursuir ses dommages et injures par voie de justice et civilement pardevant Monseigneur ou nous ou nos gens. Et pour ce, nous a fait humblement supplication ledit Colart que sur ce le vousissiens pourvoir de remède gracieux,

1358.
août.

comme il soit bienveullent de nostredict seigneur, de nous, dudit royaume et de la couronne de France, si comme nous avons entendu, et qu'il ait tout son temps esté homme de bonne vie et honeste, sans ce qu'il ait esté attains et convaincus d'aucun autre villain cas ou maléfice; nous, adrecertes et considérées les choses dessusdictes, toute paine criminelle ou civile en quoi il pourroit estre encourus envers Monseigneur et nous, avons remis et pardonné, et par ces présentes lettres quittons, remettons et pardonnons de grace spéciale, certaine science, plaines puissance et auctorité réal dont nous usons, en restituant à plain ledit Colart en sa bonne fame, renommée, biens et au païs. Si donnons en mandement et commectons, se mestiers est, au bailly d'Amiens et à tout autre justicier et subget dudit royaume présens et à venir ou à leurs lieuxtenants et à chascun d'eux, si comme à lui appartiendra, que le dessus dit Colart facent et laissent joïr et user paisiblement de notre présente grâce, et contre la teneur d'icelle ne le molestent, ne empeschent, ne facent ou souffrent estre molesté ou empesché en aucune manière en corps ou en biens, et li laissent cuillir et mettre à sauveté ses biens qui sont aux champs, labourer et cultiver ses terres et vignes, et faire ses besoignes et marchandises, sans y mettre ou souffrir estre mis aucun empeschement, et se à fin civile aucune chose li estoit demandé ou si vouloit aucune chose demander et autres pour les choses dessus dites, que il facent auxdites parties bon et brief accomplicement de justice. Et pour ce que ce soit ferme chose et estable à tousjours, nous avons fait mettre notre seel à ces présentes lettres, sauf en autre chose le droit de notredit seigneur et de nous et l'autrui en tout. Ce fu fait et donné à Paris, l'an de grâce mil ccc cinquante et huict au mois d'aoust. Par Monseigneur le Régent en son conseil. J. Gosse.

Arch. imp., Trésor des chartes, reg. 86, pièce 344.

VII.

BELLOY-SUR-SOMME.

NOTICE PRÉLIMINAIRE.

Ce village, désigné dans les documents latins sous les noms de *Beelcium*, *Bedolium*, faisait partie du doyenné de Vignacourt et de l'élection de Doullens. Le duc de Bourgogne y campa le 24 février 1470; c'est là le seul fait notable de l'histoire de ce village qui ait été recueilli par les annalistes picards [1]. Belloy, qui renfermait 557 habitants vers le milieu du XVIIIe siècle, en compte aujourd'hui 964.

I.

ARRÊT DU CONSEIL D'ÉTAT RELATIF AUX DROITS DE TOURBAGE ET DE PATURAGE DANS LES MARAIS COMMUNAUX DE BELLOY-SUR-SOMME.

Nous extrayons d'un arrêt du conseil, en date du 2 septembre 1762, les passages suivants, relatifs aux droits de tourbage et de pâturage des habitants de Belloy dans les marais de cette commune. Cet arrêt fut rendu à l'occasion d'un procès soutenu par les habitants contre la dame de Belloy; le conseil, après un très-long exposé des faits, et l'analyse des pièces de la procédure, analyse qui n'offre du reste aucun intérêt, « maintient les habitants de Belloy dans le droit et possession de faire pâturer indéfiniment leurs bestiaux dans toute l'étendue des

---

[1] Voir D. Grenier, XXIVe paq., topogr., au mot *Belloy*.

marais dudit Belloy, à la charge de payer par eux, savoir : par ceux qui sont tenanciers de Claude et Balthasar Picquet, de payer annuellement auxdits Claude et Balthasar Picquet, et par ceux qui sont tenanciers de la dame Tiercelin des Brosses, de payer à ladite Tiercelin des Brosses la redevance en avoine à raison du nombre et qualité de leurs bestiaux pâturans dans lesdits marais, savoir : un demi-septier d'avoine pour chaque vache, cheval ou jument, et un picquet d'avoine pour chaque poulain ou veau.....

« Permet auxdits habitants, corps et communauté de Belloy, de prendre annuellement dans lesdits marais la quantité d'un journal seulement, duquel journal lesdits habitants ne pourront tourber que soixante et quinze verges pour leur chauffage, pour les tourbes en provenant estre distribuées par égales portions entre tous les ménages qui composent la communauté de Belloy, et, à l'égard des vingt-cinq verges restantes, ordonne qu'elles demeureront en réserve sans être tourbées, pour subvenir aux besoins extraordinaires de la communauté, à l'effet de quoi et dans lesdits cas de besoins et nécessités, lesdits habitants se retireront pardevant les juges qui en doibvent connoître, pour, par lesdits juges, être authorisez à tourber, sur lesdits quartiers demeurés en réserve, la quantité qui sera jugée nécessaire, suivant l'exigeance des cas, ou à en faire l'adjudication, pour le prix en provenant être employé aux besoins de la communauté.....

« Ordonne, tant auxdits Picquet et Tiercelin des Brosses que auxdits habitants, corps et communauté de Belloy, d'avoir soin que l'exploitation desdits tourbages se fasse de la manière la plus convenable et la moins nuisible au pâturage, de faire raplanir le terrain, et percer des rigoles pour l'égout desdits tourbages dans les endroits où cela pourra estre nécessaire; même de convenir entre eux des endroits par où il sera plus à propos de commencer les tourbages, soit dans la partie orientale, soit dans la partie occidentale desdits marais, pour lesdits tourbages être faits de suitte en suitte. »

<small>Arch. imp., conseil du 4 sept. 1762, 13 r et dern. — Arch. départem. de la Somme, liasse sans cote, copie collationnée.</small>

VIII.

PICQUIGNY.

NOTICE.

Picquigny, et plus anciennement *Pinkeni, Pinkinei, Pecquigny,* se trouve mentionné en 942, sous le nom de *Pinquigniacum*, et sous les noms de *Pinconii castrum*, en 1066; de *Pinchiniacum*, en 1110. Ce bourg, baronnie de franc alleu, qui tenait dans sa mouvance trois cent soixante fiefs, est situé sur la Somme, à trois lieues d'Amiens et à sept lieues d'Abbeville. C'est aujourd'hui un chef-lieu de canton. On lit dans les *Grandes Chroniques de France*, qu'après la défaite des Huns à Lihons en Santerre, les habitants d'Amiens, qui avaient livré passage aux barbares, se réfugièrent dans le château de Picquigny, pour se mettre à l'abri de la vengeance de Dagobert, et qu'ils y furent assiégés par ce prince. Mais ce fait a été avec raison relégué au nombre des fables [1].

Le 17 décembre 942, Arnoul, comte de Flandre, et Guillaume Longue-Épée, duc de Normandie, eurent une entrevue à Picquigny pour traiter de la paix. Ils se rendirent tous deux dans une petite île de la Somme, laissant chacun son armée, Guillaume sur la rive droite, Arnoul sur la rive gauche de cette rivière. Les conférences étaient termi-

---

[1] Adrien de Valois, dans sa *Notice des Gaules*, parle, d'après un hagiographe, auteur des miracles de Sainte-Marie de Laon, d'un Guermond de Picquigny, qui vivait avant l'an 500, et il s'appuie de ce témoignage pour faire remonter aux temps antérieurs au vi[e] siècle l'existence du bourg; mais le texte invoqué par Adrien de Valois n'a point une autorité historique assez grande pour faire admettre cette assertion. (Voy. *Mémoires de la Société des antiq. de Picardie*, t. IV, p. 155.) Il existe auprès de Picquigny un très-beau camp romain, dit camp de César. La description en a été faite par l'abbé de Fontenu, Mém. de l'Acad. des inscript., ann. 1736, t. X, p. 436 et suiv.

nées, et le duc de Normandie s'éloignait pour se rendre auprès de ses soldats, lorsque Arnoul le rappela dans l'île sous prétexte de régler un article important. Guillaume, ne soupçonnant pas une trahison, revint sur ses pas; en ce moment quatre assassins se jetèrent sur lui, et le tuèrent, sans que son armée eût pu lui porter secours [1].

En 1307, les templiers, arrêtés le même jour dans toute l'étendue du bailliage d'Amiens par ordre de Philippe le Bel, furent enfermés dans les souterrains du château de Picquigny, forteresse considérable dont il reste encore quelques débris. Cette forteresse et le bourg qu'elle dominait soutinrent plusieurs siéges dans les guerres du xve siècle, et furent occupés tour à tour par les Français et les Bourguignons. Le 29 août 1475, Louis XI s'y rendit pour conférer avec le roi d'Angleterre, Édouard IV, et l'entrevue eût lieu sur le pont de la Somme [2]; Louis XI acheta une trêve, moyennant un tribut annuel de cinquante mille écus d'or. Enfin, le bourg et la forteresse de Picquigny servirent de refuge aux débris de l'armée française, qui s'était portée au secours de Doullens, sous les ordres du duc de Bouillon, du comte de Saint-Pol et du duc de Nevers, et à laquelle le général espagnol, comte de Fuentès, fit essuyer une sanglante défaite le 14 juillet 1595.

Les seigneurs de Picquigny étaient vidames d'Amiens; ils relevaient, dit la Morlière [3], « du bras de saint Firmin, martyr, » ce qui signifie qu'ils se déclarèrent vassaux de l'évêque d'Amiens. L'un d'eux, Guermond, joua un rôle important dans la lutte que les habitants de cette ville eurent à soutenir lors de l'érection de leur commune. Les seigneurs de Picquigny, à titre d'avoués de Corbie, tenaient par délégation de cette abbaye le droit de battre monnaie, ayant cours sur leurs terres et dans leurs fiefs [4]. Jusqu'à ce jour, on n'a retrouvé aucun échantillon de cette monnaie.

Nous n'avons point rencontré de document qui permette de connaître l'organisation municipale de Picquigny; mais il est hors de doute qu'il existait dans ce bourg une commune au xiiie siècle. On voit, en effet,

---

[1] Willelmi Gemmeticensis Hist. norm., lib. IV, c. xi, ap. Duchesne, *Hist. norm. script.*, p. 238.

[2] Voy. plus haut, t. II, p. 367.

[3] Les Antiq. de la ville d'Amiens, liv. I, p. 53.

[4] Voy., sur la monnaie de Picquigny, D. Carpentier, supplément au Glossaire de du Cange, au mot *Moneta*.

en 1211, Enguerran, vicomte de Picquigny, faire jurer à ses vassaux et aux bourgeois de ne prêter ni aide ni conseil au comte de Boulogne, à l'empereur Othon et au roi d'Angleterre, qui venaient de se liguer contre Philippe-Auguste, et de rester quoi qu'il arrive, fidèles à ce dernier. De plus, le P. Daire nous apprend que l'hôpital ou maladrerie de Saint-Nicolas était administré par l'échevinage [1].

INDICATION DES PIÈCES CONCERNANT LE BOURG DE PICQUIGNY.

Transactions passées les 22, 23 et 24 novembre 1498, pardevant Jean d'Ardres, bailly de Picquigny, entre le seigneur Charles d'Ailly et les habitants, corps et communauté de Picquigny, au sujet du four banal; par lequel traité lesdits habitants s'engagent de payer pour chaque ménage deux sols six deniers au seigneur, au moyen de quoi ils se rachèptent de l'obligation d'aller au four banal faire la cuisson de leur pain.

Arch. départem. de la Somme, baronnie de Picquigny, répertoire des titres, t. I, p. 33.

Coutumes généralles de la chastellenie et baronnie de Picquigny. 1507.

Bouthors, Coutumes locales du bailliage d'Amiens, t. Ier, p. 188.

Lettres de Henri II, par lesquelles il établit un marché tous les seconds lundis de chaque mois à Picquigny, pour aider les habitants incendiés à se rétablir. Août 1547.

Biblioth. imp., collect. de D. Grenier, XIVe paq., art. 7, p. 328.

Arrêt du 7 septembre 1571, portant que les coutumes locales de Picquigny seront imprimées.

Arch. départem. de la Somme, baronnie de Picquigny, répertoire des titres, t. I, p. 30.

Établissement d'un marché franc dans le bourg de Picquigny par lettres patentes. Juillet 1575.

Arch. départ. de la Somme, reg. aux chartes du bailliage d'Amiens, coté 12, fol. 28 r°.

Sentence des requêtes du palais, en date du 24 novembre 1576, qui condamne les brasseurs de Picquigny à payer 13 sols pour chaque brassin, au profit de dame Françoise de Wartry, en qualité de tutrice de Philibert-Emmanuel d'Ailly.

Arch. départ. de la Somme, baronnie de Picquigny, répert. des titres, t. I, p. 31.

Lettres patentes du mois de janvier 1630, portant établissement d'un marché à Picquigny, le mercredi de chaque semaine.

Biblioth. imp., collect. de D. Grenier, XVIe paq., art. 7, fol. 24 v°.

---

[1] Biblioth. de la ville d'Amiens, ms. n° 507. Le P. Daire, 1er carton; Doyennés du diocèse d'Amiens; Doyenné de Picquigny.

IX.

HORNOY.

NOTICE ET INDICATIONS.

Ancien chef-lieu de doyenné et aujourd'hui chef-lieu de canton, le bourg d'Hornoy, situé sur le chemin d'Airaines à Aumale, est désigné, en 775, dans un diplôme de Charlemagne, sous le nom d'*Horona*, sous le nom d'*Hornart* en 1096, et sous celui d'*Hornet* en 1105. D. Grenier nous apprend qu'on comptait à Hornoy 300 feux au XVIIIe siècle, que le territoire de ce bourg comprenait 2,500 journaux, et qu'il possédait un prieuré tenu en commende de l'abbaye du Tréport. Voici l'indication de quelques pièces concernant le bourg d'Hornoy :

Lettres de Louis XI, portant, à la demande du seigneur d'Hornoy, établissement de foires et marchés audit lieu. Janvier 1468.

    Arch. imp., Trésor des chartes, reg. 196, pièce 79.

Coustumes locales de la terre, seigneurie et chastellenie de Hornoy et des fiefs et appartenances tenus et mouvans d'icelle chastellenie. 1507.

    Bouthors, Coutumes locales du bailliage d'Amiens, t. Ier, p. 406.

Lettres de François II, par lesquelles il accorde un franc marché au bourg d'Hornoy, pour chaque dernier lundi du mois, entérinées à Amiens le 10 avril 1565.

    Biblioth. imp., D. Grenier, XIVe paq., art. 7, p. 360.

Lettres par lesquelles Charles IX, à la demande de Philippe de Rambures, seigneur d'Hornoy, établit audit lieu un marché mensuel, outre les foires déjà établies. Décembre 1565.

    Arch. imp., trésor des chartes, reg. CCLXIII bis, pièce 732. — Arch. départem. de la Somme, reg. aux chartes du bailliage d'Amiens, coté v, fol. 21 v° et 22 r°.

FIN DU TROISIÈME VOLUME.

TABLES.

I.

TABLE CHRONOLOGIQUE.

DES CHARTES, ORDONNANCES, COUTUMES, STATUTS, RÈGLEMENTS ET AUTRES ACTES CONTENUS OU MENTIONNÉS DANS CE VOLUME.

AMIENS. — XVIIe SIÈCLE.

Dates.		Pages.
1600. 24 sept.	Procès-verbal des élections municipales de l'année 1600........	1
1614-1615.	Incidents survenus durant les élections faites au bailliage d'Amiens, pour les états généraux de 1614..........................	5
1614. 30 sept.	Délibération de l'échevinage d'Amiens, sur la question de savoir si une personne née hors de la ville pouvait être nommée premier échevin...	10
1615. 21 juill.	Règlement établi par l'assemblée échevinale pour la garde de la ville d'Amiens..	12
1615. 24 juill.	Lettres de Louis XIII aux bourgeois d'Amiens, à l'occasion de l'assassinat d'un sergent-major de la ville...................	15
1615. juil.-août.	Lettres par lesquelles Louis XIII défend aux Amiénois de recevoir dans leur ville le prince de Condé ou ses adhérents..........	16
1616. 4 mai.	Lettre de Louis XIII aux bourgeois d'Amiens, au sujet de la garde de leur ville..	19
1616. 2 juillet.	Lettre de Louis XIII à l'échevinage d'Amiens au sujet d'une querelle survenue dans la ville entre des habitants et des soldats..	20
1616. 1er août.	Lettre de Louis XIII aux bourgeois d'Amiens, pour leur annoncer la nomination du duc de Montbazon à l'emploi de gouverneur de leur ville...	21
1616. septemb.	Lettres de Louis XIII aux Amiénois, à l'occasion de l'arrestation du prince de Condé...	22

Dates.		Pages.
1616. octobre.	Lettre de Louis XIII aux bourgeois d'Amiens sur la conduite à tenir envers le duc de Longueville............................	23
1616-1617.	Lettre de Louis XIII aux bourgeois d'Amiens, au sujet des troubles civils..	24
1617. juil.-août.	Lettre de Louis XIII aux bourgeois d'Amiens, à l'occasion d'une épidémie survenue dans les Pays-Bas.....................	26
1621. mai.	Requête de l'échevinage d'Amiens, au sujet des robes fournies annuellement aux officiers de la ville.....................	30
1625. 21 juin.	Requête présentée à Louis XIII par l'échevinage d'Amiens, pour obtenir la révocation du préambule de l'édit de 1597.........	33
1634. 8 août.	Lettres de Louis XIII aux Amiénois, au sujet du traité conclu entre Gaston d'Orléans et le roi d'Espagne......................	35
1635-1636.	Actes relatifs aux droits de l'échevinage d'Amiens en ce qui concerne la garde de la ville...................................	37
1636. août-oct.	Lettre et édit du roi, à l'occasion de la prise de Corbie par les Espagnols...	50
1636. septemb.	Actes relatifs aux élections municipales de l'année 1636.........	52
1636. 7 nov.	Procès-verbal d'une délibération de l'échevinage d'Amiens, concernant l'abrogation d'une partie de l'édit de 1597...........	59
1636.	Ordonnance du conseil, relative à l'organisation de l'échevinage d'Amiens et à la défense de cette ville...................	60
1637. mars-avr.	Lettre du roi sur les travaux de défense exécutés à Amiens....	71
1637. 22 juin.	Lettre de Louis XIII au sujet d'un impôt levé sur le clergé d'Amiens pour les fortifications..........................	72
1641. 21 juin.	Lettre de Louis XIII aux magistrats d'Amiens, sur la découverte d'un traité conclu entre le comte de Soissons et l'Espagne.....	73
1648-1649.	Actes relatifs à des échevins nommés d'office par le roi........	76
1650. 14 févr.	Arrêt du parlement relatif à la nomination d'un échevin par le gouverneur d'Amiens......................................	81
1651. 28 avril.	Procès-verbal des élections de l'échevinage d'Amiens, en 1651...	82
1651. 24 juillet.	Actes relatifs à la nomination d'un député d'Amiens aux états généraux convoqués en 1651..................................	86
1654. 2 décem.	Arrêt du conseil d'État, déclarant que la paroisse de Montières fait partie de la banlieue d'Amiens..........................	91
1655. 12 juillet.	Statuts du collège des médecins d'Amiens....................	93
1656-1658.	Ordonnances de l'échevinage d'Amiens touchant la corporation des écrivains...	99
1656. 17 décem.	Délibération de l'échevinage, relative à l'administration de l'Hôtel-Dieu d'Amiens..	102

CHRONOLOGIQUE.

1657. 22 août. Arrêt du conseil d'État relatif aux visites et présents dus à l'évêque d'Amiens par les magistrats municipaux.................... 104

1659. 20 juillet. Délibération de l'échevinage d'Amiens, au sujet de l'hérédité de divers offices appartenant à la ville......................... 106

1659-1663. Contrats passés entre l'échevinage d'Amiens et divers possesseurs d'offices... 109

1659. 6 août. Lettre de Louis XIV aux bourgeois d'Amiens, pour leur demander un secours d'argent.. 114

1661. décemb. Statuts des merciers, ciriers, épiciers et droguistes d'Amiens..... 116

1662. août. Lettre de Louis XIV à l'échevinage d'Amiens, après une sédition arrivée dans la ville.. 129

1664. Factum rédigé au nom de l'échevinage d'Amiens contre les jésuites établis dans la ville, et réponse de ceux-ci..................... 130

1665. 23 juillet. Sentence du bailli d'Amiens relative à la justice civile de l'échevinage.. 138

1667. 6 janvier. Arrêt du conseil d'État relatif à la vente de lettres de maîtrise dans la ville d'Amiens.. 139

1667. 30 sept. Arrêt du parlement, rendu dans un procès intenté à deux échevins d'Amiens par le lieutenant civil.............................. 142

1668. 9 janv. Édit portant réunion de l'hôpital de Saint-Charles et Sainte-Anne au bureau des pauvres d'Amiens............................ Ib.

1673. 17 juin. Arrêt du conseil d'État, qui confirme aux bourgeois d'Amiens l'exemption du droit de franc-fief............................ 146

1679. 12 octob. Statuts des paveurs d'Amiens.............................. 148

1682. 14 sept. Acte relatif à la corporation des peintres, sculpteurs, brodeurs, doreurs et enlumineurs d'Amiens............................ 153

1690. nov. déc. Actes relatifs à un débat survenu entre le lieutenant de roi et les magistrats municipaux d'Amiens.............................. 154

1692. 18 nov. Arrêt du conseil d'État portant rétablissement de la charge de maire à Amiens.. 163

1693. 22 sept. Délibération de l'échevinage d'Amiens sur la forme des élections municipales... 166

1693-1694. Arrêt du conseil d'État relatif aux élections municipales d'Amiens. 168

Après 1695. Statuts des hôteliers, taverniers et cabaretiers d'Amiens........ 172

1695. 19 avril. Arrêt du conseil d'État au sujet de divers offices de la ville d'Amiens.. 179

1695-1696. Arrêt du conseil privé portant réunion de la maladrerie de la Madeleine à l'Hôtel-Dieu d'Amiens.............................. 186

T. III.   85

AMIENS. — XVIIIe SIÈCLE.

Dates.		Pages.
1700. 11 mai.	Arrêt du conseil d'État sur la réunion de divers offices de police à la ville d'Amiens.	192
1700. 2 juin.	Arrêt du conseil d'État, au sujet de l'établissement d'un garde-scel à Amiens.	196
1701. 14 juin.	Arrêt du conseil d'État portant réunion des offices de receveurs des deniers d'octroi et des deniers patrimoniaux à l'échevinage d'Amiens.	198
1703. 13 juin.	Délibération de l'échevinage d'Amiens portant création d'un office de maître des flaqueurs.	200
1705. 13 janv.	Arrêt du conseil d'État portant réunion de divers offices à l'échevinage d'Amiens.	201
1706. 6 juillet.	Arrêt du conseil d'État relatif aux droits de l'échevinage d'Amiens en matière de règlements industriels.	204
1707. 30 avril.	Arrêt du conseil d'État portant confirmation de privilèges et concession d'un droit d'octroi en faveur des habitants d'Amiens.	205
1708. 20 mars.	Arrêt du conseil d'État relatif à la corporation des marchands en gros d'Amiens.	209
1709. 11 juin.	Arrêt du conseil d'État relatif à la finance des offices de milice bourgeoise réunis à l'échevinage d'Amiens.	217
XVIIIe siècle.	Requête de l'échevinage d'Amiens pour le maintien de sa juridiction criminelle sur la milice bourgeoise.	224
1715. mai.	Statuts de la corporation des charcutiers.	229
1715. 19 nov.	Arrêt du conseil d'État relatif aux élections municipales d'Amiens.	235
1718. 20 janv.	Statuts des menuisiers d'Amiens.	241
1718. 16 août.	Arrêt du conseil d'État qui maintient aux habitants d'Amiens leur droit d'élire le maire.	249
1726. 7 sept.	Arrêt du conseil d'État portant règlement pour la nomination du maire et des échevins d'Amiens.	252
1732. 18 mars.	Arrêt du conseil d'État, portant réunion de certains offices à la communauté des drapiers d'Amiens.	259
1738. 1er juill.	Ordonnance qui réglemente la constitution du tribunal consulaire d'Amiens.	262
1738. 24 sept.	Règlement du gouverneur d'Amiens pour la milice bourgeoise.	266
1738. 6 décem.	Ordonnance de l'intendant de Picardie au sujet des archives d'Amiens.	268
1742.	Actes relatifs à la confirmation de la foire de Saint-Jean-Baptiste à Amiens.	269
1750. 24 déc.	Arrêt du conseil d'État relatif aux élections municipales d'Amiens.	274

CHRONOLOGIQUE.

Dates.		Pages.
1758. 23 févr.	Lettres patentes de Louis XV portant établissement d'une foire franche pour les chevaux.	278
1758. 6 décem.	Lettre ministérielle touchant les élections municipales d'Amiens.	279
1761. 19 juin.	Articles arrêtés par les négociants d'Amiens pour l'établissement d'une chambre de commerce.	280
1761. 24 août.	Ordonnance royale relative aux élections municipales d'Amiens.	284
1762.	État de situation des communautés d'arts et métiers d'Amiens.	285
1764. 27 sept.	Mémoire dressé par l'échevinage d'Amiens, en exécution de l'article 10 de l'édit du mois d'août 1764.	316
1772. 13 oct.	Édit du roi et arrêt du conseil d'État relatifs à l'organisation municipale de la ville d'Amiens.	318
1773. 11 janv.	Ordonnance royale relative à la milice bourgeoise d'Amiens.	329
1773. 2 nov.	Arrêt par lequel le conseil d'État autorise la construction d'un moulin à foulon à Amiens.	331
1775-1787.	Procès entre l'échevinage d'Amiens et le chapitre de la cathédrale, au sujet de la seigneurie des eaux de la Somme.	333
1779. 17 juin.	Arrêt du conseil d'État, au sujet de divers offices de police industrielle à Amiens.	339
1779. 20 nov.	Édit sur le rétablissement de la communauté des tondeurs à grandes forces dans la ville d'Amiens.	346
1788. 13 janv.	Ordonnance de Louis XVI au sujet de la justice consulaire à Amiens.	347
1787. 7 juillet.	Statuts des marchands épiciers, ciriers et chandeliers d'Amiens.	351
1788-1789.	Actes relatifs à la convocation des états généraux de 1789.	363
1789.	Cahier du tiers état du bailliage d'Amiens pour les états généraux de 1789.	379

CORBIE.

	Notice préliminaire	413
1107. 29 mai.	Bref du pape Pascal II, portant confirmation des priviléges du marché de Corbie.	420
1123.	Création de la commune de Corbie.	421
Vers 1150.	Lettre par laquelle Louis VII défend aux maire et bourgeois de Corbie d'exiger aucune redevance des serviteurs de l'abbaye.	422
1150.	Lettre de l'abbé de Corbie, où il est question des différends survenus entre le monastère et les bourgeois.	423
1180.	Charte de confirmation de la commune de Corbie, donnée par Philippe-Auguste.	424
1182.	Lettre de Philippe-Auguste pour l'observation de la charte de commune.	427

Dates.		Pages.
1190. juillet.	Lettre de Philippe-Auguste relative aux querelles entre la commune et l'abbaye de Corbie...	428
1190.	Lettre de Philippe-Auguste sur les droits des bourgeois de Corbie.	Ib.
Fin du xii° siéc.	Notice des droits et revenus de l'abbaye de Corbie.............	429
1226. août.	Lettre de Louis VIII en faveur de l'abbé de Corbie contre la commune...	435
1228. 18 janv.	Accord entre les bourgeois et l'abbé de Corbie.................	436
1228. octobre.	Serment de fidélité prêté par le maire et les jurés de Corbie à Louis IX et à sa mère..	439
1229.	Charte de Gauthier de Heilly où sont mentionnés les marais des bourgeois de Corbie..	Ib.
1238. mars.	Lettre de Louis IX, relative à des débats survenus entre l'abbé et la commune de Corbie..	440
1238. 13 août.	Bulle du pape Grégoire IX, qui ordonne de publier l'excommunication prononcée contre les bourgeois de Corbie..............	441
1233. 13 août.	Bulle de Grégoire IX, adressée à saint Louis, pour l'inviter à prendre sous sa protection les religieux de Corbie...................	443
1255.	Arrêt du parlement au sujet d'une révolution opérée à Corbie...	444
1255.	Sentence rendue contre les bourgeois de Corbie, à propos d'une femme lépreuse...	445
1256.	Sentence rendue par des commissaires royaux sur différents litiges entre l'abbé de Corbie et les magistrats de la commune.......	447
1261.	Arrêt du parlement de Paris, rendu à la requête de la commune de Corbie...	450
1262.	Note sur l'exécution à Corbie de l'ordonnance de saint Louis relative aux municipalités...	451
1264.	Arrêt du parlement au sujet de la nomination des échevins de Corbie..	452
1264.	Arrêt du parlement au sujet de divers conflits survenus entre le seigneur de Fouilloy et la commune de Corbie..................	Ib.
1266. mars.	Accord entre la commune et l'abbaye de Corbie.................	453
1270.	Arrêt du parlement au sujet d'une maison abattue par décret des maire et jurés de Corbie..	455
1271.	Arrêt du parlement relatif au droit de ban dans la ville de Corbie.	Ib.
1277.	Arrêt du parlement contre des bourgeois de Corbie et contre la commune..	456
	Arrêt du parlement contre le maire de Corbie...................	Ib.
1282. avril.	Ordonnance de Philippe le Hardi, et sentence arbitrale rendue par des commissaires royaux, à la suite de litiges et de compromis entre l'abbé de Corbie et les maire et jurés de cette ville.	457

CHRONOLOGIQUE.

Dates.		Pages.
1261.	Notice des octrois accordés à la ville de Corbie............	461
1297. mars.	Ordonnance de Philippe le Bel, promulguant une sentence arbitrale rendue en interprétation de celle de 1282............	462
1300. décemb.	Arrêt du parlement sur de nouvelles contestations entre la commune et les bourgeois de Corbie............	473
1303. 29 juillet.	Lettre de Philippe le Bel, au sujet d'un octroi autorisé pour la commune de Corbie............	475
1306. mai.	Arrêt du parlement sur divers litiges entre l'abbaye et la commune de Corbie............	476
1307. 15 janv.	Arrêt du parlement rendu contre les habitants de Corbie......	478
1307. janvier.	Nouvelle sentence arbitrale sur les conflits de juridiction entre l'abbaye et la commune de Corbie............	Ib.
1308.	Moyens proposés par le procureur de l'abbaye de Corbie contre la concession d'un octroi à la commune............	488
1308. mai.	Lettres de l'abbé de Corbie portant autorisation pour le maire et les jurés de lever un impôt sur les possesseurs d'immeubles....	499
1310. juillet.	Lettres de Philippe le Bel portant réunion de la commune de Corbie au domaine de l'abbaye............	501
1310. juill.-août.	Procès-verbal de la remise de la commune de Corbie aux religieux.	505
1312. décemb.	Arrêt du parlement de Paris, au sujet de la destruction du beffroi de Corbie............	508
1312. décemb.	Arrêt du parlement rendu contre les habitants de Corbie.......	510
1314. 16 mai.	Autre arrêt du parlement, portant fin de non-recevoir contre les plaintes des habitants de Corbie............	511
1321. 4 février.	Lettres du roi Philippe le Long, autorisant l'assiette d'un impôt sur le vin, au profit de la ville de Corbie............	512
1356. 20 oct.	Lettre du roi Jean au sujet d'une tentative de restauration de la commune de Corbie............	514
1359. 5 juin.	Sentence du lieutenant du roi en Picardie, au sujet d'un appel fait à son conseil par les habitants de Corbie............	516
1359. 5 juin.	Sentence du sire de Fiennes, lieutenant du roi et du régent de France en Picardie, à la suite d'une nouvelle tentative de révolte des habitants de Corbie............	521
1363. 18 janv.	Sentence arbitrale rendue entre les habitants et les religieux de Corbie............	534
1416. 9 mars.	Statuts des parmentiers et pourpointiers de Corbie...........	536
1425. 19 sept.	Ordonnance du bailli, relative au métier des pareurs de draps....	539
1443. 11 nov.	Statuts des boulangers et pâtissiers de Corbie............	540
1461. 22 déc.	Ordonnance relative au commerce des paremeentiers de Corbie....	542

Dates.		Pages.
xve siècle.	Déclaration relative à la formation et aux attributions du collège des échevins de l'abbaye de Corbie.	543
1448. 16 avril.	Sentence du lieutenant du bailli d'Amiens dans un procès entre les habitants et l'abbaye de Corbie.	544
xve siècle.	Statuts du métier des tisserands de draps, du métier des pareurs et foulons et de plusieurs autres métiers de Corbie.	573
Fin du xve sièc.	Statuts des pâtissiers et des cuisiniers.	602
1529.	Statuts des archers de Corbie.	603
1568. 8 juillet.	Délibération du conseil de l'abbaye de Corbie sur le mode d'administration de cette ville.	610
1585. 29 juillet.	Arrêt du parlement relatif au cumul des offices de bailli et de prévôt de Corbie.	612
1588. juin-sept.	Documents relatifs à l'histoire de Corbie au temps de la Ligue.	614
1636-1649.	Actes relatifs à la prise de Corbie en 1636.	617
1680. 22 févr.	Concordat entre l'abbaye et les habitants de Corbie sur la nomination aux offices municipaux.	623
1690.	Notes de D. Grenier et du P. Daire sur les variations du régime municipal de Corbie, de 1690 à 1779.	624
1779. 1er avril.	Ordonnance du roi concernant l'administration municipale de la ville de Corbie.	627

POIX.

	Notice préliminaire.	633
1193.	Analyse de la charte d'affranchissement accordée par Gautier Tyrel aux habitants de Poix.	634
1208.	Charte de commune du village de Poix.	635
1540. janvier.	Lettres de François Ier portant création de deux foires annuelles et d'un marché hebdomadaire à Poix.	642
1608. novem.	Lettres de Henri IV portant création d'un marché dans le bourg de Poix.	643

FLIXICOURT.

	Notice préliminaire.	645
1507. septemb.	Coutumes locales de la ville, banlieue et échevinage de Flixicourt, rédigées au mois de septembre 1507.	646
	Transaction entre les habitants de Flixicourt et ceux de Ville.	649
1567. juin.	Lettres de Charles IX portant confirmation de deux foires annuelles et d'un marché par semaine à Flixicourt.	Ib.

VIGNACOURT.

Dates.		Pages.
	Notice préliminaire...	652
1234. février.	Sentence de l'official d'Amiens, rendue contre les échevins de Vignacourt...	653
1235. novemb.	Transaction entre le couvent de Bertaucourt et les échevins de Vignacourt..	654

VILLERS-BRETONNEUX.

	Notice préliminaire.	
1507. septemb.	Coutumes locales de Villers-Bretonneux.......................	656

CONTI.

	Notice préliminaire..	662
1358. août.	Lettres de rémission accordées par le roi à un habitant de Conti qui avait pris part à l'insurrection des Jacques...............	664

BELLOY-SUR-SOMME.

	Notice préliminaire..	665
1762. 2 sept.	Arrêt du conseil d'État relatif aux droits de tourbage et de pâturage dans les marais de la commune de Belloy-sur-Somme......	Ib.

PICQUIGNY.

	Notice..	667
1498-1630.	Sommaires d'actes relatifs à l'histoire de Picquigny.............	669

HORNOY.

	Notice et indications...	670
1468-1565.	Sommaires d'actes relatifs à l'histoire d'Hornoy................	Ib.

II.

TABLE ANALYTIQUE DES MATIÈRES

CONTENUES DANS LES NOTICES QUI SERVENT DE COMMENTAIRE AUX PIÈCES IMPRIMÉES OU MENTIONNÉES DANS CE VOLUME.

ABBAYE DE CORBIE. — Ses origines, p. 414. — A la seigneurie de la ville, p. 415. — Refuse de contribuer aux dépenses municipales, p. 423. — Adresse des réclamations à Philippe-Auguste, p. 428. — Énumération de ses droits et de ses revenus, p. 430. — Ses droits par rapport à la commune sont fixés par des commissaires, p. 457. — A la justice mobilière dans la ville, et la connaissance des affaires où l'on donne des gages de batailles, p. 463. — Ses attributions de justice et police sont réglées par sentence arbitrale, p. 463. — Proteste contre diverses prétentions de la commune de Corbie, p. 473. — Connaît des affaires relatives à la vente des marchandises, p. 474. — Sa juridiction en matière d'impôts est réglée par des commissaires, p. 478. — A la police du pain, p. 479. — S'oppose à la levée d'une taxe, p. 488. — Demande la réunion de la commune de Corbie à son domaine, p. 502. — Met opposition à l'établissement d'un impôt, p. 512. — Conclut un accord avec les habitants de Corbie, p. 526. — Réduit le nombre des échevins, p. 610. — Est déclarée n'avoir point participé à la reddition de Corbie aux Espagnols, p. 618. — Conclut un concordat avec les bourgeois au sujet des offices municipaux, p. 623. — Voy. CORBIE, ÉCHEVINAGE.

ABBÉ DE CORBIE. — Commande les milices communales de cette ville, p. 418. — Refuse de se soumettre à une ordonnance de Philippe-Auguste, p. 427. — Exerce la justice dans les marais de Corbie, p. 436. — Passe un accord avec les bourgeois au sujet de ces marais, ibid. — Porte plainte contre la commune, p. 453. — Rend une sentence arbitrale au sujet de la ville de Corbie, p. 462. — Prétend être seul seigneur de cette ville, p. 475.

T. III.

— Donne aux bourgeois l'autorisation de lever un impôt, p. 499. — Déclare la commune abolie pour toujours, p. 505. — Fait détruire le beffroi, p. 508. — Impose aux habitants des amendes excessives, p. 511. — Abandonne son abbaye par crainte des Jacques, p. 521. — Porte plainte contre les habitants de Corbie, p. 525. — Défend de tondre à sèche table, p. 539. — Institue les officiers de la police industrielle, p. 574. — Sanctionne la réforme de l'échevinage, p. 613. — Voy. ABBAYE DE CORBIE, COMMUNE DE CORBIE, JURÉS DE CORBIE.

ABBEVILLE. — Arrêt relatif aux communautés industrielles de cette ville, p. 163.

ACADÉMIE D'AMIENS. — Prend part aux élections municipales, p. 319.

ACTEURS. — Ne peuvent être médecins à Amiens, p. 93.

AFFICHES ÉLECTORALES. — Apposées à Amiens par ordre de l'échevinage, p. 168.

AFFRANCHISSEMENT des habitants de Corbie, p. 421.

AMIDONNIERS D'AMIENS. — État de leur corporation en 1762, p. 288.

AMIÉNOIS. — Sont opposés au maréchal d'Ancre, p. 15. — Ont une querelle avec des soldats, p. 20. — Essayent de recouvrer leur ancienne administration municipale, p. 163. — Sont confirmés dans leurs priviléges, p. 179. — Font des démarches pour racheter les offices de la milice bourgeoise, ibid. — Sont dispensés, en payant une taxe, de prendre des lettres de bourgeoisie, p. 205 et 206. — Réclament contre les prétentions du bailli, p. 249, 250. — Sont autorisés à procéder aux élections municipales, ibid. — Voy. AMIENS et CONSEIL D'ÉTAT.

86

AMIENS. — Donne des inquiétudes à la cour en 1635 et 1636, p. 38. — Est très-endettée, p. 39. — Est ravagée par une maladie contagieuse, p. 53. — Nomme un député aux états généraux, p. 87. — Est exempte du droit de ban et du droit de franc-fief, p. 146. — Fabrique des étoffes de laine, p. 331. — Rachète des offices municipaux créés par Louis XIV, p. 164.

AJOURNEMENTS. — Sont donnés à Corbie, suivant les cas, par le maire ou les religieux, p. 474.

ANCRE (Le maréchal d'), gouverneur d'Amiens, p. 10, 11, 15 et 21.

ANNE D'AUTRICHE. — Passe à Amiens, p. 33.

APOTHICAIRES D'AMIENS. — Leur situation en 1762, p. 288.

APPELS de la justice de l'échevinage d'Amiens. — Où ils étaient portés, p. 225.

APPRENTISSAGE A AMIENS. — Sa durée dans le métier des merciers, p. 116 ; — dans le métier des payeurs, p. 148 ; — dans le métier des hôteliers, taverniers et cabaretiers, p. 173 et 174 ; — dans le métier des marchands en gros, p. 210 ; — dans le métier des charcutiers, p. 229.

APPRÊTEURS D'AMIENS. — Leur situation en 1762, p. 288.

ARCHERS DE CORBIE. — Leurs statuts, p. 603. — Voy. JEU DE L'ARC.

ARCHIVES DE L'ÉCHEVINAGE D'AMIENS. — Sont cataloguées, p. 254. — Les pièces n'en doivent être prêtées que sur récépissé, p. 269.

ARCHIVISTE D'AMIENS. — Est nommé par l'échevinage, p. 320.

ARMES fabriquées à Corbie, p. 418.

ARMURIERS D'AMIENS. — Leur situation en 1762, p. 288.

ARRIÈRE-BAN (Droit d'). — Amiens en est exempté, p. 146.

ARTISANS. — Ne peuvent remplir les hauts grades de la milice d'Amiens, p. 180. — Sont contraints de s'établir en maîtrises, p. 210.

ASSEMBLÉE DES NÉGOCIANTS D'AMIENS, pour l'établissement d'une chambre de commerce, p. 280.

ASSEMBLÉE DES NOTABLES. — Surveille les administrations municipales, p. 316.

ASSEMBLÉE DU TIERS ÉTAT du bailliage d'Amiens, en 1788, p. 367.

ASSEMBLÉE GÉNÉRALE DES HABITANTS D'AMIENS. — Statue sur une demande des jésuites, p. 131. — Est présidée par le lieutenant général du bailliage, p. 319.

ASSEMBLÉE GÉNÉRALE DES CHARCUTIERS D'AMIENS, p. 230.

ASSEMBLÉE PRÉLIMINAIRE DU BAILLIAGE D'AMIENS, convoquée pour la nomination de députés aux états généraux, p. 366.

ASSEMBLÉE PROVINCIALE DE PICARDIE, tenue à Amiens en 1787, p. 364. — Est divisée en cinq bureaux, p. 364.

ASSEMBLÉES MUNICIPALES DE CORBIE. — En quel endroit elles se tiennent, p. 505.

ASSEMBLÉES ÉCHEVINALES D'AMIENS. — Sont présidées par le lieutenant général, p. 192.

ASSEMBLÉES ÉLECTORALES D'AMIENS. — Sont présidées par un ancien maire, p. 169. — Sont réglées par un arrêt du conseil d'État, p. 275.

ASSOCIATION. — Est interdite aux merciers d'Amiens, avec des personnes étrangères à leur métier, p. 117.

AUDITOIRE DU BAILLIAGE D'AMIENS. — Le bailli veut que les élections municipales y soient faites, p. 235.

AVOUÉS DE CORBIE. — Leur charge est remplie par les seigneurs de Picquigny, p. 668.

BAILLIAGE D'AMIENS. — Connaît en appel des jugements de l'échevinage de cette ville, p. 225.

BAILLI D'AMIENS. — Veut que l'élection des échevins soit faite devant lui, p. 235. — Présente un candidat aux fonctions de maire, p. 249. — Rend une sentence dans un procès entre les bourgeois de Corbie et l'abbaye, p. 544.

BAILLI DE CORBIE. — Rend une ordonnance relative aux pareurs de draps, p. 539. — L'office de prévôt poitien lui est retiré, puis rendu, p. 613.

BAN (Droit de). — Amiens en est exemptée, p. 146.

BANLIEUE D'AMIENS. — Comprend dans sa circonscription le hameau de Montières, p. 90.

BANLIEUE DE CORBIE. — On ne peut y bâtir de forteresse, p. 425.

BANNIÈRE des milices de Corbie, p. 409.

BAUDOUIN VI, comte de Flandre, prend possession de la ville de Corbie, p. 416.

BEFFROI DE CORBIE. — Est démoli par l'abbé, p. 508 et 509.

BEHENCOURT. — La maladrerie de ce village est réunie à l'Hôtel-Dieu d'Amiens, p. 187.

BELLEJAME (M. de), intendant de Picardie, p. 58.

BELLOY-SUR-SOMME. — Ancien nom de ce village, p. 665. — Les habitants ont des droits de tourbage et de pâturage, ibid.

BERTAUCOURT (Abbaye de). — Ses tenanciers sont exempts des tailles de l'échevinage de Vignacourt, p. 653. — Conclut un accord avec les échevins de Vignacourt, p. 654.

BILLETS DE GARDE. Voy. GARDE.

BONNETIERS D'AMIENS. — Leur situation en 1762, p. 288.

Bonnetiers de Corbie. — Leurs statuts, p. 591.

Bouchers d'Amiens. — Peuvent vendre du porc frais, p. 229. — Leur situation en 1762, p. 310.

Bouchers de Corbie. — Leurs statuts, p. 594. — Voy. Étalage.

Bouillon (Le duc de). — Se révolte contre Louis XIII, p. 73.

Boulangers d'Amiens. — Leur situation en 1762, p. 288.

Boulangers de Corbie. — Leurs statuts, p. 540.

Bourbon (Le cardinal de), abbé de Corbie, p. 614 et 615.

Bourgeois d'Amiens. — Doivent monter la garde dans leur ville, p. 12. — Sont dispensés de prendre des lettres de bourgeoisie, p. 206. — Quelques-uns font le commerce sans appartenir aux corps de métiers, p. 209.

Bourgeois de Corbie. — Sont astreints par leur coutume à de nombreuses obligations, p. 425. — Passent un accord au sujet des marais, p. 436. — Appellent au Saint-Siége d'une sentence d'interdit, p. 441. — Envahissent l'abbaye et sont excommuniés, ibid. — Administrent leur ville pendant trois ans, p. 444. — Quelques-uns sont excommuniés, ibid. — Prétendent que les habitants de Fouilloy dépendent de leur commune, p. 452. — Demandent que leur commune soit réunie au domaine de l'abbaye, p. 501. — Doivent obéir à l'abbé comme à leur seigneur, p. 505. — Peuvent recourir au parlement par voie d'appel, p. 510. — Se plaignent des moines de Corbie, ibid. — Sont déboutés de cette plainte par arrêt du parlement, p. 511. — Concluent un accord avec l'abbaye au sujet des impôts, p. 513. — Instituent malgré l'abbé une administration municipale, p. 515. — Ne peuvent donner de procuration au nom de leur ville, p. 516. — Font graver un sceau, p. 521. — Fortifient leur ville par crainte des Jacques, ibid. — Nomment un capitaine, ibid. — Passent un accord avec l'abbaye, p. 526. — Obtiennent des lettres de grâce, ibid. — Sont condamnés à des dommages et intérêts envers l'abbaye, p. 534. — Interviennent dans la rédaction des ordonnances industrielles, p. 542. — Ont de nombreux débats avec l'abbaye, p. 544. — Voy. Abbaye de Corbie, Droit de ban.

Bourreliers d'Amiens. — Leur situation en 1762, p. 290.

Boutique. — Voy. Marchands en gros d'Amiens.

Boutonniers d'Amiens. — Leur situation en 1762, p. 290.

Brasseurs d'Amiens. — Leur situation en 1762, p. 290.

Brodeurs d'Amiens. — Adressent une requête à l'échevinage, p. 153. — Leur situation en 1762, p. 304.

Cabaretiers d'Amiens. — Leurs statuts, p. 172. — Leur situation en 1762, p. 310.

Cafetiers d'Amiens. — Leur situation en 1762, p. 290.

Cahiers du tiers état du bailliage d'Amiens aux états généraux de 1789, p. 379; — du bailliage de Ham, ibid.; — des prévôtés de Beauvoisis, Beauquesne, Fouilloy et Vimeu, p. 367.

Calendreurs d'Amiens. — Leur situation en 1762, p. 292.

Cambrai. — Entretient des relations avec Amiens, en temps de peste, p. 26.

Camp romain de Picquigny, p. 667.

Capitaines de la milice bourgeoise d'Amiens, p. 267. — Sont soumis à la taxe, p. 218 et 267.

Cens de commune. — Est fixé à deux sous pour les habitants de Poix, p. 636.

Chaircuitiers d'Amiens. — Leur situation en 1762, p. 292.

Chambre de commerce d'Amiens. — Son organisation, p. 270 et 281.

Chambre des comptes. — Règle une dépense municipale de la ville d'Amiens, p. 30.

Chandeliers. — Voy. Fabricants de chandelles.

Chapeliers d'Amiens. — Leur situation en 1762, p. 292.

Chapeliers de Corbie. — Leurs statuts, p. 598.

Chapitre de la cathédrale d'Amiens. — Plaide contre l'échevinage au sujet du droit de castiche, p. 333. — Se prétend seul seigneur haut justicier des eaux de la Somme, et rédige plusieurs mémoires à ce sujet, p. 334, 335 et 337.

Charles V, roi de France. — Pardonne aux habitants de Corbie leur rébellion contre l'abbaye, p. 526. — Accorde des lettres de rémission à un habitant de Conti, p. 663.

Charles VI, roi de France. — Confirme le marché de Vignacourt, p. 652.

Charles IX, roi de France. — Confirme les foires de Flixicourt, p. 649.

Charrons d'Amiens. — Leur situation en 1762, p. 292.

Charpentiers d'Amiens. — Leur situation en 1762, p. 292.

Charte de la commune de Corbie, p. 424.

Charte de la commune de Poix. — Reproduit plusieurs articles de la charte d'Abbeville, p. 635.

Chatelain de Corbie, p. 430.

Chatellenie de Corbie, p. 430.

Chaulnes (Duc de), gouverneur d'Amiens. — Fait un règlement pour la garde de cette ville,

86.

p. 37. — Refuse de faire droit aux réclamations de l'échevinage, p. 38. — Soutient une discussion contre les magistrats municipaux au sujet des élections, p. 53.

CHAUDRONNIERS D'AMIENS. — Leur situation en 1762, p. 312.

CHRONIQUE DE L'ABBAYE DE CORBIE, p. 422.

CHEFS DES PORTES D'AMIENS. — Nomment cinq échevins, p. 1. — Protestent contre l'installation d'un maire, p. 77. — Sont choisis parmi les notables, p. 180. — Sont au nombre de six dans chaque compagnie de milice bourgeoise, p. 267. — Voy. PORTIERS.

CHEVELAGE (Droit de). — En quoi il consiste, p. 416.

CIMETIÈRE D'AMIENS. — Est fort respecté du peuple de cette ville, p. 130. — Les jésuites veulent s'en approprier une partie, p. 130, 131 et 132.

CIRIERS D'AMIENS. — Leurs statuts, p. 116.

CLERGÉ DE PICARDIE. — Consent, en 1789, à ce que ses biens soient imposés, p. 380.

CLERGÉ D'AMIENS. — Refuse de contribuer aux fortifications, p. 72.

CLEFS DES PORTES D'AMIENS. — Étaient au nombre de deux pour chaque porte, p. 62.

CLEFS DES PORTES DE CORBIE. — Par qui elles étaient gardées, p. 545.

CLOCHE DU BEFFROI D'AMIENS. — Sert à convoquer les habitants de garde, p. 12.

CLOUTIERS D'AMIENS. — Sont assignés par les merciers, p. 116. — Leur situation en 1762, p. 292.

COLBERT DE SAINT-POUANGE. — Est envoyé à Amiens à l'occasion d'une émeute, p. 129.

COLLÉGE DES MÉDECINS D'AMIENS. — Voy. MÉDECINS.

COLONEL DE LA MILICE BOURGEOISE D'AMIENS, p. 180.

COMMANDANT DES PORTES DE LA VILLE D'AMIENS, p. 268.

COMMANDANT DE PLACE D'AMIENS. — Donne le mot d'ordre à la milice bourgeoise, p. 268.

COMMERCE D'ÉPICERIE. — Est fait à Amiens par des personnes étrangères aux corps de métiers, p. 209.

COMMISSAIRES DU SAINT-SIÉGE. — Sont envoyés pour juger les différends de la commune et de l'abbaye de Corbie, p. 443.

COMMISSAIRES DU ROI. — Règlent les différends des religieux et des habitants de Corbie, p. 447.

COMMUNAUTÉS D'ARTS ET MÉTIERS D'AMIENS. — Fournissent, en 1762, un état général de situation, p. 285 et suiv. — Leurs dettes à cette époque, p. 286.

COMMUNE DE CONTI. — Est mentionnée en 1230, p. 662. — Voy. CONTI.

COMMUNE DE CORBIE. — Date probable de son établissement, p. 416. — Est abandonnée par les habitants au roi Philippe le Bel, ibid. — Son histoire figure dans une pièce de procédure, p. 417. — Est une cause de querelles entre les religieux et les habitants, ibid. — Est ratifiée par Louis le Gros, p. 422. — Est modifiée par Philippe-Auguste, p. 429. — Est condamnée à une amende par Louis IX, p. 440. — Paraît avoir subi une révolution vers 1238, p. 444. — A la haute et basse justice, p. 457. — Ses prérogatives sont confirmées par Philippe le Hardi, ibid. — Partage les amendes avec l'abbé, ibid. — Ses différends avec l'abbaye sont réglés par sentence arbitrale, p. 462. — Ses attributions sont déterminées en 1297, p. 463. — Est réunie au domaine de l'abbaye, p. 501. — Est abolie après la réunion à ce domaine, p. 505. — Des tentatives sont faites pour la rétablir, p. 514. — Voy. CHARTE, BOURGEOIS DE CORBIE, CORBIE, ABBAYE DE CORBIE, etc.

COMMUNE DE POIX. — Voy. POIX.

CONDÉ (Le prince de) est arrêté au Louvre, p. 22.

CONFÉRENCES DE LOUDUN, p. 19.

CONFRÉRIE de Saint-Jacques d'Amiens, formée par les merciers, p. 116; — de Saint-Louis, établie par quelques merciers dissidents, ibid.; — de Saint-Nicolas, érigée par les maîtres écrivains, p. 99.

CONSEIL D'ÉTAT. — Statue sur une question relative à la banlieue d'Amiens, p. 90. — Annule une délibération de l'échevinage d'Amiens, p. 104. — Autorise cet échevinage à recevoir des maîtres dans les corporations industrielles, p. 139. — Exempte les Amiénois du droit de franc-fief, p. 146. — Règle la forme des élections municipales d'Amiens, p. 169. — Statue sur un différend entre le gouverneur et les magistrats municipaux de cette ville, p. 179. — Décharge l'échevinage d'Amiens de l'établissement d'un office de garde-scel, p. 197. — Renvoie les magistrats municipaux d'Amiens devant le parlement, p. 204. — Confirme les priviléges des Amiénois, p. 206. — Statue sur une protestation des drapiers d'Amiens, p. 211. — Rend un arrêt relatif à une taxe imposée sur la milice bourgeoise d'Amiens, p. 218. — Fait droit à une réclamation de l'échevinage d'Amiens, p. 236. — Maintient les habitants d'Amiens dans le droit d'élire les magistrats municipaux, p. 250. — Rend divers arrêts dans un débat entre les Amiénois et le bailli, ibid. — Règle en 1720 le mode de nomination des échevins à Amiens, p. 253. — Sanctionne l'établissement de la chambre de commerce d'Amiens, p. 281. — Autorise la construction d'un moulin à foulon à Amiens, p. 331. — Intervient dans un procès au sujet de la seigneurie des eaux de la Somme, p. 335. — Rend un arrêt relatif à divers offices de police industrielle à Amiens, p. 339.

Conseil privé. — Maintient l'échevinage d'Amiens dans le droit d'administrer la maladrerie de la Madeleine, p. 187.

Conseillers de la ville d'Amiens. — Nomment cinq échevins en 1600, p. 1. — Sont nommés par l'échevinage, p. 166. — Leur office est réuni à l'échevinage, p. 254. — Leur nombre est porté à six, p. 259. — Sont au nombre de quatre en 1771, p. 319.

Conseillers du bailliage d'Amiens. — Ne doivent pas voter aux élections municipales, p. 83.

Consuls d'Amiens. — Voy. Juges consuls.

Conti. — Anciens noms de ce bourg, p. 662. — A une commune et un maire au commencement du XIIIe siècle, ibid. — Ses habitants prennent part à l'insurrection des Jacques, p. 663.

Contrôleur des octrois. — Son office est éteint à Amiens, p. 254.

Corbie. — Est prise par Jean de Werth, p. 50. — Est assiégée par Louis XIII, p. 54. — Ses anciens noms, p. 413. — Désastres qu'elle subit au IXe siècle, p. 414. — Conclut un traité de paix avec Amiens, p. 415. — Est fortifiée au IXe siècle, ibid. — Est saccagée au Xe siècle, ibid. — Est donnée en dot à Adèle de France, sœur de Henri Ier, ibid. — Est organisée en commune, p. 416. — Ses habitants sont serfs de l'abbaye, ibid. — Est replacée dans le domaine du roi de France, p. 416. — Fait un grand commerce au moyen âge, p. 417. — S'associe avec Amiens, Abbeville et Saint-Quentin, p. 418. — Est assiégée par Philippe d'Alsace, ibid. — Fabrique des draps au XIVe siècle, ibid. — Est prise par les Bourguignons, p. 419; — par les Espagnols, p. 420; — par Louis XI, ibid. — Est cédée au duc de Bourgogne, ibid. — Est rachetée par Louis XI, ibid. — Adhère à la Ligue, ibid. — Ses habitants obtiennent leur affranchissement de l'abbaye, sont tenus au service du roi, et doivent aide et protection aux marchands forains, p. 421 et 425. — Est frappée d'interdit, p. 441. — Est relevée de la sentence d'excommunication, p. 447. — État de ses dettes et revenus en 1262, p. 451. — Obtient le droit de lever un impôt, p. 461. — Paye ses dettes, p. 512. — Tente de rétablir sa commune, p. 514. — Sa situation politique au XVe siècle, p. 546. — S'associe aux villes de Picardie dans l'acte d'Union catholique, p. 614 et suiv. — Adresse des doléances à Henri III, p. 615. — Est prise par les Impériaux, p. 617. — Est déclarée criminelle de lèse-majesté, p. 618. — Est reprise par les Français, ibid. — Recouvre quelques-uns de ses privilèges, ibid. — Louis XIV y crée des manufactures, ibid. — Tente de recouvrer le droit d'élire ses magistrats, p. 624. — Histoire de son échevinage à partir de 1690, p. 624. — Ses habitants sont sujets du domaine royal, p. 628. — Son histoire administrative est racontée dans une ordonnance de Louis XVI, ibid. — Voy. Abbaye de Corbie, Affranchissement, Assemblées municipales, Bourgeois de Corbie, Commune, Échevins, Marais, Prévôt.

Corbie (La), rivière, p. 414.

Cordiers de Corbie. — Leurs statuts, p. 587.

Cordiers d'Amiens. — Leur situation en 1762, p. 292.

Cordonniers d'Amiens. — Leur situation en 1762, p. 294.

Corporations d'Amiens. — L'échevinage de cette ville conserve le droit de leur donner des statuts, p. 201. — Ne figurent pas dans les élections municipales, p. 254.

Corroyeurs d'Amiens. — Leur situation en 1762, p. 294.

Corvées dues par les habitants de Corbie à l'abbaye, p. 430.

Courtiers de la draperie foraine à Amiens, p. 341; — de vins, ibid.; — de laine, ibid.; — des fruits, ibid.

Coutumes de Corbie, p. 425.

Coutumes de Flixicourt, p. 645 et suiv.

Couturières d'Amiens. — Leur situation en 1762, p. 306.

Couvreurs d'Amiens. — Leur situation en 1762, p. 312.

Cuisiniers d'Amiens. — Leur situation en 1762, p. 306.

Cuisiniers de Corbie. — Leurs statuts, p. 602.

Deniers patrimoniaux a Amiens. — Servent à payer les robes distribuées par la ville, p. 30.

Députés d'Amiens. — Sont reçus en audience par Louis XIII, p. 17.

Députés aux états généraux de 1789. — Comment la commission du département d'Amiens veut qu'ils soient nommés, p. 365.

Dévalleurs de vin a Amiens, p. 341.

Doreurs d'Amiens. — Leur situation en 1762, p. 304.

Doyen du collége des médecins d'Amiens, p. 93.

Draps fabriqués à Corbie au XIVe siècle, p. 418.

Drapiers d'Amiens. — Refusent de reconnaitre l'autorité de l'échevinage, p. 204. — Forment opposition à une requête des marchands en gros, p. 210. — Le conseil d'État réunit divers offices à leur corporation, p. 249 et 260.

Droguistes d'Amiens, p. 116.

Droit de castiche à Amiens. — Ce que c'était,

p. 333. — Cause de nombreux procès entre le chapitre et l'échevinage, ibid.

DROIT DE BAN. — Est concédé par les bourgeois de Corbie à l'abbaye de cette ville, p. 455.

DROITS DE RELIEF. — Sont perçus à Corbie par les magistrats municipaux, p. 479.

DUEL JUDICIAIRE. — Comment il a lieu à Corbie, p. 463.

ÉCHEVINAGE D'AMIENS. — Délibère au sujet de la tenue des états généraux en 1614, p. 5. — Décide d'adresser des réclamations au maréchal d'Ancre, p. 10. — Rend une ordonnance relative à la garde, p. 12. — Sollicite de Louis XIII la révocation de l'édit de 1597, p. 30. — Adresse une requête à ce prince, ibid. — Donne des robes aux employés de la ville, ibid. — Demande au roi la concession de divers impôts, p. 33. — Se plaint au duc de Chaulnes que la garde de la ville soit mal faite, p. 38. — Est accusé de n'avoir point voulu réprimer une émeute, p. 39. — Se plaint de la conduite du duc de Chaulnes, ibid. — Peut être prorogé par le roi, en vertu de l'édit de 1597, p. 53. — Envoie une députation à Louis XIII, au sujet de ses démêlés avec le duc de Chaulnes, p. 44. — Demande l'abrogation de l'édit de 1597, p. 58. — Est reconstitué en 1636, par arrêt du conseil, p. 60. — Ses attributions à cette époque, p. 61. — Est chargé de surveiller les fortifications, p. 62. — Est renouvelé par ordonnance royale, p. 76. — Interjette appel d'une ordonnance du roi, ibid. — Les personnes pensionnées par les princes et les communautés religieuses en sont exclues, p. 81. — Est divisé en deux partis hostiles, en 1650, p. 83 et suiv. — Refuse d'admettre le procureur du roi en qualité d'échevin, p. 85. — Rend une ordonnance relative aux maitres d'écriture, p. 99. — Fait assigner le maitre et les religieuses de l'Hôtel-Dieu, p. 102. — Fait des présents et des visites à l'évêque, p. 104 et 106. — Déclare les offices vénaux héréditaires, p. 106. — Fait enregistrer les contrats pour l'hérédité des offices, p. 109. — Est maintenu dans l'exercice de la justice civile, p. 138. — Donne son consentement à l'établissement de l'hôpital Saint-Charles, à Amiens, p. 143. — Règle les points de litige qui peuvent surgir entre les propriétaires d'Amiens et les paveurs, p. 149. — Sanctionne les statuts des peintres, p. 153. — Sa composition en 1692, p. 163. — Règle la forme des élections municipales, p. 166. — A des contestations avec l'intendant général de Picardie, p. 169. — A la nomination des officiers de la milice bourgeoise, p. 179. — Adresse une requête au cardinal du Perron, p. 186. — Passe un contrat avec l'ordre de Saint-Lazare, ibid.

— Est maintenu dans l'administration de la maladrerie de la Madeleine et dans la connaissance de la police, p. 187 et 192. — Est autorisé à faire un emprunt, p. 193. — Réunit au corps de ville divers offices de receveurs municipaux, p. 198. — Ordonne la création d'un office héréditaire des flaqueurs, p. 200. — Sa composition en 1705, p. 201. — Est maintenu dans le droit de donner des statuts aux corporations, ibid. — Nomme l'huissier garde-meubles de l'hôtel de ville, ibid. — Réunit au corps de ville les offices de lieutenant de maire, d'assesseurs, et d'échevins, ibid. — Fait la répartition d'une taxe sur les officiers de la milice bourgeoise, p. 218. — Est en possession de quatre juridictions différentes, p. 225. — Adresse une requête au roi, p. 236. — Est constitué en vertu de l'édit de 1726, p. 253. — Est réduit à sept membres en 1650, p. 262. — Forme opposition à un édit sur les justices consulaires, p. 263. — Est dépossédé de son autorité sur la milice bourgeoise, p. 266. — Est seul juge de police pendant la foire de la Saint-Jean, p. 270. — Rédige un mémoire sur les usages municipaux d'Amiens, p. 316. — Est autorisé à faire tourber les marais, p. 318. — Sa composition en 1772, p. 319. — Est maintenu dans la connaissance des faits relatifs à la garde bourgeoise, p. 330. — Plaide contre le chapitre au sujet du droit de castiche, p. 333. — Présente divers mémoires relatifs à la seigneurie des eaux de la Somme, p. 336 et suiv. — Maintient ses droits de possession sur les offices de police industrielle, p. 339.

ÉCHEVINAGE DE CORBIE. — Veut faire contribuer les religieux aux charges municipales, p. 422. — Sa composition en 1568 et en 1585, p. 610 et 613. — Est supprimé par Louis XIII, p. 618. — Son histoire à partir de 1690, p. 624. — Son organisation est réglée par Louis XVI, p. 627. — Voy. JUSTICE et CORBIE.

ÉCHEVINAGE DU MONASTÈRE DE CORBIE. — Ce qu'il était au xve siècle, p. 543. — Voy. ABBAYE DE CORBIE.

ÉCHEVINAGE DE VIGNACOURT, p. 653.

ÉCHEVINAGE DE VILLERS-BRETONNEUX. — Comment il était constitué au xvie siècle, p. 656.

ÉCHEVINS D'AMIENS. — Comment ils sont nommés en 1600, p. 1. — Écrivent à Marie de Médicis, p. 6. — Sont chargés de faire les rondes, p. 37. — Deux échevins doivent chaque année rester en charge pour instruire les autres, p. 53. — Sont nommés par Louis XIII, p. 54. — Sont trop peu nombreux pour suffire aux besoins du service, p. 58. — Leur nombre est porté à douze, p. 61. — S'assemblent deux fois par jour à l'hôtel de ville, ibid. — Signent les ordonnances de paye-

ment, p. 62. — Leurs diverses fonctions, ibid.
— Sont maintenus en charge par le roi, p. 76.
— Sont nommés d'office par le gouverneur, p. 81.
— Se rendent à Paris pour protester contre une
élection, p. 83. — Sont accusés d'intrigues, p. 142.
— Leurs gages sont augmentés, p. 218. — Leur
nombre est fixé à neuf, p. 253. — Dans quelles
classes de citoyens ils sont choisis, p. 320.

Échevins de Corbie. — Sont une cause de débats entre la ville et les religieux, p. 623. — Jugent les habitants pour les délits commis envers le roi, p. 425.

Échevins de l'abbaye de Corbie. — Leurs attributions, p. 458, 543. — Voy. Échevinage.

Échevins de Flixicourt. — Leurs attributions, p. 645.

Échevins de Villers-Bretonneux. — Leurs attributions, p. 657.

Écoles de Corbie. — Étaient dans la dépendance de l'abbaye, p. 544.

Écrivains d'Amiens. — L'échevinage rend une ordonnance relative à leur profession, p. 99. — Sont organisés en confrérie, ibid.

Elbeuf (le duc d'), gouverneur de Picardie, p. 83, 114.

Électeurs municipaux d'Amiens. — Leur vote est obligatoire, p. 319.

Élection des échevins de l'abbaye de Corbie, p. 543.

Élection des députés de Picardie aux états généraux de 1789, p. 365 et suiv.

Élections municipales d'Amiens. — Soulèvent de graves difficultés en 1650, p. 82. — Donnent lieu, en 1651, à divers débats entre les membres de l'échevinage, p. 84. — Le lieutenant du roi veut les entraver, et est débouté de ses prétentions, p. 155. — Sont réglées par l'échevinage en 1693, p. 166. — Doivent avoir lieu à l'hôtel de ville, p. 235. — Sont faites par les habitants, p. 250. — Changent complétement de forme, p. 254. — Règlement qui les concerne, en 1771, p. 319.

Élisabeth de France, p. 16.

Émeute des sayéteurs d'Amiens, p. 38.

Émeute a Amiens, en 1662, p. 129.

Encordeurs de bois d'Amiens, p. 341.

Enlumineurs d'Amiens. — Adressent une requête à l'échevinage, p. 153. — Leur situation en 1762, p. 304.

Éperonniers d'Amiens. — Leur situation en 1762, p. 294.

Épiciers d'Amiens. — Leurs statuts, p. 116. — Leur situation en 1762, p. 288. — Sont constitués en communauté par un édit de 1777, p. 350. — Voy. Commerce.

Épidémie a Amiens, p. 26.

Escouades de la milice bourgeoise d'Amiens, p. 267.

Espagnols. — Font des courses aux environs d'Amiens, p. 50.

Estaque ou Estache de Corbie, siége de la justice abbatiale, p. 543, 610. — Devient une véritable maison commune pour les habitants de Corbie, p. 610.

Étalage des marchandises de boucherie. — Paye un droit à Corbie, p. 594.

Étanque. — Ce que c'était, p. 436.

États généraux. — Sont convoqués à Sens, puis à Paris, en 1614, p. 5. — Part que la ville d'Amiens y prend, ibid. — Sont successivement convoqués et ajournés lors des troubles de la Fronde, p. 86. — Sont convoqués en 1789, p. 363. — Actes relatifs à cette convocation dans le bailliage et la ville d'Amiens, p. 363 et suiv.

États de la langue d'oïl. — Accordent un subside au roi Jean, p. 514.

Étrangers. — Ne peuvent entrer à Amiens avec des armes, p. 13.

Évêque d'Amiens. — Plaide avec l'échevinage au sujet de l'Hôtel-Dieu, p. 102. — Porte plainte au conseil d'État, p. 104. — Ne peut entreprendre sur les biens de l'hôpital de Saint-Charles, p. 143.

Examens des médecins d'Amiens, p. 94.

Fabricants de bas d'Amiens. — Leur situation en 1762, p. 288.

Fabricants de chandelles de Corbie. — Leurs statuts, p. 586.

Fabricants de tuiles de Corbie. — Leurs statuts, p. 584.

Faïenciers d'Amiens. — Leur situation en 1762, p. 294.

Faure (François), évêque d'Amiens, p. 102, 104.

Femmes veuves. — Peuvent continuer dans le métier des merciers l'état de leurs maris, p. 116.

Ferblantiers d'Amiens. — Leur situation en 1762, p. 294.

Ferme du Pied-Fourché, p. 50; — des vins, p. 164; — du tabac et des eaux-de-vie, ibid.

Ferronniers d'Amiens. — Leur situation en 1762, p. 292.

Finances des villes. — Voy. Corbie.

Flaqueurs a Amiens, p. 341. — Voy. Portepaix.

Flixicourt. — Avait un maire et des échevins en 1270, p. 645. — Avait un Hôtel-Dieu et une maladrerie, ibid. — Ses coutumes locales, p. 645 et suiv. — Ses habitants font un accord avec ceux de Ville, au sujet des marais, p. 649. — Ses deux foires sont confirmées par Charles IX, p. 649. — Voy. ÉCHEVINS.

FOIRE FRANCHE pour les chevaux, établie à Amiens, p. 278.

FOIRE DE LA SAINT-JEAN D'AMIENS. — Est confirmée par Louis XV, p. 269. — Détails historiques sur cette foire, p. 270.

FOIRES DE CONTI, p. 662.

FOIRES DE FLIXICOURT. — Voy. FLIXICOURT.

FONDEURS D'AMIENS. — Leur situation en 1762, p. 312.

FORTIFICATIONS D'AMIENS. — Voy. LOUIS XIII.

FOUILLOY. — L'abbé de Corbie est autorisé à y faire bâtir une maison forte, p. 440. — Dépend de la commune de Corbie, p. 452.

FOULONS D'AMIENS. — Leur situation en 1762, p. 294.

FOULONS DE CORBIE. — Leurs statuts, p. 577.

FRANÇOIS Ier, roi de France. — Crée deux foires et un marché à Poix, p. 642.

FRANÇOIS II, roi de France. — Confirme le marché de Vignacourt, p. 652.

FRIPIERS D'AMIENS. — Leur situation en 1762, p. 306.

GAGNE-DENIERS, remplaçants soldés dans la milice bourgeoise d'Amiens, p. 330.

GANTIERS D'AMIENS. — Leur situation en 1762, p. 296.

GARDE. — Comment on la montait à Amiens, p. 12, 37. — Le premier échevin signe les billets de garde des bourgeois d'Amiens, p. 155.

GARDE FORAIN (office de). — Est supprimé à Amiens, p. 259. — Est rétabli et réuni à la communauté des drapiers, p. 260.

GARDE-MARTEAU (office de). — Est supprimé et rétabli à Amiens, p. 259, 260.

GARDES DE LA CORPORATION DES MARCHANDS EN GROS D'AMIENS, p. 210.

GARDES DES MÉTIERS DE CORBIE. — Sont élus par les maîtres, p. 574.

GASTON D'ORLÉANS. — S'allie avec le roi d'Espagne, p. 35.

GEOFFROY, évêque d'Amiens, confirme une charte relative à l'église de Poix, p. 634.

GOUVERNEUR DE PICARDIE (le). — On lui remet chaque jour la liste des personnes qui entrent dans Amiens, p. 12.

GOUVERNEUR D'AMIENS. — Nomme deux échevins en 1600, p. 1. — A des démêlés avec les magistrats municipaux au sujet de leurs attributions militaires, p. 37. — Fait d'office une nomination d'échevins, p. 81. — Veut acheter les offices de la milice bourgeoise, p. 179. — Intervient dans la nomination des officiers de cette milice, p. 180.

— Ne doit pas présider les assemblées électorales, p. 253. — A le droit d'organiser la milice bourgeoise, p. 266. — Donne le mot d'ordre à cette milice, p. 268. — Voy. CHAULNES (duc de).

GOUVERNEUR DE CORBIE. — Est condamné à mort, p. 617.

GRAND GARDE, officier de police de la corporation des marchands en gros de la ville d'Amiens, p. 210.

GRAVEURS D'AMIENS. — Leur situation en 1762, p. 296.

GREFFIER DU BAILLIAGE D'AMIENS. — Ne peut faire partie de l'échevinage, p. 83.

GRÉGOIRE IX (le pape). — Donne ordre de publier une sentence d'excommunication contre les bourgeois de Corbie, p. 441. — Invite Louis IX à prendre sous sa protection l'abbaye de Corbie, p. 443.

GRENIERS D'AMIENS. — Leur situation en 1762, p. 296.

GROSSIERS DE POISSONS, à Amiens, p. 341.

GUÈDE. — Voy. MARCHANDS.

GUERRE CIVILE, sous la minorité de Louis XIII, p. 5.

GUISE (le duc de). — Fait sa soumission au roi, p. 23.

HALLE D'AMIENS. — Est incendiée et rétablie, p. 270. — Est brûlée en 1772, p. 318.

HAUTE CLOCQUE. — Nom donné, en plusieurs lieux de Picardie, aux beffrois, p. 508.

HENRI Ier, roi de France. — Détache la ville de Corbie de son domaine, p. 415.

HENRI III, roi de France. — Écrit aux habitants de Corbie, p. 615. — Leur accorde diverses exemptions, ibid.

HENRI IV, roi de France. — Écrit aux trésoriers de Picardie, p. 1. — Autorise les jésuites à ouvrir un collège à Amiens, p. 130. — Exempte les Amiénois du droit de franc-fief, p. 146. — Crée un marché à Poix, p. 643. — Accorde aux habitants de ce bourg une réduction d'impôts, p. 644.

HENRIETTE DE FRANCE. — Passe à Amiens, p. 33.

HEURCELANT. — Ce que c'était, p. 490.

HOMME DE POSTÉ. — Ce que c'était à Corbie, p. 416.

HÔPITAL DE SAINT-CHARLES D'AMIENS, réuni au bureau des pauvres, p. 142.

HORLOGERS D'AMIENS. — Leur situation en 1762, p. 296.

HORTILLONS D'AMIENS. — Leur situation en 1762, p. 296.

HORNOY. — Mentionné en 775, p. 669 — Actes qui concernent ce bourg, ibid.

HÔTEL-DIEU D'AMIENS. — Arrêt du parlement

relatif à l'administration de cette maison, p. 102.
— Doit recevoir les malades de certaines localités, p. 192.

HÔTEL-DIEU DE FLIXICOURT, p. 645.

HÔTEL-DIEU DE PICQUIGNY. — On y réunit la maladrerie de Vignacourt, p. 652.

HÔTELIERS D'AMIENS. — Leurs statuts, p. 172. — Leur situation en 1762, p. 310.

HUISSIER GARDE-MEUBLES DE L'HÔTEL DE VILLE D'AMIENS, p. 201.

IMPÔT. — Sur le vin, à Amiens, p. 33. — Sur les grains et les vins, à Corbie, p. 461. — Voy. ABBÉ DE CORBIE, MAGISTRATS MUNICIPAUX.

IMPRIMEURS D'AMIENS. — Leur situation en 1762, p. 298.

INTENDANT DE PICARDIE. — Écrit aux magistrats municipaux d'Amiens et d'Abbeville, p. 163. — Fait surseoir aux élections municipales d'Amiens, p. 169. — Défend de prêter les pièces des archives d'Amiens, p. 269. — Ordonne aux communautés d'arts et métiers d'Amiens de fournir un état de situation, p. 285.

ITALIENS en garnison à Amiens. — Ont des querelles avec les habitants, p. 15.

JACQUERIE. — Les habitants de Conti y prennent part, p. 663.

JACQUES (les) exercent des ravages en Picardie, p. 521.

JARDINIERS D'AMIENS. — Leur situation en 1762, p. 296.

JEAN II, roi de France, déclare nulle une tentative de rétablissement de la commune de Corbie, p. 515.

JÉSUITES. — Sont autorisés par Henri IV à ouvrir un collège à Amiens, p. 130. — Font diverses constructions à Amiens, malgré l'échevinage, ibid. — Sont attaqués dans un factum rédigé par un habitant de cette ville, p. 131. — Obtiennent un terrain pour y bâtir des chapelles, ibid. — Répondent au factum publié contre eux, p. 132.

JEU DE L'ARC DE CORBIE. — Son organisation, p. 603.

JUGES-CONSULS D'AMIENS. — Sont privés du droit de connaître des banqueroutes, p. 263. — Comment et par qui ils sont nommés, ibid. — Leur nombre est réduit à deux en 1788, p. 348.

JURANDES. — Sont supprimées par Louis XVI, et rétablies ensuite, p. 350.

JURÉS DE CORBIE. — Leurs attributions administratives, p. 430. — Prêtent serment à Louis IX, p. 439. — Sont frappés d'excommunication, p. 445. — Refusent de comparaître devant la cour abbatiale, p. 447. — Se disent en droit de nommer les officiers de justice de l'abbaye, p. 452. — Sont condamnés à une amende de cinq cents livres, p. 478. — Voy. ABBAYE et ÉCHEVINAGE DE CORBIE.

JUSTICE DE L'ÉCHEVINAGE D'AMIENS. — A toujours été reconnue comme patrimoniale, p. 196.

JUSTICE CONSULAIRE. — Comment elle était organisée à Amiens avant 1650, p. 262. — Comment elle était constituée en 1738, p. 263. — Elle est modifiée par Louis XVI, p. 347.

JUSTICE CRIMINELLE dans la ville de Corbie, p. 457.

JUSTICE (HAUTE) DE L'ÉCHEVINAGE D'AMIENS, au xviiie siècle, p. 225.

LANGUEIEURS DE PORCS A AMIENS, p. 341.

LÉPREUX DE CORBIE. — Conditions auxquelles ils sont admis dans la maladrerie de cette ville, p. 445.

LETTRES DE MAITRISE vendues à Amiens en vertu d'édits royaux, p. 139.

LIBRAIRES D'AMIENS. — Leur situation en 1762, p. 298.

LIEUTENANT DU BAILLI D'AMIENS. — Rend une sentence dans un procès entre l'abbaye et les habitants de Corbie, p. 544 et suiv.

LIEUTENANT CRIMINEL D'AMIENS. — Enfreint une ordonnance relative aux élections municipales, p. 85.

LIEUTENANT D'ESCOUADE de la milice bourgeoise d'Amiens, p. 267.

LIEUTENANT DU MAIRE D'AMIENS. — Est choisi parmi les anciens échevins, p. 320.

LIEUTENANT DU ROI A AMIENS. — A des difficultés avec l'échevinage au sujet de la garde, p. 155. — Veut intervenir dans les élections municipales, ibid.

LIEUTENANT GÉNÉRAL D'AMIENS. — Veut que les élections municipales soient faites en sa présence, p. 169.

LIEUTENANT DU GOUVERNEUR D'AMIENS, p. 12.

LIEUTENANTS DE LA MILICE BOURGEOISE D'AMIENS. — Sont soumis à une taxe, p. 218.

LIMONADIERS D'AMIENS. — Voy. CAFETIERS.

LONGUEVILLE (le duc de), gouverneur de Picardie, p. 10, 16, 19, 23.

LOUIS LE GROS, roi de France, ratifie la commune de Corbie, p. 416.

LOUIS VIII, roi de France, ratifie la charte communale de Corbie, p. 425.

LOUIS IX, roi de France, confirme la commune de Corbie octroyée par Philippe-Auguste, p. 425. — Donne ordre aux habitants de Corbie de changer leur maire, p. 440. — Rend une ordonnance relative aux élections municipales de Corbie, p. 451.

LOUIS XI, roi de France, vient à Picquigny, p. 668.

LOUIS XIII, roi de France, annonce aux échevins

d'Amiens la nomination du maréchal d'Ancre comme gouverneur de la ville, p. 10. — Ordonne aux Amiénois de faire bonne garde, p. 12. — Leur écrit de ne rien innover dans leur ville, p. 16. — Leur défend de recevoir le prince de Condé, ibid. — Les félicite de leur empressement à exécuter ses ordres, p. 17. — Leur donne des instructions au sujet de la garde, p. 19. — Leur annonce l'arrivée d'un commissaire extraordinaire, p. 20. — Les informe qu'il leur a donné pour gouverneur le duc de Montbazon, p. 21. — Leur défend de recevoir le duc de Longueville, p. 22. — Leur annonce l'arrestation du prince de Condé, ibid. — Leur écrit qu'il s'est réconcilié avec le duc de Longueville, et que le duc de Nevers est déclaré coupable du crime de lèse-majesté, p. 23 et 24. — Leur adresse une lettre au sujet d'une épidémie et au sujet de la garde de leur ville, p. 26 et 27. — Leur annonce l'arrivée de la reine d'Angleterre, p. 33. — Les prévient que Gaston d'Orléans s'est allié au roi d'Espagne, p. 36. — Soutient l'échevinage d'Amiens contre les prétentions du duc de Chaulnes, p. 40. — Blâme sévèrement la conduite des habitants de Corbie, p. 50. — Recommande de faire bonne garde à Amiens, ibid. — Autorise un emprunt pour fortifier cette ville, ibid. — Veut qu'on fasse entrer dans l'échevinage d'Amiens des personnes qui s'étaient distinguées pendant une contagion, p. 53. — Ordonne aux membres de l'échevinage de rester en fonctions, p. 53. — Vient à Amiens, p. 54. — Écrit aux Amiénois au sujet des fortifications, p. 70. — Exempte les ecclésiastiques d'Amiens des impôts afférents aux fortifications, p. 72. — Informe les Amiénois de la révolte du comte de Soissons, p. 73. — Enjoint aux échevins d'Amiens de rester en charge, p. 76. — Exempte les Amiénois du droit de franc-fief, p. 146. — Leur écrit au sujet de la prise de Corbie, p. 617.

Louis XIV, roi de France, veut que les échevins d'Amiens soient maintenus en charge pendant un an, p. 76. — Annule ce que le lieutenant criminel d'Amiens avait fait lors des élections municipales, p. 85. — Invite les Amiénois à donner des subsides pour la guerre, p. 114. — Les informe qu'il a conclu le traité des Pyrénées, ibid. — Leur fait part de l'accouchement de la reine, ibid. — Confirme l'union des merciers d'Amiens avec les épiciers, p. 116. — Écrit aux habitants d'Amiens, p. 129. — Les exempte du droit de franc-fief, p. 146. — Approuve les statuts des peintres d'Amiens, p. 153. — Crée des offices de maire perpétuel, p. 163. — Érige en offices les grades des milices bourgeoises du royaume, p. 179. — Promulgue un édit relatif aux bourgeois des villes franches, p. 205. — Force les marchands à s'établir en jurandes, p. 210. — Confirme les privilèges des habitants de Corbie, p. 618. — Érige en titre d'office les emplois municipaux des villes, p. 624.

Louis XV, roi de France, établit à Amiens une foire franche pour les chevaux, p. 178. — Nomme des échevins, à Amiens, p. 253. — Crée des charges de maires, d'échevins et d'assesseurs, p. 254. — Promulgue une ordonnance relative à la justice consulaire d'Amiens, p. 263. — Confirme la foire de la Saint-Jean, qui se tient dans cette ville, p. 269. — Demande que le maire d'Amiens soit maintenu en charge, p. 279. — Nomme le maire d'Amiens, en 1760, p. 284. — Rétablit la liberté des élections, p. 316. — Déclare que les offices municipaux d'Amiens sont des charges vénales, p. 318. — Réorganise la milice bourgeoise de cette ville, p. 329. — Rend un édit sur la communauté des tondeurs à grandes forces, p. 346. — Délivre des lettres de cachet relatives à la nomination des magistrats municipaux de Corbie, p. 625.

Louis XVI, roi de France, supprime les jurandes, p. 350. — Donne des statuts à la communauté des épiciers-ciriers d'Amiens, ibid. — Décrète la réunion des états généraux, p. 364. — Règle l'organisation municipale de Corbie, p. 667.

Louvel (Antoine), fonde l'hôpital de Saint-Charles à Amiens, p. 142.

Lustreurs d'Amiens. — Leur situation en 1762, p. 296.

Maçons d'Amiens. — Leur situation en 1762, p. 310.

Magistrats municipaux d'Amiens. — Refusent d'assister à l'élection des députés aux états-généraux de 1614, p. 5. — Rédigent, pour ces mêmes états, des cahiers de doléances, p. 6. — S'opposent à la vente des lettres de maîtrise dans leur ville, p. 139. — Prêtent serment devant les officiers royaux, p. 169. — Sont maintenus dans la charge d'administrateurs de la maladrerie d'Amiens, p. 186. — Convoquent les assemblées électorales, p. 235. — Sont autorisés par Louis XV à présenter des candidats à la place de maire, p. 285. — Rédigent un mémoire contenant l'historique de l'échevinage d'Amiens, p. 316. — Présentent au roi des observations sur l'édit de 1771, p. 318. — Voy. Commune d'Amiens, Échevinage et Échevins d'Amiens.

Magistrats municipaux de Corbie. — Ne peuvent condamner au bannissement sans le consentement de l'abbé, p. 453. — Sont obligés au rétablissement d'une maison qu'ils avaient abattue, p. 455. — Payent une amende pour avoir mis un clerc en prison, p. 456. — Leurs attributions sont réglées par Philippe le Hardi, p. 458. — Sont en possession de la justice criminelle en 1297, p. 463. — Ont la police des métiers, ibid. — Leurs attributions en matière de justice commerciale, ibid. — Sont déboutés par un arrêt du parlement de diverses prétentions, p. 473. — Forment opposition à une saisie opérée par les religieux, p. 476. — Prélèvent à Corbie les droits de relief, p. 479. — Sollicitent l'autorisation de lever une taxe, p. 488. — Obtiennent de l'abbé la permission d'asseoir un impôt, p. 492. — Suspendent l'exercice des droits seigneuriaux de l'abbaye, p. 515. — Voy. COMMUNE DE CORBIE, ÉCHEVINS et ÉCHEVINAGE DE CORBIE.

MAIRE D'AMIENS. — Est choisi parmi les personnes originaires de cette ville, p. 10. — Son titre est supprimé par l'édit de 1597, p. 33. — Est choisi par le roi, p. 61. — Signe les ordonnances de payement, p. 62. — Ses attributions en 1692, p. 163. — Ses gages sont augmentés par arrêt du conseil d'État, p. 218. — Sa charge est achetée par la ville d'Amiens, p. 250. — Mode de nomination du maire d'Amiens, en 1726, p. 254. — Est nommé par Louis XV, p. 284. — Est choisi par le roi sur une liste de trois candidats, p. 319. — A droit de juridiction sur les manufactures, p. 320.

MAIRE PERPÉTUEL A AMIENS. — Son office est réuni à l'échevinage, p. 163.

MAIRE DE CORBIE. — Ses attributions, p. 430. — Est nommé ou désigné par l'abbé de Corbie, p. 436. — Prête serment à Louis IX, p. 439. — Est changé par ordre de ce prince, p. 445. — Est excommunié, p. 445. — Se rend à Paris pour faire vérifier les comptes de la ville, p. 451. — Est condamné par le parlement à une amende de six cents livres, p. 456. — Ses attributions et ses gages, p. 610. — Son office est séparé de celui du prévôt, p. 613. — Est élu par les habitants et institué par l'abbé, p. 667. — Voy. PRÉVÔT POLICIAN.

MAÎTRE DES PRÉSENTS D'AMIENS. — Est nommé par l'échevinage, p. 320.

MAÎTRES DES COMMUNAUTÉS D'ARTS ET MÉTIERS D'AMIENS. — Leur nombre en 1762, p. 286.

MAÎTRES DES MÉTIERS. — Leurs fonctions à Corbie, p. 574.

MAÎTRES SAYETEURS D'AMIENS. — Leur nombre en 1762, p. 286.

MAÎTRISE des menuisiers d'Amiens, p. 241. — Des tondeurs à grandes forces, p. 346. — Des épiciers-ciriers, p. 352.

MAÎTRISES. — Sont créées d'office dans un grand nombre de villes de France, p. 139. — Voy. LETTRES DE MAÎTRISE.

MAJOR DE LA MILICE BOURGEOISE D'AMIENS, p. 180.

MALADRERIE, réunie à l'Hôtel-Dieu d'Amiens, p. 136.

MALADRERIE de Corbie, dépend de l'abbaye, p. 445. — Est mal entretenue par l'abbé, p. 544. — Voy. LÉPREUX.

MALADRERIE de Flixicourt, p. 645.

MALADRERIE de Vignacourt, p. 652.

MALADIES ÉPIDÉMIQUES A AMIENS. — Dépenses qu'elles occasionnent, p. 187.

MARAIS COMMUNAUX D'AMIENS. — L'échevinage est autorisé à les faire tourber, p. 318.

MARAIS DE BELLOY, p. 665.

MARAIS DE CORBIE. — Sont irrigués, p. 436. — Appartiennent par moitié à l'abbaye et aux habitants, p. 436. — L'abbé de Corbie en cède une partie au seigneur de Heilly, p. 439.

MARAIS DE FLIXICOURT, p. 649.

MARCHANDS. — Sont contraints par Louis XIV à s'établir en maîtrises, p. 210.

MARCHANDS D'AMIENS. — Sont admis dans l'échevinage, p. 253.

MARCHANDS EN GROS D'AMIENS. — Ne peuvent tenir boutique ouverte, p. 210. — Sont autorisés à s'établir en corporation, p. 211. — Leurs statuts sont homologués en 1711, ibid. — État de leurs dettes en 1762, p. 286.

MARCHANDS DES TROIS CORPS RÉUNIS D'AMIENS. — Leur situation en 1762, p. 298.

MARCHANDS DE VINS D'AMIENS. — Ne peuvent ouvrir qu'une boutique à la fois, p. 173. — Leur situation en 1762, p. 310.

MARCHANDS DE VINS DE CORBIE. — Leurs statuts, p. 580.

MARCHANDS DE GUÈDE DE CORBIE. — Leurs statuts, p. 587.

MARCHÉ AUX CHEVAUX D'AMIENS, p. 278.

MARCHÉ DE CORBIE. — Ses privilèges sont confirmés par le pape Pascal II, p. 420.

MARCHÉ DE FLIXICOURT, p. 649.

MARCHÉ DE VIGNACOURT, p. 652.

MARIE DE MÉDICIS écrit aux échevins d'Amiens, p. 6. — Nomme le maréchal d'Ancre gouverneur d'Amiens, p. 10. — S'échappe du château de Blois, p. 27. — Signe un traité avec Louis XIII, p. 28. — Passe à Amiens, p. 33. — Veut que l'échevinage de cette ville soit maintenu en fonctions, p. 53.

MANUFACTURES D'AMIENS. — Sont placées sous la juridiction de l'échevinage, p. 225.

MANUFACTURES DE CORBIE, p. 618.

MAYENNE (Le duc de), p. 16.

MAZARIN (Le cardinal), écrit aux Amiénois, p. 114.

MÉDECINS D'AMIENS. — Leurs statuts, p. 93.

MÉGISSIERS D'AMIENS. — Leur situation en 1762, p. 296.

MENUISIERS D'AMIENS. — Leurs statuts sont renouvelés en 1718, p. 241. — Leur situation en 1762, p. 298.

MESUREURS DE CHARBON A AMIENS, p. 341.

MERCIERS D'AMIENS. — Leurs statuts, p. 116. — Refusent de reconnaître l'autorité de l'échevinage, p. 204. — Leur situation en 1762, p. 300. — Voy. CONFRÉRIE.

MÉTIERS CONSTITUÉS A AMIENS. — Leur nombre en 1762, p. 286.

MÉTIERS DE CORBIE. — Sont soumis à l'autorité de l'échevinage, p. 463. — Sont réglementés par l'abbé, p. 536. — Leurs statuts sont promulgués au XVIe siècle, p. 573.

MILICE BOURGEOISE D'AMIENS. — Est chargée de la garde de la ville, p. 12. — Ses officiers sont nommés par l'échevinage, p. 62. — Doit être exercée au maniement des armes, ibid. — Actes administratifs qui la concernent, p. 219. — Se plaint de l'état-major de la place d'Amiens, p. 219. — Est placée sous la direction de l'échevinage, p. 225. — Son organisation en 1738, p. 266 et suiv. — Fait le service des portes, p. 329. — Est réorganisée par Louis XV, p. 329-331. — Voy. CAPITAINE, GARDE.

MILICE BOURGEOISE DE CORBIE. — Prend part à diverses expéditions militaires, p. 418. — Est commandée par l'abbé de Corbie, ibid. — Combat à Bouvines et à Crécy, p. 419.

MINEURS. — Leurs biens à Corbie sont placés sous la garde des magistrats municipaux, p. 479.

MONNAIE DE CORBIE. — Ce qu'elle valait au Xe siècle, p. 415.

MONNAIE DE PICQUIGNY. — Voy. PICQUIGNY.

MONTBAZON (Le duc de), gouverneur d'Amiens, donne un règlement pour la garde de cette ville, p. 21.

MONTIÈRES, hameau près d'Amiens, fait partie de la banlieue de cette ville, p. 90.

MOULIN A FOULON. — Construit à Amiens en 1773, p. 331.

MOULINS BANAUX. — Étaient insuffisants à Corbie, p. 544.

MOT D'ORDRE. — Est donné à Amiens par les échevins, p. 37.

MUNICIPALITÉS DU ROYAUME. — Subissent divers changements au commencement du XVIIIe siècle, p. 252 et suiv.

NÉGOCIANTS D'AMIENS. — S'assemblent pour préparer l'établissement d'une chambre de commerce, p. 280.

NEUVILLE (le village de). — Relève en partie de l'échevinage de Corbie, p. 464.

NEVERS (Le duc de), se montre hostile au roi de France, p. 24.

NOBLES. — Sont admis dans l'échevinage d'Amiens, p. 253.

NOBLESSE DE PICARDIE. — Renonce, en 1789, à une partie de ses privilèges, p. 379.

NOTABLES DE LA VILLE D'AMIENS. — Leur élection est réglée par un édit, p. 317.

OCTROI SUR LES VINS A AMIENS. — Prorogé de six ans, p. 146.

OCTROIS D'AMIENS. — Leur produit est absorbé par les impôts de guerre, p. 201.

OFFICE DE MAÎTRE DES FLAQUEURS D'AMIENS, p. 200.

OFFICE DE LIEUTENANT DE MAIRE. — Est réuni à l'échevinage d'Amiens, p. 201.

OFFICE DE MAIRE PERPÉTUEL. — Est réuni à la commune d'Amiens, p. 163.

OFFICE DE PESEUR DE FIL DE SAYETTE, p. 109.

OFFICE DE RECEVEUR DES DENIERS D'OCTROI, p. 198.

OFFICE DE RECEVEUR DES DENIERS PATRIMONIAUX, p. 198.

OFFICES D'ASSESSEURS. — Sont réunis à l'échevinage d'Amiens, p. 201.

OFFICES D'ÉCHEVINS. — Sont réunis à l'échevinage d'Amiens, p. 201.

OFFICES DE GARDE-SCEL. — Sont créés dans toutes les villes du royaume, p. 196.

OFFICES DE LA MILICE BOURGEOISE. — Sont réunis à l'échevinage d'Amiens, p. 217. — Sont taxés à la somme de 16,800 livres, p. 218.

OFFICES MUNICIPAUX. — Cessent d'être vénaux en 1718, p. 253. — La législation change souvent au sujet de leur vénalité, ibid. — Sont rachetés par l'échevinage d'Amiens, p. 164. — Ceux qui sont créés en 1733 ne sont point levés dans cette ville, p. 274. — Sont réunis aux corps de villes de la généralité d'Amiens, ibid. — Ce qu'ils ont coûté à Amiens depuis 1733, p. 418. — Sont rachetés par les Amiénois en 1791, p. 318.

OFFICES DE POLICE créés en 1699. — Sont réunis à l'échevinage d'Amiens, p. 192.

OFFICES DE POLICE INDUSTRIELLE. — On impose à quelques bourgeois d'Amiens l'obligation de les acquérir, p. 209. — Sont tour à tour supprimés et rétablis à Amiens, p. 339. — Appartiennent à la commune à titre patrimonial, p. 340. — La possession en est contestée à l'échevinage, ibid.

OFFICES VÉNAUX dépendant de l'échevinage d'Amiens, sont déclarés héréditaires, p. 106. — Ce qu'ils coûtent à Amiens aux communautés d'arts et métiers, p. 169.

OFFICIERS DU BAILLIAGE D'AMIENS. — Reçoivent

le serment des magistrats municipaux de cette ville, p. 169.

OFFICIERS DU FISC. — Veulent faire payer aux Amiénois les droits de franc-fief, p. 146.

OFFICIERS DE LA MILICE BOURGEOISE D'AMIENS. — Comment ils sont nommés en 1695, p. 180. — Payent une taxe pour leurs grades, ibid. et 217. — Se plaignent des officiers de l'état-major de la place, p. 219. — Voy. OFFICES.

OFFICIERS ROYAUX. — Sont admis dans l'échevinage d'Amiens, p. 61 et 253. — Ne prennent point part dans cette ville aux élections municipales, p. 235.

ORDONNANCES de police de Corbie, p. 600.

ORFÉVRES D'AMIENS. — Leur situation en 1762, p. 800.

PAILLOLEURS D'AMIENS. — Leur situation en 1762, p. 300.

PARCHEMINIERS D'AMIENS. — Leur situation en 1762, p. 296.

PAREURS DE DRAPS DE CORBIE. — Ne peuvent tondre à table sèche, p. 539. — Leurs statuts, p. 577.

PARLEMENT DE PARIS. — Ordonne l'exécution de l'édit de 1597, p. 77, 81, 84 et 85. — Fixe le nombre des officiers de longue robe qui doivent faire partie de l'échevinage d'Amiens, p. 83. — Délègue un de ses membres pour régler les différends survenus à Amiens au sujet des élections, p. 85. — Rend un arrêt relatif à l'Hôtel-Dieu d'Amiens, p. 102. — Statue sur des actes de rébellion commis par les bourgeois de Corbie, p. 444. — Rend un arrêt relatif aux officiers de justice de l'abbé de Corbie, p. 452. — Déclare que le village de Fouilloy dépend de la commune de Corbie, ibid. — Condamne les magistrats municipaux de Corbie à une amende, p. 453. — Leur enjoint de rebâtir une maison qu'ils avaient abattue, p. 455. — Condamne le maire de Corbie à une amende de six cents livres, p. 456. — Rend un arrêt relatif à un débat entre la commune de Corbie et l'abbaye, p. 462. — Statue sur un différend entre la commune de Corbie et l'abbé, p. 473. — Décide que la saisie du pain de mauvaise qualité, à Corbie, appartient aux religieux, p. 476. — Déboute les habitants de Corbie de diverses plaintes qu'ils avaient portées devant lui, p. 509 et 511. — Rend un arrêt relatif à la municipalité de Corbie, p. 613.

PARMENTIERS DE CORBIE. — Ordonnance relative à leur commerce, p. 542. — Ne peuvent vendre des draps en détail, ibid. — Leurs statuts, p. 536.

PATISSIERS D'AMIENS. — Peuvent vendre de menus articles de charcuterie, p. 229. — Leur situation en 1762, p. 308. — Leurs statuts, p. 540 et 602.

PAVAGE. — Comment il doit être exécuté dans les rues d'Amiens, p. 148.

PAVEURS D'AMIENS. — Leurs statuts, p. 148.

PAULETTE (Droit de). — Ce que c'était, p. 107.

PEINTRES D'AMIENS. — Sont soumis aux statuts des peintres de Paris, p. 153. — Leur situation en 1762, p. 304.

PEINTRES DE PARIS. — Note sur leurs statuts, p. 153.

PELLETIERS-FOURREURS D'AMIENS. — Leur situation en 1762, p. 314.

PÉNALITÉ CRIMINELLE DE L'ÉCHEVINAGE D'AMIENS, p. 225.

PERRUQUIERS D'AMIENS. — Leur situation en 1762, p. 300.

PESEURS DE FIL DE LIN A AMIENS, p. 341.

PESEURS DE FIL DE SAYETTE, à Amiens, p. 341.

PESTE. — Voy. ÉPIDÉMIE.

PHILIPPE-AUGUSTE, roi de France, confirme la charte d'affranchissement de Corbie, p. 425. — Fait un voyage dans cette ville, p. 427. — Se prononce pour les habitants de Corbie contre l'abbé, ibid. — Garantit les droits de propriété de l'abbaye, p. 428. — Veut que la commune de Corbie reste dans l'état où elle se trouvait à la mort de Louis VII, p. 429.

PHILIPPE LE HARDI, roi de France, confirme une charte relative à Corbie, p. 425. — Règle les droits de la commune de Corbie et de l'abbaye, p. 457.

PHILIPPE LE BEL, roi de France, ordonne de continuer une enquête relative à la commune de Corbie, p. 462. — Donne ordre de surseoir à la levée d'un impôt dans Corbie, p. 475. — Nomme des commissaires pour faire une enquête dans cette ville, p. 478. — Réunit la commune de Corbie au domaine de l'abbaye, p. 501. — Se réserve les droits de souveraineté à Corbie, p. 502. — Envoie à Corbie des commissaires pour faire la remise de la commune à l'abbé, p. 505. — Octroie aux habitants de cette ville un impôt sur les vins, p. 512.

PHILIPPE IV, roi d'Espagne, s'allie à Gaston d'Orléans, p. 35.

PICQUIGNY. — Ses anciens noms, p. 667. — On y battait monnaie, p. 668. — Ses seigneurs étaient vidames d'Amiens, ibid. — Avait une commune au XIII° siècle, p. 669.

POHIERS. — Ancien nom des habitants de Poix, p. 633.

POIDS ET MESURES placés à Amiens sous la surveillance du prévôt, p. 193.

POISSONNIERS D'AMIENS. — Leur situation en 1762, p. 302.

Poix. — Anciens noms de ce bourg, p. 633. — Ses habitants combattent à Bouvines, ibid. — Est ruiné par les Anglais et par les Bourguignons, p. 634. — Est organisé en commune, ibid. — Sa charte communale, p. 635 et suiv. — Ses habitants achètent la protection de Philippe-Auguste, p. 636. — Ses foires et son marché, p. 642. — Est détruit par un incendie, p. 643.

Pont. — La maladrerie de ce village est réunie à l'Hôtel-Dieu d'Amiens, p. 187.

Portefaix d'Amiens. — Demandent la création dans leur métier d'un office de maître héréditaire, p. 200.

Portes d'Amiens. — Sont au nombre de trois, p. 12. — L'ouverture en est réglée par la cloche du beffroi, ibid. — Sont gardées par la milice bourgeoise, p. 21. — On les ferme à la chute du jour, p. 38. — Ont chacune une double clef, p. 61.

Potiers d'étain d'Amiens. — Leur situation en 1762, p. 302.

Potiers de terre d'Amiens. — Leur situation en 1762, p. 294.

Poudriers d'Amiens. — Leur situation en 1762, p. 288.

Pourpointiers de Corbie. — Voy. Parmentiers.

Prévôt de l'abbaye de Corbie. — Refuse de valider une procuration donnée par les habitants de cette ville, p. 516. — Ses attributions, p. 545. — Prend part à la rédaction des statuts de métiers, p. 573. — Institue les officiers des corporations, p. 574.

Prévôt policien de Corbie. — Ce que c'était, p. 610. — Son office est séparé de celui du maire, p. 613. — Est nommé par l'abbé sur une liste de trois candidats, ibid.

Prévôté d'Amiens. — Les exploits y sont faits par les sergents à masse, p. 138.

Prévôté de Beauquesne. — Présente des cahiers de doléances à l'assemblée du bailliage d'Amiens, p. 367.

Prévôté de Fouilloy. — Présente des cahiers de doléances à l'assemblée du bailliage d'Amiens, p. 367.

Prévôté de Vimeu. — Présente des cahiers de doléances, en 1789, p. 367.

Priseurs Jurés, à Amiens, p. 341.

Privilèges d'Amiens, confirmés en 1696, p. 179.

Procès. — Sont très-nombreux entre les habitants et l'abbaye de Corbie, p. 544.

Procureur ad lites d'Amiens. — Est nommé par l'échevinage, p. 320.

Prud'hommes des métiers. — Leurs fonctions à Corbie, p. 574.

Prud'hommes de Villers-Bretonneux. — Sont mentionnés à une époque reculée, p. 657.

Receveur comptable de l'octroi sur les vins, p. 146.

Receveur des octrois. — Cet office est éteint à Amiens, p. 254.

Recréance. — Ce que c'était, p. 473.

Régisseur des droits domaniaux a Amiens. — Rédige des mémoires contre l'échevinage, p. 339.

Registre aux causes de la justice civile d'Amiens, p. 138.

Relieurs d'Amiens. — Leur situation en 1762, p. 302.

Richelieu (le cardinal de) réside à Amiens, p. 54.

Robert de Fiennes ordonne une enquête sur la conduite des habitants de Corbie, p. 521.

Robes distribuées par l'échevinage d'Amiens aux employés de la ville, p. 30.

Rois de France. — Ne peuvent, suivant les religieux de Corbie, accorder aux habitants de cette ville le droit de lever des tailles, p. 488.

Rôtisseurs d'Amiens. — Leur situation en 1762, p. 308.

Roye prise par les Espagnols, p. 50.

Sayéteurs d'Amiens. — Leur situation en 1762, p. 302. — Voy. Émeute.

Saint-Lazare (ordre de), soutient un procès contre l'échevinage d'Amiens, p. 186.

Saint-Paul (le comte de), p. 16.

Savoye (M. de), évêque d'Amiens, p. 106.

Scrutin des élections municipales. — Est dépouillé à Amiens par le procureur du roi, p. 167.

Sculpteurs d'Amiens. — Adressent une requête à l'échevinage, p. 153. — Leur situation en 1762, p. 304.

Selliers d'Amiens. — Leur situation en 1762, p. 304.

Sens (ville de). — Les états généraux y sont convoqués en 1614, p. 5.

Serges fabriquées à Villers-Bretonneux, p. 656.

Sergent-major de la ville d'Amiens. — Combat l'autorité des échevins au sujet de la garde, p. 37.

Sergents a masse d'Amiens. — Font les exploits de la justice civile de l'échevinage, p. 138.

Serruriers d'Amiens. — Leur situation en 1762, p. 304.

Simon de Nesle rend une sentence arbitrale relative à Corbie, p. 462.

Sociétés en commandite. — Peuvent exploiter à Amiens les établissements d'épicerie, p. 351.

Soissons (le comte de) fait un traité avec l'Espagne, p. 73.

Somme (rivière de). — La seigneurie de ses eaux occasionne de vifs débats entre l'échevinage d'Amiens et le chapitre, p. 333 et suiv. — Voy. Chapitre, Échevinage, Moulins.

Soubise (le duc de) se révolte contre Louis XIII, p. 73.

Statistique des communautés d'arts et métiers a Amiens, p. 285 et suiv.

Statuts des métiers de Corbie. — Sont réformés au xve siècle, p. 573.

Statuts des tisserands de draps de Corbie, p. 574.

Statuts des pareurs et foulons de Corbie, p. 578.

Statuts des marchands de vin de Corbie, p. 580.

Statuts des tanneurs de Corbie, p. 583.

Statuts des fabricans de tuiles de Corbie, p. 584.

Statuts des marchands de guède de Corbie, p. 587.

Statuts des cordiers de Corbie, p. 587.

Statuts des bonnetiers de Corbie, p. 591.

Statuts des bouchers de Corbie, p. 594.

Statuts des chapeliers de Corbie, p. 598.

Statuts des patissiers de Corbie, p. 602.

Statuts des cuisiniers de Corbie, p. 602.

Statuts des archers de Corbie, p. 603.

Statuts des boulangers; — des parmentiers. — Voy. ces mots.

Sueurs de vieux d'Amiens. — Leur situation en 1762, p. 304.

Suger, abbé de Saint-Denis, est prié par l'abbé de Corbie d'intervenir dans les affaires de cette ville, p. 423.

Syndic des maîtres écrivains d'Amiens, p. 99.

Tailleurs d'Amiens. — Leur situation en 1762, p. 306.

Tanneurs d'Amiens. — Leur situation en 1762, p. 306.

Tanneurs de Corbie. — Leurs statuts, p. 583.

Tapissiers d'Amiens. — Leur situation en 1762, p. 306.

Tasse, bourse portée par les maires, p. 33.

Taverniers d'Amiens. — Leurs statuts, p. 172.

Taxe imposée aux officiers de la milice bourgeoise d'Amiens, p. 217.

Teinturiers d'Amiens. — Leur situation en 1762, p. 310.

Tiers état d'Amiens. — Nomme un député aux états généraux, en 1651, p. 87.

Tiers état du bailliage d'Amiens. — Rédige des cahiers pour les états généraux de 1789, p. 379.

Tisserands d'Amiens. — Leur situation en 1762, p. 308. — Leurs statuts, p. 573.

Tisserands de Corbie. — Leurs statuts, p. 574.

Tondeurs d'Amiens. — Leur situation en 1762, p. 302.

Tondeurs a grandes forces d'Amiens. — Leur communauté est supprimée en 1777, p. 346.

Tonneliers d'Amiens. — Leur situation en 1762, p. 308.

Tourneurs d'Amiens. — Leur situation en 1762, p. 308.

Trésorier des revenus casuels. — Donne quittance aux Amiénois du rachat de divers offices, p. 164.

Traiteurs d'Amiens. — Leur situation en 1762, p. 306.

Traité de Sainte-Menehould, p. 5.

Tyrel (famille de). — Possède la seigneurie de Poix, p. 633.

Tyrel (Gauthier, IVe du nom) accorde une commune aux habitants de Poix, p. 634.

Tyrel (Gauthier, V^e du nom) sollicite pour la commune de Poix la protection de Philippe-Auguste, p. 635. — Se rend à Paris au sujet de cette commune, et la confirme, ibid. — Voy. Poix.

Vanniers d'Amiens. — Leur situation en 1762, p. 310.

Veilleurs de vin a Amiens, p. 341.

Vidame d'Amiens (la charge de) est remplie par les sires de Picquigny, p. 668.

Vignacourt. — Ses anciens noms, p. 652. — Est brûlé en 1597 et en 1636, ibid. — A un échevinage au xiiie siècle, p. 653. — Ses échevins concluent un accord avec l'abbaye de Bertaucourt, p. 654.

Ville. — Les habitants de cette localité font un traité avec ceux de Flixicourt, p. 649.

Villers-Bocage. — La maladrerie de ce bourg est réunie à l'Hôtel-Dieu d'Amiens, p. 187.

Villers-Bretonneux. — Ses anciens noms, p. 656. — Avait un échevinage au xvie siècle, ibid. — Ses coutumes, ibid. — Ses habitants doivent assistance à leur seigneur, p. 657.

Vinaigriers d'Amiens. — Leur situation en 1762, p. 310.

Visites de police industrielle a Amiens, p. 117.

Vitriers d'Amiens. — Leur situation en 1762, p. 310.

Voirie, surveillée à Amiens par des commissaires nommés dans chaque paroisse, p. 58.

Voies de communication dans la Picardie. — Ce qu'en dit l'assemblée provinciale de 1788, p. 364.

* Vol. — Est soumis à Corbie à la juridiction municipale, p. 474.

Vuillemville (de), — Maire d'Amiens, p. 106.

Werth (Jean de) s'empare de Corbie, p. 50.

III.

INDEX GÉNÉRAL.

	Pages.
Avant-Propos..	v
Préface. Sommaire des notions générales que donne le recueil des actes relatifs à l'histoire municipale d'Amiens................................	vii
I. Faits relatifs à l'histoire générale du royaume.......................	viii
II. Faits relatifs à l'histoire des états généraux........................	xi
III. Histoire de la liberté politique et de ses formes dans le régime municipal.	xiii
IV. Histoire du droit dans les coutumes municipales et la législation urbaine..	xvi
V. Histoire de l'organisation industrielle; corporations d'arts et métiers......	xviii
VI. Histoire des finances, budget municipal, recettes et dépenses, comptabilité.	xx
VII. Histoire du commerce; priviléges commerciaux; importation et exportation..	xxiii
VIII. Histoire de la défense publique; milice communale,.................	xxv
IX. Histoire de la police urbaine et de l'assistance publique...............	xxvii
X. Histoire de l'instruction publique; enseignement municipal............	xxix
XI. Histoire de la France constitutionnelle; vœux du tiers état en 1789......	xxx
Pièces relatives à l'histoire municipale d'Amiens.	
— xviie siècle...	1
— xviiie siècle..	192
Pièces relatives à l'histoire municipale des villes, bourgs et villages de l'Amiénois.	
Corbie...	413
Poix..	633
Flixicourt...	645
Vignacourt..	652
Villers-Bretonneux..	656
Conti...	662
Belloy-sur-Somme...	665
Picquigny...	667
Hornoy...	670

T. III.

TABLE CHRONOLOGIQUE des chartes, ordonnances, coutumes, statuts, règlements et autres actes contenus ou mentionnés dans ce volume.................. 671

TABLE ANALYTIQUE DES MATIÈRES contenues dans les notices qui servent de complément aux pièces imprimées ou mentionnées dans ce volume.......... 680

www.ingramcontent.com/pod-product-compliance
Lightning Source LLC
Chambersburg PA
CBHW061953300426
44117CB00010B/1321